GUIDE DE CONVERSATION

Mots et phrases-clés

bonjour/au revoir	*hello, good morning/goodbye*
bonsoir/bonne nuit	*good evening/good night*
à bientôt/à plus tard/à demain	*see you soon/see you later/ see you tomorrow*
oui/non/non merci	*yes/no/no thank you, no thanks*
s'il te/vous plaît	*please*
merci/merci beaucoup	*thank you, thanks/thank you very much, thanks very much*
il n'y a pas de quoi	*my pleasure*
d'accord/très bien/bien sûr	*okay/very well/of course*
je ne sais pas	*I don't know*
pardon/excusez-moi	*sorry/excuse me*
je ne parle pas très bien anglais	*I don't speak very good English*
parlez-vous français ?	*do you speak French?*
je ne comprends pas	*I don't understand*
je n'ai pas (bien) compris	*I didn't (fully) understand*
pouvez-vous répéter/parler plus lentement ?	*could you repeat/speak more slowly?*
pardon ? quoi ? pourquoi ? parce que…	*sorry? what? why? because …*
pouvez-vous me l'écrire ?	*could you write it (down) for me?*
je voudrais… j'aimerais…	*I would like …*
où est/sont… ? quand ? comment ?	*where is/are …? when? how?*
combien ça coûte ?	*how much is this? how much does this cost?*
au secours ! à l'aide !/ attention !	*help!/be careful!*

je m'appelle...	*I'm called ..., I'm ...*
enchanté(e), moi c'est...	*pleased to meet you, I'm ...*
comment t'appelles-tu/vous appelez-vous ?	*what's your name?*
je te/vous présente...	*let me introduce ...*
comment vas-tu/allez-vous ?	*how are you?*
bien, merci - et toi/vous ?	*fine, thank you - and you?*
je suis français(e)/je viens de...	*I'm French/I'm from ...*
je suis en vacances/je suis ici pour le travail	I'm on holiday/I'm here on business
je reste une semaine	*I'm staying for a week*
c'est la première fois que je viens en...	*it's my first visit to ...*
qu'est-ce que vous faites dans la vie ?	*what do you do?*
je suis étudiant... je travaille dans... je suis à la retraite	*I'm a student ... I work in ... I'm retired*
je suis célibataire/marié/ divorcé	*I'm single/married/divorced*
j'ai ... enfants	*I have ... children*
est-ce que je peux vous offrir un verre ?	*can I buy/get you a drink?*
puis-je avoir votre numéro/ adresse e-mail ?	*can I have your number/ email address?*
où est-ce qu'on se retrouve ?	*where shall we meet?*
ça m'est égal	*it's all the same to me*
je suis d'accord/je ne suis pas d'accord	*I agree/I disagree*
j'aimerais bien... j'aime beaucoup...	*I would really like to ... I love ...*

où est le comptoir de la compagnie... ?	*where's the check-in desk for ... ?*
où dois-je enregistrer mes bagages ?	*where do I check in my luggage GB/baggage US?*
j'ai deux valises et un bagage à main	*I have two cases and one piece of hand luggage GB/baggage US*
j'aimerais une place côté couloir/hublot	*I'd like to sit by the aisle/the window*
où se trouve le terminal 1/ la porte d'embarquement 2 ?	*where is terminal 1/ boarding gate 2?*
à quelle heure est l'embarquement ?	*what time is boarding at?*
combien le vol a-t-il de retard ?	*how late is the flight?*
j'ai perdu ma carte d'embarquement/ma valise	*I've lost my boarding card/ my case*
j'ai raté ma correspondance	*I've missed my connection*
à quelle heure est le prochain vol pour ?	*when is the next flight to ...?*
mes bagages ne sont pas arrivés/ on m'a volé mes bagages	*My luggage GB/baggage US hasn't arrived/has been stolen*
je voudrais faire une déclaration de perte/de vol	*I would like to report a loss/theft*

vocabulaire

départs/arrivées	departures/arrivals	**la douane**	customs
dernier appel	final call	**un passeport**	a passport
annulé/retardé	cancelled/delayed	**retrait des bagages**	baggage reclaim

un billet (électronique) an online reservation
une pièce d'identité identification, proof of identity, identity papers
un chariot à bagages a luggage trolley *GB*, a cart *US*
la salle d'embarquement the departure lounge

à quelle heure part le prochain/ dernier train pour... ?	*when is the next/last train to ...?*
avez-vous l'horaire des trains pour... ?	*do you have a timetable for trains to ...?*
je voudrais un billet aller pour...	*I'd like a single to ...*
est-ce qu'il y a un tarif réduit pour les enfants/étudiants/ personnes du 3e âge ?	*is there a reduction for children/students/ pensioners?*
je voudrais réserver une couchette dans le train pour...	*I'd like to book a couchette in the train to ...*
combien de temps dure le trajet ?	*how long does the journey take?*
de quel quai part le train ?	*which platform does the train leave from?*
j'ai perdu mon billet/ ma réservation	*I've lost my ticket/ my reservation*
est-ce bien le bon train/ quai pour...?	*is this the (right) train/ platform for ...?*
j'ai raté mon train/ ma correspondance	*I've missed my train/ my connection*
est-ce que ce siège est libre ?	*is this seat free?*
où est le wagon-restaurant ?	*where is the buffet car?*

vocabulaire

renseignements	information	**un aller**	a single (ticket)
le guichet	the ticket office	**un retour**	a return (ticket)
prochain arrêt...	next stop ...	**un aller-retour**	a return (ticket)

un chariot à bagages a luggage trolley *GB*, a cart *US*
première/seconde classe first/second class
la consigne the left-luggage (office) *GB*, the checkroom *US*

où est la station de métro la plus proche ?	*where is the nearest underground GB/subway US station?*
je voudrais un plan de métro, s'il vous plaît	*I'd like a map of the underground GB/subway US, please*
pouvez-vous me montrer où on est sur le plan ?	*could you show me where we are on the map?*
où peut-on acheter des tickets ?	*where can you buy tickets?*
je voudrais un ticket/un carnet de tickets	*I'd like a ticket/a book of tickets*
vendez-vous des tickets pour la journée/la semaine ?	*do you sell daily/weekly tickets?*
quelle ligne dois-je prendre pour aller à... ?	*which line do I take to go to ...?*
où dois-je changer pour aller à... ?	*where do I change to go to ...?*
où se trouve la gare routière ?	*where is the bus station?*
quel bus dois-je prendre pour aller à la gare/à l'aéroport/au centre-ville ?	*which bus do I take to go to the station/the airport/the town centre GB/downtown US*
c'est bien le bus pour... ?	*is this the (right) bus for ...?*
il y a combien d'arrêts avant d'arriver à... ?	*how many stops are there before we get to ...?*
pouvez-vous me prévenir quand je devrai descendre ?	*could you tell me when I should get off?*
à quelle heure est le dernier métro/bus/tramway ?	*when is the last metro/bus/tram(car) GB/streetcar US ?*

vocabulaire

un ticket simple	a single ticket
un ticket aller-retour	a return ticket
l'arrêt d'autobus	the bus stop

où est-ce que je peux prendre un taxi ?	*where can I find a taxi?*
pourriez-vous m'appeler un taxi, s'il vous plaît ?	*could you call me a taxi, please?*
avez-vous un numéro pour appeler un taxi ?	*do you have a number to call a taxi?*
je voudrais un taxi au... (adresse) maintenant/demain à ...	*I'd like a taxi to ... (address) now/tomorrow at ...*
vous êtes libre ?	*are you for hire?*
je voudrais aller à l'aéroport/ à la gare/rue ...	*I'd like to go to the airport/ the station/... street*
ça va me coûter combien pour aller à... ?	*how much will the fare be to ...?*
combien de temps met-on pour aller à... ?	*how long will it take to go to ...?*
je suis pressé/je suis en retard	*I'm in a hurry/I'm late*
pouvez-vous aller plus vite/ plus lentement ?	*could you go faster/ slow down?*
pourriez-vous éviter le centre-ville ?	*could you avoid the town centre GB/downtown US*
laissez-moi ici/au coin de la rue/ au prochain feu, s'il vous plaît	*drop me here/at the corner of the street/at the next set of traffic lights, please*
pouvez-vous m'attendre ici/ un instant ?	*could you wait for me here/ a second?*
c'est combien ? – je vous dois combien ?	*how much is it? – how much do I owe you?*
je voudrais un reçu	*I'd like a receipt*
gardez la monnaie	*keep the change*

vocabulaire

un pourboire a tip
le compteur the meter
l'adresse the address
une course de nuit a night journey

un supplément bagages a luggage charge *GB*, a baggage charge *US*

Trouver son chemin

excusez-moi, pour aller au centre/à la gare/au port ?	*excuse me, which way is the town centre GB/downtown US/the station/the harbour?*
pouvez-vous m'indiquer comment on rejoint l'autoroute ?	*could you tell me how you get onto the motorway GB/ highway US?*
je suis perdu(e)	*I'm lost*
pouvez-vous me montrer où l'on se trouve sur la carte ?	*could you show me where we are on the map?*
c'est bien le chemin/la route pour... ?	*is this the (right) way/ road to ...?*
vous vous êtes trompé de route	***you've taken the wrong road***
vous n'allez pas dans la bonne direction	***you're not going in the right direction***
faites demi-tour et prenez la première à droite	***turn back and take the first on the right***
continuez tout droit - tournez à gauche/droite	***go straight ahead - turn left/right***
c'est loin/près d'ici ? c'est à combien de kilomètres ?	*is it far from/near here? how many miles is it?*
combien de temps met-on pour y aller ?	*how long does it take to get there?*
c'est à 5 mn à pied/à 10 mn en voiture/à environ 15 km	***it's a 5 minute walk/10 minutes by car/about 10 miles***
une fois là-bas, demandez votre chemin	***once you're there, ask for directions***

vocabulaire

renseignements	information	**à l'est/à l'ouest**	(in the) east/west
au nord/au sud	(in the) north/south	**avant/après**	before/after

le centre-ville the town centre *GB*, downtown *US*

au feu/au coin/au carrefour at the traffic lights/at the corner/at the crossroads

à côté de/en face de beside/opposite

devant/derrière in front of/behind

pourriez-vous m'indiquer où se trouve l'office de tourisme ?	*could you tell me where the tourist office is?*
je voudrais un plan de la ville/ une carte de la région	*I'd like a map of the town/ a map of the area*
où se trouve... sur le plan/ sur la carte ?	*where is ... on the map?*
c'est loin d'ici ? on peut y aller à pied ?	*is it far from here? is it within walking distance?*
je voudrais avoir des renseignements sur...	*I'd like some information on ...*
quels sont les principaux sites touristiques ?	*what are the main tourist attractions?*
quelles sont les heures d'ouverture des musées ?	*what are the opening times of the museums?*
quel type d'excursions proposez-vous ?	*what sort of tours do you organize?*
y a-t-il des visites en français ?	*are there guided tours in French?*
je cherche un hôtel pas trop cher/près du centre	*I'm looking for a reasonably-priced hotel/a hotel near the centre.*

vocabulaire

ouvert/fermé	open/closed	**le palais**	the palace
entrée libre	no admission charge	**le château**	the castle
une visite guidée	a guided tour	**le restaurant**	the restaurant
l'exposition	the exhibition	**le marché**	the market
la vieille ville	the old town	**la piscine**	the pool
l'église	the church	**le zoo**	the zoo

le quartier the area *GB*, the neighborhood *US*
le quartier commerçant the shopping area
le centre commercial the shopping centre
le marché aux puces the flea market
la brocante the antiques fair (marché)/shop (boutique)

j'ai réservé au nom de...	*I booked under (the name of) ...*
je voudrais réserver une chambre pour ce soir /trois nuits	*I'd like to book a room for tonight/three nights*
désolé, l'hôtel est complet	***sorry, the hotel is fully booked***
pouvez-vous recommander un autre hôtel ?	*could you recommend another hotel?*
est-ce que je peux voir la chambre ?	*can I see the room?*
je la prends	*I'll take it*
c'est combien par nuit/ pour une semaine ?	*how much is it per night/ for a week?*
est-ce que le petit déjeuner est compris ?	*is breakfast included?*
pouvez-vous me réveiller à... ?	*could you wake me at ...?*
à quelle heure est servi le petit déjeuner ?	*when is breakfast served?*
y a-t-il un parking pour les clients de l'hôtel ?	*is there a car park for guests?*
à quelle heure doit-on libérer la chambre ?	*when do you have to leave the room by?*

vocabulaire

la salle de bains	the bathroom	**un oreiller**	a pillow
les toilettes	the toilet	**une couverture**	a blanket
la douche	the shower	**ne pas déranger**	do not disturb
un lit de bébé	a child's bed, a cot	**pousser/tirer**	push/pull

une chambre double/simple a double/single room

est-ce qu'il est possible de rester une nuit de plus ?	*is it possible to stay an extra night?*
c'est très bruyant, je voudrais changer de chambre	*it's very noisy, I'd like to change rooms*
pouvez-vous me donner une serviette supplémentaire ?	*could I have an extra towel?*
il n'y a pas de papier toilette/d'eau chaude	*there's no toilet paper/ hot water*
la climatisation/ le chauffage/ la télévision ne fonctionne pas	*the air conditionning/ the heating/ the television is not working*
je voudrais parler au directeur	*I'd like to speak to the manager*
la clé de la chambre n°..., s'il vous plaît	*the key for room ..., please*
y a-t-il un message pour moi ?	*is there a message for me?*
je voudrais une facture détaillée	*I'd like an itemized bill*

vocabulaire

l'escalier	the stairs	**l'ascenseur**	the lift
la réception	the reception	**du savon**	soap
le coffre-fort	the safe	**les draps**	the sheets
le bar	the bar	**la lampe de chevet**	the bedside lamp

la sortie de secours the emergency exit

la salle de restaurant the dining room

une table pour deux personnes, s'il vous plaît	*a table for two, please*
avez-vous un menu en français/enfants ?	*do you have a menu in French/a children's menu?*
qu'est-ce que vous nous recommandez ?	*what do you recommend?*
quel est le plat/le menu du jour ?	*what is the dish of the day/ the set menu?*
quelle est votre spécialité ?	*what is your speciality?*
qu'est-ce que c'est ? qu'est-ce qu'il y a dedans ?	*what is …? what's it made with?*
nous voudrions commander	*we're ready to order*
nous n'avons pas encore choisi	*we haven't decided yet*
pour moi, ce sera...	*I'll have …*
pouvez-vous nous apporter du pain/une carafe d'eau?	*could we have some bread/ water?*
ce n'est pas ce que j'ai commandé, j'avais demandé...	*it's not what I ordered, I asked for …*
c'est froid/ce n'est pas frais	*it's cold/it's not fresh*
la note, s'il vous plaît	*can we/I have the bill, please*

vocabulaire

réservé	reserved	**poissons**	fish
un apéritif	an aperitif	**une bouteille**	a bottle
le menu	the menu	**un verre**	a glass
la carte des vins	the wine list	**du sel/du poivre**	salt/pepper
en dessert	for dessert	**de la moutarde**	mustard
viandes	meat	**une chaise haute**	a high chair

en entrée to start, for my starter
comme plat principal for the main course
saignant/à point/bien cuit rare/medium/well done
de l'huile/du vinaigre oil/vinegar

est-ce que cette table/chaise est libre ?	*is this table/chair free?*
s'il vous plaît !	*excuse me!*
qu'est-ce que vous prenez ?	*what can I get you?*
deux cafés noirs, s'il vous plaît	*two black coffees, please*
je vais prendre un thé/ une bière/un verre de vin	*I'll have a tea/a beer/ a glass of wine*
la même chose pour moi	*I'll have the same*
une autre bière, s'il vous plaît	*(could I have) another beer, please*
avez-vous quelque chose à grignoter ?	*do you have any snacks?*
est-ce que vous faites des sandwichs ?	*do you do sandwiches?*
ce n'est pas ce que j'ai commandé/j'avais demandé...	*this isn't what I ordered/ I asked for ...*
l'addition, s'il vous plaît	*can we/I have the bill, please*
nous payons séparément	*we're paying separately*
excusez-moi, je crois qu'il y a une erreur dans le total	*excuse me, I think there's a mistake in the bill*
où sont les toilettes ?	*where is the toilet?*

vocabulaire

un café au lait	a white coffee	**un jus de fruits**	a fruit juice
un expresso	an expresso	**des glaçons**	ice
un capuccino	a capuccino	**un apéritif**	an aperitif
un chocolat	a hot chocolate	**une glace**	an ice cream
une infusion	a herbal tea	**un sorbet**	a sorbet

un café décaféiné a decaffeinated coffee
un thé citron/au lait a lemon tea/tea (with milk)
un verre d'eau/de lait a glass of water/of milk
une eau plate/gazeuse some still/fizzy water
des cacahuètes/des chips peanuts/crisps

qu'est-ce qu'il y a à faire le soir ?	*what is there to do in the evening?*
pouvez-vous nous recommander un spectacle ?	*can you recommend a show?*
à quelle heure ça commence/ ça se termine ?	*what time does it start at/ finish at?*
est-ce qu'il faut réserver à l'avance ?	*do you have to book in advance?*
c'est combien ?	*how much is it? how much does it cost?*
je voudrais deux places pour samedi soir	*I'd like two seats for Saturday night*
où doit-on retirer les tickets ?	*where do you collect the tickets?*
il faut arriver combien de temps à l'avance ?	*how early do you have to be there?*
est-ce qu'il y a des concerts gratuits ?	*are there any free concerts?*
où peut-on trouver un bar/ un restaurant typique/ une boîte de nuit ?	*where can we find a bar/ a traditional restaurant/ a nightclub?*
ça vous dit d'aller prendre un verre/d'aller danser ?	*would you like to go for a drink/to go to a club?*

vocabulaire

une salle de concert	a concert hall	**un cinéma**	a cinema
un concert	a concert	**un film**	a film
un théâtre	a theatre	**un ballet**	a ballet
une pièce de théâtre	a play	**un spectacle**	a show
l'opéra	the opera	**l'entracte**	the interval
un opéra	an opera	**le vestiaire**	the cloakroom

un son et lumière a son et lumière, a sound and light performance
la billetterie, le guichet the ticket office
la séance the show, the screening
une consommation gratuite a free drink

où est-ce que je peux louer une voiture ?	*where can I hire a car?*
je voudrais louer une voiture pour une semaine	*I'd like to hire a car for a week*
une voiture de catégorie économique/5 places	*an economy car/a 5-seater*
quel est le tarif par jour/ pour trois jours/par semaine ?	*what is the rate per day/ for three days/for a week?*
est-ce que le kilométrage est illimité ?	*is there unlimited mileage?*
l'assurance tous risques est-elle comprise ?	*is comprehensive insurance included?*
est-ce que je peux laisser la voiture à l'aéroport ?	*can I leave the car at the airport?*
quel carburant dois-je mettre ?	*what type of petrol GB/ gas US does it take?*
faut-il la rendre avec le plein ?	*do I have to return it with a full tank of petrol GB/gas US?*
votre permis de conduire, s'il vous plaît	***can I see your driving GB/ driver's license US, please***
est-ce qu'il y a un supplément pour un deuxième conducteur ?	*is there an extra charge for a second driver?*
j'ai besoin d'une facture	*I need a bill*

vocabulaire

une petite voiture	a small car	**un scooter**	a scooter
une camionnette	a van	**un siège-bébé**	a child safety seat
une moto	a motorbike	**un rehausseur**	a booster seat

un monospace a multi-purpose vehicle, a people carrier
une voiture automatique an automatic
la climatisation the air conditioning
le GPS the GPS (navigation)

À la station-service

où est-ce que je peux trouver une station-service ?	*where can I find a petrol GB/ filling US station?*
station en libre-service	*self-service petrol GB/ filling US station*
ouvert 24h/24 7j/7	*open 24/7*
le plein/... litres, s'il vous plaît.	*a full tank/ ... litres, please*
... livres/dollars de super	*... pounds of four-star GB/ ... dollars of super US*
« insérez votre carte »	*«insert your card»*
« sélectionnez le carburant »	*«select the fuel»*
pourriez-vous vérifier le niveau d'huile/d'eau ?	*could you check the oil/ water (level)?*
je voudrais un bidon d'huile/d'essence	*I'd like a can of oil/ petrol GB/gas US*
vous vendez des ampoules de phare ?	*do you sell car headlight bulbs?*
où est-ce que je peux vérifier la pression des pneus ?	*where can I check the tyre GB/ tire US pressure?*
pourriez-vous me nettoyer le pare-brise ?	*could you clean the windscreen GB/windshield US for me?*
j'ai besoin de jetons pour utiliser la station de lavage	*I need tokens to use the car wash*

vocabulaire

l'huile moteur	motor oil	**code confidentiel**	PIN number
un bidon	a can	**un reçu**	a receipt

un pneu a tyre *GB*, a tire *US*
l'essence petrol *GB*/gas *US*
le super/le diesel/le GPL four-star *GB*, super *US*/diesel/LPG
le liquide de refroidissement coolant
le réservoir the petrol *GB*/gas *US* tank
le pare-brise the windscreen *GB*, the windshield *US*
les essuie-glace the windscreen *GB*/windshield *US* wipers

ma voiture est en panne	*my car has broken down*
je suis en panne d'essence	*I've run out of petrol* GB/*gas* US
je n'arrive pas à démarrer	*I can't (manage to) start*
la batterie est à plat	*the battery is flat*
le moteur chauffe/fait un drôle de bruit	*the engine is overheating/ is making a strange noise*
pouvez-vous me remorquer jusqu'à un garage ?	*could you tow me to a garage?*
pouvez-vous m'envoyer une dépanneuse ?	*could you send me a breakdown van GB/tow truck US?*
ma voiture est sur l'autoroute/ à trois kilomètres de...	*my car is on the motorway GB/ highway US/two miles from ...*
nous avons eu un accident	*we had an accident*
il faut appeler une ambulance/ les pompiers	*call an ambulance/ the emergency services*
pouvez-vous la réparer aujourd'hui/ faire une réparation provisoire ?	*can you repair it today/ do a temporary repair?*
quand sera-t-elle prête ?	*when will it be ready?*
j'ai besoin d'une facture	*I need an invoice*

vocabulaire

le radiateur	the radiator	**la courroie**	the belt
l'embrayage	the clutch	**les amortisseurs**	the shock absorbers
les freins	the brakes	**le frein à main**	the handbrake

une roue de secours a spare wheel
l'accélérateur the accelerator *GB*/gas *US* pedal
la boîte de vitesse the gearbox *GB*/transmission *US*
le pot d'échappement the exhaust
le rétroviseur the rear-view mirror, (latéral) the wing *GB*/side-view *US* mirror
le tableau de bord the dashboard, instrument panel
le pare-chocs the bumper *GB*, the fender *US*
une crevaison a puncture *GB*, a flat *US*
un constat d'accident an accident report

au secours ! appelez la police !	*help! call the police!*
où se trouve le commissariat le plus proche ?	*where is the nearest police station?*
est-ce que quelqu'un parle français, ici ?	*does anyone speak French here?*
je ne parle pas anglais	*I don't speak English*
j'ai perdu mon portefeuille/ mes papiers	*I've lost my wallet/my identity papers*
on m'a volé ma carte de crédit/mon sac à dos	*my credit card/my backpack has been stolen*
ma voiture a été forcée	*my car has been broken into*
votre voiture est à la fourrière	**your car has been impounded**
où/quand cela s'est-il passé ?	**where/when did that happen?**
je voudrais faire une déclaration de perte/de vol	*I'd like to report a loss/a theft*
pouvez-vous remplir ce formulaire, s'il vous plaît ?	**can you fill in this form, please?**
pouvez-vous signer ici ?	**can you sign here?**
j'ai besoin d'une copie pour mon assurance	*I need a copy for my insurance*
j'ai été agressé(e)	*I was attacked*
j'ai été témoin d'une agression	*I witnessed an attack*
mon fils/ma fille a disparu	*my son/daughter has disappeared*

vocabulaire

la carte d'identité	the identity card	**le sac à main**	the handbag
l'argent	money	**l'appareil photo**	the camera

le permis de conduire the driving licence *GB*, the driver's license *US*
les chèques de voyages traveller's cheques *GB*/traveler's checks *US*
les bijoux jewellery *GB*, jewelry *US*
un ordinateur portable a laptop
un téléphone portable a mobile phone *GB*, a cell phone *US*

au secours ! aidez-moi !	*help! help me!*
c'est urgent ! dépêchez-vous !	*it's an emergency! hurry up!*
où se trouve l'hôpital le plus proche ?	*where is the nearest hospital?*
comment on y va ?	*which way is it?*
il y a eu un accident	*there has been an accident*
il y a des blessés/ je suis blessé(e)	*some people have been injured/I'm injured*
appelez une ambulance/ un médecin/les urgences !	*call an ambulance/a doctor/ the emergencies!*
il faut prévenir la police/ les pompiers !	*you have to notify the police/ the emergency services!*
il a perdu connaissance	*he has lost consciousness*
il faut l'emmener à l'hôpital	*he has to go to hospital*
il faut l'opérer/le plâtrer/ faire une radio	**he has to be operated/he needs a plaster/he has to have an x-ray**
j'ai besoin de voir un médecin/un dentiste	*I need to see a doctor/a dentist*
je suis malade	*I'm ill*
je suis allergique à.../ asthmatique/diabétique/ cardiaque	*I'm allergic to .../I have asthma/I'm a diabetic/I have a heart condition*
je suis enceinte de... mois	*I'm ... months pregnant*

vocabulaire

une plaie	a wound	**une piqûre**	an injection
une blessure	an injury	**le chirurgien**	the surgeon
une entorse	a sprain	**l'infirmière**	the nurse
une fracture	a fracture	**un antalgique**	a painkiller
une opération	an operation	**un plâtre**	a plaster

une hémorragie bleeding, a haemorrhage
une anesthésie locale/générale a local/general anaesthetic
l'interne the (junior) doctor *GB*, the intern *US*

j'ai besoin de voir un médecin/un dentiste	*I need to see a doctor/a dentist*
je voudrais un rendez-vous aujourd'hui/rapidement	*I'd like an appointment today/soon*
j'ai rendez-vous avec le docteur...	*I have an appointment with Doctor ...*
où avez-vous mal ?	***where does it hurt?***
ça vous fait mal quand j'appuie ici ?	***does it hurt when I press here?***
j'ai mal ici/à la gorge/ au cœur/au ventre	*it hurts here/I have a sore throat/I feel sick/ I have a stomache-ache*
avez-vous de la fièvre ?	***do you have a temperature?***
je me sens faible	*I feel weak*
je suis enrhumé(e)/ j'ai une toux grasse/sèche	*I have a cold/ I have a chesty/ dry cough*
j'ai le nez qui coule/bouché	*I have a runny/blocked nose*
je suis constipé(e)/ j'ai la diarrhée	*I'm constipated/ I have diarrhea*
j'ai vomi plusieurs fois	*I've been sick several times*
ça me démange	*it's itchy*

vocabulaire

la température	the temperature	**une bronchite**	bronchitis
la tension	blood pressure	**une angine**	a throat infection
une grippe	flu	**une otite**	an ear infection

un cabinet médical a doctor's surgery *GB*, a doctor's office *US*
les heures de consultation surgery hours *GB*, office hours *US*
une intoxication alimentaire food poisoning

est-ce que c'est grave/ contagieux ?	*is it serious/contagious?*
tout va bien	*everything is fine*
j'ai perdu un plombage/ une dent/une couronne	*I've lost a filling/a tooth/ a crown*
vous avez une carie	*you have a cavity/you have a decayed tooth*
je me suis tordu la cheville	*I twisted my ankle*
je crois que je me suis cassé/ foulé le poignet	*I think I've broken/ sprained my wrist*
je suis allergique à...	*I'm allergic to …*
j'ai un traitement/ je prends ceci	*I'm taking medication/ I'm taking this*
je prends la pilule	*I'm on the pill*
je suis enceinte de... mois	*I'm … months pregnant*
je suis asthmatique/ diabétique/ cardiaque	*I have asthma/ I'm a diabetic/ I have a heart condition*
je n'ai pas mes règles depuis...	*I haven't had my periods since …*
je porte un stérilet	*I have an IUD*

vocabulaire

une ordonnance	a prescription	**le dos**	the back
un médicament	a medicine	**l'oreille**	the ear
des antibiotiques	antibiotics	**la dent**	the tooth
la tête	the head		

l'hypertension high blood pressure

une crise d'asthme/d'épilepsie an asthma attack/an epileptic fit

où se trouve la pharmacie la plus proche ?	*where's the nearest chemist's GB/drugstore US?*
avez-vous quelque chose pour le mal de tête/le mal de gorge/les ampoules ?	*do you have something for a headache/a sore throat/blisters?*
je voudrais un produit contre la toux/la diarrhée	*I'd like some cough medicine/ something for diarrhea*
avez-vous une ordonnance ?	***do you have a prescription?***
ce médicament ne se délivre que sur ordonnance	***this is a prescription only medicine***
je suis allergique à...	*I'm allergic to ...*
quels sont les effets secondaires ?	*what are the side effects?*
combien dois-je en prendre ?	*how much/many do I take?*
à quelle fréquence ?	*how often?*
vous en prendrez deux, trois fois par jour/matin, midi et soir	***you take two, three times per day/in the morning, at lunchtime and at night***
c'est à prendre avant/pendant/ en dehors des repas	***it has to be taken before food/ during meals/outside mealtimes***

vocabulaire

un comprimé	a tablet	**des pansements**	dressings
une gélule	a capsule	**un bandage**	a bandage
du paracétamol	paracetamol	**des tampons**	tampons
de l'aspirine	aspirin	**des préservatifs**	condoms
une crème solaire	sun cream	**un test de grossesse**	a pregnancy test

la pharmacie de garde the emergency chemist's *GB*, the drugstore *US*
une crème antiseptique an antiseptic cream
un produit anti-moustiques a mosquito repellent
du coton cotton wool *GB*, absorbent cotton *US*
des serviettes hygiéniques sanitary towels *GB*, sanitary napkins *US*

je cherche un bureau de poste/ une boîte aux lettres	*I'm looking for a post office/ a postbox GB/mailbox US*
c'est ouvert le samedi ?	*is it open on Saturdays?*
je voudrais un timbre pour cette carte postale/cette lettre	*I'd like a stamp for this postcard/this letter*
je voudrais envoyer ce colis en exprès	*I'd like to send this parcel special delivery*
c'est fragile	*it's fragile*
quel est le tarif pour... ?	*what's the rate to ...?*
j'ai besoin d'un reçu	*I need a receipt*
vendez-vous des enveloppes ?	*do you sell envelopes?*
il faut remplir ce formulaire	***you have to fill in this form***
ça mettra combien de temps pour arriver ?	*how long will it take to get there?*
je dois envoyer un fax/ un télégramme à ...	*I have to send a fax/ a telegram GB/wire US to ...*
est-ce que je peux recevoir un fax ici ?	*can I receive a fax here?*
je dois récupérer un transfert d'argent/un virement	*I have to collect a money transfer*

vocabulaire

le destinataire	the addressee	**un timbre**	a stamp
l'expéditeur	the sender	**en recommandé**	recorded delivery
l'adresse	the address	**par avion**	(by) air mail

la dernière levée the last collection
le code postal the post code *GB*, the zip code *US*
au tarif normal/lent first class/second class
une pièce d'identité identification, proof of identity, identity papers
un annuaire a telephone directory

s'il vous plaît, où puis-je trouver une banque ?	*excuse me, where will I find a bank?*
où y a-t-il un bureau de change ?	*where can I find a bureau de change?*
je voudrais changer des euros en...	*I'd like to change euros into ...*
quel est le taux de change ?	*what is the exchange rate?*
à combien s'élève la commission ?	*how much is the commission? how much commission do you take?*
je voudrais changer ces chèques de voyage	*I'd like to cash these traveller's GB/traveler's US checks*
j'ai perdu/on m'a volé ma carte de crédit	*I've lost my credit card/ my credit card has been stolen*
je vais recevoir un mandat	*I'm going to receive a money order*
je voudrais faire un retrait	*I'd like to withdraw cash*
combien de temps ça va prendre ?	*how long will that take?*
y-a-t'il un distributeur automatique près d'ici ?	*is there a cash machine near here?*
le distributeur a avalé ma carte de crédit	*the cash machine has kept/ swallowed my credit card*

vocabulaire

le guichet	the counter	**un justificatif**	proof
un billet	a note	**hors service**	out of order
une pièce	a coin		

un compte bancaire a bank account
un compte courant a current account
un virement international an international transfer
retirer de l'argent to withdraw money

où est le marché/ le supermarché ?	*where's the market/ the supermarket?*
vous désirez ? est-ce qu'on vous sert ?	*can I help you? are you being attended to?*
je voudrais 1 kilo/ 300 grammes de ...	*I'd like a kilo/ 300 grammes of ...*
un peu plus/un peu moins	*a bit more/a bit less*
c'est à combien le kilo ?	*how much is it for a kilo?*
les oranges sont à 1,50 livres/ dollars le kilo	***oranges are 1 pound/ dollar 50 per kilo***
je regrette, nous n'en avons pas/plus	***I'm sorry, we don't have any/we have none left***
ce sera tout, merci	*that's all, thanks*
combien ça coûte ? je vous dois combien ?	*how much is that? how much do I owe you?*
je vais payer en espèces/ par carte de crédit	*I'm paying cash/ by credit card*
je crois qu'il y a une erreur dans le total	*I think there's a mistake in the total*
est-ce que je peux avoir un sac, s'il vous plaît ?	*could I have a bag, please?*

vocabulaire

ouvert/fermé	open/closed	**une boulangerie**	a baker's
bon marché/cher	cheap/expensive	**une boucherie**	a butcher's
le prix	the price	**une poissonnerie**	a fishmonger's
la caisse	the cashdesk	**une librairie**	a bookshop
le ticket de caisse	the receipt	**une tranche**	a slice

le chariot the trolley *GB*, the cart *US*
un marchand de fruits et légumes a fruit and vegetable seller
un bureau de tabac a newsagent's
une part, un morceau a piece

Acheter des **vêtements**

où se trouve le quartier commerçant ?	*where is the shopping area?*
où est le rayon homme/ femme/enfant ?	*where is the men's/women's/ children's department?*
à quel étage ?	*which floor is it on?*
je regarde…	*I'm just looking …*
je fais du… /je chausse du…	*I'm a …/I take a …*
est-ce que je peux essayer cet article ? où sont les cabines ?	*can I try on this item? where are the changing rooms?*
c'est trop petit/grand/ serré/large/court/long	*it's too small/big/ tight/big/short/long*
je voudrais ce modèle une taille en-dessous/au-dessus	*I'd like this model in a smaller/ bigger size*
l'avez-vous dans une autre couleur ?	*do you have it in another colour?*
est-ce que c'est lavable en machine ?	*can it go in the washing machine?*
ça ne me va pas	*it doesn't suit me*
je le prends/je vais réfléchir	*I'll take it/I'll think about it*
pouvez-vous me faire un paquet-cadeau ?	*could you gift-wrap it for me?*
où se trouve la caisse ?	*where is the cashdesk?*

vocabulaire

la vitrine	the window	**le coton**	cotton
les soldes	the sales	**le lin**	linen
une réduction	a reduction	**la laine**	wool
fait main	handmade	**la soie**	silk
un miroir	a mirror	**le cuir**	leather
les chaussures	the shoes		

les boutiques the boutiques/shops
les grands magasins the department stores
le rayon lingerie the lingerie department

combien coûte... ? c'est combien ?	*how much does ... cost?* *how much is it?*
combien je vous dois ?	*how much do I owe you?*
l'addition, s'il vous plaît	*can I/we have the bill, please*
où est-ce qu'on paye ?	*where do you pay?*
vous pouvez encaisser ?	*can we pay?*
comment est-ce que vous réglez ?	*how are you paying?*
je vais payer en espèces/ par carte	*I'm paying cash/ by credit card*
excusez-moi mais je crois qu'il y a une erreur dans le total/la monnaie	*excuse me, but I think there's a mistake in the total/with the change*
je suis désolé, je n'ai pas de monnaie	*I'm sorry, I've no change*
est-ce que vous auriez la monnaie de... livres/dollars?	*do you have change of ... pounds/dollars?*
est-ce que je peux avoir un reçu/une facture ?	*can a have a receipt/a bill?*

vocabulaire

la caisse	the cashdesk	**un ticket de caisse**	a receipt
le reçu	the receipt	**la monnaie**	the change

une pièce d'identité identification, proof of identity, identity papers
un distributeur automatique de billets a cash machine
l'addition the bill *GB*, the check *US*

est-ce que qu'il y a une réduction pour les enfants ?	*is there a reduction for children?*
est-ce que l'entrée est gratuite pour les enfants ?	*do children get in free?*
est-ce qu'il y a une aire de jeux/une garderie ?	*is there a play area/ a crèche?*
proposez-vous des activités sportives/des cours de natation pour les enfants ?	*do you have sports classes/ swimming lessons for children?*
avez-vous un menu spécial enfants ?	*do you have a children's menu?*
avez-vous une chaise haute/ un siège auto ?	*do you have a high chair/ a child safety seat?*
où puis-je allaiter/changer mon bébé ?	*where can I feed/change my baby?*
est-ce que vous pouvez me réchauffer ce biberon ?	*could you heat up this bottle for me?*
pouvez-vous me recommander un pédiatre ?	*could you recommend a doctor?*
est-ce que ce médicament convient pour un enfant de moins de 36 mois ?	*is this medicine safe for a child under three?*
mon fils/ma fille est allergique	*my son/my daughter has an allergy*
j'ai perdu mon fils/ ma fille a disparu	*I've lost my son/ my daughter has disappeared*

vocabulaire

du lait maternisé	formula (feed)	**un berceau**	a cradle
des couches	nappies	**une moustiquaire**	a mosquito net
des lingettes	wipes		

une tétine (de biberon) a teat *GB*, a nipple *US*

une poussette a pushchair *GB*, a stroller *US*

je m'appelle...	*I'm called ...*
je suis de la société...	*I'm from ...*
vous avez rendez-vous ?	*do you have an appointment?*
qui dois-je annoncer ?	*what's your name, please?*
j'ai rendez-vous avec Monsieur/Madame...	*I have an appointment with Mr/Mrs ...*
je voudrais un rendez-vous avec...	*I'd like to make an appointment with ...*
je vous présente mon collègue...	*let me introduce my colleague ...*
puis-je vous demander votre carte/adresse e-mail ?	*may I ask you for your card/ email address?*
je dois assister à une conférence	*I have to go to a conference*
où est la salle de réunion ?	*where is the meeting room?*
pouvez-vous prévenir M. ... que je serai en retard ?	*could you let Mr ... know that I'll be late?*
veuillez m'excuser pour le retard	*I'm sorry I'm late/please excuse me for arriving late*
j'ai besoin d'un interprète	*I need an interpreter*
est-il possible de passer un coup de fil ?	*could I make a phonecall?*
je voudrais envoyer un fax/un e-mail	*I'd like to send a fax/an email*
j'ai juste besoin de consulter ma messagerie	*I just need to read my email*

vocabulaire

un badge	a badge	**enregistrer**	to save
une carte de visite	a business card	**sauvegarder**	to save
le nom d'utilisateur	the user name	**envoyer**	to send
le mot de passe	the password	**ouvrir/fermer**	to open/to close
la connexion	the connection	**quitter**	to quit
le wifi	Wi-Fi	**imprimer**	to print

se connecter/déconnecter to log in/to log off

je voudrais acheter une carte téléphonique	*I'd like to buy a phonecard*
une carte téléphonique à... livres/dollars/ de... unités	*a ... pound/dollar phonecard, a phonecard with ... units*
je voudrais appeler en PCV	*I'd like to make a reverse charge call GB/collect call US*
veuillez patienter, s'il vous plaît	***hold the line, please***
où/quand est-ce que je peux vous joindre ?	*where/when can I call you?*
vous pouvez me joindre au...	***you can call me on ...***
vous avez un numéro de portable ?	*do you have a mobile GB/ cell US number?*
mon numéro est le...	*my number is ...*
allo ? c'est ...	*hello, it's ...*
pourrais-je parler à..., de la part de... ?	*my name is ..., could I speak to ...?*
c'est de la part de qui ? qui est à l'appareil ?	***who's calling?***
ne quittez pas ! un instant, s'il vous plaît	***hold the line, I'll be with you in a second***
je vous le passe	***I'm putting you through***
son poste est occupé	***his/her line is busy***
il n'est pas là pour le moment	***he isn't there right now***

vocabulaire

un message a message
un chargeur a battery charger
un sms a text message
le numéro de poste the direct line

un répondeur an answering machine
un appel à l'étranger a call abroad

je n'ai pas compris, pourriez-vous répéter plus lentement	*I didn't understand, could you repeat more slowly?*
je vous entends très mal, pourriez-vous parler plus fort	*the line is very bad, could you speak up?*
est-ce que je peux laisser un message ?	*can I leave a message?*
pouvez-vous lui dire que j'ai appelé ?	*could you tell him/her that I called?*
quand est-ce que je peux le rappeler ?	*when can I call him back?*
je rappellerai plus tard	*I'll call back later*
ça sonne occupé/ ça ne répond pas	***it's engaged/ there's no reply***
ça va couper/ on a été coupés	***we're going to be cut off/ we've been cut off***
vous vous êtes trompé de numéro	***you dialled the wrong number***
excusez-moi, j'ai dû faire un faux numéro	*excuse me, I must have dialled the wrong number*
je n'ai pas de réseau/ je n'ai plus de batterie	*I don't have the network/ I've no battery left*
où est-ce que je peux recharger mon portable ?	*were can I recharge my mobile GB/cell US phone?*
ce numéro n'est plus attribué	***this number is no longer available***

vocabulaire

l'indicatif the dialling code **les renseignements** enquiries

un annuaire a telephone directory

une cabine téléphonique a phone box *GB*, a phone booth *US*

avant-hier/hier/aujourd'hui/ demain/après-demain	*the day before yesterday/ yesterday/today/tomorrow/ the day after tomorrow*
ce matin/cet après-midi/ ce soir/cette nuit	*this morning/this afternoon/this evening/tonight*
à midi/à minuit/hier soir/ demain matin	*at midday/at midnight/last night/tomorrow morning*
on est le combien aujourd'hui ?	*what is today's date?*
il y a deux jours/dans trois jours	*two days ago/in three days*
pendant un mois/une semaine	*for a month/a week*
quelle heure est-il, s'il vous plaît ?	*could you tell me the time, please?*
il est 9 heures du matin/du soir	*it's 9 am/pm*
il est une heure moins le quart/et quart/et demie	*it's quarter to one/quarter past one/half past one*
il est deux heures moins dix/ deux heures vingt	*it's ten to two/twenty past two*
lundi, mardi, mercredi, jeudi, vendredi, samedi, dimanche	*Monday, Tuesday, Wednesday, Thursday, Friday, Saturday, Sunday*
janvier, février, mars, avril, mai, juin, juillet, août, septembre, octobre, novembre, décembre	*January, February, March, April, May, June, July, August, September, October, November, December*

compter

0, 1, 2, 3, 4, 5, 6, 7, 8, 9 zero, one, two, three, four, five, six, seven, eight, nine

10, 11, 12, 13, 14, 15, 16, 17, 18, 19 ten, eleven, twelve, thirteen, fourteen, fifteen, sixteen, seventeen, eighteen, nineteen

20, 21, 22, 23, 30, 31, 40, 41, 50, 60 twenty, twenty-one, twenty-two, twenty-three, thirty, thirty-one, forty, forty-one, fifty, sixty

70, 81, 90, 100, 101, 200, 500 seventy, eighty-one, ninety, a/one hundred, a hundred and one, two hundred, five hundred

1000, 2000, 10 000, 100 000, 1 000 000 a/one thousand, two thousand, ten thousand, a/one hundred thousand, a/one million

Les tailles, les pointures

Les chaussures d'homme	
en France	en GB et aux US
39	6 1/2
40	7
41	7 1/2
42	8 1/2
43	9
44	10
45	11
46	12

Les chaussures de femme		
en France	en GB	aux US
35	3	6
36	3 1/2	6 1/2
37	4	7
38	5	7 1/2
39	6	8
40	7	8 1/2
41	8	9

Les vêtements d'homme	
en France	en GB et aux US
38	28
40	30
42	32
44	34
46	36
48	38
50	40
52	42
54	44
56	46

Les vêtements de femme		
en France	en GB	aux US
34	8	4
36	10	6
38	12	8
40	12	8
42	14	10
44	16	12
46	16	12
48	18	14
50	20	16

vocabulaire

quelle taille/pointure faites-vous ? what size are you?
je porte du 42 I take a size 32
je chausse du 40 my shoe size is 7
l'avez-vous en 40 ? do you have this in a 12 *GB*/8 *US*?

Contributeurs à la rédaction :
Héloïse Neefs, Gérard Kahn, Sue Steinberg, Anne Le Meur
Guide conversation : Paloma Cabot
Traduction du guide : Lesley Johnston
Maquette de couverture : Karine Nayé
Composition SGML : Compos Juliot

ISBN 978-2-01-281441-7

www.hachette-education.com

HACHETTE

& Oxford

Mini dictionnaire

FRANÇAIS-ANGLAIS
ANGLAIS-FRANÇAIS

OXFORD
UNIVERSITY
PRESS

hachette
ÉDUCATION

TV	télévision	☺	familier
UNIV	université	☹	populaire
US	graphie ou prononciation américaine	•	vulgaire ou tabou
		C	dénombrable
		¢	non dénombrable
v	verbe	~	reprise du mot vedette
vi	verbe intransitif		
vpr	verbe pronominal	≈	équivalent approximatif
vtr	verbe transitif	▶	renvoi
ZOOL	zoologie	(...)	synonyme, complément, commentaire
†	vieilli		
®	marque déposée, nom déposé	[...]	sujet

Les marques déposées Les mots qui, à notre connaissance, sont considérés comme des marques ou des noms déposés sont signalés dans cet ouvrage par ®. La présence ou l'absence de cette mention ne peut pas être considérée comme ayant valeur juridique.

Liste des abréviations

inv	invariable
IRON	ironique
JUR	juridique, droit
LANG ENFANT	langage enfantin
LING	linguistique
LIT	littéralement
LITTÉR	littéraire
LITTÉRAT	littérature
Loc	locution
m	masculin
MATH	mathématique
MÉD	médecine
MÉTÉO	météorologie
MIL	militaire, armée
MUS	musique
MYTHOL	mythologie
n	nom
NAUT	nautisme
nég	négatif
Onomat	onomatopée
ORDINAT	informatique
p, part	participe
p antér	passé antérieur
p comp	passé composé
PÉJ	péjoratif
pers	personnel
PHILOS	philosophie
PHOT	photographie
phr	*phrase*, locution
PHYS	physique
pl	pluriel
plus-que-pf	plus-que-parfait
POL	politique
poss	possessif
POSTES	postes
pp	participe passé
pr	propre
prep, prép	préposition, prépositive
pres, prés	présent
PRESSE	presse
pret, prét	prétérit
pron	pronom, pronominal
PROV	proverbe
PSYCH	psychologie
qch	quelque chose
qn	quelqu'un
quantif	quantificateur
réfl	réfléchi
rel	relatif
RELIG	religion
sb	*somebody*, quelqu'un
SCOL	scolaire, école
sg	singulier
SOCIOL	sociologie
SOUT	soutenu
sth	*something*, quelque chose
subj	subjonctif
TECH	technologie
TÉLÉCOM	télécommunications
THÉT	théâtre
tjrs	toujours

Liste des abréviations

abrév	abréviation
adj	adjectif, ive
ADMIN	administration
adv	adverbe, adverbial
AGRIC	agriculture
ANAT	anatomie
ARCHIT	architecture
ARGOT	argot
art	article
ART	beaux-arts
AUDIO	audiovisuel
AUT	automobile
aux	auxiliaire
AVIAT	aviation
B	français de Belgique
BIOL	biologie
BOT	botanique
C	français du Canada
CHIMIE	chimie
CIN	cinéma
COMM	commerce
cond	conditionnel
conj	conjonction, conjonctive
CONSTR	bâtiment
CONTROV	usage critiqué
CULIN	culinaire
déf	défini
dém	démonstratif
det, dét	déterminant
dial	dialecte
ÉCON	économie
ÉLEC	électrotechnique
épith	épithète
euph	euphémisme
excl	exclamatif, exclamation
f	féminin
FIG	figuré
FIN	finance
fut	futur
GB	graphie ou prononciation britannique
GÉN	généralement
GÉOG	géographie
H	français de Suisse
HIST	histoire
HUM	humoristique
impér	impératif
impf	imparfait
IND	industrie
ind	indirect
indic	indicatif
inf	infinitif
INJUR	injurieux
inter	interrogatif, interrogation
inus	inusité

Prononciation de l'anglais

Voyelles et diphtongues

iː	see	/siː/	ɜː	fur	/fɜːr/
ɪ	sit	/sɪt/	ə	ago	/ə'gəʊ/
e	ten	/ten/	eɪ	page	/peɪdʒ/
æ	hat	/hæt/	əʊ	home	/həʊm/
ɑː	arm	/ɑːm/	aɪ	five	/faɪv/
ɒ	got	/gɒt/	aʊ	now	/naʊ/
ɔː	saw	/sɔː/	ɔɪ	join	/dʒɔɪn/
ʊ	put	/pʊt/	ɪə	near	/nɪər/
uː	too	/tuː/	eə	hair	/heər/
ʌ	cup	/kʌp/	ʊə	pure	/pjʊər/

Consonnes

p	pen	/pen/	s	so	/səʊ/
b	bad	/bæd/	z	zoo	/zuː/
t	tea	/tiː/	ʃ	she	/ʃiː/
d	did	/dɪd/	ʒ	vision	/'vɪʒn/
k	cat	/kæt/	h	how	/haʊ/
g	got	/gɒt/	m	man	/mæn/
tʃ	chin	/tʃɪn/	n	no	/nəʊ/
dʒ	June	/dʒuːn/	ŋ	sing	/sɪŋ/
f	fall	/fɔːl/	l	leg	/leg/
v	voice	/vɔɪs/	r	red	/red/
θ	thin	/θɪn/	j	yes	/jes/
ð	then	/ðen/	w	wet	/wet/

Le signe (') précède la syllabe accentuée.

Préface

Cette nouvelle édition du Mini dictionnaire bilingue Hachette & Oxford s'adresse à tous ceux qui désirent comprendre et traduire les mots et expressions les plus courants du français et de l'anglais d'aujourd'hui.

Nous avons veillé à l'actualité de la nomenclature et des expressions, et accordé une large part aux américanismes.

La structure des articles permet le repérage rapide de la phonétique (anglaise et américaine), des catégories grammaticales, des mots composés, des expressions idiomatiques et des verbes à particule ; les différents sens apparaissent en contexte.

Si un verbe anglais est irrégulier, c'est à son entrée que l'on trouvera ses différentes formes.

Clair, complet et actuel, ce dictionnaire rend compte de l'évolution du monde moderne et offre, en un volume compact et pratique, un outil de référence précieux. Avec son guide de conversation, il est le compagnon idéal pour le voyage, les études et la vie professionnelle.

L'Éditeur

Table des matières

a

a, **A** /a, ɑ/ *nm inv* **de A à Z** from A to Z.

à /a/ *prép* (avec mouvement) **aller ~ Paris** to go to Paris; (lieu où l'on se trouve) **~ la maison** at home; **~ Paris** in Paris; (dans le temps) **~ 10 ans** at the age of 10; **au printemps** in (the) spring; (dans une description) with; **le garçon aux cheveux bruns** the boy with dark hair; (avec être) **je suis ~ vous tout de suite** I'll be with you in a minute; **c'est ~ qui de jouer?** whose turn is it?; **c'est ~ toi** it's your turn; (marque l'appartenance) **~ qui est cette montre?** whose is this watch?; **un ami ~ moi** a friend of mine; (avec un nombre) **nous l'avons fait ~ deux** two of us did it; **~ trois on est serrés** with three people it's crowded; **mener 3 à 2** to lead 3 (to) 2; **~ 10 francs le kilo** at 10 francs a kilo.

abaisser /abese/ I *vtr* to pull (down). II **s'~** *vpr* to demean oneself.

abandon /abɑ̃dɔ̃/ *nm* GÉN abandonment; **à l'~** in a state of neglect; **contraint à l'~** forced to withdraw; **vainqueur par ~** winner by default.

abandonné, **~e** /abɑ̃dɔne/ *adj* [personne] deserted; [maison] abandoned.

abandonner /abɑ̃dɔne/ I *vtr* GÉN to give up; (matière) to drop; (course) to withdraw (from); (navire) to abandon; (personne) to leave; (faire défaut) to fail. II **s'~** *vpi* **s'~ au désespoir** to give in to despair.

abat-jour /abaʒuʀ/ *nm inv* lampshade.

abats /aba/ *nmpl* (de bœuf, etc) offal ¢; (de volaille) giblets.

abattoir /abatwaʀ/ *nm* slaughterhouse.

abattre /abatʀ/ I *vtr* (animal de boucherie) to slaughter; (animal dangereux) to destroy; (personne) to shoot [sb] down; **l'homme à ~** the prime target; (mur) to knock down; (avion) to shoot down; (arbre) to fell; (accabler) to demoralize; (accomplir) **~ un gros travail** to get through lots of work. II **s'~** *vpr* **s'~ sur** [orage] to beat down on; [oiseau] to swoop down on; [malheur] to descend upon.

abattu, **~e** /abaty/ *adj* depressed.

abc /ɑbese/ *nm* ABC, rudiments.

abcès /apsɛ/ *nm* abscess.

abdominal, **~e**, *mpl* **~aux** /abdɔminal, o/ I *adj* abdominal. II **abdominaux** *nmpl* abdominal muscles; SPORT stomach exercises.

abeille /abɛj/ *nf* bee.

abîmer /abime/ I *vtr* to damage; **très abîmé** badly damaged. II **s'~** *vpr* [fruit] to spoil; (vue) to ruin.

aboiement /abwamɑ̃/ *nm* barking ¢.

abolir /abɔliʀ/ *vtr* to abolish.

abominable /abɔminabl/ *adj* abominable.

abondance /abɔ̃dɑ̃s/ *nf* (de produits) wealth; (de ressources) abundance; **vivre dans l'~** to live in affluence.

abondant, **~e** /abɔ̃dɑ̃, ɑ̃t/ *adj* **la nourriture est ~e** there's lots to eat; **une récolte ~e** a bumper harvest; **des illustrations ~es** many illustrations; [chevelure] thick; [végétation] lush.

abonder /abɔ̃de/ *vi* **~ en** to be full of.
• **~ dans le sens de qn** to go along with what sb says.

abonné, **~e** /abɔne/ *nm,f* (lecteur, etc) subscriber; (spectateur) season ticket holder; **~ au gaz** gas consumer.

abonnement /abɔnmɑ̃/ *nm* **souscrire un ~** to take out a subscription; **(carte d')~** season ticket.

abonner /abɔne/ I *vtr* (à un journal) to buy a subscription to; (à l'opéra) to buy a season ticket to. II **s'~** *vpr* (à un journal) to take out a subscription to.

abord /abɔʀ/ I *nm* **au premier** ~ at first sight. II **d'~** *loc adv* first; **tout d'~** first of all; (contrairement à la suite) at first. III **~s** *nmpl* **aux ~s de la route** near the road.

abordable /abɔʀdabl/ *adj* [prix] affordable; [texte] accessible.

abordage /abɔʀdaʒ/ *nm* boarding; **à l'~!** stand by to board!

aborder /abɔʀde/ I *vtr* (problème) to deal with; **se faire ~ par qn** to be approached by sb; **avant d'~ le virage** on the approach to the bend. II *vi* [navire] to land.

aboutir /abutiʀ/ I *vtr ind* ~ **à** to lead to. II *vi* **les négociations n'ont pas abouti** the talks came to nothing.

aboyer /abwaje/ *vi* to bark.

abracadabrant, **~e** /abʀakadabʀɑ̃, ɑ̃t/ *adj* absurd.

abréger /abʀeʒe/ *vtr* **version abrégée** abridged version; (souffrances) to put an end to; (récit) to cut short.

abréviation /abʀevjɑsjɔ̃/ *nf* abbreviation.

abri /abʀi/ *nm* shelter; **à l'~ (du vent)** sheltered (from the wind); **personne n'est à l'~ d'une erreur** everybody makes mistakes.

abricot /abʀiko/ *nm* apricot.

abricotier /abʀikɔtje/ *nm* apricot tree.

abriter /abʀite/ I *vtr* to take in. II **s'~** *vpr* **s'~ du vent** to shelter from the wind.

abrupt, **~e** /abʀypt/ *adj* [chemin] steep; [personne, ton] abrupt.

abruti, **~e** /abʀyti/ *nm,f* idiot.

abrutir /abʀytiʀ/ I *vtr* **être ~ de travail** to be overwhelmed with work; **la chaleur m'abrutit** the heat wears me out. II **s'~** *vpr* **s'~ de travail** to wear oneself out with work.

absence /apsɑ̃s/ *nf* GÉN absence; **pendant votre ~** while you were out; (manque) lack.

absent, **~e** /apsɑ̃, ɑ̃t/ I *adj* **il est ~** (longtemps) he's away; (brièvement) he's out; **j'étais ~ de l'école hier** I did not go to school yesterday; **d'une voix ~e** absent-mindedly. II *nm,f* absentee.

absenter: **s'~** /apsɑ̃te/ *vpr* **s'~ quelques minutes** to leave for a few minutes; **s'~ longtemps** to be gone for long.

absolu, **~e** /apsɔly/ *adj*, *nm*absolute.

absolument /apsɔlymɑ̃/ *adv* absolutely; **il faut ~ que j'y aille** I really must go.

absorbant, **~e** /apsɔʀbɑ̃, ɑ̃t/ *adj* [matière] absorbent; [lecture] fascinating.

absorber /apsɔʀbe/ *vtr* [éponge] to absorb; (nourriture) to eat; (boisson) drink; **absorbé dans ses pensées** lost in thought.

abstenir: **s'~** /apstəniʀ/ *vpr* (de voter) to abstain; **s'~ de qch/de faire** to refrain from sth/from doing; **pas sérieux s'~** no time-wasters.

abstention /apstɑ̃sjɔ̃/ *nf* abstention; **il y a eu 10% d'~** 10% abstained.

abstrait, **~e** /apstʀɛ, ɛt/ *adj* abstract.

absurde /apsyʀd/ *adj*, *nm* absurd; **démontrer qch par l'~** to prove sth by contradiction.

absurdité /apsyʀdite/ *nf* absurdity; **tu dis des ~s** you're talking nonsense.

abus /aby/ *nm* abuse; **~ dangereux** can seriously damage your health; **il y a de l'~**☺! that's a bit much☺! ▪ **~ de confiance** breach of trust.

abuser /abyze/ I *vtr* to fool; **se laisser ~** to be taken in. II **~ de** *vtr ind* **~ de l'alcool** to drink to excess; (sucreries) to over-indulge in; (situation) to exploit; **~ de qn/qch** to take advantage of sb/sth; **je ne voudrais pas ~** I don't want to impose. III *vi* to go too far.

• **si je ne m'abuse** if I'm not mistaken.

abusif, **~ive** /abyzif, iv/ *adj* excessive.

acabit /akabi/ *nm* **les gens de ton ~** people like you; **une histoire du même ~** a similar story.

acacia /akasja/ *nm* acacia.

académicien, **~ienne** /akademisjɛ̃, jɛn/ *nm,f* academician; (de l'Académie française) *member of the Académie française*.

académie /akademi/ *nf* **~ de peinture/ de dessin** art academy; SCOL ≈ local education authority[GB], school district[US].

académique /akademik/ *adj* academic.

acajou /akaʒu/ *adj inv, m* mahogany.

acarien /akaʀjɛ̃/ *nm* dust mite.

accablant, **~e** /akablɑ̃, ɑ̃t/ *adj* [chaleur] oppressive; [fait] damning.

accabler /akable/ *vtr* **accablé de soucis** overwhelmed with worries; **~ qn d'impôts** to overburden sb with taxes; **les témoignages l'accablent** the evidence points to him.

accalmie /akalmi/ *nf* lull.

accaparer /akapaʀe/ *vtr* to monopolize; (esprit) to preoccupy.

accéder /aksede/ **~ à** *vtr ind* (poste) to obtain; **~ au pouvoir** to come to power.

accélérateur /akseleʀatœʀ /*nm* accelerator.

accélération /akseleʀasjɔ̃/ *nf* acceleration.

accélérer /akseleʀe/ I *vtr* **~ le pas** to quicken one's step. II *vi* to accelerate.

accent /aksɑ̃/ *nm* GÉN accent; **~ tonique** stress; **mettre l'~ sur qch** to put the emphasis on sth.

accentuer /aksɑ̃tɥe/ I *vtr* (syllabe) to stress; (lettre) to put an accent (on). II **s'~** *vpr* to become more marked.

acceptation /aksɛptasjɔ̃/ *nf* acceptance.

accepter /aksɛpte/ *vtr* **~ qch de qn** to accept sth from sb; **~ de faire qch** to agree to do sth.

accès /aksɛ/ *nm* access; **avoir ~ à qch** to have access to sth; **~ aux quais** to the trains; **les ~ du bâtiment** the entrances to the building; **~ interdit** no entry; (de colère) fit; (de fièvre) bout.

accessible /aksesibl/ *adj* [lieu] accessible; [personne] approachable; (pas trop cher) affordable.

accessoire /akseswaʀ/ I *adj* incidental. II *nm* accessory; **~s de toilette** toilet requisites; THÉÂT **~s** props.

accident /aksidɑ̃/ *nm* accident; **par ~** by chance; **il y a des ~s de terrain** the ground is uneven. ■ **~ d'avion** plane crash; **~ cardiaque** heart failure.

accidenté, **~e** /aksidɑ̃te/ I *adj* [personne] injured; [véhicule] damaged [terrain] uneven. II *nm,f* accident victim.

acclamations /aklamasjɔ̃/ *nfpl* cheers.

acclamer /aklame/ *vtr* to cheer.

accolade /akɔlad/ *nf* embrace; (en typographie) brace.

accommodant, **~e** /akɔmɔdɑ̃, ɑ̃t/ *adj* accommodating.

accommoder /akɔmɔde/ I *vtr* to prepare. II **s'~ de qch** *vpr* to put up with (sth).

accompagnateur, **~trice** /akɔ̃paɲatœʀ, tʀis/ *nm,f* MUS accompanist; (d'enfants) accompanying adult; (de touristes) courier.

accompagnement /akɔ̃paɲmɑ̃/ *nm* accompaniment.

accompagner /akɔ̃paɲe/ *vtr* to accompany; **je vais vous (y) ~** (en voiture) I'll take you (there); (à pied) I'll come with you.

accomplir /akɔ̃pliʀ/ I *vtr* to accomplish; **~ de grandes choses** to achieve great things; (obligation) to fulfil[GB]; (service militaire) to do; (peine de prison) to serve. II **s'~** *vpr* to be fulfilled[GB].

accord /akɔʀ/ *nm* agreement; **se mettre/ tomber d'~** to come to an agreement;

donner son ~ à qn pour faire to authorize sb to do; **je ne suis pas d'~ avec toi** I disagree with you; **il est d'~ pour faire** he has agreed to do; **d'~**☺ OK☺, all right; (entre personnes, styles) harmony; **en ~ avec qch** in accordance with sth; MUS chord.

accordéon /akɔʀdeɔ̃/ *nm* accordion.

accorder /akɔʀde/ I *vtr* (prêt) to grant; (bourse) to award; (réduction, aide) to give; (temps) to spare; **~ sa confiance à qn** to put one's trust in sb; MUS to tune. II **s'~** *vpr* **s'~ du repos** to take a break; **s'~ (sur)** to agree (on); LING to agree with.

accouchement /akuʃmɑ̃/ *nm* delivery. ▪ **~ sans douleur** natural childbirth.

accoucher /akuʃe/ *vi* to give birth.

accoudoir /akudwaʀ/ *nm* arm-rest.

accourir /akuʀiʀ/ *vi* to run up.

accoutumé, **comme à l'~** /akutyme/ *loc adv* as usual.

accoutumer: **s'~** /akutyme/ *vpr* **s'~ à (faire) qch** to grow accustomed to (doing) sth; **être accoutumé à (faire) qch** to be used/accustomed to (doing) sth.

accroc /akʀo/ *nm* **j'ai fait un ~ à ma jupe** I ripped my skirt; (incident) hitch.

accrochage /akʀɔʃaʒ/ *nm* (affrontement) clash; (collision) bump.

accrocher /akʀɔʃe/ I *vtr* to hang (from); (attacher à) to hook [sth] on (to); **~ une voiture** to bump into a car. II **s'~** *vpr* to hang on to; **s'~ au bras de qn** to cling to sb's arm; **s'~ avec qn** to have a brush with sb.

accroissement /akʀwasmɑ̃/ *nm* growth.

accroître /akʀwatʀ/ *vtr*, **s'~** *vpr* to increase.

accroupir: **s'~** /akʀupiʀ/ *vpr* to squat (down); (pour se cacher) to crouch (down).

accru, **~e** /akʀy/ *pp* ▸ **accroître**.

accueil /akœj/ *nm* reception.

accueillant, **~e** /akœjɑ̃, ɑ̃t/ *adj* [ami] hospitable; [maison] welcoming.

accueillir /akœjiʀ/ *vtr* to welcome; **bien/mal ~ qn/qch** to give sb/sth a good/bad reception; (contenir) accommodate.

accumuler /akymyle/ *vtr* to accumulate.

accusateur, **~trice** /akyzatœʀ, tʀis/ I *adj* accusing. II *nm,f* accuser.

accusation /akyzasjɔ̃/ *nf* accusation; JUR charge; **mettre qn en ~** to indict sb; JUR **l'~** the prosecution.

accusé, **~e** /akyze/ *nm,fnm,f* JUR defendant; **les ~s** the accused. ▪ **~ de réception** acknowledgement of receipt.

accuser /akyze/ *vtr* **~ qn (de)** to accuse sb (of); JUR to charge sb with.

achalandé, **~e** /aʃalɑ̃de/ *adj* (fréquenté) popular; CONTROV (approvisionné) **bien/mal ~** well-/poorly-stocked.

acharné, **~e** /aʃaʀne/ *adj* [partisan] passionate; [travail] unremitting; [lutte] fierce.

acharnement /aʃaʀnəmɑ̃/ *nm* relentlessness.

acharner: **s'~** /aʃaʀne/ *vpr* **s'~ à faire** to try desperately to do; **s'~ sur qn** to victimize sb.

achat /aʃa/ *nm* purchase; **faire des ~s** to do some shopping.

acheter /aʃte/ I *vtr* **~ qch à qn** to buy sth for sb; (chez lui) to buy sth from sb. II **s'~** *vpr* **s'~ qch** to buy oneself sth.

acheteur, **~euse** /aʃtœʀ, øz/ *nm,f* buyer.

achever /aʃve/ I *vtr* to finish; (projet, enquête) to complete; (vie) to end; (tuer) to finish off. II **s'~** *vpr* to end.

acide /asid/ I *adj* (pas assez sucré) acid, sour; (agréablement) sharp; (naturellement) acidic. II *nm* acid.

acidulé, **~e** /asidyle/ *adj* slightly acid.

acier /asje/ *nm* steel.

aciérie /asjeʀi/ *nf* steelworks (*sg/pl*).

acné /akne/ *nf* acne.

acompte /akɔ̃t/ *nm* deposit; (versement) down payment.

acoustique /akustik/ *nf* PHYS acoustics (*sg*); (d'un lieu) acoustics (*pl*).

acquérir /akeʀiʀ/ *vtr, vpr*to acquire.

acquis, **~e** /aki, iz/ I *pp* ▸ **acquérir**. II *adj* **tenir qch pour** ~ to take sth for granted. III *nm* (connaissances) knowledge; **~ sociaux** social benefits.

acquisition /akizisjɔ̃/ *nf* acquisition, purchase.

acquit /aki/ *nm* **par ~ de conscience** to put one's mind at rest.

acquittement /akitmɑ̃/ *nm* JUR acquittal.

acquitter /akite/ I *vtr* JUR to acquit; (payer) to pay. II **s'~ de** *vpr* to pay off.

âcre /ɑkʀ/ *adj* sharp, acrid.

acrobate /akʀɔbat/ *nmf* acrobat.

acrobatie /akʀɔbasi/ *nf* acrobatics (*sg*).

acrylique /akʀilik/ *adj, nm* acrylic.

acte /akt/ I *nm* action, act; **faire ~ de candidature** to put oneself forward as a candidate; **faire ~ de présence** to put in an appearance; JUR deed; THÉÂT act. II **~s** *nmpl* proceedings. ▪ **~ d'accusation** bill of indictment; **~ manqué** Freudian slip; **~ de naissance** birth certificate.

acteur, **~trice** /aktœʀ, tʀis/ *nm,f* actor/ actress.

actif, **~ive** /aktif, iv/ I *adj* active; **la vie active** working life. II *nm* FIN **l'~** the assets (*pl*); **à l'~ de qn** in sb 's favour[GB]; LING active (voice).

action /aksjɔ̃/ *nf* GÉN action; **bonne/ mauvaise ~** good/bad deed; **sous l'~ de qch** under the effect of sth; **l'~ de qn sur qch/qn** sb's influence on sth/sb; (en finance) share; **~s et obligations** securities.

actionnaire /aksjɔnɛʀ/ *nmf* shareholder.

actionner /aksjɔne/ *vtr* to activate.

activement /aktivmɑ̃/ *adv* actively.

activer /aktive/ I *vtr* to speed up. II **s'~** *vpr* to hurry up.

activité /aktivite/ *nf* activity.

actrice *nf* ▸ **acteur**.

actualiser /aktɥalize/ *vtr* to update.

actualité /aktɥalite/ I *nf* (événements) current affairs (*pl*); **être à la une de l'~** to be in the headlines; **l'~ culturelle** cultural events (*pl*); **d'~** [question] topical; **ce n'est plus d'~** it's no longer at issue. II **~s** *nfpl* news.

actuel, **~elle** /aktɥɛl/ *adj* present, current.

actuellement /aktɥɛlmɑ̃/ *adv* at the moment, currently.

acuité /akɥite/ *nf* acuteness.

adaptateur, **~trice** /adaptatœʀ, tʀis/ I *nm,f* adapter. II *nm* TECH adapter.

adaptation /adaptasjɔ̃/ *nf* adaptation.

adapté, **~e** /adapte/ *adj* suitable; **~ à la situation** suited to the circumstances.

adapter /adapte/ I *vtr* to adapt (for). II **s'~ à** *vpr* to adapt to.

additif /aditif/ *nm* additive; (clause) rider.

addition /adisjɔ̃/ *nf* addition ¢; (au restaurant) bill[GB], check[US].

additionner /adisjɔne/ *vtr, vpr* to add (up).

adepte /adɛpt/ *nmf* follower.

adéquat, **~e** /adekwa, at/ *adj* appropriate, suitable.

adhérent, **~e** /adeʀɑ̃, ɑ̃t/ *nm,f* member.

adhérer /adeʀe/ *vtr ind* to stick; **~ à un parti** to join a party.

adhésif, **~ive** /adezif, iv/ *adj, nm* adhesive.

adhésion /adezjɔ̃/ *nf* membership; **l'~ d'un pays à l'UE** the entry of a country into the EU.

adieu, *pl* **~x** /adjø/ *nm* goodbye, farewell SOUT; **faire ses ~x à qn** to say goodbye to sb.

adjectif /adʒɛktif/ *nm* adjective.

adjoindre /adʒwɛ̃dʀ/ I *vtr* **~ qch à qch** to attach sth to sth. II **s'~** *vpr* (collaborateur) to take on.

adjudant /adʒydɑ̃/ *nm* MIL ≈ warrant officer.

adjuger /adʒyʒe/ I *vtr* to auction (for). II **s'~** *vpr* to grant oneself.

admettre /admɛtʀ/ *vtr* to admit; **~ que** to suppose (that).

administrateur, **~trice** /administʀatœʀ, tʀis/ *nm,f* administrator; (de fondation) trustee.

administratif, **~ive** /administʀatif, iv/ *adj* administrative.

administration /administʀasjɔ̃/ *nf* GÉN administration; **l'~** civil service; **~ des entreprises** business management.

administrer /administʀe/ *vtr* (projet) to administer; (compagnie) to run; (gifle) to give.

admirable /admiʀabl/ *adj* admirable.

admirateur, **~trice** /admiʀatœʀ, tʀis/ *nm,f* admirer.

admiratif, **~ive** /admiʀatif, iv/ *adj* admiring.

admiration /admiʀasjɔ̃/ *nf* admiration.

admirer /admiʀe/ *vtr* to admire.

admis, **~e** /admi, iz/ *pp* ▸ **admettre**.

admissible /admisibl/ *adj* acceptable; [étudiant] eligible.

admission /admisjɔ̃/ *nf* admission.

adolescence /adɔlesɑ̃s/ *nf* adolescence.

adolescent, **~e** /adɔlesɑ̃, ɑ̃t/ *nm,f* teenager, adolescent.

adopter /adɔpte/ *vtr* to adopt; (loi) to pass.

adoptif, **~ive** /adɔptif, iv/ *adj* [enfant, pays] adopted; [parent] adoptive.

adoption /adɔpsjɔ̃/ *nf* adoption.

adoration /adɔʀasjɔ̃/ *nf* worship, adoration.

adorer /adɔʀe/ *vtr* to adore.

adosser: **s'~** /adose/ *vpr* **s'~ à qch** to lean back on sth.

adoucir /adusiʀ/ I *vtr* (peau, eau) to soften; (gorge) to soothe. II **s'~** *vpr* [température] to become milder; [conditions] to be alleviated.

adoucissant, **~e** /adusisɑ̃, ɑ̃t/ I *adj* soothing. II *nm* softener.

adresse /adʀɛs/ *nf* address; **c'est une bonne ~** it's a good place; (intellectuelle) skill.

adresser /adʀese/ I *vtr* **~ qch à qn** to direct (sth) at sb; **~ une demande à** to apply to; **~ la parole à qn** to speak to sb; (lettre) to send. II **s'~** *vpr* (salut, lettres) to exchange; **s'~ à qn** to speak to sb; **s'~ à** [mesure] to be aimed at.

adroit, **~e** /adʀwa, at/ *adj* skilful[GB].

adulte /adylt/ *adj, nmf* adult.

advenir /advəniʀ/ *v impers* to happen; **advienne que pourra** come what may; **qu'adviendra-t-il de moi?** what will become of me?

adverbe /advɛʀb/ *nm* adverb.

adversaire /advɛʀsɛʀ/ *nmf* opponent.

aération /aeʀasjɔ̃/ *nf* ventilation.

aérer /aeʀe/ *vtr* (pièce) to air; (texte) to space out.

aérien, **~ienne** /aeʀjɛ̃, jɛn/ *adj* [base, attaque] air; [photographie] aerial.

aérodrome /aeʀodʀom/ *nm* airfield.

aérogare /aeʀogaʀ/ *nf* (air) terminal.

aéroglisseur /aeʀoglisœʀ/ *nm* hovercraft, jetfoil.

aérogramme /aeʀogʀam/ *nm* aerogram.

aéronautique /aeʀonotik/ *nf* aeronautics (*sg*).

aérophagie /aeʀofaʒi/ *nf* aerophagia.

aéroport /aeʀopɔʀ/ *nm* airport.

aéroporté, **~e** /aeʀopɔʀte/ *adj* airborne.

aérospatial, **~e**, *mpl* **~iaux** /aeʀospasjal, o/ *adj* aerospace.

affaiblir /afɛbliʀ/ I *vtr* to weaken. II **s'~** *vpr* to get weaker.

affaire /afɛʀ/ I *nf* GÉN affair; **une ~ délicate** a delicate matter; **une sale ~** a nasty business; (de justice) case; (chose à faire) matter, business; **j'en fais mon ~** I'll deal with it; **faire ~ avec qn** to do a deal with sb; **j'ai fait une ~** I got a bargain; (entreprise) business, concern; **c'est une ~ de temps** it's a matter of time; **en faire toute une ~**☺ to make a big deal☺ of it; **se tirer d'~** to get out of trouble. II **~s** *nfpl* business ¢; **occupe-toi de tes ~s**☺! mind your own business!; (effets personnels) things, belongings; POL affairs.
• **il/ça fera l'~** he/that'll do.

affairer: **s'~** /afeʀe/ *vpr* to bustle about.

affaisser: **s'~** /afese/ *vpr* [route, terrain] to subside; [visage, pont] to sag.

affaler: **s'~** /afale/ *vpr* **affalé sur le lit** slumped on the bed.

affamé, **~e** /afame/ *adj* starving.

affectation /afɛktasjɔ̃/ *nf* allocation; (nomination) appointment; (comportement) affectation.

affecter /afɛkte/ *vtr* to feign, to affect; **~ d'être** to pretend to be; (allouer) to allocate; (nommer) to appoint.

affectif, **~ive** /afɛktif, iv/ *adj* emotional.

affection /afɛksjɔ̃/ *nf* affection; (maladie) complaint.

affectueusement /afɛktɥøzmɑ̃/ *adv* affectionately.

affectueux, **~euse** /afɛktɥø, øz/ *adj* affectionate.

affichage /afiʃaʒ/ *nm* (publicitaire, électoral) billposting; ORDINAT display.

affiche /afiʃ/ *nf* (publicitaire, etc) poster; (administrative) notice; **à l'~** now showing.

affiché, **~e** /afiʃe/ *adj* declared.

afficher /afiʃe/ I *vtr* (affiche) to put up; **défense d'~** no fly-posting; (prix) to display; (décret) to post (up); (montrer) to show; PÉJ (liaison) to flaunt. II **s'~** *vpr* to flaunt oneself.

affilé, **~e** /afile/ *adj* sharpened.

affilée: **d'~** /dafile/ *loc adv* in a row.

affilier: **s'~** /afilje/ *vpr* **s'~ à** to become affiliated.

affiner /afine/ I *vtr* (jugement) to refine; (taille) to have a slimming effect on. II **s'~** *vpr* [jugement] to become keener.

affirmatif, **~ive** /afiʀmatif, iv/ *adj* affirmative.

affirmation /afiʀmasjɔ̃/ *nf* assertion; **l'~ de soi** assertiveness.

affirmative /afiʀmativ/ *nf* **par l'~** in the affirmative; **dans l'~** if the answer is yes.

affirmer /afiʀme/ *vtr* to maintain; **~ faire/que** to claim to do/that; (autorité) to assert.

affligeant, **~e** /afliʒɑ̃, ɑ̃t/ *adj* pathetic.

affligé /afliʒe/ *adj* **~ de** afflicted with.

affluence /aflyɑ̃s/ *nf* crowd(s).

affluent /aflyɑ̃/ *nm* tributary.

afflux /afly/ *nm* (de personnes) flood; (de capitaux) influx.

affolant, **~e** /afɔlɑ̃, ɑ̃t/ *adj* frightening, disturbing.

affolement /afɔlmɑ̃/ *nm* panic; **pas d'~!** don't panic!

affoler /afɔle/ I *vtr* to terrify. II **s'~** *vpr* to panic.

affranchir /afʀɑ̃ʃiʀ/ I *vtr* (avec des timbres) to stamp; (avec une machine) to frank; (libérer) to free. II **s'~ de** *vpr* to free oneself from.

affranchissement /afʀɑ̃ʃismɑ̃/ *nm* (de lettre) postage; (de peuple) liberation.

affres /afʀ/ *nfpl* agony.

affréter /afʀete/ *vtr* to charter.

affreux, **~euse** /afʀø, øz/ *adj* (laid) hideous; (abominable) dreadful, awful.

affrontement /afʀɔ̃tmɑ̃/ *nm* clash.

affronter /afʀɔ̃te/ I *vtr* (adversaire) to face; (froid) to brave. II **s'~** *vpr* [adversaires] to confront one another; [idées] to clash.

affût /afy/ *nm* **à l'~** in wait; FIG on the lookout.

afin /afɛ̃/ I **~ de** *loc prép* **~ de faire** in order to do, so as to do; **~ de ne pas faire** so as not to do. II **~ que** *loc conj* so that.

agacer /agase/ *vtr* to annoy, to irritate.

agate /agat/ *nf* agate; (bille) marble.

âge /ɑʒ/ *nm* age; **quel ~ as-tu?** how old are you?; **avoir l'~ de faire** to be old enough to do; (vieillesse) (old) age. ■ **l'~ adulte** adulthood; **~ du bronze/fer** Bronze/Iron age; **l'~ d'homme** manhood; **l'~ ingrat** the awkward age.

âgé, **~e** /ɑʒe/ *adj* old, elderly; **~ de 12 ans** 12 years old; **les personnes ~es de 15 à 35 ans** people aged between 15 and 35.

agence /aʒɑ̃s/ *nf* agency. ■ **~ immobilière** estate agents[GB], real estate agency[US]; **~ de voyage** travel agency; **Agence nationale pour l'emploi, ANPE** *French national employment agency.*

agencer /aʒɑ̃se/ *vtr* to put together.

agenda /aʒɛ̃da/ *nm* diary.

agenouiller: **s'~** /aʒnuje/ *vpr* to kneel (down).

agent /aʒɑ̃/ *nm* agent; **~s contractuels** contract staff. ■ **~ d'assurances** insurance broker; **~ de change** stockbroker; **~ de la circulation** traffic policeman; **~ de police** policeman.

agglomération /aglɔmeʀasjɔ̃/ *nf* town; **l'~ lyonnaise** Lyons and its suburbs.

aggloméré /aglɔmeʀe/ *nm* chipboard.

agglomérer /aglɔmeʀe/ *vtr* to agglomerate.

aggraver /agʀave/ I *vtr* to aggravate; **~ son cas** to make things worse. II **s'~** *vpr* to get worse.

agile /aʒil/ *adj* [personne, animal] agile; [doigts, pas, esprit] nimble.

agir /aʒiʀ/ I *vi* to act; to behave, to act; **mal ~** to behave badly; [médicament] to work; **~ sur qn/qch** to have an effect on sb/sth. II **s'~ de** *vpr impers* **de quoi s'agit-il?** what is it about?; **il ne s'agit pas de ça** that's not the point; **s'agissant de qn/qch** as regards sb/sth.

agissements /aʒismɑ̃/ *nmpl* activities.

agitateur, **~trice** /aʒitatœʀ, tʀis/ *nm,f* agitator.

agitation /aʒitasjɔ̃/ *nf* agitation; POL unrest.

agité, **~e** /aʒite/ *adj* [mer] rough; [vie] hectic; [esprit, sommeil] troubled; [période] turbulent; [nuit] restless.

agiter /aʒite/ I *vtr* (main) to wave; (corps) to shake. II **s'~** *vpr* [personne] to fidget; (s'affairer) to bustle about.

agneau, *pl* **~x** /aɲo/ *nm* lamb; (cuir) lambskin.

agoniser /agɔnize/ *vi* to be dying.

agrafe /agʀaf/ *nf* (pour vêtements) hook; (pour papiers) staple.

agrafer /agʀafe/ *vtr* (vêtement) to fasten; (papiers) to staple (together).

agrafeuse /agʀaføz/ *nf* stapler.

agrandir /agʀɑ̃diʀ/ I *vtr* (ville, photo, trou) to enlarge; (maison) to extend; (tunnel) to widen. II **s'~** *vpr* [trou] to get bigger; [ville, famille] to expand; [yeux] to widen.

agrandissement /agʀɑ̃dismɑ̃/ *nm* enlargement.

agrandisseur /agʀɑ̃disœʀ/ *nm* enlarger.

agréable /agʀeabl/ *adj* nice, pleasant.

agréer /agRee/ *vtr* **veuillez ~ mes salutations distinguées** yours faithfully.

agrémenter /agRemɑ̃te/ *vtr* (histoire) ~ **de** to liven up with; (repas) to supplement with.

agresser /agRese/ *vtr* to attack.

agresseur /agResœR/ *nm* attacker.

agressif, **~ive** /agResif, iv/ *adj* aggressive.

agression /agResjɔ̃/ *nf* attack.

agressivité /agResivite/ *nf* aggressiveness.

agricole /agRikɔl/ *adj* [produit, ouvrier] farm; [problème] agricultural.

agriculteur, **~trice** /agRikyltœR, tRis/ *nm,f* farmer.

agriculture /agRikyltyR/ *nf* farming, agriculture.

agripper /agRipe/ I *vtr* to grab. II **s'~** *vpr* **s'~ à** to cling to.

agro-alimentaire, *pl* **~s** /agRoalimɑ̃tεR/ *nm* food processing industry.

agronomie /agRɔnɔmi/ *nf* agronomy.

agrume /agRym/ *nm* citrus fruit.

aguets: **aux ~** /ozagε/ *loc adv* in wait.

aguichant, **~e** /agiʃɑ̃, ɑ̃t/ *adj* alluring.

ah /ɑ/ *excl* oh!; **~, tu vois!** see!; **~ bon?** really?

ahuri, **~e** /ayRi/ I *adj* stunned. II *nm,f* halfwit.

ahurissant, **~e** /ayRisɑ̃, ɑ̃t/ *adj* incredible.

aide[1] /εd/ *nmf* assistant.

aide[2] /εd/ *nf* help, assistance; **appeler à l'~** to call for help; **à l'~ de** with the help/aid of; **venir à l'~ de qn** to come to sb's aid/assistance; (argent) aid **¢**. ■ **~ sociale** social security[GB] benefits, welfare[US] benefits.

aide-mémoire /εdmemwaR/ *nm inv* aide-mémoire.

aider /ede/ I *vtr* ~ **(à faire)** to help (to do). II **s'~** *vpr* **s'~ de** to use; (les uns les autres) to help each other.

aïe /ɑj/ *excl* ouch!

aigle /εgl/ *nm* eagle.

aiglefin /εgləfε̃/ *nm* haddock.

aigre /εgR/ *adj* [odeur] sour; [paroles] sharp.

aigre-doux, **-douce** /εgRədu, dus/ *adj* [cuisine] sweet and sour; [propos] barbed.

aigreur /εgRœR/ *nf* sourness; **des ~s d'estomac** heartburn.

aigu, **~ë** /egy/ *adj* [son] high-pitched; [douleur, accent] acute; [phase] critical; [sens] keen; [angle] sharp.

aiguillage /egɥijaʒ/ *nm* points[GB] (*pl*), switch[US].

aiguille /egɥij/ *nf* needle; (de montre) hand; **dans le sens/le sens inverse des ~s d'une montre** clockwise/anticlockwise; GÉOG peak.

aiguiller /egɥije/ *vtr* to direct.

aiguilleur /egɥijœR/ *nm* RAIL pointsman[GB], switchman[US]. ■ **~ du ciel** air traffic controller.

aiguiser /egize/ *vtr* (lame) to sharpen; (curiosité) to arouse.

ail /ɑj/, *pl* **~s/aulx** /o/ *nm* garlic.

aile /εl/ *nf* wing.

aileron /εlRɔ̃/ *nm* (de requin) fin, (d'avion) aileron.

ailier /elje/ *nm* SPORT winger.

ailleurs /ajœR/ I *adv* elsewhere; **nulle part/partout ~** nowhere/everywhere else. II **d'~** *loc adv* besides, moreover.

aimable /εmabl/ *adj* kind.

aimablement /εmabləmɑ̃/ *adv* kindly.

aimant, **~e** /εmɑ̃, ɑ̃t/ I *adj* affectionate, loving. II *nm* magnet.

aimer /eme/ I *vtr* to love; (apprécier) to like, to be fond of; **~ mieux nager que courir** to prefer swimming to running;

j'~ais mieux que tu ne le leur dises pas I'd rather you didn't tell them. II **s'~** *vpr* to love each other; **aimez-vous les uns les autres** love one another.

aine /ɛn/ *nf* groin.

aîné, **~e** /ene/ I *adj* (de deux) elder; (de plus de deux) eldest. II *nm,f* (personne plus âgée) elder; (personne la plus âgée) oldest; **c'est mon ~** he's older than me.

aînesse /enɛs/ *nf* **droit d'~** law of primogeniture.

ainsi /ɛ̃si/ I *adv* **je t'imaginais ~** that's how I imagined you; **elle est ~** that's the way she is; **~ soit-il** amen; (introduisant une conclusion) thus, so. II **~ que** *loc conj* as well as.

air /ɛʀ/ *nm* GÉN air; **regarder en l'~** to look up; **à l'~ libre** outside, outdoors; **activités de plein ~** outdoor activities; **prendre l'~** get some fresh air; (brise, vent) wind; **courant d'~** draught[GB], draft[US]; (manière d'être) manner; **avoir un drôle d'~** to look odd; **d'un ~ triste** with a sad expression; **avoir l'~ de** to look like; (ambiance) atmosphere; (mélodie) tune. ▪ **~ conditionné** air-conditioning.

airain† /ɛʀɛ̃/ *nm* bronze.

aire /ɛʀ/ *nf* area. ▪ **~ de jeu** playground; **~ de loisirs** recreation area; **~ de repos** rest area.

airelle /ɛʀɛl/ *nf* bilberry.

aisance /ɛzɑ̃s/ *nf* ease; (richesse) affluence.

aise /ɛz/ I *adj* pleased. II **~s** *nfpl* **tenir à ses ~s** to like one's creature comforts; **prendre ses ~s** to make oneself comfortable. III **à l'~** *loc adv* comfortable; (financièrement) to be comfortably off; **mettre qn mal à l'~** to make sb feel uncomfortable; **à votre ~!** as you wish. IV *loc adv* **d'~** with pleasure.

aisé, **~e** /eze/ *adj* easy; (riche) wealthy.

aisément /ezemɑ̃/ *adv* easily.

aisselle /ɛsɛl/ *nf* armpit.

ajourner /aʒuʀne/ *vtr* (voyage) to postpone, to put off; (procès) to adjourn.

ajout /aʒu/ *nm* addition.

ajouter /aʒute/ I *vtr, vtr ind* **~ qch à qch** to add sth to sth. II **s'~ (à)** *vpr* to be added (to).

ajuster /aʒyste/ *vtr* to adjust.

alambiqué, **~e** /alɑ̃bike/ *adj* tortuous.

alarme /alaʀm/ *nf* alarm; **donner l'~** to raise the alarm.

alarmer /alaʀme/ I *vtr* to alarm. II **s'~** *vpr* **s'~ de qch** to become alarmed about sth.

album /albɔm/ *nm* album.

alcool /alkɔl/ *nm* alcohol; **sans ~** non-alcoholic; [bière] alcohol-free. ▪ **~ à 90º** ≈ surgical spirit[GB], rubbing alcohol[US].

alcoolique /alkɔlik/ *adj, nmf* alcoholic.

alcoolisé, **~e** /alkɔlize/ *adj* alcoholic.

alcootest /alkɔtɛst/ *nm* Breathalyzer®.

alentours /alɑ̃tuʀ/ I *nmpl* **les ~ de...** the area around... II **aux ~ de** *loc prép* about, around.

alerte /alɛʀt/ I *adj* alert; [style] lively. II *nf* **donner l'~** to raise the alarm; **~ générale** full alert. ▪ **~ aérienne** air raid warning; **~ à la bombe** bomb scare.

alerter /alɛʀte/ *vtr* **~ qn sur qch** to alert sb to sth.

alezan, **~e** /alzɑ̃, an/ *adj* [cheval] chestnut.

algèbre /alʒɛbʀ/ *nf* algebra.

algébrique /alʒebʀik/ *adj* algebraic.

algue /alg/ *nf* seaweed.

Ali Baba /alibaba/ *nprm* **~ et les quarante voleurs** Ali Baba and the forty thieves; **la caverne d'~** Aladdin's cave.

alibi /alibi/ *nm* alibi.

aliéné, **~e** /aljene/ *nm,f* insane person.

aliéner /aljene/ , *vtr* **s'~**, *vpr* to alienate.

alignement /aliɲ(ə)mɑ̃/ *nm* alignment.

aligner /aliɲe/ I *vtr* to line [sth] up, to align. II **s'~** *vpr* to line up; **s'~ sur qch** to align oneself with sth.

aliment /alimɑ̃/ *nm* food.

alimentaire /alimɑ̃tɛʀ/ *adj* food.

alimentation /alimɑ̃tasjɔ̃/ *nf* food; **magasin d'~** grocery store; **~ en eau** water supply.

alimenter /alimɑ̃te/ *vtr* to feed; (conversation, feu) to fuel.

alité, **~e** /alite/ *adj* confined to bed.

alizé /alize/ *adj m*, *nm* **(vent) ~** trade wind.

allaiter /alete/ *vtr* (enfant) to breast-feed; (animal) to suckle.

allécher /aleʃe/ *vtr* to tempt.

allée /ale/ I *nf* path; (carrossable) drive; (entre des sièges) aisle. II **~s** *nfpl* **~s et venues** comings and goings; **faire des ~s et venues** to go back and forth.

allégé, **~e** /aleʒe/ *adj* [lait] low-fat.

allégement /alɛʒmɑ̃/ *nm* reduction.

alléger /aleʒe/ *vtr* to lighten; (souffrances) to alleviate.

allègre /alɛgʀ/ *adj* [ton] light-hearted; [humeur] buoyant.

allégresse /alegʀɛs/ *nf* joy.

alléguer /alege/ *vtr* to allege.

aller[1] /ale/ I *v aux* (marque le futur) to be going to; **j'allais partir** I was just leaving; (dans des expressions) **va savoir!** who knows?; **~ en s'améliorant** to be improving. II *vi* (se porter, se dérouler, fonctionner) **comment vas-tu** how are you?; **ça va (bien)** I'm fine; **qu'est-ce qui ne va pas?** what's the matter?; **tout est allé si vite!** it all happened so quickly!; (se déplacer) to go; **allez tout droit** go straight ahead; **allons-y!** let's go!; (conduire) to lead (to); (convenir) to be all right; **~ à qn** to suit sb; **~ jusqu'en 1914** to go up to 1914. III **s'en ~** *vpr* to go (away); [tache] to come out. IV *v impers* **il en va de même pour toi** that goes for you too.

aller[2] /ale/ *nm* **à l'~** on the way out; **(billet) ~ (simple)** GÉN single ticket[GB], one-way ticket[US]; **match ~** first leg.

allergie /alɛʀʒi/ *nf* allergy.

allergique /alɛʀʒik/ *adj* allergic.

alliage /aljaʒ/ *nm* alloy.

alliance /aljɑ̃s/ *nf* alliance; (bague) wedding ring.

allié, **~e** /alje/ I *adj* allied. II *nm* ally; **les ~s** the Allies.

allô /alo/ *excl* hello!, hallo!

allocation /alɔkasjɔ̃/ *nf* grant. ■ **~ chômage** unemployment benefit; **~s familiales** family allowance (*sg*).

allocution /alɔkysjɔ̃/ *nf* address.

allongé, **~e** /alɔ̃ʒe/ *adj* elongated.

allonger /alɔ̃ʒe/ I *vtr* to lay [sb] down; (étirer) to stretch [sth] out; **allongé d'eau** watered down; **~ le pas** to quicken one's step. II *vi* [jours] to lengthen. III **s'~** *vpr* to lie down; **allongé sur le dos** lying on his back.

allumage /alymaʒ/ *nm* (de moteur) ignition.

allumer /alyme/ *vtr* (bougie, gaz) to light; (allumette) to strike; (lumière) to switch [sth] on, to turn [sth] on.

allumette /alymɛt/ *nf* match.

allure /alyʀ/ *nf* (de marcheur) pace; (de véhicule) speed; **ralentir son ~** to slow down; **à cette ~** at this rate; (apparence) appearance, look.

allusion /alyzjɔ̃/ *nf* allusion; **faire ~ à** to allude to.

alluvions /alyvjɔ̃/ *nfpl* alluvia.

aloès /alɔɛs/ *nm* aloe.

alors /alɔʀ/ I *adv* (à ce moment-là) then; **et ~?** so what?; **ou ~** or else; **ça ~!** good grief!; (donc, ensuite) so; **~ il me dit...** so he said to me... II **~ que** *loc conj* while, when.

alouette /alwɛt/ *nf* lark.

alourdir /aluʀdiʀ/ I *vtr* to weigh down. II **s'~** *vpr* [air] to get heavy; [dépenses] to increase.

alpage /alpaʒ/ *nm* mountain pasture.

alphabet /alfabɛ/ *nm* alphabet.

alphabétique /alfabetik/ *adj* alphabetical.

alphabétiser /alfabetize/ *vtr* to teach [sb] to read and write.

alpinisme /alpinism/ *nm* mountaineering.

alpiniste /alpinist/ *nmf* mountaineer, climber.

altérer /alteʀe/ I *vtr* (fait) to distort; (goût) to affect. II **s'~** *vpr* [voix] to falter; [sentiment] to change.

alternative /altɛʀnativ/ *nf* alternative.

alterner /altɛʀne/ *vi* to alternate; **~ avec qn** to take turns with sb.

altesse /altɛs/ *nf* **son Altesse royale** His/ Her Royal Highness; (personne) prince/ princess.

altitude /altityd/ *nf* altitude.

alto /alto/ *nm* (instrument) viola; (voix) alto.

aluminium /alyminjɔm/ *nm* aluminium[GB].

amabilité /amabilite/ *nf* kindness; (politesse) courtesy; **faire des ~s à qn** to be polite to sb.

amadouer /amadwe/ I *vtr* to coax, to cajole. II **s'~** *vpr* to soften.

amaigrissant, **~e** /amegʀisɑ̃, ɑ̃t/ *adj* slimming.

amaigrissement /amegʀismɑ̃/ *nm* weight loss, loss of weight.

amande /amɑ̃d/ *nf* almond; (dans un noyau) kernel.

amandier /amɑ̃dje/ *nm* almond tree.

amant /amɑ̃/ *nm* lover.

amarre /amaʀ/ *nf* rope; **rompre les ~s** to break its moorings.

amarrer /amaʀe/ *vtr* to moor.

amasser /amase/ *vtr* (fortune) to accumulate; (connaissances) to acquire.

amateur /amatœʀ/ *nm* amateur; **~ en vins** connoisseur of wine; **~ de jazz** jazz lover.

ambassade /ɑ̃basad/ *nf* embassy.

ambassadeur, **~drice** /ɑ̃basadœʀ, tʀis/ *nm,f* ambassador.

ambiance /ɑ̃bjɑ̃s/ *nf* atmosphere, ambiance.

ambiant, **~e** /ɑ̃bjɑ̃, ɑ̃t/ *adj* **à température ~e** at room temperature.

ambigu, **~uë** /ɑ̃bigy/ *adj* ambiguous.

ambiguïté /ɑ̃bigɥite/ *nf* ambiguity.

ambitieux, **~ieuse** /ɑ̃bisjø, jøz/ *adj* ambitious.

ambition /ɑ̃bisjɔ̃/ *nf* ambition; **avoir l'~ de faire qch** to aim to do sth.

ambulance /ɑ̃bylɑ̃s/ *nf* ambulance.

ambulant, **~e** /ɑ̃bylɑ̃, ɑ̃t/ *adj* travelling[GB].

âme /ɑm/ *nf* soul; **en mon ~ et conscience** in all honesty; **pas ~ qui vive** not a (living/single) soul.

amélioration /ameljɔʀasjɔ̃/ *nf* improvement.

améliorer /ameljɔʀe/ *vtr*, *vpr* to improve.

aménagement /amenaʒmɑ̃/ *nm* (de ville) development; (de maison) fitting up; **l'~ du temps de travail** flexible working hours.

aménager /amenaʒe/ *vtr* (région) to develop; (emploi du temps) to arrange.

amende /amɑ̃d/ *nf* fine.

amener /amne/ I *vtr* **~ (qn quelque part)** to bring (sb somewhere); (problèmes) to cause; **~ qn à faire** to lead sb to do. II **s'~**[☺] *vpr* to come.

amer, **~ère** /amɛʀ/ *adj* bitter.

américain, **~e** /amerikɛ̃, ɛn/ I *adj* American. II *nm* LING American English.

amerrir /amerir/ *vi* to land (on water).

amertume /amɛrtym/ *nf* bitterness.

ameublement /amœbləmɑ̃/ *nm* furniture.

ameuter /amøte/ *vtr* to bring [sb] out.

ami, **~e** /ami/ *adj*, *nm,f* friend.

amiable: **à l'~** /alamjabl/ *loc adv* **s'arranger à l'~** to come to an amicable agreement.

amiante /amjɑ̃t/ *nm* asbestos.

amibe /amib/ *nf* amoeba.

amical, **~e**, *pl* **~aux** /amikal, o/ *adj* friendly.

amicalement /amikalmɑ̃/ *adv* kindly; (en fin de lettre) **(bien) ~** best wishes.

amidon /amidɔ̃/ *nm* starch.

amincir /amɛ̃siʀ/ *vtr* to make [sb] look slimmer.

amiral, **~aux** /amiral, o/ *nm* admiral.

amitié /amitje/ I *nf* friendship; **se prendre d'~ pour qn** to befriend sb. II **~s** *nfpl* (en fin de lettre) kindest regards.

ammoniac /amɔnjak/ *nm* ammonia.

ammoniaque /amɔnjak/ *nf* ammonia.

amnistie /amnisti/ *nf* amnesty.

amnistier /amnistje/ *vtr* **~ qn** to grant sb an amnesty.

amollir: **s'~** /amɔliʀ/ *vpr* to soften, to become soft.

amonceler /amɔ̃sle/ I *vtr* to pile up. II **s'~** *vpr* [nuages, neige] to build up; [preuves, soucis] to pile up, to accumulate.

amont /amɔ̃/ I *adj inv* [ski] uphill. II *nm* **en ~ (de)** upstream (from).

amorce /amɔrs/ *nf* initiation; (détonateur) cap.

amorcer /amɔrse/ I *vtr* to begin; (pompe) to prime. II **s'~** *vpr* to begin, to get under way.

amortir /amɔrtiʀ/ *vtr* (bruit) to deaden; (choc) to absorb; (chute) to break; (balle) to kill; **j'ai amorti mon ordinateur en trois mois** my computer paid for itself in three months.

amortisseur /amɔrtisœʀ/ *nm* shock absorber.

amour /amuʀ/ I *nm* love; **faire l'~** to make love; **par ~** out of love; **pour l'~ de Dieu** for heaven's sake. II **~s** *nmpl/nfpl* love affairs; **à tes ~s!** bless you!

amoureux, **~euse** /amuʀø, øz/ I *adj* loving; **être/tomber ~ (de qn)** to be/to fall in love (with sb). II *nm,f* lover.

amour-propre /amuʀpʀɔpʀ/ *nm* self-esteem.

amovible /amɔvibl/ *adj* [doublure] detachable; [cloison] removable.

amphithéâtre /ɑ̃fiteatʀ/ *nm* amphitheatre[GB]; UNIV lecture hall.

ample /ɑ̃pl/ *adj* [manteau] loose-fitting; **pour de plus ~s renseignements** for any further information.

amplement /ɑ̃pləmɑ̃/ *adv* fully.

ampleur /ɑ̃plœʀ/ *nf* (de problème) size, extent; (de projet, sujet) scope.

amplificateur /ɑ̃plifikatœʀ/ *nm* amplifier.

amplifier: **s'~** /ɑ̃plifje/ *vpr* to grow, to intensify.

ampoule /ɑ̃pul/ *nf* (électrique) (light) bulb; (médicament) phial; (injectable) ampoule; (sur la peau) blister.

amputer /ɑ̃pyte/ *vtr* to amputate; **~ qch de qch** to cut sth from sth.

amusant, **~e** /amyzɑ̃, ɑ̃t/ *adj* funny, amusing.

amusé, **~e** /amyze/ *adj* amused.

amuse-gueule /amyzgœl/ *nm inv* cocktail snack[GB], munchies[US] (*pl*).

amusement /amyzmɑ̃/ *nm* amusement.

amuser /amyze/ I *vtr* to entertain; **ça les amuse de faire** they enjoy doing. II **s'~** *vpr* to play; **pour s'~** for fun; (passer du bon temps) to have a good time; **amuse-toi bien!** enjoy yourself!

amygdale /ami(g)dal/ *nf* tonsil.

an /ɑ̃/ *nm* year; **une fois par ~** once a year; **avoir huit ~s** to be eight (years old).

analogie /analɔʒi/ *nf* analogy.

analogue /analɔg/ *adj* ~ **(à)** similar (to).

analphabète /analfabɛt/ *adj, nmf* illiterate.

analyse /analiz/ *nf* analysis; MÉD test; PSYCH psychoanalysis. ▪ **~ grammaticale** parsing; **~ logique** clause analysis.

analyser /analize/ *vtr* to analyse[GB]; (sang) to test.

analyste /analist/ *nmf* analyst.

ananas /anana(s)/ *nm* pineapple.

anarchique /anaʀʃik/ *adj* anarchic.

anatomie /anatɔmi/ *nf* anatomy.

anatomique /anatɔmik/ *adj* anatomical.

ancêtre /ɑ̃sɛtʀ/ *nmf* ancestor.

anchois /ɑ̃ʃwa/ *nm* anchovy.

ancien, **~ienne** /ɑ̃sjɛ̃, jɛn/ I *adj* (précédent) former; **mon ~ne école** my old school; (vieux) old; **dans l'~ temps** in the old days; [histoire, langue] ancient; [meuble] antique; (dans une profession) senior. II *nm* antiques (*pl*). ▪ **~ combattant** veteran; **~ élève** SCOL old boy, alumnus[US]; UNIV graduate, alumnus[US]; **l'Ancien Testament** the Old Testament.

ancienne: **à l'~** /alɑ̃sjɛn/ *loc adv* in the traditional way.

anciennement /ɑ̃sjɛnmɑ̃/ *adv* formerly.

ancienneté /ɑ̃sjɛnte/ *nf* seniority.

andouille /ɑ̃duj/ *nf* CULIN andouille; ☺ fool.

âne /ɑn/ *nm* donkey, ass; (stupide)☺ dimwit☺.

anéantir /aneɑ̃tiʀ/ *vtr* [chaleur] to overwhelm; (récoltes) to ruin; (ville) to lay waste to; (peuple) to wipe out.

anémie /anemi/ *nf* anaemia.

ânerie /ɑnʀi/ *nf* **dire des ~s** to talk nonsense; **faire des ~s** to do silly things.

ânesse /ɑnɛs/ *nf* she-ass, female donkey.

anesthésie /anɛstezi/ *nf* anaesthesia; **sous ~ générale** under general anaesthetic.

anesthésier /anɛstezje/ *vtr* to anaesthetize.

aneth /anɛt/ *nm* dill.

ange /ɑ̃ʒ/ *nm* angel.

angine /ɑ̃ʒin/ *nf* throat infection.

anglais, **~e** /ɑ̃glɛ, ɛz/ *adj, nm* English. • **filer à l'~e** to take French leave.

angle /ɑ̃gl/ *nm* angle, corner; **sous cet ~** from this angle.

anglo-américain, **~e**, *mpl* **~s** /ɑ̃gloameʀikɛ̃, ɛn/ I *adj* GÉN Anglo-American; LING American English. II *nm* LING American English.

anglophone /ɑ̃glɔfɔn/ I *adj* English-speaking. II *nmf* GÉN English speaker; (au Canada) Anglophone.

angoisse /ɑ̃gwas/ *nf* anxiety.

angoissé, **~e** /ɑ̃gwase/ *adj* anxious.

angoisser /ɑ̃gwase/ *vtr* to worry.

anguille /ɑ̃gij/ *nf* eel.

anicroche /anikʀɔʃ/ *nf* **sans ~(s)** without a hitch.

animal, **~e**, *mpl* **~aux** /animal, o/ *adj, nm*animal. ▪ **~ de compagnie** pet; **~ nuisible** pest.

animateur, **~trice** /animatœʀ, tʀis/ *nm,f* organizer; (présentateur) presenter.

animation /animasjɔ̃/ *nf* (d'émission) organization; **~ culturelle** promotion of cultural activities; (entrain) life, vitality; **mettre de l'~** to liven things up; (de rue) hustle and bustle; CIN animation.

animé, **~e** /anime/ *adj* [soirée] lively; [marché] brisk; LING animate.

animer /anime/ I *vtr* (débat) to lead; (stage) to run; (émission) to present; (récit) to liven up. II **s'~** *vpr* [conversation] to become lively; [jeu] to liven up; [visage] to light up.

anis /ani/ *nm inv* anise; (graine) aniseed.

annales /anal/ *nfpl* annals; (d'examen) book of past papers.

anneau, *pl* **~x** /ano/ *nm* ring.

année /ane/ *nf* year; **en quelle ~?** what year?; **souhaiter la bonne ~ à qn** to wish sb a happy new year. ▪ **~ civile** calendar year; **~ universitaire** academic year.

anniversaire /anivɛʀsɛʀ/ I *adj* anniversary. II *nm* (de personne) birthday; **bon ~!** happy birthday!; (d'événement) anniversary.

annonce /anɔ̃s/ *nf* announcement; (message) advertisement, advert©GB, ad©; **mettre une ~** to put in an ad©; **petite ~** classified advertisement; JEUX declaration; **faire une ~** (au bridge) to bid; (indice) sign.

annoncer /anɔ̃se/ I *vtr* to announce; **~ la nouvelle** to tell the news; **qui dois-je ~?** what name shall I give? II **s'~** *vpr* [crise] to be brewing; (se présenter) to look like.

annoter /anɔte/ *vtr* to annotate.

annuaire /anɥɛʀ/ *nm* telephone directory.

annuel, **~elle** /anɥɛl/ *adj* annual, yearly; **contrat ~** one-year contract.

annulaire /anylɛʀ/ *nm* ring finger.

annulation /anylasjɔ̃/ *nf* cancellationGB; (de mariage) annulment.

annuler /anyle/ I *vtr* to cancel; (dette) to write off; JUR to declare [sth] void. II **s'~** *vpr* to cancel each other out.

anodin, **~e** /anɔdɛ̃, in/ *adj* [personne] insignificant; [sujet] safe, neutral.

anomalie /anɔmali/ *nf* anomaly.

ânonner /anɔne/ *vtr* to recite [sth] in a drone.

anonymat /anɔnima/ *nm* anonymity.

anonyme /anɔnim/ *adj* anonymous.

anormal, **~e**, *mpl* **~aux** /anɔʀmal, o/ *adj* abnormal; [événement] unusual.

ANPE /aɛnpeœ/ *nf abrév* = (**Agence nationale pour l'emploi**) *French national employment agency.*

anse /ɑ̃s/ *nf* GÉN handle; GÉOG cove.

antagoniste /ɑ̃tagɔnist/ *adj* opposing.

antarctique /ɑ̃taʀktik/ *adj* Antarctic.

antenne /ɑ̃tɛn/ *nf* (de radio, etc) aerial; (de radar, insecte) antenna; **~ parabolique** satellite dish; **être/passer à l'~** to be/to go on the air; **~ médicale** medical unit.

antérieur, **~e** /ɑ̃teʀjœʀ/ *adj* [partie, face] front; [membre] anterior; (d'avant) previous; **~ à 1999** prior to 1999.

antérieurement /ɑ̃teʀjœʀmɑ̃/ *adv* previously; **~ à** prior to.

anthologie /ɑ̃tɔlɔʒi/ *nf* anthology.

anthropologie /ɑ̃tʀɔpɔlɔʒi/ *nf* anthropology.

anthropophage /ɑ̃tʀɔpɔfaʒ/ *nmf* cannibal.

antiatomique /ɑ̃tiatɔmik/ *adj* **abri ~** nuclear shelter.

antibiotique /ɑ̃tibjɔtik/ *adj*, *nm* antibiotic.

antibrouillard /ɑ̃tibʀujaʀ/ *adj inv* **phare ~** fog light.

antichambre /ɑ̃tiʃɑ̃bʀ/ *nf* anteroom.

anticipation /ɑ̃tisipasjɔ̃/ *nf* **film/roman d'~** science fiction film/novel

anticiper /ɑ̃tisipe/ I *vtr* **~ qch de 3 mois** to anticipate sth by 3 months; **n'anticipons pas!** let's not get ahead of ourselves! II **~ sur** *vtr ind* **~ sur qch** to count on sth happening.

anticonstitutionnel, **~elle** /ɑ̃tikɔ̃stitysjɔnɛl/ *adj* unconstitutional.

anticorps /ɑ̃tikɔʀ/ *nm inv* antibody.

antidater /ɑ̃tidate/ *vtr* to antedate.

antidérapant, **~e** /ɑ̃tideʀapɑ̃, ɑ̃t/ *adj* nonskid.

antidopage /ɑ̃tidɔpaʒ/ *adj* **test ~** dope test.

antidote /ɑ̃tidɔt/ *nm* antidote (to).

antigang /ɑ̃tigɑ̃g/ *adj inv* **brigade ~** crime squad.

antigel /ɑ̃tiʒɛl/ *adj inv, nm* antifreeze.

anti-inflammatoire, *pl* **~s** /ɑ̃tiɛ̃flamatwaʀ/ *adj, nm* anti-inflammatory.

antillais, **~e** /ɑ̃tijɛ, ɛz/ *adj* West Indian.

Antilles /ɑ̃tij/ *nprf pl* **les ~** the West Indies; **les ~ françaises** the French West Indies; **les Petites/Grandes ~** the Lesser/Greater Antilles.

antilope /ɑ̃tilɔp/ *nf* antelope.

antipathie /ɑ̃tipati/ *nf* antipathy.

antipathique /ɑ̃tipatik/ *adj* unpleasant; **il m'est ~** I dislike him.

antipelliculaire /ɑ̃tipɛlikylɛʀ/ *adj* antidandruff.

antipode /ɑ̃tipɔd/ *nm* antipodes (*pl*).

antipoison /ɑ̃tipwazɔ̃/ *adj inv* **centre ~** poisons unit.

antipollution /ɑ̃tipɔlysjɔ̃/ *adj inv* **lutte ~** fight against pollution.

antiquaire /ɑ̃tikɛʀ/ *nmf* antique dealer.

antique /ɑ̃tik/ *adj* (de l'Antiquité) ancient; (ancien) **croyance ~** age-old belief; (démodé) antiquated.

antiquité /ɑ̃tikite/ I *nf* antique. II **~s** *nfpl* antiquities.

Antiquité /ɑ̃tikite/ *nf* antiquity.

antireflet /ɑ̃tiʀəflɛ/ *adj inv* antiglare.

antirouille /ɑ̃tiʀuj/ *adj inv* (pour protéger) rust-proofing; (pour enlever) rust-removing.

antisèche© /ɑ̃tisɛʃ/ *nf* ARGOT SCOL crib©.

antisémite /ɑ̃tisemit/ I *adj* anti-Semitic. II *nmf* anti-Semite.

antiseptique /ɑ̃tisɛptik/ *adj, nm* antiseptic.

antiterroriste /ɑ̃titɛʀɔʀist/ *adj* **lutte ~** fight against terrorism.

antivol /ɑ̃tivɔl/ *nm* (de vélo, moto) lock; (de voiture) steering lock, anti-theft device.

anxiété /ɑ̃ksjete/ *nf* anxiety.

anxieux, **~ieuse** /ɑ̃ksjø, jøz/ *adj* **~ (de savoir)** anxious (to know).

aorte /aɔʀt/ *nf* aorta.

août /u(t)/ *nm* August.

apaisement /apɛzmɑ̃/ *nm* appeasement.

apaiser /apeze/ I *vtr* (personne) to pacify; (conflit) to ease; (colère) to calm; (faim, désir) to satisfy; (douleur) to soothe. II **s'~** *vpr* [vent, colère] to die down; [débat] to calm down; [faim, douleur] to subside.

aparté /apaʀte/ *nm* **en ~** in private; THÉÂT in an aside.

apartheid /apaʀtɛd/ *nm* apartheid.

apathique /apatik/ *adj* apathetic.

apercevoir /apɛʀsəvwaʀ/ I *vtr* to catch sight of. II **s'~** *vpr* **s'~ de** to notice; **s'~ que** to realize that; **sans s'en ~** without realizing.

aperçu /apɛʀsy/ *nm* outline.

apéritif /apeʀitif/ *nm* aperitif[GB], drink.

à-peu-près /apøpʀɛ/ *nm inv* vague approximation, (rough) guess.

aphte /aft/ *nm* mouth ulcer.

à-pic /apik/ *nm inv* sheer drop.

apiculteur, **~trice** /apikyltœʀ, tʀis/ *nm,f* beekeeper.

apitoyer /apitwaje/ I *vtr* to move [sb] to pity. II **s'~ sur** *vpr* to feel sorry for.

aplanir /aplaniʀ/ *vtr* (terrain) to level; (difficultés) to iron out; (tensions) to ease.

aplatir /aplatiʀ/ *vtr* to flatten.

aplomb /aplɔ̃/ I *nm* confidence; **vous ne manquez pas d'~!** you've got a nerve!; **à**

l'~ **de** directly below. II **d'~**☺ *loc adv* well.

apnée /apne/ *nf* apn(o)ea.

apogée /apɔʒe/ *nm* apogee, peak.

a posteriori /apɔsterjɔri/ *loc adv* after the event; **~, il semble que** with hindsight, it appears that.

apostrophe /apɔstrɔf/ *nf* apostrophe.

apostropher /apɔstrɔfe/ *vtr* to heckle.

apparaître /aparɛtr/ I *vi* to appear; ~ **(à qn) comme** to appear (to sb) to be; **laisser/faire** ~ to show. II *v impers* **il apparaît que** it appears that.

apparat /apara/ *nm* grandeur.

appareil /aparɛj/ *nm* device; (pour la maison) appliance; (avion) plane; **l'~ d'État** the state apparatus; ~ **auditif** hearing aid; ~ **(dentaire)** dentures (*pl*); **l'~ digestif** the digestive system; ~ **photo** camera; **qui est à l'~?** who's calling please?; **Tim à l'~** (this is) Tim speaking.

appareillage /aparɛjaʒ/ *nm* **prêt pour l'~!** ready to cast off!; (appareils) equipment.

apparemment /aparamɑ̃/ *adv* apparently.

apparence /aparɑ̃s/ *nf* appearance; **en** ~ seemingly.

apparent, ~e /aparɑ̃, ɑ̃t/ *adj* apparent.

apparition /aparisjɔ̃/ *nf* (de personne, produit) appearance; (de spectre) apparition.

appartement /apartəmɑ̃/ *nm* flat[GB], apartment.

appartenance /apartənɑ̃s/ *nf* affiliation.

appartenir /apartənir/ I **~ à** *vtr ind* ~ **à (qn/qch)** to belong to (sb/sth); **ça t'appartient** it's yours; ~ **à un club** to be a member of a club. II *v impers* **il appartient à qn de faire** it is up to sb to do.

appâter /apɑte/ *vtr* to lure.

appauvrir /apovrir/ I *vtr* to impoverish. II **s'~** *vpr* to become impoverished.

appel /apɛl/ *nm* call; ~ **au secours** call for help; ~ **téléphonique/radio** phone/radio call; **faire ~ à (qn)** to call (sb); **faire l'~** to take the roll call; JUR appeal; **faire ~ (d'un jugement)** to appeal (against a decision); **une décision sans ~** a final decision; SPORT take off. ■ **~ d'offres** invitation to tender; **~ de phares** flash of headlights[GB], high beams[US].

appelé, ~e /aple/ *nm* MIL conscript, draftee[US].

appeler /aple/ I *vtr* to call; (téléphoner) to phone[GB], to call[US]; (faire venir) to call, to send for. II **en ~ à** *vtr ind* to appeal to. III *vi* GÉN to call. IV **s'~** *vpr* **comment t'appelles-tu?** what's your name?; **je m'appelle Paul** my name's Paul; **on s'appelle!** we'll be in touch!

appellation /apelasjɔ̃/ *nf* name.

appendicite /apɛ̃disit/ *nf* appendicitis.

appesantir: **s'~** /apəzɑ̃tir/ *vpr* **s'~ sur** to dwell on.

appétissant, ~e /apetisɑ̃, ɑ̃t/ *adj* appetizing.

appétit /apeti/ *nm* appetite; **bon ~!** enjoy your meal!.

applaudir /aplodir/ *vtr, vi* to applaud.

applaudissement /aplodismɑ̃/ *nm* applause.

applicateur /aplikatœr/ *nm* applicator.

application /aplikasjɔ̃/ *nf* care; (de loi, etc) implementation; (de peine) administration; ORDINAT application program.

appliquer /aplike/ I *vtr* ~ **qch sur qch** to apply sth to sth; (politique) to implement; ~ **le règlement** to go by the rules; (technique) to use. II **s'~** *vpr* **s'~ à faire** to take great care to do; (concerner) **s'~ à qn/qch** to apply to sb/sth.

appoint /apwɛ̃/ *nm* **faire l'~** to give the exact change; **d'~** [salaire] supplementary; [chauffage] additional.

appointements /apwɛ̃tmɑ̃/ *nmpl* salary (*sg*).
apport /apɔʀ/ *nm* contribution *f*; ~ **calorique** caloric intake.
apporter /apɔʀte/ *vtr* ~ **qch à qn** (en venant) to bring sb sth; (en allant) to take sb sth; (fournir) to give, to provide.
appréciable /apʀesjabl/ *adj* substantial; **nombre ~ de spectateurs** a good many spectators.
appréciation /apʀesjɑsjɔ̃/ *nf* assessment; **laissé à l'~ de qn** left to sb's discretion; **faire une erreur d'~** to make a misjudgment.
apprécier /apʀesje/ I *vtr* to appreciate; (distance) to estimate; (conséquences) to assess. II **s'~** *vpr* to like one another.
appréhender /apʀeɑ̃de/ *vtr* (voleur) to arrest; ~ **de faire** to dread doing.
appréhension /apʀeɑ̃sjɔ̃/ *nf* apprehension.
apprendre /apʀɑ̃dʀ/ I *vtr* ~ **(à faire)** to learn (to do); ~ **qch sur qn** to find sth out about sb; ~ **qch à qn** to teach sb sth; **ça t'apprendra!** that'll teach you! II **s'~** *vpr* **s'~ facilement** to be easy to learn.
apprenti, **~e** /apʀɑ̃ti/ *nm,f* GÉN trainee; (d'artisan) apprentice.
apprentissage /apʀɑ̃tisaʒ/ *nm* training; (de métier artisanal) apprenticeship.
apprêter: **s'~** /apʀete/ *vpr* **s'~ à faire** to be about to do.
apprivoiser /apʀivwaze/ *vtr* (animal) to tame.
approbateur, **~trice** /apʀɔbatœʀ, tʀis/ *adj* of approval.
approbation /apʀɔbasjɔ̃/ *nf* approval.
approche /apʀɔʃ/ *nf* approach; **aux ~s de la ville** on the outskirts of town.
approcher /apʀɔʃe/ I *vtr* to approach, move near. II **~ de** *vtr ind* to be (getting) close to. III *vi* to be coming up. IV **s'~** *vpr* **s'~ de qn/qch** to come near sb/sth.
approfondi, **~e** /apʀɔfɔ̃di/ *adj* detailed, in-depth.
approfondir /apʀɔfɔ̃diʀ/ *vtr* to go into [sth] in depth; **inutile d'~** don't go into detail; (trou) to deepen.
approprié, **~e** /apʀɔpʀije/ *adj* appropriate.
approprier: **s'~** /apʀɔpʀije/ *vpr* to take, to seize.
approuver /apʀuve/ *vtr* to approve of; (projet de loi) to pass.
approvisionnement /apʀɔvizjɔnmɑ̃/ *nm* supply.
approvisionner /apʀɔvizjɔne/ *vtr* to supply (with); ~ **un compte** to pay money into an account.
approximatif, **~ive** /apʀɔksimatif, iv/ *adj* approximate, rough.
approximation /apʀɔksimasjɔ̃/ *nf* approximation.
approximativement /apʀɔksimativmɑ̃/ *adv* approximately.
appui /apɥi/ *nm* support; **prendre ~ sur** to lean on.
appui-tête, *pl* **appuis-tête** /apɥitɛt/ *nm* headrest.
appuyer /apɥije/ I *vtr* ~ **qch contre qch** to lean sth against sth; ~ **son doigt sur qch** to press sth with one's finger; ~ **une accusation sur des témoignages** to base an accusation on evidence; (soutenir) to back, support. II *vi* to press; (insister) to emphasize. III **s'~** *vpr* **s'~ sur/contre** to lean on/against; (se fonder) to rely on.
âpre /ɑpʀ/ *adj* [goût, froid, discussion] bitter; [voix] harsh.
après /apʀɛ/ I *adv* (dans le temps) (ensuite) afterwards; (plus tard) later; **la fois d'~** the next time; **l'instant d'~** a moment later; (dans l'espace) further on; **et ~?** so what©? II *prép* (dans le temps, l'espace) after; ~ **tout** after all; **jour ~ jour** day after day, day in day out; ~ **vous!** after you! III **d'~** *loc prép* according to;

d'~ la loi under the law; (adapté de) based on. IV **~ que** *loc conj* after.

après-demain /apʀɛdmɛ̃/ *adv* the day after tomorrow.

après-guerre, *pl* **~s** /apʀɛgɛʀ/ *nm ou f* postwar years (*pl*).

après-midi /apʀɛmidi/ *nm ou f inv* afternoon; **2 heures de l'~** 2 in the afternoon, 2 pm.

après-rasage, *pl* **~s** /apʀɛʀazaʒ/ *adj inv*, *nm* after-shave.

après-ski /apʀɛski/ *nm inv* snowboot.

après-vente /apʀɛvɑ̃t/ *adj inv* **service ~** after-sales service department.

a priori /apʀijɔʀi/ *loc adv* right now; **rejeter ~ une proposition** to reject a proposal out of hand.

à-propos /apʀɔpo/ *nm inv* **agir avec ~** to do the right thing.

apte /apt/ *adj* good at; (en état) fit.

aptitude /aptityd/ *nf* aptitude.

aquarelle /akwaʀɛl/ *nf* watercolour[GB].

aqueduc /akdyk/ *nm* aqueduct.

arachide /aʀaʃid/ *nf* peanut.

araignée /aʀeɲe/ *nf* spider.

arbitrage /aʀbitʀaʒ/ *nm* arbitration; SPORT **erreur d'~** wrong decision by the referee.

arbitre /aʀbitʀ/ *nm* JUR arbitrator; SPORT referee; (on base-ball, cricket, tennis) umpire.

arbitrer /aʀbitʀe/ *vtr* (différend) to arbitrate in; (football) to referee; (base-ball) to umpire.

arborer /aʀbɔʀe/ *vtr* to sport.

arbre /aʀbʀ/ *nm* tree; **~ généalogique** family tree; **~ de transmission** transmission shaft.

arbrisseau, *pl* **~x** /aʀbʀiso/ *nm* small tree.

arbuste /aʀbyst/ *nm* shrub.

arc /aʀk/ *nm* SPORT bow; (courbe) curve; ARCHIT arch.

arcade /aʀkad/ *nf* arcade. ▪ **~ sourcilière** arch of the eyebrow.

arc-en-ciel, *pl* **arcs-en-ciel** /aʀkɑ̃sjɛl/ *nm* rainbow.

archaïque /aʀkaik/ *adj* archaic.

archéologie /aʀkeɔlɔʒi/ *nf* archaeology.

archéologique /aʀkeɔlɔʒik/ *adj* archaeological.

archéologue /aʀkeɔlɔg/ *nmf* archaeologist.

archer /aʀʃe/ *nm* archer.

archet /aʀʃɛ/ *nm* bow.

archipel /aʀʃipɛl/ *m* archipelago.

architecte /aʀʃitɛkt/ *nmf* architect.

architecture /aʀʃitɛktyʀ/ *nf* architecture.

archives /aʀʃiv/ *nfpl* archives.

ardeur /aʀdœʀ/ *nf* enthusiasm (for).

ardoise /aʀdwaz/ *f* slate.

are /aʀ/ *nf* are *(100 square metres)*.

arène /aʀɛn/ *nf* arena.

arête /aʀɛt/ *nf* fishbone; **sans ~s** boned; (du nez) bridge.

argent /aʀʒɑ̃/ *nm* money; (métal) silver. ▪ **~ comptant/liquide** cash.

argenté, **~e** /aʀʒɑ̃te/ *adj* silvery.

argenterie /aʀʒɑ̃tʀi/ *nf* silverware, silver.

argot /aʀgo/ *nm* slang.

argotique /aʀgɔtik/ *adj* slang.

argument /aʀgymɑ̃/ *nm* argument.

argumentation /aʀgymɑ̃tasjɔ̃/ *nf* line of argument.

aride /aʀid/ *adj* arid.

aristocrate /aʀistɔkʀat/ *nmf* aristocrat.

arithmétique /aʀitmetik/ I *adj* arithmetical. II *nf* arithmetic.

arlequin /aʀləkɛ̃/ *nm* harlequin.

armateur /aʀmatœʀ/ *nm* shipowner.

armature /aʀmatyʀ/ *nf* frame; **soutien-gorge à ~** underwired bra.

arme /aʀm/ I *nf* weapon. II **~s** *nfpl* MIL arms (*pl*); (armoiries) coat (*sg*) of arms.

armée /aʀme/ *nf* army; **~ de terre** army; **~ de l'air** air force.

armement /aʀməmɑ̃/ *nm* arms.

armer /aʀme/ I *vtr* GÉN to arm; (fusil) to cock. II **s'~ de** *vpr* to arm oneself (with).

armistice /aʀmistis/ *nm* armistice.

armoire /aʀmwaʀ/ *nf* cupboard[GB], closet[US]. ▪ **~ à pharmacie** medicine cabinet.

armoiries /aʀmwaʀi/ *nfpl* arms.

armurier /aʀmyʀje/ *nm* gunsmith.

arnaqueur©, **-euse** /aʀnakœʀ, øz/ *nm,f* swindler.

aromatique /aʀɔmatik/ *adj* aromatic.

aromatiser /aʀɔmatize/ *vtr* to flavour[GB].

arôme /aʀom/ *nm* aroma; (goût) flavouring[GB].

arpenter /aʀpɑ̃te/ *vtr* to pace up and down.

arqué, **~e** /aʀke/ *adj* [sourcils] arched; [jambes] bow.

arraché /aʀaʃe/ *nm* **obtenir qch à l'~** to snatch sth; **vol à l'~** bag snatching.

arrache-pied: **d'~** /daʀaʃpje/ *loc adv* **travailler d'~** to work flat out.

arracher /aʀaʃe/ I *vtr* (légumes) to dig up/out; (arbre) to uproot; (poil, dent, ongle, clou) to pull [sth] out; (affiche) to tear [sth] down; (page) to rip [sth] out. II **s'~** *vpr* to fight over; **s'~ à** to rouse oneself from.

arrangeant, **~e** /aʀɑ̃ʒɑ̃, ɑ̃t/ *adj* obliging.

arrangement /aʀɑ̃ʒmɑ̃/ *nm* agreement.

arranger /aʀɑ̃ʒe/ I *vtr* to arrange; (remettre en ordre) to tidy up; (réparer) to fix; **ça t'arrange** it suits you. II **s'~** *vpr* to improve; **s'~ avec qn** to arrange it with sb; **on va s'~** we'll sort something out.

arrestation /aʀɛstasjɔ̃/ *nf* arrest; **en état d'~** under arrest.

arrêt /aʀɛ/ *nm* stop; **un temps d'~** a pause; **sans ~** (sans interruption) nonstop; (toujours) constantly; **à l'~** [train] stationary; **être en ~ de travail** to be on sick leave.

arrêter /aʀete/ I *vtr* to stop; **~ de fumer** to give up smoking; (appareil) to switch off; (suspect) to arrest. II *vi* to stop. III **s'~** *vpr* **s'~ (de faire)** to stop (doing); [chemin, etc] to end.

arrhes /aʀ/ *nfpl* deposit (*sg*).

arrière /aʀjɛʀ/ I *adj inv* [vitre, roue] rear; [banquette] back. II *nm* back, rear; **en ~** backward(s); **en ~ de** behind; (au rugby, hockey) fullback; (au football) defender; (au basket) guard; (au volley) back-line player.

arrière-garde, *pl* **~s** /aʀjɛʀgaʀd/ *nf* rearguard.

arrière-goût, *pl* **~s** /aʀjɛʀgu/ *nm* aftertaste.

arrière-pays /aʀjɛʀpei/ *nm inv* back country.

arrière-pensée, *pl* **~s** /aʀjɛʀpɑ̃se/ *nf* ulterior motive; **sans ~** without reservation.

arrière-plan, *pl* **~s** /aʀjɛʀplɑ̃/ *nm* background.

arrivage /aʀivaʒ/ *nm* **nouveaux ~s** new stock.

arrivant, **~e** /aʀivɑ̃, ɑ̃t/ *nm,f* **les premiers ~s** the first to arrive; **nouvel ~** newcomer.

arrivée /aʀive/ *nf* arrival.

arriver /aʀive/ I *vi* to arrive; [pluie] to come; [accident, catastrophe] to happen; **~ à** (niveau, âge, accord) to reach; **~ à faire** to manage to do; (réussir) to succeed. II *v impers* **qu'est-il arrivé?** what happened?

arriviste /aʀivist/ *nmf* upstart.

arroger: **s'~** /aʀɔʒe/ *vpr* to assume.

arrondi, **~e** /aʀɔ̃di/ *adj* rounded.
arrondir /aʀɔ̃diʀ/ I *vtr* (chiffre) to round off. II **s'~** *vpr* to fill out; [yeux] to widen; [fortune] to be growing.
arrondissement /aʀɔ̃dismɑ̃/ *nm* district.
arrosage /aʀozaʒ/ *nm* watering.
arroser /aʀoze/ I *vtr* to water; (victoire) to drink to. II **s'~**© *vpr* **ça s'arrose** that calls for a drink.
arrosoir /aʀozwaʀ/ *nm* watering can.
arsenal, *pl* **~aux** /aʀsənal, o/ *nm* arsenal; **tout un ~ de** a whole battery of.
art /aʀ/ *nm* art. ■ **~s ménagers** home economics.
Artaban /aʀtabɑ̃/ *nprm* **fier comme ~** proud as a peacock.
artère /aʀtɛʀ/ *nf* artery.
artichaut /aʀtiʃo/ *nm* artichoke.
article /aʀtikl/ *nm* article; COMM item; (de contrat) clause; **~s de sport** sports equipment; **~s de toilette** toiletries.
articulation /aʀtikylasjɔ̃/ *nf* articulation; ANAT joint.
articuler /aʀtikyle/ *vtr* to articulate.
artifice /aʀtifis/ *nm* contrivance.
artificiel, **~ielle** /aʀtifisjɛl/ *adj* artificial.
artisan /aʀtizɑ̃/ *nm* artisan, (self-employed) craftsman.
artisanal, **~e**, *mpl* **~aux** /aʀtizanal, o/ *adj* [méthode] traditional; **de fabrication ~e** [objet] hand-crafted; [aliments] home-made.
artisanat /aʀtizana/ *nm* craft industry. ■ **~ d'art** arts and crafts.
artiste /aʀtist/ *nmf* artist. ■ **~ peintre** painter.
artistique /aʀtistik/ *adj* artistic.
as /ɑs/ *nm inv* ace.
ascenseur /asɑ̃sœʀ/ *nm* lift[GB], elevator[US].
ascension /asɑ̃sjɔ̃/ *nf* ascent; **faire l'~ de** to climb.
aseptisé, **~e** /aseptize/ *adj* sanitized.
aseptiser /aseptize/ *vtr* to disinfect.
asiatique /azjatik/ *adj* Asian.
asile /azil/ *nm* refuge, shelter; **demander l'~ politique** to seek political asylum.
aspect /aspɛ/ *nm* aspect; **changer d'~** to change in appearance.
asperge /aspɛʀʒ/ *nf* asparagus.
asperger /aspɛʀʒe/ I *vtr* to spray. II **s'~** *vpr* **s'~ d'eau** to splash water on oneself.
asphyxie /asfiksi/ *nf* suffocation, asphyxia.
asphyxier /asfiksje/ I *vtr* to asphyxiate. II **s'~** *vpr* to suffocate to death.
aspirateur /aspiʀatœʀ/ *nm* vacuum cleaner, hoover®[GB].
aspirer /aspiʀe/ I *vtr* (air) to breathe in; (fumée) to inhale; (liquide, poussière) to suck up; (tapis) to vacuum. II **~ à** *vtr ind* to aspire to.
aspirine® /aspiʀin/ *nf* aspirin.
assaillant, **~e** /asajɑ̃, ɑ̃t/ *nm,f* attacker.
assaisonnement /asɛzɔnmɑ̃/ *nm* (vinaigrette) dressing; (épices) seasoning.
assaisonner /asɛzɔne/ *vtr* (salade) to dress; (plat) to season.
assassin /asasɛ̃/ *nm* murderer.
assassinat /asasina/ *nm* murder.
assassiner /asasine/ *vtr* to murder.
assaut /aso/ *nm* attack; **donner l'~** to attack; (du froid) onslaught.
assécher /aseʃe/ *vtr* to drain.
assemblée /asɑ̃ble/ *nf* gathering; (réunion) meeting; POL assembly.
assembler /asɑ̃ble/ I *vtr* to put [sth] together. II **s'~** *vpr* to gather.
asséner /asene/ *vtr* **~ un coup à qn/qch** to deal sb/sth a blow.
asseoir: **s'~** /aswaʀ/ *vpr* to sit (down).

asservir /aserviR/ *vtr* to enslave.

assez /ase/ *adv* enough; ~ **de temps** enough time; **en avoir** ~ **(de)**☺ to be fed up (with)☺; (suffisamment) quite; ~ **jeune** quite young; **je suis** ~ **pressé** I'm in rather a hurry.

assidu, **~e** /asidy/ *adj* [travail] diligent; [soins] constant; [visites] regular.

assiéger /asjeʒe/ *vtr* to besiege.

assiette /asjɛt/ *nf* plate; (à cheval) seat; ~ **(fiscale)** tax base. ■ ~ **anglaise** assorted cold meats *(pl)*.

assignation /asiɲasjɔ̃/ *nf* allocation. ■ ~ **en justice** summons to appear before the court; ~ **à résidence** house arrest.

assigner /asiɲe/ I *vtr* ~ **une tâche à qn** to assign a task to sb; (crédits) to allocate; ~ **à comparaître** to summons. II **s'~** *vpr* ~ **un but** to set oneself a goal.

assimiler /asimile/ *vtr* to assimilate.

assis, **~e** /asi, iz/ I *pp* ▸**asseoir**. II *adj* to be seated; **reste** ~ don't get up, remain seated.

assistance /asistɑ̃s/ *nf* assistance; ~ **judiciaire** legal aid; **Assistance publique** ≈ welfare services; (auditoire) audience.

assistant, **~e** /asistɑ̃, ɑ̃t/ *nm,f* assistant. ■ **~e sociale** social worker.

assisté, **~e** /asiste/ I *adj* [personne] assisted; ~ **par ordinateur** computer-aided; [freins] power. II *nm,f person receiving benefit*GB*, welfare*US.

assister /asiste/ I *vtr* to assist, to aid. II ~ **à** *vtr ind* (mariage, spectacle) to be at; (réunion, cours) to attend; (accident) to witness.

association /asɔsjasjɔ̃/ *nf* association. ■ ~ **de malfaiteurs** JUR criminal conspiracy; ~ **sportive** sports association.

associé, **~e** /asɔsje/ I *adj* [membre, professeur] associate; [entreprises] associated. II *nm,f* associate, partner.

associer /asɔsje/ I *vtr* to bring together; ~ **qn/qch à qch** to include sb/sth in sth. II **s'~** *vpr* to go into partnership; **s'~ à la peine de qn** to share in sb's sorrow; **s'~ à** to join in.

assoiffé, **~e** /aswafe/ *adj* thirsty; ~ **de pouvoir** hungry for power.

assombrir /asɔ̃bRiR/ I *vtr* to darken, to make [sth] dark. II **s'~** *vpr* to darken.

assommant☺, **~e** /asɔmɑ̃, ɑ̃t/ *adj* deadly boring☺.

assommer /asɔme/ *vtr* to knock [sb] senseless; (ennuyer)☺ to bore [sb] to tears☺.

assorti, **~e** /asɔRti/ *adj* matching; **bien/mal** ~ well-/ill-matched; (varié) assorted.

assortiment /asɔRtimɑ̃/ *nm* (de fromages, etc) assortment; (de produits, etc) selection.

assortir /asɔRtiR/ I *vtr* to match; COMM to stock. II **s'~ de** *vpr* to come with.

assoupir: **s'~** /asupiR/ *vpr* to doze off.

assouplir /asupliR/ *vtr* (cuir) to make [sth] supple; (linge) to soften; (muscles) to loosen; (règlement) to relax.

assouplissant /asuplisɑ̃/ *nm* fabric softener.

assouplissement /asuplismɑ̃/ *nm* **faire des exercices d'**~ to limber up.

assourdir /asuRdiR/ *vtr* (qn) to deafen; (bruit) to muffle.

assourdissant, **~e** /asuRdisɑ̃, ɑ̃t/ *adj* deafening.

assumer /asyme/ *vtr* (responsabilité) to take; (conséquences) to accept.

assurance /asyRɑ̃s/ *nf* (self-)confidence; (maîtrise, promesse) assurance; **recevoir l'~ que** to be assured that; (garantie) insurance. ■ ~ **maladie**, **~s sociales** social insurance ¢; ~ **tous risques** comprehensive insurance.

assuré, **~e** /asyRe/ *adj* confident; (certain) certain; (protégé) insured.

assurément /asyRemɑ̃/ *adv* definitely.

assurer /asyRe/ I *vtr* ~ **à qn que** to assure sb that; ~ **qn de qch** to assure sb of sth; ~ **qch (contre)** to insure sth (against); (service) to provide; (victoire) to ensure, to secure; (rendre stable) to steady; (en alpinisme) to belay. II **s'~** *vpr* **s'~ de qch/que** to make sure of sth/that; **s'~ contre l'incendie** to take out fire insurance.

asthme /asm/ *nm* asthma.

asticot /astiko/ *nm* maggot.

asticoter© /astikɔte/ *vtr* to needle©.

astiquer /astike/ *vtr* to polish.

astreignant, **~e** /astRɛɲɑ̃, ɑ̃t/ *adj* demanding.

astrologie /astRɔlɔʒi/ *nf* astrology.

astronaute /astRɔnot/ *nmf* astronaut.

astronautique /astRɔnotik/ *nf* astronautics (*sg*).

astronome /astRɔnɔm/ *nmf* astronomer.

astronomie /astRɔnɔmi/ *nf* astronomy.

astronomique /astRɔnɔmik/ *adj* astronomical.

astuce /astys/ *nf* (jeu de mots) pun; (plaisanterie) joke; (truc) trick.

astucieux, **~ieuse** /astysjø, jøz/ *adj* clever.

asymétrique /asimetRik/ *adj* asymmetrical.

atchoum /atʃum/ *nm* (*also onomat*) atishoo.

atelier /atəlje/ *nm* (d'artisan) workshop; (d'artiste) studio.

athlète /atlɛt/ *nmf* athlete.

athlétisme /atletism/ *nm* athletics[GB] (*sg*), track and field[US].

atlas /atlas/ *nm inv* atlas.

atmosphère /atmɔsfɛR/ *nf* atmosphere.

atome /atom/ *nm* atom.

atomique /atɔmik/ *adj* [centrale, arme] nuclear; [bombe] atomic.

atomiseur /atɔmizœR/ *nm* spray.

atout /atu/ *nm* asset; JEUX trump.

âtre /atR/ *nm* hearth.

atroce /atRɔs/ *adj* [blessure, nouvelle, personne] dreadful; [douleur] atrocious.

atrocité /atRɔsite/ *nf* atrocity; **dire des ~s** to say dreadful things.

attabler: **s'~** /atable/ *vpr* to sit down at (the) table.

attachant, **~e** /ataʃɑ̃, ɑ̃t/ *adj* charming.

attachement /ataʃmɑ̃/ *nm* attachment (to).

attacher /ataʃe/ I *vtr* ~ (à) to tie (to); (chaussure) to do up; (ceinture) to fasten; ~ **de l'importance à qch** to think sth is very important. II *vi* (coller) to stick. III **s'~ à** *vpr* **s'~ à faire** to set out to do; (qn, qch) to become attached to.

attaquant, **~e** /atakɑ̃, ɑ̃t/ *nm,f* MIL attacker; (au football) striker.

attaque /atak/ *nf* GÉN attack; (au football, rugby, en course) break.

attaquer /atake/ I *vtr* to attack; ~ **qn en justice** to bring an action against sb[GB], to lawsuit sb[US]. II *vi* (au football, rugby) to break; (au tennis) to drive. III **s'~ à** *vpr* to attack; (problème) to tackle.

attarder: **s'~** /ataRde/ *vpr* (traîner) to linger; **s'~ sur** to dwell on.

atteindre /atɛ̃dR/ *vtr* to reach; (but) to achieve; (cible) to hit; (toucher) to affect.

atteinte /atɛ̃t/ *nf* **hors d'~** out of reach.

atteler /atle/ I *vtr* to harness. II **s'~ à** *vpr* (tâche) to get down to.

attenant, **~e** /atnɑ̃, ɑ̃t/ *adj* adjacent.

attendre /atɑ̃dR/ I *vtr* to wait for; ~ **de qn qu'il fasse** to expect sb to do. II *vi* to wait; (au téléphone) to hold; **faire ~ qn** to keep sb waiting; **en attendant** in the meantime; (néanmoins) all the same, nonetheless. III **s'~ à** *vpr* **s'~ à qch/à faire** to expect sth/to do.

attendrir /atɑ̃dʀiʀ/ I *vtr* (personne) to touch; (viande) to tenderize. II **s'~ sur** *vpr* (qn) to feel sorry for.

attendrissant, **~e** /atɑ̃dʀisɑ̃, ɑ̃t/ *adj* touching, moving.

attentat /atɑ̃ta/ *nm* assassination attempt (on); **~ à la bombe** bomb attack.

attente /atɑ̃t/ *nf* **deux heures d'~** a two-hour wait; **dans l'~ de vous lire** looking forward to hearing from you; **répondre à l'~ de qn** to come up to sb's expectations.

attentif, **~ive** /atɑ̃tif, iv/ *adj* [personne] attentive; [examen] close.

attention /atɑ̃sjɔ̃/ I *nf* attention; **à l'~ de X** for the attention of X, attn. X; **avec ~** carefully; **faire ~ à qch** (prendre garde) to be careful of sth; (remarquer) to pay attention to; **fais ~ à toi** take care of yourself. II *adv* look out!, watch out!; (panneau routier) caution.

attentionné, **~e** /atɑ̃sjɔne/ *adj* considerate.

attentivement /atɑ̃tivmɑ̃/ *adv* [suivre] attentively; [examiner] carefully.

atténuer /atenɥe/ I *vtr* (douleur) to ease; (effet) to weaken; (choc) to soften; (couleur, reproche) to tone down. II **s'~** *vpr* [douleur] to ease; [chagrin] to subside; [bruit] to die down.

atterré, **~e** /ateʀe/ *adj* appalled.

atterrir /ateʀiʀ/ *vi* to land.

atterrissage /ateʀisaʒ/ *nm* landing.

attestation /atɛstasjɔ̃/ *nf* certificate.

attester /atɛste/ *vtr* to testify (to/that).

attirail /atiʀaj/ *nm* gear; **tout un ~** lots of different things.

attirance /atiʀɑ̃s/ *nf* attraction; **avoir de l'~ pour qn/ qch** to be attracted to sb/sth.

attirant, **~e** /atiʀɑ̃, ɑ̃t/ *adj* attractive.

attirer /atiʀe/ I *vtr* to attract; **~ l'attention de qn sur qch** to draw sb's attention to sth; (plaîre) to appeal to; **~ des ennuis à qn** to cause sb problems. II **s'~** *vpr* **s'~ la colère de qn** to incur sb's anger; **s'~ des ennuis** to get into trouble.

attitré, **~e** /atitʀe/ *adj* official; **représentant ~** accredited representative.

attitude /atityd/ *nf* **~ (envers)** attitude (to).

attraction /atʀaksjɔ̃/ *nf* attraction.

attrait /atʀɛ/ *nm* **plein d'~** very attractive; **sans ~** unattractive.

attrape-nigaud, *pl* **~s** /atʀapnigo/ *nm* **c'est un ~** it's a mug's game.

attraper /atʀape/ *vtr* to catch, to get; **se faire ~** to get caught; **se faire ~**© (réprimander) to get told off.

attrayant, **~e** /atʀɛjɑ̃, ɑ̃t/ *adj* attractive.

attribuer /atʀibɥe/ I *vtr* (bourse) to award; (sens) to lend; (logement) to allocate. II **s'~** *vpr* to give oneself.

attrister /atʀiste/ I *vtr* to sadden. II **s'~** *vpr* **s'~ de qch** to be saddened by sth.

attroupement /atʀupmɑ̃/ *nm* gathering.

attrouper: **s'~** /atʀupe/ *vpr* to gather.

au /o/ *prép* **(à le)** ▸ **à**.

aubaine /obɛn/ *nf* godsend; (affaire) bargain.

aube /ob/ *nf* dawn.

aubépine /obepin/ *nf* hawthorn.

auberge /obɛʀʒ/ *nf* inn. ▪ **~ de jeunesse** youth hostel.

aubergine /obɛʀʒin/ *nf* aubergine, eggplant[US].

aucun, **~e** /okœ̃, yn/ I *adj* **en ~e façon** in no way; **il n'y a plus ~ espoir** there's no hope left; **sans ~e hésitation** without any hesitation; **~ homme n'est parfait** nobody is perfect; **je l'aime plus qu'~e autre** I love her more than anybody. II *pron* **~ de tes arguments** none of your arguments; **d'~s pensent que** some people think that.

audace /odas/ *nf* boldness; **il ne manque pas d'~** rather daring!; (effronterie) audacity, nerve©.

audacieux, **~ieuse** /odasjø, jøz/ *adj* daring, bold.

au-dedans /odədɑ̃/ *adv* inside.

au-dehors /odəɔʀ/ *adv* outside; **ne pas se pencher** ~ do not lean out of the window.

au-delà /od(ə)la/ I *adv* beyond. II **~ de** *loc prép* beyond; ~ **de 2%** over 2%.

au-dessous /odəsu/ I *adv* below; **les enfants de 10 ans et** ~ children of 10 (years) and under. II **~ de** *loc prép* below; ~ **de zéro/de la moyenne** below zero/average; ~ **de 3 ans** under 3 years old.

au-dessus /odəsy/ I *adv* above. II **~ de** *loc prép* above; ~ **de zéro/de la moyenne** above zero/average; ~ **de 3 ans** over 3 years old.

au-devant: **~ de** /odəvɑ̃də/ *loc prép* **aller ~ de qn** to go to meet sb; **aller ~ de qch** to anticipate.

audience /odjɑ̃s/ *nf* audience; **lever l'~** to close the hearing.

audimat® /odimat/ *nm* audience ratings (*pl*).

audio /odjo/ *adj inv* audio.

audiovisuel, **~elle** /odjɔvisɥel/ *adj* audiovisual.

auditeur, **~trice** /oditœʀ, tʀis/ *nm,f* RADIO listener; FIN auditor.

auditif, **~ive** /oditif, iv/ *adj* [nerf] auditory; [troubles] hearing; [mémoire] aural.

audition /odisjɔ̃/ *nf* hearing; (essai) audition.

auditionner /odisjɔne/ *vtr, vi* to audition.

auditoire /oditwaʀ/ *nm* audience.

augmentation /ɔgmɑ̃tasjɔ̃/ *nf* increase; ~ **(de salaire)** pay rise[GB], raise[US].

augmenter /ɔgmɑ̃te/ I *vtr* to increase (by); (durée) to extend (by); (salaire) to give a rise[GB], raise[US]. II *vi* to go up (by).

augure /ogyʀ/ *nm* augur; **être de bon/mauvais** ~ to be a good/bad omen.

aujourd'hui /oʒuʀdɥi/ *adv* today; (de nos jours) today, nowadays; **la France d'~** present-day France.

aumône /omon/ *nf* **faire l'~ à** to give alms to; **demander l'~** to ask for charity.

aumônier /omonje/ *nm* chaplain.

auparavant /opaʀavɑ̃/ *adv* before.

auprès: **~ de** /opʀɛ/ *loc prép* next to, beside; (aux côtés de) with.

auquel ▸ **lequel**.

auriculaire /ɔʀikylɛʀ/ *nm* little finger, pinkie.

aurore /ɔʀɔʀ/ *nf* dawn. ▪ **~ australe** aurora australis; **~ boréale** Northern Lights (*pl*), aurora borealis.

auscultation /ɔskyltasjɔ̃/ *nf* examination.

ausculter /ɔskylte/ *vtr* to examine.

aussi /osi/ I *adv* too, as well, also; **moi ~, j'ai du travail** I have work too; **il sera absent et moi ~** he'll be away and so will I; (dans une comparaison) ~ **âgé que** as old as; (si, tellement) so. II *conj* so, consequently.

aussitôt /osito/ I *adv* immediately, straight away; ~ **dit** ~ **fait** no sooner said than done. II **~ que** *loc conj* as soon as.

austral, **~e**, *mpl* **~s** /ostʀal/ *adj* austral; (de l'hémisphère Sud) southern.

autant /otɑ̃/ I *adv* **il n'a jamais ~ plu** it has never rained so much; **je t'aime toujours ~** I still love you as much; **essaie d'en faire ~** try and do the same; **j'aime ~ partir** I'd rather leave; **~ que je sache** as far as I know. II **~ de** *dét indéf* (+ dénombrable) ~ **de cadeaux/de gens** so many presents/people; ~ **de femmes que d'hommes** as many women as men; (+ non dénombrable) ~ **d'énergie/d'argent** so much energy/money; ~ **de gentillesse** such kindness. III **d'~ que** *loc adv* all the more so in that. IV **pour ~** *loc adv* for all that. V **pour ~ que** *loc conj* as far as.

autel /otɛl/ *nm* altar.

auteur /otœʀ/ *nm* author; (de crime) perpetrator. ■ **~ dramatique** playwright.

authentique /otɑ̃tik/ *adj* genuine, true.

auto /auto/ *nf* car.

autobiographie /otobjogʀafi/ *nf* autobiography.

autobiographique /otobjogʀafik/ *adj* autobiographical.

autobus /otɔbys/ *nm inv* bus.

autocar /otɔkaʀ/ *nm* coach[GB], bus[US].

autocollant, **~e** /otɔkɔlɑ̃, ɑ̃t/ I *adj* self-adhesive. II *nm* sticker.

autocuiseur /otokɥizœʀ/ *nm* pressure cooker.

autodéfense /otodefɑ̃s/ *nf* self-defence[GB].

autodétermination /otodetɛʀminasjɔ̃/ *nf* self-determination.

autodidacte /otodidakt/ *nmf* self-educated person.

auto-école, *pl* **~s** /otoekɔl/ *nf* driving school.

autographe /otɔgʀaf/ *adj, nm* autograph.

automate /otɔmat/ *nm* robot.

automatique /otɔmatik/ *adj, n* automatic.

automatisation /otɔmatizɑsjɔ̃/ *nf* automation.

automatiser /otɔmatize/ *vtr* to automate.

automatisme /otɔmatism/ *nm* automatism.

automne /otɔn/ *nm* autumn[GB], fall[US].

automobile /otomɔbil/ *nf* (motor) car[GB], automobile[US].

automobiliste /otomɔbilist/ *nmf* motorist, driver.

autonome /otɔnɔm/ *adj* autonomous; [personne] self-sufficient; ORDINAT [système] off-line.

autonomiste /otɔnɔmist/ *adj, nmf* separatist.

autoportrait /otopɔʀtʀɛ/ *nm* self-portrait.

autopsie /otɔpsi/ *nf* postmortem, autopsy.

autoradio /otoʀadjo/ *nm* car radio.

autorail /otoʀɑj/ *nm* rail car.

autorisation /otɔʀizɑsjɔ̃/ *nf* permission; (officielle) authorization.

autoriser /otɔʀize/ *vtr* [personne] to allow; [autorités] to authorize; **~ qn à faire** to give sb permission to do.

autoritaire /otɔʀitɛʀ/ *adj, nmf* authoritarian.

autorité /otɔʀite/ *nf* authority.

autoroute /otoʀut/ *nf* motorway[GB], freeway[US].

auto-stop /otostɔp/ *nm* hitchhiking; **faire de l'~** to hitchhike.

auto-stoppeur, **~euse**, *mpl* **~s** /otostɔpœʀ, øz/ *nm,f* hitchhiker.

autour /otuʀ/ I *adv* (all) around. II **~ de** *loc prép* around, round[GB].

autre /otʀ/ I *adj indéf* other, another; **l'~ jour** the other day; **un ~ jour** some other day; **une ~ idée** another idea; **pas d'~ solution** no other solution. II *pron indéf* (choses) the other ones; (personnes) the others; **l'un est souriant l'~ est triste** one is smiling the other one is sad; **les uns les ~s** each other; **l'un après l'~** one after the other. III **~ part** *loc adv* somewhere else. ● **à d'~s**☺**!** pull the other one (it's got bells on☺)!, tell it to the marines☺US!

autrefois /otʀəfwa/ *adv* in the past.

autrement /otʀəmɑ̃/ *adv* [voir, agir] differently, in a different way; [décider] otherwise; **c'est comme ça, et pas ~** that's just the way it is; **on ne peut pas**

faire ~ there's no other way; ~ **dit** in other words.

autruche /otʀyʃ/ *nf* ostrich.

aux /o/ *prép* **(à les)** ▸ **à**.

auxquels, **auxquelles** ▸ **lequel**.

aval /aval/ *nm* (approbation) approval; **en ~ (de)** downstream (from).

avalanche /avalɑ̃ʃ/ *nf* avalanche.

avaler /avale/ *vtr* to swallow; **ne pas ~** not to be taken internally; **j'ai avalé de travers** it went down the wrong way.

avance /avɑ̃s/ I *nf* advance; (avantage) lead. II **à l'~** *loc adv* in advance. III **d'~** *loc adv* in advance; **avoir cinq minutes d'~** to be five minutes early. IV **en ~** *loc adv* early; (sur les autres) ahead of.

avancé, **~e** /avɑ̃se/ *adj* advanced; **je ne suis pas plus ~**☺ I'm none the wiser.

avancement /avɑ̃smɑ̃/ *nm* promotion; (des travaux) progress.

avancer /avɑ̃se/ I *vtr* (départ) to bring forward; **~ sa montre de cinq minutes** to put one's watch forward (by) five minutes; (argent) to advance; (chiffre) to propose; **~ que** to suggest that. II *vi* [personne, véhicule] to move (forward); [travail] to make good progress; **ça avance**☺? how is it coming along?; **~ de dix minutes** to be ten minutes fast. III **s'~ vers** *vpr* (qch) to move toward(s); (qn) to go toward(s).

avant[1] /avɑ̃/ I *adv* before; **le jour d'~** the previous day, (d'abord) first. II *prép* before; **~ la fin** before the end; **~ le 6 juillet** by 6 July. III **~ de** *loc prép* **~ de faire** before doing. IV **~ que** *loc conj* **~ qu'il (ne) sache** before he knows. V **en ~** *loc adv* forward(s); **en ~ la musique**☺! off we go! VI **en ~ de** *loc prép* ahead of.

avant[2] /avɑ̃/ I *adj inv* [roue, siège] front. II *nm* **l'~** the front; SPORT forward.
• **aller de l'~** to forge ahead.

avantage, *pl* **~s** /avɑ̃taʒ/ *nm* advantage; **~s sociaux** benefits; **~ fiscaux** tax benefits.

avantager /avɑ̃taʒe/ *vtr* to favour[GB].

avantageux, **~euse** /avɑ̃taʒø, øz/ *adj* GÉN favourable[GB], advantageous; [taux, placement] attractive.

avant-bras /avɑ̃bʀa/ *nm inv* forearm.

avant-centre, *pl* **avant-centres** /avɑ̃sɑ̃tʀ/ *nm* centre[GB] forward.

avant-coureur, *pl* **~s** /avɑ̃kuʀœʀ/ *adj m* **signes ~s** early warning signs.

avant-dernier, **~ière ~s** /avɑ̃dɛʀnje, jɛʀ/ *adj* **l'~ jour** the last day but one.

avant-garde, *pl* **~s** /avɑ̃gaʀd/ *nf* avant-garde; **à l'~ de** in the vanguard of.

avant-goût, *pl* **~s** /avɑ̃gu/ *nm* foretaste.

avant-guerre, *pl* **~s** /avɑ̃gɛʀ/ *nm ou f* **l'~** the prewar period.

avant-hier /avɑ̃tjɛʀ/ *adv* the day before yesterday.

avant-première, *pl* **~s** /avɑ̃pʀəmjɛʀ/ *nf* preview.

avant-propos /avɑ̃pʀɔpo/ *nm inv* foreword.

avant-scène, *pl* **~s** /avɑ̃sɛn/ *nf* forestage.

avant-veille, *pl* **~s** /avɑ̃vɛj/ *nf* **l'~** two days before.

avare /avaʀ/ I *adj* miserly. II *nmf* miser.

avarice /avaʀis/ *nf* meanness[GB].

avarie /avaʀi/ *nf* damage.

avarié, **~e** /avaʀje/ *adj* rotten.

avec /avɛk/ I☺ *adv* **il est parti ~** he went off with it. II *prép* with; **et ~ cela, que désirez-vous?** what else would you like?

avènement /avɛnmɑ̃/ *nm* advent, (de souverain) accession.

avenir /avniʀ/ *nm* future.

aventure /avɑ̃tyʀ/ I *nf* adventure; (amoureuse) affair. II **d'~** *loc adv* by chance.

aventurier, **~ière** /avɑ̃tyʀje, jɛʀ/ *nm,f* adventurer/adventuress.

avenu, **~e** /avny/ *adj* **nul et non** ~ null and void.

avenue /avny/ *nf* avenue.

avérer: **s'~** /aveʀe/ *vpr* to prove (to be); **il s'avère que** it turns out that.

averse /avɛʀs/ *nf* shower.

averti, **~e** /avɛʀti/ *adj* (avisé) informed; (expérimenté) experienced.

avertir /avɛʀtiʀ/ *vtr* to inform; (menacer) to warn.

avertissement /avɛʀtismɑ̃/ *nm* warning; SPORT caution; (dans un livre) foreword.

avertisseur /avɛʀtisœʀ/ *nm* alarm; AUT horn.

aveu, *pl* **~x** /avø/ *nm* confession; **de son propre** ~ on his/her own admission.

aveugle /avœgl/ I *adj* blind. II *nmf* blind person.

aveuglément /avœglemɑ̃/ *adv* blindly.

aveugler /avœgle/ *vtr* to blind.

aveuglette: **à l'~** /alavœglɛt/ *loc adv* **avancer à l'~** (à tâtons) to grope one's way along; (au hasard) in an inconsidered way.

aviateur, **~trice** /avjatœʀ, tʀis/ *nm,f* ~ airman; **aviatrice** woman pilot.

aviation /avjasjɔ̃/ *nf* aviation; MIL **l'~** the air force.

avide /avid/ *adj* greedy; (de pouvoir) avid (for); (dÕaffection) eager (for).

avion /avjɔ̃/ *nm* (aero)plane[GB], airplane[US], aircraft (*inv*); **aller en** ~ to go by air, to fly; **par** ~ air mail.

aviron /aviʀɔ̃/ *nm* rowing; **faire de l'~** to row; (rame) oar.

avis /avi/ *nm* ~ **(sur)** opinion (on, about); **à mon** ~ in my opinion; **je suis de ton** ~ I agree with you; **changer d'~** to change one's mind; (conseil) advice; (annonce) notice. ■ **~ de coup de vent** gale warning; **~ de passage** calling card.

avisé, **~e** /avize/ *adj* [personne, conseil] sensible; **être bien/mal** ~ to be well-/ill-advised.

aviser /avize/ I *vtr* to notify; (apercevoir) to catch sight of. II *vi* to decide later. III **s'~** *vpr* **s'~ que** to realize that; **s'~ de qch** to notice sth; **ne t'avise pas de recommencer** don't do that again.

avocat[1], **~e** /avɔka/ *nm,f* lawyer, solicitor[GB], attorney(-at-law)[US]; (au barreau) barrister; **~ de la défense** counsel for the defence[GB]; **se faire l'~ de** to champion. ■ **l'~ du diable** the devil's advocate.

avocat[2] /avɔka/ *nm* avocado (pear).

avoine /avwan/ *nf* oats (*pl*).

avoir[1] /avwaʀ/ *vtr* (objet, rendez-vous) to get; (train, avion) to catch; (porter) to wear, to have [sth] on; **~ du chagrin** to feel sorrow; **qu'est-ce que tu as?** what's the matter with you?; **on les aura**[☺] we'll get[☺] them; (tromper) **il s'est fait ~**[☺] he's been had[☺]; (âge, sensations physiques) **j'ai 20 ans/faim/froid** I am 20 years old/hungry/cold.

avoir[2] /avwaʀ/ *nm* credit; (possessions) assets (*pl*), holdings (*pl*).

avoisiner /avwazine/ *vtr* ~ **(les) 200 francs** to be close to 200 francs; **~ la forêt** to be near the forest.

avortement /avɔʀtəmɑ̃/ *nm* abortion.

avorter /avɔʀte/ *vi* to have an abortion; (spontanément) to have a miscarriage; [projet] to be aborted.

avoué, **~e** /avwe/ I *adj* [ennemi, revenu] declared. II *nm* JUR ≈ solicitor[GB], attorney(-at-law)[US].

avouer /avwe/ I *vtr* to confess; **avoue que c'est ridicule** you must admit, it's ridiculous. II *vi* to confess. III **s'~** *vpr* **s'~ battu** to admit defeat.

avril /avʀil/ *nm* April.

axe /aks/ *nm* axis; TECH axle; (route) major road.

azimut /azimyt/ *nm* **tous ~s** everywhere, all over the place.
azote /azɔt/ *nm* nitrogen.
azyme /azim/ *adj* **pain ~** unleavened bread.

b

BA /bea/ *nf* (*abrév* = **bonne action**) good deed.
baba☺ /baba/ *adj inv* **en rester ~** to be flabbergasted☺.
babines /babin/ *nfpl* chops.
babiole /babjɔl/ *nf* trinket.
bâbord /babɔʀ/ *nm* **à ~** to port.
babouin /babwɛ̃/ *nm* baboon.
baby-foot /babifut/ *nm inv* table football.
bac /bak/ *nm* SCOL☺ baccalaureate; (bateau) ferry. ▪ **~ professionnel** ≈ GNVQ (*secondary school vocational diploma*); **~ à sable** sandpit[GB], sandbox[US].
baccalauréat /bakalɔʀea/ *nm* baccalaureate (*school-leaving certificate taken at 17-18*).
bâche /baʃ/ *nf* tarpaulin.
bachelier, **~ière** /baʃəlje, jɛʀ/ *nm,f* *holder of the (French) baccalaureate.*
bachotage☺ /baʃɔtaʒ/ *nm* cramming.
bâcler /bakle/ *vtr* **~ son travail** to dash one's work off.
bacon /bekɔn/ *nm* smoked back bacon.
badaud, **~e** /bado, od/ *nm,f* onlooker.
badge /badʒ/ *nm* badge.
badiner /badine/ *vi* to jest.
baffe☺ /baf/ *nf* slap.
baffle /bafl/ *nm* speaker.
bafouer /bafwe/ *vtr* to scorn.
bafouiller /bafuje/ *vtr, vi* to mumble.
bagage /bagaʒ/ I *nm* piece of luggage; **~ à main** hand luggage; (diplômes) qualifications. II **~s** *nmpl* luggage ¢; **faire/défaire ses ~s** to pack/to unpack. • **plier ~**☺ to pack up and go.
bagarre /bagaʀ/ *nf* fight.
bagarrer☺: **se ~** /bagaʀe/ *vpr* to fight.
bagatelle /bagatɛl/ *nf* a little something; (somme) trifle.
bagnard /baɲaʀ/ *nm* convict.
bagne /baɲ/ *nm* penal colony.
bagnole☺ /baɲɔl/ *nf* car.
bague /bag/ *nf* (anneau) ring.
baguette /bagɛt/ *nf* (pain) baguette; (bâton) stick; (pour manger) chopstick; (de chef d'orchestre) baton; **~ magique** magic wand; **mener qn à la ~** to rule sb with a rod of iron.
bahut /bay/ *nm* (buffet) sideboard; ☺ (lycée) school.
bai, **~e** /bɛ/ *adj* [cheval] bay.
baie /bɛ/ *nf* GÉOG bay; (fruit) berry.
baignade /bɛɲad/ *nf* swimming.
baigner /beɲe/ I *vtr* (personne) to give [sb] a bath; (œil) to bathe. II **se ~** *vpr* (dans la mer) to have a swim; (dans une baignoire) to have a bath.
baigneur, **~euse** /bɛɲœʀ, øz/ I *nm,f* swimmer. II *nm* (poupée) baby doll.
baignoire /bɛɲwaʀ/ *nf* bath(tub); THÉÂT ground-floor box.
bail, *pl* **baux** /baj, bo/ *nm* lease.
bâillement /bajmɑ̃/ *nm* yawn.
bâiller /bɑje/ *vi* to yawn.
bâillon /bɑjɔ̃/ *nm* gag.
bâillonner /bajɔne/ *vtr* to gag.

bain /bɛ̃/ *nm* (dans une baignoire) bath; (baignade) swim. ■ **~ de bouche** mouthwash; **~ de foule** walkabout[GB].
• **se remettre dans le ~** to get back into the swing of things.

baïonnette /bajɔnɛt/ *nf* bayonet.

baiser /beze/ *nm* kiss; **bons ~s** love (and kisses).

baisse /bɛs/ *nf* GÉN fall, drop; (de qualité) decline; **être en ~** to be going down.

baisser /bese/ I *vtr* (volet, store) to lower; (vitre) to wind [sth] down; (pantalon) to pull down; (son, volume) to turn down; (lumière) to dim. II *vi* [qualité] to decline; [prix] to fall; [salaires] to go down; [chômage] to decrease; [vue] to fail. III **se ~** *vpr* to bend down; (pour éviter) to duck.

bal /bal/ *nm* ball.

balade[☺] /balad/ *nf* (à pied) walk, stroll; (à moto, vélo) ride; (en voiture) drive, run.

balader[☺]: **se ~** /balade/ *vpr* (à pied) to go for a walk, stroll; (à moto, vélo) to go for a ride; (en voiture) to go for a drive, run.
• **envoyer qn ~** to send sb packing[☺].

baladeur /baladœʀ/ *nm* Walkman®, personal stereo.

balafre /balafʀ/ *nf* scar.

balai /balɛ/ *nm* broom.

balai-brosse, *pl* **balais-brosses** /balɛbʀɔs/ *nm* stiff broom.

balance /balɑ̃s/ *nf* scales (*pl*). ■ **~ commerciale** balance of trade.

Balance /balɑ̃s/ *nprf* Libra.

balancer /balɑ̃se/ I[☺] *vtr* to throw out. II **se ~** *vpr* [personne, animal] to sway; **se ~ sur sa chaise** to rock on one's chair; [bateau] to rock.

balancier /balɑ̃sje/ *nm* pendulum.

balançoire /balɑ̃swaʀ/ *nf* swing; (à bascule) seesaw.

balayer /baleje/ *vtr* to sweep (up).

balayette /balɛjɛt/ *nf* (short-handled) brush.

balayeur -euse /balɛjœʀ, øz/ *nm,f* road sweeper.

balbutier /balbysje/ *vtr, vi* to stammer.

balcon /balkɔ̃/ *nm* balcony.

baleine /balɛn/ *nf* whale; (de col) stiffener, stay[US]. ■ **~ de parapluie** umbrella rib.

baleineau, *pl* **~x** /balɛno/ *nm* whale calf.

balise /baliz/ *nf* AVIAT, NAUT beacon; RAIL signal; (de sentier, piste de ski) marker.

baliser /balize/ *vtr* AVIAT, NAUT to mark [sth] out with beacons; (route) to signpost.

balivernes /balivɛʀn/ *nfpl* nonsense ¢.

ballade /balad/ *nf* MUS ballade; (chanson) ballad.

ballant, **~e** /balɑ̃, ɑ̃t/ *adj* [bras] dangling.

balle /bal/ *nf* ball; **se renvoyer la ~** (se rejeter la responsabilité) to keep passing the buck; (d'arme) bullet; (franc)[☺] franc; (de foin) bale.

ballerine /balʀin/ *nf* ballerina.

ballet /balɛ/ *nm* ballet.

ballon /balɔ̃/ *nm* ball; (dirigeable, jouet) balloon; (verre) wine glass.

ballonnement /balɔnmɑ̃/ *nm* bloating.

ballot /balo/ *nm* bundle.

ballottage /balɔtaʒ/ *nm* POL runoff.

ballotter /balɔte/ *vi* to jolt.

balnéaire /balneɛʀ/ *adj* **station ~** seaside resort.

balourd, **~e** /baluʀ, uʀd/ *nm,f* oaf.

balustrade /balystʀad/ *nf* railing.

bambin, **~e** /bɑ̃bɛ̃, in/ *nm,f* kid[☺].

bambou /bɑ̃bu/ *nm* bamboo.

ban /bɑ̃/ *nm* **publier les ~s** to publish the banns.
• **au ~ de la société** ostracized.

banal, **~e** /banal, o/ *adj* (*mpl* **~s**) commonplace, banal; **pas ~** rather unusual.

banaliser /banalize/ *vtr* to make [sth] commonplace; **voiture banalisée** unmarked car.

banalité /banalite/ *nf* banality.

banane /banan/ *nf* banana; (coiffure) French pleat.

bananier /bananje/ *nm* banana tree.

banc /bɑ̃/ *nm* bench; (de poissons) shoal. ▪ **~ des accusés** dock.

bancaire /bɑ̃kɛʀ/ *adj* [service] banking; [carte, compte, etc] bank.

bancal, **~e** /bɑ̃kal/ *adj* [meuble] rickety; [raisonnement] shaky.

banco /bɑ̃ko/ *nm* banco; **gagner le** ~ to win the jackpot.

bandage /bɑ̃daʒ/ *nm* bandage.

bande /bɑ̃d/ *nf* (de malfaiteurs) gang; (de touristes, d'amis) group, crowd; **~ de crétins**☺! you bunch of idiots!; GÉN (de tissu, papier, cuir) strip, band; (magnétique) tape. ▪ **~ d'arrêt d'urgence** hard shoulder; **~ dessinée, BD**☺ (dans les journaux) comic strip; (livre) comic book; (genre) comic strips *(pl)*; **~ originale** (de film) original soundtrack.

bande-annonce /bɑ̃danɔ̃s/ *nf* trailer.

bandeau, *pl* **~x** /bɑ̃do/ *nm* (pour ne pas voir) blindfold; (sur la tête) headband.

bander /bɑ̃de/ *vtr* (blessure) to bandage; (yeux) to blindfold; (arc) to bend; (muscles) to tense.

banderole /bɑ̃dʀɔl/ *nf* banner.

bande-son, *pl* **bandes-son** /bɑ̃dsɔ̃/ *nm* soundtrack.

bandit /bɑ̃di/ *nm* bandit.

banditisme /bɑ̃ditism/ *nm* **le** ~ crime.

bandoulière /bɑ̃duljɛʀ/ *nf* shoulder strap.

banlieue /bɑ̃ljø/ *nf* **de** ~ suburban; **la** ~ the suburbs *(pl)*.

banlieusard, **~e** /bɑ̃ljøzaʀ, aʀd/ *nm,f* person from the suburbs, suburbanite.

bannière /banjɛʀ/ *nf* banner. ▪ **la ~ étoilée** the star-spangled banner, the Stars and Stripes.

• **c'est la croix et la ~**☺ it's hell.

bannir /baniʀ/ *vtr* (personne) to banish; (sujet) to ban.

banque /bɑ̃k/ *nf* bank. ▪ **~ de données** data bank.

banqueroute /bɑ̃kʀut/ *nf* bankruptcy.

banquet /bɑ̃kɛ/ *nm* banquet.

banquette /bɑ̃kɛt/ *nf* wall seat, banquette[US]; (de train) seat.

banquier /bɑ̃kje/ *nm* banker.

banquise /bɑ̃kiz/ *nf* ice floe.

baptême /batɛm/ *nm* baptism; (de bateau) christening.

baptiser /batize/ *vtr* RELIG to baptize; (surnommer) to nickname.

baquet /bakɛ/ *nm* tub.

bar /baʀ/ *nm* bar; (poisson) sea bass.

baragouiner☺ /baʀagwine/ *vtr* to speak badly.

baraque /baʀak/ *nf* (construction légère) shack; (maison en mauvais état)☺ dump☺.

baraqué☺, **~e** /baʀake/ *adj* hefty.

baraquement /baʀakmɑ̃/ *nm* army camp.

baratin☺ /baʀatɛ̃/ *nm* (pour vendre) sales pitch; (pour séduire) sweet talk.

baratiner☺ /baʀatine/ *vi* to jabber (on).

baratineur☺, **~euse** /baʀatinœʀ, øz/ *nm,f* (beau parleur) smooth talker☺; (menteur) liar.

barbant☺, **~e** /baʀbɑ̃, ɑ̃t/ *adj* boring.

barbare /baʀbaʀ/ **I** *adj* barbaric; HIST barbarian. **II** *nmf* barbarian.

barbarie /baʀbaʀi/ *nf* barbarity, barbarism.

barbe /baʀb/ *nf* beard; (ennui) **quelle ~**☺ ! what a drag☺! ▪ **~ à papa** candyfloss[GB], cotton candy[US].

Barbe-bleue /baʀbəblø/ *nprm* Bluebeard.

barbelé /baʀbəle/ *nm* barbed wire.

barber©: **se ~** /baʀbe/ *vpr* to be bored stiff©.

barbiche /baʀbiʃ/ *nf* goatee (beard).

barbier /baʀbje/ *nm* barber.

barboter /baʀbɔte/ *vi* [canard] to dabble; [enfant] to paddle.

barbouillage /baʀbujaʒ/ *nm* daub.

barbouiller /baʀbuje/ *vtr* ~ **qch de qch** to daub sth with sth; **se sentir barbouillé** to feel queasy.

barbu, **~e** /baʀby/ *adj* bearded.

barde /baʀd/ *nm* bard.

bardé, **~e** /baʀde/ *adj* ~ **de qch** covered with sth.

barder /baʀde/ I *vtr* to bard. II *vi* **ça va ~**© sparks will fly.

barème /baʀɛm/ *nm* (set of) tables; (méthode de calcul) scale; ~ **de correction** marking scheme; ~ **des prix** price list.

baril /baʀil/ *nm* barrel, cask.

barillet /baʀijɛ/ *nm* cylinder.

bariolé, **~e** /baʀjɔle/ *adj* multicoloured[GB].

baromètre /baʀɔmɛtʀ/ *nm* barometer.

baron, **baronne** /baʀɔ̃, baʀɔn/ *nm, f* baron, baroness.

baroque /baʀɔk/ *adj* baroque.

barque /baʀk/ *nf* boat.

barrage /baʀaʒ/ *nm* dam; (de police) roadblock.

barre /baʀ/ *nf* GÉN bar; NAUT tiller, helm; (trait écrit) stroke; (pour la danse) barre; MUS ~ **de mesure** bar (line). ▪ ~ **d'espacement** space bar; ~ **fixe** horizontal bar; ~ **oblique** slash, stroke.

barreau, *pl* **~x** /baʀo/ *nm* **le** ~ (avocats) the Bar; (de cage) bar; (d'échelle) rung.

barrer /baʀe/ *vtr* to block; **route barrée** road closed; (rayer) to cross out; (gouverner) to steer.

barrette /baʀɛt/ *nf* (hair) slide[GB], barrette[US].

barricade /baʀikad/ *nf* barricade.

barricader: **se ~** /baʀikade/ *vpr* **se ~ (chez soi)** to lock oneself up.

barrière /baʀjɛʀ/ *nf* fence.

barrique /baʀik/ *nf* barrel.

bas, **~se** /bɑ, bɑs/ I *adj* [maison, table, prix] low; **à ~ prix** cheap; [esprit, vengeance] base. II *adv* low; **voir plus ~** see below; [parler] quietly; (mal) **être au plus ~** to be at one's lowest. III *nm* bottom; **le ~ du visage** the lower part of the face; (vêtement) stocking. IV **en ~** *loc adv* (au rez-de-chaussée) downstairs; (en dessous) down below; (sur une page) at the bottom. ▪ ~ **de gamme** *adj* low-quality; ~ **de laine** FIG nest egg, savings.
• **des hauts et des ~** ups and downs.

bas-côté, *pl* **~s** /bakote/ *nm* verge[GB], shoulder[US].

bascule /baskyl/ *nf* (balançoire) seesaw; **fauteuil/cheval à ~** rocking chair/horse; (pour peser) weighing machine.

basculer /baskyle/ *vi* to topple over; **faire ~ l'opinion** to change people's minds.

base /bɑz/ *nf* base; **sur la ~ de** on the basis of; **de ~** basic; **données de ~** source data; **repartir sur de nouvelles ~s** to make a fresh start. ▪ ~ **de données** data base; ~ **de lancement** launching site.

baser /bɑze/ I *vtr* ~ **qch sur qch** to base sth on sth. II **se ~** *vpr* **se ~ sur qch** to go by sth.

bas-fond, *pl* **~s** /bafɔ̃/ I *nm* shallows (*pl*). II **~s** *nmpl* (de société) dregs (of society).

basilic /bazilik/ *nm* basil.

basilique /bazilik/ *nf* basilica.

basique /bɑzik/ *adj* basic.

basket /baskɛt/ *nm* basketball; (chaussure) trainer[GB], sneaker[US].
• **lâcher les ~s à qn**© to give sb a break©.

basketteur, **~euse** /baskɛtœʀ, øz/ *nm,f* basketball player.

basse-cour /baskuʀ/ *nf* poultry yard.

bassement /basmɑ̃/ *adv* despicably, basely.

bassesse /basɛs/ *nf* baseness, lowness.

bassin /basɛ̃/ *nm* pond; (de piscine) pool; GÉOG basin; ANAT pelvis.

bassine /basin/ *nf* bowl.

basson /basɔ̃/ *nm* bassoon.

bastide /bastid/ *nf* country house (*in Provence*).

bastingage /bastɛ̃gaʒ/ *nm* ship's rail.

bas-ventre, *pl* **~s** /bavɑ̃tʀ/ *nm* lower abdomen.

bât /bɑ/ *nm* packsaddle.

bataille /bataj/ I *nf* battle; (aux cartes) ≈ beggar-my-neighbour[GB]. II **en ~** *loc adj* [cheveux] dishevelled[GB].

batailler /bataje/ *vi* to fight.

bataillon /batajɔ̃/ *nm* battalion.

bâtard /batɑʀ/ *nm*.(pain) short baguette.

bâtard, **~e** /batɑʀ, ɑʀd/ *nm,f* (chien) mongrel; (enfant) bastard.

bateau, *pl* **~x** /bato/ I *adj inv* hackneyed. II *nm* boat; **faire du ~** to go boating, sailing; (trottoir) dropped kerb[GB], curb[US].
• **mener qn en ~**© to take sb in.

bateau-mouche, *pl* **bateaux-mouches** /batomuʃ/ *nm* *large river boat for sightseeing.*

bâti, **~e** /bɑti/ *nm* (couture) tacking.

bâtiment /bɑtimɑ̃/ *nm* building; (métier) building trade; (navire) ship.

bâtir /bɑtiʀ/ *vtr* to build; (ourlet) to tack.

bâton /bɑtɔ̃/ *nm* stick; **~ de rouge** (à lèvres) lipstick.
• **à ~s rompus** about this and that.

bâtonnet /bɑtɔnɛ/ *nm* stick. ▪ **~ de poisson** fish finger[GB], fish stick[US].

bâtonnier /bɑtɔnje/ *nm* ≈ president of the Bar.

battage© /bataʒ/ *nm* publicity, hype©.

battant, **~e** /batɑ̃, ɑ̃t/ I *adj* beating. II© *nm,f* fighter. III *nm* (de porte, fenêtre) hinged section; (de cloche) clapper.

batte /bat/ *nf* bat[GB], paddle[US].

battement /batmɑ̃/ *nm* (de cœur) beat; (de pluie, tambour) beating ¢; (de paupières) blinking ¢; (période creuse) gap.

batterie /batʀi/ *nf* (de jazz, rock) drums (*pl*); (artillerie, régiment) battery; AUT battery; (série) battery. ▪ **~ de cuisine** pots and pans (*pl*).

batteur /batœʀ/ *nm* (de jazz, rock) drummer; CULIN whisk; **~ électrique** hand mixer.

battre /batʀ/ I *vtr* (adversaire) to beat; (record) to break; (œuf) to whisk; (cartes) to shuffle. II **~ de** *vtr ind* **~ des mains** to clap (one's hands); **~ des paupières** to blink. III *vi* [cœur] to beat; [porte] to bang. IV **se ~** *vpr* to fight.

battue /baty/ *nf* (à la chasse) beat.

baudet© /bodɛ/ *nm* donkey, ass.

baudroie /bodʀwa/ *nf* angler fish, monkfish.

baudruche /bodʀyʃ/ *nf* balloon

baume /bom/ *nm* balm, balsam.

baux /bo/ ▸ **bail**.

bavard, **~e** /bavaʀ, aʀd/ I *adj* talkative; **il est trop ~** he talks too much. II *nm,f* chatterbox; (indiscret) indiscreet person, bigmouth©.

bavardage /bavaʀdaʒ/ *nm* chattering; (indiscrétions) gossip ¢.

bavarder /bavaʀde/ *vi* to talk, to chatter.

bave /bav/ *nf* (de personne) dribble; (d'animal) slaver; (de crapaud) spittle; (d'escargot) slime.

baver /bave/ *vi* [personne] to dribble; [animal] to slaver; [stylo] to leak.
• **en ~**☺ to have a hard time.

bavette /bavɛt/ *nf* (pour bébé) bib; (de bœuf) flank.

baveux, **~euse** /bavø, øz/ *adj* [omelette] runny.

bavoir /bavwaʀ/ *nm* bib.

bavure /bavyʀ/ *nf* (tache) smudge; (erreur) blunder.

bayer /baje/ *vi* **~ aux corneilles** to gape.

bazar /bazaʀ/ *nm* general store, bazaar; (désordre)☺ mess.

BCBG☺ /besebeʒe/ *adj* (*abrév* = **bon chic bon genre**) chic and conservative, preppy☺US.

bd (*abrév écrite* = **boulevard**) boulevard.

BD☺ /bede/ *nf* (*abrév* = **bande dessinée**) (dans les journaux) comic strip; (livre) comic book; (genre) comic strips (*pl*).

béant, **~e** /beɑ̃, ɑ̃t/ *adj* gaping.

béat, **~e** /bea, at/ *adj* **~ d'admiration** wide-eyed with admiration.

beau (**bel** *devant voyelle ou h muet*), **belle**, *mpl* **~x** /bo, bɛl/ I *adj* beautiful; [homme, garçon] handsome; [vêtements, machine, spectacle] good; [travail, cadeau, effort] nice; [geste, sentiment] noble; **belle pagaille** absolute mess. II *nm* **le ~** beauty. III **avoir ~** *loc verbale* **j'ai ~ essayer** it's no good my trying; **on a ~ dire** no matter what people say. IV **bel et bien** *loc adv* well and truly.
• **c'est du ~**☺**!** lovely!

beaucoup /boku/ I *adv* (+ verbe) a lot; (+ interrogatives et négatives) much; **il n'écrit plus ~** he doesn't write much any more; (+ adverbe) much; **~ trop** far too much, much too much; (+ interrogatives et négatives) **il ne reste plus ~ de pain** there isn't much bread left; **il n'y a pas ~ de monde** there aren't many people. II **de ~** *loc adv* by far.

beau-fils, *pl* **beaux-fils** /bofis/ *nm* (gendre) son-in-law; (fils du conjoint) stepson.

beau-frère, *pl* **beaux-frères** /bofʀɛʀ/ *nm* brother-in-law.

beau-père, *pl* **beaux-pères** /bopɛʀ/ *nm* (de conjoint) father-in-law; (d'enfant) stepfather.

beauté /bote/ *nf* beauty.

beaux-arts /bozaʀ/ *nmpl* fine arts and architecture.

beaux-parents /bopaʀɑ̃/ *nmpl* parents-in-law.

bébé /bebe/ *nm* baby.

bec /bɛk/ *nm* (d'animal) beak; (de casserole) lip; (de théière) spout; (d'instrument à vent) mouthpiece. ■ **~ de gaz** gas streetlamp.
• **clouer le ~ à qn**☺ to shut sb up☺.

bécane☺ /bekan/ *nf* bike☺.

bécarre /bekaʀ/ *nm* natural.

bécasse /bekas/ *nf* (oiseau) woodcock; (personne) featherbrain☺.

bécassine /bekasin/ *nf* (oiseau) snipe; (sotte) silly goose☺.

bec-de-lièvre, *pl* **becs-de-lièvre** /bɛkdəljɛvʀ/ *nm* harelip.

bêche /bɛʃ/ *nf* spade.

bêcher /beʃe/ *vtr* to dig [sth] (with a spade).

bêcheur☺, **~euse** /bɛʃœʀ, øz/ *nm,f* stuck-up☺ person.

bedaine☺ /bədɛn/ *nf* paunch.

bedeau, *pl* **~x** /bədo/ *nm* verger^GB^.

bedonnant☺, **~e** /bədɔnɑ̃, ɑ̃t/ *adj* paunchy.

bée /be/ *adj f* **être bouche ~ (devant)** to gape (at).

beffroi /befʀwa/ *nm* belfry.

bégayer /begeje/ *vtr, vi* to stammer.

bègue /bɛg/ *adj* **être ~** to stammer, to be a stammer.

bégueule /begœl/ *adj* prudish.

béguin© /begɛ̃/ *nm* **avoir le ~ pour qn** to have a crush on sb.

beige /bɛʒ/ *adj, nm* beige.

beignet /bɛɲɛ/ *nm* fritter; (à pâte levée) doughnut, donut[US].

bel *adj m* ▶ **beau**.

bêlement /bɛlmɑ̃/ *nm* bleating ¢.

bêler /bele/ *vi* to bleat.

belette /bəlɛt/ *nf* weasel.

bélier /belje/ *nm* ram; (poutre) battering ram.

Bélier /belje/ *nprm* Aries.

belle /bɛl/ I *adj f* ▶ **beau**. II *nf* **ma ~** darling, love©[GB], doll©[US]; (au jeu) decider. III **de plus ~** *loc adv* more than ever. ■ **la Belle au Bois dormant** Sleeping Beauty.

belle-famille /bɛlfamij/ *nf* in-laws (*pl*).

belle-fille /bɛlfij/ *nf* (bru) daughter-in-law; (fille du conjoint) stepdaughter.

belle-mère /bɛlmɛʀ/ *nf* (de conjoint) mother-in-law; (d'enfant) stepmother.

belle-sœur /bɛlsœʀ/ *nf* sister-in-law.

belliqueux, **~euse** /belikø, øz/ *adj* aggressive.

belote /bəlɔt/ *nf* belote (*card game*).

belvédère /bɛlvedɛʀ/ *nm* belvedere, gazebo.

bémol /bemol/ *nm* **mi ~** E flat; (atténuation) damper.

bénédiction /benediksjɔ̃/ *nf* blessing.

bénéfice /benefis/ *nm* profit; (avantage) advantage; **le ~ de l'âge** the prerogative of age.

bénéficiaire /benefisjɛʀ/ *nmf* beneficiary.

bénéficier /benefisje/ *vtr ind* **~ de** to benefit from.

bénéfique /benefik/ *adj* beneficial; **être ~ à qn** to do sb good.

bénévole /benevɔl/ I *adj* voluntary. II *nmf* volunteer.

bénin, **bénigne** /benɛ̃, iɲ/ *adj* benign, minor.

bénir /beniʀ/ *vtr* to bless.

bénit, **~e** /beni, it/ *adj* [cierge] blessed; [eau] holy.

bénitier /benitje/ *nm* holy water font.

benjamin, **~e** /bɛ̃ʒamɛ̃, in/ *nm,f* (dans une famille) youngest son/daughter; (dans un groupe) youngest member; SPORT ≈ junior (*aged 10-11*).

benne /bɛn/ *nf* (de chantier) skip[GB], Dumpster®[US]; (de téléphérique) car. ■ **~ à ordures** waste-disposal truck[GB], garbage truck[US].

BEPC /beəpese, bɛps/ *nm* (*abrév* = **Brevet d'études du premier cycle**) *former examination at the end of the first stage of secondary education.*

béquille /bekij/ *nf* (de marche) crutch; (de moto) kickstand.

berceau, *pl* **~x** /bɛʀso/ *nm* cradle.

bercer /bɛʀse/ I *vtr* to rock. II **se ~** *vpr* **se ~ d'illusions** to delude oneself.

berceuse /bɛʀsøz/ *nf* lullaby.

béret /beʀɛ/ *nm* beret.

berge /bɛʀʒ/ *nf* bank; **voie sur ~** quay-side road.

berger, **~ère** /bɛʀʒe, ɛʀ/ *nm,f* shepherd/shepherdess.

bergerie /bɛʀʒəʀi/ *nf* sheep barn.

bergeronnette /bɛʀʒəʀɔnɛt/ *nf* wagtail.

berk© /bɛʀk/ *excl* yuk©!

berline /bɛʀlin/ *nf* four-door saloon[GB], sedan[US].

berlingot /bɛʀlɛ̃go/ *nm* ≈ twisted hard candy.

berlue© /bɛʀly/ *nf* **avoir la ~** to be seeing things.

berne /bɛʀn/ *nf* **en ~** [drapeau] at half-mast.

berner /bɛʀne/ *vtr* to fool, to deceive.

besogne /bəzɔɲ/ *nf* job; **tu vas vite en ~!** you don't waste any time!

besoin /bəzwɛ̃/ I *nm* need; **en cas de ~** if need be; **avoir ~ de qn/qch** to need sb/sth. II **~s** *nmpl* needs; **~s en eau** water requirements.

bestial, ~e, *mpl* **~iaux** /bɛstjal, jo/ *adj* brutish.

bestiaux /bɛstjo/ *nmpl* livestock ¢; (bovins) cattle (*pl*).

bestiole☺ /bɛstjɔl/ *nf* bug.

bétail /betaj/ *nm* GÉN livestock ¢; (bovins) cattle (*pl*).

bête /bɛt/ I *adj* [personne, air, idée, question] stupid; **~ et méchant** nasty; **c'est tout ~** it's quite simple. II *nf* animal. ▪ **~ noire** pet hate; **~ de travail** workaholic.
• **chercher la petite ~**☺ to nit-pick☺; **reprendre du poil de la ~**☺ to perk up.

bêtise /betiz/ *nf* **la ~** stupidity; **faire une ~** to do something stupid/a stupid thing; **dire des ~s** to talk nonsense.

béton /betɔ̃/ *nm* concrete; FIG watertight. ▪ **~ armé** reinforced concrete.

betterave /bɛtʀav/ *nf* beet; **~ rouge** beetroot.

beugler /bøgle/ *vi* [vache] to moo; [bœuf, taureau] to bellow; [personne]☺ to yell.

beur☺ /bœʀ/ *nmf* second-generation North African (*living in France*).

beurre /bœʀ/ *nm* butter.
• **compter pour du ~**☺ to count for nothing.

beurrer /bœʀe/ *vtr* to butter.

beurrier /bœʀje/ *nm* butter dish.

beuverie /bœvʀi/ *nf* drinking session.

bévue /bevy/ *nf* blunder.

biais /bjɛ/ I *nm* way; **par le ~ de qn** through sb; **par le ~ de qch** by means of sth. II **en ~** *loc adv* **des regards en ~ à qn** sidelong glances at sb.

bibelot /biblo/ *nm* ornament.

biberon /bibʀɔ̃/ *nm* (baby's) bottle[GB], (nursing) bottle[US].

bible /bibl/ *nf* bible; **la Bible** the Bible.

bibliographie /biblijɔgʀafi/ *nf* bibliography.

bibliothécaire /biblijɔtekɛʀ/ *nmf* librarian.

bibliothèque /biblijɔtɛk/ *nf* library; (meuble) bookcase.

biblique /biblik/ *adj* biblical.

bic® /bik/ *nm* biro®[GB].

bicentenaire /bisɑ̃tnɛʀ/ *nm* bicentenary[GB], bicentennial[US].

biceps /bisɛps/ *nm* biceps.

biche /biʃ/ *nf* doe; **ma ~**☺ my pet[GB], honey[US].

bichonner☺ /biʃɔne/ *vtr* to pamper.

bicoque☺ /bikɔk/ *nf* little house, dump☺.

bicyclette /bisiklɛt/ *nf* bicycle, bike☺; **faire de la ~** to cycle.

bide☺ /bid/ *nm* (échec) flop.

bidet /bidɛ/ *nm* (de salle de bains) bidet; ☺ (cheval) nag.

bidon /bidɔ̃/ I☺ *adj inv* phoney. II *nm* (récipient) can; (ventre)☺ stomach; **c'est du ~**☺ it is a load of hogwash☺.

bidonner☺: **se ~** /bidɔne/ *vpr* to split one's sides☺.

bidonville /bidɔ̃vil/ *nm* shanty town.

bidule☺ /bidyl/ *nm* thingy☺.

bielle /bjɛl/ *nf* **couler une ~** to run a big end.

bien /bjɛ̃/ I *adj inv* good, nice; **se sentir ~** to feel well. II *adv* GÉN well; **ni ~ ni mal** so-so; [laver] thoroughly; [remplir, sécher] completely; [lire, regarder] carefully; **~ cuit** well cooked; **~ mieux** much better; **~ entendu** naturally; **~ sûr** of course; **est-ce**

~ **nécessaire?** is it really necessary?; (au moins) at least; (beaucoup) ~ **des fois** often, many a time. III *nm* good; **le ~ et le mal** good and evil; **dire du ~ de qn** to speak well of sb; (possession) possession; **des ~s considérables** substantial assets. IV *excl* ~! good! V **~ que** *loc conj* although; ~ **qu'il le sache** although he knows. ▪ **~s de consommation** consumer goods; **~s immobiliers** real estate ¢.

bien-être /bjɛ̃nɛtʀ/ *nm* well-being.

bienfaisance /bjɛ̃fəzɑ̃s/ *nf* charity.

bienfaisant, **~e** /bjɛ̃fəzɑ̃, ɑ̃t/ *adj* [influence] beneficial; [personne] beneficent.

bienfait /bjɛ̃fɛ/ *nm* kind deed; **un ~ du ciel** a godsend.

bienfaiteur, **~trice** /bjɛ̃fɛtœʀ, tʀis/ *nm,f* benefactor/benefactress.

bienheureux, **~euse** /bjɛ̃nøʀø, øz/ *adj* blessed.

biennale /bjɛnal/ *nf* biennial festival.

bienséance /bjɛ̃seɑ̃s/ *nf* propriety; **les règles de la ~** the rules of polite society.

bienséant, **~e** /bjɛ̃seɑ̃, ɑ̃t/ *adj* seemly, proper.

bientôt /bjɛ̃to/ *adv* soon; **à ~** see you soon.

bienveillance /bjɛ̃vɛjɑ̃s/ *nf* ~ **(envers)** benevolence (to); **je sollicite de votre haute** ~ may I respectfully request.

bienveillant, **~e** /bjɛ̃vɛjɑ̃, ɑ̃t/ *adj* benevolent.

bienvenu, **~e** /bjɛ̃vəny/ I *adj* welcome. II *nm,f* **être le ~** to be welcome.

bienvenue /bjɛ̃vəny/ *nf* welcome; ~ **dans notre pays** welcome to our country; **souhaiter la ~ à qn** to welcome sb.

bière /bjɛʀ/ *nf* beer; ~ **(à la) pression** draught[GB] beer, draft[US] beer; (cercueil) coffin. ▪ **~ blonde** lager; **~ brune** ≈ stout.

biffer /bife/ *vtr* to cross out.

bifteck /biftɛk/ *nm* steak; ~ **haché** extra-lean minced beef[GB], chopped meat[US].

bifurcation /bifyʀkasjɔ̃/ *nf* fork, junction.

bifurquer /bifyʀke/ *vi* [route] to fork; [automobiliste] to turn off.

bigleux[☺], **~euse** /biglø, øz/ *adj* poor-sighted, cross-eyed.

bigorneau, *pl* **~x** /bigɔʀno/ *nm* winkle.

bigot, **~e** /bigo, ɔt/ *nm,f* religious zealot.

bigoudi /bigudi/ *nm* roller.

bigrement[☺] /bigʀəmɑ̃/ *adv* awfully.

bijou, *pl* **~x** /biʒu/ *nm* jewel; **leur maison est un vrai ~** their house is an absolute gem.

bijouterie /biʒutʀi/ *nf* jeweller's[GB], jewelry store[US] (bijoux) jewellery[GB].

bijoutier, **~ière** /biʒutje, jɛʀ/ *nm,f* jeweller[GB].

bilan /bilɑ̃/ *nm* balance sheet; **déposer son ~** to file a petition in bankruptcy; (d'accident) toll; **dresser le ~ de qch** to assess sth; ~ **de santé** check-up; (compte rendu) report.

bilboquet /bilbɔkɛ/ *nm* cup-and-ball.

bile /bil/ *nf* bile.
• **se faire de la ~**[☺] to worry.

bilingue /bilɛ̃g/ *adj* bilingual.

billard /bijaʀ/ *nm* billiards (*sg*); (table) billiard table. ▪ **~ américain** pool; **~ anglais** snooker.

bille /bij/ *nf* GÉN ball; (d'enfant) marble.

billet /bijɛ/ *nm* (argent) (bank)note, bill[US]; (ticket) ticket.

billetterie /bijɛtʀi/ *nf* cash dispenser.

billion /biljɔ̃/ *nm* (mille milliards) billion[GB], trillion[US].

bimensuel /bimɑ̃sɥɛl/ *nm* fortnightly magazine[GB], semimonthly[US].

biner /bine/ *vtr* to hoe.

bio /bjo/ *adj inv* **aliments ~** health foods; **produits ~** organic produce ¢.

biodégradable /bjodegʀadabl/ *adj* biodegradable.

biographe /bjɔgʀaf/ *nmf* biographer.

biographie /bjɔgʀafi/ *nf* biography.

biographique /bjɔgʀafik/ *adj* biographical.

biologie /bjɔlɔʒi/ *nf* biology.

biologique /bjɔlɔʒik/ *adj* biological; [produit] organic.

biologiste /bjɔlɔʒist/ *nmf* biologist.

bip /bip/ *nm* **après le ~** after the tone.

bis /bis/ I *adv* 2 ~ 2 bis. II *nm inv* MUS encore.

biscornu, **~e** /biskɔʀny/ *adj* quirky.

biscotte /biskɔt/ *nf* continental toast.

biscuit /biskɥi/ *nm* (sucré) biscuit[GB], cookie[US]; (salé) biscuit[GB], cracker[US].

bise /biz/ *nf* (baiser)☺ kiss; (vent) north wind.

biseau, *pl* **~x** /bizo/ *nm* bevel.

bison /bizɔ̃/ *nm* bison; (d'Amérique) buffalo.

bisou☺ /bizu/ *nm* kiss.

bissectrice /bisɛktʀis/ *nf* bisector.

bissextile /bisɛkstil/ *adj* **année ~** leap year.

bistouri /bistuʀi/ *nm* scalpel.

bistro(t)☺ /bistʀo/ *nm* bistro, café.

bitume /bitym/ *nm* asphalt.

bivouaquer /bivwake/ *vi* to bivouac.

bizarre /bizaʀ/ *adj* odd.

bizarrerie /bizaʀʀi/ *nf* (caractère) strangeness; (chose) quirk.

bizut(h) /bizy/ *nm* fresher☺GB, freshman[US].

☺**bizuter** /bizyte/ *vtr* to rag☺, to haze☺US.

blabla☺ /blabla/ *nm inv* waffle☺GB, hogwash☺US.

blafard, **~e** /blafaʀ, aʀd/ *adj* pale.

blague /blag/ *nf* (plaisanterie)☺ joke; **sans ~!** no kidding☺!; (farce)☺ trick; **faire une ~ à qn** to play a trick on sb; **~ (à tabac)** tobacco pouch.

blaguer☺ /blage/ *vi* to joke.

blagueur☺, **~euse** /blagœʀ, øz/ *nm,f* joker.

blaireau, *pl* **~x** /blɛʀo/ *nm* (animal) badger; (pour rasage) shaving brush.

blâme /blɑm/ *nm* criticism; (sanction) official warning.

blâmer /blɑme/ *vtr* to criticize; **on ne peut pas le ~** you can't blame him.

blanc, **blanche** /blɑ̃, blɑ̃ʃ/ I *adj* white; [page] blank. II *nm* (couleur) white; (linge) household linen; **un ~ de poulet** a chicken breast; (espace) blank. ▪ **~ d'œuf** egg white.

Blanc, **Blanche** /blɑ̃, blɑ̃ʃ/ *nm,f* white man/woman.

blanchâtre /blɑ̃ʃɑtʀ/ *adj* whitish.

blanche /blɑ̃ʃ/ I *adj f* ▸ **blanc**. II *nf* MUS minim[GB], half note[US].

Blanche-Neige /blɑ̃ʃnɛʒ/ *nprf* Snow White.

blancheur /blɑ̃ʃœʀ/ *nf* whiteness.

blanchiment /blɑ̃ʃimɑ̃/ *nm* (d'argent) laundering; (de tissu) bleaching.

blanchir /blɑ̃ʃiʀ/ I *vtr* (chaussures) to whiten; (textile) to bleach; (légumes) to blanch; (disculper) to clear; (argent sale) to launder. II *vi* [cheveux] to turn grey[GB]. III **se ~** *vpr* to clear oneself.

blanchissage /blɑ̃ʃisaʒ/ *nm* laundering.

blanchisserie /blɑ̃ʃisʀi/ *nf* laundry.

blasé, **~e** /blaze/ *adj* blasé.

blason /blazɔ̃/ *nm* coat of arms.

blasphème /blasfɛm/ *nm* blasphemy ¢.

blatte /blat/ *nf* cockroach.

blé /ble/ *nm* wheat.

bled☺ /blɛd/ *nm* village.

blême /blɛm/ *adj* pale.

blêmir /blemiʀ/ *vi* [personne, visage] to pale.

blessant, **~e** /blesɑ̃, ɑ̃t/ *adj* cutting.

blessé, **~e** /blese/ *nm,f* injured person; (par arme) wounded person; MIL casualty.

blesser /blese/ I *vtr* to hurt; (par arme) to wound; (offenser) to hurt. II **se ~** *vpr* to hurt oneself.

blessure /blesyʀ/ *nf* (lésion) injury; (plaie) wound.

bleu, **~e** /blø/ I *adj* blue; [viande] very rare. II *nm* blue; (ecchymose) bruise; (fromage) blue cheese; (nouveau)☺ rookie☺. **~ (de travail)** overalls (*pl*).

bleuet /bløɛ/ *nm* cornflower.

blindé, **~e** /blɛ̃de/ *adj* [véhicule] armoured^{GB}; **porte ~e** security door.

bloc /blɔk/ I *nm* block; POL bloc; **faire ~** to side together; (calepin) notepad. II **à ~** *loc adv* [serrer] tightly; [gonfler] fully. III **en ~** *loc adv* outright. ▪ **~ opératoire** surgical unit.

blocage /blɔkaʒ/ *nm* blocking; **~ des prix** price freeze.

bloc-note, *pl* **blocs-notes** /blɔknɔt/ *nm* notepad.

blocus /blɔkys/ *nm* blockade.

blond, **~e** /blɔ̃, ɔ̃d/ I *adj* [cheveux] fair; [personne] fair-haired. II *nm,f* (femme) blonde^{GB}, blond^{US}; (homme) blond.

blondir /blɔ̃diʀ/ *vi* [cheveux, personne] to go blonde/blond.

bloquer /blɔke/ I *vtr* to block; (porte) to jam; (volant) to lock; (salaires) to freeze. II *vi* to jam. III **se ~** *vpr* [porte] to jam; [volant] to lock.

blottir: se ~ /blɔtiʀ/ *vpr* **se ~ contre** to snuggle up (against).

blouse /bluz/ *nf* (tablier) overall; (chemisier) blouse.

blouson /bluzɔ̃/ *nm* blouson; **~ d'aviateur** bomber jacket.

blue-jean, *pl* **~s** /bludʒin/ *nm* jeans (*pl*).

bluet /blyɛ/ *nm* cornflower.

bluffer☺ /blœfe/ *vtr, vi* to bluff.

BNF /beɛnɛf/ *nf* (*abrév* = **Bibliothèque nationale de France**) *national library in Paris*.

bobard☺ /bɔbaʀ/ *nm* fib☺, tall story.

bobine /bɔbin/ *nf* (de fil, film) reel; (électrique) coil.

bobo☺ /bobo/ *nm* **se faire ~** to hurt oneself.

bocal, *pl* **~aux** /bɔkal, o/ *nm* jar; (aquarium) (fish)bowl.

bœuf /bœf/, *pl* /bø/ *nm* (animal) bullock^{GB}, steer^{US}; (de trait) ox; (viande) beef.

• **faire un effet**☺ **~** to make a fantastic impression.

bogue /bɔg/ *nf* bug.

bohémien, **~ienne** /bɔemjɛ̃, jɛn/ *nm,f* Bohemian, Romany; (vagabond) tramp.

boire[1] /bwaʀ/ I *vtr, vi* to drink. II **se ~** *vpr* **se boit frais** to be drunk chilled.

boire[2] /bwaʀ/ *nm* **le ~ et le manger** food and drink.

bois /bwa/ I *nm* wood; **~ de chauffage** firewood; (de construction) timber. II *nmpl* (de cerf) antlers.

boisé, **~e** /bwaze/ *adj* wooded.

boiseries /bwazʀi/ *nfpl* panelling^{GB} ¢.

boisson /bwasɔ̃/ *nf* drink.

boîte /bwat/ *nf* box; (en métal) tin; (entreprise)☺ firm. ▪ **~ de conserve** tin^{GB}, can^{US}; **~ à gants** glove compartment; **~ à lettres** post box^{GB}, mailbox^{US}; **~ à lettres électronique** electronic mailbox; **~ de nuit** nightclub; **~ à ordures** rubbish bin^{GB}, garbage can^{US}; **~ à outils** toolbox; **~ postale, BP** PO Box; **~ de vitesses** gearbox.

• **mettre qn en ~**☺ to tease sb.

boiter /bwate/ *vi* to limp.

boiteux, **~euse** /bwatø, øz/ *adj* [personne] lame; [raisonnement] shaky.

boîtier /bwatje/ *nm* case.

bol /bɔl/ *nm* bowl; **avoir du** ~ to be lucky. ▪ **~ d'air** breath of fresh air.

bolée /bɔle/ *nf* ~ **de cidre** bowl of cider.

bolide /bɔlid/ *nm* **passer comme un** ~ to shoot past.

bombance /bɔ̃bɑ̃s/ *nf* **faire** ~ to have a feast.

bombardement /bɔ̃baʀdəmɑ̃/ *nm* (de questions) bombardment; (de bombes) bombing; ~ **aérien** air raid.

bombarder /bɔ̃baʀde/ *vtr* (de questions) to bombard; (avec des bombes) to bomb.

bombardier /bɔ̃baʀdje/ *nm* (avion) bomber; (aviateur) bombardier.

bombe /bɔ̃b/ *nf* bomb; ~ **(aérosol)** spray; (de cavalier) riding hat.

bombé, **~e** /bɔ̃be/ *adj* [front] domed; [forme] rounded.

bomber /bɔ̃be/ **I** *vtr* ~ **le torse** to thrust out one's chest. **II** *vi* [planche, mur] to bulge out.

bôme /bom/ *nf* NAUT boom.

bon, **bonne** /bɔ̃, bɔn/ **I** *adj* good; **il serait ~ qu'il le sache** he ought to know; **à quoi ~?** what's the point?; (gentil) kind, nice; (correct) right; **c'est** ~ it's OK; (dans les souhaits) **bonne nuit/chance** good night/luck; **bonne journée/soirée!** have a nice day/evening!; ~ **anniversaire** happy birthday. **II** *nm,f* **les ~s et les méchants** good people and bad people. **III** *nm* good thing; (de réduction) coupon. **IV** *excl* good, right, OK; **allons ~!** oh dear! **V** *adv* **ça sent ~!** that smells good! **VI pour de ~** *loc adv* for good, seriously. ▪ **~ de commande** order form; **~ de garantie** guarantee slip; **~ marché** cheap; **~ mot** witticism; **~ à rien** good-for-nothing; **~ sens** common sense; **bonne sœur**© nun.

bonbon /bɔ̃bɔ̃/ *nm* sweet[GB], candy[US].

bonbonne /bɔ̃bɔn/ *nf* demijohn; ~ **de gaz** gas cylinder.

bond /bɔ̃/ *nm* leap; (dans le temps) jump. • **faire faux ~ à qn** to let sb down.

bonde /bɔ̃d/ *nf* plug.

bondé, **~e** /bɔ̃de/ *adj* ~ **(de)** packed (with).

bondir /bɔ̃diʀ/ *vi* to leap; (s'indigner) to react furiously.

bonheur /bɔnœʀ/ *nm* happiness; **par** ~ fortunately; **au petit ~ (la chance)**© at random.

bonhomme, *pl* **~s**, **bonshommes** /bɔnɔm, bɔ̃zɔm/ **I** *adj* [air] good-natured. **II**© *nm* chap[GB], guy[US]. ▪ **~ de neige** snowman.

boniment /bɔnimɑ̃/ *nm* sales patter.

bonjour /bɔ̃ʒuʀ/ *nm* hello; (le matin) good morning; (l'après-midi) good afternoon.

bonne /bɔn/ **I** *adj f* ▸ **bon**. **II** *nf* (domestique) maid; (plaisanterie) **une bien** ~ a good joke.

bonnet /bɔnɛ/ *nm* hat; (de bébé) bonnet; (de soutien-gorge) cup. ▪ **~ de bain** bathing cap.

bonshommes ▸ **bonhomme**.

bonsoir /bɔ̃swaʀ/ *nm* (à l'arrivée) good evening, hello; (au départ, au coucher) good night.

bonté /bɔ̃te/ *nf* kindness; **avoir la ~ de faire** to be kind enough to do.

bord /bɔʀ/ *nm* GÉN edge; (de route) side; (de cours d'eau) bank; (de tasse, verre) rim; (de chapeau) brim; **au ~ de la faillite** on the verge of bankruptcy; **au ~ du lac/de la mer** by the lake/the sea; **à ~ d'un navire/avion** on board a ship/plane; **par-dessus** ~ overboard.

bordeaux /bɔʀdo/ **I** *adj inv* (couleur) burgundy. **II** *nm* (vin) Bordeaux; ~ **rouge** claret.

border /bɔʀde/ *vtr* to line (with); ~ **qn (dans son lit)** to tuck sb in.

bordereau, *pl* **~x** /bɔʀdəʀo/ *nm* ~ **de commande** order form.

bordure /bɔʀdyʀ/ **I** *nf* (de terrain, tapis, vêtement) border; (de route, quai) edge; (de trottoir) kerb[GB], curb[US]. **II en ~ de** *loc prép* **en ~ de la route** on the side of the road; **en ~ de la ville** just outside the town.

borgne /bɔʀɲ/ *adj* one-eyed; [hôtel] seedy.

borne /bɔʀn/ **I** *nf* ~ **(kilométrique)** kilometre[GB] marker; (kilomètre)☺ kilometre[GB]. **II ~s** *nfpl* limits, boundaries; **dépasser les ~s** to go too far; **sans ~s** boundless.

borné, **~e** /bɔʀne/ *adj* [personne] narrow-minded.

borner: **se ~ à** /bɔʀne/ *vpr* to content oneself with.

bosquet /bɔskɛ/ *nm* grove.

bosse /bɔs/ *nf* (sur le dos) hump; (sur la tête, un terrain) bump.

bosser☺ /bɔse/ *vi* to work.

bossu, **~e** /bɔsy/ *nm,f* hunchback.

bot /bo/ *adj m* **pied ~** club foot.

botanique /bɔtanik/ *nf* botany.

botaniste /bɔtanist/ *nmf* botanist.

botte /bɔt/ *nf* (chaussure) boot; (de fleurs, radis) bunch; (de foin) bale.

botter /bɔte/ *vtr* .
• **ça le botte!**☺ he really digs it☺.

bottin® /bɔtɛ̃/ *nm* telephone directory, phone book.

bottine /bɔtin/ *nf* ankle-boot.

bouc /buk/ *nm* billy goat; (barbe) goatee.
▪ **~ émissaire** scapegoat.

boucan☺ /bukɑ̃/ *nm* din, racket☺.

bouche /buʃ/ *nf* mouth; **sur la ~** on the lips. ▪ **~ d'égout** manhole; **~ de métro** tube[GB] entrance, subway[US] entrance.
• **faire la fine ~ devant qch** to turn one's nose up at sth.

bouche-à-bouche /buʃabuʃ/ *nm inv* **faire le ~ à qn** to give mouth-to-mouth resuscitation to sb.

bouche-à-oreille /buʃaɔʀɛj/ *nm inv* **le ~** word of mouth.

bouchée /buʃe/ *nf* mouthful; **pour une ~ de pain** for next to nothing.

boucher /buʃe/ **I** *vtr* to block; (avec un bouchon) to cork; (en comblant) to fill. **II se ~** *vpr* [lavabo] to get blocked; **se ~ le nez** to hold one's nose.
• **en ~ un coin à qn**☺ to amaze sb.

boucher, **~ère** /buʃe, ɛʀ/ *nm,f* butcher.

boucherie /buʃʀi/ *nf* butcher's (shop); (tuerie) slaughter.

bouche-trou, *pl* **~s** /buʃtʀu/ *nm* stand-in.

bouchon /buʃɔ̃/ *nm* (en liège) cork; (de baignoire) plug; (de bidon) cap; (de la circulation) traffic jam.

boucle /bukl/ *nf* (de ceinture, chaussure) buckle; (de cheveux) curl; (de corde) loop.
▪ **~ d'oreille** earring.

bouclé, **~e** /bukle/ *adj* curly.

boucler /bukle/ **I** *vtr* (ceinture) to fasten; (fermer)☺ to lock; (encercler)☺ to cordon off; (frontière, dossier) to close; (enquête) to complete. **II** *vi* [cheveux] to curl.
• **la** ☹**~** to shut up.

bouclier /buklije/ *nm* shield.

bouder /bude/ *vi* to sulk.

boudin /budɛ̃/ *nm* CULIN ≈ black pudding[GB], blood sausage.

boudiné, **~e** /budine/ *adj* podgy[GB], pudgy[US].

boudoir /budwaʀ/ *nm* boudoir; (biscuit) ladyfinger.

boue /bu/ *nf* mud.

bouée /bwe/ *nf* rubber ring; (balise) buoy. ▪ **~ de sauvetage** lifebelt[GB], life preserver[US].

boueux, **~euse** /buø, øz/ *adj* muddy.

bouffe☺ /buf/ *nf* food, grub☺.

bouffée /bufe/ *nf* whiff; (de tabac, vapeur) puff; ~ **d'orgueil** surge of pride.
bouffer /bufe/ I *vtr* (manger)☺ to eat. II *vi* [vêtement] to billow out.
bouffi, **~e** /bufi/ *adj* puffy.
bouffon /bufɔ̃/ *nm* **faire le** ~ to clown around; (de cour) jester; (de théâtre) buffoon.
bouge /buʒ/ *nm* hovel.
bougeoir /buʒwaʀ/ *nm* candleholder.
bougeotte☺ /buʒɔt/ *nf* **avoir la** ~ to be restless.
bouger /buʒe/ I *vtr* to move. II *vi* to move; **ne bougez plus** keep still.
bougie /buʒi/ *nf* (de cire) candle; (de moteur) sparking plug^GB^, spark plug^US^.
bougon, **~onne** /bugɔ̃, ɔn/ *adj* grumpy.
bougonner /bugɔne/ *vi* to grumble.
bouillant, **~e** /bujɑ̃, ɑ̃t/ *adj* boiling (hot).
bouille☺ /buj/ *nf* face.
bouillie /buji/ *nf* gruel; (pour bébés) baby cereal; **en** ~ mushy.
bouillir /bujiʀ/ *vi* to boil; **faire** ~ to boil.
bouilloire /bujwaʀ/ *nf* kettle.
bouillon /bujɔ̃/ *nm* broth; (concentré) stock; **bouillir à gros ~s** to bubble.
bouillonner /bujɔne/ *vi* [liquide chaud] to bubble; [eaux] to foam; ~ **d'activité** to be bustling with activity.
bouillotte /bujɔt/ *nf* hot-water bottle.
boulanger, **~ère** /bulɑ̃ʒe, ɛʀ/ *nm,f* baker.
boulangerie /bulɑ̃ʒʀi/ *nf* bakery, baker's.
boule /bul/ *nf* GÉN bowl; (de jeu) boule; **mettre qch en** ~ to roll sth up into a ball. ▪ **~ puante** stink bomb; **~ Quiès**® earplug.
• **perdre la ~**☺ to go mad; **mettre qn en ~**☺ to make sb furious.
bouleau, *pl* **~x** /bulo/ *nm* birch.
bouledogue /buldɔg/ *nm* bulldog.
boulet /bulɛ/ *nm* ~ **(de canon)** cannonball; (de bagnard) ball and chain.
boulette /bulɛt/ *nf* (de pain, etc) pellet; (erreur)☺ blunder.
boulevard /bulvaʀ/ *nm* boulevard. ▪ **~ périphérique** ring road^GB^, beltway^US^.
bouleversant, **~e** /bulvɛʀsɑ̃, ɑ̃t/ *adj* deeply moving.
bouleversement /bulvɛʀsəmɑ̃/ *nm* upheaval.
bouleverser /bulvɛʀse/ *vtr* to move [sb] deeply; (désorganiser) to disrupt.
boulon /bulɔ̃/ *nm* bolt.
boulot, **~otte** /bulo, ɔt/ I *adj* tubby. II☺ *nm* work; (emploi) job.
boum[1] /bum/ I *nm* bang; **être en plein ~**☺ to be booming. II *excl* bang!
boum[2] /bum/ *nf* party.
bouquet /bukɛ/ *nm* ~ **(de fleurs)** bunch (of flowers); (de feu d'artifice) final flourish; (de fines herbes) bunch; (de vin) bouquet.
• **c'est le ~**☺**!** that's the limit☺!
bouquin☺ /bukɛ̃/ *nm* book.
bouquiner☺ /bukine/ *vtr, vi* to read.
bouquiniste /bukinist/ *nmf* secondhand bookseller.
bourde☺ /buʀd/ *nf* blunder.
bourdon /buʀdɔ̃/ *nm* bumblebee; (cloche) tenor bell.
bourdonnement /buʀdɔnmɑ̃/ *nm* (d'insecte) buzzing ¢; (de moteur) hum.
bourdonner /buʀdɔne/ *vi* [insecte] to buzz; [moteur] to hum.
bourg /buʀ/ *nm* market town.
bourgeois, **~e** /buʀʒwa, az/ I *adj* middle-class; **quartier** ~ wealthy residential district. II *nm,f* middle-class person, bourgeois.
bourgeoisie /buʀʒwazi/ *nf* middle classes (*pl*).
bourgeon /buʀʒɔ̃/ *nm* bud.

bourgeonner /buʀʒɔne/ *vi* to bud, to burgeon.

bourgogne /buʀgɔɲ/ *nm* (vin) Burgundy.

bourlinguer☺ /buʀlɛ̃ge/ *vi* to sail the seven seas.

bourrade /buʀad/ *nf* shove.

bourrage /buʀaʒ/ *nm* ~ **de crâne** brainwashing; ~ **papier** paper jam.

bourrasque /buʀask/ *nf* (de vent) gust; (de neige) flurry.

bourratif, **~ive** /buʀatif, iv/ *adj* very filling, stodgy.

bourré, **~e** /buʀe/ *adj* ~ **(de)** [lieu] packed (with); [sac] stuffed (with); ~ **de fric**☺ stinking rich☺; (ivre)☺ drunk.

bourreau, *pl* **~x** /buʀo/ *nm* executioner. ■ ~ **d'enfant** child beater; ~ **de travail** workaholic.

bourrelet /buʀlɛ/ *nm* weather strip; ~ **(de graisse)** roll of fat.

bourrer /buʀe/ I *vtr* ~ **qch de** to cram sth with; (pipe) to fill; ~ **qn de coups** to lay into sb☺. II *vi* [aliment]☺ to be filling. III **se ~ de** *vpr* to stuff oneself with.

bourrique /buʀik/ *nf* (ânesse) donkey; (entêté)☺ pig-headed person.

bourru, **~e** /buʀy/ *adj* gruff.

bourse /buʀs/ *nf* (d'études) grant[GB], scholarship[US]; (porte-monnaie) purse; **pour les petites ~s** for limited budgets.

Bourse /buʀs/ *nf* stock exchange.

boursier, **~ière** /buʀsje, jɛʀ/ I *adj* **valeur boursière** security. II *nm,f* grant holder[GB], scholarship student[US].

boursouflé, **~e** /buʀsufle/ *adj* [visage] puffy.

bousculade /buskylad/ *nf* jostling, rush.

bousculer /buskyle/ I *vtr* to bump into; (presser) to rush. II **se ~** *vpr* (être nombreux) to fall over each other.

bouse /buz/ *nf* ~ **(de vache)** cowpat.

bousiller☺ /buzije/ *vtr* to wreck.

boussole /busɔl/ *nf* compass.

bout /bu/ *nm* (extrémité, fin) end; **d'un ~ à l'autre** throughout; **au ~ d'une semaine** after a week; **jusqu'au ~** until the end; **à ~ d'arguments** out of arguments; **venir à ~ de qch** to overcome sth; (pointe) tip; (morceau) piece; **par petits ~s** little by little, a bit at a time.

boutade /butad/ *nf* witticism.

boute-en-train /butɑ̃tʀɛ̃/ *nmf inv* live wire.

bouteille /butɛj/ *nf* bottle.

boutique /butik/ *nf* shop[GB], store[US].

bouton /butɔ̃/ *nm* button; (à tourner) knob; (sur la peau) spot[GB], pimple[US]; (de fleur) bud. ■ ~ **de manchette** cuff link.

bouton-d'or /butɔ̃dɔʀ/ *nm* buttercup.

boutonner /butɔne/ *vtr, vpr* to button (up).

boutonneux, **~euse** /butɔnø, øz/ *adj* spotty[GB], pimply[US].

boutonnière /butɔnjɛʀ/ *nf* buttonhole.

bouture /butyʀ/ *nf* cutting.

bouvreuil /buvʀœj/ *nm* bullfinch.

bovin /bɔvɛ̃, in/ *nm* cattle (*pl*).

box, *pl* **~es** /bɔks/ *nm* lock-up garage[GB]; (pour cheval) stall. ■ ~ **des accusés** dock.

boxe /bɔks/ *nf* boxing. ■ ~ **française** savate.

boxer /bɔkse/ I☺ *vtr* to punch. II *vi* to box.

boxeur /bɔksœʀ/ *nm* boxer.

boyau *nm*, *pl* **~x** /bwajo/(intestin) gut; (corde) catgut; (pneu) tubeless tyre[GB], tire[US].

boycotter /bɔjkɔte/ *vtr* to boycott.

BP (*abrév écrite* = **boîte postale**) PO Box.

bracelet /bʀaslɛ/ *nm* bracelet. ■ ~ **de montre** watchstrap.

bracelet-montre *nm*, *pl* **bracelets-montres** /bʀaslɛmɔ̃tʀ/ wristwatch.

braconner /bʀakɔne/ *vi* to poach.

braconnier /bʀakɔnje/ *nm* poacher.

brader /bʀade/ I *vtr* to sell [sth] cheaply; **prix ~s** knockdown prices. II *vi* to slash prices.

braderie /bʀadʀi/ *nf* clearance sale.

braguette /bʀagɛt/ *nf* flies[GB] (*pl*), fly[US].

braille /bʀaj/ *nm* Braille.

brailler[©] /bʀaje/ *vtr, vi* to bawl.

braire /bʀɛʀ/ *vi* to bray.

braise /bʀɛz/ *nf* live embers (*pl*).

bramer /bʀame/ *vi* to bell.

brancard /bʀɑ̃kaʀ/ *nm* (civière) stretcher; (de charrette) shaft.

brancardier /bʀɑ̃kaʀdje/ *nm* stretcher-bearer.

branchages /bʀɑ̃ʃaʒ/ *nmpl* (cut/fallen) branches.

branche /bʀɑ̃ʃ/ *nf* branch; (secteur) field; (de lunettes) arm; **céleri en ~s** sticks of celery.

branché[©]**~e** /bʀɑ̃ʃe/ *adj* trendy[©].

branchement /bʀɑ̃ʃmɑ̃/ *nm* connection.

brancher /bʀɑ̃ʃe/ *vtr* (télévision, etc) to plug in; (eau, gaz, etc) to connect; **~ qn sur un sujet** to get sb onto a topic.

brandir /bʀɑ̃diʀ/ *vtr* to brandish.

branlant, ~e /bʀɑ̃lɑ̃, ɑ̃t/ *adj* [meuble] rickety; [dent] loose; [raisonnement] shaky.

branle-bas /bʀɑ̃lba/ *nm inv* commotion. ■ **~ de combat** action stations.

braquer /bʀake/ I *vtr* **~ (sur/vers)** to point (at); (yeux) to turn (on); (volant) to turn; (banque)[©] to rob. II *vi* AUT to turn the wheel full lock[GB], all the way[US]. III **se ~**[©] *vpr* **se ~ contre qn** to turn against sb.

bras /bʀa/ *nm* arm; **~ dessus ~ dessous** arm in arm; **baisser les ~** FIG to give up; (de fleuve) branch. ■ **~ droit** right-hand man; **~ de fer** FIG trial of strength.
• **avoir le ~ long** to have a lot of influence.

brasier /bʀazje/ *nm* inferno.

brassard /bʀasaʀ/ *nm* armband.

brasse /bʀas/ *nf* SPORT breaststroke. ■ **~ papillon** butterfly (stroke).

brassée /bʀase/ *nf* armful.

brasser /bʀase/ *vtr* (bière) to brew; (millions) to handle.

brasserie /bʀasʀi/ *nf* brasserie; (usine) brewery.

brassière /bʀasjɛʀ/ *nf* (de bébé) baby's vest.

bravade /bʀavad/ *nf* bravado.

brave /bʀav/ *adj* (gentil) nice; (courageux) brave.

braver /bʀave/ *vtr* (personne, ordre) to defy; (danger) to brave.

bravo /bʀavo/ I *nm* **un grand ~ à** a big cheer for. II *excl* bravo!; (pour féliciter) well done!

bravoure /bʀavuʀ/ *nf* bravery.

break /bʀɛk/ *nm* estate car[GB], station wagon[US].

brebis /bʀəbi/ *nf* ewe.

brèche /bʀɛʃ/ *nf* gap; MIL breach.

bréchet /bʀeʃɛ/ *nm* wishbone.

bredouille /bʀəduj/ *adj* empty-handed.

bredouiller /bʀəduje/ *vtr, vi* to mumble.

bref, brève /bʀɛf, bʀɛv/ I *adj* brief, short. II *adv* **(en) ~** in short.

brelan /bʀəlɑ̃/ *nm* **~ de 10** three tens.

bretelle /bʀətɛl/ *nf* (de robe) strap; (de pantalon) braces[GB], suspenders[US]; (d'autoroute) slip road[GB], ramp[US].

brève /bʀɛv/ *adj f* ▶ **bref**.

brevet /bʀəvɛ/ *nm* **~ (d'invention)** patent; **~ de secourisme** first-aid certificate; **~ des collèges** *certificate of general education*; **~ de technicien supérieur, BTS** *advanced vocational diploma*.

breveter /bʀəvte/ *vtr* to patent.

bribes /bʀib/ *nfpl* bits and pieces.

bricolage /bʀikɔlaʒ/ *nm* DIY[GB], do-it-yourself.
bricole /bʀikɔl/ *nf* trinket; **des ~s** bits and pieces.
bricoler© /bʀikɔle/ *vtr* (réparer) to tinker with; (truquer) to fiddle with, to tamper with[US].
bricoleur, **~euse** /bʀikɔlœʀ, øz/ *nm,f* handyman/handywoman.
bride /bʀid/ *nf* (de cheval) bridle; (de boutonnage) button loop.
bridé, **~e** /bʀide/ *adj* **yeux ~s** slanting eyes.
brider /bʀide/ *vtr* (cheval) to bridle; (personne) to control; (élan) to curb.
brièvement /bʀijɛvmɑ̃/ *adv* briefly.
brigade /bʀigad/ *nf* brigade; (de police) squad.
brigadier /bʀigadje/ *nm* MIL ≈ corporal; (de sapeurs-pompiers) fire chief.
brigand /bʀigɑ̃/ *nm* brigand, bandit.
briguer /bʀige/ *vtr* to crave (for).
brillant, **~e** /bʀijɑ̃, ɑ̃t/ I *adj* bright; [métal] shiny; (admirable) brilliant. II *nm* (éclat) shine; (pierre) (cut) diamond, brilliant.
briller /bʀije/ *vi* to shine; **~ en latin** to be brilliant at Latin; [diamant] to sparkle; **~ de propreté** to be sparkling clean.
brimade /bʀimad/ *nf* bullying ¢.
brimer /bʀime/ *vtr* to bully.
brin /bʀɛ̃/ *nm* (de muguet, persil) sprig; (de paille) wisp; (d'herbe) blade; **un ~ de** a bit of.
brindille /bʀɛ̃dij/ *nf* twig.
bringue© /bʀɛ̃g/ *nf* **faire la ~** to have a rave©GB.
brinquebaler /bʀɛ̃kbale/ *vi* to jolt along.
brio /bʀijo/ *nm* brilliance, brio.
brioche /bʀijɔʃ/ *nf* brioche, (sweet) bun; (ventre)© paunch.
brique /bʀik/ *nf* brick; (emballage) carton.
briquer /bʀike/ *vtr* to polish up.
briquet /bʀikɛ/ *nm* lighter.
brise /bʀiz/ *nf* breeze.
brise-glace /bʀizglas/ *nm inv* icebreaker.
brise-lames /bʀizlam/ *nm inv* breakwater.
briser /bʀize/ I *vtr* to break; (carrière, vie) to wreck. II **se ~** *vpr* to break.
broc /bʀo/ *nm* ewer.
brocante /bʀɔkɑ̃t/ *nf* flea market.
brocanteur, **~euse** /bʀɔkɑ̃tœʀ, øz/ *nm,f* bric-à-brac trader.
broche /bʀɔʃ/ *nf* brooch; CULIN spit; MÉD pin.
broché, **~e** /bʀɔʃe/ *adj* **livre ~** paperback.
brochet /bʀɔʃɛ/ *nm* pike.
brochette /bʀɔʃɛt/ *nf* skewer; (mets) brochette.
brochure /bʀɔʃyʀ/ *nf* booklet, brochure.
broder /bʀɔde/ *vtr, vi* to embroider.
broderie /bʀɔdʀi/ *nf* embroidery.
broncher /bʀɔ̃ʃe/ *vi* **sans ~** without a murmur.
bronchite /bʀɔ̃ʃit/ *nf* bronchitis ¢.
bronzage /bʀɔ̃zaʒ/ *nm* tan.
bronze /bʀɔ̃z/ *nm* bronze.
bronzé, **~e** /bʀɔ̃ze/ *adj* (sun-)tanned.
bronzer /bʀɔ̃ze/ *vi* [personne] to get a tan; [peau] to tan.
brosse /bʀɔs/ *nf* brush; **avoir les cheveux en ~** to have a crew cut. ■ **~ à cheveux** hairbrush; **~ à dents** toothbrush; **~ à ongles** nailbrush.
brosser /bʀɔse/ I *vtr* to brush. II **se ~** *vpr* **se ~ les dents** to brush one's teeth.
brouette /bʀuɛt/ *nf* wheelbarrow.
brouhaha /bʀuaa/ *nm* hubbub.

brouillard /bʀujaʀ/ *nm* fog.

brouille /bʀuj/ *nf* (momentanée) quarrel; (durable) rift.

brouiller /bʀuje/ I *vtr* (vue) to blur; (signaux, émission) to jam. II **se ~** *vpr* (avec qn) to fall out (with sb); [vue] to become blurred.

brouillon, **~onne** /bʀujɔ̃, ɔn/ *nm* rough draft; **au ~** in rough.

broussaille /bʀusaj/ *nf* bushes (*pl*); **cheveux en ~** tousled hair.

brousse /bʀus/ *nf* bush.

brouter /bʀute/ *vtr* to graze.

broutille /bʀutij/ *nf* trifle.

broyer /bʀwaje/ *vtr* to grind.
• **~ du noir** to brood.

bru /bʀy/ *nf* daughter-in-law.

brugnon /bʀyɲɔ̃/ *nm* nectarine.

bruiner /bʀɥine/ *v impers* to drizzle.

bruissement /bʀɥismɑ̃/ *nm* (de feuille, etc) rustle ¢, rustling ¢; (de ruisseau) murmur ¢.

bruit /bʀɥi/ *nm* noise; **on n'entend pas un ~** you can't hear a sound; **le ~ court que** rumour[GB] has it that.

bruitage /bʀɥitaʒ/ *nm* sound effects (*pl*).

brûlant, **~e** /bʀylɑ̃, ɑ̃t/ *adj* (burning) hot; **~ de fièvre** burning with fever; [liquide] boiling hot.

brûle-pourpoint: **à ~** /abʀylpuʀpwɛ̃/ *loc adv* point-blank.

brûler /bʀyle/ I *vtr* GÉN to burn; (maison) to set fire to; **j'ai les yeux qui me brûlent** my eyes are stinging; **~**☺ **un feu**☺ to jump☺ the lights. II *vi* to burn; [forêt] to be on fire; **~ (d'envie) de faire** to be longing to do. III **se ~** *vpr* to burn oneself.

brûlure /bʀylyʀ/ *nf* burn. ■ **~s d'estomac** heartburn ¢.

brume /bʀym/ *nf* mist.

brumeux, **~euse** /bʀymø, øz/ *adj* (de froid) misty, foggy; (de chaleur) hazy.

brun, **~e** /bʀœ̃, bʀyn/ I *adj* brown, dark; [tabac] black. II *nm,f* dark-haired person. III *nm* brown.

brune /bʀyn/ I *adj f* ▸ **brun**. II *nf* (cigarette) black-tobacco cigarette; (bière) ≈ stout[GB].

brunir /bʀyniʀ/ *vi* [personne] to tan; [cheveux] to get darker.

brushing /bʀœʃiŋ/ *nm* blow-dry.

brusque /bʀysk/ *adj* [ton] abrupt; [mouvement] sudden; [virage] sharp.

brusquement /bʀyskəmɑ̃/ *adv* abruptly.

brusquer /bʀyske/ *vtr* **~ qn/les choses** to rush sb/things.

brusquerie /bʀyskəʀi/ *nf* brusqueness.

brut, **~e** /bʀyt/ *adj* [matière] raw; [pétrole] crude; [champagne, cidre] dry, brut; [salaire, poids] gross.

brutal, **~e** *mpl* **~aux** /bʀytal, o/ *adj* [coup, choc, geste, ton] violent; [mort] sudden; [hausse, chute] dramatic.

brutaliser /bʀytalize/ *vtr* to ill-treat.

brutalité /bʀytalite/ *nf* brutality.

brute /bʀyt/ I *adj f* ▸ **brut**. II *nf* (personne violente) brute; (personne sans culture) lout.

bruyamment /bʀɥijamɑ̃/ *adv* [rire] loudly; [entrer] noisily.

bruyant, **~e** /bʀɥijɑ̃, ɑ̃t/ *adj* [conversation] loud; [enfant] noisy.

bruyère /bʀyjɛʀ/ *nf* heather; (racine) briar; **terre de ~** heath.

BTS /beteɛs/ *nm* (*abbr* = **brevet de technicien supérieur**) *advanced vocational diploma.*

bu, **~e** /by/ ▸ **boire**.

bûche /byʃ/ *nf* log; **~ de Noël** yule log.
• **prendre une ~** to fall (flat on one's face).

bûcher© **1** /byʃe/ *vi* to slog away©.
bûcher **2** /byʃe/ *nm* stake.
bûcheron /byʃʀɔ̃/ *nm* lumberjack.
budget /bydʒɛ/ *nm* budget.
budgétaire /bydʒetɛʀ/ *adj* [restrictions] budgetary; [année] financial^GB, fiscal^US.
buée /bɥe/ *nf* condensation.
buffet /byfɛ/ *nm* (de salle à manger) sideboard; (de cuisine) dresser; (table garnie) buffet.
buffle /byfl/ *nm* buffalo.
buis /bɥi/ *nm* boxwood.
buisson /bɥisɔ̃/ *nm* bush.
buissonnière /bɥisɔnjɛʀ/ *adj f* **faire l'école** ~ to play truant^GB, hooky©^US.
bulle /byl/ *nf* bubble; (de bande dessinée) speech bubble.
bulletin /bultɛ̃/ *nm* bulletin, report; (de commande, d'abonnement, adhésion) form; ~ **scolaire/de notes** school report^GB, report card^US; ~ **de salaire/paie** payslip; (de vote) ballot paper; ~ **blanc** blank vote; ~ **nul** spoiled ballot paper.
bulletin-réponse, *pl* **bulletins-réponse** /byltɛ̃ʀepɔ̃s/ *nm* reply coupon.
bulot /bylo/ *nm* whelk.
buraliste /byʀalist/ *nmf* tobacconist.
bureau, *pl* **~x** /byʀo/ *nm* (meuble) desk; (chez soi) study; (au travail) office; (direction) board. ▪ ~ **d'accueil** reception, ~ **de poste** post office; ~ **de tabac** tobacconist's; ~ **de vote** polling station.
bureaucrate /byʀokʀat/ *nmf* bureaucrat.
bureaucratie /byʀokʀasi/ *nf* bureaucracy.
bureautique /byʀotik/ *nf* office automation.
burette /byʀɛt/ *nf* oilcan.
burlesque /byʀlɛsk/ *adj* I [tenue, idée] ludicrous; [film] farcical. II *nm* **le** ~ the burlesque.
bus /bys/ *nm* bus.
buse /byz/ *nf* buzzard.
busqué, **~e** /byske/ *adj* [nez] hooked.
buste /byst/ *nm* bust.
but /by(t)/ *nm* goal; (intention) aim, purpose; **droit au** ~ straight to the point.
• **de ~ en blanc** point-blank.
butane /bytan/ *nm* butane.
buté, **~e** /byte/ *adj* stubborn, obstinate.
buter /byte/ I© *vtr* (tuer) to kill. II *vi* ~ **contre qch** to bump into sth; ~ **sur qch** to come up against sth. III **se ~** *vpr* **il va se ~** he'll be even more stubborn.
butin /bytɛ̃/ *nm* (de guerre) spoils (*pl*); (de vol) haul.
butiner /bytine/ I *vtr* (renseignements) to glean. II *vi* to gather pollen.
butoir /bytwaʀ/ *nm* (de train) buffer; (de porte) stopper.
butte /byt/ *nf* mound.
• **être en ~ à qch** to face.
buvable /byvabl/ *adj* drinkable.
buvard /byvaʀ/ *nm* **(papier)** ~ blotting paper ¢.
buvette /byvɛt/ *nf* refreshment area.

C

c /se/ *nm inv* c, C; *abrév écrite* ▶ **centime**.
C (*abrév écrite abrév* = **centigrade**) C.
c' ▶ **ce**.
ça /sa/ *pron dém* (sujet) it; ~ **suffit** it's/that's enough; (tournure impersonnelle) ~ **sent le brûlé** there's a smell of burning; this;

aide-moi à plier ~ help me fold this; that; **à part** ~ apart from that; (exclamations) **on dit ça!** that's what they say!; ~, **alors!** well I never!; ~, **non!** absolutely not!; ~, **oui!** definitely!

• **~ va?**how are things?; **~ va** fine; **~ y est** that's it; **sans ~**otherwise.

cabane /kaban/ *nf* hut.

cabillaud /kabijo/ *nm* cod.

cabine /kabin/ *nf* (de bateau) cabin; (de camion) cab; (de laboratoire) booth. ▪ **~ de pilotage** cockpit; **~ téléphonique** phone box[GB], phone booth.

cabinet /kabinɛ/ *nm* office; (de médecin, dentiste) surgery[GB], office[US]; POL cabinet; **~ ministériel** minister's personal staff; (WC) toilet, bathroom[US]. ▪ **~ de toilette** bathroom.

câble /kɑbl/ *nm* cable.

câbler /kɑble/ *vtr* (télévision) to cable.

cabosser /kabɔse/ *vtr* to dent.

cabrer: **se ~** /kabʀe/ *vpr* to rear.

cabriole /kabʀijɔl/ *nf* **faire des ~s** to caper about.

cabriolet /kabʀijɔlɛ/ *nm* AUT convertible, cabriolet.

caca /kaka/ *nm* ENFANTIN poo[GB], poop[US].

cacahuète /kakawɛt/ *nf* peanut.

cacao /kakao/ *nm* cocoa.

cachalot /kaʃalo/ *nm* sperm whale.

cache [1] /kaʃ/ *nm* mask.

cache [2] /kaʃ/ *nf* **~ d'armes** arms cache.

cache-cache /kaʃkaʃ/ *nm inv* hide and seek.

cache-col /kaʃkɔl/ *nm inv* scarf.

cachemire /kaʃmiʀ/ *nm* cashmere; **motif** ~ paisley pattern.

cacher /kaʃe/ I *vtr* **~ qch à qn** to hide sth from sb. II **se ~** *vpr* to hide.

cachet /kaʃɛ/ *nm* (comprimé) tablet; (de cire) seal; ~ **de la poste** postmark; (chic) style; (paie) fee.

cachette /kaʃɛt/ *nf* hiding place; **en** ~ on the sly.

cachotterie /kaʃɔtʀi/ *nf* **faire des ~s** to be secretive.

cactus /kaktys/ *nm inv* cactus.

c-à-d (*abrév écrite* = **c'est-à-dire**) i.e.

cadavre /kadavʀ/ *nm* corpse.

cadeau, *pl* **~x** /kado/ *nm* present, gift.

cadenas /kadna/ *nm* padlock.

cadence /kadɑ̃s/ *nf* rhythm; **en** ~ in step; (de travail) rate.

cadet, **~ette** /kadɛ, ɛt/ *nm,f* (de deux) younger; (de plus de deux) youngest; **de trente ans mon** ~ thirty years my junior; SPORT *athlete between the ages of 15 and 17.*

cadran /kadʀɑ̃/ *nm* (de montre, boussole) face; (de compteur) dial; ~ **solaire** sundial.

cadre /kadʀ/ I *nm* frame; (lieu) setting; **en dehors du ~ scolaire** outside a school context; (employé) executive; **les ~s moyens/supérieurs** middle/senior management (*pl*). II **dans le ~ de** *loc prép* on the occasion of.

cadrer /kadʀe/ I *vtr* to centre[GB]. II *vi* to fit.

cafard /kafaʀ/ *nm* **avoir le ~**☺ to be down (in the dumps)☺; (insecte) cockroach.

café /kafe/ *nm* coffee; ~ **soluble** instant coffee; **prendre un** ~ to have a coffee; (établissement) café. ▪ **~ crème** espresso with milk; **~ au lait** coffee with milk; **~ noir** black coffee.

cafetière /kaftjɛʀ/ *nf* coffee pot; (appareil) coffee maker.

cage /kaʒ/ *nf* cage. ▪ **~ d'ascenseur** lift shaft[GB], elevator shaft[US]; **~ d'escalier** stairwell; **~ thoracique** rib cage.

cageot /kaʒo/ *nm* crate.

cagnotte☺ /kaɲɔt/ *nf* kitty; (de loterie) jackpot.

cagoule /kagul/ *nf* balaclava.

cahier /kaje/ *nm* notebook.
caille /kaj/ *nf* quail.
cailler /kaje/ *vi, vpr* [lait] to curdle; [sang] to congeal.
• **ça caille**© it's freezing.
caillot /kajo/ *nm* clot.
caillou, *pl* **~x** /kaju/ *nm* pebble.
caisse /kɛs/ *nf* crate; (tambour) drum; (guichet) cash desk; (de supermarché) checkout (counter); (de banque) cashier's desk; **~ de secours** relief fund. ■ **~ enregistreuse** cash register; **~ d'épargne** *savings bank*; **~ noire** slush fund.
caissier, **~ière** /kesje, jɛʀ/ *nm,f* cashier.
cajoler /kaʒɔle/ *vtr* to make a fuss over.
cajou /kaʒu/ *nm* **noix de ~** cashew nut.
cake /kɛk/ *nm* fruit cake.
calamar /kalamaʀ/ *nm* squid.
calamité /kalamite/ *nf* disaster, calamity.
calcaire /kalkɛʀ/ I *adj* [eau] hard; [roche] limestone. II *nm* limestone.
calcul /kalkyl/ *nm* calculation; (matière) arithmetic; **c'est un bon ~** it's a good move; MÉD stone.
calculatrice /kalkylatʀis/ *nf* calculator.
calculer /kalkyle/ *vtr* to calculate, to work out; **tout bien calculé** all things considered.
calculette /kalkylɛt/ *nf* pocket calculator.
cale /kal/ *nf* wedge; NAUT (ship's) hold.
calé©, **~e** /kale/ *adj* bright; **~ en qch** brilliant at sth.
caleçon /kalsɔ̃/ *nm* boxer shorts, underpants; (féminin) leggings.
calendrier /kalɑ̃dʀije/ *nm* calendar; (programme) schedule.
calepin /kalpɛ̃/ *nm* notebook.
caler /kale/ I *vtr* (roue) to wedge; (meuble) to steady; **ça cale l'estomac**© it fills you up. II *vi* [moteur] to stall; **~ sur qch** to get stuck on sth.
calibre /kalibʀ/ *nm* (d'arme) calibre[GB]; (de câble) diameter; (d'œufs) size.
califourchon: **à ~** /akalifuʀʃɔ̃/ *loc adv* **à ~ sur une chaise** astride a chair.
câlin, **~e** /kɑlɛ̃, in/ I *adj* affectionate. II *nm* cuddle.
câliner /kaline/ *vtr* to cuddle.
calme /kalm/ I *adj* calm, quiet. II *nm* calm(ness); **du ~!** quiet!
calmer /kalme/ I *vtr* (personne) to calm [sb/sth] down; (inquiétude) to allay; (douleur) to ease. II **se ~** *vpr* [personne, situation] to calm down; [tempête, colère] to die down; [douleur] to ease.
calomnie /kalɔmni/ *nf* slander.
calorie /kalɔʀi/ *nf* calorie.
calotte /kalɔt/ *nf* skullcap; **~ glaciaire** ice cap.
calque /kalk/ *nm* tracing paper; (imitation) replica.
calvaire /kalvɛʀ/ *nm* (épreuves) ordeal; (monument) wayside cross.
camarade /kamaʀad/ *nmf* friend; **~ d'école, de classe** schoolfriend; **~ d'atelier** workmate[GB], fellow worker[US]; POL comrade.
camaraderie /kamaʀadʀi/ *nf* comradeship, camaraderie.
cambouis /kɑ̃bwi/ *nm* dirty grease.
cambré, **~e** /kɑ̃bʀe/ *adj* arched.
cambriolage /kɑ̃bʀijɔlaʒ/ *nm* burglary.
cambrioler /kɑ̃bʀijɔle/ *vtr* to burgle[GB], to burglarize[US].
cambrioleur, **~euse** /kɑ̃bʀijɔlœʀ, øz/ *nm,f* burglar.
caméléon /kameleɔ̃/ *nm* chameleon.
camelote© /kamlɔt/ *nf* junk©.
caméra /kameʀa/ *nf* camera.
caméscope® /kameskɔp/ *nm* camcorder.

camion /kamjɔ̃/ *nm* truck, lorry[GB].

camionnette /kamjɔnɛt/ *nf* van.

camoufler /kamufle/ I *vtr* MIL to camouflage; (cacher) to conceal. II **se ~** *vpr* to hide.

camp /kɑ̃/ *nm* camp; (parti) side. ▪ **~ de concentration** concentration camp. • **ficher**[☺] **le ~** to split[☺], to leave.

campagnard, **~e** /kɑ̃paɲaʀ, aʀd/ *adj* [vie, fête] country; [accent, repas] rustic.

campagne /kɑ̃paɲ/ *nf* country; (opération) campaign.

campanule /kɑ̃panyl/ *nf* campanula, bellflower.

campement /kɑ̃pmɑ̃/ *nm* camp.

camper /kɑ̃pe/ I *vtr* (personnage) to portray. II *vi* to camp; **~ sur ses positions** to stand firm. III **se ~** *vpr* **~ devant qn/qch** to stand squarely in front of sb/sth.

campeur, **~euse** /kɑ̃pœʀ, øz/ *nm,f* camper.

camping /kɑ̃piŋ/ *nm* camping; **faire du ~** to go camping; (lieu) campsite.

campus /kɑ̃pys/ *nm inv* campus.

canadienne /kanadjɛn/ *nf* sheepskin-lined jacket; (tente) ridge tent.

canaille /kanaj/ *nf* rascal.

canal, *pl* **~aux** /kanal, o/ *nm* channel; (voie navigable) canal; ANAT duct.

canalisation /kanalizasjɔ̃/ *nf* pipe.

canaliser /kanalize/ *vtr* to canalize; FIG to channel.

canapé /kanape/ *nm* sofa; **~ convertible** sofa bed.

canard /kanaʀ/ *nm* duck; (sucre)[☺] *sugar lump dipped in coffee or brandy*; (journal)[☺] rag[☺], newspaper.

canari /kanaʀi/ *nm* canary.

cancan /kɑ̃kɑ̃/ *nm* [☺] gossip ¢; (danse) cancan.

cancer /kɑ̃sɛʀ/ *nm* cancer.

Cancer /kɑ̃sɛʀ/ *nprm* Cancer.

cancre /kɑ̃kʀ/ *nm* dunce.

candidat, **~e** /kɑ̃dida, at/ *nm,f* candidate; **être ~ à un poste** to apply for a post.

candidature /kɑ̃didatyʀ/ *nf* (à une élection) candidacy; (à un poste) application.

cane /kan/ *nf* (female) duck.

caneton /kantɔ̃/ *nm* duckling.

canevas /kanva/ *nm inv* canvas.

caniche /kaniʃ/ *nm* poodle.

canif /kanif/ *nm* penknife, pocketknife.

canine /kanin/ *nf* canine (tooth).

caniveau, *pl* **~x** /kanivo/ *nm* gutter.

canne /kan/ *nf* (walking) stick. ▪ **~ à pêche** fishing rod; **~ à sucre** sugar cane.

cannelle /kanɛl/ *nf* cinnamon.

cannibale /kanibal/ *nmf* cannibal.

canoë /kanɔe/ *nm* canoe; (sport) canoeing.

canoë-kayak /kanɔekajak/ *nm* canoeing.

canon /kanɔ̃/ *nm* (big) gun; HIST cannon; (tube d'arme) barrel; MUS canon.

cañon /kanjɔ̃, kanjɔn/ *nm* canyon.

canot /kano/ *nm* (small) boat, dinghy; **~ de sauvetage** lifeboat.

cantate /kɑ̃tat/ *nf* cantata.

cantatrice /kɑ̃tatʀis/ *nf* opera singer.

cantine /kɑ̃tin/ *nf* canteen[GB], cafeteria; (malle) tin trunk.

cantique /kɑ̃tik/ *nm* canticle.

canton /kɑ̃tɔ̃/ *nm* canton.

cantonade: **à la ~** /alakɑ̃tɔnad/ *loc adv* THÉÂT **parler à la ~** to speak off.

cantonal, **~e**, *mpl* **~aux** /kɑ̃tɔnal, o/ *adj* cantonal.

cantonale /kɑ̃tɔnal/ *nf* **les ~s** cantonal elections.

cantonner /kɑ̃tɔne/ I *vtr* to confine. II **se ~** *vpr* **se ~ dans un rôle** to restrict oneself to a role.

canular /kanylaʀ/ *nm* hoax.

canyon /kanjɔ̃/ *nm* canyon.

caoutchouc /kautʃu/ *nm* rubber; (élastique) rubber band; (plante) rubber plant.

caoutchouteux, **~euse** /kautʃutø, øz/ *adj* rubbery.

cap /kap/ *nm* GÉOG cape; **le ~ Horn** Cape Horn; (obstacle) hurdle; **mettre le ~ sur** to head for.

CAP /seape/ *nm* (*abrév* = **certificat d'aptitude professionnelle**) *vocational-training qualification.*

capable /kapabl/ *adj* **~ (de faire)** capable (of doing); **il n'est même pas ~ de lire** he can't even read.

capacité /kapasite/ *nf* ability; (potentiel) capacity; **~ de mémoire** ORDINAT memory size.

cape /kap/ *nf* cape; **film de ~ et d'épée** swashbuckler.

capeline /kaplin/ *nf* wide-brimmed hat.

CAPES /kapɛs/ *nm* (*abrév* = **certificat d'aptitude professionnelle à l'enseignement secondaire**) *secondary-school teaching qualification.*

capitaine /kapitɛn/ *nm* captain.

capital, **~e**, *mpl* **~aux** /kapital, o/ **I** *adj* crucial; **peine ~e** capital punishment. **II** *nm* capital.

capitale /kapital/ *nf* (ville, lettre) capital; **en ~s d'imprimerie** in block capitals.

capitaliste /kapitalist/ *adj, nmf* capitalist.

capituler /kapityle/ *vi* **~ (devant)** to capitulate (to).

caporal, *pl* **~aux** /kapɔʀal, o/ *nm* ≈ corporal^GB, ≈ sergeant^US.

capot /kapo/ *nm* bonnet^GB, hood^US.

capote /kapɔt/ *nf* (de voiture) hood^GB, top; (préservatif)☺ **~ (anglaise)** condom.

câpre /kɑpʀ/ *nf* caper.

caprice /kapʀis/ *nm* whim; **faire un ~** to throw a tantrum.

capricieux, **~ieuse** /kapʀisjø, jøz/ *adj* [personne] capricious; [voiture] temperamental.

capricorne /kapʀikɔʀn/ *nm* capricorn beetle.

Capricorne /kapʀikɔʀn/ *nprm* Capricorn.

capsule /kapsyl/ *nf* capsule.

capter /kapte/ *vtr* (émission) to get; (attention) to catch.

captif, **~ive** /kaptif, iv/ *adj, nm,f* captive.

captiver /kaptive/ *vtr* to captivate.

captivité /kaptivite/ *nf* captivity.

capture /kaptyʀ/ *nf* catch.

capturer /kaptyʀe/ *vtr* to capture.

capuche /kapyʃ/ *nf* hood.

capuchon /kapyʃɔ̃/ *nm* (de vêtement) hood; (de stylo) cap.

capucine /kapysin/ *nf* nasturtium.

caquet /kakɛ/ *nm* prattle; **rabattre le ~ à qn**☺ to put sb in his/her place.

caqueter /kakte/ *vi* [poule] to cackle; [bavard] to prattle.

car¹ /kaʀ/ *conj* because, for.

car² /kaʀ/ *nm* coach^GB, bus. ■ **~ de police** police van; **~ (de ramassage) scolaire** school bus.

carabine /kaʀabin/ *nf* rifle.

carabiné☺, **~e** /kaʀabine/ *adj* [rhume] stinking☺.

Carabosse /kaʀabɔs/ *nprf* **la fée ~** the wicked fairy.

caractère /kaʀaktɛʀ/ *nm* character; **~s d'imprimerie** block capitals; **en gros ~s** in large print; **en ~s gras** in bold type.

• **avoir bon/mauvais ~** to be good-natured/bad-tempered.

caractériser /kaʀakteʀize/ **I** *vtr* to characterize. **II se ~** *vpr* to be characterized.

caractéristique /kaʀakteʀistik/ **I** *adj* characteristic. **II** *nf* characteristics (*pl*).

carafe /kaʀaf/ *nf* carafe; (pour le vin) decanter.

carambolage /kaʀɑ̃bɔlaʒ/ *nm* pile-up.

caramel /kaʀamɛl/ *nm* caramel; (bonbon) toffee[GB], toffy[US]; ~ **mou** ≈ fudge.

carapace /kaʀapas/ *nf* shell, carapace.

carat /kaʀa/ *nm* carat.

caravane /kaʀavan/ *nf* caravan[GB], trailer[US]; ~ **publicitaire** publicity cars (*pl*).

carbone /kaʀbɔn/ *nm* carbon; (papier) carbon paper.

carbonique /kaʀbɔnik/ *adj* carbonic; **neige** ~ dry ice.

carbonisé, **~e** /kaʀbɔnize/ *adj* charred.

carburant /kaʀbyʀɑ̃/ *nm* fuel.

carburateur /kaʀbyʀatœʀ/ *nm* carburettor[GB], carburetor[US].

carcasse /kaʀkas/ *nf* carcass; (de véhicule)© shell; (de bâtiment) frame.

cardiaque /kaʀdjak/ *adj* [ennuis] heart; **être** ~ to have a heart condition.

cardinal /kaʀdinal/ **I ~e**, *mpl* **~aux** *adj* cardinal. **II** *nm* cardinal.

cardiologue /kaʀdjɔlɔg/ *nmf* cardiologist.

carême /kaʀɛm/ *nm* **le** ~ Lent.

carence /kaʀɑ̃s/ *nf* deficiency.

caresse /kaʀɛs/ *nf* caress, stroke.

caresser /kaʀese/ *vtr* to stroke, to caress.

cargaison /kaʀgɛzɔ̃/ *nf* cargo.

cargo /kaʀgo/ *nm* cargo ship.

caricature /kaʀikatyʀ/ *nf* caricature; ~ **de procès** mockery of a trial.

carie /kaʀi/ *nf* cavity.

carié, **~e** /kaʀje/ *adj* decayed.

carillon /kaʀijɔ̃/ *nm* bells (*pl*); (sonnerie) chimes (*pl*).

caritatif, **~ive** /kaʀitatif, iv/ *adj* **organisation caritative** charity.

carlingue /kaʀlɛ̃g/ *nf* AVIAT cabin; NAUT keelson.

carnage /kaʀnaʒ/ *nm* carnage¢.

carnassier, **~ière** /kaʀnasje, jɛʀ/ *nm* carnivore.

carnaval, *pl* **~s** /kaʀnaval/ *nm* carnival.

carnet /kaʀnɛ/ *nm* notebook; (de tickets) book. ▪ ~ **d'adresses** address book; ~ **de chèques** chequebook[GB], checkbook[US]; ~ **de notes** SCOL mark book[GB], report card[US].

carnivore /kaʀnivɔʀ/ **I** *adj* carnivorous. **II** *nm* carnivore.

carotte /kaʀɔt/ *nf* carrot.

carpe /kaʀp/ *nf* carp.

carpette /kaʀpɛt/ *nf* rug; (personne) PÉJ© doormat©.

carré, **~e** /kaʀe/ **I** *adj* square; **mètre** ~ square metre. **II** *nm* square; **le ~ de deux** two squared; (de chocolat) piece; (au poker) **un ~ de dix** the four tens.

carreau, *pl* **~x** /kaʀo/ *nm* tile; (vitre) windowpane; (motif) square; (sur du tissu) check; (carte) diamonds (*pl*).

carrefour /kaʀfuʀ/ *nm* crossroads (*sg*).

carrelage /kaʀlaʒ/ *nm* tiled floor; (carreaux) tiles (*pl*).

carrelet /kaʀlɛ/ *nm* plaice.

carrément /kaʀemɑ̃/ *adv* (purement et simplement) downright; (complètement) completely; (sans hésiter) straight.

carrière /kaʀjɛʀ/ *nf* career; (de pierre) quarry.

carriole /kaʀjɔl/ *nf* cart.

carrossable /kaʀɔsabl/ *adj* suitable for motor vehicles.

carrosse /kaʀɔs/ *nm* (horse-drawn) coach.

carrosserie /kaʀɔsʀi/ *nf* body(work).

carrure /kaʀyʀ/ *nf* shoulders (*pl*); **avoir une ~ imposante** to have broad shoulders; FIG stature.

cartable /kaʀtabl/ *nm* (d'écolier) schoolbag; (avec des bretelles) satchel; (d'adulte) briefcase.

carte /kaʀt/ *nf* GÉN card; **jouer aux ~s** to play cards; GÉOG map; (au restaurant) menu. ▪ **~ d'abonnement** season ticket; **~ bancaire** bank card; **~ de crédit** credit card; **~ d'électeur** polling card[GB], voter registration card[US]; **~ d'étudiant** student card; **~ grise** car registration document; **~ d'identité** identity card, ID card; **~ orange**® season ticket (*in the Paris region*); **~ postale** postcard; **~ à puce** smart card; **~ routière** roadmap; **~ de sécurité sociale** ≈ national insurance card; **~ de séjour** resident's permit; **~ de téléphone** phonecard; **~ verte** certificate of motor insurance; **~ de visite** GÉN visiting card; (d'affaires) business card; **~ de vœux** greetings card.

cartilage /kaʀtilaʒ/ *nm* cartilage.

carton /kaʀtɔ̃/ *nm* cardboard; (boîte) (cardboard) box; (carte) card. ▪ **~ ondulé** corrugated cardboard.

cartouche /kaʀtuʃ/ *nf* cartridge; (de gaz) refill; (de cigarettes) carton.

cas /kɑ/ I *nm inv* case; **au ~ où** (just) in case; **auquel ~** in which case; **en ~ d'incendie** in the event of a fire; **dans le meilleur/pire des ~** at best/worst. II **en tout ~, en tous les ~** *loc adv* in any case, at any rate; (du moins) at least. ▪ **~ de conscience** moral dilemma; **~ de figure** scenario; **~ social** socially disadvantaged person.

casanier, **~ière** /kazanje, jɛʀ/ *adj* **être ~** to be a real stay-at-home.

casaque /kazak/ *nf* (de jockey) jersey.

cascade /kaskad/ *nf* (chute d'eau) waterfall; CIN stunt.

cascadeur, **~euse** /kaskadœʀ, øz/ *nm,f* stuntman/stuntwoman.

case /kɑz/ *nf* (maison) hut, cabin; (de damier) square; **retour à la ~ départ** back to square one; (sur un formulaire) box.

caser☺ /kɑze/ I *vtr* (loger) to put up; (trouver un emploi pour) to find a place for. II **se ~** *vpr* to tie the knot☺, to get married.

caserne /kazɛʀn/ *nf* barracks. ▪ **~ de sapeurs-pompiers** fire station.

casier /kɑzje/ *nm* rack; (pour le courrier) pigeonhole. ▪ **~ judiciaire** police record.

casque /kask/ *nm* helmet; AUDIO headphones (*pl*). ▪ **Casque bleu** Blue Helmet.

casquette /kaskɛt/ *nf* cap.

cassant, **~e** /kasɑ̃, ɑ̃t/ *adj* [objet] brittle; [ton, personne] curt, abrupt.

casse /kɑs/ *nf* (objets cassés) breakage; **mettre à la ~** to scrap.

casse-cou /kasku/ *nmf inv* daredevil.

casse-croûte /kaskʀut/ *nm inv* snack.

casse-noisettes /kasnwazɛt/, **casse-noix** /kasnwa/ *nm inv* nutcrackers (*pl*).

casse-pieds☺ /kaspje/ I *adj inv* **être ~** to be a pain in the neck☺. II *nmf inv* bore, pain in the neck☺.

casser /kɑse/ I *vtr* to break; (noix) to crack; (prix) to slash; **~ la figure**☺ **à qn** to beat sb up☺; (jugement) to quash. II *vi* to break. III **se ~** *vpr* to break; **se ~ la jambe** to break one's leg.
• **se ~ la figure**☺ to fall down, to fail.

casserole /kasʀɔl/ *nf* saucepan, pan.

casse-tête /kastɛt/ *nm inv* headache; **~ chinois** Chinese puzzle.

cassette /kasɛt/ *nf* tape; (coffret) casket. ▪ **~ vidéo** video (cassette).

casseur /kasœʀ/ *nm* rioting demonstrator.

cassis /kasis/ *nm inv* (fruit) blackcurrant; (bosse) dip.

cassure /kasyʀ/ *nf* split.

castagnettes /kastaɲɛt/ *nfpl* castanets.

castor /kastɔʀ/ *nm* beaver.

cataclysme /kataklism/ *nm* cataclysm.

catalogue /katalɔg/ *nm* catalogue; **acheter qch sur ~** to buy sth by mail order.

cataracte /kataʀakt/ *nf* cataract.

catastrophe /katastʀɔf/ *nf* disaster. ▪ **~ naturelle** act of God.

catastrophé, **~e** /katastʀɔfe/ *adj* devastated.

catastrophique /katastʀɔfik/ *adj* disastrous.

catch /katʃ/ *nm* wrestling.

catcheur, **~euse** /katʃœʀ, øz/ *nm,f* wrestler.

catéchisme /kateʃism/ *nm* catechism.

catégorie /kategɔʀi/ *nf* category; **de première ~** top-grade; **~ socioprofessionnelle** social and occupational group; SPORT class.

catégorique /kategɔʀik/ *adj* categoric.

cathédrale /katedʀal/ *nf* cathedral.

catholique /katɔlik/ *adj, nmf* (Roman) Catholic.

catimini: **en ~** /ɑ̃katimini/ *loc adv* on the sly.

cauchemar /koʃmaʀ/ *nm* nightmare.

cauchemardesque /koʃmaʀdesk/ *adj* nightmarish.

cause /koz/ *nf* cause; **à ~ de/pour ~ de** because of; (juridique) case; **être en ~** [fait] to be at issue; [personne] to be involved. • **en tout état de ~** in any case; **en désespoir de ~** as a last resort.

causer /koze/ I *vtr* **~ qch à qn** to cause sb sth. II© *vi* to talk.

causette© /kozɛt/ *nf* (little) chat.

caution /kosjɔ̃/ *nf* COMM deposit; FIN guarantee, security; JUR bail; **sujet à ~** open to doubt.

cavalcade /kavalkad/ *nf* (de cavaliers) cavalcade; (course bruyante) stampede.

cavale© /kaval/ *nf* **en ~** on the run.

cavalerie /kavalʀi/ *nf* cavalry.

cavalier, **~ière** /kavalje, jɛʀ/ I *nm,f* MIL cavalryman/cavalrywoman; horseman/horsewoman; (en promenade) horse rider; **un bon ~** a good rider; (pour danser) partner. II *nm* (aux échecs) knight.

cave /kav/ *nf* cellar.

caverne /kavɛʀn/ *nf* cavern.

caviar /kavjaʀ/ *nm* caviar.

CCP /sesepe/ *nm* (*abrév* = **compte chèque postal**) post-office account.

CD /sede/ *nm* (*abrév* = **compact disc**) CD.

CD-I /sedei/ *nm inv* (*abrév* = **compact disc interactif**) CD-I.

ce /sə/ (**c'** /s/ *devant e*, **cet** /sɛt/ *devant voyelle ou h muet*), **cette** /sɛt/, *pl* **ces** /se/ I *adj dém* (marquant le degré) **tu as de ces idées!** you've got some funny ideas! II *pron dém* (seul) **~ faisant** in so doing; (+ relative) **fais ~ que tu veux** do what you like; **~ qui m'étonne, c'est que** what surprises me is that; (+ complétive) **il tient à ~ que vous veniez** he's very keen that you should come; (exclamative) **~ que c'est grand!** it's so big!; **qu'est-~ que**© **j'ai faim!** I'm starving!

ceci /səsi/ *pron dém* this; **à ~ près que** except that.

céder /sede/ I *vtr* to give up; (vendre) to sell. II *vi* [personne] to give in; [poignée, branche] to give way; [serrure, porte] to yield.

cedex /sedɛks/ *nm* (*abrév* = **courrier d'entreprise à distribution exceptionnelle**) *postal code for corporate users.*

cédille /sedij/ *nf* cedilla.

cèdre /sɛdʀ/ *M>nm* cedar.

CE /seə/ *nf* (*abrév* = **Commission européenne**) European Commission, EC.

ceinture /sɛ̃tyʀ/ *nf* belt; (taille) waist; **boulevard de ~** ring road[GB], beltway[US]. ▪ **~ de sauvetage** lifebelt; **~ de sécurité** seat belt.

ceinturon /sẽtyʀɔ̃/ *nm* belt.

cela /səla/ *pron dém* that; **il y a dix ans de ~** that was ten years ago; **~ dit** having said that; (sujet apparent ou réel) **~ m'inquiète** it worries me.

célébration /selebʀasjɔ̃/ *nf* celebration.

célèbre /selɛbʀ/ *adj* famous.

célébrer /selebʀe/ *vtr* to celebrate; (vanter) to praise.

célébrité /selebʀite/ *nf* fame; (personnage) celebrity.

céleri /sɛlʀi/ *nm* celery.

céleste /selɛst/ *adj* celestial.

célibat /seliba/ *nm* (état) single status.

célibataire /selibatɛʀ/ I *adj* single. II *nmf* (homme) bachelor, single man; (femme) single woman.

celle ▸ **celui**.

celle-ci, **celles-ci** ▸ **celui-ci**.

celle-là, **celles-là** ▸ **celui-là**.

cellulaire /selylɛʀ/ *adj* cellular.

cellule /selyl/ *nf* cell; (groupe) unit.

cellulite /selylit/ *nf* cellulite.

cellulose /selyloz/ *nf* cellulose.

celui /səlɥi/, **celle** /sɛl/, *mpl* **ceux** /sø/, *fpl* **celles** /sɛl/ *pron dém* the one; **ceux, celles** (personnes) those; (choses) those, the ones.

celui-ci /səlɥisi/, **celle-ci** /sɛlsi/, *mpl* **ceux-ci** /søsi/, *fpl* **celles-ci** /sɛlsi/ *pron dém* this one; **ceux-ci/celles-ci** these.

celui-là /səlɥila/, **celle-là** /sɛlla/, *mpl* **ceux-là** /søla/, *fpl* **celles-là** /sɛlla/ *pron dém* (éloigné) that one; **ceux-là/celles-là** those (ones); (le premier des deux) the former; (l'autre) another; **elle est bien bonne, celle-là!**☺ that's a good one!

cendre /sɑ̃dʀ/ *nf* ash.

cendré, **~e** /sɑ̃dʀe/ *adj* ash (grey).

Cendrillon /sɑ̃dʀijɔ̃/ *nprf* Cinderella.

cendrier /sɑ̃dʀije/ *nm* ashtray.

censé, **~e** /sɑ̃se/ *adj* **être ~ faire** to be supposed to do.

censeur /sɑ̃sœʀ/ *nm* SCOL *school official in charge of discipline*; ADMIN censor.

censure /sɑ̃syʀ/ *nf* censorship; **(commission de) ~** board of censors; POL censure.

censurer /sɑ̃syʀe/ *vtr* to censor; **~ le gouvernement** to pass a vote of censure.

cent /sɑ̃/, I *adj* a hundred, one hundred; **deux ~s** two hundred. II **pour ~** *loc adj* per cent.

centaine /sɑ̃tɛn/ *nf* (environ cent) about a hundred; **des ~s de...** hundreds of...

centenaire /sɑ̃tnɛʀ/ I *adj* [arbre, objet] hundred-year-old; [personne] centenarian. II *nm* centenary[GB], centennial[US].

centième /sɑ̃tjɛm/ *adj, nmf* hundredth.

centilitre /sɑ̃tilitʀ/ *nm* centilitre[GB].

centime /sɑ̃tim/ *nm* centime; (somme infime) penny, cent[US].

centimètre /sɑ̃timɛtʀ/ *nm* centimetre[GB]; (distance infime) inch; (ruban) tape measure.

central, **~e**, *mpl* **~aux** /sɑ̃tʀal, o/ I *adj* central. II *nm* TÉLÉCOM (telephone) exchange.

centrale /sɑ̃tʀal/ *nf* power station.

centraliser /sɑ̃tʀalize/ *vtr* to centralize.

centre /sɑ̃tʀ/ *nm* centre[GB], center[US]. ■ **~ aéré** children's outdoor-activity centre; **~ antipoison** poisons unit; **~ commercial** shopping centre[GB], mall[US]; **~ hospitalier universitaire, CHU** ≈ teaching hospital; **~ de tri (postal)** sorting office; **Centre national d'enseignement à distance, CNED** national centre for distance learning.

centrer /sɑ̃tʀe/ *vtr* to centre[GB], center[US].

centre-ville, *pl* **centres-villes** /sɑ̃tʀəvil/ *nm* town centre[GB], downtown[US].

centuple /sɑ̃typl/ *nm* **le ~ de cent** a hundred times one hundred.

cep /sɛp/ *nm* ~ **(de vigne)** vine stock.

cèpe /sɛp/ *nm* cep.

cependant /səpɑ̃dɑ̃/ I *conj* yet, however. II ~ **que** *loc conj* whereas, while.

céramique /seʀamik/ *nf* ceramic.

cercle /sɛʀkl/ *nm* circle; ~ **polaire/vicieux** polar/vicious circle; JEUX club.

cercueil /sɛʀkœj/ *nm* coffin.

céréale /seʀeal/ *nf* cereal.

cérémonie /seʀemɔni/ *nf* ceremony.

cerf /sɛʀ/ *nm* stag.

cerfeuil /sɛʀfœj/ *nm* chervil.

cerf-volant, *pl* **cerfs-volants** /sɛʀvɔlɑ̃/ *nm* kite.

cerise /s(ə)ʀiz/ *adj inv*, *f* cherry.

cerisier /s(ə)ʀizje/ *nm* cherry (tree).

cerne /sɛʀn/ *nm* ring.

cerné, **~e** /sɛʀne/ *adj* **avoir les yeux ~s** to have rings under one's eyes.

cerneau, *pl* **~x** /sɛʀno/ *nm* **~x de noix** walnut halves.

cerner /sɛʀne/ *vtr* to surround; (définir) to define.

certain, **~e** /sɛʀtɛ̃, ɛn/ I *adj* certain. II *adj indéf* **un ~ temps** for a while; **un ~ nombre d'erreurs** a (certain) number of mistakes; **dans une ~e mesure** to some extent; **d'une ~e manière** in a way. III **~s**, **~es** *adj indéf pl* some; **à ~s moments** sometimes, at times. IV *pron indéf pl* some people.

certainement /sɛʀtɛnmɑ̃/ *adv* certainly.

certes /sɛʀt/ *adv* admittedly.

certificat /sɛʀtifika/ *nm* certificate. ■ **~ d'aptitude professionnelle, CAP** *vocational-training qualification*; **~ de scolarité** proof of attendance.

certifié, **~e** /sɛʀtifje/ *adj* **professeur ~** fully qualified teacher.

certifier /sɛʀtifje/ *vtr* to certify; **~ conforme** to authenticate; (affirmer) to assure (that).

certitude /sɛʀtityd/ *nf* **avoir la ~ que** to be certain that.

cérumen /seʀymɛn/ *nm* earwax.

cerveau, *pl* **~x** /sɛʀvo/ *nm* brain; (intelligence) mind.

cervelle /sɛʀvɛl/ *nf* brains (*pl*).

ces ▸ **ce**.

césar /sezaʀ/ *nm* César (*film award*).

cesse /sɛs/ *nf* **sans ~** constantly.

cesser /sese/ I *vtr* **~ de faire** to stop doing; **~ de fumer/d'espérer** to give up smoking/hope; **ne pas ~ de** to keep on. II *vi* to stop; **faire ~** to put an end to.

cessez-le-feu /seselfø/ *nm inv* ceasefire.

cession /sesjɔ̃/ *nf* transfer.

c'est-à-dire /setadiʀ/ *loc conj* that is (to say); (pour rectifier) **~ que** well, actually.

cet, **cette** ▸ **ce**.

ceux ▸ **celui**.

ceux-ci ▸ **celui-ci**.

ceux-là ▸ **celui-là**.

CFDT /seɛfdete/ *nf* (*abrév* = **Confédération française démocratique du travail**) CFDT (*French trade union*).

CFTC /seɛftese/ *nf* (*abrév* = **Confédération française des travailleurs chrétiens**) CFTC (*French trade union*).

CGC /seʒese/ *nf* (*abrév* = **Confédération générale des cadres**) CGC (*French trade union*).

CGT /seʒete/ *nf* (*abrév* = **Confédération générale du travail**) CGT (*French trade union*).

chacal, *pl* **~s** /ʃakal/ *nm* jackal.

chacun, **~e** /ʃakœ̃, yn/ *pron indéf* each (one); **~ d'entre nous** each (one) of us, every one of us; (tout le monde) everyone; ~ son tour everyone in turn.

chagrin, **~e** /ʃagʀɛ̃, in/ *nm* grief; **faire du ~ à qn** to cause sb grief.

chagriner /ʃagʀine/ *vtr* **cela me chagrine** it upsets me.

chahut /ʃay/ *nm* uproar.

chahuter /ʃayte/ I *vtr* (professeur) to play up[GB]; (orateur) to heckle. II *vi* to mess around.

chaîne /ʃɛn/ *nf* chain; **~ de magasins** chain of stores; GÉOG (de montagne) range; (de montage) line; **produire (qch) à la ~** to mass-produce (sth); (organisation) network; (de télévision) channel; AUDIO **~ stéréo** stereo system.

chaînon /ʃɛnɔ̃/ *nm* link; **~ manquant** missing link.

chair /ʃɛʀ/ flesh ¢; **bien en ~** plump; (de volaille, etc) meat. ▪ **~ de poule** gooseflesh, goose pimples.

chaire /ʃɛʀ/ *nf* pulpit; (poste) chair; (tribune) rostrum.

chaise /ʃɛz/ *nf* chair. ▪ **~ longue** deckchair; **~ roulante** wheelchair.

châle /ʃɑl/ *nm* shawl.

chalet /ʃalɛ/ *nm* chalet.

chaleur /ʃalœʀ/ *nf* heat; (douce) warmth.

chaleureux, **~euse** /ʃaløʀø, øz/ *adj* warm.

chaloupe /ʃalup/ *nf* (à rames) rowing boat[GB], rowboat[US].

chalumeau, *pl* **~x** /ʃalymo/ *nm* (outil) blowtorch; (flûte) pipe.

chalutier /ʃalytje/ *nm* trawler.

chamailler☺: **se ~** /ʃamaje/ *vpr* to squabble.

chambre /ʃɑ̃bʀ/ *nf* room; **~ pour une personne** single room; **avez-vous une ~ de libre?** have you got any vacancies?; **musique de ~** chamber music. ▪ **~ d'amis** guest room; **~ à coucher** bedroom; **~ forte** strong room; **~ à gaz** gas chamber; **~ d'hôte** ≈ room in a guest house; **~ noire** darkroom; **Chambre des communes** House of Commons; **Chambre des députés** Chamber of Deputies; **Chambre des lords** House of Lords.

chambrer /ʃɑ̃bʀe/ *vtr* (vin) to bring [sth] to room temperature; (se moquer de)☺ to tease.

chameau, *pl* **~x** /ʃamo/ *nm* camel.

chamelle /ʃamɛl/ *nf* she-camel.

chamois /ʃamwa/ *nm* chamois.

champ /ʃɑ̃/ I *nm* GÉN field; **avoir le ~ libre** to have a free hand. II **à tout bout de ~**☺ *loc adv* all the time. ▪ **~ de bataille** battlefield; **~ de courses** racetrack.

champêtre /ʃɑ̃pɛtʀ/ *adj* rural.

champignon /ʃɑ̃piɲɔ̃/ *nm* CULIN mushroom; BOT, MÉD fungus.

champion, **~ionne** /ʃɑ̃pjɔ̃, jɔn/ *nm,f* champion.

championnat /ʃɑ̃pjɔna/ *nm* championship.

chance /ʃɑ̃s/ *nf* (good) luck; **avoir de la ~** to be lucky; (possibilité) chance; (occasion favorable) chance, opportunity.

chanceler /ʃɑ̃sle/ *vi* [personne] to stagger; [santé] to be precarious.

chancelier /ʃɑ̃səlje/ *nm* GÉN chancellor; (d'ambassade) chancery.

chancellerie /ʃɑ̃sɛlʀi/ *nf* (en France) Ministry of Justice; (en Allemagne, Autriche) Chancellorship.

chanceux, **~euse** /ʃɑ̃sø, øz/ *adj* lucky.

chandail /ʃɑ̃daj/ *nm* sweater, jumper[GB]

chandeleur /ʃɑ̃dlœʀ/ *nf* Candlemas.

chandelier /ʃɑ̃dəlje/ *nm* candlestick; (à plusieurs branches) candelabra.

chandelle /ʃɑ̃dɛl/ *nf* candle.

change /ʃɑ̃ʒ/ *nm* exchange; **perdre au ~** to lose out.

changement /ʃɑ̃ʒmɑ̃/ *nm* change.

changer /ʃɑ̃ʒe/ I *vtr* change; ~ **des francs en dollars** to change francs into dollars; ~ **qch de place** to move sth. II ~ **de** *vtr ind* to change. III *vi* to change; **pour** ~ for a change. IV **se** ~ *vpr* to get changed; **se** ~ **en** to turn/change into.

chanson /ʃɑ̃sɔ̃/ *nf* song.

chansonnier, **~ière** /ʃɑ̃sɔnje, jɛʀ/ *nm,f* cabaret artist.

chant /ʃɑ̃/ *nm* singing; (de coq) crow(ing).

chantage /ʃɑ̃taʒ/ *nm* blackmail.

chanter /ʃɑ̃te/ I *vtr* to sing. II ~ **à**[©] *vtr ind* (plaire) **si ça me chante** if I feel like it. III *vi* [personne, oiseau] to sing.

chanteur, **~euse** /ʃɑ̃tœʀ, øz/ *nm,f* singer.

chantier /ʃɑ̃tje/ *nm* construction site; **en** ~ under construction; (désordre)[©] mess. ▪ ~ **naval** shipyard.

chantonner /ʃɑ̃tɔne/ *vtr, vi* to hum.

chaos /kao/ *nm inv* chaos.

chaparder[©] /ʃapaʀde/ *vtr* to pinch[©].

chapeau, *pl* **~x** /ʃapo/ I *nm* hat. II[©] *excl* well done!

chapelet /ʃaplɛ/ *nm* RELIG rosary; (série) string.

chapelle /ʃapɛl/ *nf* chapel.

chapelure /ʃaplyʀ/ *nf* breadcrumbs (*pl*).

chaperon /ʃapʀɔ̃/ *nm* **le Petit Chaperon rouge** Little Red Riding Hood.

chapiteau, *pl* **~x** /ʃapito/ *nm* big top.

chapitre /ʃapitʀ/ *nm* chapter.

chaque /ʃak/ I *adj indéf* each, every. II *pron* (chacun)[©] each.

char /ʃaʀ/ *nm* MIL ~ **(d'assaut)** tank; (de carnaval) float.

charabia[©] /ʃaʀabja/ *nm* gobbledygook[©], double Dutch[GB].

charade /ʃaʀad/ *nf* riddle.

charbon /ʃaʀbɔ̃/ *nm* coal. ▪ ~ **de bois** charcoal.

charcuterie /ʃaʀkytʀi/ *nf* cooked pork meats (*pl*); (magasin) pork butcher's; (rayon) delicatessen counter.

charcutier, **~ière** /ʃaʀkytje, jɛʀ/ *nm,f* pork butcher.

chardon /ʃaʀdɔ̃/ *nm* thistle.

chardonneret /ʃaʀdɔnʀɛ/ *nm* goldfinch.

charge /ʃaʀʒ/ *nf* I load; (de navire) cargo, freight; (responsabilité) responsibility; **se prendre en** ~ to take care of oneself; **à la** ~ **du client** payable by the customer; (fonction) office; (preuve) evidence; MIL charge. II **~s** *nfpl* GÉN expenses, costs; (de locataire) service charge[GB] (*sg*), maintenance fees[US]. ▪ ~ **de travail** workload; **~s sociales** welfare costs.

chargé, **~e** /ʃaʀʒe/ *adj* loaded (with); **trop** ~ overloaded; [journée] busy; **être** ~ **de** (responsable) to be responsible for. ▪ ~ **de cours** UNIV part-time lecturer; ~ **de mission** representative.

chargement /ʃaʀʒəmɑ̃/ *nm* load, loading; (de batterie) charging.

charger /ʃaʀʒe/ I *vtr* to load; (batterie) to charge; ~ **qn de qch** to make sb responsible for sth; **chargé de l'enquête** in charge of the investigation; (attaquer) to charge at. II *vi* to charge. III **se** ~ **de** *vpr* to take responsibility for; **je m'en charge** I'll see to it; (d'un poids) to weigh oneself down.

chargeur /ʃaʀʒœʀ/ *nm* (d'arme) magazine; (de batteries) charger.

chariot /ʃaʀjo/ *nm* trolley[GB], cart[US]; (à chevaux) waggon[GB].

charitable /ʃaʀitabl/ *adj* ~ **(envers/avec)** charitable (to/toward(s)).

charité /ʃaʀite/ *nf* charity.

charlatan /ʃaʀlatɑ̃/ *nm* (guérisseur) quack[©].

charlotte /ʃaʀlɔt/ *nf* (dessert) charlotte; (bonnet) mobcap.

charmant, **~e** /ʃaʀmɑ̃, ɑ̃t/ *adj* charming, delightful.

charme /ʃaʀm/ *nm* charm; (sort) spell; (arbre) hornbeam.
• **se porter comme un ~** to be as fit as a fiddle.

charmer /ʃaʀme/ *vtr* to charm.

charmeur, **~euse** /ʃaʀmœʀ, øz/ I *adj* charming, engaging. II *nm,f* charmer.

charnier /ʃaʀnje/ *nm* mass grave.

charnière /ʃaʀnjɛʀ/ *nf* (de porte) hinge; **époque(-)~** transitional period.

charnu, **~e** /ʃaʀny/ *adj* fleshy.

charogne /ʃaʀɔɲ/ *nf* carrion.

charpente /ʃaʀpɑ̃t/ *nf* framework.

charpentier /ʃaʀpɑ̃tje/ *nm* carpenter.

charretier /ʃaʀtje/ *nm* carter.

charrette /ʃaʀɛt/ *nf* cart.

charrier /ʃaʀje/ I *vtr* to carry; (se moquer de)☺ to tease. II☺ *vi* to go too far.

charrue /ʃaʀy/ *nf* plough, plow[US].

charte /ʃaʀt/ *nf* charter.

chas /ʃa/ *nm inv* (d'aiguille) eye.

chasse /ʃas/ *nf* hunting; (au fusil) shooting; **~ au trésor** treasure hunt; **~ gardée** preserve; (poursuite) chase; **faire la ~ à** to hunt down; **tirer la ~** to flush the toilet. ■ **~ à la baleine** whaling; **~ à l'homme** manhunt.

chassé-croisé, *pl* **chassés-croisés** /ʃasekʀwaze/ *nm* continual coming and going.

chasse-neige /ʃasnɛʒ/ *nm inv* snowplough[GB], snowplow[US].

chasser /ʃase/ I *vtr* to hunt; (éloigner) to chase away; (domestique) to fire; (doute) to dispel. II *vi* to go hunting.

chasseur, **~euse** /ʃasœʀ, øz/ I *nm,f* hunter. II *nm* MIL chasseur; (avion) fighter; (groom) bellboy[GB], bellhop[US]. ■ **~ alpin** *soldier trained for mountainous terrain*; **~ de têtes** head-hunter.

châssis /ʃɑsi/ *nm* (de fenêtre) frame; AUT chassis.

chasteté /ʃastəte/ *nf* chastity.

chat /ʃa/ *nm* cat; JEUX **jouer à ~** to play tag/tig[GB].
• **donner sa langue au ~** to give in/up.

châtaigne /ʃɑtɛɲ/ *nf* (sweet) chestnut.

châtain /ʃɑtɛ̃/ *adj m* brown.

château, *pl* **~x** /ʃɑto/ *nm* castle. ■ **~ d'eau** water tower; **~ fort** fortified castle; **~ de sable** sand castle.

châtier /ʃɑtje/ *vtr* to punish.

châtiment /ʃɑtimɑ̃/ *nm* punishment.

chaton /ʃatɔ̃/ *nm* (petit chat) kitten; (fleur) catkin.

chatouilles☺ /ʃatuj/ *nfpl* **faire des ~** to tickle.

chatouiller /ʃatuje/ *vtr* to tickle; (exciter) to titillate.

chatouilleux, **~euse** /ʃatujø, øz/ *adj* ticklish; **~ (sur)** touchy (about).

chatoyer /ʃatwaje/ *vi* to shimmer.

châtrer /ʃɑtʀe/ *vtr* (chat) to neuter; (cheval) to geld; (taureau) to castrate.

chatte /ʃat/ *nf* (female) cat.

chaud, **~e** /ʃo, ʃod/ I *adj* hot; (modérément) warm; **être ~ pour faire** to be keen on doing. II *adv* **il fait ~** it's hot, it's warm. III *nm* heat; **avoir ~** to be warm, hot; **j'ai eu ~** I had a narrow escape; **se tenir ~** to keep warm.

chaudière /ʃodjɛʀ/ *nf* boiler.

chauffage /ʃofaʒ/ *nm* heating; (appareil) heater.

chauffard☺ /ʃofaʀ/ *nm* reckless driver.

chauffe-eau /ʃofo/ *nm inv* water-heater.

chauffer /ʃofe/ I *vtr* to heat (up). II *vi* to heat (up); [moteur] to overheat; **ça va ~!** there'll be big trouble!; JEUX to get warm.

chauffeur /ʃofœʀ/ *nm* driver.

chaumière /ʃomjɛʀ/ *nf* (thatched) cottage.

chaussée /ʃose/ *nf* road.

chausse-pied, *pl* **~s** /ʃospje/ *nm* shoehorn.

chausser /ʃose/ I *vtr* (skis, lunettes) to put [sth] on. II *vi* **je chausse du 41** I take a (size) 41. III **se ~** *vpr* to put (one's) shoes on.

chaussette /ʃosɛt/ *nf* sock.

chausson /ʃosɔ̃/ *nm* slipper; (de bébé) bootee; (de danse) ballet shoe. ▪ **~ aux pommes** apple turnover.

chaussure /ʃosyʀ/ *nf* shoe; **~ de tennis** tennis shoe, sneaker[US]; **~ de ski** ski boot.

chauve /ʃov/ *adj* bald.

chauve-souris, *pl* **chauves-souris** /ʃovsuʀi/ *nf* bat.

chauvin, **~e** /ʃovɛ̃, in/ *adj* chauvinistic.

chaux /ʃo/ *nf inv* lime.

chavirer /ʃaviʀe/ *vi* to capsize.

chef /ʃɛf/ *nmf* (meneur) leader; (dirigeant) head; (supérieur) superior, boss☺; MIL sergeant; (d'un service) manager; (cuisinier) chef; (as)☺ ace. ▪ **~ d'accusation** count of indictment; **~ d'État/de gouvernement** head of state/of government; **~ de gare** stationmaster; **~ d'orchestre** conductor.

chef-d'œuvre, *pl* **chefs-d'œuvre** /ʃɛdœvʀ/ *nm* masterpiece.

chef-lieu, *pl* **chefs-lieux** /ʃɛfljø/ *nm* administrative centre[GB].

chemin /ʃəmɛ̃/ *nm* (country) road; (direction) way; **sur mon ~** in my way; **le ~ de la gloire** the path of glory. ▪ **~ de fer** railway, railroad[US].

cheminée /ʃəmine/ *nf* chimney; (foyer) fireplace; (de bateau, locomotive) funnel, smokestack[US].

cheminer /ʃəmine/ *vi* to walk (along).

cheminot /ʃəmino/ *nm* railway worker[GB], railroader[US].

chemise /ʃəmiz/ *nf* shirt; (dossier) folder. ▪ **~ de nuit** nightgown.

chemisier, **~ière** /ʃəmizje, jɛʀ/ *nm* blouse.

chenapan /ʃənapɑ̃/ *nm* rascal.

chêne /ʃɛn/ *nm* oak (tree).

chenil /ʃənil/ *nm* kennel.

chenille /ʃənij/ *nf* GÉN caterpillar.

chèque /ʃɛk/ *nm* cheque[GB], check[US]. ▪ **~ postal** ≈ giro cheque[GB]; **~ sans provision** bad cheque; **~ de voyage** traveller's cheque.

chéquier /ʃekje/ *nm* chequebook[GB], checkbook[US].

cher, **chère** /ʃɛʀ/ I *adj* (aimé) **~ à qn** dear to sb; (coûteux) expensive. II *nm,f* **mon ~, ma chère** dear. III *adv* a lot (of money).

chercher /ʃɛʀʃe/ *vtr* to look for; **~ à faire** to try to do; **aller ~ qn/qch** to go and get sb/sth.

chercheur, **~euse** /ʃɛʀʃœʀ, øz/ *nm,f* researcher. ▪ **~ d'or** gold-digger.

chère /ʃɛʀ/ I *adj f* ▸ **cher**. II *nf* **faire bonne ~** to eat well.

chéri, **~e** /ʃeʀi/ I *adj* beloved. II *nm,f* darling.

chérir /ʃeʀiʀ/ *vtr* to cherish.

cheval, *pl* **~aux** /ʃ(ə)val, o/ I *nm* horse; **monter à ~** to ride a horse; (sport) horseriding. II **à ~ sur** *loc prép* **être à ~ sur les principes** to be a stickler for principles; **à ~ sur un mur** astride a wall; **à ~ sur deux pays** spanning two countries. ▪ **~ d'arçons** pommel horse; **~ de course** racehorse; **chevaux de bois** merry-go-round horses.

chevalerie /ʃ(ə)valʀi/ *nf* chivalry.

chevalet /ʃ(ə)valɛ/ *nm* easel.

chevalier /ʃ(ə)valje/ *nm* knight.

chevalin, **~e** /ʃ(ə)valɛ̃, in/ *adj* equine; **boucherie ~e** horse butcher's.

chevauchée /ʃ(ə)voʃe/ *nf* ride.

chevaucher, **se ~** *vpr* /ʃ(ə)voʃe/ to overlap.

chevelu, **~e** /ʃəvly/ *adj* long-haired.

chevelure /ʃəvlyʀ/ *nf* hair.

chevet /ʃəvɛ/ *nm* **être au ~ de qn** to be at sb's bedside; (d'église) chevet.

cheveu /ʃəvø/ I *nm* hair. II **~x** *nmpl* hair.
• **avoir un ~ sur la langue** to have a lisp; **tiré par les ~x** far-fetched.

cheville /ʃ(ə)vij/ *nf* ankle; (pour vis) Rawlplug®; (pour assemblage) peg.

chèvre[1] /ʃɛvʀ/ *nm* (fromage) goat's cheese.

chèvre[2] /ʃɛvʀ/ *nf* goat.

chevreau, *pl* **~x** /ʃəvʀo/ *nm* kid.

chèvrefeuille /ʃɛvʀəfœj/ *nm* honeysuckle.

chevreuil /ʃəvʀœj/ *nm* roe (deer); CULIN venison.

chevronné /ʃəvʀɔne/ *adj* experienced.

chez /ʃe/ *prép* (au domicile de) **~ qn** at sb's place; **rentre ~ toi** go home; **je reste ~ moi** I stay at home; (au magasin, cabinet de) **~ l'épicier** at the grocer's; (parmi) among; (dans la personnalité de) **ce que j'aime ~ elle** what I like about her; (dans l'œuvre de) in.

chiant•, **~e** /ʃjɑ̃, ɑ̃t/ *adj* (ennuyeux) boring; (pénible) **il est ~** he's a pain☺.

chic /ʃik/ I *adj* chic; (gentil)☺nice. II *nm* chic.

chiche /ʃiʃ/ I *adj* (mesquin) stingy; (capable)☺ **être ~ de faire qch** to be able to do sth. II☺ *excl* **~ que je le fais!** bet you I can do it!

chichi☺ /ʃiʃi/ *nm* **faire des ~s** to make a fuss.

chicorée /ʃikɔʀe/ *nf* chicory; (salade) endive[GB], chicory[US].

chien, **chienne** /ʃjɛ̃, ʃjɛn/ I☺ *adj* wretched. II *nm, f* dog. III **de ~**☺ *loc adj* [métier, temps] rotten; **vie de ~** dog's life; **avoir un mal de ~ à faire** to have an awful time doing.

chiffon /ʃifɔ̃/ *nm* rag.

chiffonner /ʃifɔne/ I *vtr* to crumple; **ça me chiffonne**☺ it bothers me. II **se ~** *vpr* to crease, to crumple.

chiffre /ʃifʀ/ *nm* figure; **un nombre à six ~s** a six-digit number; (code) code. ■ **~ d'affaires** turnover[GB], sales[US] (*pl*); **~ arabe/romain** Arabic/Roman numeral.

chiffrer /ʃifʀe/ I *vtr* (évaluer) to cost, to assess; (message) to encode. II☺ *vi* (coûter cher) to add up. III **se ~** *vpr* **se ~ à** to amount to, to come to.

chignon /ʃiɲɔ̃/ *nm* bun, chignon.

chimère /ʃimɛʀ/ *nf* wild dream.

chimie /ʃimi/ *nf* chemistry.

chimique /ʃimik/ *adj* chemical.

chimiste /ʃimist/ *nmf* chemist.

chimpanzé /ʃɛ̃pɑ̃ze/ *nm* chimpanzee.

chinois, **~e** /ʃinwa, az/ I *adj* Chinese. II *nm* (langue) Chinese; (passoire) conical strainer.
• **pour moi c'est du ~** it's Greek to me.

chiot /ʃjo/ *nm* puppy, pup.

chiper☺ /ʃipe/ *vtr* to pinch☺.

chipie☺ /ʃipi/ *nf* cow☺.

chips /ʃips/ *nf* crisp[GB], potato chip[US].

chiquenaude /ʃiknod/ *nf* flick.

chirurgical, **~e**, *mpl* **~aux** /ʃiʀyʀʒikal, o/ *adj* surgical.

chirurgie /ʃiʀyʀʒi/ *nf* surgery.

chirurgien /ʃiʀyʀʒjɛ̃/ *nm* surgeon.

chlore /klɔʀ/ *nm* chlorine.

chlorophylle /klɔʀɔfil/ *nf* chlorophyll.

choc /ʃɔk/ I *adj inv* **prix ~** huge reductions. II *nm* (commotion) shock; **tenir le ~** to cope; **sous le ~** under the impact.

chocolat /ʃɔkɔla/ *nm* chocolate.

chœur /kœʀ/ *nm* chorus; ARCHIT, (groupe) choir; **en ~** in unison.
choir /ʃwaʀ/ *vi* to fall.
choisi, ~e /ʃwazi/ *adj* selected; [expressions] carefully chosen.
choisir /ʃwaziʀ/ *vtr* **~ de faire** to choose to do.
choix /ʃwa/ *nm* choice; (assortiment) selection; **de ~** [candidat] first-rate.
chômage /ʃomaʒ/ *nm* unemployment; **au ~** unemployed. ▪ **~ technique** layoffs (*pl*).
chômé, ~e /ʃome/ *adj* **fête ~e** national holiday.
chômeur, ~euse /ʃomœʀ, øz/ *nm,f* unemployed person.
chope /ʃɔp/ *nf* beer mug.
choquant, ~e /ʃɔkɑ̃, ɑ̃t/ *adj* shocking.
choquer /ʃɔke/ *vtr* to shock; (commotionner) to shake.
choral, ~e, *mpl* **~s, ~aux** /kɔʀal, o/ I *adj* choral. II (*pl* **~s**) *nm* chorale.
chorale /kɔʀal/ *nf* choir.
chorégraphie /kɔʀegʀafi/ *nf* choreography.
chose /ʃoz/ I☺ *adj* **se sentir tout ~** to feel out of sorts. II *nf* thing; **je pense à une ~** I've thought of something; **en mettant les ~s au mieux** at best; **il a bien/mal pris la ~** he took it well/badly.
chou, *pl* **~x** /ʃu/ *nm* cabbage; (pâtisserie) choux bun[GB], pastry shell[US]; (personne aimable)☺ dear. ▪ **~ de Bruxelles** Brussels sprout; **~ rouge/vert** red/green cabbage.
chouchou☺ /ʃuʃu/ *nm* (du professeur) pet; (du public) darling.
chouchouter☺ /ʃuʃute/ *vtr* to pamper.
choucroute /ʃukʀut/ *nf* sauerkraut.
chouette /ʃwɛt/ I☺ *adj* great☺, neat☺US. II *nf* (oiseau) owl.
chou-fleur, *pl* **choux-fleurs** /ʃuflœʀ/ *nm* cauliflower.
choyer /ʃwaje/ *vtr* to pamper.
chrétien, ~ienne /kʀetjɛ̃, jɛn/ *adj, nm,f* Christian.
Christ /kʀist/ *nprm* **le ~** Christ.
christianisme /kʀistjanism/ *nm* **le ~** Christianity.
chrome /kʀom/ *nm* chromium.
chronique /kʀɔnik/ I *adj* chronic. II *nf* PRESSE column, page, review.
chronologie /kʀɔnɔlɔʒi/ *nf* chronology.
chronologique /kʀɔnɔlɔʒik/ *adj* chronological.
chronomètre /kʀɔnɔmɛtʀ/ *nm* stopwatch.
chronométrer /kʀɔnɔmetʀe/ *vtr* to time.
chrysanthème /kʀizɑ̃tɛm/ *nm* chrysanthemum.
chu ▸ choir.
CHU /seaʃy/ *nm* (*abrév* = **centre hospitalier universitaire**) ≈ teaching hospital.
chuchoter /ʃyʃɔte/ *vtr, vi* to whisper.
chum☺C /tʃœm/ *nm* (ami) friend; (petit ami) boyfriend.
chut /ʃyt/ *excl* shh!, hush!
chute /ʃyt/ *nf* fall; **~s de pierres** falling rocks; (cascade) waterfall; (de tissu) offcut. ▪ **~ libre** free-fall.
chuter /ʃyte/ *vi* to fall, to drop.
ci /si/ *adv* (*après n*) **cette page-~** this page; **ces mots-~** these words.
ci-après /siapʀɛ/ *adv* below.
cible /sibl/ *nf* target.
cibler /sible/ *vtr* to target.
ciboulette /sibulɛt/ *nf* chives (*pl*).
cicatrice /sikatʀis/ *nf* scar.
cicatriser /sikatʀize/ *vtr,* **se ~** *vpr* to heal.
ci-contre /sikɔ̃tʀ/ *adv* opposite.
ci-dessous /sidəsu/ *adv* below.
ci-dessus /sidəsy/ *adv* above.

cidre /sidʀ/ *nm* cider.
ciel /sjɛl, sjø/ *nm* (*pl* **~s**) sky; (*pl* **cieux**) sky; **entre ~ et terre** between heaven and earth; **(juste) ~!** (good) heavens!
cierge /sjɛʀʒ/ *nm* candle.
cigale /sigal/ *nf* cicada.
cigare /sigaʀ/ *nm* cigar.
cigarette /sigaʀɛt/ *nf* cigarette.
ci-gît /siʒi/ *loc verbale* here lies.
cigogne /sigɔɲ/ *nf* stork.
ci-inclus, **~e** /siɛ̃kly, yz/ *adj, adv* enclosed.
ci-joint, **~e** /siʒwɛ̃, ɛ̃t/ *adj, adv* enclosed.
cil /sil/ *nm* eyelash.
cime /sim/ *nf* top.
ciment /simɑ̃/ *nm* cement.
cimenter /simɑ̃te/ *vtr* to cement.
cimetière /simtjɛʀ/ *nm* cemetery, graveyard. ▪ **~ de voitures** scrapyard.
ciné☺ /sine/ *nm* pictures☺GB (*pl*), moviesUS (*pl*).
cinéaste /sineast/ *nmf* film director.
ciné-club, *pl* **~s** /sineklœb/ *nm* film club.
cinéma /sinema/ *nm* cinemaGB, movie theaterUS; **aller au ~** to go to the cinemaGB, the movies☺US; (art) cinema; (industrie) film industry, motion-picture industryUS. ▪ **~ d'art et d'essai** art films (*pl*); **le ~ muet** silent films (*pl*).
cinématographique /sinematɔgʀafik/ *adj* filmGB, movieUS.
cinéphile /sinefil/ *nmf* film lover.
cinglé☺, **~e** /sɛ̃gle/ **I** *adj* mad☺, crazy☺. **II** *nm,f* loony☺, nut☺; (chauffeur) maniac.
cingler /sɛ̃gle/ **I** *vtr* [pluie, vent] to sting; (avec un fouet) to lash. **II** *vi* NAUT to head (for).
cinq /sɛ̃k/ *adj inv, pron, nm inv* five.
cinquantaine /sɛ̃kɑ̃tɛn/ *nf* about fifty.
cinquante /sɛ̃kɑ̃t/, *adj inv, pron* fifty.
cinquantième /sɛ̃kɑ̃tjɛm/ *adj* fiftieth.
cinquième /sɛ̃kjɛm/, **I** *adj, nmf* fifth. **II** *nf* SCOL *second year of secondary school, age 12-13.*
cintre /sɛ̃tʀ/ *nm* (pour vêtement) hanger.
cintré, **~e** /sɛ̃tʀe/ *adj* [manteau] waisted; [chemise] tailored.
cirage /siʀaʒ/ *nm* (shoe) polish.
circoncision /siʀkɔ̃sizjɔ̃/ *nf* (male) circumcision.
circonférence /siʀkɔ̃feʀɑ̃s/ *nf* circumference.
circonflexe /siʀkɔ̃flɛks/ *adj* **accent ~** circumflex (accent).
circonscription /siʀkɔ̃skʀipsjɔ̃/ *nf* district.
circonscrire /siʀkɔ̃skʀiʀ/ *vtr* to contain; (délimiter) to define.
circonspection /siʀkɔ̃spɛksjɔ̃/ *nf* **faire preuve de ~** to be cautious.
circonstance /siʀkɔ̃stɑ̃s/ **I** *nf* circumstance; **en toute ~** in any event. **II de ~** *loc adj* [poème] for the occasion; [blague, programme] topical. ▪ **~s atténuantes** extenuating circumstances.
circuit /siʀkɥi/ *nm* circuit; (de tourisme) tour; **~ économique** economic process; **remettre qch dans le ~** to put sth back into circulation.
circulaire /siʀkylɛʀ/ *adj, nf* circular.
circulation /siʀkylasjɔ̃/ *nf* (de véhicules) traffic; **mettre qch en ~** to put sth into circulation.
circuler /siʀkyle/ *vi* to run; (d'un lieu à un autre) to get around; (sans but précis) to move about; (en voiture) to travel; [rumeur, plaisanterie, idée] to circulate.
cire /siʀ/ *nf* wax.
ciré /siʀe/ *nm* (vêtement) oilskin.
cirer /siʀe/ *vtr* to polish.
cirque /siʀk/ *nm* circus; **arrête ton ~**☺! stop your nonsense!

ciseau, *pl* **~x** /sizo/ I *nm* chisel. II **~x** *nmpl* scissors (*pl*).
citadelle /sitadɛl/ *nf* citadel.
citadin, **~e** /sitadɛ̃, in/ *nm,f* city dweller.
citation /sitasjɔ̃/ *nf* quotation.
cité /site/ *nf* city; (plus petite) town; (ensemble de logements) housing estate[GB], project[US]. ▪ **~ universitaire** student halls of residence[GB] (*pl*), dormitories[US] (*pl*).
citer /site/ *vtr* to quote; (mentionner) to name; JUR (témoin) to summon; **être cité en justice** to be issued with a summons.
citerne /sitɛʀn/ *nf* tank.
cithare /sitaʀ/ *nf* zither.
citoyen, **~enne** /sitwajɛ̃, ɛn/ *nm,f* citizen.
citoyenneté /sitwajɛnte/ *nf* citizenship.
citron /sitʀɔ̃/ *nm* lemon. ▪ **~ vert** lime.
citronnade /sitʀɔnad/ *nf* lemon squash[GB], lemonade[US].
citronnier /sitʀɔnje/ *nm* lemon tree.
citrouille /sitʀuj/ *nf* pumpkin.
civet /sivɛ/ *nm* ≈ stew; **~ de lièvre** jugged hare.
civière /sivjɛʀ/ *nf* stretcher.
civil, **~e** /sivil/ I *adj* (non militaire) civilian; (non religieux) civil. II *nm* civilian.
civilisation /sivilizasjɔ̃/ *nf* civilization.
civique /sivik/ *adj* civic; **instruction ~** civics (*sg*).
clair, **~e** /klɛʀ/ I *adj* [couleur] light; [teint] fair, fresh; [pièce] light; [nuit, temps, eau] clear; **suis-je ~?** do I make myself clear? II *adv* **il fait ~ très tard** it stays light very late; **voir ~** to see well. III *nm* **en ~** TV unscrambled; ORDINAT in clear; (pour parler clairement) to put it clearly. ▪ **~ de lune** moonlight.
• **tirer une affaire au ~** to get to the bottom of things.
clairière /klɛʀjɛʀ/ *nf* clearing.
clairon /klɛʀɔ̃/ *nm* bugle.
claironner /klɛʀɔne/ *vtr* to shout [sth] from the rooftops.
clairsemé, **~e** /klɛʀsəme/ *adj* [maisons] scattered; [cheveux, public] thin.
clamer /klame/ *vtr* **~ (que)** to proclaim (that).
clandestin, **~e** /klɑ̃dɛstɛ̃, in/ *adj* [organisation] underground; [immigration] illegal; **passager ~** stowaway.
clandestinité /klɑ̃dɛstinite/ *nf* **dans la ~** [se réfugier] underground; [travailler] illegally; [vivre] in hiding; [opérer] in secret.
claquage /klakaʒ/ *nm* **se faire un ~** to pull a muscle.
claque /klak/ *nf* slap.
claqué[©], **~e** /klake/ *adj* (épuisé) done in[©].
claquer /klake/ I *vtr* (porte) to slam; (dépenser)[©] to blow[©]. II *vi* [porte, volet] to bang; [coup de feu] to ring out; **~ des doigts** to snap one's fingers; **il claque des dents** his teeth are chattering.
claquettes /klakɛt/ *nfpl* tap dancing (*sg*).
clarifier /klaʀifje/ *vtr* to clarify.
clarinette /klaʀinɛt/ *nf* clarinet.
clarté /klaʀte/ *nf* (lumière) light; (de style) clarity.
classe /klas/ *nf* (groupe d'élèves) class, form[GB]; (niveau) year, form[GB], grade[US]; (cours) class, lesson; (salle) classroom; (catégorie, élégance) class; **de première ~** first-class. ▪ **~ d'âge** age group.
classement /klasmɑ̃/ *nm* filing; **~ trimestriel** termly position[GB] (in class); **prendre la tête du ~** to go into the lead.
classer /klase/ I *vtr* to file (away); **être classé comme dangereux** to be considered dangerous; (bâtiment) to list; (élèves) to class; (joueur) to rank. II **se ~** *vpr* to rank.
classeur /klasœʀ/ *nm* ring binder.

classique /klasik/ I *adj* (gréco-latin) classical; **faire des études ~s** to do classics; [œuvre] classical; [traitement] standard; **c'est ~**☺**!** it's typical! II *nm* (œuvre) classic.

clause /kloz/ *nf* clause.

clavecin /klavsɛ̃/ *nm* harpsichord.

clavier /klavje/ *nm* keyboard.

claviste /klavist/ *nmf* ORDINAT keyboarder.

clé /kle/ I *nf* key; **fermer à ~** to lock; (outil) spanner[GB], wrench; MUS clef. II **(-)clé** (*en composition*) **poste/mot/document(-)~** key post/word/document. ▪ **~ anglaise/à molette** adjustable spanner[GB], adjustable wrench[US]; **~ de voûte** keystone.

clef ▸ **clé**.

clémence /klemɑ̃s/ *nf* leniency (to); (douceur) mildness.

clémentine /klemɑ̃tin/ *nf* clementine.

clerc /klɛʀ/ *nm* clerk.

clergé /klɛʀʒe/ *nm* clergy.

cliché /kliʃe/ *nm* PHOT negative; (lieu commun) cliché.

client, **~e** /klijɑ̃, ɑ̃t/ *nm,f* (de magasin) customer; (d'avocat, de notaire) client; (d'hôtel) guest, patron.

clientèle /klijɑ̃tɛl/ *nf* (de magasin, restaurant) customers (*pl*); (d'avocat, de notaire) clients (*pl*); (de médecin) patients (*pl*).

cligner: **~ de** /kliɲe/ *vtr ind* **~ des yeux** to screw up one's eyes.

clignotant, **~e** /kliɲɔtɑ̃, ɑ̃t/ I *adj* flashing. II *nm* AUT (pour tourner) indicator[GB], turn signal[US].

clignoter /kliɲɔte/ *vi* [lumière] to flash; [étoile] to twinkle.

climat /klima/ *nm* climate.

climatisation /klimatizasjɔ̃/ *nf* air-conditioning.

climatisé, **~e** /klimatize/ *adj* air-conditioned.

climatiseur /klimatizœʀ/ *nm* air-conditioner.

clin /klɛ̃/ *nm* **~ d'œil** wink; FIG allusion; **en un ~ d'œil** in a flash, in the wink of an eye.

clinique /klinik/ *nf* private hospital.

clinquant, **~e** /klɛ̃kɑ̃, ɑ̃t/ *adj* flashy☺.

clip /klip/ *nm* (vidéoclip) pop video; (broche) clip brooch; (boucle d'oreille) clip-on.

clique /klik/ *nf* clique.
• **prendre ses ~s et ses claques**☺ to pack up and go.

cliquer /klike/ *vi* to click.

clochard, **~e** /klɔʃaʀ, aʀd/ *nm,f* tramp.

cloche /klɔʃ/ *nf* bell; (idiot)☺ idiot.
• **se faire sonner les ~s**☺ to get bawled out☺.

cloche-pied: **à ~** /aklɔʃpje/ *loc adv* **sauter à ~** to hop.

clocher☺ **1** /klɔʃe/ *vi* to go wrong.

clocher 2 /klɔʃe/ *nm* bell tower.

clochette /klɔʃɛt/ *nf* (little) bell; (fleur) bell.

cloison /klwazɔ̃/ *nf* partition.

cloître /klwɑtʀ/ *nm* cloister.

clone /klon/ *nm* clone.

clopinettes☺ /klɔpinɛt/ *nfpl* **gagner des ~** to earn peanuts☺.

cloque /klɔk/ *nf* blister.

clore /klɔʀ/ *vtr* to end (with).

clos, **~e** /klo, oz/ I *adj* closed. II *nm inv* enclosed field.

clôture /klotyʀ/ *nf* (barrière) fence; (haie) hedge; (de scrutin) close; (fermeture) closing.

clôturer /klotyʀe/ *vtr* (terrain) to enclose; (discours) to end.

clou /klu/ I *nm* nail; (de soirée) high point. II **clous** *nmpl* (passage pour piétons) pedestrian crossing[GB] (*sg*), crosswalk[US] (*sg*). ▪ **~ de girofle** clove.

clouer /klue/ *vtr* (caisse) to nail down; (pancarte) to nail up; ~ **qn au sol** to pin sb down.

clouté, **~e** /klute/ *adj* studded; **passage** ~ pedestrian crossing[GB], crosswalk[US].

clown /klun/ *nm* clown; **faire le** ~ to clown about.

club /klœb/ *nm* club.

cm (*abrév écrite* = **centimètre**) cm; (moteurs) cc.

CNED /knɛd/ *nm* (*abrév* = **Centre national d'enseignement à distance**) *national centre[GB] for distance learning.*

CNRS /seɛnɛRɛs/ *nm* (*abrév* = **Centre national de la recherche scientifique**) *national centre[GB] for scientific research.*

coaguler /kɔagyle/ *vi*, **se coaguler** *vpr* [sang] to coagulate; [lait] to curdle.

coalition /kɔalisjɔ̃/ *nf* coalition.

coaltar© /kɔltaR/ *nm* **être dans le** ~ to be in a daze.

coasser /kɔase/ *vi* to croak.

cobaye /kɔbaj/ *nm* guinea pig.

cocasse /kɔkas/ *adj* comical.

coccinelle /kɔksinɛl/ *nf* ladybird, ladybug[US].

coche /kɔʃ/ *nm* (stage)coach.

cocher[1] /kɔʃe/ *vtr* to tick[GB], to check[US].

cocher[2] /kɔʃe/ *nm* coachman.

cochon, **~onne** /kɔʃɔ̃, ɔn/ I © *nm,f* (personne) pig©, slob©. II *nm* pig, hog; (viande) pork. ■ ~ **d'Inde** guinea pig.

cochonnerie© /kɔʃɔnRi/ *nf* (chose) junk©; (saleté) mess ¢; **dire des ~s** to say dirty things.

cochonnet /kɔʃɔnɛ/ *nm* piglet; (de pétanque) jack.

coco /koko/ *nm* coconut.

cocon /kɔkɔ̃/ *nm* cocoon.

cocorico /kɔkɔRiko/ *nm* cock-a-doodle-doo.

cocotier /kɔkɔtje/ *nm* coconut palm.

cocotte /kɔkɔt/ *nf* (récipient) casserole dish[GB], pot. ■ ~ **en papier** paper hen.

cocotte-minute® *pl* **cocottes-minute** /kɔkɔtminyt/ *nf* pressure cooker.

cocu©, **~e** /kɔky/ *nm,f* deceived husband/wife.

code /kɔd/ I *nm* code. II **codes** *nmpl* AUT low beam (*sg*). ■ ~ **(à) barres** bar code; ~ **civil/pénal** civil/penal code; ~ **postal** post[GB] code, zip[US] code; ~ **de la route** highway code[GB], rules (*pl*) of the road[US].

coder /kɔde/ *vtr* to code, to encode.

coefficient /kɔefisjɑ̃/ *nm* SCOL, UNIV *weighting factor in an exam*; MATH coefficient.

coéquipier, **~ière** /koekipje, jɛR/ *nm,f* team-mate.

cœur /kœR/ I *nm* heart; **il a le** ~ **malade** he has a heart condition; **en forme de** ~ heart-shaped; **avoir mal au** ~ to feel sick[GB], nauseous[US]; **au** ~ **de** in the middle of; **mon (petit)** ~ sweetheart; **avoir un coup de** ~ **pour qch** to fall in love with sth. II **de bon** ~ *loc adv* willingly. III **par** ~ *loc adv* by heart.

• **si le** ~ **t'en dit** if you feel like it; **avoir qch sur le** ~ to be resentful about sth.

coffre /kɔfR/ *nm* chest; (pour valeurs) safe; (de voiture) boot[GB], trunk[US].

coffre-fort, *pl* **coffres-forts** /kɔfRəfɔR/ *nm* safe.

coffret /kɔfRɛ/ *nm* casket; ~ **à bijoux** jewellery[GB] box; (de disques) set.

cogner /kɔɲe/ I *vtr* to knock; (volontairement) to bang. II *vi* ~ **à la porte** to bang on the door. III **se** ~ *vpr* (se heurter) to bump into sth; **se** ~ **contre qch** to hit sth.

cohabitation /koabitasjɔ̃/ *nf* living with somebody; POL *situation where the French President is in political opposition to the government.*

cohérence /kɔeRɑ̃s/ *nf* coherence; (d'attitude) consistency.

cohérent, **~e** /kɔeʀɑ̃, ɑ̃t/ *adj* [raisonnement] coherent; [attitude, programme] consistent.

cohue /kɔy/ *nf* crowd.

coi, **~te** /kwa, kwat/ *adj* **rester/se tenir ~** to remain quiet.

coiffe /kwaf/ *nf* headgear; (de religieuse) wimple.

coiffer /kwafe/ **I** *vtr* **~ qn** to do sb's hair; (entreprise) to control. **II se ~** *vpr* (se peigner) to comb one's hair; **se ~ de qch** to put sth on.

coiffeur, **~euse** /kwafœʀ, øz/ *nm,f* hairdresser.

coiffeuse /kwaføz/ *nf* dressing table.

coiffure /kwafyʀ/ *nf* hairstyle.

coin /kwɛ̃/ *nm* corner; **au ~ du feu** by the fire; (lieu) spot; **laisser dans un ~** leave somewhere; **dans le ~** around here; **le café du ~** the local café.

coincé, **~e** /kwɛ̃se/ *adj* trapped; (dans des embouteillages) stuck; [personne]☺ uptight☺.

coincer /kwɛ̃se/ **I** *vtr* to wedge; (clé, fermeture) to jam; (personne)☺ to corner. **II se ~** *vpr* to get stuck.

coïncidence /kɔɛ̃sidɑ̃s/ *nf* coincidence.

coin-coin /kwɛ̃kwɛ̃/ *nm inv* quack.

coing /kwɛ̃/ *nm* quince.

coite ▸ **coi**.

col /kɔl/ *nm* (de vêtement) collar; **~ en V** V neckline; (de montagne) pass; (de bouteille, vase) neck. ■ **~ du fémur** hip(bone); **~ de l'utérus** cervix.

colère /kɔlɛʀ/ *nf* anger; **se mettre en ~ (contre)** to get angry (with); (caprice) tantrum; **dans une ~ noire** in a rage.

coléreux, **~euse** /kɔleʀø, øz/ *adj* [personne] quick-tempered; [tempérament] irascible.

colibri /kɔlibʀi/ *nm* hummingbird.

colifichet /kɔlifiʃɛ/ *nm* trinket.

colimaçon /kɔlimasɔ̃/ *nm* **escalier en ~** spiral staircase.

colin /kɔlɛ̃/ *nm* hake; (lieu noir) coley.

colin-maillard /kɔlɛ̃majaʀ/ *nm* **jouer à ~** to play blind man's buff.

colique /kɔlik/ *nf* (diarrhée) diarrhoea[GB].

colis /kɔli/ *nm* parcel[GB], package[US]. ■ **~ piégé** parcel bomb[GB], mail/letter bomb[US].

collaborateur, **~trice** /kɔlabɔʀatœʀ, tʀis/ *nm,f* colleague; (journaliste) contributor; (de l'ennemi) collaborator.

collaboration /kɔlabɔʀasjɔ̃/ *nf* contribution; (avec l'ennemi) collaboration.

collaborer /kɔlabɔʀe/ *vi* to collaborate; **~ à** to contribute to.

collant, **~e** /kɔlɑ̃, ɑ̃t/ **I** *adj* sticky. **II** *nm* tights[GB] (*pl*), panty hose[US] (*pl*).

collation /kɔlasjɔ̃/ *nf* light meal.

colle /kɔl/ *nf* glue; (retenue)☺ detention. • **poser une ~**☺ to set a poser☺.

collecte /kɔlɛkt/ *nf* collection; **faire une ~** to raise funds.

collectif, **~ive** /kɔlɛktif, iv/ *adj* collective; [chauffage] shared.

collection /kɔlɛksjɔ̃/ *nf* collection.

collectionner /kɔlɛksjɔne/ *vtr* to collect.

collectionneur, **~euse** /kɔlɛksjɔnœʀ, øz/ *nm,f* collector.

collectivité /kɔlɛktivite/ *nf* community.

collège /kɔlɛʒ/ *nm* (école) **~ (d'enseignement secondaire)** secondary school[GB], junior high school[US]; (assemblée) college. ■ **~ d'enseignement technique** *technical secondary school in France*.

collégien, **~ienne** /kɔleʒjɛ̃, jɛn/ *nm,f* schoolboy/schoolgirl.

collègue /kɔlɛg/ *nmf* colleague.

coller /kɔle/ **I** *vtr* to stick, to glue; (affiche) to paste up; (papier peint) to hang; (flanquer)☺ to stick☺; (à un examen)☺ to fail. II *vi* to stick; (être cohérent)☺ to tally. III **se ~** *vpr* **se ~ contre qn/ qch** to press oneself against sb/sth.

collet /kɔlɛ/ *nm* snare.

collier /kɔlje/ *nm* necklace; (d'animal) collar; (barbe) beard.

collimateur /kɔlimatœʀ/ *nm* collimator. • **avoir qn dans le ~**☺ to have it in for sb☺.

colline /kɔlin/ *nf* hill.

collision /kɔlizjɔ̃/ *nf* collision; (affrontement) clash.

colloque /kɔlɔk/ *nm* conference.

collyre /kɔliʀ/ *nm* eyedrops (*pl*).

colmater /kɔlmate/ *vtr* to seal off.

colombe /kɔlɔ̃b/ *nf* dove.

colon /kɔlɔ̃/ *nm* colonist.

colonel /kɔlɔnɛl/ *nm* MIL ≈ colonel.

colonial, **~e**, *mpl* **~iaux** /kɔlɔnjal, jo/ *adj* colonial.

colonie /kɔlɔni/ *nf* colony; **la ~ grecque** the Greek community. ▪ **~ de vacances** holiday[GB], vacation[US] camp.

coloniser /kɔlɔnize/*vtr* to colonize.

colonne /kɔlɔn/ *nf* column. ▪ **~ vertébrale** spinal column.

colorant, **~e** /kɔlɔʀɑ̃, ɑ̃t/ *nm* colouring[GB] (agent).

coloré, **~e** /kɔlɔʀe/ *adj* [objet] coloured[GB]; [foule] colourful[GB]; [style] lively.

colorer /kɔlɔʀe/ *vtr* **~ qch en vert** to colour sth green; (photo, cheveux) to tint; (teindre) to dye.

colorier /kɔlɔʀje/ *vtr* to colour in[GB], to color[US].

coloris /kɔlɔʀi/ *nm* colour[GB]; (nuance) shade.

colossal, **~e**, *mpl* **~aux** /kɔlɔsal, o/ *adj* colossal, huge.

colosse /kɔlɔs/ *nm* giant.

colporter /kɔlpɔʀte/ *vtr* (ragots) to spread; (marchandises) to peddle.

colporteur, **~euse** /kɔlpɔʀtœʀ, øz/ *nm,f* pedlar.

colza /kɔlza/ *nm* rape.

coma /kɔma/ *nm* coma.

combat /kɔ̃ba/ *nm* fighting; (personnel, politique) struggle; SPORT bout.

combattant, **~e** /kɔ̃batɑ̃, ɑ̃t/ *nm,f* combatant. ▪ **ancien ~**veteran.

combattre /kɔ̃batʀ/ *vtr, vi* to fight.

combien /kɔ̃bjɛ̃/ I *adv* (prix, quantité) how much; (nombre) how many; (temps) how long; (avec une complétive) how. II *nmf inv* **le ~ sommes-nous?** what's the date today?; (fréquence) **tous les ~?** how often? III **~ de** *dét inter* (avec un dénombrable) how many; (avec un non dénombrable) how much; **~ de temps faut-il?** how long does it take?

combinaison /kɔ̃binɛzɔ̃/ *nf* combination; (sous-vêtement) (full-length) slip; (tenue de sport) jumpsuit; (d'ouvrier) overalls[GB] (*pl*), coveralls[US] (*pl*).

combine☺ /kɔ̃bin/ *nf* trick☺.

combiné /kɔ̃bine/ *nm* handset, receiver.

combiner /kɔ̃bine/ I *vtr* to combine; (élaborer) to work out. II **se ~** *vpr* to combine (with).

comble /kɔ̃bl/ I *adj* packed. II *nm* **le ~ de qch** the height of sth; **c'est un/le ~**☺**!** that's the limit!; (sous le toit) roof space; **de fond en ~** from top to bottom. III **~s** *nmpl* attic (*sg*).

combler /kɔ̃ble/ *vtr* (fossé) to fill (in); (perte) to make up for; **~ qn** to fill sb with joy/delight.

combustible /kɔ̃bystibl/ I *adj* combustible. II *nm* fuel.

comédie /kɔmedi/ *nf* comedy; **faire une ~**☺ to make a scene.

comédien, **~ienne** /kɔmedjɛ̃, jɛn/ *nm,f* actor/actress.

comestible /kɔmɛstibl/ I *adj* edible. II **~s** *nmpl* food.

comète /kɔmɛt/ *nf* comet.

comique /kɔmik/ I *adj* comic, funny. II *nm* comedy.

comité /kɔmite/ *nm* committee.

commandant /kɔmɑ̃dɑ̃/ *nm* ≈ major;. ▪ **~ de bord** captain.

commande /kɔmɑ̃d/ *nf* order; TECH control; ORDINAT command.

commandement /kɔmɑ̃dmɑ̃/ *nm* command; **les dix ~s** the Ten Commandments.

commander /kɔmɑ̃de/ I *vtr* COMM to order; (armée) to command; (actionner) to control. II *vi* [personne, chef] to be in command.

comme /kɔm/ I *adv* how; **~ il a raison!** how right he is! II *conj* (de même que) as, like; **~ toujours** as always; (dans une comparaison) as, like; **il est grand ~ sa sœur** he's as tall as his sister; **~ si** as if; **travailler ~ jardinier** to work as a gardener; (puisque) as, since; (au moment où) as.

• **~ ci ~ ça**☺ so-so☺.

commémorer /kɔmemɔʀe/ *vtr* to commemorate.

commencement /kɔmɑ̃smɑ̃/ *nm* beginning, start.

commencer /kɔmɑ̃se/ I *vtr* to start, to begin. II *vtr ind* **~ à faire** to begin to do. III *vi* to start, to begin. IV *v impers* **il commence à neiger** it's starting to snow.

comment /kɔmɑ̃/ *adv* how; (pour faire répéter) sorry?, pardon?, what?; **~ ça se fait**☺**?** how come☺?, how is that?; (intensif) **~ donc!** but of course!.

commentaire /kɔmmɑ̃tɛʀ/ *nm* comment (about); RADIO, TV commentary.

commenter /kɔmmɑ̃te/ *vtr* to comment on.

commérage /kɔmeʀaʒ/ *nm* gossip.

commerçant, **~e** /kɔmɛʀsɑ̃, ɑ̃t/ I *adj* [rue] shopping. II *nm,f* shopkeeper.

commerce /kɔmɛʀs/ *nm* trade, commerce; **faire du ~** to be in business. ▪ **~ de détail/gros** retail/wholesale trade.

commercial, **~e**, *mpl* **~iaux** /kɔmɛʀsjal, jo/ I *adj* commercial; [accord] trad. II *nm,f* sales and marketing person.

commercialisation /kɔmɛʀsjalizasjɔ̃/ *nf* marketing.

commercialiser /kɔmɛʀsjalize/ *vtr* to market.

commère /kɔmɛʀ/ *nf* gossip.

commettre /kɔmɛtʀ/ *vtr* (erreur) to make; (crime) to commit.

commis /kɔmi/ *nm* assistant. ▪ **~ voyageur** travelling[GB] salesman.

commissaire /kɔmisɛʀ/ *nm* **~ (de police)** ≈ police superintendent; (membre d'une commission) commissioner.

commissaire-priseur, *pl* **commissaires-priseurs** /kɔmisɛʀpʀizœʀ/ *nm* auctioneer.

commissariat /kɔmisaʀja/ *nm* commission; **~ (de police)** police station.

commission /kɔmisjɔ̃/ I *nf* (groupe) committee; COMM, FIN commission; (mission) errand; (message) message. II **~s**☺ *nfpl* shopping. ▪ **Commission européenne, CE** European Commission, EC.

commode /kɔmɔd/ I *adj* convenient; [outil] handy; **pas très ~** difficult (to deal with). II *nf* chest of drawers.

commun, **~e** /kɔmœ̃, yn/ I *adj* common; [candidat, projet, biens] joint; [pièce, objectifs] shared; **d'un ~ accord** by mutual agreement. II *nm* **hors du ~** exceptional. III **en ~** *loc adv* jointly, together; **transports en ~** public transport.

communal, **~e**, *mpl* **~aux** /kɔmynal, o/ *adj* **terrain ~** common land.

communautaire /kɔmynotɛʀ/ *adj* of a community; (européen) [budget] EC.

communauté /kɔmynote/ *nf* community; (collectivité) commune.

commune /kɔmyn/ I *nf* village, town. II **~s** *nfpl* POL **les Communes** the (House of) Commons.

communiant, **~e** /kɔmynjɑ̃, ɑ̃t/ *nm,f* communicant.

communication /kɔmynikasjɔ̃/ *nf* communication; **voies de ~** communications; (téléphonique) call; **faire une ~ sur** to give a paper on.

communier /kɔmynje/ *vi* RELIG to receive Communion.

communion /kɔmynjɔ̃/ *nf* RELIG Communion.

communiqué /kɔmynike/ *nm* communiqué, press release.

communiquer /kɔmynike/ I *vtr* to pass on. II *vi* to communicate; [pièces] to be adjoining.

communiste /kɔmynist/ *adj, nmf* communist.

compact, **~e** /kɔ̃pakt/ *adj* compact; [brouillard, foule] dense.

compagne /kɔ̃paɲ/ *nf* companion.

compagnie /kɔ̃paɲi/ *nf* company; **en ~ de** together with. ▪ **~ aérienne** airline.

compagnon /kɔ̃paɲɔ̃/ *nm* companion. ▪ **~ de jeu** playmate.

comparable /kɔ̃paʀabl/ *adj* **~ (à)** comparable (to).

comparaison /kɔ̃paʀɛzɔ̃/ *nf* comparison.

comparaître /kɔ̃paʀɛtʀ/ *vi* **~ (devant)** to appear (before).

comparé, **~e** /kɔ̃paʀe/ *adj* comparative.

comparer /kɔ̃paʀe/ *vtr* **~ (à/avec)** to compare (with).

compartiment /kɔ̃paʀtimɑ̃/ *nm* compartment.

compas /kɔ̃pa/ *nm* compass, pair of compasses[US]; AVIAT, NAUT compass.

compatible /kɔ̃patibl/ *adj* compatible.

compatriote /kɔ̃patʀiɔt/ *nmf* compatriot.

compenser /kɔ̃pɑ̃se/ *vtr* (défaut) to compensate for; (pertes) to offset.

compétence /kɔ̃petɑ̃s/ *nf* ability, competence, skill.

compétent, **~e** /kɔ̃petɑ̃, ɑ̃t/ *adj* competent.

compétitif, **~ive** /kɔ̃petitif, iv/ *adj* competitive.

compétition /kɔ̃petisjɔ̃/ *nf* competition.

compilation /kɔ̃pilasjɔ̃/ *nf* compilation.

complaisance /kɔ̃plɛzɑ̃s/ *nf* complacency. ▪ **pavillon de ~** flag of convenience.

complément /kɔ̃plemɑ̃/ *nm* supplement; **~ de formation** further training; LING complement.

complémentaire /kɔ̃plemɑ̃tɛʀ/ *adj* [somme] supplementary; [information] further.

complet, **~ète** /kɔ̃plɛ, ɛt/ I *adj* complete; [train, salle] full; [hôtel] no vacancies; [théâtre] sold out; [parking] full. II *nm* suit.

complètement /kɔ̃plɛtmɑ̃/ *adv* completely.

compléter /kɔ̃plete/ I *vtr* to complete; (somme) to top up; (connaissances) to supplement; (questionnaire) to fill in.

complexe /kɔ̃plɛks/ *adj, nm* complex.

complexer /kɔ̃plekse/ *vtr* to give [sb] a complex.

complication /kɔ̃plikasjɔ̃/ *nf* complication.

complice /kɔ̃plis/ I *adj* **être ~ de qch** to be a party to sth. II *nmf* accomplice.

complicité /kɔ̃plisite/ *nf* complicity.

compliment /kɔ̃plimɑ̃/ *nm* compliment.

complimenter /kɔ̃plimɑ̃te/ *vtr* to compliment.

compliqué, **~e** /kɔ̃plike/ *adj* complicated.

compliquer /kɔ̃plike/ I *vtr* to complicate; ~ **la vie de qn** to make life difficult for sb. II **se ~** *vpr* to get more complicated.

complot /kɔ̃plo/ *nm* plot.

comploter /kɔ̃plɔte/ *vi* to plot.

comportement /kɔ̃pɔʀtəmɑ̃/ *nm* behaviour[GB].

comporter /kɔ̃pɔʀte/ I *vtr* to include; ~ **des risques** to entail risks. II **se ~** *vpr* to behave, to act.

composant /kɔ̃pozɑ̃/ *nm* component.

composante /kɔ̃pozɑ̃t/ *nf* element.

composé, **~e** /kɔ̃poze/ I *adj* [bouquet, style] composite; [salade] mixed. II *nm* compound.

composer /kɔ̃poze/ I *vtr* to compose; (numéro) to dial; ~ **son code secret** to enter one's PIN number. II **se ~ de** *vpr* **se ~ de** to be made up of.

compositeur, **~trice** /kɔ̃pozitœʀ, tʀis/ *nm,f* composer.

composition /kɔ̃pozisjɔ̃/ *nf* composition; (de gouvernement) formation; **de ma ~** of my invention; ~ **florale** flower arrangement; SCOL end-of-term test.

composter /kɔ̃pɔste/ *vtr* to (date) stamp.

compote /kɔ̃pɔt/ *nf* stewed fruit, compote.

compréhensible /kɔ̃pʀeɑ̃sibl/ *adj* understandable, comprehensible.

compréhensif, **~ive** /kɔ̃pʀeɑ̃sif, iv/ *adj* understanding.

compréhension /kɔ̃pʀeɑ̃sjɔ̃/ *nf* comprehension; **faire preuve de ~** to show understanding.

comprendre /kɔ̃pʀɑ̃dʀ/ I *vtr* to understand; **être compris comme** to be interpreted as; **tu comprends,** you see,; (comporter) to consist of; (inclure) to include. II **se ~** *vpr* to be understandable; (l'un l'autre) to understand each other.

compresse /kɔ̃pʀɛs/ *nf* compress.

comprimé /kɔ̃pʀime/ *nm* tablet.

comprimer /kɔ̃pʀime/ *vtr* to compress.

compris, **~e** /kɔ̃pʀi, iz/ I *pp* ▸ **comprendre**. II *adj* **TVA ~e** including VAT; **y ~** including.

compromettre /kɔ̃pʀɔmɛtʀ/ I *vtr* (chances) to jeopardize; (personne) to compromise. II **se ~** *vpr* to compromise oneself.

compromis, **~e** /kɔ̃pʀɔmi, iz/ *nm* compromise.

comptabilité /kɔ̃tabilite/ *nf* accounting.

comptable /kɔ̃tabl/ *nmf* accountant.

comptant /kɔ̃tɑ̃/ *adv* **(au) ~** (for) cash.

compte /kɔ̃t/ I *nm* count; (montant) amount; (considération) **prendre qch en ~** to take sth into account; ~ **en banque** bank account; (sujet) **sur ton ~** about you; ~ **tenu de** considering; **au bout du ~** in the end; **pour le ~ de qn** on behalf of sb; **se rendre ~ de** to realize, to notice; **tout ~ fait** all things considered. II **à bon ~** *loc adv* cheap(ly); **s'en tirer à bon ~** to get off lightly. ■ **~ chèques** current account[GB], checking account[US]; **~ chèque postal, CCP** post-office account; **~ à rebours** countdown.

compter /kɔ̃te/ I *vtr* to count; ~ **faire** to intend to do; (s'attendre à) to expect to; (évaluer) to allow, to reckon. II *vi* to count; ~ **(pour qn)** to matter (to sb); ~ **sur** to count on, to rely on. III **à ~ de** *loc prép* as from.

compte rendu, *pl* **comptes rendus** /kɔ̃tʀɑ̃dy/ *nm* report; (de livre) review.

compteur /kɔ̃tœʀ/ *nm* meter.

comptine /kɔ̃tin/ *nf* nursery rhyme.

comptoir /kɔ̃twaʀ/ *nm* (de café) bar; (de magasin) counter.

comte /kɔ̃t/ *nm* count; (titre anglais) earl.

comté /kɔ̃te/ *nm* county.

comtesse /kɔ̃tɛs/ *nf* countess.

con•, ~ne /kɔ̃, kɔn/ I *adj* (bête) damn• stupid, bloody®GB stupid. II *nm,f* bloody®GB idiot, stupid jerk©.

concentration /kɔ̃sɑ̃tʀasjɔ̃/ *nf* concentration.

concentré, ~e /kɔ̃sɑ̃tʀe/ *nm* [lait] condensed.

concentrer /kɔ̃sɑ̃tʀe/ *vtr, vpr* to concentrate.

concept /kɔ̃sɛpt/ *nm* concept.

concernant /kɔ̃sɛʀnɑ̃/ *prép* concerning, with regard to.

concerner /kɔ̃sɛʀne/ *vtr* to concern; **en ce qui me concerne** as far as I am concerned.

concert /kɔ̃sɛʀ/ I *nm* concert. II **de ~** *loc adv* together.

concertation /kɔ̃sɛʀtasjɔ̃/ *nf* consultation.

concession /kɔ̃sesjɔ̃/ *nf* concession.

concessionnaire /kɔ̃sesjɔnɛʀ/ *nmf* (pour un produit) distributor; AUT dealer.

concevoir /kɔ̃s(ə)vwaʀ/ I *vtr* to conceive. II **se ~** *vpr* to be conceivable.

concierge /kɔ̃sjɛʀʒ/ *nmf* caretaker[GB], superintendant[US].

concilier /kɔ̃silje/ I *vtr* to reconcile. II **se ~** *vpr* to win over.

concis, ~e /kɔ̃si, iz/ *adj* concise.

concitoyen, ~enne /kɔ̃sitwajɛ̃, ɛn/ *nm,f* fellow citizen.

concluant, ~e /kɔ̃klyɑ̃, ɑ̃t/ *adj* conclusive.

conclure /kɔ̃klyʀ/ *vtr* ~ **(que)** to conclude (that); **marché conclu!** it's a deal!

conclusion /kɔ̃klyzjɔ̃/ *nf* conclusion.

concombre /kɔ̃kɔ̃bʀ/ *nm* cucumber.

concordance /kɔ̃kɔʀdɑ̃s/ *nf* concordance. ■ **~ des temps** sequence of tenses.

concorde /kɔ̃kɔʀd/ *nf* harmony, concord.

concorder /kɔ̃kɔʀde/ *vi* to tally.

concourir /kɔ̃kuʀiʀ/ I *vi* to compete. II **~ à** *vtr ind* to help bring about (sth).

concours /kɔ̃kuʀ/ *nm* competition, competitive examination; (agricole) show; ~ **de beauté** beauty contest; (aide) help, assistance. ■ **~ de circonstances** combination of circumstances.

concret, ~ète /kɔ̃kʀɛ, ɛt/ *adj* concrete.

concrétiser: **se ~** *vpr* /kɔ̃kʀetize/ to materialize.

concubin, ~e /kɔ̃kybɛ̃, in/ *nm,f* common-law husband/wife.

concurrence /kɔ̃kyʀɑ̃s/ *nf* competition.

concurrencer /kɔ̃kyʀɑ̃se/ *vtr* ~ **qn** to compete with sb.

concurrent, ~e /kɔ̃kyʀɑ̃, ɑ̃t/ I *adj* rival. II *nm,f* competitor.

condamnation /kɔ̃danasjɔ̃/ *nf* JUR sentence; (critique) condemnation.

condamné, ~e /kɔ̃dane/ *nm,f* convicted prisoner. ■ **~ à mort** condemned man/woman.

condamner /kɔ̃dane/ *vtr* to condemn; JUR to sentence; (à une amende) to fine sb; ~ **qn à faire** to compel sb to do; (porte) to seal up.

condenser /kɔ̃dɑ̃se/ *vtr*, **se ~** *vpr* to condense.

condiment /kɔ̃dimɑ̃/ *nm* condiment.

condition /kɔ̃disjɔ̃/ I *nf* condition; **imposer ses ~s** to impose one's own terms; **la ~ du succès** the requirement for success; ~ **sociale** social status. II **à ~ de** *loc prép* provided.

conditionnement /kɔ̃disjɔnmɑ̃/ *nm* packaging.

conditionner /kɔ̃disjɔne/ *vtr* to condition; (emballer) to pack.

condoléances /kɔ̃dɔleɑ̃s/ *nfpl* condolences; **mes ~** my deepest sympathy.

conducteur, **~trice** /kɔ̃dyktœʀ, tʀis/ *nm,f* driver.

conduire /kɔ̃dɥiʀ/ I *vtr* ~ **qn** (à pied) to take sb; (en voiture) to drive sb; ~ **qn au désespoir** to drive sb to despair; (moto) to ride; (être à la tête de) to lead; PHYS to conduct. II **se** ~ *vpr* to behave.

conduit /kɔ̃dɥi/ *nm* duct, pipe; ANAT canal.

conduite /kɔ̃dɥit/ *nf* behaviour[GB]; (d'écolier) conduct; (d'entreprise) management; (canalisation) pipe.

cône /kon/ *nm* cone.

confection /kɔ̃fɛksjɔ̃/ *nf* clothing industry; (vêtements) ready-to-wear clothes (*pl*).

confectionner /kɔ̃fɛksjɔne/ *vtr* to make, to prepare.

confédération /kɔ̃fedeʀasjɔ̃/ *nf* confederation. ▪ **la Confédération helvétique** Switzerland.

conférence /kɔ̃feʀɑ̃s/ *nf* lecture, conference. ▪ ~ **de presse** press conference; ~ **au sommet** summit meeting.

conférencier, **~ière** /kɔ̃feʀɑ̃sje, jɛʀ/ *nm,f* lecturer.

conférer /kɔ̃feʀe/ *vtr* to confer.

confesser /kɔ̃fese/ I *vtr* to confess. II **se** ~ *vpr* to go to confession; (se confier) **se** ~ **à un ami** to confide in a friend.

confesseur /kɔ̃fesœʀ/ *nm* confessor.

confession /kɔ̃fesjɔ̃/ *nf* confession.

confiance /kɔ̃fjɑ̃s/ *nf* ~ **(en)** trust (in), confidence (in); **de** ~ trustworthy; **faire** ~ **à qn** to trust sb; ~ **en soi** (self-)confidence.

confiant, **~e** /kɔ̃fjɑ̃, ɑ̃t/ *adj* confident.

confidence /kɔ̃fidɑ̃s/ *nf* secret, confidence.

confident /kɔ̃fidɑ̃/ *nm* confidant.

confidentialité /kɔ̃fidɑ̃sjalite/ *nf* confidentiality.

confidentiel, **~ielle** /kɔ̃fidɑ̃sjɛl/ *adj* confidential.

confier /kɔ̃fje/ I *vtr* (secret) to confide; ~ **qch à qn** to entrust sb with sth. II **se** ~ *vpr* **se** ~ **à qn** to confide in sb.

configuration /kɔ̃figyʀasjɔ̃/ *nf* configuration.

confins /kɔ̃fɛ̃/ *nmpl* **aux** ~ **de** on the borders of.

confirmation /kɔ̃fiʀmasjɔ̃/ *nf* confirmation.

confirmer /kɔ̃fiʀme/ *vtr* to confirm.

confiserie /kɔ̃fizʀi/ *nf* confectionery.

confiseur, **~euse** /kɔ̃fizœʀ, øz/ *nm,f* confectioner.

confisquer /kɔ̃fiske/ *vtr* to confiscate.

confiture /kɔ̃fityʀ/ *nf* jam, preserve; (d'agrumes) marmalade.

conflit /kɔ̃fli/ *nm* conflict. ▪ ~ **de générations** generation gap.

confondre /kɔ̃fɔ̃dʀ/ I *vtr* ~ **qn/qch avec qn/qch** to mistake sb/sth for sb/sth; (démasquer) to expose. II *vi* to get mixed up.

conforme /kɔ̃fɔʀm/ *adj* ~ **à** in accordance with.

conformément /kɔ̃fɔʀmemɑ̃/ *adv* ~ **à** in accordance with.

conformer: **se** ~ **à** *vpr* /kɔ̃fɔʀme/ (usage) to conform (to); (norme) to comply (with).

conformité /kɔ̃fɔʀmite/ *nf* **en** ~ **avec** in accordance with.

confort /kɔ̃fɔʀ/ *nm* comfort; ~ **d'utilisation** user friendliness.

confortable /kɔ̃fɔʀtabl/ *adj* comfortable.

confrère /kɔ̃fʀɛʀ/ *nm* colleague.

confrérie /kɔ̃fʀeʀi/ *nf* brotherhood.

confrontation /kɔ̃fʀɔ̃tasjɔ̃/ *nf* confrontation.

confronter /kɔ̃fʀɔ̃te/ *vtr* to confront.

confus, **~e** /kɔ̃fy, yz/ *adj* confused; (gêné) embarrassed.

confusion /kɔ̃fyzjɔ̃/ *nf* confusion; (gêne) embarrassment; (méprise) mix-up.

congé /kɔ̃ʒe/ *nm* leave; **~s payés** paid leave; **~s scolaires** school holidays[GB], vacation[US] (*sg*); **donner (son) ~ à qn** to give sb notice.
• **prendre ~** to take leave.

congédier /kɔ̃ʒedje/ *vtr* to dismiss.

congélateur /kɔ̃ʒelatœʀ/ *nm* freezer, deep-freeze.

congelé, **~e** /kɔ̃ʒle/ *adj* [produits] frozen.

congestion /kɔ̃ʒɛstjɔ̃/ *nf* congestion.

congestionner /kɔ̃ʒɛstjɔne/ *vtr* to congest.

congre /kɔ̃gʀ/ *nm* conger eel.

congrès /kɔ̃gʀɛ/ *nm* conference; **le Congrès** Congress.

conjecture /kɔ̃ʒɛktyʀ/ *nf* conjecture.

conjecturer /kɔ̃ʒɛktyʀe/ *vtr* to conjecture.

conjoint, **~e** /kɔ̃ʒwɛ̃, ɛt/ *nm,f* spouse.

conjonction /kɔ̃ʒɔ̃ksjɔ̃/ *nf* conjunction.

conjoncture /kɔ̃ʒɔ̃ktyʀ/ *nf* situation.

conjugaison /kɔ̃ʒygɛzɔ̃/ *nf* conjugation; **la ~ de leurs efforts** their joint efforts.

conjugal, **~e**, *mpl* **~aux** /kɔ̃ʒygal, o/ *adj* conjugal.

conjuguer /kɔ̃ʒyge/ *vtr* LING to conjugate; (combiner) to unite.

conjuré, **~e** /kɔ̃ʒyʀe/ *nm,f* conspirator.

conjurer /kɔ̃ʒyʀe/ *vtr* **je vous en conjure** I beg you.

connaissance /kɔnɛsɑ̃s/ *nf* (savoir) knowledge; **en ~ de cause** with full knowledge of the facts; **sans ~** unconscious; **j'ai fait leur ~** I met them.

connaisseur, **~euse** /kɔnɛsœʀ, øz/ *nm,f* expert, connoisseur.

connaître /kɔnɛtʀ/ I *vtr* to know; **~ la gloire** to win recognition. II **se ~** *vpr* (l'un l'autre) to know each other; **s'y ~ en qch** to know all about sth.

conne• ▸ **con**.

connerie• /kɔnʀi/ *nf* stupidity; **faire une ~** to fuck up•.

connecter /kɔnɛkte/ *vtr* **~ (à)** to connect (to).

connexion /kɔnɛksjɔ̃/ *nf* connection.

conquérant, **~e** /kɔ̃keʀɑ̃, ɑ̃t/ *nm,f* conqueror.

conquérir /kɔ̃keʀiʀ/ *vtr* to conquer.

conquête /kɔ̃kɛt/ *nf* conquest.

conquis, **~e** /kɔ̃ki, iz/ ▸ **conquérir**.

consacrer /kɔ̃sakʀe/ I *vtr* **~ qch à qch** to devote sth to sth. II **se ~** *vpr* **se ~ à** to devote oneself to.

conscience /kɔ̃sjɑ̃s/ *nf* conscience; **~ professionnelle** conscientiousness; **avoir ~ de** to be aware of; **perdre ~** to lose consciousness.

consciencieux, **~ieuse** /kɔ̃sjɑ̃sjø, jøz/ *adj* conscientious.

conscient, **~e** /kɔ̃sjɑ̃, ɑ̃t/ *adj* aware, conscious.

conscrit /kɔ̃skʀi/ *nm* conscript[GB], draftee[US].

consécutif, **~ive** /kɔ̃sekytif, iv/ *adj* consecutive; **~ à** resulting from.

conseil /kɔ̃sɛj/ *nm* advice; **~s d'entretien** care instructions; (assemblée) council. ■ **~ d'administration** board of directors; **~ de discipline** disciplinary committee; **~ des ministres** council of ministers; (en Grande-Bretagne) Cabinet meeting; **Conseil d'État** Council of State.

conseiller[1] /kɔ̃seje/ *vtr* **~ à qn de faire** to advise sb to do.

conseiller[2], **~ère** /kɔ̃seje, ɛʀ/ *nm,f* adviser[GB]; (diplomate) counsellor[GB]; (d'un conseil) councillor[GB].

consentement /kɔ̃sɑ̃tmɑ̃/ *nm* consent.

consentir /kɔ̃sɑ̃tiʀ/ I *vtr* to grant. II **~ à** *vtr ind* **~ à qch/à faire** to agree to sth/to do.

conséquence /kɔ̃sekɑ̃s/ *nf* consequence; **en ~ (de quoi)** as a result (of which); **agir en ~** to act accordingly.

conséquent, **~e** /kɔ̃sekɑ̃, ɑ̃t/ I *adj* (important)© substantial; (cohérent) consistent. II **par ~** *loc adv* therefore, as a result.

conservateur, **~trice** /kɔ̃sɛʀvatœʀ, tʀis/ I *nm,f* POL conservative; (de musée) curator. II *nm* CHIMIE preservative.

conservation /kɔ̃sɛʀvasjɔ̃/ *nf* (de patrimoine) conservation; (d'aliment) preservation.

conserve /kɔ̃sɛʀv/ *nf* canned food, preserve.

conserver /kɔ̃sɛʀve/ *vtr* to keep; **~ l'anonymat** to remain anonymous.

considérable /kɔ̃sideʀabl/ *adj* considerable.

considération /kɔ̃sideʀasjɔ̃/ *nf* consideration; **prendre en ~** to take into consideration.

considérer /kɔ̃sideʀe/ *vtr* **~ qn/qch comme (étant)** to consider sb/sth to be.

consigne /kɔ̃siɲ/ *nf* orders (*pl*), instructions (*pl*); (à bagages) left-luggage office[GB], baggage checkroom[US]; (d'emballages) deposit.

consigné, **~e** /kɔ̃siɲe/ *adj* [bouteille] returnable.

consigner /kɔ̃siɲe/ *vtr* to record, to write [sth] down.

consistance /kɔ̃sistɑ̃s/ *nf* consistency.

consister /kɔ̃siste/ *vi* **~ en** to consist of; **~ à faire** to consist in doing.

consolation /kɔ̃sɔlasjɔ̃/ *nf* consolation.

console /kɔ̃sɔl/ *nf* console.

consoler /kɔ̃sɔle/ I *vtr* **~ qn (de qch)** to console sb on sth. II **se ~** *vpr* **se ~ de** to get over.

consommateur, **~trice** /kɔ̃sɔmatœʀ, tʀis/ *nm,f* consumer; (dans un café) customer.

consommation /kɔ̃sɔmasjɔ̃/ *nf* consumption; **faire une grande ~ de** to use a lot of; (boisson) drink.

consommé, **~e** /kɔ̃sɔme/ I *adj* consummate. II *nm* consommé.

consommer /kɔ̃sɔme/ *vtr* to consume, to use; (manger) to eat.

consonne /kɔ̃sɔn/ *nf* consonant.

conspirateur, **~trice** /kɔ̃spiʀatœʀ, tʀis/ *nm,f* conspirator.

conspiration /kɔ̃spiʀasjɔ̃/ *nf* conspiracy.

conspirer /kɔ̃spiʀe/ *vi* **~ (contre)** to plot (against).

constamment /kɔ̃stamɑ̃/ *adv* constantly.

constant, **~e** /kɔ̃stɑ̃, ɑ̃t/ *adj* constant.

constante /kɔ̃stɑ̃t/ *nf* constant.

constat /kɔ̃sta/ *nm* (procès-verbal) official report; (bilan) assessment.

constatation /kɔ̃statasjɔ̃/ *nf* observation; (rapport) **~s** findings.

constater /kɔ̃state/ *vtr* to note.

constellation /kɔ̃stelasjɔ̃/ *nf* constellation.

consternation /kɔ̃stɛʀnasjɔ̃/ *nf* dismay.

consterner /kɔ̃stɛʀne/ *vtr* to dismay.

constipation /kɔ̃stipasjɔ̃/ *nf* constipation.

constipé, **~e** /kɔ̃stipe/ *adj* constipated; **avoir l'air ~**© to look uptight.

constituer /kɔ̃stitɥe/ I *vtr* (être) to be, to constitute; (composer) to make up; (équipe) to form. II **se ~** *vpr* to be formed; **se ~ prisonnier** to give oneself up.

constitution /kɔ̃stitysjɔ̃/ *nf* constitution; (création) setting up.

Constitution /kɔ̃stitysjɔ̃/ *nf* constitution.

constitutionnel, **~elle** /kɔ̃stitysjɔnɛl/ *adj* constitutional.

constructeur, **~trice** /kɔ̃stʀyktœʀ, tʀis/ *nm,f* IND manufacturer; CONSTR builder.

constructif, **~ive** /kɔ̃stʀyktif, iv/ *adj* constructive.

construction /kɔ̃stʀyksjɔ̃/ *nf* (bâtiment) building, construction; **~ navale** shipbuilding; (de phrase) construction.

construire /kɔ̃stʀɥiʀ/ *vtr* to build; **se faire ~ une villa** to have a villa built; (voitures) to manufacture.

consulat /kɔ̃syla/ *nm* consulate.

consultable /kɔ̃syltabl/ *adj* **~ à distance** remote-access.

consultant, **~e** /kɔ̃syltɑ̃, ɑ̃t/ *nm,f* consultant.

consultation /kɔ̃syltasjɔ̃/ *nf* consultation.

consulter /kɔ̃sylte/ **I** *vtr* to consult. **II se ~** *vpr* to consult together.

consumer /kɔ̃syme/ *vtr* to consume.

contact /kɔ̃takt/ *nm* contact; **garder le ~** to keep in touch; AUT ignition.

contacter /kɔ̃takte/ *vtr* to contact.

contagieux, **~ieuse** /kɔ̃taʒjø, jøz/ *adj* contagious; [rire, etc] infectious.

contagion /kɔ̃taʒjɔ̃/ *nf* contagion.

contamination /kɔ̃taminasjɔ̃/ *nf* contamination.

contaminer /kɔ̃tamine/ *vtr* to contaminate.

conte /kɔ̃t/ *nm* tale, story.

contemplation /kɔ̃tɑ̃plasjɔ̃/ *nf* contemplation.

contempler /kɔ̃tɑ̃ple/ *vtr* (paysage) to contemplate; (personne) to stare at.

contemporain, **~e** /kɔ̃tɑ̃pɔʀɛ̃, ɛn/ *adj, nm,f* contemporary.

contenance /kɔ̃t(ə)nɑ̃s/ *nf* capacity; **perdre ~** to lose one's composure.

conteneur /kɔ̃t(ə)nœʀ/ *nm* container.

contenir /kɔ̃t(ə)niʀ/ **I** *vtr* to contain, to hold. **II se ~** *vpr* to contain oneself.

content, **~e** /kɔ̃tɑ̃, ɑ̃t/ *adj* **~ (de)** happy with, pleased with; **je suis ~e que tu sois là** I'm glad you're here.

contenter /kɔ̃tɑ̃te/ **I** *vtr* to satisfy. **II se ~ de** *vpr* to content oneself with; **il s'est contenté de rire** he just laughed.

contenu, **~e** /kɔ̃təny/ *nm* (de récipient) contents (*pl*); (d'œuvre) content.

conter /kɔ̃te/ *vtr* to tell.

contestable /kɔ̃tɛstabl/ *adj* questionable.

contestataire /kɔ̃tɛstatɛʀ/ *nmf* protester.

contestation /kɔ̃tɛstasjɔ̃/ *nf* protest; **~ sociale** social unrest; **sujet à ~** questionable; **sans ~ possible** beyond dispute.

contesté, **~e** /kɔ̃tɛste/ *adj* controversial.

contester /kɔ̃tɛste/ **I** *vtr* (droit) to contest; (décision) to question; (chiffre) to dispute. **II** *vi* to protest.

conteur, **~euse** /kɔ̃tœʀ, øz/ *nm,f* storyteller.

contexte /kɔ̃tɛkst/ *nm* context.

contigu, **~uë** /kɔ̃tigy/ *adj* adjoining.

continent, **~e** /kɔ̃tinɑ̃, ɑ̃t/ *nm* continent.

continental, **~e**, *mpl* **~aux** /kɔ̃tinɑ̃tal, o/ *adj* continental.

continu, **~e** /kɔ̃tiny/ *adj* continuous.

continuel, **~elle** /kɔ̃tinɥɛl/ *adj* continual.

continuer /kɔ̃tinɥe/ *vtr, vi* to continue, to go on.

contorsionner: **se ~** /kɔ̃tɔʀsjɔne/ *vpr* to wriggle and writhe.

contour /kɔ̃tuʀ/ *nm* outline.

contourner /kɔ̃tuʀne/ *vtr* to bypass, to get round.

contraceptif, **~ive** /kɔ̃tʀasɛptif, iv/ *adj, nm* contraceptive.

contraception /kɔ̃tʀasɛpsjɔ̃/ *nf* contraception.
contracter /kɔ̃tʀakte/ *vtr* (muscle, maladie) to contract; (emprunt) to take out.
contraction /kɔ̃tʀaksjɔ̃/ *nf* contraction.
contractuel, **~elle** /kɔ̃tʀaktɥɛl/ I *adj* contractual. II *nm,f* traffic warden[GB], traffic officer[US].
contracture /kɔ̃tʀaktyʀ/ *nf* contracture.
contradiction /kɔ̃tʀadiksjɔ̃/ *nf* contradiction.
contraignant, **~e** /kɔ̃tʀɛɲɑ̃, ɑ̃t/ *adj* restrictive.
contraindre /kɔ̃tʀɛ̃dʀ/ I *vtr* **être contraint à** to be forced/compelled to. II **se ~** *vpr* **se ~ à faire qch** to force oneself to do sth.
contrainte /kɔ̃tʀɛ̃t/ *nf* constraint; **sans ~** without restraint.
contraire /kɔ̃tʀɛʀ/ I *adj* [effet, sens] opposite; [vent] contrary; [avis] conflicting; **dans le cas ~** otherwise. II *nm* **le ~** the opposite; **au ~** on the contrary; **au ~ de** unlike.
contrarier /kɔ̃tʀaʀje/ *vtr* to annoy.
contrariété /kɔ̃tʀaʀjete/ *nf* annoyance.
contraste /kɔ̃tʀast/ *nm* contrast.
contrat /kɔ̃tʀa/ *nm* contract, agreement.
contravention /kɔ̃tʀavɑ̃sjɔ̃/ *nf* fine; (pour stationnement) parking ticket.
contre /kɔ̃tʀ/ I *prép* (+ contact) close to; (+ opposition) against; **dix ~ un** ten to one. II *adv* against. III **par ~** *loc adv* on the other hand. IV *nm* **le pour et le ~** the pros and cons (*pl*).
contrebalancer /kɔ̃tʀəbalɑ̃se/ *vtr* to counterbalance, to offset.
contrebande /kɔ̃tʀəbɑ̃d/ *nf* smuggling.
contrebandier, **~ière** /kɔ̃tʀəbɑ̃dje, jɛʀ/ *nm,f* smuggler.
contrebas: **en ~** /ɑ̃kɔ̃tʀəba/ *loc adv* (down) below.
contrebasse /kɔ̃tʀəbas/ *nf* double bass.
contrecarrer /kɔ̃tʀəkaʀe/ *vtr* to thwart, to foil.
contrecœur: **à ~** /akɔ̃tʀəkœʀ/ *loc adv* grudgingly, reluctantly.
contrecoup /kɔ̃tʀəku/ *nm* effects (*pl*); **par ~** as a result.
contre-courant, *pl* **~s** /kɔ̃tʀəkuʀɑ̃/ *nm* **à ~** against the current.
contredire /kɔ̃tʀədiʀ/ I *vtr* to contradict. II **se ~** *vpr* [témoignages] to conflict.
contrée /kɔ̃tʀe/ *nf* land.
contre-espionnage, *pl* **~s** /kɔ̃tʀɛspjɔnaʒ/ *nm* counter-intelligence.
contrefaçon /kɔ̃tʀəfasɔ̃/ *nf* (de pièces) counterfeiting; (de signature, billet) forgery.
contrefaire /kɔ̃tʀəfɛʀ/ *vtr* (pièce, montre) to counterfeit; (signature, billet) to forge; (voix) to disguise.
contre-indiqué, **~e**, *mpl* **~s** /kɔ̃tʀɛ̃dike/ *adj* contraindicated.
contre-jour, *pl* **~s** /kɔ̃tʀəʒuʀ/ *nm* **à ~** into the light.
contremaître, **~esse** /kɔ̃tʀəmɛtʀ, kɔ̃tʀəmɛtʀɛs/ *nm,f* foreman/forewoman.
contrepartie /kɔ̃tʀəpaʀti/ *nf* **en ~ (de)** in compensation (for).
contrer /kɔ̃tʀe/ *vtr* to fend off; (au bridge) to double.
contresens /kɔ̃tʀəsɑ̃s/ *nm* misinterpretation; (en traduisant) mistranslation; **à ~** the wrong way.
contretemps /kɔ̃tʀətɑ̃/ *nm inv* setback; **à ~** at the wrong moment.
contribuable /kɔ̃tʀibɥabl/ *nmf* taxpayer.
contribuer /kɔ̃tʀibɥe/ *vtr ind* **~ à** to contribute to.
contribution /kɔ̃tʀibysjɔ̃/ *nf* contribution; **mettre qn à ~** to call upon sb's services; (impôts) **~s directes** direct taxes.
contrôle /kɔ̃tʀol/ *nm* **~ (de/sur)** control (of/over); **~ de police/sécurité** police/security check; **~ des billets** ticket inspec-

tion; SCOL, UNIV test. ■ ~ **(continu) des connaissances** (continuous) assessment[GB]; ~ **des naissances** birth control.

contrôler /kɔ̃tʀole/ *vtr* to control; (identité) to check; (bagage) to inspect.

contrôleur, **~euse** /kɔ̃tʀolœʀ, øz/ *nm,f* inspector; ~ **aérien** air-traffic controller.

contrordre /kɔ̃tʀɔʀdʀ/ *nm* **sauf ~** unless I/you hear to the contrary; MIL counter command.

controverse /kɔ̃tʀɔvɛʀs/ *nf* controversy.

controversé, **~e** /kɔ̃tʀɔvɛʀse/ *adj* controversial.

contumace /kɔ̃tymas/ *nf* JUR **par ~** in absentia.

contusion /kɔ̃tyzjɔ̃/ *nf* bruise.

contusionner /kɔ̃tyzjɔne/ *vtr* to bruise.

convaincant, **~e** /kɔ̃vɛ̃kɑ̃, ɑ̃t/ *adj* convincing.

convaincre /kɔ̃vɛ̃kʀ/ *vtr* ~ **qn (de/que)** to convince sb (of/that); JUR ~ **qn de qch** to prove sb guilty of sth.

convaincu, **~e** /kɔ̃vɛ̃ky/ *adj* [partisan] staunch; **d'un ton ~** with conviction.

convalescence /kɔ̃valesɑ̃s/ *nf* convalescence.

convalescent, **~e** /kɔ̃valesɑ̃, ɑ̃t/ *nm,f* convalescent.

convenable /kɔ̃vnabl/ *adj* suitable, decent.

convenance /kɔ̃vnɑ̃s/ I *nf* convenience; **pour ~ personnelle** for personal reasons. II **~s** *nfpl* (social) conventions.

convenir /kɔ̃vniʀ/ I *vtr* ~ **que** to admit that; (s'entendre) to agree that. II **~ à** *vtr ind* to suit. III **~ de** *vtr ind* (reconnaître) to acknowledge; (date, prix) to agree on. IV *v impers* **il convient que vous fassiez** you ought to do; **il est convenu que** it is agreed that.

convention /kɔ̃vɑ̃sjɔ̃/ *nf* convention.

conventionné, **~e** /kɔ̃vɑ̃sjɔne/ *adj* [médecin] *approved by the Department of Health.*

convenu, **~e** /kɔ̃v(ə)ny/ *adj* agreed.

converger /kɔ̃vɛʀʒe/ *vi* ~ **(sur/vers)** to converge (on).

conversation /kɔ̃vɛʀsasjɔ̃/ *nf* conversation.

converser /kɔ̃vɛʀse/ *vi* to converse.

conversion /kɔ̃vɛʀsjɔ̃/ *nf* ~ **(à/en)** conversion (to/into).

convertir /kɔ̃vɛʀtiʀ/ I *vtr* ~ **(à/en)** to convert (to/into). II **se ~ à** *vpr* to convert to.

conviction /kɔ̃viksjɔ̃/ *nf* conviction.

convier /kɔ̃vje/ *vtr* ~ **qn à faire** to invite sb to do.

convive /kɔ̃viv/ *nmf* guest.

convivial, **~e**, *mpl* **~iaux** /kɔ̃vivjal, jo/ *adj* friendly; ORDINAT user-friendly.

convocation /kɔ̃vɔkasjɔ̃/ *nf* notice to attend.

convoi /kɔ̃vwa/ *nm* convoy; RAIL train.

convoiter /kɔ̃vwate/ *vtr* to covet.

convoitise /kɔ̃vwatiz/ *nf* covetousness.

convoquer /kɔ̃vɔke/ *vtr* (réunion) to convene; (témoin) to summon; (à un examen) to ask to attend.

convulsion /kɔ̃vylsjɔ̃/ *nf* convulsion.

cool☺ /kul/ *adj inv*, *adv* cool☺, laidback☺.

coopération /kɔɔpeʀasjɔ̃/ *nf* cooperation.

coopérer /kɔɔpeʀe/ *vtr ind*, *vi*~ **(à)** to cooperate (at).

coordonnées /kɔɔʀdɔne/ *nfpl* coordinates; (adresse)☺ address and telephone number.

coordonner /kɔɔʀdɔne/ *vtr* to coordinate.

copain☺, **copine** /kɔpɛ̃, in/ *nm,f* friend, pal☺, boyfriend, girlfriend.

copeau, *pl* **~x** /kɔpo/ *nm* shaving.

copie /kɔpi/ *nf* copy; (feuille) sheet of paper; (devoir) paper.

copier /kɔpje/ *vtr* to copy.

copieur, **~ieuse** /kɔpjœʀ, jøz/ I *nm,f* SCOL cheat; (plagiaire) imitator. II *nm* photocopier.

copieux, **~ieuse** /kɔpjø, jøz/ *adj* copious, substantial.

copine ▸ **copain**.

copropriété /kopʀɔpʀijete/ *nf* joint ownership.

coq /kɔk/ *nm* cockerel, rooster[US]; (de clocher) weathercock.
• **sauter du ~ à l'âne** to hop from one subject to another.

coque /kɔk/ *nf* (de navire) hull; (coquillage) cockle.

coquelet /kɔklɛ/ *nm* young cockerel.

coquelicot /kɔkliko/ *nm* poppy.

coqueluche /kɔklyʃ/ *nf* whooping cough.

coquet, **~ette** /kɔkɛ, ɛt/ *adj* pretty; **être ~** to be particular about one's appearance.

coquetier /kɔktje/ *nm* eggcup.

coquetterie /kɔkɛtʀi/ *nf* coquetry.

coquillage /kɔkijaʒ/ *nm* shellfish (*inv*); (coquille) shell.

coquille /kɔkij/ *nf* shell; (en imprimerie) misprint. ■ **~ Saint-Jacques** scallop.

coquillettes /kɔkijɛt/ *nfpl* (small) macaroni.

coquin, **~e** /kɔkɛ̃, in/ I *adj* mischievous; (osé) naughty, saucy. II *nm,f* scamp.

cor /kɔʀ/ *nm* horn; (au pied) corn.
• **réclamer qch à ~ et à cri** to clamour[GB] for sth.

corail, *pl* **~aux** /kɔʀaj, o/ *nm* coral.

corbeau, *pl* **~x** /kɔʀbo/ *nm* crow.

corbeille /kɔʀbɛj/ *nf* basket; THÉÂT dress circle; (à la Bourse) trading floor. ■ **~ à papier** wastepaper basket.

corbillard /kɔʀbijaʀ/ *nm* hearse.

cordage /kɔʀdaʒ/ *nm* (de navire) rigging; (de raquette) stringing.

corde /kɔʀd/ *nf* rope; (d'arc, de raquette, d'instrument) string. ■ **~ à linge** clothesline; **~ raide** tightrope; **~s vocales** vocal cords.
• **pleuvoir des ~s**[☺] to rain cats and dogs[☺].

cordée /kɔʀde/ *nf* roped party (of climbers).

cordial, **~e**, *mpl* **~iaux** /kɔʀdjal, jo/ *adj, nm* cordial.

cordialement /kɔʀdjalmɑ̃/ *adv* warmly; (dans une lettre) yours sincerely.

cordon /kɔʀdɔ̃/ *nm* string, cord; (de police) cordon; **~ ombilical** umbilical cord.

cordonnerie /kɔʀdɔnʀi/ *nf* cobbler's.

cordonnier /kɔʀdɔnje/ *nm* cobbler.

coriace /kɔʀjas/ *adj* tough.

coriandre /kɔʀjɑ̃dʀ/ *nf* coriander.

corne /kɔʀn/ *nf* horn; (peau durcie) corn. ■ **~ d'abondance** cornucopia.

cornée /kɔʀne/ *nf* cornea.

cornemuse /kɔʀnəmyz/ *nf* bagpipes (*pl*).

corner /kɔʀne/ *vtr* (page) to turn down the corner of; **page cornée** dog-eared page.

cornet /kɔʀnɛ/ *nm* cone; (instrument) post horn. ■ **~ à pistons** cornet.

corniaud /kɔʀnjo/ *nm* (chien) mongrel.

corniche /kɔʀniʃ/ *nf* cornice; **(route en) ~** cliff road.

cornichon /kɔʀniʃɔ̃/ *nm* CULIN gherkin; (idiot)[☺] nitwit[☺].

cornue /kɔʀny/ *nf* retort.

corolle /kɔʀɔl/ *nf* corolla.

coron /kɔʀɔ̃/ *nm* miners' terraced houses (*pl*).

corporation /kɔʀpɔʀasjɔ̃/ *nf* corporation.

corporel, **~elle** /kɔʀpɔʀɛl/ *adj* [besoin, fonction] bodily; [châtiment] corporal.

corps /kɔʀ/ *nm* body; **le ~ électoral** the electorate; **~ d'armée** army corps; CHIMIE substance; (d'imprimerie) type size. ▪ **~ diplomatique** diplomatic corps; **~ et biens** NAUT with all hands.

corpulence /kɔʀpylɑ̃s/ *nf* stoutness, corpulence.

corpulent, **~e** /kɔʀpylɑ̃, ɑ̃t/ *adj* stout, corpulent.

correct, **~e** /kɔʀɛkt/ *adj* (sans erreur) correct, accurate; (convenable) proper; (honnête) fair, correct.

correcteur, **~trice** /kɔʀɛktœʀ, tʀis/ *nm,f* examiner[GB], grader[US]; (d'épreuves) proofreader. ▪ **~ automatique d'orthographe** automatic spellchecker.

correction /kɔʀɛksjɔ̃/ *nf* GÉN correction; (de manuscrit) proofreading; (notation) marking[GB], grading[US]; (punition) GÉN hiding; **manquer de ~** to have no manners.

correctionnelle /kɔʀɛksjɔnɛl/ *nf* magistrate's court.

correspondance /kɔʀɛspɔ̃dɑ̃s/ *nf* correspondence; (dans les transports) connection.

correspondant, **~e** /kɔʀɛspɔ̃dɑ̃, ɑ̃t/ I *adj* corresponding. II *nm,f* GÉN correspondent; (élève) penfriend[GB], pen pal; TÉLÉCOM **votre ~** the person you are calling.

correspondre /kɔʀɛspɔ̃dʀ/ *vtr ind*, *vi* **~ à/avec** to correspond to/with.

corrigé /kɔʀiʒe/ *nm* SCOL correct version.

corriger /kɔʀiʒe/ I *vtr* to correct; [correcteur] to proofread; (manières) to improve; SCOL to mark[GB], to grade[US]; (châtier) to punish. II **se ~** *vpr* **se ~ dde qch** to cure oneself of sth.

corrompre /kɔʀɔ̃pʀ/ *vtr* to bribe; (pervertir) to corrupt.

corruption /kɔʀypsjɔ̃/ *nf* bribery.

corsage /kɔʀsaʒ/ *nm* blouse.

corsaire /kɔʀsɛʀ/ *nm* corsair.

corsé, **~e** /kɔʀse/ *adj* [café] strong; [vin] full-bodied; [sauce] spicy; [facture][©] steep.

cortège /kɔʀtɛʒ/ *nm* procession.

corvée /kɔʀve/ *nf* chore; MIL fatigue (duty).

cosmétique /kɔsmetik/ *adj, nm* cosmetic.

cosmique /kɔsmik/ *adj* cosmic.

cosmonaute /kɔsmɔnot/ *nmf* cosmonaut.

cosmopolite /kɔsmɔpɔlit/ *adj* cosmopolitan.

cosse /kɔs/ *nf* pod.

cossu, **~e** /kɔsy/ *adj* [intérieur] plush.

costaud[©] /kɔsto/ *adj* sturdy.

costume /kɔstym/ *nm* suit; THÉÂT costume.

costumé /kɔstyme/ *adj* fancy-dress party, costume party[US].

cote /kɔt/ *nf* (de qn, lieu, film) rating; (en Bourse) price; (de voiture) quoted value. ▪ **~ d'alerte** danger level.

côte /kot/ I *nf* coast; (pente) hill; (os) rib; CULIN chop. II **~ à ~** *loc adv* side by side.

côté /kote/ I *nm* (partie, aspect) side; (direction, sens) way, direction. II **à ~** *loc adv* nearby; **les voisins d'à ~** the next-door neighbours[GB]; (en comparaison) by comparison. III **à ~ de** *loc prép* next to; (en comparaison de) compared to; (en plus de) besides. IV **de ~** *loc adv* side; **faire un pas de ~** to step aside; **mettre qch de ~** to put sth aside. V **du ~ de** *loc prép* near; (en ce qui concerne) as for. VI **aux ~s de** *loc prép* beside.

coteau, **~x** /kɔto/ *nm* hillside; (colline) hill; (vignoble) (sloping) vineyard.

côtelé, **~e** /kotle/ *adj* **velours ~** corduroy.

côtelette /kotlɛt/ *nf* chop.

coter /kɔte/ I *vtr* (titre) to list; **cotée en Bourse** listed on the stock market. II *vi* [titre] to be quoted at; [voiture] to be priced at.

côtier, **~ière** /kotje, jɛʀ/ *adj* coastal.

cotillon /kɔtijɔ̃/ *nm* party accessories.

cotisation /kɔtizasjɔ̃/ *nf* contribution; **~ vieillesse** *contribution to a pension fund*; (à une association) subscription.

cotiser /kɔtize/ I *vi* (à une assurance) to pay one's contributions (to); (à une association) to pay one's subscription (to). II **se ~** *vpr* to club together[GB], to go in together.

coton /kɔtɔ̃/ *nm* cotton. ▪ **~ hydrophile** cotton wool[GB], absorbent cotton[US].

côtoyer /kotwaje/ *vtr* (personnes) to mix with; (mort, danger) to be in close contact with.

cotte /kɔt/ *nf* **~ de mailles** coat of mail.

cou /ku/, *nm* neck.

couchage /kuʃaʒ/ *nm* **sac de ~** sleeping bag.

couchant /kuʃɑ̃/ *adj m, nm* **au (soleil) ~** at sunset.

couche /kuʃ/ *nf* (de peinture) coat; (de neige) layer; SOCIOL sector; (pour bébés) nappy[GB], diaper[US]; (lit) bed.

coucher[1] /kuʃe/ I *vtr* to put to bed; (allonger) to lay down. II *vi* **~ avec qn/sous la tente** to sleep with sb/in a tent. III **se ~** *vpr* (aller dormir) to go to bed; (s'allonger) to lie (down); [soleil] to set, to go down.

coucher[2] /kuʃe/ *nm* bedtime. ▪ **~ de soleil** sunset.

couchette /kuʃɛt/ *nf* couchette, berth.

coucou /kuku/ I *nm* (oiseau) cuckoo; (fleur) cowslip; (avion)☺ (old) crate☺; (horloge) cuckoo clock. II☺ *excl* peekaboo!

coude /kud/ *nm* elbow; (courbe) bend.

coudre /kudʀ/ *vtr, vi* to sew (on).

couette /kwɛt/ *nf* duvet; (coiffure) bunches[GB], pigtails[US].

couffin /kufɛ̃/ *nm* Moses basket[GB].

couiner /kwine/ *vi* [souris, jouet] to squeak; [enfant] to whine.

coulée /kule/ *nf* **~ de boue/neige** mudslide/snowslide; **~ de lave** lava flow.

couler /kule/ I *vtr* (navire) to sink; (entreprise)☺ to put [sth] out of business. II *vi* to flow; [peinture, nez] to run; [robinet, stylo] to leak; [bateau, projet] to sink; **je coule!** I'm drowning!

couleur /kulœʀ/ *nf* colour[GB], color[US]; (aux cartes) suit.

couleuvre /kulœvʀ/ *nf* grass snake.

coulisse /kulis/ *nf* THÉÂT **les ~s** the wings; **en ~** backstage; **à ~** [porte] sliding.

coulisser /kulise/ *vi* to slide.

couloir /kulwaʀ/ *nm* (de bâtiment) corridor[GB], hallway[US]; (aérien, de bus, piscine) lane.

coup /ku/ *nm* blow, knock; **donner un ~ de qch à qn** to hit sb with sth; **sous le ~ de la colère** in (a fit of) anger; **au douzième ~ de minuit** on the last stroke of midnight; **sur le ~ de dix heures**☺ around ten; (au tennis, etc) stroke; (aux échecs, dames) move; (du pied) kick; (de fusil) shot; (vilain tour) trick☺; (manœuvre) move; (boisson)☺ drink; **à chaque ~** every time; **après ~** afterwards, in retrospect; **du premier ~** straight off; **tout à ~** suddenly, all of a sudden.

• **tenir le ~** to cope, to hold on.

coupable /kupabl/ I *adj* guilty. II *nmf* culprit, guilty party.

coupant, **~e** /kupɑ̃, ɑ̃t/ *adj* sharp.

coupe /kup/ *nf* (coiffure) haircut; (en couture) cutting out; (diminution) cut; (trophé) cup; (à fruits) bowl; (à champagne) glass. ▪ **~ en brosse** crew cut.

coupe-ongles /kupɔ̃gl/ *nm inv* nail clippers (*pl*).

coupe-papier /kuppapje/ *nm inv* paper knife.

couper /kupe/ I *vtr* to cut; (pain) to slice; (rôti) to carve; (légumes) to chop; (interrompre) to cut off; ~ **la journée** to break up the day; (vin) to dilute; (au tennis) to slice; (avec un atout) to trump. II *vi* to cut, to be sharp. III **se** ~ *vpr* to cut oneself; (se croiser) to intersect.
• **tu n'y couperas pas**☺ you won't get out of it.

couple /kupl/ *nm* couple; (d'animaux) pair.

couplet /kuplɛ/ *nm* verse.

coupole /kupɔl/ *nf* cupola, dome.

coupon /kupɔ̃/ *nm* (de tissu) remnant; (ticket) voucher.

coupure /kupyʀ/ *nf* (pause) break; (blessure) cut; (de courant) cut; (billet de banque) (bank)note[GB], bill[US]. ▪ ~ **de journal** clipping.

cour /kuʀ/ *nf* courtyard; (de souverain, tribunal) court. ▪ ~ **d'assises** criminal court; ~ **martiale** court-martial; ~ **de récréation** playground; **Cour de cassation** court of cassation.

courage /kuʀaʒ/ *nm* courage, bravery; **bon** ~! good luck!.

courageux, **~euse** /kuʀaʒø, øz/ *adj* courageous, brave.

couramment /kuʀamɑ̃/ *adv* [parler] fluently; [admis] commonly.

courant, **~e** /kuʀɑ̃, ɑ̃t/ I *adj* common, usual; [mois, prix] current. II *nm* current; ~ **d'air** draught[GB], draft[US]; **dans le** ~ **de** during. III **au** ~ *loc adj* **être au** ~ to know; **mettre qn au** ~ **(de qch)** to tell sb (about sth).

courbatu, **~e** /kuʀbaty/ *adj* stiff.

courbature /kuʀbatyʀ/ *nf* ache.

courbaturé, **~e** /kuʀbatyʀe/ *adj* stiff.

courbe /kuʀb/ I *adj* curved. II *nf* curve. ▪ ~ **de niveau** contour line.

courber /kuʀbe/ I *vtr* to bend. II **se** ~ *vpr* to bend down.

courbette /kuʀbɛt/ *nf* (low) bow.

courbure /kuʀbyʀ/ *nf* curve.

coureur, **~euse** /kuʀœʀ, øz/ *nm,f* runner. ▪ ~ **automobile/cycliste** racing driver/cyclist.

courge /kuʀʒ/ *nf* (vegetable) marrow.

courgette /kuʀʒɛt/ *nf* courgette[GB], zucchini[US].

courir /kuʀiʀ/ I *vtr* (épreuve) to run in; (monde) to roam; (boutiques) to go round; (risque) to run; (filles, garçons)☺ to chase after. II *vi* to run; (en vélo, etc) to race; (se presser) to rush; **faire** ~ **un bruit** to spread a rumour[GB].
• **tu peux toujours** ~☺**!** you can go whistle for it☺!

couronne /kuʀɔn/ *nf* crown; ~ **de fleurs** garland; (pour enterrement) wreath.

couronnement /kuʀɔnmɑ̃/ *nm* (de souverain) coronation; (de héros) crowning.

couronner /kuʀɔne/ *vtr* ~ **(de)** to crown (with).

courre /kuʀ/ *vtr* **chasse à** ~ hunting.

courrier /kuʀje/ *nm* mail; (lettre) letter. ▪ ~ **électronique** electronic mail, e-mail.

courroie /kuʀwa/ *nf* strap; (de machine) belt.

cours /kuʀ/ *nm* (leçon) class, lesson; **suivre un** ~ to take a course; **faire** ~ to teach; (de denrée) price; (de devise) exchange rate; **avoir** ~ [monnaie] to be legal tender; (écoulement) flow; (déroulement) course; **en** ~ **de construction** under construction; **en** ~ **de route** along the way. ▪ ~ **d'eau** watercourse.

course /kuʀs/ *nf* running; (compétition) race; **faire les/des ~s** to go shopping.
• **à bout de** ~ worn out.

coursier /kuʀsje/ *nm* courier.

court, **~e** /kuʀ, kuʀt/ I *adj, adv* short. II *nm* (de tennis) court. ■ **~ métrage** short (film).
● **à ~ de...** short of...; **prendre qn de ~** to catch sb unprepared.

court-circuit, *pl* **~s** /kuʀsiʀkɥi/ *nm* shortcircuit.

courtier, **~ière** /kuʀtje, jɛʀ/ *nm,f* broker.

courtisan /kuʀtizɑ̃/ *nm* (flatteur) sycophant; HIST courtier.

courtisane /kuʀtizan/ *nf* courtesan.

courtiser /kuʀtize/ *vtr* to woo.

courtois, **~e** /kuʀtwa, az/ *adj* courteous.

courtoisie /kuʀtwazi/ *nf* courtesy.

couru, **~e** /kuʀy/ *adj* popular.

cousin, **~e** /kuzɛ̃, in/ I *nm,f* cousin; **~ germain** first cousin. II *nm* (insecte) mosquito.

coussin /kusɛ̃/ *nm* cushion. ■ **~ de sécurité** air bag.

cousu, **~e** /kuzy/ ▸ **coudre**.

coût /ku/ *nm* cost.

coûtant /kutɑ̃/ *adj* **prix ~** cost price.

couteau, *pl* **~x** /kuto/ *nm* knife; (coquillage) razor shell^GB, razor clam^US. ■ **~ à cran d'arrêt** flick knife^GB, switchblade^US.

coûter /kute/ I *vi* to cost; **combien ça coûte?** how much is it?; **~ cher** to be expensive. II *v impers* **coûte que coûte** at all costs.

coûteux, **~euse** /kutø, øz/ *adj* costly.

coutume /kutym/ *nf* custom.

couture /kutyʀ/ *nf* sewing; (profession) dressmaking; (bords cousus) seam.

couturier, **~ière** /kutyʀje, kutyʀjɛʀ/ *nm, f* couturier.

couvée /kuve/ *nf* (d'enfants) brood; (d'œufs) clutch.

couvent /kuvɑ̃/ *nm* (pour femmes) convent; (pour hommes) monastery.

couver /kuve/ I *vtr* (œufs) to sit on; (protéger) to overprotect; (maladie) to be coming down with. II *vi* [poule] to brood; [révolte] to brew.

couvercle /kuvɛʀkl/ *nm* lid.

couvert, **~e** /kuvɛʀ, ɛʀt/ I *adj* [piscine, court] indoor; [marché, stade, passage] covered; [ciel, temps] overcast. II *nm* (pour un repas) place setting; **mettre le ~** to lay the table; **des ~s en argent** silver cutlery; (à payer au restaurant) cover charge; (abri) shelter. III **à ~** *loc adv* under cover. IV **sous le ~ de** *loc prép* under the pretence^GB of.

couverture /kuvɛʀtyʀ/ *nf* blanket; (protection) cover; (d'un événement) coverage; (toiture) roof.

couvre-feu, *pl* **~x** /kuvʀəfø/ *nm* curfew.

couvre-lit, *pl* **~s** /kuvʀəli/ *nm* bedspread.

couvrir /kuvʀiʀ/ I *vtr* **~ qn de qch** to cover sb with sth. II **se ~** *vpr* (s'habiller) to wrap up; [ciel] to become cloudy; **se ~ de** (de plaques, boutons) to become covered with.

CQFD /sekyɛfde/ (*abrév* = **ce qu'il fallait démontrer**) QED.

crabe /kʀab/ *nm* crab.

crachat /kʀaʃa/ *nm* spit.

cracher /kʀaʃe/ *vtr, vi* to spit (out).

crack© /kʀak/ *nm* ace.

craie /kʀɛ/ *nf* chalk.

craignos® /kʀɛɲos/ *adj inv* awesome©.

craindre /kʀɛ̃dʀ/ *vtr* to fear; **ne craignez rien** don't be afraid; (être sensible à) to be sensitive to.

crainte /kʀɛ̃t/ *nf* fear.

craintif, **~ive** /kʀɛ̃tif, iv/ *adj* timid.

cramoisi, **~e** /kʀamwazi/ *adj* crimson.

crampe /kʀɑ̃p/ *nf* cramp.

crampon /kʀɑ̃pɔ̃/ *nm* crampon.

cramponner: **se ~** /kʀɑ̃pɔne/ *vpr* to hold on tightly; **se ~ à qn/qch** to cling to sb/sth.

cran /kʀɑ̃/ *nm* notch; (de ceinture) hole; **avoir du ~**☺ to have guts☺; (en coiffure) wave.

crâne /kʀɑn/ *nm* skull.

crâner☺ /kʀɑne/ *vi* to show off.

crapaud /kʀapo/ *nm* toad.

crapule /kʀapyl/ *nf* crook.

craquement /kʀakmɑ̃/ *nm* creaking, crack.

craquer /kʀake/ I *vtr* (allumette) to strike. II *vi* [couture] to split; [branche, vitre] to crack; [sac] to burst; (faire un bruit) to creak; **qui craque sous la dent** crunchy; (ne pas résister)☺ to crack (up)☺.

crasse /kʀas/ *nf* grime, filth; (mauvais tour)☺ dirty trick.

crasseux, **~euse** /kʀasø, øz/ *adj* filthy, grimy.

cratère /kʀatɛʀ/ *nm* crater.

cravache /kʀavaʃ/ *nf* whip.

cravate /kʀavat/ *nf* tie.

crawl /kʀol/ *nm* crawl.

crayon /kʀɛjɔ̃/ *nm* pencil.

créateur, **~trice** /kʀeatœʀ, tʀis/ *adj* creative.

créatif, **~ive** /kʀeatif, iv/ *adj* creative.

création /kʀeasjɔ̃/ *nf* creation.

créature /kʀeatyʀ/ *nf* creature.

crèche /kʀɛʃ/ *nf* crèche[GB], day nursery; (de Noël) crib[GB], crèche[US].

crédit /kʀedi/ *nm* credit; **faire ~ à qn** to give sb credit; (somme) funds (*pl*); **~s de la recherche** research budget.

créditer /kʀedite/ *vtr* **~ (de)** to credit (with).

crédulité /kʀedylite/ *nf* gullibility, credulity.

créer /kʀee/ *vtr* to create.

crémaillère /kʀemajɛʀ/ *nf* chimney hook.

• **pendre la ~** to have a house-warming (party).

crématoire /kʀematwaʀ/ *nm* **(four) ~** crematorium.

crème /kʀɛm/ I☺ *nm* (café) espresso with milk. II *nf* cream. ■ **~ anglaise** ≈ custard; **~ glacée** dairy ice cream; **~ de marrons** chestnut purée.

crémier, **~ière** /kʀemje, jɛʀ/ *nm,f* cheese seller.

créneau, *pl* **~x** /kʀeno/ *nm* (espace) gap, niche; (de tour) crenel; AUT **faire un ~** to parallel-park. ■ **~ horaire** time slot.

créole /kʀeɔl/ *adj, nm* creole.

crêpe[1] /kʀɛp/ *nm* (tissu) crepe.

crêpe[2] /kʀɛp/ *nf* pancake, crêpe.

crépiter /kʀepite/ *vi* to crackle.

crépu, **~e** /kʀepy/ *adj* frizzy.

crépuscule /kʀepyskyl/ *nm* dusk.

cresson /kʀɛsɔ̃, kʀəsɔ̃/ *nm* watercress.

crête /kʀɛt/ *nf* crest; (de coq) comb.

crétin, **~e** /kʀetɛ̃, in/ *nm,f* idiot, moron☺.

creuser /kʀøze/ *vtr* to dig; **~ l'écart entre** to widen the gap between.

• **se ~ (la tête/la cervelle)**☺ to rack one's brains.

creuset /kʀøzɛ/ *nm* melting pot.

creux, **~euse** /kʀø, øz/ I *adj* hollow; [estomac, discours] empty; [plat] shallow; [jour, période] slack, off-peak[GB]. II *nm* hollow; (petite faim)☺ **avoir un (petit) ~** to have the munchies☺.

crevaison /kʀəvɛzɔ̃/ *nf* puncture[GB], flat (tire)[US].

crevant☺, **~e** /kʀəvɑ̃, ɑ̃t/ *adj* killing☺.

crevasse /kʀəvas/ *nf* crevasse; (dans la terre, sur un mur) crack, fissure; (sur les lèvres) chapped skin.

crevé, **~e** /kʀəve/ *adj* [pneu] punctured, flat[US]; (épuisé)☺ exhausted.

crever /kʀəve/ I *vtr* (pneu) to puncture; (abcès) to burst; (épuiser)☺ to wear [sb] out. II *vi* to burst; **~ de faim☺/froid☺** to be starving; **~ d'envie** to be consumed with envy.

crevette /kʀəvɛt/ *nf* **~ grise** shrimp; **~ rose** prawn.

cri /kʀi/ *nm* cry, shout; (aigu) scream; (appel) call.

criant, **~e** /kʀijɑ̃, ɑ̃t/ *adj* [injustice] blatant.

criard, **~e** /kʀiaʀ, aʀd/ *adj* [voix] shrill; [couleur] garish.

crible /kʀibl/ *nm* screen; **passer au ~** to sift through.

criblé, **~e** /kʀible/ *adj* **~ de** (de balles) riddled with; (de dettes) crippled with.

cric /kʀik/ *nm* jack.

cricket /kʀikɛ(t)/ *nm* cricket.

crier /kʀije/ I *vtr* to shout; (indignation) to proclaim. II *vi* to shout (out), to cry (out); **~ après☺ qn** to shout at sb; (de peur) to scream.

crime /kʀim/ *nm* crime; (meurtre) murder. ■ **~ contre l'humanité** crime against humanity.

criminalité /kʀiminalite/ *nf* crime.

criminel, **~elle** /kʀiminɛl/ *adj, nm,f* criminal. ■ **~ de guerre** war criminal.

crin /kʀɛ̃/ *nm* horsehair.

crinière /kʀinjɛʀ/ *nf* mane.

crique /kʀik/ *nf* cove.

criquet /kʀikɛ/ *nm* locust.

crise /kʀiz/ *nf* crisis; MÉD attack; **~ de rhumatisme** bout of rheumatism; **~ cardiaque** heart attack.

crispation /kʀispasjɔ̃/ *nf* (de muscle) tensing; (durcissement) tension.

crisper /kʀispe/ I *vtr* to tense; (irriter)☺ to irritate. II **se ~** *vpr* [mains, doigts] to clench; [visage, personne] to tense (up).

crisser /kʀise/ *vi* to squeak.

cristal, *pl* **~aux** /kʀistal, o/ *nm* crystal.

cristallin, **~e** /kʀistalɛ̃, in/ I *adj* [roche] crystalline; [eau] crystal clear. II *nm* (de l'œil) (crystalline) lens.

critère /kʀitɛʀ/ *nm* criterion.

critique /kʀitik/ I *adj* critical. II *nmf* critic. III *nf* criticism.

critiquer /kʀitike/ *vtr* to criticize.

croasser /kʀɔase/ *vi* to caw.

croc /kʀo/ *nm* fang.

croche /kʀɔʃ/ *nf* quaver[GB], eighth note[US].

croche-pied☺, *pl* **croche-pieds** /kʀɔʃpje/ *nm* **faire un croche-pied à qn** to trip sb up.

crochet /kʀɔʃɛ/ *nm* hook; (tricot) crochet; (typographique) **mettre entre ~s** to put [sth] in square brackets; (détour) detour.

crocheter /kʀɔʃte/ *vtr* **~ une serrure** to pick a lock.

crochu, **~e** /kʀɔʃy/ *adj* [bec] hooked; [doigt] clawed.

crocodile /kʀɔkɔdil/ *nm* crocodile.

crocus /kʀɔkys/ *nm* crocus.

croire /kʀwaʀ/ I *vtr, vi* to believe; (penser) to think. II **~ à, ~ en** *vtr ind* to believe in. III **se ~** *vpr* **il se croit beau** he thinks he's handsome.

croisade /kʀwazad/ *nf* crusade.

croisé, **~e** /kʀwaze/ I *adj* [veste] double-breasted; [vers] alternate. II *nm* HIST crusader.

croisement /kʀwazmɑ̃/ *nm* intersection.

croiser /kʀwaze/ I *vtr* (jambes, rue, voie) to cross; (bras, mains) to fold; **~ qn/qch** to pass sb/sth. II *vi* [navire] to cruise. III **se ~** *vpr* [piétons] to pass each other; [routes] to cross.

croisière /kʀwazjɛʀ/ *nf* cruise.

croissance /kʀwasɑ̃s/ *nf* growth.

croissant, **~e** /kʀwasɑ̃, ɑ̃t/ I *adj* growing. II *nm* CULIN croissant; (forme) crescent.

croître /kʀwatʀ/ *vi* to grow.

croix /kʀwa/ *nf* cross.

Croix-Rouge /kʀwaʀuʒ/ *nf* **la** ~ the Red Cross.

croquant, **~e** /kʀɔkɑ̃, ɑ̃t/ *adj* crunchy.

croque-madame /kʀɔkmadam/ *nm inv* *toasted ham-and-cheese sandwich topped with a fried egg.*

croquemitaine /kʀɔkmitɛn/ *nm* bogeyman.

croque-monsieur /kʀɔkməsjø/ *nm inv* *toasted ham-and-cheese sandwich.*

croque-mort☺, *pl* **~s** /kʀɔkmɔʀ/ *nm* undertaker.

croquer /kʀɔke/ *vtr* to crunch.

croquet /kʀɔkɛ/ *nm* croquet.

croquis /kʀɔki/ *nm* sketch.

crosse /kʀɔs/ *nf* (de fusil) butt.

crotte /kʀɔt/ *nf* dropping; (de chien) ~ mess. ▪ **~ en chocolat** chocolate drop.

crotter /kʀɔte/ *vtr* to muddy.

crottin /kʀɔtɛ̃/ *nm* (de cheval) dung; (fromage) goat's cheese.

crouler /kʀule/ *vi* to collapse, to crumble.

croupe /kʀup/ *nf* (de cheval) croup; **monter en** ~ to ride pillion.

croupir /kʀupiʀ/ *vi* to stagnate.

croustillant, **~e** /kʀustijɑ̃, ɑ̃t/ *adj* [pain] crispy; [biscuit] crunchy.

croûte /kʀut/ *nf* crust; (de fromage) rind; MÉD scab; (tableau)☺ daub.
• **casser la ~**☺ to have a bite to eat.

croûton /kʀutɔ̃/ *nm* crust; (frit) crouton.

croyance /kʀwajɑ̃s/ *nf* belief.

croyant, **~e** /kʀwajɑ̃, ɑ̃t/ *adj* **être** ~ to be a believer.

CRS /seɛʀɛs/ (*abrév* = **compagnie républicaine de sécurité**) *nm* **un** ~ *a member of the French riot police.*

cru, **~e** /kʀy/ I *adj* raw; [pâte] uncooked; [lumièr] harsh; [description] blunt; [langage] crude. II *nm* (vin) vintage.

cruauté /kʀyote/ *nf* cruelty.

cruche /kʀyʃ/ *nf* jug[GB], pitcher[US]; (niais)☺ dope☺, twit☺[GB].

cruciverbiste /kʀysivɛʀbist/ *nmf* crossword fan.

crudités /kʀydite/ *nfpl* raw vegetables, crudités.

crue /kʀy/ *nf* flood.

cruel, **~elle** /kʀyɛl/ *adj* cruel (to).

crustacé /kʀystase/ *nm* shellfish (*inv*).

cube /kyb/ I *adj* cubic. II *nm* cube.

cucul☺ /kyky/ *adj* [histoire] soppy☺[GB], schmaltzy☺[US].

cueillette /kœjɛt/ *nf* picking.

cueillir /kœjiʀ/ *vtr* to pick.

cuiller, **cuillère** /kɥijɛʀ/ *nf* spoon. ▪ **petite ~, ~ à café** teaspoon; **~ à soupe** soupspoon.

cuillerée /kɥijəʀe/ *nf* spoonful.

cuir /kɥiʀ/ *nm* leather. ▪ **~ chevelu** scalp.

cuirasse /kɥiʀas/ *nf* breastplate.

cuirassé /kɥiʀase/ *nm* battleship.

cuire /kɥiʀ/ I *vtr* (sur le feu) to cook; (au four) to bake; (viande) to roast; (à la vapeur) to steam; (à la poêle) to fry; (au gril) to grill. II *vi* [aliment, repas] to cook; **on cuit**☺ it's baking (hot).

cuisine /kɥizin/ *nf* kitchen; (art) cooking, cookery.

cuisiner /kɥizine/ *vtr, vi* to cook; (interroger)☺ to grill☺.

cuisinier, **~ière** /kɥizinje, jɛʀ/ *nm,f* cook.

cuisinière /kɥizinjɛʀ/ *nf* (appareil) cooker[GB], stove[US].

cuisse /kɥis/ *nf* ANAT thigh; CULIN (de poulet) leg.

cuisson /kɥisɔ̃/ *nf* cooking.

cuit, **~e** /kɥi, kɥit/ *adj* [aliment] cooked; **trop** ~ overdone; **bien** ~ well done.

cuivre /kɥivʀ/ I *nm* ~ **(rouge)** copper; ~ **(jaune)** brass. II **~s** *nmpl* MUS brass band.

cul /ky/ I *nm* (derrière)☺ bottom; (de lampe) bottom.

culbute /kylbyt/ *nf* somersault; (chute) tumble.

cul-cul☺ ▸ **cucul**.

cul-de-sac, *pl* **culs-de-sac** /kydsak/ *nm* dead end.

culinaire /kylinɛʀ/ *adj* culinary.

culminant, **~e** /kylminɑ̃, ɑ̃t/ *adj* **point** ~ highest point, peak.

culminer /kylmine/ *vi* ~ **au-dessus de qch** to tower above sth; [inflation, chômage] to reach its peak.

culot☺ /kylo/ *nm* cheek☺.

culotte /kylɔt/ *nf* (sous-vêtement) pants[GB], panties[US] (*pl*); (pantalon) trousers, pants[US] (*pl*).

culotté☺, **~e** /kylɔte/ *adj* cheeky.

culpabiliser /kylpabilize/ I *vtr* to make [sb] feel guilty. II *vi* to feel guilty.

culpabilité /kylpabilite/ *nf* guilt.

culte /kylt/ *nm* cult; (protestant) service.

cultivateur, **-trice** /kyltivatœʀ, tʀis/ *nm,f* farmer.

cultivé, **~e** /kyltive/ *adj* cultivated.

cultiver /kyltive/ *vtr* (plante) to grow; (champ, amitié) to cultivate.

culture /kyltyʀ/ *nf* culture; ~ **classique** classical education; (agriculture) farming. ■ ~ **physique** physical education.

culturel, **~elle** /kyltyʀɛl/ *adj* cultural.

culturiste /kyltyʀist/ *nmf* bodybuilder.

cumin /kymɛ̃/ *nm* cumin.

cumuler /kymyle/ *vtr* (fonctions) to hold [sth] concurrently; (accumuler) to accumulate.

cupide /kypid/ *adj* grasping.

cure /kyʀ/ *nf* course of treatment. ■ ~ **d'amaigrissement** slimming course[GB], reducing treatment[US]; ~ **de sommeil** sleep therapy.

curé /kyʀe/ *nm* (parish) priest.

cure-dents /kyʀdɑ̃/ *nm inv* toothpick.

curer /kyʀe/ *vtr* to clean out.

curieux, **~ieuse** /kyʀjø, jøz/ I *adj* inquisitive, curious; (étrange) strange, curious. II *nm,f* (passant) onlooker.

curiosité /kyʀjozite/ *nf* curiosity.

curriculum vitae /kyʀikylɔmvite/ *nm inv* curriculum vitae, résumé[US].

curry /kyʀi/ *nm* curry.

curseur /kyʀsœʀ/ *nm* ORDINAT cursor.

cutané, **~e** /kytane/ *adj* skin.

cuti /kyti/ *nf* skin test.

cutter /kytœʀ/ *nm* Stanley knife®.

cuve /kyv/ *nf* (à vin) vat; (à mazout) tank.

cuvée /kyve/ *nf* vintage.

cuvette /kyvɛt/ *nf* bowl.

CV /seve/ *nm* (*abrév* = **curriculum vitae**) CV, résumé[US]; (*abrév écrite* = **cheval-vapeur**) HP.

cyclable /siklabl/ *adj* **piste** ~ cycle track[GB], bicycle path[US].

cycle /sikl/ *nm* cycle; UNIV **premier** ~ *first two years of a degree course leading to a diploma*; **deuxième** ~ *final two years of a degree course*; **troisième** ~ graduate studies.

cyclique /siklik/ *adj* cyclic.

cyclisme /siklism/ *nm* cycling.

cycliste /siklist/ *adj* [club] cycling; [course] cycle; **coureur** ~ racing cyclist.

cyclomoteur /siklomɔtœʀ/ *nm* moped.

cyclone /siklon/ *nm* cyclone.

cygne /siɲ/ *nm* swan.
cylindre /silɛ̃dʀ/ *nm* cylinder.
cylindrée /silɛ̃dʀe/ *nf* capacity, size.
cylindrique /silɛ̃dʀik/ *adj* cylindrical.
cymbale /sɛ̃bal/ *nm* cymbal.
cynique /sinik/ *adj* cynical.
cyprès /sipʀɛ/ *nm* cypress.

d

d' ▸ **de**.
d'abord ▸ **abord**.
dactylo /daktilo/ *nmf, abrév* = **dactylographe** typist.
dactylographier /daktilɔgʀafje/ *vtr* to type (out).
dada☺ /dada/ *nm* (cheval) horsie☺; (passe-temps) hobby.
dadais☺ /dadɛ/ *nm* clumsy youth.
daigner /deɲe/ *vtr* ~ **faire qch** to deign to do sth.
daim /dɛ̃/ *nm* (fallow) deer; **en** ~ suede.
dalle /dal/ *nf* slab.
• **que** ~☹ nothing at all, zilch☺.
dame /dam/ I *nf* lady; (aux cartes, échecs) queen; (aux dames) king. II **~s** *nfpl* (jeu) draughts^GB^ (*sg*), checkers^US^ (*sg*).
damier /damje/ *nm* draughtboard^GB^, checkerboard^US^; **en** ~ checked.
damné, **~e** /dane/ *adj* ☺ cursed; RELIG damned.
damner /dane/ *vtr* to damn.
dancing /dɑ̃siŋ/ *nm* dance hall.
dandiner: **se** ~ /dɑ̃dine/ *vpr* to waddle.
danger /dɑ̃ʒe/ *nm* danger; **être en** ~ to be in danger; **sans** ~ safe.
dangereux, **~euse** /dɑ̃ʒʀø, øz/ *adj* dangerous.
dans /dɑ̃/ *prép* (lieu fixe) in; ~ **les affaires** in business; (+ mouvement) to, into; **monter** ~ **un avion** to get on a plane; (temps) in; ~ **deux heures** in two hours; ~ **la journée** during the day; (approximation) ~ **les 30 francs** about 30 francs.
danse /dɑ̃s/ *nf* dance; (activité) dancing.
danser /dɑ̃se/ *vtr, vi* to dance.
danseur, **~euse** /dɑ̃sœʀ, øz/ *nm,f* dancer.
dard /daʀ/ *nm* sting.
darne /daʀn/ *nf* (de saumon) steak.
date /dat/ *nf* date; ~ **limite** deadline.
dater /date/ I *vtr* to date; **à** ~ **de** as from. II *vi* ~ **de** to date from; (être démodé) to be dated.
datte /dat/ *nf* date.
dauphin /dofɛ̃/ *nm* dolphin.
daurade /dɔʀad/ *nf* ~ (**royale**) gilt-head bream.
davantage /davɑ̃taʒ/ I *adv* more; (plus longtemps) longer. II *dét indéf* ~ **de** more.
DDASS /das/ *nf* (*abrév* = **Direction départementale de l'action sanitaire et sociale**) ≈ regional social-services department.
de (**d'** *devant voyelle ou h muet*) /də, d/ *prép* (origine) from; (progression) ~ **8 à 10** from 8 to 10; (destination) to; (cause) **mourir** ~ **soif** to die of thirst; **trembler** ~ **froid** to shiver with cold; (manière) in, with; (moyen) with, on; **vivre** ~ **pain** to live on bread; (agent) by; **un poème** ~ **Victor Hugo** a poem by Victor Hugo; (durée) **travailler** ~ **nuit/~ jour** to work at night/during the day; (complément du nom) of; **le toit** ~ **la maison** the roof of the house; (dimension, mesure) **un livre** ~ **200 pages** a 200-page book; **50 francs** ~ **l'heure** 50 francs an hour; (avec attribut) **deux heures** ~ **libres** two hours

free; (après un superlatif) of, in; (dans une comparaison chiffrée) **plus/moins ~ 10** more/less than 10.

dé /de/ *nm* dice (*inv*); **couper en ~s** to dice; (pour coudre) thimble.

DEA /deəa/ *nm* (*abrév* = **diplôme d'études approfondies**) postgraduate certificate (*prior to doctoral thesis*).

déambuler /deɑ̃byle/ *vi* to wander (about).

débâcle /debɑkl/ *nf* GÉOG breaking up; MIL rout; FIG collapse.

déballer /debale/ *vtr* (cadeau) to open; (marchandise) to display.

débandade /debɑ̃dad/ *nf* disarray.

débarbouiller: **se ~** /debaʀbuje/ *vpr* to wash one's face.

débarcadère /debaʀkadɛʀ/ *nm* landing stage, jetty.

débardeur /debaʀdœʀ/ *nm* sleeveless tee-shirt.

débarquement /debaʀkəmɑ̃/ *nm* MIL landing.

débarquer /debaʀke/ *vi* (marchandises) to disembark; (du train) to get off; MIL to land; ~ **(chez qn)**☺ to turn up☺ (at sb's place).

débarras /debaʀa/ *nm* (endroit) junk room; **bon ~**☺**!** good riddance!

débarrasser /debaʀase/ I *vtr* to clear; **~ qn de qch** to take sth from sb. II **se ~ de** *vpr* to get rid of; (déchets) to dispose of.

débat /deba/ *nm* debate.

débattre /debatʀ/ I *vtr* to negotiate. II *vtr ind* ~ **de/sur** to debate. III **se ~** *vpr* **se ~ (contre)** to struggle (with).

débauche /deboʃ/ *nf* debauchery; (profusion) profusion.

débaucher /deboʃe/ *vtr* to debauch; (licencier) to lay off.

débile /debil/ I☺ *adj* moronic. II *nmf* **~ mental** retarded person.

débit /debi/ *nm* debit; (de liquide) flow; (ventes) turnover. ▪ **~ de boissons** bar.

débiter /debite/ *vtr* (compte) to debit; ~ **des bêtises** to talk a lot of nonsense; (découper) to cut up.

débiteur, **~trice** /debitœʀ, tʀis/ *nm,f* debtor.

déblayer /debleje/ *vtr* to clear (away).

débloquer /deblɔke/ I *vtr* (frein) to release; (volant) to unlock; (mécanisme) to unjam; (salaires) to unfreeze. II☺ *vi* to be off one's rocker☺.

déboires /debwaʀ/ *nmpl* disappointments.

déboiser /debwaze/ *vtr* to clear [sth] of trees.

déboîter /debwate/ I *vi* to pull out. II **se ~** *vpr* **se ~ le genou** to dislocate one's knee.

débordé, **~e** /debɔʀde/ *adj* **~ (de)** overloaded (with).

déborder /debɔʀde/ I **~ de** *vtr ind* to be full of. II *vi* [rivière] to overflow; (en bouillant) to boil over; (dépasser) to go beyond.

débouché /debuʃe/ *nm* outlet; (perspective d'avenir) job opportunity.

déboucher /debuʃe/ I *vtr* (évier) to unblock a sink; (bouteille) to open. II *vi* **~ (de/sur/dans)** to come out (from/onto/into); [études] to lead to.

débourser /debuʀse/ *vtr* to pay out.

déboussoler☺ /debusɔle/ *vtr* to confuse.

debout /dəbu/ I *adv, adj inv* standing; **se mettre ~** to stand up; (réveillé) up. II *excl* get up!

déboutonner /debutɔne/ *vtr* to unbutton.

débraillé, **~e** /debʀaje/ *adj* sloppy.

débrayer /debʀeje/ *vi* AUT to declutch; (cesser le travail) to stop work.

débris /debʀi/ I *nm* fragment. II *nmpl* scraps; (de fortune) remnants.
débrouillard, **~e** /debʀujaʀ, aʀd/ *adj* resourceful.
débrouiller /debʀuje/ I *vtr* (énigme) to solve. II **se ~** *vpr* (avec qn) to sort it out; **se ~ pour que** to arrange it so that; (en langue, etc) to get by (in); **débrouille-toi tout seul** you'll have to manage on your own.
début /deby/ *nm* beginning, start; **au ~** at first; **~ mars** early in March.
débutant, **~e** /debytɑ̃, ɑ̃t/ *adj, nm,f* beginner.
débuter /debyte/ *vtr, vi* **~ (avec/par/sur)** to begin (with), to start (with); [acteur] to make one's debut.
déca© /deka/ *nm* decaf©.
deçà: **en ~ de** /ɑ̃dəsadə/ *loc prép* on this side of; (en dessous de) below.
décacheter /dekaʃte/ *vtr* to unseal.
décade /dekad/ *nf* 10-day period.
décadence /dekadɑ̃s/ *nf* decadence.
décaféiné, **~e** /dekafeine/ *adj* decaffeinated.
décalage /dekalaʒ/ *nm* gap; (désaccord) discrepancy. ▪ **~ horaire** time difference.
décalcomanie /dekalkɔmani/ *nf* transfer^GB, decal^US.
décaler /dekale/ *vtr* (avancer) (date) to bring [sth] forward; (reculer) to put^GB, move^US [sth] back.
décalquer /dekalke/ *vtr* to trace.
décamper© /dekɑ̃pe/ *vi* to clear off©.
décaper /dekape/ *vtr* to strip.
décapiter /dekapite/ *vtr* to behead.
décapotable /dekapɔtabl/ *adj, nf* convertible.
décapsuleur /dekapsylœʀ/ *nm* bottle opener.
décéder /desede/ *vi* to die.
décembre /desɑ̃bʀ/ *nm* December.
décence /desɑ̃s/ *nf* decency.
décennie /deseni/ *nf* decade.
décent, **~e** /desɑ̃, ɑ̃t/ *adj* decent.
décentraliser /desɑ̃tʀalize/ *vtr* to decentralize.
déception /desɛpsjɔ̃/ *nf* disappointment.
décerner /desɛʀne/ *vtr* to award.
décès /desɛ/ *nm* death.
décevant, **~e** /desəvɑ̃, ɑ̃t/ *adj* disappointing.
décevoir /desəvwaʀ/ *vtr* to disappoint.
déchaîné, **~e** /deʃene/ *adj* [mer] raging; [foule] wild.
déchaîner: **se ~** /deʃene/ *vpr* [vent] to rage; [foule] to go wild; [personne] to fly into a rage.
décharge /deʃaʀʒ/ *nf* (d'ordures) rubbish^GB, garbage^US dump; (électrique) shock; (d'accusé) acquittal; JUR discharge.
déchargement /deʃaʀʒəmɑ̃/ *nm* unloading.
décharger /deʃaʀʒe/ I *vtr* to unload; (arme) to fire; **~ qn de qch** to relieve sb of sth. II **se ~** *vpr* **se ~ de qch (sur qn)** to offload sth (onto sb); [batterie] to run down.
déchausser: **se ~** /deʃose/ *vpr* to take off one's shoes.
déchéance /deʃeɑ̃s/ *nf* decline.
déchet /deʃɛ/ I *nm* scrap. II **~s** *nmpl* waste.
déchetterie /deʃɛtʀi/ *nf* waste-reception centre^GB.
déchiffrer /deʃifʀe/ *vtr* to decipher; (partition) to sight-read.
déchiqueter /deʃikte/ *vtr* to tear [sth] to shreds.
déchirant, **~e** /deʃiʀɑ̃, ɑ̃t/ *adj* heartrending.
déchirer /deʃiʀe/ I *vtr* to tear [sth] up. II **se ~** *vpr* to tear; [personnes] to tear each other apart.
déchirure /deʃiʀyʀ/ *nf* tear.

déchu, **~e** /deʃy/ *adj* [monarque] deposed; [ange] fallen.
de-ci /dəsi/ *adv* ~ **de-là** here and there.
décidé, **~e** /deside/ *adj* [personne, allure] determined; **c'est** ~ it's settled.
décidément /desidemɑ̃/ *adv* really.
décider /deside/ I *vtr* to decide; ~ **qn à faire qch** to persuade sb to do sth. II ~ **de** *vtr ind* to decide on, to fix. III **se** ~ *vpr* to make up one's mind.
décimal, **~e**, *mpl* **~aux** /desimal, o/ *adj* decimal.
décimale /desimal/ *nf* decimal.
décisif, **~ive** /desizif, iv/ *adj* decisive.
décision /desizjɔ̃/ *nf* decision.
déclaration /deklaʀasjɔ̃/ *nf* statement; (officielle) declaration; (de naissance) registration; (de vol) report; ~ **d'impôts** tax return.
déclarer /deklaʀe/ I *vtr* to declare; ~ **à qn que** to tell sb that. II **se** ~ *vpr* [incendie] to break out; [fièvre] to start; **se** ~ **pour qch** to come out for sth; **se** ~ **à qn** to declare one's love to sb.
déclencher /deklɑ̃ʃe/ I *vtr* to launch; (mécanisme) to set off. II **se** ~ *vpr* [alarme] to go off; [douleur] to start.
déclic /deklik/ *nm* (mécanisme) trigger; (bruit) click.
déclin /deklɛ̃/ *nm* decline.
déclinaison /deklinezɔ̃/ *nf* declension.
décliner /dekline/ I *vtr* to decline; (responsabilité) to disclaim; (identité) to give. II *vi* to fade, to wane.
décoder /dekɔde/ *vtr* to decode.
décodeur /dekɔdœʀ/ *nm* decoder.
décoincer /dekwɛ̃se/ *vtr, vpr* (mécanisme) to unjam.
décollage /dekɔlaʒ/ *nm* take-off.
décoller /dekɔle/ I *vtr* to remove. II *vi* ~ (de) to take off (from).
décolleté, **~e** /dekɔlte/ I *adj* low-cut. II *nm* low neckline.
décolorer /dekɔlɔʀe/ I *vtr* to bleach. II **se** ~ *vpr* to fade.
décombres /dekɔ̃bʀ/ *nmpl* rubble ¢.
décommander /dekɔmɑ̃de/ *vtr, vpr* to cancel.
décomposer /dekɔ̃poze/ I *vtr* to break down. II **se** ~ *vpr* to decompose.
décompresser© /dekɔ̃pʀese/ *vi* to unwind.
décompte /dekɔ̃t/ *nm* discount, count.
déconcerter /dekɔ̃sɛʀte/ *vtr* to disconcert.
décongeler /dekɔ̃ʒle/ *vtr, vi* to defrost.
décongestionner /dekɔ̃ʒɛstjɔne/ *vtr, vpr* to relieve congestion in.
déconnecter /dekɔnɛkte/ *vtr* to disconnect.
déconseillé, **~e** /dekɔ̃seje/ *adj* inadvisable.
déconseiller /dekɔ̃seje/ *vtr* ~ **qch à qn** to advise sb against sth.
décontenancer /dekɔ̃tnɑ̃se/ *vtr* to disconcert.
décontracté, **~e** /dekɔ̃tʀakte/ *adj* relaxed; [mode] casual.
décontracter /dekɔ̃tʀakte/ *vtr*, **se** ~ *vpr* to relax.
décor /dekɔʀ/ *nm* decor, setting; (d'objet) decoration.
décorateur, **~trice** /dekɔʀatœʀ, tʀis/ *nm,f* interior decorator; THÉÂT set designer.
décoratif, **~ive** /dekɔʀatif, iv/ *adj* decorative.
décoration /dekɔʀasjɔ̃/ *nf* decoration.
décorer /dekɔʀe/ *vtr* to decorate (with).
décortiquer /dekɔʀtike/ *vtr* (noix, crabe) to shell; (crevette) to peel; (graine) to hull, to husk.
découler /dekule/ *vi* ~ **de** to result from.
découpage /dekupaʒ/ *nm* cut-out.

découper /dekupe/ *vtr* to cut up; (article) to cut out; (territoire) to divide up.

décourager /dekuRaʒe/ I *vtr* ~ **qn de faire** to discourage sb from doing. II **se** ~ *vpr* to get discouraged.

décousu, ~**e** /dekuzy/ *adj* [ourlet] undone; [histoire] rambling.

découvert, ~**e** /dekuvɛR, ɛRt/ I *adj* [terrain] open. II *nm* (bancaire) overdraft. III **à** ~ *loc adv* [compte] overdrawn; [agir] openly.

découverte /dekuvɛRt/ *nf* discovery.

découvrir /dekuvRiR/ *vtr* to discover; (montrer) to show.

décret /dekRɛ/ *nm* decree.

décréter /dekRete/ *vtr* ~ **que** to decree that.

décrire /dekRiR/ *vtr* to describe.

décrocher /dekRɔʃe/ I *vtr* to take down; (téléphone) to pick up; (contrat)© to get. II© *vi* to give up.

décroître /dekRwɑtR/ *vi* to go down, to get shorter.

décrypter /dekRipte/ *vtr* to decipher.

déçu, ~**e** /desy/ *adj* [personne] disappointed.

dédaigner /dedeɲe/ *vtr* to despise.

dédain /dedɛ̃/ *nm* contempt (for).

dédale /dedal/ *nm* maze, labyrinth.

dedans /dədɑ̃/ *adv* **(en)** ~ inside.

dédicace /dedikas/ *nf* dedication.

dédicacer /dedikase/ *vtr* to sign.

dédier /dedje/ *vtr* to dedicate.

dédire: **se** ~ /dediR/ *vpr* to back out.

dédommagement /dedɔmaʒmɑ̃/ *nm* compensation.

dédommager /dedɔmaʒe/ *vtr* ~ **(de)** to compensate (for).

dédouaner /dedwane/ *vtr* to clear [sth] through customs.

dédoubler: **se** ~ /deduble/ *vpr* to split in two.

déductible /dedyktibl/ *adj* deductible; ~ **des impôts** tax-deductible.

déduction /dedyksjɔ̃/ *nf* deduction.

déduire /dedɥiR/ *vtr* to deduct; ~ **que** to conclude that.

déesse /deɛs/ *nf* goddess.

défaillance /defajɑ̃s/ *nf* failure; (faiblesse) weakness.

défaillir /defajiR/ *vi* to faint; [mémoire] to fail.

défaire /defɛR/ I *vtr* to undo; (nœud) to untie; (valise) to unpack; (adversaire) to defeat. II **se** ~ *vpr* to come undone; **se** ~ **de qch** to get rid of sth.

défaite /defɛt/ *nf* defeat.

défaut /defo/ I *nm* defect; (moral) fault; **faire** ~ to be lacking. II **à** ~ **de** *loc prép* failing which. ▪ ~ **de prononciation** speech impediment.

défavorable /defavɔRabl/ *adj* unfavourable[GB].

défavorisé, ~**e** /defavɔRize/ *adj* [personne] underprivileged; [pays] disadvantaged.

défavoriser /defavɔRize/ *vtr* to discriminate against.

défection /defɛksjɔ̃/ *nf* **faire** ~ to defect.

défectueux, ~**euse** /defɛktɥø, øz/ *adj* faulty.

défendre /defɑ̃dR/ I *vtr* (interdire) ~ **qch à qn** to forbid sb sth; (protéger) to defend; (droit) to fight for. II **se** ~ *vpr* to defend oneself; (se débrouiller)© to get by; **se** ~ **d'être** to deny being; **se** ~ **de faire** to refrain from doing.

défense /defɑ̃s/ *nf* (interdiction) prohibition; ~ **de pêcher/fumer** no fishing/smoking; ~ **d'entrer** no entry; (protection) defence[GB], defense[US]; **sans** ~ helpless; (de l'environnement) protection; (d'éléphant) tusk.

défenseur /defɑ̃sœR/ *nm* defender.

défensive /defɑ̃siv/ *nf* **sur la ~** on the defensive.
déferler /defeʀle/ *vi* [vague] to break.
défi /defi/ *nm* challenge.
défiance /defjɑ̃s/ *nf* distrust, mistrust.
déficience /defisjɑ̃s/ *nf* deficiency.
déficit /defisit/ *nm* deficit.
défier /defje/ *vtr* **~ qn de faire** to defy sb to do.
défigurer /defigyʀe/ *vtr* to disfigure.
défilé /defile/ *nm* (de fête) parade; GÉOG gorge. ▪ **~ de mode** fashion show.
défiler /defile/ I *vi* (pour manifester) to march; (se succéder) to come and go; (pour célébrer) to parade; [minutes, kilomètres] to add up; ORDINAT [texte] ~ **(vers le bas/vers le haut)** to scroll (down/up). II **se ~**☺ *vpr* to cop out.
défini, **~e** /defini/ *adj* **(bien)** ~ clearly defined; [article] definite.
définir /definiʀ/ *vtr* to define.
définitif, **~ive** /definitif, iv/ I *adj* [accord] final. II **en ~** *loc adv* finally.
définition /definisjɔ̃/ *nf* definition; (de mots croisés) clue.
définitivement /definitivmɑ̃/ *adv* for good.
défoncer /defɔ̃se/ *vtr* (porte) to break down; (voiture) to smash in.
déformation /defɔʀmasjɔ̃/ *nf* distortion, (du pied) deformity.
déformer /defɔʀme/ I *vtr* (image, traits, faits) to distort. II **se ~** *vpr* to lose its shape.
défouler: **se ~**☺ /defule/ *vpr* to let off steam.
défricher /defʀiʃe/ *vtr* to clear.
défunt, **~e** /defœ̃, œ̃t/ I *adj* late. II *nm,f* deceased.
dégagé, **~e** /degaʒe/ *adj* [vue, route, ciel] clear; [air] casual.
dégager /degaʒe/ I *vtr* (libérer) to free; ~ **qn de qch** to release sb from sth; (route, passage) to clear; (idée) to bring out; (odeur) to emit; (bronches) to clear. II **se ~** *vpr* to free oneself/itself; [ciel] to clear.
dégainer /degene/ *vtr* (arme) to draw.
dégarnir /degaʀniʀ/ I *vtr* to empty. II **se ~** *vpr* [front] to go bald.
dégât /degɑ/ *nm* damage ¢.
dégel /deʒɛl/ *nm* thaw.
dégeler /deʒle/ *vi, vpr* to thaw (out).
dégénéré, **~e** /deʒeneʀe/ *adj, nm,f* degenerate.
dégivrer /deʒivʀe/ *vtr* (pare-brise) to de-ice; (réfrigérateur) to defrost.
déglinguer☺ /deglɛ̃ge/ I *vtr* to bust☺, to break. II **se ~** *vpr* [appareil] to break down.
dégonfler /degɔ̃fle/ I *vtr* to deflate. II *vi* [cheville] to go down. III **se ~** *vpr* [bouée] to deflate; [pneu] to go down; [personne]☺ to chicken out☺.
dégot(t)er☺ /degɔte/ *vtr* to find.
dégouliner /deguline/ *vi* to trickle.
dégourdi, **~e** /deguʀdi/ *adj* smart.
dégourdir: **se ~** /deguʀdiʀ/ *vpr* **se ~ (les jambes)** to stretch one's legs.
dégoût /degu/ *nm* disgust.
dégoûtant, **~e** /degutɑ̃, ɑ̃t/ *adj* disgusting.
dégoûter /degute/ I *vtr* to disgust. II **se ~** *vpr* **se ~ de qch** to get tired of sth.
dégradation /degʀadasjɔ̃/ *nf* damage ¢; (usure) deterioration (in).
dégrader /degʀade/ I *vtr* to degrade, to damage, (officier) to cashier. II **se ~** *vpr* to deteriorate.
dégrafer /degʀafe/ *vtr* to undo.
dégraisser /degʀese/ *vtr* to dry-clean; (effectifs)☺ to streamline.
degré /dəgʀe/ *nm* degree; (d'échelle) step; **par ~s** gradually; [comprendre] **au**

premier/second ~ literally/between the lines.

dégressif, **~ive** /degʀesif, iv/ *adj* **tarifs ~s** tapering charges.

dégriffé, **~e** /degʀife/ *adj* [habit] marked-down.

dégringoler☺ /degʀɛ̃gɔle/ *vi* to tumble (down).

déguenillé, **~e** /degənije/ *adj* ragged.

déguerpir /degɛʀpiʀ/ *vi* to leave.

déguisement /degizmɑ̃/ *nm* costume; (pour duper) disguise.

déguiser /degize/ *vtr, vpr* ~ **qn (en)** to dress sb up (as); (voix, écriture) to disguise.

dégustation /degystasjɔ̃/ *nf* tasting.

déguster /degyste/ *vtr* to savour^GB.

dehors /dəɔʀ/ I *adv* outside, out; **passer la nuit ~** to spend the night outdoors. II *excl* get out! III *nm inv* outside. IV **en ~** *loc adv* outside. V **en ~ de** *loc prép* outside, beyond; (à part) apart from.

déjà /deʒa/ *adv* (dès maintenant) already; (précédemment) before, already; **c'est combien, ~?**☺ how much was it again?

déjeuner¹ /deʒœne/ *vi* (à midi) to have lunch; (le matin) to have breakfast.

déjeuner² /deʒœne/ *nm* (à midi) lunch; (le matin) breakfast.

déjouer /deʒwe/ *vtr* to foil.

de-là /dəla/ *adv* **de-ci ~** here and there.

délabré, **~e** /delabʀe/ *adj* [maison] dilapidated; [santé] damaged.

délabrer: **se ~** /delabʀe/ *vpr* [maison] to become run-down; [santé] to deteriorate.

délacer /delase/ *vtr* to undo.

délai /delɛ/ *nm* (temps limité) deadline; (attente) wait; **sans ~** immediately; (prolongation) extension.

délaisser /delese/ *vtr* to neglect.

délasser: **se ~** /delase/ **se ~ (en faisant qch)** to relax (by doing sth).

délation /delasjɔ̃/ *nf* informing.

délavé, **~e** /delave/ *adj* faded.

délayer /deleje/ *vtr* to mix (with).

délecter: **se ~** /delɛkte/ *vpr* **se ~ à faire** to delight in doing.

délégation /delegasjɔ̃/ *nf* delegation.

délégué, **~e** /delege/ I *adj* [directeur] acting. II *nm,f* delegate; **~ syndical** union representative.

déléguer /delege/ *vtr* to delegate.

délestage /delɛstaʒ/ *nm* (d'axe routier) diversion^GB, detour^US; (de courant) power cut.

délester /delɛste/ I *vtr* (route) to divert^GB, detour^US traffic away from a road. II **se ~ de** *vpr* to get rid of.

délibération /delibeʀasjɔ̃/ *nf* deliberation.

délibéré, **~e** /delibeʀe/ *adj* deliberate.

délibérer /delibeʀe/ I *vtr ind* **~ de/sur** to discuss. II *vi* to be in session.

délicat, **~e** /delika, at/ *adj* delicate; [mission] tricky.

délicatesse /delikatɛs/ *nf* delicacy; (précaution) care.

délice /delis/ *nm* delight.

délicieux, **~ieuse** /delisjø, jøz/ *adj* [repas] delicious; [souvenir] delightful.

délier /delje/ *vtr* to untie.

délimiter /delimite/ *vtr* to mark (off).

délinquance /delɛ̃kɑ̃s/ *nf* delinquency.

délinquant, **~e** /delɛ̃kɑ̃, ɑ̃t/ *nm,f* offender.

délirant, **~e** /deliʀɑ̃, ɑ̃t/ *adj* delirious; [accueil] ecstatic; [soirée]☺ crazy☺; [prix] outrageous.

délire /deliʀ/ *nm* MÉD delirium; **c'est du ~!** it's crazy☺!

délirer /deliʀe/ *vi* MÉD to be delirious; ☺ to be off one's rocker☺.

délit /deli/ *nm* offence^GB, offense^US.

délivrance /delivʀɑ̃s/ *nf* relief; (d'ordonnance) issue; (de diplôme) award.

délivrer /delivʀe/ *vtr* to liberate; ~ **qn de** to free sb from; (obligation) to release sb from; (souci) to relieve sb of; (document) to issue; (diplôme) to award.

déloger /delɔʒe/ *vtr* to evict (from).

déloyal, **~e**, *mpl* **~aux** /delwajal, o/ *adj* disloyal (to); [concurrence] unfair.

deltaplane /dɛltaplan/ *nm* hang-glider.

déluge /delyʒ/ *nm* downpour, deluge; (de coups, d'insultes) hail.

déluré, **~e** /delyʀe/ *adj* laidback.

démagogie /demagɔʒi/ *nf* demagogy.

demain /dəmɛ̃/ *adv* tomorrow; **à** ~ see you tomorrow.

demande /dəmɑ̃d/ *nf* request; (d'emploi) application; ÉCON demand. ▪ **~s d'emploi** situations wanted; **~ en mariage** marriage proposal.

demandé, **~e** /dəmɑ̃de/ *adj* popular, in demand.

demander /dəmɑ̃de/ I *vtr* (conseil, argent, aide) to ask for; ~ **l'asile politique** to apply for political asylum; **on demande un plombier** plumber wanted; (effort) to require; (attention) to need. II **se ~** *vpr* **se ~ si/pourquoi** to wonder whether/why.

demandeur, **~euse** /dəmɑ̃dœʀ, øz/ *nm,f* applicant. ▪ **~ d'asile** asylum-seeker; **~ d'emploi** job-seeker.

démangeaison /demɑ̃ʒɛzɔ̃/ *nf* itch ¢.

démanger /demɑ̃ʒe/ *vtr* **ça me démange** I'm itchy.

démanteler /demɑ̃tle/ *vtr* to break up.

démaquillant, **~e** /demakijɑ̃, ɑ̃t/ I *adj* cleansing. II *nm* make-up remover.

démaquiller: **se ~** /demakije/ *vpr* to remove one's make-up.

démarchage /demaʀʃaʒ/ *nm* door-to-door selling; ~ **électoral** canvassing.

démarche /demaʀʃ/ *nf* walk; **faire des ~s pour** to take steps to; (raisonnement) approach.

démarquer /demaʀke/ I *vtr* to mark down. II **se ~** *vpr* **se ~ de qn/qch** to distance oneself from sb/sth.

démarrage /demaʀaʒ/ *nm* starting up.

démarrer /demaʀe/ *vtr*, *vi* to start (up).

démarreur /demaʀœʀ/ *nm* starter.

démasquer /demaske/ I *vtr* (traître) to unmask; (hypocrisie) to expose. II **se ~** *vpr* to betray oneself.

démêlé /demele/ *nm* **avoir des ~s avec la justice** to get into trouble with the law.

démêler /demele/ *vtr* (pelote) to disentangle; (cheveux) to untangle; (affaire) to sort out.

déménagement /demenaʒmɑ̃/ *nm* move; (transport) removal.

déménager /demenaʒe/ I *vtr* to move. II *vi* (changer de domicile) to move (house)[GB].

déménageur /demenaʒœʀ, øz/ *nm,f* removal man[GB], moving man[US].

démence /demɑ̃s/ *nf* madness, insanity.

démener: **se ~** /dem(ə)ne/ *vpr* to thrash about.

dément, **~e** /demɑ̃, ɑ̃t/ I *adj* mad, insane; [spectacle]☺ terrific☺; [prix] outrageous. II *nm,f* mentally ill person.

démenti /demɑ̃ti/ *nm* denial.

démentiel☺, **~ielle** /demɑ̃sjɛl/ *adj* [rythme] insane, [prix] outrageous.

démentir /demɑ̃tiʀ/ *vtr* to deny; (prévision) to contradict.

démesuré, **~e** /deməzyʀe/ *adj* excessive.

démettre /demɛtʀ/ I *vtr* ~ **qn de ses fonctions** to relieve sb of his/her duties. II **se ~** *vpr* (épaule) to dislocate; (démissionner) to resign.

demeurant: **au ~** /odəmœʀɑ̃/ *loc adv* for all that.

demeure /dəmœʀ/ I *nf* residence; **mise en** ~ demand. II **à ~** *loc adv* permanently.

demeuré, **~e** /dəmœʀe/ I *adj* retarded. II *nm,f* simpleton.

demeurer /dəmœʀe/ I *vi* (résider) to reside; (rester) to remain. II *v impers* to remain.

demi, **~e** /dəmi/ I **et ~**, **et ~e** *loc adj* and a half; **trois et ~ pour cent** three and a half per cent; **il est trois heures et ~e** it's half past three. II *nm,f* half. III *nm* (verre de bière) glass of beer, ≈ half-pint[GB]; SPORT half. IV **à ~** *loc adv* half.

demi-cercle, *pl* **~s** /dəmisɛʀkl/ *nm* semicircle.

demi-douzaine, *pl* **~s** /dəmiduzɛn/ *nf* half a dozen.

demie /d(ə)mi/ I ▸ **demi** I. II *nf* (d'heure) **à la ~** at half past.

demi-écrémé, **~e**, *mpl* **~s** /dəmiekʀeme/ *adj* semi-skimmed.

demi-finale, *pl* **~s** /dəmifinal/ *nf* semifinal.

demi-fond, *pl* **~s** /dəmifɔ̃/ *nm* middle-distance running.

demi-frère, *pl* **~s** /dəmifʀɛʀ/ *nm* half-brother.

demi-heure, *pl* **~s** /dəmijœʀ/ *nf* half an hour.

demi-journée, *pl* **~s** /dəmiʒuʀne/ *nf* half a day.

démilitariser /demilitaʀize/ *vtr* to demilitarize.

demi-litre, *pl* **~s** /dəmilitʀ/ *nm* half a litre[GB].

déminer /demine/ *vtr* to clear [sth] of mines.

demi-pension /dəmipɑ̃sjɔ̃/ *nf* half board; (à l'école) **être en ~** to have school lunches.

demi-pensionnaire, *pl* **~s** /dəmipɑ̃sjɔnɛʀ/ *nmf* pupil who has school lunches.

démis, **~e** /demi, iz/ I *pp* ▸ **démettre**. II (articulation) dislocated.

demi-sel /dəmisɛl/ *adj inv* slightly salted.

demi-sœur, *pl* **~s** /dəmisœʀ/ *nf* half-sister.

démission /demisjɔ̃/ *nf* resignation.

démissionner /demisjɔne/ *vi* **~ (de)** to resign from.

demi-tarif, *pl* **~s** /dəmitaʀif/ I *adj inv*, *adv* half-price. II *nm* (billet) half-price ticket; **voyager à ~** to travel half-fare.

demi-tour, *pl* **~s** /dəmituʀ/ *nm* AUT U-turn; MIL about-turn[GB], about-face[US]; **faire ~** to turn back.

démobiliser /demɔbilize/ *vtr* MIL to demobilize; (partisan) to demotivate.

démocrate /demɔkʀat/ I *adj* democratic; (aux États-Unis) [parti] Democratic. II *nmf* democrat; (aux États-Unis) Democrat.

démocratie /demɔkʀasi/ *nf* democracy.

démocratique /demɔkʀatik/ *adj* democratic.

démocratiser: **se ~** /demɔkʀatize/ *vpr* to become more democratic.

démodé, **~e** /demɔde/ *adj* old-fashioned.

démoder: **se ~** /demɔde/ *vpr* to go out of fashion.

démographie /demɔgʀafi/ *nf* demography.

démographique /demɔgʀafik/ *adj* demographic.

demoiselle /d(ə)mwazɛl/ *nf* young lady; (célibataire) single lady; (libellule) damselfly. ■ **~ d'honneur** bridesmaid.

démolir /demɔliʀ/ *vtr* to demolish.

démolisseur, **~euse** /demɔlisœʀ, øz/ *nm,f* demolition worker.

démon /demɔ̃/ *nm* devil.

démonstration /demɔ̃stʀasjɔ̃/ *nf* demonstration.

démonter /demɔ̃te/ I *vtr* to dismantle, to take [sth] to pieces. II **se ~** *vpr* to become flustered.

démontrer /demɔ̃tʀe/ *vtr* to demonstrate.

démoraliser /demɔʀalize/ *vtr* to demoralize.

démordre: ~ **de** /demɔʀdʀ/ *vtr ind* to stick by (sth).

démouler /demule/ *vtr* to turn out (from).

démuni, ~**e** /demyni/ *adj* (pauvre) penniless; (vulnérable) helpless.

dénaturer /denatyʀe/ *vtr* (faits) to distort; (goût) to alter.

dénicher /deniʃe/ *vtr* (faire sortir) to flush out; (découvrir)☺ to dig out☺.

dénier /denje/ *vtr* to deny.

dénigrer /denigʀe/ *vtr* to denigrate.

dénivellation /denivɛlasjɔ̃/ *nf* gradient, slope; ~ **de 100 m** 100 m drop.

dénombrable /denɔ̃bʀabl/ *adj* countable; **non** ~ uncountable.

dénombrer /denɔ̃bʀe/ *vtr* to count.

dénominateur /denɔminatœʀ/ *nm* ~ **commun** common denominator.

dénommer /denɔme/ *vtr* to name.

dénoncer /denɔ̃se/ **I** *vtr* to denounce; (contrat) to break. **II se** ~ *vpr* to give oneself up.

dénonciation /denɔ̃sjasjɔ̃/ *nf* denunciation.

dénoter /denɔte/ *vtr* to denote, to show.

dénouement /denumɑ̃/ *nm* (d'une pièce) denouement; (d'un conflit) outcome.

dénouer /denwe/ *vtr* to undo; (intrigue) to unravel.

dénoyauter /denwajote/ *vtr* to stone[GB], to pit[US].

denrée /dɑ̃ʀe/ *nf* ~ **de base** staple (food); ~**s alimentaires** foodstuffs.

dense /dɑ̃s/ *adj* dense.

densité /dɑ̃site/ *nf* density.

dent /dɑ̃/ *nf* tooth; ~ **de lait/sagesse** milk/wisdom tooth; **rage de** ~**s** toothache; **en** ~**s de scie** serrated.

dentaire /dɑ̃tɛʀ/ *adj* dental.

dentelle /dɑ̃tɛl/ *nf* lace.

dentier /dɑ̃tje/ *nm* dentures (*pl*).

dentifrice /dɑ̃tifʀis/ *nm* toothpaste.

dentiste /dɑ̃tist/ *nmf* dentist.

dénuder /denyde/ **I** *vtr* (câble) to strip. **II se** ~ *vpr* to strip (off).

dénué, ~**e** /denɥe/ *adj* ~ **de** lacking in.

dénuement /denymɑ̃/ *nm* destitution.

déodorant /deɔdɔʀɑ̃/ *nm* deodorant.

dépannage /depanaʒ/ *nm* repair.

dépanner /depane/ *vtr* (appareil) to fix; (remorquer) to tow away; (aider)☺ ~ **qn** to help sb out.

dépanneur, ~**euse** /depanœʀ, øz/ *nm,f* repairman, repairwoman.

dépanneuse /depanøz/ *nf* breakdown truck[GB], tow truck[US].

dépareillé, ~**e** /depaʀeje/ *adj* odd.

départ /depaʀ/ *nm* departure; **avant ton** ~ before you leave; **le** ~ **en retraite** retirement; (début) start; **au** ~ at first.

départager /depaʀtaʒe/ *vtr* (candidats) to decide between.

département /depaʀtəmɑ̃/ *nm* department (*French territorial division*), (secteur) department.

départemental, ~**e**, *mpl* ~**aux** /depaʀtəmɑ̃tal, o/ *adj* local, regional.

départementale /depaʀtəmɑ̃tal/ *nf* secondary road, ≈ B road[GB].

dépassé, ~**e** /depase/ *adj* outdated; (vieux jeu) out-of-date; (débordé)☺ overwhelmed.

dépassement /depasmɑ̃/ *nm* (sur route) overtaking[GB], passing[US]; (de budget) overrun.

dépasser /depase/ **I** *vtr* to overtake[GB], to pass[US]; (cible, lieu) to go past; (espérances, attributions) to exceed; ~ **les bornes** to go too far; **ça me dépasse**©! it's beyond me! II *vi* (sortir) to stick out; (se faire voir) to show.

dépaysé, **~e** /depeize/ *adj* disorientated.

dépêche /depɛʃ/ *nf* dispatch.

dépêcher /depeʃe/ I *vtr* to dispatch. II **se ~** *vpr* to hurry up.

dépeindre /depɛ̃dʀ/ *vtr* to depict.

dépendance /depɑ̃dɑ̃s/ *nf* dependence; (bâtiment) outbuilding.

dépendre: **~ de** /depɑ̃dʀ/ *vtr ind* to depend on; (avoir besoin de) to be dependent on; **ça dépend de toi** it's up to you.

dépens: **aux ~ de** /depɑ̃/ *nmpl* **aux ~ d'autrui** at someone else's expense; **apprendre à ses ~** to learn to one's cost.

dépense /depɑ̃s/ *nf* expense; (d'essence) consumption. ■ **~s courantes** running costs.

dépenser /depɑ̃se/ I *vtr* to spend; (tissu, papier) to use. II **se ~** *vpr* **se ~ pour** to put a lot of energy into.

dépensier, **~ière** /depɑ̃sje, jɛʀ/ *adj* extravagant.

dépérir /depeʀiʀ/ *vi* [personne, animal] to waste away; [plante] to wilt; [économie] to be on the decline.

dépêtrer: **se ~** /depɛtʀe/ *vtr* **se ~ de** to extricate oneself from.

dépistage /depistaʒ/ *nm* (de maladie) screening; ~ **précoce** early detection.

dépister /depiste/ *vtr* (criminel) to track down; (maladie) to detect.

dépit /depi/ I *nm* bitter disappointment; **par ~** out of pique. II **en ~ de** *loc prép* in spite of.

déplacé, **~e** /deplase/ *adj* [population] displaced; [geste] inappropriate.

déplacement /deplasmɑ̃/ *nm* trip; (de population) displacement.

déplacer /deplase/ I *vtr* (objet, personne, réunion) to move; (problème) to shift; (population) to displace. II **se ~** *vpr* to move, to travel.

déplaire /deplɛʀ/ I **~ à** *vtr ind* **cela m'a déplu** I didn't like it. II *v impers* **il ne me déplairait pas si** I'd be quite happy if.

déplaisant, **~e** /deplɛzɑ̃, ɑ̃t/ *adj* unpleasant.

dépliant /deplijɑ̃/ *nm* leaflet.

déplier /deplije/ *vtr*, *vpr* to unfold.

déploiement /deplwamɑ̃/ *nm* deployment; (démonstration) display; (d'ailes) spreading.

déplorable /deplɔʀabl/ *adj* regrettable.

déplorer /deplɔʀe/ *vtr* to deplore.

déployer /deplwaje/ I *vtr* (troupes) to deploy; (talent) to display; (ailes) to spread. II **se ~** *vpr* [policiers] to fan out.

déportation /depɔʀtasjɔ̃/ *nf* (dans un camp de concentration) internment in a concentration camp; (bannissement) deportation.

déporté, **~e** /depɔʀte/ *nm,f* (dans un camp de concentration) prisoner interned in a concentration camp; (personne bannie) transported convict.

déporter /depɔʀte/ I *vtr* (interner) to send [sb] to a concentration camp; (bannir) to deport. II **se ~** *vpr* to swerve.

déposer /depoze/ I *vtr* to put down; (ordures) to dump; (gerbe) to lay; ~ **les armes** to lay down one's arms; (objet, lettre) to leave, to drop off; (argent) to deposit; (dossier, offre) to submit; (amendement) to propose; (projet de loi) to introduce; (plainte) to lodge; ~ **son bilan** to file a petition in bankruptcy. II *vi* (devant un juge) to testify; (au commissariat) to make a statement. III **se ~** *vpr* [poussière] to settle.

déposition /depozisjɔ̃/ *nf* deposition.

déposséder /depɔsede/ *vtr* ~ **qn de qch** to dispossess sb of sth.

dépôt /depo/ *nm* (entrepôt) warehouse, store; (ferroviaire) depot; (d'argent, sédiment) deposit. ■ **~ légal** registration.

dépotoir /depɔtwaR/ *nm* dump.

dépouille /depuj/ *nf* (d'animal) skin, hide; (cadavre) body; ~ **(mortelle)** mortal remains (*pl*).

dépouillé, **~e** /depuje/ *adj* bare.

dépouiller /depuje/ I *vtr* ~ **qn de ses biens** to strip sb of his/her possessions; (courrier) to open; (scrutin) to count. II **se ~ de** *vpr* to shed.

dépourvu, **~e** /depuRvy/ I *adj* ~ **de** without. II *nm* **au** ~ by surprise.

dépravé, **~e** /depRave/ *adj* depraved.

déprécier: **se ~** /depResje/ *vpr* to depreciate.

dépressif, **~ive** /depResif, iv/ *adj, nm,f* depressive.

dépression /depResjɔ̃/ *nf* depression; ~ **nerveuse** nervous breakdown.

déprimant, **~e** /depRimɑ̃, ɑ̃t/ *adj* depressing.

déprime☺ /depRim/ *nf* depression.

déprimer /depRime/ I *vtr* to depress. II☺ *vi* to be depressed.

depuis /dəpɥi/ I *adv* since. II *prép* (marquant le point de départ) since; ~ **quand vis-tu là-bas?** how long have you been living there ?; ~ **ta naissance** since you were born; ~ **le début** from start; (marquant la durée) for; **il pleut ~ trois jours** it's been raining for three days; ~ **longtemps** for a long time; (marquant le lieu) from; ~ **ma fenêtre** from my window; (dans une série) from; ~ **le premier jusqu'au dernier** from first to last. III **~ que** *loc conj* (ever) since.

député /depyte/ *nm* POL deputy; ~ **britannique/au Parlement européen** (British) Member of Parliament/Member of the European Parliament.

déraciner /deRasine/ *vtr* to uproot.

déraillement /deRɑjmɑ̃/ *nm* derailment.

dérailler /deRɑje/ *vi* RAIL to be derailed; (perdre l'esprit)☺ to lose one's marbles☺.

dérailleur /deRɑjœR/ *nm* derailleur.

déraisonnable /deRɛzɔnabl/ *adj* unreasonable.

dérangement /deRɑ̃ʒmɑ̃/ *nm* trouble, inconvenience; **en** ~ [ascenseur, etc] out of order.

déranger /deRɑ̃ʒe/ I *vtr* to disturb; **ne pas** ~ do not disturb; [bruit, fumée] to bother; (habitudes, estomac) to upset; (esprit) to affect. II **se ~** *vpr* (changer de place) to move; (faire un effort) to put oneself out.

dérapage /deRapaʒ/ *nm* skid; (des prix) escalation.

déraper /deRape/ *vi* [voiture] to skid; [prix] to get out of control.

dérider /deRide/ I *vtr* to cheer [sb] up. II **se ~** *vpr* to start smiling.

dérision /deRizjɔ̃/ *nf* derision; **tourner qch en** ~ to ridicule sth.

dérisoire /deRizwaR/ *adj* trivial, derisory.

dérivatif /deRivatif/ *nm* way of escape.

dérive /deRiv/ *nf* drift; NAUT centreboard[GB].

dérivé, **~e** /deRive/ I *adj* **corps/mot** ~ derivative. II *nm* (produit) by-product.

dériver /deRive/ I *vtr ind* ~ **de** to be derived from. II *vi* [barque] to drift.

dériveur /deRivœR/ *nm* (sailing) dinghy.

dermatologie /dɛRmatɔlɔʒi/ *nf* dermatology.

dernier, **~ière** /dɛRnje, jɛR/ I *adj* last, (le plus récent) latest; **un ~ mot** a final word; **ces ~ temps** recently. II *nmf* last; **ce** ~ the latter. III **en ~** *loc adv* last. ■ **~ cri** latest fashion.

dernier-né, **dernière-née**, *mpl* **derniers-nés** /dɛRnjene, dɛRnjɛRne/ *nm,f* (enfant) youngest; (modèle) latest model.

dérobé, **~e** /deʀɔbe/ I *adj* [porte, escalier] concealed. II **à la ~e** *loc adv* furtively.

dérober /deʀɔbe/ I *vtr* to steal. II **se ~** *vpr* to be evasive; **se ~ à** (devoir) to shirk; (justice) to evade; [sol] to give way.

dérogation /deʀɔgasjɔ̃/ *nf* (special) dispensation.

déroulement /deʀulmɑ̃/ *nm* (des événements) sequence; (d'intrigue) unfolding.

dérouler /deʀule/ I *vtr* (tapis) to unroll; (fil) to unwind. II **se ~** *vpr* [histoire] to take place; [négociations] to proceed.

déroute /deʀut/ *nf* (débandade) rout; (défaite) crushing defeat.

dérouter /deʀute/ *vtr* (personne) to puzzle; (avion) to divert.

derrière[1] /dɛʀjɛʀ/ I *prép* behind. II *adv* (à l'arrière) behind; (dans le fond) at the back; (dans une voiture) in the back.

derrière[2] /dɛʀjɛʀ/ *nm* back; **de ~** [chambre, porte] back; (de personne, d'animal)☺ behind☺, backside☺.

des /dɛ/▸ **un** I.

dès /dɛ/ I *prép* from; **~ (l'âge de) huit ans** from the age of eight; **~ le départ/début** (right) from the start; **~ mon arrivée** as soon as I arrive. II **~ que** *loc conj* as soon as; **~ que possible** as soon as possible.

désabusé, **~e** /dezabyze/ *adj* [personne] disillusioned.

désaccord /dezakɔʀ/ *nm* disagreement; **être en ~ (sur qch)** to disagree (over sth).

désaccordé, **~e** /dezakɔʀde/ *adj* [instrument] out-of-tune (*épith*).

désaffecté, **~e** /dezafɛkte/ *adj* disused.

désagréable /dezagʀeabl/ *adj* unpleasant.

désagréger: **se ~** /dezagʀeʒe/ *vpr* (se décomposer) to disintegrate, to break up.

désagrément /dezagʀemɑ̃/ *nm* annoyance, inconvenience.

désaltérant, **~e** /dezalteʀɑ̃, ɑ̃t/ *adj* thirst-quenching.

désaltérer: **se ~** /dezalteʀe/ *vpr* to quench one's thirst.

désapprobateur, **~trice** /dezapʀɔbatœʀ, tʀis/ *adj* disapproving.

désapprobation /dezapʀɔbasjɔ̃/ *nf* disapproval.

désapprouver /dezapʀuve/ *vtr* to disapprove of.

désarçonner /dezaʀsɔne/ *vtr* to take [sb] aback.

désarmé, **~e** /dezaʀme/ *adj* helpless.

désarmement /dezaʀməmɑ̃/ *nm* disarmament.

désarmer /dezaʀme/ *vtr* (personne) to disarm.

désarroi /dezaʀwa/ *nm* confusion.

désastre /dezastʀ/ *nm* disaster.

désastreux, **~euse** /dezastʀø, øz/ *adj* disastrous.

désavantage /dezavɑ̃taʒ/ *nm* (inconvénient) drawback, disadvantage.

désavantager /dezavɑ̃taʒe/ *vtr* to put [sb/sth] at a disadvantage.

désavantageux, **~euse** /dezavɑ̃taʒø, øz/ *adj* disadvantageous.

désavouer /dezavwe/ *vtr* (propos) to deny; (personne) to disown.

désaxé, **~e** /dezakse/ *adj* [personne] deranged.

descendant, **~e** /desɑ̃dɑ̃, ɑ̃t/ *nm,f* descendant.

descendre /desɑ̃dʀ/ I *vtr* to take, to bring [sb/sth] down; **descends le store** put the blind down; (parcourir) to go, to come down; (en venant) to come down; (éliminer)☺ (personne) to bump off☺; (boire)☺ to down. II *vi* (se déplacer) (en allant) to go, to come down; [nuit] to fall (over); **tu es descendu à pied?** did you walk down?; **~ de** (trottoir) to step off; **descends de là!** get down from there!; **~ d'une voiture** to get out of a car; **~ d'un train/bus/avion** to get off a train/bus/

plane; [marée] to go out; ~ **dans un hôtel** to stay at a hotel; (être issu) ~ **de** to come from.

descente /desɑ̃t/ *nf* descent; **freiner dans les ~s** to brake going downhill; (sortie) **à ma ~ du train** when I got off the train; (épreuve en ski) downhill (event); (de police) raid.

descriptif, **~ive** /deskʀiptif, iv/ I *adj* descriptive. II *nm* description.

description /deskʀipsjɔ̃/ *nf* description.

désemparé, **~e** /dezɑ̃paʀe/ *adj* [personne] distraught, at a loss.

déséquilibre /dezekilibʀ/ *nm* (social) imbalance; **être en ~** [table] to be unstable; [personne] to be off balance; **souffrir de ~ nerveux** to be mentally ill.

déséquilibrer /dezekilibʀe/ *vtr* (personne) to make [sb] lose their balance; (barque) to make [sth] unstable; (pays) to destabilize.

désert, **~e** /dezɛʀ, ɛʀt/ I *adj* deserted; (inhabité) uninhabited; **île ~e** desert island. II *nm* desert.

déserter /dezɛʀte/ *vtr* to desert.

déserteur /dezɛʀtœʀ/ *nm* deserter.

désertique /dezɛʀtik/ *adj* desert.

désespérant, **~e** /dezɛspeʀɑ̃, ɑ̃t/ *adj* hopeless, heartbreaking.

désespéré, **~e** /dezɛspeʀe/ *adj* desperate; [situation, cas] hopeless; [regard, geste] despairing.

désespérer /dezɛspeʀe/ I *vtr* to drive [sb] to despair. II **~ de** *vtr ind* **~ de qn/qch** to despair of sb/sth. III *vi* to despair, to lose hope. IV **se ~** *vpr* to despair.

désespoir /dezɛspwaʀ/ *nm* despair; **en ~ de cause** in desperation.

déshabiller, **se ~** /dezabije/ *vtr*, *vpr* to undress.

désherber /dezɛʀbe/ *vtr* to weed.

déshérité /dezeʀite/ I *adj* [personne] underprivileged; [pays] disadvantaged. II *nm,f* **les ~s** the underprivileged.

déshériter /dezeʀite/ *vtr* to disinherit.

déshonneur /dezɔnœʀ/ *nm* disgrace.

déshonorant, **~e** /dezɔnɔʀɑ̃, ɑ̃t/ *adj* degrading.

déshonorer /dezɔnɔʀe/ I *vtr* to bring disgrace on. II **se ~** *vpr* to disgrace oneself.

déshydraté, **~e** /dezidʀate/ *adj* dehydrated.

désigner /deziɲe/ *vtr* (montrer) to point out, to indicate; (en nommant) to name; (choisir) to designate, to appoint; **être tout désigné pour** to be just right for.

désinence /dezinɑ̃s/ *nf* ending.

désinfectant, **~e** /dezɛ̃fɛktɑ̃, ɑ̃t/ *nm* disinfectant.

désinfecter /dezɛ̃fɛkte/ *vtr* to disinfect.

désintégrer /dezɛ̃tegʀe/ *vtr*, **se ~** *vpr* to disintegrate.

désintéressé, **~e** /dezɛ̃teʀese/ *adj* [personne, acte] selfless, unselfish; [conseil] disinterested.

désintérêt /dezɛ̃teʀɛ/ *nm* ~ **(pour)** lack of interest (in).

désintoxiquer /dezɛ̃tɔksike/ *vtr* to detoxify.

désinvolte /dezɛ̃vɔlt/ *adj* casual.

désinvolture /dezɛ̃vɔltyʀ/ *nf* casual manner; **avec ~** casually.

désir /deziʀ/ *nm* desire.

désirer /deziʀe/ *vtr* to want; **effets non désirés** unwanted effects; **que désirez-vous?** what would you like?

désireux, **~euse** /deziʀø, øz/ *adj* **être ~ de faire qch** to be anxious to do sth.

désister: **se ~** /deziste/ *vpr* to withdraw.

désobéir /dezɔbeiʀ/ *vtr ind* **~ à qn/à un ordre** to disobey sb/an order.

désobéissance /dezɔbeisɑ̃s/ *nf* desobedience.

désobéissant, **~e** /dezɔbeisɑ̃, ɑ̃t/ *adj* disobedient.

désobligeant, **~e** /dezɔbliʒɑ̃, ɑ̃t/ *adj* disagreeable.

désodorisant, **~e** /dezɔdɔʀizɑ̃, ɑ̃t/ *nm* (pour le corps) deodorant; (pour la maison) air freshener.

désodoriser /dezɔdɔʀize/ *vtr* to freshen.

désœuvré, **~e** /dezœvʀe/ *adj* idle.

désolant, **~e** /dezɔlɑ̃, ɑ̃t/ *adj* appalling.

désolation /dezɔlasjɔ̃/ *nf* desolation; (affliction) grief.

désolé, **~e** /dezɔle/ *adj* **être ~ que** to be sorry that; [village, plaine] desolate.

désoler /dezɔle/ *vtr* to upset; **ça me désole** I think it's unfortunate.

désolidariser: **se ~** /desɔlidaʀize/ *vpr* **se ~ de** to dissociate oneself from.

désopilant, **~e** /dezɔpilɑ̃, ɑ̃t/ *adj* hilarious.

désordonné, **~e** /dezɔʀdɔne/ *adj* untidy.

désordre /dezɔʀdʀ/ *nm* mess; **laisser tout en ~** to leave everything in a mess; **~s sociaux** social disorder.

désorienté /dezɔʀjɑ̃te/ *adj* confused.

désormais /dezɔʀmɛ/ *adv* (au présent) from now on, henceforth; (au passé) from then on, henceforth.

désosser /dezɔse/ *vtr* to bone.

despote /dɛspɔt/ *nm* despot.

desquelles, desquels /dɛkɛl/ ▸ **lequel**.

DESS /deəɛsɛs/ *nm* (*abrév* = **diplôme d'études supérieures spécialisées**) *postgraduate degree taken after master's.*

dessaisir: **se ~ de** /desezir/ *vpr* to relinquish sth.

dessécher /deseʃe/ I *vtr* to dry [sth] out. II **se ~** *vpr* to become dry; [végétation] to wither.

dessein /desɛ̃/ *nm* design; **avoir le ~ de faire** to have the intention of doing; **à ~** deliberately.

desserré, **~e** /deseʀe/ *adj* loose.

desserrer /deseʀe/ *vtr* (col, vis) to loosen; (frein) to release; **~ les rangs** to break ranks.

dessert /desɛʀ/ *nm* dessert, pudding[GB].

desserte /desɛʀt/ *nf* (transport) service; (meuble) sideboard.

desservir /desɛʀviʀ/ *vtr* (banlieue) to provide service to; **quartier bien/mal desservi** well/badly served district.

dessin /desɛ̃/ *nm* drawing; **faire du ~** to draw; (motif) pattern. ■ **~ animé** cartoon.

dessinateur, **~trice** /desinatœʀ, tʀis/ *nm,f* ART draughtsman[GB], draftsman[US]; (concepteur) designer.

dessiner /desine/ I *vtr* (dessin) to draw; (décor) to design; **~ les grandes lignes de** to outline. II **se ~** *vpr* to take shape; **se ~ à l'horizon** to appear on the horizon.

dessous[1] /dəsu/ I *adv* underneath; **(par) en ~** underneath. II **en dessous de** *loc prép* below; **en ~ de zéro/de la fenêtre** below zero/the window.

dessous[2] /dəsu/ I *nm inv* (d'un objet) underside; (des bras) inside (part); **le ~ du pied** the sole of the foot; **drap du ~** bottom sheet; **l'étage du ~** the floor below. II *nmpl* (sous-vêtements) underwear ¢; **on ignore les ~ de l'affaire** we don't know what's behind this affair.

dessous-de-plat /dəsudpla/ *nm inv* table mat.

dessus[1] /dəsy/ *adv* on top; [passer] over it; **un gâteau avec du chocolat ~** a cake with chocolate on top; [travailler, marquer] on it.

dessus[2] /dəsy/ *nm inv* top; **l'étage du ~** the floor above; **le drap de ~** the top sheet.

dessus-de-lit /d(ə)sydli/ *nm inv* bedspread.

destin /dɛstɛ̃/ *nm* fate, destiny.

destinataire /dɛstinatɛʀ/ *nmf* addressee.

destination /dɛstinasjɔ̃/ I *nf* destination. II **à ~ de** *loc prép* to, bound for.

destinée /dɛstine/ *nf* destiny.

destiner /dɛstine/ I *vtr* **~ qch à qn** to intend sth for sb. II **se ~** *vpr* **se ~ à une carrière de juriste** to be decided on a legal career.

destituer /dɛstitɥe/ *vtr* (officier) to discharge.

destruction /dɛstʀyksjɔ̃/ *nf* destruction ¢.

désuet, **~ète** /dezɥɛ, ɛt/ *adj* obsolete.

désuétude /dezɥetyd/ *nf* **tomber en ~** to become obsolete.

détachant /detaʃɑ̃/ *nm* stain remover.

détaché, **~e** /detaʃe/ *adj* detached.

détachement /detaʃmɑ̃/ *nm* detachment; **~ (auprès de)** transfer (to).

détacher /detaʃe/ I *vtr* to untie; (ceinture) to unfasten; (chaussure, corde) to undo; (chèque) to tear [sth] off; (syllabe) to articulate; **~ les yeux de qch** to take one's eyes off sth; (affecter) to transfer; **~ un vêtement** to get the stains out of a garment. II **se ~** *vpr* [lien] to come undone; [affiche] to come away; **se ~ de qn** to grow away from sb; (ressortir) **se ~ dans/sur** to stand out in/against.

détail /detaj/ *nm* detail; **entrer dans les ~s** to go into detail; **acheter/vendre (qch) au ~** to buy/sell (sth) retail.

détaillant, **~e** /detajɑ̃, ɑ̃t/ *nm,f* retailer.

détaillé, **~e** /detaje/ *adj* [plan] detailed; [facture] itemized.

détailler /detaje/ *vtr* (projet) to detail; (personne, objet) to scrutinize.

détaler© /detale/ *vi* [personne] to decamp.

détartrer /detaʀtʀe/ *vtr* to scale.

détaxe /detaks/ *nf* tax refund.

détecter /detɛkte/ *vtr* to detect.

détective /detɛktiv/ *nm* detective.

déteindre /detɛ̃dʀ/ *vi* (au soleil) to fade; (dans l'eau) to run; **~ sur qn** to rub off on sb.

détendre /detɑ̃dʀ/ I *vtr* (ressort) to slacken; (muscle) to relax; (atmosphère) to calm. II *vi* to be relaxing. III **se ~** *vpr* to relax.

détendu, **~e** /detɑ̃dy/ *adj* relaxed.

détenir /det(ə)niʀ/ *vtr* to hold; **~ la vérité** to possess the truth; (criminel) to detain.

détente /detɑ̃t/ *nf* relaxation; (d'arme) trigger.

détention /detɑ̃sjɔ̃/ *nf* (d'actions, de drogue) holding; (d'armes, de secret) possession; (privation de liberté) detention.

détenu, **~e** /detəny/ *nm,f* prisoner.

détergent /detɛʀʒɑ̃/ *nm* detergent.

détérioration /deteʀjɔʀasjɔ̃/ *nf* deterioration (in).

détériorer /deteʀjɔʀe/ I *vtr* to damage. II **se ~** *vpr* to deteriorate.

déterminant, **~e** /detɛʀminɑ̃, ɑ̃t/ *adj* I *adj* decisive. II *nm* LING determiner.

détermination /detɛʀminasjɔ̃/ *nf* determination.

déterminé, **~e** /detɛʀmine/ *adj* determined; [durée, objectif] given.

déterminer /detɛʀmine/ *vtr* (raison, choix) to determine; **~ qn à faire** to make sb decide to do.

détester /detɛste/ I *vtr* to detest, to loathe; **~ faire** to hate doing. II **se ~** *vpr* to hate oneself each other.

détonation /detɔnasjɔ̃/ *nf* detonation.

détoner /detɔne/ *vi* to go off, to detonate.

détonner /detɔne/ *vi* ~ **(au milieu de)** to be out of place (among).

détour /detuʀ/ *nm* detour; **il me l'a dit sans ~s** he told me straight.

détourné, **~e** /detuʀne/ *adj* indirect; **d'une façon ~e** in a roundabout way.

détournement /detuʀnəmɑ̃/ *nm* (d'avion, etc) hijacking; (de circulation) diversion[GB], detour[US]. ▪ **~ de fonds** embezzlement.

détourner /detuʀne/ I *vtr* to divert; (circulation) to divert[GB], to detour[US]; (conversation) to change; (avion, etc) to hijack; (fonds) to embezzle; ~ **de** (objectif) to distract [sb] from. II **se ~** *vpr* to look away; **se ~ de** to turn away from.

détraquer[©] /detʀake/ I *vtr* to break, to bust[©]. II **se ~** *vpr* [machine] to go wrong; **se ~ la santé** to ruin one's health.

détresse /detʀɛs/ *nf* distress.

détriment: **au ~ de** /odetʀimɑ̃də/ *loc prép* to the detriment of.

détritus /detʀity(s)/ *nmpl* rubbish[GB] ¢, garbage[US] ¢.

détroit /detʀwa/ *nm* straits (*pl*).

détromper /detʀɔ̃pe/ I *vtr* to set [sb] right. II **se ~** *vpr* **détrompe-toi!** you'd better think again!

détruire /detʀɥiʀ/ *vtr* to destroy.

dette /dɛt/ *nf* debt; **être en ~ envers qn** to be indebted to sb.

DEUG /dœg/ *nm* (*abrév* = **diplôme d'études universitaires générales**) *university diploma taken after two years' study.*

deuil /dœj/ *nm* (décès) bereavement; (douleur) mourning ¢, grief.

deux /dø/ I *adj inv* two; **prendre qch à ~ mains** to take sth with both hands; **~ fois** twice; **des ~ côtés** on both sides; **tous les ~ jours** every other day, every two days. II *pron* both. III *nm inv* two.

deuxième /døzjɛm/ *adj* second.

deuxièmement /døzjɛmmɑ̃/ *adv* secondly, second.

deux-points /døpwɛ̃/ *nm inv* colon.

deux-roues /døʀu/ *nm inv* two-wheeled vehicle.

dévaler /devale/ *vtr* ~ **la pente** to hurtle down the slope; ~ **les escaliers** to rush downstairs.

dévaliser /devalize/ *vtr* to rob.

dévaloriser: **se ~** /devalɔʀize/ *vpr* to lose value.

dévaluation /devalɥasjɔ̃/ *nf* devaluation.

dévaluer /devalɥe/ I *vtr* to devalue. II **se ~** *vpr* to become devalued.

devancer /dəvɑ̃se/ *vtr* to be ahead of; (question) to forestall.

devant[1] /dəvɑ̃/ I *prép* ~ **qn/qch** in front of sb/sth; **passer ~** to go past; **je jure ~ Dieu** I swear before God; **fuir ~ le danger** to run away from danger; **la voiture ~ nous** the car ahead of us. II *adv* **je passe ~** I'll go first; (au théâtre) at the front; (dans une voiture) in the front.

devant[2] /dəvɑ̃/ *nm* front.

• **prendre les ~s** to take the initiative.

devanture /dəvɑ̃tyʀ/ *nf* (façade de) front, frontage; (vitrine) shop window.

dévaster /devaste/ *vtr* to lay waste to.

développement /devlɔpmɑ̃/ *nm* development; **pays en voie de ~** developing countries.

développer /devlɔpe/ I *vtr* to develop. II **se ~** *vpr* to develop; [entreprise] to grow, to expand; [usage] to become widespread.

devenir[1] /dəvniʀ/ *vi* to become; **~ réalité** to become a reality; **que vais-je ~?** what is to become of me?

devenir[2] /dəvniʀ/ *nm* future.

dévergondé /devɛʀgɔ̃de/ *adj* debauched.

déverser /devɛʀse/ I *vtr* (liquide) to pour; (bombes) to drop; (ordures) to dump. II **se**

~ *vpr* **se ~ dans qch** [rivière] to flow into sth; [égout, foule] to pour into sth.

dévêtir /devetiʀ/ I *vtr* to undress. II **se ~** *vpr* to get undressed.

déviation /devjasjɔ̃/ *nf* diversion[GB], detour[US].

dévier /devje/ I *vtr* (circulation) to divert[GB], to detour[US]. II *vi* deviate from; **~ d'une trajectoire** to veer off course.

devin /dəvɛ̃/ *nm* soothsayer, seer.

deviner /dəvine/ *vtr* (secret) to guess, to foresee.

devinette /dəvinɛt/ *nf* riddle.

devis /d(ə)vi/ *nm* estimate.

dévisager /devizaʒe/ *vtr* to stare at.

devise /dəviz/ *nf* (monnaie) currency; (maxime) motto.

dévisser /devise/ I *vtr* to unscrew. II *vi* (en alpinisme) to fall.

dévitaliser /devitalize/ *vtr* **~ une dent** to do root-canal work on a tooth.

dévoiler /devwale/ *vtr* (statue) to unveil; (intentions) to reveal.

devoir[1] /dəvwaʀ/ I *v aux* (recommandation, hypothèse) must; **tu dois te brosser les dents** you must brush your teeth; **tu devrais lui dire** you should tell him; (obligation) **il a dû accepter** he had to accept; (hypothèse) to have to; he must have accepted; **cela devait arriver** it was bound to happen. II *vtr* **~ qch à qn** to owe sb sth.

devoir[2] /dəvwaʀ/ *nm* duty; SCOL (en classe) test; (à la maison) homework ¢.

dévorer /devɔʀe/ *vtr* to devour.

dévoué, **~e** /devwe/ *adj* devoted; **sentiments ~s** yours truly.

dévouement /devumɑ̃/ *nm* devotion.

dévouer: **se ~** /devwe/ *vpr* **se ~ à qch** to devote oneself to sth.

dextérité /dɛksteʀite/ *nf* dexterity, skill.

diabète /djabɛt/ *nm* diabetes.

diable /djɑbl/ *nm* devil.
• **habiter au ~** to live miles from anywhere; **qu'il aille au ~**[©]**!** he can go to the devil!

diabolo /djabɔlo/ *nm* **~ menthe** mint cordial and lemonade.

diadème /djadɛm/ *nm* tiara.

diagnostic /djagnɔstik/ *nm* diagnosis.

diagnostiquer /djagnɔstike/ *vtr* to diagnose.

diagonale /djagɔnal/ *nf* diagonal.

dialecte /djalɛkt/ *nm* dialect.

dialogue /djalɔg/ *nm* dialogue[GB], dialog[US].

dialoguer /djalɔge/ *vi* to have talks.

diamant /djamɑ̃/ *nm* diamond.

diamètre /djamɛtʀ/ *nm* diameter.

diapason /djapazɔ̃/ *nm* tuning fork.

diapo[©] /djapo/ *nf*, *abrév* = **diapositive** slide.

diarrhée /djaʀe/ *nf* diarrhoea[GB].

dictateur /diktatœʀ/ *nm* dictator.

dictature /diktatyʀ/ *nf* dictatorship.

dictée /dikte/ *nf* dictation.

dicter /dikte/ *vtr* **~ qch à qn** to dictate sth to sb.

dictionnaire /diksjɔnɛʀ/ *nm* dictionary.

dicton /diktɔ̃/ *nm* saying.

didacticiel /didaktisjɛl/ *nm* educational software program.

dièse /djɛz/ *adj*, *nm* sharp.

diesel /djezɛl/ *nm* diesel.

diète /djɛt/ *nf* diet.

diététique /djetetik/ *nf* dietetics (*sg*); **magasin de ~** health-food shop.

dieu, *pl* **~x** /djø/ *nm* god.

Dieu /djø/ *nm* God; **mon ~!** my God!; **bon ~**[©]**!** for God's sake!; **~ seul le sait** goodness only knows.

diffamation /difamasjɔ̃/ *nf* (par écrit) libel; (oralement) slander.

diffamatoire /difamatwaʀ/ *adj* [écrit] libellous[GB]; [propos] slanderous.

différé, **~e** /difeʀe/ I *adj* postponed. II *nm* **en ~** recorded.

différemment /difeʀamɑ̃/ *adv* differently.

différence /difeʀɑ̃s/ *nf* difference; **à la ~ de** unlike.

différencier /difeʀɑ̃sje/ I *vtr* **~ qch de qch** to differentiate sth from sth. II **se ~** *vpr* **se ~ de** to differentiate oneself from; (devenir différent) to become different from.

différend /difeʀɑ̃/ *nm* **~ (à propos de)** disagreement (over).

différent, **~e** /difeʀɑ̃, ɑ̃t/ *adj* **~ (de)** different (from); **à ~s moments** at various times.

différer /difeʀe/ I *vtr* (départ) to postpone; (paiement) to defer. II *vi* **~ (de)** to differ (from).

difficile /difisil/ *adj* difficult; **faire le ~** to be fussy.

difficulté /difikylte/ *nf* difficulty; **être en ~** to be in trouble; **faire des ~s** to raise objections.

diffus, **~e** /dify, yz/ *adj* diffuse.

diffuser /difyze/ I *vtr* RADIO, TV to broadcast; (nouvelle) to spread; (produit) to distribute; (parfum) to diffuse. II **se ~** *vpr* to spread.

diffusion /difyzjɔ̃/ *nf* RADIO, TV broadcasting; PRESSE circulation.

digérer /diʒeʀe/ *vtr* to digest; (mensonge) to swallow.

digestif /diʒɛstif/ *nm* liqueur; (eau-de-vie) brandy.

digestion /diʒɛstjɔ̃/ *nf* digestion.

digital, **~e**, *mpl* **~aux** /diʒital, o/ *adj* (numérique) CONTROV digital.

digne /diɲ/ *adj* [attitude] dignified; **~ de foi** reliable; **~ d'être souligné** noteworthy; [d'admiration] worthy (of).

dignité /diɲite/ *nf* dignity; **avoir sa ~** to have one's pride.

digression /digʀesjɔ̃/ *nf* digression.

digue /dig/ *nf* dyke[GB], dike[US]; (au bord de la mer) sea wall.

dilapider /dilapide/ *vtr* to squander.

dilater: **se ~** /dilate/ *vpr* to dilate; [gaz] to expand.

dilemme /dilɛm/ *nm* dilemma.

dilettante /dilɛtɑ̃t/ *nmf* amateur.

diligence /diliʒɑ̃s/ *nf* (véhicule) stagecoach; (empressement) haste.

diluer /dilɥe/ *vtr* to dilute.

diluvien, **~ienne** /dilyvjɛ̃, jɛn/ *adj* **pluies diluviennes** torrential rain.

dimanche /dimɑ̃ʃ/ *nm* Sunday.

dimension /dimɑ̃sjɔ̃/ *nf* MATH, PHYS dimension; (taille, grandeur) size; **de ~s standard** standard-size.

diminuer /diminɥe/ I *vtr* **~ (de)** to reduce (by); **~ la TVA de 2%** to cut VAT by 2 percent; **~ l'enthousiasme de qn** to dampen sb's enthusiasm. II *vi* [chômage, fièvre, prix] to go down; [réserves, volume] to decrease; [production, demande] to fall off; [bruit, flamme, colère] to die down; [forces, capacités] to diminish; **les jours diminuent** the days are getting shorter.

diminutif /diminytif/ *nm* diminutive; (familier) pet name.

diminution /diminysjɔ̃/ *nf* **~ (de)** reduction (in), decrease (in); **être en ~ de 7%** to be down by 7%.

dinde /dɛ̃d/ *nf* turkey.

dindon /dɛ̃dɔ̃/ *nm* turkey (cock).

dîner[1] /dine/ *vi* to have dinner; **~ d'une soupe** to have soup for dinner.

dîner[2] /dine/ *nm* dinner.

dînette /dinɛt/ *nf* doll's tea set; **jouer à la ~** to play at tea parties.

dingo[©] /dɛ̃go/ *adj inv* crazy[©].

dingue☺ /dɛ̃g/ I *adj* crazy☺; **c'est ~!** it's amazing! II *nmf* nutcase☺, loony☺.

dinosaure /dinozɔʀ/ *nm* dinosaur.

diphtongue /diftɔ̃g/ *nf* diphthong.

diplomate /diplɔmat/ *nmf* diplomat.

diplomatie /diplɔmasi/ *nf* diplomacy.

diplomatique /diplɔmatik/ *adj* diplomatic.

diplôme /diplom/ *nm* certificate, diploma; **il n'a aucun ~** he hasn't got any qualifications; (d'université) degree.

diplômé, **~e** /diplome/ *adj* **être ~ de** to be a graduate of; **être ~ en droit** to have a degree in law; **une infirmière ~e** a qualified nurse.

dire[1] /diʀ/ I *vtr* to say; **on dit que...** it is said that...; **si l'on peut ~** if one might say so; **disons, demain** let's say tomorrow; **sans mot ~** without saying a word; **~ des bêtises** to talk nonsense; (faire savoir) **~ qch à qn** to tell sb sth; **vouloir ~** to mean; **qch me dit que** sth tells me that; (demander) **~ à qn de faire** to tell sb to do; (penser) to think; **qu'en dites-vous?** what do you think?; **que diriez-vous d'une promenade?** how about a walk?; **on dirait qu'il va pleuvoir** it looks as if it's going to rain; (inspirer) **ça ne me dit rien de faire** I don't feel like doing; **à vrai ~** actually; **autrement dit** in other words; **dis donc!** hey!; **pour ainsi ~** so to speak. II **se ~** *vpr* (penser) **se ~ (que)** to tell oneself (that); (insultes, mots doux) to exchange; **se ~ adieu** to say goodbye to each other; (se prétendre) to claim to be; **ça ne se dit pas** you can't say that.

dire[2] /diʀ/ *nm* **au ~ de/selon les ~s de** according to.

direct /diʀɛkt/ I *adj* direct; **train ~** through train. II *nm* RADIO, TV live broadcasting ¢; **en ~ de** live from; (en boxe) jab; (train) express (train).

directement /diʀɛktəmɑ̃/ *adv* [aller] straight; [concerner] directly.

directeur, **~trice** /diʀɛktœʀ, tʀis/ I *adj* [principe] guiding; **les lignes directrices de** the guidelines of. II *nm,f* (d'école) headmaster/headmistress[GB], principal[US]; (d'entreprise, etc) manager/manageress; (administrateur) director; (chef) head.

direction /diʀɛksjɔ̃/ *nf* direction; **en ~ de** toward(s); **demander la ~ de** to ask the way to; (gestion) management; (de parti) leadership; **orchestre sous la ~ de** orchestra conducted by; **~ assistée** power steering.

directive /diʀɛktiv/ *nf* directive.

directrice /diʀɛktʀis/ ▸ **directeur**.

dirigeable /diʀiʒabl/ *nm* dirigible, airship.

dirigeant, **~e** /diʀiʒɑ̃, ɑ̃t/ I *adj* [classe] ruling. II *nm* leader.

diriger /diʀiʒe/ I *vtr* (personnes) to be in charge of; (service, école, pays) to run; (entreprise) to manage; (discussion, enquête) to lead; (opération, acteur, attaques) to direct; (recherches) to supervise; (orchestre) to conduct. II **se ~ vers** *vpr* to make for.

discerner /disɛʀne/ *vtr* to make out; **~ le vrai du faux** to discriminate between truth and untruth.

disciple /disipl/ *nmf* disciple, follower.

discipline /disiplin/ *nf* discipline; SCOL subject.

discipliner, **se ~** /disipline/ *vtr, vpr* to discipline (oneself).

disco /disko/ *adj inv, nm* disco.

discontinu, **~e** /diskɔ̃tiny/ *adj* [effort] intermittent; [ligne] broken.

discordant, **~e** /diskɔʀdɑ̃, ɑ̃t/ *adj* [couleurs] clashing; [son] discordant; [opinions] conflicting.

discorde /diskɔʀd/ *nf* discord, dissension.

discothèque /diskɔtɛk/ *nf* (de prêt) music library; (boîte de nuit) discotheque.

discourir /diskuʀiʀ/ *vi* **~ de/sur qch** to hold forth on sth.

discours /diskuʀ/ *nm* speech (on).

discrédit /diskʀedi/ *nm* disrepute.

discréditer /diskʀedite/ I *vtr* to discredit. II **se ~** *vpr* to discredit oneself.

discret, **~ète** /diskʀɛ, ɛt/ *adj* [sourire, signe, etc] discreet; [vêtement, couleur] sober.

discrètement /diskʀɛtmɑ̃/ *adv* [agir] discreetly; [se vêtir] soberly.

discrétion /diskʀesjɔ̃/ I *nf* discretion. II **à ~** *loc adj* [vin, pain] unlimited.

discrimination /diskʀiminasjɔ̃/ *nf* discrimination (against).

disculper /diskylpe/ I *vtr* to exculpate. II **se ~** *vpr* to vindicate oneself.

discussion /diskysjɔ̃/ *nf* discussion (about) ; (dispute) argument.

discutable /diskytabl/ *adj* questionable.

discuté, **~e** /diskyte/ *adj* [programme] controversial; [question] vexed.

discuter /diskyte/ I *vtr* (problème) to discuss; (contester) to question. II **~ de** *vtr ind* to discuss. III *vi* **~ (avec qn)** to talk (to sb); (protester) to argue. IV **se ~** *vpr* **ça se discute** that's debatable.

disette /dizɛt/ *nf* famine, food shortage.

disgracieux, **~ieuse** /disgʀasjø, jøz/ *adj* ugly, unsightly.

disjoncteur /disʒɔ̃ktœʀ/ *nm* circuit breaker.

disloquer : **se ~** /dislɔke/ *vpr* to break up; **se ~ l'épaule** to dislocate one's shoulder.

disparaître /dispaʀɛtʀ/ *vi* to disappear; (soudainement) to vanish; **disparaissez!** out of my sight!; (manquer) to be missing; [tache] to come out; (mourir) to die.

disparition /dispaʀisjɔ̃/ *nf* GÉN disappearance; (mort) death; **en voie de ~** endangered.

disparu, **~e** /dispaʀy/ *adj* lost; (enlevé, etc) missing; **porté ~** MIL missing in action; [espèce] extinct; (mort) dead.

dispense /dispɑ̃s/ *nf* exemption (from).

dispenser /dispɑ̃se/ I *vtr* (distribuer) to dispense; **~ qn de (faire) qch** to excuse sb from (doing) sth; **se faire ~ d'un cours** to be excused from a lesson. II **se ~** *vpr* **se ~ de (faire) qch** to spare oneself (the trouble of doing) sth; **se ~ des services de qn** to dispense with sb's services.

disperser /dispɛʀse/ I *vtr* to scatter; (foule, fumée) to disperse. II **se ~** *vpr* to disperse; [rassemblement] to break up; (éparpiller ses efforts) to spread oneself too thin.

disponibilité /disponibilite/ *nf* GÉN availability; ADMIN temporary leave of absence.

disponible /disponibl/ *adj* available.

dispos, **~e** /dispo, oz/ *adj* **frais et ~** fresh as a daisy.

disposé, **~e** /dispoze/ *adj* **~ à faire qch** willing to do sth; **bien/mal ~ à l'égard de qn** well-/ill-disposed toward(s) sb.

disposer /dispoze/ I *vtr* (objets) to arrange; (personnes) to position. II **~ de** *vtr ind* to have. III **se ~** *vpr* **se ~ à faire** to be about to do; **se ~ en cercle** to form a circle.

dispositif /dispozitif/ *nm* (mécanisme) device; (mesures) operation.

disposition /dispozisjɔ̃/ *nf* arrangement; (d'appartement) layout; (possibilité d'utiliser) disposal; **se tenir à la ~ de qn** to be at sb's disposal; **à la ~ du public** for public use; **avoir des ~s pour** to have an aptitude for; **dans de bonnes ~s** in a good mood.

disproportion /dispʀɔpɔʀsjɔ̃/ *nf* lack of proportion.

disproportionné, **~e** /dispʀɔpɔʀsjɔne/ *adj* disproportionate.

dispute /dispyt/ *nf* argument.

disputer /dispyte/ I *vtr* (épreuve) to compete in; (match) to play; (course) to run; (réprimander)© to tell [sb] off. II **se ~** *vpr* **se ~ (pour qch)** to argue (over sth);

(héritage, os) to fight over; (place) to compete for; (avoir lieu) to take place.

disqualifier /diskalifje/ *vtr* to disqualify.

disque /disk/ *nm* MUS record; (sport) discus; (objet rond) disc; ORDINAT disk. ■ ~ **compact** compact disc; ~ **dur** hard disk.

disquette /diskɛt/ *nf* diskette, floppy disk.

disséminer /disemine/ I *vtr* to spread. II **se ~** *vpr* [personnes] to scatter; [germe, idée] to spread.

disséquer /diseke/ *vtr* to dissect.

dissertation /disɛʀtasjɔ̃/ *nf* essay.

disserter /disɛʀte/ *vi* to speak (on).

dissident, **~e** /disidɑ̃, ɑ̃t/ *adj, nm,f* dissident.

dissimulation /disimylasjɔ̃/ *nf* (de sentiment) dissimulation; (d'information) concealment.

dissimuler /disimyle/ I *vtr* ~ **qch (à qn)** to conceal sth (from sb). II **se ~** *vpr* to hide.

dissiper /disipe/ I *vtr* (doute, illusion, fatigue) to dispel; (malentendu) to clear up; (fumée) to disperse. II **se ~** *vpr* [illusion, doute, malaise] to vanish; [malentendu] to be cleared up; [brume] to clear; [élève] to behave badly.

dissocier /disɔsje/ *vtr* ~ **(de)** to separate (from).

dissolu, **~e** /disɔly/ *adj* [vie] dissolute.

dissolvant /disɔlvɑ̃/ *nm* nail varnish remover.

dissoudre /disudʀ/ I *vtr* to dissolve. II **se ~** *vpr* to dissolve; [groupe] to disband.

dissuader /disɥade/ *vtr* ~ **qn de faire** to dissuade sb from doing.

dissuasion /disɥazjɔ̃/ *nf* dissuasion; **force de ~** deterrent force.

distance /distɑ̃s/ *nf* distance; **à quelle ~ est-ce?** how far is it?; **prendre ses ~s avec** to distance oneself from; **à ~** [agir] from a distance; [commande] remote.

distancer /distɑ̃se/ *vtr* to outdistance; **se faire/se laisser ~** to get left behind.

distant, **~e** /distɑ̃, ɑ̃t/ *adj* distant; **~ de trois km** three km away.

distendre /distɑ̃dʀ/ *vtr* to distend.

distiller /distile/ *vtr* to distil[GB].

distillerie /distilʀi/ *nf* distillery.

distinct, **~e** /distɛ̃, ɛ̃kt/ *adj* distinct (from); [voix] clear; [société] separate.

distinctement /distɛ̃ktəmɑ̃/ *adv* clearly.

distinction /distɛ̃ksjɔ̃/ *nf* distinction; **sans ~** [récompenser] without discrimination; **~ honorifique** award; (élégance) distinction.

distingué, **~e** /distɛ̃ge/ *adj* distinguished.

distinguer /distɛ̃ge/ I *vtr* **~ A de B** to distinguish A from B; (percevoir) to make out; (faire apparaître) to bring out. II **se ~** *vpr* **se ~ de** to differ from; (s'illustrer) to distinguish oneself.

distraction /distʀaksjɔ̃/ *nf* leisure ¢, entertainment ¢; (étourderie) absent-mindedness ¢.

distraire /distʀɛʀ/ I *vtr* (en amusant) to amuse; (en occupant) to entertain; (déconcentrer) to distract. II **se ~** *vpr* to amuse oneself, to enjoy oneself.

distrait, **~e** /distʀɛ, ɛt/ *adj* absent-minded.

distrayant, **~e** /distʀɛjɑ̃, ɑ̃t/ *adj* entertaining.

distribuer /distʀibɥe/ *vtr* to hand out, to distribute; (cartes) to deal; (courrier) to deliver.

distributeur, **~trice** /distʀibytœʀ, tʀis/ I *nm,f* distributor. II *nm* (de monnaie) dispenser; **~ automatique** vending machine; **~ de tickets** ticket machine; **~ de billets (de banque)** cash dispenser.

distribution /distʀibysjɔ̃/ *nf* (secteur) retailing; (commercialisation) distribution; (d'eau, électricité) supply; CIN, THÉÂT casting.
divaguer /divage/ *vi* to ramble.
divan /divɑ̃/ *nm* (siège) divan, couch.
diverger /divɛʀʒe/ *vi* to diverge.
divers, **~e** /divɛʀ, ɛʀs/ *adj* various; **frais ~** miscellaneous expenses.
diversion /divɛʀsjɔ̃/ *nf* diversion.
diversité /divɛʀsite/ *nf* diversity, variety.
divertir: **se ~** /divɛʀtiʀ/ *vpr* to enjoy oneself; **pour se ~** for fun.
divertissement /divɛʀtismɑ̃/ *nm* entertainment ¢.
divin, **~e** /divɛ̃, in/ *adj* divine.
divinité /divinite/ *nf* deity.
diviser /divize/ **I** *vtr* to divide. **II se ~** *vpr* **~ en deux catégories** to be divided into two categories.
division /divizjɔ̃/ *nf* division.
divorce /divɔʀs/ *nm* divorce.
divorcé, **~e** /divɔʀse/ *nm,f* divorcee.
divorcer /divɔʀse/ *vi* to get divorced.
divulguer /divylge/ *vtr* to disclose.
dix /dis/ (*mais devant consonne* /di/ *et devant voyelle* /diz/) *adj inv, pron* ten.
dix-huit /dizɥit/ *adj inv, pron* eighteen.
dixième /dizjɛm/ *adj* tenth.
dix-neuf /diznœf/ *adj inv, pron* nineteen.
dix-sept /dis(s)ɛt/ *adj inv, pron* seventeen.
dizaine /dizɛn/ *nf* (environ dix) about ten; **des ~s de personnes** dozens of people.
do /do/ *nm inv* (note) C; (en solfiant) doh.
docile /dɔsil/ *adj* docile.
dock /dɔk/ *nm* dock.
docteur /dɔktœʀ/ *nm* doctor.
doctorat /dɔktɔʀa/ *nm* PhD, doctorate.
doctrine /dɔktʀin/ *nf* doctrine.
document /dɔkymɑ̃/ *nm* document.
documentaire /dɔkymɑ̃tɛʀ/ *nm* documentary.
documentaliste /dɔkymɑ̃talist/ *nmf* (d'entreprise) information officer; (d'école) (school) librarian.
documentation /dɔkymɑ̃tasjɔ̃/ *nf* information; **centre de ~** resource centre[GB].
documenter: **se ~ sur** /dɔkymɑ̃te/ *vpr* to research sth.
dodo☺ /dodo/ *nm* **faire ~** to sleep.
dodu, **~e** /dɔdy/ *adj* plump.
dogue /dɔg/ *nm* mastiff.
doigt /dwa/ *nm* finger; **petit ~** little finger[GB], pinkie[US]; **~ de pied** toe; **bout des ~s** fingertips (*pl*); **sur le bout des ~s** off pat.
doigté /dwate/ *nm* tact; (adresse manuelle) light touch.
dollar /dɔlaʀ/ *nm* dollar.
DOM /dɔm/ *nm inv* (*abrév* = **département d'outre-mer**) *French overseas (administrative) department.*
domaine /dɔmɛn/ *nm* estate; (spécialité) field, domain.
dôme /dom/ *nm* dome.
domestique /dɔmɛstik/ **I** *adj* domestic. **II** *nmf* servant.
domestiquer /dɔmɛstike/ *vtr* to domesticate.
domicile /dɔmisil/ *nm* (d'une personne) place of residence, domicile; **à ~** at home.
domicilié, **~e** /dɔmisilje/ *adj* **être ~ à Paris** to live in Paris.
dominante /dɔminɑ̃t/ *nf* main colour[GB]; UNIV main subject, major[US].
dominateur, **~trice** /dɔminatœʀ, tʀis/ *adj* domineering.
domination /dɔminasjɔ̃/ *nf* domination.

dominer /dɔmine/ I *vtr* to dominate; (langue, technique) to master; **~ la situation** to be in control of the situation. II *vi* to prevail. III **se ~** *vpr* to control oneself.

dominical, **~e**, *mpl* **~aux** /dɔminikal, o/ *adj* Sunday (*épith*).

domino /dɔmino/ *nm* domino.

dommage /dɔmaʒ/ *nm* **~!** what a pity!; **c'est vraiment ~** it's a great pity; (dégât) damage ¢; JUR tort.

dompter /dɔ̃te/ *vtr* (fauve, nature) to tame.

dompteur, **~euse** /dɔ̃tœʀ, øz/ *nm,f* tamer.

DOM-TOM /dɔmtɔm/ *nmpl* (*abrév* = **départements et territoires d'outre-mer**) *French overseas (administrative) departments and territories.*

don /dɔ̃/ *nm* (charité) donation; (talent) gift.

donc /dɔ̃k/ *conj* so, therefore; **je pense ~ je suis** I think, therefore I am; (après interruption) so; **nous disions ~?** so, where were we?; **tais-toi ~!** be quiet, will you?; **entrez ~!** do come in!; **allons ~!** come on!

donjon /dɔ̃ʒɔ̃/ *nm* keep, donjon.

donné, **~e** /dɔne/ I *adj* [quantité] given; **à un moment ~** at one point, all of a sudden; (bon marché) cheap. II **étant ~** *loc adj* given. III **étant ~que** *loc conj* given that.

donnée /dɔne/ *nf* fact, element; **les ~s informatiques** computer data.

donner /dɔne/ I *vtr* **~ qch à qn** to give sth to sb, to give sb sth; **~ l'heure à qn** to tell sb the time; **~ froid/faim à qn** to make sb feel cold/hungry; **~ des signes de fatigue** to show signs of fatigue. II *vi* **~ sur** [chambre] to overlook; [porte] to give onto; **~ au nord/sud** to face north/south. III **se ~** *vpr* **se ~ à qch** to devote oneself to sth; **se ~ le temps de faire** to give oneself time to do; **se ~ rendez-vous** to arrange to meet.

dont /dɔ̃/ *pron rel* (objet indirect) (personne) (of/from) whom; **un enfant ~ je suis fier** a child of whom I am proud; (chose) (of/from) which; **le livre ~ tu m'as parlé** the book you told me about; (complément de nom) **la manière ~ elle s'habille** the way (in which) she dresses; **une personne ~ il prétend être l'ami** a person whose friend he claims to be.

doper /dɔpe/ *vtr* to dope.

dorade /dɔʀad/ *nf* sea bream.

doré, **~e** /dɔʀe/ *adj* [peinture] gold; [cadre] gilt; [coupole] gilded; [cheveux, lumière] golden.

dorénavant /dɔʀenavɑ̃/ *adv* henceforth.

dorer /dɔʀe/ I *vtr* **~ qch à l'or fin** to gild sth with gold leaf; CULIN to glaze. II **se ~** *vpr* **se ~ au soleil** to sunbathe.

dorloter /dɔʀlɔte/ *vtr* to pamper.

dormir /dɔʀmiʀ/ *vi* to sleep; [argent] to lie idle.

dortoir /dɔʀtwaʀ/ *nm* dormitory.

dos /do/ *nm* GÉN back; **mal de ~** backache; **de ~** to see sb from behind; **au ~ de** on the back of.

dosage /dozaʒ/ *nm* amount.

dos-d'âne /dodɑn/ *nm inv* hump.

dose /doz/ *nf* dose.

doser /doze/ *vtr* to measure (out).

dossard /dosaʀ/ *nm* number (worn by an athlete).

dossier /dosje/ *nm* GÉN file; **~ médical/scolaire** medical/school records; **~ d'inscription** registration form; (de chaise) back. ▪ **~ de presse** press pack.

dot /dɔt/ *nf* dowry.

doter /dɔte/ I *vtr* **être doté de** to have. II **se ~ de** *vpr* to acquire.

douane /dwan/ *nf* customs (*sg/pl*).

douanier, **~ière** /dwanje, jɛʀ/ I *adj* customs (*épith*). II *nm, f* customs officer.

doublage /dublaʒ/ *nm* CIN dubbing.

double /dubl/ I *adj* double; **cassette ~ durée** double-play cassette; **rue à ~ sens** two-way street; **mouchoirs ~ épaisseur** two-ply tissues; **~ nationalité** dual citizenship; **en ~ exemplaire** in duplicate. II *adv* double. III *nm* double; **30 est le ~ de 15** 30 is twice 15; (de document) copy; (de personne) double; **avoir un ~ des clés** to have a spare set of keys; SPORT doubles (*pl*).

doubler /duble/ *vtr*to double; **~ le pas** to quicken one's pace; (manteau) to line (with); (film) to dub; (en voiture) to overtake[GB], to pass[US].

doublure /dublyʀ/ *nf* (de vêtement) lining; CIN double.

douce ▸ **doux**.

doucement /dusmɑ̃/ *adv* (sans brusquer) gently; **marcher ~** to walk softly; **~ avec le vin!** go easy on the wine!; **~, les enfants!** calm down, children!; (sans bruit) quietly; (lentement) slowly.

douceur /dusœʀ/ I *nf* softness, smoothness; (de climat) mildness; (de visage) gentleness; (friandise) sweet[GB], candy[US].

douche /duʃ/ *nf* shower.

doucher: **se ~** /duʃe/ *vpr* to take a shower.

doué, **~e** /dwe/ *adj* gifted, talented.

douille /duj/ *nf* (de cartouche) cartridge (case); (d'ampoule) socket.

douillet, **~ette** /dujɛ, ɛt/ *adj* [personne] soft☺; [appartement] cosy[GB], cozy[US].

douleur /dulœʀ/ *nf* pain; **médicament contre la ~** painkiller; (de deuil) grief; **nous avons la ~ de vous faire part du décès de** it is with great sorrow that we have to inform you of the death of.

douloureux, **~euse** /duluʀø, øz/ *adj* [sensation] painful; [tête] aching.

doute /dut/ I *nm* doubt; **mettre qch en ~** to call sth into question. II **sans ~** *loc adv* probably; **sans aucun/nul ~** without any doubt.

douter /dute/ I *vtr* to doubt (that). II **~ de** *vtr ind* to have doubts about. III **se ~ de/que** *vpr* **se ~ de qch** to suspect sth.

douteux, **~euse** /dutø, øz/ *adj* [résultat] uncertain; [hygiène] dubious.

doux, **douce** /du, dus/ *adj* [peau, lumière, voix] soft; [vin] sweet; [fromage, piment, shampooing] mild; [climat] mild; [pente, personne, etc] gentle.
• **en douce**☺ on the sly☺.

douzaine /duzɛn/ *nf* dozen, about twelve.

douze /duz/ *adj inv*, *pron* twelve.

doyen, **~enne** /dwajɛ̃, ɛn/ *nm,f* **~ (d'âge)** oldest person; RELIG, UNIV dean.

Dr (*abrév écrite* = **docteur**) Dr.

dragée /dʀaʒe/ *nf* sugared almond; (pilule) sugar-coated pill.

dragon /dʀagɔ̃/ *nm* dragon.

draguer /dʀage/ I *vtr* (personne)☺ to come on to☺; (étang) to dredge; (pour fouiller) to drag. II☺ *vi* to go out on the make.

dragueur☺, **~euse** /dʀagœʀ, øz/ *nm,f* flirt.

dramatique /dʀamatik/ *adj* dramatic.

dramatiser /dʀamatize/ *vtr* to dramatize.

drame /dʀam/ *nm* tragedy; (genre) drama.

drap /dʀa/ *nm* sheet.
• **se mettre dans de beaux ~s** to land oneself in a fine mess.

drapeau, *pl* **~x** /dʀapo/ *nm* flag.

drap-housse, *pl* **draps-housses** /dʀaus/ *nm* fitted sheet.

dresser /dʀese/ I *vtr* (animal) to train; (cheval) to break in; (tente) to put up; (tête, queue) to raise; (oreille) to prick up; (inventaire, contrat) to draw up; (procès-verbal) to write out; (table) to lay, to set. II **se ~** *vpr* to stand up.

drogue /dʀɔg/ *nf* drug.

drogué, **~e** /dʀɔge/ *nm,f* drug addict.

droguer: **se ~** /dʀɔge/ *vpr* to take drugs.

droguerie /dʀɔgʀi/ *nf* hardware shop.

droit, **~e** /dʀwa, at/ I *adj* straight; [main, pied] right. II *adv* [aller] straight; **continuez tout ~** carry[GB] straight on. III *nm* (prérogative) right; **des ~s sur qn/qch** rights over sb/sth; **avoir ~ à** to be entitled to; **avoir le ~ de faire** to be allowed to do, to have the right to do; **à qui de ~** to whom it may concern; (lois) law; (redevance) fee. ■ **~s d'auteur** royalties; **les ~s de l'homme** human rights.

droite /dʀwat/ *nf* right; MATH straight line.

droitier, **~ière** /dʀwatje, jɛʀ/ *nm,f* right-hander.

droiture /dʀwatyʀ/ *nf* uprightness.

drôle /dʀol/ *adj* (bizarre) funny, odd; **faire (tout) ~ à qn** to give sb a funny feeling; (amusant) funny, amusing; **un ~**☺ **de courage** a lot of courage.

drôlement☺ /dʀolmɑ̃/ *adv* (très, beaucoup) really.

dromadaire /dʀɔmadɛʀ/ *nm* dromedary.

dru, **~e** /dʀy/ I *adj* [cheveux, blés] thick; [averse] heavy. II *adv* [pleuvoir] heavily.

du /dy/ ▸ **de**.

dû, **due**, *mpl* **dus** /dy/ I *pp* ▸ **devoir**[1]. II *adj* (à payer) due; **en bonne et due forme** in due form; (attribuable) **c'est ~ à qch** it's because of sth. III *nm* due.

duc /dyk/ *nm* duke.

duché /dyʃe/ *nm* duchy.

duchesse /dyʃɛs/ *nf* duchess.

duel /dɥɛl/ *nm* duel.

dûment /dymɑ̃/ *adv* duly.

dune /dyn/ *nf* dune.

duo /dyo, dɥo/ *nm* MUS duet; THÉÂT double act[GB], duo[US].

dupe /dyp/ *nf* dupe; **un marché de ~s** a fool's bargain.

duper /dype/ *vtr* to fool.

duplex /dyplɛks/ *nm inv* maisonette[GB], duplex apartment[US]; RADIO duplex.

duquel ▸ **lequel**.

dur, **~e** /dyʀ/ I *adj* [matériau, travail, etc] hard; [viande, concurrence, etc] tough; [pinceau, etc] stiff; [son, lumière] harsh. II *nm,f* tough nut☺; POL hardliner. III *adv* hard. IV *nm* permanent structure. V **à la ~e** *loc adv* the hard way.

durable /dyʀabl/ *adj* durable; [amitié, impression] lasting.

durant /dyʀɑ̃/ *prép* during.

durcir /dyʀsiʀ/ I *vt, vi* to harden. II **se ~** *vpr* to harden; [conflit] to intensify.

durée /dyʀe/ *nf* (période) length, duration; (de contrat) term; (de disque, cassette) playing time; **pile longue ~** long-life battery; MUS (de note) value.

durer /dyʀe/ *vi* to last.

dures /dyʀ/ *nfpl* **en faire voir de ~ à qn** to give sb a hard time.

dureté /dyʀte/ *nf* (de matériau, visage) hardness; (de ton, métier, climat) harshness; (de regard) severity.

durillon /dyʀijɔ̃/ *nm* callus.

DUT /deyte/ *nm* (*abrév* = **diplôme universitaire de technologie**) *two-year diploma from a university institute of technology.*

duvet /dyvɛ/ *nm* (plumes, poils) down; (sac de couchage) sleeping bag.

dynamique /dinamik/ I *adj* dynamic. II *nf* dynamics (*sg*).

dynamisme /dinamism/ *nm* dynamism.

dynamite /dinamit/ *nf* dynamite.

dynamiter /dinamite/ *vtr* to dynamite.

dynastie /dinasti/ *nf* dynasty.

e

eau, *pl* **~x** /o/ *nf* water; ~ **de mer** seawater; ~ **douce/plate** fresh/plain water; **l'~ de source/du robinet** spring/ tap water.

eau-de-vie, *pl* **~x-de-vie** /odvi/ *nf* brandy, eau de vie.

ébauche /eboʃ/ *nf* preliminary sketch; **l'~ d'un sourire** a hint of a smile.

ébaucher /eboʃe/ *vtr* (tableau, solution) to sketch out; (roman, projet) to draft.

ébène /ebɛn/ *nf* ebony.

ébéniste /ebenist/ *nmf* cabinetmaker.

éblouir /ebluiʀ/ *vtr* to dazzle.

éblouissement /ebluismɑ̃/ *nm* dazzle ¢; (vertige) dizzy spell.

éboueur /ebuœʀ/ *nm* dustman[GB], garbageman[US].

ébouriffer /ebuʀife/ *vtr* to ruffle.

ébranler /ebʀɑ̃le/ **I** *vtr* to shake; (régime) to undermine. **II s'~** *vpr* [convoi, train] to move off.

ébrécher /ebʀeʃe/ *vtr* to chip.

ébriété /ebʀijete/ *nf* **en état d'~** under the influence.

ébruiter /ebʀɥite/ **I** *vtr* to divulge. **II s'~** *vpr* to get out.

ébullition /ebylisjɔ̃/ *nf* **porter à ~** to bring to the boil.

• **être en ~** to be in a ferment.

écaille /ekaj/ *nf* (de poisson) scale; (d'huître) shell; (pour peignes) tortoiseshell; **lunettes en ~** horn-rimmed glasses.

écarlate /ekaʀlat/ *nf* scarlet.

écarquiller /ekaʀkije/ *vtr* ~ **les yeux (devant qch)** to open one's eyes wide (at sth).

écart /ekaʀ/ **I** *nm* distance, gap; (entre des versions) difference; **faire un ~** [cheval] to shy; (faute) lapse. **II à l'~** *loc adv* [être] isolated; [se tenir] to stand apart; **mettre qn à l'~** to ostracize sb. **III à l'~ de** *loc prép* away from.

écarté, **~e** /ekaʀte/ *adj* [doigts] spread; [bras] wide apart; [jambes] apart; [lieu] isolated.

écarter /ekaʀte/ **I** *vtr* (rideaux) to open; (bras, jambes, doigts) to spread; (chaise) to move [sth] aside; (personne) to push [sb] aside; (risque, concurrent) to eliminate; (idée) to reject. **II s'~** *vpr* **s'~ (de)** to move away (from); **s'~ de son sujet** to digress.

échafaud /eʃafo/ *nm* scaffold.

échafaudage /eʃafodaʒ/ *nm* scaffolding ¢.

échafauder /eʃafode/ *vtr* to put [sth] together.

échalote /eʃalɔt/ *nf* shallot.

échancré, **~e** /eʃɑ̃kʀe/ *adj* [robe] low-cut.

échange /eʃɑ̃ʒ/ *nm* exchange; **en ~** in exchange, in return; **~s commerciaux** trade ¢.

échanger /eʃɑ̃ʒe/ *vtr* ~ **qch contre qch** to exchange sth for sth.

échantillon /eʃɑ̃tijɔ̃/ *nm* sample.

échappée /eʃape/ *nf* break.

échappement /eʃapmɑ̃/ *nm* **(tuyau d')~** exhaust (pipe).

échapper /eʃape/ **I** *vtr ind* ~ **à** to get away from; (mort) to escape; ~ **de** to slip out; ~ **à la règle** to be an exception to the rule. **II s'~** *vpr* **s'~ (de)** to escape (from), to run away (from).

• **l'~ belle** to have a narrow escape.

écharde /eʃaʀd/ *nf* splinter.

écharpe /eʃaʀp/ *nf* scarf.

échauffement /eʃofmɑ̃/ *nm* warm-up.

échéance /eʃeɑ̃s/ *nf* date, deadline; **à longue/brève** ~ in the long/short term; **de lourdes** ~ heavy financial commitments.

échec /eʃɛk/ **I** *nm* failure; JEUX ~ **au roi** check; ~ **et mat** checkmate. **II ~s** *nmpl* chess.

échelle /eʃɛl/ *nf* ladder; (de plan, maquette, gradation) scale.

échelon /eʃlɔ̃/ *nm* (d'échelle) rung; ADMIN grade; **à l'~ ministériel** at ministerial level.

échine /eʃin/ *nf* CULIN ≈ spare rib.

échiquier /eʃikje/ *nm* chessboard.

Échiquier /eʃikje/ *nprm* **l'~** the Exchequer[GB].

écho /eko/ *nm* echo.

échographie /ekogʀafi/ *nf* scan.

échoir /eʃwaʀ/ **I** *vi* [loyer] to fall due; [traite] to be payable. **II ~ à** *vtr ind* ~ **à qn** to fall to sb's lot.

échouer /eʃwe/ **I ~ à** *vtr ind* (examen) to fail. **II** *vi* [personne, tentative] to fail; [bateau] to run aground.

éclabousser /eklabuse/ *vtr* to splash.

éclair /eklɛʀ/ **I** *adj inv* **visite** ~ flying visit; **attaque** ~ lightning strike. **II** *nm* flash of lightning; (gâteau) éclair.

éclairage /eklɛʀaʒ/ *nm* (manière d'éclairer) lighting; (lumière) light.

éclaircie /eklɛʀsi/ *nf* sunny interval.

éclaircir /eklɛʀsiʀ/ **I** *vtr* (mystère) to shed light on. **II s'~** *vpr* [horizon, gorge] to clear; [situation] to become clearer.

éclaircissement /eklɛʀsismɑ̃/ *nm* explanation.

éclairer /eklɛʀe/ **I** *vtr* to light (up), ~ **qn** (**sur qch**) to enlighten sb (as to sth). **II** *vi* to give light. **III s'~** *vpr* [visage] to light up; [situation] to become clearer.

éclaireur, **~euse** /eklɛʀœʀ, øz/ *nm,f* (garçon) scout[GB], Boy Scout[US]; (fille) (Girl) Guide[GB], Girl Scout[US].

éclat /ekla/ *nm* (de verre) splinter; (de lumière) brightness; (de cheveux, meuble) shine; (du teint, sourire) radiance.
• **rire aux ~s** to roar with laughter.

éclater /eklate/ *vi* [pneu] to burst; [pétard] to explode; [scandale, nouvelle] to break; [vérité] to come out; [guerre] to break out; **faire** ~ (ballon) to burst; (pétard) to let off; ~ **de rire** to burst out laughing.

éclipse /eklips/ *nf* eclipse.

éclipser /eklipse/ **I** *vtr* to outshine. **II s'~**[©] *vpr* to slip away.

éclore /eklɔʀ/ *vi* [poussin, œuf] to hatch; [fleur] to bloom.

écluse /eklyz/ *nf* lock.

écœurant, **~e** /ekœʀɑ̃, ɑ̃t/ *adj* sickening.

écœurer /ekœʀe/ *vtr* to make [sb] feel sick.

école /ekɔl/ *nf* school; **être à l'~** to be at school. ▪ ~ **élémentaire** primary school; ~ **libre** (établissement) independent school; (système) independent education; ~ **maternelle** nursery school; ~ **normale, EN** primary-teacher[GB] training college; ~ **primaire** primary school; ~ **publique** (établissement) state school[GB], public school[US]; (système) state education[GB], public education[US]; **École nationale d'administration, ENA** *Grande École for top civil servants*; **École normale supérieure, ENS** *Grande École from which the educational élite is recruited.*

écolier, **~ière** /ekɔlje, jɛʀ/ *nm,f* schoolboy/schoolgirl.

écologie /ekɔlɔʒi/ *nf* ecology.

écologique /ekɔlɔʒik/ *adj* ecological; [produit] environment-friendly.

écologiste /ekɔlɔʒist/ *nmf* ecologist, environmentalist; (candidat) Green.

écomusée /ekomyze/ *nm* ≈ open-air museum.

économe /ekɔnɔm/ **I** *adj* thrifty. **II** *nmf* bursar.

économie /ekɔnɔmi/ I *nf* economy; (discipline) economics (*sg*); (somme) saving. II **~s** *nfpl* savings; **faire des ~s** to save up.

économique /ekɔnɔmik/ *adj* [crise] economic; (peu coûteux) cheap.

économiser /ekɔnɔmize/ *vtr* to save (up).

économiste /ekɔnɔmist/ *nmf* economist.

écorce /ekɔʀs/ *nf* bark; (de fruit) peel; (terrestre) crust.

écorcher /ekɔʀʃe/ I *vtr* (mot) to mispronounce. II **s'~** *vpr* **s'~ les mains/genoux** to graze one's hands/knees.

écorchure /ekɔʀʃyʀ/ *nf* graze.

écossais, **~e** /ekɔsɛ, ɛz/ I *adj* [personne, paysage] Scottish; [whisky] Scotch; [langue] Scots; [jupe] tartan; [chemise, veste] plaid. II *nm* LING Scots; (tissu) tartan (cloth).

écosser /ekɔse/ *vtr* to shell.

écouler /ekule/ I *vtr* (stock) to sell. II **s'~** *vpr* [temps, vie] to pass; [eau] to flow.

écourter /ekuʀte/ *vtr* to cut short.

écoute /ekut/ *nf* **à l'~ de qn** listening to sb; **heure de grande ~** RADIO peak listening time; **~s téléphoniques** phone tapping ¢.

écouter /ekute/ *vtr* to listen to; **~ aux portes** to eavesdrop.

écouteur /ekutœʀ/ *nm* (de téléphone) earpiece; (de stéréo) earphones, headphones (*pl*).

écrabouiller☺ /ekʀabuje/ *vtr* to squash.

écran /ekʀɑ̃/ *nm* screen; **le petit ~** TV. ▪ **~ à cristaux liquides** liquid crystal display, LCD.

écrasant, **~e** /ekʀazɑ̃, ɑ̃t/ *adj* [défaite, dette] crushing; [supériorité] overwhelming.

écraser /ekʀaze/ I *vtr* (insecte) to squash; (piéton, animal) to run over; (cigarette) to stub out; (légumes) to mash; (équipe) to thrash☺; [chagrin, remords] to overwhelm. II **s'~** *vpr* **~ contre qch** to crash into sth; (se taire)☺ to shut up☺.

écrémer /ekʀeme/ *vtr* to skim.

écrevisse /ekʀəvis/ *nf* crayfish[GB], crawfish[US].

écrier: **s'~** /ekʀije/ *vpr* to exclaim.

écrin /ekʀɛ̃/ *nm* case.

écrire /ekʀiʀ/ *vtr* (rédiger) to write; (orthographier) to spell.

écrit, **~e** /ekʀi, it/ I *adj* written. II *nm* work, piece of writing; **par ~** in writing; (examen) written examination.

écriteau, *pl* **~x** /ekʀito/ *nm* sign.

écriture /ekʀityʀ/ I *nf* writing. II **~s** *nfpl* accounts.

Écriture /ekʀityʀ/ *nf* Scripture.

écrivain /ekʀivɛ̃/ *nm* writer.

écrou /ekʀu/ *nm* nut.

écrouer /ekʀue/ *vtr* JUR to commit [sb] to prison.

écrouler: **s'~** /ekʀule/ *vpr* to collapse.

écru, **~e** /ekʀy/ *adj* [toile] unbleached; [soie] raw.

écu /eky/ *nm* ≈ crown.

écueil /ekœj/ *nm* reef; (danger) pitfall.

écuelle /ekɥɛl/ *nf* (récipient) bowl.

écume /ekym/ *nf* foam; (de bouillon) scum.

écumoire /ekymwaʀ/ *nf* skimmer.

écureuil /ekyʀœj/ *nm* squirrel.

écurie /ekyʀi/ *nf* stable; (lieu sale) pigsty.

écusson /ekysɔ̃/ *nm* badge.

écuyer, **~ère** /ekɥije, ɛʀ/ I *nm,f* horseman/horsewoman; (de cirque) bareback rider. II *nm* (gentilhomme) squire.

eczéma /egzema/ *nm* eczema ¢.

EDF /œdeɛf/ *nf* (*abrév* = **Électricité de France**) *French electricity board.*

édifice /edifis/ *nm* building.

édifier /edifje/ *vtr* to build; (qn) to edify.

éditer /edite/ *vtr* (livre) to publish; (disque) to release; ORDINAT to edit.

éditeur, **~trice** /editœʀ, tʀis/ I *nm,f* editor, publisher. II *nm* ORDINAT editor.

édition /edisjɔ̃/ *nf* (de livre) publication; (de disque) release; (texte, livre, gravure) edition; (de journal) edition.

éditorial, **~e**, *mpl* **~iaux** /editɔʀjal, jo/ *nm* editorial, leader.

éducateur, **~trice** /edykatœʀ, tʀis/ *nm,f* ~ (spécialisé) youth worker.

éducatif, **~ive** /edykatif, iv/ *adj* educational.

éducation /edykasjɔ̃/ *nf* education; (bonnes manières) manners (*pl*). ■ **Éducation nationale, EN** (ministère) Ministry of Education; (système) state education; **~ physique** physical education, PE[GB], phys ed[US].

édulcorant /edylkɔʀɑ̃/ *nm* sweetener.

éduquer /edyke/ *vtr* to educate.

effacer /efase/ I *vtr* (avec une gomme, un chiffon) to rub out; (sur un traitement de texte) to delete; (cassette, traces) to erase; (tableau noir) to clean; (souvenir, image) to blot out. II **s'~** *vpr* to disappear; (pour laisser passer) to step aside.

effaceur /efasœʀ/ *nm* ~ **(d'encre)** correction pen.

effarant, **~e** /efaʀɑ̃, ɑ̃t/ *adj* astounding.

effarer /efaʀe/ *vtr* to alarm.

effaroucher /efaʀuʃe/ *vtr* to frighten [sb/sth] away.

effectif, **~ive** /efɛktif, iv/ I *adj* [aide] real, actual. II *nm* (d'école) number of pupils; (d'entreprise) workforce.

effectivement /efɛktivmɑ̃/ *adv* indeed.

effectuer /efɛktɥe/ *vtr* (calcul, travail) to do; (paiement, choix) to make; (visite, voyage) to complete.

effervescent, **~e** /efɛʀvesɑ̃, ɑ̃t/ *adj* effervescent.

effet /efɛ/ I *nm* effect; **faire de l'~** to work; **faire bon/mauvais ~** to make a good/bad impression; **faire un drôle d'~** to make one feel strange. II **en ~** *loc adv* indeed.

efficace /efikas/ *adj* [action] effective; [personne] efficient.

efficacité /efikasite/ *nf* (d'action) effectiveness; (de personne) efficiency.

effigie /efiʒi/ *nf* effigy.

effilocher: **s'~** /efilɔʃe/ *vpr* to fray.

effleurer /eflœʀe/ *vtr* to brush (against); [idée] to cross sb's mind.

effondrement /efɔ̃dʀəmɑ̃/ *nm* collapse.

effondrer: **s'~** /efɔ̃dʀe/ *vpr* to collapse; **effondré par la nouvelle** distraught at the news.

efforcer: **s'~** /efɔʀse/ *vpr* **s'~ de faire qch** to try hard to do sth.

effort /efɔʀ/ *nm* effort.

effraction /efʀaksjɔ̃/ *nf* **entrer par ~** to break into.

effrayant, **~e** /efʀɛjɑ̃, ɑ̃t/ *adj* frightening, dreadful.

effrayer /efʀɛje/ *vtr* to frighten.

effréné, **~e** /efʀene/ *adj* frenzied.

effriter: **s'~** /efʀite/ *vpr* to crumble (away).

effroi /efʀwa/ *nm* terror.

effronté, **~e** /efʀɔ̃te/ *adj* cheeky.

effronterie /efʀɔ̃tʀi/ *nf* cheek.

effroyable /efʀwajabl/ *adj* dreadful.

effusion /efyzjɔ̃/ *nf* **~ de sang** bloodshed.

égal, **~e**, *mpl* **~aux** /egal, o/ I *adj* ~ **(à)** equal (to); (régulier) even; **ça m'est ~** I don't care. II *nm,f* equal; **à l'~ de qn** just like sb.

également /egalmɑ̃/ *adv* also, too; (au même degré) equally.

égaler /egale/ *vtr* (somme, record) to equal; (personne) to be as good as.

égaliser /egalize/ I *vtr* to level (out). II *vi* SPORT to equalize[GB], to tie[US].

égalité /egalite/ *nf* equality; SPORT **être à ~** to be level[GB], to be tied[US]; **~!** (au tennis) deuce!

égard /egaʀ/ *nm* (considération) consideration ¢; **à l'~ de qn** toward(s) sb; **à l'~ de qch** regarding sth.

égarer /egaʀe/ I *vtr* to mislay. II **s'~** *vpr* to get lost.

égayer /egeje/ *vtr* (conversation) to enliven; (vie) to brighten.

églantine /eglɑ̃tin/ *nf* wild rose, dog rose.

église /egliz/ *nf* church.

égoïsme /egɔism/ *nm* selfishness.

égoïste /egɔist/ I *adj* selfish. II *nmf* selfish man/woman.

égorger /egɔʀʒe/ *vtr* **~ qn** to cut sb's throat.

égout /egu/ *nm* sewer.

égoutter /egute/ I *vtr* (vaisselle, riz, etc) to drain; (linge) to hang up [sth] to drip dry. II **s'~** *vpr* [vaisselle, etc] to drain; [linge] to drip dry.

égouttoir /egutwaʀ/ *nm* draining rack[GB], (dish) drainer[US].

égratigner: **s'~** /egʀatiɲe/ *vpr* to scratch oneself; (par frottement) to graze oneself; **s'~ le genou** to graze one's knee.

égratignure /egʀatiɲyʀ/ *nf* scratch.

eh /e/ *excl* hey; **~ bien** well.

éjectable /eʒɛktabl/ *adj* **siège ~** ejector seat[GB], ejection seat[US].

éjecter /eʒɛkte/ *vtr* to eject; **~ qn**© **(de)** to chuck© sb out (of).

élaborer /elabɔʀe/ *vtr* to work out.

élan /elɑ̃/ *nm* **prendre son ~** to take one's run-up; **~ de colère** surge of anger; (animal) elk.

élancé, ~e /elɑ̃se/ *adj* slender.

élancer /elɑ̃se/ I *vi* **mon doigt m'élance** I've got a throbbing pain in my finger. II **s'~** *vpr* to dash forward.

élargir /elaʀʒiʀ/ I *vtr* to widen. II **s'~** *vpr* [écart] to increase; [vêtement] to stretch.

élastique /elastik/ I *adj* elastic; [horaire] flexible. II *nm* rubber band; (en mercerie) elastic; **jouer à l'~** to play elastics; **sauter à l'~** to do a bungee jump.

électeur, ~trice /elɛktœʀ, tʀis/ *nm,f* voter.

élection /elɛksjɔ̃/ *nf* election.

électoral, ~e, *mpl* **~aux** /elɛktɔʀal, o/ *adj* [programme] electoral; [victoire, campagne] election (*épith*), electoral.

électricien, ~ienne /elɛktʀisjɛ̃, jɛn/ *nm,f* electrician.

électricité /elɛktʀisite/ *nf* electricity.

électrique /elɛktʀik/ *adj* [appareil] electric; [installation] electrical.

électrocuter: **s'~** /elɛktʀɔkyte/ *vpr* to be electrocuted.

électroménager /elɛktʀomenaʒe/ *adj m* **appareil ~** household appliance.

électronique /elɛktʀɔnik/ I *adj* electronic; [microscope] electron (*épith*). II *nf* electronics (*sg*).

électrophone /elɛktʀɔfɔn/ *nm* record player.

élégance /elegɑ̃s/ *nf* elegance.

élégant, ~e /elegɑ̃, ɑ̃t/ *adj* elegant; [solution] neat, elegant; [attitude] decent.

élément /elemɑ̃/ *nm* element; (d'appareil) component; **(premiers) ~s** basics.

élémentaire /elemɑ̃tɛʀ/ *adj* elementary; [principe] basic.

éléphant /elefɑ̃/ *nm* elephant.

élevage /elvaʒ/ *nm* livestock farming; **d'~** [poisson] farmed; (installation) farm.

élève /elɛv/ *nmf* GÉN student; SCOL pupil.

élevé, **~e** /elve/ *adj* high; **moins** ~ lower; [idéal] lofty; [langage] elevated; **enfant bien/mal** ~ well/badly brought up child.

élever /elve/ I *vtr* (taux, niveau, objection) to raise; (mur) to put up; (statue) to erect; (enfant) to bring up; (bétail) to rear; (abeilles, volaille) to keep. II **s'~** *vpr* to rise; **s'~ à** to come to; **s'~ contre qch** to protest against sth.

éleveur, **~euse** /elvœʀ, øz/ *nm,f* breeder.

éligible /eliʒibl/ *adj* eligible for office.

élimé, **~e** /elime/ *adj* threadbare.

élimination /eliminasjɔ̃/ *nf* elimination; (en sport) disqualification.

éliminatoire /eliminatwaʀ/ I *adj* [question, match] qualifying (*épith*); [note] eliminatory. II *nf* qualifier.

éliminer /elimine/ *vtr* to eliminate.

élire /eliʀ/ *vtr* to elect.

élite /elit/ *nf* **l'~** the élite; **d'~** élite (*épith*), crack.

elle, **~s** /ɛl/ *pron pers f* (personne, animal familier, sujet) she; (objet, concept, pays, animal) it; ~s they; (dans une comparaison) her; **plus jeune qu'~** younger than she is/than her; (après une préposition) (personne, animal familier) her; (objet, animal) it; **le bol bleu est à** ~ the blue bowl is hers.

elle-même, *pl* **elles-mêmes** /ɛlmɛm/ *pron pers f* (personne) herself; **elles-mêmes** themselves; (objet, idée, concept) itself.

élocution /elɔkysjɔ̃/ *nf* diction.

éloge /elɔʒ/ *nm* praise; **faire l'~ de qn/qch** to sing the praises of sb/sth.

élogieux, **~ieuse** /elɔʒjø, jøz/ *adj* [article] laudatory.

éloigné, **~e** /elwaɲe/ *adj* distant; ~ **de tout** remote.

éloignement /elwaɲmɑ̃/ *nm* distance; (dans le temps) remoteness.

éloigner /elwaɲe/ I *vtr* to move [sb/sth] away; ~ **un danger** to remove a danger. II **s'~** *vpr* **s'~ (de)** to move away (from); **s'~ du sujet** to get off the subject.

éloquence /elɔkɑ̃s/ *nf* eloquence ¢.

éloquent, **~e** /elɔkɑ̃, ɑ̃t/ *adj* eloquent.

élu, **~e** /ely/ *nm,f* POL elected representative; **l'~ de mon cœur** the one I love; (choisi par Dieu) elect.

élucider /elyside/ *vtr* (circonstances) to clarify; (problème) to solve.

élucubrations /elykybʀasjɔ̃/ *nfpl* rantings.

éluder /elyde/ *vtr* to evade.

Élysée /elize/ *nprm* POL **(palais de l')~** Élysée Palace (*the official residence of the French President*); MYTHOL Elysium.

émail, *pl* **~aux** /emaj, o/ *nm* enamel.

émanciper: **s'~** /emɑ̃sipe/ *vpr* to become emancipated.

émaner /emane/ *vi* ~ **de** to come from.

émaux ▸ **émail**.

emballage /ɑ̃balaʒ/ *nm* packaging.

emballer /ɑ̃bale/ I *vtr* to pack; (envelopper) to wrap; **cette idée m'emballe**☺ I am really taken with this idea. II **s'~** *vpr* [cheval] to bolt; **s'~**☺ **pour qn/qch** to get carried away by sb/sth; [moteur] to race.

embarcadère /ɑ̃baʀkadɛʀ/ *nm* pier.

embarcation /ɑ̃baʀkasjɔ̃/ *nf* boat.

embardée /ɑ̃baʀde/ *nf* swerve; **faire une** ~ to swerve.

embargo /ɑ̃baʀgo/ *nm* ~ **(contre/sur)** embargo (on).

embarquement /ɑ̃baʀkəmɑ̃/ *nm* boarding; **port d'~** port of embarkation.

embarquer /ɑ̃baʀke/ I *vtr* (marchandises) to load; (passager) to take on board; (emmener)☺ (objet) to take; (malfaiteur) to pick up; ~ **qn dans un projet** to get sb involved in a project. II *vi* to board. III **s'~** *vpr* to board; **s'~ dans des explications** to launch into an explanation.

embarras /ɑ̃baʀa/ *nm* embarrassment; ~ **financiers** financial difficulties; **tirer qn d'~** to get sb out of a difficult situation; **être dans l'~** to be in a quandary; **n'avoir que l'~ du choix** to be spoiled for choice. ▪ ~ **gastrique** stomach upset.

embarrassé, **~e** /ɑ̃baʀase/ *adj* [personne, silence] embarrassed; [explication] confused; ~ **de qch** [pièce] cluttered with.

embarrasser /ɑ̃baʀase/ I *vtr* to embarrass; (encombrer) to clutter up. II **s'~ de** *vpr* (paquet, personne) to burden oneself with; (détails) to worry about.

embauche /ɑ̃boʃ/ *nf* appointment[GB], hiring[US]; **la situation de l'~** the job situation.

embaucher /ɑ̃boʃe/ *vtr* to hire.

embaumer /ɑ̃bome/ I *vtr* ~ **la lavande** to smell of lavender; (cadavre) to embalm. II *vi* to be fragrant.

embellir /ɑ̃beliʀ/ I *vtr* (ville) to improve; (récit) to embellish. II *vi* to become more attractive.

emberlificoté☺, **~e** /ɑ̃bɛʀlifikɔte/ *adj* confused.

embêtant, **~e** /ɑ̃betɑ̃, ɑ̃t/ *adj* annoying; **c'est très ~ ça!** that's a real nuisance!

embêtement /ɑ̃bɛtmɑ̃/ *nm* problem.

embêter /ɑ̃bete/ I *vtr* to bother. II **s'~** *vpr* to be bored.

emblée: **d'~** /dɑ̃ble/ *loc adv* straight away.

emboîter /ɑ̃bwate/ I *vtr* to fit together. II **s'~** *vpr* **s'~ (dans)** to fit (into).

embonpoint /ɑ̃bɔ̃pwɛ̃/ *nm* **avoir de l'~** to be stout.

embouchure /ɑ̃buʃyʀ/ *nf* mouth.

embouteillage /ɑ̃butɛjaʒ/ *nm* traffic jam.

emboutir /ɑ̃butiʀ/ *vtr* (véhicule) to crash into.

embranchement /ɑ̃bʀɑ̃ʃmɑ̃/ *nm* junction; BOT, ZOOL branch.

embraser /ɑ̃bʀaze/ I *vtr* to set [sth] ablaze. II **s'~** *vpr* to catch fire.

embrassade /ɑ̃bʀasad/ *nf* hugging and kissing ¢.

embrasser /ɑ̃bʀase/ I *vtr* to kiss; **je t'embrasse** (en fin de lettre) lots of love; (étreindre) to hug; (cause) to embrace. II **s'~** *vpr* to kiss (each other).

embrayage /ɑ̃bʀejaʒ/ *nm* clutch.

embrayer /ɑ̃bʀeje/ *vi* to engage the clutch.

embrouille☺ /ɑ̃bʀuj/ *nf* shady goings-on☺ (*pl*).

embrouiller /ɑ̃bʀuje/ I *vtr* (fils) to tangle; (affaire, personne) to confuse. II **s'~** *vpr* [fils] to become tangled; [affaire, personne] to become confused; **s'~ dans** (comptes) to get into a muddle with.

embruns /ɑ̃bʀœ̃/ *nmpl* spray ¢.

embryon /ɑ̃bʀijɔ̃/ *nm* embryo.

embûche /ɑ̃byʃ/ *nf* trap; (difficulté) pitfall.

embuer: **s'~** /ɑ̃bɥe/ *vpr* [vitre] to mist up, to fog up[US]; [yeux] to mist over.

embuscade /ɑ̃byskad/ *nf* ambush.

embusquer: **s'~** /ɑ̃byske/ *vpr* to lie in ambush.

émeraude /emʀod/ *nf* emerald.

émerger /emɛʀʒe/ *vi* to emerge; (se réveiller)☺ to surface.

émerveiller /emɛʀveje/ I *vtr* ~ **qn** to fill sb with wonder. II **s'~** *vpr* **s'~ de/devant qch** to marvel at sth.

émetteur /emetœʀ/ *nm* transmitter.

émettre /emɛtʀ/ *vtr* (avis) to express; (cri) to utter; (son, chaleur) to produce; (timbre, monnaie) to issue; (programme) to broadcast; (signal) to send out; (radiation) to emit.

émeute /emøt/ *nf* riot.

émietter /emjete/ *vtr* to crumble.

émigrant, **~e** /emigʀɑ̃, ɑ̃t/ *nm,f* emigrant.

émigration /emigʀasjɔ̃/ *nf* emigration.

émigré, **~e** /emigʀe/ *nm,f* emigrant.

émigrer /emigʀe/ *vi* [personne] to emigrate; [oiseau] to migrate.

émincer /emɛ̃se/ *vtr* to slice [sth] thinly.

éminence /eminɑ̃s/ *nf* hillock.

éminent, **~e** /eminɑ̃, ɑ̃t/ *adj* distinguished.

émirat /emiʀa/ *nm* emirate.

émis ▸ **émettre**.

émission /emisjɔ̃/ *nf* programme[GB]; (de document, timbre) issue; (d'ondes) emission.

emmêler /ɑ̃mele/ I *vtr* (cheveux, fils) to tangle; (affaire) to confuse. II **s'~** *vpr* [fils] to get tangled up.

emménager /ɑ̃menaʒe/ *vi* to move in.

emmener /ɑ̃mne/ *vtr* ~ **(à/jusqu'à)** to take (to); ~ **qn faire des courses/promener** to take sb shopping/for a walk; ~ **qn en voiture** to give sb a lift[GB], a drive[US]; (emporter)☺ CONTROV (parapluie, livre) to take.

emmerder☹ /ɑ̃mɛʀde/ I *vtr* to annoy, to hassle☺; **tu m'emmerdes** you're a pain☺. II **s'~** *vpr* to be bored (stiff)☺; **s'~ à faire** to go to the trouble of doing.

emmitoufler: **s'~** /ɑ̃mitufle/ *vpr* to wrap (oneself) up warmly.

émoi /emwa/ *nm* agitation; **mettre qn en** ~ to throw sb into a state of confusion.

émotif, **~ive** /emɔtif, iv/ *adj* emotional.

émotion /emosjɔ̃/ *nf* emotion; **donner des ~s**☺ **à qn** to give sb a fright.

émouvoir /emuvwaʀ/ I *vtr* to move, to touch; ~ **l'opinion** to cause a stir. II **s'~** *vpr* to be touched; **sans s'~** to reply calmly.

empaqueter /ɑ̃pakte/ *vtr* to package.

emparer: **s'~ de** /ɑ̃paʀe/ *vpr* (ville, record) to take over; (pouvoir) to seize.

empâter: **s'~** /ɑ̃pɑte/ *vpr* to put on weight.

empêchement /ɑ̃pɛʃmɑ̃/ *nm* **elle a eu un** ~ she's been detained.

empêcher /ɑ̃peʃe/ I *vtr* to prevent, to stop; ~ **qn de faire** to prevent sb from doing. II **s'~** *vpr* **je n'ai pu m'~ de faire** I couldn't help doing. III *v impers* **il n'empêche que** the fact remains that.

empereur /ɑ̃pʀœʀ/ *nm* emperor.

empester /ɑ̃pɛste/ *vi* to stink.

empêtrer: **s'~** /ɑ̃petʀe/ *vpr* **s'~ dans** (cordes) to get entangled in; (affaire) to get mixed up in.

empiéter /ɑ̃pjete/ *vtr ind* ~ **sur** to encroach upon.

empiffrer☺: **s'~** /ɑ̃pifʀe/ *vpr* **s'~ (de)** to stuff oneself (with).

empiler /ɑ̃pile/ I *vtr* to pile [sth] up. II **s'~** *vpr* to pile up.

empire /ɑ̃piʀ/ *nm* empire; **sous l'~ de la colère** in a fit of anger.

empirer /ɑ̃piʀe/ *vi* to get worse.

emplacement /ɑ̃plasmɑ̃/ *nm* site; (de stationnement) parking space.

emplette /ɑ̃plɛt/ *nf* purchase.

emploi /ɑ̃plwa/ *nm* job; **sans** ~ unemployed; (utilisation) use; LING usage. ▪ ~ **du temps** timetable.

employé, **~e** /ɑ̃plwaje/ *nm,f* employee. ▪ ~ **de banque/de bureau** bank/ office clerk; ~ **de maison** domestic employee.

employer /ɑ̃plwaje/ I *vtr* (personne) to employ; (mot) to use. II **s'~** *vpr* [produit, mot] to be used; **s'~ à faire** to apply oneself to doing.

employeur, **~euse** /ɑ̃plwajœʀ, øz/ *nm,f* employer.

empocher /ɑ̃pɔʃe/ *vtr* to pocket.

empoignade☺ /ɑ̃pwaɲad/ *nf* scrap☺.

empoigner /ɑ̃pwaɲe/ I *vtr* to grab. II **s'~** *vpr* **s'~ avec qn** to grapple with sb.

empoisonnement /ɑ̃pwazɔnmɑ̃/ *nm* poisoning ¢.

empoisonner /ɑ̃pwazɔne/ *vtr* to poison; ~ **la vie de qn** to make sb's life a misery.

emporté, **~e** /ɑ̃pɔʀte/ *adj* [personne] quick-tempered.

emportement /ɑ̃pɔʀtəmɑ̃/ *nm* fit of anger.

emporter /ɑ̃pɔʀte/ I *vtr* to take; [pizzas à ~] takeaway[GB], to go[US]; **se laisser ~ par son élan** to get carried away; **l'~** [bon sens] to prevail; **l'~ sur qn** to beat sb; **l'~ sur qch** to overcome sth. II *vi* **l'~** [bon sens] to prevail. III **s'~** *vpr* to lose one's temper.

empoté[☺], **~e** /ɑ̃pɔte/ *nm,f* clumsy oaf[☺].

empreinte /ɑ̃pʀɛ̃t/ *nf* print; (d'animal) track; (de milieu, culture) stamp. ■ **~s digitales** fingerprints.

empressement /ɑ̃pʀesmɑ̃/ *nm* (hâte) eagerness; (prévenance) attentiveness.

empresser: **s'~** /ɑ̃pʀese/ *vpr* **s'~ de faire** to hasten to do; **s'~ autour/auprès de qn** to fuss over sb.

emprisonnement /ɑ̃pʀizɔnmɑ̃/ *nm* imprisonment; **peine d'~** prison sentence.

emprisonner /ɑ̃pʀizɔne/ *vtr* to imprison.

emprunt /ɑ̃pʀœ̃/ *nm* loan; (mot étranger) borrowing.

emprunté, **~e** /ɑ̃pʀœ̃te/ *adj* (embarrassé) awkward.

emprunter /ɑ̃pʀœ̃te/ *vtr* ~ **qch (à qn)** to borrow sth (from sb); (route) to take.

emprunteur, **~euse** /ɑ̃pʀœ̃tœʀ, øz/ *nm,f* borrower.

ému, **~e** /emy/ I *pp* ▸ **émouvoir**. II *adj* [paroles, regard] full of emotion (*après n*); [souvenir] fond.

émulation /emylasjɔ̃/ *nf* emulation; **créer de l'~** to encourage a competitive spirit.

émule /emyl/ *nmf* imitator.

en /ɑ̃/ I *prép* (lieu où l'on est) in; **vivre ~ France/ville** to live in France/town; (le domaine, la discipline) in; ~ **politique/affaires** in politics/business; (lieu d'où l'on vient) from; (lieu où l'on va) to; **aller ~ Allemagne** to go to Germany; (mouvement vers l'intérieur) into; **monter ~ voiture** to get into a car; (temps) in; ~ **hiver/1991** in winter/1991; ~ **semaine** during the week; (moyen de transport) by; ~ **train/voiture** by train/car; (manière, état) **tout ~ vert** all in green; ~ **vers/français** a work in verse/French; (en qualité de) as; ~ **ami** as a friend; (comme) like; ~ **traître** like a traitor; (transformation) into; **traduire ~ anglais** to translate into English; (matière) made of; (mesures, dimensions) in; ~ **secondes** in seconds; (+ gérondif) (simultanéité) ~ **sortant** as I was leaving; (antériorité) ~ **la voyant, il rougit** when he saw/on seeing her he blushed; (manière) **elle travaille ~ chantant** she sings while she works; (explication, cause) **il s'est tordu le pied ~ tombant** he twisted his foot when/as he fell. II *pron* (moyen) with it, with them; **fais-~ de la confiture** make jam with it/them; (complément d'objet indirect) **j'~ connais qui seraient contents** I know some who would be pleased.

EN /œɛn/ *nf abrév* = (**école normale**) primary-teacher[GB] training college; *abrév* = (**Éducation nationale**) Ministry of Education.

ENA /ena/ *nf abrév* = (**École nationale d'administration**) *Grande École for top civil servants.*

énarque /enaʀk/ *nmf* graduate of the ENA.

encadrement /ɑ̃kadʀəmɑ̃/ *nm* (de personnel) supervision; (de tableau) framing.

encadrer /ɑ̃kadʀe/ *vtr* (personnel) to supervise; (tableau) to frame.

encaisser /ɑ̃kese/ *vtr* (somme) to cash; (coup)[☺] to take; **je ne peux pas l'~**[☺] I can't stand him.

encart /ɑ̃kaʀ/ *nm* insert.
en-cas /ɑ̃kɑ/ *nm inv* snack.
encastrer /ɑ̃kastʀe/ *vtr* (four) to build in.
enceinte /ɑ̃sɛ̃t/ I *adj f* [femme] pregnant. II *nf* surrounding wall.
encens /ɑ̃sɑ̃/ *nm* incense ¢.
encercler /ɑ̃sɛʀkle/ *vtr* to surround.
enchaînement /ɑ̃ʃɛnmɑ̃/ *nm* (suite) sequence; MUS, SPORT transition.
enchaîner /ɑ̃ʃene/ I *vtr* (personne, animal) to chain up; (idées, mots) to put [sth] together. II *vi* to go on. III **s'~** *vpr* [plans, séquences] to follow on.
enchantement /ɑ̃ʃɑ̃tmɑ̃/ *nm* delight; **comme par ~** as if by magic.
enchanter /ɑ̃ʃɑ̃te/ *vtr* to please, to thrill; **enchanté (de faire votre connaissance)!** how do you do!
enchère /ɑ̃ʃɛʀ/ I *nf* bid. II **~** *nfpl* **vente aux ~s** auction.
enchevêtrer /ɑ̃ʃ(ə)vetʀe/ I *vtr* (intrigue) to muddle, to complicate. II **s'~** *vpr* [fils] to get tangled.
enclencher /ɑ̃klɑ̃ʃe/ I *vtr* (mécanisme) to engage. II **s'~** *vpr* [processus, cycle] to get under way.
enclin, **~e** /ɑ̃klɛ̃, in/ *adj* **~ à/à faire** inclined to/to do.
enclos /ɑ̃klo/ *nm* enclosure.
encoche /ɑ̃kɔʃ/ *nf* notch.
encoignure /ɑ̃kwaɲyʀ/ *nf* corner.
encolure /ɑ̃kɔlyʀ/ *nf* neck; (dimension) collar size.
encombrant, **~e** /ɑ̃kɔ̃bʀɑ̃, ɑ̃t/ *adj* [paquet] cumbersome; [personne] troublesome.
encombre: **sans ~** /sɑ̃zɑ̃kɔ̃bʀ/ *loc adv* without a hitch.
encombré, **~e** /ɑ̃kɔ̃bʀe/ *adj* [route] congested; [standard] jammed.
encombrement /ɑ̃kɔ̃bʀəmɑ̃/ *nm* congestion; (volume) bulk.
encombrer /ɑ̃kɔ̃bʀe/ I *vtr* (pièce, mémoire) to clutter up; (route) to obstruct. II **s'~** *vpr* **s'~ de** to burden oneself with.
encontre: **à l'~ de** /alɑ̃kɔ̃tʀədə/ *loc prép* against.
encore /ɑ̃kɔʀ/ I *adv* (toujours) still; **je m'en souviens ~** I still remember; **pas ~** not yet; (de nouveau) again; **~ toi!** you again!; **~ une fois** once more; (davantage) more; **j'en veux ~** I want some more; **c'est ~ mieux/moins** it's even better/less; (en plus) **~ un gâteau?** another cake?; **que dois-je prendre ~?** what else shall I take?; (toutefois) **~ heureux que...** it's lucky that...; (seulement) only, just; **il y a ~ trois mois** only three months ago. II **~ que** *loc conj* even though.
encouragement /ɑ̃kuʀaʒmɑ̃/ *nm* encouragement ¢.
encourager /ɑ̃kuʀaʒe/ *vtr* **~ à faire qch** to encourage to do sth; (de la voix) (équipe, sportif) to cheer [sb] on.
encourir /ɑ̃kuʀiʀ/ *vtr* to incur.
encre /ɑ̃kʀ/ *nf* ink. ▪ **~ de Chine** Indian ink.
encrier /ɑ̃kʀije/ *nm* inkwell.
encroûter©: **s'~** /ɑ̃kʀute/ *vpr* to get in a rut.
encyclopédie /ɑ̃siklɔpedi/ *nf* encyclopedia.
endetter: **s'~** /ɑ̃dete/ *vpr* to get into debt.
endeuiller /ɑ̃dœje/ *vtr* to plunge [sb] into mourning.
endiablé, **~e** /ɑ̃djable/ *adj* furious.
endimanché, **~e** /ɑ̃dimɑ̃ʃe/ *adj* in one's Sunday best.
endive /ɑ̃div/ *nf* chicory[GB] ¢, endive[US].
endolori, **~e** /ɑ̃dɔlɔʀi/ *adj* aching.
endommager /ɑ̃dɔmaʒe/ *vtr* to damage.

endormi, **~e** /ɑ̃dɔʀmi/ *adj* [personne, animal] sleeping, asleep; [village, yeux] sleepy.

endormir /ɑ̃dɔʀmiʀ/ I *vtr* to send [sb] to sleep; (soupçon) to allay. II **s'~** *vpr* to fall asleep.

endroit /ɑ̃dʀwa/ I *nm* place; **à quel ~?** where?; (de tissu) right side. II **à l'~** *loc adv* the right way up.

enduire /ɑ̃dɥiʀ/ *vtr* **~ de qch** to coat with sth.

endurci, **~e** /ɑ̃dyʀsi/ *adj* tough; [célibataire] confirmed; [criminel] hardened.

endurcir /ɑ̃dyʀsiʀ/ I *vtr* to harden. II **s'~** *vpr* to become hardened.

endurer /ɑ̃dyʀe/ *vtr* to endure.

énergétique /enɛʀʒetik/ *adj* **besoins ~s** energy requirements.

énergie /enɛʀʒi/ *nf* energy; **~ nucléaire** nuclear power.

énergique /enɛʀʒik/ *adj* [personne] energetic; [main] vigorous.

énergumène /enɛʀgymɛn/ *nmf* oddball.

énervé, **~e** /enɛʀve/ *adj* irritated; [enfant] overexcited.

énerver /enɛʀve/ I *vtr* **~ qn** to get on sb's nerves. II **s'~** *vpr* **s'~ (pour)** to get worked up (over).

enfance /ɑ̃fɑ̃s/ *nf* childhood.

enfant /ɑ̃fɑ̃/ *nmf* child. ▪ **~ de chœur** altar boy.

enfantillage /ɑ̃fɑ̃tijaʒ/ *nm* childishness.

enfantin, **~e** /ɑ̃fɑ̃tɛ̃, in/ *adj* (digne d'un enfant) childish; (pour enfant) children's; (facile) simple, easy.

enfer /ɑ̃fɛʀ/ *nm* Hell; **vision d'~** vision of hell; **soirée d'~**[©] hell of a[©] party.

enfermer /ɑ̃fɛʀme/ I *vtr* (animal) to shut [sth] in; (criminel) to lock [sb] up. II **s'~** *vpr* to lock oneself in.

enfilade /ɑ̃filad/ *nf* row.

enfiler /ɑ̃file/ *vtr* to slip on; (aiguille) to thread.

enfin /ɑ̃fɛ̃/ *adv* finally; (dans une énumération) lastly; **~ et surtout** last but not least; (de soulagement) at last; **~ seuls!** alone at last!; (en d'autres termes) in short, in other words; (introduit un correctif) well, that is.

enflammer /ɑ̃flame/ I *vtr* (objet) to set fire to; (opinion) to inflame. II **s'~** *vpr* to catch fire.

enflé, **~e** /ɑ̃fle/ *adj* swollen.

enfler /ɑ̃fle/ *vi* to swell (up).

enfoncer /ɑ̃fɔ̃se/ I *vtr* (bouchon) to push in; (clou) to knock in; (porte) to break down; (aile de voiture) to smash in. II **s'~** *vpr* **s'~ dans** to sink in(to); **s'~ dans le brouillard** to disappear into the fog.

enfouir /ɑ̃fwiʀ/ *vtr* to bury.

enfreindre /ɑ̃fʀɛ̃dʀ/ *vtr* to infringe, to break.

enfuir: **s'~** /ɑ̃fɥiʀ/ *vpr* **s'~ (de)** to run away (from), to escape (from).

engagé, **~e** /ɑ̃gaʒe/ *adj* committed.

engagement /ɑ̃gaʒmɑ̃/ *nm* commitment; (action politique) involvement; (combat) engagement.

engager /ɑ̃gaʒe/ I *vtr* (personnel) to hire; (obliger) to bind; (introduire) **~ qch dans** to put sth in; **~ qn à faire** to urge sb to do. II **s'~** *vpr* **s'~ à faire qch** to promise to do sth; (s'impliquer) to get involved; (commencer, pénétrer) to go into; (se faire recruter) to join.

engelure /ɑ̃ʒlyʀ/ *nf* chilblain.

engendrer /ɑ̃ʒɑ̃dʀe/ *vtr* FIG to cause.

engin /ɑ̃ʒɛ̃/ *nm* (machine, bombe) device; (véhicule) vehicle; (missile) missile.

englober /ɑ̃glɔbe/ *vtr* to include.

engloutir /ɑ̃glutiʀ/ *vtr* to engulf, to swallow up; (dépenser) to squander.

engouffrer: **s'~** /ɑ̃gufʀe/ *vpr* **s'~ dans** to rush in.

engourdi, **~e** /ɑ̃guʀdi/ *adj* numb.

engourdir /ɑ̃guʀdiʀ/ I *vtr* to make numb; (personne, esprit) to make [sb/sth] drowsy. II **s'~** *vpr* to go numb; [cerveau] to grow dull.

engrais /ɑ̃gʀɛ/ *nm* fertilizer.

engraisser /ɑ̃gʀese/ *vi* to get fat.

engrenage /ɑ̃gʀənaʒ/ *nm* (mécanique) gears (*pl*); FIG spiral.

énième /ɛnjɛm/ *adj* umpteenth.

énigme /enigm/ *nf* enigma, mystery; **parler par ~s** to speak in riddles.

enivrer: **s'~** /ɑ̃nivʀe/ *vpr* to get drunk.

enjambée /ɑ̃ʒɑ̃be/ *nf* stride.

enjamber /ɑ̃ʒɑ̃be/ *vtr* (obstacle) to step over; (rivière) to span.

enjeu, *pl* **~x** /ɑ̃ʒø/ *nm* stake; (ce qui est en jeu) what is at stake.

enjoliver /ɑ̃ʒɔlive/ *vtr* to embellish.

enjoliveur /ɑ̃ʒɔlivœʀ/ *nm* hubcap.

enjoué, **~e** /ɑ̃ʒwe/ *adj* cheerful.

enlacer /ɑ̃lase/ *vtr*, *vpr* to embrace.

enlaidir /ɑ̃ledìʀ/ I *vtr* to make [sb/sth] look ugly. II *vi* to become ugly.

enlèvement /ɑ̃lɛvmɑ̃/ *nm* (délit) abduction; (de colis, d'ordures) collection.

enlever /ɑ̃lve/ I *vtr* GÉN to remove; (vêtement) to take [sth] off; (véhicule) to move; (enfant) to kidnap. II **s'~** *vpr* [vernis] to come off; [tache] to come out.

enliser: **s'~** /ɑ̃lize/ *vpr* [véhicule] to get stuck; [enquête] to drag on.

enneigé, **~e** /ɑ̃neʒe/ *adj* snowy.

enneigement /ɑ̃nɛʒmɑ̃/ *nm* **bulletin d'~** snow report.

ennemi, **~e** /ɛnmi/ *adj*, *nm,f* enemy.

ennui /ɑ̃nɥi/ *nm* boredom; (problème) problem; **s'attirer des ~s** to run into trouble.

ennuyé, **~e** /ɑ̃nɥije/ *adj* embarrassed.

ennuyer /ɑ̃nɥije/ I *vtr* to bore; (déranger) to bother; **si ça ne vous ennuie pas trop** if you don't mind; (irriter) to annoy. II **s'~** *vpr* to be bored.

ennuyeux, **~euse** /ɑ̃nɥijø, øz/ *adj* boring; (agaçant) annoying.

énoncé /enɔ̃se/ *nm* wording.

énoncer /enɔ̃se/ *vtr* (faits, principes) to set out, to state; (théorie) to expound.

énorme /enɔʀm/ *adj* huge; [succès, effort] tremendous.

énormément /enɔʀmemɑ̃/ *adv* a lot.

enquérir: **s'~** /ɑ̃keʀiʀ/ *vpr* **s'~ de qch** to inquire about sth.

enquête /ɑ̃kɛt/ *nf* **~ (sur)** inquiry, investigation (into); (sondage) survey (of).

enquêter /ɑ̃kete/ *vi* **~ (sur)** to carry out an investigation (into).

enragé, **~e** /ɑ̃ʀaʒe/ *adj* (passionné) fanatical; MÉD rabid.

enrager /ɑ̃ʀaʒe/ *vi* to be furious; **faire ~ qn** to tease sb.

enrayer /ɑ̃ʀeje/ I *vtr* (épidémie) to check; (inflation) to curb; (bloquer) to jam. II **s'~** *vpr* to get jammed.

enregistrement /ɑ̃ʀəʒistʀəmɑ̃/ *nm* recording; (de bagages) check-in.

enregistrer /ɑ̃ʀəʒistʀe/ *vtr* (disque, cassette, hausse, données) to record; (progrès) to note; (déclaration) to register; (bagages) to check in.

enrhumer: **s'~** /ɑ̃ʀyme/ *vpr* to catch a cold; **être enrhumé** to have a cold.

enrichir /ɑ̃ʀiʃiʀ/ *vtr* (personne) to make [sb] rich; **~ (de)** to enrich (with).

enrober /ɑ̃ʀɔbe/ *vtr* **~ (de)** to coat (with).

enrôler /ɑ̃ʀole/ *vtr* to recruit; MIL to enlist.

enroué, **~e** /ɑ̃ʀwe/ *adj* hoarse.

enrouler /ɑ̃ʀule/ *vtr* to wind; (tapis) to roll up.

ENS /œɛnɛs/ *nf* (*abrév* = **École normale supérieure**) *Grande École from which the educational élite is recruited.*

enseignant, **~e** /ɑ̃sɛɲɑ̃, ɑ̃t/ I *adj* **corps ~** teaching profession. II *nm,f* SCOL teacher.

enseigne /ɑ̃sɛɲ/ *nf* sign; (drapeau) ensign.

enseignement /ɑ̃sɛɲmɑ̃/ *nm* education; **l'~ supérieur** higher education; (activité) teaching; (formation) instruction.

enseigner /ɑ̃seɲe/ *vtr* **~ qch à qn** to teach sth to sb, to teach sb sth.

ensemble /ɑ̃sɑ̃bl/ I *adv* together; (simultanément) at the same time. II *nm* group, set; **l'~ des élèves** all the pupils (*pl*) in the class; **une vue d'~** an overall view; **dans l'~** by and large; **dans son/leur ~** as a whole; (formation musicale) ensemble; (vêtements) suit.

ensevelir /ɑ̃səvəliʀ/ *vtr* to bury.

ensoleillé, **~e** /ɑ̃sɔleje/ *adj* sunny.

ensommeillé, **~e** /ɑ̃sɔmeje/ *adj* sleepy.

ensorceler /ɑ̃sɔʀsəle/ *vtr* to bewitch.

ensuite /ɑ̃sɥit/ *adv* (après) then; (ultérieurement) later, subsequently; (en second lieu) secondly.

ensuivre: **s'~** /ɑ̃sɥivʀ/ *vpr* to follow.

entaille /ɑ̃taj/ *nf* notch.

entamer /ɑ̃tame/ *vtr* (journée, dessert) to start; (bouteille, négociation) to open; (économies) to eat into.

entasser /ɑ̃tase/ I *vtr* **~ (dans)** to pile (into). II **s'~** *vpr* [objets] to pile up; [personnes] to crowd (into).

entendre /ɑ̃tɑ̃dʀ/ I *vtr* (percevoir, écouter) to hear; **elle ne veut rien ~** she won't listen; (comprendre) to understand; **qu'entends-tu par là?** what do you mean by that? II **s'~** *vpr* **s'~ (avec qn)** to get along (with sb); **s'~ (sur qch)** to agree (on sth); **s'y ~ en qch** to know about sth.

entendu, **~e** /ɑ̃tɑ̃dy/ I *adj* agreed, settled; **~!** OK©!; **un air ~** a knowing look. II **bien ~** *loc adv* of course.

entente /ɑ̃tɑ̃t/ *nf* arrangement; **en bonne ~** on good terms.

enterrement /ɑ̃tɛʀmɑ̃/ *nm* burial.

enterrer /ɑ̃teʀe/ *vtr* to bury.

en-tête, *pl* **~s** /ɑ̃tɛt/ *nm* heading.

entêté, **~e** /ɑ̃tete/ *adj* stubborn, obstinate.

entêtement /ɑ̃tɛtmɑ̃/ *nm* stubbornness, obstinacy.

entêter: **s'~** /ɑ̃tete/ *vpr* **s'~ à faire qch** to persist in doing sth.

enthousiasme /ɑ̃tuzjasm/ *nm* enthusiasm ¢.

enthousiasmer /ɑ̃tuzjasme/ I *vtr* to fill with enthusiasm. II **s'~** *vpr* **s'~ pour qch** to get enthusiastic about sth.

enthousiaste /ɑ̃tuzjast/ *adj* enthusiastic.

enticher: **s'~** /ɑ̃tiʃe/ *vpr* **s'~ de qn** to become infatuated with sb.

entier, **~ière** /ɑ̃tje, jɛʀ/ I *adj* whole, entire; **le pays tout ~** the whole country, the entire country; [lait] full-fat[GB], whole; [réussite] complete; [responsabilité] full; [réputation] intact. II *nm* **le pays dans son ~** the entire country; **en ~** completely.

entièrement /ɑ̃tjɛʀmɑ̃/ *adv* entirely, completely; **~ équipé** fully equipped.

entonnoir /ɑ̃tɔnwaʀ/ *nm* funnel.

entorse /ɑ̃tɔʀs/ *nf* MÉD sprain; **se faire une ~ à la cheville** to sprain one's ankle.

entourage /ɑ̃tuʀaʒ/ *nm* entourage.

entourer /ɑ̃tuʀe/ *vtr* to surround; **entouré de** surrounded by; **~ qch de qch** to put sth around sth; **les gens qui nous entourent** the people around us; (soutenir) to rally round[GB], around[US] sb.

entracte /ɑ̃tʀakt/ *nm* intermission.

entraide /ɑ̃tʀɛd/ *nf* mutual aid.

entraider: **s'~** /ɑ̃tʀede/ *vpr* to help each other.

entrailles /ɑ̃tʀɑj/ *nfpl* entrails; (profondeurs) bowels.

entrain /ɑ̃tʀɛ̃/ *nm* **plein d'~** full of life.

entraînement /ɑ̃tʀɛnmɑ̃/ *nm* (formation) training; (habitude) practice.

entraîner /ɑ̃tʀene/ **I** *vtr* (provoquer) to lead to; (emporter) to carry [sb/sth] away; **~ qn à faire qch** to make sb do sth; (former) to train; (équipe) to coach. **II s'~** *vpr* [équipe] to train; **s'~ à faire** to practise[GB] doing.

entraîneur, **~euse** /ɑ̃tʀɛnœʀ, øz/ *nm,f* coach; (de cheval) trainer.

entrave /ɑ̃tʀav/ *nf* hindrance.

entraver /ɑ̃tʀave/ *vtr* to hinder.

entre /ɑ̃tʀ/ *prép* between; **~ nous** between you and me; (parmi) among; **une soirée ~ amis** a party among friends; **chacune d'~ elles** each of them.

entrebâiller /ɑ̃tʀəbaje/ *vtr* to half-open.

entrecôte /ɑ̃tʀəkot/ *nf* entrecôte (steak).

entrée /ɑ̃tʀe/ *nf* **~ (de)** entrance (to); (d'autoroute) (entry) slip road[GB], on-ramp[US]; (vestibule) hall; (admission, accueil) admission (to); **~ libre** admission free; **~ interdite** no admittance, no entry; (place) ticket; (de véhicule, marchandises) entry; (plat) starter; ORDINAT input ¢; LING (de dictionnaire) entry. ▪ **~ en matière** introduction.

entrefaites: **sur ces ~** /syʀsezɑ̃tʀəfɛt/ *loc adv* with that.

entrefilet /ɑ̃tʀəfilɛ/ *nm* brief article.

entremets /ɑ̃tʀəmɛ/ *nm* dessert.

entremetteur, **~euse** /ɑ̃tʀəmɛtœʀ, øz/ *nm,f* go-between.

entreposer /ɑ̃tʀəpoze/ *vtr* to store.

entrepôt /ɑ̃tʀəpo/ *nm* warehouse.

entreprendre /ɑ̃tʀəpʀɑ̃dʀ/ *vtr* **~ de faire** to undertake to do.

entrepreneur, **~euse** /ɑ̃tʀəpʀənœʀ, øz/ *nm,f* (de travaux) contractor.

entreprise /ɑ̃tʀəpʀiz/ *nf* firm, business; **petites et moyennes ~s** small and medium enterprises.

entrer /ɑ̃tʀe/ **I** *vtr* (données) to enter. **II** *vi* to get in, to enter, to go in, to come in; **défense d'~** no entry; **fais-la ~** show her in; (tenir, s'adapter) to fit.

entresol /ɑ̃tʀəsɔl/ *nm* mezzanine.

entre-temps /ɑ̃tʀətɑ̃/ *adv* meanwhile, in the meantime.

entretenir /ɑ̃tʀətniʀ/ **I** *vtr* (route, machine) to maintain; (famille) to support; (feu, conversation) to keep [sth] going; **~ qn de qch** to speak to sb about sth. **II s'~** *vpr* **s'~ de qch** to discuss sth.

entretien /ɑ̃tʀətjɛ̃/ *nm* (de maison, etc) upkeep; (de voiture, etc) maintenance; (conversation) discussion; PRESSE interview; POL talks (*pl*).

entre-tuer: **s'~** /ɑ̃tʀətɥe/ *vpr* to kill each other.

entrevoir /ɑ̃tʀəvwaʀ/ *vtr* to catch a glimpse of; (présager) to foresee.

entrevue /ɑ̃tʀəvy/ *nf* meeting.

entrouvert, **~e** /ɑ̃tʀuvɛʀ/ *adj* half open.

énumérer /enymeʀe/ *vtr* to list.

envahir /ɑ̃vaiʀ/ *vtr* [troupes, foule] to invade; **~ le marché** to flood the market.

envahissant, **~e** /ɑ̃vaisɑ̃, ɑ̃t/ *adj* [personne] intrusive; [musique, plante] invasive.

envahisseur /ɑ̃vaisœʀ/ *nm* invader.

enveloppe /ɑ̃vlɔp/ *nf* envelope.

envelopper /ɑ̃vlɔpe/ *vtr* [personne] to wrap [sb/sth] (up); [brouillard, silence] to envelop.

envenimer /ɑ̃vnime/ **I** *vtr* (situation) to aggravate. **II s'~** *vpr* to worsen.

envergure /ɑ̃vɛʀgyʀ/ *nf* (d'ailes) wingspan; (de personne) stature; (de projet, d'entreprise) scale; **d'~ internationale** of international scope; **sans ~** of no account.

envers[1] /ɑ̃vɛʀ/ *prép* towards.
• **~ et contre tous** in spite of everyone.

envers[2] /ɑ̃vɛʀ/ **I** *nm inv* (de tissu) wrong side; (de monnaie) reverse. **II à l'~** *loc adv* the wrong way; (le haut en bas) upside down.

envie /ɑ̃vi/ *nf* longing, desire; **~ (de faire)** urge (to do); (de choses à manger) **~ de qch** craving for sth; **avoir ~ de qch** to feel like sth; **avoir ~ de faire** to feel like doing, to want to do; (convoitise) envy.

envier /ɑ̃vje/ *vtr* to envy.

environ /ɑ̃viʀɔ̃/ *adv* about.

environnant, **~e** /ɑ̃viʀɔnɑ̃, ɑ̃t/ *adj* surrounding.

environnement /ɑ̃viʀɔnmɑ̃/ *nm* environment.

environs /ɑ̃viʀɔ̃/ *nmpl* **être des ~** to be from the area; **aux ~ de** (dans l'espace) in the vicinity of; (dans le temps) around.

envisager /ɑ̃vizaʒe/ *vtr* **~ (de faire) qch** to plan (to do) sth; (hypothèse, possibilité) to envisage.

envoi /ɑ̃vwa/ *nm* sending, dispatch; **date d'~** dispatch date[GB], mailing date[US]; **frais d'~** postage; (paquet) parcel; SPORT **coup d'~** kick-off.

envol /ɑ̃vɔl/ *nm* flight; (d'avion) take-off.

envolée /ɑ̃vɔle/ *nf* **~ des prix** surge in prices.

envoler: **s'~** /ɑ̃vɔle/ *vpr* [oiseau] to fly off; [avion] to take off; [papier, chapeau] to be blown away.

envoûter /ɑ̃vute/ *vtr* to bewitch.

envoyé, **~e** /ɑ̃vwaje/ *nm,f* envoy; **~ spécial** special correspondent.

envoyer /ɑ̃vwaje/ **I** *vtr* **~ qch à qn** to send sb sth; **~ qch (sur)** to throw (at); (transmettre) to send. **II s'~** *vpr* (échanger) to exchange; (avaler)☺ to gulp.
• **~ qn promener**☺ to send sb packing☺.

épagneul /epaɲœl/ *nm* spaniel.

épais, **épaisse** /epɛ, ɛs/ *adj* thick; [nuit, silence] deep.

épaisseur /epɛsœʀ/ *nf* thickness; (couche) layer.

épaissir /epesiʀ/ *vtr, vi* to thicken.

épancher: **s'~** /epɑ̃ʃe/ *vpr* **s'~ (auprès de qn)** to open one's heart (to sb).

épanoui, **~e** /epanwi/ *adj* [fleur] in full bloom; [sourire, visage] beaming.

épanouir: **s'~** /epanwiʀ/ *vpr* [fleur] to bloom; [visage] to light up; [personne] to blossom.

épanouissement /epanwismɑ̃/ *nm* blooming; (de personne) development; (de talent) flowering.

épargnant, **~e** /epaʀɲɑ̃, ɑ̃t/ *nm,f* saver.

épargne /epaʀɲ/ *nf* savings (*pl*); **un compte (d') ~** a savings account.

épargner /epaʀɲe/ **I** *vtr* to save; **~ qch à qn** to spare sb sth. **II** *vi* to save.

éparpiller /epaʀpije/ *vtr* to scatter.

épars, **~e** /epaʀ, aʀs/ *adj* scattered.

épatant☺, **~e** /epatɑ̃, ɑ̃t/ *adj* marvellous[GB].

épaté, **~e** /epate/ *adj* **nez ~** pug nose, flat nose; (surpris)☺ amazed.

épater☺ /epate/ *vtr* to impress, to amaze.

épaule /epol/ *nf* shoulder.

épaulette /epolɛt/ *nf* shoulder pad; (de soldat) epaulette.

épave /epav/ *nf* wreck.

épée /epe/ *nf* sword.

épeler /eple/ *vtr* to spell.

éperdu, **~e** /epɛʀdy/ *adj* [besoin, désir] overwhelming; [amour, reconnaissance] boundless.

éperdument /epɛʀdymɑ̃/ *adv* madly; **je m'ne moque ~**☺ I couldn't care less about it.

éperon /epʀɔ̃/ *nm* spur.

épervier /epɛʀvje/ *nm* sparrowhawk.

éphémère /efemɛʀ/ *adj* [bonheur] fleeting; [insecte] short-lived.

épi /epi/ *nm* (de blé, d'avoine) ear; (mèche) tuft of hair^GB, cowlick^US. ▪ **~ de maïs** corn cob.

épice /epis/ *nf* spice.

épicerie /episʀi/ *nf* grocer's^GB, grocery store^US; **à l'~** at the grocer's; (produits) groceries (*pl*).

épicier, **~ière** /episje, jɛʀ/ *nm,f* grocer.

épidémie /epidemi/ *nf* epidemic.

épier /epje/ *vtr* to spy on.

épiler: **s'~** /epile/ *vpr* to remove superfluous hair (from); (à la cire) to wax; **s'~ les sourcils** to pluck one's eyebrows.

épilogue /epilɔg/ *nm* epilogue^GB; (d'aventure) outcome.

épinard /epinaʀ/ *nm* spinach ¢.

épine /epin/ *nf* thorn. ▪ **~ dorsale** ANAT spine; FIG backbone.

épineux, **~euse** /epinø, øz/ *adj* [situation] tricky.

épingle /epɛ̃gl/ *nf* pin. ▪ **~ à cheveux** hairpin; **~ à nourrice, ~ de sûreté** safety pin.
• **être tiré à quatre ~s**☺ to be immaculately dressed.

épingler /epɛ̃gle/ *vtr* (affiche) to pin; (arrêter)☺ to collar☺.

épisode /epizɔd/ *nm* episode.

épisodique /epizɔdik/ *adj* episodic, sporadic.

épithète /epitɛt/ *nf* attributive adjective.

éploré, **~e** /eplɔʀe/ *adj* grief-stricken.

épluche-légume, *pl* **~s** /eplyʃlegym/ *nm* potato peeler.

éplucher /eplyʃe/ *vtr* to peel; (document) to scrutinize.

épluchure /eplyʃyʀ/ *nf* peelings.

éponge /epɔ̃ʒ/ *nf* sponge.

éponger /epɔ̃ʒe/ **I** *vtr* to mop (up); (dettes) to pay off. **II s'~** *vpr* **s'~ le front** to mop one's brow.

époque /epɔk/ *nf* time; (historique) era; (période stylistique) period.

épouse /epuz/ *nf* wife.

épouser /epuze/ *vtr* to marry; (cause) to adopt.

épousseter /epuste/ *vtr* to dust.

époustouflant☺, **~e** /epustuflɑ̃, ɑ̃t/ *adj* stunning, amazing.

épouvantable /epuvɑ̃tabl/ *adj* dreadful.

épouvantail /epuvɑ̃taj/ *nm* scarecrow.

épouvante /epuvɑ̃t/ *nf* terror; **film d'~** horror film.

épouvanter /epuvɑ̃te/ *vtr* to terrify.

époux /epu/ *nm* husband.

éprendre: **s'~ de** /epʀɑ̃dʀ/ *vpr* to fall in love with.

épreuve /epʀœv/ *nf* (malheur) ordeal; (essai) test; **mettre qn/qch à l'~** to put sb/sth to the test; **à toute ~** unfailing; (examen) examination; (photo, estampe) proof.

épris, **~e** /epʀi, iz/ *adj* **~ de qn** in love with sb.

éprouvant, **~e** /epʀuvɑ̃, ɑ̃t/ *adj* trying.

éprouver /epʀuve/ *vtr* (regret, amour) to feel; (tester) to test; (toucher) to distress.

éprouvette /epʀuvɛt/ *nf* test tube.

épuisant, **~e** /epɥizɑ̃, ɑ̃t/ *adj* exhausting.

épuisé, **~e** /epɥize/ *adj* (fatigué) exhausted, worn out; [livre] out of print; [article] out of stock.

épuisement /epɥizmɑ̃/ *nm* exhaustion.

épuiser /epɥize/ *vtr* to exhaust.

épuisette /epɥizɛt/ *nf* landing net.

épuration /epyʀasjɔ̃/ *nf* (d'eaux) treatment; (politique) purge.

équateur /ekwatœʀ/ *nm* equator.

équation /ekwasjɔ̃/ *nf* equation.
équerre /ekɛʀ/ *nf* set square; (en T) flat T-bracket.
équestre /ekɛstʀ/ *adj* equestrian.
équilibre /ekilibʀ/ *nm* (stabilité) balance; (harmonie) balance.
équilibrer /ekilibʀe/ I *vtr* to balance. II **s'~** *vpr* [facteurs, coûts] to balance each other.
équilibriste /ekilibʀist/ *nmf* acrobat.
équipage /ekipaʒ/ *nm* crew.
équipe /ekip/ *nf* team; (en usine) shift; (de rameurs, télévision) crew.
équipé, **~e** /ekipe/ *adj* ~ **de/pour** equipped with/for; **cuisine ~e** fitted kitchen.
équipement /ekipmɑ̃/ *nm* equipment; (de sportif) kit; **~s collectifs** public facilities.
équiper /ekipe/ I *vtr* ~ **(de)** to equip (with). II **s'~ de** *vpr* to equip oneself (with).
équipier, **~ière** /ekipje, jɛʀ/ *nm,f* team member; (rameur, marin) crew member.
équitable /ekitabl/ *adj* fair.
équitation /ekitasjɔ̃/ *nf* (horse)riding.
équivalence /ekivalɑ̃s/ *nf* equivalence; UNIV **demander une** ~ to ask for recognition of one's qualifications[GB], to ask for advanced standing[US].
équivalent, **~e** /ekivalɑ̃, ɑ̃t/ *adj, nm* equivalent.
équivaloir /ekivalwaʀ/ *vtr ind* ~ **à** to be equivalent to.
équivoque /ekivɔk/ I *adj* ambiguous; [réputation] dubious. II *nf* ambiguity.
érable /eʀabl/ *nm* maple.
érafler /eʀafle/ *vtr* to scratch.
éraflure /eʀaflyʀ/ *nf* scratch.
ère /ɛʀ/ *nf* era; **100 ans avant notre** ~ 100 years BC.
éreinter /eʀɛ̃te/ *vtr* to exhaust.
ériger /eʀiʒe/ I *vtr* (statue, bâtiment) to erect. II **s'~ en** *vpr* to set oneself up as.
ermite /ɛʀmit/ *nm* hermit.
érosion /eʀozjɔ̃/ *nf* erosion.
érotique /eʀɔtik/ *adj* erotic.
errer /ɛʀe/ *vi* to wander.
erreur /ɛʀœʀ/ *nf* mistake; **vous faites** ~ you are mistaken.
erroné, **~e** /ɛʀɔne/ *adj* incorrect.
érudit, **~e** /eʀydi, it/ *nm,f* scholar.
éruption /eʀypsjɔ̃/ *nf* eruption.
ès /ɛs/ *prép* **licence ~ lettres** arts degree, BA (degree).
escabeau, *pl* **~x** /ɛskabo/ *nm* stepladder.
escadron /ɛskadʀɔ̃/ *nm* squadron.
escalade /ɛskalad/ *nf* climbing; (intensification) escalation.
escalader /ɛskalade/ *vtr* to climb.
escale /ɛskal/ *nf* NAUT port of call; AVIAT stopover; **sans** ~ nonstop.
escalier /ɛskalje/ *nm* staircase; (marches) stairs (*pl*); **monter l'~** to go upstairs. ■ **~ mécanique/roulant** escalator.
escamoter /ɛskamɔte/ *vtr* (cacher) to cover up; (éluder) to avoid; (voler) to pinch[©GB].
escapade /ɛskapad/ *nf* escapade.
escargot /ɛskaʀgo/ *nm* snail.
escarmouche /ɛskaʀmuʃ/ *nf* skirmish.
escarpé, **~e** /ɛskaʀpe/ *adj* steep.
escarpement /ɛskaʀpəmɑ̃/ *nm* steep slope.
escarpin /ɛskaʀpɛ̃/ *nm* court shoe[GB], pump[US].
escient /ɛsjɑ̃/ *nm* **à bon** ~ wittingly, advisedly.
esclaffer: **s'~** /ɛsklafe/ *vpr* to guffaw.
esclandre /ɛsklɑ̃dʀ/ *nm* scene.
esclavage /ɛsklavaʒ/ *nm* slavery.
esclave /ɛsklav/ *adj, nmf* slave.

escompter /ɛskɔ̃te/ *vtr* (somme) to discount; ~ **faire** to count on doing.

escorte /ɛskɔʀt/ *nf* escort.

escorter /ɛskɔʀte/ *vtr* to escort.

escrime /ɛskʀim/ *nf* fencing.

escrimer©: **s'~** /ɛskʀime/ *vpr* **s'~ à faire** to wear oneself out trying to do.

escroc /ɛskʀo/ *nm* swindler, crook.

escroquer /ɛskʀɔke/ *vtr* ~ **qch à qn** to swindle sb out of sth.

escroquerie /ɛskʀɔkʀi/ *nf* fraud, swindle.

espace /ɛspas/ *nm* space; **il y a de l'~** there's enough room.

espacement /ɛspasmɑ̃/ *nm* (dans un texte) spacing; **barre d'~** space bar.

espacer /ɛspase/ I *vtr* to space [sth] out. II **s'~** *vpr* to become less frequent.

espadon /ɛspadɔ̃/ *nm* swordfish.

espadrille /ɛspadʀij/ *nf* espadrille.

espèce /ɛspɛs/ I *nf* species; **l'~ humaine** mankind; (type) kind; **des ~s de colonnes** some kind of columns; ~ **d'idiot!** you idiot! II **~s** *nfpl* **en ~s** in cash.

espérance /ɛspeʀɑ̃s/ I *nf* hope. II **~s** *nfpl* expectations. ▪ **~ de vie** life expectancy.

espérer /ɛspeʀe/ I *vtr* ~ **qch** to hope for sth; ~ **faire** to hope to do; (escompter) to expect. II *vi* to hope.

espiègle /ɛspjɛgl/ *adj* mischievous.

espion, **~ionne** /ɛspjɔ̃, jɔn/ *nm,f* spy.

espionnage /ɛspjɔnaʒ/ *nm* espionage, spying.

espionner /ɛspjɔne/ *vtr* to spy on.

espoir /ɛspwaʀ/ *nm* hope; **c'est sans ~** it's hopeless.

esprit /ɛspʀi/ *nm* mind; **garder qch à l'~** to keep sth in mind; (humour) wit; **avoir de l'~** to be witty; (humeur) mood; **je n'ai pas l'~ à faire** I'm in no mood for doing; PHILOS, RELIG spirit; **croire aux ~s** to believe in ghosts.

• **reprendre ses ~s** to regain consciousness.

esquimau, **~aude**, *mpl* **~x** /ɛskimo, od/ I *adj* Eskimo. II *nm* LING Eskimo; (glace)® chocolate-covered ice lolly[GB], ice-cream bar[US].

esquinter© /ɛskɛ̃te/ I *vtr* to damage. II **s'~** *vpr* **s'~ à faire qch** to wear oneself out doing sth.

esquisse /ɛskis/ *nf* sketch.

esquisser /ɛskise/ I *vtr* (portrait) to sketch; (programme) to outline. II **s'~** *vpr* to emerge.

esquiver /ɛskive/ I *vtr* to dodge. II **s'~** *vpr* to slip away.

essai /esɛ/ *nm* (expérimentation) trial; (expérience) test; **un coup d'~** a try; (texte) essay; (en athlétisme) attempt; (au rugby) try.

essaim /esɛ̃/ *nm* swarm.

essayer /eseje/ *vtr* to try; (vêtement) to try on.

essence /esɑ̃s/ *nf* petrol[GB], gasoline, gas[US]; (extrait) essential oil; (espèce d'arbre) tree species.

essentiellement /esɑ̃sjɛlmɑ̃/ *adv* essentially.

essieu, *pl* **~x** /esjø/ *nm* axle.

essor /esɔʀ/ *nm* **prendre son ~** [oiseau] to fly off; [entreprise] to take off; **être en plein ~** to be booming.

essorer /esɔʀe/ *vtr* (à la main) to wring; (à la machine) to spin-dry; (salade) to spin.

essouffler /esufle/ I *vtr* to leave [sb] breathless; **être essoufflé** to be out of breath. II **s'~** *vpr* [personne] to get breathless; [économie, projet] to run out of steam.

essuie-glace, *pl* **~s** /esɥiglas/ *nm* windscreen[GB] wiper, windshield[US] wiper.

essuie-mains /esɥimɛ̃/ *nm inv* hand towel.

essuie-tout /esɥitu/ *nm inv* kitchen roll.

essuyer /esɥije/ I *vtr* (verre, mains, enfant) to dry; (table) to wipe; (défaite, pertes, affront) to suffer. II **s'~** *vpr* to dry oneself; **s'~ les mains** to dry one's hands.

est /ɛst/ I *adj inv* [façade, versant, côte] east; [frontière, zone] eastern. II *nm* east; **l'Est** the East; **de l'Est** [ville, accent] eastern.

estafette® /ɛstafɛt/ *nf* AUT van; MIL dispatch rider.

estampe /ɛstɑ̃p/ *nf* print.

est-ce ▸ **être**[1].

esthéticienne /ɛstetisjɛn/ *nf* beautician.

esthétique /ɛstetik/ I *adj* aesthetic. II *nf* aesthetics (*sg*).

estimation /ɛstimasjɔ̃/ *nf* estimate; (de valeur) valuation; (de dégâts) assessment.

estime /ɛstim/ *nf* respect.

estimer /ɛstime/ I *vtr* ~ **que** to consider (that); ~ **qn** to think highly of sb; (tableau, propriété) to value; (dégâts) to assess. II **s'~** *vpr* **estimez-vous heureux** think yourself lucky.

estival, **~e**, *mpl* **~aux** /ɛstival, o/ *adj* summer (*épith*).

estivant, **~e** /ɛstivɑ̃, ɑ̃t/ *nm,f* summer visitor.

estomac /ɛstɔma/ *nm* stomach.

estomaquer☺ /ɛstɔmake/ *vtr* to flabbergast.

estrade /ɛstʀad/ *nf* platform.

estragon /ɛstʀagɔ̃/ *nm* tarragon.

estropié, **~e** /ɛstʀɔpje/ *adj* crippled.

estuaire /ɛstɥɛʀ/ *nm* estuary.

esturgeon /ɛstyʀʒɔ̃/ *nm* sturgeon.

et /e/ *conj* and; **moi j'y vais, ~ toi?** I'm going, what about you?; **~ alors?**, **~ après?** so what?

étable /etabl/ *nf* cowshed.

établi, **~e** /etabli/ *nm* workbench.

établir /etabliʀ/ I *vtr* (instituer, prouver) to establish; (fixer) to set (up); (liste, plan, budget, etc) to draw up. II **s'~** *vpr* (se fixer) to settle; **s'~ (comme) antiquaire** to set up as an antique dealer; (s'instituer) to develop.

établissement /etablismɑ̃/ *nm* organization, establishment. ■ **~ privé** private school; **~ scolaire** school.

étage /etaʒ/ *nm* floor; **le premier ~** the first floor[GB], the second floor[US]; **à l'~** upstairs; (de fusée) stage.

étagère /etaʒɛʀ/ *nf* shelf.

étain /etɛ̃/ *nm* (métal) tin; (matière) pewter.

étalage /etalaʒ/ *nm* window display; (de luxe, richesses) display; **faire ~ de qch** to flaunt sth.

étalagiste /etalaʒist/ *nmf* window dresser.

étaler /etale/ I *vtr* to spread (over); (départs) to stagger (over); (richesse, savoir) to flaunt; **~ qch au grand jour** to bring sth out into the open. II **s'~** *vpr* **s'~ sur** [programme, paiement] to be spread (over); [départs] to be staggered (over); (tomber)☺ to go sprawling☺; **s'~ de tout son long** to fall flat on one's face.

étalon /etalɔ̃/ *nm* stallion; (modèle) standard.

étanche /etɑ̃ʃ/ *adj* [montre] waterproof; [embarcation] watertight.

étancher /etɑ̃ʃe/ *vtr* **~ sa soif** to quench one's thirst.

étang /etɑ̃/ *nm* pond.

étant /etɑ̃/ ▸ **donné**, ▸ **entendu**, ▸ **être**[1].

étape /etap/ *nf* stage, stop.

état /eta/ I *nm* (condition) state; **être/ne pas être en ~ de faire** to be in a/no fit state to do; **dans l'~ actuel des choses** in the present state of affairs; (de voiture, livre, etc) condition; **en bon/mauvais ~** in good/poor condition; **hors d'~ de marche** out of order. II **faire ~ de** *loc verbale* to mention, to cite. ■ **~ d'âme** qualm; **~ civil** registry office; **~ d'esprit** state of mind.

État /eta/ *nm* state, State.

état-major, *pl* **états-majors** /etamaʒɔʀ/ *nm* MIL staff (*pl*); (lieu) headquarters; POL closest advisors (*pl*).

étau, *pl* **~x** /eto/ *nm* TECH vice[GB], vise[US].

été /ete/ *nm* summer.

éteindre /etɛ̃dʀ/ I *vtr* (feu, cigare, etc) to put out; (bougie) to blow out; (lampe, téléviseur, etc) to switch off; (gaz) to turn off. II **s'~** *vpr* [feu, lumière] to go out; [radio] to go off; (mourir) to pass away; [désir, passion] to fade.

éteint, **~e** /etɛ̃, ɛ̃t/ I *pp* ▸ **éteindre**. II *adj* [regard] dull; [astre, volcan] extinct.

étendard /etɑ̃daʀ/ *nm* standard, flag.

étendre /etɑ̃dʀ/ I *vtr* (bras, jambe) to stretch; (nappe, peinture) to spread (out); (linge) to hang out; ~ **à** to extend to. II **s'~** *vpr* [ville] to grow; **s'~ sur** to stretch over; [grève, etc] **s'~ (à)** to spread (to); [loi] to apply to; (se coucher) to lie down; **s'~ sur** (sujet, point) to dwell on.

étendu, **~e** /etɑ̃dy/ *adj* [ville] sprawling; [connaissances] extensive.

étendue /etɑ̃dy/ *nf* (de terrain) expanse; (de pays, collection) size; (de dégâts) scale, extent; (de connaissances) range.

éternel, **~elle** /etɛʀnɛl/ *adj* eternal.

Éternel /etɛʀnɛl/ *nm* Eternal; **l'~** the Lord.

éterniser: **s'~** /etɛʀnize/ *vpr* to drag on; (s'attarder) to stay for ages©.

éternité /etɛʀnite/ *nf* eternity.

éternuement /etɛʀnymɑ̃/ *nm* sneeze.

éternuer /etɛʀnɥe/ *vi* to sneeze.

éthique /etik/ I *adj* ethical. II *nf* PHILOS ethics (*sg*).

ethnie /ɛtni/ *nf* ethnic group.

ethnologie /ɛtnɔlɔʒi/ *nf* ethnology.

étinceler /etɛ̃sle/ *vi* [étoile] to twinkle; [soleil, diamant, métal] to sparkle; [yeux] ~ **(de)** to flash (with).

étincelle /etɛ̃sɛl/ *nf* spark.

étiqueter /etikte/ *vtr* to label.

étiquette /etikɛt/ *nf* (à coller) label; (à attacher) tag; (protocole) etiquette.

étirer /etiʀe/ *vtr, vpr* to stretch.

étoffe /etɔf/ *nf* fabric.

étoile /etwal/ *nf* star. ■ **~ filante/polaire** shooting/pole star; **~ de mer** starfish.

étoilé, **~e** /etwale/ *adj* starry.

étonnant, **~e** /etɔnɑ̃, ɑ̃t/ *adj* surprising; (extraordinaire) amazing; **pas ~ qu'il soit malade©** no wonder he's ill.

étonnement /etɔnmɑ̃/ *nm* surprise.

étonner /etɔne/ I *vtr* to surprise. II **s'~** *vpr* **s'~ de qch/que** to be surprised at sth/that.

étouffant, **~e** /etufɑ̃, ɑ̃t/ *adj* stifling.

étouffée /etufe/ *nf* **à l'~** braised.

étouffer /etufe/ I *vtr* (carrière, création, etc) to stifle; (asphyxier) to suffocate. II *vi* to feel stifled. III **s'~** *vpr* to choke.

étourderie /etuʀdəʀi/ *nf* **une ~** a silly mistake.

étourdi, **~e** /etuʀdi/ I *adj* [personne] absent-minded; [réponse] unthinking. II *nm,f* scatterbrain©

étourdir /etuʀdiʀ/ *vtr* to stun, to daze; ~ **qn** to make sb's head spin.

étourdissant, **~e** /etuʀdisɑ̃, ɑ̃t/ *adj* [bruit] deafening; [réussite] stunning.

étourdissement /etuʀdismɑ̃/ *nm* dizzy spell.

étourneau, *pl* **~x** /etuʀno/ *nm* starling.

étrange /etʀɑ̃ʒ/ *adj* strange.

étranger, **~ère** /etʀɑ̃ʒe, ɛʀ/ I *adj* foreign; [personne, voix] unfamiliar. II *nm,f* (d'un autre pays) foreigner; (d'un autre groupe) outsider; (inconnu) stranger. III *nm* **l'~** foreign countries (*pl*); **à l'~** abroad.

étrangeté /etʀɑ̃ʒte/ *nf* strangeness.

étrangler /etʀɑ̃gle/ I *vtr* to strangle; **étranglé par la colère** to be choked with rage; (presse) to stifle. II **s'~** *vpr* **s'~ de** to choke with.

être[1] /ɛtʀ/ I *vi* (+ *aux avoir*) (+ attribut) **l'eau est froide** the water is cold; **qu'en est-il de...?** what about...?; **je suis à vous** I'm all yours. II *v aux* (du passif) to be; **la voiture est réparée** your car has been repaired; (du passé) to have; **elles sont tombées** they have fallen. III *vi* (+ *aux avoir*) (= aller) **il a été voir son ami** he's gone to see his friend. IV *v impers* **il est midi** it's noon; **il est facile de critiquer** it's easy to criticize; **il est bon que** it's good that. V **c'est, est-ce** *loc impers* **c'est grave** it's serious; **c'est moi** it's me; **c'est à moi** it's mine; **est-ce leur fils/voiture?** is it their son/car?

être[2] /ɛtʀ/ *nm* being; **~ humain** human being.

étreindre /etʀɛ̃dʀ/ *vtr* (ami) to embrace, to hug; (adversaire) to clasp.

étrennes /etʀɛn/ *nfpl* Christmas money.

étrier /etʀije/ *nm* stirrup.

étroit, **~e** /etʀwa, at/ I *adj* narrow; **avoir l'esprit ~** to be narrow-minded; [rapport, surveillance] close (*épith*). II **à l'~** *loc adv* **être à l'~** to be a bit cramped.

étroitement /etʀwatmɑ̃/ *adv* closely.

étude /etyd/ I *nf* **~ (sur)** study (on); (enquête) **~ (sur)** survey (of); **à l'~** under consideration; (de notaire) office; SCOL (salle) study room[GB], study hall[US]. II **~s** *nfpl* studies; **faire des ~s de médecine** to study medicine; **~s primaires** primary education ¢.

étudiant, **~e** /etydjɑ̃, ɑ̃t/ *adj*, *nm,f* student.

étudier /etydje/ *vtr* to study.

étui /etɥi/ *nm* case.

étymologie /etimɔlɔʒi/ *nf* etymology.

étymologique /etimɔlɔʒik/ *adj* etymological.

euphémisme /øfemism/ *nm* euphemism.

euphorie /øfɔʀi/ *nf* euphoria.

euro /øʀo/ *nm* euro.

Europe /øʀɔp/ *nprf* Europe; **l'~ communautaire** the European community.

européaniser /øʀɔpeanize/ I *vtr* to Europeanize. II **s'~** *vpr* [pays] to become Europeanized.

eux /ø/ *pron pers* (sujet) they; **ce sont ~** it's them; (objet ou après une préposition) them; **à cause d'~** because of them; **des amis à ~** friends of theirs; **c'est à ~** it's theirs, it belongs to them; **c'est à ~ de (jouer)** it's their turn (to play).

eux-mêmes /ømɛm/ *pron pers* themselves.

évacuer /evakɥe/ *vtr* (personne, lieu) to evacuate; (eaux usées) to drain off.

évadé, **~e** /evade/ *nm,f* escapee.

évader: **s'~** /evade/ *vpr* **s'~ (de)** to escape (from).

évaluation /evalɥasjɔ̃/ *nf* valuation; (de coûts, dégâts) (action) assessment; (résultat) estimate; (d'employé) appraisal.

évaluer /evalɥe/ *vtr* (grandeur, durée) to estimate; (risques, coût, capacité) to assess; (meuble, patrimoine) to value.

Évangile /evɑ̃ʒil/ *nm* Gospel.

évanouir: **s'~** /evanwiʀ/ *vpr* to faint; **évanoui** unconscious; **s'~ dans la nature** to vanish into thin air.

évanouissement /evanwismɑ̃/ *nm* blackout.

évaporer: **s'~** /evapɔʀe/ *vpr* [liquide] to evaporate; [personne]© to vanish.

évaser: **s'~** /evaze/ *vpr* [jupe] to be flared.

évasif, **~ive** /evazif, iv/ *adj* evasive.

évasion /evazjɔ̃/ *nf* escape. ■ ~ **fiscale** tax avoidance.

évêché /eveʃe/ *nm* diocese.

éveil /evɛj/ *nm* awakening; **être en** ~ to be on the look-out.

éveiller /eveje/ I *vtr* (intérêt, etc) to arouse; (conscience, goût) to awaken; **sans** ~ **l'attention** without attracting attention. II **s'**~ *vpr* [personne] to awake (to); [imagination] to start to develop.

événement /evenmɑ̃/ *nm* event; **dépassé par les** ~**s**☺ overwhelmed.

éventail /evɑ̃taj/ *nm* fan; (gamme) range.

éventer /evɑ̃te/ I *vtr* to fan; (secret) to give away. II **s'**~ *vpr* to fan oneself; [parfum] to go stale.

éventualité /evɑ̃tɥalite/ *nf* possibility; **dans l'**~ **de** in the event of; **prêt à toute** ~ ready for any eventuality.

éventuel, ~**elle** /evɑ̃tɥɛl/ *adj* possible.

éventuellement /evɑ̃tɥɛlmɑ̃/ *adv* (peut-être) possibly; (si nécessaire) if necessary.

évêque /evɛk/ *nm* bishop.

évertuer: **s'**~ /evɛʀtɥe/ *vpr* **s'**~ **à faire qch** to try one's best to do sth.

évidemment /evidamɑ̃/ *adv* of course.

évidence /evidɑ̃s/ *nf* obvious fact; **se rendre à l'**~ to face the facts; **à l'**~ obviously.

évident, ~**e** /evidɑ̃, ɑ̃t/ *adj* GÉN obvious; **ce n'est pas** ~ it's not so easy.

évier /evje/ *nm* sink.

évincer /evɛ̃se/ *vtr* to oust.

éviter /evite/ *vtr* (obstacle, erreur) to avoid; ~ **de faire qch** to avoid doing sth; (balle, coup) to dodge; ~ **qch à qn** to save sb sth.

évocateur, ~**trice** /evɔkatœʀ, tʀis/ *adj* evocative.

évocation /evɔkasjɔ̃/ *nf* evocation.

évolué, ~**e** /evɔlɥe/ *adj* [personne]☺ bright; [pays, peuple] civilized; [espèces] evolved.

évoluer /evɔlɥe/ *vi* to evolve, to change; [situation] to develop; [danseurs] to glide; [avion] to wheel.

évolution /evɔlysjɔ̃/ *nf* evolution; (de langue, situation) development; (de la science) advancement; (d'enquête, étude) progress; (de maladie) progression.

évoquer /evɔke/ *vtr* (lieu, moment) to evoke; (passé, amis) to recall; (problème, question) to bring up.

ex /ɛks/ I☺ *nmf inv* ex; (ancien membre) ex-member. II *nm abrév écrite* = (**exemple**) eg; *abrév écrite* = (**exemplaire**) copy; 25 ~ 25 copies.

ex- /ɛks/ *préf* ~**champion** former champion.

exact, ~**e** /ɛgza(kt), akt/ *adj* correct; (précis) exact; (ponctuel) punctual.

exactement /ɛgzaktəmɑ̃/ *adv* exactly.

exactitude /ɛgzaktityd/ *nf* accuracy; (ponctualité) punctuality.

ex æquo /ɛgzeko/ I *adj inv* equally placed. II *adv* **ils sont premiers/deuxièmes** ~ they've tied for first/second place.

exagération /ɛgzaʒeʀasjɔ̃/ *nf* exaggeration.

exagéré, ~**e** /ɛgzaʒeʀe/ *adj* excessive.

exagérer /ɛgzaʒeʀe/ I *vtr* to exaggerate. II *vi* to go too far.

exalté, ~**e** /ɛgzalte/ I *adj* impassioned. II *nm,f* fanatic.

examen /ɛgzamɛ̃/ *nm* SCOL, UNIV examination, exam☺; MÉD examination. ■ ~ **blanc** mock (exam☺); ~ **de conscience** self-examination.

examinateur, ~**trice** /ɛgzaminatœʀ, tʀis/ *nm,f* examiner.

examiner /ɛgzamine/ *vtr* to examine.

exaspérer /ɛgzaspeʀe/ *vtr* to exasperate.

exaucer /ɛgzose/ *vtr* (prière) to grant.

excédent /ɛksedɑ̃/ *nm* surplus; ~ **de bagages** excess baggage.

excéder /eksede/ *vtr* ~ **(de)** to exceed (by); (irriter) to infuriate.

excellence /ɛkselɑ̃s/ *nf* excellence.

Excellence /ɛkselɑ̃s/ *nf* **Son** ~ His/Her Excellency.

excellent, **~e** /ɛkselɑ̃, ɑ̃t/ *adj* excellent.

exceller /ɛksele/ *vi* ~ **à/dans** to excel at/in.

excentrique /ɛksɑ̃tʀik/ I *adj* [personne] eccentric; [quartier] outlying. II *nmf* eccentric.

excepté, **~e** /ɛksɛpte/ *adj, prép* except.

excepter /ɛksɛpte/ *vtr* **si l'on excepte** except for, apart from.

exception /ɛksɛpsjɔ̃/ *nf* exception; **à l'~ de** except for.

exceptionnel, **~elle** /ɛksɛpsjɔnɛl/ *adj* exceptional.

excès /eksɛ/ *nm* excess; **faire des ~ de boisson** to drink too much. ■ **~ de vitesse** speeding.

excessif, **~ive** /ɛksesif, iv/ *adj* excessive.

excitant, **~e** /ɛksitɑ̃, ɑ̃t/ I *adj* [substance] stimulating; [perspective] exciting; [roman] thrilling. II *nm* stimulant.

excitation /ɛksitasjɔ̃/ *nf* excitement; (sexuelle) arousal; (stimulation) stimulation.

excité, **~e** /ɛksite/ I *adj* excited, thrilled; (sexuellement) [personne, sens] aroused. II *nm,f* rowdy.

exciter /ɛksite/ I *vtr* (colère) to stir up; (désir) to kindle; (personne) to arouse; (enfant) to get [sb] excited; [alcool] to excite. II **s'~** *vpr* to get excited.

exclamatif, **~ive** /ɛksklamatif, iv/ *adj* exclamatory.

exclamation /ɛksklamasjɔ̃/ *nf* cry, exclamation.

exclamer: **s'~** /ɛksklame/ *vpr* to exclaim.

exclure /ɛksklyʀ/ *vtr* (personne) ~ **(de)** to exclude (from); (hypothèse, possibilité) to rule out; **c'est tout à fait exclu!** it's absolutely out of the question!; (membre de groupe) ~ **(de)** to expel (from); (étudiant) to send [sb] (down); **se sentir exclu** to feel left out.

exclusion /ɛksklyzjɔ̃/ I *nf* ~ **(de)** exclusion (from). II **à l'~ de** *loc prép* with the exception of.

exclusivement /ɛksklyzivmɑ̃/ *adv* exclusively.

exclusivité /ɛksklyzivite/ *nf* exclusive rights (*pl*); **film en** ~ new release, first-run movie[US]; (dans un journal) exclusive.

excroissance /ɛkskʀwasɑ̃s/ *nf* MÉD growth.

excursion /ɛkskyʀsjɔ̃/ *nf* excursion, trip.

excuse /ɛkskyz/ *nf* excuse; **faire des ~s à qn** to offer one's apologies to sb; **mille ~s** I'm terribly sorry.

excuser /ɛkskyze/ I *vtr* (erreur, absence) to forgive; (faute) to pardon; **excusez-moi** I'm sorry; (justifier) to excuse. II **s'~** *vpr* ~ **(auprès de/de/d'avoir fait)** to apologize to/for/for doing; **je m'excuse de vous déranger** I'm sorry to disturb you.

exécrable /ɛgzekʀabl/ *adj* dreadful.

exécrer /ɛgzekʀe/ *vtr* to loathe.

exécutant, **~e** /ɛgzekytɑ̃, ɑ̃t/ *nm,f* MUS performer; (agent) subordinate.

exécuter /ɛgzekyte/ I *vtr* (tâche, travaux) to carry out; (exercice) to do; (promesse, contrat) to fulfil[GB]; (commande) to fill; (condamné, instruction) to execute; MUS (morceau) to perform; ORDINAT (programme) to run. II **s'~** *vpr* to comply.

exécutif, **~ive** /ɛgzekytif, ive/ *adj, nm* executive.

exécution /ɛgzekysjɔ̃/ *nf* execution; MUS performance; (de menace) carrying out ¢.

exemplaire /ɛgzɑ̃plɛʀ/ I *adj* exemplary. II *nm* copy; **en deux ~s** in duplicate.

exemple /ɛgzɑ̃pl/ I *nm* example; **prendre qn en** ~ to take sb as a model. II **par** ~ *loc adv* for example.

exempt, **~e** /ɛgzɑ̃, ɑ̃t/ *adj* ~ **(de)** exempt (from); ~ **d'impôt** tax-free.

exempter /ɛgzɑ̃te/ *vtr* ~ **de (faire)** to exempt from (doing).

exercer /ɛgzɛʀse/ I *vtr* ~ **(sur)** (droit) to exercise (over); (autorité) to exert (on); (effet) to have (on); (profession, corps) to exercise. II *vi* [médecin, etc] to practise[GB]. III **s'~** *vpr* [athlète] to train; [musicien] to practise[GB]; **s'~ sur** [force] to be exerted on.

exercice /ɛgzɛʀsis/ *nm* GÉN exercise; MIL drill; **dans l'~ de ses fonctions** while on duty; **en** ~ [fonctionnaire] in office; [médecin] in practice; [ministre] incumbent.

exhaler /ɛgzale/ I *vtr* (parfum) to exhale. II **s'~** *vpr* **s'~ (de)** to waft (from).

exhaustif, **~ive** /ɛgzostif, iv/ *adj* exhaustive.

exhiber /ɛgzibe/ I *vtr* (toilettes, richesse) to flaunt; (animal) to show; (partie du corps) to expose. II **s'~** *vpr* to flaunt oneself; (indécemment) to expose oneself.

exhibitionniste /ɛgzibisjɔnist/ *adj, nmf* exhibitionist.

exhorter /ɛgzɔʀte/ *vtr* ~ **qn à faire** to urge sb to do.

exigeant, **~e** /ɛgziʒɑ̃, ɑ̃t/ *adj* demanding.

exigence /ɛgziʒɑ̃s/ *nf* demand; (obligation) requirement; **d'une grande ~** very demanding.

exiger /ɛgziʒe/ *vtr* to demand; ~ **de qn qu'il fasse** to demand that sb do; **comme l'exige la loi** as required by law; (nécessiter) to require.

exigible /ɛgziʒibl/ *adj* due (*après n*).

exigu, **~uë** /ɛgzigy/ *adj* [pièce] cramped.

exil /ɛgzil/ *nm* exile.

exilé, **~e** /ɛgzile/ I *adj* exiled. II *nm,f* exile.

existence /ɛgzistɑ̃s/ *nf* existence.

exister /ɛgziste/ I *vi* to exist; **existe en trois tailles** available in three sizes. II *v impers* to be; **il existe un lieu/des lieux où...** there is a place/there are places where...

exode /ɛgzɔd/ *nm* exodus. ▪ ~ **rural** rural depopulation.

exonérer /ɛgzɔneʀe/ *vtr* ~ **de qch** to exempt from sth.

exorbitant, **~e** /ɛgzɔʀbitɑ̃, ɑ̃t/ *adj* exorbitant.

exotique /ɛgzɔtik/ *adj* exotic.

expansif, **~ive** /ɛkspɑ̃sif, iv/ *adj* [personne] outgoing.

expansion /ɛkspɑ̃sjɔ̃/ *nf* (d'économie) growth; (de pays) expansion.

expatrier: **s'~** /ɛkspatʀije/ *vpr* to emigrate.

expectative /ɛkspɛktativ/ *nf* **rester dans l'~** to wait and see.

expédier /ɛkspedje/ *vtr* GÉN to send; (importun) to get rid of; (travail, repas) to polish off; ~ **les affaires courantes** to deal with daily business.

expéditeur /ɛkspeditœʀ/ *nm* sender.

expéditif, **~ive** /ɛkspeditif, iv/ *adj* [méthode] cursory.

expédition /ɛkspedisjɔ̃/ *nf* dispatching, sending; (mission) expedition.

expérience /ɛkspeʀjɑ̃s/ *nf* experience; (essai) experiment.

expérimenté, **~e** /ɛkspeʀimɑ̃te/ *adj* experienced.

expérimenter /ɛkspeʀimɑ̃te/ *vtr* (médicament) to test; (méthode) to try out.

expert /ɛkspɛʀ/ *nm* expert.

expert-comptable, *pl* **experts-comptables** /ɛkspɛʀkɔ̃tabl/ *nm* ≈ chartered accountant[GB], certified public accountant[US].

expertise /ɛkspɛʀtiz/ *nf* valuation[GB], appraisal[US]; (de dégâts) assessment; (compétence) expertise.

expertiser /ɛkspɛʀtize/ *vtr* (objet précieux) to value[GB], to appraise[US]; (dégâts) to assess.

expier /ɛkspje/ *vtr* to atone for, to expiate.

expiration /ɛkspiʀasjɔ̃/ *nf* exhalation; (échéance) **date d'~** expiry date[GB], expiration date[US].

expirer /ɛkspiʀe/ *vi* to expire; (souffler) to breathe out.

explicatif, **~ive** /ɛksplikatif, iv/ *adj* explanatory.

explication /ɛksplikasjɔ̃/ *nf* explanation (for). ▪ **~ de texte** textual analysis.

expliciter /ɛksplisite/ *vtr* to clarify, to explain.

expliquer /ɛksplike/ I *vtr* **~ qch à qn** to explain sth to sb; (texte) to analyze. II **s'~** *vpr* **s'~ qch** to understand sth; **tout finira par s'~** everything will become clear; (exposer sa pensée) to explain; (se justifier) **s'~ (auprès de/devant)** to explain (oneself) (to); (résoudre un conflit) to talk things through.

exploit /ɛksplwa/ *nm* feat.

exploitant, **~e** /ɛksplwatɑ̃, ɑ̃t/ *nm,f* **~ (agricole)** farmer; (de cinéma) cinema owner.

exploitation /ɛksplwatasjɔ̃/ *nf* exploitation; (ferme) **~ (agricole)** farm; (de réseau) operation.

exploiter /ɛksplwate/ *vtr* to exploit; (mine) to work; (ferme) to run.

explorateur, **~trice** /ɛksplɔʀatœʀ, tʀis/ *nm,f* explorer.

exploration /ɛksplɔʀasjɔ̃/ *nf* exploration.

explorer /ɛksplɔʀe/ *vtr* to explore.

exploser /ɛksploze/ *vi* [bombe] to explode; [véhicule] to blow up; **laisser ~ sa colère** to give vent to one's anger; [ventes] to boom.

explosif, **~ive** /ɛksplozif, iv/ *adj, nm* explosive.

explosion /ɛksplozjɔ̃/ *nf* explosion; **~ démographique** population boom.

exportateur, **~trice** /ɛkspɔʀtatœʀ, tʀis/ I *adj* [pays] exporting; [société] export (*épith*). II *nm,f* exporter.

exportation /ɛkspɔʀtasjɔ̃/ *nf* export.

exporter /ɛkspɔʀte/ *vtr* to export.

exposant, **~e** /ɛkspozɑ̃, ɑ̃t/ I *nm,f* exhibitor. II *nm* MATH exponent.

exposé, **~e** /ɛkspoze/ I *adj* **~ au sud** south-facing; **maison bien ~e** house with a good aspect; (dans une exposition) on show; (dans un magasin) on display. II *nm* account; (conférence) **~ (sur)** talk (on).

exposer /ɛkspoze/ I *vtr* (œuvre) to exhibit; (marchandise) to display; (faits) to state; (situation) to explain; PHOT to expose. II **s'~ (à)** *vpr* to expose oneself (to).

exposition /ɛkspozisjɔ̃/ *nf* show; (d'œuvres) exhibition; (orientation) aspect; PHOT exposure.

exprès[1] /ɛkspʀɛ/ *adv* deliberately, on purpose; (spécialement) specially.

exprès[2], **~esse** /ɛkspʀɛs/ I *adj* express. II **exprès** *adj inv* **lettre ~** special-delivery letter.

express /ɛkspʀɛs/ I *adj inv* express. II *nm inv* (train) express; (café) espresso.

expressif, **~ive** /ɛkspʀesif, iv/ *adj* expressive.

expression /ɛkspʀesjɔ̃/ *nf* expression.

exprimer /ɛkspʀime/ I *vtr* to express. II **s'~** *vpr* to express oneself.

expulser /ɛkspylse/ *vtr* **~ (de)** (locataire) to evict (from); (immigré) to deport (from); (élève, membre) to expel (from); (joueur) to send [sb] off.

expulsion /ɛkspylsjɔ̃/ *nf* **~ (de)** (de locataire) eviction (from); (d'immigré) deportation (from); (d'élève, etc) expulsion (from); SPORT sending-off (from).

exquis, **~e** /ɛkski, iz/ *adj* GÉN exquisite; [personne] delightful.

extase /ɛkstɑz/ *nf* ecstasy.

extasier: **s'~** /ɛkstazje/ *vpr* **s'~ devant/sur** to go into raptures over.

extension /ɛkstɑ̃sjɔ̃/ *nf* stretching; **prendre de l'~** [industrie] to expand; [grève] to spread.

exténuer: **s'~** /ɛkstenɥe/ *vpr* **s'~ à faire qch** to wear oneself out doing sth.

extérieur, **~e** /ɛksterjœr/ **I** *adj* outside; [couche, mur] outer; [commerce, relations] foreign; [joie, calme] outward. **II** *nm* outside; **à l'~ de qch** outside sth.

extermination /ɛksterminasjɔ̃/ *nf* extermination.

exterminer /ɛkstermine/ *vtr* to exterminate.

externe /ɛkstern/ **I** *adj* [cause, problème] external; [partie] exterior. **II** *nmf* SCOL day pupil; MÉD, UNIV **~ (des hôpitaux)** nonresidential medical student[GB], extern[US].

extincteur /ɛkstɛ̃ktœr/ *nm* fire extinguisher.

extinction /ɛkstɛ̃ksjɔ̃/ *nf* extinction; **en voie d'~** endangered; **après l'~ des feux** after lights out; **avoir une ~ de voix** to have lost one's voice.

extorquer /ɛkstɔrke/ *vtr* **~ qch à qn** to extort sth from sb.

extra /ɛkstra/ **I** *adj inv* ☺ (remarquable) great☺; COMM extra, top-quality. **II** *nm inv* (dépense) extra; **s'offrir un petit ~** to have a little treat; **faire des ~** (petits travaux) to do bits and pieces; (personne) extra worker.

extraction /ɛkstraksjɔ̃/ *nf* extraction.

extrader /ɛkstrade/ *vtr* to extradite.

extradition /ɛkstradisjɔ̃/ *nf* extradition.

extraire /ɛkstrɛr/ *vtr* **~ (de)** to extract (from).

extrait /ɛkstrɛ/ *nm* extract, excerpt; (substance) essence, extract.

extraordinaire /ɛkstraɔrdinɛr/ *adj* extraordinary.

extraterrestre /ɛkstraterɛstr/ *adj*, *nmf* extraterrestrial, alien.

extravagance /ɛkstravagɑ̃s/ *nf* extravagance.

extravagant, **~e** /ɛkstravagɑ̃, ɑ̃t/ *adj* extravagant.

extrême /ɛkstrɛm/ **I** *adj* (le plus distant) furthest; (très grand) extreme. **II** *nm* **pousser la logique à l'~** to take logic to extremes; **courageux à l'~** extremely brave; **à l'autre ~** at the other extreme.

extrêmement /ɛkstrɛmmɑ̃/ *adv* extremely.

Extrême-Orient /ɛkstrɛmɔrjɑ̃/ *nprm* **l'~** the Far East.

extrémité /ɛkstremite/ *nf* extremity, end; **aux deux ~s** at both ends.

f

f, **F** /ɛf/ *nm inv* **F3** 2-bedroom flat[GB]; *abrév écrite* = **(franc) 50 F** 50 F.

fa /fa/ *nm inv* F, fa.

fable /fɑbl/ *nf* fable.

fabricant /fabrikɑ̃/ *nm* manufacturer.

fabrication /fabrikasjɔ̃/ *nf* GÉN making; (pour le commerce) manufacture.

fabriquer /fabrike/ *vtr* GÉN to make; (industriellement) to manufacture; (faire) **qu'est-ce que tu fabriques☺ ici?** what are you doing here?

fabuleux, **~euse** /fabylø, øz/ *adj* fabulous.

fac☺ /fak/ *nf* university.

façade /fasad/ *nf* (de maison) front; (apparence) façade.

face /fas/ I *nf* (visage) face; ~ **à** ~ face to face; (de monnaie) head; (côté, aspect) side; **se faire** ~ [personnes] to face each other; [maisons] to be opposite one another; **faire** ~ **à** (adversaire, défi, accusation) to face. II **de** ~ *loc* from the front. III **en** ~ **de** *loc prép* opposite; **en** ~ **de moi** opposite me; **en** ~ **des enfants** in front of the children.

fâché, **~e** /faʃe/ *adj* ~ **(contre)** angry (with); **être** ~ **avec qn** to have fallen out with sb.

fâcher: **se** ~ /faʃe/ *vpr* **se** ~ **(contre qn/pour qch)** to get angry (with sb/about sth); (se brouiller) **se** ~ **avec qn/pour qch** to fall out with sb/over sth.

fâcheux, **~euse** /faʃø, øz/ *adj* unfortunate.

facile /fasil/ I *adj* easy; [personne] easy-going; [remarque] facile. II☺ *adv* easily.

facilement /fasilmɑ̃/ *adv* easily.

facilité /fasilite/ I *nf* easiness; (d'utilisation, entretien) ease; (d'expression) fluency. II **~s** *nfpl* (capacités) aptitude; ~s **(de paiement)** easy terms.

faciliter /fasilite/ *vtr* to make easier.

façon /fasɔ̃/ I *nf* way; **de toute** ~ anyway; **à la** ~ **de** like; **de** ~ **à faire** in order to do; ~ **de parler** so to speak; **de quelle** ~...? how...?; **un peigne** ~ **ivoire** an imitation ivory comb. II **~s** *nfpl* behaviour[GB]; **sans** ~s informal. III **de (telle)** ~ **que, de façon (à ce) que** *loc conj* so that.

facteur /faktœʀ/ *nm* postman/postwoman; MATH, (élément) factor.

facture /faktyʀ/ *nf* bill, invoice; (technique) craftsmanship.

facturer /faktyʀe/ *vtr* to invoice.

facturette /faktyʀɛt/ *nf* credit card slip.

facultatif, **~ive** /fakyltatif, iv/ *adj* optional.

faculté /fakylte/ *nf* faculty; (physique) ability; ~ **de faire qch** option of doing sth; UNIV faculty.

fadaises /fadɛz/ *nfpl* **dire des** ~ to talk nonsense.

fade /fad/ *adj* bland; [œuvre, personne] dull.

faible /fɛbl/ I *adj* GÉN weak; [vue, résultat] poor; [coût, revenu] low; [moyens, portée] limited; [bruit, lueur, vibrations] faint; [vent, pluie] light; [score, vitesse] low; **de** ~ **importance** of little importance. II *nmf* weak-willed person. III *nm* **avoir un** ~ **pour qch** to have a weakness for sth.

faiblesse /fɛblɛs/ *nf* GÉN weakness; **avoir la** ~ **de faire** to be weak enough to do.

faiblir /fɛbliʀ/ *vi* to weaken; [mémoire, vue] to fail; [pluie] to abate.

faïence /fajɑ̃s/ *nf* earthenware.

faillir /fajiʀ/ *vi* GÉN **il a failli mourir** he almost died, he nearly died; (manquer) ~ **à ses engagements** to fail in one's commitments.

faillite /fajit/ *nf* bankruptcy; **faire** ~ to go bankrupt.

faim /fɛ̃/ *nf* hunger; **avoir** ~ to be hungry.

fainéant, **~e** /feneɑ̃, ɑ̃t/ I *adj* lazy. II *nm,f* lazybones (*sg*).

faire /fɛʀ/ I *vtr* (composer, fabriquer, réaliser, transformer) (soupe, thé) to make; (s'occuper, se livrer à une activité) (licence, vaisselle, trajet) to do; (souffrir de)☺ (tension, etc) to have; (user, disposer de) to do; **qu'as-tu fait du billet?** what have you done with the ticket?; **pour quoi ~?** what for?; (avoir un effet) **ça ne m'a rien fait** it didn't affect me at all; **ça ne fait rien!** it doesn't matter!; (causer) ~ **des jaloux** to make some people jealous; **l'explosion a fait 12 morts** the explosion left 12 people dead; ~ **d'un garage un atelier** to make a garage into a workshop; (proclamer) ~ **qn**

général to make sb a general; (dire) to say; **oui, fit-il** yes, he said. II *vi* (agir) to do, to act; (paraître) to look; ~ **jeune** to look young; (imiter) ~ **le courageux** to pretend to be brave; (durer) to last; ~ **avec**☺ to make do with. III **se** ~ *vpr* (café, etc) to make oneself; (+ adj) (devenir) to get, to become; (+ inf) **se** ~ **comprendre** to make oneself understood; **se** ~ **faire qch par qn** to have sth done by sb; (s'inquiéter) **s'en** ~ to worry; (s'habituer) **se** ~ **à** to get used to; (être d'usage) **ça ne se fait pas** it's not the done thing; **ça ne se fait plus** it's out of fashion; (être fait) **le pont se fera bien un jour** the bridge will be built one day; (emploi impersonnel) **comment se fait-il que...?** how is it that...?

faire-part /fɛʀpaʀ/ *nm inv* announcement.

faisable /fəzabl/ *adj* feasible.

faisan /fəzɑ̃/ *nm* (cock) pheasant.

faisceau, *pl* **~x** /fɛso/ *nm* beam.

fait, **~e** /fɛ, fɛt/ I *pp* ▸ **faire**. II *adj* (réalisé, accompli) **bien/mal** ~ well/badly done; **c'est bien** ~ **(pour toi)**☺! it serves you right!; (constitué) ~ **d'or** made of gold; ~ **de trois éléments** made up of three elements; **idée toute ~e** ready-made idea; (adapté) ~ **pour qch/pour faire** meant for sth/to do; [programme, dispositif] designed; [fromage] ripe. III *nm* fact; **le** ~ **d'avoir** the fact of having; (cause) **de ce** ~ because of that; **du** ~ **de qch** due to sth; (événement) event; **au moment des ~s** at the time of (the) events; (sujet) **aller droit au** ~ to go straight to the point; (exploit) **les hauts ~s** heroic deeds. IV **au** ~ /ofɛt/ *loc adv* by the way. V **en** ~ *loc adv* in fact, actually. ■ ~ **divers** (short) news item.
• **sur le** ~ in the act.

falaise /falɛz/ *nf* cliff.

falloir /falwaʀ/ I *v impers* **il faut qch/qn** we need sth/sb; (sans bénéficiaire) sth/sb is needed; **ce qu'il faut** what is needed; **il leur faut faire** they have to do, they must do; **il faut dire que** one must say that; **il faut vous dire que** you should know that; **s'il le faut** if necessary; **il ne fallait pas!** (politesse) you shouldn't have!; **il faut que tu fasses** (obligation) you must do, you've got to do, you have to do; (conseil) you should do. II **s'en** ~ *vpr* **elle a perdu, mais il s'en est fallu de peu** she lost, but only just.

falsifier /falsifje/ *vtr* to falsify.

famé, **~e** /fame/ *adj* **un quartier mal** ~ a seedy area.

fameux, **~euse** /famø, øz/ *adj* famous; **pas** ~ not great.

familial, **~e**, *mpl* **~iaux** /familjal, o/ *adj* family (*épith*).

familiariser /familjaʀize/ *vtr* to familiarize (with).

familiarité /familjaʀite/ *nf* familiarity ¢.

familier, **~ière** /familje, jɛʀ/ I *adj* [visage, etc] familiar; [mot, style] informal, colloquial; **animal** ~ pet. II *nm* (habitué) regular.

famille /famij/ *nf* family; **ne pas avoir de** ~ to have no relatives. ■ ~ **d'accueil** host family.

famine /famin/ *nf* famine.

fanatique /fanatik/ *nmf* fanatic.

faner /fane/ *vi*, *vpr* to wither.

fanfare /fɑ̃faʀ/ *nf* brass band; (air) fanfare.

fanfaron, **~onne** /fɑ̃faʀɔ̃, ɔn/ *nm,f* boaster, swaggerer.

fanfreluches /fɑ̃fʀəlyʃ/ *nfpl* frills and flounces.

fanion /fanjɔ̃/ *nm* pennant.

fantaisie /fɑ̃tɛzi/ I *adj inv* novelty. II *nf* (qualité) imagination; (caprice) whim; **vivre selon sa** ~ to do as one pleases.

fantaisiste /fɑ̃tɛzist/ *adj* [horaires] unreliable; [personne] eccentric.

fantasme /fɑ̃tasm/ *nm* fantasy.

fantasmer /fɑ̃tasme/ *vi* ~ **(sur)** to fantasize (about).

fantastique /fɑ̃tastik/ I *adj* fantastic; **le cinéma ~** fantasy films (*pl*). II *nm* **le ~** fantasy.

fantôme /fɑ̃tom/ I *nm* ghost. II (-) **fantôme** (*en composition*) **cabinet-~** shadow cabinet.

faon /fɑ̃/ *nm* fawn.

faramineux☺, **~euse** /faʀaminø, øz/ *adj* [prix, somme] colossal.

farce /faʀs/ *nf* practical joke; **~s et attrapes** joke shop[GB], novelty store[US]; THÉÂT farce; CULIN stuffing.

farceur, **~euse** /faʀsœʀ, øz/ *nm,f* practical joker.

farcir /faʀsiʀ/ I *vtr* ~ **(de)** to stuff (with). II **se ~**☺ *vpr* (accomplir) to get stuck with☺; (ingurgiter) to polish off☺.

fard /faʀ/ *nm* make-up. ■ **~ à joues/paupières** blusher/eye-shadow.

fardeau, *pl* **~x** /faʀdo/ *nm* burden.

farder /faʀde/ I *vtr* (vérité) to disguise. II **se ~** *vpr* [acteur] to make up; [femme] (tous les jours) to use make-up; (un jour) to put on make-up.

farfelu☺, **~e** /faʀfəly/ *adj* [projet, idée] harebrained☺; [personne] scatterbrained☺; [spectacle] bizarre.

farfouiller☺ /faʀfuje/ *vi* to rummage.

farine /faʀin/ *nf* flour.

farouche /faʀuʃ/ *adj* [personne, animal] timid, shy; [adversaire, regard] fierce.

fart /faʀt/ *nm* (ski-)wax.

fascinant, **~e** /fasinɑ̃, ɑ̃t/ *adj* fascinating.

fasciner /fasine/ *vtr* to fascinate.

fascisme /faʃism/ *nm* fascism.

faste /fast/ I *adj* auspicious. II *nm* pomp.

fastidieux, **~ieuse** /fastidjø, jøz/ *adj* tedious.

fatal, **~e** /fatal/ *adj* fatal; (inévitable) inevitable.

fatalité /fatalite/ *nf* **la ~** fate.

fatigant, **~e** /fatigɑ̃, ɑ̃t/ *adj* tiring; [personne] tiresome.

fatigue /fatig/ *nf* tiredness.

fatigué, **~e** /fatige/ *adj* [personne] tired; [visage, yeux] weary.

fatiguer /fatige/ I *vtr* (intellectuellement) to tire [sb] out; (ennuyer) **tu me fatigues** you're wearing me out; (yeux) to strain. II **se ~** *vpr* to get tired, to tire oneself out; **se ~ à faire** to bother doing.

fatras /fatʀa/ *nm* jumble.

faubourg /fobuʀ/ *nm* HIST *part of a town outside its walls or former walls*; (artère) faubourg.

fauché☺, **~e** /foʃe/ *adj* I broke☺.

faucher /foʃe/ *vtr* to mow, to cut; (renverser) (piéton) to mow down; (voler)☺ to pinch☺[GB], to steal.

faucille /fosij/ *nf* sickle.

faucon /fokɔ̃/ *nm* falcon, hawk[US].

faudra /fodʀa/ ▸ **falloir**.

faufiler: **se ~** /fofile/ *vpr* **se ~ à travers** to thread one's way through.

faune[1] /fon/ *nm* faun.

faune[2] /fon/ *nf* wildlife, fauna.

faussaire /fosɛʀ/ *nmf* forger.

fausse ▸ **faux**[1].

fausser /fose/ *vtr* (résultat) to distort; (clé) to bend.

● **~ compagnie à qn** to give sb the slip.

fausseté /foste/ *nf* duplicity.

faut /fo/ ▸ **falloir**.

faute /fot/ *nf* mistake, error; (action coupable) misdemeanour[GB]; **~ professionnelle** professional misconduct ¢; **prendre qn en ~** to catch sb out; **c'est (de) ma ~** it's my fault; **par la ~ de qn** because of sb; **~ de temps** through lack of time; **~ de mieux** for want of anything better; **~ de**

quoi otherwise, failing which; **sans ~** without fail; SPORT foul; (au tennis) fault.
fauteuil /fotœj/ *nm* armchair; CIN, THÉÂT seat. ▪ **~ roulant** wheelchair.
fautif, **~ive** /fotif, iv/ I *adj* [personne] guilty, at fault; (erroné) faulty. II *nm,f* culprit.
fauve /fov/ I *adj* tan. II *nm* wild animal; (félin) big cat.
fauvette /fovɛt/ *nf* warbler.
faux[1], **fausse** /fo, fos/ I *adj* [résultat, numéro, idée] wrong; [départ, nez, porte, impression, promesse] false; (pour tromper) fake (*épith*); [billet, document] forged. II *adv* [chanter] out of tune; **sonner ~** [rire, parole] to have a hollow ring. III *nm inv* (objet, tableau) fake; (document) forgery. ▪ **fausse couche** miscarriage; **~ frais** extras; **~ jeton**© two-faced person.
faux[2] /fo/ *nf* scythe.
faux-filet, *pl* **~s** /fofilɛ/ *nm* sirloin.
faux-monnayeur, *pl* **~s** /fomɔnɛjœʀ/ *nm* forger, counterfeiter.
faux-sens /fosɑ̃s/ *nm inv* mistranslation.
faveur /favœʀ/ I *nf* favour[GB]; **de ~** preferential. II **en ~ de** *loc prép* in favour[GB] of.
favorable /favɔʀabl/ *adj* favourable[GB].
favori, **~ite** /favɔʀi, it/ *adj, nm,f, nm* favourite[GB].
favoriser /favɔʀize/ *vtr* **~ qn par rapport à qn** to favour[GB] sb over sb.
fax /faks/ *nm inv* fax.
fayot©, **~otte** /fajo, ɔt/ I *nm,f* creep©, crawler©. II *nm* CULIN bean.
FB *abrév écrite* = (**franc belge**) BFr.
fébrile /febʀil/ *adj* feverish.
fécond, **~e** /fekɔ̃, ɔ̃d/ *adj* fertile.
fécondation /fekɔ̃dasjɔ̃/ *nf* fertilization.
féculent /fekylɑ̃/ *nm* starchy food ¢.
fédéral, **~e**, *mpl* **~aux** /fedeʀal, o/ *adj* federal.
fédération /fedeʀasjɔ̃/ *nf* federation.
fée /fe/ *nf* fairy.
féerique /fe(e)ʀik/ *adj* [beauté, vision] enchanting; [monde, paysage, moment] enchanted.
feindre /fɛ̃dʀ/ I *vtr* to feign; **~ de faire/d'être** to pretend to do/to be. II *vi* to pretend.
feint, **~e** /fɛ̃, ɛ̃t/ *adj* feigned; **non ~** genuine.
feinte /fɛ̃t/ *nf* feint.
feinter /fɛ̃te/ I *vtr* to trick. II *vi* to make a feint; (en boxe) to feint.
fêler /fele/ *vtr, vpr* to crack.
félicitations /felisitasjɔ̃/ *nfpl* **~ (pour)** congratulations (on).
féliciter /felisite/ I *vtr* **~ (pour)** to congratulate (on). II **se ~** *vpr* **se ~ de qch** to be very pleased about sth.
félin, **~e** /felɛ̃, in/ *adj, nm* feline.
femelle /fəmɛl/ *adj, nf* female.
féminin, **~e** /feminɛ̃, in/ I *adj* [sexe, population] female; [magazine, lingerie] women's; [allure, nom, rime] feminine. II *nm* LING feminine.
féministe /feminist/ *adj, nmf* feminist.
femme /fam/ *nf* woman; (épouse) wife. ▪ **~ d'affaires** businesswoman; **~ au foyer** housewife; **~ de ménage** cleaning lady.
fémur /femyʀ/ *nm* thighbone.
FEN /fɛn/ *nf abrév* = (**Fédération de l'éducation nationale**) FEN (*French teachers' union*).
fendre /fɑ̃dʀ/ I *vtr* to split; (mur, pierre) to crack; **à ~ l'âme** heartbreaking. II **se ~** *vpr* to crack; **tu ne t'es pas fendu**©! that didn't break the bank!
fenêtre /fənɛtʀ/ *nf* window.
fenouil /fənuj/ *nm* fennel.
fente /fɑ̃t/ *nf* (pour insérer une pièce, etc) slot; (de veste) vent; (fissure) crack.

féodal, **~e**, *mpl* **~aux** /feɔdal, o/ *adj* feudal.

fer /fɛʀ/ *nm* iron. ▪ **~ à cheval** horseshoe; **~ forgé** wrought iron; **~ à repasser** iron.

fer-blanc /fɛʀblɑ̃/ *nm* tinplate.

férié, **~e** /feʀje/ *adj* **jour ~** public holiday^GB^, holiday^US^.

ferme[1] /fɛʀm/ I *adj* firm; [blanc d'œuf] stiff. II *adv* **tenir ~** to stand one's ground; **s'ennuyer ~** to be bored stiff.

ferme[2] /fɛʀm/ *nf* farm.

fermé, **~e** /fɛʀme/ *adj* **visage ~** inscrutable face; (élitiste) exclusive.

fermement /fɛʀməmɑ̃/ *adv* firmly.

ferment /fɛʀmɑ̃/ *nm* ferment.

fermer /fɛʀme/ I *vtr* to close, to shut; (robinet, gaz, radio) to turn off; (électricité) to switch off; **~ à clé** to lock (up); (définitivement) (entreprise) to close down. II *vi, vpr* to close.

fermeté /fɛʀməte/ *nf* firmness.

fermeture /fɛʀmətyʀ/ *nf* closing, closure; (définitive) closing down; **~ automatique** automatic locking system. ▪ **~ éclair®/à glissière** zip^GB^, zipper^US^.

fermier, **~ière** /fɛʀmje, jɛʀ/ *nm,f* farmer.

fermoir /fɛʀmwaʀ/ *nm* clasp.

féroce /feʀɔs/ *adj* ferocious; [personne, air] fierce, cruel.

ferraille /feʀɑj/ *nf* scrap iron; (monnaie)☺ small change.

ferrer /feʀe/ *vtr* (cheval) to shoe.

ferroviaire /feʀɔvjɛʀ/ *adj* **trafic ~** rail traffic; **compagnie ~** railway^GB^, railroad^US^ company.

fertile /fɛʀtil/ *adj* fertile; **~ en** filled with.

féru, **~e** /feʀy/ *adj* **être ~ de qch** to be very keen on sth.

fesse /fɛs/ *nf* buttock.

fessée /fese/ *nf* spanking.

festin /fɛstɛ̃/ *nm* feast.

festival /fɛstival/ *nm* festival.

festivités /fɛstivite/ *nfpl* festivities.

festoyer /fɛstwaje/ *vi* to feast.

fête /fɛt/ *nf* public holiday^GB^, holiday^US^; (jour du saint patron) **c'est ma ~** it's my name-day; (religieuse) festival; (privée) party; **faire la ~** to live it up☺; (foire, kermesse) fair; (réjouissances officielles) celebrations (*pl*). ▪ **~ des Mères/Pères** Mothers'/Fathers' Day; **la ~ des morts** All Souls' Day; **~ nationale** national holiday; (en France) Bastille Day; **~ du Travail** May Day.

fêter /fete/ *vtr* to celebrate.

fétiche /fetiʃ/ *nm* fetish.

feu[1], **~e** /fø/ *adj* late; **~ la reine** the late queen.

feu[2], *pl* **~x** /fø/ *nm* GÉN fire; **au ~!** fire!; **avez-vous du ~?** have you got a light?; (lumière, signal) light; (à un carrefour) traffic light; **~ orange** amber^GB^, yellow^US^ light; (de cuisinière) ring^GB^, burner^US^; **à ~ doux/vif** on a low/high heat; (enthousiasme) **avec ~** with passion; (tir) fire; **faire ~ (sur)** to fire (at); **coup de ~** shot. ▪ **~ d'artifice** firework; **~ de joie** bonfire; **~x de croisement** dipped^GB^, dimmed^US^ headlights.

feuillage /fœjaʒ/ *nm* leaves (*pl*).

feuille /fœj/ *nf* leaf; (de papier, etc) sheet; (de métal, plastique) (plaque mince) sheet; (d'aluminium) foil ¢; (formulaire) form. ▪ **~ de paie** payslip^GB^, pay stub^US^.

feuillet /fœjɛ/ *nm* page.

feuilleté, **~e** /fœjte/ I *adj* **pâte ~e** puff pastry. II *nm* CULIN pasty.

feuilleter /fœjte/ *vtr* to leaf through.

feuilleton /fœjtɔ̃/ *nm* serial.

feutre /føtʀ/ *nm* felt ¢; (chapeau) felt hat; (stylo) felt-tip (pen).

feutré /føtʀe/ *adj* felted.

fève /fɛv/ *nf* broad bean.

février /fevʀije/ *nm* February.

FF *abrév écrite* = (**franc français**) FFr.

fg *abrév écrite* = (**faubourg**).

fiable /fjabl/ *adj* reliable.

fiançailles /fjɑ̃saj/ *nfpl* engagement (*sg*).

fiancé, **~e** /fjɑ̃se/ *nm,f* fiancé/fiancée.

fiancer: **se ~** /fjɑ̃se/ *vpr* **se ~ (à/avec)** to get engaged (to).

fibre /fibʀ/ *nf* fibre[GB].

ficeler /fisle/ *vtr* to tie (up).

ficelle /fisɛl/ *nf* string; (astuce) trick; (pain) thin baguette.

fiche /fiʃ/ *nf* index card; (prise) plug. ▪ **~ de paie** payslip[GB], pay stub[US].

ficher[1] /fiʃe/ *vtr* to open a file on.

ficher☺[2] /fiʃe/ (*pp* ▸ **fichu**[1]) I *vtr* (faire) to do; (mettre) to put; **~ la paix à qn** to leave sb alone. II **se ~** *vpr* **se ~ dedans** to screw up☺; **se ~ de qn** to make fun of sb; (être indifférent) **je m'en fiche** I don't give a damn☺.

fichier /fiʃje/ *nm* file.

fichu☺[1] /fiʃy/ I *pp* ▸ **ficher**[2]. II *adj* (détestable) rotten☺, lousy☺; (hors d'usage) done for☺; **être mal ~** (malade) to feel lousy☺; (capable) able (of).

fichu[2] /fiʃy/ *nm* (châle) shawl.

fictif, **~ive** /fiktif, iv/ *adj* fictitious.

fiction /fiksjɔ̃/ *nf* fiction.

fidèle /fidɛl/ I *adj* faithful. II *nmf* loyal supporter; RELIG **les ~s** the faithful.

fidélité /fidelite/ *nf* fidelity.

fief /fjɛf/ *nm* HIST fief.

fier[1], **fière** /fjɛʀ/ *adj* proud.

fier[2]: **se ~ à** /fje/ *vpr* to trust (sb/sth).

fierté /fjɛʀte/ *nf* pride.

fièvre /fjɛvʀ/ *nf* fever; **avoir de la ~** to have a (high) temperature; (agitation) frenzy.

fiévreux, **~euse** /fjevʀø, øz/ *adj* feverish.

figer /fiʒe/ *vtr, vpr* to freeze.

figue /fig/ *nf* fig.

figuier /figje/ *nm* fig tree.

figurant, **~e** /figyʀɑ̃, ɑ̃t/ *nm,f* CIN extra.

figure /figyʀ/ *nf* face; **faire ~ de** to look like; (schéma) figure.

figuré, **~e** /figyʀe/ *adj* [sens] figurative.

figurer /figyʀe/ I *vi* [nom, chose] to appear; **faire ~ qch** to include sth. II **se ~** *vpr* to imagine.

fil /fil/ I *nm* thread; (métallique) wire; (de pêche) line; **sans ~** [micro] cordless; **coup de ~**☺ (phone) call; **haricots sans ~s** stringless beans; (du rasoir) edge. II **au ~ de** *loc prép* **au ~ de l'enquête** in the course of the investigation. ▪ **~ dentaire** dental floss.

filature /filatyʀ/ *nf* textile mill; (surveillance) tailing ¢.

file /fil/ *nf* **~ (d'attente)** queue[GB], line[US]; **à la ~** in a row; (sur une chaussée) lane; **se garer en double ~** to double-park. ▪ **~ indienne** single file.

filer /file/ I *vtr* (laine) to spin; (collant) to get a run in; (suivre) to follow; (donner)☺ to give. II *vi* [collant] to ladder[GB], to run[US]; (s'éloigner)☺ to leave; [personne] to dash off; **file!**☺ clear off!; (passer vite) [temps] to fly past.

filet /filɛ/ *nm* net; (de viande) fillet; (d'eau) trickle; **~ de citron** dash of lemon juice. ▪ **~ à bagages** luggage rack; **~ à provisions** string bag.

filiale /filjal/ *nf* subsidiary.

filière /filjɛʀ/ *nf* (d'activité) field; (de la drogue) **~ (clandestine)** ring.

filigrane /filigʀan/ *nm* watermark.

fille /fij/ *nf* girl; (parente) daughter.

fillette /fijɛt/ *nf* little girl.

filleul, **~e** /fijœl/ *nm, f* godson, goddaughter, godchild.

film /film/ *nm* film; (de cinéma) film, movie[US].

filmer /filme/ *vtr* to film.

filon /filɔ̃/ *nm* seam; **avoir trouvé le bon ~** to be on to a good thing.

filou /filu/ *nm* crook.

fils /fis/ *nm* son; **Alexandre Dumas ~** Alexandre Dumas the younger; **Dupont ~** Dupont Junior.

filtre /filtʀ/ *nm* filter; **cigarette avec ~** filter-tip cigarette. ▪ **~ solaire** sun screen.

filtrer /filtʀe/ I *vtr* to filter; (appels) to screen. II *vi* to filter through.

fin[1], **~e** /fɛ̃, fin/ I *adj* [fil, sable, pluie, etc] fine; [taille] slender; [esprit] shrewd; [allusion] subtle; [odorat] keen; **au ~ fond de** in the remotest part of. II *adv* **~ prêt** all set; [moudre] finely. III *nm* **le ~ du ~ de qch** the ultimate in sth.

fin[2] /fɛ̃/ *nf* end; (de livre, film) ending; **en ~ de matinée** late in the morning; **prendre ~** to come to an end; **sans ~** endless; **à la ~**☺**!** for God's sake!; (but) end, aim, purpose; **arriver à ses ~s** to achieve one's aims. ▪ **~ de semaine** weekend.

final, **~e**, *mpl* **~aux** /final, o/ *adj* final.

finale /final/ *nf* SPORT final.

finalement /finalmɑ̃/ *adv* finally.

finaliste /finalist/ *adj, nmf* finalist.

finance /finɑ̃s/ I *nf* (activité) **la ~** finance; **homme de ~** financier. II **~s** *nfpl* **les ~s** finances; **moyennant ~s** for a consideration; **mes ~s**☺ my finances; **mes ~s sont à sec**☺ I'm broke☺; **les Finances**☺ (ministère) the Ministry (*sg*) of Finance.

financement /finɑ̃smɑ̃/ *nm* financing ¢.

financer /finɑ̃se/ *vtr* to finance.

financier, **~ière** /finɑ̃sje, jɛʀ/ I *adj* financial. II *nm* financier.

finesse /finɛs/ *nf* fineness; (de couche, papier) thinness; (de parfum, d'aliment) delicacy; (de taille) slenderness; (subtilité) perceptiveness; (d'odorat, ouïe) sharpness; (de la langue) subtlety.

fini, **~e** /fini/ I *adj* finished; **c'est ~** it's over, it's finished. II *nm* finish.

finir /finiʀ/ I *vtr* (tâche) to finish (off), to complete; (journée, discours) to end; (provisions) to use up; (plat) to finish; **~ de faire** to finish doing; **tu n'as pas fini d'en entendre parler!** you haven't heard the last of it! II *vi* to finish, to end; **il a fini par se décider** he eventually made up his mind; **finissons-en!** let's get it over with!; **en ~ avec qch** to put an end to sth; **à n'en plus ~** endless.

finition /finisjɔ̃/ *nf* finish.

fioul /fjul/ *nm* fuel oil.

firme /fiʀm/ *nf* firm.

fisc /fisk/ *nm* tax office.

fiscal, **~e**, *mpl* **~aux** /fiskal, o/ *adj* fiscal, tax.

fissurer : **se ~** /fisyʀe/ *vpr* to crack.

fiston☺ /fistɔ̃/ *nm* sonny☺, son.

fixation /fiksasjɔ̃/ *nf* fastening; (de ski) binding; PSYCH fixation.

fixe /fiks/ I *adj* fixed; [résidence] permanent. II *nm* basic salary[GB], base pay[US].

fixer /fikse/ I *vtr* **~ (à/sur)** to fix (to/on); (date, prix, etc) to set; **~ son choix sur** to decide on; **au jour fixé** on the appointed day; (frontières) to establish; (attention) to focus; (observer) to stare at. II **se ~** *vpr* (but, limite) to set oneself; (s'installer) to settle.

flacon /flakɔ̃/ *nm* (small) bottle.

flagrant, **~e** /flagʀɑ̃, ɑ̃t/ *adj* flagrant; [erreur, exemple] glaring. ▪ **prendre qn en ~ délit** to catch sb red-handed.

flair /flɛʀ/ *nm* nose; (intuition) intuition.

flairer /fleʀe/ *vtr* to sniff; (danger) to scent danger.

flamand, **~e** /flamɑ̃, ɑ̃d/ *adj, nm* Flemish.

flamant /flamɑ̃/ *nm* flamingo.

flambant /flɑ̃bɑ̃/ *adv* ~ **neuf** brand new.
flambeau, *pl* **~x** /flɑ̃bo/ *nm* torch.
flambée /flɑ̃be/ *nf* fire; (de violence) outbreak (of); (des pris) surge (in).
flamber /flɑ̃be/ I *vtr* (crêpe) to flambé. II *vi* to blaze; [prix] to soar.
flamboyant, **~e** /flɑ̃bwajɑ̃, ɑ̃t/ *adj* [lumière] blazing; [couleur] flaming.
flamme /flam/ *nf* flame; **en ~s** on fire; (passion) love; (ardeur) fervour[GB].
flan /flɑ̃/ *nm* ≈ custard.
flanc /flɑ̃/ *nm* side; (d'animal, armée) flank.
flancher☺ /flɑ̃ʃe/ *vi* to give out.
flâner /flɑne/ *vi* to stroll.
flanquer /flɑ̃ke/ *vtr* ~ **qch de qch** to flank sth by sth; (coup, peur, etc)☺ to give; ~☺ **qch par terre** to throw sth to the ground; ~ **à la porte** to fire.
flaque /flak/ *nf* puddle.
flash, *pl* **~es** /flaʃ/ *nm* PHOT flash; RADIO, TV ~ **(d'information)** news (headlines) (*pl*).
flasher☺ /flaʃe/ *vi* ~ **sur** to fall in love with.
flatter /flate/ I *vtr* to flatter; (animal) to pat. II **se ~** *vpr* (prétendre) to flatter oneself (that); (tirer vanité) to pride oneself (on doing).
flatterie /flatʀi/ *nf* flattery ¢.
flatteur, **~euse** /flatœʀ, øz/ *adj* flattering.
fléau, *pl* **~x** /fleo/ *nm* (calamité) scourge; (outil) flail.
flèche /flɛʃ/ *nf* arrow; **monter en ~** [prix] to soar; (d'église) spire.
flécher /fleʃe/ *vtr* to signpost.
fléchette /fleʃɛt/ *nf* dart; (sport) **~s** darts (*sg*).
fléchir /fleʃiʀ/ I *vtr* to bend; (ébranler) to sway. II *vi* to bend; [volonté] to weaken.
flemmard☺, **~e** /flemaʀ, aʀd/ *nm,f* lazy devil☺.
flemme☺ /flɛm/ *nf* laziness; **j'ai la ~ de faire** I'm too lazy to do.
flétan /fletɑ̃/ *nm* halibut.
flétrir /fletʀiʀ/ *vtr, vpr* to fade.
fleur /flœʀ/ *nf* flower; **en ~s** in flower, in blossom; **à ~s** flowery.
• **faire une ~ à qn**☺ to do sb a favour[GB].
fleuret /flœʀɛ/ *nm* foil.
fleuri, **~e** /flœʀi/ *adj* [jardin] full of flowers; [arbre] in blossom; [style, papier] flowery.
fleurir /flœʀiʀ/ I *vtr* (tombe) to put flowers on. II *vi* [rosier] to flower, to bloom; [cerisier] to blossom; FIG to spring up.
fleuriste /flœʀist/ *nmf* (commerçant) florist.
fleuve /flœv/ I *nm* river. II **(-)fleuve** (*en composition*) [discours] interminable.
flexible /flɛksibl/ *adj* flexible.
flexion /flɛksjɔ̃/ *nf* flexing; LING inflection.
flic☺ /flik/ *nm* cop☺.
flipper[1] /flipœʀ/ *nm* pinball (machine).
flipper☺[2] /flipe/ *vi* to freak out☺; **ça me fait ~** it gives me the creeps☺.
flirt /flœʀt/ *nm* flirting; (personne) boyfriend/girlfriend.
flirter /flœʀte/ *vi* to flirt.
flocon /flɔkɔ̃/ *nm* flake.
flonflons /flɔ̃flɔ̃/ *nmpl* brass band music ¢.
flopée☺ /flɔpe/ *nf* **une ~ de** masses of.
floraison /flɔʀɛzɔ̃/ *nf* flowering, blooming.
flore /flɔʀ/ *nf* flora.
florissant, **~e** /flɔʀisɑ̃, ɑ̃t/ *adj* [activité, etc] thriving; [personne] he's blooming.
flot /flo/ I *nm* flood, stream. II **à ~** *loc adv* [couler] freely. III **~s** *nmpl* billows.
flotte /flɔt/ *nf* fleet; (eau)☺ water; (pluie)☺ rain.

flottement /flɔtmɑ̃/ *nm* (indécision) wavering ¢.

flotter /flɔte/ I *vi* to float; **il flotte dans ses vêtements** his clothes are hanging off him. II☺ *v impers* to rain.

flotteur /flɔtœʀ/ *nm* (de ligne) float.

flou, **~e** /flu/ *adj* blurred.

fluet, **~ette** /flyɛ, ɛt/ *adj* frail.

fluide /flɥid/ *adj, nm* fluid.

fluor /flyɔʀ/ *nm* fluorine.

flûte /flyt/ I *nf* (instrument, verre) flute. II☺ *excl* damn☺!

flux /fly/ *nm* flow.

FMI /ɛfɛmi/ *nm* (*abrév* = **Fonds monétaire international**) International Monetary Fund, IMF.

foc /fɔk/ *nm* jib.

fœtus /fetys/ *nm* foetus.

foi /fwa/ *nf* faith; (confiance) faith; **en toute bonne ~** in all sincerity; **la bonne/mauvaise ~** good/bad faith; **sous la ~ du serment** under oath.

foie /fwa/ *nm* liver; **crise de ~** indigestion.

foin /fwɛ̃/ *nm* hay ¢.

foire /fwaʀ/ *nf* fair; (confusion)☺ bedlam.

fois /fwa/ I *nf* time; **une ~, deux ~, trois ~** once, twice, three times; **deux ou trois ~** two or three times; **deux ~ et demie** two and a half times; **quatre ~ trois font douze** four times three is twelve; **deux ~ plus cher** twice as expensive; **il était une ~** once upon a time there was; **une (bonne) ~ pour toutes** once and for all; **une ~ sur deux** half the time; **toutes les ~ que** every time (that); **pour la énième ~** for the hundredth time. II **à la ~** *loc adv* at the same time; **à la ~ grand et fort** she's both tall and strong. III **des ~**☺ *loc adv* sometimes.

fol ▸ **fou**.

folichon☺, **~onne** /fɔliʃɔ̃, ɔn/ *adj* **pas ~** far from brilliant.

folie /fɔli/ *nf* (déraison) madness; **faire des ~s** to be extravagant.

folklore /fɔlklɔʀ/ *nm* folklore.

folklorique /fɔlklɔʀik/ *adj* [musique] folk (*épith*); [personnage]☺ eccentric.

folle ▸ **fou**.

follement /fɔlmɑ̃/ *adv* terribly.

foncé, **~e** /fɔ̃se/ *adj* dark.

foncer /fɔ̃se/ *vi* (aller très vite)☺ to tear along☺; **~ sur qch** to make a dash for sth; **~ sur qn** to charge at sb; (s'assombrir) to go darker.

foncier, **~ière** /fɔ̃sje, jɛʀ/ *adj* [impôt] land; **propriétaire ~** landowner; (inhérent) intrinsic.

fonction /fɔ̃ksjɔ̃/ *nf* (poste) post; (activité) duties (*pl*); **en ~ de** according to; **être ~ de** to vary according to; (rôle) function; **faire ~ de** to serve as; **~ publique** civil service; TECH, LING function; function.

fonctionnaire /fɔ̃ksjɔnɛʀ/ *nmf* civil servant; **~ international** international official.

fonctionnel, **~elle** /fɔ̃ksjɔnɛl/ *adj* functional.

fonctionnement /fɔ̃ksjɔnmɑ̃/ *nm* functioning; (d'équipement) working.

fonctionner /fɔ̃ksjɔne/ *vi* to work.

fond /fɔ̃/ I *nm* bottom; **au ~ du verre** in the bottom of the glass; (partie reculée) back; **la chambre du ~** the back bedroom; **de ~ en comble** from top to bottom; **les problèmes de ~** the basic problems; **au ~/dans le ~** in fact; (de texte) content; **le ~ et la forme** form and content; (arrière-plan) background; SPORT **épreuve de ~** long-distance event; (de pantalon) seat. II **à ~** *loc adv* totally; **respirer à ~** to breathe deeply; (vite)☺ at top speed. ▪ **~ de teint** foundation[GB], make-up base[US].

fondamental, **~e**, *mpl* **~aux** /fɔ̃damɑ̃tal, o/ *adj* fundamental, basic.

fondant, **~e** /fɔ̃dɑ̃, ɑ̃t/ *adj* [neige] melting; [biscuit] which melts in the mouth.

fondateur, **~trice** /fɔ̃datœʀ, tʀis/ *nm,f* founder.

fondation /fɔ̃dasjɔ̃/ *nf* foundation.

fondé, **~e** /fɔ̃de/ *adj* well-founded, legitimate. ▪ **~ de pouvoir** proxy; (de société) authorized representative.

fondement /fɔ̃dmɑ̃/ *nm* foundation.

fonder /fɔ̃de/ I *vtr* (ville, etc) to found; (entreprise) to establish; **~ ses espoirs sur qn/qch** to place one's hopes in sb/sth. II **se ~ sur** *vpr* to be based on.

fondre /fɔ̃dʀ/ I *vtr* to melt down. II *vi* [neige, beurre] to melt; [économies] to melt away; [sucre] to dissolve; **~ sur** to swoop down on.

fonds /fɔ̃/ I *nm* fund. II *nmpl* funds. **~ de commerce** business; **Fonds monétaire international, FMI** International Monetary Fund, IMF.

fondue /fɔ̃dy/ *nf* fondue.

fontaine /fɔ̃tɛn/ *nf* fountain.

fonte /fɔ̃t/ *nf* cast iron; (de neige) thawing.

foot© /fut/ *nm* ▸ **football**.

football /futbol/ *nm* football[GB], soccer.

footballeur, **~euse** /futbolœʀ, øz/ *nm,f* football player[GB], soccer player.

footing /futiŋ/ *nm* jogging.

forain, **~aine** /fɔʀɛ̃, ɛn/ I *adj* **fête ~e** funfair. II *nm* stallkeeper.

forçat /fɔʀsa/ *nm* convict.

force /fɔʀs/ I *nf* strength; (d'argument, accusation, expression, de conviction) force; **avoir de la ~** to be strong; **de/en ~** by/in force; **d'importantes ~s de police** large numbers of police. II **à ~ de** *loc prép* **à ~ d'économiser** by saving very hard. ▪ **~s de l'ordre** forces of law and order.

forcé, **~e** /fɔʀse/ *adj* forced; **c'est ~**©**!** there's no way around it©!

forcément /fɔʀsemɑ̃/ *adv* inevitably; **pas ~** not necessarily.

forcené, **~e** /fɔʀsəne/ *nm,f* maniac.

forcer /fɔʀse/ I *vtr* to force; **~ qn à faire qch** to force sb to do sth. II **se ~** *vpr* **se ~ (à faire)** to force oneself (to do).

forer /fɔʀe/ *vtr* to drill.

forestier, **~ière** /fɔʀɛstje, jɛʀ/ *adj* forest (*épith*).

foret /fɔʀɛ/ *nm* drill.

forêt /fɔʀɛ/ *nf* forest.

forfait /fɔʀfɛ/ *nm* (prix) fixed rate; (de joueur) withdrawal; (crime) crime.

forfaitaire /fɔʀfɛtɛʀ/ *adj* [prix] flat.

forge /fɔʀʒ/ *nf* forge.

forgé, **~e** /fɔʀʒe/ *adj* wrought.

forger /fɔʀʒe/ I *vtr* to forge. II **se ~** *vpr* (alibi) to invent.

forgeron /fɔʀʒəʀɔ̃/ *nm* blacksmith.

formaliser: **se ~** /fɔʀmalize/ *vpr* **se ~ de qch** to take offence[GB] to sth.

formalité /fɔʀmalite/ *nf* formality.

format /fɔʀma/ *nm* size, format.

formatage /fɔʀmataʒ/ *nm* ORDINAT formatting.

formation /fɔʀmasjɔ̃/ *nf* education, training; (apparition, ensemble) formation. ▪ **~ continue/permanente** adult continuing education.

forme /fɔʀm/ *nf* (concrète) shape, (abstraite) form; **en bonne et due ~** in due form; **en pleine ~** in great shape; **dans les ~s** in the correct manner.

formel, **~elle** /fɔʀmɛl/ *adj* [promesse] definite; [ordre] strict; (pour la forme) formal.

former /fɔʀme/ I *vtr* to form; (personnel) to train; (intelligence) to develop. II **se ~** *vpr* to form; **se ~ à qch** to train in sth.

formidable /fɔʀmidabl/ *adj* tremendous, great; (incroyable)© incredible.

formulaire /fɔʀmylɛʀ/ *nm* form.

formule /fɔʀmyl/ *nf* expression; (méthode) method; (en science) formula. ▪ **~ de politesse** polite phrase; (à la fin d'une lettre) letter ending.

formuler /fɔʀmyle/ *vtr* to express.

fort, **~e** /fɔʀ, fɔʀt/ I *adj* strong; [bruit] loud; [lumière] bright; [chaleur, pression] intense; [taux, fièvre] high; [épice] hot; [différence] big, great; **c'est un peu ~**☺! that's a bit much☺! II *adv* very; (beaucoup) very much; (avec force) hard; [parler, crier] loudly; [sentir] strongly; **y aller un peu ~**☺ to go a bit too far. III *nm* fort; (domaine d'excellence) strong point.

• **c'est plus ~ que moi** I just can't help it.

forteresse /fɔʀtəʀɛs/ *nf* stronghold.

fortifiant, **~e** /fɔʀtifjɑ̃, ɑ̃t/ *nm* tonic.

fortifier /fɔʀtifje/ *vtr* to strengthen, to fortify.

fortuit, **~e** /fɔʀtɥi, it/ *adj* chance, fortuitous.

fortune /fɔʀtyn/ *nf* fortune; **de ~** makeshift (*épith*).

fortuné, **~e** /fɔʀtyne/ *adj* wealthy.

fosse /fos/ *nf* pit; (tombe) grave.

fossé /fɔse/ *nm* ditch; (de château) moat; (écart) gap.

fossette /fɔsɛt/ *nf* dimple.

fossile /fɔsil/ *adj, nm* fossil.

fou (**fol** *devant voyelle ou h muet*), **folle** /fu, fɔl/ I *adj* mad, crazy; **~ de joie** wild with joy; **~ de qn** crazy about sb; **avoir un mal ~ à faire** to find it incredibly difficult to do; **mettre un temps ~ pour faire** to take an incredibly long time to do. II *nm,f* madman/madwoman. III *nm* HIST fool, court jester; (aux échecs) bishop.

• **plus on est de ~s plus on rit**☺ the more the merrier.

foudre /fudʀ/ *nf* lightning; **coup de ~** love at first sight.

foudroyer /fudʀwaje/ *vtr* [orage] to strike; [maladie] to strike down.

fouet /fwɛ/ *nm* whip; CULIN whisk.

fouetter /fwete/ I *vtr* to whip.

fougère /fuʒɛʀ/ *nf* fern.

fougue /fug/ *nf* enthusiasm.

fouille /fuj/ *nf* search; (en archéologie) excavation.

fouiller /fuje/ I *vtr* to search. II *vi* (mémoire) to search; **~ dans** to rummage through.

fouillis /fuji/ *nm* mess, jumble.

fouine /fwin/ *nf* stone marten.

fouiner /fwine/ *vi* to poke one's nose into.

foulard /fulaʀ/ *nm* scarf.

foule /ful/ *nf* GÉN crowd; (menaçante) mob; **une ~ de détails** a mass of details.

foulée /fule/ *nf* stride; **dans la ~ il a...** while he was at it, he...

fouler /fule/ I *vtr* **~ le sol de Mars** to set foot on Mars; **~ qch aux pieds** to trample sth underfoot. II **se ~** *vpr* **se ~ le poignet** to sprain one's wrist; (se fatiguer)☺ to kill oneself☺.

foulure /fulyʀ/ *nf* sprain.

four /fuʀ/ *nm* oven. ▪ **~ crématoire** crematory.

fourbu, **~e** /fuʀby/ *adj* exhausted.

fourche /fuʀʃ/ *nf* fork.

fourchette /fuʀʃɛt/ *nf* fork; (de prix, etc) range; (de revenus) bracket.

fourgon /fuʀgɔ̃/ *nm* van. ▪ **~ mortuaire** hearse.

fourmi /fuʀmi/ *nf* ant.

• **avoir des ~s dans les jambes** to have pins and needles in one's legs.

fourmilière /fuʀmiljɛʀ/ *nf* ant hill.

fourmiller /fuʀmije/ I **~ de** *vtr ind* (visiteurs) to be swarming with; (bestioles) to be teeming with. II *vi* to abound.

fournaise /fuʀnɛz/ *nf* furnace.

fourneau, *pl* **~x** /fuʀno/ *nm* stove.

fournée /fuʀne/ *nf* batch.

fourni, **~e** /fuʀni/ *adj* [barbe] bushy; **magasin bien ~** well-stocked shop.

fournir /fuʀniʀ/ I *vtr* to supply (with), to provide (with); (exemple, travail) to give. II **se ~** *vpr* **se ~ chez qn** to get [sth] from.

fournisseur /fuʀnisœʀ /*nm* supplier.

fourniture /fuʀnityʀ/ *nf* supply ¢. ▪ **~s de bureau/scolaire** office/school stationery ¢.

fourrage /fuʀaʒ/ *nm* forage.

fourré, **~e** /fuʀe/ I *adj* CULIN **~ (à)** filled (with); (de fourrure) fur-lined; (d'étoffe, de peau) **~ (de/en)** lined (with); **où étais-tu ~**☺**?** where have you been hiding? II *nm* thicket.

fourrer /fuʀe/ I *vtr* **~**☺ **qch dans la tête de qn** to put sth into sb's head; (en cuisine) **~ (avec/de)** to fill (with); (vêtement) to line. II **se ~**☺ *vpr* **se ~ dans un coin** to get into a corner; **ne plus savoir où se ~** not to know where to put oneself.

fourre-tout /fuʀtu/ *nm inv* (trousse) pencil case; (sac) holdall[GB], carryall[US].

fourreur /fuʀœʀ/ *nm* furrier.

fourrière /fuʀjɛʀ/ *nf* pound.

fourrure /fuʀyʀ/ *nf* fur.

foutoir☺ /futwaʀ/ *nm* complete chaos.

foutre☺ /futʀ/ I *vtr* (faire) to do; **qu'est-ce qu'il fout?** what the hell's he doing?☺; **n'en avoir rien à ~** not to give a damn☺; (mettre) to stick☺. II **se ~** *vpr* **se ~ en colère** to get furious; **je m'en fous** I don't give a damn☺.

foutu☺, **~e** /futy/ *adj* bloody awful☺[GB], damned☺[US]; **être mal ~** to feel lousy☺.

foyer /fwaje/ *nm* home; (famille) household; (résidence) hostel; (de cheminée) hearth; (de résistance) pocket; (d'incendie) seat; (optique) focus.

fracas /fʀaka/ *nm* crash.

fracasser /fʀakase/ *vtr* to smash.

fraction /fʀaksjɔ̃/ *nf* fraction.

fracture /fʀaktyʀ/ *nf* fracture.

fracturer /fʀaktyʀe/ I *vtr* to break. II **se ~** *vpr* **se ~ la cheville** to break one's ankle.

fragile /fʀaʒil/ *adj* fragile; [constitution] frail; [verre, personne] fragile.

fragilité /fʀaʒilite/ *nf* fragility.

fragment /fʀagmɑ̃/ *nm* fragment; (de conversation) snatch.

fraîche ▸ **frais**.

fraîcheur /fʀɛʃœʀ/ *nf* coldness; (agréable) coolness; (d'aliment) freshness.

frais, **fraîche** /fʀɛ, fʀɛʃ/ I *adj* cool; (trop froid) cold; (récent) fresh; [peinture] wet. II *nm* **mettre qch au ~** to put sth in a cool place. III *nmpl* (dépenses) expenses; **partager les ~** to share the cost; **faire les ~ de qch** to bear the brunt of sth; (d'un service professionnel) fees; (d'un service commercial) charges. ▪ **~ de port** postage ¢.

fraise /fʀɛz/ *nf* strawberry; **~ des bois** wild strawberry; (de dentiste) drill.

fraisier /fʀezje/ *nm* strawberry plant; (gâteau) strawberry gateau.

framboise /fʀɑ̃bwaz/ raspberry.

franc[1], **franche** /fʀɑ̃, fʀɑ̃ʃ/ *adj* frank, straight.

franc[2] /fʀɑ̃/ *nm* franc.

français, **~e** /fʀɑ̃sɛ, ɛz/ *adj*, *nm* French.

Français, **~e** /fʀɑ̃sɛ, ɛz/ *nm,f* Frenchman/Frenchwoman.

franche ▸ **franc**[1].

franchement /fʀɑ̃ʃmɑ̃/ *adv* [parler, dire] frankly; (complètement) really; (exclamatif) really, honestly.

franchir /fʀɑ̃ʃiʀ/ *vtr* (seuil, montagne) to cross; (mur) to get over; (distance) to cover.

franchise /fʀɑ̃ʃiz/ *nf* frankness, sincerity; (en assurance) excess[GB], deductible[US]; COMM franchise. ▪ **~ de bagages** baggage allowance; **~ postale** postage paid.

franc-jeu /fʀɑ̃ʒø/ *nm* fair play.

franc-maçon, **~onne**, *pl* **francs-maçons**, **franc-maçonnes** /fʀɑ̃masɔ̃, ɔn/ *nm,f* Freemason.

franco /fʀɑ̃ko/ *adv* ~ **de port** postage paid.

francophone /fʀɑ̃kɔfɔn/ I *adj* [pays, personne] French-speaking. II *nmf* French speaker.

francophonie /fʀɑ̃kɔfɔni/ *nf* French-speaking world.

franc-tireur, *pl* **francs-tireurs** /fʀɑ̃tiʀœʀ/ *nm* sniper.

frange /fʀɑ̃ʒ/ *nf* fringe.

franquette©: **à la bonne franquette** /alabɔnfʀɑ̃kɛt/ *loc adv* informal.

frappant, **~e** /fʀapɑ̃, ɑ̃t/ *adj* striking.

frapper /fʀape/ I *vtr* GÉN to hit, to strike. II *vi* to hit, to strike; (à la porte) to knock (on).

fraternel, **~elle** /fʀatɛʀnɛl/ *adj* fraternal, brotherly.

fraternité /fʀatɛʀnite/ *nf* fraternity, brotherhood.

fraude /fʀod/ *nf* GÉN fraud ¢; **en** ~ illegally.

frauder /fʀode/ *vi* (à un examen) to cheat.

frayer /fʀeje/ I *vi* to mix (with). II **se** ~ *vpr* **se** ~ **un chemin dans** to make one's way through.

frayeur /fʀɛjœʀ/ *nf* fear, fright.

fredonner /fʀədɔne/ *vtr* to hum.

frein /fʀɛ̃/ *nm* brake; **mettre un** ~ **à qch** to curb sth.

freiner /fʀene/ I *vtr* to impede. II *vi* to brake.

frelaté, **~e** /fʀəlate/ *adj* [alcool, huile] adulterated.

frêle /fʀɛl/ *adj* frail.

frelon /fʀəlɔ̃/ *nm* hornet.

frémir /fʀemiʀ/ *vi* ~ **(de)** to quiver (with); [liquide] to simmer.

frêne /fʀɛn/ *nm* ash (tree).

frénésie /fʀenezi/ *nf* frenzy.

frénétique /fʀenetik/ *adj* frenzied.

fréquemment /fʀekamɑ̃/ *adv* frequently.

fréquence /fʀekɑ̃s/ *nf* frequency.

fréquent, **~e** /fʀekɑ̃, ɑ̃t/ *adj* frequent, common.

fréquentation /fʀekɑ̃tasjɔ̃/ *nf* **avoir de mauvaises ~s** to keep bad company; ~ **des théâtres** theatre[GB] audiences.

fréquenté, **~e** /fʀekɑ̃te/ *adj* [rue] busy; **lieu bien/mal** ~ place that attracts the right/wrong sort of people.

fréquenter /fʀekɑ̃te/ I *vtr* to see; (sortir avec) to go out with; (école) to attend. II **se** ~ *vpr* [amis] to see one another.

frère /fʀɛʀ/ *nm* brother; **pays** ~ fellow nation.

fresque /fʀɛsk/ *nf* ART fresco.

fret /fʀɛt/ *nm* freight.

frétiller /fʀetije/ *vi* [poisson] to wriggle; ~ **d'aise** to be quivering with pleasure.

freux /fʀø/ *nm inv* rook.

friable /fʀijabl/ *adj* crumbly.

friand, **~e** /fʀijɑ̃, ɑ̃d/ I *adj* ~ **de qch** very fond of sth. II *nm* CULIN puff.

friandise /fʀijɑ̃diz/ *nf* sweet[GB], candy[US].

fric© /fʀik/ *nm* dough©, money.

friche /fʀiʃ/ *nf* waste land; **en** ~ waste.

friction /fʀiksjɔ̃/ *nf* friction.

frictionner /fʀiksjɔne/ *vtr* (personne) to give [sb] a rub; (pieds) to rub.

frigidaire® /fʀiʒidɛʀ/ *nm* refrigerator.

frigo© /fʀigo/ *nm* fridge©.

frigorifié, **~e** /fʀigɔʀifje/ *adj* frozen.

frileux, **~euse** /fʀilø, øz/ *adj* sensitive to the cold; [attitude] cautious.

frime© /fʀim/ *nf* **pour la** ~ for show; **c'est de la** ~ it's all an act.

frimer© /fʀime/ *vi* to show off©.

fringale☺ /fʀɛ̃gal/ *nf* **j'ai la ~** I'm absolutely starving☺.

fringues☺ /fʀɛ̃g/ *nfpl* clothes.

fripé, **~e** /fʀipe/ *adj* crumpled.

fripon☺, **~onne** /fʀipɔ̃, ɔn/ *nm,f* rascal.

fripouille☺ /fʀipuj/ *nf* crook☺.

frire /fʀiʀ/ *vtr, vi* to fry.

frisé, **~e** /fʀize/ *adj* curly.

frisée /fʀize/ *nf* curly endive, frisée.

friser /fʀize/ I *vtr* (cheveux) to curl; (insolence) to border on; **cela frise les 10%** it's approaching 10%. II *vi* [cheveux] to curl.

frisquet☺, **~ette** /fʀiskɛ, ɛt/ *adj* chilly.

frisson /fʀisɔ̃/ *nm* shiver; (de peur) shudder.

frissonner /fʀisɔne/ *vi* **~ (de)** to shiver (with); (de peur) to shudder (with); [eau] to simmer.

frite /fʀit/ *nf* chip[GB], French fry[US].

friteuse /fʀitøz/ *nf* chip pan[GB], deep-fat fryer[US].

friture /fʀityʀ/ *nf* (aliment) fried food.

frivole /fʀivɔl/ *adj* frivolous.

froid, **~e** /fʀwa, fʀwad/ I *adj* cold. II *nm* cold; **il fait ~** it's cold; **avoir ~** to be cold; **attraper/prendre ~** to catch a cold; (distance) coldness; **jeter un ~ (dans/sur)** to cast a chill (over).

froidement /fʀwadmɑ̃/ *adv* coolly; **abattre qn ~** to shoot sb down in cold blood; (calmement) with a cool head; **regarder les choses ~** to look at things coolly.

froideur /fʀwadœʀ/ *nf* coolness.

froisser /fʀwase/ I *vtr* to crease, to crumple; (personne) to hurt. II **se ~** *vpr* to crease; **se ~ de qch** to be hurt by sth.

frôler /fʀole/ *vtr* to brush; (passer près) to miss narrowly; **~ le mauvais goût** to border on bad taste.

fromage /fʀɔmaʒ/ *nm* cheese.

fromager, **~ère** /fʀɔmaʒe, ɛʀ/ *nm* cheesemaker.

fromagerie /fʀɔmaʒʀi/ *nf* cheese shop.

froment /fʀɔmɑ̃/ *nm* wheat.

fronce /fʀɔ̃s/ *nf* gather.

froncer /fʀɔ̃se/ *vtr* to gather; **~ les sourcils** to frown.

fronde /fʀɔ̃d/ *nf* sling.

front /fʀɔ̃/ I *nm* forehead; MIL, POL front. II **de ~** *loc adv* head-on.

frontalier, **~ière** /fʀɔ̃talje, jɛʀ/ I *adj* border (*épith*). II *nm,f person living near the border.*

frontière /fʀɔ̃tjɛʀ/ *nf* frontier, border.

fronton /fʀɔ̃tɔ̃/ *nm* pediment.

frotter /fʀɔte/ I *vtr* to rub; (peau, linge) to scrub. II *vi* to rub. III **se ~** *vpr* **se ~ les yeux** to rub one's eyes; **se ~ les mains** to scrub one's hands.

froussard☺, **~e** /fʀusaʀ, aʀd/ *nm,f* chicken☺, coward.

frousse☺ /fʀus/ *nf* **avoir la ~** to be scared.

fructueux, **~euse** /fʀyktɥø, øz/ *adj* fruitful, productive.

frugal, **~e**, *mpl* **~aux** /fʀygal, o/ *adj* frugal.

fruit /fʀɥi/ *nm* fruit ¢; **voulez-vous un ~?** would you like some fruit? ▪ **~s de mer** seafood ¢, **~s rouges** soft fruit ¢[GB], berries[US].

fruité, **~e** /fʀɥite/ *adj* fruity.

fruitier, **~ière** /fʀɥitje, jɛʀ/ *adj* fruit.

fruste /fʀyst/ *adj* unsophisticated.

frustrant, **~e** /fʀystʀɑ̃, ɑ̃t/ *adj* frustrating.

frustration /fʀystʀasjɔ̃/ *nf* frustration.

frustré, **~e** /fʀystʀe/ *adj* frustrated.

frustrer /fʀystʀe/ *vtr* **~ qn de qch** to deprive sb of sth; PSYCH to frustrate.

fuel /fjul/ *nm* fuel oil.

fugitif, **~ive** /fyʒitif, iv/ I *adj* fleeting. II *nm,f* fugitive.

fugue /fyg/ *nf* **faire une ~** to run away; MUS fugue.

fuir /fɥiʀ/ I *vtr* to flee (from); (responsabilité, personne) to avoid. II *vi* to flee, to run away; **faire ~ qn** to scare sb off; [robinet, etc] to leak.

fuite /fɥit/ *nf* (départ) flight, escape; **~ de capitaux** outflow of capital; (d'information, d'eau) leak.

fulgurant, **~e** /fylgyʀɑ̃, ɑ̃t/ *adj* [attaque] lightning; [progression] dazzling; [douleur] searing.

fulminer /fylmine/ *vi* **~ contre qn/qch** to fulminate against sb/sth.

fumé, **~e** /fyme/ *adj* [viande, verre] smoked; [vitre, lunettes] tinted.

fumée /fyme/ *nf* smoke.

fumer /fyme/ *vtr, vi* to smoke.

fumeur, **~euse** /fymœʀ, øz/ *nm,f* smoker; **zone ~s/non ~s** smoking/non-smoking area.

fumier /fymje/ *nm* manure; (salaud)☹ bastard.

fumiste /fymist/ *nm,f* ☺ layabout☺; (technicien de chauffage) stove fitter.

fumisterie /fymistəʀi/ *nf* ☺ lousy job☺; (profession) stove fitting.

funambule /fynɑ̃byl/ *nmf* tightrope walker.

funèbre /fynɛbʀ/ *adj* (funéraire) funeral; (lugubre) gloomy.

funérailles /fyneʀaj/ *nfpl* funeral (*sg*).

funéraire /fyneʀɛʀ/ *adj* funeral.

funeste /fynɛst/ *adj* [erreur, conseil] fatal; [jour] fateful.

funiculaire /fynikylɛʀ/ *nm* funicular.

fur: **au ~ et à mesure** /ofyʀeaməzyʀ/ I *loc adv* **je le ferai au ~ et à mesure** I'll do it as I go along. II **au ~ et à mesure de** *loc prép* **au ~ et à mesure de leurs besoins** as and when they need it. III **au ~ et à mesure que** *loc conj* as.

furet /fyʀɛ/ *nm* ferret.

fureter /fyʀte/ *vi* to rummage.

fureur /fyʀœʀ/ *nf* rage, fury.

furie /fyʀi/ *nf* fury.

furieux, **~ieuse** /fyʀjø, jøz/ *adj* furious; [tempête] raging.

furoncle /fyʀɔ̃kl/ *nm* boil.

fusain /fyzɛ̃/ *nm* spindle tree; ART charcoal.

fuseau, *pl* **~x** /fyzo/ *nm* spindle; (pantalon) ski pants (*pl*). ■ **~ horaire** time zone.

fusée /fyze/ *nf* rocket.

fusible /fyzibl/ *nm* fuse.

fusil /fyzi/ *nm* **~ (de chasse)** shotgun; MIL rifle; **coup de ~** gunshot.

fusillade /fyzijad/ *nf* gunfire ¢.

fusiller /fyzije/ *vtr* to shoot.

fusion /fyzjɔ̃/ *nf* melting; **~ (thermo)nucléaire** nuclear fusion; **~ (entre)** (entreprises) merger (between); (cultures) fusion (of).

fusionner /fyzjɔne/ *vtr, vi* to merge.

fût /fy/ *nm* cask, barrel.

futé, **~e** /fyte/ *adj* [personne] wily, crafty, clever; [sourire, réponse] crafty.

futile /fytil/ *adj* futile.

futilité /fytilite/ *nf* superficiality.

futur, **~e** /fytyʀ/ *adj, nm* future.

Futuroscope® /fytyʀoskɔp/ *nprm* Futuroscope® theme park.

fuyant, **~e** /fɥijɑ̃, ɑ̃t/ *adj* [regard] shifty; [point] receding.

fuyard, **~e** /fɥijaʀ, aʀd/ *nm,f* runaway.

g

g, **G** /ʒe/ *nm inv abrév écrite* = **gramme**.
gabarit /gabaʀi/ *nm* size; **hors** ~ oversize.
gâcher /gɑʃe/ *vtr* to waste; (spectacle) to spoil.
gâchette /gɑʃɛt/ *nf* **appuyer sur la** ~ to pull the trigger.
gâchis /gɑʃi/ *nm* waste ¢.
gadget /gadʒɛt/ *nm* gadget.
gaffe☺ /gaf/ *nf* **faire une** ~ to make a blunder; **faire** ~ **(à)** to watch out (for).
gaffeur, **~euse** /gafœʀ, øz/ *nm,f* blunderer.
gag /gag/ *nm* gag.
gaga☺ /gaga/ *adj inv* gaga☺.
gage /gaʒ/ I *nm* security ¢, surety ¢; **mettre qch en** ~ to pawn sth; **un** ~ **de sa réussite** a guarantee of his success; JEUX forfeit; (d'amour, etc) pledge. II **~s** *nmpl* (salaire) wages; **tueur à ~s** hired killer.
gagnant, **~e** /gaɲɑ̃, ɑ̃t/ I *adj* winning (*épith*). II *nm,f* winner.
gagne-pain /gaɲpɛ̃/ *nm inv* livelihood.
gagner /gaɲe/ I *vtr* (compétition, etc) to win; (salaire) to earn; **il gagne bien sa vie** he makes a good living; (réputation, avantage, terrain) to gain; (temps, espace) to save time; (atteindre) (lieu) to get to; (s'emparer de) [peur, émotion, découragement] to overcome. II *vi* to win; **y** ~ **à faire qch** to come off better doing sth.
gai, **~e** /gɛ/ *adj* happy; [caractère, regard] cheerful; [couleur] bright.
gaieté /gete/ *nf* gaiety, cheerfulness.
gaillard, **~e** /gajaʀ, aʀd/ I *adj* [chanson] ribald. II☺ *nm* **un drôle de** ~ an odd customer☺.
gain /gɛ̃/ *nm* earnings (*pl*) (profit) gain; (de temps) saving.
gaine /gɛn/ *nf* (étui) sheath; (sous-vêtement) girdle.
galant, **~e** /galɑ̃, ɑ̃t/ *adj* courteous; **soyez** ~ be a gentleman.
galanterie /galɑ̃tʀi/ *nf* gallantry.
galaxie /galaksi/ *nf* galaxy.
gale /gal/ *nf* scabies ¢.
galère /galɛʀ/ *nf* (vaisseau) galley; **c'est (la)** ~!☺ it's a real pain☺!
galérer☺ /galeʀe/ *vi* to slave away.
galerie /galʀi/ *nf* gallery; AUT roof rack. ▪ **~ marchande** shopping arcade, mall[US].
galet /galɛ/ *nm* pebble.
galette /galɛt/ *nf* plain round flat cake. ▪ **~ des Rois** Twelfth Night cake (*containing bean or lucky charm*).
galipette☺ /galipɛt/ *nf* somersault.
gallicisme /galisism/ *nm* gallicism.
gallois, **~e** /galwa, az/ *adj, nm* Welsh.
galon /galɔ̃/ *nm* braid ¢; MIL stripe; **prendre du** ~ to be promoted.
galop /galo/ *nm* gallop; **cheval au** ~ galloping horse. ▪ **~ d'essai** trial run.
galoper /galɔpe/ *vi* to gallop.
galopin /galɔpɛ̃/ *nm* rascal.
gambader /gɑ̃bade/ *vi* to gambol.
gamelle /gamɛl/ *nf* (de soldat) dixie[GB], mess kit; (de campeur) billycan[GB], tin dish; (d'ouvrier) lunchbox; (d'animal) dish.
gamin, **~e** /gamɛ̃, in/ I *adj* childish. II *nm,f* kid☺.
gamme /gam/ *nf* MUS scale; (série) range; **produit (de) bas de** ~ cheaper product; **modèle (de) haut de** ~ upmarket model.
gammée /game/ *adj f* **croix** ~ swastika.

ganglion /gɑ̃glijɔ̃/ *nm* ganglion.

gangrène /gɑ̃gʀɛn/ *nf* gangrene.

gant /gɑ̃/ *nm* glove. ▪ **~ de toilette** ≈ flannel[GB], washcloth[US].

garage /gaʀaʒ/ *nm* garage.

garagiste /gaʀaʒist/ *nmf* (propriétaire) garage owner; (ouvrier) car mechanic.

garant, **~e** /gaʀɑ̃, ɑ̃t/ I *adj* **être/se porter ~ de qch/qn** to vouch for sth/sb. II *nm,f* guarantor.

garantie /gaʀɑ̃ti/ *nf* COMM guarantee, warranty; (en assurance) cover ₵.

garantir /gaʀɑ̃tiʀ/ *vtr* ~ (à qn qch) to guarantee (sb sth); (sécurité, droit) to safeguard.

garçon /gaʀsɔ̃/ *nm* boy; (jeune homme) young man; **brave/gentil** ~ nice chap[GB], nice guy[US]; **être beau** ~ to be good-looking; (célibataire) bachelor; ~ **(de café)** waiter. ▪ **~ d'honneur** best man; **~ manqué** tomboy.

garçonnière /gaʀsɔnjɛʀ/ *nf* bachelor flat[GB], apartment[US].

garde[1] /gaʀd/ *nm* guard. ▪ **~ champêtre** ≈ local policeman (*appointed by the municipality*); **~ du corps** bodyguard; **~ forestier** forest warden, forest ranger; **Garde des Sceaux** French Minister of Justice.

garde[2] /gaʀd/ *nf* nurse; (groupe, surveillance) guard; **de** ~ [médecin] to be on call; [pharmacie] duty[GB], emergency[US]; **mettre qn en** ~ to warn sb; **prendre** ~ **(à)** to watch out (for); (d'épée) hilt; **(page de)** ~ endpaper. ▪ **~ d'enfant** childminder[GB], day-care sitter[US]; **~ à vue** police custody.

garde-à-vous /gaʀdavu/ *nm inv* **se mettre au** ~ to stand to attention.

garde-boue /gaʀdəbu/ *nm inv* mudguard.

garde-chasse, *pl* **~s** /gaʀdəʃas/ *nm* (de domaine privé) gamekeeper.

garde-côte, *pl* **~s** /gaʀdəkot/ *nm* coastguard ship.

garde-fou, *pl* **~s** /gaʀdəfu/ *nm* parapet; FIG safeguard.

garde-malade, *pl* **gardes-malades** /gaʀdmalad/ *nmf* home nurse.

garde-meubles /gaʀdəmœbl/ *nm inv* furniture-storage warehouse.

garder /gaʀde/ I *vtr* (argent, objet) to keep; (vêtement) to keep [sth] on; ~ **le lit/la chambre** to stay in bed/in one's room; [gardien] to guard; [personne] to look after. II **se ~** *vpr* **se ~ de faire** to be careful not to do; [aliment] to keep.

garderie /gaʀdəʀi/ *nf* day nursery[GB], day care center[US].

garde-robe, *pl* **~s** /gaʀdəʀɔb/ *nf* wardrobe.

gardien, **~ienne** /gaʀdjɛ̃, jɛn/ *nm,f* (de locaux) security guard; (d'immeuble) caretaker[GB], janitor[US]; (de prison) warder[GB]; (de musée, parking) attendant; **se faire le ~ des traditions** to set oneself up as a guardian of tradition. ▪ **~ de but** goalkeeper; **~ d'enfant** childminder[GB], day-care sitter[US]; **~ de nuit** night watchman; **~ de la paix** police officer.

gardiennage /gaʀdjɛnaʒ/ *nm* (d'immeuble) caretaking; **société de** ~ security firm.

gardon /gaʀdɔ̃/ *nm* (poisson) roach.

gare /gaʀ/ I *nf* (railway)[GB] station. II *excl* ~ **(à toi)!** watch out!; (pour menacer) ~ **à toi!** careful!, watch it©! ▪ **~ routière** coach station[GB], bus depot[US].

• **sans crier ~** without any warning.

garer /gaʀe/ I *vtr* to park. II **se ~** *vpr* to park; (s'écarter) to pull over.

gargariser: **se ~** /gaʀgaʀize/ *vpr* to gargle; **se ~ de qch**© to revel in sth.

gargarisme /gaʀgaʀism/ *nm* mouthwash.

garnement /gaʀnəmɑ̃/ *nm* rascal.

garni, **~e** /gaʀni/ *adj* **bien** ~ [portefeuille] full; **plat** ~ dish served with trimmings.

garnir /gaRniR/ *vtr* to fill; (rayons) to stock; (viande, poisson) to garnish.
garnison /gaRnizɔ̃/ *nf* garrison.
garniture /gaRnityR/ *nf* (accompagnement) side dish; (de viande, poisson) garnish; (sur une robe) trimming.
gars© /ga/ *nm inv* chap©GB, guy©US.
gaspillage /gaspijaʒ/ *nm* waste; **c'est du ~** it's wasteful.
gaspiller /gaspije/ *vtr* to waste.
gastronome /gastRɔnɔm/ *nmf* gourmet, gastronome.
gastronomie /gastRɔnɔmi/ *nf* gastronomy.
gâteau, *pl* **~x** /gɑto/ I *adj inv* **papa ~** doting father. II *nm* cake. ■ **~ sec** biscuitGB, cookieUS.
gâter /gɑte/ I *vtr* to spoil; **enfant gâté** spoiled child. II **se ~** *vpr* [viande] to go bad; [fruit, dent] to rot; (se détériorer) to get worse.
gâterie /gɑtRi/ *nf* little treat.
gâteux, **~euse** /gɑtø, øz/ I *adj* senile. II *nm,f* **vieux ~**© old dodderer©.
gauche /goʃ/ I *adj* left; **le côté ~ de qch** the left-hand side of sth; (maladroit) awkward. II *nf* **la ~** the left; **de ~** [page, mur, file] left-hand; [parti] left-wing.
gaucher, **~ère** /goʃe, ɛR/ *nm,f* left-handed person.
gauchiste /goʃist/ *adj, nmf* leftist.
gaufre /gofR/ *nf* waffle.
gaufrette /gofRɛt/ *nf* wafer.
Gaule /gol/ *nprf* Gaul.
gaver /gave/ I *vtr* (oies) to force-feed; **~ qn** to stuff sb with food. II **se ~** *vpr* **se ~ (de)** to stuff oneself (with).
gaz /gaz/ *nm* gas; (flatulence) wind (*sg*).
gaze /gɑz/ *nf* gauze.
gazelle /gazɛl/ *nf* gazelle.
gazer© /gaze/ *v impers* **ça gaze?** how's things©?
gazette /gazɛt/ *nf* newspaper.
gazeux, **~euse** /gazø, øz/ *adj* [boisson] fizzy; [eau] (naturelle) sparkling; (gazéifiée) carbonated.
gazon /gazɔ̃/ *nm* grass, lawn.
gazouiller /gazuje/ *vi* [oiseau] to twitter; [bébé, source] to babble.
GDF /ʒedeɛf/ *abrév* = **(Gaz de France)** *French gas board.*
geai /ʒɛ/ *nm* jay.
géant, **~e** /ʒeɑ̃, ɑ̃t/ I *adj* giant. II *nm,f* giant/giantess.
geindre /ʒɛ̃dR/ *vi* to moan, to groan.
gel /ʒɛl/ *nm* MÉTÉO frost; ÉCON freeze (on); (produit) gel.
gélatine /ʒelatin/ *nf* gelatineGB, gelatinUS.
gelé, **~e** /ʒəle/ *adj* [eau, sol, prix] frozen; [orteil] frostbitten.
gelée /ʒəle/ *nf* jelly; **œuf en ~** egg in aspic; (cosmétique) gel; MÉTÉO frost. ■ **~ blanche** hoarfrost.
geler /ʒəle/ I *vtr, vi, vpr* to freeze. II *v impers* **il/ça gèle** it's freezing.
gélule /ʒelyl/ *nf* capsule.
Gémeaux /ʒemo/ *nprmpl* Gemini.
gémir /ʒemiR/ *vi* to moan, to groan.
gémissement /ʒemismɑ̃/ *nm* moaning.
gênant, **~e** /ʒɛnɑ̃, ɑ̃t/ *adj* [meuble] cumbersome; [bruit] annoying; [question] embarrassing; **c'est gênant** it's awkward.
gencive /ʒɑ̃siv/ *nf* gum.
gendarme /ʒɑ̃daRm/ *nm* gendarme. ■ **~ couché** sleeping policemanGB, speed bumpUS.
gendarmerie /ʒɑ̃daRm(ə)Ri/ *nf* police station; **~ (nationale)** gendarmerie.
gendre /ʒɑ̃dR/ *nm* son-in-law.
gène /ʒɛn/ *nm* gene.
gêne /ʒɛn/ *nf* embarrassment; (physique) discomfort; (nuisance) inconvenience; (pauvreté) poverty.

gêné, **~e** /ʒene/ *adj* embarrassed; (désargenté) short of money.

généalogie /ʒenealɔʒik/ *f* genealogy.

gêner /ʒene/ I *vtr* to disturb, to bother; **ça te gêne si...** do you mind if...; [caillou, ceinture] to hurt; [question] to embarrass; (circulation) to block; (respiration) to restrict; (discussion, progrès) to get in the way of. II **se ~** *vpr* to get in each other's way; **ne vous gênez pas pour moi** don't mind me.

général, **~e** , *mpl* **~aux** /ʒeneʀal, o/ I *adj* general; **en ~** generally, in general; **en règle ~e** as a rule. II *nm* MIL general.

générale /ʒeneʀal/ *nf* THÉÂT dress rehearsal.

généralisation /ʒeneʀalizasjɔ̃/ *nf* generalization.

généraliser /ʒeneʀalize/ I *vtr*, *vi* to generalize. II **se ~** *vpr* [technique] to become standard; [grève] to become widespread.

généraliste /ʒeneʀalist/ I *adj* non-specialized. II *nmf* (médecin) general practitioner, GP.

généralité /ʒeneʀalite/ *nf* generality.

génération /ʒeneʀasjɔ̃/ *nf* generation.

généreux, **~euse** /ʒeneʀø, øz/ *adj* ~ (avec/envers) generous (to).

générique /ʒeneʀik/ *nm* (de film) credits (*pl*).

générosité /ʒeneʀɔzite/ *nf* ~ (avec/envers) generosity (to, toward(s)).

genèse /ʒənɛz/ *nf* genesis; BIBLE **la Genèse** Genesis.

genêt /ʒənɛ/ *nm* broom.

génétique /ʒenetik/ I *adj* genetic. II *nf* genetics (*sg*).

genévrier /ʒənevʀije/ *nm* juniper.

génial, **~e** , *mpl* **~iaux** /ʒenjal, jo/ *adj* brilliant; [spectacle, livre]© brilliant©GB, great©; [personne] great©.

génie /ʒeni/ *nm* genius; **avoir du ~** to be a genius; **idée de ~** brainwave; (ingénierie) engineering.

genièvre /ʒənjɛvʀ/ *nm* juniper.

génisse /ʒenis/ *nf* heifer.

génitif /ʒenitif/ *nm* genitive (case).

génocide /ʒenɔsid/ *nm* genocide.

génoise /ʒenwaz/ *nf* sponge cake.

genou, *pl* **~x** /ʒ(ə)nu/ *nm* knee; **se mettre à ~x** to kneel down.

genouillère /ʒənujɛʀ/ *nf* knee pad.

genre /ʒɑ̃ʀ/ *nm* kind; (style) style; **c'est bien son ~** it's just like him/her; LING gender; LITTÉRAT genre. ▪ **le ~ humain** mankind.

gens /ʒɑ̃/ *nmpl* people.

gentil, **~ille** /ʒɑ̃ti, ij/ *adj* ~ (avec) kind, nice (to); **c'est ~ à vous** that's very kind of you; **sois ~, réponds au téléphone** do me a favour[GB], answer the phone; (obéissant) good.

gentillesse /ʒɑ̃tijɛs/ *nf* ~ (avec/envers) kindness (to); **faites-moi la ~ de...** would you do me the favour[GB] of...?

gentiment /ʒɑ̃timɑ̃/ *adv* kindly; (sagement) quietly.

géode /ʒeɔd/ *nf* geode.

géographe /ʒeɔgʀaf/ *nmf* geographer.

géographie /ʒeɔgʀafi/ *nf* geography.

géologie /ʒeɔlɔʒi/ *nf* geology.

géomètre /ʒeɔmɛtʀ/ *nmf* land surveyor.

géométrie /ʒeɔmetʀi/ *nf* geometry.

géométrique /ʒeɔmetʀik/ *adj* geometric.

gérance /ʒeʀɑ̃s/ *nf* management.

gérant, **~e** /ʒeʀɑ̃, ɑ̃t/ *nm,f* manager.

gerbe /ʒɛʀb/ *nf* (mortuaire) wreath; (d'eau) spray; (de blé) sheaf.

gercer /ʒɛʀse/ *vi* to become chapped.

gerçure /ʒɛʀsyʀ/ *nf* crack.

gérer /ʒeʀe/ *vtr* (production, temps, entreprise) to manage; (pays) to run; (situation, information) to handle.

germain, **~e** /ʒɛʀmɛ̃, ɛn/ *adj* **(cousin)** ~ first cousin; HIST Germanic.

germe /ʒɛʀm/ *nm* germ; (de pomme de terre) sprout; ~ **de blé** wheat germ; **~s de soja** bean sprouts; (début) seed.

germer /ʒɛʀme/ *vi* [idée, soupçon] to form; [blé] to germinate.

gérondif /ʒeʀɔ̃dif/ *nm* gerund.

gésier /ʒezje/ *nm* gizzard.

geste /ʒɛst/ *nm* movement; (mouvement expressif) gesture; **faire un ~ de la main** to wave; **pas un ~!** don't move!; **un ~ désespéré** a desperate act.

gesticuler /ʒɛstikyle/ *vtr* to gesticulate.

gestion /ʒɛstjɔ̃/ *nf* management.

gestionnaire /ʒɛstjɔnɛʀ/ *nmf* administrator. ■ **~ de fichiers** ORDINAT file-management system; **~ de portefeuille** FIN portfolio manager.

ghetto /geto/ *nm* ghetto.

gibecière /ʒibsjɛʀ/ *nf* (de chasseur) gamebag.

gibet /ʒibɛ/ *nm* gallows (*sg*).

gibier /ʒibje/ *nm* game.

giboulée /ʒibule/ *nf* shower; **les ~s de mars** ≈ April showers.

giclée /ʒikle/ *nf* (d'eau, de sang) spurt; (d'encre) squirt.

gicler /ʒikle/ *vi* [sang, eau] ~ **(de)** to spurt (from); [jus] ~ **(sur)** to squirt (onto).

gicleur /ʒiklœʀ/ *nm* jet.

gifle /ʒifl/ *nf* slap in the face.

gifler /ʒifle/ *vtr* to slap.

GIG /ʒeiʒe/ *nm abrév* = (**grand invalide de guerre**) *ex-serviceman who is registered severely disabled.*

gigantesque /ʒigɑ̃tɛsk/ *adj* huge, gigantic.

GIGN /ʒeiʒeɛn/ *nm abrév* = (**Groupe d'intervention de la gendarmerie nationale**) *branch of the police specialized in cases of armed robbery, terrorism, etc.*

gigogne /ʒigɔɲ/ *adj* **lit** ~ hideaway bed; **tables ~s** nest of tables.

gigot /ʒigo/ *nm* (d'agneau) leg of lamb.

gigoter© /ʒigɔte/ *vi* to wriggle, to fidget.

gilet /ʒilɛ/ *nm* cardigan; ~ **sans manches** waistcoat[GB], vest[US]. ■ ~ **de sauvetage** lifejacket.

gin /dʒin/ *nm* gin.

gingembre /ʒɛ̃ʒɑ̃bʀ/ *nm* ginger.

girafe /ʒiʀaf/ *nf* giraffe.

giratoire /ʒiʀatwaʀ/ *adj* gyratory; **carrefour** ~ roundabout[GB], traffic circle[US].

girofle /ʒiʀɔfl/ *nm* **(clou de)** ~ clove.

giroflée /ʒiʀɔfle/ *nf* wallflower.

girolle /ʒiʀɔl/ *nf* chanterelle.

giron /ʒiʀɔ̃/ *nm* lap.

girouette /ʒiʀwɛt/ *nf* weather vane; **c'est une vraie ~** he/she is very capricious.

gisement /ʒizmɑ̃/ *nm* deposit.

gitan, **~e** /ʒitɑ̃, an/ *nm,f* gypsy.

gîte /ʒit/ *nm* shelter; **le ~ et le couvert** board and lodging; ~ **rural** self-catering cottage[GB]; (en boucherie) ≈ top rump.

givre /ʒivʀ/ *nm* frost.

givré, **~e** /ʒivʀe/ *adj* frosty; (fou)© crazy.

glaçage /glasaʒ/ *nm* glazing; (au sucre) icing.

glace /glas/ *nf* ice; (dessert) ice cream; (miroir) mirror; (vitre) window.

glacé, **~e** /glase/ *adj* frozen; [douche, boisson] ice-cold; [mains] frozen; [personne] freezing; **thé/café** ~ iced tea/coffee; [accueil, atmosphère] frosty, icy; [papier] glossy.

glacer /glase/ I *vtr* [personne, regard] to intimidate; ~ **qn d'effroi** to make sb's blood run cold; **mettre qch à ~** to chill sth. II **se ~** *vpr* to freeze.

glaciaire /glasjɛʀ/ *adj* **calotte ~** icecap.

glacial, **~e**, *mpl* **~s/~iaux** /glasjal, jo/ *adj* icy.

glacier /glasje/ *nm* GÉOG glacier; (fabricant) ice-cream maker.

glacière /glasjɛʀ/ *nf* coolbox[GB], cooler, ice chest[US].

glaçon /glasɔ̃/ *nm* ice cube; **avec des/sans ~s** with/without ice.

glaïeul /glajœl/ *nm* gladiolus.

glaise /glɛz/ *nf* clay.

glaive /glɛv/ *nm* sword.

gland /glɑ̃/ *nm* acorn; ANAT glans; (décoration) tassel.

glande /glɑ̃d/ *nf* gland.

glaner /glane/ *vtr* to glean.

glapir /glapiʀ/ *vi* [chiot] to yap; [renard] to bark; [personne] to shriek; [haut-parleur, radio] to blare.

glas /glɑ/ *nm* toll, knell.

glauque /glok/ *adj* [lumière] murky; [hôtel, rue] squalid.

glissade /glisad/ *nf* slide; (dérapage) skid.

glissant, **~e** /glisɑ̃, ɑ̃t/ *adj* slippery.

glisse© /glis/ *nf* (ski) skiing.

glissement /glismɑ̃/ *nm* sliding; (de sens) shift; (d'électorat, opinion) swing; (de prix) fall. ▪ **~ de terrain** landslide.

glisser /glise/ I *vtr* **~ qch dans qch** to slip sth into sth. II *vi* [route, savon] to be slippery; [ski, tiroir, cloison] to slide; [personne] (involontairement) to slip; (volontairement) to slide; [véhicule] to skid; **~ des mains de qn** to slip out of sb's hands; **une tuile a glissé du toit** a tile fell off the roof. III **se ~** *vpr* **se ~ (dans)** to slip into; (furtivement) to sneak into; [erreur] creep (into).

glissière /glisjɛʀ/ *nf* (d'autoroute) crash barrier; **porte à ~** sliding door; **fermeture à ~** zip[GB], zipper[US].

global, **~e**, *mpl* **~aux** /glɔbal, o/ *adj* global, total.

globe /glɔb/ *nm* Earth, globe; (de lampe) round glass lampshade.

globule /glɔbyl/ *nm* blood cell; **~ blanc/rouge** white/red cell.

gloire /glwaʀ/ *nf* glory, fame; (personne) celebrity.

glorieux, **~ieuse** /glɔʀjø, jøz/ *adj* glorious.

glorifier /glɔʀifje/ I *vtr* to glorify. II **se ~** *vpr* **se ~ de qch** to boast about sth.

glose /gloz/ *nf* gloss.

glotte /glɔt/ *nf* glottis.

glouglou© /gluglu/ *nm* (de liquide) gurgling sound; (du dindon) gobbling sound.

glouglouter© /gluglute/ *vi* [liquide] to gurgle; [dindon] to gobble.

glousser /gluse/ *vi* [poule] to cluck; **~ de plaisir** to chuckle with delight.

glouton, **~onne** /glutɔ̃, ɔn/ *nm,f* glutton.

glu /gly/ *nf* glue.

gluant, **~e** /glyɑ̃, ɑ̃t/ *adj* sticky.

glucide /glysid/ *nm* carbohydrate.

glycérine /gliseʀin/ *nf* glycerin.

glycine /glisin/ *nf* wisteria.

gnon© /ɲɔ̃/ *nm* bruise; **prendre un ~** to get hit.

go /go/ I *nm* JEUX go. II **tout de ~** *loc adv* straight out.

goal© /gol/ *nm* goalkeeper, goalie©.

gobelet /gɔblɛ/ *nm* tumbler; (en métal) beaker; **~ en carton** paper cup.

gober /gɔbe/ *vtr* (œuf) to suck; (croire)© to swallow.

godasse© /gɔdas/ *nf* shoe.

godet /gɔdɛ/ *nm* pot.

godille /gɔdij/ *nf* steering oar; (à skis) wedeln.

goéland /gɔelɑ̃/ *nm* gull.

goélette /gɔelɛt/ *nf* schooner.

gogo☺ /gogo/ **I** *nm* (dupe) sucker☺. **II à ~** *loc adv* **vin à ~** wine galore; **de l'argent à ~** loads of money.

goguenard, **~e** /gɔgnaʀ, aʀd/ *adj* quietly ironic.

goinfre☺ /gwɛ̃fʀ/ *nmf* greedy pig☺.

goinfrer☺ : **se ~** /gwɛ̃fʀe/ *vpr* **se ~ (de)** to stuff oneself☺ (with).

goître /gwatʀ/ *nm* goitre[GB].

golden /gɔldɛn/ *nf inv* (fruit) Golden Delicious (apple).

golf /gɔlf/ *nm* golf.

golfe /gɔlf/ *nm* gulf.

golfeur, **~euse** /gɔlfœʀ, øz/ *nm,f* golfer.

gomme /gɔm/ **I** *nf* eraser, rubber[GB]; (substance) gum. **II à la ~**☺ *loc adj* [projet] hopeless.

gommer /gɔme/ *vtr* to erase.

gond /gɔ̃/ *nm* hinge; **sortir de ses ~s** [porte] to come off its hinges; [personne] to fly off the handle☺.

gondole /gɔ̃dɔl/ *nf* gondola.

gondoler: **se ~** /gɔ̃dɔle/ *vpr* [bois] to warp; (rire)☺ to laugh.

gonflable /gɔ̃flabl/ *adj* inflatable.

gonflé, **~e** /gɔ̃fle/ *adj* [pneu, ballon] inflated; [veine, bras] swollen; [yeux, visage] puffy; **être ~**☺ (courageux) to have guts☺; (impudent) to have a nerve☺.

gonfler /gɔ̃fle/ **I** *vtr* (ballon) to blow up; (pneu) to inflate; (effectifs) to increase; (prix) to push up; (importance) to exaggerate; (moteur, voiture) to soup up. **II** *vi* to swell (up).

gorge /gɔʀʒ/ *nf* throat; **avoir mal à la ~** to have a sore throat; (poitrine) breast; GÉOG gorge.

gorgée /gɔʀʒe/ *nf* sip; (grande) gulp.

gorger: **se ~ de** /gɔʀʒe/ *vpr* to gorge oneself; **la terre se gorge d'eau** the soil soaks up water.

gorille /gɔʀij/ *nm* gorilla; (garde du corps)☺ bodyguard.

gosier /gozje/ *nm* throat, gullet.

gosse☺ /gɔs/ *nmf* kid☺, child.

gothique /gɔtik/ *adj, nm* Gothic.

gouache /gwaʃ/ *nf* gouache.

goudron /gudʀɔ̃/ *nm* CHIMIE tar; (pour revêtement) asphalt.

goudronner /gudʀɔne/ *vtr* to asphalt.

gouffre /gufʀ/ *nm* abyss.

goujat /guʒa/ *nm* boor.

goujon /guʒɔ̃/ *nm* (poisson) gudgeon.

goulot /gulo/ *nm* (de bouteille) neck; **boire au ~** to drink from the bottle.

goulu, **~e** /guly/ *adj* greedy.

gourde /guʀd/ *nf* flask; (sot)☺ dope☺.

gourdin /guʀdɛ̃/ *nm* bludgeon, cudgel.

gourer☺: **se ~** /guʀe/ *vpr* to make a mistake.

gourmand, **~e** /guʀmɑ̃, ɑ̃d/ *adj* greedy; **il est ~ (de sucreries)** he has a sweet tooth.

gourmandise /guʀmɑ̃diz/ **I** *nf* greed. **II ~s** *nfpl* sweets[GB], candies[US].

gourmet /guʀmɛ/ *nm* gourmet.

gourmette /guʀmɛt/ *nf* chain bracelet.

gousse /gus/ *nf* pod; **~ d'ail** clove of garlic.

goût /gu/ *nm* taste; **agréable au ~** pleasant-tasting; **avoir mauvais ~** to taste unpleasant; **de bon/mauvais ~** in good/bad taste (*après n*); **avoir du ~** to have taste; **avec/sans ~** tastefully/tastelessly; **un ~ sucré** a sweet taste; **avoir le mauvais ~ de faire** to be tactless enough to do; **avoir du ~ pour qch** to have a liking for sth; **être au ~ du jour** to be trendy.

goûter[1] /gute/ I *vtr* to taste, to try; (apprécier) to enjoy. II *vtr ind* ~ **à** (aliment) to try; (liberté) to have a taste of. III ~ **de** *vtr ind* to have a taste of. IV *vi* to have one's mid-afternoon snack.

goûter[2] /gute/ *nm* snack; (réunion d'enfants) children's party.

goutte /gut/ *nf* drop; ~ **de pluie** raindrop; ~ **à** ~ drop by drop; **couler/tomber** ~ **à** ~ to drip; (maladie) gout.

goutte-à-goutte /gutagut/ *nm inv* drip.

gouttelette /gutlɛt/ *nf* droplet.

gouttière /gutjɛʀ/ *nf* (de toit) gutter.

gouvernail /guvɛʀnaj/ *nm* NAUT rudder; FIG helm.

gouvernante /guvɛʀnɑ̃t/ *nf* governess.

gouvernement /guvɛʀnəmɑ̃/ *nm* government.

gouvernemental, ~**e**, *mpl* ~**aux** /guvɛʀnəmɑ̃tal, o/ *adj* government; **l'équipe** ~**e** the government.

gouverner /guvɛʀne/ *vtr* to govern; (navire) to steer.

gouverneur /guvɛʀnœʀ/ *nm* governor.

goyave /gɔjav/ *nf* guava.

grâce /gʀɑs/ I *nf* grace; **de bonne/mauvaise** ~ willingly/grudgingly; (faveur) favour[GB]; **les bonnes** ~**s de qn** sb's favour[GB]; **de** ~ please; **le coup de** ~ the final stroke; (pardon) mercy; **je vous fais** ~ **des détails** I'll spare you the details. II ~ **à** *loc prép* thanks to.

gracier /gʀasje/ *vtr* to pardon.

gracieusement /gʀasjøzmɑ̃/ *adv* [donner] free of charge; [danser] gracefully.

gracieux, ~**ieuse** /gʀasjø, jøz/ *adj* graceful.

gradation /gʀadasjɔ̃/ *nf* gradation.

grade /gʀad/ *nm* rank; **monter en** ~ to be promoted.

gradé, ~**e** /gʀade/ *nm,f* noncommissioned officer.

gradin /gʀadɛ̃/ *nm* (de salle) tier; (d'arène) terrace.

graffiti /gʀafiti/ *nmpl* graffiti.

grain /gʀɛ̃/ *nm* (de sel, sable) grain; (de café) bean; (de moutarde) seed; ~ **de poivre** peppercorn; ~ **de raisin** grape; ~ **de beauté** beauty spot, mole; (de poussière) speck; **un** ~ **de folie** a touch of madness; NAUT squall.

• **avoir un** ~☺ to be not quite right.

graine /gʀɛn/ *nf* seed.

graissage /gʀɛsaʒ/ *nm* lubrication.

graisse /gʀɛs/ *nf* fat; (lubrifiant) grease.

grammaire /gʀamɛʀ/ *nf* grammar.

grammatical, ~**e**, *mpl* ~**aux** /gʀamatikal, o/ *adj* grammatical.

gramme /gʀam/ *nm* gram.

grand, ~**e** /gʀɑ̃, gʀɑ̃d/ I *adj* (en hauteur) tall; (en longueur, durée) long; (en largeur) wide; (en étendue, volume) big; (nombreux, abondant) large, big; **pas** ~ **monde** not many people; (important, remarquable) great; [bruit] loud; **d'une** ~**e timidité** very shy; **un** ~ **merci** a big thank you. II *adv* wide; **voir** ~ to think big. III *nm* **les** ~**s de ce monde** the great and the good; **les cinq** ~**s** the Big Five; **pour les** ~**s et les petits** for old and young alike. IV **en** ~ *loc adv* on a large scale.

grand-angle, *pl* **grands-angles** /gʀɑ̃tɑ̃gl, gʀɑ̃zɑ̃gl/ wide-angle lens.

grand-chose /gʀɑ̃ʃoz/ *pron indéf* not much.

grandeur /gʀɑ̃dœʀ/ *nf* size; (élévation, gloire) greatness.

grandir /gʀɑ̃diʀ/ I *vtr* to make [sb] look taller. II *vi* to grow (up); (en importance) to expand.

grand-mère, *pl* **grands-mères** /gʀɑ̃mɛʀ/ *nf* grandmother.

grand-messe, *pl* ~**s** /gʀɑ̃mɛs/ *nf* High Mass.

grand-père, *pl* **grands-pères** /gʀɑ̃pɛʀ/ *nm* grandfather.

grand-route, *pl* **~s** /gʀɑ̃ʀut/ *nf* main road.

grand-rue, *pl* **~s** /gʀɑ̃ʀy/ *nf* High Street[GB], Main Street[US].

grands-parents /gʀɑ̃paʀɑ̃/ *nmpl* grandparents.

grange /gʀɑ̃ʒ/ *nf* barn.

granulé /gʀanyle/ *nm* granule.

graphique /gʀafik/ I *adj* graphic. II *nm* graph.

grappe /gʀap/ *nf* (de fruits) bunch; (de fleurs) cluster.

grappiller /gʀapije/ *vtr* (fruits) to pick up; (renseignements) to glean.

grappin /gʀapɛ̃/ *nm* grappling irons (*pl*).

gras, **grasse** /gʀɑ, gʀɑs/ I *adj* [substance] fatty; [poisson] oily; [papier, cheveux] greasy; **en caractères ~** in bold(face). II *nm* grease; (de viande) fat.

gratifiant, **~e** /gʀatifjɑ̃, ɑ̃t/ *adj* rewarding.

gratification /gʀatifikasjɔ̃/ *nf* gratification, bonus.

gratifier /gʀatifje/ *vtr* **~ qn de qch** to give sb sth.

gratin /gʀatɛ̃/ *nm* **macaroni au ~** macaroni cheese[GB], macaroni and cheese[US]; (élite) **le ~**☺ the upper crust.

gratiné, **~e** /gʀatine/ *adj* CULIN au gratin (*après n*); [problème]☺ mind-bending☺.

gratis /gʀatis/ *adj inv*, *adv* free.

gratitude /gʀatityd/ *nf* gratitude (to).

gratte-ciel /gʀatsjɛl/ *nm inv* skyscraper.

gratter /gʀate/ I *vtr* to scratch; (pour nettoyer) to scrape; (démanger) **ça me gratte** I'm itching. II *vi* (à la porte) to scratch (at). III **se ~** *vpr* to scratch.

gratuit, **~e** /gʀatɥi, it/ *adj* free; [violence, remarque] gratuitous.

gratuité /gʀatɥite/ *nf* **la ~ de l'enseignement** free education.

gratuitement /gʀatɥitmɑ̃/ *adv* for free; (sans motif) gratuitously.

gravats /gʀava/ *nmpl* rubble ¢.

grave /gʀav/ I *adj* [problème, blessure] serious; [air] grave, solemn; [note] low. II **~s** *nmpl* (d'amplificateur) bass (*sg*).

gravement /gʀavmɑ̃/ *adv* gravely, solemnly; **~ blessé** seriously injured.

graver /gʀave/ *vtr* **~ qch (sur qch)** to engrave sth (on sth); (bois) to carve.

graveur, **~euse** /gʀavœʀ, øz/ *nm,f* engraver.

gravier /gʀavje/ *nm* gravel ¢.

gravillon /gʀavijɔ̃/ *nm* grit ¢.

gravir /gʀaviʀ/ *vtr* to climb up.

gravité /gʀavite/ *nf* seriousness; PHYS gravity.

graviter /gʀavite/ *vi* **~ autour du soleil** to orbit the sun.

gravure /gʀavyʀ/ *nf* engraving; **une ~ sur bois** a woodcut.

gré /gʀe/ *nm* **contre le ~ de qn** against sb's will; **de plein ~** willingly; **de mon/ton plein ~** of my/your own free will; **de bon ~** gladly; **bon ~ mal ~** willy-nilly; **savoir ~ à qn de qch** to be grateful to sb for sth; **au ~ des circonstances** as circumstances dictate.

grec, **grecque** /gʀɛk/ *adj*, *nm* Greek.

greffe /gʀɛf/ *nf* (d'organe) transplant; (de peau) graft.

greffer /gʀefe/ I *vtr* (organe) to transplant; (tissu) to graft. II **se ~** *vpr* **se ~ sur qch** to come along on top of sth.

greffier, **~ière** /gʀefje, jɛʀ/ *nm,f* clerk of the court[GB], court clerk[US].

grêle /gʀɛl/ I *adj* [jambes] spindly; [voix] reedy. II *nf* MÉTÉO hail ¢.

grêler /gʀɛle/ *v impers* to hail; **il grêle** it's hailing.

grêlon /gʀɛlɔ̃/ *nm* hailstone.

grelot /gʀəlo/ *nm* small bell.

grelotter /gʀəlɔte/ *vi* ~ **(de froid)** to shiver (with cold).

grenade /gʀənad/ *nf* MIL grenade; (fruit) pomegranate.

grenat /gʀəna/ *nm* garnet.

grenier /gʀənje/ *nm* attic; (grange) loft.

grenouille /gʀənuj/ *nf* frog.

grenouillère /gʀənujɛʀ/ *nf* stretch suit[GB], creepers[US] (*pl*).

grès /gʀɛ/ *nm* sandstone.

grésil /gʀezil/ *nm* hail.

grésiller /gʀezije/ I *vi* [radio] to crackle; [huile] to sizzle. II *v impers* to hail.

grève /gʀɛv/ *nf* strike; **être en** ~ to be on strike; (rivage) shore. ▪ ~ **du zèle** work-to-rule.

gréviste /gʀevist/ *nmf* striker.

gribouiller☺ /gʀibuje/ I *vtr* to scribble. II *vi* to doodle.

grief /gʀijɛf/ *nm* grievance; **je ne t'en fais pas** ~ I don't hold it against you.

grièvement /gʀijɛvmɑ̃/ *adv* seriously.

griffe /gʀif/ *nf* claw; (marque) label.

griffer /gʀife/ *vtr* to scratch.

griffonner /gʀifɔne/ *vtr* to scrawl.

grignoter /gʀiɲɔte/ *vtr, vi* to nibble.

gril /gʀil/ *nm* grill[GB], broiler[US].

grillade /gʀijad/ *nf* grilled meat ¢.

grillage /gʀijaʒ/ *nm* (pour clôture) wire netting.

grille /gʀij/ *nf* (porte) (iron) gate; (de mots croisés, d'horaires) grid; RADIO, TV programme[GB]; ADMIN scale.

grille-pain /gʀijpɛ̃/ *nm inv* toaster.

griller /gʀije/ I *vtr* (viande) to grill, to broil[US]; (pain) to toast; (amandes) to roast; (appareil électrique) to burn out; (ampoule) to blow; (feu rouge)☺ to jump☺; (priorité)☺ to ignore. II *vi* [ampoule] to blow.

grillon /gʀijɔ̃/ *nm* cricket.

grimace /gʀimas/ *nf* **faire des ~s** to make faces.

grimpant, **~e** /gʀɛ̃pɑ̃, ɑ̃t/ *adj* [plante] climbing.

grimper /gʀɛ̃pe/ *vtr, vi* to climb (up).

grimpeur, **~euse** /gʀɛ̃pœʀ, øz/ *nm,f* rock climber.

grinçant, **~e** /gʀɛ̃sɑ̃, ɑ̃t/ *adj* [serrure] creaking; [plaisanterie] caustic; [rire] nasty.

grincement /gʀɛ̃smɑ̃/ *nm* (de porte) creaking ¢; (de craie) squeaking ¢.

grincer /gʀɛ̃se/ *vi* [porte] to creak; [craie] to squeak; ~ **des dents** to grind one's teeth.

grincheux, **~euse** /gʀɛ̃ʃø, øz/ I *adj* grumpy[GB], grouchy☺. II *nm,f* (old) misery☺[GB], grouch☺.

gringalet /gʀɛ̃galɛ/ *nm* runt.

griotte /gʀijɔt/ *nf* morello cherry.

grippe /gʀip/ *nf* flu ¢.
• **prendre qn/qch en** ~☺ to take a sudden dislike to sb/sth.

grippé, **~e** /gʀipe/ *adj* **être** ~ to have flu[GB], to have the flu.

gris, **~e** /gʀi, iz/ I *adj* grey[GB], gray[US]; [existence] dull; (ivre) tipsy. II *nm inv* grey[GB], gray[US].

grisaille /gʀizaj/ *nf* **la ~ quotidienne** the daily grind; (temps gris) greyness[GB], grayness[US].

grisant, **~e** /gʀizɑ̃, ɑ̃t/ *adj* [vitesse] exhilarating; [succès] intoxicating.

griser /gʀize/ *vtr* [vitesse] to exhilarate; [succès] to intoxicate.

grisonnant, **~e** /gʀizɔnɑ̃, ɑ̃t/ *adj* greying[GB].

grive /gʀiv/ *nf* thrush.

grivois, **~e** /gʀivwa, az/ *adj* [chanson] bawdy.

grogne☺ /gʀɔɲ/ *nf* discontent.

grognement /gʀɔɲəmɑ̃/ *nm* grunt; (de chien, lion, d'ours) growl.

grogner /gʀɔɲe/ *vi* to groan; [ours, chien, lion] to growl.

groin /gʀwɛ̃/ *nm* snout.

grommeler /gʀɔmle/ *vtr, vi* to grumble (about), to mutter.

grondement /gʀɔ̃dmɑ̃/ *nm* (de canon) rumble; (d'animal) growl.

gronder /gʀɔ̃de/ I *vtr* ~ **qn** to tell sb off. II *vi* [tonnerre] to rumble; [machine, vent] to roar; [révolte] to be brewing.

groom /gʀum/ *nm* bellboy, bellhop[US].

gros, **grosse** /gʀo, gʀos/ I *adj* big, large; (épais) thick; (gras) fat; (grave) serious, big; [déception, défaut] big, major; (fort) [rhume] bad; [temps, mer] rough; [pluie, buveur, fumeur] heavy. II *nm,f* fat man/woman. III *adv* [écrire] big; [gagner] a lot (of money). IV *nm inv* **le ~ de** most of; COMM **le ~** wholesale trade; **la pêche au ~** game fishing. V **en ~** *loc adv* roughly; COMM wholesale; [écrire] in big letters.

groseille /gʀozɛj/ *nf* redcurrant. ■ **~ à maquereau** gooseberry.

grossesse /gʀosɛs/ *nf* pregnancy.

grosseur /gʀosœʀ/ *nf* size; (kyste) lump.

grossier, **~ière** /gʀosje, jɛʀ/ *adj* [personne, geste] rude; [esprit, traits] coarse; [copie, travail] crude; [idée, estimation] rough; [erreur] glaring.

grossièreté /gʀosjɛʀte/ *nf* rudeness; **dire des ~s** to talk dirty.

grossir /gʀosiʀ/ I *vtr* (image) to enlarge; (effectifs) to increase; (incident) to exaggerate; ~ **qn** to make sb look fat. II *vi* ~ **de cinq kilos** to put on five kilos; **ça fait ~** it's fattening; [fleuve] to swell; [rumeur] to grow.

grossissant, **~e** /gʀosisɑ̃, ɑ̃t/ *adj* [verre] magnifying.

grossiste /gʀosist/ *nmf* wholesaler.

grotesque /gʀɔtɛsk/ *adj* ridiculous, ludicrous.

grotte /gʀɔt/ *nf* cave, grotto.

grouiller /gʀuje/ I *vi* ~ **de** to be swarming with. II **se ~**[☺] *vpr* to get a move on[☺].

groupe /gʀup/ *nm* group. ■ **~ scolaire** school; **~ des Sept, G7** Group of Seven, G7 countries (*pl*); **~ de travail** working party.

groupement /gʀupmɑ̃/ *nm* association, group.

grouper /gʀupe/ *vtr, vpr* to group (together).

grue /gʀy/ *nf* crane; (oiseau) crane.

grumeau, *pl* **~x** /gʀymo/ *nm* lump.

gruyère /gʀyɛʀ/ *nm* gruyere.

gué /ge/ *nm* ford; **passer un ruisseau à ~** to ford a stream.

guenille /gənij/ *nf* rag.

guenon /gənɔ̃/ *nf* female monkey.

guépard /gepaʀ/ *nm* cheetah.

guêpe /gɛp/ *nf* wasp.

guêpier /gepje/ *nm* wasps' nest; (situation difficile) tight corner.

guère /gɛʀ/ *adv* hardly; ~ **mieux** hardly any better.

guéridon /geʀidɔ̃/ *nm* pedestal table.

guérir /geʀiʀ/ I *vtr* ~ **qn de qch** to cure sb of sth; (blessure) to heal. II *vi* to recover, to get well; ~ **de qch** to recover from sth.

guérison /geʀizɔ̃/ *nf* recovery.

guérisseur, **~euse** /geʀisœʀ, øz/ *nm,f* healer.

guerre /gɛʀ/ *nf* war; **être en ~** to be at war; **les pays en ~** the warring nations. ■ **~ mondiale** world war; **Première/Seconde Guerre mondiale** World War I/II, First/Second World War.

guerrier, **~ière** /gɛʀje, jɛʀ/ I *adj* war. II *nm,f* warrior.

guet /gɛ/ *nm* **faire le ~** to be on the lookout; MIL to be on watch.

guet-apens, *pl* **guets-apens** /gɛtapɑ̃/ *nm* ambush; FIG trap.

guetter /gete/ *vtr* (signe) to watch out for; (qn) to look out for.

gueule /gœl/ *nf* (d'animal, de canon) mouth; (d'humain)☹ face. ▪ **~ de bois**☺ hangover.
• **casser la ~**☹ **à qn** to beat sb up **faire la ~**☹ to be sulking.

gueuler☹ /gœle/ *vtr*, *vi* to yell.

gui /gi/ *nm* mistletoe.

guichet /giʃɛ/ *nm* window; (de banque) counter; (de stade, musée, gare) ticket office. ▪ **~ automatique** automatic teller machine, ATM.

guide /gid/ *nm* guide.

guider /gide/ I *vtr* to guide; ~ **qn (vers)** to show sb the way (to). II **se ~** *vpr* **se ~ sur qch** to set one's course by sth.

guidon /gidɔ̃/ *nm* handlebars (*pl*).

guignol /giɲɔl/ *nm* puppet show, ≈ Punch and Judy show; **faire le** ~ to clown around.

Guillaume /gijom/ *nprm* William.

guillemets /gijmɛ/ *nmpl* inverted commas[GB], quotation marks.

guilleret, **~ette** /gijʀɛ, ɛt/ *adj* perky.

guillotine /gijɔtin/ *nf* (de fenêtre) sash.

guimauve /gimov/ *nf* (marsh)mallow.

guimbarde /gɛ̃baʀd/ *nf* Jew's harp; (voiture)☺ old banger[GB]☺, crate☺.

guindé, **~e** /gɛ̃de/ *adj* formal.

guirlande /giʀlɑ̃d/ *nf* garland; (de Noël) tinsel.

guise /giz/ *nf* **à votre** ~ just as you please; **en ~ de** by way of.

guitare /gitaʀ/ *nf* guitar.

guitariste /gitaʀist/ *nmf* guitarist.

gymnase /ʒimnɑz/ *nm* gymnasium.

gymnastique /ʒimnastik/ *nf* gymnastics.

gynécologue /ʒinekɔlɔg/ *nmf* gynaecologist[GB].

gyrophare /ʒiʀɔfaʀ/ *nm* flashing light.

h

h, **H** /aʃ/ *nm inv abrév écrite* = **(heure) 9 h 10** 9.10; **l'heure H** zero hour.

ha *abrév écrite* = **(hectare)** ha.

habile /abil/ *adj* (adroit) clever; (intelligent) skilful[GB].

habileté /abilte/ *nf* skill.

habillé, **~e** /abije/ *adj* [soirée] formal.

habillement /abijmɑ̃/ *nm* clothing.

habiller /abije/ I *vtr* to dress. II **s'~** *vpr* to get dressed; **s'~ long/court** to wear long/short clothes; (élégamment) to dress up; (se travestir) **s'~ en** to dress up as.

habit /abi/ I *nm* costume. II **~s** *nmpl* clothes.

habitable /abitabl/ *adj* habitable; **surface ~** living space.

habitant, **~e** /abitɑ̃, ɑ̃t/ *nm,f* inhabitant; (d'immeuble) resident.

habitation /abitasjɔ̃/ *nf* house. ▪ **~ à loyer modéré, HLM** ≈ council flat[GB], low-rent apartment[US].

habiter /abite/ *vtr*, *vi* to live in.

habitude /abityd/ I *nf* habit; **par** ~ out of habit; **suivant leur** ~ as they usually do; **avoir l'~ de** to be used to; **c'est l'~ en Chine** it's the way they do it in China. II **d'~** *loc adv* usually.

habitué, **~e** /abitɥe/ *nm,f* regular.

habituel, **~elle** /abitɥɛl/ *adj* usual.

habituellement /abitɥɛlmɑ̃/ *adv* usually.

habituer /abitɥe/ I *vtr* ~ **qn à qch** to get sb used to sth; ~ **qn à faire qch** to teach sb to do sth. II **s'~ à** *vpr* to get used to.

hache /ˈaʃ/ *nf* axe[GB].
haché, **~e** /ˈaʃe/ *adj* [viande] mince[GB], ground[US] meat; [style] disjointed.
hacher /ˈaʃe/ *vtr* (viande) to mince[GB], to grind[US]; (oignon) to chop.
hachette /ˈaʃɛt/ *nf* hatchet.
hachis /ˈaʃi/ *nm* ~ **Parmentier** shepherd's pie.
hachoir /ˈaʃwaʀ/ *nm* mincer[GB]; ~ **électrique** electric mincer[GB], grinder[US]; (couteau) chopper.
haddock /ˈadɔk/ *nm* smoked haddock.
haie /ˈɛ/ *nf* BOT hedge; (en athlétisme) hurdle; (en hippisme) fence; (de personnes) line.
haillons /ˈajɔ̃/ *nmpl* rags.
haine /ˈɛn/ *nf* hatred.
haïr /ˈaiʀ/ *vtr* to hate.
halage /ˈalaʒ/ *nm* towing.
hâle /ˈɑl/ *nm* (sun)tan.
hâlé, **~e** /ˈɑle/ *adj* tanned.
haleine /alɛn/ *nf* breath; **hors d'~** out of breath; **tenir qn en ~** to keep sb in suspense; **un travail de longue ~** a long-drawn-out job.
haletant, **~e** /ˈaltɑ̃, ɑ̃t/ *adj* panting, breathless.
haleter /ˈalte/ *vi* to pant.
hall /ˈol/ *nm* hall; (d'hôtel) entrance hall[GB], lobby[US]; ~ (de gare) concourse.
halle /ˈal/ **I** *nf* market hall. **II ~s** *nfpl* covered market.
hallucinant© , **~e** /alysinɑ̃, ɑ̃t/ *adj* astounding.
hallucination /alysinasjɔ̃/ *nf* hallucination.
halo /ˈalo/ *nm* halo.
halogène /alɔʒɛn/ *adj* halogen.
halte /ˈalt/ **I** *nf* stop; **faire une ~** to stop somewhere. **II** *excl* stop!; MIL halt!
haltère /altɛʀ/ *nm* barbell.

hamac /ˈamak/ *nm* hammock.
hameau, *pl* **~x** /ˈamo/ *nm* hamlet.
hameçon /amsɔ̃/ *nm* hook.
hanche /ˈɑ̃ʃ/, *nf* hip.
handball /ˈɑ̃dbal, ˈɑ̃dbol/ *nm* (sport) handball.
handballeur, **~euse** /ˈɑ̃dbalœʀ, øz/ *nm,f* handball player.
handicap /ˈɑ̃dikap/ *nm* handicap.
handicapé, **~e** /ˈɑ̃dikape/ **I** *adj* disabled, handicapped. **II** *nm,f* disabled person.
handicaper /ˈɑ̃dikape/ *vtr* to handicap.
hangar /ˈɑ̃gaʀ/ *nm* (large) shed; (d'aviation) hangar.
hanneton /ˈantɔ̃/ *nm* cockchafer[GB], June bug[US].
hanter /ˈɑ̃te/ *vtr* to haunt.
hantise /ˈɑ̃tiz/ *nf* **avoir la ~ de qch** to dread sth.
happer /ˈape/ *vtr* to catch.
haranguer /ˈaʀɑ̃ge/ *vtr* to harangue.
haras /ˈaʀa/ *nm* stud farm.
harasser /ˈaʀase/ *vtr* to exhaust.
harcèlement /ˈaʀsɛlmɑ̃/ *nm* harassment.
harceler /ˈaʀsəle/ *vtr* (personne) to pester, to hassle©; (ennemi) to harass.
hardi, **~e** /ˈaʀdi/ *adj* bold.
hardiesse /ˈaʀdjɛs/ *nf* boldness.
hareng /ˈaʀɑ̃/ *nm* herring.
hargneux, **~euse** /ˈaʀɲø, øz/ *adj* aggressive.
haricot /ˈaʀiko/ *nm* bean. ■ **~ vert** French bean[GB], string bean[US].
harmonica /aʀmɔnika/ *nm* mouth organ, harmonica.
harmonie /aʀmɔni/ *nf* harmony.
harmonieux, **~ieuse** /aʀmɔnjø, jøz/ *adj* harmonious.

harmoniser /aRmɔnize/ I *vtr* to harmonize. II **s'~** *vpr* **bien s'~** to go together well.

harnacher /ˈaRnaʃe/ *vtr* to harness.

harnais /ˈaRnɛ/ *nm* harness.

harpe /ˈaRp/ *nf* harp.

harpon /ˈaRpɔ̃/ *nm* harpoon.

harponner /ˈaRpɔne/ *vtr* to harpoon; (malfaiteur) to nab©.

hasard /ˈazaR/ *nm* chance; **par ~** by chance; **au ~** [choisir] at random; [marcher] aimlessly; **à tout ~** just in case.

hasarder /ˈazaRde/ I *vtr* (réponse) to give a tentative explanation/answer. II **se ~ à** *vpr* to venture to.

hasardeux, **~euse** /ˈazaRdø, øz/ *adj* risky.

hâte /ˈɑt/ *nf* haste; **à la ~** hastily; **j'ai ~ de partir** I can't wait to leave.

hâter /ˈɑte/ I *vtr* to hasten; **~ le pas** to quicken one's step. II **se ~** *vpr* to hurry.

hâtif, **~ive** /ˈɑtif, iv/ *adj* hasty.

hausse /ˈos/ *nf* rise (in); **en ~** rising.

haussement /ˈosmɑ̃/ *nm* **~ d'épaules** shrug.

hausser /ˈose/ I *vtr* (épaules) to shrug; (prix, sourcils, ton) to raise. II **se ~** *vpr* **se ~ sur la pointe des pieds** to stand on tiptoe.

haut, **~e** /ˈo, ˈot/ I *adj* [montagne, mur, talon] high; [arbre, monument] tall; **la partie ~e de** the top part of; **à ~e voix** loudly; [dirigeant] senior, high-ranking; **la ~e Égypte** Upper Egypt. II *adv* [monter] high; **de ~** from above; (dans un texte) **plus ~** above; **tout ~** out loud. III *nm* top; **l'étagère du ~** the top shelf; **les pièces du ~** the upstairs rooms; **50 m de ~** 50 m high. IV **en ~** *loc adv* at the top; (à l'étage) upstairs. V **~s** *nmpl* GÉOG heights.

• **tomber de ~** to be dumbfounded; **des ~s et des bas** ups and downs; **~ les mains!** hands up!

hautain, **~e** /ˈotɛ̃, ɛn/ *adj* haughty.

hautbois /ˈobwɑ/ *nm* oboe.

haute(-)fidélité /ˈotfidelite/ *nf, adj inv* hi-fi, high fidelity.

hautement /ˈotmɑ̃/ *adv* highly.

hauteur /ˈotœR/ I *nf* height; (arrogance) haughtiness. II **à ~ de** *loc prép* **à ~ des yeux** at eye level.

haut-parleur, *pl* **~s** /ˈopaRlœR/ *nm* loudspeaker.

hebdomadaire /ɛbdomadɛR/ *adj, nm* [magazine] weekly.

hébergement /ebɛRʒəmɑ̃/ *nm* accommodation.

héberger /ebɛRʒe/ *vtr* to put [sb] up, to accommodate.

hébreu, *pl* **~x** /ebRø/ *adj m, nm* Hebrew.

Hébreu, *pl* **~x** /ebRø/ *nm* Hebrew.

HEC /aʃəse/ *nf* (*abrév* = **Hautes études commerciales**) *major business school.*

hécatombe /ekatɔ̃b/ *nf* massacre, slaughter.

hectare /ɛktaR/ *nm* hectare.

hein© /ˈɛ̃/ *excl* what©?, sorry?

hélas /ˈelas/ *excl* alas.

héler /ˈele/ *vtr* (taxi) to hail.

hélice /elis/ *nf* propeller.

hélicoptère /elikɔptɛR/ *nm* helicopter.

héliporté, **~e** /elipɔRte/ *adj* helicopter-borne.

helvétique /ɛlvetik/ *adj* Helvetic, Swiss; **la Confédération ~** Switzerland.

hématome /ematom/ *nm* bruise.

hémisphère /emisfɛR/ *nm* hemisphere.

hémorragie /emɔRaʒi/ *nf* bleeding ¢.

hennir /ˈeniR/ *vi* to neigh.

hennissement /ˈenismɑ̃/ *nm* neigh.

hépatite /epatit/ *nf* hepatitis.

herbe /ɛRb/ I *nf* grass; **mauvaise ~** weed. II **en ~** *loc adj* [blé] in the blade; (jeune) budding.

herbivore /ɛRbivɔR/ *adj* herbivorous.

herboriste /ɛʀbɔʀist/ *nmf* herbalist.

Hercule /ɛʀkyl/ *nprm* Hercules; **un travail d'~** a Herculean task.

héréditaire /eʀeditɛʀ/ *adj* hereditary.

hérédité /eʀedite/ *nf* heredity.

hérisson /ˈeʀisɔ̃/ *nm* hedgehog.

héritage /eʀitaʒ/ *nm* inheritance; (abstrait) heritage, legacy.

hériter /eʀite/ *vtr, vi* to inherit.

héritier, **~ière** /eʀitje, jɛʀ/ *nm,f* heir/heiress.

hermétique /ɛʀmetik/ *adj* airtight; [milieu] impenetrable.

hermine /ɛʀmin/ *nf* stoat; (fourrure) ermine.

héroïne /eʀɔin/ *nf* heroine; (drogue) heroin.

héroïque /eʀɔik/ *adj* heroic.

héron /ˈeʀɔ̃/ *nm* heron.

héros /ˈeʀo/ *nm* hero.

hésitant, **~e** /ezitɑ̃, ɑ̃t/ *adj* hesitant; [pas, voix] faltering.

hésitation /ezitasjɔ̃/ *nf* hesitation ¢.

hésiter /ezite/ *vi* **~ (devant/sur/entre)** to hesitate (before/over/between); **j'hésite** I can't make up my mind.

hêtre /ˈɛtʀ/ *nm* beech (tree).

heure /œʀ/ *nf* hour; **d'~ en ~** by the hour; **toutes les ~s** every hour; **faire 60 km à l'~** to do 60 km per hour; **payé à l'~** paid by the hour; **la semaine de 35 ~s** the 35-hour week; (moment) time; **se tromper d'~** to get the time wrong; **quelle ~ est-il?** what time is it?; **il est 10 ~s** it's 10 (o'clock); **mettre sa montre à l'~** to set one's watch; **être à l'~** to be on time; **de bonne ~** early; **à l'~ actuelle** at the present time; **à l'~ du thé** teatime; **à la bonne ~!** finally!; **à l'~ des satellites** in the satellite era. ■ **~ d'été** summer time[GB], daylight saving(s) time; **~ d'hiver** winter time[GB], standard time; **~ de pointe** rush hour; **~s supplémentaires** overtime.

heureusement /œʀøzmɑ̃/ *adv* fortunately.

heureux, **~euse** /œʀø, øz/ *adj* happy; **très ~ de faire votre connaissance** (very) pleased to meet you; **l'~ gagnant** the lucky winner.

heurt /ˈœʀ/ *nm* conflict; (accrochage) clash.

heurter /ˈœʀte/ **I** *vtr* to hit, to bump into; (morale) to offend. **II se ~** *vpr* **se ~ contre qn/qch** to bump into sb/sth; **se ~ à qn** to clash with sb.

hexagone /ɛgzagon/ *nm* MATH hexagon; (France métropolitaine)© **l'Hexagone** France.

hiberner /ibɛʀne/ *vi* to hibernate.

hibou, *pl* **~x** /ˈibu/ *nm* owl.

hideux, **~euse** /ˈidø, øz/ *adj* hideous.

hier /jɛʀ/ *adv* yesterday.

hiérarchie /ˈjeʀaʀʃi/ *nf* hierarchy.

hi-fi /ˈifi/ *adj inv, nf* hi-fi.

hilare /ilaʀ/ *adj* cheerful.

hindou, **~e** /ɛ̃du/ *adj, nm,f* Hindu.

hippique /ipik/ *adj* **concours ~** show-jumping event[GB], horse show[US]; **club ~** riding school.

hippisme /ipism/ *nm* equestrianism.

hippocampe /ipɔkɑ̃p/ *nm* sea horse.

hippodrome /ipɔdʀom/ *nm* racecourse[GB], racetrack[US].

hippopotame /ipɔpɔtam/ *nm* hippopotamus.

hirondelle /iʀɔ̃dɛl/ *nf* swallow.

hisser /ˈise/ **I** *vtr* to hoist. **II se ~** *vpr* to heave oneself up.

histoire /istwaʀ/ *nf* history; (récit) story; (aventure) **~ d'amour** love affair; **~ de famille** family matter; (ennuis) trouble ¢; **ça va faire des ~s** it will cause trouble.

historien, **~ienne** /istɔʀjɛ̃, jɛn/ *nm,f* historian.

historique /istɔʀik/ I *adj* [roman, film] historical; [événement] historic; **présent ~** historic present. II *nm* history.

hiver /ivɛʀ/ *nm* winter.

hivernal, **~e**, *mpl* **~aux** /ivɛʀnal, o/ *adj* [weather] winter; [jour] wintry.

hiverner /ivɛʀne/ *vi* to winter.

HLM /aʃɛlɛm/ *nm/f* (*abrév* = **habitation à loyer modéré**) ≈ council flat[GB], low-rent apartment[US].

hocher /ˈɔʃe/ *vtr* **~ la tête** (de haut en bas) to nod; (de droite à gauche) to shake one's head.

hochet /ˈɔʃɛ/ *nm* rattle.

hockey /ˈɔkɛ/ *nm* hockey.

holà /ˈɔla/ *excl* hey (there)!

hold-up /ˈɔldœp/ *nm* hold-up.

hollandais, **~e** /ˈɔlɑ̃dɛ, ɛz/ *adj, nm* Dutch.

holocauste /ɔlɔkost/ *nm* (génocide) holocaust.

homard /ˈɔmaʀ/ *nm* lobster.

homéopathie /ɔmeɔpati/ *nf* homeopathy.

homicide /ɔmisid/ *nm* homicide.

hommage /ɔmaʒ/ I *nm* tribute; **rendre ~ à qn/qch** to pay tribute to sb/sth. II **~s** *nmpl* respects.

homme /ɔm/ *nm* man; (genre humain) mankind; (être humain) human being. ■ **~ d'affaires** businessman; **~ d'État** statesman; **~ politique** politician.

homme-grenouille, *pl* **hommes-grenouilles** /ɔmgʀənuj/ *nm* frogman.

homogène /ɔmɔʒɛn/ *adj* homogeneous.

homologue /ɔmɔlɔg/ *nmf* counterpart, opposite number.

homologuer /ɔmɔlɔge/ *vtr* (produit) to approve; (record) to recognize officially.

homonyme /ɔmɔnim/ *nm* LING homonym; (personne) namesake.

homosexualité /omosɛksɥalite/ *nf* homosexuality.

homosexuel, **~elle** /omosɛksɥɛl/ *adj, nm,f* homosexual.

honnête /ɔnɛt/ *adj* honest; [arbitre, prix] fair; (honorable) decent.

honnêtement /ɔnɛtmɑ̃/ *adv* [gérer, dire] honestly; [répondre] frankly; **gagner ~ sa vie** to earn a decent living.

honnêteté /ɔnɛtte/ *nf* honesty.

honneur /ɔnœʀ/ *nm* honour[GB] ¢; **ce fut tout à leur ~** it was all credit to them; **j'ai l'~ de vous informer que** I beg to inform you that; **entrée/escalier d'~** main entrance/staircase; **rendre ~ à qn** to honour[GB] sb; **faire ~ à un repas** to do justice to a meal.

honnir /ˈɔniʀ/ *vtr* to execrate.

honorable /ɔnɔʀabl/ *adj* honourable[GB]; [classement] creditable.

honoraire /ɔnɔʀɛʀ/ I *adj* honorary. II **~s** *nmpl* fee (*sg*).

honorer /ɔnɔʀe/ *vtr* to honour[GB]; **votre courage vous honore** your bravery does you credit.

honte /ˈɔ̃t/ *nf* shame; **avoir ~ de** to be ashamed of; **faire ~ à qn** to make sb ashamed.

honteux, **~euse** /ˈɔ̃tø, øz/ *adj* disgraceful; **~ (de qn/qch)** ashamed of sb/sth.

hôpital, *pl* **~aux** /ɔpital, o/ *nm* hospital.

hoquet /ˈɔkɛ/ *nm* **avoir le ~** to have hiccups.

horaire /ɔʀɛʀ/ I *adj* **tranche ~** time slot; [salaire] hourly; [tarif] per hour. II *nm* timetable[GB], schedule[US].

horizon /ɔʀizɔ̃/ *nm* horizon.

horizontal, **~e**, *mpl* **~aux** /ɔʀizɔ̃tal, o/ *adj* horizontal.

horloge /ɔʀlɔʒ/ *nf* clock.

horloger, **~ère** /ɔʀlɔʒe, ɛʀ/ *nm,f* watchmaker.

horlogerie /ɔʀlɔʒʀi/ *nf* (industrie) watchmaking; (boutique) watchmaker's (shop).

hormis /ˈɔʀmi/ *prép* save, except (for).

hormone /ɔʀmon/ *nf* hormone.

horodateur /ɔʀodatœʀ/ *nm* parking-ticket machine.

horoscope /ɔʀɔskɔp/ *nm* horoscope.

horreur /ɔʀœʀ/ *nf* horror; **quelle ~!** how horrible!; **avoir ~ de qn/qch** to loathe sb/sth; **avoir ~ de faire** to hate doing.

horrible /ɔʀibl/ *adj* horrible; [douleur, bruit, etc] terrible.

horrifier /ɔʀifje/ *vtr* to horrify.

hors /ˈɔʀ/ I *prép* apart from, save. II **~ de** *loc prép* (position fixe) outside; (avec mouvement) out of; **~ d'ici!** get out of here! • **être ~ de soi** to be beside oneself.

hors-bord /ˈɔʀbɔʀ/ *nm inv* powerboat, speedboat.

hors-d'œuvre /ˈɔʀdœvʀ/ *nm inv* starter, hors d'oeuvre.

hors-jeu /ˈɔʀʒø/ *nm inv* offside.

hors-la-loi /ˈɔʀlalwa/ *nm inv* outlaw.

hors-piste /ˈɔʀpist/ *nm inv* off-piste skiing.

hortensia /ɔʀtɑ̃sja/ *nm* hydrangea.

horticulteur, **~trice** /ɔʀtikyltœʀ, tʀis/ *nm,f* horticulturist.

hospice /ɔspis/ *nm* (asile) home; **~ de vieillards** old people's home.

hospitalier, **~ière** /ɔspitalje, jɛʀ/ *adj* centre ~ hospital; **soins ~s** hospital care; (accueillant) hospitable.

hospitaliser /ɔspitalize/ *vtr* to hospitalize.

hospitalité /ɔspitalite/ *nf* hospitality.

hostie /ɔsti/ *nf* Host.

hostile /ɔstil/ *adj* hostile (to).

hostilité /ɔstilite/ *nf* hostility (to); **reprendre les ~s** to resume hostilities.

hôte /ot/ I *nm* host. II *nmf* guest.

hôtel /otɛl/ *nm* hotel. ▪ **~ particulier** town house; **~ de ville** town hall, city hall[US].

hôtelier, **~ière** /otəlje, jɛʀ/ *adj* [industrie, chaîne] hotel.

hôtellerie /otɛlʀi/ *nf* hotel business.

hôtesse /otɛs/ *nf* hostess. ▪ **~ d'accueil** receptionist; **~ de l'air** stewardess.

hotte /ˈɔt/ *nf* basket (*carried on the back*); (de cheminée) hood; (du père Noël) sack.

houblon /ˈublɔ̃/ *nm* hop.

houille /ˈuj/ *nf* coal.

houle /ˈul/ *nf* swell.

houleux, **~euse** /ˈulø, øz/ *adj* rough, stormy.

houppette /ˈupɛt/ *nf* powder puff.

hourra /ˈuʀa/ I *nm* cheer; **pousser des ~s** to cheer. II *excl* hurrah!

housse /ˈus/ *nf* cover.

houx /ˈu/ *nm* holly.

HT *abrév écrite* = (**hors taxes**) exclusive of tax.

hublot /ˈyblo/ *nm* porthole.

huées /ˈɥe/ *nfpl* booing ¢.

huer /ˈɥe/ *vtr* to boo.

huile /ɥil/ *nf* oil.

huiler /ɥile/ *vtr* to oil.

huileux, **~euse** /ɥilø, øz/ *adj* oily.

huis /ˈɥi/ *nm* **à ~ clos** JUR in camera.

huissier /ɥisje/ *nm* **~ (de justice)** bailiff; (portier) porter; (de tribunal) usher.

huit /ˈɥit, *mais devant consonne* ˈɥi/ I *adj inv* eight; **~ jours** a week; **mardi en ~** a week on[GB], from[US] Tuesday. II *pron, nm inv* eight.

huitaine /ˈɥitɛn/ *nf* about a week; (environ huit) about eight.

huitième /ˈɥitjɛm/, I *adj* eighth. II *nf* SCOL *fourth year of primary school, age 9-10.*

huître /ɥitʀ/ *nf* oyster.

hululer /ʼylyle/ *vi* to hoot.

humain, **~e** /ymɛ̃, ɛn/ I *adj* [personne] human; [solution, régime] humane. II *nm* human being.

humanitaire /ymanitɛʀ/ *adj* humanitarian.

humanité /ymanite/ *nf* humanity.

humble /œ̃bl/ *adj* humble.

humecter /ymɛkte/ *vtr* to moisten.

humer /ʼyme/ *vtr* (air) to sniff; (parfum) to smell.

humeur /ymœʀ/ *nf* mood; **être de bonne/mauvaise ~** to be in a good/bad mood; **d'~ égale** even-tempered.

humide /ymid/ *adj* damp, wet.

humidité /ymidite/ *nf* dampness; (de climat) humidity.

humiliant, **~e** /ymiljɑ̃, ɑ̃t/ *adj* humiliating.

humiliation /ymiljasjɔ̃/ *nf* humiliation.

humilier /ymilje/ *vtr* to humiliate.

humilité /ymilite/ *nf* humility.

humoriste /ymɔʀist/ *nmf* humorist.

humoristique /ymɔʀistik/ *adj* humorous.

humour /ymuʀ/ *nm* humour[GB]; **ne pas avoir d'~** to have no sense of humour[GB].

hurlement /ʼyʀləmɑ̃/ *nm* howl; (de sirène) wail, wailing ¢.

hurler /ʼyʀle/ I *vtr* [personne] to yell; [radio] to blare out. II *vi* [sirène] to wail; [radio] to blare; **~ de douleur** to howl with pain; **~ de rire** to roar with laughter.

hurluberlu, **~e** /yʀlybɛʀly/ *nm,f* eccentric, oddball©.

hutte /ʼyt/ *nf* hut.

hydratant, **~e** /idʀatɑ̃, ɑ̃t/ *adj* moisturizing.

hydrate /idʀat/ *nm* **~ de carbone** carbohydrate.

hydrater /idʀate/ *vtr* to moisturize.

hydravion /idʀavjɔ̃/ *nm* seaplane, hydroplane.

hydrogène /idʀɔʒɛn/ *nm* hydrogen.

hydroglisseur /idʀɔglisœʀ/ *nm* hydroplane.

hydromel /idʀɔmɛl/ *nm* mead.

hydrophile /idʀɔfil/ *adj* absorbent.

hyène /ʼjɛn/ *nf* hyena.

hygiène /iʒjɛn/ *nf* hygiene.

hygiénique /iʒjenik/ *adj* hygienic.

hymne /imn/ *nm* hymn; **~ national** national anthem.

hypermarché /ipɛʀmaʀʃe/ *nm* large supermarket.

hypersensible /ipɛʀsɑ̃sibl/ *adj* hypersensitive.

hypertension /ipɛʀtɑ̃sjɔ̃/ *nf* **~ (artérielle)** high blood pressure, hypertension.

hypnotiser /ipnɔtize/ *vtr* to hypnotize.

hypoallergénique /ipoalɛʀʒenik/ *adj* hypoallergenic.

hypocalorique /ipɔkalɔʀik/ *adj* low in calories (*jamais épith*), low-calorie (*épith*).

hypocrisie /ipɔkʀizi/ *nf* hypocrisy.

hypocrite /ipɔkʀit/ I *adj* hypocritical. II *nmf* hypocrite.

hypokhâgne /ipɔkaɲ/ *nf first-year preparatory class in humanities for entrance to École normale supérieure.*

hypotaupe /ipɔtop/ *nf first-year preparatory class in mathematics and science for entrance to Grandes Écoles.*

hypotension /ipɔtɑ̃sjɔ̃/ *nf* **~ (artérielle)** low blood pressure, hypotension.

hypoténuse /ipɔtenyz/ *nf* hypotenuse.

hypothèque /ipɔtɛk/ *nf* mortgage.

hypothéquer /ipɔteke/ *vtr* to mortgage.

hypothèse /ipɔtɛz/ *nf* hypothesis; **l'~ de l'accident** the possibility of an accident.

hypothétique /ipɔtetik/ *adj* hypothetical.
hystérie /isteʀi/ *nf* hysteria.

I

i, I /i/ *nm inv* **mettre les points sur les i** to dot the i's and cross the t's.
iceberg /ajsbɛʀg, isbɛʀg/ *nm* iceberg.
ici /isi/ *adv* here; **par ~ la sortie** this way out; **~ Tim** this is Tim; **je vois ça d'~!** I can just picture it!; **jusqu'~** (au présent) until now; (dans le passé) until then; **d'~ peu** shortly; **d'~ demain/là** by tomorrow/then.
icône /ikon/ *nf* icon.
idéal *nm, adj* **~e**, *pl* **~aux** /ideal, o/ ideal.
idée /ide/ *nf* idea; **avoir l'~ de faire** to plan to do; **se faire des ~s** to imagine things; **changer d'~** to change one's mind; **il ne leur viendrait jamais à l'~ de faire** it would never occur to them to do.
identification /idɑ̃tifikasjɔ̃/ *nf* identification.
identifier /idɑ̃tifje/ *vtr* **~ (à/avec)** to identify (with).
identique /idɑ̃tik/ *adj* identical.
identité /idɑ̃tite/ *nf* identity.
idiomatique /idjɔmatik/ *adj* idiomatic.
idiome /idjom/ *nm* idiom.
idiot, ~e /idjo, ɔt/ I *adj* stupid. II *nm* idiot.
idiotie /idjɔsi/ *nf* stupid thing; (caractère) stupidity.
idole /idɔl/ *nf* idol.
idylle /idil/ *nf* love affair; (poème) idyll.
if /if/ *nm* yew (tree).
IFOP /ifɔp/ *nm* (*abrév* = **Institut français d'opinion publique**) French institute for opinion polls.
ignoble /iɲɔbl/ *adj* vile, revolting.
ignorance /iɲɔʀɑ̃s/ *nf* ignorance.
ignorant, ~e /iɲɔʀɑ̃, ɑ̃t/ *adj* ignorant.
ignorer /iɲɔʀe/ *vtr* not to know; **~ tout de qch** to know nothing about sth; **tu n'as qu'à l'~** just ignore him/her.
il /il/ I *pron pers m* (personne) he; **~s** they; (objet, concept, animal) it; **~s** they. II *pron pers neutre* it; **~ pleut** it's raining.
île /il/ *nf* island.
illégal, ~e, *mpl* **~aux** /ilegal, o/ *adj* illegal.
illégalité /ilegalite/ *nf* **être dans l'~** to be in breach of the law.
illettré, ~e /iletʀe/ *adj, nm,f* illiterate.
illimité, ~e /ilimite/ *adj* unlimited.
illisible /ilizibl/ *adj* [écriture] illegible; [œuvre] unreadable.
illuminé, ~e /ilymine/ I *adj* [monument] floodlit; [regard] radiant. II *nm,f* visionary.
illuminer /ilymine/ I *vtr* to illuminate; (avec des projecteurs) to floodlight. II **s'~** *vpr* to light up.
illusion /ilyzjɔ̃/ *nf* illusions (*pl*); **se faire des ~s** to delude oneself.
illusionniste /ilyzjɔnist/ *nmf* conjuror.
illustrateur, ~trice /ilystʀatœʀ, tʀis/ *nm,f* illustrator.
illustration /ilystʀasjɔ̃/ *nf* illustration.
illustre /ilystʀ/ *adj* illustrious; **un ~ inconnu**© a perfect nobody.
illustré /ilystʀe/ *nm* comic.
illustrer /ilystʀe/ I *vtr* **~ qch (de qch)** to illustrate sth (with sth). II **s'~** *vpr* to distinguish oneself.
îlot /ilo/ *nm* islet; **~ de paix** haven of peace; (habitations) block.

ils ▸ **il**.
image /imaʒ/ *nf* picture; (reflet) image.
imaginaire /imaʒinɛʀ/ *adj* imaginary.
imagination /imaʒinasjɔ̃/ *nf* imagination; **déborder d'~** to have a vivid imagination; **un enfant plein d'~** a very imaginative child; **des chiffres qui dépassent l'~** mind-boggling© figures.
imaginer /imaʒine/ I *vtr* to imagine, to picture; (supposer) to suppose; (inventer) to devise. II **s'~** *vpr* **s'~ que** to think that.
imbattable /ɛ̃batabl/ *adj* unbeatable.
imbécile /ɛ̃besil/ *nmf* fool.
imbécillité /ɛ̃besilite/ *nf* stupidity.
imbiber /ɛ̃bibe/ *vtr* ~ **(de)** to soak (in).
imbriquer: **s'~** /ɛ̃bʀike/ *vpr* [questions] to be interlinked; [pièces] to interlock.
imbuvable /ɛ̃byvabl/ *adj* [liquide] undrinkable; [personne]© unbearable.
imitateur, **~trice** /imitatœʀ, tʀis/ *nm,f* (comédien) impressionist.
imitation /imitasjɔ̃/ *nf* imitation.
imiter /imite/ *vtr* (geste, cri) to imitate; (signature) to forge.
immaculé, **~e** /imakyle/ *adj* immaculate.
immangeable /ɛ̃mɑ̃ʒabl/ *adj* inedible.
immatriculation /imatʀikylasjɔ̃/ *nf* registration.
immatriculer /imatʀikyle/ *vtr* to register.
immédiat, **~e** /imedja, at/ I *adj* immediate. II *nm* **dans l'~** for the time being.
immédiatement /imedjatmɑ̃/ *adv* immediately.
immense /imɑ̃s/ *adj* huge, immense.
immensité /imɑ̃site/ *nf* immensity.
immerger /imɛʀʒe/ *vtr* to immerse.
immeuble /imœbl/ *nm* building; ~ **de bureaux** office building.
immigrant, **~e** /imigʀɑ̃, ɑ̃t/ *nm,f* immigrant.
immigration /imigʀasjɔ̃/ *nf* immigration.
immigré, **~e** /imigʀe/ *nm,f* immigrant.
immigrer /imigʀe/ *vi* to immigrate.
imminent, **~e** /iminɑ̃, ɑ̃t/ *adj* imminent.
immiscer: **s'~** /imise/ *vpr* to interfere.
immobile /imɔbil/ *adj* motionless.
immobilier, **~ière** /imɔbilje, jɛʀ/ *nm* **l'~** property[GB], real estate[US].
immobiliser /imɔbilize/ *vtr* to stop, to bring [sth] to a standstill.
immobilité /imɔbilite/ *nf* immobility, stillness.
immodéré, **~e** /imɔdeʀe/ *adj* immoderate.
immonde /imɔ̃d/ *adj* filthy.
immondices /imɔ̃dis/ *nfpl* refuse ¢[GB], trash ¢[US].
immoral, **~e**, *mpl* **~aux** /imɔʀal, o/ *adj* immoral.
immortel, **~elle** /imɔʀtɛl/ *adj* immortal.
immuniser /imynize/ *vtr* to immunize.
immunité /imynite/ *nf* immunity.
impact /ɛ̃pakt/ *nm* impact.
impair, **~e** /ɛ̃pɛʀ/ I *adj* [nombre] odd. II *nm* indiscretion, faux pas.
impardonnable /ɛ̃paʀdɔnabl/ *adj* unforgivable.
imparfait, **~e** /ɛ̃paʀfɛ, ɛt/ *adj, nm* imperfect.
impartial, **~e**, *mpl* **~iaux** /ɛ̃paʀsjal, jo/ *adj* impartial.
impasse /ɛ̃pas/ *nf* dead end; (situation) deadlock.
impassible /ɛ̃pasibl/ *adj* impassive.
impatience /ɛ̃pasjɑ̃s/ *nf* impatience.
impatient, **~e** /ɛ̃pasjɑ̃, ɑ̃t/ *adj* impatient.

impatienter: **s'~** /ɛ̃pasjɑ̃te/ *vpr* to get impatient.

impeccable /ɛ̃pekabl/ *adj* [travail] perfect; [vêtement] impeccable.

impensable /ɛ̃pɑ̃sabl/ *adj* unthinkable.

imper© /ɛ̃pɛʀ/ *nm* raincoat, mac©GB.

impératif, **~ive** /ɛ̃peʀatif, iv/ *nm* constraint; LING imperative.

impérativement /ɛ̃peʀativmɑ̃/ *adv* **il faut ~ faire** it is imperative to do.

impératrice /ɛ̃peʀatʀis/ *nf* empress.

imperfection /ɛ̃pɛʀfɛksjɔ̃/ *nf* flaw.

impérialisme /ɛ̃peʀjalism/ *nm* imperialism.

imperméable /ɛ̃pɛʀmeabl/ I *adj* waterproof. II *nm* raincoat.

impersonnel, **~elle** /ɛ̃pɛʀsɔnɛl/ *adj* impersonal.

impertinence /ɛ̃pɛʀtinɑ̃s/ *nf* impertinence.

impertinent, **~e** /ɛ̃pɛʀtinɑ̃, ɑ̃t/ *adj* impertinent.

imperturbable /ɛ̃pɛʀtyʀbabl/ *adj* unruffled.

impétueux, **~euse** /ɛ̃petɥø, øz/ *adj* impetuous.

impitoyable /ɛ̃pitwajabl/ *adj* merciless; [sélection] ruthless.

implanter /ɛ̃plɑ̃te/ I *vtr* (usine) to open. II **s'~** *vpr* [entreprise] to set up business.

implication /ɛ̃plikasjɔ̃/ *nf* involvement.

implicitement /ɛ̃plisit/ *adj* implicit.

impliquer /ɛ̃plike/ I *vtr* to implicate; (faire participer) to involve; (signifier) to mean. II **s'~** *vpr* to get involved.

implorer /ɛ̃plɔʀe/ *vtr* to implore.

impoli, **~e** /ɛ̃pɔli/ *adj* rude.

impolitesse /ɛ̃pɔlitɛs/ *nf* rudeness.

impopulaire /ɛ̃pɔpylɛʀ/ *adj* unpopular.

importance /ɛ̃pɔʀtɑ̃s/ *nf* importance; **sans ~** unimportant; **quelle ~?** what does it matter?; (taille) size; (d'effort) amount; (de dégâts) extent.

important, **~e** /ɛ̃pɔʀtɑ̃, ɑ̃t/ *adj* important; [hausse, baisse] significant; [nombre, effort] considerable; [ville] large.

importateur, **~trice** /ɛ̃pɔʀtatœʀ, tʀis/ *nm,f* importer.

importation /ɛ̃pɔʀtasjɔ̃/ *nf* **d'~** [quotas] import (*épith*); [produit] imported; **~s de luxe** luxury imports.

importer /ɛ̃pɔʀte/ I *vtr* to import. II *v impers* to matter; **peu importe (que)...** it doesn't matter (if)...; **n'importe lequel** any; **n'importe quel enfant** any child; **n'importe où/quand/qui/quoi** anywhere/anytime/anybody/anything; **dire n'importe quoi** to talk nonsense.

import-export /ɛ̃pɔʀɛkspɔʀ/ *nm inv* import-export trade.

importuner /ɛ̃pɔʀtyne/ *vtr* to bother.

imposable /ɛ̃pozabl/ *adj* [personne] liable to tax; [revenu] taxable.

imposant, **~e** /ɛ̃pozɑ̃, ɑ̃t/ *adj* imposing.

imposer /ɛ̃poze/ I *vtr* **~ qch (à qn)** to impose sth (on sb). II **en ~** *vtr ind* **en ~ à qn** to impress sb. III **s'~** *vpr* [solution] to be obvious; [prudence] to be called for; **s'~ qch** to force oneself to make a sacrifice; **s'~ à qn** to impose on sb.

impossibilité /ɛ̃pɔsibilite/ *nf* impossibility; **être dans l'~ de faire** to be unable to do.

impossible /ɛ̃pɔsibl/ I *adj* impossible; **il est ~ qu'il soit ici** he cannot possibly be here; **cela m'est ~** I really can't; **~!** out of the question! II *nm* **faire/tenter l'~** to do everything one can.

imposteur /ɛ̃pɔstœʀ/ *nm* impostor.

impôt /ɛ̃po/ *nm* tax; **~ sur le revenu** income tax.

impraticable /ɛ̃pʀatikabl/ *adj* [voie] impassable.

imprécis, **~e** /ɛ̃pʀesi, iz/ *adj* imprecise.

imprenable /ɛ̃pʀənabl/ *adj* [citadelle] impregnable; **avec vue ~** unspoilt protected view.

imprésario /ɛ̃pʀesaʀjo/ *nm* agent, impresario.

impression /ɛ̃pʀesjɔ̃/ *nf* impression; **j'ai l'~ que** I've got a feeling that; (de textes) printing.

impressionnant, **~e** /ɛ̃pʀesjɔnɑ̃, ɑ̃t/ *adj* impressive.

impressionner /ɛ̃pʀesjɔne/ *vtr* to impress.

impressionnisme /ɛ̃pʀesjɔnism/ *nm* Impressionism.

imprévisible /ɛ̃pʀevizibl/ *adj* unpredictable.

imprévu, **~e** /ɛ̃pʀevy/ I *adj* unforeseen. II *nm* hitch; **sauf ~** barring accidents.

imprimante /ɛ̃pʀimɑ̃t/ *nf* printer.

imprimé, **~e** /ɛ̃pʀime/ I *adj* printed. II *nm* form; POSTES **~s** printed matter.

imprimer /ɛ̃pʀime/ *vtr* to print; **~ son style à qch** to give one's style to sth.

imprimerie /ɛ̃pʀimʀi/ *nf* printing; (entreprise) printing works (*sg*).

imprimeur /ɛ̃pʀimœʀ/ *nm* printer.

improbable /ɛ̃pʀɔbabl/ *adj* unlikely.

impropre /ɛ̃pʀɔpʀ/ *adj* [terme] incorrect; **~ à la consommation** unfit for human consumption.

improvisation /ɛ̃pʀɔvizasjɔ̃/ *nf* improvisation.

improviser /ɛ̃pʀɔvize/ I *vtr, vi* to improvise. II **s'~** *vpr* **s'~ cuisinier/avocat** to act as a cook/lawyer.

improviste: **à l'~** /alɛ̃pʀɔvist/ *loc adv* unexpectedly.

imprudence /ɛ̃pʀydɑ̃s/ *nf* carelessness; **avoir l'~ de faire** to be foolish enough to do.

imprudent, **~e** /ɛ̃pʀydɑ̃, ɑ̃t/ *adj* [personne, parole] careless; [action] rash.

impuissant, **~e** /ɛ̃pɥisɑ̃, ɑ̃t/ *adj* **~ (à fair)e** powerless (to do).

impunément /ɛ̃pynemɑ̃/ *adv* with impunity.

impuni, **~e** /ɛ̃pyni/ *adj* unpunished.

impunité /ɛ̃pynite/ *nf* impunity.

impur, **~e** /ɛ̃pyʀ/ *adj* impure.

impureté /ɛ̃pyʀte/ *nf* impurity.

imputable /ɛ̃pytabl/ *adj* **~ à** attributable to.

inabordable /inabɔʀdabl/ *adj* [personne] unapproachable; [prix] prohibitive.

inacceptable /inaksɛptabl/ *adj* unacceptable.

inaccessible /inaksesibl/ *adj* [lieu] inaccessible; [personne] unapproachable.

inactif, **~ive** /inaktif, iv/ *adj* idle.

inaction /inaksjɔ̃/ *nf* inactivity.

inadapté, **~e** /inadapte/ *adj* [enfant] maladjusted; [moyen] inappropriate; [système] ill-adapted.

inadmissible /inadmisibl/ *adj* intolerable.

inadvertance: **par ~** /paʀinadvɛʀtɑ̃s/ *loc adv* inadvertently.

inanimé, **~e** /inanime/ *adj* unconscious; (sans vie) lifeless.

inanition /inanisjɔ̃/ *nf* **mourir d'~** to die of starvation.

inaperçu, **~e** /inapɛʀsy/ *adj* **passer ~** to go unnoticed.

inapte /inapt/ *adj* **~ à/à faire** unfit for/to do.

inaptitude /inaptityd/ *nf* unfitness.

inattendu, **~e** /inatɑ̃dy/ *adj* unexpected.

inattention /inatɑ̃sjɔ̃/ *nf* **moment d'~** lapse of concentration; **faute d'~** careless mistake.

inauguration /inogyʀasjɔ̃/ *nf* unveiling; (de route, bâtiment) inauguration; (de congrès) opening.

inaugurer /inogyʀe/ *vtr* (statue) to unveil; (musée) to open.

inavouable /inavwabl/ *adj* shameful.

incapable /ɛ̃kapabl/ I *adj* ~ **de faire qch** (par nature) incapable of doing sth; (temporairement) unable to do sth; (incompétent) incompetent. II *nmf* incompetent.

incapacité /ɛ̃kapasite/ *nf* **être dans l'~ de faire** to be unable to do.

incarcération /ɛ̃kaʀseʀasjɔ̃/ *nf* imprisonment.

incarner /ɛ̃kaʀne/ *vtr* (espoir) to embody; (personnage) to portray.

incassable /ɛ̃kasabl/ *adj* unbreakable.

incendiaire /ɛ̃sɑ̃djeʀ/ I *adj* [bombe] incendiary; [déclaration] inflammatory. II *nmf* arsonist.

incendie /ɛ̃sɑ̃di/ *nm* fire; ~ **criminel** arson.

incendier /ɛ̃sɑ̃dje/ *vtr* to burn down.

incertain, **~e** /ɛ̃sɛʀtɛ̃, ɛn/ *adj* [date, origine] uncertain; [contours] blurred; [couleur] indeterminate; [temps] unsettled; [pas, voix] hesitant.

incertitude /ɛ̃sɛʀtityd/ *nf* uncertainty.

incessamment /ɛ̃sesamɑ̃/ *adv* very shortly.

incessant, **~e** /ɛ̃sesɑ̃, ɑ̃t/ *adj* constant.

incident /ɛ̃sidɑ̃/ *nm* incident; **en cas d'~** if anything should happen.

incinérer /ɛ̃sineʀe/ *vtr* (déchets) to incinerate; (corps) to cremate.

incisive /ɛ̃siziv/ *nf* incisor.

inciter /ɛ̃site/ *vtr* [personne, situation] to encourage; ~ **vivement** to urge.

inclinaison /ɛ̃klinɛzɔ̃/ *nf* angle; (de toit) slope.

incliner /ɛ̃kline/ I *vtr* to tilt; ~ **le buste** to lean forward. II **s'~** *vpr* to lean forward; (par politesse) to bow; (accepter) **s'~ devant qch** to accept sth, to give in.

inclure /ɛ̃klyʀ/ *vtr* to include; (joindre) to enclose.

inclus, **~e** /ɛ̃kly, yz/ *adj* including; **jusqu'à jeudi** ~ up to and including Thursday; [taxe] included; (joint) enclosed.

incohérence /ɛ̃kɔeʀɑ̃s/ *nf* incoherence ¢; (contradiction) discrepancy.

incohérent, **~e** /ɛ̃kɔeʀɑ̃, ɑ̃t/ *adj* incoherent.

incollable /ɛ̃kɔlabl/ *adj* unbeatable; [riz] easy-cook.

incolore /ɛ̃kɔlɔʀ/ *adj* colourless[GB]; [vernis, verre] clear.

incomber /ɛ̃kɔ̃be/ *vtr ind* ~ **à** to fall to.

incommoder /ɛ̃kɔmɔde/ *vtr* to bother.

incomparable /ɛ̃kɔ̃paʀabl/ *adj* incomparable.

incompatible /ɛ̃kɔ̃patibl/ *adj* incompatible.

incompétent, **~e** /ɛ̃kɔ̃petɑ̃, ɑ̃t/ *adj* incompetent.

incomplet, **~ète** /ɛ̃kɔ̃plɛ, ɛt/ *adj* incomplete.

incompréhensible /ɛ̃kɔ̃pʀeɑ̃sibl/ *adj* incomprehensible.

incompris, **~e** /ɛ̃kɔ̃pʀi, iz/ *nm,f* **être un** ~ to be misunderstood.

inconditionnel, **~elle** /ɛ̃kɔ̃disjɔnɛl/ I *adj* unconditional. II *nm,f* fan.

inconfortable /ɛ̃kɔ̃fɔʀtabl/ *adj* uncomfortable house.

inconnu, **~e** /ɛ̃kɔny/ I *adj* unknown. II *nm,f* unknown (person); (étranger) stranger.

inconnue /ɛ̃kɔny/ *nf* unknown.

inconsciemment /ɛ̃kɔ̃sjamɑ̃/ *adv* unconsciously.

inconscience /ɛ̃kɔ̃sjɑ̃s/ *nf* **faire preuve d'~** to be reckless.

inconscient, **~e** /ɛ̃kɔ̃sjɑ̃, ɑ̃t/ I *adj* MÉD unconscious; **être ~ de** to be unaware of. II *nm,f* irresponsible. III *nm* PSYCH unconscious.

inconséquence /ɛ̃kɔ̃sekɑ̃s/ *nf* inconsistency; **conduite d'une grave ~** irresponsible conduct.

inconsistant, **~e** /ɛ̃kɔ̃sistɑ̃, ɑ̃t/ *adj* [argumentation] flimsy; [personne] characterless.

inconsolable /ɛ̃kɔ̃sɔlabl/ *adj* inconsolable.

inconstant, **~e** /ɛ̃kɔ̃stɑ̃, ɑ̃t/ *adj* fickle.

incontestable /ɛ̃kɔ̃tɛstabl/ *adj* unquestionable.

incontournable /ɛ̃kɔ̃tuʀnabl/ *adj* that cannot be ignored.

incontrôlable /ɛ̃kɔ̃tʀolabl/ *adj* unverifiable.

inconvenant, **~e** /ɛ̃kɔ̃vnɑ̃, ɑ̃t/ *adj* improper.

inconvénient /ɛ̃kɔ̃venjɑ̃/ *nm* drawback; **si vous n'y voyez pas d'~** if you have no objection.

incorporer /ɛ̃kɔʀpɔʀe/ *vtr* to incorporate; MIL to enlist.

incorrect, **~e** /ɛ̃kɔʀɛkt/ *adj* incorrect; **être ~ avec qn** to be rude to sb.

incorrection /ɛ̃kɔʀɛksjɔ̃/ *nf* (de conduite) impropriety; (faute) inaccuracy.

incorrigible /ɛ̃kɔʀiʒibl/ *adj* incorrigible.

increvable /ɛ̃kʀəvabl/ *adj* [personne]© tireless; [pneu] puncture-proof.

incriminer /ɛ̃kʀimine/ *vtr* [preuve] to incriminate.

incroyable /ɛ̃kʀwajabl/ *adj* incredible; **~ mais vrai** strange but true.

incruster /ɛ̃kʀyste/ I *vtr* **~ (de)** to inlay (with). II **s'~**© *vpr* to stay forever.

inculpation /ɛ̃kylpasjɔ̃/ *nf* charge.

inculpé, **~e** /ɛ̃kylpe/ *nm,f* accused.

inculper /ɛ̃kylpe/ *vtr* **~ (de)** to charge (with).

incurable /ɛ̃kyʀabl/ *adj*, *nmf* incurable.

indécent, **~e** /ɛ̃desɑ̃, ɑ̃t/ *adj* indecent.

indéchiffrable /ɛ̃deʃifʀabl/ *adj* indecipherable.

indécis, **~e** /ɛ̃desi, iz/ *adj* indecisive.

indéfini, **~e** /ɛ̃defini/ *adj* [tristesse] undefined; [durée, article] indefinite.

indéfiniment /ɛ̃definimɑ̃/ *adv* indefinitely.

indéfinissable /ɛ̃definisabl/ *adj* undefinable.

indélicat, **~e** /ɛ̃delika, at/ *adj* tactless.

indemne /ɛ̃dɛmn/ *adj* unharmed.

indemnisation /ɛ̃dɛmnizasjɔ̃/ *nf* compensation ¢.

indemniser /ɛ̃dɛmnize/ *vtr* to compensate.

indemnité /ɛ̃dɛmnite/ *nf* compensation ¢. ▪ **~ de chômage** unemployment benefit.

indéniable /ɛ̃denjabl/ *adj* unquestionable.

indépendamment /ɛ̃depɑ̃damɑ̃/ *adv* independently; **~ de** regardless of.

indépendance /ɛ̃depɑ̃dɑ̃s/ *nf* independence.

indépendant, **~e** /ɛ̃depɑ̃dɑ̃, ɑ̃t/ I *adj* independent; [chambre] separate; [maison] detached. II *nm,f* self-employed person.

indépendantiste /ɛ̃depɑ̃dɑ̃tist/ *adj* [mouvement] (pro-)independence.

indescriptible /ɛ̃dɛskʀiptibl/ *adj* indescribable.

indésirable /ɛ̃deziʀabl/ *adj*, *nmf* undesirable.

indestructible /ɛ̃dɛstʀyktibl/ *adj* indestructible.

indéterminé, **~e** /ɛ̃detɛʀmine/ *adj* indeterminate, unspecified.

index /ɛ̃dɛks/ *nm* index; **mettre qn/qch à l'~** to blacklist sb/sth; (doigt) forefinger.

indicateur /ɛ̃dikatœʀ/ I *adj m* **panneau/poteau ~** signpost. II *nm* informer; (de rues) directory; (d'horaires) timetable, schedule; (de niveau) gauge.

indicatif /ɛ̃dikatif/ *nm* (temps) indicative; ~ **(téléphonique)** dialling[GB], dial[US] code; ~ **de pays** country code; (d'émission) theme tune.

indication /ɛ̃dikasjɔ̃/ *nf* indication; **sauf ~ contraire** unless otherwise indicated; **suivre les ~s** to follow the instructions.

indice /ɛ̃dis/ *nm* (dans une enquête) clue; ÉCON, FIN index; (évaluation) rating.

indien, **~ienne** /ɛ̃djɛ̃, jɛn/ *adj* Indian.

indifférence /ɛ̃difeʀɑ̃s/ *nf* indifference.

indifférent, **~e** /ɛ̃difeʀɑ̃, ɑ̃t/ *adj* indifferent.

indigence /ɛ̃diʒɑ̃s/ *nf* destitution.

indigène /ɛ̃diʒɛn/ *adj, nmf* local, native.

indigeste /ɛ̃diʒɛst/ *adj* indigestible.

indigestion /ɛ̃diʒɛstjɔ̃/ *nf* indigestion ¢.

indignation /ɛ̃diɲasjɔ̃/ *nf* indignation.

indigne /ɛ̃diɲ/ *adj* ~ **(de qn)** unworthy (of sb).

indigner: **s'~** /ɛ̃diɲe/ *vpr* **s'~ de qch** to be indignant about sth.

indiqué, **~e** /ɛ̃dike/ *adj* [traitement] recommended; **à l'heure ~e** at the specified time; **le village est mal ~** the village is badly signposted.

indiquer /ɛ̃dike/ *vtr* (montrer) to point to, to show; (être un indice de) to suggest; (dire) to tell.

indirect, **~e** /ɛ̃diʀɛkt/ *adj* indirect.

indirectement /ɛ̃diʀɛktəmɑ̃/ *adv* indirectly.

indiscipliné, **~e** /ɛ̃disipline/ *adj* unruly.

indiscret, **~ète** /ɛ̃diskʀɛ, ɛt/ *adj* [question] indiscreet; [personne] inquisitive.

indiscrétion /ɛ̃diskʀesjɔ̃/ *nf* indiscretion.

indiscutable /ɛ̃diskytabl/ *adj* indisputable.

indispensable /ɛ̃dispɑ̃sabl/ *adj* essential; ~ **à** indispensable to.

indisponible /ɛ̃dispɔnibl/ *adj* unavailable.

indisposé, **~e** /ɛ̃dispoze/ *adj* unwell.

individu /ɛ̃dividy/ *nm* individual.

individuel, **~elle** /ɛ̃dividɥɛl/ *adj* [portion, cours] individual; [voiture] private; [chambre] single.

indolence /ɛ̃dɔlɑ̃s/ *nf* apathy.

indolore /ɛ̃dɔlɔʀ/ *adj* painless.

indu, **~e** /ɛ̃dy/ *adj* [heure] ungodly☺, unearthly.

induire /ɛ̃dɥiʀ/ *vtr* ~ **qn en erreur** to mislead sb.

indulgence /ɛ̃dylʒɑ̃s/ *nf* indulgence.

indulgent, **~e** /ɛ̃dylʒɑ̃, ɑ̃t/ *adj* indulgent.

industrialiser /ɛ̃dystʀialize/ I *vtr* to industrialize. II **s'~** *vpr* to become industrialized.

industrie /ɛ̃dystʀi/ *nf* industry.

industriel, **~ielle** /ɛ̃dystʀijɛl/ I *adj* industrial. II *nm,f* industrialist.

inébranlable /inebʀɑ̃labl/ *adj* unshakeable.

inédit, **~e** /inedi, it/ *adj* unpublished; (original) (totally) new.

inefficace /inefikas/ *adj* [traitement, mesure] ineffective; [méthode] inefficient.

inégal, **~e**, *mpl* **~aux** /inegal, o/ *adj* [force, partage] unequal; [partie] uneven.

inégalable /inegalabl/ *adj* incomparable.

inégalité /inegalite/ *nf* inequality; (de terrain) unevenness.

ineptie /inɛpsi/ *nf* nonsense.

inépuisable /inepɥizabl/ *adj* inexhaustible.

inerte /inɛʀt/ *adj* inert.

inespéré, **~e** /inɛspeʀe/ *adj* unexpected.

inestimable /inɛstimabl/ *adj* priceless.

inévitable /inevitabl/ *adj* inevitable.

inexact, **~e** /inegza, akt/ *adj* inaccurate.

inexactitude /inegzaktityd/ *nf* inaccuracy.

inexcusable /inɛkskyzabl/ *adj* inexcusable.

inexpérimenté, **~e** /inɛkspeʀimɑ̃te/ *adj* inexperienced.

inexplicable /inɛksplikabl/ *adj* inexplicable.

inexprimable /inɛkspʀimabl/ *adj* inexpressible.

infaillible /ɛ̃fajibl/ *adj* infallible.

infaisable /ɛ̃fəzabl/ *adj* unfeasible.

infâme /ɛ̃fɑm/ *adj* revolting; [individu] despicable.

infanterie /ɛ̃fɑ̃tʀi/ *nf* infantry.

infantile /ɛ̃fɑ̃til/ *adj* [maladie] childhood; [mortalité] infant; [protection] child.

infarctus /ɛ̃faʀktys/ *nm* ~ **(du myocarde)** heart attack.

infatigable /ɛ̃fatigabl/ *adj* tireless.

infect, **~e** /ɛ̃fɛkt/ *adj* [temps, odeur, humeur] foul; [personne, attitude] horrible.

infecter: **s'~** /ɛ̃fɛkte/ *vpr* to become infected.

infectieux, **~ieuse** /ɛ̃fɛksjø, jøz/ *adj* infectious.

infection /ɛ̃fɛksjɔ̃/ *nf* infection.

inférieur, **~e** /ɛ̃feʀjœʀ/ I *adj* ~ **(à)** lower (than); [taille] smaller (than); ~ **à la moyenne** below average; [travail, qualité] substandard. II *nm,f* inferior.

infériorité /ɛ̃feʀjɔʀite/ *nf* inferiority.

infernal, **~e**, *mpl* **~aux** /ɛ̃fɛʀnal, o/ *adj* infernal.

infesté, **~e** /ɛ̃fɛste/ *adj* ~ **de rats/requins** rat-/shark-infested.

infidèle /ɛ̃fidɛl/ *adj* [mari] unfaithful; [ami] disloyal.

infidélité /ɛ̃fidelite/ *nf* infidelity; **faire des ~s à** to be unfaithful to.

infime /ɛ̃fim/ *adj* tiny.

infini, **~e** /ɛ̃fini/ I *adj* infinite. II *nm* infinity.

infiniment /ɛ̃finimɑ̃/ *adv* infinitely.

infinité /ɛ̃finite/ *nf* **une ~ de** an endless number of.

infinitif /ɛ̃finitif/ *nm* infinitive.

infirme /ɛ̃fiʀm/ I *adj* disabled. II *nmf* disabled person.

infirmerie /ɛ̃fiʀməʀi/ *nf* infirmary; (d'école) sickroom.

infirmier /ɛ̃fiʀmje/ *nm* male nurse.

infirmière /ɛ̃fiʀmjɛʀ/ *nf* nurse.

infirmité /ɛ̃fiʀmite/ *nf* disability.

inflammable /ɛ̃flamabl/ *adj* flammable.

inflation /ɛ̃flasjɔ̃/ *nf* inflation.

inflexible /ɛ̃flɛksibl/ *adj* inflexible.

infliger /ɛ̃fliʒe/ *vtr* ~ **(à)** (défaite) to inflict (on); (amende) to impose (on).

influençable /ɛ̃flyɑ̃sabl/ *adj* impressionable.

influence /ɛ̃flyɑ̃s/ *nf* influence.

influencer /ɛ̃flyɑ̃se/ *vtr* to influence.

influent, **~e** /ɛ̃flyɑ̃, ɑ̃t/ *adj* influential.

influer /ɛ̃flye/ *vtr ind* ~ **sur** to have an influence on.

informaticien, **~ienne** /ɛ̃fɔʀmatisjɛ̃, jɛn/ *nm,f* computer scientist.

information /ɛ̃fɔʀmasjɔ̃/ *nf* information ¢; **une ~** a piece of information; (nouvelle) news item; **écouter les ~s** to listen to the news; ~ **judiciaire** judicial inquiry.

informatique /ɛ̃fɔʀmatik/ I *adj* computer. II *nf* computer science.

informatiser /ɛ̃fɔʀmatize/ *vtr* to computerize.
informe /ɛ̃fɔʀm/ *adj* shapeless.
informer /ɛ̃fɔʀme/ I *vtr* ~ **(de/que)** to inform (about/that). II **s'~** *vpr* **s'~ de qch** to inquire about sth; **s'~ sur qn** to make inquiries about sb.
infortuné, **~e** /ɛ̃fɔʀtyne/ *adj* ill-fated.
infraction /ɛ̃fʀaksjɔ̃/ *nf* offence[GB].
infranchissable /ɛ̃fʀɑ̃ʃisabl/ *adj* [obstacle] insurmountable; [frontière] impassable.
infrarouge /ɛ̃fʀaʀuʒ/ *adj, nm* infrared.
infrastructure /ɛ̃fʀastʀyktyʀ/ *nf* facilities (*pl*); ÉCON infrastructure.
infusion /ɛ̃fyzjɔ̃/ *nf* herbal tea.
ingénier: **s'~** /ɛ̃ʒenje/ *vpr* **s'~ à faire** to do one's utmost to do.
ingénierie /ɛ̃ʒeniʀi/ *nf* engineering.
ingénieur /ɛ̃ʒenjœʀ/ *nm* engineer.
ingénieux, **~ieuse** /ɛ̃ʒenjø, jøz/ *adj* ingenious.
ingéniosité /ɛ̃ʒenjozite/ *nf* ingenuity.
ingénu, **~e** /ɛ̃ʒeny/ *nm,f* **un ~** an ingenuous man; **une ~e** an ingénue.
ingérence /ɛ̃ʒeʀɑ̃s/ *nf* interference ¢.
ingérer /ɛ̃ʒeʀe/ I *vtr* to ingest. II **s'~** *vpr* **s'~ dans** to interfere in.
ingrat, **~e** /ɛ̃gʀa, at/ *adj* [personne] ungrateful, [métier, rôle] thankless.
ingratitude /ɛ̃gʀatityd/ *nf* ~ **(envers)** ingratitude (to).
ingrédient /ɛ̃gʀedjɑ̃/ *nm* ingredient.
ingurgiter /ɛ̃gyʀʒite/ *vtr* (aliment) to gulp down; (médicament) to swallow.
inhabitable /inabitabl/ *adj* uninhabitable.
inhabité, **~e** /inabite/ *adj* uninhabited.
inhabituel, **~elle** /inabitɥɛl/ *adj* ~ unusual.
inhaler /inale/ *vtr* to inhale.
inhumain, **~e** /inymɛ̃, ɛn/ *adj* inhuman.
inhumation /inymasjɔ̃/ *nf* burial.
inhumer /inyme/ *vtr* to bury.
inimaginable /inimaʒinabl/ *adj* unimaginable.
inimitable /inimitabl/ *adj* inimitable.
ininterrompu, **~e** /inɛ̃tɛʀɔ̃py/ *adj* uninterrupted, continuous.
initial, **~e**, *mpl* **~iaux** /inisjal, jo/ *adj* initial.
initiale /inisjal/ *nf* initial.
initiation /inisjasjɔ̃/ *nf* ~ **à l'anglais** introduction to English/management; **rites d'~** initiation rites.
initiative /inisjativ/ *nf* initiative.
initier /inisje/ I *vtr* ~ **qn (à)** to initiate sb (into). II **s'~** *vpr* **s'~ à qch** to learn sth.
injection /ɛ̃ʒɛksjɔ̃/ *nf* injection.
injure /ɛ̃ʒyʀ/ *nf* abuse ¢.
injurier /ɛ̃ʒyʀje/ *vtr* to swear at.
injurieux, **~ieuse** /ɛ̃ʒyʀjø, jøz/ *adj* offensive.
injuste /ɛ̃ʒyst/ *adj* unfair (to).
injustice /ɛ̃ʒystis/ *nf* injustice.
injustifiable /ɛ̃ʒystifjabl/ *adj* unjustifiable.
injustifié, **~e** /ɛ̃ʒystifje/ *adj* unjustified.
inné, **~e** /inne/ *adj* innate.
innocence /inɔsɑ̃s/ *nf* innocence.
innocent, **~e** /inɔsɑ̃, ɑ̃t/ *adj, nm,f* innocent.
innocenter /inɔsɑ̃te/ *vtr* to clear.
innombrable /innɔ̃bʀabl/ *adj* countless, vast.
innovation /inɔvasjɔ̃/ *nf* innovation.
innover /inɔve/ *vi* to innovate.
inoccupé, **~e** /inɔkype/ *adj* unoccupied.
inodore /inɔdɔʀ/ *adj* [substance] odourless[GB]; [fleur] scentless.

inoffensif, **~ive** /inɔfɑ̃sif, iv/ *adj* harmless.

inondation /inɔ̃dasjɔ̃/ *nf* flood.

inonder /inɔ̃de/ *vtr* to flood; **être inondé de qch** to be flooded with sth; **inondé de sueur** bathed in sweat.

inopiné, **~e** /inɔpine/ *adj* unexpected.

inopportun, **~e** /inɔpɔʀtœ̃, yn/ *adj* inappropriate.

inoubliable /inublijabl/ *adj* unforgettable.

inouï, **~e** /inwi/ *adj* unprecedented, unheard of.

inox /inɔks/ *nm* stainless steel.

inoxydable /inɔksidabl/ *adj* **acier ~** stainless steel.

inqualifiable /ɛ̃kalifjabl/ *adj* unspeakable.

inquiet, **~iète** /ɛ̃kjɛ, jɛt/ *adj* anxious; worried (about).

inquiétant, **~e** /ɛ̃kjetɑ̃, ɑ̃t/ *adj* worrying.

inquiéter /ɛ̃kjete/ I *vtr* to worry; **~ son adversaire** to threaten one's opponent; [policier, douanier] to bother; **sans être inquiété** without any trouble. II **s'~** *vpr* to worry (about).

inquiétude /ɛ̃kjetyd/ *nf* anxiety, concern; **être un sujet d'~** to give cause for concern.

insaisissable /ɛ̃sezisabl/ *adj* [personne, animal] elusive; [nuance] imperceptible.

insanité /ɛ̃sanite/ *nf* rubbish ¢.

insatisfait, **~e** /ɛ̃satisfɛ, ɛt/ *adj* [personne] dissatisfied; [désir] unsatisfied.

inscription /ɛ̃skʀipsjɔ̃/ *nf* registration; (chose écrite) inscription.

inscrire /ɛ̃skʀiʀ/ I *vtr* to register; **~ qn sur une liste** to enter sb's name on a list; (écrire) to write down. II **s'~** *vpr* to register; **s'~ au** to register as unemployed; (à un club) to join; (à un examen) to enter for.

insecte /ɛ̃sɛkt/ *nm* insect.

insecticide /ɛ̃sɛktisid/ *nm* insecticide.

insécurité /ɛ̃sekyʀite/ *nf* insecurity ¢.

insensé, **~e** /ɛ̃sɑ̃se/ *adj* insane.

insensible /ɛ̃sɑ̃sibl/ *adj* impervious; (indifférent) insensitive.

inséparable /ɛ̃sepaʀabl/ *adj* inseparable.

insérer /ɛ̃seʀe/ I *vtr* to insert. II **s'~** *vpr* to fit into.

insertion /ɛ̃sɛʀsjɔ̃/ *nf* insertion; **~ sociale** social integration.

insigne /ɛ̃siɲ/ I *adj* [honneur] outstanding. II *nm* badge.

insignifiant, **~e** /ɛ̃siɲifjɑ̃, ɑ̃t/ *adj* insignificant.

insinuation /ɛ̃sinɥasjɔ̃/ *nf* insinuation.

insinuer /ɛ̃sinɥe/ I *vtr* to insinuate (that). II **s'~** *vpr* [personne] to slip; [idée] to creep (into).

insipide /ɛ̃sipid/ *adj* insipid.

insistance /ɛ̃sistɑ̃s/ *nf* insistence.

insister /ɛ̃siste/ *vi* to insist; **~ sur** to stress.

insolation /ɛ̃sɔlasjɔ̃/ *nf* sunstroke ¢.

insolence /ɛ̃sɔlɑ̃s/ *nf* insolence.

insolent, **~e** /ɛ̃sɔlɑ̃, ɑ̃t/ *adj* [enfant, ton] insolent, cheeky; [luxe] unashamed.

insolite /ɛ̃sɔlit/ *adj*, *nm* unusual.

insomnie /ɛ̃sɔmni/ *nf* insomnia ¢; (nuit sans sommeil) sleepless night.

insonoriser /ɛ̃sɔnɔʀize/ *vtr* to soundproof.

insouciant, **~e** /ɛ̃susjɑ̃, ɑ̃t/ *adj* carefree.

insoumis, **~e** /ɛ̃sumi, iz/ I *adj* unsubdued. II *nm,f* MIL draft dodger.

insoupçonnable /ɛ̃supsɔnabl/ *adj* beyond suspicion (*après n*).

insoupçonné, **~e** /ɛ̃supsɔne/ *adj* unsuspected.

insoutenable /ɛ̃sutnabl/ *adj* unbearable; [opinion] untenable.

inspecter /ɛ̃spɛkte/ *vtr* to inspect.

inspecteur, **~trice** /ɛ̃spɛktœʀ, tʀis/ *nm,f* inspector.

inspection /ɛ̃spɛksjɔ̃/ *nf* inspection.

inspiration /ɛ̃spiʀasjɔ̃/ *nf* inspiration.

inspirer /ɛ̃spiʀe/ **I** *vtr* to inspire; **~ la méfiance à qn** to inspire distrust in sb. **II** *vi* to breathe in. **III s'~** *vpr* **s'~ de qch** to draw one's inspiration from sth; **s'~ de qn** to follow sb's example.

instable /ɛ̃stabl/ *adj* [monnaie, personne] unstable; [construction] unsteady; [temps] unsettled.

installation /ɛ̃stalasjɔ̃/ **I** *nf* (mise en place) installation; (usine) plant; (arrivée) moving in. **II ~s** *nfpl* facilities.

installer /ɛ̃stale/ **I** *vtr* to install; (étagère) to put up; (gaz, téléphone) to connect; (usine) to set up; **on va t'~ en haut** we'll put you upstairs; **~ qn à un poste** to appoint sb to a post. **II s'~** *vpr* to settle; (professionnellement) to set oneself up in business; (pour vivre) to settle; **partir s'~ à l'étranger** to go and live abroad; [régime] to become established; [morosité, récession] to set in.

instamment /ɛ̃stamɑ̃/ *adv* insistently.

instance /ɛ̃stɑ̃s/ *nf* authority; **céder aux ~s de qn** to yield to sb's entreaties; JUR proceedings *pl*; **en seconde ~** on appeal; **en ~** [affaire] pending.

instant /ɛ̃stɑ̃/ *nm* moment, instant; **à tout ~** all the time; **pour l'~** for the moment; **d'un ~ à l'autre** any minute (now); **à l'~ (même)** this minute.

instantané, **~e** /ɛ̃stɑ̃tane/ **I** *adj* instantaneous; [potage] instant. **II** *nm* snapshot.

instinct /ɛ̃stɛ̃/ *nm* instinct.

instituer /ɛ̃stitɥe/ *vtr* to institute.

institut /ɛ̃stity/ *nm* institute; **~ de beauté** beauty parlour[GB], beauty salon[US].

instituteur, **~trice** /ɛ̃stitytœʀ, tʀis/ *nm,f* (primary-school)[GB] teacher.

institution /ɛ̃stitysjɔ̃/ *nf* institution; (école privée) private school.

institutrice ▸ **instituteur**.

instructeur /ɛ̃stʀyktœʀ/ *nm* instructor.

instructif, **~ive** /ɛ̃stʀyktif, iv/ *adj* instructive.

instruction /ɛ̃stʀyksjɔ̃/ *nf* (formation) education ¢; **avoir de l'~** to be well-educated; MIL training; (ordre) directive; JUR *preparation of a case for eventual judgment.*

instruire /ɛ̃stʀɥiʀ/ **I** *vtr* (enfant) to teach; (soldats) to train; JUR **~ une affaire** to prepare a case for judgment. **II s'~** *vpr* to learn.

instruit, **~e** /ɛ̃stʀɥi, it/ *adj* educated.

instrument /ɛ̃stʀymɑ̃/ *nm* instrument.

insu: **à l'~ de** /alɛ̃sydə/ *loc prép* **à mon/leur ~** without my/their knowing.

insuffisance /ɛ̃syfizɑ̃s/ *nf* insufficiency, shortage; (lacune) shortcoming.

insuffisant, **~e** /ɛ̃syfizɑ̃, ɑ̃t/ *adj* insufficient; (qualitativement) inadequate.

insulaire /ɛ̃sylɛʀ/ **I** *adj* insular. **II** *nmf* islander.

insultant, **~e** /ɛ̃syltɑ̃, ɑ̃t/ *adj* insulting.

insulte /ɛ̃sylt/ *nf* insult.

insulter /ɛ̃sylte/ *vtr* to insult.

insupportable /ɛ̃sypɔʀtabl/ *adj* unbearable.

insurgé, **~e** /ɛ̃syʀʒe/ *adj, nm,f* insurgent.

insurger: **s'~** /ɛ̃syʀʒe/ *vpr* to rise up, to protest.

insurrection /ɛ̃syʀɛksjɔ̃/ *nf* uprising.

intact, **~e** /ɛ̃takt/ *adj* intact (*jamais épith*).

intarissable /ɛ̃taʀisabl/ *adj* inexhaustible.

intégral, **~e**, *mpl* **~aux** /ɛ̃tegʀal, o/ *adj* [paiement] full, in full (*après n*); [texte]

complete, unabridged; **version ~e** uncut version.

intégralité /ɛ̃tegʀalite/ *nf* **l'~ de leur salaire** their entire salary; **dans son ~** in full.

intégration /ɛ̃tegʀasjɔ̃/ *nf* integration (into).

intègre /ɛ̃tɛgʀ/ *adj* honest.

intégrer /ɛ̃tegʀe/ I *vtr* to insert (into); (assimiler) to integrate. II **s'~** *vpr* (socialement) to integrate (with).

intégrisme /ɛ̃tegʀism/ *nm* fundamentalism.

intellectuel, **~elle** /ɛ̃telɛktɥɛl/ *adj*, *nm,f* intellectual.

intelligence /ɛ̃teliʒɑ̃s/ *nf* intelligence.

intelligent, **~e** /ɛ̃teliʒɑ̃, ɑ̃t/ *adj* clever, intelligent.

intelligible /ɛ̃teliʒibl/ *adj* intelligible.

intempéries /ɛ̃tɑ̃peʀi/ *nfpl* bad weather ¢.

intempestif, **~ive** /ɛ̃tɑ̃pɛstif, iv/ *adj* [arrivée] untimely; [zèle] misplaced.

intenable /ɛ̃t(ə)nabl/ *adj* [odeur, situation] unbearable; [position] untenable.

intendance /ɛ̃tɑ̃dɑ̃s/ *nf* SCOL bursar's office.

intendant, **~e** /ɛ̃tɑ̃dɑ̃, ɑ̃t/ *nm,f* SCOL bursar.

intense /ɛ̃tɑ̃s/ *adj* intense.

intensif, **~ive** /ɛ̃tɑ̃sif, iv/ *adj* intensive.

intensifier /ɛ̃tɑ̃sifje/ *vtr*, **s'~** *vpr* to intensify.

intensité /ɛ̃tɑ̃site/ *nf* intensity; (électrique) current.

intenter /ɛ̃tɑ̃te/ *vtr* **~ un procès à qn** to sue sb.

intention /ɛ̃tɑ̃sjɔ̃/ *nf* intention; **avoir l'~ de faire** to intend to do; **à l'~ de qn** for sb.

intentionné, **~e** /ɛ̃tɑ̃sjɔne/ *adj* **bien/mal ~** well-/ill-intentioned.

intentionnel, **~elle** /ɛ̃tɑ̃sjɔnɛl/ *adj* intentional.

interactif, **~ive** /ɛ̃teʀaktif, iv/ *adj* interactive.

intercalaire /ɛ̃tɛʀkalɛʀ/ *adj* **feuillet ~** insert.

intercaler /ɛ̃tɛʀkale/ *vtr* to insert (into).

intercéder /ɛ̃tɛʀsede/ *vi* **~ auprès de qn/en faveur de qn** to intercede with sb/on sb's behalf.

intercepter /ɛ̃tɛʀsɛpte/ *vtr* to intercept.

interchangeable /ɛ̃tɛʀʃɑ̃ʒabl/ *adj* interchangeable.

interclasse /ɛ̃tɛʀklas/ *nm* break (between classes).

interdiction /ɛ̃tɛʀdiksjɔ̃/ *nf* **~ de fumer** no smoking; **lever une ~** to lift a ban.

interdire /ɛ̃tɛʀdiʀ/ *vtr* to ban; **~ à qn de faire** to forbid sb to do; **il est interdit de faire qch** it is forbidden to do sth.

interdisciplinaire /ɛ̃tɛʀdisiplinɛʀ/ *adj* cross-curricular[GB].

interdit, **~e** /ɛ̃tɛʀdi, it/ I *adj* prohibited, forbidden; (stupéfait) dumbfounded. II *nm* taboo.

intéressant, **~e** /ɛ̃teʀɛsɑ̃, ɑ̃t/ I *adj* interesting; (avantageux) attractive. II *nm,f* **faire l'~ ~** to show off.

intéressé, **~e** /ɛ̃teʀese/ I *adj* **être ~ par qch** to be interested in sth; **toute personne ~e** all those interested (*pl*); [personne, démarche] self-interested (*épith*). II *nm,f* **les ~s** people concerned.

intéresser /ɛ̃teʀese/ I *vtr* to interest; (concerner) to concern. II **s'~ à** *vpr* to be interested in; (en s'engageant) to take an interest in.

intérêt /ɛ̃teʀɛ/ *nm* interest; **digne d'~** worthwhile; **y a ~**[©]**!** you bet[©]!; **par ~** [agir] out of self-interest.

intérieur, **~e** /ɛ̃teʀjœʀ/ I *adj* [cour, escalier, température] interior, inner; [poche] inside; [frontière] internal; [vol] domestic. II *nm* inside; **à l'~ (de)** inside; (de pays, voiture, etc) interior; **à l'~ du pays/des terres** inland; **d'~** [jeu, plante] indoor.

intérim /ɛ̃teʀim/ *nm* interim (period); **président par ~** acting president; (travail temporaire) temporary work.

intérimaire /ɛ̃teʀimɛʀ/ *adj* [personnel] temporary.

interjection /ɛ̃tɛʀʒɛksjɔ̃/ *nf* interjection.

interligne /ɛ̃tɛʀliɲ/ *nm* line space.

interlocuteur, **~trice** /ɛ̃tɛʀlɔkytœʀ, tʀis/ *nm,f* interlocutor; **mon ~** the person I am/was talking to.

interloquer /ɛ̃tɛʀlɔke/ *vtr* to take [sb] aback.

interlude /ɛ̃tɛʀlyd/ *nm* interlude.

intermède /ɛ̃tɛʀmɛd/ *nm* interlude.

intermédiaire /ɛ̃tɛʀmedjɛʀ/ I *adj* intermediate. II *nmf* go-between; (dans l'industrie) middleman. III *nm* **sans ~** direct; **par l'~ de** through.

interminable /ɛ̃tɛʀminabl/ *adj* endless.

intermittence /ɛ̃tɛʀmitɑ̃s/ *nf* **par ~** on and off.

internat /ɛ̃tɛʀna/ *nm* boarding school.

international, **~e**, *mpl* **~aux** /ɛ̃tɛʀnasjɔnal, o/ *adj, nm,f* international.

interne /ɛ̃tɛʀn/ I *adj* internal. II *nmf* SCOL boarder[GB]; **~ (en médecine)** houseman[GB], intern[US].

internement /ɛ̃tɛʀnəmɑ̃/ *nm* internment.

interner /ɛ̃tɛʀne/ *vtr* (prisonnier) to intern; (malade) to commit.

interpellation /ɛ̃tɛʀpelasjɔ̃/ *nf* questioning ¢.

interpeller /ɛ̃tɛʀpəle/ *vtr* to shout at; (interroger) to question; (emmener au poste) to take [sb] in for questioning.

interphone® /ɛ̃tɛʀfɔn/ *nm* intercom.

interposer: **s'~** /ɛ̃tɛʀpoze/ *vpr* to intervene.

interprétariat /ɛ̃tɛʀpʀetaʀja/ *nm* interpreting.

interprétation /ɛ̃tɛʀpʀetasjɔ̃/ *nf* interpretation.

interprète /ɛ̃tɛʀpʀɛt/ *nmf* (traducteur) interpreter; MUS, CIN, THÉÂT performer.

interpréter /ɛ̃tɛʀpʀete/ *vtr* to interpret.

interrogateur, **~trice** /ɛ̃teʀɔgatœʀ, tʀis/ *adj* inquiring.

interrogatif, **~ive** /ɛ̃teʀɔgatif, iv/ *adj* interrogative.

interrogation /ɛ̃teʀɔgasjɔ̃/ *nf* questioning; LING question; SCOL test; **~ orale/écrite** oral/written test.

interrogatoire /ɛ̃teʀɔgatwaʀ/ *nm* questioning.

interrogeable /ɛ̃teʀɔʒabl/ *adj* **répondeur ~ à distance** remote-access answering machine.

interroger /ɛ̃teʀɔʒe/ I *vtr* to ask (about); **~ (sur)** to question (about); SCOL to test (on). II **s'~** *vpr* **s'~ sur** to wonder about.

interrompre /ɛ̃teʀɔ̃pʀ/ *vtr* to interrupt; (relations) to break off.

interrupteur /ɛ̃teʀyptœʀ/ *nm* switch.

interruption /ɛ̃teʀypsjɔ̃/ *nf* break; **sans ~** continuously, nonstop. ■ **~ volontaire de grossesse, IVG** termination of pregnancy.

intersection /ɛ̃tɛʀsɛksjɔ̃/ *nf* intersection.

interstice /ɛ̃tɛʀstis/ *nm* crack, chink.

interurbain, **~e** /ɛ̃tɛʀyʀbɛ̃, ɛn/ *adj* [transports] city-to-city; [appel] long distance.

intervalle /ɛ̃tɛʀval/ *nm* interval; **dans l'~** meanwhile, in the meantime.

intervenir /ɛ̃tɛʀvəniʀ/ *vi* [changements] to take place; [accord] to be reached; [armée, etc] to intervene; (prendre la parole) to speak; **~ auprès de qn** to intercede with sb.

intervention /ɛ̃tɛʀvɑ̃sjɔ̃/ *nf* intervention; ~ **(chirurgicale)** operation.

intervertir /ɛ̃tɛʀvɛʀtiʀ/ *vtr* to invert.

interviewer /ɛ̃tɛʀvjuve/ *vtr* to interview.

intestin /ɛ̃tɛstɛ̃/ *nm* bowel, intestine.

intestinal, **~e**, *mpl* **~aux** /ɛ̃testinal, o/ *adj* intestinal.

intime /ɛ̃tim/ I *adj* [vie, journal] private; [ami, rapports] intimate; [hygiène] personal. II *nmf* close friend, intimate.

intimider /ɛ̃timide/ *vtr* to intimidate.

intimité /ɛ̃timite/ *nf* intimacy; (privé) privacy.

intitulé /ɛ̃tityle/ *nm* title, heading.

intituler /ɛ̃tityle/ I *vtr* to call. II **s'~** *vpr* to be called, to be entitled.

intolérable /ɛ̃tɔleʀabl/ *adj* intolerable.

intolérance /ɛ̃tɔleʀɑ̃s/ *nf* intolerance.

intolérant, **~e** /ɛ̃tɔleʀɑ̃, ɑ̃t/ *adj* intolerant.

intonation /ɛ̃tɔnasjɔ̃/ *nf* intonation.

intoxication /ɛ̃tɔksikasjɔ̃/ *nf* poisoning.

intoxiquer /ɛ̃tɔksike/ *vtr* to poison; (abrutir) to brainwash.

intraduisible /ɛ̃tʀadɥizibl/ *adj* untranslatable; [sentiment] inexpressible.

intraitable /ɛ̃tʀɛtabl/ *adj* inflexible.

intra-muros /ɛ̃tʀamyʀos/ *loc adj* **Paris ~** Paris itself.

intransigeant, **~e** /ɛ̃tʀɑ̃ziʒɑ̃, ɑ̃t/ *adj* intransigent.

intransitif, **~ive** /ɛ̃tʀɑ̃zitif, iv/ *adj* intransitive.

intrépide /ɛ̃tʀepid/ *adj* bold.

intrigant, **~e** /ɛ̃tʀigɑ̃, ɑ̃t/ *nm,f* schemer.

intrigue /ɛ̃tʀig/ *nf* intrigue; LITTÉRAT plot.

intriguer /ɛ̃tʀige/ *vtr* to intrigue.

introduction /ɛ̃tʀɔdyksjɔ̃/ *nf* introduction.

introduire /ɛ̃tʀɔdɥiʀ/ I *vtr* to introduce; (insérer) to insert. II **s'~** *vpr* **s'~ dans** to get into.

introuvable /ɛ̃tʀuvabl/ *adj* **le voleur reste ~** the thief has still not been found.

intrus, **~e** /ɛ̃tʀy, yz/ *nm,f* intruder.

intrusion /ɛ̃tʀyzjɔ̃/ *nf* intrusion (into); (ingérence) interference (in).

intuition /ɛ̃tɥisjɔ̃/ *nf* intuition.

inusable /inyzabl/ *adj* hardwearing.

inusité, **~e** /inyzite/ *adj* not used, uncommon.

inutile /inytil/ *adj* [objet, personne] useless; [travail, discussion] pointless; [crainte] needless; **(il est) ~ de faire** there's no point in doing.

inutilisable /inytilizabl/ *adj* unusable.

inutilité /inytilite/ *nf* uselessness; (de dépense) pointlessness.

invalide /ɛ̃valid/ I *adj* disabled. II *nmf* disabled person; **~ de guerre** *registered disabled ex-serviceman.*

invariable /ɛ̃vaʀjabl/ *adj* invariable.

invasion /ɛ̃vazjɔ̃/ *nf* invasion.

invendable /ɛ̃vɑ̃dabl/ *adj* unsaleable.

invendu, **~e** /ɛ̃vɑ̃dy/ *nm* unsold item.

inventaire /ɛ̃vɑ̃tɛʀ/ *nm* (liste) stocklist[GB], inventory[US]; **faire l'~** to do the stocktaking[GB], to take inventory[US]; (de valise) list of contents.

inventer /ɛ̃vɑ̃te/ *vtr* to invent; **histoire inventée** made-up story.

inventeur, **~trice** /ɛ̃vɑ̃tœʀ, tʀis/ *nm,f* inventor.

inventif, **~ive** /ɛ̃vɑ̃tif, iv/ *adj* inventive.

invention /ɛ̃vɑ̃sjɔ̃/ *nf* invention.

inverse /ɛ̃vɛʀs/ I *adj* opposite, in reverse order. II *nm* **l'~** the opposite.

inversement /ɛ̃vɛʀsəmɑ̃/ *adv* conversely; **et ~** and vice versa.

inverser /ɛ̃vɛʀse/ *vtr* to reverse.

inversion /ɛ̃vɛʀsjɔ̃/ *nf* inversion.

invertébré, **~e** /ɛ̃vɛʀtebʀe/ *adj, nm* invertebrate.
investigation /ɛ̃vɛstigasjɔ̃/ *nf* investigation.
investir /ɛ̃vɛstiʀ/ *vtr* to invest.
investissement /ɛ̃vɛstismɑ̃/ *nm* investment.
invétéré, **~e** /ɛ̃veteʀe/ *adj* inveterate.
invincible /ɛ̃vɛ̃sibl/ *adj* invincible.
invisible /ɛ̃vizibl/ *adj* invisible.
invitation /ɛ̃vitasjɔ̃/ *nf* invitation.
invité, **~e** /ɛ̃vite/ *nm,f* guest.
inviter /ɛ̃vite/ *vtr* to invite; **~ à faire** to invite to do; (payer) **~ qn à déjeuner** to take sb out for lunch.
invivable /ɛ̃vivabl/ *adj* impossible.
involontaire /ɛ̃vɔlɔ̃tɛʀ/ *adj* involuntary; [faute] unintentional.
invoquer /ɛ̃vɔke/ *vtr* to invoke.
invraisemblable /ɛ̃vʀɛsɑ̃blabl/ *adj* unlikely, improbable; (inouï)© incredible.
iode /jɔd/ *nm* iodine.
ion /jɔ̃/ *nm* ion.
iris /iʀis/ *nm* iris.
ironie /iʀɔni/ *nf* irony.
ironique /iʀɔnik/ *adj* ironic.
ironiser /iʀɔnize/ *vi* **~ sur** to be ironic about.
irradiation /iʀadjasjɔ̃/ *nf* radiation.
irréalisable /iʀealizabl/ *adj* impossible.
irréductible /iʀedyktibl/ **I** *adj* indomitable. **II** *nmf* diehard.
irréel, **~elle** /iʀeɛl/ *adj* unreal.
irréfléchi, **~e** /iʀefleʃi/ *adj* ill-considered.
irréfutable /iʀefytabl/ *adj* irrefutable.
irrégularité /iʀegylaʀite/ *nf* irregularity.
irrégulier, **~ière** /iʀegylje, jɛʀ/ *adj* irregular; [sol] uneven.
irrégulièrement /iʀegyljɛʀmɑ̃/ *adv* irregularly; [répartir] unevenly; JUR illegally.
irréparable /iʀepaʀabl/ *adj* irreparable.
irréprochable /iʀepʀɔʃabl/ *adj* irreproachable.
irrésistible /iʀezistibl/ *adj* irresistible.
irrespirable /iʀɛspiʀabl/ *adj* unbreathable.
irresponsable /iʀɛspɔ̃sabl/ *adj* irresponsible.
irréversible /iʀevɛʀsibl/ *adj* irreversible.
irrévocable /iʀevɔkabl/ *adj* irrevocable.
irriguer /iʀige/ *vtr* to irrigate.
irritable /iʀitabl/ *adj* irritable.
irritation /iʀitasjɔ̃/ *nf* irritation.
irriter /iʀite/ *vtr* to irritate.
irruption /iʀypsjɔ̃/ *nf* **faire ~ dans** to burst into.
islam /islam/ *nm* **l'~** Islam.
islamique /islamik/ *adj* Islamic.
islamisme /islamism/ *nm* Islamism.
isocèle /izosɛl/ *adj* **triangle ~** isosceles triangle.
isolation /izɔlasjɔ̃/ *nf* insulation; **~ acoustique** soundproofing.
isolé, **~e** /izɔle/ *adj* isolated; **tireur ~** lone gunman.
isolement /izɔlmɑ̃/ *nm* isolation.
isoler /izɔle/ **I** *vtr* to isolate (from); (contre le bruit) to soundproof; (contre la chaleur, le froid) to insulate (against). **II s'~ (de)** *vpr* to isolate oneself (from).
isoloir /izɔlwaʀ/ *nm* voting booth.
israélite /israelit/ **I** *adj* Jewish. **II** *nmf* HIST Israelite; (juif) Jew.
issu, **~e** /isy/ *adj* **être ~ de** to come from.
issue /isy/ *nf* exit; **sans ~** no exit; (solution) solution; (dénouement) outcome; **à l'~ de** at the end of.

italique /italik/ *nm* italics (*pl*).

itinéraire /itineʀɛʀ/ *nm* route, itinerary.

IUT /iyte/ *nm* (*abrév* = **institut universitaire de technologie**) university institute of technology.

IVG /iveʒe/ *nf* (*abrév* = **interruption volontaire de grossesse**) termination of pregnancy.

ivoire /ivwaʀ/ *nm* ivory.

ivre /ivʀ/ *adj* drunk.

ivresse /ivʀɛs/ *nf* intoxication.

ivrogne /ivʀɔɲ/ *nmf* drunkard.

j

j, J /ʒi/ *nm* **le jour J** D-day.

j' ▸ **je.**

jabot /ʒabo/ *nm* crop; (de chemise) jabot.

jacasser /ʒakase/ *vi* to chatter.

jacinthe /ʒasɛ̃t/ *nf* hyacinth.

Jacques /ʒak/ *nprm* James.

jacquet /ʒakɛ/ *nm* backgammon.

jadis /ʒadis/ *adv* in the past.

jaguar /ʒagwaʀ/ *nm* jaguar.

jaillir /ʒajiʀ/ *vi* ~ **(de)** [liquide, gaz] to gush out (of); [larmes] to flow (from); [personne, animal] to spring up (from); [rires, cris] to burst out (from); [idée, vérité] to emerge (from).

jais /ʒɛ/ *nm* jet; **(noir) de** ~ jet-black.

jalon /ʒalɔ̃/ *nm* marker; ~ **important** milestone.

jalouser /ʒaluze/ *vtr* to be jealous of.

jalousie /ʒaluzi/ *nf* jealousy ¢; (store) blind.

jaloux, **~ouse** /ʒalu, uz/ *adj* jealous; **avec un soin** ~ with meticulous care.

jamais /ʒamɛ/ *adv* never; **il n'écrit** ~ he never writes; **n'écrit-il ~?** doesn't he ever write?; ~ **de la vie!** never!; (à tout moment) ever; **si** ~ if ever; **à (tout)** ~ forever.

jambe /ʒɑ̃b/ *nf* leg.
• **prendre ses ~s à son cou** to take to one's heels.

jambière /ʒɑ̃bjɛʀ/ *nf* (de hockey) pad.

jambon /ʒɑ̃bɔ̃/ *nm* ham; ~ **de Paris** cooked ham.

jambonneau, *pl* **~x** /ʒɑ̃bɔno/ *nm* knuckle of ham.

jante /ʒɑ̃t/ *nf* rim.

janvier /ʒɑ̃vje/ *nm* January.

jappement /ʒapmɑ̃/ *nm* yapping ¢.

japper /ʒape/ *vi* to yap.

jaquette /ʒakɛt/ *nf* morning coat; (de livre) dust jacket.

jardin /ʒaʀdɛ̃/ *nm* garden[GB], yard[US]; ~ **public** park; ~ **d'enfants** kindergarten.

jardinage /ʒaʀdinaʒ/ *nm* gardening.

jardinier, **~ière** /ʒaʀdinje, jɛʀ/ *nm,f* gardener.

jardinière /ʒaʀdinjɛʀ/ *nf* ~ **(de légumes)** jardinière; (bac à fleurs) jardinière; ~ **d'enfants** kindergarten teacher.

jargon /ʒaʀgɔ̃/ *nm* jargon.

jarretelle /ʒaʀtɛl/ *nf* suspender[GB], garter[US].

jars /ʒaʀ/ *nm* gander.

jaser /ʒaze/ *vi* to gossip (about).

jasmin /ʒasmɛ̃/ *nm* jasmine.

jatte /ʒat/ *nf* bowl, basin.

jauge /ʒoʒ/ *nf* gauge; ~ **d'huile** dipstick.

jaunâtre /ʒonɑtʀ/ *adj* yellowish.

jaune /ʒon/ **I** *adj* yellow. **II** *nm* yellow; ~ **(d'œuf)** (egg) yolk; (briseur de grève) scab.

• **rire ~**☺ to give a forced laugh.
jaunir /ʒoniʀ/ *vi* to go yellow.
jaunisse /ʒonis/ *nf* jaundice.
java /ʒava/ *nf popular dance*; **faire la ~**☺ to rave it up☺GB.
Javel /ʒavɛl/ *npr, nf* **(eau de) ~** *bleach.*
javelot /ʒavlo/ *nm* javelin.
jazz /dʒaz/ *nm* jazz.
J-C (*abrév écrite* = **Jésus-Christ**) **avant ~** BC; **après ~** AD.
je (**j'** *devant voyelle ou h muet*) /ʒ(ə)/ *pron pers* I.
jean /dʒin/ *nm* jeans (*pl*); **un ~** a pair of jeans; (tissu) denim.
Jean /ʒɑ̃/ *nprm* John.
je-ne-sais-quoi /ʒənsɛkwa/ *nm inv* **avoir un ~** to have a certain something.
jersey /ʒɛʀzɛ/ *nm* jersey; (point) stocking stitch.
Jésus /ʒezy/ *nprm* Jesus.
jet[1] /ʒɛ/ *nm* throw; (de liquide, vapeur) jet; **d'un seul ~** in one go.
jet[2] /dʒɛt/ *nm* jet.
jetable /ʒətabl/ *adj* disposable.
jeté, **~e** /ʒəte/ I *adj* ☺ crazy. II *nm* **~ de lit** bedspread.
jetée /ʒəte/ *nf* pier.
jeter /ʒəte/ I *vtr* **~ (qch à qn)** to throw (sth to sb); **~ qch (à la poubelle)** to throw sth out; **~ qn en prison** to throw sb in jail; **~ un coup d'œil** to have a look; (cri) to give. II **se ~** *vpr* **se ~ (dans)** to throw oneself (into); **se ~ sur** (adversaire) to fall upon; (proie, journal) to pounce on; (être jetable) to be disposable; [fleuve] to flow into.
jeton /ʒ(ə)tɔ̃/ *nm* token; (de jeu) counter; (au casino) chip.
jeu, *pl* **~x** /ʒø/ *nm* **le ~** GÉN play ¢; **un ~** a game; (avec de l'argent) gambling ¢; (matériel) (d'échecs, de dames) set; (de cartes) deck; (d'acteur) acting ¢; (série) set; **par ~** for fun; **être en ~** to be at stake; TECH **il y a du ~** it's loose. ▪ **~ de mots** pun; **~ à XIII** rugby league; **Jeux olympiques, JO** Olympic Games, Olympics.
jeudi /ʒødi/ *nm* Thursday.
jeun: **à ~** /aʒœ̃/ *loc adv* [partir] on an empty stomach; **soyez à ~** don't eat or drink anything.
jeune /ʒœn/ I *adj* young; [industrie] new; [allure, coiffure] youthful; [fils, fille, etc] younger. II *nmf* young person; **les ~s** young people.
jeûne /ʒøn/ *nm* fast, fasting.
jeûner /ʒøne/ *vi* to fast.
jeunesse /ʒœnɛs/ *nf* youth; (les jeunes) young people (*pl*).
JO /ʒio/ I *nm* (*abrév* = **Journal officiel**) *government publication listing new acts, laws, etc.* II *nmpl* (*abrév* = **Jeux olympiques**) Olympic Games.
joaillerie /ʒɔajʀi/ *nf* jeweller's shopGB, jewelry storeUS.
joaillier, **~ière** /ʒɔalje, jɛʀ/ *nm,f* jewellerGB.
Joconde /ʒɔkɔ̃d/ *nprf* **la ~** Mona Lisa.
joggeur, **~euse** /dʒɔgœʀ, øz/ *nm,f* jogger.
joie /ʒwa/ *nf* joy.
joindre /ʒwɛ̃dʀ/ I *vtr* (mains) to put together; **~ qn** to get hold of sb; **~ qn au téléphone** to get sb on the phone; **~ qch à qch** (dans un paquet) to enclose sth with sth; (en agrafant) to attach sth to sth; (relier) to link sth with sth; (mettre ensemble) to put together. II **se ~** *vpr* **se ~ à qn** to join sb; **se ~ à qch** to join in; [mains] to join.
• **~ les deux bouts**☺ to make ends meet.
joint /ʒwɛ̃/ *nm* TECH joint; (de robinet) washer; (d'étanchéité) seal.
jointure /ʒwɛ̃tyʀ/ *nf* joint.
joli, **~e** /ʒɔli/ *adj* nice, lovely; (et délicat) pretty.

jonc /ʒɔ̃/ *nm* rush.
joncher /ʒɔ̃ʃe/ *vtr* to be strewn over; **être jonché de** to be strewn with.
jonction /ʒɔ̃ksjɔ̃/ *nf* link-up.
jongler /ʒɔ̃gle/ *vi* to juggle.
jongleur, **~euse** /ʒɔ̃glœʀ, øz/ *nm,f* juggler.
jonquille /ʒɔ̃kij/ *nf* daffodil.
joue /ʒu/ *nf* cheek; **en ~!** aim!
jouer /ʒwe/ I *vtr* to play; (argent) to stake; (réputation, vie) to risk. II **~ à** *vtr ind* (tennis, échecs, roulette) to play. III **~ de** *vtr ind* **~ du violon** to play the violin. IV *vi* to play; **à toi de ~!** your turn!; **j'en ai assez, je ne joue plus!** I've had enough, count me out!
jouet /ʒwɛ/ *nm* toy.
joueur, **~euse** /ʒwœʀ, øz/ I *adj* playful; **être ~** to like gambling. II *nm,f* player; (qui joue de l'argent) gambler.
joufflu, **~e** /ʒufly/ *adj* [personne] chubby-cheeked.
joug /ʒu/ *nm* yoke.
jouir /ʒwiʀ/ **~ de** *vtr ind* to enjoy; (climat, vue) to have.
jouissance /ʒwisɑ̃s/ *nf* use; (plaisir) pleasure.
joujou☺, *pl* **~x** /ʒuʒu/ *nm* toy; **faire ~** to play.
jour /ʒuʀ/ *nm* day; **~ après ~** day after day, little by little; **quel ~ sommes-nous?** what day is it today?; **à ce ~** to date; **à ~** up to date; **mise à ~** updating; **de nos ~s** nowadays; **au lever/point du ~** at daybreak; **le petit ~** the early morning; **se lever avec le ~** to get up at the crack of dawn; **il fait ~** it's daylight; **sous ton meilleur/pire ~** at your best/worst; (ouverture) gap.
• **être dans un bon ~** to be in a good mood.
journal, *pl* **~aux** /ʒuʀnal, o/ *nm* newspaper, paper; RADIO, TV news bulletin, news ¢; LITTÉRAT journal. ▪ **~ de bord** logbook; **~ intime** diary; **Journal officiel, JO** *government publication listing new acts, laws, etc.*
journalier, **~ière** /ʒuʀnalje, jɛʀ/ *adj* daily.
journalisme /ʒuʀnalism/ *nm* journalism.
journaliste /ʒuʀnalist/ *nmf* journalist.
journalistique /ʒuʀnalistik/ *adj* journalistic; **style ~** journalese.
journée /ʒuʀne/ *nf* day; **la ~ d'hier** yesterday.
joute /ʒut/ *nf* HIST joust.
jovial, **~e** , *mpl* **~s/~iaux** /ʒɔvjal, jo/ *adj* jovial.
joyau, *pl* **~x** /ʒwajo/ *nm* gem.
joyeux, **~euse** /ʒwajø, øz/ *adj* cheerful.
jubilé /ʒybile/ *nm* jubilee.
jubiler /ʒybile/ *vi* to be jubilant.
jucher /ʒyʃe/ **se ~** *vpr* **se ~ sur** to perch on.
judaïsme /ʒydaism/ *nm* Judaism.
judas /ʒyda/ *nm* peephole.
judiciaire /ʒydisjɛʀ/ *adj* judicial.
judicieux, **~ieuse** /ʒydisjø, jøz/ *adj* wise, judicious.
judo /ʒydo/ *nm* judo.
juge /ʒyʒ/ *nm*, judge. ▪ **~ d'instruction** examining magistrate; **~ de touche** linesman.
jugé: **au ~** /oʒyʒe/ *loc adv* by guesswork.
jugement /ʒyʒmɑ̃/ *nm* judgment; (pour un délit) judgment, decision; **passer en ~** to come to court.
jugeote☺ /ʒyʒɔt/ *nf* common sense.
juger /ʒyʒe/ I *vtr* to judge; JUR to try. II **~ de** *vtr ind* (valeur) to assess; **jugez de ma colère** imagine my anger.
juif, **juive** /ʒɥif, ʒɥiv/ I *adj* Jewish. II *nm,f* Jew, Jewess.
juillet /ʒɥijɛ/ *nm* July; **le 14 ~** Bastille Day.

juin /ʒɥɛ̃/ *nm* June.

juive ▸ **juif**.

jumeau, **~elle**, *mpl* **~x** /ʒymo, ɛl/ *adj, nm,f* twin.

jumelé, **~e** /ʒymle/ *adj* **villes ~es** twinned towns.

jumelle /ʒymɛl/ *nf* binoculars (*pl*).

jument /ʒymɑ̃/ *nf* mare.

jungle /ʒœ̃gl/ *nf* jungle.

junior /ʒynjɔʀ/ *adj inv, nmf* junior.

junte /ʒœ̃t/ *nf* junta.

jupe /ʒyp/ *nf* skirt.

jupon /ʒypɔ̃/ *nm* petticoat.

juré, **~e** /ʒyʀe/ I *adj* [traducteur] sworn-in; [ennemi] sworn. II *nm* JUR juror; SPORT judge.

jurer /ʒyʀe/ I *vtr* to swear; **jurer de faire qch** to swear to do something. II *vi* **ne ~ que par** to swear by; [couleurs] to clash (with); [détail] to look out of place (in). III **se ~** *vpr* **se ~ fidélité** to promise to be faithful; **se ~ de faire** to vow to do.

juridiction /ʒyʀidiksjɔ̃/ *nf* jurisdiction.

juridique /ʒyʀidik/ *adj* legal.

jurisprudence /ʒyʀispʀydɑ̃s/ *nf* **faire ~** to set a legal precedent.

juriste /ʒyʀist/ *nmf* lawyer.

juron /ʒyʀɔ̃/ *nm* swearword.

jury /ʒyʀi/ *nm* JUR jury; ART, SPORT panel of judges; UNIV board of examiners.

jus /ʒy/ *nm* juice; (sauce servie) gravy; (électricité)© juice©, electricity.

jusqu'au-boutiste, *pl* **~s** /jyskobutist/ *nmf* hardliner.

jusque (**jusqu'** *devant voyelle*) /ʒysk/ I *prép* (+ lieu) as far as, all the way to; **jusqu'où comptez-vous aller?** how far do you intend to go?; (+ temps) until, till; **jusqu'à huit heures** until eight o'clock; (+ limite supérieure) up to; (+ limite inférieure) down to. II **jusqu'à ce que** *loc conj* until.

jusque-là /ʒyskəla/ *adv* until then; (dans l'espace) up to here, there.

juste /ʒyst/ I *adj* [personne, règlement, partage] fair; [récompense, sanction, cause] just; **un ~ milieu** a happy medium; (adéquat) right; (exact) correct; **l'heure ~** the correct time; [voix] in tune; [vêtement] tight. II *adv* [chanter] in tune; [sonner] true; [deviner] right; **elle a vu ~** she was right; (précisément) just. III **au ~** *loc adv* exactly. IV *nm* righteous man; **les ~s** the righteous.

justement /ʒystəmɑ̃/ *adv* precisely, exactly; (à l'instant) just.

justesse /ʒystɛs/ I *nf* accuracy. II **de ~** *loc adv* only just.

justice /ʒystis/ *nf* JUR justice; (équité) fairness; **la ~** (lois) the law; **poursuivre qn en ~** to sue sb.

justicier, **~ière** /ʒystisje, jɛʀ/ *nm,f* righter of wrongs.

justificatif, **~ive** /ʒystifikatif, iv/ *nm* documentary evidence ¢; **~ de domicile** proof of domicile; **~ de frais** receipt.

justification /ʒystifikasjɔ̃/ *nf* justification.

justifier /ʒystifje/ I *vtr* to justify. II **se ~** *vpr* (devant un tribunal) to clear oneself; (être explicable) to be justified.

juteux, **~euse** /ʒytø, øz/ *adj* [fruit] juicy; [affaire]© profitable, juicy©.

juvénile /ʒyvenil/ *adj* [sourire] youthful; [délinquance] juvenile.

juxtaposer /ʒykstapoze/ *vtr* to juxtapose.

k

kaki /kaki/ I *adj inv* khaki. II *nm* (fruit) persimmon; (couleur) khaki.
kaléidoscope /kaleidɔskɔp/ *nm* kaleidoscope.
kangourou /kɑ̃guʀu/ *nm* kangaroo.
karaté /kaʀate/ *nm* karate.
karité /kaʀite/ *nm* shea.
karting /kaʀtiŋ/ *nm* go-karting.
kasher /kaʃɛʀ/ *adj inv* kosher.
kayak /kajak/ *nm* kayak; **faire du ~** to go canoeing.
képi /kepi/ *nm* kepi.
kermesse /kɛʀmɛs/ *nf* fête.
kérosène /keʀɔzɛn/ *nm* kerosene.
kF (*abrév écrite* = **kilofranc**).
kg (*abrév écrite* = **kilogramme**) kg.
kidnapper /kidnape/ *vtr* to kidnap.
kidnappeur, **~euse** /kidnapœʀ, øz/ *nm,f* kidnapper[GB].
kif-kif[©] /kifkif/ *adj inv* **c'est ~ (bourricot)** it's all the same.
kilo /kilo/ *nm* (*abrév* = **kilogramme**) kilo.
kilofranc /kilɔfʀɑ̃/ *nm* 1,000 French francs.
kilogramme /kilɔgʀam/ *nm* kilogram.
kilométrage /kilɔmetʀaʒ/ *nm* mileage.
kilomètre /kilɔmɛtʀ/ *nm* kilometre[GB].
kilomètre-heure, *pl* **kilomètres-heure** /kilɔmɛtʀœʀ/ kilometre[GB] per hour.
kilo-octet /kilɔɔktɛ/ *nm* kilobyte.
kinésithérapeute /kineziteʀapøt/ *nmf* physiotherapist.
kiosque /kjɔsk/ *nm* kiosk; **~ à musique** bandstand.
kiwi /kiwi/ *nm* (fruit, oiseau) kiwi.
klaxon[R] /klaksɔn/ *nm* (car) horn.
klaxonner /klaksɔne/ *vi* to use the horn.
kleptomane /klɛptɔman/ *adj, nmf* kleptomaniac.
km (*abrév écrite* = **kilomètre**) km.
Ko (*abrév écrite* = **kilo-octet**) KB.
KO /kao/ *adj inv* (*abrév* = **knocked out**) SPORT KO'd[©]; (épuisé)[©] exhausted.
koala /kɔala/ *nm* koala (bear).
krach /kʀak/ *nm* crash.
kraft /kʀaft/ *adj inv, nm* **(papier) ~** brown paper.
kW (*abrév écrite* = **kilowatt**) kW.
K-way[R] /kawe/ *nm* windcheater[GB], windbreaker[US].
kyrielle /kiʀjɛl/ *nf* **une ~ de** a string of.
kyste /kist/ *nm* cyst.

l

l (*abrév écrite* = **litre**) **20 ~** 20 l.
l' ▸ **le**.
la /la/ I ▸ **le**. II *nm* MUS A; (en solfiant) lah.
là /la/ *adv* (lieu) there; (ici) here; **~ où j'habite** where I live; **je vais par ~** I go this way; (temps) **d'ici ~** between now and then; **ce jour-~** that day.

là-bas /laba/ *adv* over there.
laboratoire /labɔʀatwaʀ/ *nm* laboratory.
laborieux, **~ieuse** /labɔʀjø, jøz/ *adj* arduous; **classes laborieuses** working classes.
labourer /labuʀe/ *vtr* to plough[GB], to plow[US].
labyrinthe /labiʀɛ̃t/ *nm* labyrinth, maze.
lac /lak/ *nm* lake.
lacer /lase/ *vtr* to lace up.
lacet /lasɛ/ *nm* lace; **route en ~s** twisting road.
lâche /lɑʃ/ I *adj* [personne] cowardly; [ceinture] loose; [règlement] lax. II *nmf* coward.
lâcher[1] /lɑʃe/ I *vtr* (ami, activité, objet) to drop; (corde, main) to let go of; (personne, animal) to let [sb/sth] go; **lâche-moi** let go of me; FIG[©] give me a break[©], leave me alone; **~ prise** to lose one's grip; (cri) to let out. II *vi* [nœud] to give way; [freins] to fail.
lâcher[2] /lɑʃe/ *nm* release.
lâcheté /lɑʃte/ *nf* cowardice ¢.
lacrymogène /lakʀimɔʒɛn/ *adj* [grenade, bombe] teargas.
lacté, **~e** /lakte/ *adj* [produit, alimentation] milk.
lacune /lakyn/ *nf* gap.
là-dedans /lad(ə)dɑ̃/ *adv* in here, in there.
là-dessous /lad(ə)su/ *adv* under here, under there.
là-dessus /lad(ə)sy/ *adv* on here; (sur ce sujet) about that; (alors) at that point.
lagon /lagɔ̃/ *nm* lagoon.
lagune /lagyn/ *nf* lagoon.
là-haut /lao/ *adv* up here, up there; **~ dans le ciel** up in the sky; (à l'étage) upstairs.
laïc /laik/ *nm* layman.
laid, **~e** /lɛ, lɛd/ *adj* ugly.
laideur /lɛdœʀ/ *nf* ugliness.
lainage /lɛnaʒ/ *nm* woollen[GB] garment.
laine /lɛn/ *nf* wool; **de/en ~** woollen[GB], wool.
laïque /laik/ I *adj* [école, enseignement] nondenominational[GB], public[US]; [État, esprit] secular. II *nmf* layman/laywoman; **les ~s** lay people.
laisse /lɛs/ *nf* lead[GB], leash[US].
laissé-pour-compte, **laissée-pour-compte**, *mpl* **laissés-pour-compte** /lesepuʀkɔ̃t/ *nm,f* second-class citizen.
laisser /lese/ I *vtr* to leave; **~ qch à qn** to leave sb sth; **je te laisse** I must go; **je te laisse à tes occupations** I'll let you get on; **cela me laisse sceptique** I'm sceptical[GB]. II *v aux* **~ qn/qch faire** to let sb/sth do; **laisse-moi faire** (ne m'aide pas) let me do it; (je m'en occupe) leave it to me. III **se ~** *vpr* **se ~ bercer par les vagues** to be lulled by the waves; **il se laisse insulter** he puts up with insults; **se ~ faire** to be pushed around; **il ne veut pas se ~ faire** (coiffer, laver, etc) he won't let you touch him; **se ~ aller** to let oneself go.
laisser-aller /leseale/ *nm inv* sloppiness.
laissez-passer /lesepase/ *nm inv* pass.
lait /lɛ/ *nm* milk. ■ **~ concentré** evaporated milk.
laitage /lɛtaʒ/ *nm* dairy product.
laitance /lɛtɑ̃s/ *nf* soft roe.
laitier, **~ière** /lɛtje, jɛʀ/ I *adj* [produit] dairy (*épith*); [vache] milk. II *nm,f* milkman/milkwoman.
laiton /lɛtɔ̃/ *nm* brass.
laitue /lety/ *nf* lettuce.
laïus[©] /lajys/ *nm* speech.
lama /lama/ *nm* llama.
lambda /lɑ̃bd/ I[©] *adj inv* [individu] average. II *nm inv* lambda.

lambeau, *pl* **~x** /lɑ̃bo/ *nm* (de papier) strip; (de chair) bit.

lambris /lɑ̃bʀi/ *nm* panelling[GB] ¢.

lame /lam/ *nf* blade; ~ **de rasoir** razor blade; **visage en ~ de couteau** hatchet face; (de métal, etc) strip; (vague) breaker.

lamelle /lamɛl/ *nf* small strip; **découper en fines ~s** to slice thinly.

lamentable /lamɑ̃tabl/ *adj* [résultat] pathetic; [accident] terrible.

lamentation /lamɑ̃tasjɔ̃/ *nf* wailing ¢.

lamenter: **se ~** /lamɑ̃te/ *vpr* to moan.

lampadaire /lɑ̃padɛʀ/ *nm* standard lamp[GB], floor lamp[US]; (de rue) streetlight.

lampe /lɑ̃p/ *nf* lamp, light; (ampoule) bulb. ▪ **~ de chevet** bedside lamp; **~ électrique/de poche** (pocket) torch[GB], flashlight[US].

lampion /lɑ̃pjɔ̃/ *nm* paper lantern.

lance /lɑ̃s/ *nf* spear. ▪ **~ d'incendie** fire-hose nozzle.

lance-flammes /lɑ̃sflam/ *nm inv* flamethrower.

lancement /lɑ̃smɑ̃/ *nm* launching.

lance-pierres /lɑ̃spjɛʀ/ *nm inv* catapult[GB], slingshot[US].

lancer[1] /lɑ̃se/ **I** *vtr* to throw; (satellite, fusée, projet, enquête, produit) to launch; (flèche, missile) to fire; (bombe) to drop; (ultimatum) to issue; (invitation) to send out. **II se ~** *vpr* **se ~ dans qch** to launch into; **se ~ dans les affaires** to go into business; **se ~ des pierres** to throw stones at each other.

lancer[2] /lɑ̃se/ *nm* **~ du disque** discus event.

lance-roquettes /lɑ̃sʀɔkɛt/ *nm inv* rocket launcher.

lancinant, **~e** /lɑ̃sinɑ̃, ɑ̃t/ *adj* [douleur] shooting; [musique] insistent.

landau /lɑ̃do/ *nm* pram[GB], baby carriage[US].

lande /lɑ̃d/ *nf* moor.

langage /lɑ̃gaʒ/ *nm* language.

lange /lɑ̃ʒ/ *nm* swaddling clothes (*pl*).

langouste /lɑ̃gust/ *nf* spiny lobster.

langoustine /lɑ̃gustin/ *nf* langoustine.

langue /lɑ̃g/ *nf* ANAT tongue; **tirer la ~ (à qn)** to stick out one's tongue (at sb); LING language; **en ~ familière** in informal speech; **~ de bois** political cant; **~ maternelle** mother tongue; **mauvaise ~** malicious gossip.

languette /lɑ̃gɛt/ *nf* tongue.

languir /lɑ̃giʀ/ **I** *vi* [conversation] to languish; **je languis de vous revoir** I'm longing to see you. **II se ~** *vpr* **se ~ (de qn)** to pine (for sb).

lanière /lanjɛʀ/ *nf* strap.

lanterne /lɑ̃tɛʀn/ *nf* lantern; AUT sidelight[GB], parking light[US].

lapalissade /lapalisad/ *nf* truism.

laper /lape/ *vtr* to lap (up).

lapin /lapɛ̃/ *nm* rabbit; **~ de garenne** wild rabbit.

• **poser un ~ à qn**© to stand sb up.

lapine /lapin/ *nf* doe rabbit.

laps /laps/ *nm* **~ de temps** period of time.

lapsus /lapsys/ *nm* slip.

laquais /lakɛ/ *nm* lackey.

laque /lak/ *nf* hairspray; (vernis) lacquer; (peinture) gloss paint.

laquelle ▸ **lequel**.

larbin /laʀbɛ̃/ *nm* servant; FIG flunkey.

larcin /laʀsɛ̃/ *nm* **commettre un ~** to steal something.

lard /laʀ/ *nm* streaky bacon[GB].

lardon /laʀdɔ̃/ *nm* bacon cube; (enfant)© child.

large /laʀʒ/ **I** *adj* [épaules, hanches] broad; [avenue, choix] wide; **~ de trois mètres** three metres[GB] wide; [pantalon] loose; [geste] sweeping; [sens, sourire, coalition] broad; [extrait, majorité] large; **être ~ d'esprit** to be broad-minded. **II** *adv* **calculer ~** to err on the generous side. III *nm* **faire quatre mètres de** ~ to be four metres[GB] wide; NAUT open sea; **au** ~ offshore; **prendre le** ~ NAUT to sail; FIG to clear off☺.

largement /laʀʒəmɑ̃/ *adv* [ouvrir] widely; **cela suffit** ~ that's plenty; [payer] generously; [vivre] comfortably.

largeur /laʀʒœʀ/ *nf* width; **dans le sens de la** ~ widthwise; ~ **d'esprit** broadmindedness.

largué☺, **~e** /laʀge/ *adj* lost.

larguer /laʀge/ *vtr* (bombe) to drop; ~ **les amarres** LIT to cast off; (études, appartement)☺ to give up; (petit ami) to chuck☺, to leave.

larme /laʀm/ *nf* tear; **une ~ de gin** a drop of gin.

larmoyant, **~e** /laʀmwajɑ̃, ɑ̃t/ *adj* [ton] whining; [discours] maudlin.

larve /laʀv/ *nf* larva.

larvé, **~e** /laʀve/ *adj* latent.

las, **lasse** /lɑ, lɑs/ *adj* weary.

lascar☺ /laskaʀ/ *nm* fellow.

laser /lazɛʀ/ *nm* laser.

lasser /lɑse/ I *vtr* to bore, to weary. II **se** ~ *vpr* to grow tired.

lassitude /lasityd/ *nf* weariness.

latéral, **~e**, *mpl* **~aux** /lateʀal, o/ *adj* side.

latin, **~e** /latɛ̃, in/ *adj*, *nm* Latin.

latitude /latityd/ *nf* latitude.

latte /lat/ *nf* board.

lauréat, **~e** /lɔʀea, at/ *nm,f* winner.

laurier /lɔʀje/ *nm* laurel; **feuille de** ~ bay leaf.

lavable /lavabl/ *adj* washable.

lavabo /lavabo/ *nm* washbasin.

lavage /lavaʒ/ *nm* washing; **un** ~ a wash. ■ **~ de cerveau** brainwashing.

lavande /lavɑ̃d/ *adj inv*, *nf* lavender.

lave /lav/ *nf* lava ¢.

lave-glace, *pl* **~s** /lavglas/ *nm* windscreen[GB], windshield[US] washer.

lave-linge /lavlɛ̃ʒ/ *nm inv* washing machine.

laver /lave/ I *vtr* to wash; ~ **le linge/la vaisselle** to do the washing/the dishes; (innocenter) to clear. II **se** ~ *vpr* to wash; **se ~ les dents** to brush one's teeth; **se ~ en machine** to be machine washable.

laverie /lavʀi/ *nf* ~ **(automatique)** launderette, Laundromat[® US].

lavette /lavɛt/ *nf* dishcloth; (personne)☺ wimp☺.

laveur, **~euse** /lavœʀ, øz/ *nm,f* cleaner.

lave-vaisselle /lavvɛsɛl/ *nm inv* dishwasher.

laxatif, **~ive** /laksatif, iv/ *adj*, *nm* laxative.

layette /lɛjɛt/ *nf* baby clothes (*pl*).

le, **la** (**l'** *devant voyelle ou h muet*), *pl* **les** /lə, la, l, le/ I *art déf* **la table de la cuisine** the kitchen table; **elle s'est cogné ~ bras** she banged her arm; (+ nom d'espèce) **l'homme préhistorique** prehistoric man; **aimer les chevaux** to like horses; (+ nom propre) **les Dupont** the Duponts; (+ préposition et nombre) **dans les 20 francs** about 20 francs; (pour donner un prix, une fréquence etc) a, an; **50 francs ~ kilo** 50 francs a kilo. II *pron pers* **je ne ~/la/les comprends pas** I don't understand him/her/them. III *pron neutre* **je ~ savais** I knew (it); **c'est lui qui ~ dit** he says so.

lèche-bottes☺ /lɛʃbɔt/ *nm* bootlicker☺.

lécher /leʃe/ I *vtr* to lick. II **se** ~ *vpr* **se ~ les doigts** to lick one's fingers.

lécheur☺, **~euse** /leʃœʀ, øz/ *nm,f* crawler☺.

lèche-vitrines /lɛʃvitʀin/ *nm inv* **faire du** ~ to go window-shopping.

leçon /ləsɔ̃/ *nf* lesson.

lecteur, **~trice** /lɛktœʀ, tʀis/ I *nm,f* reader; UNIV teaching assistant. II *nm* ~

optique optical scanner; ~ **de disquettes** disk drive; ~ **laser** CD player.

lecture /lɛktyʀ/ *nf* reading.

légal, **~e**, *mpl* **~aux** /legal, o/ *adj* [âge] legal; [activité] lawful.

légalement /legalmɑ̃/ *adv* legally; (sans enfreindre la loi) lawfully.

légaliser /legalize/ *vtr* to legalize.

légalité /legalite/ *nf* legality; **dans la ~** within the law.

légende /leʒɑ̃d/ *nf* legend; (d'illustration) caption; (de carte) key.

léger, **~ère** /leʒe, ɛʀ/ **I** *adj* light; [blessure, progrès, baisse, faute] slight; [crainte, condamnation] mild; [blessure] minor; **c'est un peu ~**☺ it's a bit skimpy; [café, etc] weak. **II** *adv* **voyager ~** to travel light. **III à la légère** *loc adv* not seriously.

légèrement /leʒɛʀmɑ̃/ *adv* [trembler, blessé, teinté] slightly; [manger] lightly; [agir, parler] without thinking.

légèreté /leʒɛʀte/ *nf* lightness; (dans la conduite) irresponsibility.

légion /leʒjɔ̃/ *nf* legion.

législateur, **~trice** /leʒislatœʀ, tʀis/ *nm,f* legislator.

législatif, **~ive** /leʒislatif, iv/ *adj* legislative; **élections législatives** general election (*sg*).

légiste /leʒist/ *nmf* jurist.

légitime /leʒitim/ *adj* legitimate. ■ **~ défense** self-defence[GB].

legs /lɛg/ *nm* legacy; (à une fondation) bequest.

léguer /lege/ *vtr* ~ **qch à qn** to leave sth to sb.

légume /legym/ *nm* vegetable; **~s secs** pulses.

lendemain /lɑ̃d(ə)mɛ̃/ *nm* **le ~** the following day; **le ~ de** the day after.

lent, **~e** /lɑ̃, ɑ̃t/ *adj* slow.

lentement /lɑ̃t(ə)mɑ̃/ *adv* slowly.

lenteur /lɑ̃tœʀ/ *nf* slowness.

lentille /lɑ̃tij/ *nf* BOT, CULIN lentil; (optique) lens.

léopard /leɔpaʀ/ *nm* leopard.

lequel /ləkɛl/, **laquelle** /lakɛl/, **lesquels** *mpl*, **lesquelles** *fpl* /lekɛl/, **auquel**, **auxquels** *mpl*, **auxquelles** *fpl* /okɛl/, **duquel** /dykɛl/, **desquels** *mpl*, **desquelles** *fpl* /dekɛl/ **I** *pron rel* (sujet) (représentant qn) who; (dans les autres cas) which; (objet)(représentant qn) whom; (dans les autres cas) which. **II** *pron inter* which; **lesquels sont les plus petits?** which are smallest?; **j'ai vu un film mais ~?** I saw a film but which one?

les ▸ **le**.

léser /leze/ *vtr* to wrong.

lessive /lesiv/ *nf* washing powder[GB]; (linge) washing[GB], laundry[US]; **faire la ~** to do the washing[GB], the laundry[US].

lessiver /lesive/ *vtr* to wash; **être lessivé**☺ to be washed out☺.

lest /lɛst/ *nm* ballast; **lâcher du ~** FIG to make concessions.

leste /lɛste/ *adj* [pas] nimble.

lettre /lɛtʀ/ **I** *nf* letter; **en toutes ~s** in black and white; **à la ~**, **au pied de la ~** to the letter, literally. **II ~s** *nfpl* UNIV arts[GB], humanities[US]; **avoir des ~s** to be well read.

leucémie /løsemi/ *nf* leukaemia[GB].

leur /lœʀ/ **I** *pron pers inv* them; **il ~ a fallu faire** they had to do. **II ~**, **~s** *adj poss* their; **un de ~s amis** a friend of theirs. **III le ~**, **la ~**, **les ~s** *pron poss* theirs; **c'est le ~** that's theirs.

leurre /lœʀ/ *nm* illusion; (à la chasse) lure.

levain /ləvɛ̃/ *nm* leaven[GB], sourdough[US].

levant /ləvɑ̃/ *nm* east.

levé, **~e** /ləve/ *adj* **voter à main ~e** to vote by a show of hands; (hors du lit) up.

levée /ləve/ *nf* (fin) lifting, ending; (de séance) close, suspension; (de courrier) collection; (aux cartes) trick. ■ ~ **de boucliers** outcry.

lever¹ /ləve/ I *vtr* (siège, capitaux, bras) to raise; ~ **les yeux sur** to look up at; (soulever) to lift; ~ **les enfants** to get the children up; (embargo) to lift; (séance) to close; (impôt, troupes) to levy. II *vi* [pâte] to rise. III **se** ~ *vpr* to get up; to stand up; (s'insurger) **se** ~ **contre** to rise up against; [brume] to clear; [temps] to clear up.

lever² /ləve/ *nm* ~ **du jour** daybreak; ~ **de rideau** curtain up; ~ **du soleil** sunrise.

levier /ləvje/ *nm* lever; ~ **de vitesse** gear lever^GB, gearshift^US.

lèvre /lɛvʀ/ *nf* lip.

lévrier /levʀije/ *nm* greyhound.

levure /ləvyʀ/ *nf* yeast; ~ **chimique** baking powder.

lexique /lɛksik/ *nm* glossary; (bilingue) vocabulary.

lézard /lezaʀ/ *nm* lizard.

lézarde /lezaʀd/ *nf* crack.

liaison /ljɛzɔ̃/ *nf* link; ~ **ferrovaire** rail link; ~ **radio** radio contact; (logique) connection; (amoureuse) affair; LING liaison.

liane /ljan/ *nf* creeper.

liasse /ljas/ *nf* wad; (de lettres) bundle.

libeller /libɛlle/ *vtr* ~ **un chèque à l'ordre de qn** to make out a cheque^GB, check^US to sb.

libellule /libɛlyl/ *nf* dragonfly.

libéral, **~e**, *mpl* **~aux** /libeʀal, o/ I *adj* liberal; POL Liberal. II *nm,f* POL Liberal.

libéraliser /libeʀalize/ *vtr* to liberalize.

libéralisme /libeʀalism/ *nm* liberalism.

libération /libeʀasjɔ̃/ *nf* (de prisonnier, d'énergie) release; (de pays) liberation; (de prix) deregulation.

libérer /libeʀe/ I *vtr* ~ **(de)** (pays) to liberate (from); (détenu) to release (from); (esclave, animal) to free (from); (soldat) to discharge (from); (appartement) to vacate; (passage) to clear; ~ **la chambre avant midi** to check out before noon; (économie) to liberalize; (prix) to deregulate. II **se** ~ **(de)** *vpr* to free oneself (from).

liberté /libɛʀte/ *nf* freedom ¢; **Statue de la** ~ Statue of Liberty; **~, égalité, fraternité** Liberty, Equality, Fraternity; **être en** ~ to be free; **être en** ~ **conditionnelle** to be on parole; **prendre la** ~ **de faire** to take the liberty of doing.

libraire /libʀɛʀ/ *nmf* bookseller.

librairie /libʀɛʀi/ *nf* bookshop^GB, bookstore.

libre /libʀ/ *adj* ~ **(de faire)** free (to do); ~ **de qch** free from sth; [voie] clear; [personne, chambre] available; [place] free; [poste, toilettes] vacant.

libre-échange /libʀeʃɑ̃ʒ/ *nm* free trade.

libre-service, *pl* **libres-services** /libʀəsɛʀvis/ *nm* self-service.

licence /lisɑ̃s/ *nf* UNIV (bachelor's) degree; ~ **en droit** law degree; COMM, JUR licence^GB; (liberté) licence^GB.

licencié, **~e** /lisɑ̃sje/ I *adj* [employé] sacked☺. II *nm,f* laid-off worker; UNIV graduate^GB, college graduate^US; SPORT *member of a sports federation.*

licenciement /lisɑ̃simɑ̃/ *nm* dismissal.

licencier /lisɑ̃sje/ *vtr* to sack☺.

licite /lisit/ *adj* lawful.

licorne /likɔʀn/ *nf* unicorn.

lie /li/ *nf* (de vin) dregs (*pl*).

liège /ljɛʒ/ *nm* cork.

liégeois, **~e** /ljeʒwa, az/ *adj* **café/chocolat** ~ ≈ coffee/chocolate ice cream with whipped cream.

lien /ljɛ̃/ *nm* strap; FIG bond; (rapport) link, connection.

lier /lje/ I *vtr* to tie [sb/sth] up; (unir) to bind; **ils sont très liés** they are very close. II **se** ~ *vpr* **se** ~ **avec qn** to make friends with sb.

lierre /ljɛʀ/ *nm* ivy.

liesse /ljɛs/ *nf* jubilation.

lieu[1] /ljø/ *nm* ~ **noir** coley; ~ **(jaune)** yellow pollock.

lieu[2], *pl* **~x** /ljø/ I *nm* place; **en ~ sûr** in a safe place; ~ **de vente** point of sale; ~ **de travail** workplace; **en premier/dernier ~** firstly/lastly; **avoir ~** to take place; **tenir ~ de** to serve as; **donner ~ à** to cause. II **au ~ de** *loc prép* instead of. III **~x** *nmpl* **sur les ~x** at the scene; **vider les ~x** to vacate the premises.

lieue /ljø/ *nf* league.

lieutenant /ljøtnɑ̃/ *nm* lieutenant.

lièvre /ljɛvʀ/ *nm* hare.

lifting /liftiŋ/ *nm* face-lift.

ligne /liɲ/ *nf* line; **à la ~!** (dans une dictée) new paragraph!; (de bus, bateau, d'avion) service; (de métro, train, téléphone) line; (silhouette) figure; (rangée) row.
• **entrer en ~ de compte** to be taken into account.

lignée /liɲe/ *nf* line of descent.

ligoter /ligɔte/ *vtr* to truss [sb] up.

ligue /lig/ *nf* league.

liguer: **se ~** /lige/ *vpr* to join forces.

lilas /lila/ *adj inv*, *nm* lilac.

limace /limas/ *nf* slug.

limande /limɑ̃d/ *nf* dab.

lime /lim/ *nf* file.

limer /lime/ *vtr* to file.

limier /limje/ *nm* bloodhound; (détective) sleuth.

limitation /limitasjɔ̃/ *nf* ~ **des prix** price control ¢; ~ **de vitesse** speed limit.

limite /limit/ I *nf* border; **à la ~ de** on the verge of; (de terrain) boundary; **dépasser les ~s** to go too far; **dans une certaine ~** up to a point; **dans la ~ du possible** as far as possible. II **(-)limite** **date(-)~** deadline; **date(-)~ de vente** sell-by date.

limité, **~e** /limite/ *adj* limited.

limiter /limite/ I *vtr* to limit. II **se ~ à** *vpr* to limit oneself to, to be limited to.

limitrophe /limitʀɔf/ *adj* [pays] adjacent; [ville] border.

limon /limɔ̃/ *nm* silt.

limonade /limɔnad/ *nf* Seven-Up®.

limousine /limuzin/ *nf* limousine.

limpide /lɛ̃pid/ *adj* clear.

lin /lɛ̃/ *nm* flax; (tissu) linen.

linceul /lɛ̃sœl/ *nm* shroud.

linge /lɛ̃ʒ/ *nm* linen; (lessive) washing; ~ **(de corps)** underwear.

lingerie /lɛ̃ʒʀi/ *nf* linen room; (linge de corps) lingerie.

lingot /lɛ̃go/ *nm* ingot.

linguistique /lɛ̃gɥistik/ I *adj* linguistic. II *nf* linguistics (*sg*).

linotte /linɔt/ *nf* linnet; **tête de ~** scatterbrain.

linteau, *pl* **~x** /lɛ̃to/ *nm* lintel.

lion /ljɔ̃/ *nm* lion.

Lion /ljɔ̃/ *nprm* Leo.

lionceau, *pl* **~x** /ljɔ̃so/ *nm* lion cub.

lionne /ljɔn/ *nf* lioness.

liquéfier: **se ~** /likefje/ *vpr* to liquefy.

liqueur /likœʀ/ *nf* liqueur.

liquidation /likidasjɔ̃/ *nf* liquidation; (de dettes) settlement.

liquide /likid/ I *adj* liquid; **argent ~** cash. II *nm* liquid; (argent) cash.

liquider /likide/ *vtr* to liquidate; (problème)☺ to settle; (témoin)☺ to liquidate☺.

lire[1] /liʀ/ *vtr* to read.

lire[2] /liʀ/ *nf* lira.

lis /lis/ *nm* lily.

lisible /lizibl/ *adj* [écriture] legible; [roman] readable.

lisière /lizjɛʀ/ *nf* edge; (de village) outskirts.

lisse /lis/ *adj* smooth.

lisser /lise/ *vtr* to smooth; (plumes) to preen.

liste /list/ *nf* list.

• **être sur (la) ~ rouge** to be ex-directory[GB], to have an unlisted number[US].

lit /li/ *nm* bed; ~ **d'enfant** cot[GB], crib[US]; **se mettre au** ~ to go to bed; **au ~!** bedtime!

literie /litʀi/ *nf* bedding.

lithographie /litɔgʀafi/ *nf* lithography; (estampe) lithograph.

litière /litjɛʀ/ *nf* litter; (de chevaux) bedding.

litige /litiʒ/ *nm* dispute.

litre /litʀ/ *nm* litre[GB].

littéraire /liteʀɛʀ/ *adj* [œuvre] literary; [études] arts.

littéral, **~e**, *mpl* **~aux** /liteʀal, o/ *adj* literal.

littéralement /liteʀalmɑ̃/ *adv* [traduire] literally; [citer] verbatim.

littérature /liteʀatyʀ/ *nf* literature.

littoral /litɔʀal/ *nm* coast.

livide /livid/ *adj* livid.

living /liviŋ/ *nm* living room.

livraison /livʀɛzɔ̃/ *nf* delivery.

livre[1] /livʀ/ *nm* book. ▪ **~ de bord** logbook; **~ d'or** visitors' book; **~ de poche**[R] paperback; **~ scolaire** schoolbook.

livre[2] /livʀ/ *nf* (monnaie, poids) pound.

livrée /livʀe/ *nf* livery.

livrer /livʀe/ I *vtr* to deliver (to); **se faire ~ qch** to have sth delivered; (complice, secret) to betray. II **se ~** *vpr* **se ~ à un trafic** to engage in trafficking; **se ~ à la justice** to give oneself up; **se ~ à un ami** to confide in a friend.

• **~ bataille (à qn)** to fight (sb).

livret /livʀɛ/ *nm* booklet; (d'opéra) libretto. ▪ **~ de caisse d'épargne** savings book; **~ de famille** family record book (*of births, marriages and deaths*); **~ scolaire** school report book.

livreur, **~euse** /livʀœʀ, øz/ *nm,f* delivery man/woman.

lobe /lɔb/ *nm* lobe.

local, **~e**, *pl* **~aux** /lɔkal, o/ I *adj* local; [douleur, averses] localized. II *nm* place; **locaux** offices, premises.

localiser /lɔkalize/ *vtr* to locate; (circonscrire) to localize.

localité /lɔkalite/ *nf* locality.

locataire /lɔkatɛʀ/ *nmf* tenant; **être** ~ to be renting.

location /lɔkasjɔ̃/ *nf* renting; **agence de** ~ rental agency; **donner en** ~ to rent out; **~ de voitures** car hire[GB], car rental; (de spectacle) booking; **guichet de ~** box office.

locomotive /lɔkɔmɔtiv/ *nf* engine, locomotive.

locution /lɔkysjɔ̃/ *nf* idiom, phrase.

loge /lɔʒ/ *nf* lodge; (d'artiste) dressing room; (de spectateur) box.

logé, **~e** /lɔʒe/ *adj* housed; **être ~ et nourri, blanchi** to have bed and board.

logement /lɔʒmɑ̃/ *nm* accommodation ¢; (appartement) flat[GB], apartment[US]; **la crise du** ~ the housing crisis.

loger /lɔʒe/ I *vtr* (client) to accommodate; (ami) to put up. II *vi* to live; (temporairement) to stay. III **se ~** *vpr* to find accommodation; (payer) to pay for accommodation; **se ~ dans qch** to get stuck in sth; [balle] **se ~ dans** to lodge in.

logeur, **~euse** /lɔʒœʀ, øz/ *nm,f* lodger

logiciel /lɔʒisjɛl/ *nm* software ¢.

logique /lɔʒik/ I *adj* logical. II *nf* logic.

logis /lɔʒi/ *nm* home.

logistique /lɔʒistik/ *nf* logistics (*sg*).

logo /lɔgo/ *nm* logo.

loi /lwa/ *nf* law.

loin /lwɛ̃/ I *adv* ~ **(de)** far (from); **c'est ~** it's a long way; **plus ~** further away; **vu de ~** seen from a distance; **voir plus ~** (dans un texte) see below; **on est ~ d'avoir fini** we're far from finished; **c'est de ~ le meilleur** it's by far the best; **pas ~ de 100 euros** almost 100 euros. II **au ~** *loc adv* in the distance. III **de ~ en ~** *loc adv* here and there; (dans le temps) every now and then.

lointain, **~e** /lwɛ̃tɛ̃, ɛn/ I *adj* distant; [ressemblance] remote. II *nm* **dans le ~** in the distance.

loir /lwaʀ/ *nm* dormouse.

loisir /lwaziʀ/ *nm* spare time ¢; **à ~** at leisure.

long, **longue** /lɔ̃, lɔ̃g/ I *adj* long; **un tuyau ~ de trois mètres** a pipe three metres[GB] long. II *adv* **en dire ~** to say a lot; **s'habiller ~** to wear longer skirts. III *nm* **un câble de six mètres de ~** a cable six metres[GB] long; **en ~** [fendre] lengthwise; **en ~ et en large** [raconter] in great detail; **marcher de ~ en large** to pace up and down; **tomber de tout son ~** to fall flat. IV **à la longue** *loc adv* in the end. ▪ **~ métrage** feature-length film.

long-courrier, *pl* **~s** /lɔ̃kuʀje/ *nm* long-haul aircraft.

longer /lɔ̃ʒe/ *vtr* (forêt, côte) to go along; (rivière) to follow.

longiligne /lɔ̃ʒiliɲ/ *adj* lanky.

longitude /lɔ̃ʒityd/ *nf* longitude.

longtemps /lɔ̃tɑ̃/ *adv* [attendre, dormir, etc] (for) a long time; (avec négation, dans une question) (for) long; **~ avant/après** long before/after; **avant ~** before long; **plus ~** longer; **une lettre ~ attendue** a long-awaited letter; [il y a, depuis, cela fait] (for) a long time, (for) long; **il ne travaille pas ici depuis ~** he hasn't worked here (for) long.

longue ▸ **long**.

longuement /lɔ̃gmɑ̃/ *adv* [hésiter, cuire] for a long time; [expliquer] at length.

longueur /lɔ̃gœʀ/ I *nf* length; **dans (le sens de) la ~** lengthways[GB], lengthwise[US]; **un câble de trois mètres de ~** a cable three metres[GB] long; **le saut en ~** the long jump; **traîner en ~** to go on forever. II **~s** *nfpl* overlong passages. III **à ~ de** *loc prép* **à ~ d'année** all year round; **à ~ de temps** all the time. ▪ **~ d'onde** wavelength.

longue-vue, *pl* **longues-vues** /lɔ̃gvy/ *nf* telescope.

lopin /lɔpɛ̃/ *nm* ~ **(de terre)** patch of land, plot.

loque /lɔk/ I *nf* ~ **(humaine)** (human) wreck. II **~s** *nfpl* rags.

loquet /lɔkɛ/ *nm* latch.

lorgner© /lɔʀɲe/ *vtr* (qn) to give (sb) the eye©; (poste) to have one's eye on.

lors /lɔʀ/ **~ de** *loc prép* during; (au moment de) at the time of.

lorsque (**lorsqu'** *devant voyelle ou h muet*) /lɔʀsk(ə)/ *conj* when.

losange /lɔzɑ̃ʒ/ *nm* rhomb, lozenge; **en ~** diamond-shaped.

lot /lo/ *nm* share; (à la loterie) prize; **gagner le gros ~** to hit the jackpot.

loterie /lɔtʀi/ *nf* lottery.

loti, **~e** /lɔti/ *adj* **bien/mal ~** well/badly off.

lotion /losjɔ̃/ *nf* lotion.

lotissement /lɔtismɑ̃/ *nm* housing estate[GB], housing development.

loto /lɔto/ *nm* (jeu de société) lotto; (loterie) **le ~** the lottery.

lotte /lɔt/ *nf* monkfish.

louable /luabl/ *adj* praiseworthy.

louange /luɑ̃ʒ/ *nf* praise.

loubard© /lubaʀ/ *nm* hooligan.

louche /luʃ/ I *adj* shady; **il y a qch de ~** there is sth fishy. II *nf* ladle.

loucher /luʃe/ I *vi* to have a squint. II **~ sur**© *vtr ind* (filles) to eye; (héritage) to have one's eye on.

louer /lue/ I *vtr* [propriétaire] → (maison) to let[GB], to rent out; **à ~** for rent, to let[GB]; [locataire] → (maison) to rent; (équipement, film) to hire[GB], to rent; (embaucher) to hire; **Dieu soit loué** thank God. II **se ~** *vpr* to be rented; **se ~ d'avoir fait** to congratulate oneself on doing.

loufoque© /lufɔk/ *adj* crazy©.

loukoum /lukum/ *nm* Turkish delight ¢.

loup /lu/ *nm* wolf; **à pas de ~** stealthily; (poisson) **~ (de mer)** (sea) bass; (masque) domino, eye mask.

loupe /lup/ *nf* magnifying glass.

louper© /lupe/ I *vtr* (train, etc) to miss; (examen) to flunk©; (sauce) to screw up©. II *vi* **tout faire ~** to mess everything up.

loupiote© /lupjɔt/ *nf* lamp.

lourd, **~e** /luʀ, luʀd/ I *adj* heavy; [erreur] serious; **~ de** (de conséquences) fraught with. II *adv* heavy; MÉTÉO **il fait ~** it's close; (beaucoup) **il n'en fait/sait pas ~**© he doesn't do/know a lot.

loutre /lutʀ/ *nf* otter; (fourrure) otterskin.

louve /luv/ *nf* she-wolf.

louveteau, *pl* **~x** /luvto/ *nm* wolf cub.

louvoyer /luvwaje/ *vi* NAUT to tack; (biaiser) to manoeuvre[GB], to maneuver[US].

lover: **se ~** /lɔve/ *vpr* [serpent] to coil itself up; [personne] to curl up.

loyal, **~e**, *mpl* **~aux** /lwajal, o/ *adj* loyal, faithful; [concurrence] fair.

loyauté /lwajote/ *nf* loyalty (to), honesty.

loyer /lwaje/ *nm* rent.

lubie /lybi/ *nf* whim.

lubrifiant, **~e** /lybʀifjɑ̃, ɑ̃t/ *nm* lubricant.

lubrifier /lybʀifje/ *vtr* to lubricate.

lucarne /lykaʀn/ *nf* (de toit) skylight.

lucide /lysid/ *adj* lucid.

lucratif, **~ive** /lykʀatif, iv/ *adj* lucrative.

ludique /lydik/ *adj* play (*épith*).

ludothèque /lydɔtɛk/ *nf* toy library.

lueur /lɥœʀ/ *nf* (faint) light; **~ d'espoir** glimmer of hope; **à la ~ d'une bougie** by candlelight.

luge /lyʒ/ *nf* sledge[GB], sled[US]; **faire de la ~** to go tobogganing.

lugubre /lygybʀ/ *adj* gloomy.

lui /lɥi/ *pron pers* I *pron pers m* (sujet) (personne, animal familier) **~ seul a...** he alone has...; **c'est ~** it's him; (dans une comparaison) him; **plus que ~** more than him; (après une préposition) him; **après ~** after him; **c'est à ~ de choisir** it's up to him to choose. II *pron pers mf* (objet, concept, animal, plante) it(complément) (personne, animal familier) him, her; **je ~ ai dit** I told him/her.

lui-même /lɥimɛm/ *pron pers* (personne) himself; (objet, idée, concept) itself.

luire /lɥiʀ/ *vi* [soleil, surface polie] to shine; [braises, espoir] to glow.

luisant, **~e** /lɥizɑ̃, ɑ̃t/ *adj* [surface polie] shining; [yeux] gleaming.

lumière /lymjɛʀ/ I *nf* light; **la ~ du jour** daylight; **à la ~ des récents événements** in the light of recent events; **mettre qch en ~** to highlight sth. II **~s** *nfpl* (de véhicule) lights; (connaissances) **j'ai besoin de vos ~s**© I need to pick your brains.

lumineux, **~euse** /lyminø, øz/ *adj* [corps, point] luminous; [explication] clear; **idée lumineuse** brilliant idea, brainwave©; [teint, regard] radiant.

luminosité /lyminozite/ *nf* brightness.

lunatique /lynatik/ *adj* moody.

lundi /lœ̃di/ *nm* Monday.

lune /lyn/ *nf* moon. ■ **~ de miel** honeymoon.

● **être dans la ~**© to have one's head in the clouds.

luné©, **~e** /lyne/ *adj* **bien ~** cheerful; **mal ~** grumpy.

lunette /lynɛt/ I *nf* **~ arrière** AUT rear window. II **~s** *nfpl* glasses. ■ **~s de soleil** sunglasses.

lurette[☺] /lyʀɛt/ *nf* **il y a belle ~ que...** it's been ages[☺] since...
luron /lyʀɔ̃/ *nm* **gai/joyeux ~** jolly fellow.
lustre /lystʀ/ I *nm* ceiling light; (éclat) sheen. II **~s** *nmpl* **depuis des ~s** for a long time.
lustrer /lystʀe/ *vtr* to polish.
luth /lyt/ *nm* lute.
luthérien, **~ienne** /lyteʀjɛ̃, jɛn/ *adj, nm,f* Lutheran.
lutin /lytɛ̃/ *nm* goblin.
lutte /lyt/ *nf* struggle, fight; (sport) wrestling. ■ **~ armée** armed conflict; **~ de classes** class struggle.
lutter /lyte/ *vi* to struggle; **~ contre qn** to fight against sb.
lutteur, **~euse** /lytœʀ, øz/ *nm,f* SPORT fighter, wrestler.
luxe /lyks/ *nm* luxury.
luxer /lykse/ *vtr* **se ~ l'épaule** to dislocate one's shoulder.
luxueux, **~euse** /lyksɥø, øz/ *adj* luxurious.
luzerne /lyzɛʀn/ *nf* alfalfa.
lycée /lise/ *nm* secondary school (*school preparing students aged 15-18 for the baccalaureate*).
lycéen, **~éenne** /liseɛ̃, ɛn/ *nm,f* secondary-school student.
lynx /lɛ̃ks/ *nm* lynx.
lyre /liʀ/ *nf* lyre.
lyrique /liʀik/ *adj* [poème] lyric; [élan] lyrical.
lys /lis/ *nm* lily.

m

m (*abrév écrite* = **mètre**) **3 m** 3 m.
m' ▸ **me**.
M. (*abrév écrite* = **Monsieur**) Mr.
ma ▸ **mon**.
MA /ɛma/ *nmf* (*abrév* = **maître auxiliaire**) *secondary teacher without tenure.*
macadam /makadam/ *nm* tarmac[® GB], asphalt[US].
macaque /makak/ *nm* macaque.
macaron /makaʀɔ̃/ *nm* (gâteau) macaroon; (insigne) lapel badge.
macédoine /masedwan/ *nf* **~ (de légumes)** mixed vegetables (*pl*); **~ de fruits** fruit cocktail.
mâche /mɑʃ/ *nf* lamb's lettuce.
mâcher /mɑʃe/ *vtr* to chew.
machin[☺] /maʃɛ̃/ *nm* what's-its-name[☺].
Machin[☺], **~e** /maʃɛ̃, in/ *nm,f* what's-his-name[☺]/what's-her-name[☺]; **la mère ~** Mrs whatsit.
machinal, **~e**, *mpl* **~aux** /maʃinal, o/ *adj* mechanical.
machine /maʃin/ *nf* machine; NAUT engine. ■ **~ à coudre** sewing machine; **~ à écrire** typewriter; **~ à laver** washing machine; **~ à laver la vaisselle** dishwasher; **~ à sous** slot machine.
machiniste /maʃinist/ *nmf* driver.
macho[☺] /matʃo/ *nm* macho man.
mâchoire /mɑʃwaʀ/ *nf* jaw.
maçon /masɔ̃/ *nm* bricklayer, mason.
madame, *pl* **mesdames** /madam, medam/ *nf* (titre) (dans une lettre) Dear Madam; **Madame, Monsieur** Dear Sir or

Madam; **bonsoir** ~ good evening; **mesdames et messieurs bonsoir** good evening ladies and gentlemen; (si on connaît son nom) **bonjour,** ~ good morning, Ms/Mrs Bon.

madeleine /madlɛn/ *nf* (gâteau) madeleine.

mademoiselle, *pl* **mesdemoiselles** /madmwazɛl, medmwazɛl/ *nf* (titre) (dans une lettre) Dear Madam; **bonjour,** ~ good morning; **mesdames, mesdemoiselles, messieurs** ladies and gentlemen; (si on connaît son nom) Ms Bon, Miss Bon; **Chère Mademoiselle** (dans une lettre) Dear Ms/ Miss Bon.

magasin /magazɛ̃/ *nm* shop[GB], store[US]; **grand** ~ department store; **faire les ~s** to go shopping; **en** ~ in stock.

magazine /magazin/ *nm* magazine.

mage /maʒ/ *nm* **les rois ~s** the (Three) Wise Men.

maghrébin, **~e** /magʀebɛ̃, in/ *adj* North African, Maghrebi.

magicien, **~ienne** /maʒisjɛ̃, ɛn/ *nm,f* magician.

magie /maʒi/ *nf* magic.

magique /maʒik/ *adj* magical.

magistral, **~e**, *mpl* **~aux** /maʒistʀal, o/ *adj* [ton] magisterial; (remarquable) brilliant.

magistrat /maʒistʀa/ *nm* magistrate.

magistrature /maʒistʀatyʀ/ *nf* magistracy.

magnat /magna/ *nm* tycoon.

magnétique /maɲetik/ *adj* magnetic.

magnétophone /maɲetɔfɔn/ *nm* tape recorder.

magnétoscope /maɲetɔskɔp/ *nm* video recorder, VCR.

magnifique /maɲifik/ *adj* magnificent, splendid.

magot[☺] /mago/ *nm* money.

magouille[☺] /maguj/ *nf* wangling[☺].

magret /magʀɛ/ *nm* (de canard) breast.

Mahomet /maɔmɛ/ *nprm* Mohammed.

mai /mɛ/ *nm* May; **le premier** ~ May Day.

maigre /mɛgʀ/ *adj* [personne] thin, skinny; [viande] lean; [fromage] low-fat; [résultat] poor.

maigreur /mɛgʀœʀ/ *nf* thinness.

maigrir /mɛgʀiʀ/ *vi* to lose weight.

maille /maj/ *nf* (de tricot) stitch; (de filet) mesh.

maillet /majɛ/ *nm* mallet.

maillon /majɔ̃/ *nm* link.

maillot /majo/ *nm* ~ **(de corps)** vest[GB], undershirt[US]; ~ **(de bain)** swimsuit.

main /mɛ̃/ *nf* hand; **fait** ~ handmade; **avoir le coup de** ~ to have the knack.

mainate /mɛnat/ *nm* mynah bird.

main-d'œuvre, *pl* **mains-d'œuvre** /mɛ̃dœvʀ/ *nf* labour[GB] ¢.

mainmise /mɛ̃miz/ *nf* **avoir la ~ sur qch** to have control over sth.

maint, **~e** /mɛ̃, mɛ̃t/ *adj indéf* many (+ *pl*), many a (+ *sg*); **à ~es reprises** many times.

maintenance /mɛ̃tnɑ̃s/ *nf* maintenance.

maintenant /mɛ̃t(ə)nɑ̃/ *adv* now.

maintenir /mɛ̃t(ə)niʀ/ I *vtr* to maintain; ~ **que** to maintain that; (paix, prix, secret) to keep; (soutenir) to support. II **se ~** *vpr* to persist, to remain stable.

maintien /mɛ̃tjɛ̃/ *nm* maintaining; (allure) deportment.

maire /mɛʀ/ *nm* mayor.

mairie /mɛʀi/ *nf* town hall[GB], city hall[US]; (administration) town council[GB], city council.

mais /mɛ/ *conj* but; ~ **oui** of course.

maïs /mais/ *nm inv* maize[GB], corn[US].

maison /mɛzɔ̃/ I *adj inv* homemade. II *nf* house; (domicile familial) home; (société) firm, company. ▪ ~ **de la culture**

community arts centre^GB; **~ des jeunes et de la culture, MJC** youth club; **~ de retraite** old people's/retirement home; **la Maison Blanche** the White House.

maisonnée /mɛzɔne/ *nf* household.

maître, **~esse** /mɛtʀ, ɛs/ I *adj* **être ~ de soi** to have self-control; **~ de qch** master of sth; [idé] key; [qualité] main. II *nm,f* teacher; (de maison) master/mistress; (d'animal) owner. III *nm* master; **coup de ~** masterstroke. ▪ **~ d'hôtel** maître d'hôtel, maître d'^US.

maître-assistant, **~e**, *mpl* **maîtres-assistants** /mɛtʀasistɑ̃, ɑ̃t/ *nm,f* senior lecturer^GB, senior instructor^US.

maître-chanteur, *pl* **maîtres-chanteurs** /mɛtʀəʃɑ̃tœʀ/ *nm* blackmailer.

maître-chien, *pl* **maîtres-chiens** /mɛtʀəʃjɛ̃/ *nm* dog handler.

maître-nageur, *pl* **maîtres-nageurs** /mɛtʀənaʒœʀ/ *nm* swimming instructor.

maîtresse /mɛtʀɛs/ I *adj f* ▶ **maître**. II *nf* mistress.

maîtrise /mɛtʀiz/ *nf* mastery ¢; **~ (de soi)** self-control ¢; UNIV master's degree.

maîtriser /mɛtʀize/ I *vtr* (sentiment, personne) to control; (incendie) to bring [sth] under control; (adversaire) to overcome; (technique) to master. II **se ~** *vpr* to have self-control.

majesté /maʒɛste/ *nf* majesty; **Sa Majesté** His/Her Majesty.

majestueux, **~euse** /maʒɛstɥø, øz/ *adj* majestic.

majeur, **~e** /maʒœʀ/ I *adj* [personne] of age; [cause, défi] main, major. II *nm* middle finger.

major /maʒɔʀ/ *nm* UNIV **~ de sa promotion** first in one's year^GB, top of one's class^US.

majoration /maʒɔʀasjɔ̃/ *nf* increase.

majorer /maʒɔʀe/ *vtr* to increase.

majoritaire /maʒɔʀitɛʀ/ *adj* majority (*épith*).

majorité /maʒɔʀite/ *nf* majority; **la ~ de la population** most of the population.

majuscule /maʒyskyl/ I *adj* capital. II *nf* capital (letter).

mal, *mpl* **maux** /mal, mo/ I *adj inv* (répréhensible) wrong; (mauvais) bad; **un film pas ~**☺ a rather good film. II *nm* trouble, difficulty; **sans ~** easily; **avoir du ~ à faire** to have trouble doing; (douleur) pain; **faire ~** to hurt; **j'ai ~** it hurts; (maladie) illness, disease; **être en ~ de qch** to be short of sth; harm; **dire du ~ de qn** to speak ill of sb; RELIG **le ~** evil. III *adv* [fait, écrit, se conduire, s'habiller] badly; [fonctionner] not properly, not very well; [éclairé, payé] poorly; **j'avais ~ compris** I had misunderstood; **~ informé** ill-informed; **aller ~** [personne] not to be well; [affaires] to go badly; [vêtement] not to fit well; **se trouver ~** to faint; **être ~ avec qn** to be on bad terms with sb. IV **pas ~**☺ *loc adv* **pas ~ d'amis** quite a few friends; **pas ~ violent** rather violent. ▪ **~ de l'air/de mer** airsickness/seasickness; **avoir le ~ de l'air/de mer** to feel airsick/seasick.

malade /malad/ I *adj* ill, sick; [plante, œil] diseased; **tomber ~** to fall ill, to get sick^US; (fou) crazy. II *nmf* sick man/woman, patient; **c'est un ~ mental** he's mentally ill.

maladie /maladi/ *nf* illness, disease; (manie)☺ mania. ▪ **~ sexuellement transmissible, MST** sexually transmitted disease, STD.

maladif, **~ive** /maladif, iv/ *adj* sickly.

maladresse /maladʀɛs/ *nf* clumsiness; (bévue) blunder.

maladroit, **~e** /maladʀwa, wat/ *adj* clumsy.

malaise /malɛz/ *nm* **avoir un ~** to feel faint; (crise) malaise.

malaisé, **~e** /maleze/ *adj* difficult.

malappris, **~e** /malapʀi, iz/ *nm,f* lout.

malaxer /malakse/ *vtr* to mix.

malchance /malʃɑ̃s/ *nf* bad luck, misfortune.

malchanceux, **~euse** /malʃɑ̃sø, øz/ *adj* unlucky.

mâle /mɑl/ *adj, nm* male.

malédiction /malediksjɔ̃/ *nf* curse.

maléfique /malefik/ *adj* evil.

malencontreux, **~euse** /malɑ̃kɔ̃tʀø, øz/ *adj* unfortunate.

malentendant, **~e** /malɑ̃tɑ̃dɑ̃, ɑ̃t/ *nm,f* **les ~s** the hearing-impaired.

malentendu /malɑ̃tɑ̃dy/ *nm* misunderstanding.

malfaçon /malfasɔ̃/ *nf* defect.

malfaisant, **~e** /malfəzɑ̃, ɑ̃t/ *adj* harmful.

malfaiteur /malfɛtœʀ/ *nm* criminal.

malformation /malfɔʀmasjɔ̃/ *nf* malformation.

malgré /malgʀe/ *prép* in spite of, despite; **~ cela**, **~ tout** nevertheless; **~ qn** against sb's wishes.

malhabile /malabil/ *adj* clumsy.

malheur /malœʀ/ *nm* misfortune; (coup du sort) misfortune; **porter ~** to be bad luck.

malheureusement /maløʀøzmɑ̃/ *adv* unfortunately.

malheureux, **~euse** /maløʀø, øz/ I *adj* unhappy, miserable; **c'est ~ que** it's a pity that. II *nm,f* **le ~!** poor man!; (indigent) poor person.

malhonnête /malɔnɛt/ *adj* dishonest.

malhonnêteté /malɔnɛtte/ *nf* dishonesty.

malice /malis/ *nf* mischief.

malicieux, **~ieuse** /malisjø, jøz/ *adj* mischievous.

malin, **maligne** /malɛ̃, maliɲ/ I *adj* clever; (méchant) malicious; [tumeur] malignant. II *nm,f* **c'est un ~** he's a crafty one; **jouer au plus ~**© to play the wise guy©.

malle /mal/ *nf* trunk; **~ (arrière)** boot^GB, trunk^US.

mallette /malɛt/ *nf* briefcase.

malmener /malməne/ *vtr* (personne) to manhandle; (langue) to misuse.

malodorant, **~e** /malɔdɔʀɑ̃, ɑ̃t/ *adj* foul-smelling.

malotru, **~e** /malɔtʀy/ *nm,f* boor.

malpoli, **~e** /malpɔli/ *adj* rude.

malpropre /malpʀɔpʀ/ *adj* dirty.

malsain, **~e** /malsɛ̃, ɛn/ *adj* unhealthy.

maltraiter /maltʀɛte/ *vtr* (personne, animal) to mistreat; (langue) to misuse.

malveillant, **~e** /malvɛjɑ̃, ɑ̃t/ *adj* malicious.

malversation /malvɛʀsasjɔ̃/ *nf* embezzlement ¢.

malvoyant, **~e** /malvwajɑ̃, ɑ̃t/ *nmf* partially sighted person.

maman /mamɑ̃/ *nf* mum©GB, mom©US.

mamelle /mamɛl/ *nf* GÉN teat; (pis) udder.

mamelon /mamlɔ̃/ *nm* ANAT nipple.

mamie© /mami/ *nf* granny©.

mammifère /mamifɛʀ/ *nm* mammal.

mammouth /mamut/ *nm* mammoth.

mamy ▸ **mamie**.

manager[1] /manadʒœʀ/ manageur.

manager[2] /manaʒe/ *vtr* to manage.

manageur /manaʒœʀ/ *nm* manager.

manche[1] /mɑ̃ʃ/ *nm* handle; (de violon) neck; **~ à balai** LIT broomhandle; (de sorcière) broomstick; AVIAT joystick.

manche[2] /mɑ̃ʃ/ *nf* sleeve; **à ~s longues** long-sleeved; (en compétition) round; (au tennis) set; **faire la ~**© to beg.

Manche /mɑ̃ʃ/ *nprf* **la ~** the (English) Channel.

manchette /mɑ̃ʃɛt/ *nf* double cuff; (titre) headline.

manchot, **~otte** /mɑ̃ʃo, ɔt/ I *adj* one-armed. II *nm* penguin.

mandarine /mɑ̃daʀin/ *nf* mandarin, tangerine.

mandat /mɑ̃da/ *nm* ~ **(postal)** money order; **exercer son** ~ to be in office; (pouvoir) mandate. ▪ ~ **d'arrêt** (arrest) warrant.

mandataire /mɑ̃datɛʀ/ *nmf* agent.

mandat-lettre, *pl* **mandats-lettres** /mɑ̃dalɛtʀ/ *nm* postal order[GB], money order.

mandoline /mɑ̃dɔlin/ *nf* mandolin.

manège /manɛʒ/ *nm* merry-go-round; (centre équestre) riding school; (manœuvre) scheme.

manette /manɛt/ *nf* lever; (de jeu) joystick.

mangeable /mɑ̃ʒabl/ *adj* edible.

mangeoire /mɑ̃ʒwaʀ/ *nf* manger.

manger /mɑ̃ʒe/ I *vtr* to eat. II *vi* to eat; **donner à** ~ **à qn** to feed sb; **faire à** ~ to cook.

mangue /mɑ̃g/ *nf* mango.

maniable /manjabl/ *adj* easy to handle.

maniaque /manjak/ I *adj* fussy; MÉD manic. II *nmf* fusspot[GB], fussbudget[US]; (détraqué) maniac.

manie /mani/ *nf* habit; (marotte) quirk; MÉD mania.

maniement /manimɑ̃/ *nm* handling.

manier /manje/ *vtr* to handle.

manière /manjɛʀ/ I *nf* way; **d'une** ~ **ou d'une autre** in one way or another; **de** ~ **à faire** so as to do; **de quelle** ~**?** how?; **de toute** ~ anyway; **à la** ~ **de qn/qch** in the style of sb/sth. II **~s** *nfpl* manners; **faire des ~s** to stand on ceremony. III **de telle** ~ **que** *loc conj* in such a way that.

manifestant, **~e** /manifɛstɑ̃, ɑ̃t/ *nm,f* demonstrator.

manifestation /manifɛstasjɔ̃/ *nf* demonstration; (événement) event; (de phénomène) appearance; (de sentiment) expression, manifestation.

manifester /manifɛste/ I *vtr* to show, to express. II *vi* to demonstrate. III **se** ~ *vpr* to appear, to show.

manigance /manigɑ̃s/ *nf* little scheme.

manigancer /manigɑ̃se/ *vtr* ~ **qch** to be up to sth.

manipuler /manipyle/ *vtr* (objet) to handle; (opinion, personne, bouton) to manipulate.

manivelle /manivɛl/ *nf* handle.

mannequin /mankɛ̃/ *nm* model; (de vitrine) dummy.

manœuvre[1] /manœvʀ/ *nm* unskilled worker.

manœuvre[2] /manœvʀ/ *nf* manoeuvre[GB]; (d'appareil) operation; (pour obtenir qch) tactic.

manœuvrer /manœvʀe/ *vtr* to manoeuvre[GB]; (machine) to operate; (personne) to manipulate.

manquant, **~e** /mɑ̃kɑ̃, ɑ̃t/ *adj* missing.

manque /mɑ̃k/ *nm* lack; (de personnel) shortage; (lacune) gap; (besoin) need.

manqué, **~e** /mɑ̃ke/ *adj* [tentative] failed; [occasion] missed.

manquer /mɑ̃ke/ I *vtr* to miss; ~ **son coup**[☺] to fail. II **~ à** *vtr ind* **ma tante me manque** I miss my aunt; ~ **à sa promesse** to fail to keep one's promise; ~ **à sa parole** to break one's word. III **~ de** *vtr ind* to lack; **je n'y manquerai pas** I won't forget; **il a manqué de le casser** he almost broke it. IV *vi* [personne] to be absent; [vivres] to run out/short; [courage] to fail. V *v impers* **il en manqe deux** two are missing; **il nous manque deux joueurs** we're two players short; **il ne manquerait plus que ça**[☺]! that would be the last straw!

mansarde /mɑ̃saʀd/ *nf* attic (room).

manteau, *pl* **~x** /mɑ̃to/ *nm* coat.

manucure /manykyʀ/ *nmf* manicurist.

manuel, **~elle** /manɥɛl/ I *adj* manual. II *nm* textbook.

manuscrit, **~e** /manyskʀi, it/ *nm* manuscript.

manutention /manytɑ̃sjɔ̃/ *nf* handling.

mappemonde /mapmɔ̃d/ *nf* map of the world.

maquereau, *pl* **~x** /makʀo/ *nm* mackerel.

maquette /makɛt/ *nf* (scale) model.

maquillage /makijaʒ/ *nm* make-up.

maquiller /makije/ I *vtr* to make [sb] up; (document) to doctor. II **se ~** *vpr* to put make-up on.

maquis /maki/ *nm inv* GÉOG, HIST maquis.

maraîcher, **~ère** /maʀɛʃe, ɛʀ/ I *adj* market-garden, truck farming[US]. II *nm,f* market gardener[GB], truck farmer[US].

marais /maʀɛ/ *nm* marsh, swamp. ■ **~ salant** saltern.

marasme /maʀasm/ *nm* stagnation.

marathon /maʀatɔ̃/ *nm* marathon.

marâtre /maʀɑtʀ/ *nf* cruel mother.

marbre /maʀbʀ/ *nm* marble.

marc /maʀ/ *nm* marc; (de café) grounds *pl*.

marcassin /maʀkasɛ̃/ *nm* young wild boar.

marchand, **~e** /maʀʃɑ̃, ɑ̃d/ I *adj* [économie] trade; [valeur] market. II *nm,f* trader; (négociant) dealer, merchant; (de boutique) shopkeeper[GB], storekeeper[US]. ■ **~ de couleurs** ironmonger[GB], hardware dealer[US].

marchander /maʀʃɑ̃de/ I *vtr* to haggle over. II *vi* to bargain.

marchandise /maʀʃɑ̃diz/ *nf* goods.

marche /maʀʃ/ *nf* walking; (trajet) walk; MIL march; (de véhicule) progress; **en état de ~** in working order; **mettre en ~** to start; (téléviseur, ordinateur) to switch on; **~ à suivre** procedure; (d'escalier, de train, bus) step; **les ~s** the stairs; MUS march. ■ **~ arrière/avant** AUT reverse/forward.

marché /maʀʃe/ *nm* COMM market; **faire son ~** to do one's shopping; (arrangement) deal; **~ conclu!** it's a deal!; **bon ~** cheap. ■ **~ noir** black market; **~ aux puces** flea market; **Marché commun** Common Market.

marchepied /maʀʃəpje/ *nm* step; (escabeau) steps (*pl*).

marcher /maʀʃe/ *vi* to walk; **~ sur les pieds de qn** to tread on sb's toes; [mécanisme, etc] to work; (aller) **~ (bien)/~ mal**[☺] to go well/not to go well; **ça marche!** (d'accord) it's a deal!; (croire naïvement)[☺] to fall for it; **faire ~**[☺] **qn** to pull sb's leg[☺].

marcheur, **~euse** /maʀʃœʀ, øz/ *nm,f* walker.

mardi /maʀdi/ *nm* Tuesday; **~ gras** Shrove Tuesday.

mare /maʀ/ *nf* pond, pool.

marécage /maʀekaʒ/ *nm* LIT marsh; (sous les tropiques) swamp; FIG quagmire.

marécageux, **~euse** /maʀekaʒø, øz/ *adj* [sol] marshy, swampy; [faune, flore] marsh (*épith*).

maréchal, *pl* **~aux** /maʀeʃal, o/ *nm* marshal.

marée /maʀe/ *nf* tide; **à ~ haute/basse** at high/low tide. ■ **~ noire** oil slick.

marelle /maʀɛl/ *nf* hopscotch.

margarine /maʀgaʀin/ *nf* margarine.

marge /maʀʒ/ I *nf* margin; (écart) leeway; **~ de manœuvre** room for manoeuvre[GB], maneuver[US]. II **en ~ de** *loc prép* **en ~ de la société** on the fringes of society.

margelle /maʀʒɛl/ *nf* rim.

marginal, **~e**, *mpl* **~aux** /maʀʒinal, o/ *nm,f* dropout.

marginaliser /marʒinalize/ *vtr* to marginalize.
marguerite /margərit/ *nf* daisy.
mari /mari/ *nm* husband.
mariage /marjaʒ/ *nm* marriage; (cérémonie) wedding.
Marianne /marjan/ *nprf* Marianne (*female figure personifying the French Republic*).
marié, **~e** /marje/ I *adj* ~ **(à/avec)** married (to). II *nm,f* **le** ~ the groom; **la ~e** the bride; **les ~s** the newlyweds.
marier /marje/ I *vtr* ~ **(à/avec)** to marry (to). II **se ~** *vpr* **se ~ (avec qn)** to get married (to sb).
marin, **~e** /marɛ̃, in/ I *adj* [courant] marine; [air, sel] sea. II *nm* sailor; ~ **pêcheur** fisherman.
marine[1] /marin/ *adj inv* navy (blue).
marine[2] /marin/ *nf* MIL, NAUT navy.
mariner /marine/ *vtr, vi* to marinate; **harengs marinés** pickled herrings; **faire ~ qn**☺ to let sb stew☺.
marionnette /marjɔnɛt/ *nf* puppet.
maritime /maritim/ *adj* maritime; [région] coastal; [compagnie] shipping.
mark /mark/ *nm* mark.
marmelade /marməlad/ *nf* marmalade.
marmite /marmit/ *nf* pot.
marmonner /marmɔne/ *vtr* to mumble.
marmot☺ /marmo/ *nm* brat☺.
marmotte /marmɔt/ *nf* marmot.
maroquinerie /marɔkinri/ *nf* leather shop.
marotte /marɔt/ *nf* pet hobby.
marquant, **~e** /markɑ̃, ɑ̃t/ *adj* memorable.
marque /mark/ *nf* brand; (de machine, etc) make; **produits de ~** branded goods; ~ **déposée** registered trademark; (trace) mark; (indice) sign; ~ **de pas** footprint; **personnage de ~** eminent person; JEUX, SPORT score; **à vos ~s!** on your marks!
marquer /marke/ *vtr* (article) to mark; (emplacement, limite) to mark out; (bétail) to brand; (début, rupture) to signal; (renseignement) to write [sth] (down); (indiquer) **l'horloge marque dix heures** the clock says ten o'clock; SPORT (but) to score.
marqueur /markœr/ *nm* marker (pen).
marquis, **~e** /marki, iz/ *nm,f* marquis/ marchioness.
marraine /marɛn/ *nf* RELIG godmother; (d'enfant défavorisé) sponsor.
marrant☺, **~e** /marɑ̃, ɑ̃t/ *adj* funny; **il n'est pas ~** he's a real pain☺; (bizarre) funny, odd.
marre☺ /mar/ *adv* **en avoir ~ (de qch/de faire)** to be fed up☺ (with sth/with doing).
marrer☺: **se ~** /mare/ *vpr* to have a great time.
marron /marɔ̃/ I *adj inv* brown. II *nm* ~ **(d'Inde)** horse chestnut; (châtaigne) chestnut; (couleur) brown.
marronnier /marɔnje/ *nm* chestnut (tree).
mars /mars/ *nm inv* March.
Marseillaise /marsɛjɛz/ *nprf* Marseillaise (*French national anthem*).
marsouin /marswɛ̃/ *nm* porpoise.
marteau, *pl* **~x** /marto/ I☺ *adj* cracked☺. II *nm* hammer.
martien, **~ienne** /marsjɛ̃, jɛn/ *adj, nm,f* Martian.
martinet /martinɛ/ *nm* (oiseau) swift; (fouet) whip.
martin-pêcheur, *pl* **martins-pêcheurs** /martɛ̃pɛʃœr/ *nm* kingfisher.
martyr, **~e** /martir/ I *adj* [enfant] battered. II *nm,f* martyr.
martyre /martir/ *nm* **souffrir le ~** to suffer agony.

martyriser /maʀtiʀize/ *vtr* to torment; (enfant) to batter.

marxisme /maʀksism/ *nm* Marxism.

mas /mɑ/ *nm* farmhouse (*in Provence*).

mascarade /maskaʀad/ *nf* masquerade.

mascotte /maskɔt/ *nf* mascot.

masculin, **~e** /maskylɛ̃, in/ I *adj* masculine; [sexe, population] male; [équipe, revue] men's. II *nm* LING masculine.

masque /mask/ *nm* mask.

masquer /maske/ *vtr* (défaut) to conceal; (paysage) to hide; (sentiment, odeur) to mask.

massacre /masakʀ/ *nm* massacre ¢, slaughter ¢.

massacrer /masakʀe/ *vtr* to massacre, to slaughter; (travail) to botch.

massage /masaʒ/ *nm* massage.

masse /mas/ *nf* mass; (grande quantité) **une ~ de** a lot of; **venir en ~** to come in droves; (peuple) **la ~** the masses (*pl*); (maillet) sledgehammer.

massepain /maspɛ̃/ *nm* marzipan.

masser /mase/ I *vtr* (troupes) to mass; (frictionner) to massage. II **se ~** *vpr* to mass; (se frictionner) to massage.

masseur, **~euse** /masœʀ, øz/ *nm,f* masseur/masseuse.

massif, **~ive** /masif, iv/ I *adj* [attaque, dose, foule, publicité] massive; [licenciements] mass (*épith*); [or, bois] solid. II *nm* massif; (de fleurs) bed.

massue /masy/ *nf* club.

mastiquer /mastike/ *vtr* to chew.

masturber /mastyʀbe/ *vtr*, **se ~** *vpr* to masturbate.

m'as-tu-vu© /matyvy/ *nmf inv* show-off.

masure /mazyʀ/ *nf* hovel.

mat, **~e** /mat/ I *adj* [peinture] matt; [son] dull. II *nm* **échec et ~!** checkmate!

mât /mɑ/ *nm* pole; NAUT mast.

match /matʃ/ *nm* match; **faire ~ nul** to draw[GB], to tie[US].

matelas /matla/ *nm* mattress; **~ pneumatique** air bed.

matelassé, **~e** /matlase/ *adj* quilted.

matelot /matlo/ *nm* seaman, sailor.

mater /mate/ *vtr* to subdue.

matérialiser /mateʀjalize/ I *vtr* (rêve) to realize; (route) to mark. II **se ~** *vpr* to materialize.

matérialisme /mateʀjalism/ *nm* materialism.

matériau, *pl* **~x** /mateʀjo/ *nm* material; **~x de construction** building materials.

matériel, **~ielle** /mateʀjɛl/ I *adj* [conditions, biens] material; [problème] practical. II *nm* equipment; **~ informatique** hardware.

maternel, **~elle** /matɛʀnɛl/ *adj* [instinct] maternal; [amour] motherly; **conseils ~s** mother's advice ¢.

maternelle /matɛʀnɛl/ *nf* nursery school.

maternité /matɛʀnite/ *nf* motherhood; (grossesse) pregnancy; (établissement) maternity hospital.

mathématicien, **~ienne** /matematisjɛ̃, jɛn/ *nm,f* mathematician.

mathématique /matematik/ *adj* mathematical.

mathématiques /matematik/ *nfpl* mathematics (*sg*).

maths© /mat/ *nfpl* maths©[GB] (*sg*), math©[US] (*sg*).

matière /matjɛʀ/ *nf* matter; (matériau) material; SCOL subject. ■ **~s grasses** fat ¢; **~ grise** grey[GB] matter; **~ première** raw material.

Matignon /matiɲɔ̃/ *nprm*: *offices of the French Prime Minister.*

matin /matɛ̃/ *nm* morning; **5 heures du ~** 5 (o'clock) in the morning, 5 am.

matinal, **~e**, *mpl* **~aux** /matinal, o/ *adj* [lever, marche] morning; **être** ~ to be an early riser.
matinée /matine/ *nf* morning; CIN, THÉÂT matinée.
• **faire la grasse** ~ to sleep late.
matou /matu/ *nm* tomcat.
matraque /matʀak/ *nf* truncheon.
matraquer /matʀake/ *vtr* to club; ~ **le public (de)** to bombard the public (with).
matricule /matʀikyl/ *nm* (service) number.
maturité /matyʀite/ *nf* maturity.
maudire /modiʀ/ *vtr* to curse.
maudit, **~e** /modi, it/ *adj* cursed; (satané)☺ blasted☺.
maugréer /mogʀee/ *vi* ~ **(contre)** to grumble (about).
maussade /mosad/ *adj* [voix, humeur] sullen; [temps] dull.
mauvais, **~e** /mɔvɛ, ɛz/ I *adj* bad; (faux) wrong; (faible) poor; (méchant) nasty; [mer] rough. II *adv* bad; **sentir** ~ to smell (bad).
mauve[1] /mov/ *adj, nm* mauve.
mauve[2] /mov/ *nf* mallow.
mauviette☺ /movjɛt/ *nf* wimp☺.
maux ▸ **mal**.
maximal, **~e**, *mpl* **~aux** /maksimal, o/ *adj* maximum.
maxime /maksim/ *nf* maxim.
maximum, *pl* **~s/maxima** /maksimɔm, maksima/ I *adj* maximum. II *nm* maximum; **au grand** ~ at the very most; **faire le** ~ to do one's utmost.
mayonnaise /majɔnɛz/ *nf* mayonnaise.
mazout /mazut/ *nm* (fuel) oil.
me (m' *devant voyelle ou h muet*) /m(ə)/ *pron pers* (objet) me; (pronom réfléchi) myself.
Me (*abrév écrite* = **Maître**) Maître.
méandre /meɑ̃dʀ/ *nm* meander; FIG maze.
mec☺ /mɛk/ *nm* guy☺.
mécanicien, **~ienne** /mekanisjɛ̃, jɛn/ *nm,f* (garagiste) mechanic; RAIL engine driver; AVIAT, NAUT engineer.
mécanique /mekanik/ I *adj* [geste, panne] mechanical; [hachoir, tondeuse] hand (*épith*); [jouet] clockwork (*épith*). II *nf* mechanics (*sg*).
mécanisme /mekanism/ *nm* mechanism.
mécénat /mesena/ *nm* patronage, sponsorship.
mécène /mesɛn/ *nm* patron, sponsor.
méchamment /meʃamɑ̃/ *adv* [faire, parler, sourire] maliciously; [traiter] badly.
méchanceté /meʃɑ̃ste/ *nf* nastiness; **dire des ~s** to say nasty things.
méchant, **~e** /meʃɑ̃, ɑ̃t/ *adj* nasty, malicious; **avoir l'air** ~ to look mean; **chien ~!** beware of the dog!
mèche /mɛʃ/ *nf* lock; (colorée) streak; (de bougie, etc) wick; (d'explosif) fuse; (outil) (drill) bit.
méchoui /meʃwi/ *nm* spit-roast lamb.
méconnaissable /mekɔnɛsabl/ *adj* unrecognizable.
méconnu, **~e** /mekɔny/ *adj* unrecognized.
mécontent, **~e** /mekɔ̃tɑ̃, ɑ̃t/ I *adj* dissatisfied. II *nm,f* malcontent.
mécontenter /mekɔ̃tɑ̃te/ *vtr* to annoy.
Mecque /mɛk/ *nprf* **la** ~ Mecca.
médaille /medaj/ *nf* medal; (bijou) medallion.
médaillon /medajɔ̃/ *nm* locket; ART, CULIN medallion.
médecin /mɛdsɛ̃/ *nm* doctor; **aller chez le** ~ to go to the doctor's.
médecine /mɛdsin/ *nf* medicine.
médias /medja/ *nmpl* **les ~s** the media.
médiateur /medjatœʀ/ *nm* mediator.

médiathèque /medjatɛk/ *nf* multimedia library.

médiation /medjasjɔ̃/ *nf* mediation.

médiatique /medjatik/ *adj* [exploitation] by the media; [succès] media; [personne] media-conscious.

médiatiser /medjatize/ *vtr* to give [sth] publicity in the media.

médical, **~e**, *mpl* **~aux** /medikal, o/ *adj* medical.

médicament /medikamɑ̃/ *nm* medicine, drug.

médicinal, **~e**, *mpl* **~aux** /medisinal, o/ *adj* medicinal.

médico-légal, **~e**, *mpl* **~aux** /medikolegal, o/ *adj* forensic.

médiéval, **~e**, *mpl* **~aux** /medjeval, o/ *adj* medieval.

médiocre /medjɔkʀ/ *adj* mediocre.

médiocrité /medjɔkʀite/ *nf* mediocrity.

médire /mediʀ/ *vtr ind* ~ **de qn** to speak ill of sb.

médisance /medizɑ̃s/ *nf* malicious gossip ¢.

méditer /medite/ I *vtr* ~ **de faire** to contemplate doing. II *vi* ~ **sur** to meditate on.

Méditerranée /mediteʀane/ *nprf* **la (mer)** ~ the Mediterranean (Sea).

méditerranéen, **~éenne** /mediteʀaneɛ̃, ɛɛn/ *adj* Mediterranean.

méduse /medyz/ *nf* jellyfish.

méduser /medyze/ *vtr* to dumbfound.

méfait /mefɛ/ *nm* misdemeanour[GB]; (du tabac, etc) harmful effect.

méfiance /mefjɑ̃s/ *nf* mistrust, suspicion.

méfiant, **~e** /mefjɑ̃, ɑ̃t/ *adj* suspicious.

méfier: **se ~** /mefje/ *vpr* **se ~ de qn/qch** not to trust sb/sth; (faire attention) to be careful.

méga /mega/ *préf* mega; **~octet** megabyte.

mégarde: **par ~** /paʀmegaʀd/ *loc adv* inadvertently.

mégère /meʒɛʀ/ *nf* shrew.

mégot /mego/ *nm* cigarette butt.

meilleur, **~e** /mɛjœʀ/ I *adj* ~ **(que)** better (than); (superlatif) best. II *nm,f* **le ~**, **la ~e** the best one. III *adv* better. IV *nm* the best; **pour le ~ et pour le pire** for better or for worse.

mélancolie /melɑ̃kɔli/ *nf* melancholy.

mélancolique /melɑ̃kɔlik/ *adj* melancholy.

mélange /melɑ̃ʒ/ *nm* (d'alcools, huiles) blend; (de couleurs, sentiments) mixture.

mélanger /melɑ̃ʒe/ I *vtr* (couleurs, etc) to mix; (alcools, etc) to blend; (cartes) to shuffle; (confondre) to mix up. II **se ~** *vpr* to get mixed up.

mélasse /melas/ *nf* molasses (*pl*).

mêlée /mele/ *nf* ~ **générale** free-for-all; **en dehors de la** ~ out of the fray; (au rugby) scrum.

mêler /mele/ I *vtr* (produits, couleurs) to mix; (ingrédients, cultures) to blend; **être mêlé à qch** to be involved in sth. II **se ~** *vpr* [cultures] to mix; **se ~ à** to join in; **se ~ de** to meddle in; **mêle-toi de tes affaires**[©] mind your own business.

mélodie /melɔdi/ *nf* melody.

mélodieux, **~ieuse** /melɔdjø, jøz/ *adj* melodious.

mélomane /melɔman/ *nmf* music lover.

melon /məlɔ̃/ *nm* melon; (chapeau) bowler[GB], derby[US].

membre /mɑ̃bʀ/ *nm* member; (partie du corps) limb.

même /mɛm/ I *adj* same; **en ~ temps** at the same time; [bonté, dévouement] itself; (exact) **à l'heure ~ où** at the very moment when. II *adv* (pour renchérir) even; **~ pas toi** not even you; (précisément) very;

aujourd'hui ~ this very day; **c'est cela** ~ that's it exactly. III **de** ~ *loc adv* **agir de** ~ to do the same; **de** ~, **nous pensons que...** similarly, we think that... IV **de** ~ **que** *loc conj* as well as. V **à** ~ **de** *loc prép* **être à** ~ **de faire** to be in a position to do. VI ~ **si** *loc conj* even if. VII *pron indéf* **le/la** ~ the same (one).

mémé☺ /meme/ *nf* granny☺.

mémento /memẽto/ *nm* guide.

mémère☺ /memɛʀ/ *nf* old granny☺.

mémo☺ /memo/ *nm* note.

mémoire[1] /memwaʀ/ *nm* (thèse) dissertation.

mémoire[2] /memwaʀ/ *nf* memory; **si j'ai bonne** ~ if I remember rightly; **pour** ~ for the record; ORDINAT (espace) memory; (unité fonctionnelle) storage; **mettre en** ~ to input. ■ ~ **morte** read-only memory, ROM; ~ **vive** random access memory, RAM.

mémorable /memɔʀabl/ *adj* memorable.

mémoriser /memɔʀize/ *vtr* to memorize.

menaçant, **~e** /mənasɑ̃, ɑ̃t/ *adj* threatening.

menace /mənas/ *nf* threat.

menacer /mənase/ *vtr* ~ **(de faire)** to threaten (to do); **être menacé** to be at risk.

ménage /menaʒ/ *nm* (foyer) household; (couple) couple; (entretien) housework; **faire le** ~ to do the cleaning.

ménagement /menaʒmɑ̃/ *nm* care; **avec ~s** gently.

ménager[1] /menaʒe/ I *vtr* to handle [sb/sth] carefully; ~ **sa santé** to look after one's health; (forces) to save; (efforts) to spare; (installer) to make. II **se** ~ *vpr* to take it easy.

ménager[2], **~ère** /menaʒe, ɛʀ/ *adj* [tâches] domestic; [équipement] household.

ménagère /menaʒɛʀ/ *nf* housewife; (couverts) canteen of cutlery[GB].

ménagerie /menaʒʀi/ *nf* menagerie.

mendiant, **~e** /mɑ̃djɑ̃, ɑ̃t/ *nm,f* beggar.

mendier /mɑ̃dje/ *vtr, vi* to beg.

mener /məne/ I *vtr* ~ **qn quelque part** to take sb somewhere; (hommes, pays, vie) to lead; ~ **à bien** to carry out; (enquête) to hold. II *vi* to be in the lead.

meneur, **~euse** /mənœʀ, øz/ *nm,f* leader.

méninge /menɛ̃ʒ/ *nf* ANAT meninx; **se creuser les ~s** to rack one's brains.

menotte /mənɔt/ I *nf* tiny hand. II **~s** *nfpl* handcuffs.

mensonge /mɑ̃sɔ̃ʒ/ *nm* lie.

mensonger, **~ère** /mɑ̃sɔ̃ʒe, ɛʀ/ *adj* false.

mensualiser /mɑ̃sɥalize/ *vtr* to pay monthly.

mensualité /mɑ̃sɥalite/ *nf* monthly instalment[GB].

mensuel, **~elle** /mɑ̃sɥɛl/ I *adj* monthly. II *nm* monthly magazine.

mensurations /mɑ̃syʀasjɔ̃/ *nfpl* measurements.

mental, **~e**, *mpl* **~aux** /mɑ̃tal, o/ *adj* mental.

mentalité /mɑ̃talite/ *nf* mentality.

menteur, **~euse** /mɑ̃tœʀ, øz/ *nm,f* liar.

menthe /mɑ̃t/ *nf* mint.

mention /mɑ̃sjɔ̃/ *nf* mention; **rayer la** ~ **inutile** delete as appropriate; SCOL, UNIV **réussir avec** ~ to pass with distinction.

mentionner /mɑ̃sjɔne/ *vtr* to mention.

mentir /mɑ̃tiʀ/ *vi* to lie, to tell lies.

menton /mɑ̃tɔ̃/ *nm* chin.

menu, **~e** /məny/ I *adj* small, tiny; [frais, soucis] minor. II *adv* finely. III *nm* menu. IV **par le** ~ *loc adv* in (great) detail.

menuiserie /mənɥizʀi/ *nf* joinery[GB]; (discipline, passe-temps) woodwork[GB], carpentry.

menuisier /mənɥizje/ *nm* joiner[GB].

méprendre: **se ~** /meprɑ̃dʀ/ *vpr* **se ~ sur** to be mistaken (about).

mépris /mepʀi/ *nm* ~ **(de)** contempt (for); **avoir du ~ pour** to despise; **au ~ de qch** regardless of sth.

méprisable /mepʀizabl/ *adj* despicable.

méprisant, **~e** /mepʀizɑ̃, ɑ̃t/ *adj* [geste] contemptuous; [personne] disdainful.

méprise /mepʀiz/ *nf* mistake.

mépriser /mepʀize/ *vtr* to despise; (danger, conseils) to scorn.

mer /mɛʀ/ *nf* sea; **en pleine ~** out at sea; **être en (pleine) ~** to be (out) at sea; **eau de ~** seawater; **~ du Nord** North Sea; **aller à la ~** to go to the seaside; **la ~ monte** the tide is coming in.

mercenaire /mɛʀsənɛʀ/ *adj*, *nmf* mercenary.

mercerie /mɛʀsəʀi/ *nf* haberdasher's shop[GB], notions store[US].

merci[1] /mɛʀsi/ I *nm* **dire ~** to thank; **mille ~s** thank you so much. II *excl* thank you, thanks☺; **Dieu ~** thank God.

merci[2] /mɛʀsi/ *nf* mercy; **sans ~** merciless; **à leur ~** at their mercy.

mercredi /mɛʀkʀədi/ *nm* Wednesday.

mercure /mɛʀkyʀ/ *nm* mercury.

merde• /mɛʀd/ *excl* shit☹!

mère /mɛʀ/ *nf* mother. ■ **~ de famille** mother; (ménagère) housewife.

merguez /mɛʀgɛz/ *nf* spicy sausage.

méridien /meʀidjɛ̃/ *nm* meridian.

méridional, **~e**, *mpl* **~aux** /meʀidjɔnal, o/ I *adj* Southern; [versant, côte] southern. II *nm,f* Southerner.

meringue /məʀɛ̃g/ *nf* meringue.

mérite /meʀit/ *nm* merit; **avoir du ~ à faire qch** to deserve credit for doing sth.

mériter /meʀite/ *vtr* to deserve; **~ le détour** to be worth the detour.

merlan /mɛʀlɑ̃/ *nm* whiting.

merle /mɛʀl/ *nm* blackbird.

merlu /mɛʀly/ *nm* hake.

merveille /mɛʀvɛj/ I *nf* marvel, wonder. II **à ~** *loc adv* wonderfully.

merveilleux, **~euse** /mɛʀvɛjø, øz/ *adj* wonderful.

mes ▸ **mon**.

mésange /mezɑ̃ʒ/ *nf* tit.

mésaventure /mezavɑ̃tyʀ/ *nf* misadventure, mishap.

mesdames ▸ **madame**.

mesdemoiselles ▸ **mademoiselle**.

mesquin, **~e** /mɛskɛ̃, in/ *adj* mean[GB], cheap☺[US].

mesquinerie /mɛskinʀi/ *nf* meanness.

mess /mɛs/ *nm* MIL mess.

message /mesaʒ/ *nm* message.

messager, **~ère** /mesaʒe, ɛʀ/ *nm,f* messenger.

messagerie /mesaʒʀi/ *nf* **~ vocale** voice messaging, voice mail.

messe /mɛs/ *nf* mass; **~s basses☺!** whispering.

messie /mesi/ *nm* Messiah.

messieurs ▸ **monsieur**.

mesure /məzyʀ/ *nf* measure; **prendre des ~s** to take measures, steps; **par ~ de sécurité** as a safety precaution; (dimension) measurement; (modération) moderation; **dépasser la ~** to go too far; MUS bar; **battre la ~** to beat time; (situation) **être en ~ de faire** to be in a position to do; **dans une certaine ~** to some extent; **dans la ~ où** insofar as.

mesurer /məzyʀe/ I *vtr* to measure; (conséquences) to consider; **~ ses paroles** to weigh one's words. II *vi* **elle mesure 1,50 m** she's 5 feet tall. III **se ~ à** *vpr* to pit one's strength against.

métal, *pl* **~aux** /metal, o/ *nm* metal.

métallique /metalik/ *adj* metal (*épith*); (ressemblant au métal) metallic.

métallurgie /metalyʀʒi/ *nf* metallurgy; (industrie) metalworking industry.

métamorphoser /metamɔʀfoze/ I *vtr* ~ **qn en qch** to turn sb into sth. II **se ~** *vpr* **se ~ en** to metamorphose into.

métaphore /metafɔʀ/ *nf* metaphor.

météo /meteo/ *nf* Met Office[GB], Weather Service[US]; (prévisions) weather forecast.

météore /meteɔʀ/ *nm* meteor.

météorologie /meteɔʀɔlɔʒi/ *nf* meteorology.

météorologique /meteɔʀɔlɔʒik/ *adj* meteorological; **conditions ~s** weather conditions.

méthode /metɔd/ *nf* method; (de langues) course book[GB], textbook[US]; (système) way.

méticuleux, **~euse** /metikylø, øz/ *adj* meticulous.

métier /metje/ *nm* (intellectuel) profession; (manuel) trade; (artisanal) craft; **c'est mon ~** it's my job; **avoir du ~** to be experienced; **~ à tisser** weaving loom.

métis, **~isse** /metis/ I *adj* [personne] mixed-race (*épith*). II *nm,f* person of mixed race.

mètre /mɛtʀ/ *nm* metre[GB]; (instrument) (metre[GB]) rule[GB], yardstick[US]. ▪ **~ carré/cube** square/cubic metre[GB].

métrique /metʀik/ *adj* metric.

métro /metʀo/ *nm* underground[GB], subway[US]; **le dernier ~** the last train.

métropole /metʀɔpɔl/ *nf* metropolis; (France métropolitaine) Metropolitan France.

mets /mɛ/ *nm* dish.

metteur /mɛtœʀ/ *nm* **~ en scène** director.

mettre /mɛtʀ/ I *vtr* to put; **on m'a mis devant** they put me at the front; (sur le corps) to put on; (porter habituellement) to wear; (dans le corps) to put in; (placer, disposer, faire fonctionner) to put (in/on); (du temps) **il a mis une heure** it took him an hour; (note) to give; (dire) **mettons**☺ **à dix heures** let's say at ten; (supposer) **mettons**☺ **qu'il vienne** supposing he comes. II **se ~** *vpr* to put oneself; **se ~ au lit** to go to bed; **se ~ debout** to stand up; **se ~ près de qn** to stand next to sb; **ne plus savoir où se ~** not to know where to put oneself; (veste, fard) to put on; **se ~ en jaune** to wear yellow; (commencer) **se ~ à (faire) qch** to start(doing) sth; **se ~ à l'aise** to make oneself comfortable; **se ~ en colère** to get angry; (se grouper) **ils s'y sont mis à dix** there were ten of them.

meuble /mœbl/ I *adj* [sol] loose. II *nm* **un ~** a piece of furniture; **des ~s** furniture ¢.

meublé, **~e** /mœble/ *adj* furnished; **non ~** unfurnished.

meubler /mœble/ I *vtr* to furnish. II **se ~** *vpr* to furnish one's home.

meuf☺ /mœf/ *nf* woman; (petite amie) girlfriend.

meugler /møgle/ *vi* to moo.

meuh /mø/ *nm* moo.

meule /møl/ *nf* (pour moudre) millstone; (pour aiguiser) grindstone; **~ de foin** haystack.

meunier, **~ière** /mønje, jɛʀ/ *nm,f* miller.

meurtre /mœʀtʀ/ *nm* murder.

meurtrier, **~ière** /mœʀtʀije, jɛʀ/ I *adj* [combats] bloody; [accident] fatal. II *nm,f* murderer.

meurtrir /mœʀtʀiʀ/ *vtr* to bruise; (moralement) to wound.

meute /møt/ *nf* pack.

MF /ɛmɛf/ *nf* (*abrév* = **modulation de fréquence**) frequency modulation, FM.

Mgr (*abrév écrite* = **Monseigneur**) Mgr.

mi /mi/ *nm inv* E; (en solfiant) mi, me.

mi- /mi/ *préf* mid; **à la mi-mai** in mid-May; **à mi-course/mi-chemin** halfway.

miam-miam© /mjammjam/ *excl* yum-yum©!, yummy©!

miaou /mjau/ *nm* miaow^GB, meow.

miauler /mjole/ *vi* to miaow^GB, to meow.

mi-bas /miba/ *nm inv* knee sock.

mi-carême /mikaʀɛm/ *nf*: *Thursday of the third week in Lent.*

miche /miʃ/ *nf* round loaf.

micmac© /mikmak/ *nm* mess©.

micro[1] /mikʀo/ *préf* micro; **~chirurgie** microsurgery.

micro[2] /mikʀo/ *nm* microphone, mike©; **~ caché** bug; (micro-ordinateur)© micro©, microcomputer.

micro[3] /mikʀo/ *nf* microcomputing.

microbe /mikʀɔb/ *nm* germ.

micro-informatique /mikʀo ɛ̃fɔʀmatik/ *nf* microcomputing.

micro-ondes /mikʀoɔ̃d/ *nm inv* microwave©.

micro-ordinateur, *pl* **~s** /mikʀoɔʀdinatœʀ/ *nm* microcomputer.

microphone /mikʀɔfɔn/ *nm* microphone.

microprocesseur /mikʀopʀɔsɛsœʀ/ *nm* microprocessor.

microscope /mikʀɔskɔp/ *nm* microscope.

midi /midi/ *nm* twelve o'clock, midday, noon; (heure du déjeuner) lunchtime; (point cardinal) south.

Midi /midi/ *nm* **le ~ (de la France)** the South (of France).

mie /mi/ *nf* bread without the crusts; **de la ~ (de pain)** fresh breadcrumbs (*pl*).

miel /mjɛl/ *nm* honey.

mien, **mienne** /mjɛ̃, mjɛn/ I *adj poss* my, mine. II **le ~**, **la ~ne**, **les ~s**, **les ~nes** *pron poss* mine; **les ~s** my family (*sg*).

miette /mjɛt/ *nf* crumb; **réduire en ~s** to smash [sth] to bits.

mieux /mjø/ I *adj inv* better; **le ~ des deux** the better one; **le/la/les ~** (de plusieurs) the best; (de caractère) the nicest. II *adv* better; **j'aime ~ rester ici** I'd rather stay here; (superlatif) (de plusieurs) the best; (de deux) the better; **de ~ en ~** better and better. III *nm inv* **le ~ est de refuser** the best thing is to refuse; **il y a du ~** there is some improvement; **il n'y a pas ~** it's the best there is; **fais pour le ~** do whatever is best.

mignon, **~onne** /miɲɔ̃, ɔn/ *adj* cute; (gentil) sweet, kind.

migraine /migʀɛn/ *nf* migraine.

migrateur, **~trice** /migʀatœʀ, tʀis/ *adj* migratory.

mijoter /miʒɔte/ I *vtr* (manigancer) to cook up©. II *vi* CULIN to simmer.

mil /mil/ *adj inv* (dans une date) one thousand.

milan /milɑ̃/ *nm* kite.

milieu, *pl* **~x** /miljø/ I *nm* middle; **un juste ~** a happy medium; (environnement) environment; (origine sociale) background, milieu; (groupe) circle; **le ~** (pègre) the underworld. II **au ~ de** *loc prép* among; **être au ~ de ses amis** to be with one's friends; (entouré de) surrounded; **au ~ du désastre** in the midst of disaster. ■ **~ de terrain** (joueur) midfield player.

militaire /militɛʀ/ I *adj* military; [vie, camion] army (*épith*). II *nm* serviceman, **être ~** to be in the army.

militant, **~e** /militɑ̃, ɑ̃t/ *nm,f* active member, activist.

militer /milite/ *vi* to be a political activist.

mille /mil/ I *adj inv* a thousand, one thousand; **deux/trois ~** two/three thousand. II *nm inv* **taper dans le ~** to hit the bull's-eye. III *nm* (mesure) mile.

millefeuille /milfœj/ *nm* millefeuille (*small layered cake made of puff pastry filled with custard and cream*).

millénaire /milenɛʀ/ I *adj* **un arbre ~** a one-thousand-year-old tree. II *nm* millennium.

mille-pattes /milpat/ *nm inv* centipede, millipede.

millésime /milezim/ *nm* vintage, year; (de monnaie) date.

milliard /miljaʀ/ *nm* thousand million^GB, billion^US.

milliardaire /miljaʀdɛʀ/ *nmf* multimillionaire, billionaire.

millième /miljɛm/ *adj* thousandth.

millier /milje/ *nm* **un ~** about a thousand.

millimètre /milimɛtʀ/ *nm* millimetre^GB.

million /miljɔ̃/ *nm* million.

millionnaire /miljɔnɛʀ/ *adj, nmf* millionaire.

mime /mim/ *nm* mime.

mimer /mime/ *vtr* to mimic.

mimi☺ /mimi/ *adj* cute.

mimique /mimik/ *nf* funny face.

mimosa /mimoza/ *nm* mimosa.

minable☺ /minabl/ I *adj* pathetic; [logement] crummy☺. II *nmf* loser☺.

minauder /minode/ *vi* to simper.

mince /mɛ̃s/ I *adj* slim, slender; FIG small, meagre^GB. II☺ *excl* **~ (alors)!** wow☺!

minceur /mɛ̃sœʀ/ I *adj inv* **cuisine ~** low-calorie dishes (*pl*). II *nf* slimness, slenderness.

mincir /mɛ̃siʀ/ *vi* to get slimmer.

mine /min/ *nf* look, appearance; **avoir mauvaise ~** to look tired; **faire ~ d'accepter** to pretend to accept; (de crayon) lead; (gisement, explosif) mine.

miner /mine/ *vtr* (moral) to sap; (santé) to undermine; MIL to mine.

minerai /minʀɛ/ *nm* ore.

minéral, **~e**, *mpl* **~aux** /mineʀal, o/ I *adj* [huile, eau] mineral; [chimie] inorganic. II *nm* mineral.

minéralogique /mineʀalɔʒik/ *adj* **plaque ~** number^GB plate, license^US plate.

minet /minɛ/ *nm* pussycat; (jeune dandy)☺ pretty boy☺.

minette /minɛt/ *nf* pussycat; (jeune fille)☺ cool chick☺.

mineur, **~e** /minœʀ/ I *adj* minor; JUR underage. II *nm,f* JUR minor. III *nm* miner; **~ de fond** pit worker.

mini☺ /mini/ *adj inv* tiny.

mini- /mini/ *préf* mini.

miniature /minjatyʀ/ *adj, nf* miniature.

minier, **~ière** /minje, jɛʀ/ *adj* mining.

minima ▸ **minimum**.

minimal, **~e**, *mpl* **~aux** /minimal, o/ *adj* minimal, minimum.

minime /minim/ I *adj* negligible. II *nmf* SPORT junior (*7 to 13 years old*).

minimiser /minimize/ *vtr* to play down.

minimum, *pl* **~s/minima** /minimɔm, minima/ I *adj* minimum. II *nm* minimum; **en faire un ~** to do as little as possible; **au ~ deux heures** at least two hours. ■ **~ vital** subsistence level.

ministère /ministɛʀ/ *nm* ministry; (au Royaume-Uni, aux États-Unis) department; (équipe gouvernementale) cabinet, government.

ministériel, **~ielle** /ministeʀjel/ *adj* ministerial.

ministre /ministʀ/ *nm* GÉN minister; (au Royaume-Uni) Secretary of State; (aux États-Unis) Secretary.

Minitel® /minitel/ *nm* Minitel (*terminal linking phone users to a database*).

minoritaire /minɔʀitɛʀ/ *adj* minority (*épith*).

minorité /minɔʀite/ *nf* minority.

minou☺ /minu/ *nm* pussycat☺; (terme d'affection) sweetie☺.

minuit /minɥi/ *nm* midnight.

minus☺ /minys/ *nmf* moron☺.

minuscule /minyskyl/ I *adj* tiny; [lettre] lower-case. II *nf* small letter; (en imprimerie) lower-case letter.

minutage /minytaʒ/ *nm* timing.

minute /minyt/ I *nf* minute; (court moment) minute, moment; **d'une ~ à l'autre** any minute; JUR record, minute. II **(-)minute** (*en composition*) **clés-~** keys cut while you wait; **nettoyage-~** same day dry cleaning.

minuter /minyte/ *vtr* to time.

minuterie /minytʀi/ *nf* time-switch.

minuteur /minytœʀ/ *nm* timer.

minutie /minysi/ *nf* meticulousness.

minutieux, **~ieuse** /minysjø, jøz/ *adj* [personne, travail] meticulous; [étude] detailed.

mioche☺ /mjɔʃ/ *nmf* kid☺.

mirabelle /miʀabɛl/ *nf* mirabelle (*small yellow plum*).

miracle /miʀɑkl/ *nm* miracle.

miraculeux, **~euse** /miʀakylø, øz/ *adj* miraculous.

mirage /miʀaʒ/ *nm* mirage.

mirobolant☺, **~e** /miʀɔbɔlɑ̃, ɑ̃t/ *adj* fabulous☺.

miroir /miʀwaʀ/ *nm* mirror.

mis, **~e** /mi, miz/ I *pp* ▶ **mettre**. II *adj* **être bien ~** to be well-dressed.

mise /miz/ *nf* stake. ■ **~ de fonds** investment; **~ en plis** set.

miser /mize/ I *vtr* to bet (on). II *vi* to put money on; **~ sur qn/qch** to count on sb/sth.

misérable /mizeʀabl/ I *adj* [personne] destitute; [vie] wretched. II *nmf* pauper; (personne méprisable) scoundrel.

misère /mizɛʀ/ *nf* destitution; (détresse) misery, wretchedness; (somme dérisoire) pittance; (plante) wandering Jew.

miséricorde /mizeʀikɔʀd/ *nf* mercy.

misogyne /mizɔʒin/ *adj* misogynous.

misogynie /mizɔʒini/ *nf* misogyny.

missel /misɛl/ *nm* missal.

missile /misil/ *nm* missile.

mission /misjɔ̃/ *nf* mission, task.

missionnaire /misjɔnɛʀ/ *adj*, *nmf* missionary.

mistral /mistʀal/ *nm* (vent) mistral.

mite /mit/ *nf* moth.

mi-temps[1] /mitɑ̃/ *nm inv* part-time job.

mi-temps[2] /mitɑ̃/ *nf inv* SPORT (arrêt) half-time; (moitié de match) half.

miteux, **~euse** /mitø, øz/ *adj* shabby.

mitigé, **~e** /mitiʒe/ *adj* [accueil] lukewarm; [conclusions] ambivalent.

mitonner /mitɔne/ *vtr* (plat) to cook [sth] lovingly.

mitoyen, **~enne** /mitwajɛ̃, ɛn/ *adj* [haie] dividing; [mur] party.

mitrailler /mitʀaje/ *vtr* MIL to machine-gun; **~**☺ **qn de questions** to fire questions at sb; **se faire ~**☺ **par les photographes** to be besieged by photographers.

mitraillette /mitʀajɛt/ *nf* submachine gun.

mi-voix: **à mi-voix** /amivwa/ *loc adv* in a low voice.

mixage /miksaʒ/ *nm* sound mixing.

mixer[1] /mikse/ *vtr* to mix.

mixer[2] /miksɛʀ/ **mixeur** /miksœʀ/ *nm* mixeur.

mixité /miksite/ *nf* coeducation.

mixte /mikst/ *adj* [école] coeducational; [classe] mixed.

mixture /mikstyʀ/ *nf* concoction; (en pharmacie) mixture.

MJC /ɛmʒise/ *nf* (*abrév* = **maison des jeunes et de la culture**) youth club.

Mlle (*abrév écrite* = **Mademoiselle**), *pl* **Mlles** (*abrév écrite* = **Mesdemoiselles**) Ms, Miss.

mm (*abrév écrite* = **millimètre**) mm.

MM. (*abrév écrite* = **Messieurs**) Messrs.

Mme (*abrév écrite* = **Madame**), *pl* **Mmes** (*abrév écrite* = **Mesdames**) Ms, Mrs.

Mo (*abrév écrite* = **mégaoctet**) Mb, MB.

mobile /mɔbil/ I *adj* mobile, movable; [feuillet] loose. II *nm* motive; ART mobile.

mobilier, **~ière** /mɔbilje, jɛʀ/ I *adj* **valeurs mobilières** securities. II *nm* furniture.

mobiliser /mɔbilize/ I *vtr* to mobilize; **~ l'attention** to catch the attention. II **se ~** *vpr* to rally.

mobylette® /mɔbilɛt/ *nf* moped.

mocassin /mɔkasɛ̃/ *nm* moccasin.

moche© /mɔʃ/ *adj* (laid) ugly; (triste) dreadful.

modalités /mɔdalite/ *nfpl* terms; **~s de financement** methods of funding.

mode[1] /mɔd/ *nm* way, mode; LING mood. ■ **~ d'emploi** directions for use (*pl*).

mode[2] /mɔd/ *nf* fashion; **à la ~** fashionable; **être à la ~** to be in fashion.

modèle /mɔdɛl/ I *adj* model. II *nm* model; (taille) size; **~ familial** family-size; **construit sur le même ~** built to the same design; (type d'article) style; **~ de conjugaison** conjugation pattern. ■ **~ réduit** scale model.

modeler /mɔdle/ *vtr* to model.

modéliste /mɔdelist/ *nmf* (dress) designer; (de maquettes) model-maker.

modération /mɔdeʀasjɔ̃/ *nf* moderation.

modéré, **~e** /mɔdeʀe/ *adj*, *nm,f* moderate.

modérer /mɔdeʀe/ I *vtr* (propos) to moderate; (vitesse) to reduce. II **se ~** *vpr* to exercise self-restraint.

moderne /mɔdɛʀn/ *adj* modern.

moderniser /mɔdɛʀnize/ *vtr* to modernize.

modeste /mɔdɛst/ *adj* modest; [milieu] humble.

modestie /mɔdɛsti/ *nf* modesty.

modification /mɔdifikasjɔ̃/ *nf* modification; (d'un texte) amendment.

modifier /mɔdifje/ *vtr* to change; to modify; (texte) to amend.

modique /mɔdik/ *adj* modest.

modulation /mɔdylasjɔ̃/ *nf* modulation.

moduler /mɔdyle/ *vtr* to adjust.

moelle /mwal/ *nf* marrow; **~ épinière** spinal cord.

moelleux, **~euse** /mwalø, øz/ *adj* [tissu] soft; [vin] mellow.

mœurs /mœʀ(s)/ *nfpl* customs; (de milieu social) lifestyle (*sg*); **l'évolution des ~** the change in attitudes; (habitudes) habits; (moralité) morals; **la police des ~** the vice squad.

moi /mwa/ *pron pers* (sujet) I, me; **c'est ~** it's me; **c'est ~ qui l'ai cassé** I was the one who broke it; (objet, après préposition) me; **pour ~** for me; **des amis à ~** friends of mine; **une pièce à ~** a room of my own.

moignon /mwaɲɔ̃/ *nm* stump.

moi-même /mwamɛm/ *pron pers* myself.

moindre /mwɛ̃dʀ/ *adj* lesser; **dans une ~ mesure** to a lesser extent; (superlatif) **le ~** the least; **la ~ des choses** the least I/you (etc) could do; **pas la ~ idée** not the slightest idea.

moine /mwan/ *nm* monk.

moineau, *pl* **~x** /mwano/ *nm* sparrow.

moins /mwɛ̃/ I *nm inv* MATH minus. II *prép* (dans un calcul) minus; (pour dire l'heure) to; **il est huit heures ~ dix** it's ten (minutes) to eight. III *adv* (+ verbe) (comparatif) less; **ils sortent** ~ they go out less often; (superlatif) **le film qui m'a le ~ plu** the film I liked the least; (+ adjectif) (comparatif) less; (superlatif) **le ~, la ~, les ~** (de deux) the less; (de plus de deux) the least; (+ adverbe) (comparatif) less; (superlatif) **le** ~ least. IV **~ de** *dét indéf* ~ **de livres** fewer books; ~ **de sucre/bruit** less sugar/noise; **avec ~ de hargne** less aggressively; (avec un numéral) ~ **de trois heures** less than three hours; **il est ~ de 3 heures** it's not quite 3 o'clock; **les ~ de 20 ans** people under 20. V **à ~ de** *loc prép* unless. VI **à ~ que** *loc conj* unless. VII **au ~** *loc adv* at least. VIII **de ~** *loc adv* **deux heures de** ~ two hours less; **25% de voix de** ~ 25% fewer votes. IX **du ~** *loc adv* at least. X **en ~** *loc adv* without; **deux fourchettes en** ~ two forks missing. XI **pour le ~** *loc adv* to say the least. ■ **~ que rien** good-for-nothing, nobody.

mois /mwa/ *nm* month.

moisi /mwazi/ *nm* mould[GB].

moisir /mwaziʀ/ *vi* [aliment] to go mouldy[GB], moldy[US]; [personne]☺ to stagnate.

moisson /mwasɔ̃/ *nf* harvest; FIG haul.

moissonner /mwasɔne/ *vtr* to harvest; FIG to gather.

moissonneur, **~euse** /mwasɔnœʀ, øz/ *nm,f* harvester.

moissonneuse /mwasɔnøz/ *nf* reaper.

moite /mwat/ *adj* [chaleur] muggy; [peau] sweaty.

moitié /mwatje/ *nf* half; **à ~ vide** half empty; **s'arrêter à la ~** to stop halfway through.

moitié-moitié /mwatjemwatje/ *adv* half-and-half.

moka /mɔka/ *nm* mocha.

molaire /mɔlɛʀ/ *nf* molar.

molécule /mɔlekyl/ *nf* molecule.

molester /mɔlɛste/ *vtr* to manhandle.

molle ▸ **mou**.

mollement /mɔlmɑ̃/ *adv* [travailler] without much enthusiasm; [protester] halfheartedly; [tomber] softly.

mollesse /mɔlɛs/ *nf* weakness; **répondre avec ~** to reply unenthusiastically.

mollet /mɔlɛ/ I *adj m* **œuf ~** soft-boiled egg. II *nm* calf.

mollir /mɔliʀ/ *vi* [enthousiasme] to cool; [résistance] to grow weaker; [vent] to die down.

molosse /mɔlɔs/ *nm* huge dog.

môme☺ /mom/ *nm* kid☺.

moment /mɔmɑ̃/ *nm* moment; **en ce ~** at the moment; **d'un ~ à l'autre** any minute now; **à un ~ donné** at some point; **sur le ~** at first; **au ~ où il quittait son domicile** as he was leaving his home; **jusqu'au ~ où** until; **du ~ que** (si) if; (puisque) since; **pour le ~** for the time being; **ça va prendre un ~** it will take a while; **par ~s** at times; **à mes ~s perdus** in my spare time.

momentané, **~e** /mɔmɑ̃tane/ *adj* temporary.

momie /mɔmi/ *nf* mummy.

mon, **ma**, *pl* **mes** /mɔ̃, ma, mɛ/ *adj poss* my; **un de mes amis** a friend of mine; **pendant ~ absence** while I was away.

monarchie /mɔnaʀʃi/ *nf* monarchy.

monarchiste /mɔnaʀʃist/ *adj, nmf* monarchist.

monarque /mɔnaʀk/ *nm* monarch.

monastère /mɔnastɛʀ/ *nm* monastery.

monceau, *pl* **~x** /mɔ̃so/ *nm* pile.

mondain, **~e** /mɔ̃dɛ̃, ɛn/ I *adj* [vie] society (*épith*). II *nm,f* socialite.

mondanités /mɔ̃danite/ *nfpl* society events.

monde /mɔ̃d/ *nm* world; **parcourir le ~** to travel the world; **pas le moins du ~** not in the least; **se porter le mieux du ~** to be absolutely fine; **ce n'est pas le bout du ~!**

it's not such a big deal!; **comme le ~ est petit!** it's a small world!; **je n'étais pas encore au ~** I wasn't yet born; **le beau ~** high society; **le ~ animal** the animal kingdom; (gens) people; **il n'y a pas grand ~** there aren't many people; **tout le ~** everybody.

mondial, **~e**, *mpl* **~iaux** /mɔ̃djal, jo/ *adj* [record, etc] world (*épith*); [problème, etc] worldwide; **Seconde Guerre ~e** Second World War.

mondialement /mɔ̃djalmɑ̃/ *adv* all over the world.

mondovision /mɔ̃dɔvizjɔ̃/ *nf* satellite broadcasting.

monétaire /mɔnetɛʀ/ *adj* [système] monetary; [marché] money.

mongolien, **~ienne** /mɔ̃gɔljɛ̃, jɛn/ *nm,f* Down's syndrome child.

moniteur, **~trice** /mɔnitœʀ, tʀis/ I *nm,f* instructor; (de colonie de vacances) group leader[GB], counselor[US]. II *nm* ORDINAT, TV monitor.

monnaie /mɔnɛ/ *nf* currency; (pièces et billets) change; **faire de la ~** to get some change; (pièce) coin; **(l'hôtel de) la Monnaie** the Mint.

monnayer /mɔneje/ *vtr* to capitalize on.

mono /mono/ *préf* mono.

monocle /mɔnɔkl/ *nm* monocle.

monologue /mɔnɔlɔg/ *nm* monologue.

monophonie /monofɔni/ *nf* monophony.

monopole /mɔnɔpɔl/ *nm* monopoly.

monopoliser /mɔnɔpɔlize/ *vtr* to monopolize.

monotone /mɔnɔtɔn/ *adj* monotonous.

monotonie /mɔnɔtɔni/ *nf* monotony.

Monseigneur, *pl* **Messeigneurs** /mɔ̃sɛɲœʀ, mesɛɲœʀ/ *nm* (prince) Your Highness; (membre de la famille royale) Your Royal Highness; (cardinal) Your Eminence; (duc, archevêque) Your Grace; (évêque) Your Lordship.

monsieur, *pl* **messieurs** /məsjø, mesjø/ *nm* (titre) (dans une lettre) Dear Sir; **bonjour, ~** good morning; (si on connaît son nom) **bonjour, ~** good morning, Mr Bon; **cher Monsieur** (dans une lettre) Dear Mr Bon. ■ **~ Tout le Monde** the man in the street.

monstre /mɔ̃stʀ/ I[©] *adj* huge. II *nm* monster.

monstrueux, **~euse** /mɔ̃stʀyø, øz/ *adj* monstrous, hideous; (hideux); (énorme) colossal.

monstruosité /mɔ̃stʀyozite/ *nf* (objet) monstrosity.

mont /mɔ̃/ *nm* mountain; **le ~ Blanc** Mont Blanc.

montage /mɔ̃taʒ/ *nm* set-up; (de machine) assembly; (de film) editing.

montagnard, **~e** /mɔ̃taɲaʀ, aʀd/ *nm,f* mountain dweller.

montagne /mɔ̃taɲ/ *nf* mountain; FIG **une ~ de qch** an enormous heap of sth. ■ **~s russes** roller coaster (*sg*).

montagneux, **~euse** /mɔ̃taɲø, øz/ *adj* mountainous.

montant, **~e** /mɔ̃tɑ̃, ɑ̃t/ I *adj* [col] high; **chaussures ~es** ankle boots. II *nm* sum; **~ global** total; (de porte) upright.

mont-de-piété, *pl* **monts-de-piété** /mɔ̃dpjete/ *nm* pawnshop.

monte-charge /mɔ̃tʃaʀʒ/ *nm inv* goods lift[GB], goods elevator[US].

montée /mɔ̃te/ *nf* climb; (de montagne) ascent; **la ~ des voyageurs** boarding passengers; (des eaux) rise.

monter /mɔ̃te/ I *vtr* to take [sb/sth] up(stairs); (placer plus haut) to put [sth] up; (escalier, rue) to go up; (volume, thermostat) to turn up; (mayonnaise) to beat, to whisk; (cheval) to ride; (meuble, appareil) to assemble; (tente) to put up; (pierre précieuse) to mount; (pièce) to stage. II *vi* [personne] to go up; (à l'étage) to go upstairs; [avion] to climb; [soleil] to rise; [marée] to come in; ~ **sur** (trottoir) to get onto; (mur) to climb onto; (cheval, bicyclette, tracteur) to get on; ~ **dans une voiture/à bord** to get in a car/on board; ~ **dans un train/bus/avion** to get on a train/bus/plane; [terrain] to rise; ~ **en lacets** [route] to wind its way up; (atteindre) to come up to; (augmenter) to go up; ~ **à cheval** to ride; ~ **à bicyclette/moto** to ride a bicycle/motorbike; [colère] to mount. III **se ~ à** *vpr* to amount to.

monteur, **~euse** /mɔ̃tœʀ, øz/ *nm,f* IND production worker; CIN editor.

montgolfière /mɔ̃gɔlfjɛʀ/ *nf* hot-air balloon.

montre /mɔ̃tʀ/ *nf* watch; **à ma ~** by my watch; **~ en main** exactly; **course contre la ~** race against the clock; **faire ~ de** to show.

montrer /mɔ̃tʀe/ I *vtr* to show; **~ qch à qn** to show sb sth; **~ que** to show that; **~ qch du doigt** to point sth out; **~ qn du doigt** to point at sb. II **se ~** *vpr* [personne] to show oneself to be; [choses] to prove (to be); [soleil] to come out.

monture /mɔ̃tyʀ/ *nf* mount; (de lunettes) frames (*pl*).

monument /mɔnymɑ̃/ *nm* monument; **~ aux morts** war memorial.

monumental, **~e**, *mpl* **~aux** /mɔnymɑ̃tal, o/ *adj* monumental.

moquer: **se ~ de** /mɔke/ *vpr* to make fun of; (être indifférent) not to care about.

moquerie /mɔkʀi/ *nf* mockery.

moquette /mɔkɛt/ *nf* fitted carpet[GB], wall-to-wall carpet.

moqueur, **~euse** /mɔkœʀ, øz/ *adj* mocking.

moral, **~e**, *mpl* **~aux** /mɔʀal, o/ I *adj* moral. II *nm* morale; **garder le ~** to keep up one's morale; **avoir bon ~**, **avoir le ~** to be in good spirits; **remonter le ~ de qn** to cheer sb up.

morale /mɔʀal/ *nf* **la ~** morality, ethics; **contraire à la ~** immoral; **la ~ de tout ceci** the moral of all this; **faire la ~ à qn** to give sb a lecture.

moralisateur, **~trice** /mɔʀalizatœʀ, tʀis/ *adj* moralizing, moralistic.

moralité /mɔʀalite/ *nf* morality; (leçon) moral.

morceau, *pl* **~x** /mɔʀso/ *nm* (fragment) piece, bit; **~ de sucre** sugar cube; **manger un ~**☺ to have a snack; **~x choisis** extracts.

morceler /mɔʀsəle/ *vtr* to divide up, to split up.

mordant, **~e** /mɔʀdɑ̃, ɑ̃t/ *adj* biting.

mordiller /mɔʀdije/ *vtr* to nibble at.

mordoré, **~e** /mɔʀdɔʀe/ *adj* golden brown.

mordre /mɔʀdʀ/ I *vtr* to bite; **se faire ~** to be bitten. II *vi* [poisson] to bite; **~ sur** (ligne blanche) to go over; (territoire) to encroach on.

mordu☺, **~e** /mɔʀdy/ I *adj* **être ~ de qch** to be mad about sth☺. II *nm,f* fan.

morfondre: **se ~** /mɔʀfɔ̃dʀ/ *vpr* to pine (for).

morgue /mɔʀg/ *nf* morgue; (attitude) arrogance.

moribond, **~e** /mɔʀibɔ̃, ɔ̃d/ *adj* dying.

morille /mɔʀij/ *nf* morel (mushroom).

morne /mɔʀn/ *adj* [personne, attitude] gloomy; [lieu, existence] dreary; [temps] dismal.

morose /mɔʀoz/ *adj* morose, gloomy.

morosité /mɔʀozite/ *nf* gloom.

morphologie /mɔʀfɔlɔʒi/ *nf* morphology.

morpion /mɔʀpjɔ̃/ *nm* (jeu) noughts and crosses[GB], tick-tack-toe[US].

mors /mɔʀ/ *nm* bit.

morse /mɔʀs/ *nm* (animal) walrus; (code) ~ Morse code.

morsure /mɔʀsyʀ/ *nf* bite.

mort[1] /mɔʀ/ *nf* **la ~** death; **je leur en veux à ~**☺ I'll never forgive them. • **la ~ dans l'âme** with a heavy heart.

mort[2], **~e** /mɔʀ, mɔʀt/ I *pp* ▸ **mourir**. II *adj* dead; **je suis ~ de froid** I'm freezing to death; (très fatigué) half-dead; **eaux ~es** stagnant water ¢. III *nm,f* dead person, dead man/woman; **les ~s** the dead; **jour des ~s** All Souls' Day. IV *nm* fatality; **il n'y a pas eu de ~s** nobody was killed; (cadavre) body; **faire le ~** to play dead.

mortalité /mɔʀtalite/ *nf* mortality.

mortel, **~elle** /mɔʀtɛl/ *adj* [coup, maladie] fatal; [poison] lethal; [angoisse] mortal; [spectacle] deadly boring.

mort-né, **~e**, *mpl* **~s** /mɔʀne/ *adj* stillborn; FIG abortive.

morue /mɔʀy/ *nf* cod.

morve /mɔʀv/ *nf* nasal mucus.

mosaïque /mɔzaik/ *nf* mosaic.

mosquée /mɔske/ *nf* mosque.

mot /mo/ *nm* word; (petite lettre) note. ▪ **~ d'esprit** witticism; **~ de passe** password; **~s croisés** crossword ¢.

motard, **~e** /mɔtaʀ, aʀd/ I☺ *nm,f* motorcyclist, biker☺. II *nm* police motorcyclist.

mot-clé, *pl* **mots-clés** /mokle/ *nm* key word.

moteur, **~trice** /mɔtœʀ, tʀis/ I *adj* driving; **à quatre roues motrices** with four-wheel drive. II *nm* motor, engine; FIG driving force (behind).

motif /mɔtif/ *nm* **~s (de)** motive, grounds (for); (cause) **~s (de)** reasons (for); (dessin) pattern; (thème) motif.

motion /mɔsjɔ̃/ *nf* motion.

motivation /mɔtivasjɔ̃/ *nf* motivation; (raison) motive.

motiver /mɔtive/ *vtr* **~ qn** to motivate sb; **motivé par** caused by.

moto /moto/ *nf* (motor)bike.

motocross /motokʀɔs/ *nm* motocross.

motocyclette /motosiklɛt/ *nf* motorcycle.

motocycliste /motosiklist/ *nmf* motorcyclist.

motoneige /motonɛʒ/ *nf* snowmobile.

motoriser /mɔtɔʀize/ *vtr* to motorize; **être motorisé**☺ to have transport^GB, transportation^US.

motrice /mɔtʀis/ I *adj f* ▸ **moteur**. II *nf* (locomotive) engine.

motte /mɔt/ *nf* **~ (de terre)** clod (of earth); **~ (de beurre)** slab of butter.

motus☺ /mɔtys/ *excl* **~ (et bouche cousue)!** keep it under your hat!

mou, **molle** /mu, mɔl/ I *adj* [personne, coussin] soft; [trait du visage] weak; [résistance] feeble. II *nm* **donner du ~** to let out a bit.

mouchard☺, **~e** /muʃaʀ, aʀd/ *nm,f* grass☺GB; (à l'école) sneak☺GB, tattletale^US.

mouche /muʃ/ *nf* fly; (de cible) **faire ~** to hit the bull's-eye.

moucher /muʃe/ I *vtr* (chandelle) to snuff (out). II **se ~** *vpr* to blow one's nose.

moucheron /muʃʀɔ̃/ *nm* midge.

mouchoir /muʃwaʀ/ *nm* handkerchief; (en papier) tissue.

moudre /mudʀ/ *vtr* to grind.

moue /mu/ *nf* pout.

mouette /mwɛt/ *nf* (sea)gull.

moufle /mufl/ *nf* mitten.

mouiller /muje/ I *vtr* **~ qch** to wet sth; (involontairement) to get sth wet. II *vi* NAUT to drop anchor. III **se ~** *vpr* LIT to get wet; (prendre des risques)☺ to stick one's neck out☺.

mouillette☺ /mujɛt/ *nf* soldier☺GB, finger of bread.

moulage /mulaʒ/ *nm* casting.

moulant, **~e** /mulɑ̃, ɑ̃t/ *adj* [vêtement] skin-tight.

moule[1] /mul/ *nm* mould^GB, mold^US; (à gâteau) tin, pan^US. ■ **~ à gaufre** waffle iron.

moule[2] /mul/ *nf* mussel.

mouler /mule/ *vtr* to mould^GB, to mold^US; [vêtement] to hug.

moulin /mulɛ̃/ *nm* mill; **~ à paroles**© chatterbox.

moulinet /mulinɛ/ *nm* reel; (mouvement) **faire des ~s avec les bras** to wave one's arms about.

moulinette® /mulinɛt/ *nf* vegetable mill^GB, food mill^US.

moulu, **~e** /muly/ I *pp* ▶**moudre**. II *adj* [café, poivre] ground; **~ (de fatigue)** worn out.

mourir /muʀiʀ/ I *vi* **~ (de)** to die (of); **je meurs d'envie de faire** I'm dying to do. II **se ~** *vpr* to be dying.

mousquetaire /muskətɛʀ/ *nm* musketeer.

moussant, **~e** /musɑ̃, ɑ̃t/ *adj* foaming (*épith*).

mousse[1] /mus/ *nm* NAUT ship's apprentice.

mousse[2] /mus/ *nf* BOT moss; GÉN foam; **~ à raser** shaving foam; (de savon) lather; (sur la bière) head; CULIN mousse; (pour coussin) foam rubber; **chaussettes en ~** stretch socks.

mousseline /muslin/ *nf* muslin.

mousser /muse/ *vi* [bière] to foam; [savon] to lather.

mousseux, **~euse** /musø, øz/ *nm* sparkling wine.

mousson /musɔ̃/ *nf* monsoon.

moustache /mustaʃ/ *nf* moustache^GB, mustache^US; (d'animal) **~s** whiskers.

moustachu, **~e** /mustaʃy/ *adj* with a moustache^GB.

moustiquaire /mustikɛʀ/ *nf* mosquito net.

moustique /mustik/ *nm* mosquito.

moutarde /mutaʀd/ *nf* mustard. • **la ~ me monte au nez**©**!** I'm beginning to see red!

mouton /mutɔ̃/ I *nm* sheep; (viande) mutton; (peau) sheepskin; (personne) sheep. II **~s** *nmpl* (poussière) fluff ¢.

mouvant, **~e** /muvɑ̃, ɑ̃t/ *adj* [sol] unstable; [situation] changing; **reflets ~s** shimmering reflections; **électorat ~** floating voters (*pl*).

mouvement /muvmɑ̃/ *nm* movement; **faire un ~** to move; (élan) impulse, reaction; **un ~ de colère/pitié** a surge of anger/pity; **en ~** changing.

mouvementé, **~e** /muvmɑ̃te/ *adj* [vie] eventful, hectic; [terrain] rough.

mouvoir /muvwaʀ/ I *vtr* to move. II **se ~** *vpr* to move.

moyen, **~enne** /mwajɛ̃, ɛn/ I *adj* [taille] medium; [ville] medium-sized; [prix] moderate; [résultat] average. II *nm* means (*sg*), way; **il y a ~ de faire** there's a way of doing; **par tous les ~s** by every possible means; (d'investigation) method. III **au ~ de** *loc prép* by means of, by using. IV **~s** *nmpl* means; (matériels) resources; **se débrouiller par ses propres ~s** to manage on one's own; (intellectuels) powers. ■ **~ de transport** means of transport^GB, transportation^US; **Moyen Âge** Middle Ages (*pl*).

moyenâgeux, **~euse** /mwajɛnɑʒø, øz/ *adj* medieval.

moyen-courrier, *pl* **~s** /mwajɛ̃kuʀje/ *nm* medium-haul airliner.

moyennant /mwajɛnɑ̃/ *prép* (somme) for; **~ finances** for a fee.

moyenne /mwajɛn/ *nf* average; **en ~** on average; SCOL half marks^GB, a passing grade^US; (vitesse) average speed.

Moyen-Orient /mwajɛnɔʀjɑ̃/ *nprm* Middle East.

MST /ɛmɛste/ *nf* (*abrév* = **maladie sexuellement transmissible**) sexually transmitted disease, STD.

mû ▸ **mouvoir**.

mucoviscidose /mykovisidoz/ *nf* cystic fibrosis.

mue /my/ *nf* metamorphosis; (de serpent) sloughing of the skin; (de voix) breaking of voice.

muer /mɥe/ I *vtr* ~ **qch en qch** to transform sth into sth. II *vi* [serpent] to slough its skin; **sa voix mue** his voice is breaking. III **se ~ en** *vpr* to be transformed into.

muet, **~ette** /mɥɛ, ɛt/ I *adj* dumb; ~ **de surprise** speechless with surprise; [film] silent. II *nm,f* MÉD mute; **les ~s** the dumb (*pl*).

mufle /myfl/ *nm* boor.

mugir /myʒiʀ/ *vi* [vache] to low; [taureau] to bellow; [vent] to howl.

mugissement /myʒismɑ̃/ *nm* lowing ¢; (de taureau) bellowing ¢; (de vent) howling ¢.

muguet /mygɛ/ *nm* lily of the valley.

mule /myl/ *nf* female mule; (pantoufle) mule.

mulet /mylɛ/ *nm* (équidé) (male) mule; (poisson) grey mullet[GB], mullet[US].

mulot /mylo/ *nm* fieldmouse.

multi /mylti/ *préf* multi.

multiple /myltipl/ I *adj* [raisons, etc] numerous, many; [naissances] multiple. II *nm* multiple.

multiplication /myltiplikasjɔ̃/ *nf* MATH multiplication.

multiplier /myltiplije/ I *vtr* MATH to multiply; (risques) to increase; (faire en grand nombre) ~ **les excuses** to give endless excuses. II **se ~** *vpr* to multiply.

multirisque /myltiʀisk/ *adj* [assurance] comprehensive.

multitude /myltityd/ *nf* **une ~ de** a lot of, many.

municipal, **~e**, *mpl* **~aux** /mynisipal, o/ *adj* municipal; [conseil, conseiller] town[GB], city.

municipales /mynisipal/ *nfpl* local elections.

municipalité /mynisipalite/ *nf* municipality; town, city council[GB].

munir /myniʀ/ I *vtr* ~ **qn de qch** to provide sb with sth. II **se ~ de** *vpr* (apporter) to bring, (emporter) to take; **se ~ de patience** to summon up one's patience.

munitions /mynisjɔ̃/ *nfpl* ammunition ¢, munitions.

muqueuse /mykøz/ *nf* mucous membrane.

mur /myʀ/ *nm* wall. ■ **~ du son** sound barrier.

mûr, **~e** /myʀ/ *adj* [fruit, blé] ripe; (intellectuellement) mature.

muraille /myʀɑj/ *nf* great wall.

mûre /myʀ/ *nf* blackberry.

murer /myʀe/ I *vtr* to wall, to block up. II **se ~** *vpr* **se ~ chez soi** to shut oneself away; **se ~ dans la solitude** to retreat into isolation.

mûrier /myʀje/ *nm* mulberry tree.

mûrir /myʀiʀ/ *vi* [fruit] to ripen; [idée, personne] to mature.

murmure /myʀmyʀ/ *nm* murmur.

murmurer /myʀmyʀe/ *vtr, vi* to murmur.

muscade /myskad/ *nf* (noix) ~ nutmeg.

muscle /myskl/ *nm* muscle.

musclé, **~e** /myskle/ *adj* muscular; [discours] tough.

muscler: **se ~** /myskle/ *vpr* to develop one's muscles.

musculaire /myskylɛʀ/ *adj* muscular.

musculation /myskylasjɔ̃/ *nf* (exercices de) ~ bodybuilding.

musculature /myskylatyʀ/ *nf* musculature, muscles.
muse /myz/ *nf* muse.
museau, *pl* **~x** /myzo/ *nm* (de chien) muzzle; (de porc) snout; (visage)☺ face.
musée /myze/ *nm* museum; (d'art) art gallery[GB], art museum[US].
museler /myzəle/ *vtr* to muzzle.
muselière /myzəljɛʀ/ *nf* muzzle.
musical, **~e**, *mpl* **~aux** /myzikal, o/ *adj* musical; [revue] music.
music-hall, *pl* **~s** *nm* /mysikol/ music hall.
musicien, **~ienne** /myzisjɛ̃, jɛn/ *nm,f* musician.
musique /myzik/ *nf* music; ~ **de film** film score.
musulman, **~e** /myzylmɑ̃, an/ *adj, nm,f* Muslim.
mutation /mytasjɔ̃/ *nf* transformation.
muter /myte/ *vtr* to transfer.
mutilé, **~e** /mytile/ *nm,f* disabled person.
mutiler /mytile/ *vtr* to mutilate.
mutiner: **se ~** /mytine/ *vpr* [marins] to mutiny; [prisonniers] to riot.
mutinerie /mytinʀi/ *nf* (de marins) mutiny; (de prisonniers) riot.
mutisme /mytism/ *nm* silence.
mutualiste /mytɥalist/ *nmf* member of a mutual insurance company.
mutuel, **~elle** /mytɥel/ *adj* mutual.
mutuelle /mytɥel/ *nf* mutual insurance company.
myope /mjɔp/ *adj* short-sighted.
myopie /mjɔpi/ *nf* short-sightedness.
myosotis /mjɔzɔtis/ *nm* forget-me-not.
myrtille /miʀtij/ *nf* bilberry, blueberry.
mystère /mistɛʀ/ *nm* mystery.
mystérieux, **~ieuse** /misteʀjø, jøz/ *adj* mysterious.
mystification /mistifikasjɔ̃/ *nf* hoax.
mystifier /mistifje/ *vtr* to fool.
mythe /mit/ *nm* myth.
mythologie /mitɔlɔʒi/ *nf* mythology.

n

n, **N** /ɛn/ I (*abrév écrite* = **numéro**) **n°** no. II *nf* (*abrév* = **nationale**) **sur la N7** on the N7.
n' ▸ **ne**.
nacre /nakʀ/ *nf* mother-of-pearl.
nacré, **~e** /nakʀe/ *adj* pearly.
nage /naʒ/ *nf* swimming; **regagner la rive à la ~** to swim back to shore.
• **être en ~** to be in a sweat.
nageoire /naʒwaʀ/ *nf* fin.
nager /naʒe/ I *vtr* to swim. II *vi* to swim; (mal comprendre)☺ to be absolutely lost.
nageur, **~euse** /naʒœʀ, øz/ *nm,f* swimmer.
naïf, **naïve** /naif, naiv/ *adj* naïve.
nain, **~e** /nɛ̃, nɛn/ *adj, nm,f* dwarf.
naissance /nɛsɑ̃s/ *nf* birth; **donner ~ à** to give birth to.
naître /nɛtʀ/ *vi* to be born; **il est né le 5 juin** he was born on 5 June[GB], on June 5[US]; [soupçon] to arise; **faire ~** to give rise to.
naïve ▸ **naïf**.
naïveté /naivte/ *nf* naivety.
nanti, **~e** /nɑ̃ti/ *adj* well-off.
naphtaline /naftalin/ *nf* mothballs (*pl*).
nappe /nap/ *nf* tablecloth; (de brouillard) layer; (d'eau) sheet.

napperon /napʀɔ̃/ *nm* doily.

narcisse /naʀsis/ *nm* narcissus; (vaniteux) narcissist.

narco(-) /naʀko/ *préf* **~-dollars** drug money.

narcotique /naʀkɔtik/ *adj, nm* narcotic.

narguer /naʀge/ *vtr* (personne) to taunt; (autorités) to flout.

narine /naʀin/ *nf* nostril.

narrateur, **~trice** /naʀatœʀ, tʀis/ *nm,f* narrator.

narration /naʀasjɔ̃/ *nf* narration.

narrer /naʀe/ *vtr* to relate.

nasal, **~e**, *mpl* **~aux** /nazal, o/ *adj* nasal.

naseau, *pl* **~x** /nazo/ *nm* nostril.

natal, **~e**, *mpl* **~s** /natal/ *adj* native.

natalité /natalite/ *nf* **(taux de) ~** birth-rate.

natation /natasjɔ̃/ *nf* swimming.

natif, **~ive** /natif, iv/ *adj* **~ de** native of.

nation /nasjɔ̃/ *nf* nation. ■ **les Nations unies** the United Nations.

national, **~e**, *mpl* **~aux** /nasjɔnal, o/ I *adj* national. II **nationaux** *nmpl* nationals.

nationale /nasjɔnal/ *nf* ≈ A road^GB, highway^US.

nationaliser /nasjɔnalize/ *vtr* to nationalize.

nationalisme /nasjɔnalism/ *nm* nationalism.

nationalité /nasjɔnalite/ *nf* nationality.

natte /nat/ *nf* plait; (sur le sol) mat.

naturalisation /natyʀalizasjɔ̃/ *nf* naturalization.

naturaliser /natyʀalize/ *vtr* JUR to naturalize.

nature /natyʀ/ I *adj inv* natural; [omelette] plain. II *nf* nature; **de ~ à faire** likely to do; **en ~** [payer] in kind. ■ **~ morte** still life.

naturel, **~elle** /natyʀɛl/ I *adj* natural. II *nm* nature; **avec le plus grand ~** in the most natural way.

naturellement /natyʀɛlmɑ̃/ *adv* naturally.

naufrage /nofʀaʒ/ *nm* shipwreck; **faire ~** to be wrecked.

naufragé, **~e** /nofʀaʒe/ *nm,f* castaway.

nauséabond, **~e** /nozeabɔ̃, ɔ̃d/ *adj* nauseating.

nausée /noze/ *nf* nausea ¢.

nautique /notik/ *adj* **sports ~s** water sports.

naval, **~e**, *mpl* **~s** /naval/ *adj* [industrie] shipbuilding; MIL naval.

navet /navɛ/ *nm* turnip; (film) rubbishy film^GB, turkey^©US.

navette /navɛt/ *nf* shuttle; (liaison) shuttle (service); **~ spatiale** space shuttle; (de tissage) shuttle.

navigateur, **~trice** /navigatœʀ, tʀis/ *nm,f* navigator.

navigation /navigasjɔ̃/ *nf* navigation. ■ **~ de plaisance** (en voilier) sailing.

naviguer /navige/ *vi* NAUT to sail; (voler) to fly; ORDINAT to surf.

navire /naviʀ/ *m* ship.

navré, **~e** /navʀe/ *adj* **je suis vraiment ~** I am terribly sorry.

navrer /navʀe/ *vtr* to upset.

nazi, **~e** /nazi/ *adj, nm,f* Nazi.

NDLR (*abrév écrite* = **note de la rédaction**) editor's note.

ne /nə/ (**n'** *devant voyelle ou h muet*) *adv de négation* ▸ **pas**, ▸ **jamais**, ▸ **guère**, ▸ **rien**, ▸ **aucun**, ▸ **personne**; not; **je n'ai que 100 francs** I've only got 100 francs.

né, **~e** /ne/ I *pp* ▸ **naître**. II *adj* born; **Madame A ~e B** Mrs A née B. III **(-)né** (*en composition*) **écrivain(-)~** born writer.

néanmoins /neɑ̃mwɛ̃/ *adv* nevertheless.

néant /neɑ̃/ *nm* **le ~** nothingness; **réduire à ~** to negate.

nébuleux, **~euse** /nebylø, øz/ *adj* [ciel] cloudy; [explications] nebulous.

nécessaire /nesesɛʀ/ I *adj* **~ (à)** necessary (for); **il est ~ que tu y ailles** you have to go. II *nm* **faire le ~** to do what needs to be done; **manquer du ~** to lack the essentials. ▪ **~ de couture** sewing kit; **~ à ongles** manicure set; **~ de toilette** toiletries (*pl*).

nécessairement /nesesɛʀmɑ̃/ *adv* necessarily.

nécessité /nesesite/ *nf* necessity; (pauvreté) need.

nécessiter /nesesite/ *vtr* to require.

nécrologie /nekʀɔlɔʒi/ *nf* obituary column.

néerlandais, **~e** /neɛʀlɑ̃dɛ, ɛz/ *adj*, *nm*Dutch.

nef /nɛf/ *nf* ARCHIT nave; (embarcation) ship.

néfaste /nefast/ *adj* harmful.

négatif, **~ive** /negatif, iv/ *adj*, *nm* negative.

négation /negasjɔ̃/ *nf* negation; LING negative.

négative /negativ/ *nf* **par la ~** in the negative; **dans la ~** if not.

négligé, **~e** /negliʒe/ I *adj* [personne] sloppy, scruffy☺; [maison] neglected; [travail] careless. II *nm* negligee.

négligeable /negliʒabl/ *adj* negligible.

négligemment /negliʒamɑ̃/ *adv* nonchalantly.

négligence /negliʒɑ̃s/ *nf* negligence ¢.

négligent, **~e** /negliʒɑ̃, ɑ̃t/ *adj* careless; [geste] casual.

négliger /negliʒe/ I *vtr* (santé, travail, personne) to neglect; (résultat, règle) to ignore; **~ de faire** to fail to do. II **se ~** *vpr* to neglect oneself.

négoce /negɔs/ *nm* trade.

négociant, **~e** /negɔsjɑ̃, ɑ̃t/ *nm,f* merchant.

négociateur, **~trice** /negɔsjatœʀ, tʀis/ *nm,f* negotiator.

négociation /negɔsjasjɔ̃/ *nf* negotiation.

négocier /negɔsje/ *vtr*, *vi* to negotiate.

nègre /nɛgʀ/ I *adj* [art, musique] Negro. II *nm* HIST, INJURE RACISTE Negro; (auteur)☺ ghostwriter.

négresse /negʀɛs/ *nf* HIST, INJURE RACISTE Negress.

neige /nɛʒ/ *nf* snow; **blancs battus en ~** stiffly beaten eggwhites.

neiger /neʒe/ *v impers* to snow; **il neige** it's snowing.

nénuphar /nenyfaʀ/ *nm* water lily.

néo /neo/ *préf* neo.

néologisme /neɔlɔʒism/ *nm* neologism.

néon /neɔ̃/ *nm* neon; (tube) neon light.

nerf /nɛʀ/ *nm* nerve; **du ~☺!** buck up☺!

nerveux, **~euse** /nɛʀvø, øz/ *adj* nervous; [style, écriture] vigorous; [cellule, centre] nerve.

nervosité /nɛʀvozite/ *nf* nervousness.

nervure /nɛʀvyʀ/ *nf* rib.

n'est-ce pas /nɛspa/ *adv* **c'est joli, ~?** it's pretty, isn't it?; **tu es d'accord, ~?** you agree, don't you?; (pour renforcer) of course.

net, **nette** /nɛt/ I *adj* [prix, salaire] net; [changement] marked; [tendance, odeur] distinct; [victoire, souvenir] clear; [mains] clean. II *adv* [s'arrêter] dead; [refuser] flatly; [dire] straight out.

nettement /nɛtmɑ̃/ *adv* [préférer] definitely; **~ meilleur** decidedly better; [voir, dire] clearly; [se souvenir] distinctly.

netteté /nɛtte/ *nf* cleanness.

nettoyage /netwajaʒ/ *nm* cleaning ¢; **~ à sec** dry-cleaning; (de la peau) cleansing ¢.

nettoyer /netwaje/ *vtr* to clean.

neuf[1] /nœf/ *adj inv, pron, nm inv* nine.

neuf[2], **neuve** /nœf, nœv/ *adj, nm inv* new.

neutraliser /nøtʀalize/ *vtr* to neutralize.

neutralité /nøtʀalite/ *nf* neutrality; (d'individu) impartiality.

neutre /nøtʀ/ I *adj* neutral; LING neuter. II *nm* LING **le ~** the neuter.

neuvième /nœvjɛm/ *adj* ninth.

neveu, *pl* **~x** /n(ə)vø/ *nm* nephew.

névrosé, **~e** /nevʀoze/ *adj, nm,f* neurotic.

nez /ne/ *nm* nose; **rire au ~ de qn** to laugh in sb's face.

NF /ɛnɛf/ *adj, nf* (*abrév* = **norme française**) French manufacturing standard.

ni /ni/ *conj* **sans rire ~ parler** without laughing or talking; **~... ~** neither... nor; **~ l'un ~ l'autre** neither of them.

niais, **~e** /njɛ, njɛz/ *adj* stupid.

niche /niʃ/ *nf* kennel; (de statue) niche.

nichée /niʃe/ *nf* (d'oisillons, enfants) brood; (de souris) litter.

nicher /niʃe/ I *vi* to nest. II **se ~** *vpr* to lodge.

nickel /nikɛl/ I☺ *adj* spotless, spick-and-span. II *nm* nickel.

nicotine /nikɔtin/ *nf* nicotine.

nid /ni/ *nm* nest.

nièce /njɛs/ *nf* niece.

nier /nje/ *vtr* to deny.

nigaud, **~e** /nigo, od/ *nm,f* silly person.

nitouche☺ /nituʃ/ *nf* **sainte ~** goody-goody☺.

niveau, *pl* **~x** /nivo/ *nm* level. ■ **~ de langue** register; **~ social** social status; **~ de vie** living standards (*pl*).

niveler /nivle/ *vtr* (sol) to level; (revenus) to bring [sth] to the same level; **~ par le bas/haut** to level down/up.

noble /nɔbl/ I *adj* noble. II *nmf* nobleman/noblewoman.

noblesse /nɔblɛs/ *nf* nobility; **la petite ~** the gentry.

noce /nɔs/ *nf* wedding; **faire la ~**☺ to live it up☺.

nocif, **~ive** /nɔsif, iv/ *adj* noxious, harmful.

nocturne[1] /nɔktyʀn/ *adj* [spectacle] night (*épith*); [animal] nocturnal.

nocturne[2] /nɔktyʀn/ *nf* evening fixture[GB]; (de magasin) late-night opening.

Noé /noe/ *nprm* Noah.

noël /nɔɛl/ *nm* (chant) Christmas carol.

Noël /nɔɛl/ *nm* Christmas; **Joyeux ~** Merry Christmas.

nœud /nø/ *nm* knot; **faire un ~ de cravate** to tie a tie; (pour orner) bow; NAUT knot; **~s marins** sailors' knots; (point essentiel) crux. ■ **~ coulant** slipknot; **~ papillon** bow tie.

noir, **~e** /nwaʀ/ I *adj* black; [yeux, rue] dark; **il fait ~** it's dark; [année] bad, bleak; [idée] gloomy, dark. II *nm* black; (obscurité) dark; **vendre au ~** to sell on the black market; (café) **un (petit) ~**☺ an espresso.

Noir, **~e** /nwaʀ/ *nm,f* black man/woman.

noircir /nwaʀsiʀ/ I *vtr* to blacken. II *vi* [banane] to go black; [mur] to get dirty. III **se ~** *vpr* [ciel] to darken.

noisetier /nwaztje/ *nm* hazel (tree).

noisette /nwazɛt/ *nf* hazelnut; (de beurre) knob.

noix /nwa/ *nf* walnut; **à la ~**☺ crummy☺; (de beurre) knob.

nom /nɔ̃/ I *nm* name; (nom propre) name; (de famille) surname, second name; **~ et prénom** full name; LING noun. II **au ~ de** *loc prép* on behalf of.

nomade /nɔmad/ *nmf* nomad.

nombre /nɔ̃bʀ/ *nm* number; **un ~ à deux chiffres** a two-digit number; **ils sont au ~**

de 30 there are 30 of them; **un certain ~ de** some; **bon ~ de** a good many.

nombreux, **~euse** /nɔ̃bʀø, øz/ *adj* large; **de ~** (jours, amis, etc) many, numerous.

nombril /nɔ̃bʀil/ *nm* navel.

nominal, **~e**, *mpl* **~aux** /nɔminal, o/ *adj* nominal; **liste ~e** list of names.

nomination /nɔminasjɔ̃/ *nf* appointment.

nommer /nɔme/ **I** *vtr* (pour une fonction) to appoint; (appeler) to name, to call. **II se ~** *vpr* to be called.

non /nɔ̃/ **I** *adv* no; (remplace une proposition) **je pense que ~** I don't think so; **il paraît que ~** apparently not; (interrogatif, exclamatif) **c'est difficile, ~?** it's difficult, isn't it?; (avec adjectif) non; **~ alcoolisé** nonalcoholic. **II** *nm inv* no. **III ~ plus** *loc adv* **je n'en veux pas ~ plus** I don't want it either; **il n'a pas aimé, moi ~ plus** he didn't like it and neither did I. **IV non(-)** (*en composition*) **~-fumeur** nonsmoker.

non-assistance /nɔnasistɑ̃s/ *nf* **~ à personne en danger** failure to render assistance.

non-lieu, *pl* **~x** /nɔ̃ljø/ *nm* dismissal (of a charge).

nonne /nɔn/ *nf* nun.

non-sens /nɔ̃sɑ̃s/ *nm inv* nonsense ¢; (dans une traduction) meaningless phrase.

non-voyant, **~e**, *mpl* **~s** /nɔ̃vwajɑ̃, ɑ̃t/ *nm,f* visually handicapped person.

nord /nɔʀ/ **I** *adj inv* [façade] north; [frontière] northern. **II** *nm* north; **le ~ de l'Europe** northern Europe; **le Nord** the North; **du Nord** [accent] northern.

nord-africain, **~e**, *mpl* **~s** /nɔʀafʀikɛ̃, ɛn/ *adj* North African.

nord-est /nɔʀ(d)ɛst/ *adj inv*, *nm* northeast; **vent de ~** northeasterly wind.

nord-ouest /nɔʀ(d)wɛst/ *adj inv*, *nm* northwest; **vent de ~** northwesterly wind.

normal, **~e**, *mpl* **~aux** /nɔʀmal, o/ *adj* normal.

normale /nɔʀmal/ *nf* norm.

normaliser /nɔʀmalize/ *vtr* to normalize.

Normand, **~e** /nɔʀmɑ̃, ɑ̃d/ *nm,f* Norman.

norme /nɔʀm/ *nf* norm; **~s de sécurité** safety standards.

nos ▸ **notre**.

nostalgie /nɔstalʒi/ *nf* nostalgia.

nostalgique /nɔstalʒik/ *adj* nostalgic.

notable /nɔtabl/ **I** *adj* significant, notable. **II** *nm* notable.

notaire /nɔtɛʀ/ *nm* ≈ solicitor, lawyer.

notamment /nɔtamɑ̃/ *adv* more particularly.

notation /nɔtasjɔ̃/ *nf* marking[GB], grading[US].

note /nɔt/ *nf* (à payer) bill; MUS note; (évaluation) mark[GB], grade[US]; (texte) note; **une ~ d'originalité** a touch of originality; **~ en bas de page** footnote.

noter /nɔte/ *vtr* to note down; (changement, etc) to notice; (devoir) to mark[GB], to grade[US].

notice /nɔtis/ *nf* instructions (*pl*).

notifier /nɔtifje/ *vtr* **~ qch à qn** to notify sb of sth.

notion /nɔsjɔ̃/ *nf* notion; **~s (élémentaires)** basic knowledge ¢.

notoire /nɔtwaʀ/ *adj* [fait] well-known; [escroc] notorious.

notre, *pl* **nos** /nɔtʀ, no/ *adj poss* our; **pendant ~ absence** while we were away.

nôtre /notʀ/ **I** *adj poss* our (own). **II le ~, la ~, les ~s** *pron poss* ours; **soyez des ~s!** won't you join us?; **les ~s** our people.

nouer /nwe/ **I** *vtr* (lacets, cravate) to tie; **avoir l'estomac noué** to have a knot in one's stomach; (relations) to establish; (dialogue) to engage in. **II se ~** *vpr* [dialogue] to begin.

noueux, **~euse** /nuø, øz/ *adj* gnarled.

nougat /nuga/ *nm* nougat.

nouille /nuj/ *nf* **des ~s** noodles, pasta ¢; (niais)☺ silly noodle☺.

nounou☺ /nunu/ *nf* nanny[GB], nurse.

nounours☺ /nunuʀs/ *nm* teddy bear.

nourrice /nuʀis/ *nf* wet nurse; (qui garde) childminder[GB].

nourrir /nuʀiʀ/ I *vtr* to feed; (peau) to nourish; **bien nourri** well-fed; (projet) to nurture; (discussion) to fuel. II **se ~** *vpr* [personne] to eat; **se ~ de qch** to live on sth.

nourrissant, **~e** /nuʀisɑ̃, ɑ̃t/ *adj* nourishing.

nourrisson /nuʀisɔ̃/ *nm* infant.

nourriture /nuʀityʀ/ *nf* food.

nous /nu/ *pron pers* (sujet) we; (objet) us.

nous-même, *pl* **nous-mêmes** /numɛm/ *pron pers* ourselves, we.

nouveau (**nouvel** *devant voyelle ou h muet*), **nouvelle**, *mpl* **~x** /nuvo, nuvɛl/ I *adj* new; **tout ~** brand-new. II *nm,f* (à l'école) new student; (dans une entreprise) new employee; (à l'armée) new recruit. III *nm* **j'ai du ~ pour toi** I've got some news for you; **il nous faut du ~** we want something new. IV **à ~**, **de ~** *loc adv* (once) again.

nouveau-né, **~e**, *mpl* **~s** /nuvone/ *nm,f* newborn baby.

nouveauté /nuvote/ *nf* novelty; **ce n'est pas une ~!** that's nothing new!; (livre) new publication; (disque) new release.

nouvel ▸ **nouveau**.

nouvelle /nuvɛl/ I *adj f* ▸ **nouveau**. II *nf* news ¢; **une ~** a piece of news; LITTÉRAT short story. III **~s** *nfpl* news (*sg*); **il m'a demandé de tes ~s** he asked after you.

novembre /nɔvɑ̃bʀ/ *nm* November.

novice /nɔvis/ *nmf* novice.

noyade /nwajad/ *nf* drowning ¢.

noyau, *pl* **~x** /nwajo/ *nm* stone[GB], pit[US]; (d'atome) nucleus; (de la Terre) core.

noyé, **~e** /nwaje/ I *adj* **ils sont ~s**☺ **en algèbre** they are out of their depth in algebra; **visage ~ de larmes** face bathed in tears. II *nm,f* drowned person.

noyer[1] /nwaje/ I *vtr* to drown; (village, champ, moteur) to flood. II **se ~** *vpr* to drown; (volontairement) to drown oneself.

noyer[2] /nwaje/ *nm* walnut (tree).

nu, **~e** /ny/ I *adj* [corps] naked; [partie du corps, pièce, arbre] bare; **la vérité toute ~e** the plain truth. II *nm* nude. III **à ~** *loc adv* **mettre à ~** to expose.

nuage /nyaʒ/ *nm* cloud.

nuageux, **~euse** /nyaʒø, øz/ *adj* cloudy.

nuance /nyɑ̃s/ *nf* shade; (de sens) nuance.

nucléaire /nykleɛʀ/ *adj* nuclear.

nudité /nydite/ *nf* nudity; (de lieu) bareness.

nuée /nye/ *nf* swarm; (de personnes) horde.

nues /ny/ *nfpl* **les ~** (cieux) the heavens; (nuages) the clouds.
• **tomber des ~**☺ to be flabbergasted☺.

nuire /nɥiʀ/ *vtr ind* **~ à qn** to harm sb; **~ à qch** to be harmful to sth.

nuisance /nɥizɑ̃s/ *nf* source of irritation.

nuisible /nɥizibl/ *adj* harmful; **insecte ~** (insect) pest.

nuit /nɥi/ *nf* night; **cette ~** tonight; **de ~** by night; **il fait ~** it's dark.

nul, **nulle** /nyl/ I *adj* [personne]☺ hopeless, useless; [travail] worthless; [film, roman] trashy☺; JUR [contrat, mariage] void; **match ~** tie, draw[GB]. II *adj indéf* **~ homme/pays** no man/country; **~ autre que vous** no-one else but you; **sans ~ doute** without any doubt. III *pron indéf* no-one; **~ n'ignore que** everyone knows that. IV **~ part** *loc adv* nowhere.

nullement /nylmɑ̃/ *adv* not at all.

nullité /nylite/ *nf* invalidity; (personne incapable)☺ idiot☺.

numération /nymeʀasjɔ̃/ *nf* ~ **globulaire** blood count.

numérique /nymeʀik/ *adj* TECH digital; **clavier** ~ keypad.

numéro /nymeʀo/ *nm* number; (de journal, magazine) issue; (dans un spectacle) act; **quel** ~☺! what a character! ■ ~ **d'appel gratuit,** ~ **vert** freefone number^GB^, toll-free number^US^.

numéroter /nymeʀɔte/ *vtr* to number.

nu-pied, *pl* **~s** /nypje/ *nm* (open) sandal.

nuque /nyk/ *nf* nape (of the neck).

nurse /nœʀs/ *nf* nanny^GB^, nurse.

nu-tête /nytɛt/ *adj, adv* bareheaded.

nutritif, **~ive** /nytʀitif, iv/ *adj* nutritious.

nylon® /nilɔ̃/ *nm* nylon.

O

oasis /ɔazis/ *nf* oasis.

obéir /ɔbeiʀ/ *vtr ind, vi* ~ **à qch/qn** to obey sth/sb.

obéissant, **~e** /ɔbeisɑ̃, ɑ̃t/ *adj* obedient.

obélisque /ɔbelisk/ *nm* obelisk.

obèse /ɔbɛz/ *adj* obese.

objecter /ɔbʒɛkte/ *vtr* to object.

objecteur /ɔbʒɛktœʀ/ *nm* ~ **de conscience** conscientious objector.

objectif, **~ive** /ɔbʒɛktif, iv/ I *adj* objective. II *nm* objective; (d'appareil photo) lens.

objection /ɔbʒɛksjɔ̃/ *nf* objection.

objectivité /ɔbʒɛktivite/ *nf* objectivity.

objet /ɔbʒɛ/ *nm* object, thing; (sujet) **faire l'~ de** (enquête, recherche) to be the subject of; (haine, lutte) to be the object of; (but) purpose, object; **sans ~** [inquiétude] groundless; LING ~ **direct/indirect** direct/indirect object. ■ **~s trouvés** lost property^GB^ ¢, lost and found^US^ ¢; ~ **volant non identifié, ovni** unidentified flying object, UFO.

obligation /ɔbligasjɔ̃/ *nf* obligation, responsibility; (légal) obligation, duty; **se voir/trouver dans l'~ de** to be forced to; FIN bond.

obligatoire /ɔbligatwaʀ/ *adj* compulsory.

obligé, **~e** /ɔbliʒe/ *adj* **je suis ~ de partir** I must go now, I have to go now; **vous n'êtes pas ~ d'accepter** you don't have to accept.

obligeance /ɔbliʒɑ̃s/ *nf* **auriez-vous l'~ de** would you be kind enough to.

obliger /ɔbliʒe/ *vtr* ~ **qn à** to force sb to, to compel sb to; (rendre service à) to oblige.

oblique /ɔblik/ *adj* [trait] slanting; [regard] sidelong; **en** ~ diagonally.

obliquer /ɔblike/ *vi* ~ **vers la droite/gauche** to bear right/left.

oblitérer /ɔbliteʀe/ *vtr* to cancel.

obscur, **~e** /ɔpskyʀ/ *adj* dark; (mystérieux) obscure.

obscurcir /ɔpskyʀsiʀ/ I *vtr* to cloud; ~ **une pièce** to make a room dark. II **s'~** *vpr* to darken.

obscurité /ɔpskyʀite/ *nf* darkness; **dans l'~** in the dark.

obsédant, **~e** /ɔpsedɑ̃, ɑ̃t/ *adj* haunting.

obsédé, **~e** /ɔpsede/ *nm,f* ~ **(sexuel)** sex maniac; **un ~**☺ **du vélo/du ski** a cycling/ski freak☺.

obséder /ɔpsede/ *vtr* [souvenir] to haunt; [idée] to obsess.

obsèques /ɔpsɛk/ *nfpl* funeral (*sg*).

observateur, **~trice** /ɔpsɛʀvatœʀ, tʀis/ I *adj* observant. II *nm,f* observer.

observation /ɔpsɛʀvasjɔ̃/ *nf* observation; **l'~ des oiseaux** bird-watching; (sur un devoir) comment.

observatoire /ɔpsɛʀvatwaʀ/ *nm* observatory.

observer /ɔpsɛʀve/ *vtr* to watch, to observe; (remarquer) to notice; **faire ~ qch à qn** to point sth out to sb; (régime) to keep to.

obsession /ɔpsɛsjɔ̃/ *nf* obsession.

obsolète /ɔpsɔlɛt/ *adj* obsolete.

obstacle /ɔpstakl/ *nm* obstacle; **faire ~ à** to stand in the way of; (en équitation) fence.

obstiné, **~e** /ɔpstine/ *adj* stubborn; [efforts] dogged.

obstiner: **s'~** /ɔpstine/ *vpr* **s'~ dans/à faire** to persist in/in doing; **s'~ à ne pas faire qch** to refuse obstinately to do sth; **s'~ dans une opinion** to cling stubbornly to an opinion.

obstruction /ɔpstʀyksjɔ̃/ *nf* obstruction; (de conduit) blockage.

obstruer /ɔpstʀye/ *vtr* to block.

obtempérer /ɔptɑ̃peʀe/ *vtr ind* ~ **(à)** to comply (with).

obtenir /ɔptəniʀ/ *vtr* (total) to arrive at; **~ qch de qn** to get sth from sb; **~ de qn qu'il fasse qch** to get sb to do sth.

obtention /ɔptɑ̃sjɔ̃/ *nf* obtaining.

obtus, **~e** /ɔpty, yz/ *adj* obtuse.

obus /oby/ *nm* shell.

occasion /ɔkazjɔ̃/ *nf* occasion; (moment favorable) opportunity, chance; **à l'~** some time; **à l'~ de** on the occasion of; **avoir l'~ de faire** to have the opportunity to do; (bonne affaire) bargain; **d'~** second-hand.

occasionner /ɔkazjɔne/ *vtr* to cause.

occident /ɔksidɑ̃/ *nm* west; **l'Occident** the West.

occidental, **~e**, *mpl* **~aux** /ɔksidɑ̃tal, o/ *adj* GÉOG western; POL Western.

Occidental, **~e**, *mpl* **~aux** /ɔksidɑ̃tal, o/ *nm,f* Westerner.

occulter /ɔkylte/ *vtr* to conceal.

occupation /ɔkypasjɔ̃/ *nf* occupation, job; **mes ~s professionnelles** my professional activities; (d'un lieu) occupancy; MIL occupation.

occupé, **~e** /ɔkype / *adj* [personne, vie] busy; [siège] taken; [ligne] engaged[GB], busy; [pays] occupied.

occuper /ɔkype/ I *vtr* to occupy; (maison) to live in; (siège) to sit in; (espace) to take up; **~ son temps à faire** to spend one's time doing; **ça m'occupe!** it keeps me busy!; (emploi) to have. II **s'~** *vpr* to keep oneself busy; **s'~ de** to take care of; **occupe-toi de tes affaires**☺ mind your own business☺!

occurrence /ɔkyʀɑ̃s/ *nf* **en l'~** as it happens/happened.

océan /ɔseɑ̃/ *nm* ocean; **l'Océan** the Atlantic; FIG **un ~ de** a sea of.

océanique /ɔseanik/ *adj* oceanic.

océanographe /ɔseanɔgʀaf/ *nmf* oceanographer.

ocre /ɔkʀ/ *adj inv*, *nm* ochre[GB], ocher[US].

octet /ɔktɛt/ *nm* ORDINAT byte.

octobre /ɔktɔbʀ/ *nm* October.

octogénaire /ɔktɔʒenɛʀ/ *nmf* octogenarian.

octroyer /ɔktʀwaje/ *vtr* ~ **qch à qn** to grant sb sth.

oculaire /ɔkylɛʀ/ *adj* ocular, eye; **témoin ~** eyewitness.

oculiste /ɔkylist/ *nmf* oculist.

odeur /ɔdœʀ/ *nf* **(bonne)** ~ nice smell; **(mauvaise)** ~ smell.

odieux, **~ieuse** /ɔdjø, jøz/ *adj* horrible; ~ **(avec qn)** obnoxious (to sb).

odorant, **~e** /ɔdɔʀɑ̃, ɑ̃t/ *adj* sweet-smelling.

odorat /ɔdɔʀa/ *nm* sense of smell.

œil, *pl* **yeux** /œj, jø/ *nm* eye; **avoir de bons yeux** to have good eyesight; **ouvrir l'~** to keep one's eyes open; **visible à l'~ nu** visible to the naked eye; **jeter un ~ sur qch** to have a quick look at sth; **lever les yeux sur qch** to look up at sth; **je l'ai sous les yeux** I have it in front of me; **aux yeux de tous** openly; **coup d'~** glance; **voir qch d'un mauvais ~** to take a dim view of sth; **à mes yeux** in my opinion.
• **mon ~**☺**!** my eye☺, my foot☺; **à l'~**☺ [manger] for nothing, for free; **tourner de l'~**☺ to faint; **sauter aux yeux** to be obvious.

œil-de-bœuf, *pl* **œils-de-bœuf** /œjdəbœf/ *nm* bull's-eye.

œillade /œjad/ *nf* wink.

œillère /œjɛʀ/ *nf* blinker, blinder[US].

œillet /œjɛ/ *nm* carnation.

œsophage /ezɔfaʒ/ *nm* oesophagus[GB].

œuf /œf, *pl* ø/ *nm* egg; **~s de cabillaud** cod's roe ¢. ▪ **~ à la coque/dur/mollet/sur le plat** boiled/hard-boiled/soft-boiled/fried egg; **~s brouillés** scrambled eggs.

œuvre /œvʀ/ *nf* (d'artiste, d'artisan) work; **une ~ d'art** a work of art; (travail) **se mettre à l'~** to get down to work; **mettre en ~** to implement; **tout mettre en ~ pour faire** to make every effort to do. ▪ **~ de bienfaisance** charity.

offense /ɔfɑ̃s/ *nf* insult.

offenser /ɔfɑ̃se/ I *vtr* to offend. II **s'~ de** *vpr* to take offence[GB] at.

offensif, **~ive** /ɔfɑ̃sif, iv/ *adj* offensive.

offensive /ɔfɑ̃siv/ *nf* offensive; **l'~ du froid** the onslaught of the cold.

office /ɔfis/ I *nm* **remplir son ~** [objet] to fulfil[GB] its purpose; [employé] to carry out one's duty; **faire ~ de table** to serve as a table; (prières) office; (salle) butlery. II **d'~** *loc adv* out of hand. ▪ **~ du tourisme** tourist information office.

officialiser /ɔfisjalize/ *vtr* to make [sth] official.

officiel, **~ielle** /ɔfisjɛl/ *adj*, *nm* official.

officier[1] /ɔfisje/ *vi* to officiate.

officier[2] /ɔfisje/ *nm* officer.

officieux, **~ieuse** /ɔfisjø, jøz/ *adj* unofficial; [information] off-the-record.

offrande /ɔfʀɑ̃d/ *nf* offering.

offre /ɔfʀ/ *nf* offer; **~ d'emploi** situation vacant[GB], help wanted[US]; ÉCON supply. ▪ **~ publique d'achat, OPA** takeover bid.

offrir /ɔfʀiʀ/ I *vtr* (donner) to give; to offer; (présenter) to show, to have. II **s'~** *vpr* **s'~ qch** to buy oneself sth, to treat oneself to; [solution] to present itself.

offusquer /ɔfyske/ I *vtr* to offend. II **s'~ de** *vpr* to be offended (by).

ogive /ɔʒiv/ *nf* ARCHIT rib; **~ nucléaire** nuclear warhead.

ogre, **ogresse** /ɔgʀ, ɔgʀɛs/ *nm*, *f* ogre; (gros mangeur) big eater.

oh /o/ *excl* oh!; **~ hisse!** heave-ho!

oie /wa/ *nf* goose.

oignon /ɔɲɔ̃/ *nm* onion; (de fleur) bulb; (montre) fob watch.
• **ce n'est pas tes ~s**☺ it's none of your business☺.

oiseau, *pl* **~x** /wazo/ *nm* bird; **~ de nuit** night owl; **un drôle d'~**☺ an oddball☺.

oiseux, **~euse** /wazø, øz/ *adj* [propos] idle; [dispute] pointless.

oisif, **~ive** /wazif, iv/ *adj* idle.

oisillon /wazijɔ̃/ *nm* fledgling.

oisiveté /wazivte/ *nf* idleness.

olive /ɔliv/ *nf* olive.

olivier /ɔlivje/ *nm* olive tree.

OLP /oɛlpe/ *nm* (*abrév* = **Organisation de libération de la Palestine**) PLO.

olympique /ɔlɛ̃pik/ *adj* Olympic.

ombrage /ɔ̃bʀaʒ/ *nm* shade; **porter ~ à qn** to damage sb's reputation.

ombre /ɔ̃bʀ/ *nf* shade; **à l'~ de** in the shade of; (forme portée) shadow; (pénombre) darkness; **agir dans l'~** to operate behind the scenes; **rester dans l'~** to remain in obscurity; **l'~ d'un reproche** a hint of reproach; **sans l'~ d'un doute** without a shadow of a doubt. ▪ **~ à paupières** eye shadow.

ombrelle /ɔ̃bʀɛl/ *nf* parasol.

omelette /ɔmlɛt/ *nf* omelette. ▪ **~ norvégienne** baked Alaska.

omettre /ɔmɛtʀ/ *vtr* to leave out, to omit.

omission /ɔmisjɔ̃/ *nf* omission.

omnibus /ɔmnibys/ *nm* slow train[GB], local (train)[US].

omnisports /ɔmnispɔʀ/ *adj inv* **salle ~** sports hall.

omnivore /ɔmnivɔʀ/ I *adj* omnivorous. II *nmf* omnivore.

omoplate /ɔmɔplat/ *nf* shoulder blade.

OMS /oɛmɛs/ *nf* (*abrév* = **Organisation mondiale de la santé**) WHO.

on /ɔ̃/ *pron pers* (sujet indéfini) **~ a refait la route** the road was resurfaced; **~ a prétendu que** it was claimed that; **comme ~ dit** as they say; (nous) we; **~ va en Afrique** we're going to Africa; (tu, vous) you; **~ se calme!** calm down!; (quelqu'un) **~ t'appelle** someone's calling you; (n'importe qui) **~ peut le dire** you can say that.

once /ɔ̃s/ *nf* ounce.

oncle /ɔ̃kl/ *nm* uncle; **l'~ Robert** Uncle Robert.

onctueux, **~euse** /ɔ̃ktɥø, øz/ *adj* [mélange] smooth, creamy; [personne] unctuous.

onde /ɔ̃d/ *nf* wave; **sur les ~s** on the air.

ondée /ɔ̃de/ *nf* shower.

on-dit /ɔ̃di/ *nm inv* **les ~** hearsay ¢.

ondulation /ɔ̃dylasjɔ̃/ *nf* curves (*pl*); (de chevelure) wave.

ondulé, **~e** /ɔ̃dyle/ *adj* [cheveux] wavy; [tôle] corrugated.

onduler /ɔ̃dyle/ *vi* [chevelure] to fall in waves; [corps] to sway.

ONG /oɛnʒe/ *nf* (*abrév* = **organisation non gouvernementale**) NGO.

ongle /ɔ̃gl/ *nm* nail; (de quadrupède) claw; (de rapace) talon; **~s des mains** fingernails.

onglet /ɔ̃glɛ/ *nm* **avec ~s** [dictionnaire] with thumb index; CULIN *prime cut of beef*.

onomatopée /ɔnɔmatɔpe/ *nf* onomatopoeia.

ONU /ɔny, oɛny/ *nf* (*abrév* = **Organisation des Nations unies**) UN.

onze /ɔ̃z/ *adj inv, pron* eleven.

onzième /ɔ̃zjɛm/ *adj* eleventh.

OPA /opea/ *nf* (*abrév* = **offre publique d'achat**) takeover bid.

opaque /ɔpak/ *adj* opaque.

opéra /ɔpeʀa/ *nm* opera; (salle) opera house.

opérateur, **~trice** /ɔpeʀatœʀ, tʀis/ *nm,f* operator; **~ de saisie** keyboarder.

opération /ɔpeʀasjɔ̃/ *nf* operation; **~ boursière** stock transaction.

opératoire /ɔpeʀatwaʀ/ *adj* [technique] surgical; **les suites ~s** the after-effects of surgery; (qui fonctionne) operative.

opérer /ɔpeʀe/ I *vtr* **~ qn** to operate on sb; **se faire ~** to have an operation; (choix) to make; (restructuration) to carry out. II *vi* to operate; [remède] to work. III **s'~** *vpr* to take place.

opérette /ɔpeʀɛt/ *nf* operetta.

opiner /ɔpine/ *vi* ~ **de la tête** to nod in agreement.

opinion /ɔpinjɔ̃/ *nf* opinion; **se faire une** ~ to form an opinion.

opportun, **~e** /ɔpɔʀtœ̃, yn/ *adj* timely, opportune.

opposant, **~e** /ɔpozɑ̃, ɑ̃t/ *nm,f* ~ **(à)** opponent (of).

opposé, **~e** /ɔpoze/ I *adj* [direction, avis] opposite; [partis] opposing; [intérêts] conflicting; **être** ~ **à qch** to be opposed to sth. II *nm* opposite (of); **à l'~** in the wrong direction; **à l'~ de qch** in contrast to sth.

opposer /ɔpoze/ I *vtr* (résistance) to put up; (deux équipes) to bring together; (séparer) to divide; (deux pays) to set against (each other); (comparer) ~ **(à)** to compare (with). II **s'~ (à)** *vpr* [personnes] to disagree, to conflict; [équipes] to compete; **s'~ à qch** to be opposed to sth, to oppose sth; (contraster) **s'~ (à)** to contrast (with).

opposition /ɔpozisjɔ̃/ *nf* opposition; **être en ~ avec** to be in opposition to; ~ **de couleurs** contrast in colours[GB]; **par ~ à** in contrast to.

oppresser /ɔpʀese/ *vtr* to oppress.

oppresseur /ɔpʀesœʀ/ *nm* oppressor.

oppression /ɔpʀesjɔ̃/ *nf* oppression.

opprimer /ɔpʀime/ *vtr* to oppress.

opter /ɔpte/ *vi* ~ **pour** to opt for.

opticien, **~ienne** /ɔptisjɛ̃, jɛn/ *nm,f* optician.

optimiser /ɔptimize/ *vtr* to optimize.

optimisme /ɔptimism/ *nm* optimism; **faire preuve d'un** ~ **prudent** to be cautiously optimistic.

optimiste /ɔptimist/ I *adj* optimistic. II *nmf* optimist.

option /ɔpsjɔ̃/ *nf* option; **en** ~ optional.

optionnel, **~elle** /ɔpsjɔnɛl/ *adj* optional.

optique /ɔptik/ I *adj* ANAT optic; PHYS, TECH optical. II *nf* optics (*sg*); **dans cette** ~ from this perspective.

opulent, **~e** /ɔpylɑ̃, ɑ̃t/ *adj* [pays] opulent, wealthy; [poitrine] ample.

or[1] /ɔʀ/ *conj* but, and yet; (pour récapituler) now.

or[2] /ɔʀ/ *nm* gold ¢; **en** ~ [dent, bague] gold (*épith*); [occasion] golden; [patron, mari] marvellous[GB]; (de cadre) gilding ¢; (couleur) **cheveux d'~** golden hair (*sg*). ■ ~ **noir** oil.

orage /ɔʀaʒ/ *nm* storm.

orageux, **~euse** /ɔʀaʒø, øz/ *adj* stormy.

oral, **~e**, *mpl* **~aux** /ɔʀal, o/ I *adj* oral. II *nm* oral (examination).

oralement /ɔʀalmɑ̃/ *adv* orally.

orange /ɔʀɑ̃ʒ/ I *adj inv*, *nm* orange; [feu] amber[GB], yellow[US]. II *nf* orange.

orangeade /ɔʀɑ̃ʒad/ *nf* orangeade.

oranger /ɔʀɑ̃ʒe/ *nm* orange tree; **fleur d'~** orange blossom.

orateur, **~trice** /ɔʀatœʀ, tʀis/ *nm,f* speaker; (tribun) orator.

orbite /ɔʀbit/ *nf* orbit; **mettre un satellite sur** ~ to put a satellite into orbit; (des yeux) eye socket.

orchestre /ɔʀkɛstʀ/ *nm* orchestra; ~ **de jazz** jazz band.

orchidée /ɔʀkide/ *nf* orchid.

ordinaire /ɔʀdinɛʀ/ I *adj* ordinary, normal; **peu** ~ unusual; **très** ~ [vin] very average; [personne] very ordinary; (coutumier) usual. II *nm* **sortir de l'~** to be out of the ordinary. III **à l'~**, **d'~** *loc adv* usually.

ordinateur /ɔʀdinatœʀ/ *nm* computer; **assisté par** ~ computer-aided.

ordonnance /ɔʀdɔnɑ̃s/ *nf* prescription; **médicament vendu sans** ~ over-the-counter medicine; JUR ruling.

ordonné, **~e** /ɔʀdɔne/ *adj* tidy.

ordonner /ɔʀdɔne/ *vtr* to put [sth] in order; ~ **à qn de faire qch** to order sb to do sth.

ordre /ɔʀdʀ/ *nm* order; **par ~ alphabétique** in alphabetical order; (fait d'être rangé) tidiness, orderliness; **en ~** [maison] tidy; [comptes] in order; **rappeler qn à l'~** to reprimand sb; **tout est rentré dans l'~** everything is back to normal; **l'~ (public)** law and order; **de premier/second ~** first-rate/second-rate; **c'est du même ~** it's the same kind of thing; **jusqu'à nouvel ~** until further notice; RELIG **entrer dans les ~s** to take (holy) orders; **à l'~ de X** [chèque] payable to X. ■ **à l'~ du jour** on the agenda.

ordure /ɔʀdyʀ/ **I•** *nf* bastard•. **II ~s** *nfpl* refuse[GB] ¢, garbage[US] ¢; (grossièretés) filth ¢.

ordurier, **~ière** /ɔʀdyʀje, jɛʀ/ *adj* filthy.

orée /ɔʀe/ *nf* **à l'~ du bois** at the edge of the wood.

oreille /ɔʀɛj/ *nf* ear.

oreiller /ɔʀɛje/ *nm* pillow.

oreillette /ɔʀɛjɛt/ *nf* ANAT auricle; (de casquette) earflap.

oreillons /ɔʀɛjɔ̃/ *nmpl* mumps.

ores: **d'~ et déjà** /dɔʀzedeʒa/ *loc adv* already.

orfèvre /ɔʀfɛvʀ/ *nmf* goldsmith.

organe /ɔʀgan/ *nm* organ.

organigramme /ɔʀganigʀam/ *nm* organization chart.

organisateur, **~trice** /ɔʀganizatœʀ, tʀis/ *nm,f* organizer.

organisation /ɔʀganizasjɔ̃/ *nf* organization.

organiser /ɔʀganize/ **I** *vtr* to organize. **II s'~** *vpr* to get organized, to be organized.

organisme /ɔʀganism/ *nm* body, organism; (organisation) organization.

orge /ɔʀʒ/ *nf* barley.

orgie /ɔʀʒi/ *nf* orgy.

orgue /ɔʀg/ **I** *nm* organ; ~ **de Barbarie** barrel organ. **II ~s** *nfpl* **(grandes) ~s** organ (*sg*).

orgueil /ɔʀgœj/ *nm* pride.

orgueilleux, **~euse** /ɔʀgœjø, øz/ *adj* overproud.

orient /ɔʀjɑ̃/ *nm* east; **l'Orient** the East.

oriental, **~e**, *mpl* **~aux** /ɔʀjɑ̃tal, o/ *adj* [côte] eastern; [civilisation] oriental.

Oriental, **~e**, *mpl* **~aux** /ɔʀjɑ̃tal, o/ *nm,f* Asian; **les Orientaux** Asians.

orientation /ɔʀjɑ̃tasjɔ̃/ *nf* (de maison) aspect; (de projecteur, de recherche) direction; SCOL **l'~** curriculum counselling[GB].

orienter /ɔʀjɑ̃te/ **I** *vtr* (lampe) to direct; (enquête) to focus; (conseiller) to give [sb] some career advice. **II s'~** *vpr* to find one's bearings; **s'~ vers** to move toward(s); [conversation] to turn to.

orifice /ɔʀifis/ *nm* orifice, opening.

originaire /ɔʀiʒinɛʀ/ *adj* ~ **de** native to.

original, **~e**, *mpl* **~aux** /ɔʀiʒinal, o/ **I** *adj*, *nm* original. **II** *nm,f* eccentric, oddball☺.

originalité /ɔʀiʒinalite/ *nf* originality.

origine /ɔʀiʒin/ *nf* origin; **à l'~** originally.

originel, **~elle** /ɔʀiʒinɛl/ *adj* original.

orme /ɔʀm/ *nm* elm (tree).

ornement /ɔʀnəmɑ̃/ *nm* ornament.

orner /ɔʀne/ *vtr* ~ **(de)** to decorate (with); (vêtement) to trim (with).

ornière /ɔʀnjɛʀ/ *nf* rut.

orphelin, **~e** /ɔʀfəlɛ̃, in/ *adj*, *nm,f* orphan.

orphelinat /ɔʀfəlina/ *nm* orphanage.

orque /ɔʀk/ *nm ou f* killer whale.

orteil /ɔʀtɛj/ *nm* toe; **gros ~** big toe.

orthodoxe /ɔʀtɔdɔks/ *adj* orthodox.

orthographe /ɔʀtɔgʀaf/ *nf* spelling.

orthographier /ɔʀtɔgʀafje/ *vtr* to spell.

orthophoniste /ɔʀtɔfɔnist/ *nmf* speech therapist.

ortie /ɔʀti/ *nf* (stinging) nettle.

os /ɔs, *pl* o/ *nm* bone. ▪ **~ à moelle** marrowbone.

osciller /ɔsile/ *vi* to swing; **~ entre** to vacillate between.

osé, **~e** /oze/ *adj* daring.

oseille /ozɛj/ *nf* sorrel; (argent)☺ dough☺, money.

oser /oze/ *vtr* to dare; **je n'ose pas demander** I daren't[GB] ask, I don't dare ask; **si j'ose dire** if I may say so.

osier /ozje/ *nm* wicker.

ossature /ɔsatyʀ/ *nf* skeleton.

osselets /ɔslɛ/ *nmpl* (jeu) jacks.

ossements /ɔsmɑ̃/ *nmpl* remains.

osseux, **~euse** /ɔsø, øz/ *adj* [visage] bony; [maladie] bone (*épith*).

otage /ɔtaʒ/ *nm* hostage; **prise d'~s** hostage-taking.

OTAN /ɔtɑ̃/ *nf* (*abrév* = **Organisation du traité de l'Atlantique Nord**) NATO.

otarie /ɔtaʀi/ *nf* eared seal, otary.

ôter /ote/ *vtr* to take off; (tache) to remove; **~ qch à qn** to take sth away from sb.

otite /ɔtit/ *nf* inflammation of the ear; **avoir une ~** to have earache[GB].

oto-rhino-laryngologiste, *pl* **~s** /otoʀinolaʀɛ̃gɔlɔʒist/ *nmf* ENT specialist.

ou /u/ *conj* or; **~ alors**, **~ bien** or else; **~ bien il est timide, ~ il est impoli** he's either shy or rude.

où /u/ I *adv inter* where; **~ vas-tu?** where are you going? II *pron rel* where; **le quartier ~ nous habitons** the area where we live, the area we live in, the area in which we live; **~ qu'ils aillent** wherever they go; **d'~ l'on peut conclure que** from which we can conclude that; (temporel) when; **il fut un temps ~** there was a time when; **le matin ~ je l'ai rencontré** the morning I met him.

ouate /wat/ *nf* cotton wool[GB], cotton[US]; **doublé d'~** wadded.

oubli /ubli/ *nm* omission; **tomber dans l'~** to sink into oblivion.

oublier /ublije/ *vtr* to forget (about); (clé) to leave.

ouest /wɛst/ I *adj inv* [versant] west; [frontière] western. II *nm* west; **l'Ouest** the West.

ouf /uf/ *excl* phew!

oui /wi/ I *adv* yes; **mais ~!** yes!; **découvrir si ~ ou non** to discover whether or not; **faire ~ de la tête** to nod; **eh ~, c'est comme ça!** well, that's just the way it is!; **je crois que ~** I think so. II *nm inv* yes; (vote positif) yes vote.

ouï-dire /widiʀ/ *nm inv* **par ~** by hearsay.

ouïe /wi/ *nf* hearing ¢; **être tout ~** to be all ears; (de poisson) gill.

ouragan /uʀagɑ̃/ *nm* hurricane.

ourlet /uʀlɛ/ *nm* hem.

ours /uʀs/ *nm inv* bear. ▪ **~ blanc/brun** polar/brown bear; **~ en peluche** teddy bear.

ourse /uʀs/ *nf* she-bear.

Ourse /uʀs/ *npr f* **la Grande ~** the Plough[GB], the Big Dipper[US]; **la Petite ~** the Little Bear[GB], the Little Dipper[US].

oursin /uʀsɛ̃/ *nm* (sea) urchin.

ourson /uʀsɔ̃/ *nm* bear cub.

outil /uti/ *nm* tool.

outillage /utijaʒ/ *nm* tools (*pl*).

outrage /utʀaʒ/ *nm* insult.

outrager /utʀaʒe/ *vtr* to offend.

outrance /utʀɑ̃s/ *nf* excess; **à ~** excessively.

outre[1] /utʀ/ I *prép* in addition to. II *adv* **passer ~ à qch** to disregard sth. III **~**

mesure *loc adv* unduly. IV **en ~** *loc adv* in addition.

outre² /utʀ/ *nf* goatskin.

outré, **~e** /utʀe/ *adj* (indigné) offended; (exagéré) extravagant.

outre-Atlantique /utʀatlɑ̃tik/ *adv* across the Atlantic; **d'~** American.

outre-Manche /utʀəmɑ̃ʃ/ *adv* across the Channel, in Britain; **d'~** British.

outremer /utʀəmɛʀ/ *adj inv*, *nm* ultramarine.

outre-mer /utʀəmɛʀ/ *adv* overseas.

outrepasser /utʀəpase/ *vtr* (droits) to exceed; (limites) to overstep.

outrer /utʀe/ *vtr* to outrage.

ouvert, **~e** /uvɛʀ, ɛʀt/ I *pp* ▶ **ouvrir**. II *adj* open; ~ **à** open to; [gaz] on; [robinet] running.

ouvertement /uvɛʀtəmɑ̃/ *adv* openly.

ouverture /uvɛʀtyʀ/ *nf* opening; ~ **d'esprit** open-mindedness; MUS overture.

ouvrable /uvʀabl/ *adj* [jour] working; [heure] business.

ouvrage /uvʀaʒ/ *nm* (travail, livre, œuvre) work; **se mettre à l'~** to get down to work; (d'un artisan) piece of work.

ouvragé, **~e** /uvʀaʒe/ *adj* finely wrought.

ouvre-boîtes /uvʀəbwat/ *nm inv* tin-opener^GB, can-opener^US.

ouvre-bouteilles /uvʀəbutɛj/ *nm inv* bottle-opener.

ouvreur, **~euse** /uvʀœʀ, øz/ *nm,f* usher/usherette.

ouvrier, **~ière** /uvʀije, jɛʀ/ I *adj* **classe ouvrière** working class; **syndicat** ~ trade union. II *nm,f* worker.

ouvrir /uvʀiʀ/ I *vtr* to open; (passage) to open up; ~ **une route** to build a road; (radio) to turn on. II *vi* to open; **va** ~ go and open the door; **ouvrez!** open up!; ~ **sur** to open onto. III **s'~** *vpr* to open; [pays, voie] to open up; **s'~ à qn** to open one's heart to sb; **s'~ le genou** to cut one's knee (open); **s'~ les veines** to slash one's wrists.

ovale /ɔval/ *adj*, *nm* oval.

ovation /ɔvasjɔ̃/ *nf* ovation.

ovin, **~e** /ɔvɛ̃, in/ I *adj* ovine. II *nm* sheep.

ovni /ɔvni/ *nm* (*abrév* = **objet volant non identifié**) unidentified flying object, UFO.

oxyde /ɔksid/ *nm* oxide.

oxyder /ɔkside/ *vtr*, **s'~** *vpr* to oxidize.

oxygène /ɔksiʒɛn/ *nm* oxygen.

oxygéné, **~e** /ɔksiʒene/ *adj* **cheveux ~s** peroxide (blond) hair; **eau ~e** hydrogen peroxide.

oyez /ɔje/ ▶ **ouïr**.

ozone /ozon/ *nf* ozone; **la couche d'~** the ozone layer.

p

pacifier /pasifje/ *vtr* to pacify.

pacifique /pasifik/ *adj* peaceful.

Pacifique /pasifik/ *nprm* **l'océan** ~ the Pacific (Ocean).

pacotille /pakɔtij/ *nf* **de** ~ cheap.

pacte /pakt/ *nm* pact.

pactiser /paktize/ *vi* to make peace (with).

pactole /paktɔl/ *nm* gold mine.

pagaie /pagɛ/ *nf* paddle.

pagaille☺ /pagaj/ *nf* mess.

page¹ /paʒ/ *nm* page (boy).

page² /paʒ/ *nf* page; **mise en ~** layout. • **être à la ~** to be up to date.
paie /pɛ/ *nf* pay.
paiement /pɛmɑ̃/ *nm* payment.
païen, **~ïenne** /pajɛ̃, jɛn/ *adj, nm,f* pagan.
paillasse /pajas/ *nf* straw mattress; (d'évier) draining board.
paillasson /pajasɔ̃/ *nm* doormat.
paille /pɑj/ *nf* straw.
paillette /pajɛt/ *nf* sequin, spangle^US; **savon en ~s** soap flakes (*pl*).
pain /pɛ̃/ *nm* bread; **un petit ~** a (bread) roll; (de cire) bar. ▪ **~ complet** wholemeal^GB, wholewheat^US bread; **~ d'épices** gingerbread; **~ grillé** toast; **~ aux raisins** currant^GB, raisin^US bun.
pair, **~e** /pɛʀ/ I *adj* even. II *nm* (égal) peer; **hors ~** excellent; **aller de ~ avec** to go hand in hand with.
paire /pɛʀ/ *nf* pair.
paisible /pɛzibl/ *adj* peaceful, quiet.
paître /pɛtʀ/ *vi* to graze.
paix /pɛ/ *nf* peace; **laisser qn en ~** to leave sb alone; **la ~**☺! be quiet!
palace /palas/ *nm* luxury hotel.
palais /palɛ/ *nm* ANAT palate; ARCHIT palace; **~ de justice** law courts (*pl*).
pale /pal/ *nf* blade.
pâle /pɑl/ *adj* pale.
palet /palɛ/ *nm* puck; (à la marelle) hopscotch stone.
palette /palɛt/ *nf* palette.
pâleur /pɑlœʀ/ *nf* pallor.
palier /palje/ *nm* landing; (stade) level; **par ~s** by stages.
pâlir /pɑliʀ/ *vi* [photo] to fade; [personne] to turn pale.
palissade /palisad/ *nf* fence.
pâlissant, **~e** /palisɑ̃, ɑ̃t/ *adj* fading.
pallier /palje/ *vtr* to compensate for.
palme /palm/ *nf* palm leaf; (pour nager) flipper; (prix) prize.
palmier /palmje/ *nm* palm (tree); (pâtisserie) palmier.
palombe /palɔ̃b/ *nf* wood pigeon.
pâlot☺, **~otte** /pɑlo, ɔt/ *adj* rather pale.
palourde /paluʀd/ *nf* clam.
palper /palpe/ *vtr* to feel.
palpitant, **~e** /palpitɑ̃, ɑ̃t/ *adj* thrilling.
palpiter /palpite/ *vi* [cœur] to beat; (trembler) to flutter.
pamplemousse /pɑ̃pləmus/ *nm* grapefruit.
pan /pɑ̃/ I *nm* section; (de vie) part; **~ de chemise** shirttail. II *excl* bang!
panaché, **~e** /panaʃe/ I *adj* mixed. II *nm* shandy^GB.
panaris /panaʀi/ whitlow.
pancarte /pɑ̃kaʀt/ *nf* notice^GB, sign^US.
pané, **~e** /pane/ *adj* breaded.
panier /panje/ *nm* basket; **mettre au ~** to throw out.
panier-repas, *pl* **paniers-repas** /panjeʀəpa/ *nm* packed lunch^GB, box lunch^US.
panique /panik/ I *adj* **peur ~** terror. II *nf* panic.
paniquer☺ /panike/ *vi* to panic.
panne /pan/ *nf* breakdown; (d'électricité) failure.
panneau, *pl* **~x** /pano/ *nm* sign; (planche) panel. ▪ **~ d'affichage** notice board^GB, bulletin board; **~ publicitaire** billboard.
panoplie /panɔpli/ *nf* (pour se déguiser) outfit; (d'objets usuels) array.
panorama /panɔʀama/ *nm* panorama.
panoramique /panɔʀamik/ *adj* panoramic.
panse /pɑ̃s/ *nf* paunch.
pansement /pɑ̃smɑ̃/ *nm* dressing; **~ adhésif** plaster^GB, Band-Aid®.

panser /pɑ̃se/ *vtr* (plaie) to dress.

pantalon /pɑ̃talɔ̃/ *nm* trousers[GB] (*pl*), pants[US] (*pl*).

panthère /pɑ̃tɛʀ/ *nf* panther.

pantin /pɑ̃tɛ̃/ *nm* puppet.

pantomime /pɑ̃tɔmim/ *nf* mime; (spectacle) mime show.

pantoufle /pɑ̃tufl/ *nf* slipper.

PAO /peao/ *nf abrév* = (**publication assistée par ordinateur**) desktop publishing, DTP.

paon /pɑ̃/ *nm* peacock.

papa /papa/ *nm* dad©, daddy©.

pape /pap/ *nm* pope.

paperasse© /papʀas/ *nf* PÉJ bumph©GB ¢.

papeterie /papɛtʀi/ *nf* (commerce) stationery shop[GB]; (articles) stationery.

papetier, **~ière** /paptje, jɛʀ/ *nm,f* stationer.

papier /papje/ *nm* paper; **~s d'identité** (identity) papers. ■ **~ (d')aluminium** foil; **~ de verre** sandpaper.

papier-calque /papjekalk/ *nm* tracing paper.

papille /papij/ *nf* **~s gustatives** taste buds.

papillon /papijɔ̃/ *nm* butterfly.

papillote /papijɔt/ *nf* CULIN foil parcel[GB].

papoter© /papɔte/ *vi* to chatter.

pâque /pɑk/ *nf* **la ~ juive** Passover.

paquebot /pakbo/ *nm* liner.

pâquerette /pɑkʀɛt/ *nf* daisy.

Pâques /pɑk/ *nm* Easter.

paquet /pakɛ/ *nm* (emballage) packet[GB], package[US]; (de cigarettes, café) packet[GB], pack[US]; (colis) parcel[GB], package[US].

paquet-cadeau, *pl* **paquets-cadeaux** /pakɛkado/ *nm* gift-wrapped present.

par /paʀ/ *prép* (agent, moyen) by; (lieu) [passer] through; **arriver ~ la gauche** to come from the left; **~ endroits** in places; (temps) **~ le passé** in the past; **~ une belle journée** on a beautiful day; **~ ce froid** in this cold weather; (répartition) **un ~ jour** one a day; **~ personne** per person; **~ groupes** in groups; **~ ennui** out of boredom.

parachute /paʀaʃyt/ *nm* parachute.

parachutiste /paʀaʃytist/ *nmf* SPORT parachutist; MIL paratrooper.

parade /paʀad/ *nf* parade; (défense) parry.

paradis /paʀadi/ *nm* paradise; RELIG heaven.

paradoxe /paʀadɔks/ *nm* paradox.

parages /paʀaʒ/ *nmpl* **dans les ~** around.

paragraphe /paʀagʀaf/ *nm* paragraph.

paraître /paʀɛtʀ/ I *vi* to come out, to be published; **faire ~** to publish; (avoir l'air) to look, to seem; (devenir visible) to appear. II *v impers* **il paraît qu'il/elle** apparently he/she; **il me paraît inutile de faire** it seems useless to me to do.

parallèle[1] /paʀalɛl/ *adj, nm* parallel.

parallèle[2] /paʀalɛl/ *nf* MATH parallel line.

parallèlement /paʀalɛlmɑ̃/ *adv* at the same time.

parallélisme /paʀalelism/ *nm* parallel.

paralyser /paʀalize/ *vtr* to paralyze.

paralysie /paʀalizi/ *nf* paralysis.

parapente /paʀapɑ̃t/ *nm* paragliding.

parapher /paʀafe/ *vtr* to initial; (avec sa signature) to sign.

paraphrase /paʀafʀɑz/ *nf* paraphrase.

parapluie /paʀaplɥi/ *nm* umbrella.

parascolaire /paʀaskɔlɛʀ/ *adj* extra-curricular.

parasite /paʀazit/ *nm* parasite; (brouillage) interference ¢.

parasol /parasɔl/ *nm* sun umbrella.

paratonnerre /paratɔnɛr/ *nm* lightning rod.

paravent /paravɑ̃/ *nm* screen.

parc /park/ *nm* park; (pour enfant) playpen; ~ **automobile** fleet of cars. ■ ~ **d'attractions** amusement park; ~ **de loisirs** theme park.

parce que /parsəkə/ *loc conj* because.

parcelle /parsɛl/ *nf* fragment, particle; (terrain) plot (of land).

parchemin /parʃəmɛ̃/ *nm* parchment.

par-ci /parsi/ *adv* ~ **par-là** here and there.

parcmètre /parkmɛtr/ *nm* parking meter.

parcourir /parkurir/ *vtr* (distance) to cover; (lettre) to glance through; (pays) to run across.

parcours /parkur/ *nm* (d'autobus) route; (de fleuve) course; **sur mon** ~ on my way; ~ **de golf** round of golf.

par-delà /pardəla/ *prép* beyond.

par-derrière /parderjɛr/ *adv* [passer] round the back; [attaquer] from behind; [critiquer] behind sb's back.

par-dessous /pardəsu/ *prép, adv* underneath.

pardessus /pardəsy/ *nm* overcoat.

par-dessus /pardəsy/ I *adv* over, on top. II *prép* **sauter** ~ **qch** jump over sth; ~ **bord** overboard; ~ **tout** above all.

par-devant /pardəvɑ̃/ *adv* in front; (par l'avant) by the front.

pardon /pardɔ̃/ *nm* forgiveness; RELIG pardon; **je te demande** ~ I'm sorry; **tu lui as demandé** ~ **?** did you apologize?; ~! sorry!; ~ **madame...** excuse me please...

pardonner /pardɔne/ I *vtr* ~ **qch à qn** to forgive sb sth; **pardonnez-moi, mais...** excuse me, but... II *vi* **ça ne pardonne pas** it's fatal.

pare-balles /parbal/ *adj inv* bulletproof.

pare-brise /parbriz/ *nm inv* windscreen[GB], windshield[US].

pare-chocs /parʃɔk/ *nm inv* bumper.

pareil, **~eille** /parɛj/ I *adj* **être** ~**(s)** to be the same; **une robe pareille à la tienne** a dress like yours; **c'est** ~ it's the same thing; (tel) such; **par un temps** ~ in weather like this. II *adv* the same (way).

parent, **~e** /parɑ̃, ɑ̃t/ I *adj* related (to). II *nm,f* relative, relation. III *nm* parent.

parenté /parɑ̃te/ *nf* **les liens de** ~ family ties.

parenthèse /parɑ̃tɛz/ *nf* **entre ~s** in brackets[GB], parenthesis[US]; **ouvrir une** ~ to digress; **(soit dit) entre ~s** incidentally.

parer /pare/ I *vtr* (esquiver) to ward off; (orner) ~ **(de)** to adorn (with). II ~ **à** *vtr ind* ~ **au plus pressé** to deal with the most urgent matters first. III **se** ~ *vpr* **se** ~ **de** to adorn oneself with.

paresse /parɛs/ *nf* laziness.

paresser /parese/ *vi* to laze .

paresseux, **~euse** /parɛsø, øz/ *adj* lazy.

parfaire /parfɛr/ *vtr* to complete, to perfect.

parfait, **~e** /parfɛ, ɛt/ *adj, nm* perfect.

parfaitement /parfɛtmɑ̃/ *adv* perfectly; [égal] absolutely; [faux] totally.

parfois /parfwa/ *adv* sometimes.

parfum /parfœ̃/ *nm* perfume; (de fleur, forêt) scent; (goût) flavour[GB].

parfumé, **~e** /parfyme/ *adj* [thé] flavoured[GB]; [air] fragrant; ~ **à la lavande** lavender-scented.

parfumer /parfyme/ I *vtr* to put scent (in); (aromatiser) to flavour[GB] (with). II **se** ~ *vpr* to put perfume on.

parfumerie /parfymri/ *nf* perfumery.

pari /pari/ *nm* bet.

parier /parje/ *vtr* to bet (on).

parisien, **~ienne** /paʀizjɛ̃, jɛn/ *adj* [accent, vie] Parisian; [banlieue, région] Paris.

parjure /paʀʒyʀ/ *nm* perjury ¢.

parking /paʀkiŋ/ *nm* car park[GB], parking lot[US].

par-là /paʀla/ *adv* ▸ **par-ci**.

parlant, **~e** /paʀlɑ̃, ɑ̃t/ *adj* convincing, eloquent; **un film ~** a talking picture, a talkie☺; **horloge ~e** speaking clock.

Parlement /paʀləmɑ̃/ *nm* Parliament.

parlementaire /paʀləmɑ̃tɛʀ/ I *adj* parliamentary. II *nmf* Member of Parliament.

parlementer /paʀləmɑ̃te/ *vi* to negotiate.

parler /paʀle/ I *vtr* **~ (l')italien** to speak Italian; **~ affaires** to talk (about) business. II **~ à** *vtr ind* to talk to. III **~ de** *vtr ind* to talk about; [film, livre] to be about; **on m'a beaucoup parlé de vous** I've heard a lot about you. IV *vi* [enfant, perroquet] to talk; **~ vite/en russe** to speak fast/loudly/in Russian; **tu parles si je viens**☺**!** you bet I'm coming☺!

parme /paʀm/ *adj inv*, *nm* mauve.

parmi /paʀmi/ *prép* among.

paroi /paʀwa/ *nf* wall; (de montagne) rock face.

paroisse /paʀwas/ *nf* parish.

paroissien, **~ienne** /paʀwasjɛ̃, jɛn/ *nm,f* parishioner.

parole /paʀɔl/ *nf* speech; **prendre la ~** to speak; (mot) word; **donner sa ~** to give one's word; **~s** (de chanson) words, lyrics.

paroxysme /paʀɔksism/ *nm* climax.

parquer /paʀke/ *vtr* (bestiaux) to pen; (personnes) to coop up; (voiture) to park.

parquet /paʀkɛ/ *nm* parquet (floor); JUR **le ~** the prosecution.

parrain /paʀɛ̃/ *nm* godfather; (de candidat, etc) sponsor.

parrainer /paʀene/ *vtr* to sponsor.

parsemer /paʀsəme/ *vtr* to sprinkle over; **parsemé d'obstacles** strewn with obstacles.

part /paʀ/ I *nf* portion; (de viande, riz) helping, portion; (d'héritage) share; **pour une grande ~** to a large extent; (contribution) share; **prendre ~ à** to take part in; **faire ~ de qch** to let know about sth; (partie) **de toute(s) ~(s)** from all sides; **de ~ et d'autre** on both sides; **d'une ~..., d'autre ~** on the one hand..., on the other hand; **d'autre ~** moreover. II **à ~** *loc* [ranger] separately; **prendre qn à ~** to take sb aside; **un cas à ~** a special case; (excepté) apart from; **à ~ que** apart from the fact that. III **de la ~ de** *loc prép* from sb; **c'est de la ~ de qui?** who's calling, please?

partage /paʀtaʒ/ *nm* distribution.

partagé, **~e** /paʀtaʒe/ *adj* [avis] divided; [sentiments] mixed; **être ~ entre** to be torn between.

partager /paʀtaʒe/ I *vtr* to share; (diviser) to divide, to split. II **se ~** *vpr* to share; (être divisé) to be divided.

partance /paʀtɑ̃s/ *nf* **en ~** departing; **être en ~ pour** to be bound for.

partant☺, **~e** /paʀtɑ̃, ɑ̃t/ *adj* **je suis~** I'm game☺.

partenaire /paʀtənɛʀ/ *nmf* partner.

partenariat /paʀtənaʀja/ *nm* partnership.

parterre /paʀtɛʀ/ *nm* bed; (au théâtre) stalls[GB] (*pl*), orchestra[US].

parti /paʀti/ *nm* party; (solution) option; **prendre ~** to commit oneself; **prendre le ~ de qn** to side with sb; **il a pris le ~ de faire** he decided to do; **bon ~** good match; **de ~ pris** biased.

• **tirer ~ de qch** to take advantage of sth.

partial, **~e**, *mpl* **~iaux** /paʀsjal, jo/ *adj* biased.

partialité /paʀsjalite/ *nf* bias.

participant, **~e** /paʀtisipɑ̃, ɑ̃t/ *nm,f* participant.

participation /paʀtisipasjɔ̃/ *nf* participation (in); (à un complot) involvement (in); ~ **aux frais** (financial) contribution.

participe /paʀtisip/ *nm* participle.

participer /paʀtisipe/ **~ à** *vtr ind* to take part in, to be involved in; ~ **aux frais** to share in the cost.

particularité /paʀtikylaʀite/ *nf* special feature.

particule /paʀtikyl/ *nf* particle.

particulier, **~ière** /paʀtikylje, jɛʀ/ I *adj* [droits, rôle, jour] special; [exemple, objectif] specific; [voiture] private; [cas] unusual. II **en ~** *loc adv* (en privé) in private; (séparément) individually; (notamment) particularly. III *nm* (simple) ~ private individual; **loger chez des ~s** to stay with a family.

particulièrement /paʀtikyljɛʀmɑ̃/ *adv* particularly.

partie /paʀti/ *nf* (portion) part; **la majeure ~ de** most of; **en ~** partly; **en grande ~** to a large extent; **faire ~ de** to be among; JEUX, SPORT game; JUR party.
• **prendre qn à ~** to take sb to task.

partiel, **~ielle** /paʀsjɛl/ I *adj* [paiement] part; [destruction, accord] partial. II *nm* UNIV term exam[GB].

partir /paʀtiʀ/ I *vi* to leave, to go (away); (pour une destination) to go; ~ **pour le Mexique** to leave for Mexico; ~ **à la guerre** to go off to war; (se déclencher) to go off; ~ **de rien** to start from nothing; [tache] to come out; [bouton, peinture] to come off. II **à ~ de** *loc prép* from; **à ~ de maintenant** from now on.

partisan, **~e** /paʀtizɑ̃, an/ *nm,f* supporter, partisan.

partitif, **~ive** /paʀtitif, iv/ *adj, nm* partitive.

partition /paʀtisjɔ̃/ *nf* MUS score; (partage) partition.

partout /paʀtu/ *adv* everywhere; .

parure /paʀyʀ/ *nf* (ensemble) set.

parution /paʀysjɔ̃/ *nf* publication.

parvenir /paʀvəniʀ/ **~ à** *vtr ind* to reach; ~ **à faire** to manage to do.

parvenu, **~e** /paʀvəny/ *nm,f* upstart.

pas[1] /pa/ *adv* ~ **de sucre** no sugar; **ce n'est ~ un ami** he isn't a friend; **je ne pense ~** I don't think so; ~ **du tout** not at all.

pas[2] /pa/ *nm* (enjambée) step; **le premier ~** the first move; **~ à ~** step by step; (allure) pace; **d'un bon ~** at a brisk pace; (bruit) footstep; (de danse) step. ■ **~ de la porte** doorstep.

pas-de-porte /padpɔʀt/ *nm inv* key money.

passable /pasabl/ *adj* [film] fairly good; SCOL fair.

passage /pasaʒ/ I *nm* passage; (circulation) traffic; (séjour) visit; ~ **interdit** no entry; (petite rue) alley; (de film) sequence. II **au ~** *loc adv* on the way. ■ **~ à niveau** level crossing[GB], grade crossing[US].

passager, **~ère** /pasaʒe, ɛʀ/ I *adj* temporary. II *nm,f* passenger. ■ **~ clandestin** stowaway.

passant, **~e** /pasɑ̃, ɑ̃t/ I *adj* [rue] busy. II *nm,f* passerby. III *nm* (anneau de ceinture, etc) loop.

passe☺[1] /pɑs/ *nm* (clé) master key; (laissez-passer) pass.

passe[2] /pɑs/ *nf* pass; **une mauvaise ~** a bad patch.

passé, **~e** /pɑse/ I *adj* (révolu) past; ~ **de mode** dated; [an, semaine] last; [couleur, tissu] faded. II *nm* past. III *prép* after.

passe-droit, *pl* **~s** /pasdʀwa/ *nm* preferential treatment.

passe-montagne, *pl* **~s** /pasmɔ̃taɲ/ *nm* balaclava.

passe-partout /paspartu/ I *adj inv* [formule, réponse] catch-all; [vêtement] for all occasions. II *nm inv* master key.

passeport /paspɔʀ/ *nm* passport.

passer /pɑse/ I *vtr* (franchir) to go through; ~ **qch (à) qn** to give sth to sb; (examen) to take; (réussir) to pass; (temps) to spend; (disque) to play; (film) to show. II *vi* to go past; (venir) to come; (traverser) to go through; **faire ~ qch avant qch** to put sth before sth; **laisser ~ une occasion** to miss an opportunity; **soit dit en ~** incidentally; **~ pour un imbécile** to look a fool; **se faire ~ pour malade** to pretend to be ill; [artiste, groupe] to be appearing; [film, musique] to be playing; **la santé passe avant tout** health comes first; (disparaître) **où étais-tu passé?**☺ where were you?; [temps] to pass, to go by; **tout mon argent y passe** all my money goes into it; (mourir) **y ~**☺ to die; [teinte, tissu] to fade; JEUX to pass. III **se ~** *vpr* to happen; **se ~ de** to do without; **se ~ de commentaires** to speak for itself; **se ~ la main sur le front** to put a hand to one's forehead.

passerelle /pasʀɛl/ *nf* footbridge; NAUT gangway; AVIAT (escalier) steps (*pl*).

passe-temps /pastɑ̃/ *nm inv* pastime, hobby.

passible /pasibl/ *adj* ~ **de** liable to.

passif, **~ive** /pasif, iv/ *adj, nm* passive.

passion /pasjɔ̃/ *nf* passion.

passionnant, **~e** /pasjɔnɑ̃, ɑ̃t/ *adj* exciting, fascinating.

passionné, **~e** /pasjɔne/ I *adj* passionate; [débat] impassioned. II *nm,f* enthusiast.

passionnel, **~elle** /pasjɔnɛl/ *adj* [crime] of passion.

passionner /pasjɔne/ I *vtr* to fascinate. II **se ~ pour** *vpr* to have a passion for.

passivité /pasivite/ *nf* passivity.

passoire /paswaʀ/ *nf* (pour légumes) colander; (pour infusion) strainer.

pastel /pastɛl/ *adj inv, nm* pastel.

pastèque /pastɛk/ *nf* watermelon.

pasteur /pastœʀ/ *nm* minister; (berger) shepherd.

pasteuriser /pastœʀize/ *vtr* to pasteurize.

pastille /pastij/ *nf* pastille, lozenge.

patate☺ /patat/ *nf* spud☺; (idiot) blockhead☺, idiot.

patatras☺ /patatʀa/ *excl* crash☺!

patauger /patoʒe/ *vi* to splash about; (s'embrouiller) to flounder.

pâte /pɑt/ I *nf* (à tarte) pastry; (levée) dough; (à crêpes) batter; (substance) paste. II **~s** *nfpl* pasta ¢. ▪ **~ d'amandes** marzipan; **~ à modeler** modelling[GB] clay.

pâté /pɑte/ *nm* CULIN pâté; ~ **en croûte** pie[GB]; ~ **de maisons** block (of houses); (tache d'encre) blot; (à la plage) sandcastle.

pâtée /pɑte/ *nf* food.

patent, **~e** /patɑ̃, ɑ̃t/ *adj* manifest, obvious.

patente /patɑ̃t/ *nf* licence[GB].

paternel, **~elle** /patɛʀnɛl/ *adj* paternal; (affectueux) fatherly.

pâteux, **~euse** /pɑtø, øz/ *adj* mushy; [voix] thick.

pathétique /patetik/ *adj* moving.

patience /pasjɑ̃s/ *nf* patience.

patient, **~e** /pasjɑ̃, ɑ̃t/ *adj, nm,f* patient.

patienter /pasjɑ̃te/ *vi* to wait.

patin /patɛ̃/ *nm* (de patineur) skate. ▪ **~ à glace/roulettes** ice/roller skate; **~ à roues alignées** roller blade.

patinage /patinaʒ/ *nm* skating; ~ **sur glace** ice-skating.

patiner /patine/ *vi* SPORT to skate; [roue] to spin; [embrayage] to slip.

patinette /patinɛt/ *nf* (child's) scooter.

patineur, **~euse** /patinœʀ, øz/ *nm,f* skater.

patinoire /patinwaʀ/ *nf* ice rink.

pâtisserie /pɑtisʀi/ *nf* cake shop^GB, bakery^US, pâtisserie; (gâteau) pastry, cake.

pâtissier, **~ière** /pɑtisje, jɛʀ/ *nm,f* confectioner, pastry cook.

patois /patwa/ *nm* patois.

patrie /patʀi/ *nf* homeland, country.

patrimoine /patʀimwan/ *nm* heritage.

patriote /patʀijɔt/ *nmf* patriot.

patriotique /patʀijɔtik/ *adj* patriotic.

patriotisme /patʀijɔtism/ *nm* patriotism.

patron, **~onne** /patʀɔ̃, ɔn/ I *nm,f* manager, owner, boss^☺. II *nm* pattern.

patronage /patʀɔnaʒ/ *nm* patronage; (centre de loisirs) youth club.

patronat /patʀɔna/ *nm* employers (*pl*).

patronner /patʀɔne/ *vtr* to sponsor.

patrouille /patʀuj/ *nf* patrol.

patrouiller /patʀuje/ *vi* to be on patrol.

patte /pat/ *nf* (de mammifère) paw; (d'oiseau) foot; (jambe)^☺ leg; (pied)^☺ foot; (main)^☺ hand; **marcher à quatre ~s** to walk on all fours; (de col) tab. ▪ **~s d'éléphant** (de pantalon) flares.

pâturage /pɑtyʀaʒ/ *nm* pasture.

paume /pom/ *nf* palm (of the hand).

paumé^☺, **~e** /pome/ *adj* lost; (inadapté) mixed up^GB, out of it^☺US.

paumer^☺ /pome/ I *vtr, vi* to lose. II **se ~** *vpr* to get lost.

paupière /popjɛʀ/ *nf* eyelid.

pause /poz/ *nf* break; (période calme) pause.

pauvre /povʀ/ I *adj* poor. II *nmf* poor person.

pauvreté /povʀəte/ *nf* poverty.

pavaner: **se ~** /pavane/ *vpr* to strut about.

pavé /pave/ *nm* cobblestone.

paver /pave/ *vtr* ~ **(de)** to pave (with).

pavillon /pavijɔ̃/ *nm* (detached) house; (d'exposition) pavilion; (d'oreille) auricle; NAUT flag.

pavoiser /pavwaze/ *vi* to crow.

pavot /pavo/ *nm* poppy.

payant, **~e** /pɛjɑ̃, ɑ̃t/ *adj* **entrée ~e** charge for admission; (avantageux) lucrative, profitable.

paye /pɛj/ ▸ **paie**.

payement /pɛjmɑ̃/ ▸ **paiement**.

payer /peje/ I *vtr* to pay (for); **faire payer qch** to charge sth; ~^☺ **qch à qn** to buy sb sth. II *vi* to pay off. III **se ~** *vpr* (rhume)^☺ to get.

pays /pei/ *nm* country; (région) region.

paysage /peizaʒ/ *nm* landscape; **le ~ politique** the political scene.

paysan, **~anne** /peizɑ̃, an/ I *adj* [vie] rural; [allure] peasant; [pain] country. II *nm,f* farmer; (campagnard) peasant.

PC /pese/ *nm* (*abrév* = **personal computer**) PC.

PCF /peseɛf/ *nm* (*abrév* = **parti communiste français**) French Communist Party.

PCV /peseve/ *nm* (*abrév* = **paiement contre vérification**) reverse charge call^GB, collect call^US.

PDG /pedeʒe/ *nm* (*abrév* = **président-directeur général**) chairman and managing director^GB, chief executive officer, CEO.

péage /peaʒ/ *nm* toll.

peau, **~x** /po/ *nf* skin; (fourrure) pelt; (de fruit, etc) peel ¢.

Peau-Rouge, *pl* **Peaux-Rouges** /poʀuʒ/ *nmf* Red Indian INJUR.

pêche /pɛʃ/ *nf* (fruit) peach; (activité) fishing.

• **avoir la ~**^☺ to be feeling great.

péché /peʃe/ *nm* sin; ~ **mignon** (little) weakness.

pécher /peʃe/ *vi* to sin.

pêcher[1] /pɛʃe/ I *vtr* to go fishing for; (idée)© to get. II *vi* to fish; **~ à la mouche** to fly-fish; **~ à la ligne** to angle.

pêcher[2] /pɛʃe/ *nm* peach tree.

pécheur /peʃœʀ/ *nm* sinner.

pêcheur /pɛʃœʀ/ *nm* fisherman.

pédagogie /pedagɔʒi/ *nf* education, pedagogy.

pédagogique /pedagɔʒik/ *adj* [système] education; [méthode] teaching.

pédagogue /pedagɔg/ *nmf* educator.

pédale /pedal/ *nf* pedal.

pédaler /pedale/ *vi* to pedal.

pédalo® /pedalo/ *nm* pedal boat.

pédiatre /pedjatʀ/ *nmf* paediatrician[GB].

pédicure /pedikyʀ/ *nmf* chiropodist[GB], podiatrist[US].

pègre /pɛgʀ/ *nf* **la ~** the underworld.

peigne /pɛɲ/ *nm* comb.

peigner /peɲe/ I *vtr* to comb. II **se ~** *vpr* to comb one's hair.

peignoir /pɛɲwaʀ/ *nm* dressing gown[GB], robe[US]; **~ de bain** bathrobe.

peindre /pɛ̃dʀ/ *vtr* to paint; (situation) to depict.

peine /pɛn/ I *nf* sorrow, grief; **avoir de la ~** to feel sad; (effort) effort, trouble; **ce n'est pas la ~ de faire** there's no need to do; **valoir la ~** to be worth it; **sans ~** easily; JUR penalty, sentence. II **à ~** *loc adv* hardly, barely.

peiner /pene/ *vtr* to upset.

peintre /pɛ̃tʀ/ *nm* painter.

peinture /pɛ̃tyʀ/ *nf* paint; (art, tableau) painting.

péjoratif, ~ive /peʒɔʀatif, iv/ *adj* pejorative.

pelage /pəlaʒ/ *nm* coat, fur.

pêle-mêle /pɛlmɛl/ *adv* topsy-turvy.

peler /pəle/ *vtr, vi* to peel.

pèlerin /pɛlʀɛ̃/ *nm* pilgrim.

pèlerinage /pɛlʀinaʒ/ *nm* pilgrimage.

pélican /pelikɑ̃/ *nm* pelican.

pelle /pɛl/ *nf* shovel; (jouet) spade.

pelleteuse /pɛltøz/ *nf* mechanical digger.

pellicule /pelikyl/ I *nf* film. II **~s** *nfpl* dandruff ¢.

pelote /p(ə)lɔt/ *nf* ball.

peloton /p(ə)lɔtɔ̃/ *nm* MIL platoon; **~ d'exécution** firing squad; (en cyclisme) pack.

pelotonner: **se ~** /pəlɔtɔne/ *vpr* to snuggle up.

pelouse /p(ə)luz/ *nf* lawn; SPORT pitch[GB], field[US].

peluche /p(ə)lyʃ/ *nf* plush; **jouet en ~** cuddly toy[GB], stuffed animal[US]; (sur un lainage) fluff.

pelure /p(ə)lyʀ/ *nf* (de fruit) peel ¢; (d'oignon) skin.

pénal, ~e, *mpl* **~aux** /penal, o/ *adj* criminal.

pénaliser /penalize/ *vtr* to penalize.

pénalité /penalite/ *nf* penalty.

penchant /pɑ̃ʃɑ̃/ *nm* tendency, inclination.

pencher /pɑ̃ʃe/ I *vtr* **~ qch** to tilt sth. II *vi* to be leaning; [bateau] to list. III **se ~** *vpr* **se ~ en avant** to lean forward; (se baisser) to bend down; (analyser) to look into.

pendaison /pɑ̃dɛzɔ̃/ *nf* hanging.

pendant[1] /pɑ̃dɑ̃/ I *prép* for; **~ des heures** for hours; **avant la guerre et ~** before and during the war; **~ ce temps(-là)** meanwhile. II **~ que** *loc conj* while; **~ que tu y es** while you're at it.

pendant[2], **~e** /pɑ̃dɑ̃, ɑ̃t/ *nm* **~ (d'oreille)** drop earring.

pendentif /pɑ̃dɑ̃tif/ *nm* pendant.

penderie /pɑ̃dʀi/ *nf* walk-in cupboard[GB], walk-in closet[US].

pendre /pɑ̃dʀ/ I *vtr* to hang; (clé) to hang up. II *vi* [bras] to dangle; [mèche] to hang down. III **se ~** *vpr* to hang oneself.

pendule¹ /pɑ̃dyl/ *nm* pendulum.

pendule² /pɑ̃dyl/ *nf* clock.

pénétrer /penetʀe/ I *vtr* (secret) to fathom. II *vi* **~ dans** to get into.

pénible /penibl/ *adj* painful; [personne] tiresome.

péniche /peniʃ/ *nf* barge.

péninsule /penɛ̃syl/ *nf* peninsula.

pénitence /penitɑ̃s/ *nf* RELIG **faire ~** to do penance; (punition) punishment.

pénitencier /penitɑ̃sje/ *nm* prison, penitentiary[US].

pénombre /penɔ̃bʀ/ *nf* half-light.

pense-bête, *pl* **pense-bêtes** /pɑ̃sbɛt/ *nm* reminder.

pensée /pɑ̃se/ *nf* thought; **en ~** in one's mind; (manière de penser) thinking; (fleur) pansy.

penser /pɑ̃se/ I *vtr* to think; **je pense bien!** for sure!; **ça me fait ~ que** that reminds me that. II **~ à** *vtr ind* to think about; (se souvenir) to remember; (rappeler) to remind. III *vi* to think.

pensif, **~ive** /pɑ̃sif, iv/ *adj* pensive.

pension /pɑ̃sjɔ̃/ *nf* pension; (hôtel) boarding house; (école) boarding school. ▪ **~ alimentaire** alimony; **~ complète** full board; **~ de famille** family hotel.

pensionnaire /pɑ̃sjɔnɛʀ/ *nmf* (d'hôtel) resident; (d'école) boarder.

pensionnat /pɑ̃sjɔna/ *nm* boarding school.

pente /pɑ̃t/ *nf* slope; **en ~** sloping.

Pentecôte /pɑ̃tkot/ *nf* (fête) Pentecost; (période) Whitsun.

pénurie /penyʀi/ *nf* shortage.

pépé☺ /pepe/ *nm* grandpa☺.

pépier /pepje/ *vi* to chirp.

pépin /pepɛ̃/ *nm* BOT pip; (ennui)☺ slight problem, hitch; (parapluie)☺ umbrella.

pépinière /pepinjɛʀ/ *nf* nursery.

pépite /pepit/ *nf* nugget.

perçant, **~e** /pɛʀsɑ̃, ɑ̃t/ *adj* [cri, regard] piercing; [vue] sharp.

percée /pɛʀse/ *nf* opening; FIG breakthrough.

percepteur /pɛʀsɛptœʀ/ *nm* tax inspector.

percer /pɛʀse/ I *vtr* (corps, silence, surface) to pierce; (nuages) to break through; (route, tunnel) to build; (trou) to make; (secret) to penetrate. II *vi* [soleil] to break through; [inquiétude] to show.

perceuse /pɛʀsøz/ *nf* drill.

percevoir /pɛʀsəvwaʀ/ *vtr* (impôt) to collect; (loyer) to receive; (odeur, etc) to perceive; (vibration) to feel.

perche /pɛʀʃ/ *nf* pole; (poisson) perch.

percher /pɛʀʃe/ *vtr*, *vi*, *vpr* to perch.

perchoir /pɛʀʃwaʀ/ *nm* perch; POL☺ Speaker's chair.

percolateur /pɛʀkɔlatœʀ/ *nm* (espresso) coffee machine.

percussions /pɛʀkysjɔ̃/ *nfpl* drums.

percuter /pɛʀkyte/ I *vtr* to hit. II *vi* to crash (into).

perdant, **~e** /pɛʀdɑ̃, ɑ̃t/ I *adj* losing. II *nm,f* loser.

perdre /pɛʀdʀ/ I *vtr* to lose; **~ qn/qch de vue** to lose sight of sb/sth; (occasion) to miss; (temps) to waste. II *vi* to lose. III **se ~** *vpr* to get lost; [tradition] to die out.

perdreau, *pl* **~x** /pɛʀdʀo/ *nm* young partridge.

perdrix /pɛʀdʀi/ *nf* partridge.

perdu, **~e** /pɛʀdy/ I *pp* ▸ **perdre**. II *adj* lost; [balle, chien] stray; [occasion] wasted; **à mes moments ~s** in my spare time; [endroit] remote, isolated.

père /pɛʀ/ *nm* father. ▪ **le ~ Noël** Santa Claus.

péremption /peʀɑ̃psjɔ̃/ *nf* **date de ~** use-by date.

perfection /pɛʀfɛksjɔ̃/ *nf* perfection.

perfectionné, **~e** /pɛʀfɛksjɔne/ *adj* advanced.

perfectionnement /pɛʀfɛksjɔnmɑ̃/ *nm* improvement.

perfectionner /pɛʀfɛksjɔne/ I *vtr* to perfect. II **se ~** *vtr* to improve.

perfide /pɛʀfid/ *adj* treacherous.

perforer /pɛʀfɔʀe/ *vtr* to perforate.

performance /pɛʀfɔʀmɑ̃s/ *nf* result, performance.

performant, **~e** /pɛʀfɔʀmɑ̃, ɑ̃t/ *adj* [personne] efficient; [entreprise] competitive.

péricliter /peʀiklite/ *vi* to be going downhill.

péril /peʀil/ *nm* peril, danger.

périlleux, **~euse** /peʀijø, øz/ *adj* dangerous.

périmé, **~e** /peʀime/ *adj* [passeport, billet] expired; [idée] outdated.

périmètre /peʀimɛtʀ/ *nm* perimeter; (espace) area.

période /peʀjɔd/ *nf* period; **en ~ de crise** at times of crisis.

périodique /peʀjɔdik/ I *adj* periodic; **serviette ~** sanitary towel. II *nm* periodical.

péripétie /peʀipesi/ *nf* event, incident.

périphérie /peʀifeʀi/ *nf* periphery.

périphérique /peʀifeʀik/ I *adj* peripheral. II *nm* ring road[GB], beltway[US]; ORDINAT peripheral; **~ d'entrée/de sortie** input/output device.

périple /peʀipl/ *nm* journey.

périr /peʀiʀ/ *vi* to die, to perish.

périscope /peʀiskɔp/ *nm* periscope.

périssable /peʀisabl/ *adj* perishable.

Péritel® /peʀitɛl/ *nf* **prise ~** (femelle) scart socket; (mâle) scart plug.

perle /pɛʀl/ *nf* pearl; (de bois, etc) bead; (personne) gem; (erreur grossière)☺ howler☺.

permanence /pɛʀmanɑ̃s/ I *nf* permanence; **assurer une ~** to be on duty; SCOL private study room[GB], study hall[US]. II **en ~** *loc adv* permanently, constantly.

permanent, **~e** /pɛʀmanɑ̃, ɑ̃t/ *adj* permanent; [spectacle, formation] continuous.

permanente /pɛʀmanɑ̃t/ *nf* perm.

permettre /pɛʀmɛtʀ/ I *vtr* **~ à qn de faire qch** to allow sb to do sth; (donner les moyens) to enable sb to do sth; **permets-moi de te dire** let me tell you; **vous permettez que j'ouvre la fenêtre?** do you mind if I open the window? II **se ~** *vpr* **se ~ de faire** to take the liberty of doing; **je ne peux pas me ~ de l'acheter** I can't afford to buy it; **puis-je me ~ de vous raccompagner?** may I take you home?

permis, **~e** /pɛʀmi, iz/ I *pp* ▸ **permettre**. II *adj* permitted. III *nm* permit, licence[GB], license[US].

permission /pɛʀmisjɔ̃/ *nf* permission ¢; MIL leave ¢.

perpendiculaire /pɛʀpɑ̃dikylɛʀ/ *adj*, *nf* perpendicular.

perpétuel, **~elle** /pɛʀpetɥɛl/ *adj* perpetual; [réclusion] life.

perpétuité /pɛʀpetɥite/ *nf* **à ~** life; [concession] in perpetuity.

perplexe /pɛʀplɛks/ *adj* perplexed.

perquisition /pɛʀkizisjɔ̃/ *nf* search.

perquisitionner /pɛʀkizisjɔne/ I *vtr* to search. II *vi* to carry out a search.

perron /peʀɔ̃/ *nm* flight of steps.

perroquet /peʀɔkɛ/ *nm* parrot.

perruche /peʀyʃ/ *nf* budgerigar[GB], parakeet[US].

perruque /peʀyk/ *nf* wig.

persécuter /pɛʀsekyte/ *vtr* to persecute.

persévérer /pɛʀsevere/ *vi* to persevere.

persienne /pɛʀsjɛn/ *nf* shutter.

persil /pɛʀsi(l)/ *nm* parsley.

persistance /pɛʀsistɑ̃s/ *nf* persistence.

persistant, **~e** /pɛʀsistɑ̃, ɑ̃t/ *adj* [symptôme] persistent; **arbre à feuilles ~es** evergreen.

persister /pɛʀsiste/ *vi* to persist (in).

personnage /pɛʀsɔnaʒ/ *nm* (fictif) character; (personne importante) person, figure.

personnalité /pɛʀsɔnalite/ *nf* personality; (personne influente) important person.

personne[1] /pɛʀsɔn/ *pron indéf* **~ n'est parfait** nobody is perfect; **je n'ai parlé à ~** I didn't talk to anybody.

personne[2] /pɛʀsɔn/ *nf* person; **dix ~s** ten people; **les ~s âgées** the elderly; **en ~** personally; **c'est la cupidité en ~** he/she is greed personified.

personnel, **~elle** /pɛʀsɔnɛl/ I *adj* [ami] personal; [adresse] private. II *nm* workforce; (de compagnie) employees (*pl*), personnel; (d'hôpital, hôtel) staff.

personnellement /pɛʀsɔnɛlmɑ̃/ *adv* personally, in person.

personnifier /pɛʀsɔnifje/ *vtr* to personify.

perspective /pɛʀspɛktiv/ *nf* perspective; (vue) view; (éventualité) prospect.

perspicace /pɛʀspikas/ *adj* perceptive.

perspicacité /pɛʀspikasite/ *nf* insight.

persuader /pɛʀsɥade/ *vtr* to persuade.

persuasif, **~ive** /pɛʀsɥazif, iv/ *adj* persuasive.

persuasion /pɛʀsɥazjɔ̃/ *nf* persuasion.

perte /pɛʀt/ *nf* loss; **à ~** at a loss; **à ~ de vue** as far as the eye can see; (gaspillage) waste.

pertinent, **~e** /pɛʀtinɑ̃, ɑ̃t/ *adj* relevant.

perturbateur, **~trice** /pɛʀtyʀbatœʀ, tʀis/ *nm,f* troublemaker.

perturbation /pɛʀtyʀbasjɔ̃/ *nf* disturbance; (politique) upheaval.

perturber /pɛʀtyʀbe/ *vtr* (ordre, etc) to disrupt; **être perturbé** to be disturbed.

pervenche /pɛʀvɑ̃ʃ/ *nf* periwinkle.

pervertir /pɛʀvɛʀtiʀ/ *vtr* to corrupt.

pesant, **~e** /pəzɑ̃, ɑ̃t/ *adj* heavy.

pesanteur /pəzɑ̃tœʀ/ *nf* heaviness; PHYS gravity.

pèse-lettre, *pl* **~s** /pɛzlɛtʀ/ *nm* letter scales (*pl*).

pèse-personne, *pl* **~s** /pɛzpɛʀsɔn/ *nm* bathroom scales (*pl*).

peser /pəze/ I *vtr* to weigh; **tout bien pesé** all things considered. II *vi* to weigh; **~ dans/sur une qch** to influence sth. III **se ~** *vpr* to weigh oneself.

pessimisme /pesimism/ *nm* pessimism.

pessimiste /pesimist/ I *adj* pessimistic. II *nmf* pessimist.

peste /pɛst/ *nf* MÉD plague; (personne insupportable)☺ pest☺.

pester /pɛste/ *vi* **~ contre qn/qch** to curse sb/sth.

pesticide /pɛstisid/ *nm* pesticide.

pet☺ /pɛ/ *nm* fart☺.

pétale /petal/ *nm* petal.

pétanque /petɑ̃k/ *nf* petanque.

pétant☺, **~e** /petɑ̃, ɑ̃t/ *adj* **à dix heures ~es** at ten on the dot.

pétarader /petaʀade/ *vi* to sputter.

pétard /petaʀ/ *nm* banger[GB], firecracker[US].

péter☺ /pete/ I *vtr* (appareil) to bust☺. II *vi* to fart☺; [appareil] to bust☺.

pétillant, **~e** /petijɑ̃, ɑ̃t/ *adj* sparkling.

pétiller /petije/ *vi* [champagne] to fizz; [yeux, regard] to sparkle.

petit, **~e** /p(ə)ti, it/ I *adj* small, little; **une toute ~e pièce** a tiny room; (en durée) short; (en âge) young, little; [détail, route] minor; (mesquin) petty, mean. II *nm,f* little boy/girl, child; **pauvre ~!** poor thing! III *adv* ~ à ~ little by little. ■ **~ ami/~e amie** boyfriend/girlfriend; **~ déjeuner** breakfast; **~ pois** (garden) pea, petit pois; **~es et moyennes entreprises, PME** small and medium enterprises, SMEs.

petit-beurre, *pl* **petits-beurre** /p(ə)tibœʀ/ *nm* petit beurre biscuit.

petite-fille, *pl* **petites-filles** /p(ə)titfij/ *nf* granddaughter.

petit-fils, *pl* **petits-fils** /p(ə)tifis/ *nm* grandson.

pétition /petisjɔ̃/ *nf* petition.

petit-lait /p(ə)tilɛ/ *nm* whey.

petit-nègre© /p(ə)tinɛgʀ/ *nm* pidgin French.

petits-enfants /p(ə)tizɑ̃fɑ̃/ *nmpl* grandchildren.

petit-suisse /p(ə)tisɥis/ *nm* petit-suisse, individual fromage frais.

pétoncle /petɔ̃kl/ *nm* small scallop.

pétrifier /petʀifje/ *vtr* to petrify.

pétrin /petʀɛ̃/ *nm* dough trough. • **être dans le ~**© to be in a fix©.

pétrir /petʀiʀ/ *vtr* to knead.

pétrole /petʀɔl/ *nm* oil.

pétrolier, **~ière** /petʀɔlje, jɛʀ/ I *adj* oil. II *nm* oil tanker.

peu /pø/ I *adv* not much; **gagner très ~** to earn very little; **si ~ que ce soit** however little; **ça importe ~** it doesn't really matter; **c'est ~ dire** to say the least; (modifiant un adjectif) not very. II *pron indéf* not many people. III **~ de** *dét indéf* (+ dénombrable) **~ de mots** few words; (+ non dénombrable) **~ de temps** little time; **c'est ~ de chose** it's not much. IV *nm* **un ~ de thé** some tea; **un ~ de patience** a bit of patience; **le ~ de** (confiance) the little; (livres) the few. V **un ~** *loc adv* a little, a bit; **reste encore un ~** stay a little longer. VI **~ à ~** *loc adv* gradually, little by little. VII **pour un ~** *loc adv* nearly. VIII **pour ~ que** *loc conj* if.

peuple /pœpl/ *nm* people.

peuplier /pøplije/ *nm* poplar.

peur /pœʀ/ *nf* fear; (soudaine) fright, scare; **avoir ~** to be afraid; **j'en ai bien ~** I'm afraid so; **faire ~ à qn** to frighten sb.

peut-être /pøtɛtʀ/ *adv* perhaps, maybe.

pharaon /faʀaɔ̃/ *nm* pharaoh.

phare /faʀ/ *nm* lighthouse; AUT headlight, headlamp.

pharmacie /faʀmasi/ *nf* chemist's (shop)[GB], drugstore[US]; (discipline) pharmacy.

pharmacien, **~ienne** /faʀmasjɛ̃, jɛn/ *nm,f* pharmacist.

phase /fɑz/ *nf* stage, phase.

phénomène /fenɔmɛn/ *nm* phenomenon; **c'est un ~**© he's/she's quite a character.

philatéliste /filatelist/ *nmf* stamp collector.

philharmonique /filaʀmɔnik/ *adj* philharmonic.

philo© /filo/ *nf* **la ~** philosophy.

philosophe /filɔzɔf/ I *adj* philosophical. II *nmf* philosopher.

philosophie /filɔzɔfi/ *nf* philosophy.

phobie /fɔbi/ *nf* phobia.

phonétique /fɔnetik/ I *adj* phonetic. II *nf* phonetics (*sg*).

phonographe /fɔnɔgʀaf/ *nm* gramophone[GB], phonograph[US].

phoque /fɔk/ *nm* seal.

phosphate /fɔsfat/ *nm* phosphate.

phosphore /fɔsfɔʀ/ *nm* phosphorus.

photo /fɔto/ *nf* photo.

photocopie /fɔtokɔpi/ *nf* photocopy, xerox®.

photocopier /fɔtokɔpje/ *vtr* to photocopy, to xerox®.

photocopieuse /fɔtokɔpjøz/ *nf* photocopier, xerox® machine.

photographe /fɔtogʀaf/ *nmf* photographer.

photographie /fɔtogʀafi/ *nf* photography; (image) photograph, picture.

photographier /fɔtogʀafje/ *vtr* to photograph, to take a photo of.

photographique /fɔtogʀafik/ *adj* photographic.

photomaton® /fɔtomatɔ̃/ *nm* photo booth.

phrase /fʀɑz/ *nf* sentence.

physicien, **~ienne** /fizisjɛ̃, jɛn/ *nm,f* physicist.

physionomie /fizjɔnɔmi/ *nf* face; FIG appearance, look.

physique[1] /fizik/ I *adj* physical. II *nm* physical appearance.

physique[2] /fizik/ *nf* physics (*sg*).

piaffer /pjafe/ *vi* [cheval] to paw the ground; [personne] to be impatient.

piailler /pjɑje/ *vi* [oiseau] to chirp; [personne]☺ to squeal.

pianiste /pjanist/ *nmf* pianist.

piano /pjano/ *nm* piano. ▪ **~ à queue** grand piano.

pianoter /pjanɔte/ *vi* (sur un ordinateur) to tap; (sur une table) to drum one's fingers.

pic /pik/ I *nm* peak; (outil) pick; **~ de pollution** pollution alert. II **à ~** *loc adj* [falaise] sheer; [ravin] very steep. III **à ~** *loc adv* sheer; **couler à ~** to go straight down; **tomber à ~**☺ to come just at the right time.

pichet /piʃɛ/ *nm* jug[GB], pitcher.

picorer /pikɔʀe/ *vi* [oiseau] to peck about; [personne] to nibble.

picoter /pikɔte/ *vi* [gorge] to tickle; [yeux] to sting.

pie /pi/ *nf* magpie; (bavard)☺ chatterbox☺.

pièce /pjɛs/ *nf* room; (monnaie) coin; THÉÂT play; MUS piece; (morceau) **en ~s** in bits; (élément) part; **~s jointes** enclosures; **juger sur ~s** to judge on the actual evidence; (unité, objet) piece. ▪ **~ à conviction** exhibit; **~ détachée** spare part; **~ d'identité** identity papers (*pl*).

pied /pje/ *nm* foot.
● **~ à ~** inch by inch; **perdre ~** to lose ground.

pied-de-poule /pjedpul/ *adj inv* houndstooth.

piédestal, *pl* **~aux** /pjedɛstal, o/ *nm* pedestal.

pied-noir☺, *pl* **pieds-noirs** /pjenwaʀ/ *nmf* pied(-)noir (*French colonial born in Algeria*).

piège /pjɛʒ/ *nm* trap; **pris au ~** trapped; (difficulté) pitfall.

piégé, **~e** /pjeʒe/ *adj* [lettre] bomb.

piéger /pjeʒe/ *vtr* to trap.

pierre /pjɛʀ/ *nf* stone.

pierreries /pjɛʀʀi/ *nfpl* gems.

piété /pjete/ *nf* piety.

piétiner /pjetine/ I *vtr* to trample (on). II *vi* to trample; [enquête] to make no headway; **je piétine** I'm not getting anywhere.

piéton, **~onne** /pjetɔ̃, ɔn/ *adj, nm,f* pedestrian.

piétonnier, **~ière** /pjetɔnje, jɛʀ/ *adj* pedestrian.

piètre /pjɛtʀ/ *adj* very poor.

pieu, *pl* **~x** /pjø/ *nm* stake.

pieuvre /pjœvʀ/ *nf* octopus.

pieux, **pieuse** /pjø, pjøz/ *adj* pious.

pif☺ /pif/ *nm* (nez) nose, conk☺GB, schnozzle☺US; (flair) intuition; **au ~** roughly.

pige /piʒ/ *nf* **travailler à la ~** to do freelance work.

pigeon /piʒɔ̃/ *nm* pigeon; (naïf)☺ sucker☺.

piger☺ /piʒe/ *vtr* to understand.

pigiste /piʒist/ *nmf* freelance(s).

pignon /piɲɔ̃/ *nm* (sur rue) gable; (roue) cogwheel; (fruit) pine kernel.

pile☺ [1] /pil/ *adv* **s'arrêter ~** to stop dead; **à 10 heures ~** at ten sharp.

pile [2] /pil/ *nf* pile, stack; **~ (électrique)** battery; **jouer à ~ ou face** to play heads or tails.

piler /pile/ I *vtr* (noix) to grind; (ail) to crush. II☺ *vi* to stop suddenly.

pilier /pilje/ *nm* pillar; (au rugby) prop forward.

pillard, **~e** /pijaʀ, aʀd/ *nm,f* looter.

piller /pije/ *vtr* to loot; (réfrigérateur) to ransack.

pilon /pilɔ̃/ *nm* (outil) pestle; (de volaille) drumstick.

pilonner /pilɔne/ *vtr* to bombard.

pilotage /pilɔtaʒ/ *nm* piloting.

pilote /pilɔt/ *nm*pilot; AUT driver.

piloter /pilɔte/ *vtr* to pilot; (voiture) to drive; (personne) to show [sb] around.

pilule /pilyl/ *nf* pill.

piment /pimɑ̃/ *nm* capsicum; (condiment) hot pepper.

pimpant, **~e** /pɛ̃pɑ̃, ɑ̃t/ *adj* spruce.

pin /pɛ̃/ *nm* pine (tree).

pince /pɛ̃s/ *nf* (de plombier) pliers (*pl*); (en couture) dart; (de crabe) pincer, claw. ■ **~ à cheveux** hair grip; **~ à épiler** tweezers (*pl*); **~ à linge** clothes peg.

pinceau, *pl* **~x** /pɛ̃so/ *nm* brush.

pincée /pɛ̃se/ *nf* pinch.

pincer /pɛ̃se/ I *vtr* to pinch; [froid] to nip; (attraper)☺ to catch; MUS (corde) to pluck. II **se ~** *vpr* to catch oneself.

pincette /pɛ̃sɛt/ *nf* fire tongs (*pl*).

pinçon /pɛ̃sɔ̃/ *nm* pinch mark.

pinède /pinɛd/ *nf* pine forest.

pingouin /pɛ̃gwɛ̃/ *nm* auk; penguin.

ping-pong®, *pl* **~s** /piŋpɔ̃ŋ/ *nm* table tennis, ping-pong®.

pinson /pɛ̃sɔ̃/ *nm* chaffinch.

pintade /pɛ̃tad/ *nf* guinea fowl.

pioche /pjɔʃ/ *nf* mattock.

piocher /pjɔʃe/ I *vtr* to dig [sth] over; (carte) to take. II *vi* to dig; **~ dans la caisse** to have one's hand in the till.

piolet /pjɔlɛ/ *nm* ice axe[GB], ice ax[US].

pion, **pionne** /pjɔ̃, pjɔn/ I☺ *nm,f* SCOL *person paid to supervise pupils.* II *nm* (aux échecs) pawn; (aux dames) draught[GB], checker[US]; FIG pawn.

pionnier, **~ière** /pjɔnje, jɛʀ/ *adj, nm,f* pioneer.

pipe /pip/ *nf* pipe.

pipeau, *pl* **~x** /pipo/ *nm* (reed-) pipe. • **c'est pas du ~**☺ it's for real☺.

pipi☺ /pipi/ *nm* (langage enfantin) **faire ~** to pee☺.

piquant, **~e** /pikɑ̃, ɑ̃t/ I *adj* [rose] prickly; [moutarde] hot. II *nm* prickle; (d'histoire) spiciness, piquancy.

pique [1] /pik/ *nm* (carte) spade.

pique [2] /pik/ *nf* cutting remark; (arme) pike.

piqué, **~e** /pike/ *adj* [miroir, fruit] spotted; (fou)☺ nuts☺.

pique-assiette☺ /pikasjɛt/ *nmf inv* sponger☺, freeloader☺.

pique-nique, *pl* **~s** /piknik/ *nm* picnic.

piquer /pike/ I *vtr* [guêpe] to sting; [moustique, serpent] to bite; [rosier] to prick; MÉD to give [sb] an injection; (voler) ~☺ **(qch à qn)** to steal (sth from sb); (surprendre)☺ to catch; (curiosité, intérêt) to arouse; ~☺ **un fou rire** to have a fit of the giggles. II *vi* [barbe] to be bristly; [laine] to be scratchy; [yeux] to sting; [froid] to be biting; [moutarde] to be hot; [avion] to dive; (voler)☺ to steal things.

piquet /pikɛ/ *nm* stake, peg; (pour slalom) gate pole. ▪ **~ de grève** picket line.

piqûre /pikyʀ/ *nf* injection, shot; (d'épingle) prick; (d'abeille) sting; (de moustique) bite; (couture) stitching.

pirate /piʀat/ *adj* pirate. ▪ **~ de l'air** hijacker; **~ informatique** computer hacker.

pire /piʀ/ I *adj* ~ **(que)** worse (than); (superlatif) worst. II *nm* **le** ~ the worst; **au** ~ at the very worst.

pirogue /piʀɔg/ *nf* dugout canoe.

pirouette /piʀwɛt/ *nf* pirouette; **s'en tirer par une** ~ to dodge the question.

pis /pi/ I *adj inv, adv* worse. II *nm* (de vache) udder; **le** ~ the worst.

pis-aller /pizale/ *nm inv* lesser evil.

piscine /pisin/ *nf* swimming pool.

pissenlit /pisɑ̃li/ *nm* dandelion.

pisser☺ /pise/ *vi* to pee☺.

pistache /pistaʃ/ *nf* pistachio.

piste /pist/ *nf* trail, track; (de stade, cassette) track; (de cirque) ring; (de ski) slope; (de désert) trail; AVIAT runway.

pistolet /pistɔlɛ/ *nm* pistol, gun.

piston /pistɔ̃/ *nm* TECH piston; (relations)☺ contacts (*pl*); MUS valve.

pistonner☺ /pistɔne/ *vtr* to pull strings for.

pitié /pitje/ *nf* pity, mercy; **avoir ~ de qn** to take pity on sb.

pitoyable /pitwajabl/ *adv* pitiful.

pitre /pitʀ/ *nm* clown, buffoon.

pittoresque /pitɔʀɛsk/ *adj* picturesque.

pivert /pivɛʀ/ *nm* green woodpecker.

pivoine /pivwan/ *nf* peony

pivot /pivo/ *nm* TECH pivot; FIG linchpin.

pivoter /pivɔte/ *vi* to pivot; [porte] to revolve; [fauteuil] to swivel.

PJ /peʒi/ *nf* (*abrév* = **police judiciaire**) *detective division of the French police force.*

placard /plakaʀ/ *nm* cupboard; (affiche) poster, bill.

placarder /plakaʀde/ *vtr* to post, to stick.

place /plas/ I *nf* (espace) room, space; (emplacement) place; (assise) seat; (pour se garer) parking space; (dans un ordre) position; (dans une ville) square; **la ~ du marché** the marketplace; (emploi) job. II **à la ~ de** *loc prép* instead of, in place of. III **à la ~** *loc adv* instead. IV **sur ~** *loc adv* [arriver] on the scene; [étudier] on the spot.

placement /plasmɑ̃/ *nm* FIN investment; (de personnel) finding employment.

placer /plase/ I *vtr* to put, to place; (personne) to seat; FIN to invest. II **se ~** *vpr* to put oneself; **se ~ près de** (debout) to stand next to; (assis) to sit next to; (dans une hiérarchie) to come.

plafond /plafɔ̃/ *nm* ceiling.

plafonner /plafɔne/ *vi* to reach a ceiling.

plage /plaʒ/ *nf* beach; **~ de prix** price range; **~ horaire** time slot; (de disque) track.

plagiste /plaʒist/ *nmf* beach attendant.

plaider /plede/ I *vtr* to plead. II *vi* ~ **(pour qn)** to plead (on sb's behalf)

plaidoirie /plɛdwaʀi/ *nf* plea.

plaidoyer /plɛdwaje/ *nm* JUR speech for the defence[GB].

plaie /plɛ/ *nf* wound; (calamité) scourge.

plaindre /plɛ̃dʀ/ I *vtr* to pity, to feel sorry for. II **se ~** *vpr* **se ~ (de qn/qch)** to complain (about sb/sth).

plaine /plɛn/ *nf* plain.

plain-pied: **de ~** /dəplɛ̃pje/ I *loc adj* at the same level as. II *loc adv* straight.

plainte /plɛ̃t/ *nf* complaint; (de malade) moan.

plaire /plɛʀ/ I **~ à** *vtr ind* **il m'a plu** I liked him; **mon travail me plaît** I like my new job. II *v impers* **s'il te plaît** please.

plaisance /plɛzɑ̃s/ *nf* **la navigation de ~** boating, yachting.

plaisancier, **~ière** /plɛzɑ̃sje, jɛʀ/ *nm,f* sailing enthusiast.

plaisant, **~e** /plɛzɑ̃, ɑ̃t/ *adj* pleasant.

plaisanter /plɛzɑ̃te/ *vi* to joke.

plaisanterie /plɛzɑ̃tʀi/ *nf* joke.

plaisantin /plɛzɑ̃tɛ̃/ *nm* practical joker.

plaisir /plɛziʀ/ *nm* pleasure; **avoir (du) ~ à faire** to enjoy doing; **faire ~ à qn** to please sb.

plan, **~e** /plɑ̃, plan/ I *adj* flat, even; PHYS plane. II *nm* (de ville) map; (schéma directeur) blueprint; PHYS plane; (de dissertation) plan; (niveau) level; **sur le ~ politique** from a political point of view; (projet) plan, programme[GB].
• **laisser qch en ~**☺ to leave sth unfinished.

planche /plɑ̃ʃ/ *nf* plank; (à dessin, voile) board; (illustration) plate.

plancher☺ **1** /plɑ̃ʃe/ *vi* ARGOT SCOL to work.

plancher 2 /plɑ̃ʃe/ *nm* floor.

planer /plane/ *vi* [avion, oiseau] to glide; [tristesse, menace] to hang; [rêveur]☺ to have one's head in the clouds.

planétaire /planetɛʀ/ *adj* planetary, global.

planète /planɛt/ *nf* planet.

planeur /planœʀ/ *nm* glider.

planifier /planifje/ *vtr* to plan.

planque☺ /plɑ̃k/ *nf* hideout.

planquer☺ /plɑ̃ke/ *vtr, vpr* to hide.

plant /plɑ̃/ *nm* seedling.

plantation /plɑ̃tasjɔ̃/ *nf* plantation; (de fleurs) bed; (de légumes) patch.

plante /plɑ̃t/ *nf* plant; **~ verte** houseplant; (du pied) sole.

planter /plɑ̃te/ *vtr* (tomates) to plant; (clou) to knock in; (tente) to pitch; (décor) to set; **il m'a planté**☺ **là** he left me standing there.

planton /plɑ̃tɔ̃/ *nm* sentry.

plaque /plak/ *nf* patch; (sur la peau) blotch; (de verre, métal) plate; (de policier) badge.

plaqué, **~e** /plake/ *adj* **~ or** gold-plated.

plaquer /plake/ I *vtr* **~ sa main sur** to put one's hand on; (abandonner)☺ to chuck; (au rugby) to tackle. II **se ~** *vpr* **se ~ contre qch** to flatten oneself against sth.

plaquette /plakɛt/ *nf* bar; (de beurre) packet; (de pilules) blister strip; (de métal) small plate; (dans le sang) platelet.

plastic /plastik/ *nm* plastic explosive.

plastique /plastik/ *m, adj* plastic.

plastiquer /plastike/ *vtr* to carry out a bomb attack on.

plat, **~e** /pla, plat/ I *adj* flat; [mer] smooth. II *nm* dish; (partie d'un repas) course; (partie plate) flat. III **à ~** *loc adv* flat; **à ~ ventre** flat on one's stomach; [personne]☺ run down. ■ **~ du jour** today's special.

platane /platan/ *nm* plane tree.

plateau, *pl* **~x** /plato/ *nm* tray; **~(-) télé**☺ TV dinner; THÉÂT stage; CIN, TV set; GÉOG plateau. ■ **~ de fromages** cheeseboard; **~ de fruits de mer** seafood platter.

plate-bande, *pl* **plates-bandes** /platbɑ̃d/ *nf* border, flower bed.

plate-forme, *pl* **plates-formes** /platfɔʀm/ *nf* platform.

platine 1 /platin/ *adj inv, nm* platinum.

platine 2 /platin/ *nf* turntable.

platiné, **~e** /platine/ *adj* [cheveux] platinum blond.

plâtre /plɑtʀ/ *nm* plaster; ART, MÉD plaster cast.

plâtrer /platʀe/ *vtr* ~ **le bras de qn** to put sb's arm in a cast.

plébiscite /plebisit/ *nm* plebiscite.

plein, **~e** /plɛ̃, plɛn/ I *adj* ~ **(de)** full (of); [brique] solid; [pouvoir, lune] full; [confiance] complete; (entier) whole, full. II☺ *prép* **il a des idées ~ la tête** he's full of ideas. III *nm* **faire le ~** to fill it up. IV **~ de**☺ *dét indéf* lots of, loads of☺. V **tout ~**☺ *loc adv* really.

plein-air /plɛnɛʀ/ *nm inv* outdoor activities (*pl*).

plein-temps /plɛ̃tɑ̃/ *nm* full-time job.

pleurer /plœʀe/ I *vtr* ~ **qn** to mourn sb. II *vi* to cry, to weep.

pleurnicher☺ /plœʀniʃe/ *vi* to snivel.

pleurs /plœʀ/ *nmpl* tears.

pleuvoir /pløvwaʀ/ I *v impers* to rain. II *vi* [coups] to rain down.

pli /pli/ *nm* fold; (de pantalon) crease; (de jupe) pleat; **(faux)** ~ crease; (lettre) letter.

pliant, **~e** /plijɑ̃, ɑ̃t/ *adj* folding.

plier /plije/ I *vtr* to fold; (courber) to bend. II *vi* to bend; **faire ~ qn** to make sb give in. III **se ~** *vpr* to fold; **se ~ à des exigences** to bow to necessity.

plissé, **~e** /plise/ *adj* [jupe] pleated.

plisser /plise/ I *vtr* ~ **les yeux** to screw up one's eyes. II *vi* [bas] to wrinkle; [jupe, veste] to be creased.

plomb /plɔ̃/ *nm* lead; **sans** ~ unleaded; (de chasse) lead shot ¢; (fusible) fuse.

plombage /plɔ̃baʒ/ *nm* filling.

plomberie /plɔ̃bʀi/ *nf* plumbing.

plombier /plɔ̃bje/ *nm* plumber.

plonge☺ /plɔ̃ʒ/ *nf* washing up[GB], dishwashing[US].

plongée /plɔ̃ʒe/ *nf* (skin) diving; (avec tube) snorkelling[GB].

plongeoir /plɔ̃ʒwaʀ/ *nm* diving board.

plongeon /plɔ̃ʒɔ̃/ *nm* dive.

plonger /plɔ̃ʒe/ I *vtr* to plunge. II *vi* to take a dive. III **se ~** *vpr* **se ~ dans qch** to bury oneself in sth.

plongeur, **~euse** /plɔ̃ʒœʀ, øz/ *nm,f* SPORT diver; (laveur de vaisselle) dishwasher.

plouc☺ /pluk/ *nm* local yokel☺.

plouf /pluf/ *nm inv*, *excl* splash.

pluie /plɥi/ *nf* rain.

plume /plym/ *nf* feather; (pour écrire) (pen) nib.

plumer /plyme/ *vtr* (oiseau) to pluck; (personne)☺ to fleece☺.

plumier /plymje/ *nm* pencil box.

plupart: **la ~** /laplypaʀ/ *quantif* **la ~ des gens/oiseaux** most people/birds; **la ~ d'entre eux** most of them; **la ~ du temps** most of the time.

pluriel, **~elle** /plyʀjɛl/ *adj, nm* plural.

plus[1] /ply, plys, plyz/ I *prép* **8 ~ 3 égale 11** 8 plus 3 equals 11; **un dessert ~ du café** a dessert and coffee (as well); **~ 10º** plus 10º. II *adv* (comparatif) more; **de ~ en ~ (difficile)** more and more (difficult); **faire ~** to do more; (superlatif) **le ~** the most; **~ ça va** as time goes on. III *adv de négation* **il ne fume ~** he doesn't smoke any more, he no longer smokes; **~ jamais ça!** never again!; **il n'y a ~ d'œufs** there are no more eggs, there aren't any eggs left. IV **~ de** *dét indéf* (+ dénombrable) **deux fois ~ de livres** twice as many books; (+ non dénombrable) **~ de crème** more cream; (avec un numéral) **elle n'a pas ~ de 50 euros** she has no more than 50 euros; **les gens de ~ de 60 ans** people over 60. V **au ~** *loc adv* at the most. VI **de ~** *loc adv* furthermore, moreover, what's more; **une fois de ~** once more, once again.

plus[2] /plys/ *nm* MATH plus; (avantage)☺ plus☺.

plusieurs /plyzjœʀ/ I *adj* several. II *pron indéf* several people.

plus-que-parfait /plyskəparfɛ/ *nm inv* pluperfect.

plus-value, *pl* **~s** /plyvaly/ *nf* FIN capital gain; ÉCON surplus value.

plutôt /plyto/ *adv* rather; (au lieu de) instead.

pluvieux, **~ieuse** /plyvjø, jøz/ *adj* wet, rainy.

PME /peɛmə/ *nfpl* (*abrév* = **petites et moyennes entreprises**) small and medium enterprises, SMEs.

PMI /peɛmi/ *nfpl* (*abrév* = **petites et moyennes industries**) small and medium-sized industries.

PMU /peɛmy/ *nm* (*abrév* = **Pari mutuel urbain**) *French state-controlled betting system.*

pneu /pnø/ *nm* tyre[GB], tire[US].

pneumatique /pnømatik/ *adj* pneumatic; (gonflable) inflatable.

pneumonie /pnømɔni/ *nf* pneumonia.

poche[1] /pɔʃ/ *nm* (livre) paperback; (format) pocket size.

poche[2] /pɔʃ/ *nf* pocket; (sac) bag; (de kangourou, pélican) pouch.
• **c'est dans la ~**☺ it's in the bag☺.

pocher /pɔʃe/ *vtr* CULIN to poach; **~ un œil à qn** to give sb a black eye.

pochette /pɔʃɛt/ *nf* (trousse) case; (de document) folder; (de disque) sleeve; (d'allumettes) book; **vendu sous ~ plastique** sold in a plastic cover; (mouchoir) pocket handkerchief; (sac à main) clutch bag.

pochette-surprise /pɔʃɛtsyrpriz/ *nf child's novelty consisting of several small surprise items in a cone.*

pochoir /pɔʃwar/ *nm* stencil.

podium /pɔdjɔm/ *nm* podium.

poêle[1] /pwal/ *nm* stove.

poêle[2] /pwal/ *nf* frying pan.

poème /pɔɛm/ *nm* poem.

poésie /pɔezi/ *nf* poetry; (poème) poem.

poète /pɔɛt/ *nm* poet.

poétique /pɔetik/ *adj* poetic.

poids /pwa/ *nm* weight; **de ~** weighty; (sport) **le lancer du ~** the shot put.

poignard /pwaɲar/ *nm* dagger; **coup de ~** stab.

poignarder /pwaɲarde/ *vtr* to stab.

poigne /pwaɲ/ *nf* **avoir de la ~** to be firm-handed.

poignée /pwaɲe/ *nf* (quantité) handful; (de porte, tiroir, sac) handle; (de sabre) hilt.
▪ **~ de main** handshake.

poignet /pwaɲɛ/ *nm* wrist; (de chemise) cuff.

poil /pwal/ *nm* hair; **à ~**☺ stark naked; **à un ~**☺ **près** by a whisker; (de brosse) bristle.
• **de bon/mauvais ~**☺ in a good/bad mood.

poilu, **~e** /pwaly/ *adj* hairy.

poinçon /pwɛ̃sɔ̃/ *nm* (outil) awl; (marque) hallmark.

poinçonner /pwɛ̃sɔne/ *vtr* (billet) to punch.

poing /pwɛ̃/ *nm* fist; **coup de ~** punch.

point /pwɛ̃/ I *nm* point; **sur le ~ de faire** just about to do; **au plus haut ~** intensely; **au ~ que** to the extent that; **douloureux au ~ que** so painful that; **jusqu'à un certain ~** up to a (certain) point; (à l'ordre du jour) item, point; (marque visible) dot; (en ponctuation) full stop[GB], period[US]; (en couture, tricot) stitch. II *adv* not; **tu ne tueras ~** thou shalt not kill. III **à ~** *loc adv* just in time; **(cuit) à ~** medium rare. IV **au ~** *loc adv* **mettre au ~** to adjust. ▪ **~ de côté** stitch; **~ d'exclamation/d'interrogation** exclamation/question mark; **~ de repère** landmark; **~ de vue** point of view.

pointe /pwɛ̃t/ I *nf* (extrêmité) point, end; (d'ail) touch; (d'accent) hint; (clou) nail; (critique) remark; **de ~** advanced; **heure**

de ~ rush hour. II **~s** *nfpl* (en danse) points. ▪ **~ d'asperge** asparagus tip; **~ du pied** tiptoe.

pointer /pwɛ̃te/ I *vtr* to tick off[GB], to check; ~ **le doigt vers** to point at. II *vi* [employé] to clock in/out; ~ **à l'horizon** to rise up on the horizon. III **se ~**☺ *vpr* to turn up.

pointillé /pwɛ̃tije/ *nm* dotted line.

pointilleux, **~euse** /pwɛ̃tijø, øz/ *adj* fussy.

pointu, **~e** /pwɛ̃ty/ *adj* [forme] pointed; [secteur] highly specialized; [voix] piercing.

pointure /pwɛ̃tyʀ/ *nf* size.

point-virgule, *pl* **points-virgules** /pwɛ̃viʀgyl/ *nm* semicolon.

poire /pwaʀ/ *nf* pear; (personne naïve)☺ mug☺GB, sucker☺.

poireau, *pl* **~x** /pwaʀo/ *nm* leek.

poirier /pwaʀje/ *nm* pear (tree).

pois /pwa/ *nm* pea; **petit** ~ (garden) pea, petit pois; (motif) dot. ▪ **~ cassé** split pea; **~ chiche** chickpea; **~ de senteur** sweet pea.

poison /pwazɔ̃/ *nm* poison.

poisse☺ /pwas/ *nf* rotten luck☺.

poisseux, **~euse** /pwasø, øz/ *adj* sticky.

poisson /pwasɔ̃/ *nm* fish. ▪ **~ d'avril** April fool's joke; **~ rouge** goldfish.

poissonnerie /pwasɔnʀi/ *nf* fishmonger's (shop)[GB], fish seller's[US].

poissonnier, **~ière** /pwasɔnje, jɛʀ/ *nm,f* fishmonger[GB], fish seller[US].

Poissons /pwasɔ̃/ *nprmpl* Pisces.

poitrine /pwatʀin/ *nf* chest; (seins) breasts (*pl*); CULIN breast. ▪ **~ fumée/salée** ≈ smoked/unsmoked streaky bacon.

poivre /pwavʀ/ *nm* pepper.

poivrier /pwavʀije/ *nm* pepper pot[GB], shaker[US].

poivron /pwavʀɔ̃/ *nm* sweet pepper.

poker /pɔkɛʀ/ *nm* poker.

polaire /pɔlɛʀ/ *adj* polar.

polar☺ /pɔlaʀ/ *nm* detective novel/film.

pôle /pol/ *nm* pole; **au ~ Nord/Sud** at the North/South Pole.

polémique /pɔlemik/ I *adj* polemical. II *nf* debate.

poli, **~e** /pɔli/ I *pp* polished. II *adj* ~ (**avec qn**) polite (to sb).

police /pɔlis/ *nf* police (*pl*); **faire la** ~ to keep order; (d'assurance) policy; (en typographie) font. ▪ **~ judiciaire, PJ** *detective division of the French police force*; **~ secours** emergency services (*pl*).

polichinelle /pɔliʃinɛl/ *nm* Punch.

policier, **~ière** /pɔlisje, jɛʀ/ I *adj* police; [film, roman] detective. II *nm* (personne) policeman; **femme** ~ policewoman; ☺ detective film/novel.

polir /pɔliʀ/ *vtr* to polish.

politesse /pɔlitɛs/ *nf* politeness.

politicien, **~ienne** /pɔlitisjɛ̃, jɛn/ *nm,f* politician.

politique[1] /pɔlitik/ *adj* political.

politique[2] /pɔlitik/ *nf* politics (*sg*).

politiquement /pɔlitikmɑ̃/ *adv* politically.

politiser /pɔlitize/ *vtr* to politicize.

pollen /pɔlɛn/ *nm* pollen.

polluer /pɔlɥe/ *vtr* to pollute.

pollution /pɔlysjɔ̃/ *nf* pollution ¢.

polo /pɔlo/ *nm* (vêtement) polo shirt; (sport) polo.

polyglotte /pɔliglɔt/ *nmf* polyglot.

polytechnicien, **~ienne** /pɔlitɛknisjɛ̃, jɛn/ *nm,f*: *graduate of the École Polytechnique.*

Polytechnique /pɔlitɛknik/ *nf*: *Grande École of Science and Technology.*

pommade /pɔmad/ *nf* ointment.

pomme /pɔm/ *nf* apple. ▪ **~ de pin** pine cone; **~ de terre** potato; **~s frites** chips[GB], (French) fries.
• **tomber dans les ~s**☺ to faint.

pommette /pɔmɛt/ *nf* cheekbone.

pommier /pɔmje/ *nm* apple tree.

pompe /pɔ̃p/ *nf* (appareil) pump; (chaussure)☺ shoe; (apparat) pomp; **~s funèbres** undertaker's[GB], funeral home[US] (*sg*).

pomper /pɔ̃pe/ *vtr* to pump; ~☺ **(sur)** to copy (from).

pompier, **~ière** /pɔ̃pje, jɛʀ/ *nm* fireman, firefighter.

pompiste /pɔ̃pist/ *nmf* petrol[GB], gas[US] pump attendant.

pompon /pɔ̃pɔ̃/ *nm* bobble.

pomponner: **se ~** /pɔ̃pɔne/ *vpr* to get dolled up.

ponce /pɔ̃s/ *adj* **pierre** ~ pumice stone.

poncer /pɔ̃se/ *vtr* to sand.

ponctualité /pɔ̃ktɥalite/ *nf* punctuality.

ponctuation /pɔ̃ktɥasjɔ̃/ *nf* punctuation.

ponctuel, **~elle** /pɔ̃ktɥɛl/ *adj* [personne] punctual; [problème] isolated.

ponctuer /pɔ̃ktɥe/ *vtr* to punctuate.

pondre /pɔ̃dʀ/ *vtr* (œuf) to lay.

poney /pɔnɛ/ *nm* pony.

pont /pɔ̃/ *nm* bridge; (vacances) extended weekend; (de navire) deck. ▪ **~ aérien** airlift.

pont-levis, *pl* **ponts-levis** /pɔ̃lәvi/ *nm* drawbridge.

ponton /pɔ̃tɔ̃/ *nm* pontoon.

populaire /pɔpylɛʀ/ *adj* [quartier] working-class; [langue, roman] popular; [tradition] folk; ~ **(chez/parmi)** popular (with).

popularité /pɔpylaʀite/ *nf* popularity.

population /pɔpylasjɔ̃/ *nf* population.

porc /pɔʀ/ *nm* pig, hog[US]; (viande) pork.

porcelaine /pɔʀsәlɛn/ *nf* porcelain, china.

porcelet /pɔʀsәlɛ/ *nm* piglet.

porc-épic, *pl* **~s** /pɔʀkepik/ *nm* porcupine.

porche /pɔʀʃ/ *nm* porch.

porcherie /pɔʀʃәʀi/ *nf* pigsty.

pore /pɔʀ/ *nm* pore.

port /pɔʀ/ *nm* port, harbour[GB]; ~ **d'armes** carrying arms; (démarche) bearing; (par la poste) postage.

portable /pɔʀtabl/ **I** *adj* portable; (mettable) wearable. **II** *nm* (ordinateur) laptop computer; (téléphone) mobile.

portail /pɔʀtaj/ *nm* gate, main door.

portant, **~e** /pɔʀtɑ̃, ɑ̃t/ *adj* **bien** ~ in good health; **à bout** ~ at point-blank range.

portatif, **~ive** /pɔʀtatif, iv/ *adj* portable.

porte /pɔʀt/ *nf* door; (de parc, ville, etc) gate. ▪ **~ d'entrée** front door; **~ de sortie** exit.
• **prendre la ~** to leave.

porte-à-faux /pɔʀtafo/ *nm inv* **en** ~ [mur] out of plumb; [personne] in an awkward position.

porte-à-porte /pɔʀtapɔʀt/ *nm inv* door-to-door selling.

porte-avions /pɔʀtavjɔ̃/ *nm inv* aircraft carrier.

porte-bagages /pɔʀt(ә)bagaʒ/ *nm inv* (sur un vélo) carrier; (dans un train) luggage rack.

porte-bonheur /pɔʀt(ә)bɔnœʀ/ *nm inv* lucky charm.

porte-clefs, **porte-clés** /pɔʀt(ә)kle/ *nm inv* key ring.

porte-documents /pɔʀt(ә)dɔkymɑ̃/ *nm inv* briefcase.

portée /pɔʀte/ *nf* range; **hors de** ~ out of reach; **à ~ de la main** within reach; (effet) impact; (d'animaux) litter; MUS staff, stave[GB].

portefeuille /pɔʀt(ə)fœj/ *nm* wallet; POL, FIN portfolio.

portemanteau, *pl* **~x** /pɔʀt(ə)mɑ̃to/ *nm* coat stand.

porte-monnaie /pɔʀt(ə)mɔnɛ/ *nm inv* purse[GB].

porte-parole /pɔʀt(ə)paʀɔl/ *nm inv* spokesperson, spokesman/spokeswoman.

porte-plume /pɔʀt(ə)plym/ *nm inv* penholder.

porter /pɔʀte/ I *vtr* to carry; **~ qch quelque part** to take sth somewhere; (vêtement) to wear; (moustache, date) to have; (fruit) to bear; **porté disparu** reported missing. II **~ sur** *vtr ind* to be about; [interdiction] to apply to. III *vi* to hit. IV **se ~** *vpr* **se ~ bien/mal** to be well/ill; [soupçon] **se ~ sur** to fall on; [candidat] to stand for.

porte-savon /pɔʀt(ə)savɔ̃/ *nm inv* soap-dish.

porte-serviettes /pɔʀt(ə)sɛʀvjɛt/ *nm inv* towel rail.

porteur, **~euse** /pɔʀtœʀ, øz/ *nm,f* holder, bearer; (de bagages) porter.

portier /pɔʀtje/ *nm* porter[GB], doorman[US].

portière /pɔʀtjɛʀ/ *nf* door.

portillon /pɔʀtijɔ̃/ *nm* gate.

portion /pɔʀsjɔ̃/ *nf* portion; (servie) helping; (dans un partage) share; (de territoire) part.

portique /pɔʀtik/ *nm* ARCHIT portico; (pour enfants) swing frame.

portrait /pɔʀtʀɛ/ *nm* portrait.

portrait-robot, *pl* **portraits-robots** /pɔʀtʀɛʀɔbo/ *nm* Photofit® (picture), Identikit®.

portuaire /pɔʀtɥɛʀ/ *adj* port.

pose /poz/ *nf* (de moquette) laying; (de rideau) hanging, putting up; (manière de se tenir) pose; PHOT exposure.

posé, **~e** /poze/ *adj* composed, controlled.

poser /poze/ I *vtr* **~ qch** to put (down) sth; (radiateur) to install; (carrelage) to lay; (bombe) to plant; (moquette) to fit; **~ sa candidature à** to apply for; (question) to ask. II *vi* to pose. III **se ~** *vpr* [oiseau] to alight; [avion] to land; [question] to arise; [yeux] **se ~ sur** to fall on.

positif, **~ive** /pozitif, iv/ *adj, nm* positive.

position /pozisjɔ̃/ *nf* position.

posologie /pɔzɔlɔʒi/ *nf* dosage.

posséder /pɔsede/ *vtr* to own, to have.

possessif, **~ive** /pɔsesif, iv/ *adj, nm* possessive.

possession /pɔsesjɔ̃/ *nf* possession.

possibilité /pɔsibilite/ *nf* possibility; (occasion) opportunity.

possible /pɔsibl/ I *adj* possible; **le plus ~** as far/much as you can. II *nm* possibility; **faire (tout) son ~** to do one's best.

postal, **~e**, *mpl* **~aux** /pɔstal, o/ *adj* postal.

poste[1] /pɔst/ *nm* post; **suppression de ~** job cut; **~ de travail** work station; RADIO, TV set; (téléphonique) extension. ■ **~ de police** police station; **~ de secours** first-aid station.

poste[2] /pɔst/ *nf* post office; **par la ~** by post[GB], to mail[US]. ■ **~ aérienne** airmail.

poster[1] /pɔste/ *vtr* to post[GB], to mail[US]; (soldat) to post.

poster[2] /pɔstɛʀ/ *nm* poster.

postérieur, **~e** /pɔsteʀjœʀ/ *adj* later; **~ à** after; [pattes] hind.

postiche /pɔstiʃ/ *adj* false.

postier, **~ière** /pɔstje, jɛʀ/ *nm,f* postal worker.

postillonner☺ /pɔstijɔne/ *vi* to spit.

postuler /pɔstyle/ *vtr* **~ un emploi** to apply for a job.

pot /po/ *nm* pot; (pichet) jug; **un ~ de peinture** a tin[GB], can[US] of paint; **prendre un**

~☺ to have a drink; **avoir du** ~☺ to be lucky.

potable /pɔtabl/ *adj* [eau] drinking.

potage /pɔtaʒ/ *nm* soup.

potager, **~ère** /pɔtaʒe, ɛʀ/ *adj*, *nm* (jardin) ~ kitchen, vegetable garden.

potasser☺ /pɔtase/ *vi* to swot☺GB, to bone up☺US.

pot-au-feu /potofø/ *nm inv* beef stew.

pot-de-vin, *pl* **pots-de-vin** /podvɛ̃/ *nm* bribe.

poteau, *pl* **~x** /pɔto/ *nm* post; (au football, rugby) goalpost. ▪ **~ indicateur** signpost.

potelé, **~e** /pɔtle/ *adj* chubby.

potence /pɔtɑ̃s/ *nf* gallows (*sg*).

potentiel, **~ielle** /pɔtɑ̃sjɛl/ *adj*, *nm* potential.

poterie /pɔtʀi/ *nf* pottery.

potier, **~ière** /pɔtje, jɛʀ/ *nm,f* potter.

potin☺ /pɔtɛ̃/ *nm* gossip ¢.

potion /posjɔ̃/ *nf* potion.

potiron /pɔtiʀɔ̃/ *nm* pumpkin.

pot-pourri, *pl* **pots-pourris** /popuʀi/ *nm* potpourri; MUS medley.

pou, *pl* **~x** /pu/ *nm* louse; **des ~x** lice.

poubelle /pubɛl/ *nf* dustbinGB, garbage canUS.

pouce /pus/ I *nm* (de la main) thumb; (du pied) big toe; (mesure) inch. II *excl* pax!GB, truce!

poudre /pudʀ/ *nf* powder.

poudreuse /pudʀøz/ *nf* powdery snow.

poudrier /pudʀije/ *nm* powder compact.

pouf /puf/ *nm* (siège) pouf(fe); (en tombant) thud.

pouffer /pufe/ *vi* ~ **(de rire)** to burst out laughing.

poulailler /pulaje/ *nm* henhouse.

poulain /pulɛ̃/ *nm* colt.

poule /pul/ *nf* hen. ▪ **~ mouillée**☺ wimp☺.

poulet /pulɛ/ *nm* chicken.

pouliche /puliʃ/ *nf* filly.

poulie /puli/ *nf* pulley.

poulpe /pulp/ *nm* octopus.

pouls /pu/ *nm* pulse.

poumon /pumɔ̃/ *nm* lung.

poupe /pup/ *nf* stern.

poupée /pupe/ *nf* doll.

poupon /pupɔ̃/ *nm* baby; (jouet) baby doll.

pour[1] /puʀ/ I *prép* for; ~ **toujours** forever; (en ce qui concerne) as for; (+ durée, cause, but) **j'en ai encore ~ deux heures** it'll take another two hours; **dix ~ cent** ten per cent; ~ **une large part** to a large extent. II **~ que** *conj* so that (+ *subj*); ~ **autant que je sache** as far as I know.

pour[2] /puʀ/ *nm* **le ~ et le contre** pros and cons (*pl*).

pourboire /puʀbwaʀ/ *nm* tip.

pourcentage /puʀsɑ̃taʒ/ *nm* percentage.

pourparlers /puʀparle/ *nmpl* talks.

pourpre /puʀpʀ/ *adj*, *nm* crimson.

pourquoi[1] /puʀkwa/ *adv*, *conj* why; **dis-moi** ~ tell me why; **c'est** ~ so, that's why.

pourquoi[2] /puʀkwa/ *nm inv* **le ~ et le comment** the why and the wherefore.

pourri, **~e** /puʀi/ *adj* rotten.

pourrir /puʀiʀ/ *vi* to go bad, to rot.

pourriture /puʀityʀ/ *nf* rot, decay.

poursuite /puʀsɥit/ *nf* chase; (en cyclisme) pursuit; (suite) continuation; JUR **abandonner les ~s** to drop the charges.

poursuivant, **~e** /puʀsɥivɑ̃, ɑ̃t/ *nm,f* pursuer.

poursuivre /puʀsɥivʀ/ I *vtr* to chase; (chemin, efforts) to continue; (but) to pursue;

JUR ~ **qn (en justice)** to sue sb. II *vi* to continue.

pourtant /puʀtɑ̃/ *adv* yet, though.

pourvoi /puʀvwa/ *nm* appeal.

pourvoir /puʀvwaʀ/ I *vtr* ~ **qn de qch** to give sb sth; **poste à** ~ available position. II ~ **à** *vtr ind* to provide for.

pourvu: ~ **que** /puʀvyk(ə)/ *loc conj* provided (that), as long as.

pousse-café /puskafe/ *nm inv* (after-dinner) liqueur.

poussée /puse/ *nf* pressure; (coup) push; (de violence) upsurge.

pousser /puse/ I *vtr* to push; ~ **qn à faire qch** to urge sb to do sth; (recherches) to pursue; ~ **un cri** to shout. II *vi* [enfant, plante] to grow; (exagérer)© to overdo it.

poussette /pusɛt/ *nf* pushchair[GB], stroller[US].

poussière /pusjɛʀ/ *nf* dust.

poussiéreux, **~euse** /pusjeʀø, øz/ *adj* dusty.

poussin /pusɛ̃/ *nm* chick.

poutre /putʀ/ *nf* beam.

pouvoir[1] /puvwaʀ/ I *v aux* (être capable de) to be able to; **dès que je pourrai** as soon as I can; **puis-je m'asseoir?** may I sit down?; **est-ce qu'on peut fumer ici?** is smoking allowed here? II *vtr* **que puis-je pour vous?** what can I do for you? III *v impers* **il peut faire très froid** it can get very cold. IV **il se peut** *vpr impers* **il se peut qu'il vienne** he might come.

pouvoir[2] /puvwaʀ/ *nm* power. ▪ **~s publics** authorities.

praire /pʀɛʀ/ *nf* clam.

prairie /pʀeʀi/ *nf* meadow.

praline /pʀalin/ *nf* sugared almond.

praticable /pʀatikabl/ *adj* passable.

pratiquant, **~e** /pʀatikɑ̃, ɑ̃t/ *adj* RELIG practising.

pratique /pʀatik/ I *adj* practical. II *nf* practise[GB]; (expérience) practical experience.

pratiquer /pʀatike/ *vtr*, *vpr* (tennis) to play; (yoga) to do; (langue, religion) to practise[GB]; (greffe) to carry out.

pré[2] /pʀe/ *nm* meadow.

préalable /pʀealabl/ I *adj* prior, preliminary. II *nm* precondition (for). III **au ~** *loc adv* first, beforehand.

préau, *pl* **~x** /pʀeo/ *nm* covered playground.

préavis /pʀeavi/ *nm* advance notice.

précaire /pʀekɛʀ/ *adj* precarious.

précaution /pʀekosjɔ̃/ *nf* precaution.

précédent, **~e** /pʀesedɑ̃, ɑ̃t/ I *adj* previous. II *nm* precedent.

précéder /pʀesede/ *vtr* to precede.

précepte /pʀesɛpt/ *nm* precept.

précepteur, **~trice** /pʀesɛptœʀ, tʀis/ *nm,f* (private) tutor.

précieux, **~ieuse** /pʀesjø, jøz/ *adj* precious.

précipice /pʀesipis/ *nm* precipice.

précipitamment /pʀesipitamɑ̃/ *adv* in a hurry.

précipitation /pʀesipitasjɔ̃/ I *nf* haste. II **~s** *nfpl* rainfall ¢.

précipiter /pʀesipite/ I *vtr* (départ) to hasten; ~ **les choses** to rush things; (jeter) to throw. II **se ~** *vpr* to rush, to hurry; (dans le vide) to jump off.

précis, **~e** /pʀesi, iz/ I *adj* [critère] specific, definite; [personne, geste, horaire] precise; [chiffre] accurate. II *nm* handbook.

préciser /pʀesize/ I *vtr* (lieu, date) to specify; (idées) to clarify. II **se ~** *vpr* to become clearer.

précision /pʀesizjɔ̃/ *nf* precision, accuracy.

précoce /pʀekɔs/ *adj* [enfant] precocious; [saison] early.

préconiser /pʀekɔnize/ *vtr* to recommend.

précurseur /pʀekyʀsœʀ/ *nm* pioneer.

prédiction /pʀediksjɔ̃/ *nf* prediction.

prédire /pʀediʀ/ *vtr* to predict.

préfabriqué, **~e** /pʀefabʀike/ *adj* prefabricated.

préface /pʀefas/ *nf* preface.

préfecture /pʀefɛktyʀ/ *nf main city of a department.* ▪ **~ de police** *police headquarters in some large French cities.*

préférable /pʀefeʀabl/ *adj* preferable.

préféré, **~e** /pʀefeʀe/ *adj, nm,f* favourite[GB].

préférence /pʀefeʀɑ̃s/ *nf* preference; **de ~** preferably.

préférer /pʀefeʀe/ *vtr* to prefer; **je préfère pas**© I'd rather not.

préfet /pʀefɛ/ *nm* prefect; **~ de police** prefect of police, police chief.

préfixe /pʀefiks/ *nm* prefix.

préhistoire /pʀeistwaʀ/ *nf* prehistory.

préhistorique /pʀeistɔʀik/ *adj* prehistoric.

préinscription /pʀeɛ̃skʀipsjɔ̃/ *nf* preregistration.

préjudice /pʀeʒydis/ *nm* harm ¢, damage ¢.

préjugé /pʀeʒyʒe/ *nm* bias.

prélasser: **se ~** /pʀelase/ *vpr* to lounge.

prélavage /pʀelavaʒ/ *nm* prewash.

prélèvement /pʀelɛvmɑ̃/ *nm* (de sang) sample; (sur un compte) debit.

prélever /pʀelve/ *vtr* (sang) to take a sample of; **~ (sur)** (compte) to withdraw (from).

préliminaire /pʀeliminɛʀ/ I *adj* preliminary. II **~s** *nmpl* preliminaries.

prélude /pʀelyd/ *nm* prelude.

prématuré, **~e** /pʀematyʀe/ *adj* premature.

préméditation /pʀemeditasjɔ̃/ *nf* premeditation; **avec/sans ~** premeditated/unpremeditated.

préméditer /pʀemedite/ *vtr* to premeditate.

premier, **~ière** /pʀəmje, jɛʀ/ I *adj* first; **livre ~** book one; **de ~ ordre** first-rate; **~s tarifs** cheapest rates. II *nm,f* **le ~** the first (one). III *nm* first floor[GB], second floor[US]. ▪ **Premier Ministre** prime minister; **~s secours** first aid.

première /pʀəmjɛʀ/ *nf* **~ mondiale** world first; THÉÂT première; SCOL *sixth year of secondary school, age 16-17;* AUT first (gear); **billet de ~** first class ticket.

prendre /pʀɑ̃dʀ/ I *vtr* to take; (accent) to pick up; (habitude) to develop; (repas) to have; (faire payer) to charge; (aller chercher, acheter, etc) to get; (attraper) to catch; (noter) to take down; (contrôle, poste) to assume; (poids) to put on. II *vi* [feu,] to catch; [glace, ciment] to set; [teinture, greffe] to take; **ça ne prend**© **pas!** it won't work! III **se ~** *vpr* to be taken; (se considérer) **pour qui te prends-tu?** who do you think you are?; **s'en ~ à** to attack; **savoir s'y ~ avec qn** to have a way with sb.

prénom /pʀenɔ̃/ *nm* first name; ADMIN forename, given name.

prénommer : **se ~** /pʀenɔme/ *vpr* to be called.

préoccupation /pʀeɔkypasjɔ̃/ *nf* worry, concern.

préoccupé, **~e** /pʀeɔkype/ *adj* worried, concerned.

préoccuper /pʀeɔkype/ I *vtr* to worry. II **se ~ de** *vpr* (situation) to be concerned about; (avenir) to think about.

préparatifs /pʀepaʀatif/ *nmpl* preparations (for).

préparation /pʀepaʀasjɔ̃/ *nf* preparation.

préparatoire /pʀepaʀatwaʀ/ *adj* preliminary.

préparer /pʀepaʀe/ I *vtr* to prepare. II **se ~** *vpr* to get ready; **se ~ à qch** to prepare for sth; **qch se prépare** something is going on; (thé) to make oneself (sth).

préposé, **~e** /pʀepoze/ *nm,f* attendant; (facteur) postman[GB]/postwoman[GB].

préposition /pʀepozisjɔ̃/ *nf* preposition.

préretraite /pʀeʀətʀɛt/ *nf* early retirement.

près /pʀɛ/ I *adv* close. II **~ de** *loc prép* near, close to; (presque) nearly, almost. III **de ~** *loc adv* closely; **regarder de plus ~** to take a closer look. IV **à... ~** *loc adv* **à une exception ~** with only one exception; **à deux voix ~** by two votes. V **à peu ~** *loc adv* about.

présage /pʀezaʒ/ *nm* omen.

présager /pʀezaʒe/ *vtr* to predict; **laisser ~** to suggest.

presbyte /pʀɛsbit/ longsighted person[GB], farsighted person[US].

presbytère /pʀɛsbitɛʀ/ *nm* presbytery.

prescription /pʀɛskʀipsjɔ̃/ *nf* prescription; JUR limitation.

prescrire /pʀɛskʀiʀ/ *vtr* to prescribe.

présélectionner /pʀeselɛksjɔne/ *vtr* to shortlist[GB].

présence /pʀezɑ̃s/ *nf* presence; **en ~ de** in front of.

présent, **~e** /pʀezɑ̃, ɑ̃t/ I *adj* present. II *nm,f* **la liste des ~s** the list of those present. III *nm* present. IV **à ~** *loc adv* at present, now.

présentateur, **~trice** /pʀezɑ̃tatœʀ, tʀis/ *nm,f* presenter.

présentation /pʀezɑ̃tasjɔ̃/ *nf* introduction, presentation, **sur ~ de** on production of.

présenter /pʀezɑ̃te/ I *vtr* **~ qn à qn** to introduce sb to sb; (ticket) to show; (collection, facture) to present. II **se ~** *vpr* **se ~ à un examen** to take an exam; (chez qn) to show up; (à qn) to introduce oneself; [occasion] to arise; **l'affaire se présente bien/mal** things are looking good/bad.

préservatif /pʀezɛʀvatif/ *nm* condom.

préserver /pʀezɛʀve/ I *vtr* to preserve. II **se ~ de** *vpr* to protect oneself against.

présidence /pʀezidɑ̃s/ *nf* presidency; (d'entreprise) chairmanship.

président, **~e** /pʀezidɑ̃/ *nm,f* president; (d'entreprise) chairman, chairwoman, chairperson.

présidentiel, **~ielle** /pʀezidɑ̃sjɛl/ *adj* presidential.

présidentielles /pʀezidɑ̃sjɛl/ *nfpl* presidential elections.

présider /pʀezide/ *vtr* to chair; (association) to be the president of.

présomption /pʀezɔ̃psjɔ̃/ *nf* presumption.

presque /pʀɛsk/ *adv* almost, nearly; **il n'y a ~ personne** there's hardly anyone there.

presqu'île /pʀɛskil/ *nf* peninsula.

pressant, **~e** /pʀɛsɑ̃, ɑ̃t/ *adj* pressing.

presse /pʀɛs/ *nf* press, magazines (*pl*).

pressé, **~e** /pʀese/ *adj* [personne] in a hurry; [air] hurried; [affaire] urgent.

presse-citron /pʀɛssitʀɔ̃/ *nm inv* lemon squeezer.

pressentiment /pʀesɑ̃timɑ̃/ *nm* premonition.

pressentir /pʀesɑ̃tiʀ/ *vtr* to have a premonition (about).

presse-papiers /pʀɛspapje/ *nm inv* paperweight.

presser /pʀese/ I *vtr* **~ qn de faire** to urge sb to do; (cadence) to increase; **~ le pas** to hurry; (bouton) to press; (orange) to squeeze. II *vi* to be pressing, urgent. III **se ~** *vpr* **se ~ sur/contre** to press oneself against; **se ~ de faire** to hurry up and do.

pressing /pʀesiŋ/ *nm* dry-cleaner's.

pression /pʀesjɔ̃/ *nf* ~ **artérielle** blood pressure; (bouton) press stud[GB], snap (fastener).

pressoir /pʀeswaʀ/ *nm* press.

pressuriser /pʀesyʀize/ *vtr* to pressurize.

prestataire /pʀestateʀ/ *nm* ~ **de service** (service) contractor.

prestation /pʀestasjɔ̃/ *nf* benefit; ~ **(de service)** service; performance.

prestidigitateur, **~trice** /pʀestidiʒitatœʀ, tʀis/ *nm,f* conjuror.

prestigieux, **~ieuse** /pʀestiʒjø, jøz/ *adj* prestigious.

présumer /pʀezyme/ **I** *vtr* to presume; **le père présumé** the putative father; **le présumé coupable** the alleged culprit. **II** ~ **de** *vtr ind* to overestimate.

prêt, **~e** /pʀɛ, pʀɛt/ **I** *adj* ready; **être ~ à faire** to be prepared to do. **II** *nm* lending; (somme) loan.

prêt-à-porter /pʀetapɔʀte/ *nm* ready-to-wear, ready-to-wear clothes (*pl*).

prétendant, **~e** /pʀetɑ̃dɑ̃, ɑ̃t/ **I** *nm,f* candidate (for); (royal) pretender. **II** *nm* suitor.

prétendre /pʀetɑ̃dʀ/ *vtr, vtr ind, vpr* to claim.

prétendu, **~e** /pʀetɑ̃dy/ *adj* [coupable] alleged; [crise] so-called; [artiste] would-be.

prétentieux, **~ieuse** /pʀetɑ̃sjø, jøz/ *adj* pretentious.

prétention /pʀetɑ̃sjɔ̃/ *nf* conceit, pretension; **avoir la ~ de faire** to claim to do.

prêter /pʀete/ **I** *vtr* to lend; ~ **attention à** to pay attention to. **II** ~ **à** *vtr ind* (confusion, rire) to give rise to, to cause. **III se ~** *vpr* **se ~ à qch** to take part in sth.

prêteur, **~euse** /pʀɛtœʀ, øz/ *nm,f* lender; ~ **sur gages** pawnbroker.

prétexte /pʀetɛkst/ *nm* excuse, pretext; **sous aucun ~** on any account.

prétexter /pʀetɛkste/ *vtr* to use [sth] as an excuse.

prêtre /pʀɛtʀ/ *nm* priest.

preuve /pʀœv/ *nf* proof ¢; **une ~** a piece of evidence; **faire ~ de** to show.

prévaloir /pʀevalwaʀ/ **I** *vi* to prevail. **II se ~** *vpr* **se ~ de qch** to boast of sth.

prévenance /pʀevnɑ̃s/ *nf* consideration.

prévenir /pʀevniʀ/ *vtr* ~ **qn (que)** to tell sb (that); (police) to call; (avertir) to warn; (éviter) to prevent; (aller au-devant de) to anticipate.

préventif, **~ive** /pʀevɑ̃tif, iv/ *adj* preventive.

prévention /pʀevɑ̃sjɔ̃/ *nf* prevention.

prévenu, **~e** /pʀevny/ *nm,f* defendant.

prévisible /pʀevizibl/ *adj* predictable.

prévision /pʀevizjɔ̃/ *nf* prediction; ÉCON, FIN forecast; **en ~ de** in anticipation of.

prévoir /pʀevwaʀ/ *vtr* (changement) to predict; (échec) to foresee; (conséquence) to anticipate; (temps) to forecast; (planifier) to plan, to arrange; ~ **trois heures** to allow three hours.

prévoyant, **~e** /pʀevwajɑ̃, ɑ̃t/ *adj* far-sighted.

prier /pʀije/ *vtr* ~ **qn de faire** to ask sb to do; **être prié de...** to be kindly requested to...; **je vous en prie** please; RELIG to pray to.

prière /pʀijeʀ/ *nf* RELIG prayer; (demande) request, plea, entreaty.

primaire /pʀimeʀ/ *adj, nm* primary.

prime /pʀim/ **I** *adj* **de ~ abord** at first, initially; MATH prime. **II** *nf* (récompense) bonus; (cadeau) free gift; (indemnité) allowance; (d'assurance) premium.

primer /pʀime/ I *vtr* to prevail over; **film primé** award-winning film. II *vi* to come first.

primeur /pʀimœʀ/ I *nf* **avoir la ~ de qch** to be the first to hear sth. II **~s** *nfpl* fresh fruit and vegetables, early produce ¢.

primevère /pʀimvɛʀ/ *nf* primrose.

primitif, **~ive** /pʀimitif, iv/ I *adj*, original; [société, art] primitive. II *nm, f* Primitive.

primordial, **~e**, *mpl* **~iaux** /pʀimɔʀdjal, jo/ *adj* essential.

prince /pʀɛ̃s/ *nm* prince.

princesse /pʀɛ̃sɛs/ *nf* princess.

princier, **~ière** /pʀɛ̃sje, jɛʀ/ *adj* princely.

principal, **~e**, *mpl* **~aux** /pʀɛ̃sipal, o/ I *adj* main, major; [commissaire] chief. II *nm* **le ~** the main thing; (directeur) principal.

principale /pʀɛ̃sipal/ *nf* LING main clause; (directrice) principal.

principe /pʀɛ̃sip/ I *nm* principle; **partir du ~ que** to work on the assumption that. II **en ~** *loc adv* as a rule; (probablement) probably.

printanier, **~ière** /pʀɛ̃tanje, jɛʀ/ *adj* [soleil] spring; [temps] springlike.

printemps /pʀɛ̃tɑ̃/ *nm* spring; **mes 60 ~**☺ my 60 summers.

priori ▸ **a priori**.

prioritaire /pʀijɔʀitɛʀ/ *adj* priority; [voiture] être ~ to have right of way.

priorité /pʀijɔʀite/ *nf* priority; (en voiture) right of way; **en ~** first.

pris, **~e** /pʀi, pʀiz/ I *pp* ▸ **prendre**. II *adj* (occupé) busy; [place] taken; [bronches] congested; **~ de panique** panic-stricken.

prise /pʀiz/ *nf* catch; (au judo, catch) hold; **avoir ~ sur qn** to have a hold over sb; **~ (électrique)** (femelle) socket[GB], outlet[US]; (mâle) plug; (en électronique) (femelle) jack; (mâle) plug. ■ **~ d'otages** hostage-taking ¢; **~ de pouvoir** takeover; **~ de position** stand; **~ de sang** blood test; **~ de vue** CIN shooting ¢; PHOT shot.

priser /pʀize/ *adj* popular.

prison /pʀizɔ̃/ *nf* prison.

prisonnier, **~ière** /pʀizɔnje, jɛʀ/ *adj, nm,f* prisoner.

privation /pʀivasjɔ̃/ *nf* **souffrir de ~s** to suffer from want.

privatiser /pʀivatize/ *vtr* to privatize.

privé, **~e** /pʀive/ I *adj* private; **à titre ~** unofficially. II *nm* **le ~** the private sector; **en ~** in private.

priver /pʀive/ I *vtr* **~ qn/qch de** to deprive sb/sth of. II **se ~** *vpr* **se ~ de qch/de faire** to go without sth/doing.

privilège /pʀivilɛʒ/ *nm* privilege.

privilégié, **~e** /pʀivileʒje/ I *adj* privileged; [traitement] preferential. II *nm,f* **les ~s** the privileged.

privilégier /pʀivileʒje/ *vtr* to favour[GB].

prix /pʀi/ *nm* price; **~ de revient** cost price; **cela n'a pas de ~** it's priceless; **à tout ~** at all costs; (honneur) prize.

probabilité /pʀɔbabilite/ *nf* probability.

probable /pʀɔbabl/ *adj* probable.

probant, **~e** /pʀɔbɑ̃, ɑ̃t/ *adj* convincing.

probité /pʀɔbite/ *nf* probity.

problème /pʀɔblɛm/ *nm* problem; (sujet) issue.

procédé /pʀɔsede/ *nm* process.

procéder /pʀɔsede/ I **~ à** *vtr ind* to carry out, to undertake. II *vi* to go about things.

procédure /pʀɔsedyʀ/ *nf* proceedings (*pl*); (méthode) procedure.

procès /pʀɔsɛ/ *nm* (pénal) trial; (civil) lawsuit; **intenter un ~ à qn** to sue sb.

processeur /pʀɔsesœʀ/ *nm* processor.

procession /pʀɔsesjɔ̃/ *nf* procession.

processus /pʀɔsesys/ *nm* process.

procès-verbal, *pl* **~aux** /pʀɔsɛvɛʀbal, o/ *nm* minutes (*pl*); (amende) fine.

prochain, **~e** /pʀɔʃɛ̃, ɛn/ I *adj* next; **à la ~e**☺! see you☺!; (imminent) forthcoming. II *nm* fellow man.

prochainement /pʀɔʃɛnmɑ̃/ *adv* soon.

proche /pʀɔʃ/ I *adj* **~ de** close to, near; (dans le futur) imminent, near; (récent) recent; (plus) **~ parent** next of kin. II **de ~ en ~** *loc adv* gradually. III *nm* close relative; (ami) close friend.

Proche-Orient /pʀɔʃɔʀjɑ̃/ *nprm* **le ~** the Near East.

proclamation /pʀɔklamasjɔ̃/ *nf* proclamation.

proclamer /pʀɔklame/ *vtr* to proclaim; (intention) to declare.

procuration /pʀɔkyʀasjɔ̃/ *nf* proxy.

procurer /pʀɔkyʀe/ I *vtr* (sensation) to bring; (argent) to give; **~ qch à qn** to get sb sth. II **se ~** *vpr* to obtain.

procureur /pʀɔkyʀœʀ/ *nm* prosecutor.

prodige /pʀɔdiʒ/ *nm* (génie) prodigy; **faire des ~s** to work wonders; **~ technique** technical miracle.

prodigieux, **~ieuse** /pʀɔdiʒjø, jøz/ *adj* prodigious.

prodiguer /pʀɔdige/ *vtr* (affection) to lavish; (conseils) to give lots of.

producteur, **~trice** /pʀɔdyktœʀ, tʀis/ I *adj* producing. II *nm,f* producer.

productif, **~ive** /pʀɔdyktif, iv/ *adj* productive.

production /pʀɔdyksjɔ̃/ *nf* production; (produits) products. ■ **~ assistée par ordinateur, PAO** computer-aided manufacturing, CAM.

productivité /pʀɔdyktivite/ *nf* productivity.

produire /pʀɔdɥiʀ/ I *vtr* to produce; (sensation, émotion) to cause, to create. II **se ~** *vpr* to occur; (donner un spectacle) to perform.

produit /pʀɔdɥi/ *nm* product. ■ **~s alimentaires** foodstuffs; **~ chimique** chemical; **~ d'entretien** cleaning product, household product.

profane /pʀɔfan/ I *adj* secular; (non initié) ignorant. II *nmf* layman/laywoman. III *nm* profane.

profaner /pʀɔfane/ *vtr* (tombe) to desecrate; (mémoire) to defile.

proférer /pʀɔfeʀe/ *vtr* to utter, to make.

professeur /pʀɔfesœʀ/ *nm* (de collège, lycée) teacher; (titre) professor.

profession /pʀɔfesjɔ̃/ *nf* profession; (métier) occupation.

professionnel, **~elle** /pʀɔfesjɔnɛl/ I *adj* professional; [formation] vocational; **activité ~le** occupation. II *nm,f* professional.

profil /pʀɔfil/ *nm* profile; **de ~** sideways.

profiler: **se ~** /pʀɔfile/ *vpr* **se ~ (contre/sur)** to stand out (against); [problème] to emerge.

profit /pʀɔfi/ I *nm* (gains) profit; benefit, advantage; **tirer ~ de qch** to make the most of sth. II **au ~ de** *loc prép* in favour[GB] of, for.

profitable /pʀɔfitabl/ *adj* profitable; (utile) beneficial.

profiter /pʀɔfite/ I **~ à** *vtr ind* **~ à qn** to benefit sb. II **~ de** *vtr ind* **~ de** to use, to take advantage of.

profond, **~e** /pʀɔfɔ̃, ɔ̃d/ I *adj* deep; **peu ~** shallow; [joie] overwhelming; [sommeil] deep; [mépris] profound; **la France ~e** provincial France. II *adv* deeply.

profondément /pʀɔfɔ̃demɑ̃/ *adv* [creuser, convaincu] deeply; [affecté] profoundly.

profondeur /pʀɔfɔ̃dœʀ/ *nf* depth; **en ~** in-depth.

profusion /pʀɔfyzjɔ̃/ *nf* profusion; **à ~** in abundance.

programmable /pʀɔgʀamabl/ *adj* programmable.

programmateur, **~trice** /pʀɔgʀamatœʀ, tʀis/ *nm,f* programme[GB] planner.

programmation /pʀɔgʀamasjɔ̃/ *nf* programming.

programme /pʀɔgʀam/ *nm* programme[GB]; (projet) plan; ORDINAT program.

programmer /pʀɔgʀame/ *vtr* (émission) to schedule; (vacances) to plan; ORDINAT to program.

programmeur, **~euse** /pʀɔgʀamœʀ, øz/ *nm,f* (computer) programmer.

progrès /pʀɔgʀɛ/ *nm* progress ¢; **il y a du ~**☺ things are improving; (de maladie) progression; (d'armée) advance.

progresser /pʀɔgʀese/ *vi* to progress; [connaissances] to increase; **~ de 3%** to rise by 3%; [maladie] to spread.

progressif, **~ive** /pʀɔgʀesif, iv/ *adj* progressive.

progression /pʀɔgʀɛsjɔ̃/ *nf* (d'ennemi) advance; (d'épidémie) spread; (de criminalité) increase.

prohiber /pʀɔibe/ *vtr* to prohibit.

prohibition /pʀɔibisjɔ̃/ *nf* prohibition.

proie /pʀwɑ/ *nf* prey; **être en ~ à** to be prey to.

projecteur /pʀɔʒɛktœʀ/ *nm* (de lumière) floodlight; **sous les ~s** in the spotlight; (d'images) projector.

projectile /pʀɔʒɛktil/ *nm* missile.

projection /pʀɔʒɛksjɔ̃/ *nf* show; **salle de ~** projection room; **~ privée** private screening.

projectionniste /pʀɔʒɛksjɔnist/ *nmf* projectionist.

projet /pʀɔʒɛ/ *nm* plan, project; (esquisse) (rough) draft. ■ **~ de loi** (draft) bill.

projeter /pʀɔʒte/ *vtr* (cailloux) to throw; (de l'eau) to splash; **~ une ombre (sur)** to cast (a) shadow (on); (film, diapositives) to show; **~ (de faire) qch** to plan (to do) sth.

prolétaire /pʀɔletɛʀ/ *adj, nmf* proletarian.

proliférer /pʀɔlifeʀe/ *vi* to proliferate.

prologue /pʀɔlɔg/ *nm* prologue.

prolongation /pʀɔlɔ̃gasjɔ̃/ *nf* extension; SPORT extra time[GB], overtime[US].

prolongement /pʀɔlɔ̃ʒmɑ̃/ *nm* extension.

prolonger /pʀɔlɔ̃ʒe/ **I** *vtr* (séjour) to extend; (séance, vie) to prolong. **II se ~** *vpr* to go on.

promenade /pʀɔmnad/ *nf* (à pied) walk; (à cheval, moto, bicyclette) ride; (en voiture) drive; (lieu aménagé) walkway.

promener /pʀɔmne/ **I** *vtr* **~ qn** to take sb out. **II se ~** *vpr* **(aller) se ~** to go for a walk, a drive, a ride.

promesse /pʀɔmɛs/ *nf* promise.

prometteur, **~euse** /pʀɔmɛtœʀ, øz/ *adj* promising.

promettre /pʀɔmɛtʀ/ **I** *vtr* **~ qch à qn** to promise sb sth. **II** *vi* **ça promet**☺! that's going to be fun! **III se ~** *vpr* **se ~ de faire** to resolve to do.

promo☺ /pʀɔmo/ *nf* (prix spécial) (special) offer; UNIV year.

promoteur, **~trice** /pʀɔmɔtœʀ, tʀis/ *nm,f* **~ (immobilier)** (property) developer.

promotion /pʀɔmɔsjɔ̃/ *nf* promotion; COMM (special) offer; UNIV year.

promouvoir /pʀɔmuvwaʀ/ *vtr* to promote.

prompt, **~e** /pʀɔ̃, pʀɔ̃t/ *adj* swift, sudden.

promulguer /pʀɔmylge/ *vtr* to promulgate.

pronom /pʀɔnɔ̃/ *nm* pronoun.

prononcer /pʀɔnɔ̃se/ **I** *vtr* to pronounce, to say; **~ le divorce** to grant a divorce. **II se ~** *vpr* **se ~ contre qch** to declare oneself against sth; **se ~ sur qch** to give one's opinion on sth.

prononciation /pʀɔnɔ̃sjasjɔ̃/ *nf* pronunciation.

pronostic /pʀɔnɔstik/ *nm* forecast; (médical) prognosis.

pronostiquer /pʀɔnɔstike/ *vtr* to forecast.

propagande /pʀɔpagɑ̃d/ *nf* propaganda.

propager /pʀɔpaʒe/ *vtr, vpr* to spread.

propice /pʀɔpis/ *adj* ~ **(à)** favourable[GB] (for); **le moment ~** the right moment.

proportion /pʀɔpɔʀsjɔ̃/ *nf* proportion; **une ~ de cinq contre un** a ratio of five to one; **toutes ~s gardées** relatively speaking.

proportionné, ~e /pʀɔpɔʀsjɔne/ *adj* **bien/mal ~** well-/badly proportioned.

proportionnel, ~elle /pʀɔpɔʀsjɔnɛl/ *adj* proportional.

proportionnelle /pʀɔpɔʀsjɔnɛl/ *nf* POL proportional representation.

propos /pʀɔpo/ **I** *nm* **à quel ~?** what about?; **à ce ~** in this connection. **II** *nmpl* comments, remarks. **III à ~ de** *loc prép* about. **IV à ~** *loc adv* by the way; (au bon moment) at the right moment.

proposer /pʀɔpoze/ **I** *vtr* to suggest; **~ qch à qn** to offer sb sth. **II se ~** *vpr* **se ~ pour faire** to offer to do; **se ~ de faire** to intend to do.

proposition /pʀɔpozisjɔ̃/ *nf* proposal, offer; LING clause.

propre /pʀɔpʀ/ **I** *adj* clean; (soigné) tidy; (personnel) own; **~ à** peculiar to; (adapté) appropriate for; **~ à la consommation** fit for consumption. **II** *nm* **ça sent le ~** it smells nice and clean; **mettre qch au ~** to make a fair copy of sth.

proprement /pʀɔpʀəmɑ̃/ **I** *adv* neatly; (véritablement) really, literally. **II à ~ parler** *loc adv* strictly speaking. **III ~ dit** *loc adj* **le procès ~ dit** the actual trial.

propreté /pʀɔpʀəte/ *nf* cleanliness.

propriétaire /pʀɔpʀijetɛʀ/ *nmf* owner; (qui loue) landlord/landlady.

propriété /pʀɔpʀijete/ *nf* property; (droit) ownership.

proscrire /pʀɔskʀiʀ/ *vtr* to ban.

proscrit, ~e /pʀɔskʀi, it/ *nm,f* outcast.

prose /pʀoz/ *nf* prose.

prospecter /pʀɔspɛkte/ *vtr* to prospect.

prospectus /pʀɔspɛktys/ *nm* leaflet.

prospérer /pʀɔspeʀe/ *vi* to thrive.

prosterner: **se ~** /pʀɔstɛʀne/ *vpr* to prostrate oneself.

prostituer: **se ~** /pʀɔstitɥe/ *vpr* to prostitute oneself.

protagoniste /pʀɔtagɔnist/ *nmf* protagonist.

protecteur, ~trice /pʀɔtɛktœʀ, tʀis/ **I** *adj* protective. **II** *nm,f* protector.

protection /pʀɔtɛksjɔ̃/ *nf* protection; **de ~** protective. ■ **~ civile** civil defence[GB]; **~ sociale** social welfare system.

protéger /pʀɔteʒe/ **I** *vtr* to protect; (artiste, écrivain) to patronize. **II se ~** *vpr* to protect oneself.

protéine /pʀɔtein/ *nf* protein.

protestant, ~e /pʀɔtɛstɑ̃, ɑ̃t/ *adj, nm,f* Protestant.

protestation /pʀɔtɛstasjɔ̃/ *nf* protest.

protester /pʀɔtɛste/ *vtr ind, vi* to protest.

prothèse /pʀɔtɛz/ *nf* prosthesis; (dentier) dentures (*pl*); **~ auditive** hearing aid.

protocole /pʀɔtɔkɔl/ *nm* protocol.

proue /pʀu/ *nf* prow, bow(s).

prouesse /pʀuɛs/ *nf* feat.

prouver /pʀuve/ *vtr* to prove.

provenance /pʀɔvnɑ̃s/ *nf* origin; **en ~ de** from.

provenir /pʀɔvniʀ/ *vtr ind* **~ de** to come from.

proverbe /pʀɔvɛʀb/ *nm* proverb.

providence /pʀɔvidɑ̃s/ *nf* providence; **État(-)** ~ welfare state.
province /pʀɔvɛ̃s/ *nf* province; **vivre en** ~ to live in the provinces; **ville de** ~ provincial town.
provincial, **~e**, *mpl* **~iaux** /pʀɔvɛ̃sjal, jo/ *adj, nm,f* provincial.
proviseur /pʀɔvizœʀ/ *nm* headteacher[GB], principal[US].
provision /pʀɔvizjɔ̃/ *nf* supply; **faire ses ~s** to go food shopping.
provisoire /pʀɔvizwaʀ/ *adj* provisional, temporary.
provisoirement /pʀɔvizwaʀmɑ̃/ *adv* provisionally.
provocant, **~e** /pʀɔvɔkɑ̃, ɑ̃t/ *adj* provocative.
provocateur, **~trice** /pʀɔvɔkatœʀ, tʀis/ I *adj* provocative. II *nm,f* agitator.
provocation /pʀɔvɔkasjɔ̃/ *nf* provocation.
provoquer /pʀɔvɔke/ *vtr* to cause; (curiosité) to arouse; (réaction) to provoke.
proximité /pʀɔksimite/ *nf* proximity; **à** ~ nearby; **à ~ de** near.
prudemment /pʀydamɑ̃/ *adv* carefully.
prudence /pʀydɑ̃s/ *nf* caution; **par** ~ as a precaution.
prudent, **~e** /pʀydɑ̃, ɑ̃t/ *adj* careful; **ce n'est pas ~ de faire** it isn't safe/wise to do.
prune /pʀyn/ *nf* plum.
pruneau, *pl* **~x** /pʀyno/ *nm* prune.
prunelle /pʀynɛl/ *nf* (de l'œil) pupil.
prunier /pʀynje/ *nm* plum (tree).
PS /peɛs/ *nm* (*abrév* = **post-scriptum**) PS.
pseudo- /psødo/ *préf* pseudo.
psy[©] /psi/ *nmf* shrink[©], therapist.
psychanalyste /psikanalist/ *nmf* psychoanalyst.
psychiatre /psikjatʀ/ *nmf* psychiatrist.
psychiatrie /psikjatʀi/ *nf* psychiatry.
psychiatrique /psikjatʀik/ *adj* psychiatric.
psychique /psiʃik/ *adj* mental.
psychologie /psikɔlɔʒi/ *nf* psychology.
psychologique /psikɔlɔʒik/ *adj* psychological.
psychologue /psikɔlɔg/ *nmf* psychologist.
psychothérapie /psikoteʀapi/ *nf* psychotherapy.
puanteur /pɥɑ̃tœʀ/ *nf* stench.
pub[©] /pyb/ *nf abrév* = **publicité**.
puberté /pybɛʀte/ *nf* puberty.
public, **~ique** /pyblik/ I *adj* public; [enseignement] state[GB], public[US]. II *nm* public; **en** ~ in public; **interdit au** ~ no admittance; (spectateurs) audience.
publication /pyblikasjɔ̃/ *nf* publication. ■ **~ assistée par ordinateur, PAO** desktop publishing, DTP.
publicitaire /pyblisitɛʀ/ *adj* [campagne] advertising; [vente] promotional.
publicité /pyblisite/ *nf* advertising; (annonce) advertisement, advert[©GB], ad[©]; (diffusion) publicity, commercial.
publier /pyblije/ *vtr* to publish; (communiqué) to issue.
puce /pys/ *nf* flea; ORDINAT chip.
puceron /pysʀɔ̃/ *nm* aphid.
pudding /pudiŋ/ *nm* heavy fruit sponge.
pudeur /pydœʀ/ *nf* sense of modesty.
pudique /pydik/ *adj* modest.
puer /pɥe/ I *vtr* to stink of. II *vi* to stink.
puis /pɥi/ *adv* then; **et** ~ and; **et ~?** then what?
puiser /pɥize/ *vtr* **qch (dans qch)** to draw, to get sth (from sth).
puisque (**puisqu'** *devant voyelle ou h muet*) /pɥisk(ə)/ *conj* since.
puissance /pɥisɑ̃s/ *nf* power; **en** ~ potential; **une grande** ~ a superpower.
puissant, **~e** /pɥisɑ̃, ɑ̃t/ *adj* powerful.

puits /pɥi/ *nm* well; (de mine) shaft.

pull-over /pylɔvɛʀ/ *nm* sweater.

pulsation /pylsasjɔ̃/ *nf* beat.

pulvérisateur /pylveʀizatœʀ/ *nm* spray.

pulvériser /pylveʀize/ *vtr* to spray; (ennemi) to pulverize; (record) to shatter.

punaise /pynɛz/ *nf* drawing pin[GB], thumbtack[US]; (insecte) bug.

punir /pyniʀ/ *vtr* to punish.

punition /pynisjɔ̃/ *nf* punishment.

pupille [1] /pypij/ *nmf* ward; ~ **de la Nation** war orphan.

pupille [2] /pypij/ *nf* (de l'œil) pupil.

pupitre /pypitʀ/ *nm* (de musicien) stand; (bureau) desk; (d'orateur) lectern.

pur, **~e** /pyʀ/ *adj* pure; [alcool] straight; ~ **et simple** outright.

purée /pyʀe/ *nf* purée; ~ **(de pommes de terre)** mashed potatoes.

pureté /pyʀte/ *nf* purity.

purgatoire /pyʀgatwaʀ/ *nm* **le** ~ purgatory.

purger /pyʀʒe/ *vtr* ~ **une peine** to serve a sentence.

purifier /pyʀifje/ *vtr* to purify.

purin /pyʀɛ̃/ *nm* slurry.

puritain, **~e** /pyʀitɛ̃, ɛn/ *adj* puritanical; RELIG Puritan.

pur-sang /pyʀsɑ̃/ *nm inv* thoroughbred, purebred.

pus /py/ *nm* pus.

putois /pytwa/ *nm* polecat.

puzzle /pœzl, pyzl/ *nm* jigsaw puzzle.

PV© /peve/ *nm* (*abrév* = **procès-verbal**) fine.

pyjama /piʒama/ *nm* pyjamas[GB] (*pl*), pajamas[US] (*pl*).

pylône /pilon/ *nm* pylon.

pyramide /piʀamid/ *nf* pyramid.

python /pitɔ̃/ *nm* python.

q

qcm /kyseem/ *nm* (*abrév* = **questionnaire à choix multiple**) multiple-choice questionnaire, mcq.

QI /kyi/ *nm* (*abrév* = **quotient intellectuel**) intelligence quotient, IQ.

qu' ▸ **que**.

quadragénaire /kwadʀaʒenɛʀ/ *nmf* man/woman in his/her forties.

quadrillage /kadʀijaʒ/ *nm* criss-cross.

quadrillé, **~e** /kadʀije/ *adj* squared.

quadriller /kadʀije/ *vtr* [police] to spread one's net over.

quadruple /k(w)adʀypl/ *adj* **I** *adj* quadruple. **II** *nm* **le** ~ four times more.

quai /kɛ/ *nm* quay; (aménagée) embankment; (de gare) platform. ▪ **Quai des Orfèvres** criminal investigation department of the French police force; **Quai d'Orsay** French Foreign Office.

qualificatif, **~ive** /kalifikatif, iv/ *adj* **adjectif** ~ qualifying adjective.

qualification /kalifikasjɔ̃/ *nf* qualification.

qualifier /kalifje/ **I** *vtr* ~ **de** to describe as; LING to qualify. **II se** ~ *vpr* to qualify.

qualité /kalite/ *nf* quality; **de bonne** ~ good-quality (*épith*); (fonction) position, capacity.

quand /kɑ̃, kɑ̃t/ **I** *conj* when; ~ **il arrivera** when he gets here; (toutes les fois que) whenever; (même si) even if. **II** *adv* when; ~ **arrive-t-il?** when does he arrive?; **depuis** ~ **habitez-vous ici?** how long have you been living here? **III** ~ **même** *loc adv* still; **j'irai ~ même** I'm still going; **tu ne vas pas faire ça ~ même?** you're not going to do that, are you?

quant: **~ à** /kɑ̃ta/ *loc prép* as for; (au sujet de) about.

quantifier /kɑ̃tifje/ *vtr* to quantify.

quantité /kɑ̃tite/ *nf* quantity, amount; **en grande ~** in large quantities; **des ~s de choses** a lot of things; **du pain/vin en ~** plenty of bread/wine.

quarantaine /kaʀɑ̃tɛn/ *nf* about forty; MÉD quarantine.

quarante /kaʀɑ̃t/ *adj inv*, *pron* forty.

quarantième /kaʀɑ̃tjɛm/ *adj* fortieth.

quart /kaʀ/ *nm* quarter; **un ~ d'heure** a quarter of an hour; **les trois ~s des gens**☺ most people; NAUT **être de ~** to be on watch.

• **un mauvais ~ d'heure** a hard time.

quartier /kaʀtje/ *nm* area, district; (portion) slice; **un ~ d'orange** an orange segment; (en astronomie) quarter; **avoir ~ libre** MIL to be off duty. ■ **~ général** headquarters (*pl*); **Quartier latin** Latin Quarter.

quart-monde /kaʀmɔ̃d/ *nm inv* underclass.

quartz /kwaʀts/ *nm* quartz.

quasi /kazi/ *adv* almost.

quasiment☺ /kazimɑ̃/ *adv* practically.

quatorze /katɔʀz/ *adj inv*, *pron* fourteen.

quatorzième /katɔʀzjɛm/ *adj* fourteenth.

quatre /katʀ/ *adj inv*, *pron*, *nm inv* four.

quatre-cent-vingt-et-un /katsɑ̃vɛ̃teœ̃/ *nm inv* game of dice.

quatre-heures /katʀœʀ/ *nm inv* afternoon snack.

quatre-quarts /kat(ʀə)kaʀ/ *nm inv* pound cake.

quatre-vingt(s) /katʀəvɛ̃/ *adj*, *pron* eighty.

quatre-vingt-dix /katʀəvɛ̃dis/ *adj inv*, *pron* ninety.

quatre-vingt-dixième /katʀəvɛ̃dizjɛm/ *adj* ninetieth.

quatre-vingtième /katʀəvɛ̃tjɛm/ *adj* eightieth.

quatrième /katʀijɛm/ **I** *adj* fourth. **II** *nf* SCOL *third year of secondary school, age 13-14*; AUT fourth gear.

• **en ~ vitesse**☺ in double-quick time☺.

quatuor /kwatɥɔʀ/ *nm* quartet.

que (**qu'** *devant voyelle ou h muet*) /kə/ **I** *conj* that; **je crains ~ tu (ne) fasses une bêtise** I'm worried (that) you might do something silly; (pour l'impératif) **qu'il vienne!** let him come!; **~ vous le vouliez ou non** whether you like it or not; **~ je sache** as far as I know. **II** *pron inter* what; **qu'est-ce que tu dis?** what are you saying?; **je ne sais pas ce qu'il a dit** I don't know what he said. **III** *pron rel* (= une personne) whom; **Pierre, ~ je n'avais pas vu** Pierre, whom I had not seen; (= attribut) that; **la vieille dame qu'elle est devenue** the old lady she is today; (= chose ou animal) that; **je n'aime pas la voiture ~ tu as achetée** I don't like the car (that) you've bought. **IV** *adv* **~ vous êtes jolie!** how pretty you are!; **~ c'est joli!** it's so pretty!; ▸ **ne**.

quel, **quelle** /kɛl/ **I** *adj inter* who; **~ est cet homme?** who is that man?; what; **~ livre?** what book; (entre deux) which book?; **quelle heure est-il?** what time is it? **II** *adj excl* what; **~ imbécile!** what an idiot!; **quelle horreur!** how dreadful! **III** *adj rel* **~ que soit le vainqueur** whoever the winner may be; **~ que soit l'endroit** wherever.

quelconque /kɛlkɔ̃k/ **I** *adj* ordinary. **II** *adj indéf* any; **pour une raison ~** for some reason or other.

quelle ▸ **quel**.

quelque /kɛlk/ **I** *adj indéf* (dans les phrases affirmatives) (au singulier) some; (au pluriel) some, a few; **~s mots/instants** a few words/moments; (dans les phrases interrogatives) any; **est-ce qu'il vous reste ~s cartons?** do you have any boxes left? **II** *adv* ~ **300 francs** about 300 francs; (si) however; ~ **admirable que soit son attitude** however admirable his/her attitude may be. **III** ~ **chose** *pron indéf inv* something; ~ **chose comme 200 francs** about 200 francs. **IV** ~ **part** *loc adv* somewhere. **V** ~ **peu** *loc adv* somewhat.

quelquefois /kɛlkəfwa/ *adv* sometimes.

quelques-uns, **quelques-unes** /kɛlkəzœ̃, yn/ *pron indéf pl* some, a few.

quelqu'un /kɛlkœ̃/ *pron indéf* (dans les phrases affirmatives) someone, somebody; ~ **d'autre** somebody else, someone else; (dans les phrases interrogatives et conditionnelles) **il y a ~?** is there anybody here?; ~ **pourrait répondre?** could somebody answer?

quémander /kemɑ̃de/ *vtr* to beg for.

qu'en-dira-t-on /kɑ̃diʀatɔ̃/ *nm inv* gossip.

quenelle /kənɛl/ *nf: dumpling made of flour and egg, flavoured*[GB] *with meat or fish.*

querelle /kəʀɛl/ *nf* quarrel.

quereller: **se ~** /kəʀele/ *vpr* to quarrel.

question /kɛstjɔ̃/ *nf* ~ **(sur)** question (about); **pose-leur la** ~ ask them; (sujet) matter, question; (ensemble de problèmes) issue, question; ~ **d'habitude!** it's a matter of habit; **en** ~ at issue; **(re)mettre en** ~ to reassess; **la ~ n'est pas là** that's not the point; **pas** ~☺! no way☺!

questionnaire /kɛstjɔnɛʀ/ *nm* questionnaire.

questionner /kɛstjɔne/ *vtr* to question.

quête /kɛt/ *nf* (d'aumônes) collection; (recherche) search; **être en ~ de qch** to be looking for sth.

quêter /kete/ *vtr* to seek.

quetsche /kwɛtʃ/ *nf* (sweet purple) plum.

queue /kø/ *nf* (d'animal, d'avion) tail; (de feuille) stem; (de cerise) stalk[GB], stem[US]; (de casserole) handle; (de billard) cue; (de train) rear, back; (file d'attente) queue[GB], line[US]; **faire la** ~ to stand in a queue[GB], in line[US].
• **faire une ~ de poisson à qn** to cut in front of sb.

queue-de-cheval, *pl* **queues-de-cheval** /kødʃəval/ *nf* ponytail.

qui /ki/ **I** *pron inter* (sujet) who; ~ **es-tu?** who are you?; (complément) who, whom; ~ **veut-elle voir?** who does she want to speak to?; **à ~ est ce sac?** whose bag is this? **II** *pron rel* (= une personne) who; (autres cas) that, which; **celui ~ a pris le livre...** whoever took the book...; ~ **que vous soyez** whoever you are; ~ **que ce soit** anybody.

quiche /kiʃ/ *nf* quiche.

quiconque /kikɔ̃k/ *pron* (sujet) whoever; (complément) anyone, anybody.

quignon /kiɲɔ̃/ *nm* crusty end (of a loaf).

quille /kij/ *nf* (de jeu) skittle; NAUT keel.

quincaillerie /kɛ̃kajʀi/ *nf* hardware shop, ironmonger's[GB]; (articles) hardware.

quincaillier, **~ière** /kɛ̃kaje, jɛʀ/ *nm,f* ironmonger[GB].

quinquagénaire /kɛ̃kaʒenɛʀ/ *nmf* man/woman in his/her fifties.

quinquennal, **~e**, *mpl* **~aux** /kɛ̃kenal, o/ *adj* [plan] five-year (*épith*).

quintal, *pl* **~aux** /kɛ̃tal, o/ *nm* quintal.

quinte /kɛ̃t/ *nf* ~ **(de toux)** coughing fit.

quintette /kɛ̃tɛt/ *nm* quintet.

quintuple /kɛ̃typl/ **I** *adj* quintuple. **II** *nm* **le** ~ five times more.

quinzaine /kɛ̃zɛn/ *nf* about fifteen; (deux semaines) fortnight[GB], two weeks.

quinze /kɛ̃z/ *adj inv*, *pron* fifteen.

quinzième /kɛ̃zjɛm/ *adj* fifteenth.

quiproquo /kipʀɔko/ *nm* misunderstanding.

quittance /kitɑ̃s/ *nf* receipt.

quitte /kit/ I *adj* **nous sommes ~s** we're quits; **en être ~ pour un rhume** to get off with a cold. II **~ à** *loc prép* **~ à faire qch** if it means doing sth. ▪ **~ ou double** double or quits[GB], double or nothing[US].

quitter /kite/ I *vtr* to leave; **~ l'enseignement** to give up teaching; **il ne l'a pas quittée des yeux** he didn't take his eyes off her; (route) to come off; (vêtement) to take off. II *vi* **ne quittez pas** hold the line, please. III **se ~** *vpr* to part.

qui-vive /kiviv/ *nm inv* **être sur le ~** to be on the alert.

quoi /kwɑ/ I *pron inter* what; **~? je n'ai pas entendu** what? I didn't hear; **à ~ penses-tu?** what are you thinking about?; **à ~ bon recommencer?** what's the point of starting again?; **pour ~ faire?** what for? II *pron rel* **à ~ il a répondu** to which he replied; **(il n'y a) pas de ~!** not at all, you're welcome[US]; **il n'y a pas de ~ crier** there's no reason to shout; **il a de ~ être satisfait** he's got good reason to feel satisfied. III *pron indéf* **~ qu'elle puisse en dire** whatever she may say; **si je peux faire ~ que ce soit pour vous** if I can do anything for you; **je ne m'étonne plus de ~ que ce soit** nothing surprises me any more; **~ qu'il en soit** in any case.

quoique (**quoiqu'** *devant voyelle ou h muet*) /kwak(ə)/ *conj* even though.

quotidien, **~ienne** /kɔtidjɛ̃, jɛn/ I *adj* daily. II *nm* everyday life; (journal) daily (paper).

quotient /kɔsjɑ̃/ *nm* quotient. ▪ **~ intellectuel, QI** intelligence quotient, IQ.

r

rabâcher /ʀabɑʃe/ *vtr* to keep repeating.

rabais /ʀabɛ/ *nm* discount.

rabaisser /ʀabese/ I *vtr* to belittle. II **se ~** *vpr* to run oneself down.

rabat /ʀaba/ *nm* flap.

rabattre /ʀabatʀ/ I *vtr* to shut; (tablette) to fold. II **se ~** *vpr* to shut; [automobiliste] to pull back in; **se ~ sur** to make do with.

rabbin /ʀabɛ̃/ *nm* rabbi.

raboter /ʀabɔte/ *vtr* to plane.

rabougri, **~e** /ʀabugʀi/ *adj* stunted.

raccommoder /ʀakɔmɔde/ I *vtr* to mend; (personnes)[©] to reconcile. II **se ~**[©] *vpr* to make it up[©].

raccompagner /ʀakɔ̃paɲe/ *vtr* to walk/drive [sb] (back) home.

raccordement /ʀakɔʀdəmɑ̃/ *nm* connection.

raccorder /ʀakɔʀde/ *vtr* to connect.

raccourci /ʀakuʀsi/ *nm* shortcut.

raccourcir /ʀakuʀsiʀ/ I *vtr* to shorten (by). II *vi* to get shorter.

raccrocher /ʀakʀɔʃe/ I *vi* to hang up. II **se ~ à** *vpr* to grab hold of, to cling to.

race /ʀas/ *nf* race; ZOOL breed.

racheter /ʀaʃte/ I *vtr* to buy [sth] back/again; (usine) to buy out. II **se ~** *vpr* to redeem oneself.

racial, **~e**, *mpl* **~iaux** /ʀasjal, jo/ *adj* racial.

racine /ʀasin/ *nf* root; **~ carrée/cubique** square/cube root.

racisme /ʀasism/ *nm* racism.

raciste /ʀasist/ *adj*, *nmf* racist.

raclée☺ /ʀɑkle/ *nf* hiding☺.

racler: **se ~** /ʀɑkle/ *vpr* **se ~ la gorge** to clear one's throat.

racoler /ʀakɔle/ *vtr* **~ les clients** to tout for business.

raconter /ʀakɔ̃te/ *vtr* to tell; **on raconte que** they say that.

radar /ʀadaʀ/ *nm* radar; **marcher au ~**☺ to be on autopilot.

rade /ʀad/ *nf* roads (*pl*).

radeau, *pl* **~x** /ʀado/ *nm* raft.

radiateur /ʀadjatœʀ/ *nm* radiator.

radiation /ʀadjasjɔ̃/ *nf* radiation ¢.

radical, **~e**, *mpl* **~aux** /ʀadikal, o/ *adj, nm,f* radical.

radieux, **~ieuse** /ʀadjø, jøz/ *adj* dazzling; [temps, matinée] glorious; [visage, air] radiant.

radin☺, **~e** /ʀadɛ̃, in/ *adj* stingy☺.

radio /ʀadjo/ *nf* radio; (radiographie) X-ray.

radioactivité /ʀadjoaktivite/ *nf* radioactivity.

radiocassette /ʀadjokasɛt/ *nm* cassette player.

radiodiffuser /ʀadjodifyze/ *vtr* to broadcast.

radiodiffusion /ʀadjodifyzjɔ̃/ *nf* broadcasting.

radiographie /ʀadjɔgʀafi/ *nf* radiography, X-ray photography.

radiographier /ʀadjɔgʀafje/ *vtr* to X-ray.

radioguidage /ʀadjogidaʒ/ *nm* radio control.

radio-réveil, *pl* **radios-réveils** /ʀadjoʀevej/ *nm* clock radio.

radis /ʀadi/ *nm* radish; **~ noir** black radish.

radoter /ʀadɔte/ *vi* to repeat oneself; (dire des bêtises) to talk drivel☺.

radoucir /ʀadusiʀ/ *vtr, vpr* to soften up.

radoucissement /ʀadusismɑ̃/ *nm* milder weather.

rafale /ʀafal/ *nf* gust; (de mitraillette) burst.

raffermir /ʀafɛʀmiʀ/ **I** *vtr* (musculature) to tone up; (position) to strengthen. **II se ~** *vpr* to become firmer.

raffinement /ʀafinmɑ̃/ *nm* refinement.

raffiner /ʀafine/ *vtr* to refine.

raffinerie /ʀafinʀi/ *nf* refinery.

raffoler /ʀafɔle/ *vtr ind* **~ de** to love, to be crazy about☺.

raffut☺ /ʀafy/ *nm* racket☺.

rafistoler☺ /ʀafistɔle/ *vtr* to fix.

rafle /ʀɑfl/ *nf* raid.

rafler☺ /ʀɑfle/ *vtr* to swipe☺.

rafraîchir /ʀafʀɛʃiʀ/ **I** *vtr* to cool. **II se ~** *vpr* [temps] to get cooler; [personne] to refresh oneself.

rafraîchissant, **~e** /ʀafʀɛʃisɑ̃, ɑ̃t/ *adj* refreshing.

rafraîchissement /ʀafʀɛʃismɑ̃/ *nm* drop in temperature; (boisson) refreshment.

rage /ʀaʒ/ *nf* rage; MÉD rabies. ■ **~ de dents** raging toothache.

rageant☺, **~e** /ʀaʒɑ̃, ɑ̃t/ *adj* infuriating.

ragot☺ /ʀago/ *nm* (malicious) gossip ¢.

ragoût /ʀagu/ *nm* stew, ragout.

raid /ʀɛd/ *nm* raid.

raide /ʀɛd/ *adj* stiff; [cheveux] straight; [corde] taut; [pente, escalier] steep; (exagéré)☺ steep☺.

raideur /ʀɛdœʀ/ *nf* stiffness.

raidir /ʀediʀ/ *vtr, vpr* to tense up, to stiffen.

raie /ʀɛ/ *nf* parting[GB], part[US]; (éraflure) scratch; (poisson) skate.

rail /ʀɑj/ *nm* rail.

raillerie /ʀɑjʀi/ *nf* mockery ¢.

rainure /ʀenyʀ/ *nf* groove.

raisin /rɛzɛ̃/ *nm* grapes (*pl*); **un grain de ~** a grape. ▪ **~ sec** raisin.

raison /rɛzɔ̃/ *nf* reason; **en ~ de** owing to; **avoir ~** to be right; **perdre la ~** to lose one's mind; **se faire une ~ de qch** to resign oneself to sth; **à ~ de** at the rate of. ▪ **~ sociale** company name.

raisonnable /rɛzɔnabl/ *adj* reasonable; [consommation, etc] moderate; (sensée) sensible.

raisonnement /rɛzɔnmɑ̃/ *nm* reasoning ¢.

raisonner /rɛzɔne/ I *vtr* to reason. II *vi* to think.

rajeunir /raʒœniʀ/ I *vtr* **~ qn** to make sb look, feel younger; (bâtiment) to brighten up; (secteur) to modernize. II *vi* to look, look younger.

rajouter /raʒute/ *vtr* **~ qch à qch** to add sth to sth; **en ~**☺ to overdo it, to exaggerate.

ralenti, **~e** /ralɑ̃ti/ *nm* CIN slow motion.

ralentir /ralɑ̃tiʀ/ *vtr, vi*, **se ~** *vpr* to slow down.

ralentissement /ralɑ̃tismɑ̃/ *nm* slowing down.

râler /rɑle/ *vi* **~**☺ **(contre)** to moan☺ (about); **ça me fait ~**☺ it bugs☺ me; [mourant] to give the death rattle.

râleur☺, **~euse** /rɑlœʀ, øz/ *nm,f* moaner☺.

rallier /ralje/ I *vtr* to rally; (opposants) to win over; (groupe, poste) to rejoin. II **se ~ à** *vpr* to come round[GB] to.

rallonge /ralɔ̃ʒ/ *nf* extension cord; (de table) leaf; (de temps) extension.

rallonger /ralɔ̃ʒe/ I *vtr* to extend, to make longer. II *vi* [jour] to be drawing out.

rallumer /ralyme/ I *vtr* to relight. II **se ~** *vpr* [querelles, etc] to flare up again.

ramassage /ramasaʒ/ *nm* collecting; picking up; (d'ordures ménagères) collection; (d'enfants) collection[GB], picking up; **car de ~** (pour employés) company bus; (scolaire) school bus, busing[US].

ramasser /ramase/ *vtr* to collect; (écoliers) to collect[GB], to pick up; (objets, jouets) to pick up; **se faire ~**☺ to get nicked☺.

rambarde /rɑ̃baʀd/ *nf* guard rail.

rame /ram/ *nf* oar; (de papier) ream; (métro, train) train.

rameau, *pl* **~x** /ramo/ *nm* branch.

Rameaux /ramo/ *nmpl* Palm Sunday.

ramener /ramne/ I *vtr* (qch) to bring back; (qn) to take home; (réduire) to reduce to; (paix) to restore. II **se ~ à** *vpr* to come down to.

ramer /rame/ *vi* to row.

rameur, **~euse** /ramœʀ, øz/ *nm,f* rower; SPORT oarsman/oarswoman.

ramifier: **se ~** /ramifje/ *vpr* to divide.

ramollir /ramɔliʀ/ *vtr, vpr* to soften.

ramoner /ramɔne/ *vtr* to sweep.

ramoneur /ramɔnœʀ/ *nm* chimney sweep.

rampe /rɑ̃p/ *nf* banister; (fixée au mur) handrail; (plan incliné) ramp; THÉÂT footlights. ▪ **~ de lancement** launchpad.

ramper /rɑ̃pe/ *vi* to crawl.

rancard☺ /rɑ̃kaʀ/ *nm* date.

rancart☺ /rɑ̃kaʀ/ *nm* **au ~** aside.

rance /rɑ̃s/ *adj* rancid.

rancœur /rɑ̃kœʀ/ *nf* resentment ¢.

rançon /rɑ̃sɔ̃/ *nf* ransom.

rancune /rɑ̃kyn/ *nf* grudge, resentment; **sans ~!** no hard feelings!

randonnée /rɑ̃dɔne/ *nf* hike; **~ équestre** pony trek[GB].

randonneur, **~euse** /rɑ̃dɔnœʀ, øz/ *nm,f* hiker, rambler[GB]; (à bicyclette) cyclist.

rang /rɑ̃/ *nm* row, line; MIL rank; **de second ~** second-rate; **de très haut ~** high-ranking.

rangé, **~e** /ʀɑ̃ʒe/ *adj* orderly; [personne] well-behaved.

rangée /ʀɑ̃ʒe/ *nf* row.

rangement /ʀɑ̃ʒmɑ̃/ *nm* (espace) storage space ¢.

ranger[1] /ʀɑ̃ʒe/ I *vtr* to tidy; (à sa place) to put away; (classer) to arrange. II **se ~** *vpr* to settle down.

ranger[2] /ʀɑ̃dʒɛʀ/ *nm* heavy-duty boot.

ranimer /ʀanime/ *vtr* to resuscitate, to rekindle.

rapace /ʀapas/ I *adj* greedy. II *nm* ZOOL bird of prey.

rapatrier /ʀapatʀije/ *vtr* to repatriate.

râpe /ʀɑp/ *nf* grater.

râpé, **~e** /ʀɑpe/ *adj* CULIN grated; [vêtement] worn.

râper /ʀɑpe/ *vtr* to grate.

rapetisser /ʀap(ə)tise/ *vi* to shrink.

rapide /ʀapid/ I *adj* fast; [personne, esprit] quick, swift; [rythme, pouls] fast, rapid; [musique, danse] fast. II *nm* rapids (*pl*); (train) express.

rapidité /ʀapidite/ *nf* speed.

rapiécer /ʀapjese/ *vtr* to patch.

rappel /ʀapɛl/ *nm* reminder; **~ à l'ordre** call to order; (de salaire) back pay; (de réservistes) call-up; (d'acteurs) curtain call; (de vaccination) booster.

rappeler /ʀaple/ I *vtr* to say; **~ qch à qn** to remind sb of sth; (ressembler) to remind (of); (téléphoner) to call back; (à revenir) to call [sb] back; (ambassadeur) to recall. II **se ~** *vpr* **se ~ qch** to remember sth.

rapport /ʀapɔʀ/ I *nm* connection, link; **en ~ avec qn** in touch with sb; (compte rendu) report; MATH ratio. II **rapports** *nmpl* **~s** relations; **sous tous les ~s** in every respect, in every way. III **par ~ à** *loc prép* against, compared with; (vis-à-vis de) with regard to, toward(s).

rapporter /ʀapɔʀte/ I *vtr* to bring, take back; (relater) to repeat, to tell. II *vi* to bring in money, to be lucrative; (moucharder)[©] to tell tales.

rapporteur[©], **~euse** /ʀapɔʀtœʀ, øz/ *nm,f* telltale[GB], tattletale[US].

rapprocher /ʀapʀɔʃe/ I *vtr* to move, to bring together; (apparenter) to compare. II **se ~** *vpr* to get closer (to).

rapt /ʀapt/ *nm* abduction.

raquette /ʀakɛt/ *nf* racket; (de tennis de table) bat[GB], paddle[US].

rare /ʀɑʀ/ *adj* rare; [denrée, main-d'œuvre, etc] scarce; [voitures, passants, etc] few; [maîtrise, intelligence, énergie, courage] exceptional; [bêtise, impudence, inconséquence] singular; (clairsemé) sparse.

raréfier: **se ~** /ʀɑʀefje/ *vpr* to become scarce, rare.

rarement /ʀɑʀmɑ̃/ *adv* rarely, seldom.

ras, **~e** /ʀɑ, ʀɑz/ I *adj* **en ~e campagne** in (the) open country; **à ~ bord** to the brim. II *adv* (à) **~** very short. III **au ~ de** *loc prép* just above.

• **en avoir ~ le bol**[©] to be fed up[©].

RAS /ɛʀaɛs/ (*abrév* = **rien à signaler**) nothing to report.

raser /ʀɑze/ I *vtr* to shave; (abattre) to flatten; (ennuyer)[©] to bore [sb] stiff[©]. II **se ~** *vpr* to shave.

raseur[©], **~euse** /ʀɑzœʀ, øz/ *nm,f* bore, killjoy.

rasoir /ʀɑzwaʀ/ I[©] *adj inv* boring. II *nm* razor; **~ électrique** electric shaver.

rassasier: **se ~** /ʀasazje/ *vpr* to eat one's fill.

rassemblement /ʀasɑ̃bləmɑ̃/ *nm* rally; (attroupement) gathering; (organisé) meeting.

rassembler /ʀasɑ̃ble/ I *vtr* to get [sb/sth] together; (informations) to gather; (courage, forces) to summon up. II **se ~** *vpr* to gather, to assemble.

rassis, **~e** /ʀasi, iz/ *adj* stale.

rassurant, **~e** /RasyRɑ̃, ɑ̃t/ *adj* reassuring.

rassurer /RasyRe/ I *vtr* to reassure. II **se ~** *vpr* **rassure-toi** don't worry; **je suis rassuré** I'm relieved.

rat /Ra/ *nm* rat.

ratatiner: **se ~** /Ratatine/ *vpr* to shrivel; [visage, personne] to become wizened.

rate /Rat/ *nf* female rat; ANAT spleen.

raté, **~e** /Rate/ I *adj* failed; [vie] wasted; [occasion] missed. II *nm,f* failure. III **~s** *nmpl* **avoir des ~s** [moteur, voiture] to backfire, to misfire[GB].

râteau, *pl* **~x** /Rɑto/ *nm* rake.

rater /Rate/ I *vtr* to miss; (examen) to fail; **rater son coup**☺ to blow it☺. II *vi* to fail; **faire ~ qch** to spoil sth. III **se ~** *vpr* (ne pas se voir) to miss each other.

ratifier /Ratifje/ *vtr* to ratify.

ration /Rasjɔ̃/ *nf* ration.

rationaliser /Rasjɔnalize/ *vtr* to rationalize.

rationnel, **~elle** /Rasjɔnɛl/ *adj* rational.

rationner /Rasjɔne/ *vtr* to ration.

ratisser /Ratise/ *vtr* (feuilles) to rake up; (région) to comb.

rattacher /Rataʃe/ I *vtr* to retie, to fasten [sth] again. II **se ~ à** *vpr* to be linked to, to relate to.

rattrapage /RatRapaʒ/ *nm* **cours/classe de ~** remedial lesson/class.

rattraper /RatRape/ I *vtr* to catch up with; (fugitif) to catch; (temps perdu) to make up for. II **se ~** *vpr* to redeem oneself; (compenser) to make up for it; (atteindre le niveau requis) to catch up; **se ~ à qch** to cath hold of sth.

rature /RatyR/ *nf* crossing-out.

rauque /Rok/ *adj* husky, hoarse.

ravages /Ravaʒ/ *nmpl* ravages; **faire des ~** [incendie] to wreak havoc; [épidémie] to take a terrible toll.

ravager /Ravaʒe/ *vtr* to devastate.

ravageur, **~euse** /RavaʒœR, øz/ *adj* devastating; [désir, passion] all-consuming; [humour] crushing.

ravalement /Ravalmɑ̃/ *nm* sandblasting; (de façades crépies) refacing.

ravaler /Ravale/ *vtr* (bâtiment) to renovate; (colère) to swallow.

ravi, **~e** /Ravi/ *adj* delighted.

ravin /Ravɛ̃/ *nm* ravine.

ravir /RaviR/ *vtr* to delight; (personne) to abduct; (bien) to steal.

raviser: **se ~** /Ravize/ *vpr* to change one's mind.

ravissant, **~e** /Ravisɑ̃, ɑ̃t/ *adj* lovely.

ravissement /Ravismɑ̃/ *nm* rapture; (rapt) abduction.

ravisseur, **~euse** /RavisœR, øz/ *nm,f* abductor.

ravitaillement /Ravitajmɑ̃/ *nm* food.

ravitailler /Ravitaje/ I *vtr* **~ qn en qch** to supply sb with sth; (avion, navire) to refuel. II **se ~** *vpr* to get provisions.

raviver /Ravive/ *vtr* to rekindle, to revive; (souvenir) to bring back.

rayé, **~e** /Reje/ *adj* striped.

rayer /Reje/ *vtr* to cross [sth] out; **la ville a été rayée de la carte** the town was wiped off the map; (meuble, disque) to scratch.

rayon /Rɛjɔ̃/ *nm* radius; **~ d'action** range; (de lumière) ray; **~ laser** laser beam; **les ~s X** X-rays; (de roue) spoke; (d'étagère) shelf; (de magasin) department.

rayonne /Rɛjɔn/ *nf* rayon.

rayonnement /Rɛjɔnmɑ̃/ *nm* radiation; (éclat) radiance; (influence) influence.

rayonner /Rɛjɔne/ *vi* [lumière, chaleur] to radiate; [astre] to shine; (de joie) to glow (with); (d'intelligence) to sparkle (with).

rayure /RɛjyR/ *nf* stripe; **à ~s** striped; (éraflure) scratch.

raz-de-marée /RadmaRe/ *nm inv* tidal wave.

ré /ʀe/ *nm inv* D; (en solfiant) re.

réacteur /ʀeaktœʀ/ *nm* reactor; (d'avion) jet engine.

réaction /ʀeaksjɔ̃/ *nf* reaction; **avion à ~** jet aircraft.

réactionnaire /ʀeaksjɔnɛʀ/ *adj, nmf* reactionary.

réagir /ʀeaʒiʀ/ *vi* to react (to).

réalisable /ʀealizabl/ *adj* feasible.

réalisateur, **~trice** /ʀealizatœʀ, tʀis/ *nm,f* director.

réalisation /ʀealizasjɔ̃/ *nf* fulfilment[GB]; **en cours de ~** project in progress; (fruit d'un effort) achievement; (de film) direction.

réaliser /ʀealize/ I *vtr* to fulfil[GB]; (équilibre) to achieve; (meuble) to make; (projet) to carry out; (film) to direct. II **se ~** *vpr* to come true.

réalisme /ʀealism/ *nm* realism.

réaliste /ʀealist/ I *adj* realistic. II *nmf* realist.

réalité /ʀealite/ *nf* reality; **en ~** in reality.

réanimation /ʀeanimasjɔ̃/ *nf* **service de ~** intensive-care unit; (technique) resuscitation.

rébarbatif, **~ive** /ʀebaʀbatif, iv/ *adj* off-putting; [visage] forbidding.

rebelle /ʀəbɛl/ I *adj* rebel; [adulte, enfant] rebellious; [mèche] stray; [fièvre] persistent. II *nmf* rebel.

rebeller: **se ~** /ʀəbɛle/ *vpr* to rebel.

rébellion /ʀebɛljɔ̃/ *nf* rebellion.

rebond /ʀəbɔ̃/ *nm* bounce.

rebondir /ʀəbɔ̃diʀ/ *vi* [balle] to bounce (off); [procès, intrigue] to take a new turn.

rebondissement /ʀəbɔ̃dismɑ̃/ *nm* (d'affaire) new development.

rebord /ʀəbɔʀ/ *nm* edge; (de fenêtre) ledge.

reboucher /ʀəbuʃe/ *vtr* to put the lid back on; (stylo, tube) to put the top back on; (trou) to fill (up) a hole.

rebours: **à ~** /aʀəbuʀ/ *loc adv* backward(s).

rebrousse-poil: **à ~** /aʀəbʀuspwal/ *loc adv* the wrong way.

rebrousser /ʀəbʀuse/ *vtr* **~ chemin** to turn back.

rebut /ʀəby/ *nm* **mettre au ~** to throw [sth] on the scrap heap.

rebutant, **~e** /ʀəbytɑ̃, ɑ̃t/ *adj* off-putting.

recaler[©] /ʀ(ə)kale/ *vtr* to fail.

récapituler /ʀekapityle/ *vtr* to sum up.

receler /ʀəsəle/ *vtr* to contain.

receleur, **~euse** /ʀəsəlœʀ, øz/ *nm,f* receiver of stolen goods, fence[©].

récemment /ʀesamɑ̃/ *adv* recently.

recenser /ʀəsɑ̃se/ *vtr* to take a census of; (objets) to list.

récent, **~e** /ʀesɑ̃, ɑ̃t/ *adj* recent.

récépissé /ʀesepise/ *nm* receipt.

récepteur /ʀesɛptœʀ/ *nm* receiver.

réceptif, **~ive** /ʀesɛptif, iv/ *adj* receptive.

réception /ʀesɛpsjɔ̃/ *nf* reception; (manière d'accueillir) reception, welcome; (après un saut) landing; (de ballon) catching.

réceptionniste /ʀesɛpsjɔnist/ *nmf* receptionist.

recette /ʀəsɛt/ *nf* CULIN recipe; (méthode) formula, recipe; **les ~s et (les) dépenses** receipts and expenses.

recevable /ʀəsəvabl/ *adj* acceptable; [preuve] admissible.

receveur, **~euse** /ʀəsəvœʀ, øz/ *nm,f* conductor. ▪ **~ des postes** postmaster.

recevoir /ʀəsəvwaʀ/ *vtr* **~ (qch de qn)** to receive (sth from sb), to get (sth from sb); (invités) to welcome, to receive; (patients) to see; **être reçu à un examen** to pass an exam.

rechange: **de ~** /dəʀəʃɑ̃ʒ/ *loc adj* spare; alternative.

réchapper /ʀeʃape/ *vtr ind* ~ **de qch** to come through qth.

recharge /ʀəʃaʀʒ/ *nf* refill.

rechargeable /ʀəʃaʀʒabl/ *adj* refillable; [pile] rechargeable.

recharger /ʀəʃaʀʒe/ I *vtr* to reload; (stylo, briquet) to refill; (pile) to recharge. II **se ~** *vpr* to be rechargeable; [stylo] to be refillable; [pile] to recharge.

réchaud /ʀeʃo/ *nm* stove.

réchauffement /ʀeʃofmɑ̃/ *nm* warming (up); **le ~ de la planète** global warming.

réchauffer /ʀeʃofe/ I *vtr* (personne) to warm up; (pièce) to heat up, to warm up. II *vi* **faire ~ qch** to heat sth up. III **se ~** *vpr* to warm oneself up; [air, temps] to warm up.

rêche /ʀɛʃ/ *adj* rough.

recherche /ʀəʃɛʀʃ/ *nf* search, research ¢; **~ d'emploi** job-hunting; **être à la ~ de** to be looking for; (affectation) affectation.

recherché, **~e** /ʀəʃɛʀʃe/ *adj* in demand (*après n*); [style] carefully studied; [but] intended.

rechercher /ʀ(ə)ʃɛʀʃe/ *vtr* to search out, to look for; (bonheur, paix) to seek.

rechute /ʀəʃyt/ *nf* relapse.

récidiver /ʀesidive/ *vi* JUR to commit a second offence[GB]; (recommencer) to do it again.

récidiviste /ʀesidivist/ *nmf* JUR recidivist; FIG backslider.

récif /ʀesif/ *nm* reef.

récipient /ʀesipjɑ̃/ *nm* container.

réciprocité /ʀesipʀɔsite/ *nf* reciprocity.

réciproque /ʀesipʀɔk/ I *adj* reciprocal, mutual. II *nf* reverse.

réciproquement /ʀesipʀɔkmɑ̃/ *adv* [se repecter] one another, mutually; **et ~** and vice versa.

récit /ʀesi/ *nm* story, tale; (genre) narrative.

récitation /ʀesitasjɔ̃/ *nf* **apprendre une ~** to learn a text (off) by heart.

réciter /ʀesite/ *vtr* to recite.

réclamation /ʀeklamasjɔ̃/ *nf* complaint.

réclamer /ʀeklame/ I *vtr* to ask for; (réforme, silence) to call for; (dû) to claim; (justice) to demand. II *vi* to complain.

réclusion /ʀeklyzjɔ̃/ *nf* imprisonment; **~ à perpétuité** life sentence.

récolte /ʀekɔlt/ *nf* harvesting; (produits) crop, harvest.

récolter /ʀekɔlte/ *vtr* to harvest; (pommes de terre) to dig up; (fruits) to pick; (argent) to collect, to get.

recommandation /ʀəkɔmɑ̃dasjɔ̃/ *nf* recommendation.

recommandé, **~e** /ʀəkɔmɑ̃de/ *adj* [lettre] registered.

recommander /ʀəkɔmɑ̃de/ *vtr* to recommend.

recommencer /ʀəkɔmɑ̃se/ I *vtr* to do [sth] again; **~ à faire** to start doing again. II *vi* to do again.

récompense /ʀekɔ̃pɑ̃s/ *nf* reward; (honorifique) award.

récompenser /ʀekɔ̃pɑ̃se/ *vtr* to reward (for/with).

réconcilier /ʀekɔ̃silje/ I *vtr* to reconcile. II **se ~** *vpr* to make up.

reconduire /ʀəkɔ̃dɥiʀ/ *vtr* to see [sb] out; **~ qn chez lui** to take sb home; **~ à la frontière** to escort back to the border; (grève) to extend; (accord) to renew.

réconfort /ʀekɔ̃fɔʀ/ *nm* comfort.

réconforter /ʀekɔ̃fɔʀte/ I *vtr* to comfort. II **se ~** *vpr* to restore one's strength.

reconnaissable /ʀəkɔnɛsabl/ *adj* recognizable.

reconnaissance /ʀəkɔnɛsɑ̃s/ *nf* gratitude; **un signe de ~** a sign of recognition; (de droit, d'un État) recognition; MIL reconnaissance.

reconnaissant, **~e** /ʀəkɔnɛsɑ̃, ɑ̃t/ *adj* grateful; **je vous serais ~ de bien vouloir faire** I should be grateful if you would do.

reconnaître /ʀəkɔnɛtʀ/ I *vtr* to recognize, to identify; (vérité, torts) to admit, to acknowledge; (lieux) MIL to reconnoitre[GB]. II **se ~** *vpr* to recognize oneself/each other.

reconstituer /ʀəkɔ̃stitɥe/ *vtr* to reconstruct; (décor) to recreate; (armée) to re-form.

reconstruction /ʀəkɔ̃stʀyksjɔ̃/ *nf* reconstruction; (de société) rebuilding.

reconstruire /ʀəkɔ̃stʀɥiʀ/ *vtr* to reconstruct, to rebuild.

reconvertir /ʀəkɔ̃vɛʀtiʀ/ I *vtr* **~ (en)** to convert (into). II **se ~** *vpr* to switch to.

recopier /ʀəkɔpje/ *vtr* to copy out; (devoir) to write up.

record /ʀəkɔʀ/ *adj inv*, *nm* record.

recoucher: **se ~** /ʀəkuʃe/ *vpr* to go back to bed.

recouper: **se ~** /ʀəkupe/ *vpr* to tally.

recourbé, **~e** /ʀəkuʀbe/ *adj* [cils] curved.

recourir /ʀəkuʀiʀ/ *vtr ind* **~ à** (remède) to use; (violence) to resort to; (parent, ami) to turn to; (expert) to go to; **~ à la justice** to go to court.

recours /ʀəkuʀ/ *nm* **avoir ~ à** to turn to; **en dernier ~** as a last resort; JUR appeal.

recouvrir /ʀəkuvʀiʀ/ I *vtr* to cover (with); (masquer) to conceal. II **se ~** *vpr* to become covered (with).

récréation /ʀekʀeasjɔ̃/ *nf* playtime[GB], recess[US]; (dans le secondaire) break[GB], recess[US]; (loisir) recreation.

récrier: **se ~** /ʀekʀije/ *vpr* to exclaim.

recroqueviller: **se ~** /ʀəkʀɔkvije/ *vpr* to huddle up.

recru, **~e** /ʀəkʀy/ *adj* **~ (de fatigue)** exhausted.

recrudescence /ʀəkʀydesɑ̃s/ *nf* fresh upsurge; (de demandes) new wave; (d'incendies) renewed outbreak.

recrue /ʀəkʀy/ *nf* recruit.

recrutement /ʀəkʀytmɑ̃/ *nm* recruitment.

recruter /ʀəkʀyte/ *vtr* to recruit.

rectangle /ʀɛktɑ̃gl/ *nm* rectangle.

recteur /ʀɛktœʀ/ *nm* chief education officer[GB], superintendent (of schools)[US].

rectificatif /ʀɛktifikatif/ *nm* correction.

rectification /ʀɛktifikasjɔ̃/ *nf* correction.

rectifier /ʀɛktifje/ *vtr* to correct, to rectify.

recto /ʀɛkto/ *nm* front; **~ verso** on both sides.

rectorat /ʀɛktɔʀa/ *nm* local education authority[GB], board of education[US].

reçu, **~e** /ʀəsy/ I *pp* ▸ **recevoir**. II *nm* receipt.

recueil /ʀəkœj/ *nm* collection; (d'auteurs) anthology; (de lois) compendium.

recueillir /ʀəkœjiʀ/ I *vtr* to take in; (renseignements) to gather, to collect; (voix) to get; (déposition) to take down. II **se ~** *vpr* to meditate.

recul /ʀəkyl/ *nm* **avec le ~** with hindsight, in retrospect; (baisse) **~ (de)** drop (in); (de date) postponement.

reculé, **~e** /ʀəkyle/ *adj* remote.

reculer /ʀ(ə)kyle/ I *vtr* to move back, to put back. II *vi* to move back, to stand back; [monnaie, etc] to fall; **faire ~ le chômage** to reduce unemployment; (céder) to back down.

reculons: **à ~** /aʀəkylɔ̃/ *loc adv* backward(s).

récupération /ʀekypeʀasjɔ̃/ *nf* **matériaux de ~** salvaged materials; **capacité de ~** recuperative power; (d'argent) recovery; (d'idées) appropriation.

récupérer /ʀekypeʀe/ I *vtr* to recover; (ferraille) to salvage; (heures de travail) to make up. II *vi* to recover.

récurer /ʀekyʀe/ *vtr* to scour.

recyclage /ʀ(ə)siklaʒ/ *nm* recycling; (de personnel) retraining.

recycler /ʀ(ə)sikle/ I *vtr* to recycle. II **se ~** *vpr* to update one's skills.

rédacteur, **~trice** /ʀedaktœʀ, tʀis/ *nm,f* writer; (de journal, etc) editor.

rédaction /ʀedaksjɔ̃/ *nf* writing; (dans l'édition) editorial staff; (travail scolaire) essay[GB], theme[US].

reddition /ʀɛdisjɔ̃/ *nf* surrender.

redevable /ʀədəvabl/ *adj* **être ~ de qch à qn** to be indebted to sb for sth.

redevance /ʀədəvɑ̃s/ *nf* charge; (de TV) licence[GB] fee.

rédhibitoire /ʀedibitwaʀ/ *adj* prohibitive.

rediffuser /ʀədifyze/ *vtr* to repeat.

rédiger /ʀediʒe/ *vtr* to write; (contrat) to draft.

redire /ʀədiʀ/ *vtr* to repeat, to tell again; **trouver qch à ~ à** to find fault with.

redonner /ʀədɔne/ *vtr* (donner encore) to give again, more; (rendre) to give back; (confiance) to restore.

redoublant, **~e** /ʀədublɑ̃, ɑ̃t/ *nm,f* pupil repeating a year.

redoublement /ʀədubləmɑ̃/ *nm* intensification; (à l'école) repeating year.

redoubler /ʀəduble/ I *vtr, vi* **~ (une classe)** to repeat a year. II **~ de** *vtr ind* **~ de prudence** to be twice as careful; **~ d'efforts** to redouble one's efforts.

redoutable /ʀədutabl/ *adj* formidable; [mal] dreadful.

redouter /ʀədute/ *vtr* to fear; (avenir) to dread.

redresser /ʀədʀese/ I *vtr* to straighten; **~ la tête** to lift one's head up; **~ la situation** to put the situation right; (injustice) to redress; **~ les torts** to right (all) wrongs. II **se ~** *vpr* to stand up straight; [industrie, etc] to pick up again, to recover; [compagnie] to get back on its feet.

réduction /ʀedyksjɔ̃/ *nf* (de prix) discount, reduction; **~ étudiants** special price for students; (de subventions) cut (in); **~ d'impôts** tax cut.

réduire /ʀedɥiʀ/ I *vtr* to reduce; **~ qn au silence** to reduce sb to silence; (dépenses, etc) to cut down on; (émeute) to crush. II **se ~** *vpr* to narrow; **se ~ à** to consist merely of; **ça se ~ à peu de chose** it doesn't amount to very much.

réduit, **~e** /ʀedɥi, it/ I *adj* reduced, lower; [délai] shorter; [choix] limited. II *nm* cubbyhole.

rééditer /ʀeedite/ *vtr* to reissue.

rééducation /ʀeedykasjɔ̃/ *nf* physiotherapy; (de handicapé, délinquant) rehabilitation.

rééduquer /ʀeedyke/ *vtr* to rehabilitate.

réel, **réelle** /ʀeɛl/ *adj* real.

réellement /ʀeɛlmɑ̃/ *adv* really.

réexpédier /ʀeɛkspedje/ *vtr* to return, send back.

refaire /ʀəfɛʀ/ *vtr* to do [sth] again, to redo; (voyage, erreur) to make again.

réfectoire /ʀefɛktwaʀ/ *nm* refectory.

référence /ʀefeʀɑ̃s/ *nf* reference.

référendum /ʀefeʀɛ̃dɔm/ *nm* referendum.

réfléchi, **~e** /ʀefleʃi/ *adj* [personne] reflective; [regard] thoughtful; **tout bien ~** all things considered; [verbe] reflexive.

réfléchir /ʀefleʃiʀ/ I *vtr* to reflect. II **~ à** *vtr ind* to think about. III *vi* to think. IV **se ~** *vpr* to be reflected.

reflet /ʀəflɛ/ *nm* reflection; (lueur) glint; (nuance de couleur) sheen.

refléter /ʀəflete/ *vtr*, *vpr* to reflect.

réflexe /ʀeflɛks/ *nm* reflex.

réflexion /ʀeflɛksjɔ̃/ *nf* thought, reflection; (remarque) remark, criticism.

reflux /ʀ(ə)fly/ *nm* ebb tide; (de chômage, devise) decline.

réformateur, **~trice** /ʀefɔʀmatœʀ, tʀis/ *nm,f* reformer.

réforme /ʀefɔʀm/ *nf* reform; RELIG Reformation.

réformé, **~e** /ʀefɔʀme/ RELIG I *adj* Reformed. II *nm,f* Calvinist.

réformer /ʀefɔʀme/ I *vtr* to reform; MIL to declare [sb] unfit for service. II **se ~** *vpr* to mend one's ways.

refouler /ʀəfule/ *vtr* (tendance) to repress; (larmes) to hold back; (ennemi) to push back; (immigrant) to turn back.

refrain /ʀ(ə)fʀɛ̃/ *nm* (recurring) refrain.

réfréner /ʀefʀene/ *vtr* to curb.

réfrigérateur /ʀefʀiʒeʀatœʀ/ *nm* refrigerator, fridge©GB.

refroidir /ʀəfʀwadiʀ/ I *vtr* to cool down; (ardeur) to dampen. II *vi*, *vpr* to get cold.

refroidissement /ʀəfʀwadismɑ̃/ *nm* cooling; MÉTÉO drop in temperature; MÉD chill.

refuge /ʀəfyʒ/ *nm* refuge.

réfugié, **~e** /ʀefyʒje/ *nm,f* refugee.

réfugier: **se ~** /ʀefyʒje/ *vpr* to take refuge.

refus /ʀəfy/ *nm* refusal; **ce n'est pas de ~**© I wouldn't say no©.

refuser /ʀəfyze/ *vtr* to refuse; (proposition) to reject; (candidat) to turn down.

regagner /ʀəgaɲe/ *vtr* to get back to; (estime) to regain.

régaler: **se ~** /ʀegale/ *vpr* to have a great time.

regard /ʀəgaʀ/ *nm* look; **jeter un ~ rapide sur qch** to glance at sth; **au ~ de la loi** in the eyes of the law.

regarder /ʀəgaʀde/ I *vtr* **~ qn/qch** to look at sb/sth; (film) to watch; **~ longuement** to gaze at; (consulter) to look up (in); **ça ne te regarde© pas** it's none of your business. II **~ à** *vtr ind* to look closely at. III *vi* **~ (en l'air/par terre)** to look (up/down). IV **se ~** *vpr* to look at each other.

régate /ʀegat/ *nf* regatta.

régime /ʀeʒim/ *nm* diet; POL system (of government), regime; **~ de retraite** pension scheme; **à plein ~** at top speed; (de bananes) bunch.

régiment /ʀeʒimɑ̃/ *nm* regiment.

région /ʀeʒjɔ̃/ *nf* region.

régional, **~e**, *mpl* **~aux** /ʀeʒjɔnal, o/ *adj* regional.

régir /ʀeʒiʀ/ *vtr* to govern.

régisseur /ʀeʒisœʀ/ *nm* manager; (de théâtre) stage manager.

registre /ʀəʒistʀ/ *nm* register.

réglable /ʀeglabl/ *adj* adjustable.

réglage /ʀeglaʒ/ *nm* (de moteur) tuning; (de pression, etc) adjustment.

règle /ʀɛgl/ I *nf* (instrument) ruler, rule; (consigne) rule; **en ~ générale** as a (general) rule. II **~s** *nfpl* period(s). III **en ~** *loc adj*, *loc adv* [papiers] in order.

règlement /ʀɛgləmɑ̃/ *nm* regulations, rules (*pl*); (paiement) payment; (résolution) settlement; **~ à l'amiable** amicable settlement; **~ de comptes** settling of scores.

réglementation /ʀɛgləmɑ̃tasjɔ̃/ *nf* rules, regulations (*pl*).

réglementer /ʀɛgləmɑ̃te/ *vtr* to regulate.

régler /ʀegle/ *vtr* (détails) to settle; (facture) to pay (for); **~ son compte à qn**© to sort sb out©GB; (micro, etc) to adjust; (moteur) to tune; (montre) to set.

réglisse /reglis/ *nf* liquorice[GB], licorice[US].

règne /rɛɲ/ *nm* reign; (animal, végétal) kingdom.

régner /reɲe/ *vi* to reign; (l'emporter) to prevail.

régresser /regrese/ *vi* to recede.

regret /rəgrɛ/ *nm* regret; **j'apprends avec ~ que** I'm sorry to hear that.

regretter /rəgrete/ *vtr* to regret; **je le regrette** I'm sorry; **je regrette de partir** I'm sorry to be leaving; (ressentir l'absence de) to miss.

regrouper /rəgrupe/ *vtr, vpr* to gather.

régulariser /regylarize/ *vtr* to sort out.

régularité /regylarite/ *nf* regularity; (légalité) legality.

régulier, **~ière** /regylje, jɛr/ *adj* regular; [effort] steady; [surface] even.

régulièrement /regyljɛrmɑ̃/ *adv* regularly; [élu] duly.

réimpression /reɛ̃presjɔ̃/ *nf* reprint.

rein /rɛ̃/ I *nm* kidney. II **~s** *nmpl* small of the back; **mal aux ~s** backache.

reine /rɛn/ *nf* queen; **la ~ mère** queen mother.

reine-claude, *pl* **reines-claudes** /rɛnklod/ *nf* greengage.

réinsertion /reɛ̃sɛrsjɔ̃/ *nf* reintegration (into).

réitérer /reitere/ *vtr*to repeat.

rejaillir /rəʒajir/ *vi* **~ sur qn** to affect sb adversely.

rejet /rəʒɛ/ *nm* rejection; (de plainte) dismissal; **les ~s polluants** pollutants.

rejeter /rəʒəte/ I *vtr* to reject; (offre) to turn down; (plainte) to dismiss; **~ les torts sur qn** to shift the blame onto sb. II **se ~** *vpr* **se ~ la responsabilité de qch** to blame each other for sth.

rejeton© /rəʒətɔ̃/ *nm* offspring (*inv*).

rejoindre /rəʒwɛ̃dr/ I *vtr* to meet up with; (rattraper) to catch up with; (se joindre à) to join; (aller à) to get to. II **se rejoindre** *vpr* to meet up; [routes] to meet; **nos goûts se rejoignent** we have similar tastes; **la musique et la poésie se rejoignent** music and poetry merge.

réjouir /reʒwir/ I *vtr* to delight. II **se ~** *vpr* to rejoice; **se ~ de qch/de faire** to be delighted at/to do.

réjouissances /reʒwisɑ̃s/ *nfpl* celebrations.

relâche /rəlɑʃ/ *nf* **faire ~** to close, to be closed; **sans ~** relentlessly.

relâcher /rəlɑʃe/ I *vtr* (lien, etc) to loosen; (discipline) to relax; (efforts) to let up; (libérer) to release. II **se ~** *vpr* to loosen; [discipline] to slacken.

relais /rəlɛ/ *nm* **prendre le ~ (de qn)** to take over (from sb); SPORT relay.

relance /rəlɑ̃s/ *nf* (d'économie) reflation.

relancer /rəlɑ̃se/ *vtr* to restart; (économie) to reflate.

relatif, **~ive** /rəlatif, iv/ *adj* relative; **~ à** relating to.

relation /rəlasjɔ̃/ I *nf* acquaintance; (personne puissante) connection; (lien) relationship. II **~s** *nfpl* relations. ■ **~s extérieures** POL foreign affairs.

relaxer /rəlakse/ *vtr, vpr* to relax.

relayer /rəleje/ I *vtr* **~ qn** to take over from sb; (émission) to relay. II **se ~** *vpr* to take turns (doing sth).

relève /rəlɛv/ *nf* **prendre la ~** to take over.

relevé, **~e** /rələve/ I *adj* spicy; [propos] refined. II *nm* **faire le ~ des erreurs** to list the errors; **faire le ~ du compteur** to read the meter; **~ bancaire** bank statement; **~ de gaz** gas bill.

relèvement /rəlɛvmɑ̃/ *nm* increase.

relever /rələve/ I *vtr* (manette, etc) to raise; (erreur) to note; (nom) to take down; (copies) to take in; (plat) to spice up;

(libérer) to release. II **~ de** *vtr ind* to come within; (se rétablir) to be recovering from. III **se ~** *vpr* to get up (again).

relief /ʀəljɛf/ *nm* I relief.

relier /ʀəlje/ *vtr* to connect, to link; (livre) to bind.

religieuse /ʀəliʒjøz/ *nf* round éclair.

religieux, ~ieuse /ʀəliʒjø, jøz/ I *adj* religious; [école, mariage] (chrétien) church; [musique] sacred. II *nm,f* monk/nun.

religion /ʀəliʒjɔ̃/ *nf* religion.

reliquat /ʀəlika/ *nm* remainder.

relire /ʀəliʀ/ *vtr* to reread.

reliure /ʀəljyʀ/ *nf* binding.

reluisant, ~e /ʀəlɥizɑ̃, ɑ̃t/ *adj* shining.

remanier /ʀəmanje/ *vtr* to modify; (équipe) to reorganize; (cabinet) to reshuffle.

remarquable /ʀəmaʀkabl/ *adj* remarkable.

remarque /ʀəmaʀk/ *nf* remark.

remarquer /ʀəmaʀke/ I *vtr* to notice; se faire ~ to draw attention to oneself; remarque... mind you...; **faire ~** to point out that. II **se ~** *vpr* to show.

remblai /ʀɑ̃blɛ/ *nm* embankment.

rembourrer /ʀɑ̃buʀe/ *vtr* to stuff; (vêtement) to pad.

remboursement /ʀɑ̃buʀsəmɑ̃/ *nm* refund.

rembourser /ʀɑ̃buʀse/ *vtr* to repay, to pay back; (article) to refund the price of; (employé) to reimburse.

remède /ʀəmɛd/ *nm* medicine, remedy.

remédier /ʀəmedje/ *vtr ind* **~ à** to remedy.

remerciement /ʀəmɛʀsimɑ̃/ *nm* thanks (*pl*).

remercier /ʀəmɛʀsje/ *vtr* to thank; (congédier) to dismiss.

remettre /ʀəmɛtʀ/ I *vtr* to put back; (donner) to hand [sth] in; (différer) to put off; (ajouter) to add (some more/another); (se souvenir de) ~ **qn** to remember sb; (recommencer)☺ ~ **ça** to start again. II **se ~** *vpr* to pull oneself together; **se ~ de** to recover from, to get over; **se ~ à faire qch** to start doing sth again; **s'en ~ à qn** to leave it to sb.

remise /ʀəmiz/ *nf* discount; **~ de peine** remission; (dépôt d'argent) remittance; (bâtiment) shed.

remontant /ʀəmɔ̃tɑ̃/ *nm* tonic.

remontée /ʀəmɔ̃te/ *nf* climb up; (de prix, etc) rise. ■ **~ mécanique** ski lift.

remonte-pente, *pl* **~s** /ʀəmɔ̃tpɑ̃t/ *nm* ski tow.

remonter /ʀəmɔ̃te/ I *vtr* to take (sb/sth) back up; (store) to raise; (manches) to roll up; (col) to turn up; (chaussettes) to pull up; (pente) to go back up; (réconforter) to cheer up. II *vi* to go back up; [mer] to come in again; [prix, etc] to rise again; **~ dans le temps** to go back in time; **~ à** to date back to.

remontoir /ʀəmɔ̃twaʀ/ *nm* winder.

remontrance /ʀəmɔ̃tʀɑ̃s/ *nf* reprimand.

remords /ʀəmɔʀ/ *nm* remorse ¢.

remorque /ʀəmɔʀk/ *nf* trailer.

remorquer /ʀəmɔʀke/ *vtr* to tow.

remorqueur /ʀəmɔʀkœʀ/ *nm* tug (boat).

rémoulade /ʀemulad/ *nf* mayonnaise-type dressing.

remous /ʀəmu/ *nm* backwash.

rempart /ʀɑ̃paʀ/ *nm* rampart.

remplaçant, ~e /ʀɑ̃plasɑ̃, ɑ̃t/ *nm,f* substitute, replacement; (professeur, instituteur) supply[GB], substitute[US] teacher; SPORT substitute, reserve.

remplacement /ʀɑ̃plasmɑ̃/ *nm* replacement; (d'enseignant) supply[GB], substitute[US] teaching; (intérimaire) temporary work; **produit de ~** substitute.

remplacer /Rɑ̃plase/ *vtr* to replace; ~ **qn** to stand in for sb; (définitivement) to replace sb.

remplir /Rɑ̃pliR/ *vtr* to fill (up) with; (formulaire) to fill in; (rôle) to carry out; (devoir) to fulfil[GB]; (conditions) to meet.

remporter /Rɑ̃pɔRte/ *vtr* to win.

remuant, **~e** /Rəmɥɑ̃, ɑ̃t/ *adj* rowdy; [enfant] boisterous.

remue-ménage /Rəmymenaʒ/ *nm inv* commotion ¢; (agitation) bustle ¢.

remuer /Rəmɥe/ I *vtr* to move; (oreille) to wiggle; (café) to stir; (salade) to toss; (terre) to turn over; (passé) to rake up; (émouvoir) to move. II *vi* to move. III **se ~**☺ *vpr* to get a move on☺.

rémunération /RemyneRasjɔ̃/ *nf* payment.

rémunérer /RemyneRe/ *vtr* to pay (for).

renaissance /Rənɛsɑ̃s/ *nf* revival.

renard /RənaR/ *nm* fox.

renchérir /Rɑ̃ʃeRiR/ *vi* to add, to go one step further; (dans une vente) to raise the bidding.

rencontre /Rɑ̃kɔ̃tR/ *nf* meeting; ~ **inattendue** (unexpected) encounter; SPORT match[GB], game[US].

rencontrer /Rɑ̃kɔ̃tRe/ I *vtr* (personne) to meet; (mot) to come across. II **se ~** *vpr* to meet.

rendement /Rɑ̃dmɑ̃/ *nm* (agricole) yield, (de machine, travailleur) output ¢; (d'usine) productivity ¢.

rendez-vous /Rɑ̃devu/ *nm inv* appointment; (avec un être cher) date; (avec des collègues) meeting.

rendormir: **se ~** /Rɑ̃dɔRmiR/ *vpr* to go back to sleep.

rendre /Rɑ̃dR/ I *vtr* to give back, to return; (redonner) to restore; ~ **qn heureux** to make sb happy; (devoir) to hand in; (jugement) to pronounce. II *vi* to be sick. III **se ~** *vpr* to go; (devenir) **se ~ malade** to make oneself ill; [criminel] to give oneself up; [armée] to surrender.
• **~ l'âme** to pass away.

rêne /Rɛn/ *nf* rein.

renfermé, **~e** /Rɑ̃fɛRme/ *nm* **ça sent le ~** it smells musty.

renfermer /Rɑ̃fɛRme/ I *vtr* to contain. II **se ~** *vpr* to become withdrawn.

renflouer /Rɑ̃flue/ *vtr* (entreprise) to bail out.

renfoncement /Rɑ̃fɔ̃smɑ̃/ *nm* recess; ~ **de porte** doorway.

renforcer /Rɑ̃fɔRse/ *vtr* to reinforce, to strengthen.

renfort /Rɑ̃fɔR/ *nm* support ¢; **à grand ~ de qch** with a lot of sth; MIL reinforcements.

renfrogné, **~e** /Rɑ̃fRɔɲe/ *adj* sullen.

rengaine /Rɑ̃gɛn/ *nf* old song, old tune.

renier /Rənje/ *vtr* to renounce; (enfant, œuvre) to disown.

renifler /Rənifle/ *vtr, vi* to sniff.

renne /Rɛn/ *nm* reindeer.

renom /Rənɔ̃/ *nm* renown, reputation.

renommé, **~e** /Rənɔme/ *adj* famous.

renommée /Rənɔme/ *nf* fame.

renoncer /Rənɔ̃se/ *vtr ind* ~ **à** to give up.

renouer /Rənwe/ I *vtr* to retie. II *vtr ind* to get back in touch with sb; (après une dispute) to make up with sb.

renouveau, *pl* **~x** /Rənuvo/ *nm* renewal.

renouvelable /Rənuvlabl/ *adj* renewable.

renouveler /Rənuvle/ I *vtr* to renew; (promesse) to repeat. II **se ~** *vpr* [exploit] to happen again.

renouvellement /Rənuvɛlmɑ̃/ *nm* renewal.

rénovation /Renɔvasjɔ̃/ *nf* renovation.

rénover /Renɔve/ *vtr* to renovate.

renseignement /ʀɑ̃sɛɲəmɑ̃/ *nm* information ¢, piece of information; ~**s téléphoniques** directory enquiries[GB], directory assistance[US]; MIL intelligence.

renseigner /ʀɑ̃seɲe/ I *vtr* ~ **qn (sur qch)** to give information to sb (about sth). II **se** ~ *vpr* to enquire (from sb/about sth).

rentabiliser /ʀɑ̃tabilize/ *vtr* to make [sth] profitable.

rentable /ʀɑ̃tabl/ *adj* profitable.

rente /ʀɑ̃t/ *nf* private income; (contrat financier) annuity.

rentrée /ʀɑ̃tʀe/ *nf* (general) return; ~ **(des classes)** start of the school year; ~ **(d'argent)** income ¢; (de vaisseau, capsule) re-entry.

rentrer /ʀɑ̃tʀe/ I *vtr* (griffes) to draw in; (ventre) to hold in; (chemise) to tuck in. II *vi* to come back (from); (tenir) to fit; [argent] to come in; (aller percuter)© to hit.

renversant, ~**e** /ʀɑ̃vɛʀsɑ̃, ɑ̃t/ *adj* astounding, astonishing.

renverse: **à la** ~ /ʀɑ̃vɛʀs/ *loc adv* backwards; FIG.astounded.

renversement /ʀɑ̃vɛʀsəmɑ̃/ *nm* reversal; (de gouvernement) overthrow.

renverser /ʀɑ̃vɛʀse/ I *vtr* (piéton) to knock down; (liquide) to spill; (tête) to tilt back; (situation) to reverse; (régime) to overthrow, to topple; (stupéfier)© to astound. II **se** ~ *vpr* to overturn; [bateau] to capsize; [bouteille] to fall over.

renvoi /ʀɑ̃vwa/ *nm* (définitif) expulsion; (temporaire) suspension; (d'employé) dismissal; (d'immigrés) repatriation; (à l'expéditeur) return; (report) postponement; (dans un dictionnaire) cross-reference; **avoir un** ~ to belch.

renvoyer /ʀɑ̃vwaje/ *vtr* (balle) to throw [sth] back; (lumière) to reflect; (courrier) to return; (qn) to send [sb] back (home); (employé) to dismiss (from); (débat) to postpone (until); ~ **à** to refer to.

réorganiser /ʀeɔʀganize/ *vtr* to reorganize.

réouverture /ʀeuvɛʀtyʀ/ *nf* reopening.

repaire /ʀəpɛʀ/ *nm* den; (de trafiquants) hideout.

répandre /ʀepɑ̃dʀ/ *vtr*, *vpr* to spread; (liquide) to spill; (déchets) to scatter.

répandu, ~**e** /ʀepɑ̃dy/ *adj* widespread.

réparateur, ~**trice** /ʀepaʀatœʀ, tʀis/ *nm,f* engineer[GB], repairman[US].

réparation /ʀepaʀasjɔ̃/ *nf* repairing; (d'habit) mending; (de tort) compensation.

réparer /ʀepaʀe/ *vtr* to repair; (erreur) to put [sth] right; (oubli) to make up for.

repartie /ʀepaʀti/ *nf* **l'esprit de** ~ a quick wit.

repartir /ʀəpaʀtiʀ/ *vi* to leave again, to go back; ~ **sur de nouvelles bases** to start all over again.

répartir /ʀepaʀtiʀ/ *vtr*, *vpr* to share [sth] out, to split; (poids) to distribute.

répartition /ʀepaʀtisjɔ̃/ *nf* distribution.

repas /ʀəpɑ/ *nm* meal.

repassage /ʀəpasaʒ/ *nm* ironing.

repasser /ʀəpase/ *vtr* to iron; (examen écrit) to retake; (virus)© to pass on.

repêchage /ʀəpɛʃaʒ/ *nm* **examen de** ~ resit[GB], retest[US]; [question] supplementary.

repentir: **se** ~ **de** /ʀəpɑ̃tiʀ/ *vpr* to regret (sth); RELIG to repent (of sth).

répercussion /ʀepɛʀkysjɔ̃/ *nf* repercussion.

repère /ʀəpɛʀ/ *nm* marker, landmark.

repérer /ʀəpeʀe/ I *vtr* to spot, to locate. II **se** ~ *vpr* to get one's bearings.

répertoire /ʀepɛʀtwaʀ/ *nm* notebook (with thumb index); (de téléphone, d'ordinateur) directory; (d'adresses) address book; (musical) repertoire.

répéter /ʀepete/ I *vtr* to repeat, to tell; (pièce, concert) to rehearse. II **se**~ *vpr* to repeat oneself; to happen again.

répétition /Repetisjɔ̃/ *nf* repetition; MUS, THÉÂT rehearsal.

repiquer /Rəpike/ *vtr* to transplant; (disque) to copy.

répit /Repi/ *nm* respite.

replacer /Rəplase/ *vtr* to put back.

repli /Rəpli/ *nm* fold; **(mouvement de) ~** withdrawal.

replier /Rəplije/ **I** *vtr* to fold up; (jambes) to tuck in. **II se ~** *vpr* to withdraw.

réplique /Replik/ *nf* reply; **sans ~** irrefutable; THÉÂT line; (copie) replica.

répliquer /Replike/ **I** *vtr* to retort. **II ~ à** *vtr ind* to respond to. **III** *vi* to answer back.

répondeur /Repɔ̃dœR/ *nm* **~ (téléphonique)** answering machine, answerphone[GB].

répondre /Repɔ̃dR/ **I** *vtr* to answer, to reply. **II ~ à** *vtr ind* (besoin) to meet; (appel, attaque) to respond to. **III ~ de** *vtr ind* to answer for; **~ de qn** to vouch for sb. **IV** *vi* to answer, to reply; (être insolent) to talk back; (réagir) to respond.

réponse /Repɔ̃s/ *nf* answer, reply; (réaction) response.

report /Rəpɔr/ *nm* postponement.

reportage /Rəpɔrtaʒ/ *nm* article, report.

reporter[1] /Rəpɔrte/ **I** *vtr* **~ (à)** to postpone (until); (nom) to copy out; (marchandise) to take [sth] back; **~ (sur)** to transfer (to). **II se ~ à** *vpr* to refer to.

reporter[2] /RəpɔrtɛR/ *nm* reporter.

repos /Rəpo/ *nm* rest; **jour de ~** day off.

reposant, **~e** /Rəpozɑ̃, ɑ̃t/ *adj* peaceful, restful.

reposer /Rəpoze/ **I** *vtr* to rest; (verre, etc) to put [sth] down; (question) to ask [sth] again. **II** *vi* to rest; (sur une tombe) **ici repose...** here lies... **III se ~** *vpr* to have a rest, to rest; **se ~ sur qn** to rely on sb.

repoussant, **~e** /Rəpusɑ̃, ɑ̃t/ *adj* repulsive.

repousser /Rəpuse/ **I** *vtr* to push back; (attaque) to repel; (argument) to dismiss; (départ) to postpone. **II** *vi* to grow again.

reprendre /R(ə)pRɑ̃dR/ **I** *vtr* (récupérer) to take back; **~ du pain** to have some more bread; (récit) to resume; (travail) to go back to; (commerce) to take over; (argument) to repeat. **II** *vi* to start again, to resume; [plante] to recover; (dire) to continue. **III se ~** *vpr* to correct oneself; (se ressaisir) to pull oneself together; **s'y ~ à trois fois** to make three attempts.

représailles /RəpRezaj/ *nfpl* retaliation ¢.

représentant, **~e** /RəpRezɑ̃tɑ̃, ɑ̃t/ *nm,f* representative.

représentation /RəpRezɑ̃tasjɔ̃/ *nf* representation; THÉÂT performance.

représenter /RəpRezɑ̃te/ **I** *vtr* to represent, to show; (signifier) to mean; THÉÂT to perform. **II se ~** *vpr* to imagine; [occasion] to arise again.

répression /RepResjɔ̃/ *nf* repression.

réprimande /RepRimɑ̃d/ *nf* reprimand.

réprimer /RepRime/ *vtr* to repress; (révolte) to suppress.

repris /RəpRi/ *nm* **~ de justice** ex-convict.

reprise /RəpRiz/ *nf* resumption; **à deux ~s** on two occasions, twice; (de demande) increase (in).

réprobation /RepRɔbasjɔ̃/ *nf* disapproval.

reproche /RəpRɔʃ/ *nm* reproach.

reprocher /RəpRɔʃe/ **I** *vtr* **~ qch à qn** to criticize/reproach sb for sth. **II se ~** *vpr* to blame oneself for.

reproduction /RəpRɔdyksjɔ̃/ *nf* reproduction.

reproduire /RəpRɔdɥiR/ **I** *vtr* to reproduce. **II se ~** *vpr* BIOL to reproduce; [phénomène] to recur.

reptile /Rɛptil/ *nm* reptile.

repu, **~e** /ʀəpy/ *adj* full.

républicain, **~e** /ʀepyblikɛ̃, ɛn/ *adj, nm,f* republican.

république /ʀepyblik/ *nf* republic.

répugnance /ʀepyɲɑ̃s/ *nf* repugnance.

répugnant, **~e** /ʀepyɲɑ̃, ɑ̃t/ *adj* revolting, loathsome.

répugner /ʀepyɲe/ *vtr ind* ~ **à faire qch** to be loath to do sth.

réputation /ʀepytasjɔ̃/ *nf* reputation.

réputé, **~e** /ʀepyte/ *adj* renowned.

requérir /ʀəkeʀiʀ/ *vtr* to require.

requête /ʀəkɛt/ *nf* request.

requin /ʀəkɛ̃/ *nm* shark.

requis, **~e** /ʀəki, iz/ I *pp* ▸ **requérir**. II *adj* required.

réquisitionner /ʀekizisjɔne/ *vtr* to requisition.

réquisitoire /ʀekizitwaʀ/ *nm* ~ **(contre)** indictment (of).

RER /ɛʀəɛʀ/ *nm* (*abrév* = **réseau express régional**) *rapid-transit rail system serving Greater Paris.*

rescapé, **~e** /ʀɛskape/ ~ **(de)** survivor (from).

rescousse: **à la ~** /alaʀɛskus/ *loc adv* **appeler qn à la ~** to call to sb for help.

réseau, *pl* **~x** /ʀezo/ *nm* network. ▪ **~ express régional, RER** *rapid-transit rail system serving Greater Paris.*

réservation /ʀezɛʀvasjɔ̃/ *nf* reservation, booking.

réserve /ʀezɛʀv/ *nf* reservation; (provision) stock; (local de stockage) stockroom; (section de musée) storerooms (*pl*); (territoire protégé) reserve; (territoire alloué) reservation; MIL **officier de ~** reserve officer.

réservé, **~e** /ʀezɛʀve/ *adj* reserved.

réserver /ʀezɛʀve/ I *vtr* to reserve, to book; (marchandise) to put aside; (destiner) to give. II **se ~** *vpr* **se ~ qch** to save sth for oneself; **se ~ le droit de faire** to reserve the right to do.

réservoir /ʀezɛʀvwaʀ/ *nm* tank; (lac artificiel) reservoir.

résidence /ʀezidɑ̃s/ *nf* residence; **en ~ surveillée** under house arrest; (immeubles) block of flats[GB], apartment complex[US]. ▪ **~ principale/secondaire** main/second home; **~ universitaire** (university) hall of residence[GB], residence hall[US].

résident, **~e** /ʀezidɑ̃, ɑ̃t/ *nm,f* resident.

résidentiel, **~ielle** /ʀezidɑ̃sjɛl/ *adj* residential.

résider /ʀezide/ *vi* to reside, to live; (se trouver) to lie (in).

résidu /ʀezidy/ *nm* residue ¢.

résigner: **se ~** /ʀeziɲe/ *vpr* **se ~ à (faire)** to resign oneself to (doing).

résilier /ʀezilje/ *vtr* to terminate.

résille /ʀezij/ *nf* hairnet; **collants ~** fishnet tights.

résine /ʀezin/ *nf* resin.

résistance /ʀezistɑ̃s/ *nf* resistance.

résistant, **~e** /ʀezistɑ̃, ɑ̃t/ *adj* [matériau] resistant; [personne] tough, resilient.

résister /ʀeziste/ *vi* to resist; **~ à** to withstand, to stand up to.

résolu, **~e** /ʀezɔly/ I *pp* ▸ **résoudre**. II *adj* determined.

résolution /ʀezɔlysjɔ̃/ *nf* resolution, determination.

résonner /ʀezɔne/ *vi* to resound; (renvoyer un bruit) to echo.

résoudre /ʀezudʀ/ I *vtr* (problème) to solve; (crise) to resolve; (décider) to decide. II **se ~** *vpr* to decide to; **résolu à faire** determined to do; (se résigner) to bring oneself to.

respect /ʀɛspɛ/ *nm* respect; **le ~ de soi** self-respect.

respectable /ʀɛspɛktabl/ *adj* respectable.

respecter /ʀɛspɛkte/ *vtr* to respect.

respectueux, **~euse** /ʀɛspɛktɥø, øz/ *adj* respectful; **salutations respectueuses** (dans une lettre) yours faithfully, yours sincerely.

respiration /ʀɛspiʀasjɔ̃/ *nf* breathing; **retenir sa ~** to hold one's breath.

respirer /ʀɛspiʀe/ I *vtr* to breathe in; (parfum) to smell; (enthousiasme) to exude. II *vi* to breathe.

resplendissant, **~e** /ʀɛsplɑ̃disɑ̃, ɑ̃t/ *adj* radiant.

responsabilité /ʀɛspɔ̃sabilite/ *nf* responsibility; (légale) liability.

responsable /ʀɛspɔ̃sabl/ I *adj* responsible. II *nmf* person in charge; (coupable) person responsible (for).

resquilleur☺, **~euse** /ʀɛskijœʀ, øz/ *nm,f* fare dodger; (dans une queue) queue-jumper[GB], person who cuts in line[US].

ressaisir: **se ~** /ʀəsɛziʀ/ *vpr* to pull oneself together.

ressasser /ʀəsase/ *vtr* to brood over.

ressemblance /ʀəsɑ̃blɑ̃s/ *nf* resemblance, likeness.

ressembler /ʀ(ə)sɑ̃ble/ I **~ à** *vtr ind* **~ à qn/qch** to look like sb/sth, to be like sb/sth. II **se ~** *vpr* to be alike.

ressemeler /ʀəsəmle/ *vtr* to resole.

ressentiment /ʀəsɑ̃timɑ̃/ *nm* resentment.

ressentir /ʀəsɑ̃tiʀ/ *vtr* to feel.

resserrer /ʀəseʀe/ I *vtr* to tighten; (relation) to strengthen. II **se ~** *vpr* to narrow; [amitié] to become stronger; [piège] to tighten.

resservir /ʀəsɛʀviʀ/ I *vi* to be used again. II **se ~** *vpr* to take another helping.

ressort /ʀəsɔʀ/ *nm* spring; **du ~ de qn** within sb's competence; **en premier/dernier ~** in the first/last resort.

ressortir /ʀəsɔʀtiʀ/ I *vtr* to come out again. II *vi* to go out again; (se distinguer) to stand out; **faire ~ que** to bring out the fact that. III *v impers* **il ressort que** it emerges that.

ressortissant, **~e** /ʀəsɔʀtisɑ̃, ɑ̃t/ *nm,f* national.

ressources /ʀ(ə)suʀs/ *nfpl* resources; (argent) means.

ressusciter /ʀesysite/ *vi* to rise from the dead; [ville] to come back to life.

restant, **~e** /ʀɛstɑ̃, ɑ̃t/ I *adj* remaining. II *nm* rest.

restaurant /ʀɛstɔʀɑ̃/ *nm* restaurant. ■ **~ d'entreprise** staff canteen[GB]; **~ universitaire** university canteen[GB], cafeteria.

restaurateur, **~trice** /ʀɛstɔʀatœʀ, tʀis/ *nm,f* restaurant owner; ART restorer.

restauration /ʀɛstɔʀasjɔ̃/ *nf* catering; **~ rapide** fast-food industry; ART restoration.

restaurer /ʀɛstɔʀe/ I *vtr* to restore. II **se ~** *vpr* to have something to eat.

reste /ʀɛst/ I *nm* rest; MATH remainder. II **~s** *nmpl* remains; (de repas) leftovers. III **au ~, du ~** *loc adv* besides.

rester /ʀɛste/ I *vi* to stay, to remain; **en ~ à** to go no further than. II *v impers* there is, there are still; **il reste que** the fact remains that.

restituer /ʀɛstitɥe/ *vtr* to give back.

restreindre /ʀɛstʀɛ̃dʀ/ *vtr* to restrict.

restreint, **~e** /ʀɛstʀɛ̃, ɛ̃t/ *adj* limited.

restriction /ʀɛstʀiksjɔ̃/ *nf* restriction.

résultat /ʀezylta/ *nm* result.

résulter /ʀezylte/ I **~ de** *vtr ind* to result from. II *v impers* **il en résulte que** as a result.

résumé /ʀezyme/ *nm* summary; **en ~** to sum up.

résumer /ʀezyme/ I *vtr* to summarize, to sum up. II **se ~ à** *vpr* to come down to.

résurrection /ʀezyʀɛksjɔ̃/ *nf* resurrection.

rétablir /ʀetabliʀ/ I *vtr* to restore. II **se ~** *vpr* to recover.

retard /ʀətaʀ/ *nm* delay; **être en** ~ to be late; (dans ses études) to be behind.

retardataire /ʀətaʀdatɛʀ/ *nmf* latecomer.

retardé, **~e** /ʀətaʀde/ *adj* retarded.

retardement: **à ~** /aʀətaʀdəmɑ̃/ *loc adj* **bombe à** ~ time bomb.

retarder /ʀətaʀde/ **I** *vtr* to postpone sth; ~ **qn** to hold sb up; [événement] to delay sth. **II** *vi* to be slow.

retenir /ʀətəniʀ/ **I** *vtr* ~ **qn** to keep sb; (retarder) to hold sb up; (larmes) to hold back; (table) to reserve; ~ **(sur)** (somme) to deduct (from); **retiens bien ceci** remember this; (argument) to accept. **II se ~** *vpr* to hang on to; (réprimer une envie) to stop oneself.

retentir /ʀətɑ̃tiʀ/ *vi* to ring out, to resound; (affecter) to have an impact on.

retentissant, **~e** /ʀətɑ̃tisɑ̃, ɑ̃t/ *adj* resounding.

retentissement /ʀətɑ̃tismɑ̃/ *nm* effect; (d'artiste) impact.

retenue /ʀətəny/ *nf* restraint; (prélèvement) deduction (from); (punition) detention.

réticence /ʀetisɑ̃s/ *nf* reluctance, reticence ¢.

réticent, **~e** /ʀetisɑ̃, ɑ̃t/ *adj* reluctant (to do).

retiré, **~e** /ʀətiʀe/ *adj* secluded; [endroit] remote.

retirer /ʀətiʀe/ **I** *vtr* (vêtement, bijou) to take off; ~ **(de)** to remove (from); (argent, troupes) to withdraw; (recueillir) to get (out of). **II se ~** *vpr* to withdraw, to leave; **retiré des affaires** retired from business.

retombées /ʀətɔ̃be/ *nfpl* fallout ¢.

retomber /ʀətɔ̃be/ *vi* to fall (again); [intérêt] to wane; ~ **sur qn** to fall on sb.

retouche /ʀətuʃ/ *nf* alteration; (de photo, tableau) retouch.

retoucher /ʀətuʃe/ *vtr* to make alterations to; (photographie) to touch up.

retour /ʀətuʀ/ *nm* return; **au** ~ on the way back; **être de** ~ to be back. ■ **~ en arrière** flashback.

retourner /ʀətuʀne/ **I** *vtr* to turn (over); (situation) to reverse; (colis, lettre) to send back, to return; (compliment, critique) to return. **II** *vi* to go back, to return; ~ **chez soi** to go (back) home. **III se ~** *vpr* to turn around; **se ~ contre qn** to turn against sb; [situation] to backfire on sb; [voiture] to overturn; (repartir) **s'en ~** to go back. **IV** *v impers* **de quoi il retourne**©**?** what's going on?.

retracer /ʀətʀase/ *vtr* to recount.

retrait /ʀətʀɛ/ **I** *nm* (de bagages) collection; (bancaire) withdrawal; (de permis) disqualification. **II en ~** *loc adv* **se tenir en** ~ to stand back.

retraite /ʀətʀɛt/ *nf* retirement; (pension) pension; MIL, (lieu retiré) retreat.

retraité, **~e** /ʀətʀete/ **I** *adj* retired. **II** *nm,f* retired person.

retrancher /ʀətʀɑ̃ʃe/ **I** *vtr* to cut out (from); (frais) to deduct (from). **II se ~** *vpr* MIL to entrench oneself; **se ~ dans** (silence) to take refuge in.

retransmission /ʀətʀɑ̃smisjɔ̃/ *nf* broadcast.

rétrécir /ʀetʀesiʀ/ *vi* to shrink.

rétribuer /ʀetʀibɥe/ *vtr* to remunerate.

rétroactif, **~ive** /ʀetʀoaktif, iv/ *adj* retroactive.

rétrograder /ʀetʀogʀade/ **I** *vtr* to demote. **II** *vi* AUT to change down[GB], to downshift[US].

rétrospectivement /ʀetʀɔspɛktivmɑ̃/ *adv* in retrospect.

retroussé, **~e** /ʀ(ə)tʀuse/ *adj* turned up.

retrousser /ʀətʀuse/ *vtr* to roll up.

retrouver /ʀətʀuve/ **I** *vtr* to find (again); (force, santé) to get back, to regain; (nom, air) to remember; (revoir) ~ **qn** to meet sb again. II **se ~** *vpr* to meet (again); (être) to find oneself, to be; (s'orienter) to find one's way.

rétroviseur /ʀetʀovizœʀ/ *nm* rear-view mirror.

réunion /ʀeynjɔ̃/ *nf* meeting.

réunir /ʀeyniʀ/ I *vtr* (personnes) to bring together; [organisateur] to get [sb] together; (fonds) to raise; (documents) to gather; (relier) to connect. II **se ~** *vpr* to meet, to get together.

réussi, **~e** /ʀeysi/ *adj* successful.

réussir /ʀeysiʀ/ I *vtr* to achieve, to make a success of; (examen) to pass. II **~ à** *vtr ind* ~ **à faire** to succeed in doing, to manage to do; [aliment, repos] to do sb good. III *vi* to succeed.

réussite /ʀeysit/ *nf* success; (jeu) patience ¢[GB], solitaire ¢[US].

revaloriser /ʀəvalɔʀize/ *vtr* to increase; (travail) to reassert the value of.

revanche /ʀəvɑ̃ʃ/ I *nf* revenge; JEUX return game. II **en ~** *loc adv* on the other hand.

rêve /ʀɛv/ *nm* dream.

rêvé, **~e** /ʀeve/ *adj* ideal, perfect.

réveil /ʀevɛj/ *nm* waking (up); (de la conscience) awakening; (pendule) alarm clock.

réveille-matin /ʀevɛjmatɛ̃/ *nm inv* alarm clock.

réveiller /ʀeveje/ I *vtr* to wake up; (sentiment) to awaken; (curiosité, etc) to arouse. II **se ~** *vpr* to wake up.

réveillon /ʀevejɔ̃/ *nm* ~ **de Noël/du Nouvel An** Christmas Eve/New Year's Eve party.

réveillonner /ʀevɛjɔne/ *vi* to have a Christmas Eve/New Year's Eve party.

révélation /ʀevelasjɔ̃/ *nf* revelation.

révéler /ʀevele/ I *vtr* to reveal, to disclose. II **se ~** *vpr* [faux] to turn out to be.

revenant, **~e** /ʀəvənɑ̃, ɑ̃t/ *nm,f* ghost.

revendeur, **~euse** /ʀəvɑ̃dœʀ, øz/ *nm,f* retailer; (de drogue) dealer.

revendication /ʀəvɑ̃dikasjɔ̃/ *nf* demand, claim.

revendiquer /ʀəvɑ̃dike/ *vtr* to claim, to demand.

revendre /ʀəvɑ̃dʀ/ *vtr* to sell; **avoir de l'énergie à** ~ to have energy to spare.

revenir /ʀəvəniʀ/ I *vi* to come back, to get back, to go back; **je n'en reviens pas**☺! I can't get over it!; ~ **à qn** to go to sb. II *v impers* **il te revient de décider** it is for you to decide.

• **~ à soi** to regain consciousness; **il ne me revient pas**☺ I don't like the look of him.

revenu /ʀəvəny/ *nm* income; (de l'État) revenue ¢. ■ **~ minimum d'insertion, RMI** *minimum benefit paid to those with no other source of income.*

rêver /ʀeve/ *vtr, vi* to dream.

réverbère /ʀevɛʀbɛʀ/ *nm* streetlamp.

révérence /ʀeveʀɑ̃s/ *nf* bow; **avec** ~ respectfully.

rêverie /ʀɛvʀi/ *nf* reverie.

revers /ʀəvɛʀ/ *nm* back, reverse; (de veste) lapel; (de pantalon) turn-up[GB], cuff[US]; (au tennis) backhand (stroke); (échec) setback.

revêtement /ʀəvɛtmɑ̃/ *nm* (au tennis) surface.

revêtir /ʀəvetiʀ/ *vtr* to cover; (vêtement) to put on; (avoir) to assume, to take.

rêveur, **~euse** /ʀɛvœʀ, øz/ I *adj* dreamy. II *nm,f* dreamer.

revient /ʀəvjɛ̃/ *nm* **prix de** ~ cost price.

revirement /ʀəviʀmɑ̃/ *nm* turnaround.

réviser /ʀevize/ *vtr* to revise; (procès) to review.

révision /ʀevizjɔ̃/ *nm* revision; (de procès) review; (de machine) service.

revoir[1] /rəvwar/ I *vtr* to see again; (méthode) to review; (compte) to check through; (réviser) to revise[GB], to review; (leçon) to go over. II **se ~** *vpr* to see each other again.

revoir[2]: **au ~** /ɔrəvwar/ *loc nom* goodbye, bye☺.

révolte /revɔlt/ *nf* revolt.

révolté, **~e** /revɔlte/ I *adj* rebel, rebellious; (indigné) appalled. II *nm,f* rebel.

révolter /revɔlte/ I *vtr* to appal[GB]. II **se ~** *vpr* to rebel.

révolu, **~e** /revɔly/ *adj* over.

révolution /revɔlysjɔ̃/ *nf* revolution.

révolutionnaire /revɔlysjɔnɛr/ *adj*, *nmf* revolutionary.

révolutionner /revɔlysjɔne/ *vtr* to revolutionize.

revolver /revɔlvɛr/ *nm* revolver.

revue /rəvy/ *nf* magazine; (parade) parade; (inspection) review; (spectacle) revue.

rez-de-chaussée /redʃose/ *nm inv* ground floor[GB], first floor[US].

RF (*abrév écrite* = **République française**) French Republic.

rhinocéros /rinɔserɔs/ *nm* rhinoceros.

rhubarbe /rybarb/ *nf* rhubarb.

rhum /rɔm/ *nm* rum.

rhumatisme /rymatism/ *nm* rheumatism.

rhume /rym/ *nm* cold. ▪ **~ des foins** hay fever.

ricaner /rikane/ *vi* to snigger.

riche /riʃ/ I *adj* rich, wealthy, well-off. II *nmf* rich man/woman; **les ~s** the rich.

richesse /riʃɛs/ I *nf* wealth; (de faune, vocabulaire) richness. II **~s** *nfpl* wealth ¢.

ricin /risɛ̃/ *nf* **huile de ~** castor oil.

ricocher /rikɔʃe/ *vi* to rebound (off).

ricochet /rikɔʃɛ/ *nm* ricochet; **par ~** on the rebound.

ride /rid/ *nf* wrinkle; (sur l'eau) ripple.

rideau, *pl* **~x** /rido/ *nm* curtain.

rider /ride/ *vtr*, *vpr* to wrinkle; (eau) to ripple.

ridicule /ridikyl/ I *adj* ridiculous. II *nm* **tourner qn en ~** to make sb look ridiculous.

ridiculiser /ridikylize/ I *vtr* to ridicule. II **se ~** *vpr* to make a fool of oneself.

rien /rjɛ̃/ I *nm* nothing; **les petits ~s** the little things; **un ~**☺ **de** a touch of; (personne) **un/une ~ du tout** a nobody. II *pron indéf* nothing; **il n'a ~ fait** he hasn't done anything; **merci – de ~** thank you – you're welcome/not at all; (seulement) **~ que** only; (quoi que ce soit) anything. III☺ **un ~** *loc adv* a bit. IV **en ~** *loc adv* at all, in any way.

• **~ à faire!** it's no use!, no way☺!

rigide /riʒid/ *adj* rigid.

rigole /rigɔl/ *nf* gutter, channel.

rigoler☺ /rigɔle/ *vi* to laugh, to have fun; **pour ~** as a joke.

rigolo☺, **~ote** /rigɔlo, ɔt/ I *adj* funny. II *nm,f* joker.

rigoureux, **~euse** /rigurø, øz/ *adj* strict; [climat] harsh; [analyse] rigorous.

rigueur /rigœr/ I *nf* strictness; (de climat, répression) harshness; (de recherche) rigour[GB]; ÉCON austerity. II **de ~** *loc adj* obligatory. III **à la ~** *loc adv* if necessary.

rillettes /rijɛt/ *nfpl* potted meat[GB] ¢.

rime /rim/ *nf* rhyme.

rimer /rime/ *vi* to rhyme.

• **cela ne rime à rien** it makes no sense.

rimmel® /rimɛl/ *nm* mascara.

rincer /rɛ̃se/ *vtr*to rinse.

ringard☺, **~e** /rɛ̃gar, ard/ *adj* dated.

riposte /ripɔst/ *nf* reply.

riposter /ripɔste/ *vtr*, *vi*to retort; MIL to return fire.

rire[1] /ʀiʀ/ *vi* to laugh, to have fun; **pour ~** as a joke.

rire[2] /ʀiʀ/ *nm* laugh, laughter.

ris /ʀi/ *nm* sweetbread.

risible /ʀizibl/ *adj* ridiculous.

risque /ʀisk/ *nm* risk. ▪ **les ~s du métier** occupational hazards.

risqué, **~e** /ʀiske/ *adj* risky; [hypothèse] daring.

risquer /ʀiske/ **I** *vtr* to risk; (vie, emploi) to jeopardize; (regard) to venture. **II ~ de** *vtr ind* **tu risques de te brûler** you might burn yourself; **~ de perdre qch** to risk losing sth. **III se ~ à** *vpr* to venture. **IV** *v impers* **il risque de pleuvoir** it might rain.

rite /ʀit/ *nm* rite.

rituel, **~elle** /ʀitɥɛl/ *adj, nm* ritual.

rivage /ʀivaʒ/ *nm* shore.

rival, **~e**, *mpl* **~aux** /ʀival, o/ *adj, nm,f* rival.

rivaliser /ʀivalize/ *vi* **~ avec** to compete with.

rivalité /ʀivalite/ *nf* rivalry.

rive /ʀiv/ *nf* bank; (de mer, lac) shore.

river /ʀive/ *vtr* **avoir les yeux rivés sur** to have one's eyes riveted on.

riverain, **~e** /ʀivʀɛ̃, ɛn/ *nm,f* resident.

rivière /ʀivjɛʀ/ *nf* river. ▪ **~ de diamants** diamond rivière.

rixe /ʀiks/ *nf* brawl.

riz /ʀi/ *nm* rice.

rizière /ʀizjɛʀ/ *nf* paddy field.

RMI /ɛʀɛmi/ *nm* (*abrév* = **revenu minimum d'insertion**) *minimum benefit paid to those with no other source of income.*

RMIste /ɛʀɛmist/ *nmf* person receiving minimum benefit payment.

RN /ɛʀɛn/ *nf* (*abrév* = **route nationale**) A road[GB], highway[US].

robe /ʀɔb/ *nf* dress; (d'avocat) gown; (de cheval) coat; (de vin) colour[GB]. ▪ **~ de chambre** dressing gown, robe[US].

robinet /ʀɔbinɛ/ *nm* tap[GB], faucet[US].

robot /ʀɔbo/ *nm* robot; (de cuisine) food processor.

robuste /ʀɔbyst/ *adj* robust, sturdy.

roc /ʀɔk/ *nm* rock.

rocade /ʀɔkad/ *nf* bypass.

rocaille /ʀɔkaj/ *nf* loose stones (*pl*); (de jardin) rockery, rock garden.

rocailleux, **~euse** /ʀɔkajø, øz/ *adj* stony; [voix] harsh.

roche /ʀɔʃ/ *nf* rock.

rocher /ʀɔʃe/ *nm* rock; (en chocolat) praline chocolate.

rocheux, **~euse** /ʀɔʃø, øz/ *adj* rocky.

rock /ʀɔk/ *nm* rock (music).

rodage /ʀɔdaʒ/ *nm* running in[GB], breaking in[US].

roder /ʀɔde/ *vtr* to run in[GB], to break in[US]; **être (bien) rodé** to be running smoothly.

rôder /ʀode/ *vi* to prowl.

rôdeur, **~euse** /ʀodœʀ, øz/ *nm,f* prowler.

rogne© /ʀɔɲ/ *nf* anger.

rogner /ʀɔɲe/ *vtr* to trim; (ongles) to clip; **~ sur** to cut into.

rognon /ʀɔɲɔ̃/ *nm* kidney.

roi /ʀwa/ *nm* king. ▪ **les ~s mages** the (three) wise men, the three kings, the Magi.

• **tirer les Rois** to eat Twelfth Night cake.

roitelet /ʀwatlɛ/ *nm* wren.

rôle /ʀol/ *nm* part, role; **à tour de ~** to do sth in turn.

romain, **~e** /ʀɔmɛ̃, ɛn/ *adj* Roman; (en typographie) roman.

romaine /ʀɔmɛn/ *nf* cos lettuce[GB], romaine (lettuce)[US].

roman, **~e** /ʀɔmɑ̃, an/ **I** *adj* [langue] Romance. **II** *nm* novel.

romance /ʀɔmɑ̃s/ *nf* love song.

romancer /Rɔmɑ̃se/ *vtr* to fictionalize.

romancier, **~ière** /Rɔmɑ̃sje, jɛR/ *nm,f* novelist.

romanesque /Rɔmanɛsk/ *adj* fictional; œuvre ~ work of fiction.

roman-feuilleton, *pl* **romans-feuilletons** /Rɔmɑ̃fœjtɔ̃/ *nm* serial.

romantique /Rɔmɑ̃tik/ *adj, nmf* romantic.

romantisme /Rɔmɑ̃tism/ *nm* Romanticism; (sentimentalisme) romanticism.

romarin /RɔmaRɛ̃/ *nm* rosemary.

rompre /Rɔ̃pR/ *vtr, vi, vpr* to break, to break off.

rompu, **~e** /Rɔ̃py/ *adj* ~ **à** well-versed in; (fatigué) worn-out.

ronce /Rɔ̃s/ *nf* bramble.

rond, **~e** /Rɔ̃, Rɔ̃d/ I *adj* round; [bébé] chubby[☺]; (ivre)[☺] drunk. II *nm* circle; (de serviette, fumée) ring.

ronde /Rɔ̃d/ I *nf* round dance; (de policiers) patrol; (de soldats) watch. II **à la ~** *loc adv* around.

rondelle /Rɔ̃dɛl/ *nf* slice; TECH washer.

rondeur /Rɔ̃dœR/ *nf* curve.

rond-point, *pl* **ronds-points** /Rɔ̃pwɛ̃/ *nm* roundabout[GB], traffic circle[US].

ronflement /Rɔ̃fləmɑ̃/ *nm* snore; (de moteur) purr ¢.

ronfler /Rɔ̃fle/ *vi* to snore; [moteur] to purr.

ronger /Rɔ̃ʒe/ I *vtr* to gnaw; [rouille] to eat away at; [maladie] to wear down. II **se ~** *vpr* **se ~ les ongles** to bite one's nails.

rongeur /Rɔ̃ʒœR/ *nm* rodent.

ronronner /Rɔ̃Rɔne/ *vi* to purr.

roquer /Rɔke/ *vi* to castle.

roquette /Rɔkɛt/ *nf* rocket.

rosace /Rozas/ *nf* (figure) rosette; (vitrail) rose window; (au plafond) rose.

rosaire /RozɛR/ *nm* rosary.

rosbif /Rɔsbif/ *nm* roast beef.

rose /Roz/ I *adj, nm* pink. II *nf* rose. ■ **~ des sables** gypsum flower; **~ des vents** compass rose.

rosé, **~e** /Roze/ I *adj* pinkish; [vin] rosé. II *nm* rosé.

roseau, *pl* **~x** /Rozo/ *nm* reed.

rosée /Roze/ *nf* dew.

rosier /Rozje/ *nm* rosebush, rose.

rosir /RoziR/ *vi* to turn pink.

rosser[☺] /Rɔse/ *vtr* (animal) to beat; (équipe) to thrash[☺].

rossignol /Rɔsiɲɔl/ *nm* nightingale.

rot /Ro/ *nm* belch.

roter[☺] /Rɔte/ *vtr* to burp[☺], to belch.

rôti, **~e** /Rɔti/ *nm* joint; (cuit) roast.

rotin /Rɔtɛ̃/ *nm* rattan.

rôtir /RɔtiR/ *vtr, vi*to roast.

rôtissoire /RɔtiswaR/ *nf* roasting spit.

rotule /Rɔtyl/ *nf* kneecap.

rouage /Rwaʒ/ *nm* wheel; (d'administration) machinery ¢.

roucouler /Rukule/ *vi* to coo; [amoureux] to bill and coo.

roue /Ru/ *nf* wheel.

rouer /Rwe/ *vtr* ~ **qn de coups** to beat sb up.

rouge /Ruʒ/ I *adj* red. II *nm* red; (à joues) blusher, rouge; (à lèvres) lipstick; (signal) red light; **un coup de ~**[☺] a glass of red wine.

rouge-gorge, *pl* **rouges-gorges** /Ruʒgɔrʒ/ *nm* robin.

rougeole /Ruʒɔl/ *nf* measles (*sg*).

rouget /Ruʒɛ/ *nm* red mullet.

rougeur /RuʒœR/ *nf* redness; (tache) red blotch.

rougir /RuʒiR/ *vi* to blush (with); [peau, visage] to go red; [fruit] to turn red.

rouille /Ruj/ *nf* rust.

rouiller /ʀuje/ I *vi* to rust, to go rusty. II **se ~** *vpr* [muscle] to lose tone; [mémoire] to get rusty.

roulant, **~e** /ʀulɑ̃, ɑ̃t/ *adj* rolling; **table ~e** trolley^GB.

rouleau, *pl* **~x** /ʀulo/ *nm* roll; (vague) breaker, roller; (bigoudi) roller, curler; (pour peindre) roller. ■ **~ compresseur** steam-roller; **~ à pâtisserie** rolling pin; **~ de printemps** spring roll.

roulement /ʀulmɑ̃/ *nm* rumble; (de tambour) roll; (alternance) rotation.

rouler /ʀule/ I *vtr* to roll; (tapis, manche) to roll up; (boulette, cigarette) to roll; ~☺ **qn** to cheat sb. II *vi* to roll; [véhicule] to go, to run; [conducteur] to drive; [tonnerre] to rumble. III **se ~** *vpr* to roll; **se ~ en boule** to curl up in a ball; **se ~ dans qch** to wrap oneself in sth.

roulette /ʀulɛt/ *nf* caster; (jeu) roulette; (de dentiste) drill.

roulis /ʀuli/ *nm* rolling.

roulotte /ʀulɔt/ *nf* caravan^GB, trailer^US.

rouspéter☺ /ʀuspete/ *vi* ~ **(contre)** to grumble (about).

rousse ▶ **roux**.

rousseur /ʀusœʀ/ *nf* **tache de ~** freckle.

routard☺, **~e** /ʀutaʀ, aʀd/ *nm,f* back-packer.

route /ʀut/ I *nf* road; (d'avion) route; (voyage) journey; (en voiture) drive; (trajectoire) path. II **en ~** *loc adj, loc adv* [personne] on one's way; [projet] underway; **se mettre en ~** to set off; **en ~!** let's go!; **en (cours de) ~** [s'arrêter] on the way, halfway. ■ **~ nationale, RN** A road^GB, highway^US.
• **faire fausse ~** to be wrong.

routier, **~ière** /ʀutje, jɛʀ/ I *adj* road. II *nm* lorry driver^GB, truck driver; (restaurant) transport café^GB, truck stop^US.

routine /ʀutin/ *nf* routine.

rouvrir /ʀuvʀiʀ/ *vtr, vi, vpr* to pen again, to reopen.

roux, **rousse** /ʀu, ʀus/ I *adj* red; [personne] red-haired. II *nm,f* red-haired person, redhead.

royal, **~e**, *mpl* **~aux** /ʀwajal, o/ *adj* royal; [paix] blissful.

royaliste /ʀwajalist/ *adj, nmf* royalist.

royaume /ʀwajom/ *nm* kingdom.

royauté /ʀwajote/ *nf* kingship; (régime) monarchy.

RSVP (*abrév écrite* = **répondez s'il vous plaît**) RSVP.

ruban /ʀybɑ̃/ *nm* ribbon.

rubéole /ʀybeɔl/ *nf* German measles (*sg*).

rubis /ʀybi/ *nm* ruby; (de montre) jewel.

rubrique /ʀybʀik/ *nf* section, category; (de journal) column.

ruche /ʀyʃ/ *nf* beehive, hive.

rude /ʀyd/ *adj* hard, tough; [barbe, peau] rough; [voix] harsh; [adversaire] tough.

rudement /ʀydmɑ̃/ *adv* roughly, harshly; (très)☺ really; **c'est ~ mieux!** it's much better!

rudesse /ʀydɛs/ *nf* harshness.

rudiments /ʀydimɑ̃/ *nmpl* rudiments.

rudimentaire /ʀydimɑ̃tɛʀ/ *adj* basic.

rue /ʀy/ *nf* street.

ruée /ʀɥe/ *nf* rush.

ruelle /ʀɥɛl/ *nf* alleyway, back street.

ruer /ʀɥe/ I *vi* to kick. II **se ~** *vpr* to rush; **se ~ sur** to pounce on.

rugby /ʀygbi/ *nm* rugby; **~ à treize** rugby league; **~ à quinze** rugby union.

rugbyman, *pl* **rugbymen** /ʀygbiman, mɛn/ *nm* rugby player.

rugir /ʀyʒiʀ/ *vi* to roar; [vent] to howl.

rugissement /ʀyʒismɑ̃/ *nm* roar; (de vent) howling.

rugueux, **~euse** /ʀygø, øz/ *adj* rough.

ruine /ʀɥin/ *nf* ruin.

ruiner /ʀɥine/ I *vtr* to ruin; (santé) to wreck. II **se ~** *vpr* to ruin oneself.

ruineux, **~euse** /ʀɥinø, øz/ *adj* exorbitant.

ruisseau, *pl* **~x** /ʀɥiso/ *nm* stream, brook.

ruisseler /ʀɥisle/ *vi* to stream; [graisse] to drip.

rumeur /ʀymœʀ/ *nf* rumour[GB].

ruminant /ʀyminɑ̃/ *nm* ruminant.

ruminer /ʀymine/ *vtr* to ruminate; (malheur)☺ to brood on; (idée, projet) to chew over☺.

rupture /ʀyptyʀ/ *nf* breaking-off; (de couple) break-up; (de barrage) breaking; (de muscle) rupture; (d'organe) failure. ▪ **~ de contrat** breach of contract; **~ de stock** stock shortage.

rural, **~e**, *mpl* **~aux** /ʀyʀal, o/ *adj* rural; [chemin, vie] country.

ruse /ʀyz/ *nf* trick, ruse.

rusé, **~e** /ʀyze/ *adj* cunning, crafty.

rustique /ʀystik/ *adj* rustic.

rustre /ʀystʀ/ *nm* out.

rythme /ʀitm/ *nm* rhythm; (d'accroissement) rate; (de vie) pace.

S

s' ▸ **se**; ▸ **si**[1].

sa ▸ **son**[1].

sabbat /saba/ *nm* RELIG Sabbath.

sable /sɑbl/ *nm* sand. ▪ **~s mouvants** quicksands.

sablé /sable/ *nm* shortbread biscuit[GB], cookie[US].

sablier /sablije/ *nm* hourglass; CULIN egg timer.

sabord /sabɔʀ/ *nm* scuttle.

saborder /sabɔʀde/ *vtr* to scuttle.

sabot /sabo/ *nm* clog; (d'animal) hoof. ▪ **~ de Denver®** wheel clamp.

sabotage /sabɔtaʒ/ *nm* sabotage; (action) (act of) sabotage.

saboter /sabɔte/ *vtr* to sabotage; (travail)☺ to botch☺.

sabre /sɑbʀ/ *nm* sabre[GB].

sac /sak/ *nm* bag; (grossier, en toile) sack; **mettre à ~** (ville) to sack; (maison) to ransack. ▪ **~ de couchage** sleeping bag; **~ à dos** rucksack, backpack; **~ à main** handbag, purse[US]; **~ à provisions** shopping bag, carryall[US].

saccade /sakad/ *nf* jerk.

saccadé, **~e** /sakade/ *adj* jerky.

saccager /sakaʒe/ *vtr* (site) to wreck; (bâtiment) to vandalize.

SACEM /sasɛm/ *nf* (*abrév* = **Société des auteurs, compositeurs et éditeurs de musique**) *association of composers and music publishers to protect copyright and royalties.*

sachet /saʃɛ/ *nm* packet; (d'aromates) sachet; (de bonbons, thé) bag.

sacoche /sakɔʃ/ *nf* bag; (de vélo, moto) pannier[GB], saddlebag[US]; (avec bretelles) satchel.

sacquer☺ /sake/ *vtr* to sack☺.

sacre /sakʀ/ *nm* coronation; (d'évêque) consecration.

sacré, **~e** /sakʀe/ *adj* [art, droit, lieu] sacred; **un ~**☺ **menteur** a hell of a liar☺.

sacrement /sakʀəmɑ̃/ *nm* sacrament.

sacrément☺ /sakʀemɑ̃/ *adv* incredibly.

sacrer /sakʀe/ *vtr* to crown; (évêque) to consecrate.

sacrifice /sakʀifis/ *nm* sacrifice.

sacrifier /sakʀifje/ I *vtr* to sacrifice. II **se ~** *vpr* to sacrifice oneself (for sb).

sacristain /sakʀistɛ̃/ *nm* sexton.

sacristie /sakʀisti/ *nf* sacristy; (de temple protestant) vestry.

sadique /sadik/ I *adj* sadistic. II *nmf* sadist.

safari /safaʀi/ *nm* safari.

safran /safʀɑ̃/ *nm* saffron.

sage /saʒ/ I *adj* wise, sensible; [enfant] good. II *nm* wise man.

sage-femme, *pl* **sages-femmes** /saʒfam/ *nf* midwife.

sagement /saʒmɑ̃/ *adv* wisely; (docilement) quietly.

sagesse /saʒɛs/ *nf* wisdom.

Sagittaire /saʒitɛʀ/ *nprm* Sagittarius.

saignant, **~e** /sɛɲɑ̃, ɑ̃t/ *adj* rare.

saignement /sɛɲ(ə)mɑ̃/ *nm* bleeding ¢.

saigner /seɲe/ *vi* to bleed; **~ du nez** to have a nosebleed.

saillant, **~e** /sajɑ̃, ɑ̃t/ *adj* prominent; [angle, fait] salient.

saillie /saji/ *nf* projection; (pointe d'esprit) sally.

sain, **~e** /sɛ̃, sɛn/ *adj* [personne, vie] healthy; [affaire] sound; (d'esprit) sane; **~ et sauf** safe and sound.

saindoux /sɛ̃du/ *nm* lard.

saint, **~e** /sɛ̃, sɛ̃t/ I *adj* holy; **vendredi ~** Good Friday; **~ Paul** Saint Paul; (vertueux) good, godly. II *nm,f* saint. ▪ **~e nitouche** goody-goody☺.

Saint-Cyr /sɛ̃siʀ/ *nprm*: *French military academy*.

Saint-Esprit /sɛ̃tɛspʀi/ *nprm* Holy Spirit.

saint-glinglin☺: **à la ~** /alasɛ̃glɛ̃glɛ̃/ *loc adv* **jusqu'à la ~** till the cows come home☺.

Saint-Jacques /sɛ̃ʒak/ *nf* **coquille ~** scallop.

Saint-Jean /sɛ̃ʒɑ̃/ *nf* Midsummer Day.

Saint-Sylvestre /sɛ̃silvɛstʀ/ *nf* **la ~** New Year's Eve.

Saint-Valentin /sɛ̃valɑ̃tɛ̃/ *nf* (St) Valentine's Day.

saisie /sezi/ *nf* seizure; **~ de données** data capture.

saisir /seziʀ/ I *vtr* (bras) to grab; (occasion) to seize; (conversation) to catch; (drogue, biens) to seize; ORDINAT (données) to capture; (texte) to keyboard. II **se ~ de** *vpr* to catch.

saisissant, **~e** /sezisɑ̃, ɑ̃t/ *adj* striking.

saison /sɛzɔ̃/ *nf* season; **la haute/morte ~** the high/slack season.

saisonnier, **~ière** /sɛzɔnje, jɛʀ/ *adj* seasonal.

salade /salad/ *nf* salad.
• **raconter des ~s**☺ to spin yarns☺.

saladier /saladje/ *nm* salad bowl.

salaire /salɛʀ/ *nm* salary; (à l'heure, etc) wage. ▪ **~ minimum interprofessionnel de croissance, SMIC** guaranteed minimum wage.

salarié, **~e** /salaʀje/ *nm,f* wage earner; (employé) salaried employee.

salaud® /salo/ *nm* bastard®.

sale /sal/ *adj* dirty; [menteur, tour]® dirty; [bête, affaire] nasty.

salé, **~e** /sale/ *adj* [beurre, eau, plat] salted; [mets, amuse-gueule] savoury[GB]; [poisson, viande] salt (*épith*); [propos] spicy; [note] exorbitant.

saler /sale/ *vtr* to salt; (route) to grit[GB], to salt[US].

saleté /salte/ *nf* dirtiness; (crasse) dirt; (aliment) junk food ¢; (personne)® bitch®; ~® **d'ordinateur!** damn computer®!

salière /saljɛʀ/ *nf* saltcellar, saltshaker[US].

salir /saliʀ/ I *vtr* to dirty; (mémoire) to sully. II **se ~** *vpr* to get dirty.

salissant, **~e** /salisɑ̃, ɑ̃t/ *adj* [travail] dirty.

salive /saliv/ *nf* saliva.

salle /sal/ *nf* room; (de palais, etc) hall. ■ **~ d'attente** waiting room; **~ de bains** bathroom; **~ de classe** classroom; **~ de concert** concert hall; **~ d'embarquement** departure lounge; **~ à manger/de séjour** dining/living room; **~ d'opération** operating theatre[GB], room[US].

salon /salɔ̃/ *nm* lounge[GB], living room; (professionnel) (trade) show; (grand public) fair; (artistique) exhibition. ■ **~ de beauté/coiffure** beauty/hairdressing salon; **~ de thé** tearoom.

saloperie® /salɔpʀi/ *nf* muck®; (objet) junk® ¢; (procédé) dirty trick.

salopette /salɔpɛt/ *nf* dungarees[GB] (*pl*), overalls[US] (*pl*).

salubre /salybʀ/ *adj* healthy.

saluer /salɥe/ *vtr* ~ **qn** to greet sb; (de la main) to wave (at); (de la tête) to nod (to); **saluez-la de ma part** say hello to her from me; (héros) to salute.

salut /saly/ *nm* greeting; (de la main) wave; (de la tête) nod; (bonjour)® hello!, hi®!; (au revoir) bye®!; (secours) salvation.

salutaire /salytɛʀ/ *adj* salutary, beneficial.

salutation /salytasjɔ̃/ *nf* greeting; **sincères ~s** yours sincerely, yours faithfully.

salve /salv/ *nf* salvo; (d'applaudissements) burst.

samedi /samdi/ *nm* Saturday.

SAMU /samy/ *nm* (*abrév* = **Service d'assistance médicale d'urgence**) mobile accident unit[GB], emergency medical service[US].

sanction /sɑ̃ksjɔ̃/ *nf* penalty, sanction; SCOL punishment.

sanctionner /sɑ̃ksjɔne/ *vtr* to punish.

sanctuaire /sɑ̃ktɥɛʀ/ *nm* shrine.

sandale /sɑ̃dal/ *nf* sandal.

sandow® /sɑ̃do/ *nm* luggage elastic.

sandwich, *pl* **~s** ou **~es** /sɑ̃dwitʃ/ *nm* sandwich.

sang /sɑ̃/ *nm* blood.
• **se faire du mauvais ~**® to worry.

sang-froid /sɑ̃fʀwa/ *nm inv* composure; **perdre son** ~ to lose one's composure; **garde ton ~!** keep calm!; **faire qch de** ~ to do sth in cold blood.

sanglant, **~e** /sɑ̃glɑ̃, ɑ̃t/ *adj* bloody.

sangle /sɑ̃gl/ *nf* strap.

sanglier /sɑ̃glije/ *nm* wild boar.

sanglot /sɑ̃glo/ *nm* sob.

sangloter /sɑ̃glɔte/ *vi* to sob.

sangsue /sɑ̃sy/ *nf* leech.

sanguin, **~e** /sɑ̃gɛ̃, in/ *adj* [examen] blood; [visage] ruddy.

sanguinaire /sɑ̃ginɛʀ/ *adj* [régime] bloody; [personne] bloodthirsty.

sanguine /sɑ̃gin/ *nf* blood orange; (dessin) red-chalk drawing.

sanitaire /sanitɛʀ/ I *adj* [personnel] health; [conditions] sanitary. II **~s** *nmpl* bathroom (*sg*).

sans /sɑ̃/ I *adv* without; **faire** ~ to do without. II *prép* without; **chocolat ~ sucre** sugar-free chocolate; ~ **cela** otherwise; ~ **plus tarder** without further delay; ~ **les**

taxes not including taxes. III **~ que** *loc conj* without. ■ **~ domicile fixe, SDF** *adj* homeless; *nmf* homeless person; **les SDF** the homeless.

sans-abri /sɑ̃zabʀi/ *nmf inv* **un ~** a homeless person; **les ~** the homeless.

sans-emploi /sɑ̃zɑ̃plwa/ *nmf inv* unemployed person; **les ~** the unemployed.

sans-gêne /sɑ̃ʒɛn/ I *adj inv* cheeky (*épith*). II *nmf inv* bad-mannered person.

santé /sɑ̃te/ *nf* health; **à votre ~!** cheers!

saoul, ~e ▸ **soûl**.

sape /sap/ *nf* **le travail de ~** sabotage; (vêtement)☺ **~s** clothes.

saper /sape/ *vtr* to undermine.

sapeur-pompier, *pl* **sapeurs-pompiers** /sapœʀpɔ̃pje/ *nm* fireman.

sapin /sapɛ̃/ *nm* fir tree; (bois) deal.

saquer☺ ▸ **sacquer**.

sarbacane /saʀbakan/ *nf* blowpipe.

sarcasme /saʀkasm/ *nm* sarcasm.

sardine /saʀdin/ *nf* sardine.

sarrasin /saʀazɛ̃/ *nm* buckwheat.

sas /sɑs/ *nm* airlock; (d'écluse) lock.

satané☺, **~e** /satane/ *adj* damned☺.

satellite /satelit/ *nm* satellite.

satiété /sasjete/ I *nf* satiation, satiety. II **à ~** *loc adv* **manger à ~** to eat one's fill.

satin /satɛ̃/ *nm* satin.

satire /satiʀ/ *nf* satire.

satisfaction /satisfaksjɔ̃/ *nf* satisfaction ¢.

satisfaire /satisfɛʀ/ I *vtr* (personne, curiosité) to satisfy; (client) to please; (aspiration, exigence) to fulfil^GB^. II **~ à** *vtr ind* to fulfil^GB^; (norme) to meet. III **se ~ de** *vpr* to be satisfied with.

satisfaisant, ~e /satisfəzɑ̃, ɑ̃t/ *adj* satisfactory.

satisfait, ~e /satisfɛ, ɛt/ *adj* satisfied.

saturé, ~e /satyʀe/ *adj* **~ (de)** saturated (with); [équipement] overloaded.

saturer /satyʀe/ *vtr* **~ (de)** to saturate (with).

satyre /satiʀ/ *nm* satyr; FIG lecher.

sauce /sos/ *nf* sauce.

saucer /sose/ *vtr* *to wipe a dish with a piece of bread.*

saucière /sosjɛʀ/ *nf* sauceboat.

saucisse /sosis/ *nf* sausage.

saucisson /sosisɔ̃/ *nm* (slicing) sausage.

sauf[1] /sof/ I *prép* except; **~ avis contraire** unless otherwise stated; **~ erreur de ma part** if I'm not mistaken. II **~ que** *loc conj* except that. III **~ si** *loc conj* unless.

sauf[2], **sauve** /sof, sov/ *adj* safe; [honneur] intact.

sauge /soʒ/ *nf* sage.

saugrenu, ~e /sogʀəny/ *adj* [idée] silly; [proposition] harebrained.

saule /sol/ *nm* willow; **~ pleureur** weeping willow.

saumon /somɔ̃/ I *adj inv* salmon (pink). II *nm* salmon.

saupoudrer /sopudʀe/ *vtr* **~ (de)** to sprinkle (with).

saut /so/ *nm* jump; (sport) jumping; **faire un ~ chez qn** to pop in and see sb; ORDINAT **~ de page** page break. ■ **~ à la corde** skipping.

saute /sot/ *nf* **~ d'humeur** mood swing.

saute-mouton /sotmutɔ̃/ *nm inv* leapfrog.

sauter /sote/ I *vtr* to jump (over); (repas) to skip; (mot, ligne) to miss; (classe) to skip. II *vi* to jump; **~ du lit** to jump out of bed; (à la corde) to skip; **~ sur qn** to pounce on sb; **faire ~ une réunion** to cancel a meeting; [bombe] to blow up; **faire ~ une crêpe** to toss a pancake.

● **~ aux yeux** to be blindingly obvious.

sauterelle /sotʀɛl/ *nf* grasshopper.

sautiller /sotije/ *vi* to hop around; [enfant] to skip about.

sauvage /sovaʒ/ I *adj* wild; [tribu] primitive; [mœurs] savage; (illégal) illegal. II *nmf* savage; (timide) loner.

sauvagement /sovaʒmɑ̃/ *adv* savagely.

sauve ▸ **sauf**[2].

sauvegarde /sovgaʀd/ *nf* protection; ORDINAT **copie de** ~ back-up copy.

sauvegarder /sovgaʀde/ *vtr* to safeguard; ORDINAT to save; (recopier) to back [sth] up.

sauve-qui-peut /sovkipø/ *nm inv* stampede.

sauver /sove/ I *vtr* to save; (secourir) to rescue. II **se** ~ *vpr* **se** ~ **(de)** to escape (from); (parents) to run away (from); (s'en aller)☺ to rush off.

• **sauve qui peut!** run for your life!

sauvetage /sovtaʒ/ *nm* rescue.

sauveteur /sovtœʀ/ *nm* rescuer.

sauvette: **à la** ~ /alasovɛt/ *loc adv* in a rush, hastily; (à la dérobée) on the sly.

sauveur /sovœʀ/ *nm* saviour[GB].

savane /savan/ *nf* savannah.

savant, **~e** /savɑ̃, ɑ̃t/ I *adj* learned, erudite. II *nm,f* scholar. III *nm* scientist.

saveur /savœʀ/ *nf* flavour[GB].

savoir[1] /savwaʀ/ I *vtr* to know; **sans le** ~ without knowing (it); **je ne sais qui** somebody or other. II *v aux* ~ **faire** to be able to do, to know how to do; ~ **comment faire** to know how to do; **je sais conduire/nager** I can drive/swim; **il ne sait pas dire non** he can't say no. III **à** ~ *loc adv* that is to say.

savoir[2] /savwaʀ/ *nm* learning.

savoir-faire /savwaʀfɛʀ/ *nm inv* know-how☺.

savoir-vivre /savwaʀvivʀ/ *nm inv* manners (*pl*).

savon /savɔ̃/ *nm* soap.

• **passer un** ~ **à qn**☺ to give sb a telling-off.

savonner /savɔne/ *vtr* to wash with soap; (enfant) to soap [sb] all over.

savonnette /savɔnɛt/ *nf* cake of soap.

savourer /savuʀe/ *vtr* to savour[GB].

savoureux, **~euse** /savuʀø, øz/ *adj* tasty.

saxophone /saksɔfɔn/ *nm* saxophone.

scandale /skɑ̃dal/ *nm* scandal; **la presse à** ~ the gutter press; **c'est un** ~**!** it's outrageous!

scandaleux, **~euse** /skɑ̃dalø, øz/ *adj* outrageous.

scandaliser /skɑ̃dalize/ I *vtr* to shock. II **se** ~ *vpr* **se** ~ **(de)** to be shocked (by).

scander /skɑ̃de/ *vtr* (poème) to scan; (slogan) to chant.

scaphandre /skafɑ̃dʀ/ *nm* deep-sea diving suit; (d'astronaute) spacesuit.

scaphandrier /skafɑ̃dʀije/ *nm* deep-sea diver.

scarabée /skaʀabe/ *nm* beetle.

sceau, *pl* **~x** /so/ *nm* seal.

scélérat, **~e** /seleʀa, at/ *nm,f* villain.

scellé /sele/ *nm* seal.

sceller /sele/ *vtr* to seal; (fixer) to fix [sth] securely.

scénario /senaʀjo/ *nm* scenario.

scénariste /senaʀist/ *nmf* scriptwriter.

scène /sɛn/ *nf* (au théâtre) stage; (subdivision, action) scene; (esclandre) ~ **de ménage** domestic dispute.

sceptique /sɛptik/ I *adj* sceptical[GB], skeptical[US]. II *nmf* sceptic[GB], skeptic[US].

schéma /ʃema/ *nm* diagram.

schématique /ʃematik/ *adj* diagrammatic; (sommaire) sketchy.

scie /si/ *nf* saw.

sciemment /sjamɑ̃/ *adv* knowingly.

science /sjɑ̃s/ *nf* science. ▪ **~s économiques** economics (+ *v sg*); **~s naturelles** natural sciences; **~s politiques** political science (*sg*); **~s de la Terre** Earth sciences; **Sciences Po**☺ *Institute of Political Science.*

science-fiction /sjɑ̃sfiksjɔ̃/ *nf* science fiction.

scientifique /sjɑ̃tifik/ I *adj* scientific. II *nmf* scientist.

scier /sje/ *vtr* to saw; (abasourdir)☺ to stun.

scierie /siʀi/ *nf* sawmill.

scinder /sɛ̃de/ *vtr*, *vpr* to split (up).

scintiller /sɛ̃tije/ *vi* to sparkle; [œil, étoile] to twinkle.

sciure /sjyʀ/ *nf* sawdust.

scolaire /skɔlɛʀ/ *adj* school; [réforme] educational; [échec] academic; **établissement ~** school.

scolarisation /skɔlaʀizasjɔ̃/ *nf* schooling, education.

scolarité /skɔlaʀite/ *nf* schooling; **durant ma ~** when I was at school; **la ~ obligatoire** compulsory education.

scooter /skutɛʀ/ *nm* (motor) scooter.

scorpion /skɔʀpjɔ̃/ *nm* scorpion.

Scorpion /skɔʀpjɔ̃/ *nprm* Scorpio.

scotch, *pl* **~es** /skɔtʃ/ *nm* Scotch (whisky); (ruban adhésif)® Sellotape®GB, Scotch® tapeUS.

scout, **~e** /skut/ I *adj* scout. II *nm,f* boy scout/girl scout.

script /skʀipt/ *nm* **écrire en ~** to print; (d'émission, de film) script.

scripte /skʀipt/*nmf* continuity man/girl.

scrupule /skʀypyl/ *nm* scruple.

scrupuleux, **~euse** /skʀypylø, øz/ *adj* scrupulous.

scruter /skʀyte/ *vtr* to scan.

scrutin /skʀytɛ̃/ *nm* ballot; (élections) polls (*pl*); **mode de ~** electoral system.

sculpter /skylte/ *vtr* to sculpt, to carve.

sculpteur /skyltœʀ/ *nm* sculptor.

sculpture /skyltyʀ/ *nf* sculpture.

SDF /ɛsdeɛf/ *nmf* (*abrév* = **sans domicile fixe**) homeless person.

se (**s'** *devant voyelle ou h muet*) /sə, s/ *pron pers* **l'écart ~ creuse** the gap is widening; (verbe à valeur passive) **~ vend sans ordonnance** available over the counter; (avec un verbe impersonnel) **comment ~ fait-il que...?** how come...?, how is it that...?

séance /seɑ̃s/ *nf* session; (de comité) meeting; **~ tenante** immediately; (de cinéma) show.

seau, *pl* **~x** /so/ *nm* bucket, pail.

sec, **sèche** /sɛk, sɛʃ/ I *adj* dry; [fruit] dried; [communiqué] terse; [ton] curt; [bruit] sharp; (sans eau) straight. II *adv* **se briser ~** to snap; [pleuvoir, boire]☺ a lot.
• **être à ~**☺ to be broke☺.

SECAM /sekam/ *nm* (*abrév* = **séquentiel à mémoire**) SECAM; **système ~** SECAM standard.

sécateur /sekatœʀ/ *nm* clippers (*pl*).

sèche ▸ **sec**.

sèche-cheveux /sɛʃʃəvø/ *nm inv* hairdrierGB, blow-dryer.

sèche-linge /sɛʃlɛ̃ʒ/ *nm inv* tumble-drierGB, tumble-dryer.

sécher /seʃe/ I *vtr* to dry; ~☺ **un cours** to skip a class. II *vi* to dry; **fleur/viande/boue séchée** dried flower/meat/mud; (ne pas savoir répondre)~ to dry up.

sécheresse /seʃʀɛs/ *nf* drought; (de climat) dryness ¢; (de personne) curt manner.

séchoir /seʃwaʀ/ *nm* clothes horse; (machine) tumble-drierGB, tumble-dryer.

second, **~e** /səgɔ̃, ɔ̃d/ I *adj* second; **chapitre ~** chapter two; **en ~ lieu** secondly; **au ~ degré** not literally; **de ~ ordre** second-rate; **de ~ plan** minor.

II *nm,f* **le** ~, **la** ~**e** the second one. III *nm* second floor[GB], third floor[US].

secondaire /səgɔ̃dɛʀ/ I *adj* minor. II *nm* secondary school.

seconde /səgɔ̃d/ *nf* second; **en une fraction de** ~ in a split second; SCOL (classe) *fifth year of secondary school, age 15-16*; (en train, etc) second class; (vitesse) second gear.

seconder /səgɔ̃de/ *vtr* to assist.

secouer /səkwe/ I *vtr* to shake. II **se** ~ *vpr* to wake up, to get moving[☺].

secourir /səkuʀiʀ/ *vtr* to help; (marin) to rescue; (accidenté) to give first aid to.

secouriste /səkuʀist/ *nmf* first-aid worker.

secours /səkuʀ/ I *nm* help; **au** ~**!** help!; **de** ~ (roue) spare; (sortie) emergency; (trousse) first-aid; (équipe) rescue. II *nmpl* rescuers, rescue team (*sg*); (vivres, médicaments) relief supplies; ~ **humanitaires** humanitarian aid ¢; **premiers** ~ first aid ¢.

secousse /səkus/ *nf* jolt; (en voiture, avion) bump; ~ **(sismique)** (earth) tremor.

secret, **~ète** /səkʀɛ, ɛt/ I *adj* GÉN secret; [personne] secretive. II *nm* secret.

secrétaire /səkʀetɛʀ/ *nmf*, *nm* secretary. ▪ ~ **de direction** personal assistant; ~ **d'État** junior minister.

secrétariat /səkʀetaʀja/ *nm* secretarial work; (lieu) secretariat.

secte /sɛkt/ *nf* sect.

secteur /sɛktœʀ/ *nm* sector, industry; (territoire) area, territory; **dans le** ~[☺] in the neighbourhood[GB]; (électrique) the mains (*pl*); **panne de** ~ power failure.

section /sɛksjɔ̃/ *nf* section.

sécurité /sekyʀite/ *nf* security; (objective) safety; **en** ~ (psychologiquement) secure; (physiquement) safe. ▪ ~ **routière** road safety; ~ **sociale** *French national health and pensions organization*.

sédentaire /sedɑ̃tɛʀ/ *adj* sedentary.

séducteur, **~trice** /sedyktœʀ, tʀis/ I *adj* seductive. II *nm,f* charmer.

séduction /sedyksjɔ̃/ *nf* seduction; (charme naturel) charm.

séduire /sedɥiʀ/ *vtr* to charm.

séduisant, **~e** /sedɥizɑ̃, ɑ̃t/ *adj* attractive; [projet, idée] appealing.

ségrégation /segʀegasjɔ̃/ *nf* segregation.

seiche /sɛʃ/ *nf* cuttlefish.

seigle /sɛgl/ *nm* rye.

seigneur /sɛɲœʀ/ *nm* lord.

Seigneur /sɛɲœʀ/ I *nm* Lord. II *excl* Good Lord!

sein /sɛ̃/ I *nm* breast; **les ~s nus** to be topless; **nourrir au** ~ to breast-feed. II **au** ~ **de** *loc prép* within.

séisme /seism/ *nm* earthquake.

seize /sɛz/ *adj inv*, *pron* sixteen.

seizième /sɛzjɛm/ *adj* sixteenth.

séjour /seʒuʀ/ *nm* stay; ~ **linguistique** language-study period; (pièce) living room.

séjourner /seʒuʀne/ *vi* to stay.

sel /sɛl/ *nm* salt.

sélectif, **~ive** /selɛktif, iv/ *adj* selective.

sélection /selɛksjɔ̃/ *nf* selection; (équipe) team.

sélectionner /selɛksjɔne/ *vtr* to select; ORDINAT to highlight.

selle /sɛl/ I *nf* saddle. II **~s** *nfpl* MÉD stools.

seller /sele/ *vtr* to saddle.

sellette /selɛt/ *nf* **sur la** ~ in the hot seat.

selon /səlɔ̃/ I *prép* according to; (heure, etc) depending on. II ~ **que** *loc conj* depending on whether.

semaine /səmɛn/ *nf* week.

sémantique /semɑ̃tik/ *nf* semantics (+ *v sg*).

semblable /sɑ̃blabl/ I *adj* similar; (identique) identical; (tel) such. II *nmf* fellow creature.

semblant /sɑ̃blɑ̃/ *nm* **faire ~ d'être...** to pretend to be...; **il fait ~** he's only pretending; **un ~ de qch** a semblance of sth.

sembler /sɑ̃ble/ I *vi* to seem; **tout semble possible** it seems anything is possible. II *v impers* **il semble que** it would seem that; **il me semble que...** I think I...

semelle /səmɛl/ *nf* sole.

semence /səmɑ̃s/ *nf* seed.

semer /səme/ *vtr* to sow; **semé de fautes** riddled with errors; (confusion) to spread; (poursuivant)☺ to shake off.

semestre /səmɛstʀ/ *nm* half-year; (universitaire) semester.

semestriel, **~ielle** /səmɛstʀijel/ *adj* biannual, half-yearly.

semeur, **~euse** /səmœʀ, øz/ *nm,f* sower; **~ de troubles** troublemaker.

séminaire /seminɛʀ/ *nm* seminar; (institution) seminary.

semi-remorque, *pl* **~s** /səmiʀəmɔʀk/ *nm* articulated lorry[GB], tractor-trailer[US].

semis /səmi/ *nm* (jeune plant) seedling; (terrain) seedbed.

semonce /səmɔ̃s/ *nf* reprimand; **coup de ~** warning shot.

semoule /səmul/ *nf* semolina.

sénat /sena/ *nm* senate.

sénateur /senatœʀ/ *nm* senator.

sénile /senil/ *adj* senile.

sens /sɑ̃s/ *nm* direction, way; **~ dessus dessous** upside down; (très troublé) very upset; (signification) meaning; **les cinq ~** the five senses; **avoir le ~ pratique** to be practical. ■ **~ interdit/unique** one-way street.

• **tomber sous le ~** to be patently obvious.

sensation /sɑ̃sasjɔ̃/ *nf* feeling; **on a la ~ de flotter** you feel as if you're floating; **aimer les ~s fortes** to like one's thrills; **la décision a fait ~** the decision caused a sensation; **presse à ~** gutter press.

sensationnel, **~elle** /sɑ̃sasjɔnɛl/ *adj* sensational.

sensé, **~e** /sɑ̃se/ *adj* sensible.

sensibiliser /sɑ̃sibilize/ *vtr* **~ le public à un problème** to increase public awareness of an issue.

sensibilité /sɑ̃sibilite/ *nf* sensibility; MÉD, PHOT sensitivity.

sensible /sɑ̃sibl/ *adj* sensitive; [hausse] appreciable.

sensiblement /sɑ̃sibləmɑ̃/ *adv* [augmenter] noticeably; [différent] perceptibly; [pareil] roughly.

sentence /sɑ̃tɑ̃s/ *nf* sentence; (maxime) maxim.

sentencieux, **~ieuse** /sɑ̃tɑ̃sjø, jøz/ *adj* sententious.

senteur /sɑ̃tœʀ/ *nf* scent.

senti, **~e** /sɑ̃ti/ *adj* **bien ~** [remarques] well-chosen; [réponse] blunt.

sentier /sɑ̃tje/ *nm* path, track.

sentiment /sɑ̃timɑ̃/ *nm* feeling; **j'ai le ~ que...** I've got a feeling that...; **~s amicaux** best wishes; **veuillez croire à mes ~s les meilleurs** yours faithfully, yours sincerely.

sentimental, **~e**, *mpl* **~aux** /sɑ̃timɑ̃tal, o/ I *adj* sentimental; [vie] love. II *nm,f* sentimental person.

sentinelle /sɑ̃tinɛl/ *nf* sentry.

sentir /sɑ̃tiʀ/ I *vtr* to smell; (importance) to be conscious of; (beauté, force) to feel; (difficulté) to appreciate; (danger, désapprobation) to sense. II *vi* to smell. III **se ~** *vpr* **se ~ (mieux)** to feel (better); **ne plus se ~**☺ (de joie) to be overjoyed; [effet] to be felt.

• **je ne peux pas le ~**☺ I can't stand him.

séparation /sepaʀasjɔ̃/ *nf* separation; **mur de ~** dividing wall.

séparatiste /sepaʀatist/ *adj, nmf* separatist.

séparé, **~e** /sepaʀe/ *adj* separated, apart; **vivre ~s** to live apart; (distinct) separate.

séparément /sepaʀemɑ̃/ *adv* separately.

séparer /sepaʀe/ I *vtr* to separate; (problèmes) to distinguish between; **~ qch en deux** to divide sth in two; **tout les sépare** they are worlds apart. II **se ~** *vpr* [invités] to part, to leave each other; [conjoints, amants] to split up; [manifestants] to disperse, to split up; (objet personnel) to part with.

sept /sɛt/ *adj inv, pron, nm inv* seven.

septante /sɛptɑ̃t/ *adj inv, pron* B, H seventy.

septembre /sɛptɑ̃bʀ/ *nm* September.

septennat /sɛptena/ *nm* seven-year term (of office).

septentrional, **~e**, *mpl* **~aux** /sɛptɑ̃tʀijɔnal, o/ *adj* northern.

septième /sɛtjɛm/ *adj* seventh.

septuagénaire /sɛptɥaʒenɛʀ/ *nm,f* person in his/her seventies.

sépulture /sepyltyʀ/ *nf* burial.

séquelle /sekɛl/ *nf* after-effect.

séquence /sekɑ̃s/ *nf* sequence.

séquestrer /sekɛstʀe/ *vtr* (personne) to detain; (biens) to sequestrate.

serein, **~e** /səʀɛ̃, ɛn/ *adj* clear; [personne] serene.

sergent /sɛʀʒɑ̃/ *nm* sergeant.

série /seʀi/ *nf* series (+ *v sg*); **production en ~** mass production; **hors ~** special issue; (collection) set; **~ (télévisée)** series (+ *v sg*); SPORT division. ■ **~ noire**® thriller.

sérieusement /seʀjøzmɑ̃/ *adv* seriously.

sérieux, **~ieuse** /seʀjø, jøz/ I *adj* serious; (digne de confiance) reliable; [effort, besoin] real; [progrès] considerable. II *nm* seriousness; **se prendre au ~** to take oneself seriously.

serin /səʀɛ̃/ *nm* canary.

seringue /səʀɛ̃g/ *nf* syringe.

serment /sɛʀmɑ̃/ *nm* oath.

sermon /sɛʀmɔ̃/ *nm* sermon; **faire un ~ à qn** to give sb a lecture.

serpent /sɛʀpɑ̃/ *nm* snake; **~ à sonnette** rattlesnake; BIBLE serpent.

serpenter /sɛʀpɑ̃te/ *vi* to wind.

serpentin /sɛʀpɑ̃tɛ̃/ *nm* streamer.

serpillière /sɛʀpijɛʀ/ *nf* floorcloth[GB], mop[US].

serre /sɛʀ/ *nf* greenhouse; (de rapace) claw.

serré, **~e** /seʀe/ *adj* [budget, vis, jupe] tight; [écriture] small; [gestion] strict; [lutte] hard; [partie, match] close; [virage] sharp; [café] very strong.

serrer /seʀe/ I *vtr* to tighten; (livres, tables, objets) to push [sth] closer together; **~ qn/qch dans ses bras** to hug sb/sth; **~ la main de qn** to shake hands with sb; **~ les poings** to clench one's fists. II **se ~** *vpr* to squeeze up; **se ~ la main** to shake hands; **avoir le cœur qui se serre** to feel deeply upset.

serre-tête, *pl* **~s** /sɛʀtɛt/ *nm* hairband.

serrure /seʀyʀ/ *nf* lock.

serrurier /seʀyʀje/ *nm* locksmith.

sertir /sɛʀtiʀ/ *vtr* to set.

sérum /seʀɔm/ *nm* serum.

servante /sɛʀvɑ̃t/ *nf* maidservant.

serveur, **~euse** /sɛʀvœʀ, øz/ I *nm,f* waiter/waitress. II *nm* ORDINAT server.

serviable /sɛʀvjabl/ *adj* obliging.

service /sɛʀvis/ *nm* service; **rendre ~** to help; **~ de bus** bus service; **être de/en ~** to be on duty; (faveur) favour[GB]; **être au ~ de qn** to serve sb; **prendre qn à son ~** to take sb on; **à votre ~!** don't mention it!, not at all!; **12% pour le ~** 12% service charge; **faire le ~** to serve; **pharmacie de ~** duty chemist^GB; **en ~** [ascenseur] working; [autoroute] open; [bus] running; **hors ~** [ascenseur] out of order; (dans un hôpital) **~ des urgences** casualty department^GB, emergency room^US; **~ (militaire)** military service; (vaisselle) set; RELIG service.

serviette /sɛʀvjɛt/ *nf* (de toilette) towel; (de table) (table) napkin; (cartable) briefcase. ■ **~ hygiénique** sanitary towel.

serviette-éponge, *pl* **serviettes-éponges** /sɛʀvjɛtepɔ̃ʒ/ *nf* terry towel.

servile /sɛʀvil/ *adj* servile.

servir /sɛʀviʀ/ I *vtr* to serve; **~ qch à qn** to serve sb (with) sth. II **~ à** *vtr ind* **~ à qch** to be used for sth. III **~ de** *vtr ind* to act as. IV *vi* to serve; (aux cartes) to deal; (être utilisé) to be useful. V **se ~** *vpr* to help oneself; (dans un magasin) to serve oneself; **se ~ de qn/qch** to use sb/sth. VI *v impers* **cela ne sert à rien** it's useless; **il ne sert à rien de crier** there's no point in shouting.

serviteur /sɛʀvitœʀ/ *nm* servant.

ses ▸ **son**[1].

session /sesjɔ̃/ *nf* session.

seuil /sœj/ *nm* doorstep; FIG threshold; **au ~ de** (de carrière) at the beginning of.

seul, **~e** /sœl/ *adj* alone, on one's own; **~ à ~** in private; (sans aide) by oneself, on one's own; (unique) only one; **pour cette ~e raison** for this reason alone; (solitaire) lonely; (seulement) only; (seule personne) **le ~, la ~e** the only one.

seulement /sœlmɑ̃/ *adv* only.

sève /sɛv/ *nf* sap.

sévère /sevɛʀ/ *adj* [personne] strict, severe; [sélection] rigorous; [jugement] harsh.

sévérité /seveʀite/ *nf* harshness; (d'un régime) severity; (de personne) **être d'une grande ~** to be very strict.

sévir /seviʀ/ *vi* **~ (contre qn/qch)** to clamp down (on sb/sth); [guerre] to rage.

sevrer /səvʀe/ *vtr* to wean.

sexagénaire /sɛksaʒenɛʀ/ *nmf* person in his/her sixties.

sexe /sɛks/ *nm* sex.

sexiste /sɛksist/ *adj, nmf* sexist.

sexualité /sɛksɥalite/ *nf* sexuality.

sexuel, **~elle** /sɛksɥɛl/ *adj* sexual.

seyant, **~e** /sɛjɑ̃, ɑ̃t/ *adj* becoming.

SF /ɛsɛf/ *nf* (*abrév* = **science-fiction**) sci-fi©.

shampooing /ʃɑ̃pwɛ̃/ *nm* shampoo.

shérif /ʃeʀif/ *nm* sheriff.

short /ʃɔʀt/ *nm* shorts (*pl*).

si[1] /si/ I *adv* yes; **tu ne veux pas? – ~!** don't you want to? – yes, I do!; (intensif) so. II *conj* (**s'** *devant* **il** *ou* **ils**) if; **~ j'avais su!** if only I'd known!; **~ tu venais avec moi?** how about coming with me?; (complétive) if, whether; **je me demande s'il viendra** I wonder if/whether he'll come. III **si... que** *loc conj* so... that.

si[2] /si/ *nm inv* B; (en solfiant) ti.

sida /sida/ *nm* (*abrév* = **syndrome d'immunodéficience acquise**) Aids (+ *v sg*).

sidérer© /sideʀe/ *vtr* to stagger; **ça me sidère** I'm staggered.

sidérurgie /sideʀyʀʒi/ *nf* steel industry.

siècle /sjɛkl/ *nm* century; (époque) age; **vivre avec son ~** move with the times.

siège /sjɛʒ/ *nm* seat; (d'entreprise) **~ (social)** head office; (d'organisation) headquarters (*pl*); (de ville, forteresse) siege.

siéger /sjeʒe/ *vi* to sit.

sien, **sienne** /sjɛ̃, sjɛn/ I *adj poss* his/hers. II **le ~, la ~ne, les ~s, les ~nes** *pron poss* his/hers/its; **parmi les ~s** with one's family.

sieste /sjɛst/ *nf* nap; **faire la ~** to take a nap.

sifflement /sifləmɑ̃/ *nm* whistle.

siffler /sifle/ I *vtr* to whistle; (mauvais acteur) to hiss, to boo. II *vi* to whistle; [oiseau] to chirp; [serpent] to hiss.

sifflet /siflɛ/ *nm* whistle; (de désapprobation) hiss, boo.

sigle /sigl/ *nm* acronym.

signal, *pl* **~aux** /siɲal, o/ *nm* signal.

signalement /siɲalmɑ̃/ *nm* description.

signaler /siɲale/ I *vtr* ~ **qch à qn** to point sth out to sb; (faire savoir) to inform sb of sth; (rappeler) to remind. II **se ~** *vpr* **se ~ par qch** to distinguish oneself by sth.

signalisation /siɲalizasjɔ̃/ *nf* signalling[GB]; (réseau) signals (*pl*). ▪ **~ routière** roadsigns and markings (*pl*).

signataire /siɲatɛʀ/ *adj, nmf* signatory.

signature /siɲatyʀ/ *nf* signature.

signe /siɲ/ *nm* sign; ~ **distinctif/particulier** distinguishing feature; **c'était un ~ du destin** it was fate; **~s de ponctuation** punctuation marks; **marquer qch d'un ~** to put a mark against sth; **faire de grands ~s à qn** to gesticulate to sb; **faire ~ à qn de commencer** to motion sb to start.

signer /siɲe/ I *vtr* to sign. II **se ~** *vpr* to cross oneself.

significatif, **~ive** /siɲifikatif, iv/ *adj* significant.

signification /siɲifikasjɔ̃/ *nf* meaning.

signifier /siɲifje/ *vtr* to mean; ~ **qch à qn** to inform sb of sth.

silence /silɑ̃s/ *nm* silence; **passer qch sous ~** to say nothing about sth.

silencieux, **~ieuse** /silɑ̃sjø, jøz/ I *adj* silent; [moteur] quiet. II *nm* (de voiture) silencer[GB], muffler[US].

silex /silɛks/ *nm* flint.

silhouette /silwɛt/ *nf* silhouette; (dans le lointain) outline.

sillage /sijaʒ/ *nm* wake.

sillon /sijɔ̃/ *nm* furrow; (de disque) groove.

sillonner /sijɔne/ *vtr* (pays) to go up and down.

similaire /similɛʀ/ *adj* similar.

similitude /similityd/ *nf* similarity.

simple /sɛ̃pl/ I *adj* simple, plain; [glace, nœud] single. II *nm* SPORT singles (*pl*).

simplement /sɛ̃pləmɑ̃/ *adv* just; (mais) but; [se vêtir, vivre] simply.

simplicité /sɛ̃plisite/ *nf* simplicity; (de personne) lack of pretention; (de choses) simplicity; **en toute ~** informally. ▪ **~ d'esprit** simple-mindedness.

simplification /sɛ̃plifikasjɔ̃/ *nf* simplification.

simplifier /sɛ̃plifje/ I *vtr* to simplify. II **se ~** *vpr* **se ~ la vie** to make life easier for oneself.

simulacre /simylakʀ/ *nm* sham; ~ **de procès** mock trial.

simulateur, **~trice** /simylatœʀ, tʀis/ I *nm,f* shammer, faker. II *nm* simulator.

simulation /simylasjɔ̃/ *nf* simulation.

simuler /simyle/ *vtr* to simulate.

simultané, **~e** /simyltane/ *adj* simultaneous.

sincère /sɛ̃sɛʀ/ *adj* sincere; [ami] true.

sincèrement /sɛ̃sɛʀmɑ̃/ *adv* sincerely.

sincérité /sɛ̃seʀite/ *nf* sincerity.

singe /sɛ̃ʒ/ *nm* monkey; (sans queue) ape.

singulariser: **se ~** /sɛ̃gylaʀize/ *vpr* to call attention to oneself.

singulier, **~ière** /sɛ̃gylje, jɛʀ/ I *adj* peculiar; [combat] single combat. II *nm* LING singular.

singulièrement /sɛ̃gyljɛʀmɑ̃/ *adv* oddly; (beaucoup) radically.

sinistre /sinistʀ/ I *adj* sinister, ominous. II *nm* (incendie) blaze; (accident) accident.

sinistré, **~e** /sinistʀe/ I *adj* stricken (*épith*); [région] disaster. II *nm,f* disaster victim.

sinon /sinɔ̃/ I *conj* otherwise, or else; (à part) except, apart from; (pour ne pas dire) not to say; **difficile ~ impossible** it has become difficult if not impossible. II **~ que** *loc conj* except that.

sinus /sinys/ *nm* ANAT sinus; MATH sine.

sirène /siʀɛn/ *nf* siren; (de mythologie) mermaid.

sirop /siʀo/ *nm* syrup[GB], sirup[US]; (boisson) cordial.

siroter© /siʀɔte/ *vtr* to sip.

sis, **~e** /si, siz/ *adj* located.

site /sit/ *nm* site; **~ touristique** place of interest; **les ~s d'Égypte** Egypt's historic sites; **les merveilleux ~s de la Côte d'Azur** the splendours[GB] of the Côte d'Azur; **~ archéologique** archeological site; **~ classé** conservation area.

sitôt /sito/ I *adv* **~ après** immediately after; (peu de temps) soon after. II *conj* **~ que** as soon as.
• **~ dit, ~ fait** no sooner said than done.

situation /sitɥasjɔ̃/ *nf* situation; (emploi) job, position; (emplacement) location. ▪ **~ de famille** marital status; **~ militaire** *status as regards military service.*

situer /sitɥe/ I *vtr* to locate; (dans le temps) to place. II **se ~** *vpr* **se ~ à Paris** to be set in Paris.

six /sis sis̃ siz/, *adj inv*, *pron*, *nm inv* six.

sixième /sizjɛm/ I *adj* sixth. II *nf* SCOL *first year of secondary school, age 11-12.*

sketch, *pl* **~es** /skɛtʃ/ *nm* sketch.

ski /ski/ *nm* ski; **faire du ~** to ski, to go skiing. ▪ **~ de fond** cross-country skiing; **~ nautique** water skiing; **~ de piste** downhill skiing.

skier /skje/ *vi* to ski.

skieur, **~ieuse** /skjœʀ, jøz/ *nm,f* skier.

slalom /slalɔm/ *nm* slalom.

slip /slip/ *nm* (d'homme) underpants (*pl*), briefs (*pl*), underwear ¢; (de femme) knickers[GB] (*pl*), pants[GB] (*pl*), panties[US] (*pl*). ▪ **~ de bain** bathing trunks (*pl*).

slogan /slɔgɑ̃/ *nm* slogan.

SMIC /smik/ *nm* (*abrév* = **salaire minimum interprofessionnel de croissance**) guaranteed minimum wage.

SNCF /ɛsɛnseɛf/ *nf* (*abrév* = **Société nationale des chemins de fer français**) *French national railway company.*

snob /snɔb/ I *adj* stuck-up©; [restaurant] posh. II *nmf* snob.

snobisme /snɔbism/ *nm* snobbery.

sobre /sɔbʀ/ *adj* abstemious; (mesuré, simple) sober.

sobriété /sɔbʀijete/ *nf* sobriety.

sociable /sɔsjabl/ *adj* sociable.

social, **~e**, *mpl* **~iaux** /sɔsjal, jo/ *adj* social; **conflit ~** industrial dispute.

socialisme /sɔsjalism/ *nm* socialism.

socialiste /sɔsjalist/ *adj*, *nmf* socialist.

société /sɔsjete/ *nf* society; (compagnie, entreprise) company.

sociologie /sɔsjɔlɔʒi/ *nf* sociology.

socle /sɔkl/ *nm* (deconstruction) base; (d'appareil) stand.

socquette /sɔkɛt/ *nf* ankle sock.

soda /sɔda/ *nm* (sucré) fizzy drink[GB], soda[US].

sœur /sœʀ/ *nf* sister.

soi /swa/ *pron pers* **autour de ~** around one; **maîtrise de ~** self-control; **cela va de ~** it goes without saying.

soi-disant /swadizɑ̃/ I *adj inv* so-called. II *adv* supposedly.

soie /swa/ *nf* silk; (poil) bristle.

soif /swaf/ *nf* thirst; **avoir ~** to be thirsty.

soigné, **~e** /swaɲe/ *adj* [personne] tidy, careful; [travail] meticulous.

soigner /swaɲe/ I *vtr* to treat; (personne, animal, client) to look after; (tenue, présentation) to take care over. II **se ~** *vpr* to take care of oneself.

soigneusement /swaɲøzmɑ̃/ *adv* carefully.

soigneux, **~euse** /swaɲø, øz/ *adj* tidy; [examen] careful.

soi-même /swamɛm/ *pron pers* oneself.

soin /swɛ̃/ I *nm* care; **avec** ~ carefully; **sans** ~ carelessly; **prendre** ~ **de qch** to take care of sth; **aux bons ~s de** care of, c/o. II **~s** *nmpl* treatment ¢; care ¢; **premiers ~s** first aid ¢.

soir /swaʀ/ *nm* evening.

soirée /swaʀe/ *nf* evening; (réception) party; (spectacle) evening performance/show.

soit[1] /swa/ I ▸**être**[1]. II *conj* ~, ~ either, or; (à savoir) that is, ie.

soit[2] /swat/ *adv* very well.

soixantaine /swasɑ̃tɛn/ *nf* about sixty.

soixante /swasɑ̃t/ *adj inv, pron* sixty.

soixante-dix /swasɑ̃tdis/ *adj inv, pron* seventy.

soixante-dixième /swasɑ̃tdizjɛm/ *adj* seventieth.

soixantième /swasɑ̃tjɛm/ *adj* sixtieth.

soja /sɔʒa/ *nm* soya bean[GB], soybean[US]; **sauce de** ~ soy sauce; **pousses de** ~ bean sprouts.

sol /sɔl/ *nm* ground; (de maison) floor; (terrain, territoire) soil; (note) G; (en solfiant) soh.

solaire /sɔlɛʀ/ *adj* [calendrier] solar; [moteur] solar-powered; [lumière, crème] sun.

soldat /sɔlda/ *nm* soldier, serviceman.

solde[1] /sɔld/ I *nm* balance. II **en** ~ *loc adv* at sale price[GB], on sale[US]. III **~s** *nmpl* sales.

solde[2] /sɔld/ *nf* pay.

solder /sɔlde/ I *vtr* to sell off, to clear; (compte) to settle the balance of. II **se** ~ *vpr* **se** ~ **par** to end in.

solderie /sɔldəʀi/ *nf* discount shop.

soldeur, **~euse** /sɔldœʀ, øz/ *nm,f* discount trader.

sole /sɔl/ *nf* sole.

soleil /sɔlɛj/ *nm* sun; **il y a du** ~ it's sunny.

solennel, **~elle** /sɔlanɛl/ *adj* solemn.

solennité /sɔlanite/ *nf* solemnity.

solfège /sɔlfɛʒ/ *nm* music theory.

solidaire /sɔlidɛʀ/ *adj* [groupe] united; **être** ~ **de qn** to be behind sb; [pièces] interdependent.

solidariser: **se** ~ **avec** /sɔlidaʀize/ *vpr* to stand by.

solidarité /sɔlidaʀite/ *nf* solidarity.

solide /sɔlid/ I *adj* sturdy; [personne, lien] strong; [qualités] solid; **aliments ~s** solids. II *nm* solid.

solidité /sɔlidite/ *nf* solidity.

solitaire /sɔlitɛʀ/ I *adj* [vieillesse] lonely; [navigateur] lone; [maison, hameau] isolated. II *nmf* solitary person, loner; **course en** ~ solo race. III *nm* JEUX solitaire.

solitude /sɔlityd/ *nf* solitude.

sollicitation /sɔlisitasjɔ̃/ *nf* appeal, request.

solliciter /sɔlisite/ *vtr* to request; (client) to canvass.

soluble /sɔlybl/ *adj* soluble.

solution /sɔlysjɔ̃/ *nf* solution.

solvable /sɔlvabl/ *adj* solvent.

sombre /sɔ̃bʀ/ *adj* dark; [air] sombre[GB].

sombrer /sɔ̃bʀe/ *vi* ~ **(dans)** to sink (into).

sommaire /sɔmɛʀ/ I *adj* [jugement, procès] summary. II *nm* contents (*pl*).

sommation /sɔmasjɔ̃/ *nf* (de policier) warning.

somme[1] /sɔm/ *nm* (sommeil) nap.

somme[2] /sɔm/ I *nf* sum. II **en** ~, ~ **toute** *loc adv* in other words.

sommeil /sɔmɛj/ *nm* sleep ¢; **avoir** ~ to feel sleepy.

sommeiller /sɔmeje/ *vi* to doze; [désir] to lie dormant.

sommelier, **~ière** /sɔməlje, jɛʀ/ *nm,f* sommelier.

sommet /sɔmɛ/ *nm* GÉOG peak, summit; (d'arbre, etc) top; (de gloire, etc) height; **conférence au ~** summit meeting; (de triangle) apex.

sommier /sɔmje/ *nm* (bed) base[GB], bedspring[US].

sommité /sɔmite/ *nf* leading expert.

somnambule /sɔmnɑ̃byl/ *nmf* sleep-walker.

somnifère /sɔmnifɛʀ/ *nm* sleeping pill.

somnolence /sɔmnɔlɑ̃s/ *nf* drowsiness.

somnolent, **~e** /sɔmnɔlɑ̃, ɑ̃t/ *adj* drowsy.

somnoler /sɔmnɔle/ *vi* to drowse.

somptueux, **~euse** /sɔ̃ptɥø, øz/ *adj* sumptuous.

son[1], **sa**, *pl* **ses** /sɔ̃, sa, sɛ/ *adj poss* his, her; **ses enfants** his, her children; **un de ses amis** a friend of his/hers.

son[2] /sɔ̃/ *nm* (bruit) sound; (du blé) bran.

sondage /sɔ̃daʒ/ *nm* survey; **~ d'opinion** opinion poll.

sonder /sɔ̃de/ *vtr* to poll; (groupe) to survey; (intentions) to sound out.

sondeur, **~euse** /sɔ̃dœʀ, øz/ *nm,f* pollster.

songe /sɔ̃ʒ/ *nm* dream.

songer /sɔ̃ʒe/ *vtr ind* **~ à qn/qch** to think of sb/sth.

songeur, **~euse** /sɔ̃ʒœʀ, øz/ *adj* pensive.

sonnant, **~e** /sɔnɑ̃, ɑ̃t/ *adj* **à trois heures ~es** on the stroke of three.

sonné, **~e**☺ /sɔne/ *adj* groggy; (fou) nuts☺.

sonner /sɔne/ **I** *vtr* to ring; (heure) to strike; (alarme) to sound; [nouvelle]☺ to stagger. **II ~ de** *vtr ind* to sound, to play. **III** *vi* to ring; [heure] to strike; [réveil] to go off; [trompette] to sound.

sonnerie /sɔnʀi/ *nf* ringing; **déclencher une ~** to set off an alarm.

sonnette /sɔnɛt/ *nf* bell; (de porte) doorbell.

sonore /sɔnɔʀ/ *adj* resounding.

sonorité /sɔnɔʀite/ *nf* (d'instrument, de voix) tone; (d'une chaîne hi-fi) sound quality.

sorbet /sɔʀbɛ/ *nm* sorbet[GB], sherbet[US].

sorcellerie /sɔʀsɛlʀi/ *nf* witchcraft.

sorcier /sɔʀsje/ **I**☺ *adj m* **ce n'est pas ~!** it's dead easy☺[GB]! **II** *nm* (maléfique) sorcerer; (guérisseur) witch doctor.

sorcière /sɔʀsjɛʀ/ *nf* witch.

sordide /sɔʀdid/ *adj* squalid, sordid.

sornettes /sɔʀnɛt/ *nfpl* tall stories.

sort /sɔʀ/ *nm* (destin) fate ¢; **tirer (qch) au ~** to draw lots (for sth).

• **jeter un ~ à qn** to put a curse on sb.

sorte /sɔʀt/ **I** *nf* sort, kind. **II de la ~** *loc adv* in this way. **III de ~ que** *loc conj* so that. **IV en quelque ~** *loc adv* in a way.

sortie /sɔʀti/ *nf* exit; **à la ~ de la ville** (extra-muros) on the outskirts of the town; **la ~ de la crise** the end of the crisis; (activité) outing; (commercialisation) launching ¢; (de film) release; (de livre) publication; (de collection) showing; (déclaration)☺ remark; ÉLECTROTECH, ORDINAT output; **~ sur imprimante** printing.

sortilège /sɔʀtilɛʒ/ *nm* spell.

sortir /sɔʀtiʀ/ **I** *vtr* to take [sb/sth] out; (livre) to bring out; (film) to release; (blague)☺ to crack. **II** *vi* (+ *v être*) to go out, to come out; **~ de** to leave; (quitter un état) to emerge; **faire ~** (cassette) to eject; ORDINAT to exit. **III se ~** *vpr* to get out of; **s'en ~** to get over of it; (financièrement) to cope; (intellectuellement, etc) to manage.

SOS /ɛsoɛs/ *nm* SOS; **~ médecins** emergency medical service.

sosie /sɔzi/ *nm* double.

sot, **sotte** /so, sɔt/ *adj* silly.

sottise /sɔtiz/ *nf* foolishness; (parole) silly remark; **faire une** ~ to do something silly.

sou /su/ *nm* penny[GB], cent[US]; **sans un** ~ without a penny; **être sans le** ~ to be penniless; **c'est une affaire de gros ~s** there's big money involved; (petite quantité) **pas un ~ de bon sens** not a scrap of common sense.

souche /suʃ/ *nf* (tree) stump; (de vigne) stock; (origine) stock; (de carnet) stub.

souci /susi/ *nm* worry; **se faire du** ~ to worry; **avoir des ~s** to have problems; (fleur) marigold.

soucier: **se ~ de** /susje/ *vpr* to care about.

soucieux, **~ieuse** /susjø, jøz/ *adj* worried, concerned about; **être ~ de faire** to be anxious to do.

soucoupe /sukup/ *nf* saucer. ■ **~ volante** flying saucer.

soudain, **~e** /sudɛ̃, ɛn/ I *adj* sudden, unexpected. II *adv* suddenly.

souder /sude/ I *vtr* to solder; (à la chaleur) to weld. II **se ~** *vpr* [os] to knit together; [équipe] to become united.

souffle /sufl/ *nm* breath; **(en) avoir le ~ coupé** to be winded; **à bout de** ~ out of breath; (brise) breeze; (esprit) spirit; (force) inspiration; (d'explosion) blast.

soufflé, **~e** /sufle/ I[☺] *adj* flabbergasted. II *nm* soufflé.

souffler /sufle/ I *vtr* to blow (out); JEUX (pièce) to huff; (stupéfier)[☺] to flabbergast. II *vi* to blow; **ça souffle** it's windy; (respirer difficilement) to puff; (réponse) to tell; **on ne souffle pas!** no prompting!

souffleur, **~euse** /suflœʀ, øz/ *nm,f* (au théâtre) prompter.

souffrance /sufʀɑ̃s/ *nf* suffering ¢; **en ~** [lettre] outstanding.

souffrant, **~e** /sufʀɑ̃, ɑ̃t/ *adj* unwell.

souffre-douleur /sufʀədulœʀ/ *nm inv* punchbag[GB], punching bag[US].

souffrir /sufʀiʀ/ I *vtr* to stand. II *vi* **~ (de qch)** to suffer (from sth); **est-ce qu'il souffre?** is he in pain? III **se ~** *vpr* **ils ne peuvent pas se ~** they can't stand each other.

soufre /sufʀ/ *nm* sulphur[GB].

souhait /swɛ/ *nm* wish; **à ~** incredibly. • **à vos ~s!** bless you!

souhaitable /swɛtabl/ *adj* desirable.

souhaiter /swete/ *vtr* to hope for; **~ que** to hope that; **~ qch à qn** to wish sb sth.

souiller /suje/ *vtr* (vêtements) to get [sth] dirty; (réputation) to sully.

souk /suk/ *nm* souk; (désordre)[☺] mess.

soûl, **~e** /su, sul/ I *adj* drunk. II **tout son ~** *loc adv* one's fill.

soulagement /sulaʒmɑ̃/ *nm* relief.

soulager /sulaʒe/ *vtr* **~ (de)** to relieve (of).

soûler /sule/ I *vtr* to get [sb] drunk; [odeur, etc] to intoxicate. II **se ~** *vpr* to get drunk (on).

soulèvement /sulɛvmɑ̃/ *nm* uprising.

soulever /sulve/ I *vtr* **~ (de terre)** (objet) to lift; (enthousiasme) to arouse; (foule) to stir up; (protestations) to give rise to; (problème, difficultés) to raise. II **se ~** *vpr* to rise up (against).

soulier /sulje/ *nm* shoe.

souligner /suliɲe/ *vtr* to underline; (yeux) to outline; (remarque) to emphasize.

soumettre /sumɛtʀ/ I *vtr* **~ qn/qch à** to subject sb/sth to; (montrer) to submit; (ennemi) to subdue. II **se ~** *vpr* to submit; **se ~ à** to accept.

soumis, **~e** /sumi, iz/ *adj* submissive.

soumission /sumisjɔ̃/ *nf* submission.

soupape /supap/ *nf* valve.

soupçon /supsɔ̃/ *nm* suspicion; (de lait, vin) drop; (de sel) pinch.

soupçonner /supsɔne/ *vtr* to suspect.

soupçonneux, **~euse** /supsɔnø, øz/ *adj* mistrustful.

soupe /sup/ *nf* soup. ▪ **~ populaire** soup kitchen.

souper /supe/ *vi* I *vi* to have late dinner. II *nm* late dinner, supper.

soupière /supjɛʀ/ *nf* soup tureen.

soupir /supiʀ/ *nm* sigh; **pousser un ~** to sigh.

soupirer /supiʀe/ *vi* to sigh.

souple /supl/ *adj* [corps] supple; [tige, horaire] flexible; [cheveux, matière] soft.

souplesse /suplɛs/ *nf* flexibility; (de cheveux, matière) softness.

source /suʀs/ *nf* spring; (origine) source.

sourcil /suʀsi/ *nm* eyebrow.

sourciller /suʀsije/ *vi* to raise one's eyebrows.

sourd, **~e** /suʀ, suʀd/ I *adj* deaf; **~ à qch** (insensible) deaf to sth; [bruit, douleur] dull; [plainte] faint, muted. II *nm,f* deaf person. • **faire la ~e oreille** to turn a deaf ear.

sourdine /suʀdin/ *nf* **en ~** softly; **mettre une ~ à** to tone down.

sourd-muet, **sourde-muette**, *pl* **sourds-muets**, **sourdes-muettes** /suʀmɥɛ, suʀdmɥɛt/ I *adj* deaf and dumb. II *nm,f* deaf-mute.

souricière /suʀisjɛʀ/ *nf* mousetrap; (pour malfaiteur) trap.

sourire /suʀiʀ/ I *vi* to smile. II *nm* smile.

souris /suʀi/ *nf* ZOOL, ORDINAT mouse.

sournois, **~e** /suʀnwa, az/ I *adj* sly, underhand. II *nm,f* sly person, underhand person.

sous /su/ *prép* under; **~ la pluie** in the rain; **~ peu** before long.

sous-bois /subwa/ *nm* undergrowth ¢.

sous-chef, *pl* **~s** /suʃɛf/ *nm* second-in-command.

souscripteur, **~trice** /suskʀiptœʀ, tʀis/ *nm,f* subscriber.

souscription /suskʀipsjɔ̃/ *nf* subscription.

souscrire /suskʀiʀ/ I *vtr* to take out, to sign. II **~ à** *vtr ind* to subscribe to.

sous-développé, **~e**, *mpl* **~s** /sudevlɔpe/ *adj* underdeveloped.

sous-directeur, **~trice**, *mpl* **~s** /sudiʀɛktœʀ, tʀis/ *nm,f* assistant manager.

sous-direction, *pl* **~s** /sudiʀɛksjɔ̃/ *nf* division.

sous-entendu, *pl* **~s** /suzɑ̃tɑ̃dy/ *nm* innuendo.

sous-estimer /suzestime/ *vtr* to underestimate.

sous-louer /sulwe/ *vtr* to sublet.

sous-marin, **~e**, *mpl* **~s** /sumaʀɛ̃, in/ I *adj* submarine, underwater. II *nm* submarine.

sous-officier, *pl* **~s** /suzɔfisje/ *nm* noncommissioned officer.

sous-préfecture, *pl* **~s** /supʀefɛktyʀ/ *nf*: *administrative subdivision of a department in France.*

sous-produit, *pl* **~s** /supʀɔdɥi/ *nm* by-product.

soussigné, **~e** /susiɲe/ *adj*, *nm,f* **je ~...** I, the undersigned.

sous-sol, *pl* **~s** /susɔl/ *nm* basement.

sous-titre, *pl* **~s** /sutitʀ/ *nm* subtitle.

soustraction /sustʀaksjɔ̃/ *nf* subtraction.

soustraire /sustʀɛʀ/ I *vtr* MATH to subtract (from); (voler) to steal (from). II **se ~ à** *vpr* to escape (from); **se ~ à une tâche** to get out of a job.

sous-traitance, *pl* **~s** /sutʀɛtɑ̃s/ *nf* subcontracting.

sous-verre /suvɛʀ/ *nm inv* frame; (image) framed picture.

sous-vêtement, *pl* **~s** /suvɛtmɑ̃/ *nm* underwear ¢.

soute /sut/ *nf* hold.

soutenir /sutniʀ/ *vtr* to support; **~ que** to maintain that; (choc) to withstand; (comparaison) to bear.

soutenu, **~e** /sutny/ *adj* sustained; [style] formal.

souterrain, **~e** /suteʀɛ̃, ɛn/ I *adj* underground. II *nm* underground passage.

soutien /sutjɛ̃/ *nm* support; **~ en anglais** extra help in English.

soutien-gorge, *pl* **soutiens-gorge** /sutjɛ̃gɔʀʒ/ *nm* bra.

soutirer /sutiʀe/ *vtr* to extract [sth] from sb.

souvenir /suvniʀ/ I **se ~** *vpr* **se ~ de qn/qch** to remember sb/sth. II *n m* memory; **boutique de ~s** souvenir shop.

souvent /suvɑ̃/ *adv* often.

souverain, **~e** /suvʀɛ̃, ɛn/ *adj*, *nm,f* sovereign.

souveraineté /suvʀɛnte/ *nf* sovereignty.

soviétique /sɔvjetik/ *adj* Soviet.

soyeux, **~euse** /swajø, øz/ *adj* silky.

spacieux, **~ieuse** /spasjø, jøz/ *adj* spacious.

sparadrap /spaʀadʀa/ *nm* surgical tape; (pansement) plaster[GB], Band-Aid®.

spatial, **~e**, *mpl* **~iaux** /spasjal, jo/ *adj* spatial; [navette] space; **vaisseau ~** spaceship.

speaker, **~ine** /spikœʀ, spikʀin/ *nm,f* announcer.

spécial, **~e**, *mpl* **~iaux** /spesjal, jo/ *adj* special.

spécialement /spesjalmɑ̃/ *adv* specially; (surtout) especially.

spécialiser: **se ~** /spesjalize/ *vpr* to specialize.

spécialiste /spesjalist/ *nmf* specialist.

spécialité /spesjalite/ *nf* speciality[GB], specialty[US].

spécifier /spesifje/ *vtr* to specify.

spécifique /spesifik/ *adj* specific (to).

spécimen /spesimɛn/ *nm* specimen, sample.

spectacle /spɛktakl/ *nm* sight; (organisé) show.

spectaculaire /spɛktakylɛʀ/ *adj* spectacular.

spectateur, **~trice** /spɛktatœʀ, tʀis/ *nm,f* spectator.

spectre /spɛktʀ/ *nm* spectre[GB].

spéculer /spekyle/ *vi* to speculate (in).

spéléologue /speleɔlɔg/ *nmf* speleologist.

sphère /sfɛʀ/ *nf* sphere.

spirale /spiʀal/ *nf* spiral.

spirituel, **~elle** /spiʀitɥɛl/ *adj* spiritual; (amusant) witty.

splendeur /splɑ̃dœʀ/ *nf* splendour[GB].

splendide /splɑ̃did/ *adj* splendid.

spongieux, **~ieuse** /spɔ̃ʒjø, jøz/ *adj* spongy.

spontané, **~e** /spɔ̃tane/ *adj* spontaneous.

sport /spɔʀ/ *nm* sport.

sportif, **~ive** /spɔʀtif, iv/ I *adj* [rencontre] sports; [allure] athletic. II *nm,f* sportsman/sportswoman.

spot /spɔt/ *nm* spotlight, spot; (publicitaire) commercial.

square /skwaʀ/ *nm* small public garden.

squatter /skwate/ *vtr* to squat in.

squelette /skəlɛt/ *nm* skeleton.

stabiliser /stabilize/ *vtr* to stabilize.

stable /stabl/ *adj* stable.

stade /stad/ *nm* stadium; (étape) stage.

stage /staʒ/ *nm* training course.

stagiaire /staʒjɛʀ/ *nmf* trainee.

stand /stɑ̃d/ *nm* stand, stall.
standard /stɑ̃daʀ/ I *adj inv* standard. II *nm* switchboard.
standardiste /stɑ̃daʀdist/ *nmf* switchboard operator.
standing /stɑ̃diŋ/ *nm* **de (grand) ~** luxury; (niveau de vie) standard of living.
starter /staʀtɛʀ/ *nm* choke.
station /stasjɔ̃/ *nf* station; **~ d'autobus** bus stop; **~ balnéaire** seaside resort; **~ verticale** upright position.
stationnaire /stasjɔnɛʀ/ *adj* stationary.
stationnement /stasjɔnmɑ̃/ *nm* parking; (de troupes) stationing.
stationner /stasjɔne/ *vi* to park.
station-service, *pl* **stations-service** /stasjɔ̃sɛʀvis/ *nf* service station.
statistique /statistik/ I *adj* statistical. II *nf* statistics (+ *v sg*); (donnée) statistic.
statue /staty/ *nf* statue.
statuette /statɥɛt/ *nf* statuette.
stature /statyʀ/ *nf* stature.
statut /staty/ *nm* statute; (situation) status.
steak /stɛk/ *nm* steak.
stéréo /steʀeo/ *adj inv, nf* stereo.
stérile /steʀil/ *adj* sterile; [sol] barren.
stériliser /steʀilize/ *vtr* to sterilize.
stimuler /stimyle/ *vtr* to stimulate.
stipuler /stipyle/ *vtr* to stipulate.
stock /stɔk/ *nm* stock.
stocker /stɔke/ *vtr* to stock; (données) to store.
stop /stɔp/ I *nm* stop sign; (feu arrière) brake light; (auto-stop)© hitchhiking. II *excl* stop!
stopper /stɔpe/ *vtr, vi* to stop.
store /stɔʀ/ *nm* blind.
strabisme /stʀabism/ *nm* squint.
strapontin /stʀapɔ̃tɛ̃/ *nm* foldaway seat.
stratagème /stʀataʒɛm/ *nm* stratagem.
stressant, **~e** /stʀɛsɑ̃, ɑ̃t/ *adj* stressful.
stresser /stʀese/ *vtr* to put [sb] under stress.
strict, **~e** /stʀikt/ *adj* strict; [tenue] severe.
strier /stʀije/ *vtr* **~ (de)** to streak (with).
strophe /stʀɔf/ *nf* stanza.
structure /stʀyktyʀ/ *nf* structure.
studieux, **~ieuse** /stydjø, jøz/ *adj* [élève] studious; [vacances] study.
studio /stydjo/ *nm* studio flat[GB], studio apartment[US]; (atelier) studio.
stupéfaction /stypefaksjɔ̃/ *nf* amazement.
stupéfait, **~e** /stypefɛ, ɛt/ *adj* astounded, dumbfounded.
stupéfiant, **~e** /stypefjɑ̃, ɑ̃t/ I *adj* stunning, astounding. II *nm* narcotic.
stupéfier /stypefje/ *vtr* to astound, to stun.
stupeur /stypœʀ/ *nf* astonishment; (torpeur) stupor.
stupide /stypid/ *adj* stupid.
stupidité /stypidite/ *nf* stupidity.
style /stil/ *nm* style; **~ de vie** lifestyle; LING **~ direct/indirect** direct/indirect speech.
stylé, **~e** /stile/ *adj* stylish.
styliste /stilist/ *nmf* fashion designer.
stylo /stilo/ *nm* pen. ■ **~ (à) bille/encre** ballpoint/fountain pen; **~ feutre** felt-tip pen.
su /sy/ *nm* **au vu et au ~ de tous** openly.
subdiviser /sybdivize/ *vtr* to subdivide (into).
subir /sybiʀ/ *vtr* (dégâts) to suffer; (changements) to undergo.
subit, **~e** /sybi, it/ *adj* sudden.
subitement /sybitmɑ̃/ *adv* suddenly.
subjectif, **~ive** /sybʒɛktif, iv/ *adj* subjective.
subjonctif /sybʒɔ̃ktif/ *nm* subjunctive.

subjuguer /sybʒyge/ *vtr* to enthral[GB].

submerger /sybmɛʀʒe/ *vtr* to submerge; **submergé par l'émotion** overwhelmed with emotion.

subordination /sybɔʀdinasjɔ̃/ *nf* subordination.

subordonné, **~e** /sybɔʀdɔne/ *nm,f* subordinate.

subordonnée /sybɔʀdɔne/ *nf* subordinate clause.

subordonner /sybɔʀdɔne/ *vtr* to subordinate to; **subordonné à qch** subject to sth.

subsidiaire /sybzidjɛʀ/ *adj* **question ~** tiebreaker.

subsistance /sybzistɑ̃s/ *nf* subsistence.

subsister /sybziste/ *vi* to subsist; [coutume] to survive.

substance /sypstɑ̃s/ *nf* substance.

substantif /sypstɑ̃tif/ *nm* noun, substantive.

substituer /sypstitɥe/ I *vtr* ~ **qch à qch** to substitute sth for sth. II **se ~** *vpr* **se ~ à qn** to stand in for sb; (pour remplacer) to take the place of sb.

substitut /sypstity/ *nm* deputy public prosecutor; (remplacement) substitute.

substitution /sypstitysjɔ̃/ *nf* substitution.

subtil, **~e** /syptil/ *adj* subtle.

subtiliser /syptilize/ *vtr* to steal.

subtilité /syptilite/ *nf* subtlety.

subvenir /sybvəniʀ/ *vtr ind* ~ **à** to provide for.

subvention /sybvɑ̃sjɔ̃/ *nf* subsidy.

subventionner /sybvɑ̃sjɔne/ *vtr* to subsidize.

suc /syk/ *nm* juice.

succéder /syksede/ I **~ à** *vtr ind* to succeed. II **se ~** *vpr* to follow one another.

succès /syksɛ/ *nm* success; **à ~** successful.

successeur /syksesœʀ/ *nm* successor.

successif, **~ive** /syksesif, iv/ *adj* successive.

succession /syksesjɔ̃/ *nf* succession; **prendre la ~ de qn** to take over from sb.

succomber /sykɔ̃be/ *vi* to die; **~ à** to succumb to.

succursale /sykyʀsal/ *nf* branch.

sucer /syse/ *vtr* to suck.

sucette /sysɛt/ *nf* lollipop.

sucre /sykʀ/ *nm* sugar; **chocolat sans ~** sugar-free chocolate. ▪ **~ en poudre/semoule** loose/caster[GB] sugar.

sucré, **~e** /sykʀe/ *adj* [goût] sweet; [lait condensé] sweetened.

sucrer /sykʀe/ *vtr* to put sugar in.

sucrerie /sykʀəʀi/ I *nf* sugar refinery. II **~s** *nfpl* sweets.

sucrier, **~ière** /sykʀije, jɛʀ/ I *adj* sugar. II *nm* sugar bowl.

sud /syd/ I *adj inv* [côté] south; [zone] southern. II *nm* south; **le ~ de la France** the south of France; **le ~ de l'Europe** southern Europe; **le Sud** the South.

sud-est /sydɛst/ I *adj inv* [versant] south-east; [zone] southeastern. II *nm* southeast; **le Sud-Est asiatique** Southeast Asia.

sudiste /sydist/ *adj, nmf* Confederate.

sud-ouest /sydwɛst/ I *adj inv* [versant] southwest; [zone] southwestern. II *nm* southwest.

suer /sɥe/ *vi* to sweat.
• **faire ~ qn**© to be a nuisance.

sueur /sɥœʀ/ *nf* sweat.

suffire /syfiʀ/ I *vi* to be enough. II *v impers* **il suffit de le leur dire** all you have to do is tell them; **il suffit d'une seconde** it only takes a second; **ça suffit** that's enough.

suffisamment /syfizamɑ̃/ *adv* enough.

suffisant, **~e** /syfizɑ̃, ɑ̃t/ *adj* sufficient, enough; [personne] self-important.

suffoquer /syfɔke/ I☺ *vtr* to stagger☺. II *vi* to suffocate, to choke.

suffrage /syfʀaʒ/ *nm* vote; ~ **universel** universal suffrage.

suggérer /syɡʒeʀe/ *vtr* to suggest.

suggestion /syɡʒɛstjɔ̃/ *nf* suggestion.

suicide /sɥisid/ *nm* suicide.

suicider: **se ~** /sɥiside/ *vpr* to commit suicide.

suie /sɥi/ *nf* soot.

suisse /sɥis/ *adj* Swiss.

suite /sɥit/ I *nf* rest; (de récit) continuation; ~ **page 10** continued on page 10; **les ~s** (de décision) the consequences; (de maladie) the after-effects; (d'incidents) series (+ *v sg*); (d'hôtel, de musique) suite. II **de ~** *loc adv* in succession, in a row; **et ainsi de ~** and so on. III **par la ~** *loc adv* afterwards. IV **par ~ de** *loc prép* due to. V **à la ~ de** *loc prép* following.

suivant[1] /sɥivɑ̃/ *prép* (axe, pointillé) along; (carte, instructions) according to.

suivant[2], **~e** /sɥivɑ̃, ɑ̃t/ I *adj* following, next. II *nm,f* **le ~** the next one; **(au) ~!** next!

suivi, **~e** /sɥivi/ I *adj* steady; [effort] sustained; [correspondance] regular; [émission] popular. II *nm* monitoring.

suivre /sɥivʀ/ I *vtr* to follow; (actualité) to keep up with; (cours) to take; (aller) to go to class. II *vi* to follow; **(prière de) faire ~** please forward.

sujet, **~ette** /syʒɛ, ɛt/ I *adj* ~ **à** (rhumes, etc) prone to. II *nm* subject; **au ~ de** about; (question à traiter) question; (raison) cause.

summum /sɔmɔm/ *nm* height.

super /sypɛʀ/ I☺ *adj inv* great☺. II *nm* four-star (petrol)[GB], super, high-octane gasoline[US]. III☺ *excl* great☺!

superbe /sypɛʀb/ *adj* superb.

supercherie /sypɛʀʃəʀi/ *nf* hoax.

superficie /sypɛʀfisi/ *nf* area.

superficiel, **~ielle** /sypɛʀfisjɛl/ *adj* superficial.

superflu, **~e** /sypɛʀfly/ I *adj* superfluous. II *nm* surplus.

supérieur, **~e** /sypeʀjœʀ/ I *adj* [qualité, ton] superior; [membre, niveau] upper; ~ **(à)** [vitesse, etc] higher (than); ~ **à la moyenne** above average. II *nm,f* superior. III *nm* UNIV higher education.

supériorité /sypeʀjɔʀite/ *nf* superiority.

superlatif, **~ive** /sypɛʀlatif, iv/ *adj, nm* superlative.

supermarché /sypɛʀmaʀʃe/ *nm* supermarket.

superposer /sypɛʀpoze/ *vtr* to stack (up).

superstitieux, **~ieuse** /sypɛʀstisjø, jøz/ *adj* superstitious.

superstition /sypɛʀstisjɔ̃/ *nf* superstition.

supplanter /syplɑ̃te/ *vtr* to supplant (in).

suppléant, **~e** /sypleɑ̃, ɑ̃t/ *nm,f* (de juge) deputy; (d'enseignant) supply[GB], substitute[US] teacher; (de médecin) stand-in (doctor); **poste de ~** temporary replacement post.

suppléer /syplee/ *vtr ind* ~ **à** to make up for.

supplément /syplemɑ̃/ *nm* extra charge; ~ **d'information** additional information; (magazine) supplement.

supplémentaire /syplemɑ̃tɛʀ/ *adj* additional, extra; **un obstacle ~** another obstacle.

supplice /syplis/ *nm* torture.

supplier /syplije/ *vtr* ~ **qn de faire qch** to beg sb to do sth.

support /sypɔʀ/ *nm* support; (console) stand; (aide) backup; ~ **audiovisuel** audiovisual aid.

supportable /sypɔʀtabl/ *adj* bearable.

supporter[1] /sypɔʀte/ *vtr* (édifice) to support; (dépenses) to bear; (privations, sarcasme) to put up with; (souffrance) to endure; (chaleur, voyage) to stand.

supporter[2] /sypɔʀtœʀ/ *nmf* supporter.

supposer /sypoze/ *vtr* to suppose; (tenir pour probable) to assume; **cela suppose que** this presupposes that.

supposition /sypozisjɔ̃/ *nf* supposition, assumption.

suppositoire /sypozitwaʀ/ *nm* suppository.

suppression /sypʀesjɔ̃/ *nf* (de preuves, faits) suppression; (de chômage, défauts) elimination; (de mot) deletion; (de produits) discontinuation; **~s d'emplois** job cuts.

supprimer /sypʀime/ **I** *vtr* to cut; (contrôle, censure) to lift, to abolish; (effet, cause, obstacle, mur) to remove; (mot, ligne) to delete; (liberté) to take [sth] away; (tuer) to eliminate. **II se ~** *vpr* to do away with oneself.

suprême /sypʀɛm/ *adj* supreme.

sur /syʀ/ *prép* on; (au-dessus de) over; **un pont ~ la rivière** a bridge across the river; (dans) **~ toute la France** all over France; (par) by; **un mètre ~ deux** one metre[GB] by two; [débat, thèse] on; [étude, poème] about; (parmi) **un ~ dix** one out of ten; **un mardi ~ deux** every other Tuesday; **coup ~ coup** in a row; **~ le moment** at the time; (pendant) over; **~ trois ans** over three years.

sûr, **~e** /syʀ/ **I** *adj* reliable; [avis, investissement] sound; (sans danger) safe; (convaincu) sure; **j'en suis ~ et certain** I'm positive (about it); **~ de soi** self-confident. **II** *adv* **bien ~ (que oui)** of course; **bien ~ que non** of course not.

surcharge /syʀʃaʀʒ/ *nf* excess load, overload.

surchargé, **~e** /syʀʃaʀʒe/ *adj* **~ (de)** overloaded (with).

surcharger /syʀʃaʀʒe/ *vtr* **~ (de)** to overload (with); (accabler) to overburden (with).

surclasser /syʀklase/ *vtr* to outclass.

surcroît /syʀkʀwɑ/ *nm* **de ~** moreover.

surdité /syʀdite/ *nf* deafness.

surdoué, **~e** /syʀdwe/ *adj* exceptionally gifted.

surélever /syʀelve/ *vtr* to raise.

sûrement /syʀmɑ̃/ *adv* most probably; **il est ~ malade** he must be ill; (bien sûr) certainly; (sans risque) safely.

sûreté /syʀte/ *nf* safety; (d'investissement) soundness; (de pays) security; **en ~** safe.

surévaluer /syʀevalɥe/ *vtr* (œuvre) to overvalue; (coût) to overestimate.

surexcité, **~e** /syʀɛksite/ *adj* excited.

surf /sœʀf/ *nm* surfing.

surface /syʀfas/ *nf* surface; **refaire ~** to resurface.

surgelé, **~e** /syʀʒəle/ **I** *adj* deep-frozen. **II** *nm* **les ~s** frozen food ¢.

surgir /syʀʒiʀ/ *vi* **~ (de)** to appear suddenly (from).

sur-le-champ /syʀləʃɑ̃/ *adv* right away.

surlendemain /syʀlɑ̃dəmɛ̃/ *nm* **le ~** two days later.

surligner /syʀliɲe/ *vtr* to highlight.

surligneur /syʀliɲœʀ/ *nm* highlighter (pen).

surmenage /syʀmənaʒ/ *nm* overwork.

surmener /syʀməne/ **I** *vtr* to overwork. **II se ~** *vpr* to push oneself too hard.

surmonter /syʀmɔ̃te/ *vtr* to overcome.

surnaturel, **~elle** /syʀnatyʀɛl/ *adj* supernatural.

surnom /syʀnɔ̃/ *nm* nickname.

surnombre /syʀnɔ̃bʀ/ *nm* **nous sommes en ~** there are too many of us.

surpasser /syʀpase/ **I** *vtr* to surpass, to outdo. **II se ~** *vpr* to surpass oneself.

surpeuplé, **~e** /syʀpœple/ *adj* [pays] overpopulated; [train, rue] overcrowded.

surplomber /syʀplɔ̃be/ *vtr* to overhang.

surprenant, **~e** /syʀpʀənɑ̃, ɑ̃t/ *adj* surprising, amazing.

surprendre /syʀpʀɑ̃dʀ/ *vtr* (personne) to surprise; (conversation) to overhear; (regard) to intercept.

surprise /syʀpʀiz/ *nf* surprise; **voyage ~** unexpected trip; **grève ~** lightning strike.

surréaliste /suʀ(ʀ)ealist/ *adj* [œuvre, auteur] surrealist; [vision] surreal.

sursaut /syʀso/ *nm* **en ~** with a start; (d'énergie) sudden burst; (d'orgueil) flash.

sursauter /syʀsote/ *vi* to jump, to start.

sursis /syʀsi/ *nm* respite; JUR suspended sentence.

surtaxe /syʀtaks/ *nf* surcharge.

surtitre /syʀtitʀ/ *nm* subheading.

surtout /syʀtu/ *adv* above all; **~ pas!** certainly not!

surveillance /syʀvɛjɑ̃s/ *nf* watch; (contrôle) supervision; (par la police) surveillance.

surveillant, **~e** /syʀvɛjɑ̃, ɑ̃t/ *nm,f* supervisor; **~ de prison** prison guard; (dans un magasin) store detective.

surveiller /syʀveje/ *vtr* to watch, to keep an eye on; (travail) to supervise, to oversee; (classe) to supervise; (machine) to man, to monitor.

survenir /syʀvəniʀ/ *vi* to arrive unexpectedly; [difficulté] to arise.

survêtement /syʀvɛtmɑ̃/ *nm* tracksuit.

survie /syʀvi/ *nf* survival.

survivance /syʀvivɑ̃s/ *nf* survival.

survivant, **~e** /syʀvivɑ̃, ɑ̃t/ *nm,f* survivor.

survivre /syʀvivʀ/ *vtr ind* **~ à** to survive; **~ à qn** to outlive sb, to survive sb; [œuvre] to outlast sb.

survol /syʀvɔl/ *nm* flying over; (de sujet) brief account.

survoler /syʀvɔle/ *vtr* to fly over; (livre) to skim through.

survolté©, **~e** /syʀvɔlte/ *adj* overexcited.

sus: **en ~** /ɑ̃sy/ *loc adv* **être en ~** to be extra; **en ~ de** on top of.

susceptibilité /sysɛptibilite/ *nf* touchiness.

susceptible /sysɛptibl/ *adj* touchy; **~ de** likely to.

susciter /sysite/ *vtr* (intérêt) to arouse; (problème) to create.

suspect, **~e** /syspɛ, ɛkt/ **I** *adj* suspicious; [information] dubious; [aliment] suspect. **II** *nm,f* suspect.

suspecter /syspɛkte/ *vtr* to suspect.

suspendre /syspɑ̃dʀ/ **I** *vtr* (accrocher) to hang up; (fonctionnaire, relations, paiement) to suspend; (diffusion) to stop. **II se ~** *vpr* to hang (from).

suspens: **en ~** /ɑ̃syspɑ̃/ *loc adv* [problème] outstanding; (dans l'expectative) in suspense.

suspense /syspɛns/ *nm* suspense.

suspension /syspɑ̃sjɔ̃/ *nf* suspension; (d'enquête) adjournment; (éclairage) pendant.

suspicion /syspisjɔ̃/ *nf* suspicion.

suture /sytyʀ/ *nf* **point de ~** stitch.

svelte /svɛlt/ *adj* slender.

SVP (*abrév écrite* = **s'il vous plaît**) please.

syllabe /sillab/ *nf* syllable.

symbole /sɛ̃bɔl/ *nm* symbol.

symbolique /sɛ̃bɔlik/ *adj* symbolic.

symétrique /simetʀik/ *adj* symmetrical.

sympa© /sɛ̃pa/ *adj inv* nice.

sympathie /sɛ̃pati/ *nf* **avoir de la ~ pour qn** to like sb; (compassion) sympathy.

sympathique /sɛ̃patik/ *adj* nice, likeable; [endroit] nice, pleasant.

sympathisant, **~e** /sɛ̃patizɑ̃, ɑ̃t/ *nm,f* sympathizer.

sympathiser /sɛ̃patize/ *vi* ~ **avec qn** to take to sb.

symphonie /sɛ̃fɔni/ *nf* symphony.

symphonique /sɛ̃fɔnik/ *adj* symphonic.

symptôme /sɛ̃ptom/ *nm* symptom.

synagogue /sinagɔg/ *nf* synagogue.

syndic /sɛ̃dik/ *nm* property manager.

syndical, **~e**, *mpl* **~aux** /sɛ̃dikal, o/ *adj* union (*épith*); **droit** ~ (trade) union law.

syndicalisme /sɛ̃dikalism/ *nm* trade unionism; (activité) union activities (*pl*).

syndicaliste /sɛ̃dikalist/ *nmf* union activist.

syndicat /sɛ̃dika/ *nm* trade union[GB], labor union[US]; (d'employeurs) association. ■ **~ d'initiative** tourist information office.

syndiqué, **~e** /sɛ̃dike/ *nm,f* union member.

syndiquer /sɛ̃dike/ I *vtr* to unionize. II **se ~** *vpr* to join a union.

syndrome /sɛ̃dʀom/ *nm* syndrome.

synonyme /sinɔnim/ I *adj* ~ **(de)** synonymous (with). II *nm* synonym.

syntaxe /sɛ̃taks/ *nf* syntax.

synthèse /sɛ̃tɛz/ *nf* summary; (en chimie) synthesis; ORDINAT **images de** ~ computer-generated images.

systématique /sistematik/ *adj* systematic.

système /sistɛm/ *nm* system.

t

T /te/ *nm* **en (forme de)** ~ T-shaped.

t' ▸ **te**.

ta ▸ **ton**[1].

tabac /taba/ *nm* tobacco; (magasin) tobacconist's[GB], smoke shop[US].
• **faire un ~**[©] to be a big hit.

tabasser[©] /tabase/ *vtr* to beat up; **se faire ~** to get a beating.

table /tabl/ *nf* table. ■ **~ basse** coffee table; **~ de chevet** bedside table[GB], nightstand[US]; **~ d'écoute** wiretapping set; **~ des matières** (table of) contents; **~ à repasser** ironing board; **~ roulante** trolley[GB].

tableau, *pl* **~x** /tablo/ *nm* picture; (peinture) painting; (graphique) table, chart; ~ **(noir)** blackboard; RAIL indicator board; ~ **horaire** timetable. ■ **~ d'affichage** notice board[GB]; **~ de bord** AUT dashboard; AVIAT instrument panel; **~ d'honneur** honours board[GB], honor roll[US].

tablette /tablɛt/ *nf* bar; (de chewing-gum) stick; (étagère) shelf.

tablier /tablije/ *nm* apron; (de pont) roadway.

tabou /tabu/ *adj*, *nm* taboo.

tabouret /tabuʀɛ/ *nm* stool.

tac /tak/ *nm* **du ~ au ~** as quick as a flash.

tache /taʃ/ *nf* stain; (sur un fruit) mark; (sur la peau) blotch, mark; (de couleur) (petite) spot; (plus grande) patch. ■ **~s de rousseur** freckles.

tâche /tɑʃ/ *nf* task, job; (ménagère) chore.

tacher /taʃe/ I *vtr, vi* to stain. II **se ~** *vpr* to get oneself dirty.

tâcher /taʃe/ *vtr ind* **~ de faire** to try to do.

tacot☺ /tako/ *nm* banger☺GB, crate☺US.

tact /takt/ *nm* tact.

tactique /taktik/ I *adj* tactical. II *nf* tactics *pl*; **une ~** a tactic.

taie /tɛ/ *nf* **~ (d'oreiller)** pillowcase.

taille /taj/ *nf* (partie du corps, de vêtement) waist, waistline; (volume, importance) size; **être de ~ à faire** to be capable of doing; (de vêtement) size; **~ unique** one size; (hauteur) height; **de petite ~** short.

taille-crayons /tajkʀɛjɔ̃/ *nm inv* pencil sharpener.

tailler /taje/ I *vtr* to cut; (crayon) to sharpen; (arbre) to prune; (cheveux, barbe) to trim. II **se ~** *vpr* (empire) to carve out [sth] for oneself; (part de marché) to corner; (s'enfuir)☹ to beat it☺.

tailleur /tajœʀ/ *nm* (woman's) suit; (personne) tailor; **assis en ~** sitting cross-legged.

taillis /taji/ *nm* undergrowth ¢.

taire /tɛʀ/ I *vtr* (vérité) to hush up. II **se ~** *vpr* to be silent; **se ~ sur qch** to keep quiet about sth; **tais-toi!** be quiet!

talc /talk/ *nm* talc, talcum powder.

talent /talɑ̃/ *nm* talent; **de ~** talented, gifted.

talentueux, **~euse** /talɑ̃tɥø, øz/ *adj* talented, gifted.

talon /talɔ̃/ *nm* heel; **~ aiguille** stiletto heel; (de carnet) stub; (aux cartes) pile.

talonner /talɔne/ *vtr* **~ qn** to be hot on sb's heels.

talus /taly/ *nm* embankment.

tamanoir /tamanwaʀ/ *nm* anteater.

tambour /tɑ̃buʀ/ *nm* drum.
• **~ battant** briskly.

tambouriner /tɑ̃buʀine/ *vi* to drum on.

tamis /tami/ *nm* sieve.

Tamise /tamiz/ *nprf* **la ~** the Thames.

tampon /tɑ̃pɔ̃/ *nm* stamp; **~ (encreur)** (ink) pad; (pour frotter) pad; (pour boucher) plug. ■ **~ hygiénique** tampon.

tamponner /tɑ̃pɔne/ *vtr* (plaie) to swab; (front) to mop; (document) to stamp; (véhicule) to crash into.

tamponneuse /tɑ̃pɔnøz/ *adj f* **auto ~** bumper car, dodgem.

tam-tam, *pl* **~s** /tamtam/ *nm* tomtom.

tandis: **~ que** /tɑ̃di(s)kə/ *loc conj* while.

tangage /tɑ̃gaʒ/ *nm* pitching.

tango /tɑ̃go/ *nm* tango.

tanguer /tɑ̃ge/ *vi* to pitch; [personne] to be unsteady on one's feet.

tanière /tanjɛʀ/ *nf* den.

tank /tɑ̃k/ *nm* tank.

tanner /tane/ *vtr* to tan; (lasser)☺ to badger☺.

tant /tɑ̃/ I *adv* so much; (+ participe passé) much; (remplaçant un nombre) **gagner ~ par mois** to earn so much a month. II **~ de** *dét indéf* so many; (+ non dénombrable) so much. III (dans des locutions) **~ pis** too bad; **~ mieux** so much the better; **en ~ que mère** as a mother; **~ que ça**☺**?** (+ dénombrable) that many?; (+ non dénombrable ou verbe) that much?. IV **tant que** *loc conj* so much that; (comparaison) so much as; (temps) as long as, while.

tante /tɑ̃t/ *nf* aunt; **~ Julie** aunt Julie.

tantôt /tɑ̃to/ *adv* **~... ~** sometimes..., (and) sometimes.

taon /tɑ̃/ *nm* horsefly.

tapage /tapaʒ/ *nm* din, racket☺; **~ médiatique** media hype☺.

tapageur, **~euse** /tapaʒœʀ, øz/ *adj* [luxe] showy; [propos] ostentatious.

tapante /tapɑ̃t/ *adj f* **à trois heures ~s** at three o'clock sharp.

tape /tap/ *nf* pat; (forte) slap.

tape-à-l'œil☺ /tapalœj/ *adj inv* flashy.

taper /tape/ I *vtr* to hit; (à la machine) to type. II **~ sur** *vtr ind* to hit; (critiquer)☺ to badmouth☺. III *vi* (des mains) to clap; (des pieds) to stamp; (à la porte) to knock at; ~ **dans un ballon** to kick a ball around. IV **se ~** *vpr* (l'un l'autre) **se ~**☺ **dessus** to knock each other about (corvée)☺ to get stuck with☺; (consommer)☺ to have.

tapir: **se ~** /tapiʀ/ *vpr* to hide, to crouch.

tapis /tapi/ *nm* carpet, rug. ▪ **~ de bain(s)** bathmat; **~ roulant** moving walkway; (pour bagages) carousel; (pour marchandises) conveyor belt.

tapisser /tapise/ *vtr* ~ **(de)** (mur) to decorate (with); (fauteuil) to cover (with).

tapisserie /tapisʀi/ *nf* tapestry; (papier peint) wallpaper.
• **faire ~** to be a wallflower.

tapissier, **~ière** /tapisje, jɛʀ/ *nm,f* upholsterer; (artiste) tapestry maker.

tapoter /tapɔte/ *vtr* to tap; (joues, dos) to pat.

taquin, **~e** /takɛ̃, in/ *adj* **il est très** ~ he's a great tease.

taquiner /takine/ *vtr* to tease.

taquinerie /takinʀi/ *nf* teasing ¢.

tarabiscoté☺, **~e** /taʀabiskɔte/ *adj* [esprit, style] convoluted.

taratata☺ /taʀatata/ *excl* nonsense!

tard /taʀ/ I *adv* late; **plus** ~ later; **au plus** ~ at the latest. II **sur le ~** *loc adv* late in life.

tarder /taʀde/ I *vi* ~ **à faire qch** (être lent) to take a long time doing sth; (différer) to put off doing sth; **trop ~ à** to wait too long; **sans** ~ immediately. II *v impers* **il me tarde de la voir** I'm longing to see her.

tardif, **~ive** /taʀdif, iv/ *adj* late; [excuses] belated.

tare /taʀ/ *nf* tare; MÉD defect.

taré, **~e** /taʀe/ *adj* MÉD with a defect; (fou)☺ INJUR crazy☺.

tarif /taʀif/ *nm* rate; (de transport) fare; (de consultation) fee; (liste des prix) price list.

tarir /taʀiʀ/ I *vi* **ne pas ~ sur qn/qch** to talk endlessly about sb/sth. II **se ~** *vpr* to dry up.

tarte /taʀt/ I☺ *adj* daft☺GB, daffy☺US; ridiculous. II *nf* tart; ~ **aux pommes** apple tart; (gifle)☺ wallop☺. ▪ **~ à la crème** stereotype; (gag) slapstick.
• **c'est pas de la ~**☺ it's no picnic☺.

tartelette /taʀtəlɛt/ *nf* tart.

tartine /taʀtin/ *nf* slice of bread and butter; **il y en a une ~**☺**!** there's reams of it!

tartiner /taʀtine/ *vtr* to spread.

tartre /taʀtʀ/ *nm* (dans une bouilloire) scale, fur[GB]; (sur les dents) tartar.

tas /tɑ/ I *nm* heap, pile; (beaucoup) **un ~ (de)**, **des ~ (de)** lots (of), loads☺ (of). II **dans le ~** *loc adv* [police] indiscriminately. III **sur le ~** *loc adv* [apprendre] on the job; **grève sur le** ~ sit-down strike.

tasse /tɑs/ *nf* cup; ~ **à thé** teacup.

tasser /tɑse/ I *vtr* to pack, to press down. II **se ~** *vpr* (se serrer) to squash up; [conflit]☺ to die down, to settle down.

tata☺ /tata/ *nf* auntie.

tâter /tɑte/ I *vtr* to feel. II **~ de** *vtr ind* to try out. III **se ~** *vpr* to think about it.
• **~ le terrain** to put out feelers.

tatillon, **~onne** /tatijɔ̃, ɔn/ *adj* nit-picking.

tâtonnement /tɑtɔnmɑ̃/ *nm* groping around in the dark; **dix années de ~s** ten years of trial and error.

tâtonner /tɑtɔne/ *vi* to grope around.

tâtons: **à ~** /atɑtɔ̃/ *loc adv* **avancer à** ~ to feel one's way along.

tatouage /tatwaʒ/ *nm* tattoo; (procédé) tattooing.

tatouer /tatwe/ *vtr* to tattoo.

taudis /todi/ *nm* hovel.

taule☺ /tol/ *nf* prison, nick☺GB.

taupe /top/ *nf* mole; PÉJ **une vieille ~**☺ an old bag☺ PÉJ; (espion)☺ mole.

taureau, *pl* **~x** /tɔʀo/ *nm* bull.

Taureau /tɔʀo/ *nprm* Taurus.

taux /to/ *nm* rate; (d'albumine) level.

taxe /taks/ *nf* tax; **hors ~s** duty-free. ▪ **~ à la valeur ajoutée** value-added tax.

taxer /takse/ *vtr* to tax; **~ qn de qch** to accuse sb of.

taxi /taksi/ *nm* taxi, cabUS.

tchador /tʃadɔʀ/ *nm* chador.

tchao☺ /tʃao/ *excl* bye☺!, see you☺!

tchin(-tchin)☺ /tʃin(tʃin)/ *excl* cheers!

TD /tede/ *nmpl* (*abrév* = **travaux dirigés**) practicalGB (*sg*).

te (**t'** *devant voyelle ou h muet*) /t(ə)/ *pron pers* you; (pron réfléchi) yourself.

té /te/ *nm* T-square; **en ~** T-shaped.

technicien, **~ienne** /tɛknisjɛ̃, jɛn/ *nm,f* technician.

technique /tɛknik/ I *adj* technical. II *nf* technique; IND technology ¢.

technocrate /tɛknɔkʀat/ *nmf* technocrat.

technologie /tɛknɔlɔʒi/ *nf* technology.

teck /tɛk/ *nm* teak.

teckel /tekɛl/ *nm* dachshund.

tee-shirt, *pl* **~s** /tiʃœʀt/ *nm* T-shirt.

teindre /tɛ̃dʀ/ I *vtr* to dye; (bois) to stain. II **se ~** *vpr* **se ~ les cheveux (en vert)** to dye one's hair (green).

teint /tɛ̃/ *nm* complexion.

teinte /tɛ̃t/ *nf* shade; (couleur) colourGB.

teinté, **~e** /tɛ̃te/ *adj* [lunettes, verre] tinted; [bois] stained; FIG [sentiment, couleur] **~ de** tinged with.

teinter /tɛ̃te/ I *vtr* to tint; (bois) to stain. II **se ~ de** *vpr* to become tinged with.

teinture /tɛ̃tyʀ/ *nf* dye; **~ d'iode** tincture of iodine; **se faire une ~** to dye one's hair.

teinturerie /tɛ̃tyʀʀi/ *nf* (dry-)cleaner's.

teinturier, **~ière** /tɛ̃tyʀje, jɛʀ/ *nm,f* dry-cleaner.

tel, **~le** /tɛl/ I *adj* such; **un ~ homme** such a man, a man like that. II *pron indéf* some. III **~ que** *loc conj* as; (conséquence) such... that, so... that. IV **de ~le façon/manière/sorte que** *loc conj* so that; (de conséquence) in such a way that.

télé☺ /tele/ *adj inv*, *nf* TV.

télécabine /telekabin/ *nf* cable car.

télécarte /telekaʀt/ *nf* phonecardGB.

télécommande /telekɔmɑ̃d/ *nf* remote control.

télécommander /telekɔmɑ̃de/ *vtr* (appareil, dispositif, véhicule) to operate [sth] by remote control; **voiture télécommandée** remote-controlled car; (opération) to mastermind.

télécopie /telekɔpi/ *nf* fax.

télécopier /telekɔpje/ *vtr* to fax.

télécopieur /telekɔpjœʀ/ *nm* fax machine, fax.

télé-enseignement, *pl* **~s** /teleɑ̃sɛɲəmɑ̃/ *nm* distance learning.

téléfilm /telefilm/ *nm* TV film, TV movie.

télégramme /telegʀam/ *nm* telegram, cableUS.

télégraphier /telegʀafje/ *vtr* to telegraph, to send a telegramGB, a cableUS.

téléguider /telegide/ *vtr* to control [sth] by radio.

téléobjectif /teleɔbʒɛktif/ *nm* telephoto lens.

téléphérique /telefeʀik/ *nm* cable car.

téléphone /telefɔn/ *nm* phone; **~ à carte** cardphone. ▪ **~ portable** mobile; **le ~ rouge** the hotline.

téléphoner /telefɔne/ *vtr, vi, vpr* to phone.

téléphonique /telefɔnik/ *adj* (tele)phone.

télescopage /telɛskɔpaʒ/ *nm* collision.

télescope /telɛskɔp/ *nm* telescope.

télescoper /telɛskɔpe/ *vtr, vpr* to collide (with).

téléscripteur /teleskʀiptœʀ/ *nm* teleprinter[GB], teletypewriter[US].

télésiège /telesjɛʒ/ *nm* chair lift.

téléski /teleski/ *nm* ski tow.

téléspectateur, ~trice /telespɛktatœʀ, tʀis/ *nm,f* viewer.

télésurveillance /telesyʀvɛjɑ̃s/ *nf* electronic surveillance.

télévisé, ~e /televize/ *adj* [programme] television; [débat] televised.

téléviseur /televizœʀ/ *nm* television (set).

télévision /televizjɔ̃/ *nf* television, TV.

tellement /tɛlmɑ̃/ I *adv* so; (+ verbe ou un comparatif) so much. II *conj* so. III **~ de** *dét indéf* so many; (+ non dénombrable) so much. IV **~ que** *loc conj* so... that.

téméraire /temeʀɛʀ/ *adj* reckless; [jugement] rash.

témoignage /temwaɲaʒ/ *nm* (au cours d'une enquête) evidence ¢; (déposition) evidence ¢, testimony; (compte rendu) account; **en ~ de** as a token of.

témoigner /temwaɲe/ I *vtr* JUR to testify; (montrer) to show. II **~ de** *vtr ind* to show; (se porter garant de) to vouch for. III *vi* JUR to give evidence.

témoin /temwɛ̃/ *nm* witness; **~ oculaire** eyewitness; (voyant lumineux) indicator light; (dans une course de relais) baton.

tempe /tɑ̃p/ *nf* temple; **appuyer un pistolet sur la ~ de qn** to hold a gun to sb's head.

tempérament /tɑ̃peʀamɑ̃/ *nm* disposition; **à ~** by instalments[GB].

température /tɑ̃peʀatyʀ/ *nf* temperature.

tempérer /tɑ̃peʀe/ *vtr* to temper.

tempête /tɑ̃pɛt/ *nf* MÉTÉO (sans pluie) gale; (avec pluie) storm; (agitation) uproar.

tempêter /tɑ̃pete/ *vi* **~ (contre)** to rage (against).

temple /tɑ̃pl/ *nm* temple; (protestant) church.

temporaire /tɑ̃pɔʀɛʀ/ *adj* temporary.

temporel, ~elle /tɑ̃pɔʀɛl/ *adj* temporal; **biens ~s** worldly goods.

temporiser /tɑ̃pɔʀize/ *vi* to stall.

temps /tɑ̃/ *nm* MÉTÉO weather ¢; (durée, moment, époque) time; (phase) stage; **dans un premier/dernier ~** first/finally; LING (de verbe) tense; (de moteur) stroke.
• **se payer du bon ~**[©] to have a whale of a time[©].

tenable /tənabl/ *adj* bearable; (défendable) tenable.

tenace /tənas/ *adj* stubborn; [brume, toux] persistent.

ténacité /tenasite/ *nf* tenacity.

tenaille /tənaj/ *nf* pincers (*pl*).

tenailler /tənaje/ *vtr* **tenaillé par le remords** racked with remorse.

tendance /tɑ̃dɑ̃s/ *nf* tendency; **avoir ~ à faire** to tend to do; (mode) trend.

tendancieux, ~ieuse /tɑ̃dɑ̃sjø, jøz/ *adj* biased, tendentious.

tendeur /tɑ̃dœʀ/ *nm* guy rope; (de porte-bagages, galerie) elastic strap.

tendon /tɑ̃dɔ̃/ *nm* tendon.

tendre[1] /tɑ̃dʀ/ I *vtr* (corde) to tighten; (élastique) to stretch; (ressort) to extend; **~ le cou** to crane one's neck; (offrir) **~ qch à qn** to hold sth out to sb. II **~ à** *vtr ind* to strive for; (avoir tendance à) to tend to. III *vi* **~ vers** to strive for; (se rapprocher) **~ vers** (valeur, chiffre) to approach; (zéro, infini) to tend to. IV **se ~** *vpr* to tighten; (devenir conflictuel) to become strained.

tendre[2] /tɑ̃dʀ/ *adj* [peau, etc] tender; [ami] dear.

tendrement /tɑ̃dʀəmɑ̃/ *adv* tenderly.

tendresse /tɑ̃dʀɛs/ *nf* tenderness.

tendu, **~e** /tɑ̃dy/ I *pp* ▸**tendre**[1]. II *adj* tight; [personne, réunion] tense.

ténèbres /tenɛbʀ/ *nfpl* **les ~** darkness ¢.

teneur /tənœʀ/ *nf* content; (d'un discours) tenor.

tenir /təniʀ/ I *vtr* to hold; (considérer) **~ qn/qch pour responsable** to hold sb/sth responsible; (maison, promesse, journal) to keep; (standard) to be in charge of. II **~ à** *vtr ind* to be fond of, to like; (réputation, vie) to value; (vouloir) to want; (être dû à) to be due to. III **~ de** *vtr ind* to take after; (savoir) to know from. IV *vi* [attache, corde] to hold (out); [timbre, colle] to stick; (ne pas céder) to hang on; (durer) to last; [alibi] to stand up; **~ (dans)** [personnes, objets] to fit (into). V **se ~** *vpr* (s'accrocher) to hold on; (demeurer) to be, to stay; (se comporter) to behave; [manifestation, exposition] to be held; [raisonnement, œuvre] to hold together; **se ~ pour** to consider oneself to be; **s'en ~ à** to keep to. VI *v impers* **il ne tient qu'à toi de faire** it's up to you if you do. VII **tiens** *excl* **tiens tiens (tiens)!** well, well!

tennis /tenis/ I *nm* tennis; **~ de table** table tennis. II *nm/f* tennis shoe, sneaker[US].

tension /tɑ̃sjɔ̃/ *nf* tension; **~ (artérielle)** blood pressure; **être sous ~** to be under stress.

tentacule /tɑ̃takyl/ *nm* tentacle.

tentant, **~e** /tɑ̃tɑ̃, ɑ̃t/ *adj* tempting.

tentation /tɑ̃tasjɔ̃/ *nf* temptation.

tentative /tɑ̃tativ/ *nf* attempt.

tente /tɑ̃t/ *nf* tent.

tenter /tɑ̃te/ *vtr* to attempt, to try; **~ sa chance** to try one's luck; (attirer) to tempt.

tenture /tɑ̃tyʀ/ *nf* **~s** (décoratif) draperies; (aux murs) fabric wall covering.

tenu, **~e** /təny/ *adj* **bien/mal ~** well/badly kept; **~ de faire** required to do; **~ à** bound by.

tenue /təny/ *nf* (vestimentaire) dress ¢, clothes (*pl*); **avoir de la ~** to have good manners; (posture) posture ¢. ▪ **~ de cérémonie** ceremonial dress ¢; **~ de route** roadholding ¢.

ter /tɛʀ/ *adv* ter, three times.

térébenthine /teʀebɑ̃tin/ *nf* **(essence de) ~** turpentine.

tergal® /tɛʀgal/ *nm* Terylene®.

terme /tɛʀm/ I *nm* term; (échéance) end; (date de paiement du loyer) due date. II **~s** *nmpl* (relations) terms; **en bons ~s** on good terms.

• **trouver un moyen ~** (équilibre) to find a happy medium; (compromis) to find a compromise.

terminaison /tɛʀminɛzɔ̃/ *nf* ending.

terminal, **~e**, *mpl* **~aux** /tɛʀminal, o/ I *adj* terminal, final. II *nm* terminal.

terminale /tɛʀminal/ *nf* SCOL final year (*of secondary school*).

terminer /tɛʀmine/ I *vtr* to finish; (conclure) to end. II *vi* to finish; **en ~ avec** to be through with. III **se ~** *vpr* **se ~ (par)** to end (with).

terminus /tɛʀminys/ *nm* end of the line; (de bus) terminus.

termite /tɛʀmit/ *nm* termite.

terne /tɛʀn/ *adj* dull; [couleur] drab.

ternir /tɛʀniʀ/ *vtr*, *vpr* (métal, réputation) to tarnish.

terrain /tɛʀɛ̃/ *nm* ground; (parcelle) plot of land; (étendue) land ¢; (de jeu, sport) ground; (champ de recherche) field. ▪ **~ d'aviation** airfield; **~ de camping** campsite; **~ de jeu(x)** playground; **~ vague** wasteland ¢.

terrasse /tɛʀas/ *nf* terrace.

terrasser /tɛʀase/ *vtr* to knock down; [maladie] to strike down.

terre /tɛʀ/ I *nf* (sol) ground; **sous ~** underground; (matière) earth; AGRIC soil; (région, campagne) land; **la ~ entière** the whole world. II **~ à ~** *loc adj inv* basic;

[personne] down-to-earth. III **par ~** *loc adv* on the ground; (dedans) on the floor.

Terre /tɛʀ/ *nf* Earth.

terreau, *pl* **~x** /teʀo/ *nm* compost.

terre-plein, *pl* **terres-pleins** /tɛʀplɛ̃/ *nm* platform; (de route) central reservation[GB], median strip[US].

terrer: **se ~** /tɛʀe/ *vpr* to disappear into its burrow; [fugitif] to hide.

terrestre /tɛʀɛstʀ/ *adj* of the Earth (*après n*); [animaux, transport] land (*épith*); **le paradis ~** heaven on earth.

terreur /tɛʀœʀ/ *nf* terror.

terrible /tɛʀibl/ *adj* terrible; [soif, envie] tremendous; (remarquable)☺ terrific☺; **pas ~**☺ not great.

terriblement /tɛʀibləmɑ̃/ *adv* terribly.

terrien, **~ienne** /tɛʀjɛ̃, jɛn/ *adj* **propriétaire ~** landowner.

Terrien, **~ienne** /tɛʀjɛ̃, jɛn/ *nm,f* earthman/earthwoman.

terrier /tɛʀje/ *nm* hole; (de renard) a fox's earth; (chien) terrier.

terrifiant, **~e** /tɛʀifjɑ̃, ɑ̃t/ *adj* terrifying.

terrifier /tɛʀifje/ *vtr* to terrify.

territoire /tɛʀitwaʀ/ *nm* territory. ▪ **~ d'outre-mer, TOM** French overseas (administrative) territory.

terroir /tɛʀwaʀ/ *nm* region; **vin du ~** local wine.

terroriser /tɛʀɔʀize/ *vtr* to terrorize.

terrorisme /tɛʀɔʀism/ *nm* terrorism.

terroriste /tɛʀɔʀist/ *adj, nmf* terrorist.

tes ▸ **ton**[1].

test /tɛst/ *nm* test.

testament /tɛstamɑ̃/ *nm* will; **l'Ancien Testament** the Old Testament.

tester /tɛste/ *vtr* to test.

têtard /tɛtaʀ/ *nm* tadpole.

tête /tɛt/ *nf* head; (visage) face; (esprit) mind; **de ~** from memory; [calculer] in one's head; **tenir ~ à qn** to stand up to sb; (direction) leader; (de train) front; (d'arbre, de liste) top; (au football) header; (d'enregistrement, effacement) head. ▪ **~ en l'air** scatterbrain; **~ de chapitre** chapter heading.

tête-à-tête /tɛtatɛt/ *nm inv* tête-à-tête; (de politiciens) private meeting.

tête-bêche /tɛtbɛʃ/ *adv* top-to-tail; (pour des objets) head-to-tail.

téter /tete/ I *vtr* to suck at. II *vi* to suckle.

tétine /tetin/ *nf* (de biberon) teat[GB], nipple[US]; (sucette) dummy[GB], pacifier[US].

têtu, **~e** /tety/ *adj* stubborn.

texte /tɛkst/ *nm* text; (rôle à apprendre) lines (*pl*), part.

textile /tɛkstil/ *adj, nm* textile.

texto☺ /tɛksto/ ▸ **textuellement**.

textuellement /tɛkstɥɛlmɑ̃/ *adv* word for word.

TGV /teʒeve/ *nm* (*abrév =* **train à grande vitesse**) TGV, high-speed train.

thé /te/ *nm* tea.

théâtral, **~e**, *mpl* **~aux** /teatʀal, o/ *adj* [œuvre] dramatic; [saison, compagnie] theatre[GB].

théâtre /teatʀ/ *nm* theatre[GB]; (lieu d'une action) scene.

théière /tejɛʀ/ *nf* teapot.

thème /tɛm/ *nm* topic, subject; (musical, de discours) theme; (traduction) prose.

théologie /teɔlɔʒi/ *nf* theology.

théorème /teɔʀɛm/ *nm* theorem.

théoricien, **~ienne** /teɔʀisjɛ̃, jɛn/ *nm,f* theoretician.

théorie /teɔʀi/ *nf* theory.

théorique /teɔʀik/ *adj* theoretical.

théoriquement /teɔʀikmɑ̃/ *adv* theoretically, in theory.

thérapeute /teʀapøt/ *nmf* therapist.

thermomètre /tɛʀmɔmɛtʀ/ *nm* thermometer.

thèse /tɛz/ *nf* thesis[GB], dissertation[US]; (point de vue) thesis, argument.

thon /tɔ̃/ *nm* tuna.

thym /tɛ̃/*nm* thyme.

tibia /tibja/ *nm* shinbone.

tic /tik/ *nm* (contraction) tic, twitching.

ticket /tikɛ/ *nm* ticket. ▪ **~ de caisse** till receipt[GB], sales slip[US].

ticket-restaurant®, *pl* **tickets-restaurant** /tikɛʀɛstɔʀɑ̃/ *nm* luncheon voucher[GB].

tic-tac /tiktak/ *nm inv* (*aussi onomat*) ticktock; **faire ~** to tick.

tiède /tjɛd/ *adj* [eau, accueil] lukewarm; [air, nuit] warm; [température] mild; **servez ~** serve warm.

tiédir /tjediʀ/ *vi* to warm (up).

tien, ~ne /tjɛ̃, tjɛn/ I *adj poss* yours. II **le ~, la ~ne, les ~s, les ~nes** *pron poss* yours; **à la tienne!** cheers!

tiens /tjɛ̃/ ▸ **tenir** VII.

tiercé /tjɛʀse/ *nm*: *system of betting on three placed horses*; **jouer au ~** to bet on the horses.

tiers, tierce /tjɛʀ, tjɛʀs/ I *adj* third. II *nm* MATH third; (inconnu) outsider; JUR third party.

tiers-monde /tjɛʀmɔ̃d/ *nm* Third World.

tige /tiʒ/ *nf* BOT stem, stalk; (en fer) rod; (en bois) stick.

tignasse☺ /tiɲas/ *nf* mop of hair.

tigre /tigʀ/ *nm* tiger.

tigré, ~e /tigʀe/ *adj* striped.

tilleul /tijœl/ *nm* lime (tree); (tisane) lime-blossom tea.

timbale /tɛ̃bal/ *nf* metal tumbler; MUS kettledrum.

timbre /tɛ̃bʀ/ *nm* stamp; (de voix) tone, timbre; (sonnette) bell.

timbré, ~e /tɛ̃bʀe/ *adj* [enveloppe] stamped; (fou)☺ crazy☺.

timbre-poste, *pl* **timbres-poste** /tɛ̃bʀəpɔst/ *nm* postage stamp.

timbrer /tɛ̃bʀe/ *vtr* to stamp.

timide /timid/ I *adj* shy, timid. II *nmf* shy person.

timidité /timidite/ *nf* shyness.

tintamarre /tɛ̃tamaʀ/ *nm* din.

tintement /tɛ̃tmɑ̃/ *nm* (de sonnette) ringing; (verre) clinking.

tinter /tɛ̃te/ *vi* [sonnette] to ring; [verre] to clink.

tir /tiʀ/ *nm* fire ¢; (sport) shooting ¢; (action de tirer) firing ¢; (avec ballon, boule) shot; **~ au but** shot; (à la chasse) shooting ¢. ▪ **~ à l'arc** archery.

tirade /tiʀad/ *nf* passage.

tirage /tiʀaʒ/ *nm* (au sort) draw; (impression) impression; (d'un livre) run; (d'un journal) circulation; ORDINAT hard copy; (de négatif) print.

tiraillement /tiʀajmɑ̃/ *nm* nagging pain.

tirailler /tiʀaje/ *vtr* **être tiraillé entre** to be torn between.

tire-bouchon, *pl* **~s** /tiʀbuʃɔ̃/ *nm* corkscrew.

tirelire /tiʀliʀ/ *nf* piggy bank.

tirer /tiʀe/ I *vtr* to pull; (trait, loterie) to draw; (balle) to fire off; (flèche) to shoot; (penalty) to take, (livre) to print; (langue) to stick out. II *vi* **~ sur qch** to pull on sth; (avec une arme) to fire at; (au football) to shoot; (au handball, basket-ball) to take a shot; **~ au sort** to draw lots. III **se ~** *vpr* **se ~ de** to come through; (partir)☺ to push off☺GB, to split☺US. IV **s'en ~** *vpr* (se débrouiller)☺ to cope, to manage; (échapper à) (accident) to escape.

tiret /tiʀɛ/ *nm* dash.

tireur /tiʀœʀ/ *nm* gunman; **~ isolé** sniper; **~ d'élite** marksman.

tiroir /tiʀwaʀ/ *nm* drawer.

tiroir-caisse, *pl* **tiroirs-caisses** /tiʀwaʀkɛs/ *nm* cash register.

tisane /tizan/ *nf* herbal tea, tisane.

tisonnier /tizɔnje/ *nm* poker.

tissage /tisaʒ/ *nm* weaving ¢.

tisser /tise/ *vtr* to weave; **métier à ~** weaving loom; **tissé à la main** handwoven; **récit tissé de mensonges** story riddled with lies; [araignée] to spin.

tisserand, **~e** /tisʀɑ̃, ɑ̃d/ *nm,f* weaver.

tissu /tisy/ *nm* material, fabric; (ensemble) (d'intrigues) web; **~ social** social fabric.

titre /titʀ/ *nm* title; (de chapitre) heading; (de journal) headline; **~ de gloire** claim to fame; **à plus d'un ~** in many respects; **~ de propriété** title deed; **~ de transport** ticket; (valeur boursière) security.

titré, **~e** /titʀe/ *adj* titled.

tituber /titybe/ *vi* to stagger.

titulaire /titylɛʀ/ *adj* **être ~ de** (permis) to hold.

toast /tost/ *nm* toast ¢; **trois ~s** three pieces of toast.

toboggan /tɔbɔgɑ̃/ *nm* slide.

toc /tɔk/ **I**® *nm inv* **du ~** a fake. **II** *excl* (*also onomat*); **~! ~!** knock! knock!

tocsin /tɔksɛ̃/ *nm* alarm (bell).

toge /tɔʒ/ *nf* gown.

toi /twa/ *pron pers* you; **c'est à ~** it's yours, it's your turn; (réfléchi) yourself.

toile /twal/ *nf* cloth; (de peintre) canvas; (tableau) painting. ■ **~ d'araignée** spider's web; (dans une maison) cobweb; **~ cirée** oilcloth.

toilette /twalɛt/ **I** *nf* **faire sa ~** [personne] to have a wash[GB]; [animal] to wash itself; (vêtements) outfit. **II** **~s** *nfpl* toilet[GB] (*sg*), bathroom[US] (*sg*); (dans un lieu public) toilets, restroom[US] (*sg*).

toiletter /twalete/ *vtr* to groom.

toi-même /twamɛm/ *pron pers* yourself.

toise /twaz/ *nf* height gauge.

toiser /twaze/ *vtr* **~ qn** to look sb up and down.

toison /twazɔ̃/ *nf* (de mouton) fleece; (chevelure) mane.

toit /twa/ *nm* roof. ■ **~ ouvrant** sunroof.

toiture /twatyʀ/ *nf* roof.

tôle /tol/ *nf* (plaque) metal sheet; **~ ondulée** corrugated iron; (prison)® prison.

tolérance /tɔleʀɑ̃s/ *nf* tolerance.

tolérant, **~e** /tɔleʀɑ̃, ɑ̃t/ *adj* tolerant.

tolérer /tɔleʀe/ *vtr* to tolerate.

TOM /tɔm/ *nm* (*abrév* = **territoire d'outre-mer**) French overseas (administrative) territory.

tomate /tɔmat/ *nf* tomato.

tombe /tɔ̃b/ *nf* grave; (dalle) gravestone.

tombeau, *pl* **~x** /tɔ̃bo/ *nm* tomb.

tombée /tɔ̃be/ *nf* **à la ~ du jour** at close of day; **à la ~ de la nuit** at nightfall.

tomber /tɔ̃be/ *vi* GÉN to fall; [fièvre] to come down; [vent] to drop; [conversation] to die down; **faire ~** (prix) to bring down; [opposition] to subside; [épaules] to slope; [nouvelle] to break; (rencontrer) **~ sur** (qch) to come across; (qn) to run into; **laisser ~** (emploi, activité) to give up; (sujet) to drop; **laisse ~!** forget it!; **laisser ~ qn** to drop sb; (ne plus aider) to let sb down.

tombola /tɔ̃bɔla/ *nf* raffle.

tome /tom/ *nm* volume; (division) part, book.

ton[1], **ta**, *pl* **tes** /tɔ̃, ta, te/ *adj poss* your.

ton[2] /tɔ̃/ *nm* (de voix) pitch; **donner le ~** to set the tone; **de bon ~** in good taste, tasteful; (couleur) shade, tone.

tondeuse /tɔ̃døz/ *nf* clippers (*pl*); (de jardin) lawnmower.

tondre /tɔ̃dʀ/ *vtr* to shear; (chien) to clip; (gazon) to mow.

tondu, **~e** /tɔ̃dy/ *adj* [mouton] shorn; [chien] clipped; [crâne] shaven[GB], shaved.

tonifier /tɔnifje/ *vtr* to tone up; [air] to invigorate.

tonique /tɔnik/ *adj* tonic; [air] invigorating; **lotion** ~ toning lotion.

tonitruer /tɔnitʀye/ *vi* to thunder.

tonne /tɔn/ *nf* tonne, metric ton; **des ~s de choses à faire**☺ tons of things to do.

tonneau, *pl* **~x** /tɔno/ *nm* barrel; (en voiture) somersault.

tonnelle /tɔnɛl/ *nf* arbour[GB].

tonnerre /tɔnɛʀ/ *nm* MÉTÉO thunder; **coup de** ~ clap of thunder; FIG thunderbolt.

tonton☺ /tɔ̃tɔ̃/ *nm* uncle.

tonus /tɔnys/ *nm* energy, dynamism.

top /tɔp/ *nm* beep.

topographie /tɔpɔgʀafi/ *nf* topography.

toquade☺ /tɔkad/ *nf* ~ **(pour)** (un objet) passion (for); (pour une personne) crush☺ (on).

toque /tɔk/ *nf* (de juge, cuisinier) hat; (de jockey) cap.

toqué☺, **~e** /tɔke/ *adj* crazy☺.

torche /tɔʀʃ/ *nf* torch; ~ **électrique** torch[GB], flashlight.

torcher☺ /tɔʀʃe/ *vtr* to wipe; (article, rapport) to dash off☺.

torchon /tɔʀʃɔ̃/ *nm* cloth; (pour la vaisselle) tea towel[GB], dishtowel[US]; (journal)☺ rag☺; (travail mal présenté)☺ messy piece of work.

tordant☺, **~e** /tɔʀdɑ̃, ɑ̃t/ *adj* hilarious.

tordre /tɔʀdʀ/ **I** *vtr* to twist; (cou) to wring; (clou, barre) to bend. **II se ~** *vpr* (cheville) to twist; (de douleur) to writhe (in).

tordu, **~e** /tɔʀdy/ *adj* crooked; [branches] twisted; [idée] weird; [logique, esprit] twisted.

tornade /tɔʀnad/ *nf* tornado.

torpeur /tɔʀpœʀ/ *nf* torpor.

torpille /tɔʀpij/ *nf* torpedo.

torpilleur /tɔʀpijœʀ/ *nm* torpedo boat.

torréfier /tɔʀefje/ *vtr* to roast.

torrent /tɔʀɑ̃/ *nm* torrent.

torride /tɔʀid/ *adj* torrid.

torsade /tɔʀsade/ *nf* twist.

torse /tɔʀs/ *nm* chest.

tort /tɔʀ/ **I** *nm* **avoir** ~ to be wrong; **donner ~ à qn** to blame sb; **faire du ~ à** to harm. **II à ~** *loc adv* wrongly; **à ~ ou à raison** rightly or wrongly; **à ~ et à travers** [dépenser] wildly.

torticolis /tɔʀtikɔli/ *nm* stiff neck.

tortillard☺ /tɔʀtijaʀ/ *nm* slow train.

tortiller /tɔʀtije/ **I** *vtr* to twiddle. **II se ~** *vpr* to wriggle.

tortillon /tɔʀtijɔ̃/ *nm* twist.

tortionnaire /tɔʀsjɔnɛʀ/ *nmf* torturer.

tortue /tɔʀty/ *nf* turtle; (terrestre) tortoise, turtle[US]; ~ **marine** turtle.

tortueux, **~euse** /tɔʀtɥø, øz/ *adj* [chemin] winding; [langage] convoluted; [esprit] tortuous.

torture /tɔʀtyʀ/ *nf* torture ¢.

torturer /tɔʀtyʀe/ **I** *vtr* to torture; [pensée] to torment. **II se ~** *vpr* to torment oneself.

tôt /to/ *adv* early; (bientôt, vite) soon, early; **ce n'est pas trop ~**☺**!** about time too☺!

total, **~e**, *mpl* **~aux** /tɔtal, o/ **I** *adj* complete, total. **II** *nm* total. **III au ~** *loc adv* altogether.

totalement /tɔtalmɑ̃/ *adv* totally, completely.

totaliser /tɔtalize/ *vtr* to total, to add up; (buts, votes) to have a total of.

totalitaire /tɔtalitɛʀ/ *adj* totalitarian.

totalitarisme /tɔtalitaʀism/ *nm* totalitarianism.

totalité /tɔtalite/ *nf* **la ~ du personnel** all the staff, the whole staff; **la ~ des dépenses** the total expenditure; **en** ~ in full.

toubib☺ /tubib/ *nm* doctor, doc☺.

touchant, **~e** /tuʃɑ̃, ɑ̃t/ *adj* moving; (attendrissant) touching; ~ **de simplicité** touchingly simple.

touche /tuʃ/ *nf* key; (de vidéo) button; (coup de pinceau) stroke; (style) touch; (tache de peinture) dash, touch; (en escrime) hit; (**ligne de**) ~ touchline.

• **mettre qn sur la ~** to push sb aside; **faire une ~**☺ to score☺.

toucher[1] /tuʃe/ I *vtr* GÉN to touch; (argent) to receive; (chèque) to cash; (retraite) to get. II **~ à** *vtr ind* to touch; (concerner) to concern; (porter atteinte à) (droit) to infringe on; (modifier) to change. III **se ~** *vpr* to touch.

toucher[2] /tuʃe/ *nm* touch.

touffe /tuf/ *nf* (de poils) tuft; (de genêts, d'arbres) clump.

touffu, **~e** /tufy/ *adj* bushy; [discours, style] dense.

toujours /tuʒuʀ/ *adv* always; (encore) still; (de toute façon) anyway; **viens** ~ come anyway.

toupet☺ /tupɛ/ *nm* cheek☺, nerve☺.

toupie /tupi/ *nf* top.

tour[1] /tuʀ/ *nm* GÉN turn; (autour d'un axe) revolution; (circonférence) circumference; (à pied) walk, stroll; (à bicyclette) ride; (en voiture) drive; (de compétition, tournoi, coupe) round; **scrutin à deux ~s** two-round ballot; (ruse) trick; ~ **de main** knack; ~ **de force** feat.

tour[2] /tuʀ/ *nf* GÉN tower; (immeuble) tower block[GB], high rise[US]; (aux échecs) rook.

tourbe /tuʀb/ *nf* peat.

tourbillon /tuʀbijɔ̃/ *nm* whirlwind; (d'eau) whirlpool.

tourisme /tuʀism/ *nm* tourism.

touriste /tuʀist/ *nmf* tourist.

touristique /tuʀistik/ *adj* tourist (*épith*); [afflux] of tourists; [ville, région] which attracts tourists.

tourment /tuʀmɑ̃/ *nm* torment.

tourmente /tuʀmɑ̃t/ *nf* (tempête) storm; (trouble) turmoil.

tourmenter /tuʀmɑ̃te/ I *vtr* to worry; (faire souffrir) to torment. II **se ~** *vpr* to worry.

tournage /tuʀnaʒ/ *nm* shooting ₵, filming ₵.

tournant, **~e** /tuʀnɑ̃, ɑ̃t/ I *adj* [mouvement] turning; [porte] revolving. II *nm* bend; (moment) turning point; **au ~ du siècle** at the turn of the century.

tourne-disque, *pl* **~s** /tuʀnədisk/ *nm* record player.

tournée /tuʀne/ *nf* round; (de chanteur) tour.

tourner /tuʀne/ I *vtr* GÉN to turn; (film, scène) to shoot; (difficulté, loi) to get around; (sauce) to stir. II *vi* GÉN to turn; [planète, hélice] to rotate; [toupie, danseur] to spin; **faire** ~ to turn; ~ **autour de qch** to turn around sth; ~ **autour de qn** to hang around sb; [planète, étoile] to revolve around sth; [moteur, usine] to run; (évoluer) **bien/mal** ~ to turn out well/badly; [réalisateur] to shoot, to film; [lait, sauce, viande] to go off. III **se ~** *vpr* **se ~ vers qn/qch** to turn to sb/sth.

tournesol /tuʀnəsɔl/ *nm* sunflower.

tournevis /tuʀnəvis/ *nm* screwdriver.

tourniquet /tuʀnikɛ/ *nm* turnstile; (présentoir) revolving stand; (d'arrosage) sprinkler.

tournoi /tuʀnwa/ *nm* tournament.

tournoyer /tuʀnwaje/ *vi* to whirl.

tournure /tuʀnyʀ/ *nf* turn; **prendre** ~ to take shape; (formulation) turn of phrase. ▪ **~ d'esprit** frame of mind.

tourte /tuʀt/ *nf* pie.

tourteau, *pl* **~x** /tuʀto/ *nm* crab; (pour animaux) oil cake.

tourterelle /tuʀtəʀɛl/ *nf* turtle dove.

tous ▸ **tout**.

Toussaint /tusɛ̃/ *nf* All Saints' Day.

tousser /tuse/ *vi* to cough; [moteur] to splutter.

tout /tu/, **~e** /tut/, *mpl* **tous** /*adj* tu, *pron* tus/, *fpl* **toutes** /tut /**I** *pron indéf* **~** everything; (n'importe quoi) anything; (l'ensemble) all. **II** *adj* all; the whole; **~ le reste** everything else; (n'importe quel) any; all, every (+ *sg*); (chaque) **tous/ toutes les** every; **tous les jours** every day. **III** *adv* (*généralement invariable, mais s'accorde en genre et en nombre avec les adjectifs féminins commençant par consonne ou h aspiré*) very, quite; (entièrement) all; (devant un nom) **veste ~ cuir** all-leather jacket; **c'est ~ le contraire** it's the very opposite; (d'avance) **~ prêt** ready-made; (en même temps) while; (bien que) although. **IV du ~** *loc adv* **(pas) du ~** not at all. **V** *nm* a whole; (l'essentiel) the main thing. ■ **~ à coup/d'un coup** suddenly; **~ à fait** quite, absolutely; **~ à l'heure** in a moment; (peu avant) a little while ago, just now; **à ~ à l'heure!** see you later!; **~ de suite** at once, straight away.

toutefois /tutfwa/ *adv* however.

toutou☺ /tutu/ *nm* doggie☺, dog.

tout-petit, *pl* **~s** /tupəti/ *nm* (enfant) toddler.

tout-puissant, **toute-puissante** /tupɥisɑ̃, tutpɥisɑ̃t/ *adj* all-powerful.

toux /tu/ *nf* cough.

toxicomane /tɔksikɔman/ *nmf* drug addict.

toxicomanie /tɔksikɔmani/ *nf* drug addiction.

toxique /tɔksik/ **I** *adj* toxic, poisonous. **II** *nm* poison.

TP /tepe/ *nmpl* (*abrév* = **travaux pratiques**) practical work ¢.

trac☺ /tʀak/ *nm* (sur scène) stage fright; **avoir le ~** to feel nervous.

tracas /tʀaka/ *nm* trouble; **se faire du ~** to worry about.

tracasser /tʀakase/ **I** *vtr* to bother. **II se ~** *vpr* to worry (about).

tracasserie /tʀakasʀi/ *nf* problem.

trace /tʀas/ *nf* trail; (empreinte) track; **~s de pas** footprints, footmarks; (de brûlure, peinture) mark; (indice) sign.

tracé /tʀase/ *nm* line.

tracer /tʀase/ *vtr* to draw; (mot) to write.

trachée /tʀaʃe/ *nf* windpipe.

tract /tʀakt/ *nm* pamphlet, tract.

tractation /tʀaktasjɔ̃/ *nf* negotiation.

tracteur /tʀaktœʀ/ *nm* tractor.

traction /tʀaksjɔ̃/ *nf* traction; (exercices) pull-ups; (effort mécanique) tension.

tradition /tʀadisjɔ̃/ *nf* tradition.

traditionnel, **~elle** /tʀadisjɔnɛl/ *adj* traditional.

traducteur, **~trice** /tʀadyktœʀ, tʀis/ *nm,f* translator.

traduction /tʀadyksjɔ̃/ *nf* translation.

traduire /tʀadɥiʀ/ **I** *vtr* to translate; [violence] to be the expression of; **~ qn en justice** to bring sb to justice. **II se ~** *vpr* [joie, peur] to show; [crise, action] **se ~ (par)** to result (in).

trafic /tʀafik/ *nm* traffic.

trafiquant, **~e** /tʀafikɑ̃, ɑ̃t/ *nm,f* trafficker, dealer.

trafiquer /tʀafike/ *vtr* to fiddle with.

tragédie /tʀaʒedi/ *nf* tragedy.

tragique /tʀaʒik/ *adj* tragic.

trahir /tʀaiʀ/ *vtr* to betray; (promesse) to break.

trahison /tʀaizɔ̃/ *nf* **une ~** a betrayal; **la ~** treason ¢.

train /tʀɛ̃/ **I** *nm* train; (série) series; (allure) pace. **II en ~** *loc* full of energy; **se mettre en ~** to get going; **être en ~ de faire qch** to be doing sth. ■ **~ d'atterrissage** undercarriage; **~ de vie** lifestyle.

traîne /tʀɛn/ *nf* train; **à la ~** behind.

traîneau, *pl* **~x** /tʀɛno/ *nm* sleigh.

traînée /tʀene/ *nf* streak.

traîner /tʀene/ I *vtr* to drag (sb/sth along). II *vi* to hang around; **faire/laisser ~ (les choses)** to let things drag on; **ta jupe traîne par terre** your skirt is trailing on the ground. III **se ~** *vpr* to drag oneself along; [voiture, escargot] to crawl along.
• **~ la jambe/la patte**© to limp.

train(-)train© /tʀɛ̃tʀɛ̃/ *nm inv* daily round.

traire /tʀɛʀ/ *vtr* to milk.

trait /tʀɛ/ *nm* line; (dessiné) stroke; (particularité) feature; (de personne) trait; **~ de génie** stroke of genius. ▪ **~ d'union** hyphen; FIG link.

traite /tʀɛt/ I *nf* (bancaire) draft; (commerce) trade; (des vaches) milking. II **d'une ~** *loc adv* in one go; [conduire] nonstop.

traité /tʀete/ *nm* JUR treaty; (ouvrage) treatise.

traitement /tʀɛtmɑ̃/ *nm* treatment ¢; (salaire) salary; ORDINAT processing ¢. ▪ **~ de faveur** special treatment; **~ de texte** ORDINAT (logiciel) word processor.

traiter /tʀete/ I *vtr* to treat; (question) to deal with; ORDINAT (données) to process; **~ qn de menteur** to call sb a liar. II **~ de** *vtr ind* to deal with.

traiteur /tʀɛtœʀ/ *nm* caterer.

traître, **traîtresse** /tʀɛtʀ, tʀɛtʀɛs/ I *adj* treacherous. II *nm,f* ~ (à) traitor (to).

traîtrise /tʀɛtʀiz/ *nf* treachery.

trajectoire /tʀaʒɛktwaʀ/ *nf* trajectory; path.

trajet /tʀaʒɛ/ *nm* journey.

trame /tʀam/ *nf* framework.

tramer /tʀame/ I *vtr* to hatch. II **se ~** *vpr* to be hatched.

tramway /tʀamwɛ/ *nm* tram[GB], streetcar[US].

tranchant, **~e** /tʀɑ̃ʃɑ̃, ɑ̃t/ I *adj* sharp. II *nm* cutting edge.

tranche /tʀɑ̃ʃ/ *nf* slice; (de lard) rasher; (de livre, pièce) edge. ▪ **~ d'âge** age bracket.

tranché, **~e** /tʀɑ̃ʃe/ *adj* [opinion] clear-cut; [pain] sliced.

tranchée /tʀɑ̃ʃe/ *nf* trench.

trancher /tʀɑ̃ʃe/ I *vtr* to slice; (nœud) to cut through; (litige) to settle. II *vi* **~ sur** to stand out against; (décider) to come to a decision.

tranquille /tʀɑ̃kil/ *adj* quiet, calm; [sommeil, vacances] peaceful; **laisse-le ~** leave him alone.

tranquilliser /tʀɑ̃kilize/ *vtr* to reassure.

tranquillité /tʀɑ̃kilite/ *nf* calm, quiet; **~ d'esprit** peace of mind.

transat[1] /tʀɑ̃zat/ *nm* deckchair.

transat[2] /tʀɑ̃zat/ *nf* transatlantic race.

transatlantique /tʀɑ̃zatlɑ̃tik/ *adj* transatlantic.

transcrire /tʀɑ̃skʀiʀ/ *vtr* to transcribe.

transe /tʀɑ̃s/ *nf* trance.

transférer /tʀɑ̃sfeʀe/ *vtr* to transfer; (usine) to relocate.

transfert /tʀɑ̃sfɛʀ/ *nm* transfer; **~ d'appel** call diversion[GB].

transformateur /tʀɑ̃sfɔʀmatœʀ/ *nm* transformer.

transformation /tʀɑ̃sfɔʀmasjɔ̃/ *nf* transformation.

transformer /tʀɑ̃sfɔʀme/ I *vtr* to change, to transform; **~ en** to turn into; (au rugby) **~ un essai** to convert a try. II **se ~** *vpr* to transform oneself; **se ~ en** to turn into.

transfusion /tʀɑ̃sfyzjɔ̃/ *nf* transfusion.

transgresser /tʀɑ̃sgʀese/ *vtr* (loi) to break; (interdiction) to defy.

transi, **~e** /tʀɑ̃zi/ *adj* chilled.

transiger /tʀɑ̃ziʒe/ *vi* to compromise.

transistor /tʀɑ̃zistɔʀ/ *nm* transistor.

transit /tʀɑ̃zit/ *nm* transit.

transiter /tʀɑ̃zite/ *vi* to go via.

transitif, **~ive** /tʀɑ̃zitif, iv/ *adj* LING, MATH transitive.

transition /tʀɑ̃zisjɔ̃/ *nf* transition (between/to).

transitoire /tʀɑ̃zitwaʀ/ *adj* transitional.

transmanche /tʀɑ̃smɑ̃ʃ/ *adj inv* cross-Channel.

transmetteur /tʀɑ̃smɛtœʀ/ *nm* transmitter.

transmettre /tʀɑ̃smɛtʀ/ *vtr* to pass [sth] on (to), to convey (to); **transmets-leur mes amitiés** give them my regards; (programme, signaux, maladie) to transmit.

transmission /tʀɑ̃smisjɔ̃/ *nf* GÉN transmission. ▪ **~ de pensées** thought transference.

transparaître /tʀɑ̃spaʀɛtʀ/ *vi* to show (through).

transparence /tʀɑ̃spaʀɑ̃s/ *nf* transparency.

transparent, **~e** /tʀɑ̃spaʀɑ̃, ɑ̃t/ I *adj* transparent. II *nm* transparency.

transpercer /tʀɑ̃spɛʀse/ *vtr* to pierce; [balle] to go through.

transpiration /tʀɑ̃spiʀasjɔ̃/ *nf* sweat, perspiration.

transpirer /tʀɑ̃spiʀe/ *vi* to sweat, to perspire.

transport /tʀɑ̃spɔʀ/ *nm* transport, transportation[US]; **~s en commun** public transport, transportation[US].

transporter /tʀɑ̃spɔʀte/ *vtr* to carry; (avec un véhicule) to transport.

transversal, **~e**, *mpl* **~aux** /tʀɑ̃svɛʀsal, o/ *adj* cross; **rue ~e** side street.

trapèze /tʀapɛz/ *nm* trapeze; (figure) trapezium[GB], trapezoid[US].

trapéziste /tʀapezist/ *nmf* trapeze artist.

trappe /tʀap/ *nf* trapdoor.

trappeur /tʀapœʀ/ *nm* trapper.

trapu, **~e** /tʀapy/ *adj* stocky, thickset.

traquenard /tʀaknaʀ/ *nm* trap.

traquer /tʀake/ *vtr* to track down.

traumatiser /tʀomatize/ *vtr* to traumatize.

travail, *pl* **~aux** /tʀavaj, o/ I *nm* work; **un ~** a job; (d'accouchement) labour[GB]. II **travaux** *nmpl* work ¢. ▪ **travaux dirigés, TD** practical[GB] (*sg*); **travaux manuels** handicrafts; **travaux pratiques, TP** practical work ¢; **travaux publics** civil engineering ¢.

travailler /tʀavaje/ I *vtr* to work on; (instrument, chant) to practise[GB]; (bois, terre) to work. II **~ à** *vtr ind* to work on. III *vi* to work; [bois] to warp.

travailleur, **~euse** /tʀavajœʀ, øz/ I *adj* hardworking; [classes] working. II *nm,f* worker.

travailliste /tʀavajist/ *adj*, *nmf* Labour[GB].

travée /tʀave/ *nf* row.

travelling /tʀavliŋ/ *nm* tracking shot.

travers /tʀavɛʀ/ I *nm* mistake; **~ de porc** sparerib. II **à ~** *loc adv*, *loc prép* through. III **de ~** *loc adv* askew; (de façon inexacte) wrong, wrongly; **comprendre de ~** to misunderstand. IV **en ~ de** *loc prép* across.

traverse /tʀavɛʀs/ *nf* **chemin de ~** shortcut.

traversée /tʀavɛʀse/ *nf* crossing.

traverser /tʀavɛʀse/ *vtr* to cross, to go across; (forêt, tunnel) to go through; (guerre, occupation) to live through.

traversin /tʀavɛʀsɛ̃/ *nm* bolster.

travestir /tʀavɛstiʀ/ I *vtr* to distort. II **se ~** *vpr* to cross-dress.

trébucher /tʀebyʃe/ *vi* to stumble (against/on).

trèfle /tʀɛfl/ *nm* clover; (aux cartes) clubs (*pl*); (symbole de l'Irlande) shamrock.

treille /tʀɛj/ *nf* (vigne) climbing vine.

treillis /tʀeji/ *nm* trellis; ~ **métallique** wire mesh ¢; (tenue militaire) fatigues (*pl*).

treize /tʀɛz/ *adj inv, pron* thirteen.

treizième /tʀɛzjɛm/ *adj* thirteenth.

tréma /tʀema/ *nm* diaeresis[GB].

tremblant, **~e** /tʀɑ̃blɑ̃, ɑ̃t/ *adj* shaking, trembling.

tremble /tʀɑ̃bl/ *nm* (arbre) aspen.

tremblement /tʀɑ̃bləmɑ̃/ *nm* shaking ¢, trembling ¢. ■ **~ de terre** earthquake.

trembler /tʀɑ̃ble/ *vi* to shake, to tremble; (pour qn) to fear for.

trémousser: **se ~** /tʀemuse/ *vpr* to wiggle around.

trempe /tʀɑ̃p/ *nf* **qn de votre ~** someone of your calibre[GB]; **avoir la ~ d'un dirigeant** to have the makings of a leader; (coups)© hiding©.

tremper /tʀɑ̃pe/ **I** *vtr* to soak; (rapidement) to dip; (acier) to temper. **II** *vi* [linge, lentilles] to soak; **~ dans qch** to be mixed up in sth. **III se ~** *vpr* to go for a dip.

tremplin /tʀɑ̃plɛ̃/ *nm* springboard; (de ski) ski jump.

trentaine /tʀɑ̃tɛn/ *nf* **une ~** about thirty.

trente /tʀɑ̃t/ *adj inv, pron* thirty.

trente-et-un /tʀɑ̃teœ̃/ *nm* **être sur son ~**© to be dressed up to the nines©.

trente-six /tʀɑ̃tsis/ *adj inv, pron* thirty-six.

trente-trois /tʀɑ̃ttʀwa/ *adj inv, pron* thirty-three. ■ **~ tours** LP.

trentième /tʀɑ̃tjɛm/ *adj* thirtieth.

trépidant, **~e** /tʀepidɑ̃, ɑ̃t/ *adj* [vie] hectic.

trépied /tʀepje/ *nm* tripod.

trépigner /tʀepiɲe/ *vi* ~ **(de)** to stamp one's feet (with).

très /tʀɛ/ *adv* very; **~ bientôt** very soon; **~ amoureux** very much in love.

trésor /tʀezɔʀ/ *nm* treasure ¢.

trésorerie /tʀezɔʀʀi/ *nf* funds (*pl*); (en liquide) cash ¢; (comptabilité) accounts.

trésorier, **~ière** /tʀezɔʀje, jɛʀ/ *nm,f* treasurer; (de l'État) paymaster.

tressaillement /tʀɛsajmɑ̃/ *nm* start; (de plaisir) quiver; (de douleur) wince.

tressaillir /tʀɛsajiʀ/ *vi* (de plaisir) to quiver; (de douleur) to wince.

tresse /tʀɛs/ *nf* plait, braid[US].

tresser /tʀese/ *vtr* to plait, to braid[US].

tréteau, *pl* **~x** /tʀeto/ *nm* trestle.

treuil /tʀœj/ *nm* winch.

trêve /tʀɛv/ *nf* MIL truce; (répit) respite.

tri /tʀi/ *nm* sorting.

triangle /tʀijɑ̃gl/ *nm* triangle.

tribord /tʀibɔʀ/ *nm* **à ~** to starboard.

tribu /tʀiby/ *nf* tribe.

tribunal, *pl* **~aux** /tʀibynal, o/ *nm* court.

tribune /tʀibyn/ *nf* stand; (d'église) gallery; (estrade) platform; (pour une personne) rostrum; (lieu de débat) forum.

tribut /tʀiby/ *nm* tribute.

tributaire /tʀibytɛʀ/ *adj* **~ de qch** dependent on sth.

triche© /tʀiʃ/ *nf* **c'est de la ~** that's cheating.

tricher /tʀiʃe/ *vi* to cheat.

tricherie /tʀiʃʀi/ *nf* cheating; (acte) trick.

tricheur, **~euse** /tʀiʃœʀ, øz/ *nm,f* cheat.

tricolore /tʀikɔlɔʀ/ *adj* tricolour[GB], three-coloured[GB]; **feux ~s** traffic lights; (français)© French.

tricot /tʀiko/ *nm* knitting; (étoffe) knitwear; (pull) sweater. ■ **~ de corps** vest[GB], undershirt[US].

tricoter /tʀikɔte/ *vtr, vi* to knit.

trier /tʀije/ *vtr* to sort.

trilingue /tʀilɛ̃g/ *adj* trilingual.

trimbal(l)er☺ /tʀɛ̃bale/ I *vtr* to lug [sth] around. II **se ~** *vpr* to trail around.

trimer☺ /tʀime/ *vi* to slave away.

trimestre /tʀimɛstʀ/ *nm* term^GB; (financier) quarter.

trimestriel, **~ielle** /tʀimɛstʀijɛl/ *adj* quarterly; **examen** ~ end-of-term^GB exam.

tringle /tʀɛ̃gl/ *nf* rail.

trinité /tʀinite/ *nf* trinity.

trinquer /tʀɛ̃ke/ *vi* to clink glasses; ~ **à qch** to drink to sth.

triomphal, **~e**, *mpl* **~aux** /tʀijɔ̃fal, o/ *adj* triumphant.

triomphe /tʀijɔ̃f/ *nm* triumph.

triompher /tʀijɔ̃fe/ I *vtr ind* **~ de** to triumph over; (crainte) to overcome. II *vi* to triumph, to be triumphant.

tripes /tʀip/ *nf* tripe ¢; (de personne) guts☺.

triperie /tʀipʀi/ *nf* butcher's^GB specializing in offal.

triple /tʀipl/ I *adj* triple (*épith*); II *nm* three times as much.

triplé, **~e** /tʀiple/ *nm,f* triplet.

tripler /tʀiple/ *vtr*, *vi* (somme) to treble; (volume) to treble, to triple.

tripot /tʀipo/ *nm* dive☺.

tripoter☺ /tʀipɔte/ *vtr* to fiddle with.

trique /tʀik/ *nf* stick.

trisomique /tʀizɔmik/ *nmf* Down's syndrome person.

triste /tʀist/ *adj* sad; [maison, existence] dreary, depressing; [temps] gloomy.

tristesse /tʀistɛs/ *nf* sadness.

triturer /tʀityʀe/ *vtr* (bouton)☺ to fiddle with☺; (pâte) to knead.

trivial, **~e**, *mpl* **~iaux** /tʀivjal, jo/ *adj* coarse, crude.

troc /tʀɔk/ *nm* barter.

troène /tʀɔɛn/ *nm* privet ¢.

trognon /tʀɔɲɔ̃/ *nm* (de pomme) core.

trois /tʀɑ/ *adj inv*, *pron*, *nm inv* three.

troisième /tʀwazjɛm/ I *adj* third. II *nf* SCOL *fourth year of secondary school, age 14-15.* ▪ **le ~ âge** the Third Age.

troisièmement /tʀwazjɛmmɑ̃/ *adv* thirdly.

trombe /tʀɔ̃b/ *nf* **~s d'eau** downpour ¢. • **partir en ~** to go hurtling off.

trombone /tʀɔ̃bɔn/ *nm* trombone; (de bureau) paperclip.

trompe /tʀɔ̃p/ *nf* trunk; (instrument) horn.

tromper /tʀɔ̃pe/ I *vtr* to deceive, to trick; (électeurs) to mislead; (mari, femme) to deceive. II **se ~** *vpr* to be mistaken; **se ~ sur qn** to be wrong about sb; (concrètement) to make a mistake.

tromperie /tʀɔ̃pʀi/ *nf* deceit ¢.

trompette[1] /tʀɔ̃pɛt/ *nm* trumpet (player); (dans une fanfare) trumpeter.

trompette[2] /tʀɔ̃pɛt/ *nf* trumpet.

trompeur, **~euse** /tʀɔ̃pœʀ, øz/ *adj* [chiffre] misleading; [apparence] deceptive.

tronc /tʀɔ̃/ *nm* trunk; (dans une église) collection box. ▪ **~ commun** UNIV core curriculum.

tronçon /tʀɔ̃sɔ̃/ *nm* section.

tronçonneuse /tʀɔ̃sɔnøz/ *nf* chain saw.

trône /tʀon/ *nm* throne.

trôner /tʀone/ *vi* [person] to hold court among; [photo] to have pride of place.

tronquer /tʀɔ̃ke/ *vtr* to truncate.

trop /tʀo/ I *adv* too; (modifiant un verbe) too much; **nous sommes ~ nombreux** there are too many of us. II **~ de** *dét indéf* (+ dénombrable) too many; (+ non dénombrable) too much. III **de ~**, **en ~** *loc adv* **un de** ~ one too many; **se sentir de ~** to feel one is in the way.

trophée /tʀɔfe/ *nm* trophy.

tropique /tʀɔpik/ *nm* tropic.

trop-plein, *pl* **~s** /tʀoplɛ̃/ *nm* excess; (de lavabo) overflow.

troquer /tʀɔke/ *vtr* to swap.

troquet☺ /tʀɔkɛ/ *nm* bar.

trot /tʀo/ *nm* trot; **au ~!** trot on!.

trotte☺ /tʀɔt/ *nf* **ça fait une ~** it's a fair walk, it's quite a walk.

trotter /tʀɔte/ *vi* to trot.

trottiner /tʀɔtine/ *vi* to scurry along.

trottinette /tʀɔtinɛt/ *nf* scooter.

trottoir /tʀɔtwaʀ/ *nm* pavement[GB], sidewalk[US]. ▪ **~ roulant** moving walkway, travelator.

trou /tʀu/ *nm* hole; (lacune) gap; (déficit)☺ shortfall; **un ~ dans le budget** a budget deficit, a shortfall in the budget; (petite localité)☺ **~ (perdu)** dump☺. ▪ **~ de mémoire** memory lapse.

troublant, **~e** /tʀublɑ̃, ɑ̃t/ *adj* [problème, anecdote] disturbing.

trouble /tʀubl/ I *adj* [image, photo] blurred; [sentiment] confused; [affaire] shady. II *nm* **~s** unrest ¢, disturbances; (confusion) confusion; **jeter le ~** to stir up trouble; (maladie) disorder.

trouble-fête /tʀubləfɛt/ *nmf inv* spoilsport.

troubler /tʀuble/ *vtr* (image) to blur; (silence) to disturb; (réunion) to disrupt; (déconcerter) to trouble.

trouée /tʀue/ *nf* gap, opening; MIL breach.

trouer /tʀue/ *vtr* to make a hole in.

trouille☺ /tʀuj/ *nf* fear.

troupe /tʀup/ *nf* troops (*pl*); (de théâtre) company; (qui voyage) troupe; (de touristes) troop.

troupeau, *pl* **~x** /tʀupo/ *nm* herd; (de moutons) flock; RELIG flock.

trousse /tʀus/ *nf* (little) case; (contenu) kit.
• **aux ~s de qn**☺ on sb's heels.

trousseau, *pl* **~x** /tʀuso/ *nm* (de clés) bunch; (de mariée) trousseau.

trouvaille /tʀuvaj/ *nf* find; (invention) invention; (idée originale) bright idea, brainwave.

trouver /tʀuve/ I *vtr* GÉN to find. II **se ~** *vpr* to be; to find oneself; (raison) to come up with. III *v impers* **il se trouve que je le sais** I happen to know it.

truand /tʀyɑ̃/ *nm* gangster.

truc☺ /tʀyk/ *nm* (procédé) knack; (chose, fait)☺ thing; (dont on a oublié le nom) thingummy☺[GB], whatsit☺; **il y a un ~** there's something; (savoir-faire) trick.

trucage /tʀykaʒ/ *nm* special effect; (d'élections) rigging, fixing☺.

truelle /tʀyɛl/ *nf* trowel.

truffe /tʀyf/ *nf* truffle; (de chien) nose.

truffer /tʀyfe/ *vtr* (dinde) to stuff [sth] with truffles; **truffé**☺ **de fautes** riddled with mistakes.

truie /tʀɥi/ *nf* sow.

truite /tʀɥit/ *nf* trout.

truquage = **trucage**.

truquer /tʀyke/ *vtr* (élections) to rig.

TTC (*abrév écrite* = **toutes taxes comprises**) inclusive of tax.

tu /ty/ *pron pers* you.

tube /tyb/ *nm* tube, pipe; (chanson)☺ hit.

tuberculose /tybɛʀkyloz/ *nf* tuberculosis.

tué /tɥe/ *nm* person killed.

tuer /tɥe/ I *vtr* to kill; (épuiser) to wear out. II **se ~** *vpr* to be killed; (se suicider, s'épuiser) to kill oneself.

tuerie /tyʀi/ *nf* massacre.

tue-tête: **à ~** /atytɛt/ *loc adv* at the top of one's voice.

tueur, **~euse** /tɥœʀ, øz/ *nm,f* killer.

tuile /tɥil/ *nf* tile; (ennui)☺ blow.

tulipe /tylip/ *nf* tulip.

tuméfié, **~e** /tymefje/ *adj* swollen.

tumeur /tymœʀ/ *nf* tumour[GB].

tumulte /tymylt/ *nm* uproar; **s'achever dans le** ~ to end in uproar; (agitation) turmoil.

tumultueux, **~euse** /tymyltɥø, øz/ *adj* turbulent.

tunique /tynik/ *nf* tunic.

tunnel /tynɛl/ *nm* tunnel.

turbulence /tyʀbylɑ̃s/ *nf* turbulence ¢.

turbulent, **~e** /tyʀbylɑ̃, ɑ̃t/ *adj* rowdy, unruly.

turfiste /tœʀfist/ *nmf* racegoer.

turquoise /tyʀkwaz/ *adj inv*, *nf* turquoise.

tutelle /tytɛl/ *nf* **sous** ~ in the care of a guardian.

tuteur, **~trice** /tytœʀ, tʀis/ I *nm,f* guardian; (enseignant) tutor. II *nm* stake, support.

tutoiement /tytwamɑ̃/ *nm* use of the 'tu' form.

tutoyer /tytwaje/ *vtr* to address [sb] using the 'tu' form.

tuyau, *pl* **~x** /tɥijo/ *nm* pipe; (information)© tip.

tuyauterie /tɥijotʀi/ *nf* piping ¢.

TVA /tevea/ *nf* (*abrév* = **taxe à la valeur ajoutée**) VAT.

tympan /tɛ̃pɑ̃/ *nm* eardrum.

type /tip/ I *nm* type, kind; (représentant) (classic) example; (homme)© guy©, chap©GB. II **(-)type** (*en composition*) typical, classic.

typhon /tifɔ̃/ *nm* typhoon.

typique /tipik/ *adj* typical.

typiquement /tipikmɑ̃/ *adv* typically.

typographe /tipɔgʀaf/ *nmf* typographer.

tyran /tiʀɑ̃/ *nm* tyrant.

tyrannie /tiʀani/ *nf* tyranny.

u

U /y/ *nm inv* **en (forme de)** ~ U-shaped.

ubiquité /ybikɥite/ *nf* ubiquity.

UDF /ydeɛf/ *nf* (*abrév* = **Union pour la démocratie française**) *French political party of the centre right.*

UE (*abrév écrite* = **Union européenne**) EU.

ulcère /ylsɛʀ/ *nm* ulcer.

ULM /yɛlɛm/ *nm inv* (*abrév* = **ultraléger motorisé**) microlight; (sport) microlighting.

ultérieur, **~e** /ylteʀjœʀ/ *adj* later.

ultérieurement /ylteʀjœʀmɑ̃/ *adv* later.

ultimatum /yltimatɔm/ *nm* ultimatum.

ultime /yltim/ *adj* final.

ultrasecret, **~ète** /yltʀasəkʀɛ, ɛt/ *adj* top secret.

ultraviolet /yltʀavjɔlɛ/ *nm* PHYS ultraviolet ray.

ululer /ylyle/ *vi* to hoot.

un, **une** /œ̃(n), yn/ I *art indéf* (*pl* **des**) a, an; **un pied, un bras** a foot, an arm; (au pluriel) **des amis** friends. II *pron* (*pl* **~s**, **~es**) **(l')~ de nous** one of us; **les ~s pensent que...** some think that... III *adj numéral*, *nm* one. IV© *adv* firstly, for one thing .

unanime /ynanim/ *adj* ~ **(à faire)** unanimous (in doing).

unanimité /ynanimite/ *nf* unanimity; **à l'~** unanimously.

une /yn/ *nf* **la** ~ the front page.

UNESCO /ynɛsko/ *nf* (*abrév* = **United Nations Educational, Scientific and Cultural Organization**) UNESCO.

uni, **~e** /yni/ *adj* I [couple] close; [peuple] united; [tissu] plain; [surface] smooth, even.

UNICEF /ynisɛf/ *nf* (*abrév* = **United Nations Children's Fund**) UNICEF.

unième /ynjɛm/ *adj* **vingt et** ~ twenty-first.

unifier /ynifje/ *vtr* to unify.

uniforme /ynifɔʀm/ *adj*, *nm* uniform.

uniformiser /ynifɔʀmize/ *vtr* to standardize.

uniformité /ynifɔʀmite/ *nf* uniformity.

unijambiste /ynizɑ̃bist/ *nmf* one-legged person.

unilatéral, **~e**, *mpl* **~aux** /ynilateʀal, o/ *adj* unilateral; [stationnement] on one side only.

unilingue /ynilɛ̃g/ *adj* unilingual, monolingual.

union /ynjɔ̃/ *nf* union. ▪ **~ libre** cohabitation; **Union européenne, UE** European Union, EU.

unique /ynik/ *adj* only; (seul pour tous) single; **monnaie** ~ single currency; (remarquable) unique.

uniquement /ynikmɑ̃/ *adv* only.

unir /yniʀ/ I *vtr* to unite; (combiner) to combine, to join. II **s'unir** *vpr* (se marier) to marry.

unisson /ynisɔ̃/ *nm* **à l'~** in unison.

unitaire /ynitɛʀ/ *adj* [manifestation] common.

unité /ynite/ *nf* unity; (élément, ensemble) unit; **2 francs l'~** 2 francs each. ▪ **~ centrale (de traitement)** ORDINAT central processing unit, CPU; **~ de valeur** course unit[GB], credit[US].

univers /ynivɛʀ/ *nm* universe; (monde) world.

universel, **~elle** /ynivɛʀsɛl/ *adj* universal; **remède ~** all-purpose remedy.

universitaire /ynivɛʀsitɛʀ/ I *adj* [échange] university; [niveau] academic. II *nmf* academic.

université /ynivɛʀsite/ *nf* university, college[US]. ▪ **~ d'été** UNIV summer school; POL party conference.

Untel, **Unetelle** /œ̃tɛl, yntɛl/ *nm,f* so-and-so.

urbain, **~e** /yʀbɛ̃, ɛn/ *adj* urban; [vie] city.

urbaniser /yʀbanize/ *vtr* to urbanize.

urbanisme /yʀbanism/ *nm* town planning[GB], city planning[US].

urgence /yʀʒɑ̃s/ *nf* (cas urgent) emergency; (caractère) urgency; **d'~** immediately.

urgent, **~e** /yʀʒɑ̃, ɑ̃t/ *adj* urgent.

urine /yʀin/ *nf* urine.

uriner /yʀine/ *vi* to urinate.

urne /yʀn/ *nf* [électorale] ballot box; (vase) urn.

urticaire /yʀtikɛʀ/ *nf* hives.

us /ys/ *nmpl* **les ~ et coutumes** the ways and customs.

usage /yzaʒ/ *nm* use; **à l'~** with use; **hors d'~** out of order; (dans une langue) usage; (pratique courante) custom, practice.

usagé, **~e** /yzaʒe/ *adj* worn (out), used.

usager /yzaʒe/ *nm* user; (de langue) speaker.

usé, **~e** /yze/ *adj* [vêtement] worn; [personne] worn-down; [yeux] worn-out; [sujet] hackneyed.

user /yze/ I *vtr* (vêtement) to wear out; (personne) to wear down; (santé) to ruin. II **user de** *vtr ind* to use. III **s'~** *vpr* to wear out.

usine /yzin/ *nf* factory. ▪ **~ sidérurgique** steelworks (*pl*).

usité, **~e** /yzite/ *adj* common.

ustensile /ystɑ̃sil/ *nm* utensil.

usuel, **~elle** /yzɥɛl/ I *adj* common. II *nm* reference book.

usure /yzyʀ/ *nf* wear and tear; (de forces) wearing down.

usurier, **~ière** /yzyʀje, jɛʀ/ *nm,f* usurer.

usurper /yzyʀpe/ *vtr* to usurp.

ut /yt/ *nm* MUS C.

utile /ytil/ *adj* useful; **être ~** to be helpful; **il est ~ de** it's worth.

utilisateur, **~trice** /ytilizatœʀ, tʀis/ *nm,f* user.

utilisation /ytilizasjɔ̃/ *nf* use.

utiliser /ytilize/ *vtr* to use.

utilitaire /ytilitɛʀ/ *adj* I *adj* utilitarian; [objet] functional; [véhicule] commercial. II *nm* ORDINAT utility.

utilité /ytilite/ *nf* usefulness; (utilisation) use.

UV /yve/ I *nf* (*abrév* = **unité de valeur**) course unit[GB], credit[US]. II *nmpl* (*abrév* = **ultraviolets**) ultraviolet rays.

V

va /va/ ▸ **aller**[1].

vacance /vakɑ̃s/ I *nf* vacancy. II **~s** *nfpl* holiday[GB] (*sg*), vacation[US] (*sg*).

vacancier, **~ière** /vakɑ̃sje, jɛʀ/ *nm,f* holidaymaker[GB], vacationer[US].

vacarme /vakaʀm/ *nm* roar.

vacataire /vakatɛʀ/ *nmf* temporary employee.

vaccin /vaksɛ̃/ *nm* vaccine.

vaccination /vaksinasjɔ̃/ *nf* vaccination.

vacciner /vaksine/ *vtr* to vaccinate.

vache /vaʃ/ I☺ *adj* mean, nasty. II *nf* cow.

vachement☺ /vaʃmɑ̃/ *adv* really, a lot.

vacherie☺ /vaʃʀi/ *nf* meanness, nastiness; (acte) dirty trick.

vaciller /vasije/ *vi* [personne, objet] to sway; [lumière] to flicker.

vadrouiller☺ /vadʀuje/ *vi* to wander around.

va-et-vient /vaevjɛ̃/ *nm inv* comings and goings (*pl*); (électrique) two-way switch.

vagabond, **~e** /vagabɔ̃, ɔ̃d/ I *adj* wandering. II *nm,f* vagrant.

vagabondage /vagabɔ̃daʒ/ *nm* JUR vagrancy.

vagabonder /vagabɔ̃de/ *vi* to wander (through).

vague[1] /vag/ I *adj* vague. II *nm* **regarder dans le ~** to stare into space.

vague[2] /vag/ *nf* wave. ▪ **~ de froid** cold spell.

vaillant, **~e** /vajɑ̃, ɑ̃t/ *adj* courageous.

vain, **~e** /vɛ̃, vɛn/ I *adj* vain. II **en ~** *loc adv* in vain.

vaincre /vɛ̃kʀ/ I *vtr* (adversaire) to defeat; (préjugés) to overcome; (maladie) to beat. II *vi* to win.

vaincu, **~e** /vɛ̃ky/ *adj* defeated.

vainqueur /vɛ̃kœʀ/ *nm* victor; (d'élections, match) winner.

vaisseau, *pl* **~x** /vɛso/ *nm* vessel; (de guerre) warship. ▪ **~ sanguin** blood vessel; **~ spatial** spaceship.

vaisselle /vɛsɛl/ *nf* dishes (*pl*).

val, *pl* **~s/vaux** /val, vo/ *nm* valley.

valable /valabl/ *adj* valid; (intéressant)☺ worthwhile.

valet /valɛ/ *nm* manservant; (aux cartes) jack.

valeur /valœʀ/ *nf* value; (de personne) worth; (d'œuvre, de méthode) value; **mettre qch en ~** to emphasize, to highlight; (en Bourse) ~ **(mobilière)** security; † courage.

valide /valid/ *adj* valid; (en forme) fit.

valider /valide/ *vtr* to validate.

validité /validite/ *nf* validity.

valise /valiz/ *nf* suitcase; **faire ses ~s** to pack.

vallée /vale/ *nf* valley.

vallon /valɔ̃/ *nm* dale, small valley.

valoir /valwaʀ/ I *vtr* **~ à qn** to bring sb. II *vi* to be worth; **rien ne vaut la soie** nothing beats silk; (s'appliquer) to apply to; **faire ~** to point out, to emphasize; **se faire ~** to push oneself forward. III **se ~** *vpr* to be the same. IV *v impers* **il vaut mieux faire, mieux vaut faire** it's better to do.

valoriser /valɔʀize/ *vtr* (région) to develop; (diplôme) to put [sth] to good use.

valse /vals/ *nf* waltz.

valser /valse/ *vi* to waltz.

vampire /vɑ̃piʀ/ *nm* vampire.

vandale /vɑ̃dal/ *nmf* vandal.

vanille /vanij/ *nf* vanilla.

vanillé, ~e /vanije/ *adj* vanilla-flavoured[GB].

vanité /vanite/ *nf* vanity.

vaniteux, ~euse /vanitø, øz/ *adj* vain, conceited.

vanne /van/ *nf* gate; (d'écluse) sluice gate; joke, dig©.

vantard, ~e /vɑ̃taʀ, aʀd/ *nm,f* braggart.

vanter /vɑ̃te/ I *vtr* to praise, to extol[GB]. II **se ~** *vpr* **se ~ (de)** to brag (about).

va-nu-pieds /vanypje/ *nmf inv* down-and-out.

vapeur /vapœʀ/ *nf* (d'eau) steam; **à ~** steam (*épith*); (d'essence) fumes.

vaporisateur /vapɔʀizatœʀ/ *nm* spray.

vaporiser /vapɔʀize/ *vtr* to spray.

vaquer /vake/ *vtr ind* **~ à** to attend to.

varappe /vaʀap/ *nf* rock climbing.

varech /vaʀɛk/ *nm* kelp.

variable /vaʀjabl/ I *adj* variable; [ciel] changeable. II *nf* variable.

variante /vaʀjɑ̃t/ *nf* variant.

variation /vaʀjasjɔ̃/ *nf* variation, change.

varicelle /vaʀisɛl/ *nf* chicken pox.

varié, ~e /vaʀje/ *adj* varied; [choix] wide; [choses] different.

varier /vaʀje/ *vtr, vtr* to vary.

variété /vaʀjete/ I *nf* variety; **une grande ~ de** a wide range of; (espèce) sort. II **~s** *nfpl* variety show, vaudeville[US].

variole /vaʀjɔl/ *nf* smallpox.

vas /va/ ▸ **aller**[1].

vase[1] /vɑz/ *nm* vase.

vase[2] /vɑz/ *nf* silt, sludge.

vaseux, ~euse /vazø, øz/ *adj* muddy; (peu cohérent)© woolly[GB].

vaste /vast/ *adj* vast, huge; [sujet] wide-ranging.

vaudeville /vodvil/ *nm* light comedy; **tourner au ~** to turn into a farce.

vaudou /vodu/ *adj inv, nm* voodoo.

vaurien, ~ienne /voʀjɛ̃, jɛn/ *nm,f* rascal.

vautour /votuʀ/ *nm* vulture.

vautrer: se ~ /votʀe/ *vpr* to sprawl; (s'affaler) to loll; (se rouler) to wallow.

va-vite: à la ~ /alavavit/ *loc adv* PÉJ in a rush.

veau, *pl* **~x** /vo/ *nm* (animal) calf; (viande) veal; (cuir) calfskin.

vecteur /vɛktœʀ/ *nm* MATH vector.

vécu, ~e /veky/ I *pp* ▸ **vivre**. II *adj* real-life (*épith*). III *nm* real life.

vedette /vədɛt/ *nf* star; **en ~** in the limelight; (bateau) launch.

végétal, **~e**, *mpl* **~aux** /veʒetal, o/ I *adj* plant; [huile] vegetable (*épith*). II *nm* vegetable, plant.

végétarien, **~ienne** /veʒetaʀjɛ̃, jɛn/ *adj*, *nm,f* vegetarian.

végétation /veʒetasjɔ̃/ I *nf* vegetation. II **~** *nfpl* adenoids.

véhicule /veikyl/ *nm* vehicle; **~ de tourisme** private car.

véhiculer /veikyle/ *vtr* to carry, to transport.

veille /vɛj/ *nf* **la ~** the day before; **la ~ de Noël** Christmas Eve; (état éveillé) waking; **être en état de ~** to be awake.

veillée /veje/ *nf* evening; (près d'un malade) vigil.

veiller /veje/ I *vtr* to watch over. II *vtr ind* **~ à** to see to; **~ à ce que** to make sure that; **~ sur qn** to watch over sb. III *vi* to stay up; (auprès de qn) to sit up; (être vigilant) to be watchful.

veilleur /vɛjœʀ/ *nm* **~ de nuit** night watchman.

veilleuse /vɛjøz/ *nf* night light; (d'appareil) pilot light; (de véhicule) side light[GB], parking light[US].

veinard[☺], **~e** /venaʀ, aʀd/ *nm,f* lucky devil[☺]

veine /vɛn/ *nf* vein; (inspiration) inspiration; (chance)[☺] luck.

véliplanchiste /veliplɑ̃ʃist/ *nmf* windsurfer.

vélo[☺] /velo/ *nm* bike[☺]; (sport) cycling. ▪ **~ tout terrain, VTT** mountain bike.

vélo-cross /velokʀɔs/ *nm inv* cyclo-cross bike.

vélomoteur /velomɔtœʀ/ *nm* moped.

velours /vəluʀ/ *nm* velvet; (à côtes) corduroy.

velouté, **~e** /vəlute/ I *adj* velvety; [sauce] smooth. II *nm* (potage) cream; (au toucher) softness; (au goût) smoothness.

velu, **~e** /vəly/ *adj* hairy.

vendange /vɑ̃dɑ̃ʒ/ *nf* grape harvest.

vendeur, **~euse** /vɑ̃dœʀ, øz/ *nm,f* shop assistant[GB], salesperson; (dans une transaction) seller.

vendre /vɑ̃dʀ/ I *vtr* to sell. II **se ~** *vpr* to sell well/badly; **se ~ au poids** to be sold by weight.

vendredi /vɑ̃dʀədi/ *nm* Friday; **~ saint** Good Friday.

vendu, **~e** /vɑ̃dy/ I *pp* ▸ **vendre**. II *adj* bribed. III *nm,f* traitor.

vénéneux, **~euse** /venenø, øz/ *adj* poisonous.

vénérable /veneʀabl/ *adj* venerable.

vénérer /veneʀe/ *vtr* to venerate.

vengeance /vɑ̃ʒɑ̃s/ *nf* revenge.

venger /vɑ̃ʒe/ I *vtr* to avenge. II **se ~ de** *vpr* to take one's revenge for.

vengeur, **vengeresse** /vɑ̃ʒœʀ, vɑ̃ʒʀɛs/ *adj* vengeful.

venimeux, **~euse** /vənimø, øz/ *adj* venomous.

venin /vənɛ̃/ *nm* venom.

venir /vəniʀ/ I *v aux* **~ faire** come to do; **viens me dire** come and tell me; **~ de faire** to have just done. II *vi* to come; **faire ~ qn** to call sb; **faire ~ qch** to order sth; **en ~ à faire** to get to the point of doing; **venons-en à l'ordre du jour** let's get down to the agenda; **où veut-il en ~?** what's he driving at?; **en ~ aux mains** to come to blows.

vent /vɑ̃/ *nm* wind; **en coup de ~** in a rush.

• **du ~**[☺]**!** get lost[☺]!; **être dans le ~** to be trendy.

vente /vɑ̃t/ *nf* sale; **en ~** for sale. ▪ **~ par correspondance** mail-order selling; **~ aux enchères** auction (sale).

venter /vɑ̃te/ *v impers* to be windy.
ventilateur /vɑ̃tilatœʀ/ *nm* fan.
ventilation /vɑ̃tilasjɔ̃/ *nf* ventilation; (répartition) distribution.
ventouse /vɑ̃tuz/ *nf* suction pad[GB], suction cup[US]; (pour déboucher) plunger.
ventre /vɑ̃tʀ/ *nm* stomach, tummy☺, belly; **avoir mal au ~** to have (a) stomach ache.
venu, **~e** /vəny/ **I** *pp* ▶ **venir**. **II** *adj* **bien ~** apt; **mal ~** badly timed. **III** *nm,f* **nouveau ~** newcomer.
venue /vəny/ *nf* visit; **~ au monde** birth.
ver /vɛʀ/ *nm* worm; (dans la nourriture) maggot; **~ luisant** glowworm; **~ à soie** silkworm; **~ solitaire** tapeworm; **~ de terre** earthworm.
véracité /veʀasite/ *nf* truthfulness, veracity.
véranda /veʀɑ̃da/ *nf* veranda, porch[US].
verbal, **~e**, *mpl* **~aux** /vɛʀbal, o/ *adj* verbal.
verbaliser /vɛʀbalize/ *vi* to record an offence[GB].
verbe /vɛʀb/ *nm* verb.
verdâtre /vɛʀdɑtʀ/ *adj* greenish.
verdict /vɛʀdikt/ *nm* verdict.
verdir /vɛʀdiʀ/ *vi* to turn green.
verdure /vɛʀdyʀ/ *nf* greenery.
véreux, **~euse** /veʀø, øz/ *adj* worm-eaten; [avocat] crooked.
verge /vɛʀʒ/ *nf* penis; (pour battre) switch, birch.
verger /vɛʀʒe/ *nm* orchard.
verglacé, **~e** /vɛʀglase/ *adj* icy.
verglas /vɛʀgla/ *nm* black ice.
vergogne: **sans ~** /sɑ̃vɛʀgɔɲ/ *loc adv* shamelessly.
vergue /vɛʀg/ *nf* yard.
véridique /veʀidik/ *adj* [détail] true; [description] truthful.
vérification /veʀifikasjɔ̃/ *nf* (d'appareil) check (on); (d'alibi) verification (of); **~ d'identité** identity check.
vérifier /veʀifje/ *vtr* to verify, to check.
véritable /veʀitabl/ *adj* true, real; [cuir] genuine.
véritablement /veʀitabləmɑ̃/ *adv* really.
vérité /veʀite/ *nf* truth; **à la ~** to tell the truth; (de sentiment) sincerity.
verlan /vɛʀlɑ̃/ *nm*: *French slang formed by inverting syllables.*
vermeil, **~eille** /vɛʀmɛj/ **I** *adj* bright red. **II** *nm* vermeil.
vermicelle /vɛʀmisɛl/ *nm* vermicelli ¢.
vermillon /vɛʀmijɔ̃/ *adj inv*, *nm* vermilion.
vermoulu, **~e** /vɛʀmuly/ *adj* worm-eaten; [institutions] moth-eaten.
verni, **~e** /vɛʀni/ *adj* varnished; [chaussures] patent-leather (*épith*); (chanceux)☺ lucky.
vernir /vɛʀniʀ/ *vtr* to varnish; (faïence, poterie) to glaze.
vernis /vɛʀni/ *nm* varnish; (sur céramique) glaze. ▪ **~ à ongles** nail polish.
vernissage /vɛʀnisaʒ/ *nm* (exposition) preview.
vernissé, **~e** /vɛʀnise/ *adj* glazed; [feuilles] glossy.
verre /vɛʀ/ *nm* glass; **~ à pied** stemmed glass; (contenu) glass, glassful; (de vue) lens. ▪ **~ de contact** contact lens.
verrière /vɛʀjɛʀ/ *nf* glass roof; (panneau) glass wall.
verroterie /vɛʀɔtʀi/ *nf* glass jewellery[GB].
verrou /vɛʀu/ *nm* bolt.
verrouiller /veʀuje/ *vtr* to bolt.
verrue /vɛʀy/ *nf* wart; **~ plantaire** verruca.
vers[1] /vɛʀ/ *prép* (direction) toward(s); (lieu) near, around; (temps) around.

vers² /vɛʀ/ *nm* line (of verse); **en** ~ poem in verse.

versant /vɛʀsɑ̃/ *nm* side.

verse: **à** ~ /avɛʀs/ *loc adv* **il pleut à** ~ it's pouring down.

Verseau /vɛʀso/ *nprm* Aquarius.

versement /vɛʀsəmɑ̃/ *nm* payment.

verser /vɛʀse/ *vtr* (liquide) to pour; (argent) to pay; (larme, sang) to shed.

verset /vɛʀsɛ/ *nm* verse.

version /vɛʀsjɔ̃/ *nf* version; (traduction) translation (*into one's own language*).

verso /vɛʀso/ *nm* back; **au** ~ over(leaf).

vert, **~e** /vɛʀ, vɛʀt/ I *adj* green; [fruit] green, unripe; [réprimande] sharp, stiff. II *nm* green. III **~s** *nmpl* (écologistes) the Greens.

• **se mettre au** ~☺ to take a break in the country.

vertébral, **~e**, *mpl* **~aux** /vɛʀtebʀal, o/ *adj* **colonne ~e** spine, backbone.

vertèbre /vɛʀtɛbʀ/ *nf* vertebra, disc.

vertement /vɛʀtəmɑ̃/ *adv* sharply.

vertical, **~e**, *mpl* **~aux** /vɛʀtikal, o/ *adj* vertical.

verticale /vɛʀtikal/ *nf* vertical; **à la** ~ upright.

verticalement /vɛʀtikalmɑ̃/ *adv* vertically; (dans les mots croisés) down.

vertige /vɛʀtiʒ/ *nm* dizziness; (dû à la hauteur) vertigo.

vertigineux, **~euse** /vɛʀtiʒinø, øz/ *adj* dizzy; [somme] staggering.

vertu /vɛʀty/ I *nf* virtue; (de plante) property. II **en ~ de** *loc prép* in accordance with.

verve /vɛʀv/ *nf* eloquence.

verveine /vɛʀvɛn/ *nf* verbena.

vésicule /vezikyl/ *nf* vesicle. ▪ ~ **biliaire** gall bladder.

vessie /vesi/ *nf* bladder.

veste /vɛst/ *nf* jacket.

vestiaire /vɛstjɛʀ/ *nm* changing room[GB], locker room; (au musée) cloakroom.

vestibule /vɛstibyl/ *nm* hall.

vestige /vɛstiʒ/ *nm* vestige.

veston /vɛstɔ̃/ *nm* jacket.

vêtement /vɛtmɑ̃/ *nm* garment; **des ~s** clothes, clothing ¢; **~s de sport** sportswear.

vétéran /veteʀɑ̃/ *nm* veteran.

vétérinaire /veteʀinɛʀ/ *nmf* veterinary surgeon[GB], veterinarian[US].

vêtir /vɛtiʀ/ *vtr*, *vpr* to dress.

vêtu, **~e** /vɛty/ I *pp* ▸ **vêtir**. II *adj* dressed.

vétuste /vetyst/ *adj* dilapidated.

veuf, **veuve** /vœf, vœv/ I *adj* widowed. II *nm,f* widower/widow.

vexer /vɛkse/ I *vtr* to offend. II **se** ~ *vpr* to take offence[GB].

viaduc /vjadyk/ *nm* viaduct.

viager /vjaʒe/ *nm* JUR life annuity.

viande /vjɑ̃d/ *nf* meat.

vibration /vibʀasjɔ̃/ *nf* vibration.

vibrer /vibʀe/ *vi* to vibrate.

vicaire /vikɛʀ/ *nm* curate.

vice /vis/ *nm* vice; (défaut) defect; (de procédure) irregularity.

vicieux, **~ieuse** /visjø, jøz/ I *adj* perverted; **cercle** ~ vicious circle. II *nm,f* pervert.

vicinal, **~e**, *mpl* **~aux** /visinal, o/ *adj* **chemin** ~ byroad.

vicomte /vikɔ̃t/ *nm* viscount.

vicomtesse /vikɔ̃tɛs/ *nf* viscountess.

victime /viktim/ *nf* victim.

victoire /viktwaʀ/ *nf* victory.

victorieux, **~ieuse** /viktɔʀjø, jøz/ *adj* [pays] victorious; [équipe] winning.

victuailles /viktɥaj/ *nfpl* provisions.

vidange /vidɑ̃ʒ/ *nf* emptying; (de moteur) oil change; (de lave-linge) waste pipe.

vidanger /vidɑ̃ʒe/ *vtr* to empty, to drain.

vide /vid/ I *adj* empty; ~ **de** devoid of. II *nm* gap, empty space.

vidéaste /videast/ *nmf* video director.

vidéo /video/ *adj inv*, *nf* video.

vidéocassette /videokasɛt/ *nf* videocassette.

vidéoclip /videoklip/ *nm* music video.

vidéoclub /videoklœb/ *nm* video shop.

vidéodisque /videodisk/ *nm* videodisc.

vide-ordures /vidɔʀdyʀ/ *nm inv* rubbish chute[GB], garbage chute[US].

vidéothèque /videɔtɛk/ *nf* video library.

vider /vide/ *vtr* to empty; (poisson) to gut; (volaille) to draw; ~☺ **qn** to throw sb out.

videur☺, **~euse** /vidœʀ, øz/ *nm,f* bouncer.

vie /vi/ *nf* life.

vieil ▸ **vieux**.

vieillard, **~e** /vjɛjaʀ, aʀd/ *nm,f* old man/woman.

vieille ▸ **vieux**.

vieillerie /vjɛjʀi/ *nf* old thing.

vieillesse /vjɛjɛs/ *nf* old age.

vieilli, **~e** /vjeji/ *adj* (out)dated.

vieillir /vjejiʀ/ I *vtr* to age. II *vi* to get old, to be older; [vin] to mature; [œuvre] to become outdated.

vieillissement /vjejismɑ̃/ *nm* ageing.

vieillot, **~otte** /vjejo, ɔt/ *adj* quaint, old-fashioned.

viennoiserie /vjɛnwazʀi/ *nf* Viennese pastry.

vierge /vjɛʀʒ/ I *adj* virgin (*épith*); [cassette] blank; [pellicule] unused; [casier judiciaire] clean; [laine] new; [huile, neige] virgin. II *nf* virgin.

Vierge /vjɛʀʒ/ *nprf* **la (Sainte)** ~ the (Blessed) Virgin; (signe) Virgo.

vieux (**vieil** *devant voyelle ou h muet*), **vieille** /vjø, vjɛj /I *adj* old. II *nm,f* old person; **les** ~ old people; **pauvre** ~☺ you poor old thing. III *adv* old.

vif, **vive** /vif, viv/ *adj* [couleur] bright; [personne] lively; [protestations] heated; [contraste, arête] sharp; [intérêt,] keen; [crainte, douleur] acute; [rythme, geste] brisk; **à feu** ~ at high heat; **mort ou** ~ dead or alive; **de vive voix** in person.
• **sur le** ~ [entretien] live.

vigie /viʒi/ *nf* lookout.

vigilance /viʒilɑ̃s/ *nf* vigilance.

vigile /viʒil/ *nm* night watchman; (garde) security guard.

vigne /viɲ/ *nf* vine; (terrain planté) vineyard. ▪ ~ **vierge** Virginia creeper.

vigneron, **~onne** /viɲəʀɔ̃, ɔn/ *nm,f* winegrower.

vignette /viɲɛt/ *nf detachable label on medicines for reimbursement by social security*; (de voiture) tax disc[GB].

vignoble /viɲɔbl/ *nm* vineyard.

vigoureux, **~euse** /viguʀø, øz/ *adj* vigorous.

vigueur /vigœʀ/ I *nf* vigour[GB]. II **en ~** *loc adj* in force; **entrer en** ~ to come into force.

VIH /veiaʃ/ *nm* (*abrév* = **virus immunodéficitaire humain**) HIV.

vil, **~e** /vil/ *adj* vile, base.

vilain, **~e** /vilɛ̃, ɛn/ I *adj* (laid) ugly; (méchant) nasty; [garçon, fille] naughty; [mot] dirty. II *nm,f* naughty boy/girl.

villa /vila/ *nf* detached house.

village /vilaʒ/ *nm* village.

villageois, **~e** /vilaʒwa, az/ *nm,f* villager.

ville /vil/ *nf* town; (de grande importance) city.

ville-dortoir, *pl* **villes-dortoirs** /vildɔʀtwaʀ/ *nf* dormitory town[GB], bedroom community[US].

vin /vɛ̃/ *nm* wine.

vinaigre /vinɛgʀ/ *nm* vinegar.
• **tourner au ~** to turn sour.

vinaigrette /vinɛgʀɛt/ *nf* vinaigrette, French dressing.

vindicatif, **~ive** /vɛ̃dikatif, iv/ *adj* vindictive.

vingt /vɛ̃, vɛ̃t/ *adj inv*, *pron*, *nm* twenty.

vingtaine /vɛ̃tɛn/ *nf* about twenty.

vingt-deux /vɛ̃tdø/ *adj inv*, *pron* twenty-two.

vingtième /vɛ̃tjɛm/ *adj*, *pron* twentieth.

viol /vjɔl/ *nm* rape; (de loi, temple) violation.

violation /vjɔlasjɔ̃/ *nf* violation; (d'accord) breach.

violemment /vjɔlamɑ̃/ *adv* violently.

violence /vjɔlɑ̃s/ *nf* violence.

violent, **~e** /vjɔlɑ̃, ɑ̃t/ *adj* violent; [poison] powerful; [désir] overwhelming.

violer /vjɔle/ *vtr* to rape; (tombe) to desecrate, to violate; (loi) to infringe.

violet, **~ette** /vjɔlɛ, ɛt/ *adj*, *nm* purple.

violette /vjɔlɛt/ *nf* violet.

violeur /vjɔlœʀ/ *nm* rapist.

violon /vjɔlɔ̃/ *nm* violin; **jouer du ~** to play the violin. • **~ d'Ingres** true passion, thing☺.

violoncelle /vjɔlɔ̃sɛl/ *nm* cello.

violoncelliste /vjɔlɔ̃sɛlist/ *nmf* cellist.

violoniste /vjɔlɔnist/ *nmf* violinist.

vipère /vipɛʀ/ *nf* viper, adder.

virage /viʀaʒ/ *nm* bend; (changement) change of direction; **~ à 180 degrés** U-turn; (en ski) turn.

virée☺ /viʀe/ *nf* trip; (à moto) ride.

virement /viʀmɑ̃/ *nm* transfer; **~ automatique** standing order[GB].

virer /viʀe/ I *vtr* (argent) to transfer; (employé)☺ to fire, to sack☺; (élève)☺ to expel. II *vi* to turn; **~ de bord** to go about; [couleur] to change. III **~ à** *vtr ind* to turn.

virginité /viʀʒinite/ *nf* virginity.

virgule /viʀgyl/ *nf* comma; (dans un nombre) (decimal) point.

viril, **~e** /viʀil/ *adj* manly, virile.

virtuel, **~elle** /viʀtɥɛl/ *adj* [marché] potential; [réalité] virtual.

virtuose /viʀtɥoz/ *adj*, *nmf* virtuoso.

virus /viʀys/ *nm* virus.

vis /vis/ *nf* screw.

visa /viza/ *nm* visa.

visage /vizaʒ/ *nm* face.

vis-à-vis /vizavi/ I *nm inv* opposite; (adversaire) opponent; (rencontre) meeting. II **~ de** *loc prép* toward(s).

visée /vize/ *nf* aim; **avoir des ~s sur** to have designs on.

viser /vize/ I *vtr*, *vtr ind* **~ (à)** to aim at; [remarque, allusion] to be meant for. II *vi* to aim.

viseur /vizœʀ/ *nm* viewfinder; (d'arme) sight.

visibilité /vizibilite/ *nf* visibility.

visible /vizibl/ *adj* visible.

visière /vizjɛʀ/ *nf* eyeshade, visor; (de casquette) peak.

vision /vizjɔ̃/ *nf* eyesight, vision; (conception) view; (spectacle) sight.

visionnaire /vizjɔnɛʀ/ *adj*, *nmf* visionary.

visionner /vizjɔne/ *vtr* to view.

visionneuse /vizjɔnøz/ *nf* viewer.

visite /vizit/ *nf* visit; (rapide) call; **rendre ~ à qn** to pay sb a call, to call on sb; **~ guidée** guided tour.

visiter /vizite/ *vtr* to visit.

visiteur, **~euse** /vizitœʀ, øz/ *nm,f* visitor.

vison /vizɔ̃/ *nm* mink.

visser /vise/ *vtr* to screw on; **vissé sur sa chaise** glued to one's chair.
visualisation /vizɥalizasjɔ̃/ *nf* visualization; ORDINAT display.
visualiser /vizɥalize/ *vtr* to visualize.
visuel, **~elle** /vizɥɛl/ *adj* visual.
vital, **~e**, *mpl* **~aux** /vital, o/ *adj* vital.
vitalité /vitalite/ *nf* vitality, energy.
vitamine /vitamin/ *nf* vitamin.
vite /vit/ *adv* quickly; (peu après le début) soon; **c'est ~ dit!** that's easy to say!
vitesse /vitɛs/ *nf* speed; **en ~** quickly, in a rush; (engrenage, rapport) gear.
viticulteur, **~trice** /vitikyltœʀ, tʀis/ *nm,f* winegrower.
vitrail, *pl* **~aux** /vitʀaj, o/ *nm* stained-glass window.
vitre /vitʀ/ *nf* pane, windowpane; (fenêtre) window.
vitrier /vitʀije/ *nm* glazier.
vitrine /vitʀin/ *nf* window; **faire les ~s** to go window-shopping; (de musée) (show)case.
vivable /vivabl/ *adj* bearable.
vivace /vivas/ *adj* perennial; [haine] undying.
vivacité /vivasite/ *nf* vivacity; (d'intelligence) keenness; (de réaction) swiftness; (de souvenir) vividness.
vivant, **~e** /vivɑ̃, ɑ̃t/ I *adj* living; **être ~** to be alive; **un homard ~** a live lobster; [récit, style] lively; [description] vivid. II *nm* **les ~s** the living; **de mon ~** in my lifetime.
vive /viv/ I *adj f* ▸ **vif**. II *nf* (poisson) weever.
vivement /vivmɑ̃/ *adv* [réagir] strongly; [regretter] deeply; [attaquer] fiercely; **~ dimanche!** I can't wait for Sunday!
vivier /vivje/ *nm* fishpond.
vivifier /vivifje/ *vtr* to invigorate.
vivoter☺ /vivɔte/ *vi* to struggle along.
vivre /vivʀ/ I *vtr* (époque) to live through; (enfer) to go through; (passion) to experience. II *vi* to live; **vive le président!** long live the president!; **se laisser ~** to take things easy; **je vais t'apprendre à ~**☺ I'll teach you some manners☺.
• **qui vivra verra** what will be will be.
vivres /vivʀ/ *nmpl* food, supplies.
vo /veo/ *nf* (*abrév* = **version originale**) original version.
vocabulaire /vɔkabylɛʀ/ *nm* vocabulary.
vocal, **~e**, *mpl* **~aux** /vɔkal, o/ *adj* vocal.
vocation /vɔkasjɔ̃/ *nf* vocation, calling; (d'institution) purpose.
vocifération /vɔsifeʀasjɔ̃/ *nf* clamour[GB] ¢.
vociférer /vɔsifeʀe/ *vtr*, *vi* to curse and rave.
vœu, *pl* **~x** /vø/ *nm* (souhait) wish; (de Nouvel An) New Year's greetings; (promesse) vow. ▪ **~ pieux** wishful thinking ¢.
vogue /vɔg/ *nf* fashion, vogue; **en ~** fashionable.
voguer /vɔge/ *vi* [navire] to sail; [esprit] to wander.
voici /vwasi/ *adv* **~ un mois** a month ago; **me ~** here I am; **~ ma fille** this is my daughter; **~ où je voulais en venir** that's the point I wanted to make; **nous y ~** (à la maison) here we are; (au cœur du sujet) now we're getting there.
voie /vwɑ/ *nf* way; **sur la ~** on the way; **être en bonne ~** to be progressing; (moyen) **par ~ de presse** through the press; (route) road; (rue) street; **route à trois ~s** three-lane road; **~ à sens unique** one-way street; (rails) track; **~ 2** platform 2. ▪ **~ express/rapide** expressway; **~ ferrée** railway track[GB], railroad track[US]; (ligne) railway[GB], railroad[US]; **Voie lactée** Milky Way; **~ sans issue** dead end; **~s respiratoires** respiratory tract (*sg*).

voilà /vwala/ *adv* ~ **un mois** a month ago; **et ~ qu'elle refuse** and then she refused; **voici ton parapluie et ~ le mien** this is your umbrella and here's mine; **~ tout** that's all; **~ comment** that's how; **nous y ~** now we're getting there; **en ~ assez!** that's enough!

voile[1] /vwal/ *nm* veil. ■ **~ islamique** yashmak.

voile[2] /vwal/ *nf* sail; **faire ~ vers** to sail toward(s); (sport) sailing.
● **mettre les ~s**☺ to clear off☺GB, out☺US.

voilé, **~e** /vwale/ *adj* veiled; [ciel] hazy; [regard] misty.

voiler /vwale/ I *vtr* to veil; (roue) to buckle. II **se ~** *vpr* to cloud over; **se ~ le visage** to veil one's face.

voilier /vwalje/ *nm* sailing boatGB, sailboatUS.

voilure /vwalyʀ/ *nf* (ensemble des voiles) sails.

voir /vwaʀ/ I *vtr* to see; **faire ~** to show sb sth; **c'est beau à ~** it's beautiful to look at; **ce n'est pas beau à ~** it's not a pretty sight; **je vois ça d'ici** I can just imagine; **se faire bien ~** to make a good impression; **essaie de ~ si** try to find out if. II **voir à** *vtr ind* to see to. III *vi* to see; **~ grand** to think big; **on verra bien** well, we'll see; **voyons!** come on now! IV **se ~** *vpr* to see oneself; [tache, défaut] to show; (se trouver) **se ~ obligé de** to find oneself forced to; (se fréquenter) to see each other.
● **ça n'a rien à ~** that has nothing to do with it.

voirie /vwaʀi/ *nf* road, rail and waterways network.

voisin, **~e** /vwazɛ̃, in/ I *adj* [rue, pays] neighbouringGB; [forêt] nearby; [pièce, table, maison] next; [idées] similar; **~ de** close to. II *nm,f* neighbourGB.

voisinage /vwazinaʒ/ *nm* neighbourhoodGB, neighboursGB (*pl*); **dans le ~ de** close to.

voiture /vwatyʀ/ *nf* car; (wagon) carriageGB, carUS; **en ~!** all aboard!

voix /vwa/ *nf* voice; **~ blanche** expressionless voice; **à ~ haute** out loud; (dans une élection) vote.

vol /vɔl/ *nm* (d'oiseaux, d'avion) flight; (d'avion, de fusée) flight; (délit) theft, robbery. ■ **~ à main armée** armed robbery; **~ à voile** gliding.

volage /vɔlaʒ/ *adj* fickle.

volaille /vɔlɑj/ *nf* **la ~** poultry; **une ~** a fowl.

volant, **~e** /vɔlɑ̃, ɑ̃t/ I *adj* flying. II *nm* steering wheel; (de vêtement) flounce, tier; (réserve) margin, reserve; (de badminton) shuttlecock.

volatile /vɔlatil/ *nm* fowl; (oiseau) bird.

volatiliser: **se ~** /vɔlatilize/ *vpr* to volatilize.

volcan /vɔlkɑ̃/ *nm* volcano.

volcanique /vɔlkanik/ *adj* volcanic.

volée /vɔle/ I *nf* flock, flight; (d'enfants) swarm; (de coups) volley; (correction) hiding. II **à toute ~** *loc adv* **sonner à toute ~** to peal out.

voler /vɔle/ I *vtr* ~ **(qch à qn)** to steal (sth from sb); **se faire ~ qch** to have sth stolen; **tu ne l'as pas volé**☺**!** it serves you right! II *vi* to fly.

volet /vɔlɛ/ *nm* shutter; (de politique) constituent; (de dépliant) (folding) section.

voleter /vɔlte/ *vi* to flutter.

voleur, **~euse** /vɔlœʀ, øz/ *nm,f* thief; **jouer au gendarme et au ~** to play cops and robbers.

volière /vɔljɛʀ/ *nf* aviary.

volley(-ball) /vɔlɛ(bol)/ *nm* volleyball.

volontaire /vɔlɔ̃tɛʀ/ I *adj* [départ] voluntary; [abus] deliberate; [personne] determined. II *nmf* volunteer.

volontariat /vɔlɔ̃taʀja/ *nm* voluntary service.

volonté /vɔlɔ̃te/ I *nf* will; **bonne/ mauvaise** ~ goodwill/ill-will; **à force de** ~ by sheer willpower. II **à** ~ *loc adv* unlimited.

volontiers /vɔlɔ̃tje/ *adv* gladly, certainly.

volt /vɔlt/ *nm* volt.

voltage /vɔltaʒ/ *nm* voltage.

volte-face /vɔltəfas/ *nf inv* **faire** ~ to turn around.

voltiger /vɔltiʒe/ *vi* to flutter.

volume /vɔlym/ *nm* volume; **faire du** ~ to be bulky.

volumineux, **~euse** /vɔlyminø, øz/ *adj* voluminous, bulky.

vomir /vɔmiʀ/ I *vtr* to bring up, to vomit; (lave) to spew out. II *vi* to be sick, to vomit.

vomissement /vɔmismɑ̃/ *nm* vomiting.

vorace /vɔʀas/ *adj* voracious.

vos ▸ **votre**.

votant, **~e** /vɔtɑ̃, ɑ̃t/ *nm,f* voter.

vote /vɔt/ *nm* voting, vote; (d'une loi) passing of a bill.

voter /vɔte/ I *vtr* to vote; (projet de loi) to pass. II *vi* to vote.

votre, *pl* **vos** /vɔtʀ, vo/ *adj poss* your; **un de vos amis** a friend of yours.

vôtre /votʀ/ I *adj poss* yours; **amicalement** ~ best wishes. II **le ~**, **la ~**, **les ~s** *pron poss* yours; **à la** ~©! cheers!

vouer /vwe/ I *vtr* (sentiment) to nurse; **voué à l'échec** doomed to failure, bound to fail. II **se ~** *vpr* **se ~ à** to devote oneself to.

vouloir[1] /vulwaʀ/ I *vtr* to want; **comme tu veux** as you wish; **sans le** ~ by accident; **je ne vous veux aucun mal** I don't wish you any harm; **voulez-vous fermer la fenêtre?** would you mind closing the window?; **veuillez attendre** please wait; **veux-tu te taire!** will you be quiet!; ~ **dire** to mean. II **en ~ à** *vtr ind* **en ~ à qn** to be angry at sb. III **s'en ~ de** *vpr* to regret.

vouloir[2] /vulwaʀ/ *nm* will.

voulu, **~e** /vuly/ *adj* [compétences] required; **en temps** ~ in time; (intentionnel) deliberate.

vous /vu/ *pron pers* (sujet, objet) you; **après** ~ after you; **des amis à** ~ friends of yours; **c'est à** ~ it's yours; (vous-même) yourself; (vous-mêmes) yourselves.

vous-même, *pl* **vous-mêmes** /vumɛm/ *pron pers* yourself; **vous verrez par ~s** you'll see for yourselves.

voûte /vut/ *nf* vault.

voûté, **~e** /vute/ *adj* [personne] stooping; [dos] bent.

vouvoyer /vuvwaje/ *vtr, vpr to address sb using the vous form.*

voyage /vwajaʒ/ *nm* trip; (déplacement) journey; **aimer les ~s** to love travelling[GB]. ▪ **~ de noces** honeymoon; **~ organisé** package tour.

voyager /vwajaʒe/ *vi* to travel.

voyageur, **~euse** /vwajaʒœʀ, øz/ *nm,f* passenger; (pour l'aventure) traveller[GB]. ▪ **~ de commerce** travelling[GB] salesman.

voyagiste /vwajaʒist/ *nmf* tour operator.

voyant, **~e** /vwajɑ̃, ɑ̃t/ I *adj* loud. II *nm,f* clairvoyant. III *nm* ~ **(lumineux)** light.

voyelle /vwajɛl/ *nf* vowel.

voyou /vwaju/ *nm* lout, yobbo©[GB], hoodlum©[US].

vrac: **en ~** /ɑ̃vʀak/ I *loc adj* [riz] loose. II *loc adv* [acheter] loose; [mettre] haphazardly, as it comes.

vrai, **~e** /vʀɛ/ I *adj* true; **la ~e raison** the real reason; (authentique) real, genuine; (intensif) real, veritable; **c'est un ~ régal** it's a real delight. II *nm* truth; **être dans le** ~ to be in the right; **pour de** ~ for real; **à ~ dire** to tell the truth.

vraiment /vʀɛmɑ̃/ *adv* really.

vraisemblable /vʀɛsɑ̃blabl/ *adj* convincing, plausible; (probable) likely.

vraisemblablement /vʀɛsɑ̃bləmɑ̃/ *adv* probably.

vraisemblance /vʀɛsɑ̃blɑ̃s/ *nf* **selon toute ~** in all likelihood, in all probability; (dans un récit) verisimilitude.

vrombir /vʀɔ̃biʀ/ *vi* to roar.

VRP /veɛʀpe/ *nm* (*abrév* = **voyageur représentant placier**) representative, rep©GB.

VTT /vetete/ *nm* (*abrév* = **vélo tout terrain**) mountain bike.

vu, **~e** /vy/ I *adj* **bien/mal ~** [personne] well thought of/unpopular; (jugé) **bien ~!** good point! II *prép* **~ les circonstances** in view of the situation. III **~ que** *loc conj* in view of the fact that.

vue /vy/ *nf* (vision) eyesight, sight; (regard) sight; **à première ~** at first sight; (panorama) view; (spectacle) sight; **en ~** [personnalité] prominent; (dessin, photo) view; (façon de voir) view; **en ~ de (faire) qch** with a view to (doing) sth.

vulgaire /vylgɛʀ/ *adj* vulgar, coarse; (individu) ordinary; [esprit, opinion] common.

vulgariser /vylgaʀize/ I *vtr* to popularize. II **se ~** *vpr* [expression] to come into general use.

vulgarité /vylgaʀite/ *nf* vulgarity.

vulnérable /vylneʀabl/ *adj* vulnerable.

W

W (*abrév écrite* = **watt**) W.

wagon /vagɔ̃/ *nm* (de voyageurs) carriage[GB], car[US]. ■ **~ à bestiaux** cattle truck[GB], cattle car[US]; **~ de marchandises** goods wagon[GB], freight car[US].

wagon-lit, *pl* **wagons-lits** /vagɔ̃li/ *nm* sleeper, sleeping car[US].

wagon-restaurant, *pl* **wagons-restaurants** /vagɔ̃ʀɛstɔʀɑ̃/ *nm* restaurant[GB] car, dining[US] car.

waters© /watɛʀ/ *nmpl* toilets.

watt /wat/ *nm* watt.

WC /(dublə)vese/ *nmpl* toilet, bathroom[US].

week-end, *pl* **~s** /wikɛnd/ *nm* **partir en ~** to go away for the weekend.

whisky, *pl* **whiskies** /wiski/ *nm* (écossais) whisky, Scotch; (irlandais, américain) whiskey.

xyz

x, **X** /iks/ *nm inv* **porter plainte contre X** to take an action against person unknown; **film classé X** X-rated film.

xénophobe /gzenɔfɔb/ I *adj* xenophobic. II *nmf* xenophobe.

xérès /kseʀɛs/ *nm* sherry.

xylophone /ksilofɔn/ *nm* xylophone.

Y /igʀɛk/ *nm inv* **en (forme de) ~** Y-shaped.

y /i/ *pron* (à ça) **rien n'~ fait** it's no use; **j'~ pense** I think about it; **tu t'~ attendais?** were you expecting it?; **il n'~ peut rien** there's nothing he can do about it; **j'~ viens** I'm coming to that; **tu ~ crois?** do you believe it?; (là) there; **n'~ va pas** don't go; (avec le verbe avoir) **des pommes? il n'~ en a plus** apples? there are none left; **du vin? il n'~ en a pas** wine? there's none; **il n'~ a qu'à téléphoner** just phone.

yaourt /jauʀ(t)/ *nm* yoghurt.

yeux ▸ **œil**.

yoghourt /'jɔguʀ(t)/ ▸ **yaourt**.

youpi☺ /jupi/ *excl* yippee!

yo-yo® /jojo/ *nm inv* yo-yo®.

zapper☺ /zape/ *vi* to flick through the channels.

zèbre /zɛbʀ/ *nm* zebra.

zébré /zebʀe/ *adj* zebra-striped; **~ de** streaked with.

zébu /zeby/ *nm* zebu.

zèle /zɛl/ *nm* zeal; **faire du ~** to be overzealous, to overdo it.

zéro /zeʀo/ I *adj inv* (avant nom) **~ heure** midnight; **les enfants de ~ à six ans** children from nought[GB] to six years old; **j'ai fait ~ faute dans ma dictée** I didn't make a single mistake in my dictation; (après nom) zero; **niveau ~** zero level. II *nm* GÉN zero, nought[GB]; (en sport) GÉN nil[GB], nothing; **gagner trois (buts) à ~** to win three nil[GB]; (au tennis) love; **l'emporter par deux sets à ~** to win by two sets to love. • **partir de ~** to start from scratch.

zeste /zɛst/ *nm* (de citron) zest, peel.

zézayer /zezeje/ *vi* to lisp.

zibeline /ziblin/ *nf* sable.

zigoto☺ /zigɔto/ *nm* guy☺; **faire le ~** to clown around.

zigzag /zigzag/ *nm* zigzag; **une route en ~** a winding road.

zinc /zɛ̃g/ *nm* (métal) zinc; (comptoir)☺ counter, bar.

zinzin☺ /zɛ̃zɛ̃/ I *adj inv* (fou) cracked☺. II *nm* (chose) thingummy[GB]☺, thingumajig☺.

zizanie /zizani/ *nf* ill-feeling, discord.

zizi☺ /zizi/ *nm* willy☺[GB], wiener☺[US].

zodiaque /zɔdjak/ *nm* zodiac.

zone /zon/ *nf* zone, area; (banlieue pauvre) **la ~** the slum belt; **de seconde ~** second-rate. ▪ **~ bleue** restricted parking zone; **~ industrielle** industrial estate[GB].

zoo /zo/ *nm* zoo.

zoologie /zɔɔlɔʒi/ *nf* zoology.

zoom /zum/ *nm* zoom lens; **faire un ~ avant/arrière** to zoom in/out.

zouave /zwav/ *nm* **faire le ~**☺ to play the fool.

zozo☺ /zozo/ *nm* ninny☺[GB], jerk☺.

zut /zyt/ *excl* damn☺!

a

a /ə, eɪ/ (*avant voyelle ou h muet* **an** /æn, ən/) *det* un/une; **~ tree, ~ flower** un arbre, une fleur; (referring to occupation or status) **she's ~ teacher** elle est professeur; **he's ~ widower** il est veuf; (with price, measure, etc) **ten francs ~ kilo** dix francs le kilo; **twice ~ day** deux fois par jour.

aback /əˈbæk/ *adv* **to be taken ~** être déconcerté.

abandon /əˈbændən/ *vtr* (person, hope) abandonner; (activity, claim) renoncer à.

abbey /ˈæbɪ/ *n* abbaye *f.*

ABC *n* (alphabet) alphabet *m*; (basics) **the ~ of** le b.a. ba de.

abdomen /ˈæbdəmən/ *n* abdomen *m.*

abduct /əbˈdʌkt/ *vtr* enlever.

abide /əˈbaɪd/ *vi* **to ~ by** (rule) respecter.

ability /əˈbɪlətɪ/ **I** *n* capacité *f*; **to have/not to have the ~ to do sth** être capable/incapable de faire qch. **II abilities** *npl* compétences *fpl*; (of pupils) aptitudes *fpl.*

ablaze /əˈbleɪz/ *adj* en feu, en flammes.

able /ˈeɪbl/ *adj* **to be ~ to (do)** pouvoir (faire); **he's still not ~ to read** il ne sait toujours pas lire; [professional] compétent; [child] doué.

abnormal /æbˈnɔːml/ *adj* anormal.

aboard /əˈbɔːd/ *adv, prep* à bord; **all ~!** tout le monde à bord!; **~ the aircraft** à bord de l'avion.

abolish /əˈbɒlɪʃ/ *vtr* abolir.

abortion /əˈbɔːʃn/ *n* avortement *m.*

abortive /əˈbɔːtɪv/ *adj* (*épith*) [raid] manqué.

about /əˈbaʊt/ **I** *adj* (expressing intention) **to be ~ to do** être sur le point de faire. **II** *adv* (approximately) environ, à peu près; **it's ~ the same** c'est à peu près pareil; **at ~ 6 pm** vers 18 h, à environ 18 h; (almost) presque; **that seems ~ right** ça a l'air d'aller; **I've had just ~ enough!** j'en ai plus qu'assez!; (around) **there is a lot of flu ~** il y a beaucoup de grippes; **to be somewhere ~** être dans les parages. **III** *prep* (concerning) **it's ~ my son** c'est au sujet de mon fils; **a book ~...** un livre sur...; **what's it ~?** (of book, etc) ça parle de quoi?; **it's ~...** il s'agit de...; (in personality) **what I like ~ her is** ce que j'aime chez elle c'est; (occupied with) **while you're ~ it...** tant que tu y es..., par la même occasion...; **and be quick ~ it!** et fais vite!; (around) **to wander ~ the streets** errer dans les rues; (in invitations, suggestions) **how/what ~ some tea?** et si on prenait un thé?; **how ~ it?** ça te dit?; **what ~ you?** et toi?

• **it's ~ time (that)** il serait temps que (+ *subj*.

above /əˈbʌv/ **I** *pron* **the ~** (people) les personnes susnommées. **II** *prep* GÉN au-dessus de; **the door and the window ~ it** la porte et la fenêtre (qui est) au-dessus; **he thinks he's ~ us** il se croit supérieur à nous; (in preference to) par-dessus; **~ all others/else** par-dessus tout; (beyond) **~ suspicion** au-dessus de tout soupçon. **III** *adv* (higher up) **the apartment ~** l'appartement du dessus; **the view from ~** la vue d'en haut; (in the sky) **the stars ~** les étoiles; (in a text) ci-dessus; (more) **12 and ~** 12 ans et plus. **IV ~ all** *adv phr* surtout.

abreast /əˈbrest/ *adv* de front; **to keep ~ of** se tenir au courant de.

abroad /əˈbrɔːd/ *adv* [go, live] à l'étranger.

abrupt /əˈbrʌpt/ *adj* brusque.

absence /ˈæbsəns/ *n* absence *f*; (of thing) manque *m.*

absent /'æbsənt/ *adj* absent (de); ~ **without leave** en absence illégale.

absentee /ˌæbsən'ti/ *n* absent/-e *m/f*.

absent-minded *adj* distrait.

absent-mindedly *adv* [behave, speak] distraitement; [stare] d'un air absent; [forget] par inadvertance.

absolute /'æbsəlu:t/ *adj* absolu; ~ **beginner** vrai débutant; [chaos, idiot] véritable (*before n*).

absolutely /'æbsəlu:tlɪ/ *adv* absolument; [mad] complètement; ~ **not!** pas du tout!

absorb /əb'zɔ:b/ *vtr* absorber.

absorbed /əb'zɔ:bd/ *adj* absorbé.

abstain /əb'steɪn/ *vi* s'abstenir (de).

abstract /'æbstrækt/ **I** *n* **in the** ~ dans l'abstrait; (summary) résumé *m*. **II** *adj* abstrait.

absurd /əb'sɜ:d/ *adj* ridicule; **it is ~ that** il est absurde que (*+ subj*).

abuse **I** /ə'bju:s/ *n* mauvais traitement *m*; (sexual) ~ sévices (sexuels); (misuse) abus *m*; **drug** ~ usage des stupéfiants; (insults) injures *fpl*. **II** /ə'bju:z/ *vtr* maltraiter; (pervert) abuser de.

abusive /ə'bju:sɪv/ *adj* grossier/-ière; **to use ~ language** être grossier.

abysmal /ə'bɪzml/ *adj* épouvantable.

a/c *n* (*abrév écrite =* **account**) compte *m*.

academic /ˌækə'demɪk/ **I** *adj* [career, post] universitaire; [year] académique; [achievement, reputation] intellectuel/-elle; [question] théorique. **II** *n* universitaire *mf*.

academy /ə'kædəmɪ/ *n* académie *f*; (place of learning) école *f*.

accelerate /ək'seləreɪt/ *vi* accélérer, s'accélérer.

accent /'æksent, -sənt/ *n* accent *m*.

accentuate /æk'sentʃʊeɪt/ *vtr* accentuer, souligner.

accept /ək'sept/ **I** *vtr* accepter; (tolerate) admettre. **II ~ed** /ək'septɪd/ *pp adj* admis; [sense] habituel.

acceptance /ək'septəns/ *n* (of invitation) acceptation *f*; (of proposal) approbation *f*.

access /'ækses/ **I** *n* accès *m*; **No** ~ accès interdit. **II** *in compounds* [door, mode, point] d'accès. **III** *vtr* accéder à.

accessible /ək'sesəbl/ *adj* accessible; (price) abordable.

accident /'æksɪdənt/ *n* accident *m*; (chance) hasard *m*; **by** ~ accidentellement, par hasard.

accidental /ˌæksɪ'dentl/ *adj* accidentel/-elle; [meeting, mistake] fortuit.

accidentally /ˌæksɪ'dentəlɪ/ *adv* accidentellement; (by chance) par hasard.

accommodate /ə'kɒmədeɪt/ *vtr* loger; (hold) contenir.

accommodation /əˌkɒmə'deɪʃn/ *n* (living) ~ logement; ~ **to let**[GB] location.

accompany /ə'kʌmpənɪ/ *vtr* accompagner.

accomplish /ə'kʌmplɪʃ, ə'kɒm-[US]/ *vtr* accomplir; (objective) réaliser.

accomplishment /ə'kʌmplɪʃmənt, ə'kɒm-[US]/ *n* réussite *f*; **that's quite an ~!** c'est remarquable!

accord /ə'kɔ:d/ *n* accord *m*; **of my own** ~ de moi-même; **with one** ~ d'un commun accord.

accordance /ə'kɔ:dəns/: **in ~ with** *prep phr* conformément à.

according /ə'kɔ:dɪŋ/: **~ to** *prep phr* (law, principles) selon; ~ **to plan** comme prévu; (newspaper, person) d'après.

accordingly /ə'kɔ:dɪŋlɪ/ *adv* en conséquence.

accordion /ə'kɔ:dɪən/ *n* accordéon *m*.

account /ə'kaʊnt/ **I** *n* (in bank, post office) compte *m*; (bill) facture *f* **to settle an** ~ régler une facture/note; **to take sth into** ~ tenir compte de qch; (description) compte rendu *m*; **on ~ of sth** à cause de qch; **on this/that ~** pour cette raison; **on no ~** sous aucun prétexte; **on my/his ~** à cause de moi/lui. II **~s** *npl* comptabilité *f*, comptes *mpl*.

• **account for**: (fact) expliquer; (expense) justifier; (missing people) retrouver; (percentage) représenter.

accountable /ə'kaʊntəbl/ *adj* responsable.

accountant /ə'kaʊntənt/ *n* comptable *mf*.

accumulate /ə'kju:mjʊleɪt/ I *vtr* (possessions, debts) accumuler; (wealth) amasser; (evidence) rassembler. II *vi* s'accumuler.

accuracy /'ækjərəsɪ/ *n* (of figures) justesse *f*; (of map) précision *f*; (of diagnosis) exactitude *f*.

accurate /'ækjərət/ *adj* [figures] juste; [map] précis; [diagnosis] exact; [assessment] correct.

accurately /'ækjərətlɪ/ *adv* exactement, précisément; [report] avec exactitude.

accusation /ˌækju:'zeɪʃn/ *n* accusation *f*.

accuse /ə'kju:z/ *vtr* **to ~ sb of sth** accuser qn de qch.

accustomed /ə'kʌstəmd/ *adj* **to be ~ to sth/to doing** avoir l'habitude de qch/de faire; **to become ~ to sth/to doing** s'habituer à qch/à faire; [route] habituel/-elle.

ace /eɪs/ *n* (in cards, tennis) as *m*.

ache /eɪk/ I *n* douleur *f*; **~s and pains** douleurs *fpl*. II *vi* [person] avoir mal; **to ~ all over** avoir mal partout; [limb, back] faire mal.

achieve /ə'tʃi:v/ *vtr* (aim) atteindre; (consensus) arriver à; (success, result) obtenir; (ambition) réaliser.

achievement /ə'tʃi:vmənt/ *n* réussite *f*.

aching /'eɪkɪŋ/ *adj* douloureux/-euse.

acid /'æsɪd/ *n*, *adj* acide *(m)*.

acid test *n* épreuve *f* de vérité.

acknowledge /ək'nɒlɪdʒ/ I *vtr* (fact) admettre; (error, authority) reconnaître; **I ~d his letter** j'ai accusé réception de sa lettre; **she didn't even ~ me** elle a fait semblant de ne pas me voir. II **~d** *pp adj* [leader, champion] incontesté, reconnu.

acknowledgement /ək'nɒlɪdʒmənt/ I *n* GÉN reconnaissance *f*; **in ~ of sth** en reconnaissance de qch; (of error, guilt) aveu *m*; (confirmation of receipt) accusé *m* de réception. II **~s** *npl* remerciements *mpl*.

acorn /'eɪkɔ:n/ *n* (fruit) gland *m*.

acoustics /ə'ku:stɪks/ *n* **the ~ are good** l'acoustique est bonne.

acquainted /ə'kweɪntɪd/ *pp adj* **to be ~** se connaître; **to get/become ~ with sb** faire la connaissance de qn.

acquaintance /ə'kweɪntəns/ *n* (person) connaissance *f*; **to make sb's ~** faire la connaissance de qn.

acquire /ə'kwaɪə(r)/ *vtr* acquérir; (information) obtenir; (possessions) acquérir, acheter; **to ~ a taste for sth** prendre goût à qch; **it's an ~ taste** c'est quelque chose qu'il faut apprendre à aimer.

acquit /ə'kwɪt/ (*p prés etc* **-tt-**) *vtr* JUR acquitter; **to be ~ted of** être disculpé de.

acre /'eɪkə(r)/ I *n* acre *f*, ≈ demi-hectare *m*; **~s of** des hectares de.

acrobatics /ˌækrə'bætɪks/ *n* acrobaties *fpl*.

across /ə'krɒs/ I *prep* à travers; **~ the desert** à travers le désert; **to go/travel ~ sth** traverser qch; **the bridge ~ the river** le pont qui traverse la rivière; **to lean ~ the table** se pencher au-dessus de la table; (to, on the other side of) de l'autre côté de; **~ the street/desk** de l'autre côté de la rue/du bureau; (all over) **~ the world** partout dans le monde, à travers le monde; **scattered ~ the floor** éparpillés sur le sol. II *adv* **to be two miles ~** faire deux miles de large; **to help sb ~** aider qn à traverser. III **~ from** *prep phr* en face de.

act /ækt/ I *n* acte *m*; JUR, POL loi *f*; **Act of Parliament/Congress** loi votée par le Parlement/le Congrès; (entertainment routine) numéro *m*; **to put on an ~** FIG jouer la comédie. II *vtr* (part, role) jouer. III *vi* agir; **to ~ for/on behalf of sb** agir au nom de, pour le compte de qn; (behave) agir, se comporter; THÉÂT jouer, faire du théâtre; FIG (pretend) jouer la comédie, faire semblant; (serve) **to ~ as** servir de.

• **to be caught in the ~** être pris sur le fait, en flagrant délit.

• **act out**: jouer. • **act up**☺: se tenir mal.

acting /ˈæktɪŋ/ I *n* jeu *m*, interprétation *f*; (occupation) métier *m*. d'acteur. II *adj* [director] intérimaire.

action /ˈækʃn/ *n* ¢ action *f*; **a man of ~** un homme d'action; **killed in ~** tué au combat; **to take ~** agir, prendre des mesures; **to put a plan into ~** mettre un projet à exécution; **to be out of ~** [machine] être en panne; [person] être immobilisé; (one act) acte *m*; CIN **~!** moteur!; **that's where the ~ is**☺ c'est là que ça se passe☺.

activate /ˈæktɪveɪt/ *vtr* faire démarrer, actionner; (alarm) déclencher.

active /ˈæktɪv/ *adj* actif/-ive; [volcano] en activité.

activity /ækˈtɪvətɪ/ *n* activité *f*.

act of God *n* catastrophe naturelle.

actor /ˈæktə(r)/ *n* acteur/actrice *m/f*.

actress /ˈæktrɪs/ *n* actrice *f*.

actual /ˈæktʃʊəl/ *adj* (exact) [circumstances] réel/réelle; **the ~ words** les mots exacts; **in ~ fact** en fait; (very) même (*after n*).

actually /ˈæktʃʊəlɪ/ *adv* (contrary to expectation) en fait; (in reality) vraiment; **what ~ happened?** qu'est-ce qui s'est passé exactement?; **she ~ accused me of lying!** elle m'a carrément accusé de mentir!

acute /əˈkjuːt/ *adj* [anxiety] vif/vive; [boredom] profond; [accent] aigu/aiguë; [shortage] grave.

ad /æd/ *n* (*abrév* = **advertisement**) petite annonce *f*; RADIO, TV pub☺ *f*.

AD (*abrév* = **Anno Domini**) ap. J.-C.

adapt /əˈdæpt/ I *vtr* adapter; **~ed for television/from the novel** adapté pour la télévision/du roman. II *vi* **to ~ (to)** s'adapter (à).

adaptable /əˈdæptəbl/ *adj* [person] souple.

adapter, **adaptor** /əˈdæptə(r)/ *n* ÉLEC adaptateur *m*.

add /æd/ *vtr* **to ~ sth to** ajouter qch à; **to ~ that...** ajouter que...; MATH additionner.

• **add on**: ajouter. • **add up**: additionner; **to ~ up to** s'élever à.

adder /ˈædə(r)/ *n* vipère *f*.

addict /ˈædɪkt/ *n* toxicomane *mf*; FIG (of TV, coffee) accro☺ *mf*.

addicted /əˈdɪktɪd/ *adj* **to be ~ to** (drugs, etc) avoir une dépendance à; (sweets) être accro☺.

addiction /əˈdɪkʃn/ *n* (to drugs, etc) dépendance (à) *f*; (to chocolate) passion (pour) *f*.

addictive /əˈdɪktɪv/ *adj* [drugs, etc] qui crée une dépendance; **to be ~** [chocolate] être comme une drogue.

addition /əˈdɪʃn/ I *n* (to list) ajout *m*; MATH addition *f*. II **in ~** *adv phr* en plus.

additional /əˈdɪʃənl/ *adj* supplémentaire.

additionally /əˈdɪʃənəlɪ/ *adv* (moreover) en outre; (also) en plus.

address /əˈdres, ˈædres^US^/ I *n* adresse *f*; (speech) discours *m*. II *vtr* mettre l'adresse sur; **to ~ sth to sb** adresser qch à qn; (speak to) s'adresser à.

addressee /ˌædreˈsiː/ *n* destinataire *mf*.

adequate /ˈædɪkwət/ *adj* suffisant (pour); satisfaisant.

adjective /ˈædʒɪktɪv/ *n* adjectif *m*.

adjoining /əˈdʒɔɪnɪŋ/ *pres p adj* [room] voisin.

adjourn /əˈdʒɜːn/ *vtr* (trial) ajourner.

adjust /əˈdʒʌst/ I *vtr* (position) régler; (price) ajuster; (figures) modifier. II *vi* s'adapter (à).

adjustment /əˈdʒʌstmənt/ *n* **to make the ~ to** s'adapter à.

administration /ədˌmɪnɪˈstreɪʃn/ *n* administration *f*; **the ~**[US] le gouvernement.

admiration /ˌædməˈreɪʃn/ *n* admiration *f*; **to look at sb/sth with/in ~** être en admiration devant qn/qch.

admire /ədˈmaɪə(r)/ *vtr* admirer.

admirer /ədˈmaɪərə(r)/ *n* admirateur/-trice *m/f*.

admission /ədˈmɪʃn/ *n* entrée *f*, admission *f*; **no ~** entrée interdite; (fee) (droit *m* d')entrée *f*; (at college) **~s** inscriptions; (confession) aveu *m*.

admit /ədˈmɪt/ *vtr* (*p prés etc* **-tt-**) reconnaître, admettre; **to ~ that** reconnaître que; (crime) avouer; **to ~ defeat** s'avouer vaincu; (person) laisser entrer; **dogs not ~ted** entrée interdite aux chiens; [club] admettre.

admittance /ədˈmɪtns/ *n* accès *m*, entrée *f*; **no ~** accès interdit au public.

admittedly /ədˈmɪtɪdlɪ/ *adv* il est vrai, il faut en convenir.

ad nauseam /ˌæd ˈnɔːzɪæm/ *adv* à n'en plus finir.

ado /əˈduː/ *n* **without more/further ~** sans plus de cérémonie *f*.
• **much ~ about nothing** beaucoup de bruit pour rien.

adolescent /ˌædəˈlesnt/ *n, adj* adolescent/-e *m/f, adj*.

adopt /əˈdɒpt/ *vtr* (child, bill) adopter; (identity) prendre; (candidate) choisir.

adopted /əˈdɒptɪd/ *adj* [child] adopté; [son, daughter] adoptif/-ive.

adore /əˈdɔː(r)/ *vtr* adorer.

adrift /əˈdrɪft/ *adj, adv* à la dérive.

adult /ˈædʌlt, əˈdʌlt/ *n, adj* adulte *mf, adj*; **~s only** interdit aux moins de 18 ans.

advance /ədˈvɑːns, -ˈvæns[US]/ I *n* avance *f*; FIG progrès *m*; (money) avance *f*, acompte *m*. II **~s** *npl* (sexual) avances *fpl*; (other contexts) démarches *fpl*. III **in ~** *adv phr* [notify] à l'avance; **£30 in ~** 30 livres d'avance/d'acompte. IV *vtr* (career, tape) faire avancer; (sum of money) avancer; (cause) servir. V *vi* s'avancer; (progress) faire des progrès.

advance booking *n* réservation *f*.

advanced /ədˈvɑːnst, -ˈvænst[US]/ *adj* [course, class] supérieur; [student, stage] avancé.

Advanced Level[GB] *n* SCOL ▸ **A-level**.

advantage /ədˈvɑːntɪdʒ, -ˈvænt-[US]/ *n* avantage *m*; (asset) atout *m*; (profit) intérêt *m*; **it is to his ~ to do** il est dans son intérêt de faire; **to show sth to (best) ~** montrer qch sous un jour avantageux; **to take ~ of** utiliser, profiter de; (in tennis) avantage *m*.

adventure /ədˈventʃə(r)/ *f*. aventure .

adverb /ˈædvɜːb/ *n* adverbe *m*.

adverse /ˈædvɜːs/ *adj* défavorable.

advert[©GB] /ˈædvɜːt/ *n* (petite) annonce *f*; (on TV) pub[©] *f*, spot publicitaire *m*.

advertise /ˈædvətaɪz/ I *vtr* (product, service) faire de la publicité pour; (price, rate) annoncer; (car, house, job) mettre/passer une annonce pour. II *vi* faire de la publicité; (for staff) passer une annonce.

advertisement /ədˈvɜːtɪsmənt, ˌædvərˈtaɪzmənt[US]/ *n* annonce *f*; (in small ads) petite annonce *f*.

advertising /ˈædvətaɪzɪŋ/ *n* I publicité *f*. II *in compounds* [campaign] publicitaire; [agency] de publicité.

advice /ədˈvaɪs/ *n* ¢ conseils *mpl*; **a word/piece of ~** un conseil; **my ~ is to wait** je vous conseille d'attendre; **I'd like your ~ on sth** j'aimerais avoir ton avis sur qch; **get expert ~** consultez un spécialiste.

advisable /əd'vaɪzəbl/ *adj* recommandé.

advise /əd'vaɪz/ I *vtr* conseiller, donner des conseils à; **to ~ sb against doing sth** déconseiller à qn de faire qch; **you are ~d to...** il est recommandé de...; (inform) renseigner. II *vi* **to ~ on sth** donner des conseils sur qch.

adviser, **advisor** /əd'vaɪzə(r)/ *n* conseiller/-ère *m/f*.

advocate /əd'vɔket/ *n* (profession) avocat/-e *m/f*.

aerial /'eərɪəl/ I *n* antenne *f*. II *adj* aérien/-ienne.

aerobics /eə'rəubɪks/ *n* aérobic *m*.

aerospace /'eərəuspeɪs/ *n* industrie aérospatiale *f*.

aesthetic /i:s'θetɪk/ *adj* esthétique.

affair /ə'feə(r)/ *n* affaire *f*; **the state of ~s** la situation; (relationship) liaison (avec) *f*.

affect /ə'fekt/ *vtr* concerner; (health, future) avoir des conséquences sur; (region, population) toucher; (emotionally) émouvoir.

affectionate /ə'fekʃənət/ *adj* affectueux/-euse; [memory] tendre.

affluent /'æfluənt/ *adj* riche.

afford /ə'fɔ:d/ *vtr* **to be able to ~ sth** avoir les moyens d'acheter qch; **to be able to ~ to do sth** pouvoir se permettre de faire qch; **if I can ~ it** si j'ai les moyens; (spare) **I just can't ~ the time** je n'ai vraiment pas le temps; (risk) **we can't ~ to take that chance** c'est trop risqué.

affordable /ə'fɔ:dəbl/ *adj* abordable.

afield /ə'fi:ld/ *adv phr* **further ~** plus loin.

afloat /ə'fləut/ *adj*, *adv* **to be ~** [person] flotter, surnager; [boat] être à flot; (financially) se maintenir à flot.

afraid /ə'freɪd/ *adj* (in expressions of fear) **to be ~ (of sth/sb)** avoir peur (de qch/qn); **to be ~ of doing sth** avoir peur de faire qch; **I'm ~ it might rain** je crains qu'il (ne) pleuve; (in expressions of regret) **I'm ~ I can't come** je suis désolé mais je ne peux pas venir; **did they win?—I'm ~ not** ont-ils gagné?—hélas, non; (as polite formula) **I'm ~ the house is in a mess** excusez le désordre dans la maison.

aft /ɑ:ft/ *adv* à l'arrière.

after /'ɑ:ftə(r), 'æftər[US]/ I *adv* après; **soon ~** peu après; **the year ~** l'année suivante/d'après; **the day ~** le lendemain. II *prep* après; **it was ~ six o'clock** il était plus de six heures; **the day ~ tomorrow** après-demain; **year ~ year** tous les ans; **~ all we did!** après tout ce que nous avons fait!; **~ you!** après vous!; **the police are ~ him** il est recherché par la police; **to ask ~ sb** demander des nouvelles de qn. III *conj* après avoir/être (+ *pp*), après que (+ *indic*); **~ he had left** après qu'il est parti; (in spite of the fact that) alors que (+ *indic*); IV **~ all** *adv*, *prep* après tout.

after-effect *n* MÉD contrecoup *m*; FIG répercussion *f*.

aftermath /'ɑ:ftəmæθ, -mɑ:θ, 'æf-[US]/ *n* ¢ conséquences *fpl*; **in the ~ of** dans le sillage de.

afternoon /ˌɑ:ftə'nu:n, ˌæf-[US]/ *n* après-midi *m/f inv*; **in the ~** (dans) l'après-midi.

afterthought /'ɑ:ftəθɔ:t, 'æf-[US]/ *n* pensée *f* après coup; **as an ~** après coup, en y repensant.

afterwards[GB] /'ɑ:ftəwədz, 'æf-/, **afterward**[US] /'ɑ:ftəwəd, 'æf-/ *adv* GÉN après; (in sequence of events) ensuite; (later) plus tard; **I'll tell you ~** je te le dirai plus tard; **it was only ~ that** ce n'est que plus tard que; (subsequently) par la suite.

again /ə'geɪn, ə'gen/ *adv* encore; **when you are well ~** quand tu seras rétabli; **I'll never go there ~** je n'y retournerai jamais; **never ~!** jamais plus!; **~ and ~** à plusieurs reprises; **it may work, (and) then ~, it may not** ce n'est pas sûr que ça marche.

against /ə'geɪnst, ə'genst/ *prep* contre; **~ the wall** contre le mur; **I'm ~ it** je suis contre; **20 votes ~** 20 voix contre;

(compared to) **the pound fell ~ the dollar** la livre a baissé par rapport au dollar.

age /eɪdʒ/ I *n* âge *m*; **she's your ~** elle a ton âge; **act/be your ~!** ne fais pas l'enfant!; **to come of ~** atteindre la majorité; **to be under ~** JUR être mineur/-e; (era) ère *f*, époque *f*; (long time) **it's ~s since I've played** ça fait une éternité que je n'ai pas joué; **it takes ~s** cela prend un temps fou. II *vtr, vi* vieillir.

age group *n* tranche *f* d'âge.

aged *adj* /eɪdʒd/ âgé (de); **a boy ~ 12** un garçon de 12 ans; /ˈeɪdʒɪd/ (old) [person] âgé.

agency /ˈeɪdʒənsɪ/ *n* agence *f*.

agenda /əˈdʒendə/ *n* ordre *m* du jour; **on the ~** à l'ordre du jour.

agent /ˈeɪdʒənt/ *n* agent *m*; **to go through an ~** passer par un intermédiaire.

aggravate /ˈæɡrəveɪt/ *vtr* aggraver; (annoy) exaspérer.

aggregate /ˈæɡrɪɡət/ *n* **on ~**[GB] au total.

aggression /əˈɡreʃn/ *n* agression *f*; (of person) agressivité *f*.

agitate /ˈædʒɪteɪt/ *vtr* agiter, troubler.

ago /əˈɡəʊ/ *adv* **three weeks ~** il y a trois semaines; **some time/long ~** il y a quelque temps/longtemps; **how long ~?** il y a combien de temps?

agonize /ˈæɡənaɪz/ *vi* **to ~ over sth** se tourmenter à propos de qch.

agonizing /ˈæɡənaɪzɪŋ/ *adj* [pain] atroce; [decision] déchirant.

agony /ˈæɡənɪ/ *n* (physical) douleur atroce *f*; (mental) angoisse *f*; **it was ~!** HUM c'était l'horreur!

agree /əˈɡriː/ I *vtr* être d'accord (sur); (admit) convenir; **don't you ~?** tu ne crois pas?; (consent) **to ~ to do** accepter de faire; (date, solution) se mettre d'accord sur. II *vi* être d'accord; **I ~!** je suis bien d'accord!; (reach mutual understanding) se mettre d'accord, tomber d'accord (sur); (consent) accepter; [stories] concorder (avec); (suit) **to ~ with sb** [climate, weather] être bon pour qn; LING s'accorder (avec, en).

agreed *pp adj* convenu; **is that ~?** c'est bien entendu?

agreement /əˈɡriːmənt/ *n* GÉN accord *m*; **to come to/reach an ~** parvenir à un accord; **to be in ~ with sb** être d'accord avec qn; (undertaking) engagement *m*; JUR contrat *m*.

agricultural /ˌæɡrɪˈkʌltʃərəl/ *adj* [land, worker] agricole; [expert] agronome; [college] d'agriculture.

agriculture /ˈæɡrɪkʌltʃə(r)/ *n* agriculture *f*.

aground /əˈɡraʊnd/ *adv* **to run ~** s'échouer.

ah /ɑː/ *excl* ah!; **~ well!** eh bien voilà!

ahead /əˈhed/ I *adv* [go on, run] en avant; **a few kilometres**[GB] **~** à quelques kilomètres; (in time) **in the months ~** pendant les mois à venir; **a year ~** un an à l'avance; FIG **to be ~ (in)** être en tête (dans). II **~ of** *prep phr* devant; **to be three seconds ~ of sb** avoir trois secondes d'avance sur qn; **~ of time** en avance; **to be ~ of sb** avoir un avantage sur qn; **to be (way) ~ of the others** être (bien) plus avancé que les autres.

aid /eɪd/ I *n* aide *f*; **with the ~ of** (tool) à l'aide de; (person) avec l'aide de; **to come to sb's ~** venir en aide à qn; **in ~ of** au profit de. II *in compounds* [programme] d'entraide. III *vtr* aider. IV *vi* **to ~ in** faciliter; **to ~ in doing sth** aider à faire qch.

Aids /eɪdz/ *n* (*abrév* = **Acquired Immune Deficiency Syndrome**) sida *m*.

ailment /ˈeɪlmənt/ *n* affection *f*, maladie *f*.

aim /eɪm/ I *n* but *m*; **with the ~ of doing** dans le but de faire; (with weapon) **to take ~ at sth/sb** viser qch/qn. II *vtr* **to be ~ed at sb** [product, remark] viser qn; **to be ~ed at doing sth** [effort, action] viser à faire qch;

(gun) braquer; (ball, stone) lancer; (blow, kick) tenter de donner. III *vi* **to ~ for/at sth** viser qch; **to ~ to do/at doing** chercher à faire.

aimless /ˈeɪmlɪs/ *adj* [wandering] sans but; [argument] vain; [violence] gratuit.

ain't© /eɪnt/ ▸ **am not**, ▸ **is not**, ▸ **are not**, ▸ **has not**, ▸ **have not**.

air /eə(r)/ I *n* GÉN air *m*; **in the open ~** en plein air, au grand air; **to let the ~ out of sth** dégonfler qch; **by ~** par avion; **with an ~ of indifference** d'un air indifférent; RADIO, TV **to be/go on the ~** être/passer à l'antenne. II *in compounds* [alert, base] aérien/-ienne; [pollution, pressure] atmosphérique. III *vtr* faire sécher; (freshen) aérer; (opinion, view) exprimer.

air-conditioned *adj* climatisé.

air-conditioning *n* climatisation *f*, air *m* conditionné.

aircraft *n* ¢ avion *m*.

airfare *n* tarif *m* d'avion.

airline /ˈeəlaɪn/ *n* compagnie *f* aérienne.

airmail /ˈeəmeɪl/ I *n* **by ~** par avion. II *combining form* [paper] par avion.

airplaneUS *n* avion *m*.

airport *n* aéroport *m*.

air-traffic controller *n* aiguilleur *m* du ciel.

airy /ˈeərɪ/ *adj* [room] clair et spacieux/-ieuse; [manner] désinvolte, insouciant.

aisle /aɪl/ *n* (in church) (side passage) bas-côté *m*; (centre passage) allée centrale *f*; (in train, plane) couloir *m*; (in cinema, shop) allée *f*.

ajar /əˈdʒɑː(r)/ *adj, adv* entrouvert.

akimbo /əˈkɪmbəʊ/ *adv* **arms ~** les poings sur les hanches.

alarm /əˈlɑːm/ I *n* (feeling) frayeur *f*; (concern) inquiétude *f*; **in ~** avec inquiétude; **there is no cause for ~** inutile de s'inquiéter; (warning) alarme *f*; **to raise the ~** donner, sonner l'alarme; réveille-matin *m inv*, réveil *m*. II *vtr* inquiéter.

alarm clock *n* réveille-matin *m inv*, réveil *m*.

alarming /əˈlɑːmɪŋ/ *adj* inquiétant.

alas /əˈlæs/ *excl* hélas.

alcohol /ˈælkəhɒl, -hɔːlUS/ *n* alcool *m*; **~-free** sans alcool.

alcoholic /ˌælkəˈhɒlɪk, -hɔːl-US/ I *n* alcoolique *mf*. II *adj* alcoolisé.

ale /eɪl/ *n* bière *f*; **brown/light/pale ~** bière brune/légère/blonde.

alert /əˈlɜːt/ I *n* alerte *f*; **to be on the ~ for** se méfier de; **fire/bomb ~** alerte au feu/à la bombe. II *adj* [child] éveillé; [old person] alerte; (attentive) vigilant; **to be ~ to** (danger) avoir conscience de. III *vtr* (authorities) alerter; **to ~ sb to** (danger) mettre qn en garde contre; (fact, situation) attirer l'attention de qn sur.

A-levelGB /ˈeɪlevl/ SCOL I *n* **he got an ~ in history** ≈ il a réussi à l'épreuve d'histoire au baccalauréat. II **~s** *npl*: *examen de fin de cycle secondaire permettant d'entrer à l'université* ≈ baccalauréat *m*.

alfalfa /ælˈfælfə/ *n* luzerne *f*.

algae /ˈældʒiː, ˈælgaɪ/ *npl* algues *fpl*.

algebra /ˈældʒɪbrə/ *n* algèbre *f*.

alien /ˈeɪlɪən/ *n* GÉN, JUR étranger/-ère *m/f*; (from space) extraterrestre *mf*.

alight /əˈlaɪt/ I *adj* **to be ~** [building] être en feu; **to set sth ~** mettre le feu à qch. II *vi* [passenger] descendre (de).

alike /əˈlaɪk/ I *adj* pareil/-eille; **to look ~** se ressembler. II *adv* [think] de la même façon.

alive /əˈlaɪv/ *adj* vivant, en vie; **to be ~** [person, tradition] être vivant; [interest, faith] être vif/vive; **to come ~** [place] s'animer; **to keep sb/sth ~** maintenir qn/qch en vie; **to stay ~** rester en vie; **~ and well**, **~ and kicking** bien vivant; **~ with** (insects) grouillant de.

all /ɔ:l/ I *pron* (everything, anything) tout; **will that be ~?** ce sera tout?; **that's ~ I want** c'est tout ce que je veux; **5 in ~** 5 en tout; **that's ~ we need!** IRON il ne manquait plus que ça!; (everyone) tous; **we ~ feel that** nous avons tous l'impression que. II *det* tous/toutes; **~ those who** tous ceux qui; **in ~ three films** dans les trois films; (the whole of) tout/toute; **~ his life** toute sa vie; **~ year round** toute l'année. III *adv* tout; **~ alone** tout seul; **to be ~ wet** être tout mouillé; **~ in white** tout en blanc; **it's ~ about...** c'est l'histoire de...; **tell me ~ about it!** raconte-moi tout!; SPORT **(they are) six ~** (il y a) six partout. IV **~ along** *adv phr* [know] depuis le début, toujours. V **~ but** *adv phr* pratiquement, presque. VI **~ that** *adv phr* **not ~ that strong** pas si fort que ça. VII **~ the** *adv phr* **~ the more** d'autant plus; **~ the better!** tant mieux! VIII **~ too** *adv phr* [easy, often] bien trop. IX **and ~**©GB *adv phr* et tout ça. X **at ~** *adv phr* **not at ~!** (in thanks) de rien!; (answering query) pas du tout!; **nothing at ~** rien du tout. XI **for ~** *prep phr, adv phr* **for ~ I know** pour autant que je sache. XII **of ~** *prep phr* **the easiest of ~** le plus facile; **first/last of ~** pour commencer/finir.

• **it's ~ the same to me** ça m'est égal; **that's ~ very well** tout ça c'est bien beau.

all-American *n* [girl, boy, hero] typiquement américain; SPORT [record, champion] américain.

all clear *n* **to give sb the ~ (to do)** donner le feu vert à qn (pour faire).

allege /ə'ledʒ/ I *vtr* **to ~ that** prétendre que; (say publicly) déclarer que; **it was ~d that...** il a été dit que... II **~d** *pp adj* [attacker, crime] présumé.

allegiance /ə'li:dʒəns/ *n* allégeance *f*; **to swear ~ to** prêter serment d'allégeance à.

allergic /ə'lɜ:dʒɪk/ *adj* allergique (à).

allergy /'ælədʒɪ/ *n* allergie (à) *f*.

alley /'ælɪ/ *n* (walkway) allée *f*; (for vehicles) ruelle *f*; (in tennis)US couloir *m*.

allied /'ælaɪd/ *adj* allié; [trades, subjects] connexe.

all-inGB *adj* [price] tout compris.

all in©GB *adj* crevé©, épuisé.

all-inclusive *adj* [price] tout compris.

all-out *adj* [strike] total; [attack] en règle.

all over I *adj* fini; **when it's ~** quand tout sera fini. II *adv* partout. III *prep* (room, town) dans tout/toute; **~ China** partout en Chine.

allow /ə'laʊ/ I *vtr* (authorize) autoriser; **to ~ sb to do sth** autoriser qn à faire qch; **~ me!** permettez(-moi)!; (choice, freedom) laisser; (allocate) prévoir; **to ~ two days** prévoir deux jours. II *v refl* **to ~ oneself sth** (drink, treat) s'accorder qch; (allocate) prévoir.

• **allow for**: (delays) tenir compte de.

allowance /ə'laʊəns/ *n* (money) allocation *f*; (from employer) indemnité *f*; (for student) argent *m* (pour vivre); (from trust, guardian) rente *f*; COMM (discount) rabais *m*; (entitlement) **your baggage ~ is 40 kg** vous avez droit à 40 kg de bagages; **to make ~(s) for sth** tenir compte de qch.

allowed /ə'laʊd/ *pp adj* **smoking is not ~** il est interdit de fumer; **we're not ~ to say it** nous n'avons pas le droit de le dire; **she's not ~ alcohol** l'alcool lui est interdit; **no dogs ~** interdit aux chiens.

all-purpose *adj* [building] polyvalent; [utensil] multi-usages.

all right, **alright** /ˌɔ:l'raɪt/ I *adj* [film, garment] pas mal©; **he's ~** (pleasant) il est plutôt sympa©; (attractive) il n'est pas mal©; (competent) son travail est correct; **sounds ~ to me©!** pourquoi pas!; **is my hair ~?** ça va mes cheveux?; (well) **to feel ~** aller bien; **will you be ~?** est-ce que ça va aller?; **are you ~ for money?** tu as assez d'argent?; (acceptable) **is that ~ with you?** ça ne te dérange pas?; **that's (quite) ~** ça va très bien. II *adv* bien; **he's doing ~**

(doing well) tout va bien pour lui; (managing to cope) il s'en tire; **she knows ~!** bien sûr qu'elle sait! III *particle* d'accord; **~ ~!** ça va! j'ai compris!; **~, let's move on to...** bien, passons à...

all-rounderGB /ˌɔːl'raʊndə(r)/ *n* **to be a good ~** être bon en tout.

all square *adj* **to be ~** [people] être quitte.

all-time /'ɔːltaɪm/ *adj* [record] absolu.

allude /ə'luːd/ *vi* **to ~ to sth** faire allusion à qch.

allusion /ə'luːʒn/ *n* allusion (à) *f*.

ally /'ælaɪ/ I *n* (*pl* **-ies**) allié/-e *m/f*. II /ə'laɪ/ *v refl* **to ~ oneself with** s'allier avec.

almighty /ɔːl'maɪtɪ/ *adj* formidable.

Almighty /ɔːl'maɪtɪ/ *n* **the ~** le Tout-Puissant.

almond /'ɑːmənd/ *n* amande *f*; (tree) amandier *m*.

almost /'ɔːlməʊst/ *adv* presque; **he ~ died** il a failli mourir.

alone /ə'ləʊn/ I *adj* (*épith*) seul; **I feel so ~** je me sens si seul; **to leave sb ~** laisser qn seul; FIG laisser qn tranquille; **leave that bike ~!** ne touche pas à ce vélo! II *adv* seul; **for this reason ~** rien que pour cette raison.

along /ə'lɒŋ, ə'lɔːŋUS/ I *adv* **to push/pull sth ~** pousser/tirer qch; **to be walking ~** marcher; **I'll be ~ in a second** j'arrive tout de suite. II *prep* (all along) le long de; **to run ~ the beach** longer la plage; **somewhere ~ the way** quelque part en chemin. III **~ with** *prep phr* accompagné de; (at same time as) en même temps que.

alongside /əlɒŋsaɪd, əlɔːŋ'saɪdUS/ I *prep* le long de; (next to) **to learn to live ~ each other** apprendre à coexister. II *adv* à côté.

aloud /ə'laʊd/ *adv* [say] à haute voix; [wonder] tout haut.

alphabet /'ælfəbet/ *n* alphabet *m*.

already /ɔːl'redɪ/ *adv* déjà.

alright ▸ **all right**.

also /'ɔːlsəʊ/ *adv* aussi.

altar /'ɔːltə(r)/ *n* autel *m*.

alter /'ɔːltə(r)/ *vtr* (opinion, appearance, lifestyle, person, rule, timetable) changer; (document) modifier; (building) transformer; (dress) retoucher.

alteration /ˌɔːltə'reɪʃn/ *n* (of timetable) changement *m*; (of text) modification *f*; (of building) travaux *mpl*; (of dress) retouche *f*.

alternate I /ɔːl'tɜːnət/ *adj* en alternance; **on ~ days** un jour sur deux. II /'ɔːltəneɪt/ *vtr* **to ~ sth and/with sth** alterner qch et qch. III *vi* [people] se relayer; **to ~ between hope and despair** passer de l'espoir au désespoir.

alternative /ɔːl'tɜːnətɪv/ I *n* (from two options) alternative *f*; (from several) possibilité *f*; **one ~ is...** une des possibilités serait...; **to have no ~** ne pas avoir le choix. II *adj* [date, flight, plan] autre; [product] de remplacement; [solution] de rechange.

alternatively /ɔːl'tɜːnətɪvlɪ/ *adv* aussi, ou bien; **~, you can book by phone** vous pouvez aussi réserver par téléphone.

although /ɔːl'ðəʊ/ *conj* bien que (+ *subj*); (but, however) mais.

altogether /ˌɔːltə'geðə(r)/ *adv* complètement; **not ~ true** pas complètement vrai; **that's another matter ~** c'est une tout autre histoire; (in total) en tout; **how much is that ~?** ça fait combien en tout?

alumnusUS, **alumna** /ə'lʌmnəs, ə/ *n* (*pl* **-ni**, **-ae**) SCOL ancien/-ienne élève *m/f*; UNIV ancien/-ienne étudiant/-e *m/f*.

always /'ɔːlweɪz/ *adv* toujours; **he's ~ complaining** il n'arrête pas de se plaindre.

am[1] /æm/ ▸ **be**.

am[2] /æm, eɪem/ *adv* (*abrév* = **ante meridiem**) **one ~** une heure (du matin).

amateur /'æmətə(r)/ *n* amateur *m*.

amaze /ə'meɪz/ *vtr* surprendre, stupéfier.

amazed /ə'meɪzd/ *adj* stupéfait; **I'm ~ (that)** ça m'étonne que (+ *subj*).

amazement /ə'meɪzmənt/ *n* stupéfaction *f*; **in ~** avec stupéfaction; **to my ~** à ma grande surprise.

amazing /ə'meɪzɪŋ/ *adj* extraordinaire.

ambassador /æm'bæsədə(r)/ *n* ambassadeur/-drice *m/f*.

amber /'æmbə(r)/ *n* ambre *m*.

ambiguous /æm'bɪgjʊəs/ *adj* ambigu/-uë.

ambition /æm'bɪʃn/ *n* ambition *f*.

ambitious /æm'bɪʃəs/ *adj* ambitieux/-ieuse.

ambulance /'æmbjʊləns/ *n* ambulance *f*.

ambush /'æmbʊʃ/ **I** *n* embuscade *f*. **II** *vtr* tendre une embuscade à.

amend /ə'mend/ *vtr* modifier.

amends /ə'mendz/ *npl* **to make ~** se racheter; **to make ~ for** réparer.

amenities /ə'meniːtɪz/ *npl* confort *m*.

amid /ə'mɪd/, **amidst** /ə'mɪdst/ *prep* au milieu de.

ammunition /ˌæmjʊ'nɪʃn/ *n* ¢ MIL munitions *fpl*; FIG armes *fpl*.

amnesty /'æmnəstɪ/ *n* amnistie *f*.

among /ə'mʌŋ/, **amongst** /ə'mʌŋst/ *prep* parmi; **~ those present** parmi les personnes présentes; **to be ~ friends** être entre amis; **~ others** entre autres; **~ young people** chez les jeunes; (one of) **she was ~ those who survived** elle fait partie des survivants.

amount /ə'maʊnt/ *n* (of goods, food) quantité *f*; (of people, objects) nombre *m*, (of money) somme *f*; (bill) montant *m*.

• **amount to**: [cost] s'élever à; **it ~s to the same thing** cela revient au même.

ample /'æmpl/ *adj* [provisions, resources] largement suffisant; [proportions] généreux/-euse.

amplify /'æmplɪfaɪ/ *vtr* amplifier; (concept) développer.

amuse /ə'mjuːz/ **I** *vtr* amuser; [game, story] distraire; [activity, hobby] occuper; **to be ~d at/by** s'amuser de. **II** *v refl* **to ~ oneself** (entertain) se distraire; (occupy) s'occuper.

amusement /ə'mjuːzmənt/ **I** *n* amusement *m*; **a look of ~** un air amusé; **for ~** pour me/se... distraire. **II ~s** *npl* attractions *fpl*.

amusement arcade[GB] *n* ≈ salle de jeux électroniques.

amusing /ə'mjuːzɪŋ/ *adj* drôle.

an /æn, ən/ ▸ **a**.

anaesthetic[GB], **anesthetic**[US] /ˌænɪs'θetɪk/ *n, adj* anesthésique *m*; **under ~** sous anesthésie.

analyse[GB], **analyze**[US] /'ænəlaɪz/ *vtr* analyser; PSYCH psychanalyser.

analysis /ə'næləsɪs/ *n* analyse *f*; **in the final/last ~** en fin de compte; PSYCH psychanalyse *f*.

analyst /'ænəlɪst/ *n* analyste *mf*.

anarchy /'ænəkɪ/ *n* anarchie *f*.

anatomy /ə'nætəmɪ/ *n* anatomie *f*.

ancestor /'ænsestə(r)/ *n* ancêtre *mf*.

anchor /'æŋkə(r)/ **I** *n* ancre *f*. **II** *vtr* (ship) ancrer. **III** *vi* [ship] mouiller, jeter l'ancre.

anchovy /'æntʃəvɪ, 'æntʃəʊvɪ[US]/ *n* anchois *m*.

ancient /'eɪnʃənt/ *adj* (dating from BC) antique; (very old) ancien/-ienne; (person, car)☺ très vieux/vieille.

and /ænd, *unstressed* ənd/ *conj* et; (in numbers) **two hundred ~ two** deux cent deux; (with repetition) **faster ~ faster** de plus en plus vite; **worse ~ worse** de pire en pire; **to talk on ~ on** parler pendant des heures; (in phrases) **~?** et alors?; **~ all that** et tout le reste; **~ that**☺GB et tout ça; **~ so on** et ainsi de suite; **~ how**☺**!** et comment!; **day ~ night** jour et nuit.

angel /ˈeɪndʒl/ *n* ange *m*.

anger /ˈæŋgə(r)/ I *n* colère *f*; **in ~** sous le coup de la colère. II *vtr* [decision, remark] → (person) mettre [qn] en colère.

angle /ˈæŋgl/ *n* angle *m*; **to be at an ~ to sth** faire un angle avec qch; **seen from this ~** (vu) d'ici, sous cet angle.

angler /ˈæŋglə(r)/ *n* pêcheur/-euse *m/f* (à la ligne).

angling /ˈæŋglɪŋ/ *n* pêche *f* (à la ligne); **to go ~** pêcher à la ligne.

angry /ˈæŋgrɪ/ *adj* [person, animal, tone] furieux/-ieuse; [scene, words] de colère; **to look ~** avoir l'air en colère; **to be ~ at/with sb** être en colère contre qn; **to get/grow ~** se fâcher; **to make sb ~** mettre qn en colère.

anguish /ˈæŋgwɪʃ/ *n* inquiétude *f*; **to be in ~** être au supplice.

animal /ˈænɪml/ *n* animal *m*, bête *f*; (brutish person) brute.

animated /ˈænɪmeɪtɪd/ *adj* animé.

ankle /ˈæŋkl/ *n* cheville *f*.

annex I /ˈæneks/ *n* annexe *f*. II /əˈneks/ *vtr* annexer.

anniversary /ˌænɪˈvɜːsərɪ/ *n* anniversaire *m*; **the ~ celebrations** les fêtes commémoratives.

announce /əˈnaʊns/ *vtr* annoncer.

announcement /əˈnaʊnsmənt/ *n* (spoken) annonce *f*; (written) avis *m*; (of birth, death) faire-part *m inv*.

announcer /əˈnaʊnsə(r)/ *n* **radio/TV ~** présentateur/-trice *m/f* de radio/télé.

annoy /əˈnɔɪ/ *vtr* agacer; **what really ~s me is that** ce qui me contrarie, c'est que; [noise] gêner.

annoyed /əˈnɔɪd/ *adj* contrarié; **he was ~ with him for being late** il était fâché qu'il soit en retard.

annoying /əˈnɔɪɪŋ/ *adj* agaçant.

annual /ˈænjʊəl/ *adj* annuel/-elle.

annually /ˈænjʊəlɪ/ *adv* [earn, produce] par an; [do, inspect] tous les ans.

anonymous /əˈnɒnɪməs/ *adj* anonyme; **to remain ~** garder l'anonymat.

another /əˈnʌðə(r)/ I *det* un/-e autre, encore un/-e; **~ time** une autre fois; **~ drink?** encore un verre?; **~ £5** 5 livres sterling de plus; **without ~ word** sans rien dire de plus; **in ~ five weeks** dans cinq semaines; **and ~ thing...** et de plus...; **to put it ~ way...** en d'autres termes... II *pron* un/-e autre; **can I have ~?** est-ce que je peux en avoir un/-e autre?; **one after ~** l'un/l'une après l'autre; **for one reason or ~** pour une raison ou une autre.

answer /ˈɑːnsə(r), ˈænsər^US^/ I *n* réponse *f*; **to give an ~ (to)** donner une réponse (à); **there's no ~** (to door) il n'y a personne; (on phone) ça ne répond pas; **in ~ to sth** en réponse à qch. II *vtr* **to ~ that...** répondre que...; **to ~ the door** aller/venir ouvrir la porte; **to ~ the telephone** répondre au téléphone. III *vi* **to ~ to sb** être responsable devant qn.

• **answer back**: répondre. • **answer for sb/sth**: répondre de qn/qch.

answerable /ˈɑːnsərəbl, ˈæns-^US^/ *adj* **to be ~ for sth** être responsable de qch.

answering machine *n* répondeur (téléphonique) *m*.

ant /ænt/ *n* fourmi *f*.

anthem /ˈænθəm/ *n* hymne *m*.

anthology /ænˈθɒlədʒɪ/ *n* anthologie *f*.

anthropology /ˌænθrəˈpɒlədʒɪ/ *n* anthropologie *f*.

anti /ˈæntɪ/ I *prep* contre; **to be ~** être contre. II **anti+** *combining form* anti(-); **~-smoking** antitabac; **~-terrorist** antiterroriste.

antibiotic /ˌæntɪbaɪˈɒtɪk/ *n, adj* antibiotique *m, adj*.

antibody /ˈæntɪbɒdɪ/ *n* anticorps *m*.

anticipate /ænˈtɪsɪpeɪt/ I *vtr* (problem) prévoir, s'attendre à; **to ~ that** prévoir que; **as ~d** comme prévu; **I didn't ~ him doing that** je ne m'attendais pas à ce qu'il fasse ça; (needs) anticiper; (person) devancer. **II** *vi* anticiper.

anticipation /æn͵tɪsɪ'peɪʃn/ *n* **he smiled in ~** il souriait en se réjouissant d'avance; **in ~ of** en prévision de.

anticlockwise[GB] /͵æntɪ'klɒkwaɪz/ *adj, adv* dans le sens inverse des aiguilles d'une montre.

antifreeze /'æntɪfri:z/ *n* antigel *m*.

Antipodes[GB] /æn'tɪpədi:z/ *npl* **the ~** l'Australie et la Nouvelle-Zélande.

antiquated /'æntɪkweɪtɪd/ *adj* [machinery, idea] archaïque; [building] vétuste.

antique /æn'ti:k/ **I** *n* meuble, objet *m* ancien. **II** *adj* (old) ancien/-ienne.

antique shop *n* magasin *m* d'antiquités.

anxiety /æŋ'zaɪətɪ/ *n* grande inquiétude *f*; **to cause great ~ to sb** causer beaucoup de soucis à qn; **in a state of ~** angoissé.

anxious /'æŋkʃəs/ *adj* **to be ~ about sth** être très inquiet pour qch; **to be ~ about doing** appréhender de faire; **to be ~ to do sth** tenir beaucoup à faire qch.

any /'enɪ/ **I** *det* (+ negative, implied negative) **they hardly ate ~ cake** ils n'ont presque pas mangé de gâteau; **I don't need ~ advice** je n'ai pas besoin de conseils; **they couldn't get ~ information** ils n'ont pas obtenu la moindre information; **he hasn't got ~ common sense** il n'a aucun bon sens; (+ questions, conditional sentences) **is there ~ tea?** est-ce qu'il y a du thé?; **if you have ~ money** si vous avez de l'argent; (no matter which) n'importe quel/quelle, tout; **you can have ~ cup you like** vous pouvez prendre n'importe quelle tasse; **~ information would be very useful** tout renseignement serait très utile. **II** *pron* (+ negative, implied negative) **he hasn't got ~** il n'en a pas; **there is hardly ~ left** il n'en reste presque pas; (+ questions, conditional sentences) **have ~ of you got a car?** est-ce que l'un/-e d'entre vous a une voiture?; **are ~ of them blue?** y en a-t-il des bleus?; (no matter which) n'importe lequel/laquelle; **~ of them could do it** n'importe qui d'entre eux/elles pourrait le faire. **III** *adv* (+ comparative) **is he feeling ~ better?** est-ce qu'il se sent mieux?; **do you want ~ more milk?** voulez-vous encore du lait?; **he doesn't live here ~ more/longer** il n'habite plus ici.

anybody /'enɪbɒdɪ/ *pron* (+ negative, implied negative) personne; **there wasn't ~ in the house** il n'y avait personne dans la maison; (+ questions, conditional sentences) quelqu'un; **is there ~ in the house?** est-ce qu'il y a quelqu'un dans la maison?; (no matter who) **~ could do it** n'importe qui pourrait le faire; **~ but you would say yes** tout autre que toi dirait oui; **~ but him** n'importe qui, sauf lui; **~ can make a mistake** ça arrive à tout le monde de faire une erreur; **you can invite ~ (you like)** tu peux inviter qui tu veux; (somebody unimportant) **we can't ask just ~** nous ne pouvons pas demander à n'importe qui.

anyhow /'enɪhaʊ/ *adv* (in any case) quand même; (in a careless way) n'importe comment.

anyone /'enɪwʌn/ *pron* ▸ **anybody**.

anyplace[US] /'enɪpleɪs/ *adv* ▸ **anywhere**.

anything /'enɪθɪŋ/ *pron* (+ negative, implied negative) rien; **she didn't say/do ~** elle n'a rien dit/fait; **he didn't have ~ to do** il n'avait rien à faire; (+ questions, conditional sentences) quelque chose; **if ~ happens to her** s'il lui arrive quoi que ce soit; **is there ~ to be done?** peut-on faire quelque chose?; (no matter what) tout; **~ is possible** tout est possible; **he likes ~ sweet/to do with football** il aime tout ce qui est sucré/qui a rapport au football; **he was ~ but happy** il n'était pas du tout heureux.

anytime /'enɪtaɪm/ *adv* n'importe quand; **~ you like** quand tu veux; **if at ~**

you feel lonely... si jamais tu te sens seul...; **at ~ of the day or night** à n'importe quelle heure du jour ou de la nuit, à tout moment; **he could arrive ~ now** il pourrait arriver d'un moment à l'autre.

anyway /ˈenɪweɪ/ *adv* (in any case) de toute façon; (nevertheless) quand même; **thanks ~** merci quand même; (at least) en tout cas; (well) **~, he said...** bon, dit-il...

anywhere /ˈenɪweə(r), -hweərUS/ *adv* (+ negative, implied negative) **you can't go ~** tu ne peux aller nulle part; **crying isn't going to get you ~** ça ne t'avancera à rien de pleurer; (+ questions, conditional sentences) quelque part; (no matter where) **~ you like** où tu veux; **~ in the world** partout dans le monde; **~ between 50 and 100 people** entre 50 et 100 personnes.

apart /əˈpɑːt/ **I** *adj*, *adv* (at a distance) **the houses are far ~** les maisons sont éloignées les unes des autres; **~ (from the group)** à l'écart (du groupe); (separate from each other) séparé; (leaving aside) à part; **cats ~** à part les chats; (different) **a world ~** un monde à part. **II ~ from** *prep phr* en dehors de, à part.

apartment /əˈpɑːtmənt/ *n* appartement *m*.

apartment block *n* immeuble *m*.

ape /eɪp/ **I** *n* grand singe *m*. **II** *vtr* singer.

aphid /ˈeɪfɪd/ *n* puceron *m*.

apiece /əˈpiːs/ *adv* chacun/-e *m/f*; **an apple ~** une pomme chacun/-e; (each one) **one franc ~** un franc la pièce.

apologetic /əˌpɒləˈdʒetɪk/ *adj* d'excuse; **to be ~ about sth/doing** s'excuser de qch/d'avoir fait.

apologize /əˈpɒlədʒaɪz/ *vi* **to ~ (to sb for doing sth)** s'excuser (auprès de qn d'avoir fait qch).

apology /əˈpɒlədʒɪ/ *n* excuses *fpl*; **to make an ~** s'excuser; **to make one's apologies** faire ses excuses; **Mrs X sends her apologies** Mme X regrette de ne pas pouvoir venir.

apostle /əˈpɒsl/ *n* apôtre *m*.

apostrophe /əˈpɒstrəfɪ/ *n* apostrophe *f*.

appalGB, **appall**US /əˈpɔːl/ *vtr* (*p prés etc* **-ll-**) scandaliser, horrifier.

appalling /əˈpɔːlɪŋ/ *adj* [crime, conditions] épouvantable; [injury] affreux/-euse; [manners, taste] exécrable.

apparatus /ˌæpəˈreɪtəs, -ˈrætəsUS/ *n* équipement *m*; (in lab) instruments *mpl*.

apparelGB†US /əˈpærəl/ *n* vêtements *mpl*.

apparent /əˈpærənt/ *adj* apparent; **for no ~ reason** sans raison apparente; (clear) évident.

apparently /əˈpærəntlɪ/ *adv* apparemment.

appeal /əˈpiːl/ **I** *n* appel *m*; **an ~ for calm** un appel au calme; **an ~ on behalf of** un appel en faveur de; JUR appel *m*; (attraction) charme *m*; **to have a certain ~** avoir un certain charme; (interest) intérêt *m*. **II** *vi* JUR faire appel; **to ~ against** (decision) contester; **to ~ for** (order, tolerance) lancer un appel à; **to ~ to sb to do** prier qn de faire; **to ~ to sb** [idea] tenter qn; [person, place] plaire à qn.

appealing /əˈpiːlɪŋ/ *adj* [child] attachant; [plan] séduisant; (beseeching) suppliant.

appear /əˈpɪə(r)/ *vi* apparaître; (turn up) arriver; **to ~ to be/to do** [person] avoir l'air d'être/de faire; **it ~s that** il semble que; [book] paraître; **to ~ on TV** passer à la télévision; **to ~ in court** comparaître.

appearance /əˈpɪərəns/ *n* apparence *f*; **to judge/go by ~s** se fier aux apparences; **for ~s' sake** pour la forme; (visual aspect) aspect *m*.

appendix /əˈpendɪks/ *n* (*pl* **-ixes**, **-ices**) appendice *m*; **to have one's ~ removed** se faire opérer de l'appendicite; (to book) annexe *f*.

appetite /ˈæpɪtaɪt/ *n* appétit *m*.

appetizer /ˈæpɪtaɪzə(r)/ *n* (drink) apéritif *m*; (biscuit, olive) amuse-gueule *m inv*; (starter) hors-d'œuvre *m inv*.

applaud /əˈplɔːd/ *vtr, vi* applaudir.

applause /əˈplɔːz/ *n* ¢ applaudissements *mpl*.

apple /ˈæpl/ *n* pomme *f*; **the Big Apple** New York.

apple tree *n* pommier *m*.

appliance /əˈplaɪəns/ *n* appareil *m*; **household ~** appareil électroménager.

applicable /ˈæplɪkəbl, əˈplɪkəbl/ *adj* [law] en vigueur; **if ~** le cas échéant.

applicant /ˈæplɪkənt/ *n* candidat/-e *m/f*.

application /ˌæplɪˈkeɪʃn/ *n* (for job) candidature *f*; **to make an ~ for a job** poser sa candidature à un poste; (for passport, etc) demande *f*; **on ~** sur demande.

application form *n* formulaire *m* de demande.

apply /əˈplaɪ/ I *vtr* (method, paint, etc) appliquer; **to ~ for** demander, faire une demande de; **to ~ for the job** poser sa candidature; (contact) **to ~ to** s'adresser à. II *vi* (seek work) poser sa candidature; (request) faire une demande; [rule] être en vigueur; [definition] s'appliquer (à).

appoint /əˈpɔɪnt/ *vtr* (person) nommer; (date) fixer.

appointment /əˈpɔɪntmənt/ *n* rendez-vous *m inv*; **by ~** sur rendez-vous; **to make an ~** prendre rendez-vous; (nomination) nomination *f*.

appreciate /əˈpriːʃɪeɪt/ I *vtr* (food, music, help, effort) apprécier; (honour, favour) être sensible à; (kindness, sympathy) être reconnaissant de; **thank-you! I really ~ it!** merci beaucoup! II *vi* [object] prendre de la valeur.

apprehensive /ˌæprɪˈhensɪv/ *adj* craintif/-ive; **to be ~** être inquiet/-iète.

apprentice /əˈprentɪs/ *n* apprenti/-e *m/f*.

approach /əˈprəʊtʃ/ I *n* (to town, island) voie *f* d'accès; (of person, season) approche *f*; (overture) démarche *f*. II *vtr* (s')approcher de; (problem, subject) aborder; (make overtures to) s'adresser à. III *vi* [person, car] (s')approcher; [event, season] approcher.

appropriate /əˈprəʊprɪət/ *adj* [behaviour, choice, place] approprié; [punishment] juste; [name, date] bien choisi; [authority] compétent.

approval /əˈpruːvl/ *n* approbation *f*.

approve /əˈpruːv/ I *vtr* approuver. II *vi* **to ~ of sth/sb** apprécier qch/qn; **do you ~?** qu'est-ce que vous en pensez?

approximate /əˈprɒksɪmət/ *adj* approximatif/-ive.

approximately /əˈprɒksɪmətlɪ/ *adv* à peu près; **at ~ four o'clock** vers quatre heures.

Apr *abrév écrite* = **April**.

apricot /ˈeɪprɪkɒt/ *n* (fruit) abricot *m*; (tree) abricotier *m*.

April /ˈeɪprɪl/ *n* avril *m*.

April Fools' Day *n* le premier avril.

apron /ˈeɪprən/ *n* tablier *m*.

apt[1] /æpt/ *adj* [choice, description] heureux/-euse; [style] approprié; (often inclined) **to be ~ to do** avoir tendance à faire.

apt[2] *abrév écrite* = **apartment**.

Aquarius /əˈkweərɪəs/ *n* Verseau *m*.

arbitration /ˌɑːbɪˈtreɪʃn/ *n* arbitrage *m*.

arc /ɑːk/ *n* arc *m*.

arcade /ɑːˈkeɪd/ *n* arcade *f*.

arch /ɑːtʃ/ I *n* (archway) arche *f*; (triumphal) arc *m*; (of foot) voûte *f* plantaire. II *vtr* arquer. III **arch+** *combining form* par excellence; **~-enemy** ennemi juré.

archaeology[GB], **archeology**[US] /ˌɑːkɪˈɒlədʒɪ/ *n* archéologie *f*.

archbishop /ˌɑːtʃˈbɪʃəp/ *n* archevêque *m*.

archery /ˈɑːtʃərɪ/ *n* tir *m* à l'arc.

archipelago /ˌɑːkɪˈpeləgəʊ/ *n* archipel *m.*

architect /ˈɑːkɪtekt/ *n* architecte *mf*; FIG artisan *m.*

architecture /ˈɑːkɪtektʃə(r)/ *n* architecture *f.*

Arctic /ˈɑːktɪk/ *adj* [climate, Circle] arctique; [expedition] polaire; [temperature] glacial.

are /ɑː(r)/ ▸ **be**.

area /ˈeərɪə/ *n* (of land) région *f*; (of city, building) zone *f*; **smoking ~** zone fumeurs; (district) quartier *m*; (of knowledge) domaine *m*; (of activity, business) secteur *m*; (in geometry) aire, superficie *f.*

area code *n* indicatif (de zone) *m.*

aren't /ɑːnt/ (= **are not**) ▸ **be**.

argue /ˈɑːgjuː/ I *vtr* **to ~ that** soutenir que. II *vi* se disputer; **to ~ about money** se disputer pour des questions d'argent; **don't ~ (with me)!** on ne discute pas!

argument /ˈɑːgjʊmənt/ *n* dispute *f*; **to have an ~** se disputer; (discussion) discussion *f*; **he won the ~** il a eu le dernier mot; **for ~'s sake** à titre d'exemple.

Aries /ˈeəriːz/ *n* Bélier *m.*

arise /əˈraɪz/ *vi* (*prét* **arose**, *pp* **arisen**) [difficulty] survenir; **if any problems should ~** en cas de difficulté; [question] se poser; **to ~ from sth** résulter de qch; **if the need ~s** si nécessaire.

aristocrat /ˈærɪstəkræt, əˈrɪst-US/ *n* aristocrate *mf.*

arithmetic /əˈrɪθmətɪk/ *n* arithmétique *f.*

ark /ɑːk/ *n* arche *f.*

arm /ɑːm/ I *n* bras *m*; **~ in ~** bras dessus bras dessous; **to give sb one's ~** donner le bras à qn; **to fold one's ~s** croiser les bras; **within ~'s reach** à portée de la main; (sleeve) manche *f*; (of chair) accoudoir *m.* II **~s** *npl* armes *fpl*; **to take up ~s** prendre les armes. III *vtr* GÉN armer; **to ~ sb with sth** munir qn de qch.

• **to cost an ~ and a leg**© coûter les yeux de la tête©; **with open ~s** à bras ouverts.

armchair /ˈɑːmtʃeə(r)/ *n* fauteuil *m.*

armistice /ˈɑːmɪstɪs/ *n* armistice *m.*

armourGB, **armor**US /ˈɑːmə(r)/ *n* **a suit of ~** une armure (complète).

armouredGB **car** *n* véhicule *m* blindé.

armpit *n* aisselle *f.*

army /ˈɑːmɪ/ I *n* armée *f*; **to join the ~** s'engager. II *in compounds* [life, staff, uniform] militaire.

aroma /əˈrəʊmə/ *n* arôme *m.*

arose /əˈrəʊz/ *prét* ▸ **arise**.

around /əˈraʊnd/ I *adv* environ, à peu près; **at ~ 3 pm** vers 15 heures; **to be (somewhere) ~** être dans les parages; **all ~** tout autour, partout; **to do it the other way ~** faire le contraire; **I'll be ~ in a minute** j'arrive. II *prep* autour de; **the villages ~ Dublin** les villages des environs de Dublin; **(all) ~ the world** partout dans le monde; **somewhere ~ Paris** quelque part près de Paris; **~ 1980** vers 1980.

arouse /əˈraʊz/ *vtr* (attention) éveiller; (anger) exciter.

arrange /əˈreɪndʒ/ I *vtr* (chairs) disposer; (room, hair, clothes) arranger; (party, meeting) organiser; (date, price) fixer; **to ~ that** faire en sorte que (+ *subj*). II *vi* **to ~ for sth** prendre des dispositions pour qch; **to ~ with sb to do** décider avec qn de faire.

arrangement /əˈreɪndʒmənt/ *n* (of hair, jewellery) arrangement *m*; (of objects) disposition *f*; (agreement) accord *m*; **to come to an ~** s'arranger.

arrest /əˈrest/ I *n* arrestation *f*; **under ~** en état d'arrestation. II *vtr* arrêter.

arrival /əˈraɪvl/ *n* arrivée *f*; **on sb's/sth's ~** à l'arrivée de qn/qch; **late ~** retardataire *mf.*

arrive /əˈraɪv/ *vi* arriver; **to ~ at** (solution) parvenir à .

arrow /ˈærəʊ/ *n* flèche *f.*

arson /ˈɑːsn/ *n* incendie *m* criminel.

art /ɑːt/ I *n* art *m*. II **~s** *npl* **the ~s** les arts *mpl*; UNIV les lettres *fpl*; **~s and crafts** artisanat *m*.

artichoke /ˈɑːtɪtʃəʊk/ *n* artichaut *m*.

article /ˈɑːtɪkl/ *n* article *m*; (object) objet *m*; **~ of clothing** vêtement.

articulate /ɑːˈtɪkjʊlət/ *adj* qui s'exprime bien.

artificial /ˌɑːtɪˈfɪʃl/ *adj* artificiel/-ielle.

artist /ˈɑːtɪst/ *n* artiste *mf*.

artistic /ɑːˈtɪstɪk/ *adj* artistique; [person] artiste.

as /æz, əz/ I *conj* (in the manner that) comme; **~ you know** comme vous le savez; **~ always/usual** comme d'habitude; **do ~ I say** fais ce que je te dis; **leave it ~ it is** laisse-le tel quel; (while, when) comme, alors que; **~ a child, he...** enfant, il...; (although) **strange ~ it may seem** aussi curieux que cela puisse paraître; (comparing) **the same... ~** le/la même... que. II *prep* en, comme; **dressed ~ a sailor** habillé en marin; **he works ~ a pilot** il travaille comme pilote. III *adv* **~ fast ~ you can** aussi vite que possible; **~ strong ~ an ox** fort comme un bœuf; **~ soon ~ possible** dès que possible; **~ before** comme avant; **I thought ~ much!** c'est ce qu'il me semblait! IV **~ for** *prep phr* quant à, pour ce qui est de. V **~ from, ~ of** *prep phr* à partir de. VI **~ if** *conj phr* comme si; **~ if by magic** comme par magie. VII **~ to** *prep phr* quant à.

asbestos /əzˈbestɒs, æs-/ *n* amiante *m*.

ascent /əˈsent/ *n* ascension *f*.

ash /æʃ/ *n* cendre *f*; (tree) frêne *m*.

ashamed /əˈʃeɪmd/ *adj* **to be/feel ~ (of)** avoir honte (de).

ashore /əˈʃɔː(r)/ *adv* **to come/go ~** débarquer.

ashtray *n* cendrier *m*.

ash tree *n* frêne *m*.

aside /əˈsaɪd/ I *adv* **to stand/step/move ~** s'écarter; **to set/put/lay sth ~** mettre qch de côté; **to take sb ~** prendre qn à part. II **~ from** *prep phr* à part.

ask /ɑːsk, æsk[US]/ I *vtr* demander; **to ~ sb sth** demander qch à qn; **to ~ sb to do sth** demander à qn de faire qch; **to ~ a question** poser une question; **to ~ sb (to)** (concert, party) inviter qn (à). II *vi* demander, se renseigner. III *v refl* **to ~ oneself** se demander.

• **ask about/after**: (person) demander des nouvelles de. • **ask for**: demander; **he ~ed for it**[©]**!** il l'a bien cherché!; **~ for [sb]** demander à voir/ parler à qn.

asleep /əˈsliːp/ *adj* **to be ~** dormir; **to fall ~** s'endormir.

asparagus /əˈspærəgəs/ *n* asperge *f*.

aspect /ˈæspekt/ *n* aspect *m*; **seen from this ~** vu sous cet angle.

aspen /ˈæspən/ *n* tremble *m*.

ass /æs/ *n* (animal) âne *m*; (fool)[©] idiot/-e *m/f*.

assassinate /əˈsæsɪneɪt, -sən-[US]/ *vtr* assassiner.

assault /əˈsɔːlt/ I *n* agression *f*; (attack) assaut; FIG attaque *f*. II *vtr* agresser; MIL assaillir.

assemble /əˈsembl/ I *vtr* assembler; (gather) rassembler. II *vi* [passengers] se rassembler; [parliament, family] se réunir.

assembly /əˈsemblɪ/ *n* assemblée *f*; (of components) montage *m*.

assent /əˈsent/ I *n* assentiment *m*; **by common ~** d'un commun accord. II *vi* SOUT donner son assentiment (à).

assert /əˈsɜːt/ *vtr* **to ~ (that)** affirmer (que); (right) revendiquer.

assertion /əˈsɜːʃn/ *n* affirmation *f*.

assess /əˈses/ I *vtr* (effect, person) évaluer; (damage) estimer. II *vi* évaluer.

assessment /əˈsesmənt/ *n* estimation *f*; SCOL contrôle *m*.

asset /ˈæset/ *n* FIN bien *m*; (advantage) atout *m*.

assign /əˈsaɪn/ *vtr* assigner; **to ~ a task to sb** affecter qn à une tâche; (person) nommer.

assignment /əˈsaɪnmənt/ *n* (diplomatic, military) poste *m*; (specific duty) mission *f*; (academic) devoir *m*.

assist /əˈsɪst/ I *vtr* aider; **to ~ one another** s'entraider. II *vi* aider; **to ~ in** prendre part à. III **-~ed** *combining form* **computer-~ed** assisté par ordinateur.

assistance /əˈsɪstəns/ *n* aide *f*; **to come to sb's ~** venir à l'aide de qn; **can I be of ~?** puis-je aider/être utile?

assistant /əˈsɪstənt/ I *n* assistant/-e *m/f*; (in hierarchy) adjoint/-e *m/f*. II *adj* [editor, producer] adjoint.

associate I /əˈsəʊʃɪət/ *n* associé/-e *m/f*. II /əˈsəʊʃɪət/ *adj* associé. III *vtr* associer; **to be ~d with** faire partie de.

association /əˌsəʊsɪˈeɪʃn/ *n* association *f* **it has bad ~s for me** ça me rappelle de mauvais souvenirs.

assorted /əˈsɔːtɪd/ *adj* [colours] varié; [biscuits] assorti.

assortment /əˈsɔːtmənt/ *n* assortiment *m*; (of people) mélange *m*; **in an ~ of colours**[GB] dans différentes couleurs.

assume /əˈsjuːm, əˈsuːm[US]/ *vtr* supposer; (control, identity) prendre; **under an ~d name** sous un nom d'emprunt; (responsibility) assumer.

assumption /əˈsʌmpʃn/ *n* supposition *f*; **to work on the ~ that** présumer que.

assurance /əˈʃɔːrəns, əˈʃʊərəns[US]/ *n* assurance *f*, garantie *f*.

assure /əˈʃɔː(r), əˈʃʊər[US]/ *vtr* assurer; **to ~ sb that** assurer à qn que.

asterisk /ˈæstərɪsk/ *n* astérisque *m*.

asthma /ˈæsmə, ˈæzmə[US]/ *n* asthme *m*.

astonish /əˈstɒnɪʃ/ *vtr* surprendre, étonner.

astonished /əˈstɒnɪʃt/ *adj* surpris, étonné; **to be ~ that** être vraiment étonné que (+ *subj*), trouver extraordinaire que (+ *subj*).

astonishing /əˈstɒnɪʃɪŋ/ *adj* [skill] étonnant; [career, performance] extraordinaire; [beauty, speed, success] incroyable.

astonishment /əˈstɒnɪʃmənt/ *n* étonnement *m*.

astounded /əˈstaʊndɪd/ *adj* stupéfait/e.

astray /əˈstreɪ/ *adv* **to go ~** se perdre.

astride /əˈstraɪd/ *adv* à califourchon.

astrologer /əˈstrɒlədʒə(r)/ *n* astrologue *mf*.

astrology /əˈstrɒlədʒɪ/ *n* astrologie *f*.

astronaut /ˈæstrənɔːt/ *n* astronaute *mf*.

astronomy /əˈstrɒnəmɪ/ *n* astronomie *f*.

asylum /əˈsaɪləm/ *n* asile *m*.

at /æt, ət/ *prep* (with place, time, age) à; (at the house of) chez; (+ superlative) **I'm ~ my best in the morning** c'est le matin que je me sens le mieux.

• **while we're ~ it**☺ pendant qu'on y est☺.

ate /eɪt/ *prét* ▸ **eat**.

athlete /ˈæθliːt/ *n* athlète *mf*.

athletic /æθˈletɪk/ *adj* [event, club] d'athlétisme; [person, body] athlétique.

athletics /æθˈletɪks/ *n* (*sg*) [GB] athlétisme *m*; [US] sports *mpl*.

Atlantic /ətˈlæntɪk/ I *pr n* **the ~** l'Atlantique *m*. II *adj* [coast, current] atlantique; [Ocean] Atlantique.

atlas /ˈætləs/ *n* atlas *m*.

atmosphere /ˈætməsfɪə(r)/ *n* atmosphère *f*.

atom /ˈætəm/ *n* atome *m*.

atom bomb *n* bombe *f* atomique.

atomic /əˈtɒmɪk/ *adj* nucléaire, atomique.

atrocious /əˈtrəʊʃəs/ *adj* épouvantable.

attach /ə'tætʃ/ I *vtr* **to ~ sth to sth** attacher qch à qch; (to letter) joindre. II *v refl* **to ~ oneself to** s'attacher à.

attached /ə'tætʃt/ *adj* **~ to sb/sth** attaché à qn/qch; [document] ci-joint.

attachment /ə'tætʃmənt/ *n* attachement *m*; (to letter) pièce *m* jointe; (device) accessoire *m*.

attack /ə'tæk/ I *n* attaque *f*; (criminal) agression *f*; (terrorist) attentat *m*; MÉD crise *f*. II *vtr* attaquer; (task, problem) s'attaquer à;(criminally) agresser.

attacker /ə'tækə(r)/ *n* attaquant/-e *m/f*; (criminal) agresseur *m*.

attainment /ə'teɪnmənt/ *n* (in school) connaissances *fpl*; **levels of ~** résultats obtenus; (in work) qualifications *fpl*.

attempt /ə'tempt/ I *n* tentative *f*; **~ on sb's life** attentat contre la vie de qn. II *vtr* **to ~ to do** tenter de faire.

attend /ə'tend/ I *vtr* (meeting) assister à; (church, school) aller à; (course) suivre. II *vi* être présent; (pay attention) être attentif/-ive (à).

• **attend to**: (person, problem) s'occuper de.

attendance /ə'tendəns/ *n* présence *f*.

attendant /ə'tendənt/ *n* (in museum, car park) gardien/-ienne *m/f*; (at petrol station) pompiste *mf*.

attention /ə'tenʃn/ I *n* attention *f*; **to draw ~ to sth** attirer l'attention sur qch; **to pay ~ (to)** faire attention (à); **pay ~!** écoutez!; **for the ~ of** à l'attention de; MÉD assistance *f*; MIL **to stand to ~** être au garde-à-vous. II *excl* MIL garde à vous!

attentive /ə'tentɪv/ *adj* **to be ~ to sb** être attentionné envers qn.

attic /'ætɪk/ *n* grenier *m*.

attitude /'ætɪtju:d, -tu:d[US]/ *n* attitude *f*.

attorney[US] /ə'tɜ:nɪ/ *n* avocat *m*.

Attorney General *n* ≈ ministre de la justice des États-Unis.

attract /ə'trækt/ *vtr* attirer; **to be ~ed to sb** être attiré par qn.

attraction /ə'trækʃn/ *n* attraction *f*; (favourable feature) attrait *m*; **~ to sb** attirance envers qn.

attractive /ə'træktɪv/ *adj* [person, offer] séduisant; [child] charmant; [place] attrayant.

attribute /ə'trɪbju:t/ *vtr* attribuer.

aubergine[GB] /'əubəʒi:n/ *n* aubergine *f*.

auction /'ɔ:kʃn, 'ɒkʃn/ I *n* vente *f* aux enchère; **at ~** aux enchères. II *vtr* vendre [qch] aux enchères.

audience /'ɔ:dɪəns/ *n* (in cinema, etc) public *m*; RADIO auditeurs *mpl*; TV téléspectateurs *mpl*; (for books) lecteurs *mpl*.

audio /'ɔ:dɪəu/ *adj* audio *inv*.

audiovisual *adj* audiovisuel/-elle.

audit /'ɔ:dɪt/ *n* (accounts) vérifier.

auditing /'ɔ:dɪtɪŋ/ *n* audit *m*.

audition /ɔ:'dɪʃn/ I *n* audition *f*. II *vtr, vi* auditionner.

auditor /'ɔ:dɪtə(r)/ *n* commissaire *m/f* aux comptes.

Aug *abrév écrite* = **August**.

August /'ɔ:gəst/ *n* août *m*.

aunt /ɑ:nt, ænt[US]/ *n* tante *f*.

authentic /ɔ:'θentɪk/ *adj* authentique.

author /'ɔ:θə(r)/ *n* auteur *m/f*; écrivain *m/f*.

authoritative /ɔ:'θɒrətətɪv, -teɪtɪv[US]/ *adj* autoritaire; [work] qui fait autorité; [source] bien informé.

authority /ɔ:'θɒrətɪ/ I *n* autorité *f*; **to have the ~ to do** être habilité à faire; **to be an ~ on** être expert en; **to give sb (the) ~ to do** autoriser qn à faire. II **authorities** *npl* autorités *fpl*; **the school authorities** la direction de l'école.

authorization /ˌɔ:θəraɪ'zeɪʃn/ *n* autorisation *f*.

authorize /ˈɔːθəraɪz/ *vtr* autoriser; **to ~ sb to do sth** autoriser qn à faire qch; **~d dealer** concessionnaire agréé.

auto©US /ˈɔːtəʊ/US **I** *n* auto *f*. **II** *in compounds* [industry] automobile; [workers] de l'industrie automobile.

autobiography /ˌɔːtəʊbaɪˈɒgrəfɪ/ *n* autobiographie *f*.

automate /ˈɔːtəmeɪt/ *vtr* automatiser.

automatic /ˌɔːtəˈmætɪk/ *adj* automatique.

automation /ˌɔːtəˈmeɪʃn/ *n* automatisation *f*; **office ~** bureautique *f*; **industrial ~** robotique *f*.

autumn /ˈɔːtəm/ *n* automne *m*.

auxiliary /ɔːgˈzɪlɪərɪ/ *n*, *adj* (person) auxiliaire *mf*; LING auxiliaire *m*.

avail /əˈveɪl/ SOUT *n* **to be of no ~** ne servir à rien; **without ~** en vain.

availability /əˌveɪləˈbɪlətɪ/ *n* **subject to ~** [seats] dans la limite des places disponibles.

available /əˈveɪləbl/ *adj* disponible; **to make oneself ~ for** se libérer pour.

Ave *abrév écrite* = **avenue**.

avenge /əˈvendʒ/ **I** *vtr* venger. **II** *v refl* **to ~ oneself on sb** se venger de qn.

avenue /ˈævənjuː, -nuːUS/ *n* avenue *f*.

average /ˈævərɪdʒ/ **I** *n* moyenne *f*; **on (the) ~** en moyenne; **Mr Average** Monsieur Tout-le-Monde. **II** *adj* GÉN moyen/-enne. **III** *vtr* (distance, time) faire en moyenne.

avert /əˈvɜːt/ *vtr* éviter.

avid /ˈævɪd/ *adj* [collector, reader] passionné; [supporter] fervent.

avocado /ˌævəˈkɑːdəʊ/ *n* (fruit) avocat *m*.

avoid /əˈvɔɪd/ *vtr* **to ~ (doing)** éviter (de faire).

await /əˈweɪt/ *vtr* attendre.

awake /əˈweɪk/ **I** *adj* (not yet asleep) éveillé; (after sleeping) réveillé; **wide/half ~** bien/mal réveillé; **to keep sb ~** empêcher qn de dormir. **II** *vtr* (*prét* **awoke**, *pp* **awoken**) éveiller. **III** *vi* se réveiller.

awakening /əˈweɪkənɪŋ/ **I** *n* réveil *m*. **II** *adj* naissant.

award /əˈwɔːd/ **I** *n* prix *m*; (grant) bourse *f*. **II** *vtr* (prize) décerner; (grant) attribuer; (points) accorder.

award ceremony *n* cérémonie *f* de remise de prix.

award winner *n* lauréat/-e *m/f*.

aware /əˈweə(r)/ *adj* conscient; **to become ~ that** prendre conscience que; (informed) au courant; **to be ~ that** savoir que, se rendre compte que; **as far as I'm ~** à ma connaissance.

awareness /əˈweənɪs/ *n* conscience *f*; **public ~** l'opinion publique.

away /əˈweɪ/**I** *adj* [match] à l'extérieur. **II** *adv* (gone) **to be ~** être absent; **to be ~ on business** être en voyage d'affaires; **to be ~ from home** être absent de chez soi; (distant in space) **10 cm ~ from the edge** à 10 cm du bord; (distant in time) **Nice is two hours ~** Nice est à deux heures d'ici; **my birthday is two months ~** mon anniversaire est dans deux mois.

awe /ɔː/ *n* crainte *f* mêlée d'admiration; **to be in ~ of sb** avoir peur de qn; **to watch/listen in ~** regarder/écouter impressionné.

awesome© /ˈɔːsəm/ *adj* terrible.

awful /ˈɔːfl/ *adj* (terrible) affreux/-euse; **it was ~ to have to...** ça a été horrible d'être obligé de...; (unwell) **I feel ~** je ne me sens pas bien du tout; **to feel ~ about doing sth** (guilty) être très ennuyé de faire qch; (emphasizing) **an ~ lot (of)**© énormément (de).

awfully /ˈɔːflɪ/ *adv* [hot, near, etc] terriblement; [clever] extrêmement.

awkward /ˈɔːkwəd/ *adj* [issue, person] compliqué, difficile; [moment] mal choisi; **at an ~ time** au mauvais moment; **the ~ age** l'âge ingrat; [question] embarrassant;

to feel ~ about doing se sentir gêné de faire; (clumsy) maladroit.

awoke /ə'wəʊk/ *prét* ▶ **awake**.

awoken /ə'wəʊkən/ *pp* ▶ **awake**.

awry /ə'raɪ/ *adj, adv* de travers *inv*; **to go ~** mal tourner.

axe, **ax**US /æks/ **I** *n* hache *f*. **II** *vtr* (employee) licencier; (jobs) supprimer; (plan) abandonner.
• **to get the ~** se faire licencier.

axis /'æksɪs/ *n* (*pl* **axes**) axe *m*.

axle /'æksl/ *n* essieu *m*.

aye /aɪ/ **I**GB *particle* DIAL oui. **II** *n* (in voting) **the ~s** les oui, les voix pour.

b

b, **B** /biː/ *n* (letter) b, B *m*; **B** MUS si *m*; **b** *abrév écrite* = **born**.

BA *n* (*abrév* = **Bachelor of Arts**) *diplôme universitaire en lettres et sciences humaines*.

babble /'bæbl/ *vi* [baby] babiller.

baboon /bə'buːn/ *n* babouin *m*.

baby /'beɪbɪ/ **I** *n* bébé *m*. **II** *in compounds* [brother, sister, son] petit; [animal] bébé-; [vegetable] nain; [clothes, food] pour bébés.

baby-sit /'beɪbɪsɪt/ (*prét, pp* **-sat**), *vi* faire du baby-sitting, garder des enfants.

baby tooth *n* dent *f* de lait.

baccalaureate /ˌbækə'lɔːrɪət/ *n* SCOL **European/International Baccalaureate** baccalauréat *m* européen/international.

bachelor /'bætʃələ(r)/ *n* (man) célibataire *m*; UNIV **degree of Bachelor of Arts/Law** ≈ diplôme universitaire de lettres/droit.

back /bæk/ **I** *n* dos *m*; **to be (flat) on one's ~** être (à plat) sur le dos; **to turn one's ~ on sb/sth** tourner le dos à qn/qch; **to do sth behind sb's ~** faire qch dans le dos de qn; (of medal) revers *m*; (of vehicle) arrière *m*; (of chair) dossier *m*; **at the ~ of the building** à l'arrière de l'immeuble; (of drawer, bus) fond *m*; SPORT arrière *m*. **II** *adj* [leg, edge, wheel] arrière; [page] dernier/-ière (*before n*); [garden, gate] de derrière; **~ alley/lane** ruelle *f*. **III** *adv* (after absence) de retour; **I'll be ~ in five minutes** je reviens dans cinq minutes; **to arrive/come ~** rentrer; (in return) **to call/write ~** rappeler/répondre; (backwards) [glance, step, lean] en arrière. **IV ~ and forth** *adv phr* **to go/travel ~ and forth (between)** faire la navette (entre). **V** *vtr* (party, person, etc) soutenir; (finance) financer.
• **he's always on my ~**☺ il est toujours sur mon dos.
• **back down**: céder. • **back out**: [car, driver] sortir en marche arrière; (deal, contract) annuler. • **back up**: [car, driver] reculer, faire marche arrière; ORDINAT sauvegarder.

backache /'bækeɪk/ *n* mal *m* de dos.

backbenchGB /ˌbæk'bentʃ/ *n* POL **on the ~es** parmi les députés.

backbone /'bækbəʊn/ *n* colonne *f* vertébrale; **to be the ~ of** être le pilier de.

backdrop /'bækdrɒp/ *n* toile *f* de fond.

backfire /'bækfaɪə(r)/ *vi* **to ~ on sb** se retourner contre qn.

background /'bækgraʊnd/ *n* (social) milieu *m*; (personal, family) origines *fpl*; (professional) formation *f*; (context) contexte *m*; (of painting) arrière-plan *m*; **music in the ~** de la musique en bruit de fond.

backing /'bækɪŋ/ *n* soutien *m*; (to song) accompagnement *m*.

backlog /'bæklɒg/ *n* retard *m*.

backpack *n* sac *m* à dos.

backpacker *n* routard/-e *m/f*.

backstage /'bæksteɪdʒ/ *adv* dans les coulisses.

back to front *adj, adv* à l'envers.

backup /'bækʌp/ I *n* soutien *m*; MIL renforts *mpl*. II *in compounds* [plan, system] de secours.

backward /'bækwəd/ I *adj* en arrière; [situation] en arriéré. II US *adv* ▸ **backwards**.

backwards /'bækwədz/ *adv* [walk] à reculons; [fall] en arrière; **to move ~** reculer; **to walk ~ and forwards** faire des allées et venues; [count] à rebours; [wind] à l'envers.

backyard /ˌbæk'jɑːd/ *n* GB arrière-cour *f*; US jardin *m* de derrière.

bacon /'beɪkən/ *n* ≈ lard *m*; **a rasher of ~** une tranche de bacon; **~ and eggs** des œufs au bacon.

bacteria /bæk'tɪərɪə/ *npl* bactéries *fpl*.

bad /bæd/ I *n* **there is good and ~ in everyone** il y a du bon et du mauvais dans chacun. II *adj* (*comparative* **worse**; *superlative* **worst**) mauvais; **it is ~ to do** c'est mal de faire; [accident, mistake] grave; **a ~ cold** un gros rhume; (harmful) **~ for** mauvais pour; (ill, injured) **to have a ~ back** souffrir du dos; **to have a ~ heart** être cardiaque; **to feel ~** se sentir mal; **to go ~** [fruit] pourrir.

badge /bædʒ/ *n* insigne *m*.

badger /'bædʒə(r)/ *n* blaireau *m*.

badly /'bædlɪ/ *adv* (*comparative* **worse**; *superlative* **worst**) mal; **to take sth ~** mal prendre qch; [suffer] beaucoup; [beat] brutalement; **~ hit** durement touché; (urgently) **to want/need sth ~** avoir très envie de/grand besoin de qch.

bad-tempered *adj* irritable.

baffled /'bæfld/ *adj* perplexe.

bag /bæg/ I *n* sac *m*. II **~s** *npl* (baggage) bagages *mpl*; **~s of**© GB (money, time) plein de.

• **it's in the ~**© c'est dans la poche©.

baggage /'bægɪdʒ/ *n* ¢ bagages *mpl*.

baggy /'bægɪ/ *adj* **to go ~ at the knees** [garment] faire des poches aux genoux.

bagpipes *n* cornemuse *f*.

bail /beɪl/ *n* JUR **on ~** sous caution.

bailiff /'beɪlɪf/ *n* huissier *m*.

bait /beɪt/ *n* appât *m*.

bake /beɪk/ I II *vtr* **to ~ sth in the oven** faire cuire qch au four; **to ~ a cake** faire un gâteau. III *vi* faire du pain, de la pâtisserie; [food] cuire (au four). IV **~d** *pp adj* [potato, apple] au four.

baked beans *n* haricots *mpl* blancs à la sauce tomate.

baker /'beɪkə(r)/ *n* boulanger/-ère *m/f*; **~'s (shop)** boulangerie *f*, boulangerie-pâtisserie *f*.

baking© /'beɪkɪŋ/ *adj* [place, day] brûlant; **I'm absolutely ~!** je crève© de chaud!

balance /'bæləns/ I *n* équilibre *m*; **to lose one's ~** perdre l'équilibre; **the ~ of power** l'équilibre des forces; **on ~** tout compte fait; FIN solde *m*; (remainder) restant *m*. II *vtr* compenser, équilibrer; **to be ~d on sth** être en équilibre sur qch. III *vi* être en équilibre; [two things, persons] s'équilibrer; **to make sth ~** équilibrer qch.

balance sheet *n* bilan *m*.

balcony /'bælkənɪ/ *n* balcon *m*.

bald /bɔːld/ *adj* chauve; [tyre] lisse.

bale /beɪl/ *n* (of hay, cotton, etc) balle *f*.

balk /bɔːk/ *vi* **to ~ at** (risk, cost, etc) reculer devant.

ball /bɔːl/ *n* (in tennis, golf, cricket, or for children) balle *f*; (in football, rugby) ballon *m*; (of dough, clay) boule *f*; (of wool, string) pelote *f*.

• **the ~ is in your** la balle est dans ton camp.

ballet /bæleɪ/ *n* ballet *m*.

ballgame /bɔːlgeɪm/ *n* jeu *m* de balle/ballon; US match *m*.
• **that's a whole new ~**☺ c'est une tout autre histoire.

balloon /bəˈluːn/ *n* **(hot air) ~** montgolfière *f*; (for cartoon speech) bulle *f*.

ballot /ˈbælət/ *n* scrutin *m*.

ballot box *n* urne *f*.

balm /bɑːm/ *n* baume *m*; (plant) citronnelle *f*.

bamboo /bæmˈbuː/ *n* bambou *m*.

ban /bæn/ I *n* interdiction *f*. II *vtr* (*p prés etc* **-nn-**) interdire; **to ~ from** exclure de.

banana /bəˈnɑːnə/ *n* banane *f*.

band /bænd/ *n* MUS (rock) groupe *m*; (municipal) fanfare *f*; (stripe, strip) bande *f*; (around head) bandeau *m*.

bandage /ˈbændɪdʒ/ I *n* bandage *m*. II *vtr* bander.

Band-Aid® *n* pansement *m* adhésif.

B and BGB, **b and b** /ˌbɪ ən ˈbɪ/ *n abrév* = **bed and breakfast**.

bandit /ˈbændɪt/ *n* bandit *m*.

bandwagon /ˈbændwægən/ *n*.
• **to jump on the ~** prendre le train en marche.

bandy /ˈbændɪ/ *adj* **to have ~ legs** avoir les jambes arquées.

bang /bæŋ/ I *n* détonation *f*, boum *m*; (of door) claquement *m*. II **~s**US *npl* frange *f*. III☺ *adv* **~ in the middle** en plein centre; **to arrive ~ on time** arriver à l'heure pile. IV *excl* (of gun) pan!; (of explosion) boum!, bang! V *vtr* **to ~ down the receiver** raccrocher brutalement; (causing pain) **to ~ one's head** se cogner la tête; (door, window) claquer. VI *vi* **to ~ on the door** cogner à la porte.
• **~ goes**☺ **my holiday** je peux dire adieu à mes vacances.
• **bang into**: heurter.

bangerGB /ˈbæŋə(r)/ *n* (car)☺ guimbarde☺ *f*; (firework) pétard *m*; (sausage)☺ saucisse *f*.

bank /bæŋk/ I *n* FIN, JEUX banque *f*; (of river) rive *f*, bord *m*; (of canal) berge *f*; (of snow) congère *f*; (of fog, mist) banc *m*. II *vtr* (cheque, money) déposer [qch] à la banque. III *vi* FIN **to ~ with X** avoir un compte (bancaire) à la X.
• **bank on**: **~ on [sb/sth]** compter sur [qn/qch]. • **bank up**: s'amonceler.

bank account *n* FIN compte bancaire *m*.

banker /ˈbæŋkə(r)/ *n* FIN banquier/-ière *m/f*.

bank holidayGB *n* jour férié *m*.

banking /ˈbæŋkɪŋ/ *adj* bancaire.

banknote *n* billet de banque *m*.

bankrupt /ˈbæŋkrʌpt/ I *adj* **to go ~** faire faillite. II *vtr* mettre en faillite.

bankruptcy /ˈbæŋkrʌpsɪ/ *n* FIN faillite *f*.

banner /ˈbænə(r)/ *n* banderole *f*; étendard *m*, bannière *f*.

baptize /bæpˈtaɪz/ *vtr* baptiser.

bar /bɑː(r)/ I *n* barre *f*; (on cage) barreau *m*; (for drinking) bar *m*; JUR **the ~** le barreau; MUS mesure *f*. II *vtr* (*p prés etc* **-rr-**) barrer; (person) exclure; **to ~ sb from doing** interdire à qn de faire.

barbed wireGB /ˈbɑːbdˈwaɪə/, **barbwire**US /ˈbɑːbwaɪə/ *n* (fil de fer) barbelé *m*.

barber /ˈbɑːbə(r)/ *n* coiffeur *m* (pour hommes).

bar code *n* code *m* barres.

bare /beə(r)/ *adj* (naked) nu; (empty) vide; [earth, landscape] dénudé; **~ of** (leaves, flowers) dépourvu de; (mere) à peine; **the ~ minimum** le strict minimum.

barefoot /ˈbeəfʊt/ I *adj* **to be ~** être nu-pieds. II *adv* [run, walk] pieds nus.

barely /ˈbeəlɪ/ *adv* à peine, tout juste.

bargain /ˈbɑːɡɪn/ I *n* marché *m*; **a (good) ~** une bonne affaire. II *vi* négocier; (over price) marchander.

barge /bɑːdʒ/ *n* péniche *f*.

bark /bɑːk/ I *n* (of tree) écorce *f*; (of dog) aboiement *m*. II *vi* [dog] aboyer.

barking /ˈbɑːkɪŋ/ *n* aboiements *mpl*.

barley /ˈbɑːlɪ/ *n* orge *f*.

barmaid *n* serveuse *f* (de bar).

barmanGB *n* (*pl* **~men**) barman *m*.

barn /bɑːn/ *n* grange *f*; (for cattle) étable *f*.

barracks /ˈbærəks/ *n* caserne *f*.

barrel /ˈbærəl/ *n* tonneau *m*, fût *m*; (for petroleum) baril *m*; (of firearm) canon *m*.

barren /ˈbærən/ *adj* [landscape] désolé; [land] aride.

barricade /ˌbærɪˈkeɪd/ I *n* barricade *f*. II *vtr* barricader.

barrier /ˈbærɪə(r)/ *n* barrière *f*; **language/trade ~** barrière linguistique/douanière.

barring /ˈbɑːrɪŋ/ *prep* **~ accidents** à moins d'un accident.

barristerGB /ˈbærɪstə(r)/ *n* avocat/-e *m/f*.

barrow /ˈbærəʊ/ *n* brouette *f*.

bar schoolUS *n institution où l'on prépare le certificat d'aptitude à la profession d'avocat.*

bartenderUS *n* barman/serveuse *m/f*.

base /beɪs/ I *n* base *f*; (of tree, etc) pied *m*; (of statue) socle *m*. II *adj* ignoble. III *vtr* **to ~ a decision on sth** fonder une décision sur qch; **~d on a true story** tiré d'une histoire vraie; **to be ~d in Paris** être basé à Paris.

baseball *n* base-ball *m*.

basement /ˈbeɪsmənt/ *n* sous-sol *m*.

bash© /bæʃ/ I *n* (*pl* **-es**) (blow) coup *m*; **I had a ~**GB **in my car** j'ai eu un accident de voiture. II *vtr* (person) cogner; (tree, wall) rentrer dans.

• **bash in**: (door, part of car) défoncer.

basic /ˈbeɪsɪk/ I **~s** *npl* essentiel *m*. II *adj* [fact, need, quality] essentiel/-ielle; [belief, research, principle] fondamental; [theme] principal; [education, skill, rule] élémentaire; [supplies, pay] de base.

basically /ˈbeɪsɪklɪ/ *adv* en fait, au fond.

basil /ˈbæzl/ *n* basilic *m*.

basin /ˈbeɪsn/ *n* cuvette *f*; (for mixing) terrine *f*; (for washing) lavabo *m*; GÉOG bassin *m*.

basis /ˈbeɪsɪs/ *n* (*pl* **-ses**) base *f*; (of theory) point *m* de départ; (for belief, argument) fondements *mpl*; **on the same ~** dans les mêmes conditions.

bask /bɑːsk, bæskUS/ *vi* se prélasser.

basket /ˈbɑːskɪt, ˈbæskɪtUS/ *n* panier *m*, corbeille *f*; (in basketball) panier *m*.

basketball *n* basket(-ball) *m*.

bass[1] /beɪs/ *n* MUS, AUDIO basse *f*.

bass[2] /bæs/ *n* (fish) (freshwater) perche *f*; (sea) bar *m*, loup *m*.

bassoon /bəˈsuːn/ *n* basson *m*.

bastard® /ˈbɑːstəd, ˈbæs-US/ *n* (term of abuse) salaud® *m*.

bat /bæt/ *n* SPORT batte *f*; **table tennis ~** raquette *f* de tennis de table; (animal) chauve-souris *f*.

batch /bætʃ/ *n* (of loaves, cakes) fournée *f*; (of letters) tas *m*, liasse *f*.

bath /bɑːθ, bæθUS/ *n* bain *m*; **to have/take a ~** prendre un bain; GB baignoire *f*.

bathe /beɪð/ I *vtr* (wound) laver; **to ~ one's feet** prendre un bain de pieds. II *vi* GB se baigner, US prendre un bain.

bathing /ˈbeɪðɪŋ/ *adj* [hat, costume] de bain.

bathroom /ˈbɑːθruːm, -rʊm/ *n* salle *f* de bains; (public lavatory) US toilettes *fpl*.

batsman /ˈbætsmən/ *n* batteur *m*.

batter /ˈbætə(r)/ I *n* pâte (à frire) *f*; **fish in ~** beignets de poisson. II *vtr* battre.

battery /ˈbætərɪ/ *n* pile *f*; AUT batterie *f*.

battle /ˈbætl/ I *n* bataille *f*; **to go into ~** engager le combat; FIG lutte *f*. II *in compounds* [formation, zone] de combat. III *vi* **to ~ for sth/to do** lutter pour qch/pour faire.

bawl /bɔːl/ *vi* brailler, hurler.

bay /beɪ/ I *n* GÉOG baie *f*; (tree) laurier(-sauce) *m*; (parking area) aire *f* de stationnement. II *adj* [horse] bai; [window] en saillie.
• **to hold/keep at ~** tenir [qn] à distance.

BC *abrév* = (**before Christ**) av. J.-C.

be /biː, bɪ/ *vi* (*p prés* **being**; *3e pers sg prés* **is**, *prét* **was**, *pp* **been**) GÉN **to ~** être; **it's me** c'est moi; **he's a good pupil** c'est un bon élève; **she's not here** elle n'est pas là; **if I were you** à ta place; (progressive form) **I'm coming/going!** j'arrive/j'y vais!; **I was working** je travaillais; (to have to) devoir; **what am I to do?** qu'est-ce que je dois faire?; (in tag questions) **he's a doctor, isn't he?** il est médecin, n'est-ce pas?; **you were there, weren't you** tu étais là, non?; (passive form) **the window was broken** la fenêtre a été cassée; (feelings) **to be cold/hot** avoir froid/chaud; **how are you?** comment allez-vous/ça va?☺; (time) **it's 2** il est deux heures; (weather) **it's cold/windy** il fait froid/du vent; (to go) **I've never been to Sweden** je ne suis jamais allé en Suède; (phrases) **so it** d'accord; **here is/are** voici; **there is/are** il y a; **let/leave him ~** laisse-le tranquille.

beach /biːtʃ/ *n* plage *f*.

beacon /ˈbiːkən/ *n* balise *f*, phare *m*.

bead /biːd/ *n* perle *f*; (of sweat, dew) goutte *f*.

beak /biːk/ *n* bec *m*.

beam /biːm/ I *n* (of light) rayon *m*; (of car lights, lighthouse) faisceau *m*; **on full**GB/**high**US **~** en (pleins) phares; (piece of wood) poutre *f*; (smile) grand sourire *m*. II *vtr* transmettre. III *vi* rayonner.

bean /biːn/ *n* haricot *m*; (of coffee) grain *m*.

bear /beə(r)/ I *n* ours *m*. II *vtr* (*prét* **bore**, *pp* **borne**) porter; (bring) apporter; **to ~ in mind that** ne pas oublier que. III *vi* **to ~ left/right** prendre à gauche/à droite.
• **bear up**: tenir le coup. • **bear with**: (person) être indulgent avec; **to ~ with it** être patient.

beard /bɪəd/ *n* barbe *f*.

bearded /ˈbɪədɪd/ *adj* barbu.

bearer /ˈbeərə(r)/ *n* (of cheque) porteur/-euse *m/f*; (of passport) titulaire *mf*.

bearing /ˈbeərɪŋ/ *n* allure *f*; **to have no ~ on sth** n'avoir aucun rapport avec qch; **to lose one's ~s** être désorienté.

beast /biːst/ *n* bête *f*.

beastly☺GB /ˈbiːstlɪ/ *adj* rosse☺.

beat /biːt/ I *n* battement *m*; **to the ~ of the drum** au son du tambour; MUS rythme *m*; (of police) ronde *f*. II *vtr* (*prét* **beat**, *pp* **beaten**) battre; **~ it**☺**!** fiche le camp☺!; (inflation) vaincre; **~s me**☺**!** ça me dépasse!; (rush) éviter; (person) devancer. III *vi* battre.

beating /ˈbiːtɪŋ/ *n* (of heart) battement *m*; **to get a ~** recevoir une raclée☺.

beautiful /ˈbjuːtɪfl/ *adj* beau/belle; [day, holiday, feeling, experience] merveilleux/-euse.

beautifully /ˈbjuːtɪfəlɪ/ *adv* [play, write, function] admirablement (bien); **that will do ~** cela conviendra parfaitement; [empty, quiet, soft] merveilleusement.

beauty /ˈbjuːtɪ/ I *n* beauté *f*. II *in compounds* [contest, product, treatment] de beauté.

beauty spot *n* grain *m* de beauté.

beaver /ˈbiːvə(r)/ *n* castor *m*.

became /bɪˈkeɪm/ *prét* ▸ **become**.

because /bɪˈkɒz, *also* -kɔːzUS/ I *conj* parce que. II **~ of** *prep phr* à cause de.

beckon /ˈbekən/ *vtr, vi* faire signe (à).

become /bɪˈkʌm/ (*prét* **became**; *pp* **become**) I *vtr* **that hat ~s you!** ce chapeau te va bien! II *vi* devenir; **to ~ fat** devenir gros, grossir; **to ~ ill** tomber malade. III *v impers* **what has ~ of your brother?** qu'est-ce que ton frère est devenu?

becoming /bɪˈkʌmɪŋ/ *adj* seyant.

bed /bed/ *n* lit *m*; **to get into ~** se mettre au lit; **to go to ~** aller au lit; **to be in ~** être au lit, être couché; (of flowers) parterre *m*; (of sea) fond *m*.

BEd /ˌbiːˈed/ *n* (*abrév* = **Bachelor of Education**) ≈ diplôme universitaire de pédagogie.

bed and board *n* le gîte et le couvert *m*.

bed and breakfast[GB], **B and B**[GB] *n* chambre *f* avec petit déjeuner.

bedding /ˈbedɪŋ/ *n* literie *f*.

bedroom /ˈbedruːm, -rʊm/ *n* chambre (à coucher) *f*; **a two-~ flat**[GB]**/apartment** un trois pièces.

bedside /ˈbedsaɪd/ *adj* [lamp, etc] de chevet.

bedspread *n* dessus *m* de lit.

bedtime /ˈbedtaɪm/ *n* **it's ~** c'est l'heure d'aller se coucher.

bee /biː/ *n* abeille *f*.

beech /biːtʃ/ *n* hêtre *m*.

beef /biːf/ *n* bœuf *m*.

beefburger *n* hamburger *m*.

beefeater *n gardien de la Tour de Londres.*

beefsteak *n* steak *m*.

beehive *n* ruche *f*.

been /biːn, bɪn[US]/ *pp* ▸ **be**.

beep /biːp/ *n* signal *m* sonore, bip *m*.

beer /bɪə(r)/ *n* bière *f*.

beetle /ˈbiːtl/ *n* scarabée *m*.

beetroot[GB] /ˈbiːtruːt/ *n* betterave *f*.

before /bɪˈfɔː(r)/ I *prep* (earlier than) avant; (in front of) devant. II *adj* précédent, d'avant. III *adv* (earlier) avant; (already) déjà; (in front) devant. IV *conj* (in time) **~ I go** avant de partir; **~ he goes** avant qu'il (ne) parte.

beforehand /bɪˈfɔːhænd/ *adv* à l'avance, avant.

befriend /bɪˈfrend/ *vtr* se lier d'amitié avec.

beg /beg/ (*p prés etc* **-gg-**) I *vtr* **to ~ sb for sth** demander qch à qn. II *vi* mendier.

began /bɪˈgæn/ *prét* ▸ **begin**.

beggar /ˈbegə(r)/ *n* mendiant/-e *m/f*.

begin /bɪˈgɪn/ I *vtr* (*p prés* **-nn-**; *prét* **began**; *pp* **begun**) commencer; **to ~ with** pour commencer, d'abord; (campaign, trend) lancer; (war) déclencher. II *vi* commencer.

beginner /bɪˈgɪnə(r)/ *n* débutant/-e *m/f*.

beginning /bɪˈgɪnɪŋ/ *n* début *m*, commencement *m*; **in/at the ~** au départ, au début.

begun /bɪˈgʌn/ *pp* ▸ **begin**.

behalf /bɪˈhɑːf, -ˈhæf[US]/ *in prep phr* **on ~ of**[GB], **in ~ of**[US] [act, speak, accept] au nom de, pour; [phone, write] de la part de; [campaign, plead] en faveur de, pour.

behave /bɪˈheɪv/ I *vi* se conduire. II *v refl* **~ yourself!** tiens-toi bien!

behaviour[GB], **behavior**[US] /bɪˈheɪvjə(r)/ *n* conduite *f*, comportement *m*.

behead /bɪˈhed/ *vtr* décapiter.

behind /bɪˈhaɪnd/ I[©] *n* derrière[©] *m*. II *adj* **to be ~ with** avoir du retard dans. III *adv* [follow on, trail] derrière; [look, glance] en arrière. IV *prep* derrière.

beige /beɪʒ/ *n, adj* beige (*m*).

being /ˈbiːɪŋ/ *n* **(human) ~** être (humain) *m*; **to come into ~** prendre naissance.

belated /bɪˈleɪtɪd/ *adj* tardif/-ive.

belief /bɪˈliːf/ *n* foi *f*; (opinion) conviction *f*; **in the ~ that** convaincu que.

believe /bɪ'li:v/ I *vtr* croire. II *vi* **to ~ in** croire à; **to ~ in sb** avoir confiance en qn; RELIG avoir la foi.
• **seeing is believing** il faut le voir pour le croire.

bell /bel/ *n* cloche *f*; (on sheep) clochette *f*; (on bicycle, door) sonnette *f*; (warning device) sonnerie *f*.
• **that name rings a ~** ce nom me dit quelque chose.

bellow /'beləʊ/ *vi* [bull] mugir; [person] hurler, beugler☺.

belly /'belɪ/ *n* ventre *m*.

belong /bɪ'lɒŋ, -lɔ:ŋ[US]/ *vi* **to ~ to** appartenir à; **where do these books ~?** où vont ces livres?; **put it back where it ~s** remets-le à sa place.

belongings /bɪ'lɒŋɪŋz, -'lɔ:ŋ-[US]/ *npl* affaires *fpl*.

beloved /bɪ'lʌvɪd/ *adj* bien-aimé.

below /bɪ'ləʊ/ I *prep* en dessous de. II *adv* en bas, en dessous; **see ~** voir ci-dessous.

belt /belt/ *n* ceinture *f*; TECH courroie *f*.

bench /bentʃ/ *n* banc *m*; **to be on the opposition ~es**[GB] siéger dans l'opposition; TECH établi *m*.

bend /bend/ I *n* (in road) tournant *m*, virage *m*; (in pipe) coude *m*. II *vtr* (*prét, pp* **bent**) (leg, wire) plier; (head, back) courber; (pipe, bar) tordre. III *vi* [road, path] tourner; [person] se courber, se pencher; **to ~ forward** se pencher en avant.
• **bend down/over**: se pencher, se courber.

beneath /bɪ'ni:θ/ I *prep* sous, au-dessous de. II *adv* en dessous.

benefactor /'benɪfæktə(r)/ *n* bienfaiteur *m*.

beneficial /ˌbenɪ'fɪʃl/ *adj* bénéfique.

benefit /'benɪfɪt/ I *n* avantage *m*; **to be of ~ to** profiter à; (financial aid) allocation *f*. II *in compounds* [concert, match] de bienfaisance. III *vtr* (*p prés etc* **-t-**) (person) profiter à; (group, nation) être avantageux/-euse pour. IV *vi* **to ~ from/by doing** gagner à faire.

benevolent /bɪ'nevələnt/ *adj* bienveillant.

benign /bɪ'naɪn/ *adj* bienveillant; MÉD bénin/-igne.

bent /bent/ *prét, pp* ▸ **bend**.

bequeath /bɪ'kwi:ð/ *vtr* léguer.

bequest /bɪ'kwest/ *n* legs *m*.

bereaved /bɪ'ri:vd/ *adj* en deuil.

bereft /bɪ'reft/ *adj* SOUT **~ of** privé de.

berry /'berɪ/ *n* baie *f*.

berserk /bə'sɜ:k/ *adj* **to go ~** devenir (complètement) fou.

berth /bɜ:θ/ couchette *f*.

beset /bɪ'set/ *pp adj* **~ by despair** en proie au désespoir.

beside /bɪ'saɪd/ *prep* à côté de.

besides /bɪ'saɪdz/ I *adv* d'ailleurs; (in addition) en plus. II *prep* en plus de.

besiege /bɪ'si:dʒ/ *vtr* MIL assiéger; FIG assaillir.

best /best/ I *n* **the ~** le/la meilleur/-e *m/f*; **to be at one's ~** être au mieux de sa forme; **to make the ~ of sth** s'accommoder de qch; **to do one's ~** faire de son mieux; **all the ~!** (good luck) bonne chance!, (cheers) à ta santé!, (in letter) amitiés. II *adj* (*superl of good*) meilleur; **my ~ dress** ma plus belle robe; **~ before 2002** à consommer de préférence avant 2002. III *adv* (*superl of well*) le mieux; **to like sth ~** aimer qch le plus; **you know ~** c'est toi le meilleur juge.

best man *n* témoin *m* (*de mariage*).

bestseller /ˌbest'selə(r)/ *n* bestseller *m*, livre *m* à succès.

bet /bet/ I *n* pari *m*. II *vtr* (*p prés etc* **-tt-**; *prét, pp* **bet/~ted**) parier. III *vi* parier; (in casino) miser; **you ~!** et comment!

betray /bɪ'treɪ/ *vtr* trahir.

better /ˈbetə(r)/ I *n* **the ~ of the two** le/la meilleur/-e/le/la mieux des deux; **so much the ~, all the ~** tant mieux; **to change for the ~** s'améliorer. II *adj* (*compar de* **good**) meilleur; **to be ~** aller mieux; **things are getting ~** ça va mieux; **~ than** mieux que; **the sooner the ~** le plus vite possible. III *adv* (*compar de* **well**) mieux; **to fit ~ than** aller mieux que; **~ educated** plus cultivé; **you'd ~ do** (advising) tu ferais mieux de faire; (warning) tu as intérêt à faire; **I'd ~ go** il faut que j'y aille. IV *vtr* (one's performance) améliorer; (rival's performance) faire mieux que.

• for ~ (or) for worse GÉN advienne que pourra; (in wedding vow) pour le meilleur et pour le pire.

better off /ˌbetərˈɒf/ I *n* **the better-off** (*pl*) les riches *mpl*. II *adj* (more wealthy) plus riche; (in better situation) mieux.

between /bɪˈtwiːn/ I *prep* entre; **~ you and me** entre nous; **they drank the bottle ~ them** ils ont bu la bouteille à eux deux. II *adv* entre les deux.

beverage /ˈbevərɪdʒ/ *n* boisson *f*.

beware /bɪˈweə(r)/ I *excl* prenez garde!, attention! II *vi* se méfier; **~ of the dog** attention chien méchant.

bewildered /bɪˈwɪldəd/ *adj* déconcerté.

beyond /bɪˈjɒnd/ I *prep* au-delà de; **~ one's means** au-dessus de ses moyens; **~ one's control** hors de son contrôle; **to be ~ sb** [task, subject] dépasser qn; **~ the fact that** en dehors du fait que/à part que. II *adv* plus loin, au-delà. III *conj* à part (+ *infinitive*).

bias /ˈbaɪəs/ *n* parti pris *m*.

biased, **biassed** /ˈbaɪəst/ *adj* partial.

Bible /ˈbaɪbl/ *n* Bible *f*.

bicentenary /ˌbaɪsenˈtiːnərɪ, -ˈsentənerɪ^US^/, **bicentennial** /ˌbaɪsenˈtenɪəl/ *n* bicentenaire *m*.

bicycle /ˈbaɪsɪkl/ *n* bicyclette *f*, vélo© *m*;.**on a/by ~** à bicyclette.

bid /bɪd/ I *n* **escape ~** tentative d'évasion. II *vtr* (*p prés* **-dd-**; *prét* **bade/bid**; *pp* **bidden/bid**) **to ~ sb farewell** faire ses adieux à qn. III *vi* faire une enchère.

big /bɪg/ *adj* grand, fort, gros/grosse; **a ~ difference** une grande différence; **a ~ mistake** une grave erreur; **his ~ brother** son grand frère.

• to have a ~ mouth© avoir la langue bien pendue©.

bighead© *n* PÉJ crâneur/-euse© *m/f*.

big name *n* **to be a ~** être connu.

bike© /baɪk/ *n* bécane© *f*.

bilberry /ˈbɪlbrɪ, -berɪ^US^/ *n* myrtille *f*.

bilingual /ˌbaɪˈlɪŋgwəl/ *adj* bilingue.

bill /bɪl/ I *n* (in restaurant) addition *f*; (for electricity) facture *f*; (from hotel, doctor) note *f*; (law) projet *m* de loi; (poster) affiche *f*; **stick no ~s** défense d'afficher; (banknote) ^US^ billet (de banque) *m*. II *vtr* **to ~ sb for sth** facturer qch à qn.

• to fit/fill the ~ faire l'affaire.

billboard /ˈbɪlbɔːd/ *n* panneau *m* d'affichage.

billiard /ˈbɪlɪəd/ *n* billard *m*.

billion /ˈbɪlɪən/ *n* (a thousand million) milliard *m*; (a million million)^GB^ billion *m*; **~s of**© des tonnes© *fpl* de.

bin^GB^ /bɪn/ *n* poubelle *f*.

bind /baɪnd/ *vtr* (*prét*, *pp* **bound**) attacher; **to be bound by** (oath) être tenu par.

binding /ˈbaɪndɪŋ/ I *n* reliure *f*. II *adj* [contract, rule] qui lie, qui engage.

binge© /bɪndʒ/ *n* **to go on a ~** faire la bringue©.

bingo /ˈbɪŋgəʊ/ *n* ≈ loto.

biography /baɪˈɒgrəfɪ/ *n* biographie *f*.

biology /baɪˈɒlədʒɪ/ *n* biologie *f*.

birch /bɜːtʃ/ *n* bouleau *m*.

bird /bɜːd/ *n* oiseau *m*.

bird's eye view *n* vue *f* d'ensemble.

biro®GB /ˈbaɪərəʊ/ *n* stylo-bille *m*, bic® *m*.

birth /bɜːθ/ *n* naissance *f*; **to give ~ to** accoucher de; **of French ~** Français/-e de naissance.

birthday /ˈbɜːθdeɪ/ *n* anniversaire *m*.

birthplace *n* lieu *m* de naissance.

biscuit /ˈbɪskɪt/ *n* GB biscuit *m*.
• **that takes the ~**©GB**!** ça, c'est le pompon!

bishop /ˈbɪʃəp/ *n* évêque *m*.

bit /bɪt/ I *prét* ► **bite**. II *n* (of food, substance, wood) morceau *m*; (of paper, land) bout *m*; (small amount) **a ~ (of)** un peu (de); **a ~ of advice** un petit conseil; ORDINAT bit *m*. III© **a ~** *adv phr* (rather) un peu; **to do a ~ of shopping** faire quelques courses; **wait a ~!** attends un peu!; **after a ~** peu après; **not a ~ like me** pas du tout.
• **~ by ~** petit à petit; **to do one's ~** faire sa part.

bitch /bɪtʃ/ *n* (dog) chienne *f*; PÉJ© (woman) garce© *f*, salope© *f*.

bite /baɪt/ I *n* bouchée *f*; (from insect) piqûre *f*; (from dog, snake) morsure *f*. II *vtr* (*prét* **bit**; *pp* **bitten**) mordre; [insect] piquer; **to ~ one's nails** se ronger les ongles. III *vi* [fish] mordre.

bitter /ˈbɪtə(r)/ *adj* amer/-ère; **I felt ~ about it** cela m'est resté sur le cœur; [critic] acerbe; [attack] féroce; [wind] glacial; [truth] cruel/-elle.

bitterly /ˈbɪtəlɪ/ *adv* [complain, laugh, speak, weep] amèrement; [regret] profondément.

bizarre /bɪˈzɑː(r)/ *adj* bizarre.

black /blæk/ I *n* (colour) noir *m*; (person) Noir/-e *m/f*; FIN **to be in the ~** être créditeur/-trice. II *adj* noir; **to paint sth ~** peindre qch en noir; **to turn ~** noircir.
• **black out**: s'évanouir.

blackberry /ˈblækbrɪ, -berɪ/ *n* mûre *f*.

blackbird /ˈblækbɜːd/ *n* merle *m*.

blackboard /ˈblækbɔːd/ *n* tableau *m* (noir); **on the ~** au tableau.

blackcurrant /ˌblækˈkʌrənt/ *n* cassis *m*.

blacken *vtr* noircir; FIG ternir.

blackhead *n* point *m* noir.

black ice *n* verglas *m*.

blacklist *n* liste *f* noire.

blackmail I *n* chantage *m*. II *vtr* faire chanter (qn).

black market *n* **on the ~** au marché noir.

blackout *n* panne *f* de courant; (loss of memory) trou *m* de mémoire.

black puddingGB *n* boudin *m* noir.

black sheep *n* brebis *f* galeuse.

blacksmith *n* forgeron *m*.

blackthorn *n* prunellier *m*.

black tie *n* (on invitation) tenue *f* de soirée.

bladder /ˈblædə(r)/ *n* vessie *f*.

blade /bleɪd/ *n* (of windscreen wiper) balai *m*; (of grass) brin *m*.

blame /bleɪm/ I *n* responsabilité *f*. II *vtr* accuser; **to ~ sb for sth** reprocher qch à qn. III *v refl* **to ~ oneself for sth** se sentir responsable de qch; **you mustn't ~ yourself** tu n'as rien à te reprocher.

blank /blæŋk/ I *n* blanc *m*. II *adj* [page] blanc/blanche; [screen] vide; [cassette] vierge; [look] absent; [refusal] catégorique.

blanket /ˈblæŋkɪt/ I *n* couverture *f*; **electric ~** couverture chauffante; (layer) couche *f*. II *in compounds* [ban, policy] global.

blare /bleə(r)/ *vi* [radio] hurler.

blast /blɑːst, blæstUS/ I *n* (explosion) explosion *f*; **at full ~** à plein volume. II *vtr* (blow up) faire sauter (à l'explosif); (criticize)© descendre [qn/qch] en flammes©.

blasted© /ˈblɑːstɪd, ˈblæst-US/ *adj* fichu©; **some ~ idiot** une espèce d'idiot.

blast-off /ˈblɑːstɒf, ˈblæst-US/ *n* lancement *m*.

blatant /ˈbleɪtnt/ *adj* flagrant.

blaze /bleɪz/ I *n* (fire) feu *m*, flambée *f*; (accidental) incendie *m*. II *vtr* **to ~ a trail** ouvrir la voie. III *vi* brûler, flamber; [lights] briller. IV **blazing** *adj* [heat] accablant; [building] en flammes.

blazer /ˈbleɪzə(r)/ *n* blazer *m*.

bleach /bliːtʃ/ I *n* ≈ (eau de) Javel; (for hair) décolorant *m*. II *vtr* (hair) décolorer; (linen) blanchir.

bleak /bliːk/ *adj* [landscape] désolé; [future] sombre; [world] sinistre.

bleary /ˈblɪərɪ/ *adj* **to be ~-eyed** avoir les yeux bouffis.

bleed /bliːd/ (*prét*, *pp* **bled**) *vi* saigner; **my finger's ~ing** j'ai le doigt qui saigne.

bleeding /ˈbliːdɪŋ/ *n* saignement *m*.

bleep /bliːp/ I *n* bip *m*, bip-bip *m*; **after the ~** après le signal sonore. II[GB] *vtr* **to ~ sb** appeler qn (au bip), biper qn. III *vi* émettre un signal sonore.

blemish /ˈblemɪʃ/ *n* imperfection *f*; (on reputation) tache *f*.

blend /blend/ I *n* mélange *m*. II *vtr* mélanger. III *vi* **to ~ (together)** se fondre ensemble; **to ~ with** [colours, tastes, sounds] se marier à; [smells, visual effects] se mêler à.

bless /bles/ *vtr* bénir; **God ~ you** que Dieu vous bénisse; **~ you!** à vos souhaits!; **to be ~ed with** jouir de.

blessed /ˈblesɪd/ *adj* [warmth, quiet] bienfaisant; (holy) béni.

blessing /ˈblesɪŋ/ *n* (asset) bienfait *m*; (relief) soulagement *m*; **with sb's ~** avec la bénédiction de qn.

blew /bluː/ *prét* ▸ **blow**.

blimey[☺†GB] /ˈblaɪmɪ/ *excl* mince alors[☺]!

blind /blaɪnd/ I *n* **the ~** (*pl*) les aveugles *mpl*; (at window) store *m*. II *adj* aveugle; **to go ~** perdre la vue; **to be ~ in one eye** être borgne. III *vtr* [accident] rendre aveugle; [sun, light] éblouir; [pride, love] aveugler.

blind alley *n* voie *f* sans issue.

blindfold I *n* bandeau *m*. II *vtr* (person) bander les yeux à.

blindly /ˈblaɪndlɪ/ *adv* à l'aveuglette; FIG aveuglément.

blind man's buff *n* colin-maillard *m*.

blink /blɪŋk/ *vi* cligner des yeux; **without ~ing** sans ciller.

blinker /ˈblɪŋkə(r)/ *n* AUT clignotant *m*.

blissful /ˈblɪsfl/ *adj* délicieux/-ieuse; **to be ~** être aux anges.

blister /ˈblɪstə(r)/ *n* (on skin) ampoule *f*.

blitz /blɪts/ *n* bombardement *m* aérien.

blizzard /ˈblɪzəd/ *n* tempête *f* de neige.

bloated /ˈbləʊtɪd/ *adj* [face, body] bouffi; [stomach] ballonné.

blob /blɒb/ *n* grosse goutte *f*.

block /blɒk/ I *n* bloc *m*; **~ of flats**[GB] immeuble (d'habitation); (group of buildings) pâté *m* de maisons; **three ~s away** à trois rues d'ici. II *vtr* bloquer; **to ~ sb's way/path** barrer le passage à qn.
• **block off**: (road) barrer. • **block out/up**: (view) boucher; (light, sun) cacher.

blockade /blɒˈkeɪd/ I *n* MIL blocus *m*. II *vtr* bloquer, faire le blocus de.

blockage /ˈblɒkɪdʒ/ *n* obstruction *f*.

blockbuster[☺] /ˈblɒkbʌstə(r)/ *n* (book) bestseller *m*; (film) superproduction *f*.

block capital, **block letter** *n* majuscule *f*; **in ~s** en caractères d'imprimerie.

bloke[☺GB] /bləʊk/ *n* type[☺] *m*.

blond /blɒnd/ *adj* blond.

blonde /blɒnd/ I *n* blonde *f*. II *adj* blond.

blood /blʌd/ *n* sang *m*.

blood cell *n* globule *m*.

blood pressure *n* MÉD tension *f* artérielle; **high/low ~** hypertension/hypotension.

bloodshed *n* effusion *f* de sang.

blood test *n* analyse *f* de sang.

blood type *n* groupe *m* sanguin.

bloody /ˈblʌdɪ/ I *adj* (violent) sanglant; ~ **fool!**☺GB espèce d'idiot☺! II☺GB *adv* sacrément☺; ~ **awful** absolument nul☺.

bloody-minded☺GB *adj* **don't be so** ~ ne fais pas ta tête de mule.

bloom /blu:m/ I *n* fleur *f*; **in** ~ en fleur. II *vi* fleurir, être fleuri.

blooming /ˈblu:mɪŋ/ *adj* en fleur.

blossom /ˈblɒsəm/ I *n* fleurs *fpl*; **in** ~ en fleur. II *vi* fleurir, s'épanouir.

blot /blɒt/ *n* tache *f*.

• **blot out**: effacer.

blouse /blaʊz, blaʊsUS/ *n* chemisier *m*.

blow /bləʊ/ I *n* coup *m*; **to come to ~s** en venir aux mains. II *vtr* (*prét* **blew**; *pp* **blown**) souffler; **the wind blew the door shut** un coup de vent a fermé la porte; (bubble, smoke ring) faire; **to ~ one's nose** se moucher; (trumpet, whistle) souffler dans; (fuse) faire sauter; (money)☺ claquer☺; **to ~☺ it** tout ficher en l'air☺. III *vi* [wind] souffler; [fuse] sauter; [bulb] griller; [tyre] éclater.

• **it really blew my mind☺/blew me away☺!** j'en suis resté baba☺.

• **blow around**: voler dans tous les sens. • **blow away**: s'envoler; ~ [sth] away emporter. • **blow out**: s'éteindre. • **blow up**: exploser; (picture) agrandir; **it ~s up** c'est gonflable.

blow-dry /ˈbləʊdraɪ/ I *n* brushing *m*. II *vtr* **to ~ sb's hair** faire un brushing à qn.

blown /bləʊn/ *pp* ► **blow**.

blue /blu:/ I *n* bleu *m*; **to go/turn** ~ devenir bleu, bleuir. II *adj* bleu; ~ **from/with the cold** bleu de froid; (depressed) **to feel** ~ avoir le cafard☺.

• **to say sth out of the** ~ dire qch à brûle-pourpoint; **to happen out of the** ~ se passer à l'improviste.

Bluebeard *pr n* Barbe-bleue *m*.

bluebell *n* jacinthe *f* des bois.

blueberry *n* myrtille *f*.

blue jeans *npl* jean *m*.

blueprint /ˈblu:prɪnt/ *n* projet *m*, propositions *fpl*; **it's a ~ for disaster** cela mène tout droit à la catastrophe.

blues *npl* **to have the ~s**☺ avoir le cafard☺.

bluff /blʌf/ I *n* bluff *m*. II *vtr*, *vi* bluffer☺.

blunder /ˈblʌndə(r)/ I *n* bourde *f*. II *vi* faire une bourde.

blunt /blʌnt/ *adj* [knife, scissors] émoussé; [pencil] mal taillé; [person, manner] abrupt, brusque; [refusal] catégorique.

bluntly /ˈblʌntlɪ/ *adv* franchement.

blur /blɜ:(r)/ (*p prés etc* **-rr-**) *vtr*, *vi* brouiller, se brouiller.

blurred /blɜ:d/ *adj* flou; [memory] confus.

blush /blʌʃ/ I *n* rouge *m*, rougeur *f*. II *vi* rougir.

blustery /ˈblʌstərɪ/ *adj* ~ **wind** bourrasque *f*.

boar /bɔ:(r)/ *n* sanglier *m*.

board /bɔ:d/ I *n* planche *f*; ~ **of directors** conseil d'administration; ~ **of inquiry** commission d'enquête; ~ **of governors** comité de gestion; (for writing) tableau *m*; (notice board) panneau *m* d'affichage; **full** ~ pension complète; **half** ~ demi-pension *f*; **room and** ~ le gîte et le couvert. II **on** ~ *adv phr* **on** ~ à bord (de); **to go on** ~ embarquer, monter à bord. III *vtr* (boat, plane) monter à bord de; (bus, train) monter dans.

• **across the** ~ à tous les niveaux.

boarding /ˈbɔ:dɪŋ/ *n* embarquement *m*.

boarding school *n* internat *m*.

boast /bəʊst/ I *vtr* **the town ~s a beautiful church** la ville s'enorgueillit d'une belle église. II *vi* se vanter; **nothing to ~ about** pas de quoi se vanter.

boat /bəʊt/ *n* bateau *m*; (sailing) voilier *m*; (rowing) barque *f*; (liner) paquebot *m*.

boating /ˈbəʊtɪŋ/ *n* navigation *f* de plaisance; (rowing) canotage *m*.

bob /bɒb/ I *n* (haircut) coupe *f* au carré; **to cost a ~ or two**©GB coûter une fortune. II *vi* (*p prés etc* **-bb-**) [boat, float] danser; **to ~ up and down** [person, boat] s'agiter.

bobby©†GB /ˈbɒbɪ/ *n* agent *m* (de police).

body /ˈbɒdɪ/ *n* corps *m*; **~ and soul** corps et âme; (of hair) volume *m*; (of car) carrosserie *f*.
• **over my dead ~!** plutôt mourir!

body odourGB, **~ odor**US *n* odeur *f* corporelle.

bodywork *n* carrosserie *f*.

bog /bɒg/ *n* marais *m*.
• **to get ~ged down** s'enliser.

boggle /ˈbɒgl/ *vi* **the mind/imagination ~s at the idea** on a du mal à imaginer ça.

boil /bɔɪl/ I *n* ébullition *f*; MÉD furoncle *m*. II *vtr* faire bouillir; **to ~ an egg** faire cuire un œuf. III *vi* bouillir. IV **~ed** *pp adj* **~ed egg** œuf à la coque.
• **boil down**: **~ down to** se résumer à.
• **boil over**: déborder.

boiler /ˈbɔɪlə(r)/ *n* chaudière *f*; (smaller) chauffe-eau *m inv*.

boiling /ˈbɔɪlɪŋ/ *adj* bouillant; **it's ~ (hot) in here**©! il fait une chaleur infernale ici!

boisterous /ˈbɔɪstərəs/ *adj* [child] turbulent; [meeting] bruyant.

bold /bəʊld/ *adj* audacieux/-ieuse.

bolster /ˈbəʊlstə(r)/ I *n* traversin *m*. II *vtr* soutenir.

bolt /bəʊlt/ I *n* verrou *m*; **~ of lightning** coup de foudre. II *vtr* verrouiller.

bomb /bɒm/ I *n* bombe *f*. II *vtr* bombarder.

bombardment /bɒmˈbɑːdmənt/ *n* bombardement *m*.

bomber /ˈbɒmə(r)/ *n* (plane) bombardier *m*; (terrorist) poseur/-euse *m/f* de bombes.

bombing /ˈbɒmɪŋ/ *n* bombardement *m*; (by terrorists) attentat *m* à la bombe.

bona fide /ˌbəʊnə ˈfaɪdɪ/ *adj* [attempt] sincère; [offer] sérieux/-ieuse.

bond /bɒnd/ *n* lien *m*; FIN obligation *f*.

bone /bəʊn/ I *n* os *m*; (of fish) arête *f*. II **~s** *npl* ossements *mpl*. III *vtr* (chicken) désosser; (fish) enlever les arêtes de.

bone china *n* porcelaine (tendre) *f*.

bone idle© *adj* flemmard©.

bonfire /ˈbɒnfaɪə(r)/ *n* (of rubbish) feu *m* de jardin; (for celebration) feu *m* de joie.

bonkers© /ˈbɒŋkəz/ *adj* dingue©.

bonnetGB /ˈbɒnɪt/ *n* AUT capot *m*.

bonus /ˈbəʊnəs/ *n* prime *f*; **that's a ~!** c'est un plus©!

bony /ˈbəʊnɪ/ *adj* [face] anguleux/-euse; [knee] osseux/-euse.

boo /buː/ I *n* huée *f*. II *excl* hou! III *vtr, vi* (*prét, pp* **booed**) huer.

boob©GB /buːb/ *n* bêtise *f*, bourde *f*.

book /bʊk/ I *n* livre *m*; **drawing ~** cahier de dessin; (of tickets, stamps) carnet *m*; (records) registre *m*; **~ of matches** pochette d'allumettes. II *vtr* (room, ticket) réserver; (holiday) faire les réservations pour; **to be fully ~ed (up)** être complet/-ète; **my Tuesdays are ~ed** je suis pris le mardi; **~ed for speeding** poursuivi pour excès de vitesse; SPORT **to be ~ed** recevoir un carton jaune.

bookcase *n* bibliothèque *f*.

bookingGB /ˈbʊkɪŋ/ *n* réservation *f*.

booking officeGB *n* bureau *m* de location.

bookkeeping *n* comptabilité *f*.

booklet *n* brochure *f*.

bookmark *n* marque-page *m*.

bookseller *n* libraire *mf*.

bookshelf *n* étagère *f*, rayon *m*.

bookshopGB, **bookstore**US; *n* librairie *f*.

boom /buːm/ I *n* grondement *m*; (of explosion) détonation *f*; (period of prosperity) boom *m*. II *vi* [cannon, thunder] gronder;

[industry] être en plein essor; **business is ~ing** les affaires vont bien.

boon /bu:n/ *n* avantage *m*.

boost /bu:st/ I *n* (stimulus) coup *m* de fouet. II *vtr* (economy) stimuler; (number) augmenter; (performance) améliorer; (product) promouvoir.

booster /ˈbu:stə(r)/ *n* rappel (de vaccin) *m*.

boot /bu:t/ I *n* botte *f*; **climbing/hiking ~** chaussure de montagne/randonnée; **to get the ~**☺ se faire virer☺. II *vtr* donner un coup de pied à/dans.

booth /bu:ð, bu:θ^US/ *n* cabine *f*; **telephone ~** cabine (téléphonique); **polling ~** isoloir *m*.

booze☺ /bu:z/ I *n* alcool *m*. II *vi* picoler☺.

border /ˈbɔ:də(r)/ I *n* frontière *f*; (edge) bordure *f*; (of lake) bord *m*. II *vtr* border, longer.

• **border on**: [garden, land] être voisin de.

borderline *n* frontière *f*.

bore /bɔ:(r)/ I *prét* ▸ **bear**. II *n* (person) raseur/-euse☺ *m/f*; (situation) **what a ~!** quelle barbe!; (of gun) calibre *m*. III *vtr* (person) ennuyer; (hole) percer; (tunnel) creuser.

• **to ~ sb stiff** faire mourir qn d'ennui.

bored /bɔ:d/ *adj* [person] qui s'ennuie; **to get/be ~** s'ennuyer; **to get ~ with sb/sth** se lasser de qn/qch.

boredom /ˈbɔ:dəm/ *n* ennui *m*.

boring /ˈbɔ:rɪŋ/ *adj* ennuyeux/-euse.

born /bɔ:n/ I *adj* [person, animal] né; **to be ~** naître; **when the baby is ~** quand le bébé sera né; **to be ~ blind** être aveugle de naissance; **to be a ~ leader** être un chef né; **a ~ liar** un parfait menteur. II **-born** *combining form* **London-~** né à Londres.

borough /ˈbʌrə, -rəʊ^US/ *n* arrondissement (urbain) *m*.

borough council^GB *n* conseil *m* municipal.

borrow /ˈbɒrəʊ/ I *vtr* **to ~ sth from sb** emprunter qch à qn. II *vi* faire un emprunt.

bosom /ˈbuzəm/ *n* poitrine *f*; FIG **in the ~ of one's family** au sein de sa famille.

boss /bɒs/ *n* patron/-onne *m/f*; (in politics, underworld) chef *m*.

• **boss about**☺/**boss around**☺: mener [qn] par le bout du nez.

bossy☺ /ˈbɒsɪ/ *adj* autoritaire.

botanic(al) /bəˈtænɪk(l)/ *adj* botanique.

botany /ˈbɒtənɪ/ *n* botanique *f*.

botch☺ /bɒtʃ/ *vtr* bâcler.

both /bəʊθ/ I *adj* les deux; **~ her eyes/parents** ses deux yeux/parents; **~ children came** les enfants sont venus tous les deux. II *conj* (tout) comme; **~ Paris and London** Paris aussi bien que Londres. III *pron* (*pl*) (tous/toutes) les deux; **~ of you are right** vous avez raison tous les deux; **~ of us** nous deux.

bother /ˈbɒðə(r)/ I *n* ¢ ennui *m*; **it's too much ~** c'est trop de tracas; **it's no ~** ce n'est pas un problème; **I don't want to be a ~** je ne voudrais pas vous déranger. II☺GB *excl* zut alors! III *vtr* **it ~s me that** cela m'ennuie que (+ *subj*); (disturb) déranger; **stop ~ing me**☺**!** arrête de m'embêter☺!; (hurt) **my back is ~ing me** mon dos me fait mal. IV *vi* s'en faire; **why ~?** pourquoi se tracasser?; **don't ~** ne t'en fais pas; **to ~ doing/to do** prendre la peine de faire; **to ~ about** se tracasser au sujet de.

bottle /ˈbɒtl/ I *n* bouteille *f*; **milk ~** bouteille de lait; (for perfume) flacon *m*; (for baby) biberon *m*. II *vtr* mettre [qch] en bouteilles.

bottleneck /ˈbɒtlnek/ *n* (traffic jam) embouteillage *m*; (of road) rétrécissement *m*.

bottle-opener *n* décapsuleur *m*.

bottom /ˈbɒtəm/ I *n* (of hill, wall) pied *m*; (of page) bas *m*; (of bag, bottle, hole, sea) fond *m*; **from the ~ of one's heart** du fond du cœur; (underside) dessous *m*; (lowest part) bas *m*; **to be ~ of the class**GB être dernier de la classe; (of street, table) bout *m*; (buttocks) derrière☺ *m*. **II**☺ **~s** *npl* (of pyjama) bas *m*. **III** *adj* [shelf] du bas, inférieur; [sheet] de dessous; [apartment] du rez-de-chaussée; **~ of the range** bas de gamme; [score] le plus bas.

bottom line *n* l'argent *m*; **that's the ~** c'est le vrai problème.

bought /bɔːt/ *prét, pp* ▸ **buy**.

boulder /ˈbəʊldə(r)/ *n* rocher *m*.

bounce /baʊns/ **I** *vtr* (ball) faire rebondir; (cheque)☺GB refuser d'honorer un chèque; [person]US faire un chèque sans provision. **II** *vi* [ball] rebondir; [person] faire des bonds, sauter.

bouncer☺ /ˈbaʊnsə(r)/ *n* videur *m*.

bound /baʊnd/ **I** *prét, pp* ▸ **bind**. **II** *n* bond *m*. **III** **~s** *npl* limites *fpl*; **to know no ~s** être sans limites. **IV** *adj* **to be ~ to do sth** devoir (sûrement) faire qch; **it was ~ to happen** cela devait arriver; (obliged) tenu (de); **~ for** à destination de.

boundary /ˈbaʊndrɪ/ *n* limite *f*.

bout /baʊt/ *n* (of fever) accès *m*; (of insomnia) crise *f*; SPORT combat *m*.

bow[1] /bəʊ/ *n* (weapon) arc *m*; MUS archet *m*; (knot) nœud *m*.

bow[2] /baʊ/ **I** *n* salut *m*; NAUT avant *m*, proue *f*. **II** *vtr* (head) baisser. **III** *vi* [plant, shelf] se courber; saluer; (give way) s'incliner devant; **to ~ to pressure** céder à la pression.

• **bow down**: se prosterner, FIG se soumettre.

bowel /ˈbaʊəl/ *n* intestin *m*.

bowl /bəʊl/ *n* (for food) bol *m*; (large) saladier *m*; (basin) cuvette *f*; SPORT boule *f* (en bois).

bowler /ˈbəʊlə(r)/ *n* (in cricket) lanceur *m*.

bowler hat *n* chapeau *m* melon.

bowling /ˈbəʊlɪŋ/ *n* SPORT (ten-pin) bowling *m*; (on grass) jeu *m* de boules (*sur gazon*).

bowls /bəʊlz/ *n* (*sg*) jeu *m* de boules (*sur gazon*).

bow tie *n* nœud papillon *m*.

box /bɒks/ **I** *n* boîte *f*; (larger) caisse *f*; **put a tick in the ~** cocher la case; THÉÂT loge *f*; SPORT tribune *f*; (television) **the ~**☺GB la télé; **(PO) Box 20** BP 20. **II** *vtr, vi* SPORT boxer.

• **box in**: enfermer.

boxer /ˈbɒksə(r)/ *n* boxeur *m*; (dog) boxer *m*.

boxing /ˈbɒksɪŋ/ *n* boxe *f*.

Boxing DayGB /ˈbɒksɪŋ deɪ/ *n le lendemain de Noël*.

box office *n* (window) guichet *m*; (office) bureau *m* des réservations.

box tree *n* buis *m*.

boy /bɔɪ/ **I** *n* garçon *m*; (son) fils *m*. **II**☺ *excl* **~, it's cold here!** ce qu'il fait froid ici!

boycott /ˈbɔɪkɒt/ **I** *n* boycottage *m*, boycott *m*. **II** *vtr* boycotter.

boyfriend *n* (petit) copain/ami *m*.

bra /brɑː/ *n* soutien-gorge *m*.

brace /breɪs/ **I** *n* (for teeth) appareil *m* dentaire; (for trousers) bretelle *f*. **II** *vtr, v refl* s'arc-bouter; FIG se préparer à.

bracelet /ˈbreɪslɪt/ *n* bracelet *m*.

bracken /ˈbrækən/ *n* fougère *f*.

bracket /ˈbrækɪt/ **I** *n* **in (round) ~s** entre parenthèses *fpl*; **in (square) ~s** entre crochets *mpl*; (for shelf) équerre *f*; (category) tranche *f*, catégorie *f*. **II** *vtr* mettre [qch] entre parenthèses/entre crochets.

brag /bræg/ *vi* (*p prés etc* **-gg-**) **to ~ (about/of sth)** se vanter (de).

braid /breɪd/ **I** *n* tresse *f*, natte *f*. **II** *vtr* tresser.

brain /breɪn/ I *n* (organ) cerveau *m*; (substance) ~**s** cervelle *f*. II **~s** *npl* intelligence *f*; **to have ~s** être intelligent.

brainy© /ˈbreɪnɪ/ *adj* doué.

brake /breɪk/ I *n* frein *m*. II *vi* freiner.

bramble /ˈbræmbl/ *n* ronce *f*; (berry) mûre *f*.

bran /bræn/ *n* CULIN son *m*.

branch /brɑːntʃ, bræntʃ[US]/ I *n* (of tree) branche *f*; (of road) embranchement *m*; (of river) bras *m*; (of study) domaine *m*; (of shop) succursale *f*; (of organization) secteur *m*. II *vi* [tree, river] se ramifier; [road] se diviser.

• **branch off**: [road] bifurquer.

brand /brænd/ *n* marque *f*; (kind) type *m*.

brandish /ˈbrændɪʃ/ *vtr* brandir.

brand-new *adj* tout neuf/toute neuve.

brandy /ˈbrændɪ/ *n* eau-de-vie *f*.

brass /brɑːs, bræs[US]/ *n* laiton *m*, cuivre *m* jaune; MUS cuivres *mpl*.

brat© /bræt/ *n* PÉJ môme© *mf*.

brave /breɪv/ I *adj* courageux/-euse; **be ~!** courage! II *vtr* braver.

bravery /ˈbreɪvrɪ/ *n* courage *m*.

brawl /brɔːl/ *n* bagarre *f*.

bray /breɪ/ *vi* braire.

brazen /ˈbreɪzn/ *adj* éhonté.

breach /briːtʃ/ I *n* (of contract, in relationship) rupture *f*; (by failure to comply) manquement *m*.(opening) brèche *f*. II *vtr* (rule) ne pas respecter.

bread /bred/ I *n* pain *m*; **to earn one's (daily) ~** gagner sa vie. II *vtr* **~ed cutlets** côtelettes panées.

bread and butter *n* tartine *f* de pain beurré; FIG gagne-pain *m*.

breadline /ˈbredlaɪn/ *n* **to be on the ~** être pauvre.

breadth /bretθ/ *n* largeur *f*; FIG étendue *f*.

break /breɪk/ I *n* (crack) fêlure *f*; (in wall) brèche *f*; (in line) espace *m*; (in relation) rupture *f*; **to take a ~** faire une pause; **the Christmas ~** les vacances de Noël; SCOL récréation *f*; (in performance) entracte *m*; (in tennis) break *m*; **at the ~ of day** à l'aube *f*. II *vtr* (*prét* **broke**; *pp* **broken**) casser; **to ~ one's leg** se casser la jambe; (seal, strike) briser; (silence, links) rompre; (circuit) couper; (law, treaty) violer; (record) battre; **to ~ the news to sb** apprendre la nouvelle à qn. III *vi* se casser, se briser; [storm, scandal] éclater; **to ~ with sb** rompre les relations avec qn.

• **break down**: [machine] tomber en panne; [negotiations] échouer; [communication] cesser; [system] s'effondrer; [person] s'effondrer, craquer; (cry) fondre en larmes.; **~ [sth] down** (door) enfoncer, démolir; (resistance) vaincre. • **break in**: [thief] entrer (par effraction); [police] entrer de force. • **break into**: forcer. • **break off**: [handle, piece] se détacher; (stop speaking) s'interrompre. • **break out**: [fight, riot, storm] éclater. • **break up**: se désagréger; [crowd, cloud, slick] se disperser.

breakable /ˈbreɪkəbl/ *adj* fragile.

breakdown /ˈbreɪkdaʊn/ *n* panne *f*; MÉD dépression *f*; (detailed account) répartition *f*.

breakfast /ˈbrekfəst/ *n* petit déjeuner *m*.

break-in /ˈbreɪkɪn/ *n* cambriolage *m*.

breakthrough *n* percée *f*; (in negotiations) progrès *m*.

break-up *n* éclatement *m*.

breast /brest/ *n* ANAT sein *m*, poitrine *f*; CULIN blanc *m*.

breath /breθ/ *n* souffle *m*, respiration *f*; **out of ~** à bout de souffle; **to take a deep ~** respirer à fond; (exhaled air) haleine *f*.

breathalyze /ˈbreθəlaɪz/ *vtr* **to be ~d** subir un alcootest®.

breathe /briːð/ *vtr*, *vi* respirer.

• **breathe in**: inspirer. • **breathe out**: expirer.

breather[☺] /ˈbriːðə(r)/ *n* pause *f*.

breathless /ˈbreθlɪs/ *adj* à bout de souffle.

breathtaking /ˈbreθteɪkɪŋ/ *adj* à (vous) couper le souffle.

bred /bred/ *prét, pp* ▸ **breed**.

breed /briːd/ I *n* ZOOL race *f*; (of person, thing) type *m*. II *vtr* (*prét, pp* **bred**) (animals) élever. III *vi* [animals] se reproduire. IV **-bred** *pp adj combining form* **ill-/well-bred** mal/bien élevé.

breeder /ˈbriːdə(r)/ *n* (of animals) éleveur *m*.

breeze /briːz/ I *n* brise *f*. II *vi* **to ~ through an exam** réussir un examen sans difficulté.

brew /bruː/ *vi* [tea] infuser; [storm, crisis] se préparer; **there's trouble ~ing** il y a de l'orage dans l'air.

brewery /ˈbruːərɪ/ *n* brasserie *f*.

briar /ˈbraɪə(r)/ *n* églantier *m*; **~s** ronces *fpl*.

bribe /braɪb/ I *n* pot-de-vin *m*. II *vtr* (person) acheter, soudoyer.

bribery /ˈbraɪberɪ/ *n* corruption *f*.

brick /brɪk/ *n* brique *f*; (child's toy) cube *m*.

• **brick up**: murer, boucher.

bricklayer *n* maçon *m*.

bride /braɪd/ *n* (jeune) mariée *f*; **the ~ and (bride)groom** les (jeunes) mariés.

bridesmaid *n* demoiselle *f* d'honneur.

bridge /brɪdʒ/ I *n* pont *m*; (game) bridge *m*. II *vtr* **to ~ a gap** réduire l'écart.

bridle /ˈbraɪdl/ *n* bride *f*; FIG frein *m*.

bridle path *n* piste *f* cavalière.

brief /briːf/ I *n* tâche *f*; (instructions) directives *fpl*. II **~s** *npl* (undergarment) slip *m*. III *adj* bref/brève; **the news in ~** les brèves. IV *vtr* (politician, worker) informer; (police, troops) donner des instructions à.

briefcase /ˈbriːfkeɪs/ *n* serviette *f*.

briefing /ˈbriːfɪŋ/ *n* réunion *f* d'information, briefing *m*.

brigade /brɪˈgeɪd/ *n* brigade *f*.

bright /braɪt/ *adj* [blue, red] vif/vive; [garment, carpet] de couleur vive; [room, day] clair; [star, eye] brillant; [jewel] étincelant; **~ spell** éclaircie *f*; (clever) intelligent; **a ~ idea** une idée lumineuse; [smile, face] radieux/-ieuse.

brighten /ˈbraɪtn/ *vi*.

• **brighten up**: s'améliorer.

brilliant /ˈbrɪlɪənt/ I *adj* (successful) brillant; (fantastic)[GB] génial[☺]. II[☺] *excl* IRON super[☺]!

brim /brɪm/ I *n* bord *m*. II *vi* (*p prés etc* **-mm-**) **to ~ with** déborder de.

brine /braɪn/ *n* saumure *f*.

bring /brɪŋ/ (*prét, pp* **brought**) *vtr* **to ~ sth to** apporter qch à; **to ~ sb to** amener qn à; **to ~ sb home** raccompagner qn; **to ~ a case before the court** porter une affaire devant le tribunal; **to ~ a matter before the committee** soumettre une question au comité.

• **bring about**: provoquer. • **bring along**: (sth) apporter; (sb) amener, venir avec. • **bring back**: **to ~ sb back sth** rapporter qch à qn. • **bring down**: (government) renverser. • **bring in**: (money) rapporter. • **bring on**: provoquer. • **bring round**[GB]: (revive) faire revenir [qn] à soi; (convince) convaincre [qn]. • **bring to**: faire revenir qn à soi. • **bring together**: réunir, rapprocher. • **bring up**: (mention) (sth) parler de; (vomit) vomir; (sb) élever; **well/badly brought up** bien/mal élevé.

brink /brɪŋk/ *n* **on the ~ of doing** sur le point de faire; **on the ~ of disaster** à deux doigts du désastre.

brisk /brɪsk/ *adj* vif/vive; **at a ~ pace** à vive allure; **business is ~** les affaires marchent bien.

bristle /ˈbrɪsl/ I *n* poil *m*. II *vi* se hérisser.

British /ˈbrɪtɪʃ/ *adj* britannique.
brittle /ˈbrɪtl/ *adj* fragile; [tone] cassant.
broad /brɔːd/ *adj* large; [area] vaste; [choice] grand; [introduction, principle] général.
B roadGB *n* route *f* secondaire.
broad bean *n* fève *f*.
broadcast /ˈbrɔːdkɑːst, -kæstUS/ I *n* émission *f*; **news ~** bulletin d'informations. II *vtr* (*prét, pp* **~/~ed**) diffuser.
broaden /ˈbrɔːdn/ I *vtr* élargir. II *vi* s'élargir.
broadly /ˈbrɔːdlɪ/ *adv* en gros; **~ speaking** en règle générale.
broadminded *adj* large d'esprit.
broccoli /ˈbrɒkəlɪ/ *n* brocoli *m*.
brochure /ˈbrəʊʃə(r), brəʊˈʃʊərUS/ *n* brochure *f*, dépliant *m*.
broil /brɔɪl/ *vtr, vi* griller.
broilerUS /ˈbrɔɪlə(r)/ *n* gril *m*.
broke /brəʊk/ I *prét* ▸ **break**. II *adj* [person] fauché☺; **to go ~** faire faillite.
broken /ˈbrəʊkən/ I *pp* ▸ **break**. II *adj* [glass, person, voice] brisé; [bottle, fingernail, tooth, bone] cassé; [machine] détraqué; [contract, promise] rompu; **in ~ French** en mauvais français.
broken-down *adj* en panne.
broker /ˈbrəʊkə(r)/ *n* FIN courtier *m*.
brolly ☺GB /ˈbrɒlɪ/ *n* HUM pépin☺ *m*, parapluie *m*.
bronze /brɒnz/ *n* bronze *m*.
brooch /brəʊtʃ/ *n* broche *f*.
brood /bruːd/ I *n* nichée *f*. II *vi* broyer du noir.
brook /brʊk/ *n* ruisseau *m*.
broom /bruːm, brʊm/ *n* balai *m*; (plant) genêt *m*.
broth /brɒθ, brɔːθUS/ *n* bouillon *m*.
brother /ˈbrʌðə(r)/ *n* frère *m*.
brotherhood /ˈbrʌðəhʊd/ *n* fraternité *f*; (organization) confrérie *f*.
brother-in-law *n* (*pl* **brothers-in-law**) beau-frère *m*.
brought /brɔːt/ *prét, pp* ▸ **bring**.
brow /braʊ/ *n* (forehead) front *m*; (eyebrow) sourcil *m*; (of hill) sommet *m*.
brown /braʊn/ I *n* marron *m*; (of hair, skin, eyes) brun *m*. II *adj* marron *inv*; [hair] châtain *inv*; **~ paper** papier kraft; (tanned) bronzé. III *vtr* (onions) faire dorer.
brownie /ˈbraʊnɪ/ *n* brownie *m* (*petit gâteau au chocolat et aux noix*).
browse /braʊz/ I *n* **to have a ~ through a book** feuilleter un livre. II *vtr* ORDINAT parcourir. III *vi* flâner.
bruise /bruːz/ I *n* (on skin) bleu *m*, ecchymose *f*; **cuts and ~s** des blessures légères; (on fruit) tache *f*. II *vtr* (body) meurtrir; (fruit) abîmer.
brunch /brʌntʃ/ *n* brunch *m* (*petit déjeuner tardif et copieux remplaçant le déjeuner des samedis et dimanches*).
brunette /bruːˈnet/ *n* (petite) brune *f*.
brush /brʌʃ/ I *n* brosse *f*; (for sweeping up) balayette *f*; (for paint) pinceau *m*; (confrontation) accrochage *m*; (vegetation) broussailles *fpl*. II *vtr* (sweep, clean) brosser; **to ~ one's hair/teeth** se brosser les cheveux/les dents; (touch lightly) effleurer. III *vi* **to ~ against** frôler; **to ~ past sb** frôler qn en passant.
• **brush aside**: écarter, repousser.
• **brush away/off**: enlever. • **brush up**: se remettre à.
Brussels sprout *n* chou *m* de Bruxelles.
brutal /ˈbruːtl/ *adj* brutal.
brute /bruːt/ I *n* brute *f*. II *adj* **by (sheer) ~ force** par la force.
BSUS **BSc**GB *n* UNIV (*abrév* = **Bachelor of Science**) *diplôme universitaire de sciences*.

bubble /ˈbʌbl/ I *n* bulle *f*. II *vi* faire des bulles; [drink] pétiller; [boiling liquid] bouillonner; **to ~ with** (enthusiasm, ideas) déborder de.

bubblegum *n* chewing-gum *m*.

bubbly /ˈbʌblɪ/ *adj* pétillant.

buck /bʌk/ I *n* ©US dollar *m*. II *vi* [horse] ruer.

• **to pass the ~** refiler© la responsabilité à qn d'autre.

• **buck up**©: (cheer up) se dérider; (hurry up) se grouiller©; (sb) remonter le moral à [qn].

bucket /ˈbʌkɪt/ I *n* seau *m*. II© **~s** *npl* **to rain ~s** pleuvoir à seaux; **to cry ~s** pleurer comme une Madeleine©; **to sweat ~s** suer à grosses gouttes.

• **to kick the ~**© mourir, casser sa pipe©.

buckle /ˈbʌkl/ I *n* boucle *f*. II *vtr* (fasten) attacher, boucler. III *vi* [shoe, strap] s'attacher; [surface] se gondoler; [wheel] se voiler.

buckwheat *n* sarrasin *m*, blé noir *m*.

bud /bʌd/ *n* (of leaf) bourgeon *m*; (of flower) bouton *m*.

budding /ˈbʌdɪŋ/ *adj* bourgeonnant; [athlete, champion] en herbe; [talent, romance] naissant.

buddy© /ˈbʌdɪ/ *n* (friend) copain *m*.

budge /bʌdʒ/ I *vtr* faire bouger; **I could not ~ him** je n'ai pas pu le faire changer d'avis. II *vi* bouger; (change one's mind) changer d'avis.

budgerigar /ˈbʌdʒərɪgɑː(r)/ *n* perruche *f*.

budget /ˈbʌdʒɪt/ I *n* budget *m*. II *in compounds* [cut, deficit] budgétaire; [constraints, increase] du budget; [holiday, price] pour petits budgets. III *vi* **to ~ for sth** prévoir qch dans son budget.

buff /bʌf/ I *n* (colour) chamois *m*; (enthusiast)© mordu/-e© *m/f*. II *vtr* lustrer.

buffalo /ˈbʌfələʊ/ *n* (*pl* **-oes**/*collective* **~**) buffle *m*; (in US) bison *m*.

buffet[1] /ˈbʊfeɪ, bəˈfeɪ^US/ *n* buffet *m*.

buffet[2] /ˈbʌfɪt/ *vtr* [wind, sea] secouer.

bug /bʌg/ I *n* ©US (insect) bestiole *f*; (germ) microbe *m*; ORDINAT bogue *f*, bug *m*; (microphone) micro caché *m*. II *vtr* (*p prés etc* **-gg-**) **the room is ~ged** il y a un micro (caché) dans la pièce; (annoy)© embêter©.

bugle /ˈbjuːgl/ *n* clairon *m*.

build /bɪld/ I *n* carrure *f*. II *vtr* (*prét, pp* **built**) (city, engine) construire; (monument) édifier; ORDINAT (software) créer; (relations) établir; (empire, hope) fonder; (team, word) former. III *vi* construire.

• **build up**: [gas, deposits] s'accumuler; [traffic] s'intensifier; [business, trade] se développer; **~ [sth] up** accumuler; (collection) constituer; (business, database) créer; (reputation) se faire.

builder /ˈbɪldə(r)/ *n* entrepreneur *m* en bâtiment; (worker) ouvrier/-ière *m/f* du bâtiment.

building /ˈbɪldɪŋ/ *n* (structure) bâtiment *m*; (with offices, apartments) immeuble *m*.

built /bɪlt/ I *prét, pp* ▸ **build**. II *adj* **~ for** conçu pour; **~ to last** construit pour durer.

built-in /ˌbɪltˈɪn/ *adj* encastré.

built-up /ˌbɪltˈʌp/ *adj* [region] urbanisé; **~ area** agglomération *f*.

bulb /bʌlb/ *n* ÉLEC ampoule *f* (électrique); BOT bulbe *m*.

bulge /bʌldʒ/ I *n* (in clothing, carpet) bosse *f*; (in vase, column, pipe) renflement *m*. II *vi* [bag, pocket] être gonflé; **to be bulging with** être bourré de; [surface] se boursoufler.

bulk /bʌlk/ *n* masse *f*; (of package, writings) volume *m*; **in ~** [buy, sell] en gros; [transport] en vrac; **the ~ of** (objects) la majeure partie de; (persons) la plupart des.

bulky /ˈbʌlkɪ/ *adj* volumineux/-euse.

bull /bʊl/ *n* taureau *m*.

bulldog /ˈbʊldɒg/ *n* bouledogue *m*.

bulldozer /ˈbʊldəʊzə(r)/ *n* bulldozer *m*.

bullet /ˈbʊlɪt/ *n* balle *f*.

bulletin /ˈbʊlətɪn/ *n* bulletin *m*.

bullfighting *n* corrida *f*, tauromachie *f*.

bullfinch *n* bouvreuil *m*.

bull's-eye /ˈbʊlzaɪ/ *n* (on a target) mille *m*.

bully /ˈbʊlɪ/ I *n* brute *f*; **the class ~** la terreur de la classe. II *vtr* [person, child] maltraiter; **to ~ sb into doing sth** forcer qn à faire qch.

bum☺ /bʌm/ *n* (buttocks) derrière☺ *m*; (vagrant) clochard *m*; (lazy person) fainéant/-e *m/f*.

• **bum around**: vadrouiller☺.

bumble /ˈbʌmbl/ *vi* marmonner.

bumblebee /ˈbʌmblbiː/ *n* bourdon *m*.

bumf ☺ /bʌmf/ *n* paperasserie☺ *f*.

bump /bʌmp/ I *n* (on body, road) bosse *f*; (jolt) secousse *f*. II *vtr* cogner; **to ~ one's head** se cogner la tête. III *vi* **to ~ against** buter contre.

• **bump into**☺: rentrer dans, tomber sur☺. • **bump off**☺: (sb) liquider☺.

bumper /ˈbʌmpə(r)/ I *n* AUT pare-chocs *m inv*. II *adj* exceptionnel/-elle.

bumpy /ˈbʌmpɪ/ *adj* [road] accidenté; [flight, landing] agité.

bun /bʌn/ *n* petit pain *m*; (hairstyle) chignon *m*.

bunch /bʌntʃ/ *n* (of flowers) bouquet *m*, (of vegetables) botte *f*; **a ~ of keys** un trousseau de clés; **a whole ~ of things/of people**☺ tout un tas de choses/de gens☺.

bundle /ˈbʌndl/ *n* (of papers, banknotes) liasse *f*; (of books) paquet *m*; (of CDs) lot *m*; (of straw) botte *f*; **~ of nerves** boule de nerfs.

bungalow /ˈbʌŋgələʊ/ *n* pavillon *m* (sans étage).

bungle /ˈbʌŋgl/ *vtr* rater☺.

bunk /bʌŋk/ *n* (on boat, train) couchette *f*; GÉN lits *mpl* superposés.

bunny /ˈbʌnɪ/ *n* (Jeannot) lapin *m*.

buoy /bɔɪ/ *n* GÉN bouée *f*; (for marking) balise *f*.

buoyant /ˈbɔɪənt/ *adj* (cheerful) enjoué; [economy] en expansion.

burden /ˈbɜːdn/ I *n* fardeau *m*, poids *m*. II *vtr* FIG ennuyer. III *v refl* **to ~ oneself with sth** se charger de qch.

bureau /ˈbjʊərəʊ, -ˈrəʊ^US/ *n* (*pl* **~s/~x**) (agency) agence *f*; (local office) bureau *m*; **information ~** bureau de renseignements; (government department)^US service *m*.

burger /ˈbɜːgə(r)/ *n* hamburger *m*.

burglar /ˈbɜːglə(r)/ *n* cambrioleur/-euse *m/f*.

burglar alarm *n* sonnerie *f* d'alarme.

burglary /ˈbɜːglərɪ/ *n* cambriolage *m*.

burial /ˈberɪəl/ *n* enterrement *m*.

burn /bɜːn/ I *n* brûlure *f*. II *vtr, vi* (*prét, pp* **burned/burnt**^GB) brûler; **~ed to the ground/to ashes** réduit en cendres; **to ~ one's finger** se brûler le doigt. III *v refl* **to ~ oneself** se brûler.

• **burn down**: brûler complètement, être réduit en cendres.

burner /ˈbɜːnə(r)/ *n* (on cooker) brûleur *m*.

burning /ˈbɜːnɪŋ/ I *n* **there's a smell of ~** ça sent le brûlé. II *adj* (on fire) en flammes, en feu; (alight) allumé; FIG brûlant.

burnt-out *adj* calciné; FIG surmené.

burp☺ /bɜːp/ I *n* rot☺ *m*. II *vi* roter☺.

burrow /ˈbʌrəʊ/ I *n* terrier *m*. II *vtr, vi* creuser.

bursar /ˈbɜːsə(r)/ *n* intendant/-e *m/f*.

burst /bɜːst/ I *n* accès *m*; (of laughter) éclat *m*; **a ~ of applause** un tonnerre d'applaudissements. II *vi* (*prét, pp* **burst**) [bubble, tyre] crever; [pipe] éclater.

• **burst in**: faire irruption (dans). • **burst into**: faire irruption dans; **to ~ into flames** s'enflammer; **to ~ into tears** fondre en larmes; **to ~ into laughter** éclater de rire. • **burst out**: **to ~ out of a room** sortir en trombe; **to ~ out laughing** éclater de rire; **to ~ out crying** fondre en larmes; (exclaim) s'écrier.

bury /ˈberɪ/ *vtr* enterrer; (hide) enfouir; **to be buried in a book** être plongé dans un livre.

bus /bʌs/ I *n* (auto)bus *m*; (long-distance) (auto)car *m*; ORDINAT bus *m*. II *in compounds* [depot, service, stop, ticket] d'autobus.

bush /bʊʃ/ *n* buisson *m*; (in Australia, Africa) **the ~** la brousse *f*.

bushy /ˈbʊʃɪ/ *adj* [hair, tail] touffu; [eyebrows] broussailleux/-euse.

business /ˈbɪznɪs/ I *n* ¢ (commerce) affaires *fpl*; **to be in ~** être dans les affaires; **how's ~** comment vont les affaires?; (on shop window) **~ as usual** ouvert pendant les travaux; FIG **it is ~ as usual** c'est comme d'habitude; (company, firm) affaire *f*, entreprise *f*; (shop) commerce *m*, boutique *f*; **small ~es** les petites entreprises; (tasks) devoirs *mpl*, occupations *fpl*; **let's get down to ~** passons aux choses sérieuses; (concern) **that's her ~** ça la regarde; **it's none of your ~!** ça ne te regarde pas!; **mind your own ~**☺**!** occupe-toi/mêle-toi de tes affaires☺!; (affair) histoire *f*, affaire *f*; **a nasty ~** une sale affaire. II *in compounds* [address, letter, transaction] commercial; [meeting, consortium, people] d'affaires.

• **now we're in ~!** maintenant nous sommes prêts!; **he means ~!** il ne plaisante pas!

businessman *n* (*pl* **-men**) homme *m* d'affaires.

businesswoman *n* (*pl* **-women**) femme *f* d'affaires.

bus station *n* gare *f* routière.

bust /bʌst/ I *n* poitrine *f*, buste *m*; (arrest) arrestation *f*. II☺ *adj* (broken) fichu☺; **to go ~** faire faillite. III☺ *vtr* (*prét*, *pp* **~/~ed**) bousiller☺.

bustle /ˈbʌsl/ I *n* affairement *m*; **hustle and ~** grande animation. II *vi* s'affairer.

bustling /ˈbʌslɪŋ/ *adj* animé.

bust-up☺ /ˈbʌstʌp/ *n* engueulade☺ *f*.

busy /ˈbɪzɪ/ *adj* [person, line] occupé; **that should keep them ~!** cela devrait les occuper!; [shop, road] très fréquenté; [street] animé; [day] chargé.

busybody☺ *n* **he's a real ~** il se mêle de tout.

busy lizzie *n* (flower) impatience *f*.

but /bʌt, bət/ I *adv* (only, just) **if I had ~ known** si seulement j'avais su; **I can ~ try** je peux toujours essayer. II *prep* sauf; **anybody ~ him** n'importe qui sauf lui; (in negative) **he's nothing ~ a coward** ce n'est qu'un lâche; **the last ~ one** l'avant-dernier. III **~ for** *prep phr* **~ for you, I would have died** sans toi je serais mort. IV *conj* mais.

butcher /ˈbʊtʃə(r)/ *n* boucher *m*; **~'s** (shop) boucherie *f*.

butler /ˈbʌtlə(r)/ *n* maître *m* d'hôtel.

butt /bʌt/ *n* (of rifle) crosse *f*; (of cigarette) mégot *m*; (buttocks)☺US derrière☺ *m*.

butter /ˈbʌtə(r)/ I *n* beurre *m*. II *vtr* beurrer.

buttercup *n* bouton d'or *m*.

butterfly *n* (*pl* **-ies**) papillon *m*.

buttermilk *n* babeurre *m*.

butterscotch *n* caramel *m*.

buttock /ˈbʌtək/ *n* fesse *f*.

button /ˈbʌtn/ I *n* bouton *m*; **to do up/undo a ~** boutonner/déboutonner un bouton. II *vi* [shirt] se boutonner.

• **button up**: boutonner.

buttonhole *n* boutonnière *f*; .

button mushroom *n* (petit) champignon *m* de Paris.

buy /baɪ/ I *n* achat *m*, acquisition *f*; **a good/bad ~** une bonne/mauvaise affaire. II *vtr* (*prét*, *pp* **bought**) acheter; **to ~ sth from sb** acheter qch à qn; (believe)☺

avaler☺, croire. III *v refl* **to ~ oneself sth** s'acheter qch.

buyer /ˈbaɪə(r)/ *n* acheteur/-euse *m/f*.

buzz /bʌz/ I *n* (of insect, conversation) bourdonnement *m*; FIG **to give sb a ~**☺ passer un coup de fil☺ à qn. II *vtr* **to ~**☺ **sb** appeler qn au bip, biper qn. III *vi* [bee, fly] bourdonner; [buzzer] sonner.
• **buzz off**☺: s'en aller; **~ off!** dégage☺!

buzzard /ˈbʌzəd/ *n* buse *f*.

buzzer /ˈbʌzə(r)/ *n* sonnerie *f*.

by /baɪ/ I *prep* (showing agent, result) par; **designed ~ an architect** conçu par un architecte; **who is it ~?** c'est de qui?; **he did it all ~ himself** il l'a fait tout seul; (through the means of) **~ bicycle** à vélo; **~ sight** de vue; **~ the hand** par la main; (according to) à, selon; **~ my watch it is...** à ma montre, il est...; **it's all right ~ me** ça me va; **to play ~ the rules** jouer selon les règles; (via, passing through) (en passant) par; **~ the back door** par la porte de derrière; (near, beside) à côté de, près de; **~ the bed** à côté du lit; (past) **to go/pass ~ sb** passer devant qn; (showing authorship) de; (before) avant; **~ next Thursday** avant jeudi prochain; **he ought to be here ~ now** il devrait être déjà là; (during) **~ night** de nuit; (degree) de; **prices have risen ~ 20%** les prix ont augmenté de 20%; **~ far** de loin; (measurements) **a room 5 m ~ 4 m** une pièce de 5 m sur 4; (rate) **to be paid ~ the hour** être payé à l'heure; **~ the dozen** à la douzaine; **little ~ little** peu à peu; **day ~ day** jour après jour. II *adv* (past) **to go ~** passer; **as time goes ~** avec le temps; (near) près; **close ~** tout près; **come ~ for a drink** passe prendre un verre.
• **~ and ~** bientôt, en peu de temps; **~ the ~** à propos.

bye☺ /baɪ/, **bye-bye**☺ *excl* au revoir!

by(e)-electionGB /ˈbaɪɪlekʃn/ *n* élection *f* partielle.

bygone /ˈbaɪgɒn/ *adj* d'antan.
• **to let ~s be ~s** enterrer le passé.

bypass /ˈbaɪpɑːs/ I *n* AUT rocade *f*; MÉD pontage *m*. II *vtr* (city) contourner; (issue, question) éviter.

bystander *n* passant *m*.

byte /baɪt/ *n* ORDINAT octet *m*.

C

c /siː/ *n* c *m*; *abrév écrite* = **(century) 19th c**, XIXe siècle; **c** *abrév écrite* = **(circa) c1890** vers 1890; **c** *abrév écrite* = **cent(s)**US.

C /siː/ *n* MUS do *m*, ut *m*; **C** *abrév* = **centigrade**.

cab /kæb/ *n* taxi *m*; (for driver) cabine *f*.

cabbage /ˈkæbɪdʒ/ *n* chou *m*.

cabin /ˈkæbɪn/ *n* cabane *f*; (in holiday camp) chalet *m*; NAUT, AVIAT cabine *f*.

cabinet /ˈkæbɪnɪt/ *n* petit placard *m*; (glass-fronted) vitrine *f*; POLGB cabinet *m*; **~ meeting** Conseil des ministres.

cabinetmaker *n* ébéniste *m*.

cabinet ministerGB *n* ministre *m*.

cable /ˈkeɪbl/ I *n* câble *m*. II *vtr* câbler.

cable car *n* téléphérique *m*.

cable television *n* télévision *f* par câble.

cacao *n* cacao *m*. **~ tree** cacaoyer *m*, cacaotier *m*.

cackle /ˈkækl/ *vi* ricaner.

cactus /ˈkæktəs/ *n* (*pl* **-ti**) cactus *m*.

cadet /kəˈdet/ *n* MIL élève *mf* officier.

cage /keɪdʒ/ I *n* cage *f*. II *vtr* mettre [qch] en cage.

cagey☺, **cagy**☺ /ˈkeɪdʒɪ/ *adj* astucieux/-ieuse; **to be ~ about doing** hésiter à faire.

cagouleGB /kəˈguːl/ *n* K-way® *m*.

cake /keɪk/ *n* gâteau *m*; **a ~ of soap** un savon.

• **it's a piece of ~**☺ c'est du gâteau☺; **you can't have your ~ and eat it** on ne peut pas avoir le beurre et l'argent du beurre.

calculate /ˈkælkjʊleɪt/ *vtr* calculer; (estimate) évaluer.

calculated /ˈkælkjʊleɪtɪd/ *adj* [crime] prémédité; [attempt] délibéré; [risk] calculé.

calculation /ˌkælkjʊˈleɪʃn/ *n* calcul *m*.

calculator /ˈkælkjʊleɪtə(r)/ *n* calculatrice *f*, calculette *f*.

calendar /ˈkælɪndə(r)/ *n* calendrier *m*; **~ year** année civile.

calf /kɑːf, kæfUS/ *n* (*pl* **calves**) veau *m*; (elephant) éléphanteau *m*; (of leg) mollet *m*.

call /kɔːl/ I *n* appel *m*; **~ for help** appel à l'aide; **to make a ~** téléphoner; **to give sb a ~** appeler qn; (visit) visite *f*; **to make/pay a ~** rendre visite; **to be on ~** être de garde. II *vtr* (number, lift) appeler; (flight) annoncer; (meeting) convoquer; **to ~ sb sth** traiter qn de qch. III *vi* appeler; **who's ~ing?** qui est à l'appareil?

• **call back**: (on phone) rappeler; (visit) repasser. • **call by**GB: passer. • **call for**: appeler; (demand) demander; (require) exiger; **this ~s for a celebration!** ça se fête! • **call in** (client, patient) faire entrer; (expert) faire appel à. • **call off**: annuler. • **call on**: passer voir; (appeal to) s'adresser à; (services) avoir recours à. • **call out**: appeler. • **call up**: (on phone) appeler; (soldier) appeler [qn] sous les drapeaux.

callbox *n* cabine *f* téléphonique.

caller /ˈkɔːlə(r)/ *n* TÉLÉCOM correspondant *m/f*; (visitor) visiteur/-euse *m/f*.

call-up *n* appel *m*; (of reservists) rappel *m*.

calm /kɑːm, kɑːlmUS/ I *n* tranquillité *f*, calme *m*. II *adj* calme; **keep ~!** du calme! III *vtr* calmer.

• **calm down**: se calmer; **~ down [sth/sb]** calmer.

calves /kɑːvz/ *npl* ▸ **calf**.

camcorder /ˈkæmkɔːdə(r)/ *n* caméscope® *m*.

came /keɪm/ *prét* ▸ **come**.

camel /ˈkæml/ *n* chameau/chamelle *m/f*.

camellia /kəˈmiːlɪə/ *n* camélia *m*.

camera /ˈkæmərə/ *n* PHOT appareil *m* photo; CIN, TV caméra *f*.

camp /kæmp/ I *n* camp *m*; (of nomads) campement *m*. II *vi* camper; **to go ~ing** faire du camping.

• **camp out**: camper.

campaign /kæmˈpeɪn/ I *n* campagne *f*. II *vi* faire campagne.

camper /ˈkæmpə(r)/ *n* campeur/-euse *m/f*; (car) camping-car *m*.

camping /ˈkæmpɪŋ/ *n* camping *m*.

campsite *n* (terrain de) camping *m*.

campus /ˈkæmpəs/ (*pl* **~es** /ˈkæmpəsɪz/) *n* campus *m*.

can[1] /kæn/ *modal aux* (*prét, conditional* **could**; *nég au prés* **cannot**, **can't**) pouvoir; **we ~ rent a house** nous pouvons louer une maison; **you can't have forgotten!** tu ne peux pas avoir oublié!; **it could be that...** il se peut que... (+ *subj*); **could be**☺ peut-être; **could I interrupt?** puis-je vous interrompre?; **~ I leave a message?** est-ce que je peux laisser un message?; **we could try** nous pourrions essayer; **who could it be?** qui est-ce que ça peut bien être?; **~ he type?** est-ce qu'il sait taper à la machine?; **~ you see it?** est-ce que tu le vois?

• **as happy as ~ be** très heureux.

can[2] /kæn/ I *n* (of food, drink) boîte *f*; (for petrol) bidon *m*. II **~ned** *pp adj* [food] en boîte; [laughter]☺ enregistré.

canary /kəˈneərɪ/ *n* canari *m*, serin *m*.

cancel /ˈkænsl/ (*p prés etc* **-ll-**, **-l-**US) *vtr* (meeting, trip) annuler; (contract) résilier; (cheque) faire opposition à; (stamp) oblitérer.

cancellation /ˌkænsəˈleɪʃn/ *n* annulation *f*; (of contract) résiliation *f*.

cancer /ˈkænsə(r)/ *n* cancer *m*.

Cancer /ˈkænsə(r)/ *n* (in zodiac) Cancer *m*; GÉOG **tropic of ~** tropique du Cancer.

candid /ˈkændɪd/ *adj* franc/franche; **~ camera** caméra invisible.

candidate /ˈkændɪdət, -deɪtUS/ *n* candidat/-e *m/f*.

candied /ˈkændɪd/ *adj* [fruit] confit.

candle /ˈkændl/ *n* bougie *f*; (in church) cierge *m*.

candlelight /ˈkændllaɪt/ *n* **by ~** [read] à la lueur d'une bougie; [dine] aux chandelles.

candyUS /ˈkændɪ/ *n* ¢ bonbon(s) *m(pl)*.

cane /keɪn/ *n* rotin *m*; (of sugar, bamboo) canne *f*; (for walking) canne *f*.

canister /ˈkænɪstə(r)/ *n* boîte *f* métallique.

cannon /ˈkænən/ *n* (*pl inv or* **~s**) canon *m*.

cannot /ˈkænɒt/ ▸ **can**[1].

canny /ˈkænɪ/ *adj* futé, malin/-igne.

canoe /kəˈnuː/ *n* canoë *m*; (African) pirogue *f*; SPORT canoë-kayak *m*.

canoeing /kəˈnuːɪŋ/ *n* **to go ~** faire du canoë-kayak.

can opener *n* ouvre-boîtes *m inv*.

can't /kɑːnt/ *abrév* ▸ **cannot**.

canteenGB /kænˈtiːn/ *n* cantine *f*.

canvas /ˈkænvəs/ *n* toile *f*.

canvass /ˈkænvəs/ *vtr* POL **to ~ voters** faire du démarchage électoral ; **to ~ for votes** solliciter les voix des électeurs; **to ~ opinion** sonder l'opinion.

cap /kæp/ *n* casquette *f*; (of nurse) coiffe *f*; (of pen, valve) capuchon *m*; (of bottle) capsule *f*.
• **to ~ it all** pour couronner le tout.

capable /ˈkeɪpəbl/ *adj* capable.

capacity /kəˈpæsətɪ/ *n* capacité *f*; (of box, bottle) contenance *f*; (role) **in my ~ as a doctor** en ma qualité de médecin.

cape /keɪp/ *n* cape *f*; (for child, policeman) pèlerine *f*; GÉOG promontoire *m*, cap *m*.

caper /ˈkeɪpə(r)/ *n* câpre *f*.

capital /ˈkæpɪtl/ **I** *n* (letter) majuscule *f*, capitale *f*; (wealth) ¢ capital *m*; (funds) capitaux *mpl*, capital *m*. **II** *adj* [offence, punishment, subject] capital; [letter] majuscule.

capitalist /ˈkæpɪtəlɪst/ *n, adj* capitaliste.

Capricorn /ˈkæprɪkɔːn/ *n* (in zodiac) Capricorne *m*; GÉOG **tropic of ~** tropique *m* du Capricorne.

capsize /kæpˈsaɪz, ˈkæpsaɪzUS/ **I** *vtr* faire chavirer. **II** *vi* chavirer.

captain /ˈkæptɪn/ **I** *n* capitaine *m*. **II** *vtr* (team) être le capitaine de.

caption /ˈkæpʃn/ *n* (under photo) légende *f*; TV, CIN sous-titre *m*.

captivate /ˈkæptɪveɪt/ *vtr* fasciner.

captive /ˈkæptɪv/ *n* captif/-ive *m/f*.

capture /ˈkæptʃə(r)/ **I** *n* capture *f*. **II** *vtr* prendre; (beauty) rendre; ORDINAT saisir.

car /kɑː(r)/ **I** *n* voiture *f*; RAIL wagon *m*. **II** *in compounds* [industry] automobile; [journey] en voiture; [accident] de voiture.

caravan /ˈkærəvæn/ *n* caravane *f*; (for circus) roulotte *f*.

carbonated /ˈkɑːbəneɪtɪd/ *adj* [drink] gazéifié.

car boot saleGB *n* brocante *f* (*d'objets apportés dans le coffre de sa voiture*).

card /kɑːd/ *n* carte *f*; **to play ~s** jouer aux cartes; (for indexing) fiche *f*.

cardboard /ˈkɑːdbɔːd/ *n* carton *m*.

cardigan /ˈkɑːdɪɡən/ *n* cardigan *m*, gilet *m*.

cardinal /ˈkɑːdɪnl/ I *n* cardinal *m*. II *adj* [sin] capital; [principle] fondamental; [number, point] cardinal.

card key *n* carte *f* magnétique.

cardphoneGB *n* téléphone *m* à carte.

care /keə(r)/ I *n* (attention) attention *f*, soin *m*; **to take ~ to do** prendre soin de faire; **to take ~ not to do** faire attention de ne pas faire; **handle with ~** fragile; (looking after) (of person, animal) soins *mpl*; (of car, plant, clothes) entretien *m*; **to take ~ of** (child, garden, details) s'occuper de; (patient) soigner; (car) prendre soin de; **to take ~ of oneself** se débrouiller tout seul; **take ~!** fais attention!; **~ of Mrs. Smith** (on letter) chez Mme Smith. II *vtr* (want) **would you ~ to sit down?** voulez-vous vous asseoir? III *vi* **he really ~s** il prend ça à cœur; **I don't ~!** ça m'est égal!; **I couldn't ~ less!** ça m'est complètement égal!; **who ~s?** qu'est-ce que ça peut faire?

• **care about**: s'intéresser à; **to ~ about sb** aimer qn. • **care for**: (like) aimer; **I don't ~ for chocolate** je n'aime pas le chocolat; **would you ~ for a drink?** voulez-vous boire quelque chose?; (skin, plant) prendre soin de.(child, animal) s'occuper de; (patient) soigner.

career /kəˈrɪə(r)/ *n* carrière *f*.

carefree /ˈkeəfriː/ *adj* insouciant.

careful /ˈkeəfl/ *adj* [person] prudent; [planning] minutieux/-ieuse; [research] méticuleux/-euse; **to be ~** faire attention.

carefully /ˈkeəfəlɪ/ *adv* [walk, drive] prudemment; **drive ~!** soyez prudent!; [write, organize, wash] avec soin; [listen, read, look] attentivement; **listen ~!** écoutez bien!

careless /ˈkeəlɪs/ *adj* [person] négligent, imprudent; [work] bâclé; [writing] négligé; **~ mistake** faute d'inattention; **to be ~ about sth/about doing** négliger qch/de faire.

caress /kəˈres/ I *n* caresse *f*. II *vtr* caresser.

caretakerGB /ˈkeəteɪkə(r)/ *n* gardien/-ienne *m/f*, concierge *mf*.

cargo /ˈkɑːɡəʊ/ *n* (*pl* **~es/~s**) cargaison *f*, chargement *m*.

caring /ˈkeərɪŋ/ *adj* [person] affectueux/-euse; [attitude] compréhensif/-ive; [society] humain.

carnation /kɑːˈneɪʃn/ *n* œillet *m*.

carnivalGB /ˈkɑːnɪvl/ *n* carnaval *m*.

carol /ˈkærəl/ *n* chant *m* de Noël.

carp /kɑːp/ *n* carpe *f*.

car parkGB *n* parc *m* de stationnement.

carpenter /ˈkɑːpəntə(r)/ *n* (joiner) menuisier *m*; (on building site) charpentier *m*.

carpentry /ˈkɑːpəntrɪ/ *n* menuiserie *f*.

carpet /ˈkɑːpɪt/ *n* (fitted) moquette *f*; (loose) tapis *m*.

• **to brush/sweep sth under the ~** enterrer/étouffer qch.

carriage /ˈkærɪdʒ/ *n* (ceremonial) carrosse *m*; (of train)GB wagon *m*; ¢ (of goods, passengers)GB transport *m*; **~ free** port *m* gratuit.

carrier /ˈkærɪə(r)/ *n* transporteur *m*; (airline) compagnie *f* aérienne; GB sac *m* (*en plastique*).

carrot /ˈkærət/ *n* carotte *f*.

carry /ˈkærɪ/ I *vtr* (bag, load, message) porter; **to ~ cash** avoir de l'argent sur soi; [vehicle] transporter; [wind, current] emporter; (contain) comporter; (bear) supporter; **to ~ a child** attendre un enfant; COMM avoir; **we ~ a wide range of** nous offrons un grand choix de. II *vi* [sound] porter.

• **carry on**: continuer; **to ~ on with sth** continuer qch; (correspondence) entretenir; (tradition) maintenir; (activity) poursuivre. • **carry out**: (experiment, reform, repairs) effectuer; (plan, orders) exécuter; (investigation, campaign) mener; (mission) accomplir; (duties) remplir; (promise) tenir.

• **carry through**: (reform, policy, task) mener [qch] à bien.

cart /kɑ:t/ I *n* charrette *f*; (in supermarket)[US] chariot *m*. II[☺] *vtr* trimballer[☺].

carton /ˈkɑ:tn/ *n* (small) boîte *f*; (of yoghurt, cream) pot *m*; (of juice, milk, ice cream) carton *m*; (of cigarettes) cartouche *f*.

cartoon /kɑ:ˈtu:n/ *n* CIN dessin *m* animé; (drawing) dessin *m* humoristique; (in comic) bande *f* dessinée.

cartridge /ˈkɑ:trɪdʒ/ *n* cartouche *f*.

carve /kɑ:v/ I *vtr* tailler, sculpter; **to ~ sth into** tailler qch en forme de; (initials, name) graver; CULIN découper. II *vi* découper.

carving /ˈkɑ:vɪŋ/ *n* sculpture *f*; **~ knife** couteau à découper.

car wash *n* lavage *m* automatique.

case[1] /keɪs/ I *n* GÉN cas *m*; JUR (trial) affaire *f*, procès *m*. II **in any ~** *adv phr* en tout cas, de toute façon. III **in ~** *conj phr* au cas où (+ *conditional*); **in ~ it rains** au cas où il pleuvrait; **take the map just in ~** prends le plan au cas où. IV **in ~ of** *prep phr* en cas de.

case[2] /keɪs/ *n* (suitcase) valise *f*; (crate, chest) caisse *f*; (for spectacles) étui *m*; (for jewels) écrin *m*.

cash /kæʃ/ I *n* (money in general) argent *m*; (notes and coin) argent *m* liquide; **to pay in** payer en espèces; (immediate payment) comptant *m*. II *in compounds* [transaction] au comptant; [deposit] d'espèces. III *vtr* (cheque) encaisser.

cash-and-carry *n* libre-service *m* de vente en gros.

cash dispenser *n* distributeur *m* automatique de billets de banque, billetterie *f*.

cashew /ˈkæʃu:/ *n* (plant) cajou *m*.

cashier /kæˈʃɪə(r)/ *n* caissier/-ière *m/f*.

casino /kəˈsi:nəʊ/ *n* casino *m*.

cassava /kəˈsɑ:və/ *n* manioc *m*.

casserole /ˈkæsərəʊl/ *n* (container) cocotte *f*; (food)[GB] ragoût *m*.

cassette /kəˈset/ *n* cassette *f*.

cassette player *n* lecteur *m* de cassettes.

cassette recorder *n* magnétophone *m* à cassettes.

cast /kɑ:st, kæst[US]/ I *n* (list of actors) distribution *f*; (actors) acteurs *mpl*; (in play, novel) **~ of characters** liste des personnages; MÉD plâtre *m*; (moulded object) moulage *m*. II *vtr* (*prét*, *pp* **cast**) jeter, lancer; **to ~ a spell on** jeter un sort à; (light, shadow) projeter; **to ~ one's mind back over sth** se remémorer qch; CIN, THÉÂT, TV distribuer les rôles de; (leaves, feathers) se dépouiller de; ART (bronze) couler; POL **to ~ one's vote** voter.

• **cast off**: (chains) se libérer de.

castanets /ˌkæstəˈnets/ *npl* castagnettes *fpl*.

caster sugar[GB] *n* sucre *m* semoule.

casting /ˈkɑ:stɪŋ, ˈkæst-[US]/ *n* distribution *f*.

cast iron *n* fonte *f*.

castle /ˈkɑ:sl, ˈkæsl[US]/ *n* château *m*.

casual /ˈkæʒʊəl/ *adj* (informal) décontracté; [acquaintance] de passage; [remark, assumption] désinvolte; [glance, onlooker] superficiel/-elle; [encounter] fortuit; [worker, labour] temporaire.

casually /ˈkæʒʊəlɪ/ *adv* [inquire, remark] d'un air détaché; [stroll, greet] nonchalamment; [glance] superficiellement; [dressed] simplement; [employed] temporairement.

casualty /ˈkæʒʊəltɪ/ I *n* (person) victime *f*; (part of hospital)[GB] (service des) urgences. II **casualties** *npl* (soldiers) pertes *fpl*; (civilians) victimes *fpl*.

cat /kæt/ *n* chat, chatte *m/f*.

• **to fight like ~ and dog** se battre comme des chiffonniers; **to let the ~ out of the bag** vendre la mèche; **to rain ~s and dogs** pleuvoir des cordes.

CAT *n* ORDINAT *abrév* = **(computer-assisted teaching)** enseignement assisté par ordinateur; *abrév* = **(computer-assisted training)** formation assistée par ordinateur.

catalogue, catalogUS /ˈkætəlɒg, -lɔːgUS/ I *n* catalogue *m*. II *vtr* cataloguer.

catastrophe /kəˈtæstrəfɪ/ *n* catastrophe *f*.

catch /kætʃ/ I *n* (on window, door) fermeture *f*; (drawback) piège *m*; (fish) pêche *f*. II *vtr* (*prét*, *pp* **caught**) attraper; **to be/get caught** se faire prendre; **we got caught in the rain** nous avons été surpris par la pluie; (hear) saisir, comprendre; (see) surprendre; **to ~ one's breath** retenir son souffle; **to ~ fire/light** prendre feu.
• **you'll ~ it**©**!** tu vas en prendre une©!
• **catch on**: (become popular) devenir populaire; (understand) comprendre, saisir. • **catch out**GB: ~ [sb] **out** (surprise) prendre [qn] de court; (trick) attraper, jouer un tour à. • **catch up**: **to ~ up on/with** rattraper; **to get caught up in** se laisser prendre par.

catch-22 situation *n* situation *f* inextricable.

catching /ˈkætʃɪŋ/ *adj* contagieux/-ieuse.

catchy /ˈkætʃɪ/ *adj* entraînant.

categorize /ˈkætəgəraɪz/ *vtr* classer.

category /ˈkætəgərɪ, -gɔːrɪUS/ *n* catégorie *f*.

cater /ˈkeɪtə(r)/ *vi* organiser des réceptions; **to ~ for**GB**/to**US (accommodate) accueillir; [newspaper, programme] s'adresser à; **to ~ to** (taste) satisfaire.

caterer /ˈkeɪtərə(r)/ *n* traiteur *m*.

caterpillar /ˈkætəpɪlə(r)/ *n* chenille *f*.

cathedral /kəˈθiːdrəl/ *n* cathédrale *f*.

catholic /ˈkæθəlɪk/ *adj* éclectique.

Catholic /ˈkæθəlɪk/ *n*, *adj* catholique (*mf*).

catkin /ˈkætkɪn/ *n* (flower) chaton *m*.

catsupUS /ˈkætsəp/ *n* ketchup *m*.

cattle /ˈkætl/ *n* (*pl*) bovins *mpl*.

catwalk /ˈkætwɔːk/ *n* passerelle *f*; (at fashion show) podium *m*.

caucus /ˈkɔːkəs/ *n* (*pl* **-es**) réunion *f* des instances dirigeantes.

caught /kɔːt/ *prét*, *pp* ▸ **catch**.

cauliflower /ˈkɒlɪflaʊə(r), ˈkɔːlɪ-US/ *n* chou-fleur *m*.

cause /kɔːz/ I *n* cause *f*, raison *f*; **to have ~ to do** avoir des raisons de faire; **with good ~** à juste titre; **without good ~** sans motif valable. II *vtr* causer, occasionner; **to ~ sb problems** causer des problèmes à qn; **to ~ sb to leave** faire partir qn.

causeway /ˈkɔːzweɪ/ *n* chaussée *f* (*vers une île*).

caution /ˈkɔːʃn/ I *n* prudence *f*; **a word of ~** un petit conseil. II *vtr* avertir; **to ~ sb against/about** mettre qn en garde contre.

cautious /ˈkɔːʃəs/ *adj* prudent; **to be ~ about doing** ne pas aimer faire.

cautiously /ˈkɔːʃəslɪ/ *adv* prudemment.

cavalry /ˈkævlrɪ/ *n* cavalerie *f*.

cave /keɪv/ *n* grotte *f*.
• **cave in**: s'effondrer.

caveat /ˈkævɪæt, ˈkeɪvɪætUS/ *n* mise *f* en garde.

cayman /ˈkeɪmən/ *n* caïman *m*.

CB *abrév* = **(Citizens' Band)** *n* bande *f* CB.

cc *n abrév* = **(cubic centimetre**GB**)** cm^3.

CD *n abrév* = **(compact disc**GB**/disk**US**)** (disque) compact *m*.

CDI *n abrév* = **(compact disc**GB **interactive)** CD-I *m*, disque *m* compact interactif.

CD player *n* lecteur *m* de disques.

CD-ROM /ˌsiːdiːˈrɒm/ *n* CD-ROM *m*, cédérom *m*.

cease /siːs/ *vtr*, *vi* cesser.

cease-fire /ˈsiːsfaɪə(r)/ *n* cessez-le-feu *m inv*.

cedar /ˈsiːdə(r)/ *n* cèdre *m*.
ceiling /ˈsiːlɪŋ/ *n* plafond *m*.
• **to hit the ~**[US] sortir de ses gonds.
celebrate /ˈselɪbreɪt/ I *vtr* (occasion) fêter; (rite) célébrer. II *vi* faire la fête; **let's ~!** il faut fêter ça!
celebration /ˌselɪˈbreɪʃn/ *n* célébration *f*; (party) fête *f*.
celebrity /sɪˈlebrətɪ/ *n* célébrité *f*.
celery /ˈselərɪ/ *n* céleri *m*.
cell /sel/ *n* cellule *f*; ÉLEC élément *m*.
cellar /ˈselə(r)/ *n* cave *f*.
cellist /ˈtʃelɪst/ *n* violoncelliste *mf*.
cello /ˈtʃeləʊ/ *n* violoncelle *m*.
cellphone /ˈselfəʊn/ *n* téléphone *m* portable.
cement /sɪˈment/ *n* ciment *m*.
cemetery /ˈsemətrɪ, -terɪ[US]/ *n* cimetière *m*.
censor /ˈsensə(r)/ I *n* censeur *m*. II *vtr* censurer.
cent /sent/ *n* cent *m*; **I haven't got a ~** je n'ai pas un sou.
centenary /senˈtiːnərɪ/ *n* centenaire *m*.
centennial[US] /senˈtenɪəl/ *n* centenaire *m*.
center[US] *n* ► **centre**.
centigrade /ˈsentɪgreɪd/ *adj* **in degrees ~** en degrés Celsius.
centimetre[GB], **centimeter**[US] /ˈsentɪmiːtə(r)/ *n* centimètre *m*.
central /ˈsentrəl/ *adj* central; **~ London** le centre de Londres.
centre[GB], **center**[US] /ˈsentə(r)/ I *n* GÉN centre *m*; **business ~** quartier des affaires; **shopping/sports/leisure ~** centre commercial/sportif/de loisirs. II *vtr, vi* centrer.
• **centre**[GB] **around**, **centre**[GB] **on**: se concentrer sur.
century /ˈsentʃərɪ/ *n* siècle *m*; **half a ~** un demi-siècle.
cereal /ˈsɪərɪəl/ *n* céréale *f*; **breakfast ~** céréales pour le petit déjeuner.
ceremony /ˈserɪmənɪ, -məʊnɪ[US]/ *n* cérémonie *f*; **to stand on ~** faire des cérémonies.
certain /ˈsɜːtn/ I *pron* certains. II *adj* certain, sûr; **I'm ~ of it/that** j'en suis certain/sûr; **to make ~ of** s'assurer de; **to make ~ to do** faire bien attention de faire; **to make ~ that** vérifier que; **I can't say for ~** je ne sais pas au juste; **~ people** certains; **to a ~ extent/degree** dans une certaine mesure.
certainly /ˈsɜːtnlɪ/ *adv* certainement; **~ not!** certainement pas!; **he ~ succeeded** IRON c'est sûr qu'il a réussi.
certainty /ˈsɜːtntɪ/ *n* certitude *f*.
certificate /səˈtɪfɪkət/ *n* certificat *m*; (more advanced) diplôme *m*; (of birth, etc) acte *m*.
certify /ˈsɜːtɪfaɪ/ I *vtr* certifier, constater; (authenticate) authentifier. II **certified** *pp adj* qualifié.
chaffinch /ˈtʃæfɪntʃ/ *n* pinson *m*.
chain /tʃeɪn/ I *n* GÉN chaîne *f*; (of ideas) enchaînement *m*; (of events) série *f*. II *vtr* enchaîner; **to ~ sth to sth** attacher qch à qch avec une chaîne.
chair /tʃeə(r)/ I *n* chaise *f*; (upholstered) fauteuil *m*; (person) président/-e *m/f*; (professorship) chaire *f*. II *vtr* (meeting) présider.
chairman *n* président/-e *m/f*; **Madam Chairman** madame la Présidente.
chairperson *n* président/-e *m/f*.
chairwoman *n* présidente *f*.
chalk /tʃɔːk/ I *n* craie *f*; **a piece of ~** un bâton de craie. II *vtr* écrire [qch] à la craie.
• **white as ~** blanc comme un linge.
challenge /ˈtʃælɪndʒ/ I *n* (provocation) défi *m*; **to issue a ~** lancer un défi; (difficulty) épreuve *f*; **to face a ~** affronter une épreuve; SPORT attaque *f*. II *vtr* **to ~ sb**

to do sth défier qn de faire qch; (statement, authority) contester.

challenging /ˈtʃælɪndʒɪŋ/ *adj* stimulant; **a ~ work** un travail difficile mais motivant.

chamberGB /ˈtʃeɪmbə(r)/ *n* chambre *f*; **council ~** salle de réunion; **the upper/lower ~**GB POL la Chambre des lords/des communes.

chameleon /kəˈmiːlɪən/ *n* caméléon *m*.

champion /ˈtʃæmpɪən/ I *n* champion/-ionne *m/f*. II *vtr* se faire le champion de.

championship /ˈtʃæmpɪənʃɪp/ *n* championnat *m*.

chance /tʃɑːns, tʃænsUS/ I *n* (opportunity) occasion *f*; **to have/get the ~ to do** avoir l'occasion de faire; (possibility) chance *f*; **the ~s are that** il y a de grandes chances que; (luck) hasard *m*; **by (any) ~** par hasard; (risk) risque *m*. II *in compounds* [encounter, occurrence] fortuit; [discovery] accidentel/-elle. III *vtr* (risk) **to ~ doing** courir le risque de faire; (happen to do) **I ~d to see it** je l'ai vu par hasard.

• **no ~**☺**!** pas question☺!

chancellor /ˈtʃɑːnsələ(r), ˈtʃæns-US/ *n* (head of government) chancelier *m*; UNIV ≈ président honoraire.

Chancellor of the ExchequerGB *n* POL Chancelier *m* de l'Échiquier (≈ ministre des finances).

change /tʃeɪndʒ/ I *n* changement *m*; **to make a ~ in sth** changer qch; **for a ~** pour changer; (adjustment) modification *f*; (cash) monnaie *f*; **small ~** petite monnaie; (on machine) **no ~ given** ne rend pas la monnaie; **exact ~ please** faites l'appoint, s'il vous plaît. II *vtr* changer; **to ~ X into Y** transformer X en Y; **to ~ one's mind** changer d'avis; **to ~ sb's mind** faire changer qn d'avis; (vary) modifier; (exchange, switch) GÉN changer de; (in shop) échanger; (currency) changer. III *vi* changer; [wind] tourner.

channel /ˈtʃænl/ I *n* canal *m*; (navigable water) chenal *m*; FIG **legal ~s** voie légale; TV chaîne *f*; **to change ~s** changer de chaîne. II *vtr* (*p prés etc* **-ll-**, **-l-**US) canaliser.

Channel /ˈtʃænl/ *pr n* **the ~** la Manche.

chant /tʃɑːnt, tʃæntUS/ I *n* hymne *m*. II *vtr, vi* (slogan) scander; (psalm) chanter.

chaos /ˈkeɪɒs/ *n* chaos *m*; (on roads, at work) pagaille☺ *f*; (political) désordre *m*.

chaotic /keɪˈɒtɪk/ *adj* désordonné; **it's absolutely ~**☺ c'est la pagaille☺.

chap☺GB /tʃæp/ *n* type☺ *m*; **old ~** mon vieux.

chapel /ˈtʃæpl/ *n* chapelle *f*.

chaplain /ˈtʃæplɪn/ *n* aumônier *m*.

chapter /ˈtʃæptə(r)/ *n* chapitre *m*.

char /tʃɑː(r)/ I☺GB *n* femme *f* de ménage. II *vi* (*p prés etc* **-rr-**) (se) carboniser.

character /ˈkærəktə(r)/ *n* caractère *m*; LITTÉRAT personnage *m*; (person) individu *m*.

characteristic /ˌkærəktəˈrɪstɪk/ I *n* (of person) trait *m* de caractère; (of place, work) caractéristique *f*. II *adj* caractéristique.

characterize /ˈkærəktəraɪz/ *vtr* **to be ~d by** se caractériser par.

charcoal /ˈtʃɑːkəʊl/ *n* charbon *m* de bois; ART fusain *m*.

charge /tʃɑːdʒ/ I *n* (fee) frais *mpl*; **free of ~** gratuitement; **at no extra ~** sans supplément; JUR accusation *f*; **to drop (the) ~s** abandonner les poursuites; MIL charge *f*; (control) **in ~** responsable. II *vtr* COMM faire payer; **how much do you ~?** vous prenez combien?; (pay on account) **to ~ sth to** (account) mettre qch sur; (accuse) accuser; (run) se précipiter; ÉLEC charger. III *vi* **~!** à l'attaque!

charitable /ˈtʃærɪtəbl/ *adj* charitable; [organization] caritatif/-ive.

charity /ˈtʃærətɪ/ I *n* charité *f*; **out of ~** par charité; (individual organization) organisation *f* caritative; **to give to ~** donner à des œuvres de bienfaisance; **to refuse ~** refuser l'aumône *f*. II *in compounds* [sale, event] au profit d'œuvres de bienfaisance.

charm /tʃɑːm/ I *n* charme *m*; (jewellery) amulette *f*; **lucky ~** porte-bonheur *m inv*. II *vtr* charmer.
• **to work like a ~** faire merveille.

charming /ˈtʃɑːmɪŋ/ *adj* charmant, adorable.

chart /tʃɑːt/ *n* tableau *m*; (map) carte *f*.

charter /ˈtʃɑːtə(r)/ I *n* charte *f*; (plane) charter *m*. II *vtr* affréter.

chase /tʃeɪs/ I *n* poursuite *f*. II *vtr* pourchasser; FIG courir après.

chat /tʃæt/ I *n* conversation *f*; **to have a ~** bavarder. II *vi* (*p prés etc* **-tt**) bavarder.

chatter /ˈtʃætə(r)/ I *n* bavardage *m*; (of crowd) bourdonnement *m*. II *vi* bavarder; **his teeth were ~ing** il claquait des dents.

chauffeur /ˈʃəʊfə(r), ʃəʊˈfɜːr[US]/ *n* chauffeur *m*.

cheap /tʃiːp/ I *adj* bon marché *inv*; **to be ~** être bon marché, ne pas coûter cher *inv*; (of poor quality) de mauvaise qualité; (mean) [trick, liar] sale (*before n*). II[☺] *adv* [buy, get] pour rien. III **on the ~** *adv phr* [buy, sell] au rabais.

cheaply /ˈtʃiːplɪ/ *adv* à bas prix.

cheap rate *adj*, *adv* à tarif réduit.

cheat /tʃiːt/ I *n* tricheur/-euse *m/f*. II *vtr* tromper; **to ~ in** (exam) tricher à; **to ~ at cards** tricher aux cartes. III *vi* tricher.

check /tʃek/ I *n* contrôle *m*; **to give sth a ~** vérifier qch; **eye ~** examen des yeux; (in chess) **in ~** en échec; (fabric) tissu *m* à carreaux; (cheque)[US] chèque *m*; (bill)[US] addition *f*; **to pick up the ~** payer l'addition. II *in compounds* [fabric, garment] à carreaux. III *vtr* vérifier; (inspect) examiner; (register)[US] (baggage) enregistrer; (tick)[US] cocher. IV *excl* (in chess) **~!** échec au roi!
• **check in**: (at airport) enregistrer; (at hotel) remplir la fiche; (baggage, passengers) enregistrer. • **check off**: (items) cocher. • **check out**: vérifier; (leave) partir. • **check up**: vérifier.

checkbook[US] *n* chéquier *m*.

checked *pp adj* [fabric] à carreaux.

checkers /ˈtʃekə(r)/ *npl* jeu *m* de dames; **to play ~s** jouer aux dames.

check-in *n* enregistrement *m*.

checklist *n* liste *f* de contrôle.

checkout *n* caisse *f*.

checkup *n* bilan *m* médical.

cheek /tʃiːk/ *n* joue *f*; **~ to ~** joue contre joue; (impudence) culot[☺] *m*.

cheeky /ˈtʃiːkɪ/ *adj* effronté, insolent.

cheer /ˈtʃɪə(r)/ I *n* acclamation *f*. II **~s** *excl* (toast) à la vôtre[☺]!; (thanks)[☺GB] merci!; (goodbye)[☺GB] salut! III *vtr*, *vi* applaudir.
• **cheer up**: reprendre courage; **~ up!** courage!(person) remonter le moral à; (sth) égayer.

cheerful /ˈtʃɪəfl/ *adj* joyeux/-euse, gai; **to be ~ about** se réjouir de.

cheerio[☺GB] /ˌtʃɪərɪˈəʊ/ *excl* salut[☺].

cheese /tʃiːz/ *n* fromage *m*.
• **they are as different as chalk and ~**[GB] c'est le jour et la nuit; **say ~!** (for photo) souriez!

cheetah /ˈtʃiːtə/ *n* guépard *m*.

chef /ʃef/ *n* chef *m* cuisinier.

chemical /ˈkemɪkl/ I *n* produit *m* chimique. II *adj* chimique.

chemist /ˈkemɪst/ *n* (person)[GB] pharmacien/-ienne *m/f*; **~'s (shop)** pharmacie *f*; (scientist) chimiste *mf*.

chemistry /ˈkemɪstrɪ/ *n* chimie *f*.

cheque[GB] /tʃek/ *n* chèque *m*.
• **to give sb a blank ~** donner carte blanche à qn.

chequebook[GB] *n* chéquier *m*.

chequered[GB] /ˈtʃekəd/ *adj* à carreaux.

cherish /ˈtʃerɪʃ/ *vtr* (memory, idea) chérir; (hope) caresser.

cherry /ˈtʃerɪ/ *n* (fruit) cerise *f*; (tree) cerisier *m*.

chervil /ˈtʃɜːvɪl/ *n* cerfeuil *m*.

chess /tʃes/ *n* échecs *mpl*; **a game of ~** une partie d'échecs.

chest /tʃest/ *n* poitrine *f*; (furniture) coffre *m*; (crate) caisse *f*.
• **to get something off one's ~**☺ vider son sac☺.

chestnut /ˈtʃesnʌt/ I *n* (tree) **horse ~** marronnier *m*; **sweet ~** châtaignier *m*; (fruit) marron *m*, châtaigne *f*. II *adj* [hair] châtain *inv*; [horse] alezan.

chest of drawers *n* commode *f*.

chew /tʃuː/ *vtr, vi* mâcher.

chicken /ˈtʃɪkɪn/ *n* poulet *m*; (coward)☺ poule *f* mouillée.

chicken pox *n* varicelle *f*.

chicory /ˈtʃɪkərɪ/ *n* (salad) endive *f*; (substitute for coffee) chicorée *f*.

chief /tʃiːf/ I *n* chef *m*. II *adj* (primary) principal; (highest in rank) en chef.

chiefly /ˈtʃiːflɪ/ *adv* notamment, surtout.

child /tʃaɪld/ *n* (*pl* **children**) enfant *mf*.

childhood /ˈtʃaɪldhʊd/ *n* enfance *f*.

childish /ˈtʃaɪldɪʃ/ *adj* d'enfant; PÉJ puéril.

children /ˈtʃɪldrən/ *pl* ► **child**.

chill /tʃɪl/ I *n* fraîcheur *f*; **there is a ~ in the air** le fond de l'air est frais; (illness) coup *m* de froid; (shiver) frisson *m*. II *adj* frais/fraîche. III *vtr* mettre [qch] à refroidir; (wine) rafraîchir; (meat) réfrigérer. IV **~ed** *pp adj* [person] transi; [wine] bien frais; [food] réfrigéré.

chilli, **chili** /ˈtʃɪlɪ/ *n* chili *m*, piment *m* rouge; (dish) chili *m* con carne.

chilling /ˈtʃɪlɪŋ/ *adj* effrayant.

chilly /ˈtʃɪlɪ/ *adj* froid; **it's ~** il fait froid.

chimney /ˈtʃɪmnɪ/ *n* cheminée *f*; **in the ~ corner** au coin du feu.

chimpanzee /ˌtʃɪmpənˈziː, ˌtʃɪmpænˈziː/ *n* chimpanzé *m*.

chin /tʃɪn/ *n* menton *m*.

china /ˈtʃaɪnə/ I ¢ *n* porcelaine *f*. II *adj* en porcelaine.

China /ˈtʃaɪnə/ *pr n* Chine *f*.
• **not for all the tea in ~** pour rien au monde.

Chinese /tʃaɪˈniːz/ I *n* (person) Chinois/-oise *m/f*; (language) chinois *m*. II *adj* chinois.

chink /tʃɪŋk/ *n* fente *f*.

chip /tʃɪp/ I *n* GÉN fragment *m*; (of wood) copeau *m*; (in china, glass) ébréchure *f*; (fried potato)GB frite *f*; (potato crisp)US chips *f inv*; ORDINAT puce *f* (électronique); (in gambling) jeton *m*. II *vtr* (*p prés etc* **-pp-**) (glass, plate) ébrécher; (paint) écailler; **to ~ a tooth** se casser une dent.

chippingsGB /ˈtʃɪpɪŋz/ *npl* gravillons *mpl*.

chisel /ˈtʃɪzl/ I *n* ciseau *m*. II *vtr* (*p prés etc* **-ll-**GB, **-l-**US) ciseler.

chitchat☺ /ˈtʃɪttʃæt/ *n* bavardage *m*.

chivalry /ˈʃɪvəlrɪ/ *n* ¢ chevalerie *f*; (courtesy) galanterie *f*.

chive /tʃaɪv/ *n* (*gén pl*) ciboulette *f*.

chlorine /ˈklɔːriːn/ *n* chlore *m*.

choc-iceGB /ˈtsɒkaɪs/ *n* esquimau *m*.

chock-a-block /ˌtʃɒkəˈblɒk/ *adj* plein à craquer.

chocolate /ˈtʃɒklət/ *n* chocolat *m*.

choice /tʃɔɪs/ I *n* choix *m*; **to make a ~** faire un choix, choisir. II *adj* [food, steak] de choix; [example] bien choisi.

choir /ˈkwaɪə(r)/ *n* chœur *m*; (group) chorale *f*.

choke /tʃəʊk/ I *n* AUT starter *m*. II *vtr* étouffer; (block) boucher. III *vi* s'étouffer; **to be choking with rage** étouffer de rage.

choose /tʃuːz/ *vtr* (*prét* **chose**; *pp* **chosen**) choisir; **whenever you ~** quand tu voudras.

choosy /ˈtʃu:zɪ/ *adj* difficile.

chop /tʃɒp/ **I** *n* côtelette *f*. **II ~s**☺ *npl* gueule☹ *f*; **to lick one's ~s** se lécher les babines. **III** *vtr* (*p prés etc* **-pp-**) couper; (vegetable, meat) émincer; (parsley, onion) hacher.

• chop down: abattre. **• chop up**: couper en morceaux.

chopper /ˈtʃɒpə(r)/ *n* hachoir *m*; (helicopter)☺ hélico☺ *m*.

chopsticks /ˈtʃɒpstɪk/ *npl* baguettes *fpl* (chinoises).

chord /kɔ:d/ *n* MUS accord *m*; FIG écho *m*.

chore /tʃɔ:(r)/ *n* tâche *f*; **to do the ~s** faire le ménage; (unpleasant) corvée *f*.

chorus /ˈkɔ:rəs/ *n* chœur *m*; (refrain) refrain *m*; (dancers) troupe *f*.

chose, chosen ▸ **choose**.

chowderUS /ˈtʃaudə(r)/ *n* : *soupe épaisse*.

Christ /kraɪst/ *n* le Christ, Jésus-Christ.

christen /ˈkrɪsn/ *vtr* baptiser.

Christian /ˈkrɪstʃən/ *n*, *adj* chrétien/-ienne *m/f*, *adj*; **~ name** prénom *m*.

Christmas /ˈkrɪsməs/ **I** *n* Noël *m*; **Merry ~, Happy ~!** Joyeux Noël! **II** *in compounds* [cake, card, present] de Noël.

chronic /ˈkrɒnɪk/ *adj* chronique; [liar] invétéré.

chronicle /ˈkrɒnɪkl/ *n* chronique *f*.

chronological /ˌkrɒnəˈlɒdʒɪkl/ *adj* chronologique.

chrysalis /ˈkrɪsəlɪs/ *n* chrysalide *f*.

chrysanthemum /krɪˈsænθəməm/ *n* chrysanthème *m*.

chuck☺ /tʃʌk/ *vtr* (throw) balancer☺, jeter; (job) laisser tomber.

chuckle /ˈtʃʌkl/ **I** *n* gloussement *m*, petit rire *m*. **II** *vi* **to ~ with pleasure** glousser/rire de plaisir.

chum☺† /tʃʌm/ *n* copain/copine☺ *m/f*.

chunk /tʃʌŋk/ *n* morceau *m*.

chunky /ˈtʃʌŋkɪ/ *adj* gros/grosse.

church /tʃɜ:tʃ/ *n* (Catholic, Anglican) église *f*; (Protestant) temple *m*; **to go to ~** (Catholic) aller à la messe; (generally) aller à l'office.

churchyard /ˈtʃɜ:tʃjɑ:d/ *n* cimetière *m*.

chutney /ˈtʃʌtnɪ/ *n* : *condiment aigre-doux*.

cicada /sɪˈkɑ:də, -ˈkeɪdəUS/ *n* cigale *f*.

cider /ˈsaɪdə(r)/ *n* cidre *m*.

cigar /sɪˈgɑ:(r)/ *n* cigare *m*.

cigarette /ˌsɪgəˈret, ˈsɪgərətUS/ *n* cigarette *f*.

Cinderella /ˌsɪndəˈrelə/ *pr n* Cendrillon.

cinema /ˈsɪnəmɑ:, ˈsɪnəmə/ *n* cinéma *m*.

cinnamon /ˈsɪnəmən/ *n* cannelle *f*; (tree) cannelier *m*.

circa /ˈsɜ:kə/ *prep* environ.

circle /ˈsɜ:kl/ **I** *n* GÉN cercle *m*; (of fabric, paper) rond *m*; **to have ~s under one's eyes** avoir les yeux cernés; (group) cercle *m*, groupe *m*; THÉÂT balcon *m*. **II** *vtr* tourner autour de; (surround) encercler. **III** *vi* tourner en rond (autour de).

circuit /ˈsɜ:kɪt/ *n* circuit *m*.

circular /ˈsɜ:kjulə(r)/ *n*, *adj* circulaire *f*, *adj*.

circulate /ˈsɜ:kjuleɪt/ **I** *vtr* faire circuler. **II** *vi* circuler.

circulation /ˌsɜ:kjuˈleɪʃn/ *n* circulation *f*; (of newspaper) tirage *m*.

circumcised /ˈsɜ:kəmsaɪz/ *pp adj* circoncis.

circumstance /ˈsɜ:kəmstəns/ *n* circonstance *f*; **in/under the ~s** dans ces circonstances; **under no ~s** en aucun cas.

circus /ˈsɜ:kəs/ *n* cirque *m*.

cite /saɪt/ *vtr* citer.

citizen /ˈsɪtɪzn/ *n* citoyen/-enne *m/f*; (when abroad) ressortissant/-e *m/f*; (of town) habitant/-e *m/f*.

Citizens' Band, **CB** *n* RADIO citizens' band *f*, CB *f*.

citizenship *n* nationalité *f*.

citrus fruit *n* agrume *m*.

city /ˈsɪtɪ/ *n* (grande) ville *f*; ~ **life** la vie citadine; **the City**[GB] la City (*centre des affaires à Londres*).

city council *n* conseil *m* municipal.

civic /ˈsɪvɪk/ *adj* [administration, centre, official] municipal; [rights] civique.

civil /ˈsɪvl/ *adj* civil; (polite) courtois.

civilian /sɪˈvɪlɪən/ *n, adj* civil/-e *(m/f)*.

civilization /ˌsɪvəlaɪˈzeɪʃn, -əlɪˈz-[US]/ *n* civilisation *f*.

civilized /ˈsɪvəlaɪzd/ *adj* civilisé; **to become** ~ se civiliser.

civil servant *n* fonctionnaire *mf*.

civil service *n* fonction *f* publique.

claim /kleɪm/ **I** *n* revendication *f*; **to lay ~ to** revendiquer; (protest) réclamation *f*; **to make/put in a ~** faire une demande d'indemnisation; (assertion) affirmation *f*. **II** *vtr* (assert) prétendre; (assert right to) revendiquer; (apply for) faire une demande de remboursement de.

clam /klæm/ *n* palourde *f*.

clamber /ˈklæmbə(r)/ *vi* **to ~ over** escalader.

clamour[GB], **clamor**[US] /ˈklæmə(r)/ **I** *n* clameur *f*; (protest) réclamations *fpl*. **II** *vi* **to ~ for sth** réclamer qch.

clamp /klæmp/ **I** *n* pince *f*; AUT sabot *m* de Denver. **II** *vtr* serrer.

• **clamp down**: prendre des mesures (contre).

clan /klæn/ *n* clan *m*.

clang /klæŋ/ *n* bruit *m* métallique.

clap /klæp/ **I** *n* (applause) applaudissements *mpl*; **to give sb a ~** applaudir qn; (slap) tape *f*. **II** *vtr* (*p prés etc* **-pp-**) (applaud) applaudir; **to ~ one's hands** frapper dans ses mains; **to ~ sb (on the back)** donner une tape à qn (dans le dos). **III** *vi* applaudir.

claret /ˈklærət/ *n* (wine) bordeaux *m* (rouge).

clarify /ˈklærɪfaɪ/ *vtr* éclaircir, clarifier.

clarinet /ˌklærəˈnet/ *n* clarinette *f*.

clash /klæʃ/ **I** *n* affrontement *m*; (disagreement) querelle *f*; (contradiction) conflit *m*. **II** *vi* s'affronter; **to ~ with sb** se quereller avec qn; [meetings] avoir lieu en même temps; [colours] jurer.

clasp /klɑːsp, klæsp[US]/ **I** *n* (on bracelet, bag) fermoir *m*; (on belt) boucle *f*. **II** *vtr* étreindre; **he ~ed her hand** il lui a serré la main.

class /klɑːs, klæs[US]/ **I** *n* classe *f*; (lesson) cours *m*; **in ~** en cours/classe; **a first-~ seat** une place de première classe; UNIV[GB] **a first-/second-~ degree** ≈ licence avec mention très bien/bien. **II** *vtr* classer; **to ~ oneself as** se considérer comme.

classic /ˈklæsɪk/ *n, adj* classique *m, adj*.

classical /ˈklæsɪkl/ *adj* classique.

classified /ˈklæsɪfaɪd/ **I** *n* ~ **(ad)** *n* petite annonce *f*. **II** *adj* classifié; (secret) confidentiel/-ielle.

classify /ˈklæsɪfaɪ/ *vtr* classer.

classroom *n* salle *f* de classe.

classy[©] /ˈklɑːsɪ, ˈklæsɪ[US]/ *adj* chic *inv*.

clause /klɔːz/ *n* proposition *f*; JUR, POL clause *f*; (in will, act of Parliament) disposition *f*.

claw /klɔː/ **I** *n* (of animal) griffe *f*; (of bird) serre *f*; (of crab) pince *f*. **II** *vtr* griffer.

clay /kleɪ/ **I** *n* argile *f*. **II** *in compounds* [pot, pipe] en terre; [court] en terre battue.

clean /kliːn/ **I** *adj* propre; SPORT sans faute. **II**[©] *adv* complètement. **III** *vtr* nettoyer; **to have sth ~ed** donner qch à nettoyer; **to ~ one's teeth** se brosser les dents; (fish) vider.

• **clean out**: nettoyer à fond. • **clean up**: tout nettoyer.

cleaner /ˈkliːnə(r)/ *n* (in workplace) agent *m* de nettoyage; (woman) femme *f* de ménage; (detergent) produit *m* de nettoyage; **suede ~** produit pour nettoyer le daim; (shop) pressing *m*.

cleaning /ˈkliːnɪŋ/ *n* **to do the ~** faire le ménage; (commercial) nettoyage *m*, entretien *m*.

cleanse /klenz/ *vtr* nettoyer, purifier.

clear /klɪə(r)/ **I** *adj* clair; **is that ~?** est-ce que c'est clair?; **to make sth ~ to sb** faire comprendre qch à qn; (transparent) transparent; [blue] limpide; (distinct) net/nette; [writing] lisible; (obvious) évident; (empty) [road, view] dégagé; [conscience] tranquille; (exempt from) **~ of** libre de. **II** *adv* **to stay/steer ~ of** éviter; **stand ~ of the doors!** éloignez-vous des portes! **III** *vtr* (remove) (trees) abattre; (weeds) arracher; (debris) enlever; (snow) dégager; (free from obstruction) (drains) déboucher; (road) dégager; (table, surface) débarrasser; (site) déblayer; (land) défricher; **to ~ the way for sth** ouvrir la voie pour; (empty) vider; (area, building) évacuer; (nose) dégager; **to ~ one's throat** se racler la gorge; (eliminate) faire disparaître; ORDINAT (screen) effacer; (debt) s'acquitter de; (free from blame) innocenter; (pass through) **to ~ customs** passer à la douane. **IV** *vi* [sky] s'éclaircir; [fog] se dissiper.

• **clear away**: débarrasser. • **clear off**☺: filer☺. • **clear out**: se sauver; **~ out** vider. • **clear up**: faire du rangement; [weather] s'éclaircir; **~ up [sth]**, **~ [sth] up** (room) ranger; (problem) éclaircir.

clearance /ˈklɪərəns/ *n* (permission) autorisation *f*; (of buildings) démolition *f*; (of vegetation) défrichage *m*; COMM liquidation *f*; (gap) espace *m*.

clearance sale *n* COMM soldes *mpl*.

clearing /ˈklɪərɪŋ/ *n* clairière *f*.

clearly /ˈklɪəlɪ/ *adv* clairement; (distinctly) nettement, bien; **~, this is untrue** c'est faux, bien évidemment.

clementine /ˈklɛm(ə)ntain/ *n* clémentine *f*.

clench /klentʃ/ *vtr* serrer.

clergyman /ˈklɜːdʒɪmən/ *n* (*pl* **-men**) ecclésiastique *m*.

clerical /ˈklerɪkl/ *adj* RELIG clérical; (of office) de bureau.

clerk /klɑːk, klɜːrk[US]/ *n* (in office) employé/-e *m/f*; (to lawyer)[GB] ≈ clerc *m*; (in court) greffier/-ière *m/f*; (in hotel)[US] réceptionniste *mf*; (in shop) vendeur/-euse *m/f*.

clever /ˈklevə(r)/ *adj* intelligent; (ingenious, shrewd) astucieux/-ieuse, futé; **how ~ of you!** félicitations!; (skilful) habile, adroit.

click /klɪk/ **I** *n* (of metal) petit bruit *m* sec; (of machine) déclic *m*; (of fingers, heels) claquement *m*. **II** *vtr* (finger, heels) (faire) claquer. **III** *vi* faire un déclic; (become clear)☺ **suddenly something ~ed** tout d'un coup ça a fait tilt☺; ORDINAT cliquer.

client /ˈklaɪənt/ *n* client/-e *m/f*.

cliff /klɪf/ *n* falaise *f*.

cliffhanger☺ /ˈklɪfhæŋə(r)/ *n film, récit à suspense*.

climate /ˈklaɪmɪt/ *n* climat *m*.

climax /ˈklaɪmæks/ *n* (of career) apogée *m*; (of war) paroxysme *m*; (of plot, speech) point *m* culminant.

climb /klaɪm/ **I** *n* ascension *f*. **II** *vtr* grimper; (cliff, mountain) faire l'ascension de; (wall) escalader; (ladder, rope, tree) grimper à; (staircase) monter. **III** *vi* GÉN grimper; SPORT faire de l'escalade.

• **climb down**: descendre. • **climb into**: (car) monter dans; **~ into bed** se mettre au lit. • **climb up**: (ladder, tree) grimper à; (steps) monter.

climber /ˈklaɪmə(r)/ *n* alpiniste *mf*; (rock climber) varappeur/-euse *m/f*.

climbing /ˈklaɪmɪŋ/ *n* escalade *f*.

clinch /klɪntʃ/ *vtr* (deal) conclure.

cling /klɪŋ/ (*prét*, *pp* **clung**) *vi* **to ~ (on) to** se cramponner à.

cling film *n* film *m* tirable.

clinic /ˈklɪnɪk/ *n* dispensaire *m*; clinique *f*.

clink /klɪŋk/ I *vtr* (glass, keys) faire tinter; **to ~ glasses with** trinquer avec. II *vi* tinter.

clip /klɪp/ I *n* pince *f*; (on earring) clip *m*; TV, CIN clip *m*. II *vtr* (*p prés etc* **-pp-**) (hedge) tailler; (nails) couper; **to ~ an article out of the paper** découper un article dans un journal.

clipper /ˈklɪpə(r)/ I *n* AVIAT, NAUT clipper *m*. II **~s** *npl* (for nails) coupe-ongles *m inv*; (for hair, hedge) tondeuse *f*.

clipping /ˈklɪpɪŋ/ *n* coupure *f* de presse.

cloak /kləʊk/ *n* cape *f*.

cloakroom /ˈkləʊkrum/ *n* vestiaire *m*; (lavatory)[GB] toilettes *fpl*.

clock /klɒk/ I *n* horloge *f*; (smaller) pendule *f*; **to set a ~** mettre une pendule à l'heure; **to work around the ~** travailler 24 heures sur 24; **to work against the ~** faire une course contre la montre; (timer) (in computer) horloge *f* (interne); (for central-heating system) horloge *f* (incorporée); AUT compteur *m*; SPORT chronomètre *m*. II *vtr* (distance)[©] faire[©].

clockwise *adj, adv* dans le sens des aiguilles d'une montre.

clockwork *adj* mécanique.

clog /klɒg/ *n* sabot *m*.

• **clog up**: se boucher.

cloister /ˈklɔɪstə(r)/ *n* cloître *m*.

close[1] /kləʊs/ I *n* [GB] passage *m*. II *adj* [relative, friend] proche; [links, collaboration] étroit. III *adv* (in distance) près; (in time) proche. IV **~ to** *prep phr, adv phr* près de, presque. V **~ by** *adv phr* près.

• **it was a ~ call[©]/shave[©]** je l'ai/tu l'as... échappé belle.

close[2] /kləʊz/ I *n* fin *f*; **to come to a ~** se terminer; FIN clôture. II *vtr* (shut) fermer; (bring to an end) mettre fin à. III *vi* (shut) fermer, se fermer; **to ~ with** se terminer par; **to ~ on sb** se rapprocher de qn. IV **~d** *pp adj* fermé; **road ~d** route barrée; **~d to the public** interdit au public.

• **close down**: fermer définitivement. • **close in**: se rapprocher; **the nights are closing in** les jours commencent à raccourcir. • **close up**: fermer.

closely /ˈkləʊslɪ/ *adv* de près; [listen] attentivement.

closet[US] /ˈklɒzɪt/ *n* placard *m*; (for clothes) penderie *f*.

close-up /ˈkləʊsʌp/ *n* gros plan *m*.

closing /ˈkləʊzɪŋ/ I *n* fermeture *f*. II *adj* [days, words] dernier/-ière; [speech] de clôture.

closing date *n* date *f* limite.

closure /ˈkləʊʒə(r)/ *n* fermeture *f*.

clot /klɒt/ I *n* (in blood, milk) caillot *m*; (idiot)[©GB] empoté/-e[©] *m/f*. II *vtr, vi* (*p prés etc* **-tt-**) coaguler, cailler.

cloth /klɒθ, klɔːθ[US]/ *n* tissu *m*; (for dusting) chiffon *m*; (for floor) serpillière *f*; (for drying dishes) torchon *m*; (for table) nappe *f*.

clothes /kləʊðz, kləʊz[US]/ I *npl* vêtements *mpl*; **to put on/take off one's ~** s'habiller/se déshabiller. II *in compounds* [line, peg] à linge.

clothing /ˈkləʊðɪŋ/ *n* ¢ vêtements *mpl*; **an item/article of ~** un vêtement.

cloud /klaʊd/ I *n* nuage *m*. II *vtr* brouiller.

• **cloud over**: se couvrir (de nuages); [face] s'assombrir.

cloudy /ˈklaʊdɪ/ *adj* couvert.

clout[©] /klaʊt/ I *n* (blow) claque *f*. II *vtr* donner un coup/une claque à.

clove /kləʊv/ *n* clou *m* de girofle; (of garlic) gousse *f*.

clover /ˈkləʊvə(r)/ *n* trèfle *m*.

clown /klaʊn/ *n* clown *m*.

• **clown around**: faire le clown/le pitre.

club /klʌb/ I *n* club *m*; (stick) massue *f*; (for golf) club *m*; (at cards) trèfle *m*. II *vtr* (*p prés etc* **-bb-**) frapper.

• **join the ~[©]!** tu n'es pas le seul/la seule!

club soda *n* eau *f* gazeuse.
clue /klu:/ *n* indice *m*; **give me a ~** aide-moi; **I haven't (got) a ~**© je n'en ai aucune idée; (to crossword) définition *f*.
clump /klʌmp/ *n* (of flowers) massif *m*.
clumsy /ˈklʌmzɪ/ *adj* maladroit.
clung /klʌŋ/ *prét, pp* ▶ **cling**.
cluster /ˈklʌstə(r)/ I *n* ensemble *m*. II *vi* [people] être groupé, se grouper.
clutch /klʌtʃ/ I *n* AUT embrayage *m*. II *vtr* tenir fermement.
• **clutch at**: tenter d'attraper.
cluttered /ˈklʌtəd/ *adj* encombré.
c/o POSTES (*abrév écrite* = **care of**) chez.
Co *n* COMM (*abrév* = **company**).
coach /kəʊtʃ/ I *n* (bus) (auto)car *m*; (of train)GB wagon *m*; SPORT entraîneur/-euse *m/f*; (horsedrawn) (for royalty) carrosse *m*; (for passengers) diligence *f*. II *in compounds* [holiday, journey, travel] en (auto)car; **~ class**US AVIAT classe économique. III *vtr* SPORT entraîner; (teach) **to ~ sb** donner des leçons particulières à qn.
coach stationGB *n* gare *f* routière.
coal /kəʊl/ *n* charbon *m*.
coalition /ˌkəʊəˈlɪʃn/ *n* coalition *f*.
coarse /kɔ:s/ *adj* grossier/-ière; [salt] gros/grosse.
coast /kəʊst/ *n* côte *f*; **the ~ is clear** la voie est libre.
coastal /ˈkəʊstl/ *adj* côtier/-ière.
coastguard *n* garde-côte *m*.
coastline *n* littoral *m*.
coat /kəʊt/ I *n* manteau *m*; (jacket) veste *f*; (of animal) pelage *m*; (layer) couche *f*. II *vtr* **to ~ with** couvrir de; CULIN enrober de.
coat of arms *n* blason *m*.
coax /kəʊks/ *vtr* (person) cajoler; (animal) attirer par la ruse.
cobble /ˈkɒbl/ I **cobbles** *npl* pavés *mpl*. II *vtr* paver; **~d street** rue pavée.
cobra /ˈkəʊbrə/ *n* cobra *m*.
cobweb /ˈkɒbweb/ *n* toile *f* d'araignée.
cock /kɒk/ I *n* coq *m*; (male bird) (oiseau *m*) mâle *m*. II *vtr* **to ~ an ear** dresser l'oreille; (rifle) armer.
cock-a-doodle-doo /ˌkɒkəˌdu:dlˈdu:/ *n* cocorico *m*.
cockatoo /ˌkɒkəˈtu:/ *n* cacatoès *m*.
cockchafer *n* hanneton *m*.
cockle /ˈkɒkl/ *n* coque *f*.
cockney *n* cockney *m/f*.
cockroach *n* cafard *m*.
cocktail /ˈkɒkteɪl/ *n* cocktail *m*; **fruit ~** salade de fruits.
cocoa /ˈkəʊkəʊ/ *n* cacao *m*; (drink) chocolat *m*.
coconut /ˈkəʊkənʌt/ *n* noix *f* de coco.
coconut palm *n* cocotier *m*.
cod /kɒd/ *n* morue *f*; CULIN cabillaud *m*.
code /kəʊd/ *n* code *m*; TÉLÉCOM indicatif *m*.
coeducational /ˌkəʊedʒu:ˈkeɪʃənl/ *adj* mixte.
coffee /ˈkɒfɪ, ˈkɔ:fɪUS/ I *n* café *m*; **white ~** café au lait. II *in compounds* [cake] au café; [drinker] de café; [cup, filter, spoon] à café.
coffee break *n* pause(-)café *f*.
coffee pot *n* cafetière *f*.
coffee table *n* table *f* basse.
coffee tree *n* caféier *m*.
coffin /ˈkɒfɪn/ *n* cercueil *m*.
coil /kɔɪl/ *n* (of rope) rouleau *m*; (of electric wire) bobine *f*; (of smoke) volute *f*.
coin /kɔɪn/ *n* pièce *f* (de monnaie).
coincidence /kəʊˈɪnsɪdəns/ *n* coïncidence *f*, hasard *m*.
Coke® /kəʊk/ *n* coca *m*.
cold /kəʊld/ I *n* ¢ froid *m*; **to feel the ~** être frileux/-euse; MÉD C rhume *m*. II *adj* froid; **to feel ~** avoir froid; **it's ~** il fait froid; **to go ~** refroidir. III *adv* à froid©.
• **in ~ blood** de sang-froid.

cold-blooded /ˌkəʊld'blʌdɪd/ *adj* [killer] sans pitié; [crime] commis de sang-froid.

coleslaw /'kəʊlslɔː/ *n salade à base de chou cru.*

coley *n* (fish) lieu *m.*

collaborate /kə'læbəreɪt/ *vi* collaborer.

collapse /kə'læps/ I *n* effondrement *m*; (of talks) échec *m*; (of company) faillite *f.* II *vi* [person, hopes, bridge] s'effondrer; [talks] échouer; [company] faire faillite.

collar /'kɒlə(r)/ I *n* (on garment) col *m*; (for animal) collier *m.* II© *vtr* (thief) alpaguer©.

colleague /'kɒliːg/ *n* collègue *mf.*

collect /kə'lekt/ I *adv* **to call sb ~** appeler qn en PCV. II *vtr* (wood, litter) ramasser; (information, documents) rassembler; (signatures, water) recueillir; (stamps) collectionner; (money) encaisser; (person, keys) aller chercher. III *vi* [dust] s'accumuler; [crowd] se rassembler; **to ~ for charity** faire la quête pour des bonnes œuvres.

collect call *n* appel *m* en PCV.

collection /kə'lekʃn/ *n* collection *f*; (anthology) recueil *m*; POSTES levée *f*; (of money) collecte *f*, (in church) quête *f*; **your suit is ready for ~** votre costume est prêt; **refuse ~** ramassage des ordures.

collector /kə'lektə(r)/ *n* collectionneur/-euse *m/f.*

college /'kɒlɪdʒ/ *n* établissement *m* d'enseignement supérieur; (part of university) collège *m*; **to go to ~** faire des études supérieures.

college education *n* études *fpl* supérieures.

collide /kə'laɪd/ *vi* entrer en collision.

colloquial /kə'ləʊkwɪəl/ *adj* familier/-ière; **~ English** anglais parlé.

collusion /kə'luːʒn/ *n* connivence *f*; **in ~ with** de connivence avec.

colon /'kəʊlən/ *n* ANAT côlon *m*; LING deux points *mpl.*

colonize /'kɒlənaɪz/ *vtr* coloniser.

colony /'kɒlənɪ/ *n* colonie *f.*

colourGB, **color**US /'kʌlə(r)/ I *n* couleur *f*; **available in 12 ~s** existe en 12 coloris; (for food) colorant *m*; (for hair) teinture *f.* II *in compounds* [photo, photography] (en) couleur; [copier, printer] couleur. III *vtr* (drawing) colorier; (with paints) peindre; (hair) teindre.

colouredGB, **colored**US /'kʌləd/ *adj* I [pen, paper] de couleur; [picture] en couleur; [glass] coloré; **brightly ~** aux couleurs vives; (non-white) INJUR de couleur. II **-coloured** *combining form* **copper-~** couleur cuivre.

colourfulGB, **colorful**US /'kʌləfl/ *adj* pittoresque.

colouringGB, **coloring**US /'kʌlərɪŋ/ *n* couleurs *fpl*; **~ book** album *m* à colorier.

colt /kəʊlt/ *n* (young horse) poulain *m.*

Columbus /kə'lʌmbəs/ *pr n* Christophe Colomb.

column /'kɒləm/ *n* colonne *f*; (in newspaper) rubrique *f.*

columnist /'kɒləmnɪst/ *n* journaliste *mf.*

comb /kəʊm/ I *n* peigne *m.* II *vtr* peigner; **to ~ a place** passer un lieu au peigne fin.

combination /ˌkɒmbɪ'neɪʃn/ *n* combinaison *f*; (of factors, events) conjonction *f.*

combine /kəm'baɪn/ I *vtr* combiner; (ideas, aims) associer; **to ~ forces** s'allier, collaborer. II *vi* se combiner; [people, groups] s'associer.

come /kʌm/ I *excl* **~ (now)!** allons! II *vi* (*prét* **came**; *pp* **come**) venir; **to ~ down/up** (stairs, street) descendre/monter; **to ~ from** venir de; **to ~ and go** aller et venir; **to ~ and see/help sb** venir voir/aider qn; [bus, letter, winter] arriver; **~ closer** approchez-vous; (visit) passer; **how ~?**© comment ça se fait?; **~ what may** advienne que pourra; **when it ~s to sth/to doing** lorsqu'il s'agit de qch/de faire.

• **come across**: [message] passer; (sth) tomber sur; (sb) rencontrer. • **come along**: [opportunity] se présenter; ~ **along!** dépêche-toi! • **come back**: GÉN revenir; (home) rentrer. • **come down**: (move lower) descendre; (drop) baisser; (fall) tomber; **to ~ down with** (flu) attraper. • **come forward**: se présenter. • **come in**: entrer; (arrive) arriver. • **come into**: (money) hériter de; [age, experience] jouer. • **come off**: se détacher, s'enlever; [ink] partir. • **come on**: ~ **on!** allez!; **the power came on again** le courant est revenu. • **come out**: sortir; (be published) paraître; **it came out that** on a appris que; **to ~ out with** (excuse) sortir. • **come over**: venir.• **come round**[GB]: reprendre connaissance; (visit) passer. • **come to**: revenir à. • **come up**: (arise) être abordé; (occur) se présenter; **to ~ up with a solution** trouver une solution.

comedian /kə'mi:dɪən/ *n* (male) comique *m*; (female) actrice *f* comique.

comedy /'kɒmədɪ/ *n* comédie *f*.

comfort /'kʌmfət/ I *n* confort *m*; **to live in ~** vivre dans l'aisance; (consolation) réconfort *m*. II *vtr* consoler, réconforter.

comfortable /'kʌmftəbl, -fərt-[US]/ *adj* confortable; [person] à l'aise; **to make oneself ~** s'installer confortablement; (financially) aisé.

comic /'kɒmɪk/ I *n* (man) comique *m*; (woman) actrice *f* comique; (magazine) bande *f* dessinée. II *adj* comique.

comical /'kɒmɪkl/ *adj* cocasse, comique.

comic book *n* bande *f* dessinée.

coming /'kʌmɪŋ/ I *n* **~s and goings** allées et venues *fpl*. II *adj* prochain; **in the ~ weeks** dans les semaines à venir; **this ~ Monday** (ce) lundi.

comma /'kɒmə/ *n* virgule *f*.

command /kə'mɑ:nd, -'mænd[US]/ I *n* (order) ordre *m*; (control) commandement *m*; (mastery) maîtrise *f*. II *vi* commander.

commander /kə'mɑ:ndə(r), -mæn-[US]/ *n* MIL commandant *m*.

commend /kə'mend/ *vtr* (praise) louer.

commendable /kə'mendəbl/ *adj* louable.

comment /'kɒment/ I *n* (in conversation) remarque *f*; (in newspaper) commentaire *m*; **no ~** je n'ai pas de déclaration à faire; **without ~** sans commentaire. II *vtr* **to ~ on sth/sb** faire des commentaires sur qch/qn.

commerce /'kɒmɜ:s/ *n* commerce *m*.

commercial /kə'mɜ:ʃl/ I *n* annonce *f* publicitaire, publicité *f*. II *adj* commercial.

commission /kə'mɪʃn/ I *n* commission *f*; (order) commande *f*. II *vtr* **to ~ sb to do** charger qn de faire; (order) commander.

commissioner /kə'mɪʃənə(r)/ *n* (in the EU) membre *m* de la Commission européenne.

commit /kə'mɪt/ (*p prés etc* **-tt-**) I *vtr* commettre; **to ~ suicide** se suicider. II *v refl* **to ~ oneself (to)** s'engager (à).

commitment /kə'mɪtmənt/ *n* engagement *m*; **family ~s** obligations familiales; (involvement) dévouement *m*.

committed /kə'mɪtɪd/ *adj* dévoué; (busy) **I am heavily ~** je suis très pris.

committee /kə'mɪtɪ/ *n* comité *m*, commission *f*.

commodity /kə'mɒdətɪ/ *n* matière première.

common /'kɒmən/ I **Commons** *npl* **the Commons** les Communes *fpl*. II *adj* courant, fréquent; **it is ~ knowledge** c'est notoire; **in ~** en commun.

commonly /'kɒmənlɪ/ *adv* communément.

commonplace /'kɒmənpleɪs/ *adj* banal.

common sense *n* bon sens *m*, sens *m* commun.

commotion /kəˈməʊʃn/ *n* émoi *m*, agitation *f*.

communal /ˈkɒmjʊnl, kəˈmju:nl/ *adj* commun, collectif/-ive.

commune /ˈkɒmju:n/ *n* (group of people) communauté *f*; ADMIN commune *f*.

communicate /kəˈmju:nɪkeɪt/ *vtr, vi* communiquer.

communication /kəˌmju:nɪˈkeɪʃn/ *n* communication *f*.

community /kəˈmju:nətɪ/ *n* communauté *f*.

commute /kəˈmju:t/ *vi* **to ~ between Oxford and London** faire le trajet entre Oxford et Londres tous les jours.

commuter /kəˈmju:tə(r)/ *n migrant journalier*.

compact I /ˈkɒmpækt/ *n* poudrier *m*. II /kəmˈpækt/ *adj* compact, dense. III /kəmˈpækt/ *vtr* comprimer, tasser.

compact disc[GB], **CD** *n* disque *m* compact.

compact disc[GB] **player** *n* lecteur *m* de disques.

companion /kəmˈpænɪən/ *n* compagnon/compagne *m/f*; (book) guide *m*.

companionship /kəmˈpænɪənʃɪp/ *n* compagnie *f*.

company /ˈkʌmpənɪ/ *n* compagnie *f*; **to keep sb ~** tenir compagnie à qn; **to be good ~** être d'une fréquentation agréable; **in sb's ~** en compagnie de qn; COMM société *f*.

comparative /kəmˈpærətɪv/ *adj* comparatif/-ive; [literature] comparé.

comparatively /kəmˈpærətɪvlɪ/ *adv* comparativement; (relatively) relativement.

compare /kəmˈpeə(r)/ I *n* **beyond ~** incomparable. II *vtr* **to ~ sb/sth with/to** comparer qn/qch avec/à. III *vi* être comparable; **to ~ favourably**[GB] **with** soutenir la comparaison avec. IV *v refl* **to ~ oneself with/to** se comparer à. V **~d with** *prep phr* par rapport à.

comparison /kəmˈpærɪsn/ *n* comparaison *f*; **in/by ~ with** par rapport à.

compartment /kəmˈpɑ:tmənt/ *n* compartiment *m*.

compass /ˈkʌmpəs/ I *n* boussole *f*; NAUT compas *m*. II **~es** *npl* **a pair of ~es** un compas.

compatible /kəmˈpætəbl/ *adj* compatible.

compel /kəmˈpel/ *vtr* (*p prés etc* **-ll-**) contraindre, obliger.

compelling /kəmˈpelɪŋ/ *adj* convaincant.

compensate /ˈkɒmpenseɪt/ *vtr* compenser; **to ~ sb for** dédommager qn de.

compensation /ˌkɒmpenˈseɪʃn/ *n* **as ~** en compensation; **to be awarded ~** être indemnisé.

compete /kəmˈpi:t/ I *vi* **to ~ against/with** rivaliser avec; [companies] se faire concurrence; SPORT être en compétition.

competent /ˈkɒmpɪtənt/ *adj* compétent, capable.

competition /ˌkɒmpəˈtɪʃn/ *n* ¢ concurrence *f*; (contest) concours *m*; (race) compétition *f*; (competitors) concurrence *f*.

competitive /kəmˈpetɪtɪv/ *adj* [price] compétitif/-ive; [person] qui a l'esprit de compétition; [sport] de compétition; **by ~ examination** sur concours.

competitor /kəmˈpetɪtə(r)/ *n* concurrent/-e *m/f*.

compile /kəmˈpaɪl/ *vtr* (list) dresser; (reference book) rédiger; ORDINAT compiler.

complacent /kəmˈpleɪsnt/ *adj* suffisant, content de soi.

complain /kəmˈpleɪn/ *vi* **to ~ (that)** se plaindre (parce que).

complaint /kəmˈpleɪnt/ *n* plainte *f*; (official) réclamation *f*; **to make a ~** se plaindre, faire une réclamation.

complement /ˈkɒmplɪmənt/ I *n* complément *m*. II *vtr* compléter; **to ~ one another** se compléter.

complete /kəmˈpliːt/ I *adj* complet/-ète, total; **he's a ~ fool** il est complètement idiot; (finished) achevé. II *vtr* terminer, achever; **half ~d** inachevé; (make whole) compléter; (fill in) remplir.

completely /kəmˈpliːtlɪ/ *adv* complètement.

completion /kəmˈpliːʃn/ *n* achèvement *m*.

complex /ˈkɒmpleks, kəmˈpleks[US]/ *n, adj* complexe *(m)*.

complexion /kəmˈplekʃn/ *n* teint *m*.

compliance /kəmˈplaɪəns/ *n* **in ~ with the law** conformément à la loi.

complicate /ˈkɒmplɪkeɪt/ *vtr* compliquer.

complication /ˌkɒmplɪˈkeɪʃn/ *n* complication *f*.

compliment /ˈkɒmplɪmənt/ I *n* compliment *m*. II **~s** *npl* **with ~s** avec tous nos compliments; **with the author's ~s** hommage de l'auteur. III *vtr* faire des compliments à.

complimentary /ˌkɒmplɪˈmentrɪ/ *adj* **to be ~** dire des choses gentilles; (free) gratuit.

comply /kəmˈplaɪ/ *vi* **to ~ with** se plier à; **failure to ~ with the rules** le non respect des règles.

component /kəmˈpəʊnənt/ *n* GÉN composante *f*; TECH pièce *f*; ÉLEC composant *m*.

compose /kəmˈpəʊz/ I *vtr, vi* composer. II *v refl* **to ~ oneself** se ressaisir.

composed /kəmˈpəʊzd/ *adj* calme.

composer /kəmˈpəʊzə(r)/ *n* compositeur/-trice *m/f*.

composition /ˌkɒmpəˈzɪʃn/ *n* composition *f*; SCOL rédaction *f*.

composure /kəmˈpəʊʒə(r)/ *n* **to lose/regain one's ~** perdre/retrouver son calme.

compound I /ˈkɒmpaʊnd/ *n* (place) enceinte *f*; (word) mot *m* composé; (mixture) composé *m*. II /ˈkɒmpaʊnd/ *adj* composé. III /kəmˈpaʊnd/ *vtr* aggraver.

comprehend /ˌkɒmprɪˈhend/ *vtr* comprendre, saisir.

comprehension /ˌkɒmprɪˈhenʃn/ *n* compréhension *f*.

comprehensive /ˌkɒmprɪˈhensɪv/ I[GB] *n* SCOL *école (publique) secondaire*. II *adj* complet/-ète, détaillé; [knowledge] vaste; SCOL **~[GB] school** *école (publique) secondaire*.

compress I /ˈkɒmpres/ *n* compresse *f*. II /kəmˈpres/ *vtr* comprimer.

comprise /kəmˈpraɪz/ *vtr* comprendre, être composé de.

compromise /ˈkɒmprəmaɪz/ I *n* compromis *m*. II *vtr* compromettre. III *vi* transiger, arriver à un compromis. IV *v refl* **to ~ oneself** se compromettre.

compulsory /kəmˈpʌlsərɪ/ *adj* obligatoire.

computer /kəmˈpjuːtə(r)/ *n* ordinateur *m*.

computer game *n* jeu *m* informatique.

computer graphics *n* (*sg*) infographie *f*.

computerization /kəmˌpjuːtəraɪˈzeɪʃn, -rɪˈz-[US]/ *n* informatisation *f*.

computerize /kəmˈpjuːtəraɪz/ *vtr* informatiser.

computer scientist *n* informaticien/-ienne *m/f*.

computing /kəmˈpjuːtɪŋ/ *n* informatique *f*.

con☺ /kɒn/ I *n* escroquerie *f*. II *vtr* (*p prés etc* **-nn-**) rouler☺.

conceal /kənˈsiːl/ *vtr* dissimuler.

concede /kənˈsiːd/ *vtr* concéder.

conceited /kən'si:tɪd/ *adj* prétentieux/-ieuse.

conceive /kən'si:v/ *vtr, vi* concevoir.

concentrate /'kɒnsntreɪt/ I *n* concentré *m*. II *vtr* concentrer. III *vi* se concentrer.

concentration /ˌkɒnsn'treɪʃn/ *n* concentration *f*.

concept /'kɒnsept/ *n* concept *m*.

concern /kən'sɜ:n/ I *n* (worry) ¢ inquiétude *f*; (care) préoccupation *f*; **that's her ~** cela la regarde. II *vtr* (worry) inquiéter; (affect, interest) concerner, intéresser; **to whom it may ~** à qui de droit; **as far as the pay is ~ed** en ce qui concerne le salaire; (be about) traiter de. III *v refl* **to ~ oneself with sth/with doing** s'inquiéter de qch/de faire.

concerned /kən'sɜ:nd/ *adj* (anxious) inquiet/-ète; (involved) concerné; **all (those) ~** toutes les personnes concernées; **to be ~ed with** s'occuper de; **to be ~ed in** être impliqué dans.

concert /'kɒnsət/ *n* concert *m*.

concession /kən'seʃn/ *n* concession *f*; (discount) réduction.

concessionary[GB] /kən'seʃənərɪ/ *adj* [price] réduit.

concise /kən'saɪs/ *adj* concis.

conclude /kən'klu:d/ I *vtr* conclure, terminer; **to be ~d** (on TV) suite et fin au prochain épisode, (in magazine) suite et fin au prochain numéro. II *vi* [story] se terminer; [speaker] conclure.

conclusion /kən'klu:ʒn/ *n* fin *f*; **in ~** en conclusion, pour terminer.

concoction /kən'kɒkʃn/ *n* PÉJ mixture *f*.

concrete /'kɒŋkri:t/ I *n* béton *m*. II *adj* concret/-ète; **in ~ terms** concrètement. III *in compounds* CONSTR de béton.

concurrently /kən'kʌrəntlɪ/ *adv* simultanément.

condemn /kən'dem/ *vtr* condamner.

condense /kən'dens/ I *vtr* condenser; **the ~d version** la version abrégée. II *vi* se condenser.

condition /kən'dɪʃn/ I *n* condition *f*; **on ~ that** à condition que (+ *subj*); **it's in good/bad ~** c'est en bon/mauvais état. II *vtr* conditionner; **to ~ one's hair** mettre de l'après-shampooing.

conditioner /kən'dɪʃənə(r)/ *n* après-shampooing *m*.

condom /'kɒndɒm/ *n* préservatif *m*.

conduct I /'kɒndʌkt/ *n* conduite *f*. II /kən'dʌkt/ *vtr* conduire; **~ed tour/visit** visite guidée; (carry out) mener, faire; MUS diriger. III /kən'dʌkt/ *v refl* **to ~ oneself** se comporter.

conductor /kən'dʌktə(r)/ *n* MUS chef *m* d'orchestre; (on bus) receveur *m*; RAIL chef *m* de train.

cone /kəʊn/ *n* cône *m*; (for ice cream) cornet *m*.

confectioner /kən'fekʃənə(r)/ *n* confiseur/-euse *m/f*.

confectionery /kən'fekʃənərɪ, -ʃənerɪ[US]/ *n* confiserie *f*.

confer /kən'fɜ:(r)/ *vtr, vi* (*p prés etc* **-rr-**) conférer.

conference /'kɒnfərəns/ *n* colloque *m*.

confess /kən'fes/ I *vtr* avouer, confesser. II *vi* avouer; **to ~ to a crime** avouer un crime.

confession /kən'feʃn/ *n* confession *f*, aveu *m*.

confide /kən'faɪd/ *vtr* **to ~ in sb** se confier à qn.

confidence /'kɒnfɪdəns/ *n* confiance *f*; POL **motion of no ~** motion de censure; (self-assurance) assurance *f*; **in (strict) ~** (tout à fait) confidentiellement.

confident /'kɒnfɪdənt/ *adj* sûr, confiant; (self-assured) sûr de soi.

confidently /'kɒnfɪdəntlɪ/ *adv* [speak] avec assurance; [expect] en toute confiance.

confined /kən'faɪnd/ *adj* restreint; **to be ~ to bed** être alité.

confirm /kən'fɜːm/ *vtr* confirmer; **to ~ receipt of sth** accuser réception de qch.

confirmed /kən'fɜːmd/ *adj* [smoker, liar] invétéré; [bachelor, sinner] endurci.

conflict I /'kɒnflɪkt/ *n* conflit *m*. II /kən'flɪkt/ *vi* être en contradiction; (happen at same time) tomber au même moment.

conform /kən'fɔːm/ *vi* [person] se conformer (à); [machine] être conforme.

confront /kən'frʌnt/ *vtr* faire face à; **to ~ sb with sth/sb** mettre qn en présence de qch/qn.

confuse /kən'fjuːz/ *vtr* décontenancer; (mix up) confondre; (complicate) compliquer.

confused /kən'fjuːzd/ *adj* [person] troublé; [mind] confus; **to get ~** s'embrouiller; **I'm ~ about what to do** je ne sais que faire.

confusing /kən'fjuːzɪŋ/ *adj* déroutant; (too complicated) peu clair.

confusion /kən'fjuːʒn/ *n* confusion *f*.

conger eel *n* congre *m*.

congested /kən'dʒestɪd/ *adj* [road] embouteillé.

congestion /kən'dʒestʃn/ *n* encombrement *m*.

congratulate /kən'grætʃuleɪt/ I *vtr* **to ~ sb on sth/on doing** féliciter qn de qch/d'avoir fait qch. II *v refl* **to ~ oneself** se féliciter.

congratulations /kənˌgrætʃʊ'leɪʃns/ *npl* félicitations *fpl*.

congress /'kɒŋgres, 'kɒŋgrəs[US]/ *n* congrès *m*.

Congress /'kɒŋgres, 'kɒŋgrəs[US]/ *n* POL Congrès *m*.

conjecture /kən'dʒektʃə(r)/ *n* hypothèse *f*.

conjugation /ˌkɒndʒʊ'geɪʃn/ *n* conjugaison *f*.

conjunction /kən'dʒʌŋkʃn/ *n* conjonction *f*; **in ~** ensemble.

conjure /'kʌndʒə(r)/ *vi* faire des tours de prestidigitation.

• **conjure up**: faire apparaître [qch] comme par magie; FIG évoquer.

conjuror /kvndzərə(r)/ *n* prestidigitateur/-trice *m/f*.

conman, con man *n* escroc *m*.

connect /kə'nekt/ I *vtr* raccorder, relier; FIG associer; (appliance) brancher; TÉLÉCOM **to ~ sb to sb** passer qn à qn. II *vi* [room] communiquer; [service, bus] assurer la correspondance.

connected /kə'nektɪd/ *adj* lié; **everything ~ with sth** tout ce qui se rapporte à qch; [town] relié; [appliance] branché.

connecting /kə'nektɪŋ/ *adj* [flight] de correspondance.

connection, **connexion**†GB /kə'nekʃn/ *n* rapport *m*; (link) lien *m*; (contact) relation *f*; TÉLÉCOM communication *f*; (in travel) correspondance *f*; ORDINAT branchement *m*.

conquer /'kɒŋkə(r)/ I *vtr* (territory, people) conquérir; (enemy, disease) vaincre. II **~ing** *pres p adj* victorieux/-ieuse.

conqueror /'kɒŋkərə(r)/ *n* vainqueur *m*.

conquest /'kɒŋkwest/ *n* conquête *f*.

conscience /'kɒnʃəns/ *n* conscience *f*.

conscious /'kɒnʃəs/ *adj* conscient; (deliberate) réfléchi.

consciousness /'kɒnʃəsnɪs/ *n* conscience *f*; **to lose/regain ~** perdre/reprendre connaissance.

consent /kən'sent/ I *n* consentement *m*; **by common/mutual ~** d'un commun accord. II *vtr* **to ~ to do** consentir à faire. III *vi* **to ~ to sb doing** consentir à ce que qn fasse.

consequence /'kɒnsɪkwəns, -kwens[US]/ *n* conséquence *f*; **as a ~ of** du fait de; **in ~**

par conséquent; **it's of no ~** c'est sans importance.

consequently /ˈkɒnsɪkwentlɪ/ *adv* par conséquent.

conservation /ˌkɒnsəˈveɪʃn/ *n* protection *f*; **energy ~** la maîtrise de l'énergie.

conservative /kənˈsɜːvətɪv/ *adj* POL conservateur/-trice; (cautious) prudent; **at a ~ estimate** au bas mot.

Conservative /kənˈsɜːvətɪv/ *pr n* POL conservateur/-trice *m/f*.

conservatory /kənˈsɜːvətrɪ, -tɔːrɪ[US]/ *n* jardin *m* d'hiver; MUS[US] conservatoire *m*.

conserve /kənˈsɜːv/ **I** *n* confiture *f*. **II** *vtr* protéger, sauvegarder; (save up) économiser.

consider /kənˈsɪdə(r)/ **I** *vtr* considérer; **to ~ why** examiner les raisons pour lesquelles; **to ~ whether** décider si; **all things ~ed** tout compte fait; **to ~ doing** envisager de faire. **II** *vi* réfléchir. **III** *v refl* **to ~ oneself (to be) a genius** se prendre pour un génie.

considerate /kənˈsɪdərət/ *adj* attentionné; **to be ~ towards sb** avoir des égards pour qn.

consideration /kənˌsɪdəˈreɪʃn/ *n* considération *f*, réflexion *f*; **to take sth into ~** prendre qch en considération; **to be under ~** [matter] être à l'étude.

considering /kənˈsɪdərɪŋ/ *prep, conj* étant donné, compte tenu de.

consist /kənˈsɪst/ *vi* **to ~ of** se composer de; **to ~ in doing** consister à faire.

consistency /kənˈsɪstənsɪ/ *n* consistance *f*; (logic) cohérence *f*.

consistent /kənˈsɪstənt/ *adj* constant; [sportsman, playing] régulier/-ière; (logical) cohérent; **~ with** en accord avec.

console **I** /ˈkɒnsəʊl/ *n* ORDINAT console *f*. **II** /kənˈsəʊl/ *vtr* consoler. **III** /kənˈsəʊl/ *v refl* **to ~ oneself** se consoler.

consonant /ˈkɒnsənənt/ *n* consonne *f*.

conspicuous /kənˈspɪkjʊəs/ *adj* visible; **to be ~** se remarquer; **to make oneself ~** se faire remarquer.

conspirator /kənˈspɪrətə(r)/ *n* conspirateur/-trice *m/f*.

constable[GB] /ˈkʌnstəbl, ˈkɒn-[US]/ *n* agent *m* (de police).

constant /ˈkɒnstənt/ **I** *n* constante *f*. **II** *adj* [care, temperature] constant; [disputes, questions] incessant; [attempts] répété.

constipation /ˌkɒnstɪˈpeɪʃn/ *n* constipation *f*.

constituency /kənˈstɪtjʊənsɪ/ *n* POL circonscription *f* électorale.

constitution /ˌkɒnstɪˈtjuːʃn, -ˈtuːʃn[US]/ *n* constitution *f*; POL **the Constitution** la Constitution.

constraint /kənˈstreɪnt/ *n* contrainte *f*.

constrict /kənˈstrɪkt/ *vtr* comprimer; (breathing, movement) gêner.

construct **I** /ˈkɒnstrʌkt/ *n* construction *f*. **II** /kənˈstrʌkt/ *vtr* construire.

construction /kənˈstrʌkʃn/ *n* construction *f*; **under ~** en construction.

consulate /ˈkɒnsjʊlət, -səl-[US]/ *n* consulat *m*.

consult /kənˈsʌlt/ **I** *vtr* **to ~ sb about sth** consulter qn à propos de qch. **II** *vi* s'entretenir.

consultant /kənˈsʌltənt/ *n* consultant/-e *m/f*, conseiller/-ère *m/f*; MÉD spécialiste *mf* (*attaché à un hôpital*).

consultation /ˌkɒnslˈteɪʃn/ *n* consultation *f*.

consume /kənˈsjuːm, -ˈsuːm-[US]/ *vtr* (use up, ingest) consommer; (destroy) consumer; (overwhelm) **to be ~d by/with** être dévoré par.

consumer /kənˈsjuːmə(r), -ˈsuːm-[US]/ *n* consommateur/-trice *m/f*; (of gas) abonné/-e *m/f*.

consumption /kənˈsʌmpʃn/ *n* consommation *f*.

contact I /ˈkɒntækt/ *n* contact *m*. II /kənˈtækt, ˈkɒntækt/ *vtr* contacter, se mettre en rapport avec.

contact lens *n* lentille *f*/verre *m* de contact.

contain /kənˈteɪn/ I *vtr* contenir. II *v refl* **to ~ oneself** se contenir.

container /kənˈteɪnə(r)/ *n* récipient *m*; (for transporting) conteneur *m*.

contemplate /ˈkɒntəmpleɪt/ *vtr* contempler; **to ~ doing sth** envisager de faire qch.

contemporary /kənˈtemprərɪ, -pərerɪ^US/ I *n* contemporain/-e *m/f*. II *adj* contemporain; (up-to-date) moderne.

contempt /kənˈtempt/ *n* mépris *m*; **to hold sb/sth in ~** mépriser qn/qch.

contemptuous /kənˈtemptjʊəs/ *adj* méprisant.

contend /kənˈtend/ I *vtr* **to ~ that** soutenir que. II *vi* **to ~ with** affronter.

contender /kənˈtendə(r)/ *n* concurrent/-e *m/f*.

content I /ˈkɒntent/ *n* contenu *m*; **form and ~** le fond et la forme; **list of ~s** table des matières. II /kənˈtent/ *adj* satisfait; **to be ~ to do** se contenter de faire.

contention /kənˈtenʃn/ *n* dispute *f*.

contest I /ˈkɒntest/ *n* concours *m*; **the presidential ~** la course à la présidence. II /kənˈtest/ *vtr* contester; (compete for) disputer.

contestant /kənˈtestənt/ *n* concurrent/-e *m/f*; (in fight) adversaire *mf*.

context /ˈkɒntekst/ *n* contexte *m*.

continent /ˈkɒntɪnənt/ *n* continent *m*; **on the Continent**^GB en Europe continentale.

continental^GB /ˌkɒntɪˈnentl/ I *n* Européen/-éenne *m/f* du continent. II *adj* [breakfast] à la française.

contingency /kənˈtɪndʒənsɪ/ *n* imprévu *m*; **to provide for all contingencies** parer à toute éventualité.

continue /kənˈtɪnjuː/ I *vtr* continuer, poursuivre; **to be ~d** [episode] à suivre. II *vi* se poursuivre; (in speech) poursuivre.

continuous /kənˈtɪnjʊəs/ *adj* continu; **~ assessment**^GB SCOL contrôle continu.

continuously /kənˈtɪnjʊəslɪ/ *adv* sans interruption.

contract I /ˈkɒntrækt/ *n* contrat *m*. II /kənˈtrækt/ *vtr* (disease) contracter. III /kənˈtrækt/ *vi* **to ~ to do** s'engager par contrat à faire; [muscles] se contracter.

contradiction /ˌkɒntrəˈdɪkʃn/ *n* contradiction *f*.

contrary /ˈkɒntrərɪ, -trerɪ^US/ I *n* contraire *m*; **on the ~** (bien) au contraire. II *adj* **to be ~ to** être contraire à. III **~ to** *prep phr* contrairement à; **~ to expectations** contre toute attente.

contrast I /ˈkɒntrɑːst, -træst^US/ *n* contraste *m*; **in ~ to sb** à la différence de qn. II /kənˈtrɑːst, -ˈtræst^US/ *vtr* **to ~ X with Y** comparer X à Y. III *vi* contraster. IV **~ing** *adj* [examples, opinions] opposé.

contribute /kənˈtrɪbjuːt/ I *vtr* donner; (ideas) apporter; (article) écrire. II *vi* **to ~ to/towards** contribuer à; (to magazine) collaborer (à).

contribution /ˌkɒntrɪˈbjuːʃn/ *n* contribution *f*; **to make a ~** faire un don.

contrive /kənˈtraɪv/ *vtr* organiser; **to ~ to do** trouver moyen de faire; (plot) inventer.

contrived /kənˈtraɪvd/ *adj* artificiel/-le.

control /kənˈtrəʊl/ I *n* contrôle *m*; **to be in ~ of/to have ~ over** contrôler; **to lose ~ of** perdre le contrôle de; **everything's under ~** tout va bien; (on vehicle, equipment) commande *f*. II *in compounds* [knob] de commande; [tower] de contrôle. III *vtr* (*p prés etc* **-ll-**) contrôler; (command, operate) diriger; (dominate) dominer; (discipline) maîtriser; (regulate) régler. IV *v refl* **to ~ oneself** se contrôler.

controversial /ˌkɒntrəˈvɜːʃl/ *adj* controversé; (open to criticism) discutable.

convenience /kənˈviːnɪəns/ *n* avantage *m*; **at your ~** quand cela vous conviendra.

convenient /kənˈviːnɪənt/ *adj* pratique, commode; **it's ~ for them** ça les arrange.

conveniently /kənˈviːnɪəntlɪ/ *adv* [arrange] de façon commode; **~ situated** bien situé.

convention /kənˈvenʃn/ *n* convention *f*; (social norms) **to defy ~** braver les convenances.

conventional /kənˈvenʃənl/ *adj* conventionnel/-elle.

conversation /ˌkɒnvəˈseɪʃn/ *n* conversation *f*.

conversion /kənˈvɜːʃn, kənˈvɜːrʒn[US]/ *n* conversion *f*.

convert I /ˈkɒnvɜːt/ *n* converti/-e *m/f*. II /kənˈvɜːt/ *vtr* convertir; (change) transformer; (building) aménager; (in rugby) transformer. III /kənˈvɜːt/ *vi* se convertir.

convey /kənˈveɪ/ *vtr* (message, information) transmettre; (feeling, idea) exprimer.

convict I /ˈkɒnvɪkt/ *n* détenu/-e *m/f*. II /kənˈvɪkt/ *vtr* condamner.

conviction /kənˈvɪkʃn/ *n* conviction *f*; JUR condamnation *f*.

convince /kənˈvɪns/ I *vtr* **to ~ sb of sth** convaincre, persuader qn de qch. II *v refl* **to ~ oneself** se convaincre.

coo /kuː/ I *n* roucoulement *m*. II *vi* roucouler; **to ~ over** (baby) s'extasier devant.

cook /kʊk/ I *n* cuisinier/-ière *m/f*. II *vtr* préparer. III *vi* [person] faire la cuisine; [meal] cuire; **there's sth ~ing**☺ il y a qch qui se mijote☺.

cooker[GB] /ˈkʊkə(r)/ *n* cuisinière *f*.

cookie /ˈkʊkɪ/ *n* biscuit *m*.

cooking /ˈkʊkɪŋ/ *n* **to do the ~** faire la cuisine.

cool /kuːl/ I *adj* [day, water, weather] frais/fraîche; **it's ~ today** il fait frais aujourd'hui; (calm) calme; **to stay ~** ne pas s'énerver; (unfriendly) froid; (casual) décontracté, cool☺; (sophisticated)☺ branché☺; (great)☺[US] super☺. II *vtr* (wine, room) rafraîchir; FIG calmer. III *vi* (get colder) refroidir; [enthusiasm] faiblir.
- **cool down**: refroidir; FIG se calmer.

coolly /ˈkuːllɪ/ *adv* froidement; (calmly) calmement.

cooperate /kəʊˈɒpəreɪt/ *vi* coopérer.

coordinate /ˌkəʊˈɔːdɪneɪt/ I *vtr* coordonner. II *vi* aller bien ensemble.

cop☺ /kɒp/ *n* flic☺ *m*.

cope /kəʊp/ *vi* s'en sortir, se débrouiller; **it's more than I can ~ with** je ne m'en sors plus; (deal) faire face (à); **to ~ with demand** faire face à la demande; (emotionally) **to ~ with sb/sth** supporter qn/qch.

copper /ˈkɒpə(r)/ *n* cuivre *m*.

copy /ˈkɒpɪ/ I *n* copie *f*; (of book, report) exemplaire *m*. II *vtr, vi* copier; **to ~ sth down/out** recopier qch.

coral /ˈkɒrəl, ˈkɔːrəl[US]/ *n* corail *m*.

cord /kɔːd/ *n* cordon *m*; ÉLEC fil *m*, cordon *m*; (corduroy) velours *m* côtelé; **~s**☺ pantalon en velours (côtelé).

cordless /ˈkɔːdlɪs/ *adj* sans fil.

cordon /ˈkɔːdn/ *n* cordon *m*.
- **cordon off**: (street, area) boucler.

corduroy /ˈkɔːdərɔɪ/ *n* velours *m* côtelé; **~s** un pantalon en velours (côtelé).

core /kɔː(r)/ *n* (of apple) trognon *m*; (of problem) cœur *m*; **rotten to the ~** pourri jusqu'à l'os; SCOL **the ~ curriculum** le tronc commun.

coriander *n* coriandre *f*.

cork /kɔːk/ I *n* liège *m*; (for bottle) bouchon *m*. II *vtr* boucher.

corn /kɔːn/ *n* [GB] blé *m*; [US] maïs *m*; (on foot) cor *m*.

corner /ˈkɔːnə(r)/ I *n* angle *m*, coin *m*; **just around the** ~ tout près; (bend) virage *m*; (place) coin *m*; (in geometry) angle *m*. II *vtr* (animal, enemy) acculer; (person) coincer©.

cornet /ˈkɔːnɪt/ *n* cornet *m*.

cornflower *n* bleuet *m*.

corny© /ˈkɔːnɪ/ *adj* PÉJ [joke] éculé; [film, story] à la guimauve.

coronation /ˌkɒrəˈneɪʃn, ˌkɔːr-US/ *n* couronnement *m*.

corporate /ˈkɔːpərət/ *adj* COMM d'entreprise.

corpse /kɔːps/ *n* cadavre *m*.

correct /kəˈrekt/ I *adj* correct, bon/bonne; **you are quite** ~ tu as parfaitement raison; [figure] exact. II *vtr* corriger. III *v refl* **to** ~ **oneself** se reprendre.

correspond /ˌkɒrɪˈspɒnd, ˌkɔːr-US/ *vi* correspondre; **80 km ~s to 50 miles** 80 km équivalent à 50 miles.

correspondence /ˌkɒrɪˈspɒndəns, ˌkɔːr-US/ *n* correspondance *f*.

correspondent /ˌkɒrɪˈspɒndənt, ˌkɔːr-US/ *n* correspondant/-e *m/f*.

corridor /ˈkɒrɪdɔː(r), ˈkɔːr-US/ *n* couloir *m*.

corrupt /kəˈrʌpt/ I *adj* corrompu. II *vtr, vi* corrompre.

cos lettuce /ˌkɒz ˈletɪs/ *n* (salad) romaine *f*.

cosmetic /kɒzˈmetɪk/ I *n* produit *m* de beauté. II *adj* décoratif/-ive.

cosmopolitan /ˌkɒzməˈpɒlɪtn/ *n, adj* cosmopolite (*mf*).

cost /kɒst, kɔːstUS/ I *n* coût *m*, prix *m*; **at** au prix coûtant; **at all ~s** à tout prix; **whatever the** ~ coûte que coûte. II **~s** *npl* frais *mpl*. III *vtr* (*prét, pp* ~) coûter; **to** ~ **money** coûter cher.

costly /ˈkɒstlɪ, ˈkɔːstlɪUS/ *adj* coûteux/-euse.

costume /ˈkɒstjuːm, -tuːmUS/ *n* costume *m*; (swimsuit)GB maillot *m* de bain.

cosyGB, **cozy**US /ˈkəʊzɪ/ *adj* douillet/-ette; **I feel** ~ je suis confortablement installé; **it's** ~ **here** on est bien ici.

cot /kɒt/ *n* GB lit *m* de bébé; US lit *m* de camp.

cottage /ˈkɒtɪdʒ/ *n* maisonnette *f*; (thatched) chaumière *f*; **weekend** ~ maison *f* de campagne; ~ **cheese** *fromage blanc*.

cotton /ˈkɒtn/ *n* coton *m*.

cotton candyUS *n* barbe *f* à papa.

cotton woolGB *n* ouate *f* (de coton).

couch /kaʊtʃ/ *n* canapé *m*.

cough /kɒf, kɔːfUS/ I *n* toux *f*. II *vi* tousser.

could /kʊd/ ▸ **can**[1].

couldn't /ˈkʊdnt/ ▸ **could not**.

council /ˈkaʊnsl/ I *n* conseil *m*. II *in compounds* municipal; ~ **house** habitation *f* à loyer modéré.

council taxGB *n* ≈ impôts locaux.

counselling, **counseling**US /ˈkaʊnsəlɪŋ/ *n* assistance *f*; **careers** ~GB orientation professionnelle.

count /kaʊnt/ I *n* GÉN décompte *m*; **to lose** ~ ne plus savoir où on en est dans ses calculs; **cholesterol** ~ taux de cholestérol; **the official** ~ le chiffre officiel; (nobleman) comte *m*. II *vtr* compter; **to** ~ **oneself happy** s'estimer heureux. III *vi* compter. • **count on**: compter sur. • **count out**: **to** ~ **out the money** compter l'argent; ~ **me out!** ne compte pas sur moi!

countdown /ˈkaʊntdaʊn/ *n* compte *m* à rebours.

counter /ˈkaʊntə(r)/ I *n* comptoir *m*; (in bank, post office) guichet *m*; (of a shop) rayon *m*; **available over the** ~ [medicine] vendu sans ordonnance; (token) jeton *m*. II *vtr* (accusation) répondre à; (effet) neutraliser; (blow) parer. III **counter+** *combining form* contre-.

counterfeit /ˈkaʊntəfɪt/ *adj* contrefait; **~ money** fausse monnaie *f*.

counterpart /ˈkaʊntəpɑːt/ *n* (person) homologue *mf*; (company) concurrent *m*.

countess /ˈkaʊntɪs/ *n* comtesse *f*.

countless /ˈkaʊntlɪs/ *adj* **~ letters** un nombre incalculable de lettres.

country /ˈkʌntrɪ/ **I** *n* pays *m*; **the old ~** le pays natal; (native land) patrie *f*; (out of town) campagne *f*; (music) country *m*. **II** *in compounds* [road, house] de campagne; [scene] campagnard; **~ life** la vie à la campagne.

countryside /ˈkʌntrɪsaɪd/ *n* campagne *f*.

county /ˈkaʊntɪ/ *n* comté *m*.

coup /kuː/ *n* coup *m* d'État; **to pull off/score a ~** réussir/faire un beau coup.

couple /ˈkʌpl/ *n* couple *m*; **a ~ of** (two) deux; (a few) deux ou trois.

coupon /ˈkuːpɒn/ *n* bon *m*; **reply ~** coupon-réponse.

courage /ˈkʌrɪdʒ/ *n* courage *m*.

courgette[GB] *n* courgette *f*.

courier /ˈkʊrɪə(r)/ *n* [GB] accompagnateur/-trice *m/f*; (for parcels) coursier *m*.

course /kɔːs/ **I** *n* cours *m*; **in the ~ of** au cours de; **in due ~** en temps utile; **to change ~** changer de direction; **a ~ of treatment** un traitement; (part of meal) plat *m*. **II of ~** *adv phr* bien sûr, évidemment.

court /kɔːt/ **I** *n* JUR cour *f*, tribunal *m*; **to go to ~** aller devant les tribunaux; **to take sb to ~** poursuivre qn en justice; (for tennis, squash) court *m*; (for basketball) terrain *m*; (of sovereign) cour *f*. **II** *vtr* courtiser.

courteous /ˈkɜːtɪəs/ *adj* courtois.

courtesy /ˈkɜːtəsɪ/ *n* courtoisie *f*; **(by) ~ of** (with permission from) avec la (gracieuse) permission de; (with funds from) grâce à la générosité de, offert par; (thanks to) grâce à.

courtier /ˈkɔːtɪə(r)/ *n* courtisan/dame de cour *m/f*.

court of inquiry *n* commission *f* d'enquête.

courtyard *n* cour *f*.

cousin /ˈkʌzn/ *n* cousin/-e *m/f*.

cover /ˈkʌvə(r)/ **I** *n* couverture *f*; (for duvet, typewriter, furniture) housse *f*; (for umbrella, blade, knife) fourreau *m*; **under ~** à l'abri; **under ~ of darkness** à la faveur de la nuit; (insurance)[GB] assurance *f*. **II** *vtr* couvrir; (distance, area) parcourir; (extend over) s'étendre sur; (ignorance) cacher. **III** *v refl* **to ~ oneself** se protéger.

• **cover up**: (put clothes on) se couvrir; (mistake, truth) dissimuler; (scandal) étouffer.

coverage /ˈkʌvərɪdʒ/ *n* (in media) couverture *f*; **live ~** reportage en direct; (in book, programme) traitement *m*.

cover-up *n* opération *f* de camouflage.

cow /kaʊ/ *n* vache *f*.

• **till the ~s come home**☺ à la saint-glinglin☺.

coward /ˈkaʊəd/ *n* lâche *mf*.

cowboy /ˈkaʊbɔɪ/ *n* cowboy *m*; (incompetent worker)☺[GB] PÉJ fumiste *m*.

cowslip *n* (flower) coucou *m*.

coy /kɔɪ/ *adj* de fausse modestie; **to be ~ about sth** se montrer discret à propos de qch.

crab /kræb/ *n* crabe *m*.

crab apple *n* pommier *m* sauvage; (fruit) pomme *f* sauvage.

crack /kræk/ **I** *n* (in varnish, ground) craquelure *f*; (in cup, bone) fêlure *f*; (in rock) fissure *f*; (noise) craquement *m*; (joke)☺ blague☺ *f*. **II**☺ *adj* [player] de première; [troops] d'élite. **III** *vtr* fêler; (nut, egg) casser; **to ~ sth open** ouvrir qch; (problem) résoudre; (code) déchiffrer; **to ~ a joke** ☺ sortir une blague☺. **IV** *vi* craquer; **to ~ under pressure** ne pas tenir le coup.

• **crack down (on)**: sévir (contre). • **crack up**☺: (have breakdown) craquer; (laugh) éclater de rire.

cracker /ˈkrækə(r)/ *n* cracker *m*, biscuit *m* salé; (banger) pétard *m*.

crackle /ˈkrækl/ *vi* [fire, radio] crépiter; [hot fat] grésiller.

crackling /ˈkræklɪŋ/ *n* crépitement *m*; (on radio) friture☺ *f*.

cradle /ˈkreɪdl/ *n* berceau *m*.

craft /krɑːft, kræft[US]/ *n* (skill) art *m*; (job) métier *m*; (handiwork) artisanat *m*; **arts and ~s** artisanat (d'art); (boat) embarcation *f*.

craftsman *n* (*pl* **-men**) artisan *m*.

cram /kræm/ (*p prés etc* **-mm-**) I *vtr* **to ~ sth into** enfoncer/fourrer qch dans; **to ~ a lot into one day** faire beaucoup de choses dans une seule journée. II *vi* SCOL bachoter. III *v refl* **to ~ oneself with** se bourrer de.

crammer☺GB /ˈkræmə(r)/ *n* ≈ boîte à bac☺.

cramp /kræmp/ *n* crampe *f*.

cramped /kræmpt/ *adj* exigu/-uë.

cranberry /ˈkrænbərɪ, -berɪ[US]/ *n* canneberge *f*; **~ sauce** sauce à la canneberge.

crane /kreɪn/ I *n* (bird, mechanical) grue *f*. II *vtr* **to ~ one's neck** tendre le cou.

crank☺ /kræŋk/ *n* allumé/e☺ *m/f*.

crap☹ /kræp/ *n* (nonsense) bêtises *fpl*; (of film, book) foutaise☹ *f*.

crash /kræʃ/ I *n* (noise) fracas *m*; (accident) accident *m*; (of stock market) krach *m*. II *vtr* **to ~ the car** avoir un accident de voiture. III *vi* [car, plane] s'écraser; [share prices] s'effondrer. IV *in compounds* **~ landing** atterrissage en catastrophe.

crate /kreɪt/ *n* caisse *f*; (for fruit) cageot *m*.

craving /ˈkreɪvɪŋ/ *n* (for drug) besoin *m* maladif; (for fame, love) soif *f*; (for food) envie *f*.

crawl /krɔːl/ I *n* SPORT crawl *m*. II *vi* ramper; [baby] marcher à quatre pattes; [vehicle] rouler au pas; **to be ~ing with** fourmiller de.

crayfish /ˈkreɪfɪʃ/ *n* (freshwater) écrevisse *f*; (lobster) langouste *f*.

craze /kreɪz/ *n* engouement *m*; **to be the latest ~** faire fureur.

crazed /kreɪzd/ *adj* fou/folle.

crazy☺ /ˈkreɪzɪ/ *adj* fou/folle; **~ about** (person) fou/folle de; (activity) passionné de.

creak /kriːk/ *vi* [door] grincer; [floorboard] craquer.

cream /kriːm/ I *n* crème *f*; **the ~ of society** la fine fleur de la société. II *in compounds* [cake, bun] à la crème. III *adj* crème *inv*.

cream tea[GB] *n thé complet accompagné de scones avec de la crème fraîche et de la confiture.*

creamy /ˈkriːmɪ/ *adj* crémeux/-euse.

crease /kriːs/ I *n* pli *m*. II *vtr*, *vi* froisser, se froisser.

create /kriːˈeɪt/ *vtr* créer; (scandal, impression) faire.

creation /kriːˈeɪʃn/ *n* création *f*.

creative /kriːˈeɪtɪv/ *adj* créatif/-ive.

creature /ˈkriːtʃə(r)/ *n* créature *f*.

credentials /krɪˈdenʃlz/ *npl* qualifications *fpl*.

credit /ˈkredɪt/ I *n* crédit *m*; (praise) mérite *m*; **it does you ~** c'est tout à votre honneur; (recognition) **to give ~ to sb** reconnaître le mérite de qn; SCOL unité *f* de valeur. II **~s** *npl* CIN, TV générique *m*. III *vtr* (account) créditer; **to ~ sb with** attribuer à qn.

credit card *n* carte *f* de crédit.

creed /kriːd/ *n* croyance *f*.

creek /kriːk, krɪk[US]/ *n* (from river) bras *m* mort; (stream) ruisseau *m*.

creep /kri:p/ **I**☺ *n* GB lèche-bottes☺ *mf inv*; (repellent person) horreur☺ *f*. **II** *vi* (*prét, pp* **crept**) ramper.
• **to give sb the ~s**☺ donner la chair de poule à qn☺.
creepy☺ /ˈkri:pɪ/ *adj* [film] glaçant; [person] affreux/-euse☺.
crept /krept/ *prét, pp* ▸ **creep**.
crescent /ˈkresnt/ *n* croissant *m*; GB *rangée de maisons en arc de cercle.*
cress /kres/ *n* cresson *m*.
crest /krest/ *n* crête *f*.
crew /kru:/ *n* AVIAT, NAUT équipage *m*; CIN, TV équipe *f*.
crew-neck *adj* [sweater] ras du cou.
cricket /ˈkrɪkɪt/ *n* grillon *m*; (sport) cricket *m*.
crime /kraɪm/ *n* crime *m*, délit *m*.
criminal /ˈkrɪmɪnl/ *n, adj* criminel/-elle *m/f, adj*.
crimson /ˈkrɪmzn/ *n, adj* cramoisi *m, adj*.
cripple /ˈkrɪpl/ **I** *n* INJUR infirme *m/f*. **II** *vtr* estropier; **~d for life** infirme à vie; FIG paralyser.
crisis /ˈkraɪsɪs/ *n* (*pl* **-ses**) crise *f*.
crisp /krɪsp/ **I**GB *n* chips *f inv*. **II** *adj* [batter, biscuit] croustillant; [fruit] croquant; [air] vif/vive.
crispy /ˈkrɪspɪ/ *adj* croustillant.
criterion /kraɪˈtɪərɪən/ *n* (*pl* **-ia**) critère *m*.
critic /ˈkrɪtɪk/ *n* critique *m*.
critical /ˈkrɪtɪkl/ *adj* critique.
critically /ˈkrɪtɪklɪ/ *adv* [compare, examine] d'un œil critique; [ill] très gravement.
criticism /ˈkrɪtɪsɪzəm/ *n* critique *f*.
criticize /ˈkrɪtɪsaɪz/ *vtr* critiquer; **to ~ sb for sth** reprocher qch à qn.
crockery /ˈkrɒkərɪ/ *n* vaisselle *f*.
crocodile /ˈkrɒkədaɪl/ *n* crocodile *m*.
crony /ˈkrəʊnɪ/ *n* PÉJ copain/copine *m/f*.
crook /krʊk/ *n* (criminal) escroc *m*; (shepherd's) houlette *f*; (bishop's) crosse *f*.
crooked /ˈkrʊkɪd/ **I** *adj* [stick, finger] crochu; [person]☺ malhonnête. **II** *adv* de travers.
crop /krɒp/ **I** *n* (produce) culture *f*; (harvest) récolte *f*. **II** *vtr* (*p prés etc* **-pp-**) (hair) couper [qch] court.
• **crop up**: [matter, problem] surgir.
croquet /ˈkrəʊkeɪ, krəʊˈkeɪUS/ *n* croquet *m*.
cross /krɒs, krɔ:sUS/ **I** *n* croix *f*; **put a ~ in the box** cochez la case; (hybrid) croisement *m*. **II** *adj* fâché; **to be ~ with sb** être fâché contre qn. **III** *vtr* traverser; (border, line, mountains) franchir; **it ~ed his mind that** il lui est venu à l'esprit que; **to ~ one's legs** croiser les jambes; (text) barrer. **IV** *vi* se croiser, se couper; **to ~ to America** aller en Amérique. **V** *v refl* **to ~ oneself** faire un signe de croix.
• **cross out**: (text) rayer, barrer [qch].
cross-country /ˌkrɒsˈkʌntrɪ, ˌkrɔ:s-US/ **I** *n* cross *m*. **II** *adj* de cross; (skiing) de fond.
cross-examination *n* contre-interrogatoire *m*.
crossing /ˈkrɒsɪŋ, ˈkrɔ:sɪŋUS/ *n* (journey) traversée *f*; (marked) passage *m* (pour) piétons; (level crossing) passage *m* à niveau.
crossroads *n* carrefour *m*.
crosswise *adj, adv* en diagonale.
crossword *n* mots *mpl* croisés.
crouch /kraʊtʃ/ *vi* s'accroupir; (in order to hide) se tapir.
crow /krəʊ/ *n* corbeau *m*.
crowd /kraʊd/ **I** *n* foule *f*; **~s of people** une foule de gens; (group)☺ bande *f*. **II** *vtr* encombrer. **III** *vi* **to ~ into** s'entasser dans.
crowded /ˈkraʊdɪd/ *adj* **to be ~ with people** être plein de monde; [schedule] chargé.

crown /kraʊn/ I *n* couronne *f*. II *vtr* couronner.

crude /kru:d/ I *n* pétrole *m* brut. II *adj* (rough) rudimentaire; (vulgar, rude) grossier/-ière; (unprocessed) brut.

cruel /ˈkruəl/ *adj* cruel/-elle.

cruelty /ˈkruəltɪ/ *n* cruauté (envers) *f*.

cruise /kru:z/ I *n* croisière *f*. II *vtr* **to ~ the Nile** faire une croisière sur le Nil; (street, city) parcourir. III *vi* faire une croisière; [plane] voler à une altitude de croisière de.

cruiser /ˈkru:zə(r)/ *n* petit bateau *m* de croisière.

crumb /krʌm/ *n* miette *f*.

crumble /ˈkrʌmbl/ I *vtr* émietter. II *vi* (in small pieces) s'effriter; (decay) se délabrer; (fall apart) s'effondrer; (tumble) s'écrouler.

crummy© /ˈkrʌmɪ/ *adj* minable©; **to feel ~**US se sentir patraque©.

crumpetGB /ˈkrʌmpɪt/ *n* CULIN *petit pain spongieux à griller*.

crumple /ˈkrʌmpl/ I *vtr* froisser. II *vi* se froisser.

crunch /krʌntʃ/ *vtr* (eat) croquer; (making noise) faire crisser.

crusade /kru:ˈseɪd/ *n* croisade *f*.

crush /krʌʃ/ I *n* (crowd) bousculade *f*; **orange/lemon ~**GB *boisson à l'orange/au citron*. II *vtr* (fruit, person, vehicle) écraser; (protest) étouffer, (hopes, person) anéantir.

crushing /ˈkrʌʃɪŋ/ *adj* [defeat, weight] écrasant; [blow] cinglant.

crust /krʌst/ *n* croûte *f*; **the earth's ~** l'écorce terrestre.

cry /kraɪ/ I *n* cri *m*; **a ~ for help** un appel à l'aide. II *vtr* crier; (tears) verser. III *vi* pleurer; **to ~ with laughter** rire aux larmes.

crystal /ˈkrɪstl/ *n* cristal *m*.
• **~ clear** clair comme de l'eau de roche.

cub /kʌb/ *n* (young animal) petit *m*.

cube /kju:b/ *n* cube *m*; **sugar ~** sucre *m*; **ice ~** glaçon *m*.

cubic /ˈkju:bɪk/, *adj* (form) cubique; [metre, centimetre] cube *inv*.

cubicle /ˈkju:bɪkl/ *n* cabine *f*.

cuckoo /ˈkʊku:/ *n* (bird) coucou *m*.

cucumber /ˈkju:kʌmbə(r)/ *n* concombre *m*.

cuddle /ˈkʌdl/ I *n* câlin *m*. II *vtr* câliner.
• **cuddle up**: se blottir.

cue /kju:/ *n* (line) réplique *f*; (action) signal *m*; (stick) queue *f* de billard.

cuff /kʌf/ *n* poignet *m*; (on shirt) manchette *f*.

culminate /ˈkʌlmɪneɪt/ *vi* **to ~ in sth** aboutir à qch.

culprit /ˈkʌlprɪt/ *n* coupable *mf*.

cult /kʌlt/ *n* culte *m*.

cultivate /ˈkʌltɪveɪt/ *vtr* cultiver.

cultural /ˈkʌltʃərəl/ *adj* culturel/-elle.

culture /ˈkʌltʃə(r)/ *n* culture *f*.

cultured /ˈkʌltʃəd/ *adj* cultivé.

cumbersome /ˈkʌmbəsəm/ *adj* encombrant.

cunning /ˈkʌnɪŋ/ I *n* astuce *f*; PÉJ ruse *f*. II *adj* [person, animal] rusé; [device] astucieux/-ieuse.

cup /kʌp/ *n* tasse *f*; SPORT coupe *f*.

cupboard /ˈkʌbəd/ *n* placard *m*.

curateGB /ˈkjʊərət/ *n* vicaire *m*.

curb /kɜ:b/ I *n* restriction *f*; (sidewalk)US bord *m* du trottoir. II *vtr* limiter.

cure /ˈkjʊə(r)/ I *n* (remedy) remède *m*; (recovery) guérison *f*. II *vtr* guérir; **to ~ sb of sth** guérir qn de qch; CULIN sécher, fumer.

curfew /ˈkɜ:fju:/ *n* couvre-feu *m*.

curiosity /ˌkjʊərɪˈɒsətɪ/ *n* curiosité *f*.

curious /ˈkjʊərɪəs/ *adj* curieux/-ieuse.

curl /kɜ:l/ I *n* boucle *f*. II *vi* friser.

• **to make sb's hair ~**☺ faire dresser les cheveux sur la tête de qn.

• **curl up**: se pelotonner; **to ~ up in bed** se blottir dans son lit.

curly /ˈkɜːlɪ/ *adj* frisé, bouclé.

currant /ˈkʌrənt/ *n* raisin *m* de Corinthe.

currency /ˈkʌrənsɪ/ *n* monnaie *f*, devise *f*.

current /ˈkʌrənt/ I *n* courant *m*. II *adj* (present) actuel/-elle; **in ~ use** usité; **~ affairs** l'actualité.

currently /ˈkʌrəntlɪ/ *adv* actuellement, en ce moment.

curriculum /kəˈrɪkjʊləm/ *n* (*pl* **-la**) SCOL programme *m*.

curse /kɜːs/ I *n* fléau *m*; (swearword) juron *m*; (spell) malédiction *f*; **to put a ~ on** maudire qn. II *vtr* maudire. III *vi* jurer.

cursor /ˈkɜːsə(r)/ *n* ORDINAT curseur *m*.

curt /kɜːt/ *adj* sec/sèche.

curtail /kɜːˈteɪl/ *vtr* (service) réduire; (holiday) écourter.

curtain /ˈkɜːtn/ *n* rideau *m*.

curve /kɜːv/ I *n* courbe *f*. II *vtr* courber. III *vi* faire une courbe.

cushion /ˈkʊʃn/ I *n* coussin *m*. II *vtr* amortir.

custardGB /ˈkʌstəd/ *n* (creamy) ≈ crème anglaise; (set, baked) flan *m*.

custody /ˈkʌstədɪ/ *n* JUR **in ~** en détention; **to take sb into ~** arrêter qn; (of child) garde *f*.

custom /ˈkʌstəm/ *n* coutume *f*, habitude *f*; **it's her ~ to do** elle a l'habitude de faire; COMMGB clientèle *f*.

customary /ˈkʌstəmərɪ, -merɪUS/ *adj* habituel/-elle; **as is/was ~** comme de coutume.

customer /ˈkʌstəmə(r)/ *n* client/-e *m/f*; **~ services** service clientèle; (person)☺ type☺ *m*.

customize /ˈkʌstəmaɪz/ *vtr* personnaliser.

customs /ˈkʌstəmz/ *n* douane *f*.

customs officer *n* douanier/-ière *m/f*.

cut /kʌt/ I *n* coupure *f*; (style) coupe *f*; **a ~ and blow-dry** une coupe-brushing; (reduction) réduction *f*; **a price ~** une baisse des prix; **job ~s** suppressions d'emplois; (share)☺ part *f*; CULIN morceau *m*. II *vtr* (*p prés* **-tt-**; *prét*, *pp* **cut**) couper; **to have one's hair ~** se faire couper les cheveux; **to ~ sth open** ouvrir qch; (scene) supprimer; (reduce) réduire. III *vi* couper. IV *v refl* **to ~ oneself** se couper.

• **cut back**: réduire. • **cut down**: (forest, tree) abattre; (number, time, spending) réduire; **to ~ down on smoking** fumer moins.

• **cut off**: supprimer; **to feel ~ off** se sentir isolé. • **cut short**: (sth) abréger; (sb) interrompre.

cutback /ˈkʌtbæk/ *n* réduction *f*.

cute☺ /kjuːt/ *adj* mignon/-onne.

cutlery /ˈkʌtlərɪ/ *n* ¢ couverts *mpl*.

cut-priceGB /ˌkʌtˈpraɪs/ *adj*, *adv* à prix réduit.

cutting /ˈkʌtɪŋ/ I *n* (article)GB coupure *f*; (of plant) bouture *f*. II *adj* cassant.

cutting edge *n* (blade) tranchant *m*.

CV, **cv** *n abrév* = (**curriculum vitae**) cv *m*, CV *m*.

cycle /ˈsaɪkl/ I *n* cycle *m*; (bicycle) vélo *m*. II *vtr* **to ~ 15 miles** parcourir/faire 24 km à vélo. III *vi* faire du vélo.

cycling /ˈsaɪklɪŋ/ *n* cyclisme *m*.

cyclist /ˈsaɪklɪst/ *n* cycliste *mf*.

cylinder /ˈsɪlɪndə(r)/ *n* cylindre *m*.

cymbal /ˈsɪmbl/ *n* cymbale *f*.

cypress (tree) /ˈsaɪprəs/ *n* cyprès *m*.

d

D /diː/ *n* MUS ré *m*.

dad☺ /dæd/ *n*, **daddy**☺ /ˈdædɪ/ *n* papa *m*.

daffodil /ˈdæfədɪl/ *n* jonquille *f*.

daft☺GB /dɑːft, dæftUS/ *adj* bête.

dagger /ˈdægə(r)/ *n* poignard *m*.

daily /ˈdeɪlɪ/ I *n* (*pl* **dailies**) (newspaper) quotidien *m*. II *adj* (each day) quotidien/-ienne; (per day) journalier/-ière. III *adv* quotidiennement, tous les jours.

dainty /ˈdeɪntɪ/ *adj* délicat.

dairy /ˈdeərɪ/ I *n* (on farm) laiterie *f*; (shop) crémerie *f*. II *in compounds* [butter] fermier/-ière; [cow, product] laitier/-ière.

daisy /ˈdeɪzɪ/ *n* (common) pâquerette *f*; (garden) marguerite *f*.

• **to be as fresh as a ~** être frais/fraîche comme une rose; **to be pushing up (the) daisies**☺ manger les pissenlits par la racine☺.

dale /deɪl/ *n* vallée *f*.

dam /dæm/ *n* barrage *m*; digue *f*.

damage /ˈdæmɪdʒ/ I *n* ¢ dégâts *mpl*; **the ~ is done** le mal est fait. II **damages** *npl* JUR dommages-interêts *mpl*. III *vtr* (machine) endommager; (health) abîmer; (environment, reputation) nuire à.

damaging /ˈdæmɪdʒɪŋ/ *adj* préjudiciable; (to health) nuisible.

damn /dæm/ I☺ *n* **not to give a ~ about sb/sth** se ficher☺ de qn/qch. II☺ *adv* franchement; **I should ~ well hope so!** j'espère bien! III☺ *excl* zut☺! IV *vtr* condamner.

damned /dæmd/ I *n* RELIG damné. II☺ *adj* fichu☺. III☺ *adv* sacrément☺.

damp /dæmp/ I *n* humidité *f*. II *adj* humide.

damson /ˈdæmzn/ *n* quetsche *f*.

dance /dɑːns, dænsUS/ I *n* danse *f*; (occasion) soirée *f* dansante. II *vtr, vi* danser.

dancer /ˈdɑːnsə(r), ˈdænsə(r)US/ *n* danseur/-euse *m/f*.

dandelion /ˈdændɪlaɪən/ *n* pissenlit *m*.

dandruff /ˈdændrʌf/ *n* ¢ pellicules *fpl*; **anti-~** antipelliculaire.

danger /ˈdeɪndʒə(r)/ *n* danger *m*.

dangerous /ˈdeɪndʒərəs/ *adj* dangereux/-euse.

dangle /ˈdæŋgl/ *vi* se balancer; **with legs dangling** les jambes ballantes.

Danish pastry *n viennoiserie f.*

dare /deə(r)/ *vtr* oser; **to ~ sb to do** défier qn de faire.

daring /ˈdeərɪŋ/ *adj* audacieux/-ieuse.

dark /dɑːk/ I *n* **the ~** le noir, l'obscurité *f*; **before/until ~** avant/jusqu'à la (tombée de la) nuit. II *adj* sombre; **it's ~** il fait noir/nuit; **~ blue** bleu foncé *inv*.

• **to leave sb in the ~** laisser qn dans l'ignorance.

darken /ˈdɑːkən/ I *vtr* obscurcir, assombrir. II *vi* s'obscurcir, s'assombrir.

dark glasses *npl* lunettes *fpl* noires.

darkness /ˈdɑːknɪs/ *n* obscurité *f*.

darling /ˈdɑːlɪŋ/ I *n* chéri/-e *m/f*; **be a ~** sois un ange; (favourite) chouchou/-te *m/f*. II *adj* chéri; **a ~ little baby** un amour de bébé.

darn /dɑːn/ *vtr* repriser, raccommoder.

dart /dɑːt/ *n* SPORT fléchette *f*.

dash /dæʃ/ I *n* **a ~ of** (small amount) un (petit) peu de; (punctuation) tiret *m*. II *vi* (hurry) se précipiter.

• **dash off**: **~ off** se sauver.

data /ˈdeɪtə/ I *npl* données *fpl*. II *in compounds* de données.

date /deɪt/ I *n* date *f*; **~ of birth** date de naissance; (meeting) rendez-vous *m inv*; (person) **who's your ~ for tonight?** avec qui sors-tu ce soir?; (fruit) datte *f*. II *vtr* dater; (go out with) **to ~ sb** sortir avec qn. III *vi* **to ~ from/back to** dater de; (become dated) se démoder.

dated /ˈdeɪtɪd/ *adj* démodé.

date palm *n* dattier *m*.

daughter /ˈdɔːtə(r)/ *n* fille *f*.

daughter-in-law *n* (*pl* **daughters-in-law**) belle-fille *f*, bru *f*.

daunting /ˈdɔːntɪŋ/ *adj* intimidant.

dawn /dɔːn/ *n* aube *f*, aurore *f*.

day /deɪ/ I *n* jour *m*; **every other ~** tous les deux jours; **the ~ after** le lendemain; **the ~ before** la veille; **it's almost ~** il fait presque jour; (until evening) journée *f*; **working ~** journée de travail; **all ~** toute la journée; **have a nice ~!** bonne journée!; **in those ~s** à cette époque. II *in compounds* [job, nurse] de jour.

• **those were the ~s** c'était le bon temps.

daycare *n* (for children) garderie *f*.

daydream I *n* rêves *mpl*. II *vi* rêver; PÉJ rêvasser.

daylight /ˈdeɪlaɪt/ *n* (light) jour *m*, lumière *f* du jour; **it's still ~** il fait encore jour.

daytime *n* journée *f*.

daze /deɪz/ *n* **in a ~** dans un état second.

dazzle /ˈdæzl/ *vtr* éblouir.

D-day /ˈdiː deɪ/ *n* le jour *m* J; HIST le 6 juin 1944 (*jour du débarquement des Alliés en Normandie*).

dead /ded/ I *n* **the ~** (*pl*) les morts *mpl*; FIG **at ~ of night** en pleine nuit. II *adj* mort; **a ~ body** un cadavre; **I'm absolutely ~**☺**!** je suis crevé☺! III *adv* **~ easy**☺GB simple comme bonjour☺; **you're ~ right**☺**!** tu as parfaitement raison!

deaden /ˈdedn/ *vtr* (sound) assourdir.

dead end *n* impasse *f*.

deadline *n* date *f*/heure *f* limite, délai *m*.

deadlock *n* impasse *f*.

deadly /ˈdedlɪ/ I *adj* [disease, enemy] mortel/-elle; [weapon] meurtrier/-ière. II *adv* [dull, boring] terriblement.

deaf /def/ I *n* **the ~** (*pl*) (*ce mot peut être perçu comme injurieux*) les sourds *mpl*, les malentendants *mpl*. II *adj* sourd.

deafen /ˈdefn/ *vtr* assourdir.

deal /diːl/ I *n* GÉN affaire *f*, marché *m*, accord *m*; **it's a ~!** marché conclu!; **a good ~** une bonne affaire; (amount) **a great/good ~** beaucoup. II *vtr* (*prét*, *pp* **dealt**) (cards) distribuer. III *vi* **to ~ in sth** faire le commerce de qch.

• **big ~**☺**!** la belle affaire!.

• **deal with**: **to ~ with sth/sb** s'occuper de qch/qn; **the book ~s with** le livre parle de.

dealer /ˈdiːlə(r)/ *n* marchand/-e *m/f*; (on a large scale) négociant/-e *m/f*; (for a specific product) concessionnaire *m*; **art ~** marchand/-e *m/f* de tableaux.

dealt /delt/ *prét*, *pp* ▸ **deal**.

dear /dɪə(r)/ I *n* (affectionate) mon chéri/ma chérie *m/f*; (more formal) mon cher/ma chère *m/f*; **be a ~** sois gentil. II *adj* cher/chère; **he's my ~est friend** c'est mon meilleur ami. III *excl* **oh ~!** oh mon Dieu!

dearly /ˈdɪəlɪ/ *adv* **to love sb ~** aimer tendrement qn; **~ bought** chèrement payé.

death /deθ/ *n* (of person) mort *f*, décès *m*; **to put sb to ~** exécuter qn; **to work oneself to ~** se tuer au travail.

• **to be bored to ~**☺ s'ennuyer à mourir.

death penalty *n* peine *f* de mort.

death rate *n* taux *m* de mortalité.

death sentence *n* condamnation *f* à mort.

debatable /dɪˈbeɪtəbl/ *adj* discutable; **that's ~!** cela se discute!

debate /dɪˈbeɪt/ *n* débat *m*, discussion *f*.

debit /ˈdebɪt/ **I** *n* débit *m*. **II** *vtr* débiter.

debris /ˈdeɪbriː, ˈde-, dəˈbriːUS/ *n* débris *mpl*.

debt /det/ *n* dette *f*; **to get into ~** s'endetter; **to be in ~** avoir des dettes.

debug /ˌdiːˈbʌɡ/ *vtr* (*p prés etc* **-gg-**) ORDINAT déboguer.

debut /ˈdeɪbjuː, dɪˈbjuːUS/ *n* débuts *mpl*.

Dec *abrév écrite* = **December**.

decade /ˈdekeɪd, dɪˈkeɪdUS/ *n* décennie *f*.

decay /dɪˈkeɪ/ **I** *n* (rot) pourriture *f*; (dental) carie *f*. **II** *vi* [food] pourrir; [tooth] se carier.

deceased /dɪˈsiːst/ **I** *n* **the ~** (one person) le défunt/la défunte; (collectively) les défunts *mpl*. **II** *adj* décédé, défunt.

deceit /dɪˈsiːt/ *n* malhonnêteté *f*.

deceive /dɪˈsiːv/ **I** *vtr* tromper, duper. **II** *v refl* **to ~ oneself** se faire des illusions.

December /dɪˈsembə(r)/ *n* décembre *m*.

decency /ˈdiːsnsɪ/ *n* politesse *f*.

decent /ˈdiːsnt/ *adj* (respectable) comme il faut, bien *inv*; (pleasant) sympathique, bien☺ *inv*; (adequate) convenable; (good) bon/bonne (*before n*); (not indecent) décent, correct; **are you ~?** es-tu habillé?

deception /dɪˈsepʃn/ *n* tromperie *f*.

deceptive /dɪˈseptɪv/ *adj* trompeur/-euse.

decide /dɪˈsaɪd/ **I** *vtr* **to ~ (to do)** décider (de faire); (matter) régler; **to ~ sb to do** décider qn à faire. **II** *vi* décider; **I can't ~** je n'arrive pas à me décider.

• **decide on**: **~ on sth** se décider pour qch; **~ on sb** choisir qn.

decision /dɪˈsɪʒn/ *n* décision *f*.

decisive /dɪˈsaɪsɪv/ *adj* [manner, tone] ferme; [battle, factor] décisif/-ive.

deck /dek/ *n* (on ship) pont *m*; (on bus) étage *m*; **~ of cards** jeu *m* de cartes.

declaration /ˌdekləˈreɪʃn/ *n* déclaration *f*.

declare /dɪˈkleə(r)/ *vtr* déclarer, proclamer.

decline /dɪˈklaɪn/ **I** *n* déclin *m*. **II** *vi* (drop) baisser; (refuse) refuser.

decorate /ˈdekəreɪt/ *vtr* décorer; (paint and paper) refaire.

decoration /ˌdekəˈreɪʃn/ *n* décoration *f*.

decoy /ˈdiːkɔɪ/ *n* leurre *m*.

decrease **I** /ˈdiːkriːs/ *n* GÉN diminution *f*. **II** /dɪˈkriːs/ *vtr, vi* diminuer.

decree /dɪˈkriː/ **I** *n* décret *m*. **II** *vtr* décréter.

dedicate /ˈdedɪkeɪt/ *vtr* consacrer, dédier.

dedicated /ˈdedɪkeɪtɪd/ *adj* (devoted) dévoué; (serious) sérieux/-ieuse.

deduce /dɪˈdjuːs, -ˈdusUS/ *vtr* déduire.

deduct /dɪˈdʌkt/ *vtr* **~ from** prélever (sur), déduire (de).

deduction /dɪˈdʌkʃn/ *n* (on wages) retenue *f*; (of tax) prélèvement *m*; (conclusion) déduction *f*, conclusion *f*.

deed /diːd/ *n* acte *m*; **a good ~** une bonne action; (for property) acte *m* de propriété.

deep /diːp/ **I** *adj* profond; **how ~ is the lake?** quelle est la profondeur du lac?; **it's 13 m ~** il a 13 m de profondeur; (in width) [band, strip] large; [mud, snow, carpet] épais/épaisse; [note, sound] grave; **~ in thought** absorbé dans ses pensées; **~ in conversation** en pleine conversation. **II** *adv* profondément.

• **to be in ~ water** être dans de beaux draps☺.

deepen /ˈdiːpən/ *vtr* approfondir, augmenter.

deeply /ˈdiːplɪ/ *adv* profondément.

deep-rooted, **deep-seated** *adj* profondément enraciné.

deer /dɪə(r)/ *n inv* **red ~** cerf *m*; **roe ~** chevreuil *m*; **fallow ~** daim *m*; (female of all species) biche *f*.

defeat /dɪ'fi:t/ I *n* défaite *f*; (failure) échec *m*. II *vtr* vaincre, battre.

defect /'di:fekt/ *n* défaut *m*.

defective /dɪ'fektɪv/ *adj* défectueux/-euse.

defenceGB, **defense**US /dɪ'fens/ *n* défense *f*; **in her ~** à sa décharge.

defend /dɪ'fend/ I *vtr, vi* défendre. II *v refl* **to ~ oneself** se défendre. III **defending** *pres p adj* **the ~ing champion** le tenant du titre.

defendant /dɪ'fendənt/ *n* JUR défendeur/-eresse *m/f*; (for crime) accusé/-e *m/f*.

defenseUS ▸ **defence**.

defensive /dɪ'fensɪv/ *adj* de défense; **to be (very) ~** être sur la défensive.

defer /dɪ'fɜ:(r)/ I *vtr* (*p prés etc* **-rr-**) différer. II *vi* **to ~ to sb** s'incliner devant qn.

defiant /dɪ'faɪənt/ *adj* de défi; [behaviour] provocant.

deficiency /dɪ'fɪʃənsɪ/ *n* insuffisance *f*; MÉD carence *f*.

define /dɪ'faɪn/ *vtr* définir; ORDINAT paramétrer.

definite /'defɪnɪt/ *adj* défini; [plan, amount] précis; [impression] net/nette; **to be ~** être certain, sûr; [contract, decision] ferme.

definitely /'defɪnɪtlɪ/ *adv* (certainly) sans aucun doute, absolument; **he ~ said that** il a bien dit que; **it's ~ colder** il fait nettement plus froid.

definition /ˌdefɪ'nɪʃn/ *n* GÉN définition *f*.

deflate /dɪ'fleɪt/ *vtr* dégonfler.

deform /dɪ'fɔ:m/ I *vtr* déformer. II **deformed** *pp adj* difforme, déformé.

defrost /ˌdi:'frɒst/ *vtr, vi* (food) décongeler; (refrigerator) dégivrer.

defuse /ˌdi:'fju:z/ *vtr* désamorcer.

defy /dɪ'faɪ/ *vtr* défier; **to ~ sb to do** mettre qn au défi de faire; **it defies description** cela dépasse tout ce qu'on peut imaginer.

degenerate /dɪ'dʒenəreɪt/ *vi* dégénérer; **to ~ into farce** tourner à la farce.

degrading /dɪ'greɪdɪŋ/ *adj* dégradant; [treatment] humiliant.

degree /dɪ'gri:/ *n* degré *m*; **to such a ~ that** à un tel point que; **to a lesser ~** dans une moindre mesure; UNIV diplôme *m* universitaire; **first**GB**/bachelor's ~** ≈ licence *f*; **to have a ~** être diplômé; JURUS **first-~ murder** homicide volontaire avec préméditation.

dehydrated /ˌdi:'haɪdreɪtɪd/ *adj* déshydraté; [milk] en poudre.

dejected /dɪ'dʒektɪd/ *adj* découragé.

delay /dɪ'leɪ/ I *n* retard *m*; **without (further) ~** sans (plus) tarder. II *vtr* différer; **to ~ doing** attendre pour faire; **flights were ~ed by 12 hours** les vols ont eu 12 heures de retard. III **delayed** *pp adj* en retard.

delegate I /'delɪgət/ *n* délégué/-e *m/f*. II /'delɪgeɪt/ *vtr* déléguer.

delete /dɪ'li:t/ *vtr* ORDINAT effacer; GÉN supprimer.

deli© /'delɪ/ *n abrév* = **delicatessen**.

deliberate I /dɪ'lɪbərət/ *adj* délibéré; **it was ~** il/elle l'a fait exprès. II /dɪ'lɪbəreɪt/ *vi* délibérer.

deliberately /dɪ'lɪbərətlɪ/ *adv* exprès.

delicacy /'delɪkəsɪ/ *n* délicatesse *f*; CULIN mets *m* raffiné.

delicate /'delɪkət/ *adj* délicat.

delicatessen /ˌdelɪkə'tesn/ *n* (shop) épicerie *f* fine; (eating place)US restaurant-traiteur *m*.

delicious /dɪ'lɪʃəs/ *adj* délicieux/-ieuse.

delight /dɪˈlaɪt/ I *n* joie *f*, plaisir *m*; **(much) to my ~** à ma plus grande joie. II *vtr* ravir.

delighted /dɪˈlaɪtɪd/ *adj* ravi; **to be ~ with sb** être très content de qn.

delightful /dɪˈlaɪtfl/ *adj* charmant.

delinquent /dɪˈlɪŋkwənt/ *n, adj* délinquant/-e *m/f, adj*.

delirious /dɪˈlɪrɪəs/ *adj* délirant; **to be ~** délirer.

deliver /dɪˈlɪvə(r)/ *vtr* (take to address) livrer; (to several houses) distribuer; (message) remettre; (baby) mettre au monde; (speech) faire; (verdict) rendre; (lines) réciter; (rescue) délivrer.

delivery /dɪˈlɪvərɪ/ *n* (of goods) livraison *f*; (of mail) distribution *f*; (of baby) accouchement *m*.

delude /dɪˈluːd/ *v refl* **to ~ oneself** se faire des illusions.

delusion /dɪˈluːʒn/ *n* illusion *f*.

delve /delv/ *vi* **to ~ into** fouiller dans.

demand /dɪˈmɑːnd, dɪˈmænd[US]/ I *n* exigence *f*, revendication *f*. II *vtr* exiger.

demanding /dɪˈmɑːndɪŋ, -ˈmænd-[US]/ *adj* exigeant.

demo☺ /ˈdeməʊ/ I *n abrév* = (**demonstration**) POL[GB] manif☺ *f*. II *in compounds* [tape, model] de démonstration.

democracy /dɪˈmɒkrəsɪ/ *n* démocratie *f*.

democrat /ˈdeməkræt/ *n* démocrate *mf*.

Democrat /ˈdeməkræt/ *n* POL Démocrate *mf*.

democratic /ˌdeməˈkrætɪk/ *adj* démocratique.

demolish /dɪˈmɒlɪʃ/ *vtr* démolir.

demolition /ˌdeməˈlɪʃn/ *n* démolition *f*.

demon /ˈdiːmən/ *n* démon *m*.

demonstrate /ˈdemənstreɪt/ I *vtr* (theory, truth) démontrer; (emotion, concern) manifester; (skill) montrer. II *vi* POL manifester.

demonstration /ˌdemənˈstreɪʃn/ *n* POL manifestation *f*; (of theorem) démonstration *f*.

demonstrator /ˈdemənstreɪtə(r)/ *n* POL manifestant/-e *m/f*.

den /den/ *n* tanière *f*.

denial /dɪˈnaɪəl/ *n* (of accusation) démenti *m*; (of rights) négation *f*; (of request) rejet *m*.

denim /ˈdenɪm/ *n* ¢ jean *m*.

denote /dɪˈnəʊt/ *vtr* indiquer.

denounce /dɪˈnaʊns/ *vtr* dénoncer.

dense /dens/ *adj* dense.

density /ˈdensətɪ/ *n* densité *f*.

dent /dent/ I *n* bosse *f*. II *vtr* cabosser.

dental /ˈdentl/ *adj* dentaire; **~ appointment** rendez-vous chez le dentiste.

dentist /ˈdentɪst/ *n* dentiste *mf*.

dentistry /ˈdentɪstrɪ/ *n* médecine *f* dentaire.

deny /dɪˈnaɪ/ *vtr* démentir; **to ~ doing/having done** nier avoir fait; **to ~ sb sth** refuser qch à qn.

deodorant /diːˈəʊdərənt/ *n* déodorant *m*.

depart /dɪˈpɑːt/ *vi* SOUT partir; **to ~ from** s'éloigner de.

department /dɪˈpɑːtmənt/ *n* (section) service *m*; (governmental) ministère *m*; (in store) rayon *m*; (in university) département *m*; SCOL section *f* (*regroupement des professeurs par matière*); ADMIN département *m*.

department head *n* chef *m* de service *m/f*; (in university) directeur/-trice *m/f* de département.

department store *n* grand magasin *m*.

departure /dɪˈpɑːtʃə(r)/ *n* départ *m*; (from tradition) rupture *f*.

depend /dɪˈpend/ *vi* **to ~ on sb/sth to do** compter sur qn/qch pour faire; **~ing on the season** selon la saison; (financially) **to ~ on sb** vivre à la charge de qn.

dependable /dɪ'pendəbl/ *adj* sûr, fiable.

dependant /dɪ'pendənt/ *n* personne *f* à charge.

dependence, **dependance**[GB] /dɪ'pendəns/ *n* dépendance *f*.

dependent /dɪ'pendənt/ *adj* à charge; **to be ~ (up)on** dépendre de.

depict /dɪ'pɪkt/ *vtr* dépeindre, représenter.

deplete /dɪ'pliːt/ *vtr* réduire.

deport /dɪ'pɔːt/ *vtr* expulser.

depose /dɪ'pəuz/ *vtr* déposer.

deposit /dɪ'pɒzɪt/ I *n* dépôt *m*; (payment) versement *m*; **to leave a ~** verser des arrhes; (paid by hirer) caution *f*; (on bottle) consigne *f*. II *vtr* déposer.

depot /'depəu, 'diːpəu[US]/ *n* dépôt *m*; (bus station)[US] gare *f* routière.

depreciate /dɪ'priːʃɪeɪt/ *vi* se déprécier.

depress /dɪ'pres/ *vtr* (person) déprimer; (button) enfoncer.

depressed /dɪ'prest/ *adj* déprimé; [region, industry] en déclin.

depressing /dɪ'presɪŋ/ *adj* déprimant.

depression /dɪ'preʃn/ *n* dépression *f*.

deprivation /ˌdeprɪ'veɪʃn/ *n* privations *fpl*.

deprive /dɪ'praɪv/ *vtr* **to ~ sb of sth** priver qn de qch.

deprived /dɪ'praɪvd/ *adj* démuni.

dept *abrév écrite* = **department**.

depth /depθ/ *n* (of hole, water, novel) profondeur *f*; **12 m in ~** profond de 12 m; **to examine sth in ~** examiner qch en détail; (of layer) épaisseur *f*; (of crisis, recession) gravité *f*; (of ignorance, knowledge) étendue *f*.

deputy /'depjutɪ/ I *n* (aide) adjoint/-e *m/f*; (politician) député *m*. II *in compounds* adjoint.

derail /dɪ'reɪl/ *vtr* faire dérailler; **to be ~ed** dérailler, quitter la voie.

derelict /'derəlɪkt/ I *n* clochard/-e *m/f*. II *adj* abandonné.

derive /dɪ'raɪv/ I *vtr* (re)tirer. II *vi* **to ~ from** provenir de.

derogatory /dɪ'rɒgətrɪ, -tɔːrɪ[US]/ *adj* [remark, person] désobligeant; [term] péjoratif/-ive.

descend /dɪ'send/ *vi* (go down) descendre; (fall) tomber, s'abattre; **to be ~ed from** descendre de.

descent /dɪ'sent/ *n* descente *f*; (family) descendance *f*.

describe /dɪ'skraɪb/ *vtr* décrire.

description /dɪ'skrɪpʃn/ *n* GÉN description *f*; (for police) signalement *m*; **beyond ~** indescriptible; **of every ~** de toutes sortes.

descriptive /dɪ'skrɪptɪv/ *adj* descriptif/-ive.

desecrate /'desɪkreɪt/ *vtr* profaner.

desert I /'dezət/ *n* désert *m*. II /dɪ'zɜːt/ *vtr* (cause) déserter; (person, group, post) abandonner. III /dɪ'zɜːt/ *vi* déserter.

deserted /dɪ'zɜːtɪd/ *adj* [place] désert; [person] abandonné.

deserter /dɪ'zɜːtə(r)/ *n* déserteur *m*.

deserve /dɪ'zɜːv/ *vtr* mériter.

deservedly /dɪ'zɜːvɪdlɪ/ *adv* à juste titre.

deserving /dɪ'zɜːvɪŋ/ *adj* [winner] méritant; [cause] louable.

design /dɪ'zaɪn/ I *n* conception *f*; (plan) plan *m*; (pattern) motif *m*; ¢ (art) design *m*; (intention) dessein *m*. II *vtr* concevoir; (costume) créer; (building) dessiner.

designate /'dezɪgneɪt/ *vtr* désigner.

designer /dɪ'zaɪnə(r)/ I *n* GÉN concepteur/-trice *m/f*; (of fashion) créateur/-trice *m/f*. II *in compounds* de dernière mode; **~ label** griffe *f*.

desirable /dɪ'zaɪərəbl/ *adj* désirable, souhaitable.

desire /dɪ'zaɪə(r)/ I *n* GÉN désir *m*; **to have no ~ to do** n'avoir aucune envie de faire. II *vtr* GÉN avoir envie de, désirer.

desk /desk/ *n* bureau *m*; **reception ~** réception *f*.

desktop publishing, **DTP** *n* ORDINAT micro-édition *f*, PAO *f*.

desolate /ˈdesələt/ *adj* désolé; [person] abattu.

despair /dɪ'speə(r)/ I *n* (emotion) désespoir *m*; **out of ~** par désespoir. II *vi* désespérer.

despairing /dɪ'speərɪŋ/ *adj* désespéré.

desperate /ˈdespərət/ *adj* désespéré; **to be ~ for** avoir désespérément besoin de; [criminal] prêt à tout.

desperation /ˌdespə'reɪʃn/ *n* désespoir *m*; **in (sheer) ~** en désespoir de cause.

despise /dɪ'spaɪz/ *vtr* mépriser.

despite /dɪ'spaɪt/ *prep* malgré; **~ the fact that** bien que (*+ subj*).

dessert /dɪ'zɜ:t/ *n* dessert *m*.

destination /ˌdestɪ'neɪʃn/ *n* destination *f*.

destitute /ˈdestɪtju:t, -tu:t[US]/ I *n* **the ~** (*pl*) les indigents *mpl*. II *adj* sans ressources.

destroy /dɪ'strɔɪ/ *vtr* détruire.

destruction /dɪ'strʌkʃn/ *n* destruction *f*.

destructive /dɪ'strʌktɪv/ *adj* destructeur/-trice.

detach /dɪ'tætʃ/ *vtr* détacher.

detached /dɪ'tætʃt/ *adj* détaché; **~ house**[GB] maison individuelle.

detail /ˈdi:teɪl, dɪ'teɪl[US]/ *n* détail *m*; **to go into ~(s)** entrer dans les détails; **for further ~s...** pour de plus amples renseignements...

detain /dɪ'teɪn/ *vtr* (delay) retenir; **to be ~ed** avoir un empêchement; (imprison) placer [qn] en détention; (in hospital) garder.

detect /dɪ'tekt/ *vtr* (find) (error, traces, change) déceler; (crime, leak, sound) détecter.

detective /dɪ'tektɪv/ *n* ≈ inspecteur/-trice (de police) *m/f*; (private) détective *m*.

detective story *n* roman *m* policier.

detention /dɪ'tenʃn/ *n* détention *f*; SCOL retenue *f*, colle[©] *f*.

deter /dɪ'tɜ:(r)/ *vtr* (*p prés etc* **-rr-**) dissuader.

deteriorate /dɪ'tɪərɪəreɪt/ *vi* se détériorer.

determination /dɪˌtɜ:mɪ'neɪʃn/ *n* détermination *f*.

determine /dɪ'tɜ:mɪn/ *vtr* déterminer.

determined /dɪ'tɜ:mɪnd/ *adj* tenace; **to be ~ to do sth** être bien décidé à faire qch.

deterrent /dɪ'terənt, -'tɜ:-[US]/ I *n* GÉN moyen *m* de dissuasion; MIL force *f* de dissuasion. II *adj* dissuasif/-ive.

detest /dɪ'test/ *vtr* détester.

detonate /ˈdetəneɪt/ *vtr* faire exploser.

detour /ˈdi:tʊə(r), dɪ'tʊər[US]/ *n* détour *m*.

detrimental /ˌdetrɪ'mentl/ *adj* nuisible.

devalue /ˌdi:'vælju:/ *vtr* dévaluer.

devastate /ˈdevəsteɪt/ *vtr* ravager; **he was ~d** il était bouleversé.

devastating /ˈdevəsteɪtɪŋ/ *adj* (very bad) catastrophique; (beautiful) superbe.

develop /dɪ'veləp/ I *vtr* développer; (skill) acquérir; (illness) attraper; (habit) prendre; (technique) mettre au point; (theory) exposer; (site) mettre en valeur. II *vi* se développer; **to ~ into** devenir.

developer /dɪ'veləpə(r)/ *n* promoteur *m* (immobilier).

development /dɪ'veləpmənt/ *n* développement *m*; **housing ~** ensemble d'habitation; (in research) progrès *m*; (event) **major ~s** une évolution importante; **to await ~s** attendre la suite des événements.

deviation /ˌdi:vɪ'eɪʃn/ *n* déviation *f*.

device /dɪˈvaɪs/ *n* appareil *m*, dispositif *m* **security ~** système de sécurité.

devil /ˈdevl/ *n* RELIG **the ~** le diable; (evil spirit) démon *m*.

• **speak of the ~!** quand on parle du loup (on en voit la queue☺)!

devious /ˈdiːvɪəs/ *adj* retors.

devise /dɪˈvaɪz/ *vtr* (scheme) concevoir; (product) inventer.

devoid /dɪˈvɔɪd/: **devoid of** *prep phr* dépourvu de.

devolution /ˌdiːvəˈluːʃn, ˌdev-US/ *n* POL régionalisation *f*.

devote /dɪˈvəʊt/ *vtr* consacrer.

devoted /dɪˈvəʊtɪd/ *adj* dévoué.

devotee /ˌdevəˈtiː/ *n* passionné/-e *m/f*.

devotion /dɪˈvəʊʃn/ *n* dévouement *m*.

devour /dɪˈvaʊə(r)/ *vtr* dévorer.

devout /dɪˈvaʊt/ *adj* fervent.

dew /djuː, duːUS/ *n* rosée *f*.

diabetes /ˌdaɪəˈbiːtiːz/ *n* diabète *m*.

diagnose /ˈdaɪəgnəʊz, ˌdaɪəgˈnəʊsUS/ *vtr* MÉD diagnostiquer; (problem) identifier.

diagnosis /ˌdaɪəgˈnəʊsɪs/ *n* (*pl* **-ses**) diagnostic *m*.

diagonal /daɪˈægənl/ I *n* diagonale *f*. II *adj* diagonal.

diagonally /daɪˈægənəlɪ/ *adv* en diagonale.

diagram /ˈdaɪəgræm/ *n* GÉN schéma *m*; MATH figure *f*.

dial /ˈdaɪəl/ I *n* cadran *m*. II *vtr* (*p prés etc* **-ll-**GB, **-l-**US) (number) composer, faire; (person, country) appeler.

dialect /ˈdaɪəlekt/ *n* dialecte *m*.

dialling codeGB *n* indicatif *m*.

dialling toneGB *n* tonalité *f*.

diameter /daɪˈæmɪtə(r)/ *n* diamètre *m*.

diamond /ˈdaɪəmənd/ *n* (stone) diamant *m*; (shape) losange *m*; (in cards) **~s** carreau *m*.

diarrhoeaGB, **diarrhea**GB /ˌdaɪəˈrɪə/ *n* diarrhée *f*.

diary /ˈdaɪərɪ/ *n* (for appointments) agenda *m*; (journal) journal *m* intime.

dice /daɪs/ I *n* ¢ JEUX dé *m*. II *vtr* CULIN couper [qch] en cubes.

dictate /dɪkˈteɪt, ˈdɪkteɪtUS/ *vtr* dicter; (terms, conditions) imposer.

dictation /dɪkˈteɪʃn/ *n* dictée *f*.

dictator /dɪkˈteɪtə(r), ˈdɪkteɪtərUS/ *n* dictateur *m*.

dictatorship /dɪkˈteɪtəʃɪp, ˈdɪkt-US/ *n* dictature *f*.

dictionary /ˈdɪkʃənrɪ, -nerɪUS/ *n* dictionnaire *m*.

did /dɪd/ *prét* ▸ **do**.

didn't /ˈdɪd(ə)nt/ **didn't** *abrév* = **did not** ▸ **do**.

die /daɪ/ (*p prés* **dying**; *prét, pp* **died**) mourir; FIG **to be dying for** avoir une envie folle de.

• **die out**: disparaître.

diesel /ˈdiːzl/ *n* (fuel, oil) gazole *m*; (engine) diesel *m*.

diet /ˈdaɪət/ I *n* (of person) alimentation *f*; (to lose weight) régime *m*; **to go on a ~** se mettre au régime. II *vi* être au régime.

differ /ˈdɪfə(r)/ *vi* (be different) différer; (disagree) être en désaccord.

difference /ˈdɪfrəns/ *n* différence *f*; **it won't make any ~** ça ne changera rien; **it makes no ~ to me** cela m'est égal; (disagreement) différend *m*.

different /ˈdɪfrənt/ *adj* **~ (from)** différent (de); **~ things** diverses choses; **that's ~** c'est autre chose; **to be a ~ person** avoir changé.

differential /ˌdɪfəˈrenʃl/ *n* écart *m*.

differently /ˈdɪfrəntlɪ/ *adv* autrement.

difficult /ˈdɪfɪkəlt/ *adj* difficile; **to find it ~ to do** avoir du mal à faire.

difficulty /ˈdɪfɪkəltɪ/ *n* difficulté *f*; **to have ~ (in) doing** avoir du mal à faire.

dig /dɪg/ I *n* (with elbow) coup *m* de coude; (remark)[©] pique[©] *f*; (in archaeology) fouilles *fpl*. II *vtr* (*p prés* **-gg-**; *prét, pp* **dug**) (tunnel) creuser; (garden) bêcher; (site) fouiller.
• **dig out**: ~ sth out dénicher[©] qch.
• **dig up**: ~ [sth] up (body, scandal) déterrer; (information) dénicher[©].

digest I /ˈdaɪdʒest/ *n* résumé *m*. II /daɪˈdʒest, dɪ-/ *vtr* (food) digérer.

digestion /daɪˈdʒestʃn, dɪ-/ *n* digestion *f*.

digestive /dɪˈdʒestɪv, daɪ-/ I *n* CULIN[GB] ≈ biscuit sablé. II *adj* digestif/-ive.

digit /ˈdɪdʒɪt/ *n* chiffre *m*.

digital /ˈdɪdʒɪtl/ *adj* ORDINAT [display, recording] numérique; [watch] à affichage numérique.

digital audio tape, **DAT** *n* ORDINAT cassette *f* audionumérique, DAT *f*.

digitize /ˈdɪdʒɪtaɪz/ *n* ORDINAT numériser.

dignified /ˈdɪgnɪfaɪd/ *adj* digne.

dignitary /ˈdɪgnɪtərɪ/ *n* dignitaire *m*.

dignity /ˈdɪgnətɪ/ *n* dignité *f*.

dike /daɪk/ *n* digue *f*.

dilapidated /dɪˈlæpɪdeɪtɪd/ *adj* délabré.

dilemma /daɪˈlemə, dɪ-/ *n* dilemme *m*.

diligent /ˈdɪlɪdʒənt/ *adj* appliqué.

dill /dɪl/ *n* aneth *m*.

dill pickle *n* CULIN *cornichons au vinaigre et à l'aneth.*

dilute /daɪˈljuːt, -ˈluːt[US]/ *vtr* diluer.

dim /dɪm/ I *adj* [room] sombre; [light, eyesight] faible. II *vtr* (*p prés etc* **-mm-**) baisser.

dime[US] /daɪm/ *n pièce de dix cents.*

dimension /dɪˈmenʃn/ *n* dimension *f*.

diminish /dɪˈmɪnɪʃ/ *vtr, vi* diminuer.

diminutive /dɪˈmɪnjʊtɪv/ I *n* diminutif *m*. II *adj* minuscule.

din /dɪn/ *n* vacarme *m*.

dine /daɪn/ *vi* dîner.
• **dine in**: dîner à la maison. • **dine out**: dîner dehors..

diner /ˈdaɪnə(r)/ *n* (person) dîneur/-euse *m/f*; (restaurant)[US] café-restaurant *m*.

dinghy /ˈdɪŋgɪ/ *n* dériveur *m*; (inflatable) canot *m*.

dining room *n* salle *f* à manger.

dinner /ˈdɪnə(r)/ *n* (meal, evening) dîner *m*; (midday) déjeuner *m*; **to go out to ~** dîner dehors; **to have ~** dîner; **what's for ~?** qu'est-ce qu'on mange?

dinner party *n* dîner *m*.

dinosaur /ˈdaɪnəsɔː(r)/ *n* dinosaure *m*.

dint /dɪnt/: **by dint of** *prep phr* grâce à.

dip /dɪp/ I *n* (bathe) baignade *f*; CULIN *sauce pour crudités.* II *vtr* (*p prés etc* **-pp-**) tremper. III *vi* **to ~ into one's savings** puiser dans ses économies.

diploma /dɪˈpləʊmə/ *n* diplôme *m*.

diplomacy /dɪpˈləʊməsɪ/ *n* diplomatie *f*.

diplomat /ˈdɪpləmæt/ *n* diplomate *mf*.

diplomatic /ˌdɪpləˈmætɪk/ *adj* POL diplomatique; [person] diplomate.

dire /ˈdaɪə(r)/ *adj* terrible; **in ~ straits** dans une situation désespérée.

direct /daɪˈrekt, dɪ-/ I *adj* direct; **to be the ~ opposite of** être tout le contraire de. II *adv* directement. III *vtr* (address, aim) adresser; (control, point) diriger; (film) réaliser; (play) mettre [qch] en scène; (opera) diriger; **to ~ sb to do** ordonner à qn de faire; (show route) **to ~ sb to sth** indiquer le chemin de qch à qn.

direction /daɪˈrekʃn, dɪ-/ I *n* direction *f*; **to go in the opposite ~** aller en sens inverse; **to lack ~** manquer d'objectifs; CIN réalisation *f*; THÉÂT mise *f* en scène; (guidance) conseils *mpl*. II **directions** *npl* **to ask for ~s** demander son chemin; **~s for use** mode *m* d'emploi.

directive /daɪˈrektɪv, dɪ-/ *n* directive *f*.

directly /daɪˈrektlɪ, dɪ-/ *adv* directement; **to look ~ at sb** regarder qn droit dans les yeux; ~ **above/in front** juste au-dessus/devant; [speak] franchement.

director /daɪ'rektə(r), dɪ-/ *n* directeur/-trice *m/f*; (in board) administrateur/-trice *m/f*; (of play, film) metteur *m* en scène.

directory /daɪ'rektərɪ, dɪ-/ *n* TÉLÉCOM annuaire *m*; ORDINAT répertoire *m*.

directory enquiries[GB] *npl* (service des) renseignements (téléphoniques).

dirt /dɜ:t/ *n* saleté *f*; (on body, cooker) crasse *f*; **to show the ~** être salissant; (soil) terre *f*; PÉJ (gossip)[☺] ragots *mpl*.

dirty /dɜ:tɪ/ I *adj* sale; [work] salissant; **to get ~** se salir; **to get/make sth ~** salir qch. II *vtr* salir.

disability /ˌdɪsə'bɪlətɪ/ *n* handicap *m*.

disabled /dɪs'eɪbld/ I *n* **the ~** les handicapés *mpl*. II *adj* handicapé.

disadvantage /ˌdɪsəd'vɑ:ntɪdʒ, -'væn-[US]/ I *n* inconvénient *m*; (discrimination) inégalité *f*. II *vtr* désavantager.

disadvantaged /ˌdɪsəd'vɑ:ntɪdʒd, -'væn-[US]/ *adj* défavorisé.

disagree /ˌdɪsə'gri:/ *vi* ne pas être d'accord; **to ~ with sb** [food] ne pas réussir à qn.

disagreeable /ˌdɪsə'gri:əbl/ *adj* désagréable.

disagreement /ˌdɪsə'gri:mənt/ *n* désaccord *m*; (argument) différend *m*.

disappear /ˌdɪsə'pɪə(r)/ *vi* disparaître.

disappearance /ˌdɪsə'pɪərəns/ *n* disparition *f*.

disappoint /ˌdɪsə'pɔɪnt/ *vtr* décevoir.

disappointed /ˌdɪsə'pɔɪntɪd/ *adj* déçu.

disappointing /ˌdɪsə'pɔɪntɪŋ/ *adj* décevant.

disappointment /ˌdɪsə'pɔɪntmənt/ *n* déception *f*.

disapproval /ˌdɪsə'pru:vl/ *n* désapprobation *f*.

disapprove /ˌdɪsə'pru:v/ I *vtr* **to ~ of** (person) désapprouver; (hunting) être contre. II *vi* ne pas être d'accord.

disarm /dɪs'ɑ:m/ *vtr*, *vi* désarmer.

disarmament /dɪs'ɑ:məmənt/ *n* désarmement *m*.

disarray /ˌdɪsə'reɪ/ *n* confusion *f*; **in total ~** dans une confusion totale.

disaster /dɪ'zɑ:stə(r), -zæs-[US]/ *n* désastre *m*.

disastrous /dɪ'zɑ:strəs, -zæs-[US]/ *adj* catastrophique.

disbelief /ˌdɪsbɪ'li:f/ *n* incrédulité *f*.

disc /dɪsk/ *n* GÉN disque *m*; **tax ~**[GB] vignette (automobile).

discard /dɪs'kɑ:d/ *vtr* (get rid of) se débarrasser de; (drop) abandonner.

discerning /dɪ'sɜ:nɪŋ/ *adj* fin.

discharge I /'dɪstʃɑ:dʒ/ *n* (release) renvoi *m* au foyer; (of gas) émission *f*; (of liquid) écoulement *m*; (waste) déchets *mpl*. II /dɪs'tʃɑ:dʒ/ *vtr* renvoyer; **to be ~d from the army** être libéré de l'armée; (waste) déverser; (cargo, rifle) décharger.

disciple /dɪ'saɪpl/ *n* disciple *mf*.

disciplinary /'dɪsɪplɪnərɪ, -nerɪ[US]/ *adj* disciplinaire.

discipline /'dɪsɪplɪn/ I *n* discipline *f*. II *vtr* discipliner; (punish) punir.

disclaim /dɪs'kleɪm/ *vtr* nier.

disclose /dɪs'kləʊz/ *vtr* laisser voir, révéler.

disclosure /dɪs'kləʊʒə(r)/ *n* révélation *f*.

disco /'dɪskəʊ/ *n* discothèque *f*.

discomfort /dɪs'kʌmfət/ *n* malaise *m*; **to suffer/be in ~** avoir mal.

disconcerting /ˌdɪskən'sɜ:tɪŋ/ *adj* déconcertant.

disconnect /ˌdɪskə'nekt/ *vtr* (pipe, appliance) débrancher; (telephone, gas) couper.

discontent /ˌdɪskən'tent/ *n* mécontentement *m*.

discontented /ˌdɪskən'tentɪd/ *adj* mécontent.

discontinue /ˌdɪskən'tɪnju:/ *vtr* (service) supprimer; (production) arrêter; (visits) cesser.

discount I /'dɪskaʊnt/ *n* remise *f*, rabais *m*; **to give a ~** faire une remise. II /dɪs'kaʊnt, 'dɪskaʊnt[US]/ *vtr* ne pas tenir compte de.

discourage /dɪs'kʌrɪdʒ/ *vtr* décourager.

discover /dɪs'kʌvə(r)/ *vtr* découvrir.

discovery /dɪ'skʌvərɪ/ *n* découverte *f*.

discredit /dɪs'kredɪt/ *vtr* discréditer.

discreet /dɪ'skri:t/ *adj* discret/-ète.

discrepancy /dɪs'krepənsɪ/ *n* écart *m*.

discretion /dɪ'skreʃn/ *n* discrétion *f*; **at your own ~** à votre gré.

discriminate /dɪ'skrɪmɪneɪt/ *vi* **to ~ between** faire une/la distinction entre; **to ~ against** faire de la discrimination contre.

discriminating /dɪ'skrɪmɪneɪtɪŋ/ *adj* exigeant.

discrimination /dɪˌskrɪmɪ'neɪʃn/ *n* discrimination *f*; (taste) discernement *m*.

discus /'dɪskəs/ *n* disque *m*.

discuss /dɪ'skʌs/ *vtr* discuter de.

discussion /dɪ'skʌʃn/ *n* discussion *f*.

disdain /dɪs'deɪn/ I *n* dédain *m*. II *vtr* dédaigner.

disease /dɪ'zi:z/ *n* maladie *f*.

disembark /ˌdɪsɪm'bɑ:k/ *vtr, vi* débarquer.

disenchanted /ˌdɪsɪn'tʃɑ:ntɪd, -'tʃænt-[US]/ *adj* désabusé.

disfigure /dɪs'fɪgə(r), dɪs'fɪgjər[US]/ *vtr* défigurer.

disgrace /dɪs'greɪs/ *n* honte *f*; **it's an absolute ~!** c'est scandaleux!

disgraceful /dɪs'greɪsfl/ *adj* scandaleux/-euse.

disgruntled /dɪs'grʌntld/ *adj* mécontent.

disguise /dɪs'gaɪz/ I *n* déguisement *m*; **in ~** déguisé. II *vtr* (person, voice) déguiser; (emotion, fact) cacher.

disgust /dɪs'gʌst/ I *n* dégoût *m*; **in ~** dégoûté, écœuré. II *vtr* dégoûter.

disgusting /dɪs'gʌstɪŋ/ *adj* (morally) scandaleux; (physically) répugnant.

dish /dɪʃ/ I *n* assiette *f*; (food, for serving) plat *m*; **side ~** garniture; TV antenne *f* parabolique. II **~es** *npl* vaisselle *f*.
• **dish out**: distribuer.

disheartened /dɪs'hɑ:tnd/ *vtr* découragé.

dishevelled /dɪ'ʃevld/ *adj* débraillé; [hair] décoiffé.

dishonest /dɪs'ɒnɪst/ *adj* malhonnête.

dishonesty /dɪs'ɒnɪstɪ/ *n* malhonnêteté *f*.

dishwasher /'dɪʃˌwɒʃə/ *n* lave-vaisselle *m inv*.

disillusioned /ˌdɪsɪ'lu:ʒnd/ *adj* désabusé.

disinclined /ˌdɪsɪn'klaɪnd/ *adj* **~ to do** peu disposé à faire.

disintegrate /dɪs'ɪntɪgreɪt/ *vi* se désintégrer.

disk /dɪsk/ *n* disque *m*.

disk drive (unit) *n* ORDINAT unité *f* de disques.

diskette /dɪs'ket / *n* ORDINAT disquette *f*.

dislike /dɪs'laɪk/ I *n* aversion *f*; **we all have our likes and ~s** chacun a ses préférences. II *vtr* **to ~ doing sth** ne pas aimer faire qch; **I have always ~d him** il m'a toujours été antipathique.

dislocate /'dɪsləkeɪt, 'dɪsləʊkeɪt[US]/ *vtr* **to ~ one's shoulder** se démettre l'épaule.

dislodge /dɪs'lɒdʒ/ *vtr* déloger.

disloyal /dɪs'lɔɪəl/ *adj* déloyal.

dismal /'dɪzməl/ *adj* lugubre.

dismantle /dɪs'mæntl/ *vtr* démonter.

dismay /dɪs'meɪ/ *n* consternation *f.*

dismayed /dɪs'meɪd/ *adj* consterné.

dismiss /dɪs'mɪs/ *vtr* (idea, suggestion) écarter; (possibility) exclure; (thought, worry) chasser; (employee) licencier; (class) laisser sortir.

dismissal /dɪs'mɪsl/ *n* (of employee, worker) licenciement *m*; (of minister) destitution *f.*

dismissive /dɪs'mɪsɪv/ *adj* dédaigneux/-euse.

disobedient /ˌdɪsə'bi:dɪənt/ *adj* désobéissant.

disobey /ˌdɪsə'beɪ/ *vtr, vi* **to ~ (sb)** désobéir (à qn); **to ~ orders** enfreindre les ordres.

disorder /dɪs'ɔ:də(r)/ *n* ¢ désordre *m*; **in ~** MIL en déroute; (of mind, body) troubles *mpl.*

disown /dɪs'əʊn/ *vtr* désavouer, renier.

disparaging /dɪ'spærɪdʒɪŋ/ *adj* désobligeant.

disparate /'dɪspərət/ *adj* hétérogène.

dispatch /dɪ'spætʃ/ **I** *n* (report) dépêche *f*; (sending) **date of ~** date d'expédition. **II** *vtr* envoyer; (letter, parcel) expédier.

dispel /dɪ'spel/ *vtr* (*p prés etc* **-ll-**) dissiper.

dispense /dɪ'spens/ *vtr* distribuer.
• **dispense with**: se passer de.

disperse /dɪ'spɜ:s/ **I** *vtr* disperser. **II** *vi* se disperser.

dispirited /dɪ'spɪrɪtɪd/ *adj* découragé.

displace /dɪs'pleɪs/ *vtr* déplacer.

display /dɪ'spleɪ/ **I** *n* étalage *m*; **window ~** vitrine; (of art) exposition *f*; **to be on ~** être exposé; ORDINAT visualisation *f.* **II** *vtr* (information, poster) afficher; (object) exposer; (intelligence, skill) faire preuve de; PÉJ (knowledge, wealth) faire étalage de; ORDINAT visualiser.

displeasure /dɪs'pleʒə(r)/ *n* mécontentement *m.*

disposable /dɪ'spəʊzəbl/ *adj* jetable.

disposal /dɪ'spəʊzl/ *n* élimination *f*; **for ~** à jeter; **to be at sb's ~** être à la disposition de qn.

dispose /dɪ'spəʊz/ *vtr* **~ of [sth/sb]** se débarrasser de; (sell) vendre.

disposition /ˌdɪspə'zɪʃn/ *n* tempérament *m*; **to have a cheerful ~** être d'un naturel gai.

disproportionate /ˌdɪsprə'pɔ:ʃənət/ *adj* disproportionné.

disprove /dɪs'pru:v/ *vtr* réfuter.

dispute /dɪ'spju:t/ **I** *n* dispute *f*, conflit *m*; **to be in ~** être controversé; **beyond ~** incontestable. **II** *vtr* (claim, figures) contester; (property, title) se disputer.

disqualified /dɪs'kwɒlɪfaɪd/ *adj* disqualifié; **~ from driving** sous le coup d'une suspension de permis.

disregard /ˌdɪsrɪ'gɑ:d/ **I** *n* (for problem, feelings) indifférence *f*; (for danger, law) mépris *m.* **II** *vtr* ne pas tenir compte de; (law) ne pas respecter.

disrepair /ˌdɪsrɪ'peə(r)/ *n* **to fall into ~** se délabrer.

disreputable /dɪs'repjʊtəbl/ *adj* [person] peu recommandable; [place] mal famé.

disrespect /ˌdɪsrɪ'spekt/ *n* **to show ~ to sb** manquer de respect envers qn.

disrespectful /ˌdɪsrɪ'spektfl/ *adj* impoli, irrespectueux/-ueuse.

disrupt /dɪs'rʌpt/ *vtr* (traffic, meeting) perturber; (schedule, routine) bouleverser.

disruption /dɪs'rʌpʃn/ *n* ¢ perturbations *fpl.*

disruptive /dɪs'rʌptɪv/ *adj* perturbateur/-trice.

dissatisfaction /dɪˌsætɪs'fækʃn/ *n* mécontentement *m.*

dissatisfied /dɪ'sætɪsfaɪd/ *adj* mécontent.

dissect /dɪ'sekt/ *vtr* disséquer.

dissertation /ˌdɪsə'teɪʃn/ *n* UNIV GB mémoire *m*; US thèse *f* de doctorat.

dissident /'dɪsɪdənt/ *n*, *adj* dissident/-e (*m/f*).

dissipate /'dɪsɪpeɪt/ *vi* se dissiper.

dissolve /dɪ'zɒlv/ I *vtr* dissoudre. II *vi* se dissoudre.

distance /'dɪstəns/ *n* distance *f*; **at a/some ~ from** à bonne distance de; **to keep one's ~** garder ses distances; **from a ~** au loin; **it's within walking ~** on peut y aller à pied.

distant /'dɪstənt/ *adj* éloigné; **~ from** loin de; (faint) lointain; (cool) distant.

distaste /dɪs'teɪst/ *n* dégoût *m*; **~ for** répugnance pour.

distasteful /dɪs'teɪstfl/ *adj* déplaisant, de mauvais goût.

distilGB, **distill**GB /dɪ'stɪl/ *vtr* (*p prés etc* **-ll-**) distiller.

distinct /dɪ'stɪŋkt/ *adj* (visible) distinct, net/nette; (different) différent.

distinction /dɪ'stɪŋkʃn/ *n* distinction *f*; (difference between) différence (entre) *f*; UNIV mention *f* très bien.

distinctive /dɪ'stɪŋktɪv/ *adj* caractéristique.

distinguish /dɪ'stɪŋgwɪʃ/ I *vtr* distinguer. II **~ing** *pres p adj* distinctif/-ive; **~ing marks** signes particuliers.

distinguished /dɪ'stɪŋgwɪʃt/ *adj* (elegant) distingué.

distort /dɪ'stɔːt/ *vtr* déformer, fausser.

distortion /dɪ'stɔːʃn/ *n* déformation *f*.

distract /dɪ'strækt/ *vtr* distraire; **to ~ attention** détourner l'attention.

distracting /dɪ'stræktɪŋ/ *adj* gênant.

distraction /dɪ'strækʃn/ *n* distraction *f*; **a moment's ~** un moment d'inattention.

distraught /dɪ'strɔːt/ *adj* **to be ~** être dans tous ses états; **to be ~ at/over sth** être bouleversé par qch.

distress /dɪ'stres/ *n* désarroi *m*; **to cause sb ~** faire de la peine à qn; (pain) souffrance(s) *f(pl)*; (poverty) détresse *f*; NAUT **in ~** en détresse.

distressed /dɪ'strest/ *adj* bouleversé, dans tous ses états.

distressing /dɪ'stresɪŋ/ *adj* pénible.

distribute /dɪ'strɪbjuːt/ *vtr* distribuer, répartir.

distribution /ˌdɪstrɪ'bjuːʃn/ *n* distribution *f*; (of weight, tax) répartition *f*.

district /'dɪstrɪkt/ *n* (in country) région *f*; (in city) quartier *m*; (administrative) district *m*.

district attorneyGB *n* *représentant du ministère public.*

distrust /dɪs'trʌst/ I *n* méfiance *f*. II *vtr* **to ~ sb/sth** se méfier de qn/qch.

disturb /dɪ'stɜːb/ *vtr* (interrupt, move) déranger; (upset) troubler.

disturbance /dɪ'stɜːbəns/ *n* dérangement *m*; (riot) troubles *mpl*.

disturbed /dɪ'stɜːbd/ *adj* perturbé.

disturbing /dɪ'stɜːbɪŋ/ *adj* inquiétant.

disuse /dɪs'juːs/ *n* **to fall into ~** tomber en désuétude.

disused /dɪs'juːzd/ *adj* abandonné, désaffecté.

ditch /dɪtʃ/ I *n* fossé *m*. II© *vtr* se débarrasser de.

dive /daɪv/ I *n* plongeon *m*; (of plane) piqué *m*. II *vi* (*prét* **~d**GB, **dove**US) plonger; (as hobby) faire de la plongée.

diver /'daɪvə(r)/ *n* plongeur/-euse *m/f*; (deep-sea) scaphandrier *m*.

diverge /daɪ'vɜːdʒ/ *vi* diverger; **to ~ from** (truth, norm) s'écarter de.

diverse /daɪ'vɜːs/ *adj* divers.

diversion /daɪ'vɜːʃn, daɪ'vɜːrʒnUS/ *n* (of traffic)GB déviation *f*; (distraction) diversion *f*.

divert /daɪ'vɜːt/ *vtr* (traffic) dévier; (water, person, funds) détourner; (flight, plane) dérouter.

divide /dɪ'vaɪd/ I *n* division *f*; **the North-South ~** l'opposition Nord-Sud. II *vtr* diviser; (share) partager. III *vi* [road] bifurquer; [cell, organism] se diviser.
• **divide up**: partager.

dividend /'dɪvɪdend/ *n* dividende *m*.

dividing line *n* ligne *f* de démarcation.

divine /dɪ'vaɪn/ I *adj* divin. II *vtr* deviner.

diving /'daɪvɪŋ/ *n* plongée *f* sous-marine.

divinity /dɪ'vɪnətɪ/ *n* divinité *f*; (discipline) théologie *f*.

division /dɪ'vɪʒn/ *n* GÉN division *f*; ADMIN circonscription *f*; COMM (department) service *m*; (in football) **to be in ~**[GB] **one** être en deuxième division; (dissent) désaccord *m*.

divisive /dɪ'vaɪsɪv/ *adj* qui sème la discorde.

divorce /dɪ'vɔːs/ I *n* divorce *m*. II *vtr* **to ~ sb** divorcer de/d'avec qn.

divulge /daɪ'vʌldʒ/ *vtr* divulguer.

DIY[GB] *n*: *abrév* = **do-it-yourself**.

dizzy /'dɪzɪ/ *adj* pris de vertige; **to make sb ~** donner le vertige à qn; **to feel ~** avoir la tête qui tourne.

DJ *n abrév* = (**disc jockey**) DJ *mf*.

do /duː, də/ I©[GB] *n* fête *f*. II *vtr* (*3e pers sg prés* **does**; *prét* **did**; *pp* **done**) GÉN (make) faire; **to ~ sth to one's arm** se faire mal au bras; **well done** [meat] bien cuit; **to ~ sb's hair** coiffer qn; **to ~ one's teeth** se brosser les dents. III *vi* aller, suffire, marcher; **that box will ~** cette boîte fera l'affaire; **I'm ~ing well** je vais bien. IV *v aux* **did you or didn't you take my pen?** est-ce que c'est toi qui as pris mon stylo ou pas?; **I ~ want to go** je veux vraiment y aller; **he said he'd tell her and he did** il a dit qu'il le lui dirait et il l'a fait; **you draw better than I ~** tu dessines mieux que moi; **~ sit down** asseyez-vous, je vous en prie; **he lives in France, doesn't he?** il habite en France, n'est-ce pas?; **who wrote it? — I did** qui l'a écrit? — moi; **he knows the President — does he?** il connaît le Président — vraiment?; **so/neither does he** lui aussi/non plus.
• **how ~ you ~** enchanté; **well done!** bravo!.
• **do away with**: supprimer. • **do up**: fermer.**~ oneself up** se faire beau/belle.
• **do with**: **it has something to ~ with** ça a quelque chose à voir avec; **it has nothing to ~ with you** cela ne vous concerne pas; **I could ~ with a holiday** j'aurais bien besoin de partir en vacances; **have you done with my pen?** tu n'as plus besoin de mon stylo? • **do without**: se passer de.

docile /'dəʊsaɪl, 'dɒsl[US]/ *adj* docile.

dock /dɒk/ *n* NAUT dock *m*, bassin *m*; JUR[GB] banc *m* des accusés.

doctor /'dɒktə(r)/ I *n* MÉD docteur *m*, médecin *m*. II *vtr* (figures) falsifier.

doctorate /'dɒktərət/ *n* doctorat *m*.

doctrine /'dɒktrɪn/ *n* doctrine *f*.

document /'dɒkjʊmənt/ *n* document *m*; **insurance ~s** papiers d'assurance.

documentary /ˌdɒkjʊ'mentrɪ, -terɪ[US]/ *n, adj* documentaire *m, adj*.

dodge /dɒdʒ/ I©[GB] *n* combine© *f*. II *vtr* (bullet, question) esquiver; (pursuers) échapper à.

dodgy©[GB] /'dɒdʒɪ/ *adj* [person, business] louche©; [decision] risqué; [weather] instable.

does /dʌz/ (*3e pers sg prés*) ▸ **do**.

doesn't /'dʌznt/ *abrév* = **does not** ▸ **do**.

dog /dɒg, dɔːg[US]/ *n* chien *m*; (female) chienne *f*.

dogged /'dɒgɪd, 'dɔːgɪd[US]/ *adj* obstiné.

doggy bag /'dɒgɪbæg/ *n emballage fourni par les restaurateurs pour permettre à leurs clients d'emporter les restes de leur repas.*

dogma /ˈdɒgmə, ˈdɔːgmə[US]/ *n* dogme *m*.
dogmatic /dɒgˈmætɪk, dɔːg-[US]/ *adj* dogmatique.
dog rose *n* églantine *f*, églantier *m*.
do-it-yourself /ˌduːɪtjɔːˈself/, **DIY**[GB] *n* bricolage *m*.
doldrums /ˈdɒldrəmz/ *npl* **to be in the ~** [person] être en pleine déprime; [economy] être en plein marasme.
dole[☺GB] /dəʊl/ *n* **on the ~** au chômage.
doll /ˈdɒl, dɔːl[US]/ *n* poupée *f*.
dolphin /ˈdɒlfɪn/ *n* dauphin *m*.
domain /dəʊˈmeɪn/ *n* domaine *m*.
dome /dəʊm/ *n* dôme *m*, coupole *f*.
domestic /dəˈmestɪk/ *adj* POL [market, affairs, flight] intérieur; [crisis, issue] de politique intérieure; [activity, animal] domestique; [life, situation] familial.
domesticity /ˌdɒməˈstɪsətɪ, ˌdəʊ-/ *n* vie *f* de famille.
dominance /ˈdɒmɪnəns/ *n* domination *f*; BIOL dominance *f*.
dominant /ˈdɒmɪnənt/ *adj* dominant.
dominate /ˈdɒmɪneɪt/ I *vtr* dominer. II *vi* dominer; [issue] prédominer.
domineering /ˌdɒmɪˈnɪərɪŋ/ *adj* autoritaire.
dominion /dəˈmɪnɪən/ *n* territoire *m*.
domino /ˈdɒmɪnəʊ/ *n* domino *m*; **a game of ~es** une partie de dominos.
don /dɒn/ *n* professeur *m* d'université (à Oxford ou Cambridge).
donate /dəʊˈneɪt, ˈdəʊneɪt[US]/ *vtr* faire don de.
donation /dəʊˈneɪʃn/ *n* don *m*.
done /dʌn/ I *pp* ▸ **do**. II *excl* (making deal) marché conclu!
donkey /ˈdɒŋkɪ/ *n* âne *m*; **~ foal** ânon *m*.
donor /ˈdəʊnə(r)/ *n* (of organ) donneur/-euse *m/f*; (of money) donateur/-trice *m/f*.
don't /dəʊnt/ = **do not** ▸ **do**.
doodle /ˈduːdl/ *vi* gribouiller.
doom /duːm/ I *n* mort *f*. II *vtr* **~ed (to failure) from the start** voué à l'échec.
door /dɔː(r)/ *n* porte *f*; AUT portière *f*.
doorstep /ˈdɔːstep/ *n* seuil *m*.
doorway /ˈdɔːweɪ/ *n* porte *f*, entrée *f*.
dope /dəʊp/ I[☺] *n* SPORT dopant *m*; GÉN drogue *f*. II *vtr* SPORT doper.
dope test *n* contrôle *m* antidopage.
dormant /ˈdɔːmənt/ *adj* en sommeil.
dormitory /ˈdɔːmɪtrɪ, -tɔːrɪ[US]/ *n* dortoir *m*; UNIV[US] résidence *f*, foyer *m*.
dosage /ˈdəʊsɪdʒ/ *n* posologie *f*.
dose /dəʊs/ *n* dose *f*.
dot /dɒt/ I *n* GÉN point *m*; (on fabric) pois *m*. II *vtr* (*p prés etc* **-tt-**) **~ted with** parsemé de.
• **at ten on the ~** à dix heures pile.
dotted line *n* pointillé *m*.
double /ˈdʌbl/ I *n* double *m*; (of person) sosie *m*; (in filming) doublure *f*. II *adj* double; [room] pour deux personnes. III *adv* **she earns ~ what I earn** elle gagne deux fois plus que moi; **to see ~** voir double. IV *vtr*, *vi* doubler; (fold) plier en deux.
double bass *n* contrebasse *f*.
double-check *vtr* vérifier et revérifier.
double cream[GB] *n* ≈ crème fraîche.
double-decker[GB] *n* autobus *m* à impériale/à deux étages.
double figures *npl* **to go into ~** [inflation] passer la barre des 10%.
doubt /daʊt/ I *n* doute *m*; **no ~** sans aucun doute; **to be in ~** [outcome, project] être incertain; **to have one's ~s about doing** hésiter à faire. II *vtr* douter de; **to ~ whether** douter que (+ *subj*).
doubtful /ˈdaʊtfl/ *adj* douteux/-euse, incertain; **it is ~ if/that/whether** il n'est pas certain que (+ *subj*).
dough /dəʊ/ *n* pâte *f*; (money)[☺] fric[☺] *m*.

doughnut, **donut**US /ˈdəʊnʌt/ *n* beignet *m*.

dove /dʌv/ *n* colombe *f*.

down[1] /daʊn/ I *adv* **to go/come ~** descendre; **to fall ~** tomber; **to sit ~ on the floor** s'asseoir par terre; **read ~ to the end** lire jusqu'à la fin; **~ below** en bas; **two floors ~** deux étages plus bas; **they've gone ~ to the country** ils sont allés à la campagne; **to be ~ with (the) flu** avoir la grippe. II *prep* **~ town** en ville; **to live ~ the road** habiter un peu plus loin dans la rue; **to go ~ the street** descendre la rue. III *adj* **to feel ~**☺ être déprimé; [computer] en panne. IV☺ *vtr* (drink) descendre☺.

down[2] /daʊn/ *n* (feathers) duvet *m*.

downfall /ˈdaʊnfɔːl/ *n* chute *f*.

downhearted /ˌdaʊnˈhɑːtɪd/ *adj* abattu.

downhill /ˌdaʊnˈhɪl/ *adv* **to go ~** descendre; FIG décliner.

down payment *n* acompte *m*.

Downing Street *désigne la résidence officielle du Premier ministre britannique et le Premier ministre ou le gouvernement.*

downpour /ˈdaʊnˌpɔːr/ *n* averse *f*.

downright /ˈdaʊnraɪt/ I *adj* [insult] véritable (*before n*); [refusal] catégorique. II *adv* [stupid, rude] carrément.

downstairs /ˌdaʊnˈsteəz/ I *n* rez-de-chaussée *m inv*. II *adj* **the ~ flat**GB l'appartement du rez-de-chaussée. III *adv* en bas; **to go/come ~** descendre (l'escalier).

downstream /ˈdaʊnstriːm/ *adj*, *adv* en aval; **to go ~** descendre le courant.

down-to-earth /ˌdaʊntəˈɜːθ/ *adj* terre à -terre, pratique.

downtownGB /ˈdaʊntaʊn/ *adj* du centre ville; **~ Baltimore** le centre de Baltimore.

down under☺GB /daʊn/ *adv* en Australie.

downward /ˈdaʊnwəd/ *adj* vers le bas.

downwards /ˈdaʊnwədz/ *adv* vers le bas.

doze /dəʊz/ I *n* somme *m*. II *vi* somnoler.

• **doze off**: s'assoupir.

dozen /ˈdʌzn/ *n* douzaine *f*; **~s of** des dizaines de.

drab /dræb/ *adj* terne.

draft /drɑːft, dræftUS/ ▸ **draught**. *n* (of letter) brouillon *m*; (of novel) ébauche *f*; FIN traite *f*; **the ~**US le service militaire. I *vtr* (letter, speech) faire le brouillon de; (contract, law) rédiger; (conscript)US incorporer.

drag /dræg/ *n* I☺ **what a ~!** quelle barbe☺! II *vtr* (*p prés etc* **-gg-**) tirer; **to ~ sb out of bed** arracher qn de son lit; **don't ~ my mother into this** ne mêle pas ma mère à ça; **to ~ one's feet/heels** traîner les pieds; ORDINAT (icon) déplacer.

dragon /ˈdrægən/ *n* dragon *m*.

dragonfly *n* libellule *f*.

drain /dreɪn/ I *n* canalisation *f* (d'évacuation). II *vtr* (lake) drainer; (resources) épuiser. III *vi* se vider.

drama /ˈdrɑːmə/ *n* GÉN théâtre *m*; TV, RADIO fiction *f*, dramatique *f*; (acting, directing) art *m* dramatique; (play) drame *m*.

dramatic /drəˈmætɪk/ *adj* [art, situation, effect] dramatique; [gesture, entrance, exit] théâtral; [change, impact, landscape] spectaculaire.

dramatically /drəˈmætɪklɪ/ *adv* radicalement; THÉÂT du point de vue théâtral.

dramatist /ˈdræmətɪst/ *n* auteur *m* dramatique.

dramatize /ˈdræmətaɪz/ *vtr* (adapt) adapter [qch] pour la scène/l'écran; (exaggerate) PÉJ dramatiser.

drank /dræŋk/ *prét* ▸ **drink**.

drape /dreɪp/ IUS *n* rideau *m*. II *vtr* **to ~ sth over/with sth** draper qch de qch.

drastic /ˈdræstɪk/ *adj* radical.

drastically /ˈdræstɪklɪ/ *adv* radicalement.

draught[GB], **draft**[US] /drɑːft, dræft[US]/ *n* courant *m* d'air; **on ~** [beer] à la pression.

draughts[GB] /drɑːfts/ *n* JEUX (jeu *m* de) dames *fpl*.

draughty[GB], **drafty**[US] /ˈdrɑːftɪ, ˈdræftɪ[US]/ *adj* plein de courants d'air.

draw /drɔː/ I *n* JEUX tirage *m* (au sort); SPORT match *m* nul. II *vtr* (*prét* **drew**; *pp* **drawn**) (conclusion, card) tirer; (people) attirer; (knife, gun) sortir; (money) retirer; (cheque) tirer; (wages) toucher; (plan) faire, tracer; (object) dessiner; **to ~ sb into the conservation** mêler qn à la conversation. III *vi* (make picture) dessiner; **to ~ close/near** approcher; **to ~ to a halt** s'arrêter; SPORT faire match nul; JEUX **to ~ for sth** tirer qch (au sort).
• **draw away**: s'éloigner. • **draw back**: reculer. • **draw in**: [days, nights] raccourcir.

drawback /ˈdrɔːbæk/ *n* inconvénient *m*.

drawer /ˈdrɔː(r)/ *n* tiroir *m*.

drawing /ˈdrɔːɪŋ/ *n* dessin *m*.

drawing board *n* planche *f* à dessin; **back to the ~!** il faudra tout recommencer.

drawing room *n* salon *m*.

drawl /drɔːl/ I *n* voix *f* traînante. II *vi* parler d'une voix traînante.

drawn /drɔːn/ I *pp* ▸ **draw**. II *adj* [features] tiré.

dread /dred/ *vtr* appréhender; **I ~ to think!** je préfère ne pas y penser!

dreadful /ˈdredfl/ *adj* [day, accident] épouvantable; [film, book, meal] lamentable; **to feel ~** se sentir patraque☺; **to feel ~ about sth** avoir honte de qch.

dreadfully /ˈdredfəlɪ/ *adv* terriblement; affreusement, abominablement.

dream /driːm/ I *n* rêve *m*; **I had a ~ about sth/about doing** j'ai rêvé de qch/que je faisais; **to be in a ~** être dans les nuages. II *vtr* (*prét*, *pp* **~t** /dremt/, **~ed**) (asleep) rêver; (imagine) **I never dreamt (that)** je n'aurais jamais pensé que; **I wouldn't ~ of doing** il ne me viendrait jamais à l'esprit de faire. III *vi* rêver.
• **dream up**: concevoir, imaginer.

dreamer /ˈdriːmə(r)/ *n* rêveur/-euse *m/f*.

dreamy /ˈdriːmɪ/ *adj* rêveur/-euse; [music] de rêve.

dreary /ˈdrɪərɪ/ *adj* [landscape] morne; [person] ennuyeux/-euse; [life] monotone.

dredge /dredʒ/ *vtr* (river) draguer.

drench /drentʃ/ *vtr* tremper; **~ed to the skin** trempé jusqu'aux os.

dress /dres/ I *n* robe *f*; **casual/formal ~** tenue décontractée/habillée. II *vtr* habiller; **to get ~ed** s'habiller; CULIN assaisonner; (wound) panser. III *vi* s'habiller; **to ~ in a suit** mettre un costume. IV *v refl* **to ~ oneself** s'habiller.
• **dress up**: (bien) s'habiller; (sb) déguiser.

dresser /ˈdresə(r)/ *n* (for dishes) buffet *m*.

dressing /ˈdresɪŋ/ *n* (sauce) assaisonnement *m*; (bandage) pansement *m*.

dressing gown *n* robe *f* de chambre.

drew /druː/ *prét* ▸ **draw**.

dribble /ˈdrɪbl/ *vi* [liquid] dégouliner; [person] baver; SPORT dribbler.

dried /draɪd/ I *prét*, *pp* ▸ **dry**. II *adj* [fruit] sec/sèche; [flower] séché; [milk] en poudre.

drier /ˈdraɪə(r)/ *n* séchoir *m*.

drift /drɪft/ *vi* dériver; [smoke, fog] flotter; **to ~ along** se laisser aller.
• **drift apart**: aller chacun de son côté.

drill /drɪl/ I *n* (tool) perceuse *f*; (training) exercice *m*. II *vtr* percer. III *vi* percer un trou.

drink /drɪŋk/ I *n* boisson *f*; **to have a ~** boire quelque chose; (alcoholic) verre *m*. II *vtr*, *vi* (*prét* **drank**; *pp* **drunk**) boire.

drinking water *n* eau *f* potable.

drip /drɪp/ I *n* goutte *f* (qui tombe); MÉD[GB] **to be on a ~** être sous perfusion. II *vi* (*p prés etc* **-pp-**) [washing] s'égoutter; [liquid] tomber goutte à goutte; **to ~ from/off** dégouliner de.

drive /draɪv/ I *n* **to go for a ~** aller faire un tour (en voiture); **it's a 40-km ~** il y a 40 km de route; (of computer) lecteur *m*; (path) allée *f*; (campaign) campagne *f*; (motivation) volonté *f*. II *vtr* (*prét* **drove**; *pp* **driven**) (vehicle, passenger) conduire; **to ~ sth into** rentrer qch dans; (compel) pousser. III *vi* conduire; **to ~ along** rouler.

• **drive at**: **what are you driving at?** où veux-tu en venir? • **drive out**: chasser.

drive-in *n* (cinema, restaurant) drive-in *m*.

driven /ˈdrɪvn/ I *pp* ▶ **drive**. II *adj* passionné, motivé; **to be ~ by steam** fonctionner à la vapeur.

driver /ˈdraɪvə(r)/ *n* automobiliste *mf*, conducteur/-trice *m/f*.

driveway *n* allée *f*.

driving /ˈdraɪvɪŋ/ I *n* conduite *f*. II *adj* [rain] battant; [wind] cinglant.

driving licence *n* permis *m* de conduire.

drizzle /ˈdrɪzl/ I *n* bruine *f*. II *vi* bruiner.

dromedary /ˈdrʌmədərɪ/ *n* dromadaire *m*.

droop /druːp/ *vi* [eyelids] tomber; [branch, shoulders] s'affaisser.

drop /drɒp/ I *n* goutte *f*; (decrease) diminution *f*, baisse *f*; (vertical) chute *f*. II *vtr* (*p prés etc* **-pp-**) laisser tomber; **to ~ sb a note** envoyer un mot à qn; (bomb) larguer; (person, object) déposer; (lower) baisser; (habit, idea) renoncer à; (accusation) retirer; (point, game) perdre. III *vi* tomber; (decrease) baisser; **he ~ped to third place** il est descendu à la troisième place.

• **drop by**: passer. • **drop in**: passer. • **drop off**: tomber; **~ off (to sleep)** s'endormir. **~ off [sth/sb]** déposer. • **drop out**: tomber; (from project) se retirer; (from school, university) abandonner ses études. • **drop round**[GB]: passer.

dropout /ˈdrɒpaʊt/ *n* (from society) marginal/-e *m/f*; (from school) *étudiant qui abandonne ses études*.

drought /draʊt/ *n* sécheresse *f*.

drove /drəʊv/ I *prét* ▶ **drive**. II *n* **~s of people** des foules de gens.

drown /draʊn/ I *vtr* noyer. II *vi, v refl* se noyer.

drowsy /ˈdraʊzɪ/ *adj* à moitié endormi; **to feel ~** avoir envie de dormir.

drug /drʌg/ *n* médicament *m*; (narcotic) drogue *f*; **to be on ~s** [patient] prendre des médicaments, [addict] se droguer, [sportsman] se doper.

drug abuse *n* toxicomanie *f*.

drug addict *n* toxicomane *mf*.

drum /drʌm/ I *n* (instrument) tambour *m*; (container) bidon *m*, baril *m*. II **~s** *npl* (in jazz) batterie *f*; (in orchestra) percussions *fpl*. III *vtr, vi* (*p prés etc* **-mm-**) tambouriner; **to ~ one's fingers** tambouriner des doigts; **to ~ sth into sb** enfoncer qch dans la tête de qn.

drum kit *n* batterie *f* de jazz/rock.

drummer /ˈdrʌmə(r)/ *n* MIL tambour *m*; (jazz) batteur *m*; (classical) percussionniste *mf*.

drunk /drʌŋk/ I *pp* ▶ **drink**. II *n* ivrogne/-esse *m/f*. III *adj* ivre; **to get ~** s'enivrer.

drunken /ˈdrʌŋkən/ *adj* [person] ivre.

dry /draɪ/ I *adj* sec/sèche; **to run ~** se tarir; **to keep sth ~** tenir qch au sec; **to get ~** (se) sécher; **to get sth ~** (faire) sécher qch; [book, subject] aride. II *vtr* (clothes, washing) (faire) sécher; **to ~ the dishes** essuyer la vaisselle; **to ~ one's hands** se sécher les mains. III *vi* sécher. IV *v refl* **to ~ oneself** se sécher.

• **dry up**: se tarir; (dishes) essuyer.

dry-clean *vtr* nettoyer [qch] à sec.

dryer /ˈdraɪə(r)/ *n* séchoir *m*.

DTP *n abrév* = (**desktop publishing**) PAO *f*.

dual /ˈdjuːəl, ˈduːəl^US/ *adj* double; ~ **carriageway**^GB route à quatre voies.
dub /dʌb/ *vtr* (*p prés etc* **-bb-**) doubler.
dubious /ˈdjuːbɪəs, ˈduː-^US/ *adj* douteux/-euse; **to be ~ (about)** avoir des doutes (sur).
duchess /ˈdʌtʃɪs/ *n* duchesse *f*.
duck /dʌk/ I *n* canard *m*; (female) cane *f*. II *vtr* **to ~ one's head** baisser la tête; **to ~ one's responsibilities** se dérober.
duckling /ˈdʌklɪŋ/ *n* caneton *m*.
duct /ˈdʌkt/ *n* conduit *m*.
due /djuː, duː^US/ I *n* dû *m*. II **~s** *npl* (for membership) cotisation *f*; (for import, taxes) droits *mpl*. III *adj* (payable) dû, due; **to be ~** arriver à échéance; **what is ~ to him** l'argent auquel il a droit; **after ~ consideration** après mûre réflexion; **in ~ course** en temps utile; **to be ~ to arrive** être attendu. IV *adv* **~ north** plein nord. V **~ to** *prep phr* en raison de.
duel /ˈdjuːəl, ˈduːəl^US/ *n* duel *m*.
duet /djuːˈet, duː-^US/ *n* duo *m*.
dug /dʌg/ *prét, pp* ▶ **dig** II.
duke /djuːk, duːk^US/ *n* duc *m*.
dull /dʌl/ *adj* ennuyeux/-euse; [life] monotone; [music] sans intérêt; [appearance] triste; [day] maussade; [pain, sound] sourd.
duly /ˈdjuːlɪ, ˈduː-^US/ *adv* dûment; (as expected) comme prévu.
dumb /dʌm/ *adj* (handicapped) muet/muette *(ce mot peut être perçu comme injurieux)*; (stupid)☺ bête.
dump /dʌmp/ I *n* décharge *f* publique; MIL dépôt *m*; PÉJ (village)☺ trou☺ *m*; (house) baraque☺ *f*. II *vtr* (get rid of) se débarrasser de; ORDINAT (data) décharger.
• **to be down in the ~s**☺ avoir le cafard☺.
dune /djuːn, duːn^US/ *n* dune *f*.
dung /dʌŋ/ *n* ¢ excrément *m*; (manure) fumier *m*.
dunno☺ /dəˈnəʊ/ = **don't know**.
duo /ˈdjuːəʊ, ˈduːəʊ^US/ *n* duo *m*.
dupe /djuːp, duːp^US/ I *n* dupe *f*. II *vtr* duper.
duplicate I /ˈdjuːplɪkət, ˈduːpləkət^US/ *n* double *m*; **in ~** en deux exemplaires. II /ˈdjuːplɪkeɪt, ˈduːpləkeɪt^US/ *vtr* faire un double de; (cassette) copier; ORDINAT dupliquer.
durable /ˈdjʊərəbl, ˈdʊərəbl^US/ *adj* [material] résistant; [peace] durable.
duration /djʊˈreɪʃn, dʊˈreɪʃn^US/ *n* durée *f*.
during /ˈdjʊərɪŋ/ *prep* pendant, au cours de.
dusk /dʌsk/ *n* crépuscule *m*.
dust /dʌst/ I *n* poussière *f*; (fine powder) poudre *f*. II *vtr* (furniture) épousseter.
dustbin^GB *n* poubelle *f*.
dust mite *n* acarien *m*.
dusty /ˈdʌstɪ/ *adj* poussiéreux/-euse.
Dutch /dʌtʃ/ I *n* (language) néerlandais *m*; (people) **the ~** les Néerlandais *mpl*. II *adj* [culture] néerlandais; [teacher] de néerlandais.
• **to go ~**☺ payer chacun sa part.
dutiful /ˈdjuːtɪfl, ˈduː-^US/ *adj* (conscientious) consciencieux/-ieuse; (obedient) dévoué.
duty /ˈdjuːtɪ, ˈduːtɪ^US/ *n* (obligation) devoir *m*; **to have a ~ to do** avoir le devoir de faire; (task) (*gén pl*) fonction *f*; **to take up one's duties** prendre ses fonctions; ¢ (work) service *m*; **to be on/off ~** être/ne pas être de service; (tax) taxe *f*; **customs duties** droits de douane.
duty-free *adj, adv* hors taxes *inv*.
duvet^GB /ˈduːveɪ/ *n* couette *f*.
dwarf /dwɔːf/ *n, adj* nain/naine (*m/f*).
dwell /dwel/ *vi* (*prét, pp* **dwelt**) demeurer.
• **dwell on**: s'étendre sur.
dweller /ˈdwelə(r)/ *n* habitant/-e *m/f*.

dwelling /ˈdwelɪŋ/ *n* habitation *f*.
dwindle /ˈdwɪndl/ *vi* diminuer.
dwindling /ˈdwɪndlɪŋ/ *adj* en baisse.
dye /daɪ/ I *n* teinture *f*. II *vtr* teindre; **to ~ sth red** teindre qch en rouge. III **~d** *pp adj* [hair, fabric] teint.
dying /ˈdaɪɪŋ/ I *p prés* ▶ **die**. II *adj* mourant; [moments, words] dernier/-ière.
dyke /daɪk/ *n* digue *f*.
dynamic /daɪˈnæmɪk/ *adj* dynamique.
dynamism /ˈdaɪnəmɪzəm/ *n* dynamisme *m*.
dynamite /ˈdaɪnəmaɪt/ *n* dynamite *f*.
dynasty /ˈdɪnəstɪ, ˈdaɪ-US/ *n* dynastie *f*.

e

E /iː/ *n* GÉOG *abrév* = (**east**) E.
each /iːtʃ/ I *det* chaque *inv*. II *pron* chacun/-e *m/f*.
each other /ˌiːtʃ ˈʌðə(r)/ *pron* **they know ~** ils se connaissent; **to help ~** s'entraider; **to worry about ~** s'inquiéter l'un pour l'autre.
eager /ˈiːgə(r)/ *adj* enthousiaste; **~ to do** désireux/-euse de faire; **~ for sth** avide de qch.
eagle /ˈiːgl/ *n* aigle *m*.
ear /ɪə(r)/ *n* oreille *f*; (of wheat, corn) épi *m*.
earl /ɜːl/ *n* comte *m*.
early /ˈɜːlɪ/ I *adj* premier/-ière; [death] prématuré; [delivery] rapide; [fruit] précoce; **in ~ childhood** dans la petite enfance; **at the earliest** au plus tôt; **in the ~ afternoon** en début d'après-midi. II *adv* tôt; **I'm a bit ~** je suis un peu en avance.
earn /ɜːn/ *vtr* (interest) rapporter; **to ~ a/one's living** gagner sa vie.
earnest /ˈɜːnɪst/ *n* **in ~** sérieusement, vraiment; **to be in ~** être sérieux/-ieuse.
earnings /ˈɜːnɪŋz/ *npl* salaire *m*, revenu *m*.
earphones *npl* (over ears) casque *m*; (in ears) écouteurs *mpl*.
earring *n* boucle *f* d'oreille.
earth /ɜːθ/ *n* GÉN terre *f*; (planet) Terre *f*; **to the ends of the ~** jusqu'au bout du monde; .
• **who on ~...?**☺ qui donc☺...?
earthly /ˈɜːθlɪ/ *adj* terrestre.
earthquake *n* tremblement *m* de terre.
ease /iːz/ I *n* facilité *f*, aisance *f*; **at ~** à l'aise; **to put sb's mind at ~** rassurer qn. II *vtr* atténuer; (communication) faciliter.
easily /ˈiːzɪlɪ/ *adv* facilement; [breathe] bien.
east /iːst/ I *n*, *adj* est *m (inv)*. II **East** *pr n* GÉOG **the ~** l'Orient *m*, l'Est *m*. III *adv* à, vers l'est.
Easter /ˈiːstə(r)/ *n* Pâques *m*.
eastern /ˈiːstən/ *adj* est, de l'est, oriental.
easy /ˈiːzɪ/ I *adj* facile; **to make things easier** faciliter les choses. II *adv* **to take it ~** ne pas s'en faire.
• **as ~ as pie** simple comme bonjour.
easygoing *adj* [person] accommodant.
eat /iːt/ *vtr* (*prét* **ate**; *pp* **eaten**) GÉN manger; (meal) prendre; **to ~ (one's) lunch/dinner** déjeuner/dîner.
• **eat out**: aller au restaurant.
eavesdrop /ˈiːvzdrɒp/ *vi* (*p prés etc* **-pp-**) écouter aux portes.
ebb /eb/ *n* reflux *m*.
• **to be at a low ~** être au plus bas.
eccentric /ɪkˈsentrɪk/ *n*, *adj* excentrique (*mf*).

echo /ˈekəʊ/ I *n* (*pl* **~es**) écho *m*. II *vtr* (event) évoquer; (idea) reprendre.

eclipse /ɪˈklɪps/ *n* éclipse *f*.

eco-friendly *adj* qui ne nuit pas à l'environnement.

ecological /ˌiːkəˈlɒdʒɪkl/ *adj* écologique.

ecologist /iːˈkɒlədʒɪst/ *n* écologiste (*mf*).

ecology /ɪˈkɒlədʒɪ/ I *n* écologie *f*. II *in compounds* [movement, issue] écologique.

economic /ˌiːkəˈnɒmɪk, ˌek-/ *adj* économique; [proposition] rentable.

economical /ˌiːkəˈnɒmɪkl, ˌek-/ *adj* [machine] économique; [person] économe.

economics /ˌiːkəˈnɒmɪks, ˌek-/ *n* (subject) *sg* sciences *fpl* économiques; (aspects) *pl* aspects *mpl* économiques.

economist /ɪˈkɒnəmɪst, ˌek-/ *n* économiste *mf*.

economy /ɪˈkɒnəmɪ/ *n* économie *f*.

ecstatic /ɪkˈstætɪk/ *adj* enthousiaste.

edge /edʒ/ *n* bord *m*; (of wood) lisière *f*; **on the ~ of the city** en bordure de la ville; (of blade) tranchant *m*; **to have the ~ over** avoir l'avantage sur.

edgy /ˈedʒɪ/ *adj* énervé, anxieux/-ieuse.

edible /ˈedɪbl/ *adj* [fruit, plant] comestible; [meal] mangeable.

edifying /ˈedɪfaɪɪŋ/ *adj* édifiant.

edit /ˈedɪt/ *vtr* éditer; (cut down) couper; (newspaper) être le rédacteur/la rédactrice *m/f* en chef de; (film) monter.

edition /ɪˈdɪʃn/ *n* édition *f*.

editor /ˈedɪtə(r)/ *n* (of newspaper) rédacteur/-trice *m/f* en chef; (of text) éditeur/-trice *m/f*.

editorial /ˌedɪˈtɔːrɪəl/ I *n* éditorial *m*. II *adj* (in journalism) de la rédaction; (in publishing) éditorial.

educate /ˈedʒʊkeɪt/ *vtr* instruire; (palate, mind) éduquer; (provide education for) assurer l'instruction de; (public) informer (sur).

educated /ˈedʒʊkeɪtɪd/ *adj* instruit. • **it's only an ~ guess** je dis cela à tout hasard.

education /ˌedʒʊˈkeɪʃn/ *n* GÉN éducation *f*, instruction *f*; (in health, road safety) information *f*; (formal schooling) études *fpl*; (national system) enseignement *m*.

educational /ˌedʒʊˈkeɪʃənl/ *adj* d'enseignement; [developments] de l'enseignement; **~ standards** le niveau scolaire; [game] éducatif/-ive; [experience] instructif/-ive.

educational software program *n* ORDINAT didacticiel *m*.

EC *n abrév* = (**European Commission**) CE *f*.

eel /iːl/ *n* anguille *f*.

eerie /ˈɪərɪ/ *adj* étrange et inquiétant.

effect /ɪˈfekt/ I *n* effet *m*; **to have quite an ~ on sb** faire une forte impression sur qn; **to come into ~** entrer en vigueur. II **in ~** *adv phr* dans le fond, en réalité. III *vtr* effectuer.

effective /ɪˈfektɪv/ *adj* efficace; **to become ~** entrer en vigueur; [control] effectif/-ive.

effectively /ɪˈfektɪvlɪ/ *adv* (efficiently) efficacement; (in effect) en réalité.

efficiency /ɪˈfɪʃnsɪ/ *n* efficacité *f*; (of machine) rendement *m*.

efficient /ɪˈfɪʃnt/ *adj* efficace; [machine] économique.

effort /ˈefət/ *n* (energy) efforts *mpl*; **to put a lot of ~ into sth/into doing** se donner beaucoup de peine pour qch/pour faire; **his ~s at doing** ses tentatives pour faire.

EFL *n abrév* = (**English as a Foreign Language**) anglais *m* langue étrangère.

eg *abrév* = (**exempli gratia**) par ex.

egg /eg/ *n* œuf *m*.

eggplant[US] *n* aubergine *f*.

ego /ˈegəʊ, ˈiːgəʊ, ˈiːgəʊ[US]/ *n* amour-propre *m*.

eight /eɪt/ *n, adj* huit (*m*) *inv.*
eighteen /eɪ'ti:n/ *n, adj* dix-huit (*m*) *inv.*
eighth /eɪtθ/ I *n* (in order) huitième *mf*; (of month) huit *m inv.* II *adj, adv* huitième.
eighty /'eɪtɪ/ *n, adj* quatre-vingts (*m*).
eighty-one *n, adj* quatre-vingt-un (*m*).
either /'aɪðər, 'i:ðər^US/ I *pron* (one or other) l'un/l'une ou l'autre. II *det* (one or the other) n'importe lequel/laquelle; **I can't see ~ child** je ne vois aucun des deux enfants; (both) les deux; **in ~ case** dans les deux cas. III *adv* non plus. IV *conj* (as alternatives) soit... soit, ou... ou; **it's ~ him or me** c'est lui ou moi.
ejaculate /ɪ'dʒækjʊleɪt/ I *vtr* (exclaim) s'exclamer. II *vi* éjaculer.
eject /ɪ'dʒekt/ I *vtr* (cassette) faire sortir; (troublemaker) expulser. II *vi* [pilot] s'éjecter.
elaborate I /ɪ'læbərət/ *adj* GÉN compliqué; [costume] recherché; [preparation] minutieux/-ieuse. II /ɪ'læbəreɪt/ *vtr* (theory) élaborer; (point) développer. III /ɪ'læbəreɪt/ *vi* entrer dans les détails.
elapse /ɪ'læps/ *vi* s'écouler.
elastic /ɪ'læstɪk/ *n, adj* élastique (*m*); **~ band** élastique *m.*
elated /ɪ'leɪtɪd/ *adj* ravi.
elbow /'elbəʊ/ *n* coude *m.*
elder /'eldə(r)/ I *n* (older person) aîné/-e *m/f*; (tree) sureau *m.* II *adj* aîné.
elderly /'eldəlɪ/ I *n* **the ~** (*pl*) les personnes *fpl* âgées. II *adj* âgé.
eldest /'eldɪst/ I *n* aîné/-e *m/f*; **my ~** mon aîné/-e. II *adj* aîné.
elect /ɪ'lekt/ *vtr* élire; **to ~ to do** choisir de faire.
election /ɪ'lekʃn/ *n* élection *f*, scrutin *m*; **to stand for ~** se porter candidat aux élections.
elector /ɪ'lektə(r)/ *n* électeur/-trice *m/f.*
electoral /ɪ'lektərəl/ *adj* électoral.
electorate /ɪ'lektərət/ *n* électorat *m.*
electric /ɪ'lektrɪk/ *adj* FIG électrique.
electrical /ɪ'lektrɪkl/ *adj* électrique.
electrician /ˌɪlek'trɪʃn/ *n* électricien/-ienne *m/f.*
electricity /ˌɪlek'trɪsətɪ/ *n* électricité *f.*
electrify /ɪ'lektrɪfaɪ/ *vtr* électrifier; FIG électriser.
electron /ɪ'lektrɒn/ *n* électron *m.*
electronic /ˌɪlek'trɒnɪk/ *adj* électronique.
electronic mail, **E-mail** *n* ORDINAT courrier *m* électronique.
electronics /ˌɪlek'trɒnɪks/ *n sg* électronique *f.*
elegant /'elɪgənt/ *adj* élégant.
element /'elɪmənt/ *n* élément *m*; **the key ~** l'élément clé; **the time ~** le facteur temps.
elementary /ˌelɪ'mentrɪ/ *adj* élémentaire; [school] primaire.
elephant /'elɪfənt/ *n* éléphant *m*; **baby ~** éléphanteau *m.*
elevate /'elɪveɪt/ *vtr* élever.
elevator^US /'elɪveɪtə(r)/ *n* ascenseur *m.*
eleven /ɪ'levn/ *n, adj* onze (*m inv*).
elicit /ɪ'lɪsɪt/ *vtr* (reaction) provoquer.
eligible /'elɪdʒəbl/ *adj* **to be ~ for** avoir droit à.
eliminate /ɪ'lɪmɪneɪt/ *vtr* éliminer.
élite /eɪ'li:t/ *n* élite *f.*
elk /elk/ *n* (animal) élan *m.*
elm /elm/ *n* orme *m.*
eloquent /'eləkwənt/ *adj* éloquent.
else /els/ I *adv* d'autre; **somebody/nothing ~** quelqu'un/rien d'autre; **something ~** autre chose; **somewhere/someplace**^US **~** ailleurs; **how ~ can we do it?** comment le faire autrement? II **or ~** *conj phr* sinon, ou.
elsewhere /ˌels'weə(r), ˌels'hweər^US/ *adv* ailleurs.

elude /ɪ'lu:d/ *vtr* échapper à.

elusive /ɪ'lu:sɪv/ *adj* insaisissable.

E-mail /'i:meɪl/ *n* (*abrév* = **electronic mail**) ORDINAT courrier *m* électronique.

emancipate /ɪ'mænsɪpeɪt/ *vtr* émanciper.

embankment /ɪm'bæŋkmənt/ *n* quai *m*, digue *f*; (of road) remblai *m*.

embargo /ɪm'bɑ:gəʊ/ *n* embargo *m*.

embark /ɪm'bɑ:k/ *vi* s'embarquer; **to ~ on** (journey) entreprendre; (career) se lancer dans.

embarrass /ɪm'bærəs/ *vtr* plonger [qn] dans l'embarras; **I feel ~ed about doing** ça me gêne de faire.

embarrassing /ɪm'bærəsɪŋ/ *adj* gênant.

embarrassment /ɪm'bærəsmənt/ *n* confusion *f*, gêne *f*; **to cause sb ~** mettre qn dans l'embarras.

embassy /'embəsɪ/ *n* ambassade *f*.

embedded /ɪm'bedɪd/ *adj* **~ in** enfoncé dans.

embellish /ɪm'belɪʃ/ *vtr* embellir.

embezzlement /ɪm'bezlmənt/ *n* détournement *m* de fonds.

emblem /'embləm/ *n* emblème *m*.

embodiment /ɪm'bɒdɪmənt/ *n* incarnation *f*.

embody /ɪm'bɒdɪ/ *vtr* incarner.

embrace /ɪm'breɪs/ **I** *n* étreinte *f*. **II** *vtr* étreindre; (religion, ideology) embrasser.

embroider /ɪm'brɔɪdə(r)/ *vtr*, *vi* broder.

embroidery /ɪm'brɔɪdərɪ/ *n* broderie *f*.

embryo /'embrɪəʊ/ *n* embryon *m*.

emerald /'emərəld/ *n* (gem) émeraude *f*; (colour) émeraude *m*.

emerge /ɪ'mɜ:dʒ/ *vi* [person, animal] sortir; [truth] apparaître; [new nation, ideology] naître.

emergence /ɪ'mɜ:dʒəns/ *n* apparition *f*.

emergency /ɪ'mɜ:dʒənsɪ/ **I** *n* GÉN cas *m* d'urgence; MÉD urgence *f*; **in an ~**, **in case of ~** en cas d'urgence. **II** *in compounds* [plan, measures, repairs, aid, call, stop] d'urgence; [meeting, session] extraordinaire; AUT [vehicle] de secours; MÉD **the ~ service** le service de garde.

emigrant /'emɪgrənt/ *n* (about to leave) émigrant/-e *m/f*; (settled) émigré/-e *m/f*.

emigrate /'emɪgreɪt/ *vi* émigrer.

eminent /'emɪnənt/ *adj* éminent.

emirate /'emɪəreɪt/ *n* émirat *m*.

emission /ɪ'mɪʃn/ *n* émission *f*.

emit /ɪ'mɪt/ *vtr* émettre; (spark) lancer.

emotion /ɪ'məʊʃn/ *n* émotion *f*.

emotional /ɪ'məʊʃənl/ *adj* [development, problem] émotif/-ive; [film, speech] émouvant; **to feel ~** se sentir ému.

emotionally /ɪ'məʊʃənəlɪ/ *adv* **to be ~ involved** avoir une liaison.

emperor /'empərə(r)/ *n* empereur *m*.

emphasis /'emfəsɪs/ *n* (*pl* **-ses**) accent *m*; **to put special ~ on** insister sur.

emphasize /'emfəsaɪz/ *vtr* mettre l'accent sur; **to ~ that** insister sur le fait que; [designer, fashion, style] mettre [qch] en valeur.

emphatic /ɪm'fætɪk/ *adj* catégorique; [manner] énergique.

empire /'empaɪə(r)/ *n* empire *m*.

employ /ɪm'plɔɪ/ *vtr* employer; (machine, tool) utiliser.

employee /ˌemplɔɪ'i:, ɪm'plɔɪi:/ *n* salarié/-e *m/f*.

employer /ɪm'plɔɪə(r)/ *n* employeur/-euse *m/f*.

employment /ɪm'plɔɪmənt/ *n* travail *m*, emploi *m*.

empress /'emprɪs/ *n* impératrice *f*.

emptiness /'emptɪnɪs/ *n* vide *m*.

empty /'emptɪ/ *adj* vide; [street] désert; [page] vierge; [promise, threat] vain.

empty-handed *adj* les mains vides.

emulate /ˈemjʊleɪt/ *vtr* rivaliser avec; ORDINAT émuler.

enable /ɪˈneɪbl/ *vtr* **to ~ sb to do** permettre à qn de faire.

enact /ɪˈnækt/ *vtr* jouer; JUR.

enamel /ɪˈnæml/ *n* émail *m*.

enchant /ɪnˈtʃɑːnt, -tʃæntUS/ **I** *vtr* enchanter. **II ~ed** *pp adj* enchanté.

enchanting /ɪnˈtʃɑːntɪŋ, -tʃænt-US/ *adj* enchanteur/-eresse.

encircle /ɪnˈsɜːkl/ *vtr* [troops, police] encercler; [fence, wall] entourer.

enclose /ɪnˈkləʊz/ *vtr* GÉN entourer; (in letter) joindre.

enclosed /ɪnˈkləʊzd/ *adj* [letter] ci-joint.

enclosure /ɪnˈkləʊʒə(r)/ *n* (with letter) pièce *f* jointe; (fence) clôture *f*.

encompass /ɪnˈkʌmpəs/ *vtr* inclure, comprendre.

encore /ˈɒŋkɔː(r)/ *n*, *excl* THÉÂT bis *m*.

encounter /ɪnˈkaʊntə(r)/ **I** *n* rencontre *f*. **II** *vtr* rencontrer.

encourage /ɪnˈkʌrɪdʒ/ *vtr* encourager.

encouragement /ɪnˈkʌrɪdʒmənt/ *n* encouragement *m*.

encouraging /ɪnˈkʌrɪdʒɪŋ/ *adj* encourageant.

encroach /ɪnˈkrəʊtʃ/ *vi* **to ~ on** gagner du terrain sur; FIG empiéter sur.

encyclop(a)edia /ɪnˌsaɪkləˈpiːdɪə/ *n* encyclopédie *f*.

end /end/ **I** *n* fin *f*; **to come to an ~** se terminer; **in the ~** finalement; **that really is the ~**©**!** c'est vraiment le comble©!; (extremity) bout *m*, extrémité *f*; (aim) but *m*; **to this/that ~** dans ce but. **II** *vtr* mettre fin à, finir; **to ~ sth with** terminer qch par. **III** *vi* se terminer.

• **end up**: **to ~ up (by) doing** finir par faire.

endanger /ɪnˈdeɪndʒə(r)/ *vtr* mettre [qch] en danger; **~ed species** espèce *f* menacée.

endearing /ɪnˈdɪərɪŋ/ *adj* attachant.

endeavourGB, **endeavor**US /ɪnˈdevə(r)/ *vtr* **to ~ to** faire tout son possible pour.

endemic /enˈdemɪk/ *adj* endémique.

ending /ˈendɪŋ/ *n* GÉN fin *f*, dénouement *m*; LING terminaison *f*.

endive /ˈendɪv, -daɪvUS/ *n* GB chicorée *f*; US endive *m*.

endless /ˈendlɪs/ *adj* GÉN infini; [supply, stock] inépuisable; [story] interminable.

endlessly /ˈendlɪslɪ/ *adv* [talk, cry, argue] sans cesse; [stretch, extend] à perte de vue.

endorse /ɪnˈdɔːs/ *vtr* approuver.

endorsement /ɪnˈdɔːsmənt/ *n* approbation *f*.

endurance /ɪnˈdjʊərəns, -dʊə-US/ *n* endurance, résistance *f*.

endure /ɪnˈdjʊə(r), -ˈdʊərUS/ **I** *vtr* endurer, supporter; (attack, defeat) subir. **II** *vi* durer.

enemy /ˈenəmɪ/ (*pl* **-mies**) *n* ennemi/-e *m/f*.

energetic /ˌenəˈdʒetɪk/ *adj* énergique.

energize /ˈenədʒaɪz/ *vtr* stimuler.

energy /ˈenədʒɪ/ *n* énergie *f*.

enforce /ɪnˈfɔːs/ *vtr* (rule, policy, decision) appliquer; (law, court order) faire respecter; (discipline) imposer.

enforcement /ɪnˈfɔːsmənt/ *n* application *f*.

engage /ɪnˈgeɪdʒ/ **I** *vtr* engager; **to ~ sb in conversation** engager la conversation avec qn. **II** *vi* **to ~ in** (activity) se livrer à.

engaged /ɪnˈgeɪdʒd/ *adj* [person] fiancé; [phone] occupé; [taxi] pris.

engagement /ɪnˈgeɪdʒmənt/ *n* engagement *m*; **I have a dinner ~ tomorrow** j'ai un dîner demain; (appointment) rendez-vous *m inv*; (before marriage) fiançailles *fpl*.

engaging /ɪnˈgeɪdʒɪŋ/ *adj* avenant.

engine /ˈendʒɪn/ *n* moteur *m*; RAIL locomotive *f*.

engineer /ˌendʒɪˈnɪə(r)/ **I** *n* ingénieur *m*; (repairer) technicien *m*. **II** *vtr* manigancer.

engineering /ˌendʒɪˈnɪərɪŋ/ *n* ingénierie *f*; **civil ~** génie *m* civil.

England *pr n* (L')Angleterre *f*.

English /ˈɪŋglɪʃ/ **I** *n* (language) anglais *m*; (people) **the ~** les Anglais *mpl*. **II** *adj* [language, food] anglais; [lesson, teacher] d'anglais.

English Channel *n* **the ~** la Manche.

Englishman /ˈɪŋglɪʃmən/ *n* (*pl* **-men**) Anglais *m*.

Englishwoman *n* (*pl* **-women**) Anglaise *f*.

engrave /ɪnˈgreɪv/ *vtr* graver.

engraving /ɪnˈgreɪvɪŋ/ *n* gravure *f*.

engulf /ɪnˈgʌlf/ *vtr* engloutir.

enhance /ɪnˈhɑːns, -hæns[US]/ *vtr* améliorer; (appearance, qualities) mettre [qch] en valeur.

enigma /ɪˈnɪgmə/ *n* énigme *f*.

enjoy /ɪnˈdʒɔɪ/ **I** *vtr* aimer; **he knows how to ~ life** il sait vivre; **I didn't ~ the party** je ne me suis pas bien amusé à la soirée; **the tourists are ~ing the good weather** les touristes profitent du beau temps; **~ your meal!** bon appétit!; (good health, privilege) jouir de. **II** *v refl* **to ~ oneself** s'amuser; **~ yourselves!** amusez-vous bien!

enjoyable /ɪnˈdʒɔɪəbl/ *adj* agréable.

enjoyment /ɪnˈdʒɔɪmənt/ *n* plaisir *m*.

enlarge /ɪnˈlɑːdʒ/ *vtr* agrandir.

enlargement /ɪnˈlɑːdʒmənt/ *n* agrandissement *m*.

enlighten /ɪnˈlaɪtn/ *vtr* éclairer.

enlightenment /ɪnˈlaɪtnmənt/ *n* instruction *f*; (clarification) éclaircissement *m*; **(the Age of) the Enlightenment** le siècle des Lumières.

enlist /ɪnˈlɪst/ **I** *vtr* recruter; **to ~ sb's help** s'assurer l'aide de qn. **II** *vi* MIL s'engager.

enormous /ɪˈnɔːməs/ *adj* énorme; **an ~ amount of** énormément de.

enormously /ɪˈnɔːməslɪ/ *adv* [change, enjoy] énormément; [big, long] extrêmement.

enough /ɪˈnʌf/ *adv, det, pron* assez; **~ money** assez d'argent; **is he old ~ to vote?** a-t-il l'âge de voter?; **curiously ~** aussi bizarre que cela puisse paraître; **I've had ~ of him** j'en ai assez de lui; **once was ~ for me!** une fois m'a suffi!

enquire *vtr, vi* ▸ **inquire**.

enquiry *n* ▸ **inquiry**.

enrage /ɪnˈreɪdʒ/ *vtr* mettre [qn] en rage.

enrich /ɪnˈrɪtʃ/ *vtr* enrichir.

enrol[GB], **enroll**[US] /ɪnˈrəʊl/ (*p prés etc* **-ll-**) **I** *vtr* inscrire. **II** *vi* s'inscrire.

ensure /ɪnˈʃɔː(r), ɪnˈʃʊər[US]/ *vtr* garantir; **to ~ that...** veiller à ce que...

entail /ɪnˈteɪl/ *vtr* impliquer, entraîner.

entangle /ɪnˈtæŋgl/ *vtr* **to become ~d** s'enchevêtrer; **to be ~d in** être pris dans.

enter /ˈentə(r)/ **I** *vtr* entrer dans; (fact, appointment) noter; **it never ~ed my mind!** cela ne m'est jamais venu à l'esprit; ORDINAT (data) entrer. **II** *vi* entrer; ORDINAT valider.

enterprise /ˈentəpraɪz/ *n* entreprise *f*.

enterprising /ˈentəpraɪzɪŋ/ *adj* entreprenant, audacieux/-ieuse.

entertain /ˌentəˈteɪn/ **I** *vtr* divertir; (host) recevoir; (doubt, ambition) nourrir. **II** *vi* recevoir.

entertainer /ˌentəˈteɪnə(r)/ *n* artiste *m/f* de music-hall.

entertaining /ˌentəˈteɪnɪŋ/ *adj* divertissant.

entertainment /ˌentəˈteɪnmənt/ *n* divertissement *m*, distractions *fpl*; **the world of ~** le monde du spectacle; (event) spectacle *m*.

enthralling /ɪnˈθrɔːlɪŋ/ *adj* captivant.

enthusiasm /ɪn'θju:zɪæzəm, -'θu:z-US/ *n* enthousiasme *m*.

enthusiast /ɪn'θju:zɪæst, -'θu:z-US/ *n* passionné/-e *m/f*.

enthusiastic /ɪn,θju:zɪ'æstɪk, -,θu:z-US/ *adj* [crowd, response] enthousiaste; [discussion] exalté; [worker, gardener] passionné; [member] fervent.

entice /ɪn'taɪs/ *vtr* (with offer, charms, prospects) séduire, attirer; (with food, money) appâter; **to ~ sb to do** persuader qn de faire.

enticing /ɪn'taɪsɪŋ/ *adj* séduisant.

entire /ɪn'taɪə(r)/ *adj* entier/-ière; **the ~ family** toute la famille, la famille (tout) entière; **our ~ support** notre soutien absolu.

entirely /ɪn'taɪəlɪ/ *adv* entièrement; **not ~** pas tout à fait.

entitle /ɪn'taɪtl/ *vtr* **to ~ to sth** donner droit à qch; **to be ~d to do** avoir le droit de faire; (text, music) intituler.

entity /'entətɪ/ *n* entité *f*.

entrance I /'entrəns/ *n* entrée *f*; **to deny sb ~** refuser de laisser entrer qn. II /ɪn'trɑ:ns, -'træns US/ *vtr* transporter, ravir.

entrant /'entrənt/ *n* (in competition) participant/-e *m/f*; (in exam) candidat/-e *m/f*.

entrenched /ɪn'trentʃt/ *adj* inébranlable; [tradition, rights] bien établi.

entrepreneurial /,ɒntrəprə'nɜ:rɪəl/ *adj* **~ spirit/skills** le sens/le don des affaires.

entrust /ɪn'trʌst/ *vtr* **to ~ sb with sth, to ~ sth to sb** confier qch à qn.

entry /'entrɪ/ *n* entrée *f*; **no ~** (on door) défense d'entrer; (in one-way street) sens interdit.

envelop /ɪn'veləp/ *vtr* envelopper.

envelope /'envələʊp, 'ɒn-/ *n* enveloppe *f*.

envious /'envɪəs/ *adj* envieux/-ieuse.

environment /ɪn'vaɪərənmənt/ *n* environnement *m*; **working ~** conditions de travail.

environmental /ɪn,vaɪərən'mentl/ *adj* [conditions, changes] du milieu; [concern, issue] lié à l'environnement, écologique.

environmentalist /ɪn,vaɪərən'mentəlɪst/ *n* écologiste *mf*.

environmentally /ɪn,vaɪərən'mentəlɪ/ *adv* **~ friendly product** produit qui respecte l'environnement.

envisage /ɪn'vɪzɪdʒ/ *vtr* **to ~ doing sth** prévoir de faire, envisager de faire.

envy /'envɪ/ I *n* ¢ envie *f*. II *vtr* **to ~ sb sth** envier qch à qn.

epic /'epɪk/ I *n* épopée *f*; **~ film** film à grand spectacle. II *adj* épique.

epidemic /,epɪ'demɪk/ I *n* épidémie *f*. II *adj* épidémique.

episode /'epɪsəʊd/ *n* épisode *m*.

epitome /ɪ'pɪtəmɪ/ *n* comble *m*; **the ~ of kindness** la bonté incarnée.

epitomize /ɪ'pɪtəmaɪz/ *vtr* personnifier, incarner.

epoch /'i:pɒk, 'epək US/ *n* époque *f*.

equal /'i:kwəl/ I *n* égal/-e *m/f*. II *adj* égal; **~ rights** l'égalité des droits.
• **all things being ~** sauf imprévu.

equality /ɪ'kwɒlətɪ/ *n* égalité *f*.

equalize /'i:kwəlaɪz/ *vtr, vi* égaliser.

equally /'i:kwəlɪ/ *adv* [divide, share] en parts égales; **~ difficult/pretty** tout aussi difficile/joli; **~, we might say that** de même, on pourrait dire que.

equal opportunities *npl* égalité *f* des chances.

equate /ɪ'kweɪt/ *vtr* (identify) assimiler.

equation /ɪ'kweɪʒn/ *n* MATH équation *f*.

equator /ɪ'kweɪtə(r)/ *n* équateur *m*.

equilibrium /,i:kwɪ'lɪbrɪəm/ *n* (*pl* **-riums/-ria**) équilibre *m*.

equip /ɪˈkwɪp/ *vtr* (*p prés etc* **-pp-**) équiper; FIG préparer.

equipment /ɪˈkwɪpmənt/ *n* équipement *m*; (electrical, photographic) matériel *m*.

equivalent /ɪˈkwɪvələnt/ *n, adj* équivalent *m*; ~ **to sth** équivalent à qch.

era /ˈɪərə/ *n* GÉN ère *f*; (in politics, fashion) époque *f*.

eradicate /ɪˈrædɪkeɪt/ *vtr* éliminer; (disease) éradiquer.

erase /ɪˈreɪz, ɪˈreɪsUS/ *vtr* effacer.

erect /ɪˈrekt/ *vtr* ériger.

erode /ɪˈrəʊd/ *vtr* éroder; FIG saper.

erosion /ɪˈrəʊʒn/ *n* érosion *f*.

erotic /ɪˈrɒtɪk/ *adj* érotique.

errand /ˈerənd/ *n* commission *f*, course *f*.

erratic /ɪˈrætɪk/ *adj* [behaviour] imprévisible; [performance] inégal; [moods] changeant; [movements] désordonné; [deliveries] irrégulier/-ière.

erroneous /ɪˈrəʊnɪəs/ *adj* erroné.

error /ˈerə(r)/ *n* (in spelling) faute *f*; (in maths, computing) erreur *f*; **in** ~ par erreur.

erupt /ɪˈrʌpt/ *vi* [volcano] entrer en éruption; [violence] éclater.

escalate /ˈeskəleɪt/ *vi* s'intensifier.

escape /ɪˈskeɪp/ **I** *n* évasion *f*; **to have a narrow/lucky** ~ l'échapper belle. **II** *vtr* **to** ~ **death/danger** échapper à la mort/au danger; **his name ~s me** son nom m'échappe. **III** *vi* s'enfuir.

escarole *n* scarole *f*.

eschew /ɪsˈtʃuː/ *vtr* éviter.

escort **I** /ˈeskɔːt/ *n* escorte *f*. **II** /ɪˈskɔːt/ *vtr* escorter; (home) raccompagner.

especially /ɪˈspeʃəlɪ/ *adv* surtout, en particulier.

espionage /ˈespɪənɑːʒ/ *n* espionnage *m*.

EsqGB *abrév* = **esquire** (on letter) M.

essay /ˈeseɪ/ *n* (at school) rédaction *f*; (extended) dissertation *f*; (criticism) essai *m*.

essence /ˈesns/ **I** *n* essence *f*. **II in** ~ *adv phr* essentiellement.

essential /ɪˈsenʃl/ *npl* **I ~s** *npl* **the ~s** l'essentiel *m*. **II** *adj* essentiel/-ielle; ~ **goods** produits de première nécessité; **it is** ~ **that** il est indispensable que (+ *subj*).

essentially /ɪˈsenʃəlɪ/ *adv* essentiellement, avant tout.

establish /ɪˈstæblɪʃ/ *vtr* établir; (company) fonder; **to** ~ **that/whether** montrer que/si.

establishment /ɪˈstæblɪʃmənt/ **I** *n* établissement *m*. **II**GB **Establishment** *n* classe *f* dominante, establishment *m*.

estate /ɪˈsteɪt/ *n* domaine *m*, propriété *f*; (assets) biens *mpl*.

estate agentGB *n* agent *m* immobilier.

esteem /ɪˈstiːm/ *n* estime *f*; **to go up in sb's** ~ remonter dans l'estime de qn.

estimate **I** /ˈestɪmət/ *n* estimation *f*; (from plumber) devis *m*. **II** /ˈestɪmeɪt/ *vtr* évaluer; **to** ~ **that** estimer que.

estranged /ɪˈstreɪndʒd/ *adj* ~ **husband** ex-mari.

estuary /ˈestʃʊərɪ, -ʊeriUS/ *n* estuaire *m*.

eternal /ɪˈtɜːnl/ *adj* éternel/-elle.

eternity /ɪˈtɜːnətɪ/ *n* éternité *f*.

ethical /ˈeθɪkl/ *adj* moral; ~ **code** code déontologique

ethics /ˈeθɪks/ *n* (*sg*) éthique *f*.

ethnic /ˈeθnɪk/ *adj* ethnique.

etiquette /ˈetɪket, -kət/ *n* (social) bienséance *f*, étiquette *f*; (diplomatic) protocole *m*.

EU *abrév* = (**European Union**) UE *f*.

euphemism /ˈjuːfəmɪzəm/ *n* euphémisme *m*.

euphoria /juːˈfɔːrɪə/ *n* euphorie *f*.

euro /ˈjʊərəʊ/ *n* euro *m*.

Europe /ˈjʊərəp/ *pr n* Europe *f*.

European /ˌjʊərəˈpɪən/ I *n* Européen/-éenne *m/f*. II *adj* européen/-éenne.

European Union, **EU** *n* Union européenne, UE *f*.

evacuate /ɪˈvækjʊeɪt/ *vtr* évacuer.

evade /ɪˈveɪd/ *vtr* (question) éluder; (responsibility) fuir; (pursuer) échapper à.

evaluate /ɪˈvæljʊeɪt/ *vtr* évaluer.

evaporate /ɪˈvæpəreɪt/ *vi* s'évaporer.

evasion /ɪˈveɪʒn/ *n* **tax ~** évasion fiscale *f*.

evasive /ɪˈveɪsɪv/ *adj* évasif/-ive.

eve /iːv/ *n* veille *f*; **on the ~ of** à la veille de.

even[1] /ˈiːvn/ I *adv* même; **not ~ Bob** pas même Bob; **~ colder** encore plus froid. II **~ so** *adv phr* quand même. III **~ then** *adv phr* même à ce moment-là. IV **~ though** *conj phr* bien que (+ *subj*).

even[2] /ˈiːvn/ *adj* [surface, voice, temper, contest] égal; [teeth, hemline] régulier/-ière; [temperature] constant; [number] pair; **we're ~** nous sommes quittes; **to be ~** être à égalité.

evening /ˈiːvnɪŋ/ I *n* soir *m*; **to work ~s** travailler le soir; (with emphasis on duration) soirée *f*; **during the ~** pendant la soirée. II *in compounds* [bag, shoe] habillé; [meal, class] du soir.

evenly /ˈiːvnlɪ/ *adv* [spread, apply] uniformément; [breathe] régulièrement.

event /ɪˈvent/ *n* événement *m*; **social ~** événement mondain; (eventuality) cas *m*; **in the ~ of** en cas de.

eventual /ɪˈventʃʊəl/ *adj* [decision] final.

eventually /ɪˈventʃʊəlɪ/ *adv* finalement; **to do sth ~** finir par faire qch.

ever /ˈevə(r)/ I *adv* (at any time) jamais **nothing was ~ said** rien n'a jamais été dit; **hardly ~** presque jamais; **more than ~** plus que jamais; (always) toujours; **as cheerful as ~** toujours aussi gai; **yours ~** (in letter) bien à vous. II **ever-** *combining form* **~-increasing** toujours croissant. III **~ since** *adv phr, conj phr* depuis (que).

evergreen /ˈevəgriːn/ *adj* [tree] à feuilles persistantes.

every /ˈevrɪ/ I *det* (each) tous les/toutes les, chaque; **~ time** chaque fois. II **~ other** *adj phr* **~ other day** tous les deux jours; **~ other Sunday** un dimanche sur deux.

• **~ now and then, ~ once in a while** de temps en temps.

everybody /ˈevrɪbɒdɪ/ *pron* tout le monde; **~ else** tous les autres.

everyday /ˈevrɪdeɪ/ *adj* de tous les jours; **in ~ use** d'usage courant.

everyone /ˈevrɪwʌn/ *pron* ▸ **everybody**.

everything /ˈevrɪθɪŋ/ *pron* tout; **~ else** tout le reste.

everywhere /ˈevrɪweə(r), -hweər[US]/ *adv* partout; **~ else** partout ailleurs.

evict /ɪˈvɪkt/ *vtr* expulser.

eviction /ɪˈvɪkʃn/ *n* expulsion *f*.

evidence /ˈevɪdəns/ *n* preuves *fpl*; **there is no ~ that** rien ne prouve que; (testimony) témoignage *m*.

evident /ˈevɪdənt/ *adj* manifeste; **it is ~ that** il est évident que.

evidently /ˈevɪdəntlɪ/ *adv* (apparently) apparemment; (patently) manifestement.

evil /ˈiːvl/ I *n* mal *m*. II *adj* [act, eye, person, temper] mauvais; [spirit] maléfique.

• **the lesser of two ~s** le moindre mal.

evolution /ˌiːvəˈluːʃn/ *n* évolution *f*.

evolve /ɪˈvɒlv/ *vi* évoluer.

ewe /juː/ *n* brebis *f*.

exact /ɪgˈzækt/ *adj* exact, précis.

exactly /ɪgˈzæktlɪ/ *adv* précisément.

exaggerate /ɪgˈzædʒəreɪt/ *vtr, vi* exagérer.

exaggeration /ɪgˌzædʒəˈreɪʃn/ *n* exagération *f*.

exam /ɪg'zæm/ *n* examen *m*.

examination /ɪgˌzæmɪ'neɪʃn/ *n* examen *m*; (of witness) interrogatoire *m*.

examine /ɪg'zæmɪn/ *vtr* examiner; (question) étudier; (luggage) fouiller; (prisoner) interroger.

examiner /ɪg'zæmɪnə(r)/ *n* examinateur/-trice *m/f*.

example /ɪg'zɑ:mpl, -'zæmpl[US]/ *n* exemple *m*; **for ~** par exemple; **to set a good ~** donner l'exemple.

exasperate /ɪg'zæspəreɪt/ *vtr* exaspérer.

excavate /'ekskəveɪt/ *vtr, vi* creuser; (on archeological site) faire des fouilles.

exceed /ɪk'si:d/ *vtr* dépasser.

exceedingly /ɪk'si:dɪŋlɪ/ *adv* extrêmement.

excel /ɪk'sel/ *vi* exceller.

excellence /'eksələns/ *n* excellence *f*.

excellent /'eksələnt/ I *adj* excellent. II *excl* parfait!

except /ɪk'sept/ I *prep* sauf, excepté; **~ Lisa** sauf Lisa. II **~ for** *prep phr* à part, à l'exception de. III *vtr* excepter; **~ing** à l'exception de.

exception /ɪk'sepʃn/ *n* exception *f*; **to take ~ to** s'offusquer de.

exceptional /ɪk'sepʃənl/ *adj* exceptionnel/-elle.

excerpt /'eksɜ:pt/ *n* extrait *m*.

excess /ɪk'ses/ I *n* excès *m*; **to ~** à l'excès; **to eat to ~** trop manger. II *adj* **~ baggage** excédent de bagages.

excessive /ɪk'sesɪv/ *adj* excessif/-ive.

exchange /ɪks'tʃeɪndʒ/ I *n* échange *m*; **in ~ for** en échange de; COMM, FIN change *m*; TÉLÉCOM central (téléphonique) *m*. II *vtr* échanger; **to ~ sth for sth** échanger qch contre qch.

Exchequer[GB] /ɪks'tʃekə(r)/ *n* POL **the ~** l'Échiquier *m*, le ministère des Finances.

excite /ɪk'saɪt/ *vtr* exciter; (interest) susciter.

excited /ɪk'saɪtɪd/ *adj* excité; **I'm so ~!** je suis tout(e) content(e)!; **to be ~ about sth** être ravi à l'idée de qch; **to get ~** s'exciter; **don't get ~!** ne t'énerve pas!

excitement /ɪk'saɪtmənt/ *n* excitation *f*; **what ~!** quelle émotion!; **to cause great ~** faire sensation.

exciting /ɪk'saɪtɪŋ/ *adj* passionnant.

exclaim /ɪk'skleɪm/ *vtr* s'exclamer.

exclude /ɪk'sklu:d/ *vtr* exclure.

excluding /ɪk'sklu:dɪŋ/ *prep* à l'exclusion de; **~ VAT** TVA non comprise.

exclusion /ɪk'sklu:ʒn/ *n* exclusion *f*.

exclusive /ɪk'sklu:sɪv/ I *n* exclusivité *f*. II *adj* [club, social circle] fermé; [hotel] de luxe; [school, district] huppé; [story, coverage, rights] exclusif/-ive; [interview] en exclusivité; **~ of meals** repas non compris.

excruciating /ɪk'skru:ʃɪeɪtɪŋ/ *adj* atroce.

excursion /ɪk'skɜ:ʃn/ *n* excursion *f*.

excuse I /ɪk'skju:s/ *n* excuse *f*; **to make ~s** trouver des excuses; (pretext) prétexte *m*; **to be an ~ to do/for doing** servir de prétexte pour faire. II /ɪk'skju:z/ *vtr* excuser; **~ me!** excusez-moi!, pardon!; **to ~ sb from (doing) sth** dispenser qn de (faire) qch.

ex-directory[GB] /ˌeksdaɪ'rektərɪ, -dɪ-/ *adj* sur la liste rouge.

execute /'eksɪkju:t/ *vtr* exécuter.

execution /ˌeksɪ'kju:ʃn/ *n* exécution *f*.

executive /ɪg'zekjʊtɪv/ I *n* (administrator) cadre *m*; (committee) exécutif *m*, comité *m* exécutif. II *adj* [power, committee] exécutif/-ive; [status] de cadre; [chair] directorial.

exemplary /ɪg'zemplərɪ, -lerɪ[US]/ *adj* exemplaire.

exemplify /ɪg'zemplɪfaɪ/ *vtr* illustrer.

exempt /ɪg'zempt/ I *adj* exempt. II *vtr* exempter.

exercise /'eksəsaɪz/ I *n* exercice *m*. II *vtr* (restraint) faire preuve de; (power, right;)

exercer; (muscles) faire travailler. III *vi* faire de l'exercice.

exert /ɪg'zɜːt/ I *vtr* (influence) exercer; (force) employer. II *v refl* **to ~ oneself** se fatiguer.

exhaust /ɪg'zɔːst/ I *n* AUT (pipe) pot *m* d'échappement; (fumes) gaz *mpl* d'échappement. II *vtr* épuiser; **~ed** épuisé; **~ing** épuisant.

exhaustion /ɪg'zɔːstʃn/ *n* épuisement *m*.

exhaustive /ɪg'zɔːstɪv/ *adj* exhaustif/-ive, très détaillé.

exhibit /ɪg'zɪbɪt/ I *n* œuvre *f* exposée; US exposition *f*; JUR pièce *f* à conviction. II *vtr* exposer; (preference) manifester.

exhibition /ˌeksɪ'bɪʃn/ *n* exposition *f*; (of skill) démonstration *f*.

exhilarated /ɪg'zɪləreɪtid/ *adj* **to feel ~** être tout joyeux/toute joyeuse.

exhilarating /ɪg'zɪləreɪtɪŋ/ *adj* enivrant.

exile /'eksaɪl/ I *n* exil *m*; (person) exilé/-e *m/f*. II *vtr* exiler.

exist /ɪg'zɪst/ *vi* exister; **to ~ on** vivre de.

existence /ɪg'zɪstəns/ *n* existence *f*; **to come into ~** naître.

existing /ɪg'zɪstɪŋ/ *adj* existant; [policy, management] actuel/-elle.

exit /'eksɪt/ I *n* sortie *f*. II *vi* sortir.

exodus /'eksədəs/ *n* exode *m*.

exotic /ɪg'zɒtɪk/ *adj* exotique.

expand /ɪk'spænd/ I *vtr* GÉN développer; (production) accroître. II *vi* se développer.

expanse /ɪk'spæns/ *n* étendue *f*.

expatriate /ˌeks'pætrɪət/ *n*, *adj* expatrié/-e (*m/f*).

expect /ɪk'spekt/ I *vtr* s'attendre à; **to ~ that...** s'attendre à ce que... (+ *subj*); **more/worse than ~ed** plus/pire que prévu; (baby, guest) attendre. II *vi* **to be ~ing** attendre un enfant.

expectancy /ɪk'spektənsɪ/ *n* attente *f*.

expectation /ˌekspek'teɪʃn/ *n* attente *f*.

expedition /ˌekspɪ'dɪʃn/ *n* expédition *f*.

expel /ɪk'spel/ *vtr* (*p prés etc* **-ll-**) expulser.

expenditure /ɪk'spendɪtʃə(r)/ *n* dépenses *fpl*.

expense /ɪk'spens/ *n* (cost) frais *mpl*; **at the ~ of** au détriment de; **at sb's ~** aux dépens de qn.

expensive /ɪk'spensɪv/ *adj* cher/chère, coûteux/-euse; [taste] de luxe.

experience /ɪk'spɪərɪəns/ I *n* expérience *f*. II *vtr* (problem) connaître; (emotion) éprouver.

experienced /ɪk'spɪərɪənst/ *adj* expérimenté; [eye] entraîné.

experiment /ɪk'sperɪmənt/ I *n* expérience *f*. II *vi* expérimenter, faire des essais.

experimental /ɪkˌsperɪ'mentl/ *adj* expérimental.

expert /'ekspɜːt/ *n* spécialiste *mf*, expert *m/f*.

expertise /ˌekspɜː'tiːz/ *n* compétences *fpl*.

expire /ɪk'spaɪə(r)/ *vi* expirer; **my passport has ~d** mon passeport est périmé.

expiry dateGB *n* date *f* d'expiration.

explain /ɪk'spleɪn/ I *vtr* expliquer. II *v refl* **to ~ oneself** s'expliquer.

explanation /ˌeksplə'neɪʃn/ *n* explication *f*.

explanatory /ɪk'splænətrɪ, -tɔːrɪUS/ *adj* explicatif/-ive.

explicit /ɪk'splɪsɪt/ *adj* explicite.

explode /ɪk'spləud/ *vi* exploser.

exploit I /'eksplɔɪt/ *n* exploit *m*. II /ɪk'splɔɪt/ *vtr* exploiter.

exploration /ˌeksplə'reɪʃn/ *n* exploration *f*.

explore /ɪk'splɔː(r)/ *vtr* explorer; (idea, opportunity) étudier.

explorer /ɪk'splɔːrə(r)/ *n* explorateur/-trice *m/f*.

explosion /ɪk'spləʊʒn/ *n* explosion *f*.

explosive /ɪk'spləʊsɪv/ I *n* explosif *m*. II *adj* explosif/-ive.

exponent /ɪk'spəʊnənt/ *n* défenseur *m*.

export I /'ekspɔːt/ *n* exportation *f*. II /ɪk'spɔːt/ *vtr, vi* exporter.

exporter /ɪk'spɔːtə(r)/ *n* exportateur/-trice *m/f*.

expose /ɪk'spəʊz/ *vtr* exposer; (identity, scandal) révéler; (injustice, person) dénoncer.

exposure /ɪk'spəʊʒə(r)/ *n* exposition *f*; FIG révélation *f*; **to die of ~** mourir de froid; (picture) pose *f*.

express /ɪk'spres/ I *n* rapide *m*. II *adj* [letter, parcel] exprès; [delivery, train] rapide; [order, promise] formel/-elle; **on the ~ condition that** à la condition expresse que (+ *subj*). III *vtr* exprimer. IV *v refl* **to ~ oneself** s'exprimer.

expression /ɪk'spreʃn/ *n* expression *f*.

expressive /ɪk'spresɪv/ *adj* expressif/-ive.

expulsion /ɪk'spʌlʃn/ *n* expulsion *f*; (of pupil) renvoi *m*.

exquisite /'ekskwɪzɪt, ɪk'skwɪzɪt/ *adj* exquis.

extend /ɪk'stend/ *vtr* étendre; (visa, show) prolonger.

extension /ɪk'stenʃn/ *n* extension *f*; (of cable, table) rallonge *f*; **the new ~ to the hospital** le nouveau bâtiment de l'hôpital; (phone number) (numéro *m* de) poste *m*; (of visa, loan) prorogation *f*.

extensive /ɪk'stensɪv/ *adj* vaste; [tests] approfondi; [damage] considérable; **to make ~ use of** utiliser beaucoup.

extent /ɪk'stent/ *n* étendue *f*; **to a certain ~** dans une certaine mesure.

exterior /ɪk'stɪərɪə(r)/ *n, adj* extérieur (*m*).

exterminate /ɪk'stɜːmɪneɪt/ *vtr* exterminer.

external /ɪk'stɜːnl/ *adj* extérieur; **for ~ use only** usage externe.

extinct /ɪk'stɪŋkt/ *adj* [species, animal, plant] disparu; [volcano, passion] éteint.

extinguish /ɪk'stɪŋgwɪʃ/ *vtr* éteindre.

extol[GB], **extoll**[US] /ɪk'stəʊl/ *vtr* (*p prés* **-ll-**) louer.

extra /'ekstrə/ I *n* supplément *m*; (feature) option *f*; (film actor) figurant/-e *m/f*. II *adj* supplémentaire; **at no ~ charge** sans supplément.

extract I /'ekstrækt/ *n* extrait *m*. II /ɪk'strækt/ *vtr* extraire; (promise) arracher.

extracurricular /ˌekstrəkə'rɪkjʊlə(r)/ *adj* parascolaire.

extradite /'ekstrədaɪt/ *vtr* extrader.

extraordinary /ɪk'strɔːdnrɪ, -dənerɪ[US]/ *adj* extraordinaire.

extravagance /ɪk'strævəgəns/ *n* prodigalité *f*.

extravagant /ɪk'strævəgənt/ *adj* extravagant; (with money) dépensier/-ière.

extreme /ɪk'striːm/ *n* extrême *m*.

extremely /ɪk'striːmlɪ/ *adv* extrêmement.

extremist /ɪk'striːmɪst/ *n* extrémiste *m/f*.

extrovert /'ekstrəvɜːt/ *n* extraverti/-e *m/f*.

exuberant /ɪg'zjuːbərənt, -'zuː-[US]/ *adj* exubérant.

eye /aɪ/ I *n* œil *m*; **to keep an ~ on** surveiller; **to catch sb's ~** attirer l'attention de qn; (hole in needle) chas *m*. II **-eyed** *combining form* **blue-~d** aux yeux bleus. III *vtr* regarder.

eyebrow *n* sourcil *m*.

eyelash *n* cil *m*.

eyelid *n* paupière *f*.

eyesight *n* vue *f*.

eyewitness *n* témoin *m* oculaire.

f

f, **F** /ef/ *n* (letter) f, F *m*; **F** MUS fa *m*.

fable /ˈfeɪbl/ *n* fable *f*.

fabric /ˈfæbrɪk/ *n* tissu *m*; (of building) structure *f*.

fabricate /ˈfæbrɪkeɪt/ *vtr* fabriquer.

fabulous☺ /ˈfæbjʊləs/ *adj* fabuleux/-euse, sensationnel/-elle☺.

face /feɪs/ I *n* visage *m*, figure *f*; **~ up/down** [person] sur le dos/ventre; [objet] à l'endroit/l'envers; (expression) air *m*; **to pull/make a ~** faire la grimace; (of clock) cadran *m*; (of coin) côté *m*. II *vtr* [person] faire face à; (rival) affronter; [room] donner sur; **facing our house** en face de notre maison; **to be ~d with** se trouver confronté à; (acknowledge) admettre.

faceless /ˈfeɪslɪs/ *adj* anonyme.

facet /ˈfæsɪt/ *n* facette *f*.

face-to-face /ˌfeɪstəˈfeɪs/ *adv* face à face.

face value *n* valeur *f* nominale; FIG **to take sth at ~** prendre qch pour argent comptant.

facial /ˈfeɪʃl/ I *n* soin *m* du visage. II *adj* du visage.

facilitate /fəˈsɪlɪteɪt/ *vtr* faciliter.

facility /fəˈsɪlətɪ/ I *n* installation *f*; (feature) fonction *f*. II **facilities** *npl* équipement *m*; (infrastructure) infrastructure *f*.

fact /fækt/ *n* fait *m*; **to know for a ~ that** savoir de source sûre que; **in ~, as a matter of ~** en fait.

factor /ˈfæktə(r)/ *n* facteur *m*; **protection ~** (of suntan lotion) indice *m* de protection.

factory /ˈfæktərɪ/ *n* usine *f*.

factual /ˈfæktʃʊəl/ *adj* [evidence] factuel/-elle; [description] basé sur les faits.

faculty /ˈfækltɪ/ *n* (*pl* **-ties**) faculté *f*; UNIV, SCOL[US] corps *m* enseignant.

fad /fæd/ *n* engouement *m*; **it's just a ~** c'est une mode.

fade /feɪd/ *vi* se faner; [colour] passer; [image] s'estomper; [smile, memory] s'effacer; [interest, hope] s'évanouir.

fag☺ /fæg/ *n* (cigarette) clope☺ *f*; PÉJ (homosexual)[US] homo☺ *m*.

fail /feɪl/ I *n* échec *m*. II **without ~** *adv phr* sans faute, à coup sûr. III *vtr* (exam) échouer à; (candidate) coller☺; **to ~ to do** manquer de faire; **to ~ in one's duty** manquer/faillir à son devoir; **it never ~s** ça marche à tous les coups; (friend) laisser tomber. IV *vi* échouer; [health] décliner; [brakes, heart] lâcher; [engine] tomber en panne; (go bankrupt) faire faillite. V **~ed** *pp adj* manqué.

failing /ˈfeɪlɪŋ/ I *n* défaut *m*. II *prep* **~ that** sinon.

failure /ˈfeɪljə(r)/ *n* échec *m*; (of business) faillite *f*; (person) raté/-e☺ *m/f*; (of organ) défaillance *f*; panne *f*; **power ~** panne de courant.

faint /feɪnt/ I *adj* [accent] léger/-ère; [protest] faible; **to feel ~** se sentir mal, défaillir. II *vi* s'évanouir.

fair /feə(r)/ I *n* foire *f*. II *adj* [arrangement] honnête; [decision] juste, bon/bonne; **a ~ number of** un bon nombre de; **~ enough!** bon, d'accord!; SCOL passable; [weather] beau/belle; [hair] blond; [complexion, skin] clair; [lady, city] beau/belle. III *adv* [play] franc jeu.

fairground *n* champ *m* de foire.

fairly /ˈfeəlɪ/ *adv* assez; (justly) honnêtement.

fairness /ˈfeənɪs/ *n* **in all ~** en toute justice.

fair play *n* **to have a sense of ~** jouer franc jeu, être fair-play.

fairy /ˈfeərɪ/ *n* fée *f.*

fairy tale *n* conte *m* de fées; (lie) histoire *f* à dormir debout.

faith /feɪθ/ *n* confiance *f*; **in good ~** en toute bonne foi; (belief) foi *f.*

faithful /ˈfeɪθfl/ *adj* fidèle.

faithfully /ˈfeɪθfəlɪ/ *adv* fidèlement; (in letter) **yours ~** veuillez agréer, Monsieur/Madame, mes/nos salutations distinguées.

fake /feɪk/ I *n* (jewel) faux *m*; (person) imposteur *m.* II *adj* faux/fausse. III *vtr* (signature, document) contrefaire; (results) falsifier; (emotion, illness) feindre.

falcon /ˈfɔːlkən, ˈfælkən[US]/ *n* faucon *m.*

fall /fɔːl/ I *n* chute *f*; (in temperature, quality) baisse *f*; (autumn)[US] automne *m.* II *vi* (*prét* **fell**; *pp* **fallen**) tomber; (drop) diminuer, baisser.
• **fall back on**: avoir recours à. • **fall down**: tomber. • **fall for**: **~ for [sth]** se laisser prendre à; **~ for [sb]** tomber amoureux/-euse de. • **fall in**: s'écrouler, s'effondrer. • **fall off**: tomber; [sales] diminuer. • **fall out**: (quarrel)[☺] se brouiller; **it fell out that...**[GB] il s'avéra que... • **fall over**: se renverser; ; **~ over [sth]** trébucher sur. • **fall through**: [plans] échouer.

fallacy /ˈfæləsɪ/ *n* erreur *f.*

fallen /ˈfɔːlən/ I *pp* ▸ **fall**. II *pp adj* [leaf, soldier] mort; [tree] abattu.

falling-off *n* diminution *f.*

fallout *n* ¢ retombées *fpl.*

fallow deer *n* daim *m.*

false /fɔːls/ *adj* faux/fausse.

falsify /ˈfɔːlsɪfaɪ/ *vtr* falsifier.

falter /ˈfɔːltə(r)/ I *vtr* balbutier. II *vi* hésiter; chanceler.

fame /feɪm/ *n* renommée *f.*

famed /feɪmd/ *adj* célèbre.

familiar /fəˈmɪlɪə(r)/ *adj* familier/-ière; (customary) habituel.

family /ˈfæməlɪ/ *n* famille *f.*

family tree *n* arbre *m* généalogique.

famous /ˈfeɪməs/ *adj* célèbre.

fan /fæn/ I *n* (of star) fan[☺] *mf*, passionné *m/f*; (of team) supporter *m*; (mechanical) ventilateur *m*; (hand-held) éventail *m.* II *vtr* (*p prés etc* **-nn-**) (fire, passion) attiser; (face) s'éventer.

fanatic /fəˈnætɪk/ *n* fanatique *mf.*

fanciful /ˈfænsɪfl/ *adj* extravagant, fantaisiste.

fancy /ˈfænsɪ/ I *n* **to catch/take sb's ~** faire envie à qn. II *adj* [equipment] sophistiqué; [food] de luxe; [paper, box] fantaisie *inv*; [clothes] chic *inv.* III *vtr* [☺] (food) avoir (bien) envie de; **I ~ her** elle me plaît bien; **~ that**[☺]! pas possible[☺]!

fancy dress *n* ¢ déguisement *m.*

fanfare /ˈfænfeə(r)/ *n* fanfare *f.*

fang /fæŋ/ *n* (of dog) croc *m*; (of snake) crochet *m.*

fantasize /ˈfæntəsaɪz/ *vtr* rêver, fantasmer.

fantastic /fænˈtæstɪk/ *adj* [☺] fantastique, merveilleux; (unrealistic) invraisemblable.

fantasy /ˈfæntəsɪ/ *n* rêve *m*; idée *f* fantaisiste.

far /fɑː(r)/ I *adv* loin; **~ off/away** au loin; **~ from home** loin de chez soi; **how ~ is it?** à quelle distance est-ce?; **as ~ as** jusqu'à; **he's not ~ off 70** il n'a pas loin de 70 ans; **~ better/too fast** bien mieux/trop vite; **as/so ~ as we can** autant que possible; **as ~ as we know** pour autant que nous le sachions; **as ~ as I am concerned** quant à moi. II *adj* **the ~ north/south (of)** l'extrême nord/sud (de); **at the ~ end of** à l'autre bout de; POL **the ~ right/left** l'extrême droite/gauche. III **by ~** *adv phr* de loin. IV **~ from** *prep phr* loin de. V **so ~** *adv phr* jusqu'ici; **so ~, so good** pour l'instant tout va bien.

faraway /ˈfɑːrəweɪ/ *adj* (*épith*) lointain.

farce /fɑːs/ *n* farce *f*.

fare /feə(r)/ *n* prix *m* du ticket/billet; **taxi ~** prix *m* de la course; **half/full ~** demi-/plein tarif *m*.

Far East *pr n* Extrême-Orient *m*.

farewell /ˌfeəˈwel/ *n*, *excl* adieu *m*.

farm /fɑːm/ I *n* ferme *f*. II *vtr* (land) cultiver, exploiter.

farmer /ˈfɑːmə(r)/ *n* fermier/-ière, agriculteur/-trice.

farmhouse *n* ferme *f*.

farming /ˈfɑːmɪŋ/ I *n* agriculture *f*, élevage *m*. II *in compounds* [community] rural; [method] de culture.

far-reaching *adj* (d'une portée) considérable.

far-sighted *adj* prévoyant; US hypermétrope.

farther /ˈfɑːðə(r)/ (*comparative of* **far**) *adv*, *adj* ▸ **further**.

farthest /ˈfɑːðɪst/ *adj*, *adv* (*superl of* **far**). ▸ **further**.

fascinate /ˈfæsɪneɪt/ *vtr* fasciner.

fascination /ˌfæsɪˈneɪʃn/ *n* fascination *f*.

fascism /ˈfæʃɪzəm/ *n* fascisme *m*.

fascist /ˈfæʃɪst/ *n*, *adj* fasciste (*mf*).

fashion /ˈfæʃn/ I *n* façon *f*, manière *f*; (trend) mode *f*; **out of ~** démodé. II *vtr* façonner.

fashionable /ˈfæʃnəbl/ *adj* à la mode.

fast /fɑːst, fæstUS/ I *n* jeûne *m*. II *adj* rapide; **my watch is ~** ma montre avance; **~ colour**GB grand teint *m*. III *adv* vite, rapidement; **to be ~ asleep** dormir à poings fermés. IV *vi* jeûner.

fasten /ˈfɑːsn, ˈfæsnUS/ I *vtr* (lid) fermer; (belt) attacher; (coat) boutonner. II *vi* [box] se fermer; [necklace, skirt] s'attacher.

fast food *n* fast-food *m*, restauration *f* rapide.

fastidious /fæˈstɪdɪəs/ *adj* pointilleux/-euse.

fat /fæt/ I *n* matières *fpl* grasses; (on meat) gras *m*; (from meat) graisse *f*. II *adj* gros/grosse; **to get ~** grossir.

fatal /ˈfeɪtl/ *adj* mortel/-elle; fatal.

fatality /fəˈtælətɪ/ *n* (person killed) mort *m*.

fatally /ˈfeɪtəlɪ/ *adv* mortellement.

fate /feɪt/ *n* sort *m*.

fated /ˈfeɪtɪd/ *adj* **to be ~** devoir arriver.

fateful /ˈfeɪtfl/ *adj* [decision] fatal; [day] fatidique.

father /ˈfɑːðə(r)/ *n* père *m*.

father-in-law *n* (*pl* **~s-in-law**) beau-père *m*.

fatherland *n* patrie *f*.

fathom /ˈfæðəm/ I *n* NAUT brasse *f* anglaise (= *1,83 m*). II *vtr* comprendre.

fatigue /fəˈtiːg/ *n* épuisement *m*.

fattening /ˈfætnɪŋ/ *adj* qui fait grossir.

fatty /ˈfætɪ/ *adj* gras/grasse.

faucetUS /ˈfɔːsɪt/ *n* robinet *m*.

fault /fɔːlt/ I *n* défaut *m*; SPORT faute *f*; (in earth) faille *f*. II *vtr* prendre [qch/qn] en défaut.

faultless /ˈfɔːltlɪs/ *adj* irréprochable.

faulty /ˈfɔːltɪ/ *adj* défectueux/-euse.

fauna /ˈfɔːnə/ *n* (*pl* **~s**, **-ae**) faune *f*.

favourGB, **favor**US /ˈfeɪvə(r)/ I *n* ¢ faveur *f*; **to win ~ with sb** s'attirer les bonnes grâces de qn; **out of ~** passé de mode; **to do sb a ~** rendre service à qn. II *vtr* être pour, privilégier. III **in ~ of** *prep phr* en faveur de.

favourableGB, **favorable**US /ˈfeɪvərəbl/ *adj* favorable.

favouriteGB, **favorite**US /ˈfeɪvərɪt/ *n*, *adj* préféré/-e (*m/f*), favori/-ite (*m/f*).

fawn /fɔːn/ I *n* (animal) faon *m*; (colour) fauve *f*. II *adj* beige foncé *inv*.

fax /fæks/ I *n* (*pl* **~es**) télécopie *f*, fax *m*; (machine) télécopieur *m*, fax *m*. II *vtr* télécopier, faxer.

FBI[US] *n abrév* = (**Federal Bureau of Investigation**) Police *f* judiciaire fédérale.

fear /fɪə(r)/ I *n* peur *f*, crainte *f*. II *vtr* craindre.

fearful /ˈfɪəfl/ *adj* craintif/-ive; **to be ~ of sth** avoir peur de qch; (dreadful) affreux/-euse.

fearless /ˈfɪəlɪs/ *adj* sans peur, intrépide.

fearsome /ˈfɪəsəm/ *adj* redoutable.

feasible /ˈfiːzəbl/ *adj* faisable; [excuse] plausible.

feast /fiːst/ I *n* festin *m*; **~ day** jour de fête; FIG régal *m*. II *vi* se régaler.

feat /fiːt/ *n* exploit *m*.

feather /ˈfeðə(r)/ *n* plume *f*.

feature /ˈfiːtʃə(r)/ I *n* trait *m*, caractéristique *f*; (of product) accessoire *m*; (film) long métrage *m*; (in newspaper) article *m*; TV, RADIO reportage *m*. II *vtr* (story) présenter; (scene) représenter. III *vi* figurer.

Feb /feb/ *abrév* = **February**.

February /ˈfebrʊərɪ, -ʊrɪ[US]/ *n* février *m*.

fed /fed/ *prét*, *pp* ▸ **feed**.

federal /ˈfedərəl/ *adj* fédéral.

federation /ˌfedəˈreɪʃn/ *n* fédération *f*.

fed up☺ /ˌfed ˈʌp/ *adj* **to be ~** en avoir marre☺.

fee /fiː/ *n* (professional) honoraires *mpl*; **school ~s** frais de scolarité; **admission ~** droit d'entrée; **membership ~** cotisation.

feeble /ˈfiːbl/ *adj* faible.

feed /fiːd/ I *n* AGRIC aliments *mpl* pour animaux; (for baby) tétée, biberon. II *vtr* (*prét*, *pp* **fed**) nourrir, donner à manger à; (machine) alimenter; (meter) mettre des pièces dans. III *vi* **to ~ on** se nourrir de.

feedback /ˈfiːdbæk/ *n* réactions, impressions *fpl*.

feel /fiːl/ I *n* sensation *f*, toucher *m*. II *vtr* (*prét*, *pp* **felt**) (affection) éprouver; (hostility, effects) ressentir; (believe) **to ~ (that)** estimer que; **I ~ deeply/strongly that** je suis convaincu que; (heat) sentir; (texture) tâter; (body part, parcel) palper. III *vi* (happy, safe) se sentir; (sure, surprised) être, sembler; **to ~ afraid/hot** avoir peur/chaud; **it ~s like leather** on dirait du cuir; **to ~ like sth/doing sth** avoir envie de qch/de faire qch; **to ~ in** (bag, drawer) fouiller dans.

feeling /ˈfiːlɪŋ/ *n* sentiment *m*; **to hurt sb's ~s** blesser qn; **have you no ~?** n'as-tu pas de cœur?; (atmosphere) ambiance *f*; **a ~ for people** un bon contact avec les gens.

feet /fiːt/ *pl* ▸ **foot**.

feign /feɪn/ *vtr* feindre.

fell /fel/ I *prét* ▸ **fall**. II *n* montagne *f* (*dans le Nord de l'Angleterre*). III *vtr* (tree) abattre.

fellow /ˈfeləʊ/ I *n* (man)☺ type☺ *m*; (of association) membre *m*; UNIV[GB] *membre du corps enseignant d'un collège universitaire*. II *in compounds* **her ~ lawyers/teachers** ses collègues avocats/professeurs; **he and his ~ students** lui et les autres étudiants.

fellowship /ˈfeləʊʃɪp/ *n* camaraderie *f*; (association) association *f*.

felony /ˈfelənɪ/ *n* crime *m*.

felt /felt/ I *prét*, *pp* ▸ **feel**. II *n* feutre *m*.

female /ˈfiːmeɪl/ I *n* BIOL femelle *f*; (woman) femme *f*; PÉJ bonne femme☺ *f*. II *adj* BIOL femelle; féminin.

feminine /ˈfemənɪn/ *n*, *adj* féminin.

femininity /ˌfeməˈnɪnətɪ/ *n* féminité *f*.

feminism /ˈfemɪnɪzəm/ *n* féminisme *m*.

feminist /ˈfemɪnɪst/ *n*, *adj* féministe (*mf*).

fen /fen/ *n* marais *m*.

fence /fens/ I *n* clôture *f*; (in showjumping) obstacle *m*; (in horseracing) haie *f*. II *vtr* clôturer. III *vi* SPORT faire de l'escrime.

fencing /ˈfensɪŋ/ *n* SPORT escrime *f*.

fend /fend/ *v* se débrouiller (tout seul).
• **fend off**: (blow) parer; (question) écarter.
fennel /ˈfenl/ *n* fenouil *m*.
ferment I /ˈfɜːment/ *n* (unrest) agitation *f*, effervescence *f*. II /fəˈment/ *vi* [yeast] fermenter.
fern /fɜːn/ *n* fougère *f*.
ferocious /fəˈrəʊʃəs/ *adj* féroce.
ferocity /fəˈrɒsətɪ/ *n* férocité *f*.
ferret /ˈferɪt/ *n* furet *m*.
• **ferret about**: fureter, fouiller.
ferry /ˈferɪ/ I *n* ferry *m*; (over river) bac *m*. II *vtr* transporter.
fertile /ˈfɜːtaɪl, ˈfɜːrtl^US/ *adj* fertile; [human, animal] fécond.
fertilize /ˈfɜːtɪlaɪz/ *vtr* fertiliser; (animal) féconder.
fertilizer /ˈfɜːtɪlaɪzə(r)/ *n* engrais *m*.
fervent /ˈfɜːvənt/ *adj* fervent.
festival /ˈfestɪvl/ *n* fête *f*; (arts event) festival *m*.
festive /ˈfestɪv/ *adj* joyeux/-euse; **the ~ season** la saison des fêtes.
festivity /feˈstɪvətɪ/ *n* réjouissance *f*.
festoon /feˈstuːn/ *vtr* **to ~ with sth** orner de qch.
fetch /fetʃ/ *vtr* aller chercher; (money) rapporter.
fete /feɪt/ *n* kermesse *f*, fête *f*.
fetish /ˈfetɪʃ/ *n* fétiche *m*.
feud /fjuːd/ I *n* querelle *f*. II *vi* se quereller.
feudal /ˈfjuːdl/ *adj* féodal.
fever /ˈfiːvə(r)/ *n* fièvre *f*.
feverish /ˈfiːvərɪʃ/ *adj* fiévreux/-euse.
few /fjuː/ (*comparative* **~er**; *superlative* **~est**) I *quantif, adj* peu de; **~ visitors** peu de visiteurs; **these past ~ days** ces derniers jours. II **a ~** *quantif, pron* quelques; **a good ~ years** un bon nombre d'années; **a ~ of us** un certain nombre d'entre nous. III *pron* peu; **~ of us** peu d'entre nous.
fewer /ˈfjuːə(r)/ (*comparative of* **few**) *adj, pron* moins (de); **~ and ~** de moins en moins.
fewest /ˈfjuːɪst/ (*superlative of* **few**) *adj, pron* le moins (de).
fibre^GB, **fiber**^US /ˈfaɪbə(r)/ *n* fibre *f*.
fickle /ˈfɪkl/ *adj* inconstant.
fiction /ˈfɪkʃn/ *n* fiction *f*.
fictional /ˈfɪkʃənl/ *adj* imaginaire.
fictitious /fɪkˈtɪʃəs/ *adj* fictif/-ive.
fiddle /ˈfɪdl/ I *n* (fraud)^©GB magouille^© *f*; (instrument) violon *m*. II *vtr* **to ~ with sth** tripoter qch; **to ~**^©GB **one's taxes** frauder le fisc.
fidelity /fɪˈdelətɪ/ *n* fidélité *f*.
field /fiːld/ *n* champ *m*; SPORT terrain *m*; (of knowledge) domaine *m*.
fierce /fɪəs/ *adj* féroce; [loyalty] farouche.
fiery /ˈfaɪərɪ/ *adj* [speech] passionné.
fifteen /ˌfɪfˈtiːn/ *n, adj* quinze (*m*) *inv*.
fifteenth /ˌfɪfˈtiːnθ/ *n, adj* quinzième.
fifth /fɪfθ/ I *n* cinquième *mf*; (of month) cinq *m*; MUS quinte *f*. II *adj, adv* cinquième.
fiftieth /ˈfɪftɪəθ/ *n, adj* cinquantième.
fifty /ˈfɪftɪ/ *n, adj* cinquante (*m*) *inv*.
fig /fɪg/ *n* figue *f*.
fight /faɪt/ I *n* lutte *f*, combat *m*; **to put up a ~** se défendre; **to get into a ~ with** se bagarrer contre/avec; (argument) dispute *f*. II *vtr* (*prét, pp* **fought**) (person) se battre contre; (disease, evil, opponent) lutter contre; (case) défendre. III *vi* lutter, se battre; **~ back** se défendre; **to ~ about/over sth** se disputer (pour) qch.
fighter /ˈfaɪtə(r)/ *n* (person) combattant *m/f*; avion *m* de chasse.
figurative /ˈfɪgərətɪv/ *adj* LING figuré; ART figuratif/-ive.

figure /ˈfɪɡə(r), ˈfɪɡjərᵁˢ/ I *n* (number) chiffre *m*; (person) personnalité *f*; (human form) personnage *m*; (symbol) image *f*, symbole *m*; (body shape) ligne *f*; (drawing) figure *f*. II© *vtr* **to ~ (that)** penser/se dire que. III *vi* figurer.

• **figure out**: (find) trouver; (understand) comprendre.

figurehead /ˈfɪɡəhed, ˈfɪɡjər-ᵁˢ/ *n* figure *f* de proue.

file /faɪl/ I *n* (for papers) dossier *m*, chemise *f*; (ring binder) classeur *m*; ORDINAT fichier *m*; (tool) lime *f*; **in single ~** en file indienne. II *vtr* (letter, record) classer; JUR **to ~ a lawsuit** intenter un procès; (wood, metal) limer. III *vi* JUR **to ~ for (a) divorce** demander le divorce.

fill /fɪl/ I *n* **to have had one's ~** en avoir assez. II *vtr* **to ~ sth with sth** remplir qch de qch; (hole) boucher; (need) répondre à; (post) pourvoir; (sandwich) garnir; (tooth) plomber. III *vi* se remplir.

• **fill in**: **to ~ in for sb** remplacer qn; **~ [sth] in** (form) remplir. • **fill out**: prendre du poids; (form) remplir. • **fill up**: se remplir; (box, room) remplir; (car) faire le plein (de).

fillet /ˈfɪlɪt/ *n* filet *m*.

filling /ˈfɪlɪŋ/ I *n* (of sandwich) garniture *f*; (stuffing) farce *f*; (for tooth) plombage *m*. II *adj* [food] bourratif/-ive©.

film /fɪlm/ I *n* CIN film *m*; PHOT pellicule *f*; (of dust) pellicule *f*. II *vtr* filmer.

film director *n* réalisateur/-trice *m/f*.

filming /ˈfɪlmɪŋ/ *n* tournage *m*.

film star *n* vedette *f* de cinéma.

filter /ˈfɪltə(r)/ I *n* filtre *m*; (lane)ᴳᴮ *voie réservée aux véhicules qui tournent*. II *vtr* filtrer; (coffee) faire passer.

filthy /ˈfɪlθɪ/ *adj* (dirty) crasseux/-euse; (revolting) répugnant.

fin /fɪn/ *n* nageoire *f*; (of shark) aileron *m*.

final /ˈfaɪnl/ I *n* finale *f*. II *adj* [day, question] dernier/-ière; **~(s) examinations**ᴳᴮ UNIV examens de fin d'études; [decision] définitif/-ive.

finale /fɪˈnɑːlɪ, -nælɪᵁˢ/ *n* finale *m*.

finalist /ˈfaɪnəlɪst/ *n* finaliste *mf*.

finalize /ˈfaɪnəlaɪz/ *vtr* (contract) conclure; (article) mettre au point; (timetable) fixer.

finally /ˈfaɪnəlɪ/ *adv* finalement, enfin.

finance /ˈfaɪnæns, fɪˈnæns/ I *n* finance *f*. II *vtr* financer.

financial /faɪˈnænʃl, fɪ-/ *adj* financier/-ière.

financial yearᴳᴮ *n* exercice *m*, année *f* budgétaire.

finch /fɪntʃ/ *n* (bullfinch) bouvreuil *m*; (chaffinch) pinson *m*.

find /faɪnd/ I *n* découverte *f*; (purchase) trouvaille *f*. II *vtr* (*prét, pp* **found**) trouver; JUR **to ~ sb guilty** déclarer qn coupable; ORDINAT rechercher. III *vi* JUR **to ~ for/against sb** se prononcer en faveur de/contre qn.

• **find out**: se renseigner, découvrir, apprendre.

findings *npl* conclusions *fpl*.

fine /faɪn/ I *n* amende *f*, contravention *f*. II *adj* (very good) excellent; (satisfactory) bon/bonne; (nice, refined) beau/belle; (delicate) fin. III *adv* très bien. IV *vtr* condamner [qn] à une amende.

fine art *n* beaux-arts *mpl*.

finger /ˈfɪŋɡə(r)/ I *n* doigt *m*. II *vtr* toucher.

fingernail *n* ongle *m*.

fingerprint *n* empreinte *f* digitale.

fingertip *n* bout *m* du doigt.

finish /ˈfɪnɪʃ/ I *n* (*pl* **~es**) fin *f*; SPORT arrivée *f*; (of clothing, car) finition *f*. II *vtr* finir, terminer; **to ~ doing** achever, finir de faire. III *vi* finir, se terminer.

finite /ˈfaɪnaɪt/ *adj* fini, limité.

fir /fɜː(r)/ *n* sapin *m*.

fire /ˈfaɪə(r)/ I *n* ¢ feu *m*; **to set ~ to sth** mettre le feu à qch; **to be on ~** être en feu; **to open ~ on sb** ouvrir le feu sur qn; (in building) incendie *m*. II *excl* (for alarm) au feu!; (order to shoot) feu! III *vtr* (shot) tirer; (arrow, missile) lancer; (person) renvoyer. IV *vi* tirer.

fire brigadeGB, **fire department**US *n* pompiers *mpl*.

firefly *n* luciole *f*.

fireman *n* pompier *m*.

fireplace *n* cheminée *f*.

firewood *n* bois *m* à brûler.

firework *n* feu *m* d'artifice.

firm /fɜːm/ I *n* entreprise *f*, société *f*. II *adj* ferme; [basis] solide.

first /fɜːst/ I *pron* premier/première *m/f*; **at ~** au début. II *adj* premier/-ière (*before n*); **at ~ glance/sight** à première vue. III *adv* d'abord.

first aid *n* ¢ premiers soins *mpl*.

first class I *n* RAIL première *f* (classe); POSTES tarif *m* rapide. II **first-class** *adj* [compartment, hotel] de première (classe); [stamp] (au) tarif rapide; [food] excellent.

first floor *n* GB premier étage *m*; US rez-de-chaussée *m inv*.

firsthand *adj*, *adv* de première main.

firstly /ˈfɜːstlɪ/ *adv* premièrement.

first name *n* prénom *m*.

fiscal /ˈfɪskl/ *adj* fiscal.

fiscal year *n* exercice *m* budgétaire/fiscal.

fish /fɪʃ/ I *n* (*pl* **~**, **~es**) poisson *m*. II *vi* **to ~ (for)** pêcher.

fisherman /ˈfɪʃəmən/ *n* pêcheur *m*.

fishing /ˈfɪʃɪŋ/ I *n* pêche *f*; **to go ~** aller à la pêche.

fist /fɪst/ *n* poing *m*.

fistful /ˈfɪstful/ *n* poignée *f*.

fit /fɪt/ I *n* MÉD crise *f*, attaque *f*; **to have a ~**© piquer© une crise; (of garment) **to be a good/poor ~** être/ne pas être à la bonne taille. II *adj* [person] en forme, en bonne santé; **~ for nothing** bon/bonne à rien; **~ to drive** en état de conduire. III *vtr* (*prét* **fitted**, **fit**US; *pp* **fitted**) [garment] aller; **to ~ sth with** équiper qch de; (description) correspondre à; (decor) aller avec. IV *vi* [garment] être à la bonne taille, aller; [books] tenir; **to ~ into** aller avec.

• **fit in**: [key, object] aller; **will you all ~ in?** est-ce qu'il y a de la place pour vous tous?

fitted /ˈfɪtɪd/ *adj* [jacket] ajusté; [wardrobe] encastré; [kitchen] intégré.

fitting /ˈfɪtɪŋ/ I *n* (of bathroom) installation *f*; (for suit) essayage *m*. II *adj* adéquat.

five /faɪv/ *n*, *adj* cinq *(m) inv*.

fiver©GB /ˈfaɪvə(r)/ *n* billet *m* de cinq livres.

fix /fɪks/ I *n* **to be in a ~**© être dans le pétrin©. II *vtr* (date, price) fixer; (meal) préparer; **to ~ one's hair** se coiffer; (equipment) réparer; (problem) régler, arranger; (attention) fixer; (election)© truquer. III **~ed** *pp adj* [idea, income] fixe; [expression] figé.

• **fix up**: (holiday, meeting) organiser; **~ sb up with sth** procurer qch à qn.

fixture /ˈfɪkstʃə(r)/ *n* installation *f*; SPORTGB rencontre *f*.

fizz /fɪz/ *vi* [drink] pétiller; [firework] crépiter.

fizzle /ˈfɪzl/ *vi* **to ~ out** [interest] s'éteindre.

fizzy /ˈfɪzɪ/ *adj* gazeux/-euse.

flag /flæg/ I *n* drapeau *m*; NAUT pavillon *m*. II *vi* (*p prés etc* **-gg-**) faiblir; [conversation] languir.

flagrant /ˈfleɪgrənt/ *adj* flagrant.

flair /ˈfleə(r)/ *n* don *m*.

flake /fleɪk/ I *n* (of snow, cereal) flocon *m*; (of chocolate) copeau *m*. II *vi* [paint] s'écailler; [skin] peler.

flamboyant /flæmˈbɔɪənt/ *adj* [person] haut en couleur; [clothes] voyant.

flame /fleɪm/ I *n* LIT flamme *f*; **to burst into ~s** s'embraser. II *vi* [fire, torch] flamber.

flamingo /flə'mɪŋgəʊ/ *n* (*pl* **~s/-oes**) flamant *m* (rose).

flank /flæŋk/ I *n* flanc *m*; SPORT aile *f*. II *vtr* **to be ~ed by** être flanqué de.

flannel /'flænl/ *n* flanelle *f*; GB *gant de toilette.*

flap /flæp/ I *n* (on pocket, envelope) rabat *m*; (of wings) battement *m*. II *vtr, vi* (*p prés etc* **-pp-**) battre; **stop ~ping!**☺ pas de panique!

flare /fleə(r)/ I *n* AVIAT balise *f* lumineuse; NAUT fusée *f* (de détresse); (of match) lueur *f*; (of fireworks) flamboiement *m*. II **~s** *npl* pantalon *m* à pattes d'éléphant. III *vi* [firework, match] jeter une brève lueur; [violence] éclater.

• **flare up**: [fire] s'embraser; [anger, violence] éclater; [person] s'emporter.

flash /flæʃ/ I *n* éclat *m*; **a ~ of lightning** un éclair; PHOT flash *m*. II *vi* [light] clignoter; [jewels] étinceler.

flashback *n* CIN retour *m* en arrière, flash-back *m*.

flashlight *n* lampe *f* de poche.

flashy☺ /'flæʃɪ/ *adj* PÉJ [person] frimeur/-euse☺; [car, dress] tape-à-l'œil *inv*.

flask /flɑ:sk, flæsk^US/ *n* flacon *m*; (vacuum) thermos® *f*/*m inv*.

flat /flæt/ I *n* GB appartement *m*; MUS bémol *m*. II *adj* plat; [tyre, ball] dégonflé; [refusal] catégorique; [fare] forfaitaire; [person] déprimé; [battery]GB usé; MUS [note] bémol *inv*. III *adv* [lay, lie] à plat; **in 10 minutes ~** en 10 minutes pile.

flat out☺ *adv* [drive] à fond de train; [work] d'arrache-pied.

flatten /'flætn/ I *vtr* (crops, grass) coucher, aplatir; (tree, fence) abattre; (building) raser; (animal, object) écraser. II *vi* **to ~ (out)** s'aplanir.

flatter /'flætə(r)/ *vtr* flatter.

flattering /'flætərɪŋ/ *adj* flatteur/-euse.

flaunt /flɔ:nt/ *vtr* PÉJ faire étalage de.

flavourGB, **flavor**US /'fleɪvə(r)/ I *n* goût *m*, saveur *f*. II *vtr* donner du goût à, parfumer.

flaw /flɔ:/ *n* GÉN défaut *m*.

flax /flaks/ *n* lin *m*.

flea /fli:/ *n* puce *f*.

flea market *n* marché *m* aux puces.

fleck /flek/ *n* (of blood, paint) petite tache *f*; (of dust) particule *f*.

flee /fli:/ (*prét, pp* **fled**) *vtr, vi* fuir.

fleet /fli:t/ *n* (of ships) flotte *f*; (of company cars) parc *m* automobile.

fleeting /'fli:tɪŋ/ *adj* bref/brève.

Fleet Street *n la presse londonienne.*

Flemish /'flemɪʃ/ I *n* (language) flamand *m*; (people) **the ~** les Flamands *mpl*. II *adj* flamand.

flesh /fleʃ/ *n* chair *f*.

flew /flu:/ *prét* ▸ **fly**.

flex /fleks/ I^GB *n* (for electrical appliance) fil *m*. II *vtr* fléchir; (finger) plier.

flexible /'fleksəbl/ *adj* flexible, souple.

flick /flɪk/ I *n* (with finger) chiquenaude *f*; GÉN petit coup *m*. II **~s**☺GB *npl* cinéma *m*. III *vtr* donner un petit coup à; (switch) appuyer sur.

• **flick through**: (book, report) feuilleter; **to ~ through the channels** TV zapper.

flicker /'flɪkə(r)/ *vi* [light] vaciller, trembloter; [eye, eyelid] cligner.

flight /flaɪt/ *n* vol *m*; (escape) fuite *f*; (set) étage *m*; **a ~ of steps** une volée de marches.

flimsy /'flɪmzɪ/ *adj* [fabric] léger/-ère; [evidence] mince.

flinch /flɪntʃ/ *vi* tressaillir.

fling /flɪŋ/ *vtr* (*prét, pp* **flung**) (ball, grenade) lancer.

flip /flɪp/ I *n* (of finger) chiquenaude *f*; AVIAT, SPORT tour *m*. II *vtr* (*p prés etc* **-pp-**)

(pancake) faire sauter; (coin) tirer à pile ou face.

flirt /flɜːt/ *vi* flirter.

flit /flɪt/ *vi* (*p prés etc* **-tt-**) [bird, moth] voleter.

float /fləʊt/ I *n* (on net) flotteur *m*; (on line) bouchon *m*; (carnival vehicle) char *m*. II *vtr* faire flotter; (in air) lancer. III *vi* flotter.

flock /flɒk/ *n* (of sheep, etc) troupeau *m*; (of birds) volée *f*; (of people) foule *f*.

flog /flɒg/ *vtr* (*p prés etc* **-gg-**) flageller; (sell)©GB fourguer©, vendre.

flood /flʌd/ I *n* inondation *f*; **a ~ of people** un flot de personnes; **~s of tears** des torrents de larmes. II *vtr* inonder. III *vi* [street] être inondé; [river] déborder.

floodlight /ˈflʌdlaɪt/ *n* projecteur *m*.

floor /flɔː(r)/ I *n* (wooden) plancher *m*, parquet *m*; (stone) sol *m*; (of car, lift) plancher *m*; **on the ~** par terre; (of sea, tunnel, valley) fond *m*; (storey) étage *m*. II *vtr* (attacker) terrasser; FIG réduire [qn] au silence.

floorboard *n* latte *f* (*de plancher*).

flop /flɒp/ *n* fiasco© *m*.

floppy /ˈflɒpɪ/ *adj* [ears, hair] pendant; [clothes] large; [flesh, body] mou/molle.

floppy disk *n* ORDINAT disquette *f*.

flora /ˈflɔːrə/ *n* (*pl* **~s/-ae**) (*sg*) flore *f*.

florist /ˈflɒrɪst, ˈflɔːrɪstUS/ *n* fleuriste *mf*.

flounder /ˈflaʊndə(r)/ *vi* [speaker] bredouiller; [company] piétiner.

flour /ˈflaʊə(r)/ *n* farine *f*.

flourish /ˈflʌrɪʃ/ I *n* geste *m* théâtral. II *vtr* (document) brandir. III *vi* [firm, plant] prospérer; [child] s'épanouir.

flout /flaʊt/ *vtr* se moquer de.

flow /fləʊ/ I *n* écoulement *m*; (of refugees, words) flot *m*; (traffic) circulation *f*; (of tide) flux *m*. II *vi* [liquid] couler; [blood, electricity] circuler; [hair, dress] flotter.

flower /ˈflaʊə(r)/ I *n* fleur *f*. II *vi* fleurir, s'épanouir.

flown /fləʊn/ *pp* ▸ **fly**.

fl oz *abrév* = **fluid ounce(s)**.

flu /fluː/ *n* grippe *f*.

fluctuate /ˈflʌktjʊeɪt/ *vi* fluctuer.

fluent /ˈfluːənt/ *adj* éloquent; [style] coulant; **he's ~ in French** il parle couramment le français.

fluff /flʌf/ *n* (on clothes) peluche *f*; (under furniture) mouton *m*; (on animal) duvet *m*.

fluffy /ˈflʌfɪ/ *adj* [animal, down] duveteux/-euse; [sweater, rice] moelleux/-euse; [toy] en peluche.

fluid /ˈfluːɪd/ *n*, *adj* liquide *(m)*; CHIMIE fluide *(m)*.

fluke /fluːk/ *n* coup *m* de chance.

flung /flʌŋ/ *prét*, *pp* ▸ **fling**.

fluorescent /flɔːˈresənt, flʊəˈr-US/ *adj* fluorescent.

fluorine /ˈflɔːriːn, ˈflʊər-US/ *n* fluor *m*.

flurry /ˈflʌrɪ/ *n* (of snow) rafale *f*; (of leaves, activity) tourbillon *m*.

flush /flʌʃ/ I *n* (on skin) rougeur *f*; **a ~ of** (anger) un accès de. II *adj* **~ with sth** dans l'alignement de qch. III *vtr* **to ~ (the toilet)** tirer la chasse (d'eau). IV *vi* rougir.

flute /fluːt/ *n* flûte *f*.

flutter /ˈflʌtə(r)/ I *n* (of lashes) battement *m*. II *vi* [bird] voleter; [flag] flotter; [eyelids] battre; [heart] palpiter.

fly /flaɪ/ I *n* mouche *f*. II **fly, flies** *npl* (of trousers) braguette *f*. III *vtr* (*prét* **flew**; *pp* **flown**) (aircraft) piloter; (kite) faire voler; (supplies) transporter [qch/qn] par avion. IV *vi* voler; **to ~ over/across sth** survoler qch; [pilot] piloter, voler; [passenger] voyager en avion, prendre l'avion; **to ~ off** s'envoler; [time, holidays] passer vite, filer©.

flying /ˈflaɪɪŋ/ I *n* vol *m*; **to be afraid of ~** avoir peur de l'avion. II *adj* [insect, saucer, etc] volant; [visit] éclair *inv*.

FM *n* RADIO (*abrév* = **frequency modulation**) FM *f*.

foal /fəʊl/ *n* poulain *m*.

foam /fəʊm/ I *n* mousse *f*; (on sea) écume *f*. II *vi* [beer] mousser; [sea] écumer.

focus /ˈfəʊkəs/ I *n* (*pl* **~es**, **foci**) mise *f* au point; **in** ~ au point; **out of** ~ flou; ~ **of attention** centre d'interêt. II *vtr* (*p prés etc* **-s-/-ss-**) (ray) concentrer; (eyes) fixer; (lens, camera) mettre [qch] au point. III **~ on** *vi* converger sur; **to ~ on sth** se concentrer sur qch; [eyes, attention] se fixer sur.

foe /fəʊ/ *n* ennemi/-e *m/f*.

foetus, **fetus**US /ˈfi:təs/ *n* fœtus *m*.

fog /fɒg/ *n* brouillard *m*.

foggy /ˈfɒgɪ/ *adj* [weather] brumeux/-euse; [idea] confus.

foil /fɔɪl/ I *n* papier *m* (d')aluminium. II *vtr* (attempt) déjouer.

fold /fəʊld/ I *n* pli *m*. II *vtr* (chair) plier; (wings, legs) replier. III *vi* se plier.
- **to return to the ~** rentrer au bercail.
- **fold up**: se plier.

folder /ˈfəʊldə(r)/ *n* (for papers) chemise *f*.

foliage /ˈfəʊlɪɪdʒ/ *n* feuillage *m*.

folk /fəʊk/ I *n* (people) (*pl*) gens *mpl*; (music) (*sg*) folk *m*. II **~s**☺ *npl* parents *mpl*. III *in compounds* [dance] folklorique; [music] folk *inv*.

folklore *n* folklore *m*.

follow /ˈfɒləʊ/ I *vtr* suivre; (trade) exercer; (career) poursuivre; (way of life) avoir. II *vi* suivre; **it ~s that** il s'ensuit que.
- **follow up**: ~ **[sth] up** (story) suivre; (complaint, offer) donner suite à.

follower /ˈfɒləʊwə(r)/ *n* disciple *m*; (of political leader) partisan/-e *m/f*.

following /ˈfɒləʊwɪŋ/ I *n* partisans/-anes *mpl/fpl*; (of show) public *m*; **the ~** les choses suivantes. II *adj* [year, remark] suivant (*after n*); [wind] arrière. III *prep* suite à, à la suite de.

follow-up *n* (film, programme) suite *f*.

folly /ˈfɒlɪ/ *n* folie *f*.

fond /fɒnd/ *adj* [gesture, person] affectueux/-euse; **to be ~ of** aimer beaucoup.

food /fu:d/ I *n* nourriture *f*; (foodstuff) aliment *m*; **the ~ is good** on mange bien. II *in compounds* [industry, product] alimentaire; [shop] d'alimentation.

food poisoning *n* intoxication *f* alimentaire.

foodstuff *n* denrée *f* alimentaire.

fool /fu:l/ I *n* idiot/-e *m/f*; **to play the ~** faire l'imbécile; (jester) fou *m*. II *vtr* tromper, duper; **to be ~ed** se laisser abuser.
- **fool about**☺, **fool around**☺: perdre son temps; (act stupidly) faire l'imbécile.

foolish /ˈfu:lɪʃ/ *adj* stupide.

foot /fʊt/ *n* (*pl* **feet**) (of person, chair) pied *m*; (of cat, etc) patte *f*; **on ~** à pied; (measurement) pied *m* (anglais) (= *0,3048 m*); **at the ~ of** (list, letter) à la fin de; (page, stairs) en bas de; (table) en bout de.
- **to put one's ~ in it**☺ faire une gaffe; **to put one's feet up** lever le pied, se reposer; .

football /ˈfʊtbɔ:l/ *n* (soccer) football *m*; US football américain; (ball) ballon *m* de football.

footballerGB *n* joueur/-euse *m/f* de football.

foothills *npl* contreforts *mpl*.

foothold /ˈfʊthəʊld/ *n* **to gain a ~** s'imposer.

footing /ˈfʊtɪŋ/ *n* base *f*, position *f*; **on an equal ~ with sb** sur un pied d'égalité avec qn; **to lose one's ~** perdre pied.

footnote *n* note *f* de bas de page.

footpath *n* sentier *m*.

footprint *n* empreinte *f* (de pied).

footstep *n* pas *m*.

footwear *n* ¢ chaussures *fpl*.

for /fə(r), fɔ:(r)/ I *prep* (intended to) pour; **to do sth ~ sb** faire qch pour qn; **what's it ~?** c'est pour quoi faire?; **to go ~ a swim** aller nager; (+ cause or reason) à cause de, pour; **to jump ~ joy** sauter de joie; **I couldn't sleep ~ the noise** je ne pouvais pas dormir à cause du bruit; (+ conséquence) de (+ *inf*), pour que (+ *subj*); **I haven't the patience ~ doing** je n'ai pas la patience de faire; (with regard to) **to be easy ~ sb to do** être facile pour qn de faire; (towards) **to have respect ~ sb** avoir du respect pour qn; (on behalf of) **to be pleased ~ sb** être content pour qn; (+ time) (in the past) depuis; **we've been together ~ 2 years** nous sommes ensemble depuis 2 ans; (in the present, future) **to stay ~ a year** rester un an; (+ distance) **to drive ~ miles** rouler pendant des kilomètres; (+ destination) **a ticket ~ Dublin** un billet pour Dublin; (+ cost, value) **sold ~ £100** vendu (pour) 100 livres sterling; (in favour of) **to be (all) ~** être (tout à fait) pour; (+ availability) **~ sale** à vendre; (equivalent to) **T ~ Tom** T comme Tom; **what's the French ~ boot?** comment dit-on boot en français? II *conj* SOUT car, parce que.

foray /ˈfɒreɪ, ˈfɔ:reɪ[US]/ *n* incursion *f*.

forbid /fəˈbɪd/ *vtr* (*p prés* **-dd-**; *prét* **-bad(e)**; *pp* **-bidden**) **~ sb to do** défendre/interdire à qn de faire.

forbidden /fəˈbɪdn/ *adj* défendu, interdit.

force /fɔ:s/ I *n* force *f*; **by ~** par la force. II **~s** *npl* MIL les forces *fpl* armées. III **in ~** *adv phr* en force; [law] en vigueur. IV *vtr* **to ~ sb to do sth** forcer qn à faire qch.

forceful /ˈfɔ:sfl/ *adj* énergique.

ford /fɔ:d/ *n* gué *m*.

fore /fɔ:(r)/ *n* **to the ~** en vue, en avant; **to come to the ~** se faire connaître, attirer l'attention.

forearm /ˈfɔ:rɑ:m/ *n* avant-bras *m inv*.

forecast /ˈfɔ:kɑ:st, -kæst[US]/ I *n* bulletin *m* météorologique; ÉCON prévisions *fpl*; GÉN pronostics *mpl*. II *vtr* (*prét*, *pp* **-cast**) prévoir.

forefinger *n* index *m*.

forefront *n* **at/in the ~ of** (research) à la pointe de; (struggle) au premier plan de.

foreground *n* premier plan *m*.

forehead *n* front *m*.

foreign /ˈfɒrən, ˈfɔ:r-[US]/ *adj* [country, company] étranger/-ère; [market] extérieur; [travel] à l'étranger.

foreigner /ˈfɒrənə(r)/ *n* étranger/-ère *m/f*.

foreign exchange *n* devises *fpl*.

foreman *n* contremaître *m*; JUR président *m* (d'un jury).

foremost I *adj* plus grand, plus important. II *adv* **first and ~** avant tout.

forensic /fəˈrensɪk, -zɪk[US]/ *adj* [tests, evidence] médico-légal; **~ scientist** médecin légiste *m*.

forerunner *n* précurseur *m*.

foresee /fɔ:ˈsi:/ *vtr* (*prét* **-saw**; *pp* **-seen**) prévoir.

foreseeable /fɔ:ˈsi:əbl/ *adj* prévisible.

forest /ˈfɒrɪst, ˈfɔ:r-[US]/ *n* forêt *f*.

forever /fəˈrevə(r)/ *adv* pour toujours.

forfeit /ˈfɔ:fɪt/ I *n* gage *m*. II *vtr* perdre.

forgave /fəˈgeɪv/ *prét* ▸ **forgive**.

forge /fɔ:dʒ/ I *n* forge *f*. II *vtr* (metal) forger; (banknotes, signature) contrefaire; (date, will) falsifier.

• **forge ahead**: être en plein essor.

forgery /ˈfɔ:dʒərɪ/ *n* (of document) faux *m*; (banknotes) contrefaçon *f*.

forget /fəˈget/ (*p prés* **-tt-**; *prét* **-got**; *pp* **-gotten**) *vtr, vi* **to ~ to do sth** oublier de faire qch; **~ it!** laisse tomber!

forget-me-not *n* myosotis *m*.

forgive /fəˈgɪv/ *vtr* (*prét* **-gave**; *pp* **-given**) **to ~ sb sth** pardonner qch à qn; **to ~ sb for doing** pardonner à qn d'avoir fait.

forgot /fəˈgɒt/ *prét* ▸ **forget**.

forgotten /fəˈgɒtn/ *pp* ▸ **forget**.

fork /fɔːk/ **I** *n* fourchette *f*; (tool) fourche *f*; (in road) bifurcation *f*. **II** *vi* bifurquer.

forlorn /fəˈlɔːn/ *adj* [person] triste.

form /fɔːm/ **I** *n* GÉN forme *f*, sorte *f*; **in good ~** en bonne/pleine forme; (document) formulaire *m*; **as a matter of ~** par politesse/pour la forme; SCOL[GB] classe *f*; **in the first ~** ≈ en sixième. **II** *vtr* former; (opinion) se faire. **III** *vi* se former.

formal /ˈfɔːml/ *adj* [agreement, reception] officiel/-ielle; [people] respectueux des convenances; [language] soutenu; [clothing] habillé; (on invitation) **dress: ~** tenue de soirée.

formality /fɔːˈmælətɪ/ *n* formalité *f*; (of occasion) solennité *f*.

formalize /ˈfɔːməlaɪz/ *vtr* GÉN officialiser; ORDINAT formaliser.

format /ˈfɔːmæt/ **I** *n* format *m*, présentation *f*. **II** *vtr* (*p prés etc* **-tt-**) ORDINAT formater.

formation /fɔːˈmeɪʃn/ *n* formation *f*.

formative /ˈfɔːmətɪv/ *adj* formateur/-trice.

formatting /ˈfɔːmætɪŋ/ *n* ORDINAT formatage *m*.

former /ˈfɔːmə(r)/ **I** *n* **the ~** (the first of two) le premier/la première *m/f*, celui-là/celle-là *m/f*. **II** *adj* [life] antérieur; [state] initial, original; **of ~ days** d'autrefois; [leader, husband] ancien/-ienne (*before n*); (first of two) premier/-ière (*before n*).

formerly /ˈfɔːməlɪ/ *adv* autrefois; (no longer) anciennement; **~ Miss Martin** née Martin.

formidable /ˈfɔːmɪdəbl, fɔːˈmɪd-/ *adj* redoutable.

formula /ˈfɔːmjʊlə/ *n* (*pl* **-ae/~s**) formule *f*.

formulate /ˈfɔːmjʊleɪt/ *vtr* formuler.

forsake /fəˈseɪk/ *vtr* (*prét* **-sook**; *pp* **-saken**) SOUT abandonner.

fort /fɔːt/ *n* fort *m*.

forth /fɔːθ/ *adv* **from this day ~** à partir d'aujourd'hui; **from that day ~** à dater de ce jour; **and so on and so ~** et ainsi de suite.

forthcoming /ˌfɔːθˈkʌmɪŋ/ *adj* prochain (*before n*); [event] à venir.

forthright /ˈfɔːθraɪt/ *adj* direct.

fortieth /ˈfɔːtɪɪθ/ *n, adj, adv* quarantième (*mf*).

fortify /ˈfɔːtɪfaɪ/ *vtr* fortifier; **to ~ oneself** se donner du courage.

fortnight[GB] /ˈfɔːtnaɪt/ *n* quinze jours *mpl*.

fortress /ˈfɔːtrɪs/ *n* forteresse *f*.

fortunate /ˈfɔːtʃənət/ *adj* heureux/-euse.

fortunately /ˈfɔːtʃənətlɪ/ *adv* heureusement.

fortune /ˈfɔːtʃuːn/ *n* fortune *f*; (luck) chance *f*; **to tell sb's ~** dire la bonne aventure à qn.

forty /ˈfɔːtɪ/ *n, adj* quarante (*m*) *inv*.

forward /ˈfɔːwəd/ **I** *n* SPORT avant *m*. **II** *adj* (bold) effronté; [roll] avant *inv*; [season] avancé. **III** *adv* (ahead) en avant; **to step ~** faire un pas en avant; **to go ~** avancer; **from this day ~** à partir d'aujourd'hui. **IV** *vtr* (mail) faire suivre.

fossil /ˈfɒsl/ *n* fossile *m*.

foster /ˈfɒstə(r)/ **I** *adj* [parent] adoptif/-ive (*dans une famille de placement*). **II** *vtr* (attitude) encourager; (child) accueillir.

fought /fɔːt/ *prét, pp* ▸ **fight**.

foul /faʊl/ **I** *n* SPORT faute *f*. **II** *adj* [conditions] répugnant; [taste] infect; **in a ~ mood** d'une humeur massacrante☺; **to have a ~ mouth** être grossier/-ière. **III** *vtr* (environment) polluer; (pavement) souiller.

found /faʊnd/ **I** *prét, pp* ▸ **find** II, III, IV. **II** *vtr* fonder.

foundation /ˌfaʊnˈdeɪʃn/ *n* base *f*, fondements *mpl*; (of building) fondations *fpl*; (town) fondation *f*.

founder /ˈfaʊndə(r)/ I *n* fondateur/-trice *m/f*. II *vi* sombrer.

founding /ˈfaʊndɪŋ/ I *n* fondation *f*. II *adj* [fathers] fondateur/-trice.

fountain /ˈfaʊntɪn, -tnUS/ *n* fontaine *f*.

four /fɔː(r)/ *n*, *adj* quatre (*m*) *inv*.

• **on all ~s** à quatre pattes; .

foursome *n* **we were a ~** on était (à) quatre.

fourteen /ˌfɔːˈtiːn/ *n*, *adj* quatorze (*m*) *inv*.

fourteenth /ˌfɔːˈtiːnθ/ I *n* quatorzième *mf*; (of month) quatorze *m inv*. II *adj*, *adv* quatorzième.

fourth /fɔːθ/ I *n* quatrième *mf*; (of month) quatre *m inv*. II *adj*, *adv* quatrième.

fowl /faʊl/ *n* (one bird) poulet *m*; (group) volaille *f*.

fox /fɒks/ I *n* renard *m*. II *vtr* dérouter.

fraction /ˈfrækʃn/ *n* fraction *f*.

fracture /ˈfræktʃə(r)/ I *n* fracture *f*. II *vtr* fracturer.

fragile /ˈfrædʒaɪl, -dʒlUS/ *adj* fragile.

fragment /ˈfrægmənt/ *n* fragment *m*.

fragrance /ˈfreɪgrəns/ *n* parfum *m*.

fragrant /ˈfreɪgrənt/ *adj* odorant.

frail /freɪl/ *adj* fragile.

frame /freɪm/ I *n* (of building) charpente *f*; (of car) châssis *m*; (of picture, window) cadre *m*; (of door) encadrement *m*. II **~s** *npl* (of spectacles) monture *f*. III *vtr* (picture) encadrer; (in words) formuler; (plan) élaborer; (attributing crime)☺ monter une machination contre.

frame of mind *n* état *m* d'esprit.

framework /ˈfreɪmwɜːk/ *n* structure *f*; **legal ~** cadre juridique.

franc /fræŋk/ *n* franc *m*.

franchise /ˈfræntʃaɪz/ *n* POL droit *m* de vote; **universal ~** suffrage *m* universel; COMM franchise *f*.

frank /fræŋk/ I *adj* franc/franche. II *vtr* (letter) affranchir; (stamp) oblitérer.

frankfurter /ˈfræŋkfɜːtə(r)/ *n* saucisse *f* de Francfort.

frantic /ˈfræntɪk/ *adj* [activity] frénétique; [effort, search] désespéré.

fraternity /frəˈtɜːnətɪ/ *n* fraternité *f*; (of professional) confrérie *f*; UNIVUS association *f* d'étudiants.

fraud /frɔːd/ *n* fraude *f*.

fraudulent /ˈfrɔːdjʊlənt, -dʒʊ-US/ *adj* frauduleux/-euse; [statement] faux/fausse; [claim] indu.

fraught /frɔːt/ *adj* tendu; **to be ~ with** (difficulty) être plein de.

fray /freɪ/ I *n* SOUT **the ~** la bataille. II *vi* s'effilocher; FIG **tempers were ~ed** les gens s'énervaient.

freak /friːk/ I *n*☹ INJUR monstre *m*; (strange person) original/-e *m/f*; **a ~ of nature** une bizarrerie de la nature; (enthusiast)☺ fana☺ *mf*. II *adj* [accident, storm] exceptionnel/-elle.

• **freak out**☺: piquer une crise☺; (get excited) se défouler.

freckle /ˈfrekl/ *n* tache *f* de rousseur.

free /friː/ I *adj* libre; **to be ~ to do** être libre de faire; **to set sb ~ (from)** libérer qn (de); [animal, bird] en liberté; **~ from/of** sans, libre de; **~ of charge** gratuit; (costing nothing) gratuit. II *adv* librement, en toute liberté; (without payment) gratuitement. III *vtr* (from captivity) libérer; (from wreckage) dégager; **to ~ sb from** délivrer qn de. IV **-~** *combining form* **smoke-/sugar-~** sans fumée/sucre; **interest-~** FIN sans intérêt. V **for ~** *adv phr* gratuitement.

freedom /ˈfriːdəm/ *n* liberté *f*; **~ from** absence de.

free kick *n* coup *m* franc.

freely /ˈfriːlɪ/ *adv* GÉN librement; [breathe] aisément; [spend, give] sans compter.

freeway[US] *n* autoroute *f*.

free will *n* libre arbitre *m*; **to do sth of one's (own)** ~ faire qch de son plein gré.

freeze /friːz/ I *n* MÉTÉO gelées *fpl*; (of prices, wages) gel *m*. II *vtr* (*prét* **froze**; *pp* **frozen**) (food) congeler; (liquid) geler. III *vi* [water, pipes] geler; [food] se congeler. IV *v impers* **it's freezing** il gèle.

freezer /ˈfriːzə(r)/ *n* congélateur *m*.

freezing /ˈfriːzɪŋ/ I *n* **below** ~ au-dessous de zéro; (of prices) gel *m*. II *adj* glacial; **I'm** ~ je suis gelé; **it's ~ in here** on gèle ici.

freight /freɪt/ *n* (goods) fret *m*, marchandises *fpl*; (transport) transport *m*.

French /frentʃ/ I *n* (language) français *m*; **the** ~ les Français *mpl*. II *adj* français.

French bean[GB] *n* haricot *m* vert.

French dressing *n* [GB] vinaigrette *f*; [US] mayonnaise *f*.

French-fried potatoes *npl* pommes *fpl* frites.

French fries *npl* frites *fpl*.

French-speaking *adj* francophone.

frenzy /ˈfrenzɪ/ *n* frénésie *f*.

frequency /ˈfriːkwənsɪ/ *n* fréquence *f*.

frequent I /ˈfriːkwənt/ *adj* fréquent. II /frɪˈkwent/ *vtr* fréquenter.

frequently /ˈfriːkwəntlɪ/ *adv* souvent, fréquemment.

fresh /freʃ/ *adj* frais/fraîche; **a ~ breeze** une bonne brise; [start] nouveau/-elle, autre (*before n*); [person] plein d'entrain; ©US impertinent.

freshly /ˈfreʃlɪ/ *adv* ~ **ironed/washed** qui vient d'être repassé/lavé.

freshman /ˈfreʃmən/ *n* UNIV *étudiant de première année*.

fresh water *n* eau *f* douce.

fret /fret/ *vi* (*p prés etc* **-tt-**) s'inquiéter (de).

Fri *abrév écrite* = **Friday**.

friar /ˈfraɪə(r)/ *n* frère *m*, moine *m*.

friction /ˈfrɪkʃn/ *n* friction *f*.

Friday /ˈfraɪdɪ/ *n* vendredi *m*.

fridge© /frɪdʒ/ *n* frigo© *m*.

fried /fraɪd/ *prét, pp* ▸ **fry** III.

friend /frend/ *n* ami/-e *m/f*; **to be/make ~s with sb** être/devenir ami avec qn.

friendly /ˈfrendlɪ/ I *adj* amical; [animal] affectueux/-euse; [smile] aimable; [nation] ami *inv* (*after n*); [shop] accueillant; [agreement] à l'amiable; **to be ~ with sb** être ami avec qn.

friendship /ˈfrendʃɪp/ *n* amitié *f*.

fright /fraɪt/ *n* peur *f*.

frighten /ˈfraɪtn/ *vtr* faire peur à, effrayer.

frightened /ˈfraɪtnd/ *adj* effrayé; **to be ~ that** avoir peur que (*+ subj*).

frightening /ˈfraɪtnɪŋ/ *adj* effrayant.

frightful /ˈfraɪtfl/ *adj* effroyable, épouvantable.

frill /frɪl/ *n* (on dress) volant *m*; **~s** fanfreluches.

fringe /frɪndʒ/ I *n* frange *f*; (of forest) lisière *f*. II **~s** *npl* **on the (outer) ~s of the town** aux abords de la ville; **on the ~s of society** en marge de la société.

frivolous /ˈfrɪvələs/ *adj* frivole.

frock /frɒk/ *n* robe *f*.

frog /frɒg, frɔːg[US]/ *n* grenouille *f*.

frolic /ˈfrɒlɪk/ *vi* s'ébattre, gambader.

from /frəm, frɒm/ *prep* (+ origin) de; **a flight ~ Nice** un vol en provenance de Nice; **where is he ~?** d'où est-il?; (+ distance) **far ~ here** loin d'ici; (+ time span, range) **open ~ 2 pm until 5 pm** ouvert de 14 à 17 heures; **~ start to finish** du début à la fin; **15 years ~ now** dans 15 ans; **~ today** à partir d'aujourd'hui; **to rise ~ 10 to 17%** passer de 10 à 17%; (among) **to**

select/choose/pick ~ choisir parmi; (in subtraction) **2 ~ 3 leaves 1** 2 ôté de 3 égale 1, 3 moins 2 égale 1; (judging by) **to speak ~ experience** parler d'expérience; **~ what I saw** d'après ce que j'ai vu.

front /frʌnt/ I *n* devant *m*; (of house) façade *f*; (of car) avant *m*; (of train, queue) tête *f*; **at the ~ of the class** au premier rang de la classe; **in the ~** devant; (of battle, sea) front *m*; (of person) **to lie on one's ~** se coucher sur le ventre. II *adj* (*épith*) [seat, window, tooth] de devant; [wheel] avant (*after n*); [row, page] premier/-ière; [carriage] de tête (*after n*). III **in ~** *adv phr* en avant, en tête. IV **in ~ of** *prep phr* devant.

frontier /ˈfrʌntɪə(r), frʌnˈtɪər^US^/ I *n* frontière *f*. II *in compounds* [town] frontière *inv*, frontalier/-ière.

front line *n* MIL front *m*; **to be in^GB^/on^US^ the ~** être en première ligne.

front-runner *n* favori/-ite *m/f*.

frost /frɒst/ *n* gel *m*; (icy coating) givre *m*.

frosty /ˈfrɒstɪ/ *adj* glacial; [windscreen] couvert de givre.

froth /frɒθ, frɔːθ^US^/ *n* écume *f*; (on beer) mousse *f*.

frown /fraʊn/ *vi* froncer les sourcils.
• **frown (up)on**: désapprouver, critiquer.

froze /frəʊz/ *prét* ▸ **freeze** II, III.

frozen /ˈfrəʊzn/ I *pp* ▸ **freeze** II, III. II *adj* gelé; [food](bought) surgelé, (home-prepared) congelé.

frugal /ˈfruːgl/ *adj* frugal.

fruit /fruːt/ *n* fruit *m*.

fruitful /ˈfruːtfl/ *adj* fructueux/-euse.

fruition /fruːˈɪʃn/ *n* **to come to ~** se réaliser.

fruitless /ˈfruːtlɪs/ *adj* vain.

fruity /ˈfruːtɪ/ *adj* fruité.

frustrate /frʌˈstreɪt, ˈfrʌstreɪt^US^/ *vtr* (person) énerver; (plan) contrarier.

frustration /frʌˈstreɪʃn/ *n* frustration *f*.

fry /fraɪ/ I *vtr* (*prét, pp* **fried**) faire frire. II *vi* frire. III **fried** *pp adj* frit; **fried eggs** œufs au plat; **fried potatoes** pommes de terre sautées.

frying pan *n* poêle *f* (à frire).

ft *abrév* = **foot, feet** (measure) = *0,3048 m*.

fuck • /fʌk/ I *excl* merde•; **~ you!** va te faire foutre•. II *vtr* (person) coucher avec☺.
• **it's ~ed**• (broken) c'est foutu☹; .

fucking • /ˈfʌkɪŋ/ I *adj* **this ~ machine!** cette saleté☺ de machine!; **you ~ idiot!** espèce de con•! II *adv* vachement☺.

fudge /fʌdʒ/ *n* caramel *m*; ^US^ sauce *f* au chocolat.

fuel /ˈfjuːəl/ I *n* combustible *m*; (for car, plane) carburant *m*. II *vtr* (*p prés etc* **-ll-**, **-l-** ^US^) (engine) alimenter; FIG attiser.

fugitive /ˈfjuːdʒətɪv/ *n* fugitif/-ive *m/f*.

fulfil^GB^, **fulfill**^US^ /fʊlˈfɪl/ *vtr* (*p prés etc* **-ll-**) (prophecy) réaliser; (promise) tenir; **to ~ oneself** s'épanouir; (conditions) remplir.

fulfilment^GB^, **fulfillment**^US^ /fʊlˈfɪlmənt/ *n* (of duty) accomplissement *m*; (satisfaction) épanouissement *m*; (of dream) réalisation *f*.

full /fʊl/ I *adj* plein; [flight, car park] complet/-ète; **~ name** nom et prénom; [control] total; [responsibility, hour] entier/-ière; **the ~ of sth** la totalité de qch; **at ~ speed** à toute vitesse; **to make ~ use of sth** profiter pleinement de qch; **to get ~ marks**^GB^ obtenir la note maximale; (for emphasis) [hour, kilo, month] bon/bonne (*before n*); [price] fort; [flavour] riche. II **in ~** *adv phr* intégralement, complète.

full-blown *adj* [disease] déclaré; **to have ~ Aids** être atteint d'un sida avéré; [rose] épanoui.

full-scale *adj* (in size) grandeur *f* nature; (extensive) de grande envergure.

full-size(d) *adj* grand format *inv*; [violin] pour adulte.

full-time *adj*, *adv* à plein temps.

fully /ˈfʊlɪ/ *adv* [succeed, aware] tout à fait; [furnished] entièrement; ~ **booked** complet/-ète.

fully-fledgedGB *adj* [member] à part entière; [lawyer] diplômé.

fumble /ˈfʌmbl/ *vi* **to ~ for** chercher.

fume /fju:m/ *vi* **to be fuming** fulminer.

fumes /fju:mz/ *npl* émanations *fpl*; **petrol**GB **~, gas**US **~** vapeurs *fpl* d'essence.

fun /fʌn/ *n* plaisir *m*, amusement *m*; **for ~** pour le plaisir; **to have ~** s'amuser; **he's (such) ~** il est (tellement) drôle; **to make ~ of** se moquer de.

function /ˈfʌŋkʃn/ I *n* fonction *f*; (reception) réception *f*; (ceremony) cérémonie *f* (officielle). II *vi* fonctionner; **to ~ as** faire fonction de, servir de.

functional /ˈfʌŋkʃənl/ *adj* fonctionnel/-elle.

functionality *n* ORDINAT fonctionnalité *f*.

fund /fʌnd/ I *n* fonds *m*. II **~s** *npl* argent *m*; FIN fonds *mpl*. III *vtr* financer.

fundamental /ˌfʌndəˈmentl/ *adj* fondamental.

funding /ˈfʌndɪŋ/ *n* financement *m*.

fund-raising *n* collecte *f* de fonds.

funeral /ˈfju:nərəl/ I *n* enterrement *m*, obsèques *fpl*. II *in compounds* funèbre.

fungus /ˈfʌŋgəs/ *n* (*pl* **-gi**) champignon *m*; (mould) moisissure *f*.

funnel /ˈfʌnl/ *n* (for liquids) entonnoir *m*; (on ship) cheminée *f*.

funny /ˈfʌnɪ/ *adj* (amusing) drôle; (odd) bizarre; **to feel ~**☺ se sentir tout/-e chose☺.

fur /fɜ:(r)/ *n* (on animal) poils *mpl*, pelage *m*; (for garment) fourrure *f*.

furious /ˈfjʊərɪəs/ *adj* furieux/-ieuse; **~ at sb** furieux contre qn; [fighting] acharné.

furnace /ˈfɜ:nɪs/ *n* fournaise *f*.

furnish /ˈfɜ:nɪʃ/ *vtr* (room) meubler; (facts) fournir; **to ~ sb with sth** fournir qch à qn.

furnishing /ˈfɜ:nɪʃɪŋ/ *n* ameublement *m*.

furniture /ˈfɜ:nɪtʃə(r)/ *n* ¢ mobilier *m*, meubles *mpl*; **a piece of ~** un meuble.

furrow /ˈfʌrəʊ/ *n* (in earth) sillon *m*; (on brow) pli *m*.

furry /ˈfɜ:rɪ/ *adj* [toy] en peluche; [kitten] au poil touffu.

further /ˈfɜ:ðə(r)/ I *adv* (*comparative of* **far**) (a greater distance) plus loin; **~ on** encore plus loin; (in time) **a year ~ on** un an plus tard; **to look ~ ahead** regarder plus vers l'avenir; (to a greater extent) davantage; (furthermore) de plus, en outre. II *adj* (*comparative of* **far**) supplémentaire, de plus; **~ changes** d'autres changements; **for ~ details** pour plus de renseignements; **without ~ delay** sans plus attendre; **the ~ end/side** l'autre bout/côté. III *vtr* (plan) faire avancer. IV **~ to** *prep phr* suite à.

further educationGB *n* UNIV ≈ enseignement professionnel.

furthermore /ˌfɜ:ðəˈmɔ:(r)/ *adv* de plus, en outre.

furthest /ˈfɜ:ðɪst/ (*superl of* **far**) I *adj* le plus éloigné. II *adv* le plus loin.

furtive /ˈfɜ:tɪv/ *adj* [glance, movement] furtif/-ive; [behaviour] suspect.

fury /ˈfjʊərɪ/ *n* fureur *f*.

fuse /fju:z/ I *n* ÉLEC fusible *m*; (for firecracker) mèche *f*; (for bomb) amorce *f*. II *vtr* **to ~ the lights**GB faire sauter les plombs. III *vi* [metals] se fondre (ensemble); [lights] sauter; FIG fusionner.

fusion /ˈfju:ʒn/ *n* fusion *f*.

fuss /fʌs/ I *n* remue-ménage *m inv*; (verbal) histoires *fpl*; **to make a ~ about sth** faire toute une histoire à propos de qch; (angry scene) tapage *m*; (attention) **to make a ~ of sb** être aux petits soins avec/pour qn. II *vi* se faire du souci.

fussy /ˈfʌsɪ/ *adj* PÉJ **to be ~ about one's food/about details** être difficile sur la nourriture/maniaque sur les détails.

futile /ˈfjuːtaɪl, -tl^US/ *adj* vain.

future /ˈfjuːtʃə(r)/ I *n* avenir *m*; **in the ~** dans l'avenir; **in ~** à l'avenir; LING futur *m*. II *adj* futur.

fuzzy /ˈfʌzɪ/ *adj* [hair] crépu; [image] flou; [idea] confus.

g

g, G /dʒiː/ *n* (letter) g, G *m*; (*abrév écrite* = **gram**) g.

gadget /ˈgædʒɪt/ *n* gadget *m*.

gag /gæg/ I *n* bâillon *m*; (joke)© blague© *f*. II *vtr* (*p prés etc* **-gg-**) bâillonner.

gaily /ˈgeɪlɪ/ *adv* gaiement, joyeusement.

gain /geɪn/ I *n* augmentation *f*; (profit) profit *m*, gain *m*. II *vtr* (experience) acquérir; (advantage) obtenir; (time) gagner.

• **gain on**: **~ on [sb/sth]** rattraper.

galaxy /ˈgæləksɪ/ *n* galaxie *f*.

gale /geɪl/ *n* vent *m* violent.

gall /gɔːl/ *n* impudence *f*.

gallant /ˈgælənt/ *adj* (courageous) vaillant, brave; (courteous) galant.

gallery /ˈgælərɪ/ *n* galerie *f*; (for press, public) tribune *f*; THÉÂT dernier balcon *m*.

gallon /ˈgælən/ *n* gallon *m* (^GB = 4.546 litres, ^US = 3.785 litres).

gallop /ˈgæləp/ I *n* galop *m*. II *vtr, vi* galoper.

galore /gəˈlɔː(r)/ *adv* à profusion.

galvanize /ˈgælvənaɪz/ *vtr* galvaniser; **to ~ sb into doing** pousser qn à faire.

gamble /ˈgæmbl/ I *n* pari *m*; **to take a ~** prendre des risques. II *vtr, vi* (at cards) jouer; (on horses) parier; **to ~ everything on sth** tout miser sur qch.

gambler /ˈgæmblə(r)/ *n* joueur/-euse *m/f*.

game /geɪm/ I *n* jeu *m*; **to play a ~** jouer à un jeu; (match) partie *f*; (of football) match *m*; (in tennis) jeu *m*; (in bridge) manche *f*; CULIN gibier *m*. II **~s** *npl* SCOL^GB sport *m*. III *adj* **~ for sth** prêt à qch, partant pour; (brave) courageux/-euse.

gang /gæŋ/ *n* (of criminals) gang *m*; (of youths, friends) bande *f*; (of workmen) équipe *f*.

• **gang up**: se liguer.

gangster /ˈgæŋstə(r)/ *n* gangster *m*.

gaol^GB *n, vtr* ▸ **jail**.

gap /gæp/ *n* (in wall, timetable, etc) trou *m*; (between cars) espace *m*; (break) intervalle *m*; (discrepancy) différence *f*; (in knowledge) lacune *f*; COMM créneau *m*.

gape /geɪp/ *vi* **to ~ at sth/sb** regarder qch/qn bouche bée.

garage /ˈgærɑːʒ, ˈgærɪdʒ, gəˈrɑːʒ^US/ *n* garage *m*.

garbage /ˈgɑːbɪdʒ/ *n inv* ^US ordures *fpl*.

garden /ˈgɑːdn/ I *n* ^GB jardin *m*. II *vi* faire du jardinage.

gardener /ˈgɑːdnə(r)/ *n* jardinier/-ière *m/f*.

garish /ˈgeərɪʃ/ *adj* voyant, criard.

garland /ˈgɑːlənd/ *n* guirlande *f*.

garlic /ˈgɑːlɪk/ *n* ail *m*.

garment /ˈgɑːmənt/ *n* vêtement *m*.

garnet /ˈgɑːnɪt/ *n* grenat *m*.

garnish /ˈgɑːnɪʃ/ I *n* garniture *f*. II *vtr* garnir.

garrison /ˈgærɪsn/ *n* garnison *f*.

gas /gæs/ I *n* gaz *m*; US essence *f*. II *vtr* (*p prés etc* **-ss-**) gazer.

gas cooker *n* cuisinière *f* à gaz.

gash /gæʃ/ I *n* entaille *f*. II *vtr* entailler.

gasolineUS /gæsəli:n/ *n* essence *f*.

gasp /gɑ:sp/ I *n* **to give a ~** avoir le souffle coupé. II *vi* haleter; **to ~ with amazement** être ébahi.

gas stationUS *n* station-service *f*.

gastric /ˈgæstrɪk/ *adj* gastrique.

gate /geɪt/ *n* (to garden, at airport) porte *f*; (of field, level crossing) barrière *f*; (of courtyard) portail *m*.

gatecrasher☺ /ˈgeɪtkræʃə(r)/ *n* resquilleur/-euse *m/f*.

gateway *n* porte *f*.

gather /ˈgæðə(r)/ I *vtr* (pick) cueillir, ramasser; (information) recueillir; (people) rassembler; **to ~ that** déduire que; (in sewing) froncer. II *vi* [people] se rassembler; [clouds] s'amonceler.

gathering /ˈgæðərɪŋ/ *n* réunion *f*.

gaudy /ˈgɔ:dɪ/ *adj* tape-à-l'œil *inv*.

gauge /geɪdʒ/ I *n* jauge *f*. II *vtr* (diameter) mesurer; (distance) évaluer.

gaunt /gɔ:nt/ *adj* décharné.

gave /geɪv/ *prét* ▶ **give**.

gay /geɪ/ I☺ *n* homosexuel/-elle *m/f*, gay *mf*. II *adj* (homosexual) homosexuel/-elle; (lively) gai.

gaze /geɪz/ I *n* regard *m*. II *vi* **to ~ at sb/sth** regarder qn/qch.

GB *n* (*abrév* = **Great Britain**) G.-B.

GCSEGB *n* (*pl* **~s**) (*abrév* = **General Certificate of Secondary Education**) *certificat d'études secondaires passé à 16 ans*.

GDP *n* (*abrév* = **gross domestic product**) PIB *m*.

gear /gɪə(r)/ I *n* (equipment, clothes) équipement *m*; AUT vitesse *f*. II **~s** *npl* AUT changement *m* de vitesse. III *vtr* **to be ~ed to sb** s'adresser à qn.

• **gear up**: **to be ~ed up for** être prêt pour.

gee☺US /dʒi:/ *excl* ça alors!

gel /dʒel/ *n* gel *m*.

gem /dʒem/ *n* pierre *f* précieuse; (person) perle *f*.

Gemini /ˈdʒemɪnaɪ, -ni:/ *n* Gémeaux *mpl*.

gender /ˈdʒendə(r)/ *n* LING genre *m*; (of person) sexe *m*.

gene /dʒi:n/ *n* gène *m*.

general /ˈdʒenrəl/ I *n* général *m*. II *adj* général; **in ~ use** d'usage courant. III **in ~** *adv phr* en général.

general electionGB *n* élections *fpl* législatives.

generalize /ˈdʒenrəlaɪz/ *vtr, vi* généraliser.

general knowledge *n* culture générale.

generally /ˈdʒenrəlɪ/ *adv* en général, généralement.

general practice *n* médecine générale.

general public *n* (grand) public *m*.

generate /ˈdʒenəreɪt/ *vtr* GÉN produire; (loss, profit) entraîner.

generation /ˌdʒenəˈreɪʃn/ *n* GÉN génération *f*; (of electricity, etc) production *f*.

generator /ˈdʒenəreɪtə(r)/ *n* générateur *m*.

generosity /ˌdʒenəˈrɒsətɪ/ *n* générosité *f*.

generous /ˈdʒenərəs/ *adj* généreux/-euse; [size] grand.

genetic /dʒɪˈnetɪk/ *adj* génétique.

genetics /dʒɪˈnetɪks/ *n* (*sg*) génétique *f*.

genial /ˈdʒi:nɪəl/ *adj* cordial.

genius /ˈdʒi:nɪəs/ *n* génie *m*.

genocide /ˈdʒenəsaɪd/ *n* génocide *m*.

gentle /ˈdʒentl/ *adj* GÉN doux/douce; [hint] discret/-ète; [touch, breeze] léger/-ère; [exercise] modéré.

gentleman /ˈdʒentlmən/ *n* (*pl* **-men**) monsieur *m*; (well-bred) gentleman *m*.

gently /ˈdʒentlɪ/ *adv* [rock, stir] doucement; [treat, cleanse] avec douceur.

gentry /ˈdʒentrɪ/ *n* haute bourgeoisie *f*.

gentsGB /dʒentz/ *npl* *toilettes pour hommes*.

genuine /ˈdʒenjuɪn/ *adj* (real) [reason, motive] vrai; [work of art] authentique; (sincere) [person, effort, interest] sincère.

geographic(al) /ˌdʒɪəˈgræfɪkl/ *adj* géographique.

geography /dʒɪˈɒgrəfɪ/ *n* géographie *f*.

geological /dʒɪəˈlɒdʒɪkl/ *adj* géologique.

geology /dʒɪˈɒlədʒɪ/ *n* géologie *f*.

geometry /dʒɪˈɒmətrɪ/ *n* géométrie *f*.

geriatric /ˌdʒerɪˈætrɪk/ *adj* gériatrique.

germ /dʒɜːm/ *n* microbe *m*; (seed) germe *m*.

German /ˈdʒɜːmən/ **I** *n* (person) Allemand/-e *m/f*; (language) allemand *m*. **II** *adj* allemand.

germinate /ˈdʒɜːmɪneɪt/ *vi* germer.

gesture /ˈdʒestʃə(r)/ **I** *n* geste *m*. **II** *vi* to ~ to sb faire signe à qn.

get /get/ **I** *vtr* (*p prés* **-tt-**; *prét* **got**; *pp* **got**, **gotten**US) (letter, salary) recevoir, avoir; (obtain) (permission, grade) obtenir; (job, plumber) trouver; (item, ticket) acheter; (reputation) se faire; (object, person, help) chercher; **go and ~ a chair** va chercher une chaise; (meal) préparer; **to ~ sth from/off** (shelf, table) prendre qch sur; **got you!** GÉN je t'ai eu!; (disease) attraper; (bus, train) prendre; (understand, hear) comprendre; **to ~ to like** finir par apprécier; **to have got to do** devoir faire; **to ~ sb to do** demander à qn de faire; **to ~ sth done** faire faire qch. **II** *vi* (lazy, selfish) devenir; **it's ~ting late** il se fait tard; **to ~ (oneself) killed** se faire tuer.
• **get about**: se déplacer. • **get ahead of**: prendre de l'avance sur. • **get along**: (in job, school) se débrouiller; [project] avancer; [friends] bien s'entendre. • **get around**: contourner. • **get at**☺: **what are you ~ting at?** où veux-tu en venir? • **get away**: partir, s'échapper; **to ~ away with a crime** échapper à la justice. • **get back**: revenir, rentrer; **~ [sth] back** (return) rendre; (regain) récupérer. • **get behind**: prendre du retard. • **get by**: (pass) passer; (survive) s'en sortir. • **get down**: descendre; **~ [sb] down**☺ déprimer. • **get in**: entrer; [applicant] être admis; **~ [sb] in** faire entrer. • **get off**: (from bus) descendre; (start on journey) partir; (escape punishment)☺ s'en tirer. • **get on with**: continuer à. • **get out**: sortir. • **get out of**: (building, bed) sortir de; (responsibilities) échapper à. • **get over**: (shock) se remettre de; (problem) surmonter; **to ~ sth over with** en finir avec. • **get round**GB: ► **get around**. • **get through**: passer; (checkpoint, mud) traverser; (exam) réussir à. • **get together**: se réunir. • **get up**: se lever; **~ [sth] up** organiser.

getaway *n* fuite *f*.

ghastly /ˈgɑːstlɪ, ˈgæstlɪUS/ *adj* horrible.

gherkin /ˈgɜːkɪn/ *n* (plant) cornichon *m*.

ghetto /ˈgetəʊ/ *n* (*pl* **~s/~es**) ghetto *m*.

ghost /gəʊst/ *n* fantôme *m*.

GI *n* (*pl* **GIs**) GI *m soldat américain*.

giant /ˈdʒaɪənt/ *n*, *adj* géant (*m*).

giddy /ˈgɪdɪ/ *adj* [height, speed] vertigineux/-euse; **to feel ~** avoir la tête qui tourne.

gift /gɪft/ *n* cadeau *m*; (talent) don *m*.

gifted /ˈgɪftɪd/ *adj* doué.

gig☺ /gɪg/ *n* concert *m* de rock.

gigantic /dʒaɪˈgæntɪk/ *adj* gigantesque.

giggle /ˈgɪgl/ I *n* petit rire (bête) *m*; **to get the ~s** attraper un fou rire. II *vi* rire bêtement.

gild /gɪld/ *vtr* (*prét, pp* **gilded/gilt**) dorer.

gilt /gɪlt/ I *n* dorure *f*. II *adj* doré.

gimmick /ˈgɪmɪk/ *n* PÉJ truc© *m*.

gin /dʒɪn/ *n* gin *m*.

ginger /ˈdʒɪndʒə(r)/ *n* gingembre *m*; (hair colour) roux *m*.

gingerly /ˈdʒɪndʒəlɪ/ *adv* avec précaution.

gipsy *n* ▸ **gypsy**.

giraffe /dʒɪˈrɑ:f, dʒəˈræf^US/ *n* girafe *f*.

girl /gɜ:l/ *n* fille *f*; (teenager) jeune fille *f*; (woman) femme *f*; (servant) bonne *f*; **sales/shop ~** vendeuse; (sweetheart) (petite) amie *f*.

girlfriend *n* (petite) amie *f*.

giro^GB /ˈdʒaɪrəʊ/ *n* FIN virement *m* bancaire; (cheque) mandat *m*.

gist /dʒɪst/ *n* essentiel *m*.

give /gɪv/ I *n* élasticité *f*. II *vtr* (*prét* **gave**; *pp* **given**) **to ~ sb sth** donner qch à qn; (present, drink) offrir; (heat, light) apporter; (injection, smile) faire; (grant) accorder. III *vi* donner, faire un don; [mattress] s'affaisser; [fabric] s'assouplir; [person, side] céder.

• **give away**: donner; (secret) révéler; ~ [sb] away trahir. • **give back**: rendre. • **give in**: (yield) céder; (stop trying) abandonner. • **give off**: (heat) dégager. • **give out**: s'épuiser; [engine, heart] lâcher; ~ **[sth] out** (distribute) distribuer; (news) annoncer. • **give up**: abandonner; (claim) renoncer à; **to ~ up smoking/drinking** cesser de fumer/de boire; ~ [sb] **up** livrer [qn]; (friend) laisser tomber.

given /ˈgɪvn/ I *pp* ▸ **give**. II *adj* donné; **to be ~ to sth/to doing** avoir tendance à qch/à faire. III *prep* étant donné; (assuming that) à supposer que.

given name *n* prénom *m*.

glad /glæd/ *adj* content, heureux/-euse.

gladiolus /ˌglædɪˈəʊləs/ *n* glaïeul *m*.

gladly /ˈglædlɪ/ *adv* volontiers.

glamorous /ˈglæmərəs/ *adj* [person, look] séduisant; [job] prestigieux/-ieuse.

glamour, **glamor**^US /ˈglæmə(r)/ *n* séduction *f*; (of job) prestige *m*.

glance /glɑ:ns, glæns^US/ I *n* coup *m* d'œil. II *vi* **to ~ at** jeter un coup d'œil à.

gland /glænd/ *n* glande *f*.

glare /gleə(r)/ I *n* regard *m* furieux; (from light) lumière *f* éblouissante. II *vi* **to ~ at sb** lancer un regard furieux à qn.

glaring /ˈgleərɪŋ/ *adj* flagrant; (dazzling) éblouissant.

glass /glɑ:s, glæs^US/ I *n* GÉN verre *m*; (mirror) miroir *m*. II **~es** *npl* lunettes *fpl*.

glassy /ˈglɑ:sɪ, ˈglæsɪ^US/ *adj* [water] lisse (comme un miroir); [eyes] vitreux/-euse.

glaze /gleɪz/ I *n* vernis *m*; (on pastry) glaçage *m*. II *vtr* (window) vitrer; (ceramics) vernisser; (pastry) glacer.

gleam /gli:m/ I *n* lueur *f*; (of gold) reflet *m*. II *vi* luire; [surface] reluire; [eyes] briller.

glean /gli:n/ *vtr, vi* glaner.

glee /gli:/ *n* allégresse *f*.

glide /glaɪd/ *vi* GÉN glisser; (in air) planer.

glider /ˈglaɪdə(r)/ *n* AVIAT planeur *m*.

gliding /ˈglaɪdɪŋ/ *n* vol *m* à voile.

glimmer /ˈglɪmə(r)/ *n* (faible) lueur *f*.

glimpse /glɪmps/ I *n* aperçu *m*; **to catch a ~ of sth** entrevoir qch. II *vtr* entrevoir.

glint /glɪnt/ I *n* reflet *m*; (in eye) lueur *f*. II *vi* étinceler.

glisten /ˈglɪsn/ *vi* [eyes, surface] luire; [tears] briller; [water] scintiller; [silk] chatoyer.

glitter /ˈglɪtə(r)/ I *n* éclat *m*, scintillement *m*. II *vi* scintiller.

glittering /ˈglɪtərɪŋ/ *adj* scintillant, brillant.

gloat /gləut/ *vi* jubiler.

global /ˈgləubl/ *adj* (worldwide) mondial; (comprehensive) global.

global warming *n* réchauffement *m* de l'atmosphère.

globe /gləub/ *n* globe *m*.

gloom /glu:m/ *n* obscurité *f*; FIG morosité *f*.

gloomy /ˈglu:mɪ/ *adj* (dark) sombre; [person, weather] morose; [news] déprimant.

glorious /ˈglɔ:rɪəs/ *adj* GÉN magnifique; (illustrious) glorieux/-ieuse.

glory /ˈglɔ:rɪ/ **I** *n* gloire *f*; (splendour) splendeur *f*. **II** *vi* **to ~ in** se réjouir de.

gloss /glɒs/ **I** *n* éclat *m*, brillant *m*; (paint) laque *f*. **II** *vtr* gloser.
• gloss over: glisser sur.

glossy /ˈglɒsɪ/ *adj* [hair, fur] brillant; [paper] glacé; [brochure] luxueux/-euse.

glove /glʌv/ *n* gant *m*.

glow /gləu/ **I** *n* (of coal) rougeoiement *m*; (of room, candle) lueur *f*. **II** *vi* [coal] rougeoyer; [lamp] luire.

glucose /ˈglu:kəus/ *n* glucose *m*.

glue /glu:/ **I** *n* colle *f*. **II** *vtr* coller.

glum /glʌm/ *adj* morose.

glut /glʌt/ *n* excès *m*.

gm *n abrév écrite* = (**gram**) g.

GMT *n abrév* = (**Greenwich Mean Time**) TU.

gnash /næʃ/ *vtr* **to ~ one's teeth** grincer des dents.

gnat /næt/ *n* moucheron *m*.

gnaw /nɔ:/ *vtr* ronger.

gnome /nəum/ *n* gnome *m*; **garden ~** nain de jardin.

GNP *n abrév* = (**gross national product**) PNB *m*.

go /gəu/ **I** *vi* (*3e pers sg prés* **goes**; *prét* **went**; *pp* **gone**) (move, travel) aller; **to ~ to town/to the country** aller en ville/à la campagne; **to ~ up/down/across** monter/descendre/traverser; (auxiliary with present participle) **to go running up the stairs** monter l'escalier en courant; **how are things going?** comment ça va©?; (be about to) **to be going to do** aller faire; **it's going to snow** il va neiger; (depart, disappear) partir; (die) mourir, disparaître; (become) **to ~ red** rougir; **to ~ mad** devenir fou; (weaken) **his hearing is going** il devient sourd; [time] passer; (operate) marcher, fonctionner; **to keep going** se maintenir; (be expressed) **as the saying goes** comme dit le proverbe; (make sound, perform action or movement) faire; **the cat went miaow** le chat a fait miaou; (break, collapse) [roof] s'effondrer; [cable, rope] se rompre; [light bulb] griller; (in takeaway) [food] **to ~** à emporter.
• go about: **~ about ► go around**; **~ about [sth]** (task) s'attaquer à; **he knows how to ~ about it** il sait s'y prendre. **• go ahead**: continuer; **~ ahead!** vas-y!; **to ~ahead with sth** mettre qch en route. **• go along**: aller, avancer. **• go along with**: être d'accord avec. **• go around**: se promener, circuler; **to ~ around with sb** fréquenter qn; **~ around [sth]** faire le tour de. **• go away**: partir. **• go back to**: retourner, revenir; (in time) remonter. **• go back on**: revenir sur. **• go by**: passer; **as time goes by** avec le temps; **~ by [sth]** juger d'après; (rules) suivre. **• go down**: descendre; (fall) tomber; (sink) couler; (become lower) baisser; [storm, wind] se calmer; [tyre] se dégonfler. **• go for**: **~ for [sb/sth]** (like)© aimer, craquer© pour; (apply to) être valable pour, s'appliquer à; (attack) attaquer; (victory) essayer d'obtenir. **• go in**: (r)entrer; [sun] se cacher. **• go in for**: aimer; (politics) se lancer dans. **• go into**: entrer dans; (business) se lancer dans; (question) étudier, expliquer. **• go off**: (depart) partir, s'en aller; [food] se gâter; [athlete] perdre sa forme; [work] se dégrader; [person]© s'endormir, [lights, heating] s'éteindre; [fire alarm] se déclencher; **to ~ off [sb/sth]**GB ne plus aimer qn/qch. **• go on**: (happen) se

passer; (continue) continuer; **to ~ on doing** continuer à faire; (proceed) passer; [lights] s'allumer. • **go on at**: s'en prendre à. • **go out**: sortir; [tide] descendre; (become unfashionable) passer de mode; [light] s'éteindre. • **go over**: aller; **to ~ over to sb** passer à qn; (details, facts) passer [qch] en revue; (accounts) vérifier; (exceed) dépasser. • **go round**GB: tourner; (make detour) faire un détour; **~ round [sth]** faire le tour de. • **go through**: (experience) endurer, subir; (phase) passer par; (check, inspect) examiner. • **go through with**: venir à bout de. • **go under**: couler. • **go up**: monter; [figures] augmenter. • **go without**: se passer de.

goad /gəud/ *vtr* aiguillonner.

go-ahead☺ /ˈgəuəhed/ *n* **to give sb the ~** donner le feu vert à qn.

goal /gəul/ *n* but *m*.

goalkeeper *n* gardien *m* de but.

goat /gəut/ *n* chèvre *f*; (fool)☺ andouille☺ *f*.

gobble /ˈgɒbl/ *vtr* engloutir.

god /gɒd/ I *n* dieu *m*. II **God** *pr n* Dieu *m*; (in exclamations) ça alors☺!

goddamn☺ /ˈgɒdæm/ *adj* sacré☺, fichu☺.

goddaughter /ˈgɒddɔːtə(r)/ *n* filleule *f*.

goddess /ˈgɒdɪs/ *n* déesse *f*.

godfather *n* parrain *m*.

godmother /ˈgɒdmʌðə(r)/ *n* marraine *f*.

God save the Queen *hymne national du Royaume-Uni: Dieu protège la reine.*

godson *n* filleul *m*.

goggles /ˈgɒglz/ *npl* lunettes *fpl*.

going /ˈgəuɪŋ/ I *n* allure *f*; (conditions) **if the ~ gets tough** si les choses vont mal. II *adj* [price] actuel, en cours; **a ~ concern** une affaire qui marche.

go-karting /ˈgəukaːtɪŋ/ *n* karting *m*.

gold /gəuld/ *n* or *m*.

golden /ˈgəuldən/ *adj* (made of gold) en or, d'or; (colour) doré.

goldfinch *n* chardonneret *m*.

goldfish *n* poisson *m* rouge.

golf /gɒlf/ *n* SPORT golf *m*.

golfer /ˈgɒlfə(r)/ *n* golfeur/-euse *m/f*.

gone /gɒn/ I *pp* ▶ **go**. II *adj* parti; (dead) disparu; **it's ~**GB **six** il est six heures passées.

gong /gɒŋ/ *n* gong *m*.

gonna☺ /ˈgɒnə/ *abrév* = **going to**.

good /gʊd/ I *n* (virtue) bien *m*; **to do ~ to sb** faire du bien à; **it's no ~ doing** ça ne sert à rien de faire. II **~s** *npl* articles *mpl*, marchandise *f*; **electrical ~s** appareils électroménagers; **~s and services** biens de consommation et services. III *adj* (*comparative* **better**; *superlative* **best**) bon/bonne **would you be ~ enough to do** auriez-vous la gentillesse de faire; **she's a ~ swimmer** elle nage bien; **to be ~ at** (Latin) être bon en; **to be ~ for** (person, plant) faire du bien à; **I don't feel too ~** je ne me sens pas très bien; **have a ~ day!** bonne journée!; **the ~ weather** le beau temps; **to have a ~ time** bien s'amuser; (happy) **to feel ~ about/doing** être content de/de faire; (obedient) sage; (kind) gentil/-ille; **to look ~** faire de l'effet; (fluent) **he speaks ~ Spanish** il parle bien espagnol. IV **as ~ as** *adv phr* presque; **as ~ as new** comme neuf. V **for ~** *adv phr* pour toujours. VI *excl* c'est bien!; (relief) tant mieux!; **~ for you!** (approvingly) bravo!; (sarcastically) tant mieux pour toi!

good afternoon *excl* (in greeting) bonjour; (in farewell) au revoir.

goodbye *n, excl* au revoir.

good evening *excl* bonsoir.

good-humouredGB, **good-humored**US *adj* de bonne humeur.

good-looking *adj* beau/belle (*before n*).

good morning *excl* (in greeting) bonjour; (in farewell) au revoir.

good-natured *adj* agréable.
goodness /ˈgʊdnɪs/ **I** *n* bonté *f*. **II** *excl* mon Dieu!
• **for ~' sake!** pour l'amour de Dieu!
goodnight *n, excl* bonne nuit.
good-tempered *adj* **to be** ~ avoir bon caractère.
goodwill /ˌgʊdˈwɪl/ *n* bonne volonté *f*; bienveillance *f*.
goose /guːs/ *n* (*pl* **geese**) oie *f*.
gooseberry /ˈgʊzbərɪ, ˈguːsberɪ^US/ *n* groseille *f* à maquereau.
gooseflesh *n* chair *f* de poule.
gore /gɔː(r)/ *n* sang *m*.
gorge /gɔːdʒ/ *n* gorge *f*.
gorgeous /ˈgɔːdʒəs/ *adj* [food]☺ exquis/-e; [weather, person] splendide.
gorilla /gəˈrɪlə/ *n* gorille *m*.
gorse /ˈgɔːs/ *n inv* ajoncs *mpl*.
gosh☺ /gɒʃ/ *excl* ça alors☺!
gospel /ˈgɒspl/ **I** *n* Évangile *m*. **II** *in compounds* MUS ~ **song** gospel *m*.
gossip /ˈgɒsɪp/ **I** *n* commérages *mpl*. **II** *vi* bavarder; PÉJ faire des commérages.
got /gɒt/ *prét, pp* ▶ **get**; **to have** ~ avoir; **you've ~ to do it** il faut absolument que tu le fasses.
gothic /ˈgɒθɪk/ *n* gothique *m*.
gotta☺ /ˈgɒtə/ *abrév* = **got to**.
gotten^US /ˈgɒtn/ *pp* ▶ **get**.
gouge /gaʊdʒ/ *vtr* creuser.
govern /ˈgʌvn/ *vtr, vi* gouverner; (province) administrer; (conduct, treatment) contrôler.
governess /ˈgʌvənɪs/ *n* (*pl* **~es**) gouvernante *f*.
government /ˈgʌvənmənt/ *n* (system) ¢ gouvernement *m*.
governor /ˈgʌvənə(r)/ *n* gouverneur *m*; SCOL *membre du conseil d'établissement*.
gown /gaʊn/ *n* robe *f*; (of judge) toge *f*.
GP^GB *n* (*abrév* = **general practitioner**) médecin *m* (généraliste).
grab /græb/ *vtr* (*p prés etc* **-bb-**) saisir; **to ~ sth from sb** arracher qch à qn; **to ~ hold of** se saisir de.
grace /greɪs/ **I** *n* grâce *f*; (time) délai *f*. **II** *vtr* orner, embellir; **to ~ sb with one's presence** honorer qn de sa présence.
graceful /ˈgreɪsfl/ *adj* gracieux/-ieuse.
gracious /ˈgreɪʃəs/ **I** *adj* aimable, affable. **II** *excl* **good ~!** mon dieu!
grade /greɪd/ **I** *n* COMM qualité *f*; SCOL (mark) note *f*; (class)^US **eighth** ~ ≈ (classe de) quatrième; ADMIN échelon *m*; MIL grade *m*. **II** *vtr* classer; (exam) noter.
grade book^US *n* carnet *m* de notes.
grade school^US *n* école *f* primaire.
gradient /ˈgreɪdɪənt/ *n* pente *f*.
gradual /ˈgrædʒʊəl/ *adj* [change] progressif/-ive; [slope] doux/douce.
gradually /ˈgrædʒʊlɪ/ *adv* progressivement.
graduate I /ˈgrædʒʊət/ *n* UNIV diplômé/-e *m/f*. **II** /ˈgrædʒʊət/ *in compounds* [course] ≈ de troisième cycle. **III** /ˈgrædjʊˌeɪt/ *vi* UNIV terminer ses études; SCOL^US ≈ finir le lycée.
graduation /ˌgrædʒʊˈeɪʃn/ *n* UNIV *cérémonie de remise des diplômes*; **on** ~ à la fin des études.
graffiti /grəˈfiːtɪ/ *n* (*sg ou pl*) graffiti *mpl*.
graft /grɑːft, græft^US/ **I** *n* greffe *f*. **II** *vtr* greffer.
grain /greɪn/ *n* ¢ céréales *fpl*; (of rice, sand, paper) grain *m*; (in wood, stone) veines *fpl*.
gram(me) /græm/ *n* gramme *m*.
grammar /ˈgræmə(r)/ *n* grammaire *f*.
grammar school^GB *n lycée à recrutement sélectif*.
gran☺ /græn/ *n* mamie☺ *f*.
grand /grænd/ *adj* grandiose; [park] magnifique; **that's ~!** c'est très bien!

grandchild *n* (*pl* **-children**) petit-fils *m*, petite-fille *f*; **grandchildren** petits-enfants *mpl*.

granddad☺ *n* papy☺ *m*.

granddaughter *n* petite-fille *f*.

grandeur /ˈgrændʒə(r)/ *n* (of scenery) majesté *f*; (power, status) éminence *f*.

grandfather *n* grand-père *m*.

grandma☺ /ˈgrænmɑː/ *n* mamie☺ *f*.

grandmother *n* grand-mère *f*.

grandpa☺ *n* papy☺ *m*.

grandparent *n* grand-père *m*, grand-mère *f*; **~s** grands-parents.

grand slam *n* SPORT grand chelem *m*.

grandson *n* petit-fils *m*.

grandstand *n* tribune *f*.

granite /ˈgrænɪt/ *n* granit(e) *m*.

granny☺ /ˈgrænɪ/ *n* mamie☺ *f*.

granolaUS /grəˈnəʊlə/ *n* muesli *m*.

grant /grɑːnt, græntUS/ I *n* subvention *f*; (for study) bourse *f*. II *vtr* (permission) accorder; (request) accéder à; **~ed/ that** en admettant que (+ *subj*).
• **to take sth for ~ed** considérer qch comme allant de soi.

grape /greɪp/ *n* grain *m* de raisin.

grapefruit /ˈgreɪpfruːt/ *n* pamplemousse *m*.

grapevine /ˈgreɪpvaɪn/ *n* vigne *f*.

graph /grɑːf, græfUS/ *n* graphique *m*.

graphic /ˈgræfɪk/ I **~s** *npl* graphiques *mpl*; ORDINAT **computer ~s** infographie *f*. II *adj* ART, ORDINAT graphique; [story] vivant.

graphic design *n* graphisme *m*.

grapple /ˈgræpl/ *vi* **to ~ with** lutter avec.

grasp /grɑːsp, græspUS/ I *n* (grip) prise *f*; (understanding) maîtrise *f*, compréhension *m*. II *vtr* (rope, hand) empoigner, saisir; (opportunity, meaning) saisir.

grasping /ˈgrɑːspɪŋ, ˈgræspɪŋUS/ *adj* cupide.

grass /grɑːs, græsUS/ *n* ¢ herbe *f*; (lawn) ¢ pelouse *f*, gazon *m*.

grasshopper /ˈgrɑːshɒpə(r), ˈgræs-US/ *n* sauterelle *f*.

grassland /ˈgrɑslənd, ˈgræs-US/ *n* prairie *f*.

grassroots /ˌgrɑːsˈruːts, ˌgræs-US/ I *npl* **the ~** le peuple. II *adj* populaire.

grass snake *n* couleuvre *f*.

grate /greɪt/ I *n* grille *f* de foyer. II *vtr* râper. III *vi* grincer.

grateful /ˈgreɪtfl/ *adj* reconnaissant.

gratify /ˈgrætɪfaɪ/ *vtr* (desire) satisfaire; **to be gratified that** être très heureux que (+ *subj*).

grating /ˈgreɪtɪŋ/ I *n* grille *f*; (noise) grincement *m*. II *adj* [noise] grinçant.

gratitude /ˈgrætɪtjuːd, -tuːdUS/ *n* reconnaissance *f*.

gratuitous /grəˈtjuːɪtəs, -ˈtuː-US/ *adj* gratuit.

grave /greɪv/ I *n* tombe *f*. II *adj* [doubt] sérieux/-ieuse; [danger] grave, grand.

gravel /ˈgrævl/ *n* ¢ gravier *m*.

graveyard /ˈgreɪvjɑːd/ *n* cimetière *m*.

gravity /ˈgrævətɪ/ *n* PHYS pesanteur *f*; (of situation) gravité *f*.

gravy /ˈgreɪvɪ/ *n* sauce *f* (jus de cuisson).

grayUS ▸ **grey**.

graze /greɪz/ I *n* écorchure *f*. II *vtr* **to ~ one's knee** s'écorcher le genou. III *vi* [cow] paître.

grease /griːs/ I *n* graisse *f*; (black) cambouis *m*. II *vtr* graisser.

greasy /ˈgriːsɪ/ *adj* gras/grasse.

great /greɪt/ I *adj* grand (*before n*); **a ~ deal (of)** beaucoup (de); **in ~ detail** dans les moindres détails; (excellent)☺ génial☺, formidable☺; **to feel ~** se sentir en pleine forme. II☺ *adv* **I'm doing ~** je vais très bien.

Great Britain *pr n* Grande-Bretagne *f: l'Angleterre, le Pays de Galles et l'Écosse.*

greatly /ˈgreɪtlɪ/ *adv* [admire] beaucoup, énormément; [admired] très, extrêmement.

greed /griːd/ *n* rapacité *f*; (for food) gourmandise *f*.

greedy /ˈgriːdɪ/ *adj* avide: (for money, power) rapace; (for food) gourmand.

Greek /griːk/ I *n* (person) Grec/Grecque *m/f*; (language) grec *m*. II *adj* grec/grecque.

green /griːn/ I *n* vert *m*; (grassy area) espace *m* vert; (in bowling) boulingrin *m*; (in golf) green *m*; POL **the Greens** les Verts. II^GB **~s** *npl* légumes *mpl* verts. III *adj* vert; (inexperienced) novice; POL écologiste.

greenery /ˈgriːnərɪ/ *n* verdure *f*.

greengage *n* reine-claude *f*.

greenhouse *n* serre *f*.

greenhouse effect *n* effet *m* de serre.

green pea *n* petit pois *m*.

Greenwich Mean Time, **GMT** /ˌgrenɪtʃ ˈmiːntaɪm/ *n* temps *m* universel, TU.

green woodpecker *n* pivert *m*.

greet /griːt/ *vtr* saluer; (decision) accueillir.

greeting /ˈgriːtɪŋ/ I *n* salutation *f*. II **~s** *npl* **Christmas ~s** vœux de Noël; **Season's ~s** meilleurs vœux.

greetings card^GB, **greeting card**^US *n* carte *f* de vœux.

grew /gruː/ *prét* ▸ **grow**.

grey^GB, **gray**^US /greɪ/ I *n* gris *m*. II *adj* gris; **to go/turn ~** grisonner; [day] morne; [person, town] terne.

greyhound *n* lévrier *m*.

grid /grɪd/ *n* grille *f*.

grief /griːf/ *n* chagrin *m*.
• **to come to ~** avoir un accident; (fail) échouer.

grievance /ˈgriːvns/ *n* griefs *mpl*.

grieve /griːv/ *vi* **to ~ for/over** pleurer sur.

grill /grɪl/ I *n* ^GB (on cooker) gril *m*; (dish) grillade *f*. II *vtr, vi* griller.

grim /grɪm/ *adj* [news] sinistre; [sight] effroyable; [future] sombre.

grimace /grɪˈmeɪs, ˈgrɪməs^US/ I *n* grimace *f*. II *vi* grimacer.

grime /graɪm/ *n* crasse *f*.

grin /grɪn/ I *n* sourire *m*. II *vi* (*p prés etc* **-nn-**) sourire.

grind /graɪnd/ I *n* ☺ boulot☺ *m*. II *vtr* (*prét, pp* **ground**) (coffee beans) moudre; (meat) hacher. III *vi* grincer.

grinder /ˈgraɪndə(r)/ *n* moulin *m*.

grip /grɪp/ I *n* (hold) prise *f*; (control) maîtrise *f*; **to get to ~s with sth** attaquer qch de front; **get a ~ on yourself!** ressaisis-toi! II *vtr* (*p prés etc* **-pp-**) agripper; (hold) serrer.

gripe☺ /graɪp/ I *n* sujet *m* de plainte. II *vi* se plaindre, râler☺.

gripping /ˈgrɪpɪŋ/ *adj* passionnant.

grisly /ˈgrɪzlɪ/ *adj* horrible.

grit /grɪt/ I *n* sable *m*; (in eye) ¢ poussière *f*; (courage) courage *m*. II^GB *vtr* (*p prés etc* **-tt-**) sabler.

groan /grəʊn/ I *n* gémissement *m*; (of disgust) grognement *m*. II *vi* **to ~ in/with** gémir de; grogner.

grocer /ˈgrəʊsə(r)/ *n* épicier/-ière *m/f*.

groceries /ˈgrəʊsərɪz/ *npl* provisions *fpl*.

grocery shop^GB *n* épicerie *f*.

groin /grɔɪn/ *n* aine *f*.

groom /gruːm/ I *n* (jeune) marié *m*; (for racehorse) lad *m*. II *vtr* (dog, cat) faire la toilette de; (horse) panser; **to ~ sb for** préparer qn à.

groove /gruːv/ *n* rainure *f*.

grope /grəʊp/ *vi* tâtonner.

gross /grəʊs/ *adj* [profit] brut; [error] grossier/-ière; [injustice] flagrant; [behaviour] vulgaire; (revolting)☺ répugnant; (obese)☺ obèse.

gross domestic product, **GDP** *n* produit *m* intérieur brut, PIB *m*.

grossly /ˈgrəʊslɪ/ *adv* extrêmement.

gross national product, **GNP** *n* produit *m* national brut, PNB *m*.

grotesque /grəʊˈtesk/ *adj* grotesque.

ground /graʊnd/ I *prét, pp* ▸ **grind** II, III. II *n* sol *m*, terre *f*; **on/to the ~** par terre. III **~s** *npl* parc *m*; **private ~s** propriété privée; (reason) raisons *fpl*; **~s for doing** motifs pour faire; **on (the) ~s of** en raison de. IV *pp adj* [coffee, pepper] moulu; [meat] hâché. V *vtr* (aircraft) immobiliser; **to be ~ed in fact** être fondé.

ground floor[GB] *n* rez-de-chaussée *m inv*.

grounding /ˈgraʊndɪŋ/ *n* **to have a good ~ in sth** avoir de bonnes bases en qch.

ground level *n* rez-de-chaussée *m inv*.

group /gru:p/ I *n* groupe *m*. II *vtr* grouper. III *vi* se grouper.

grouse /graʊs/ I *n inv* (bird) tétras *m*, grouse *f*. II☺ *vi* râler☺.

grove /grəʊv/ *n* bosquet *m*.

grow /grəʊ/ (*prét* **grew**; *pp* **grown**) I *vtr* cultiver; (beard, hair) laisser pousser. II *vi* [plant, hair] pousser; [person] grandir; [tumour, economy] se développer; [spending, population] augmenter; [poverty, crisis] s'aggraver; **to ~ to** (level) atteindre; (hotter, stronger) devenir; **to ~ old** vieillir; **to ~ to do** finir par faire.

• **grow on**: [habit] s'imposer. • **grow out of**: **~ out of [sth]** devenir trop grand pour, passer l'âge de. • **grow up**: [child] grandir, devenir adulte; [movement] se développer.

grower /ˈgrəʊə(r)/ *n* cultivateur/-trice *m/f*.

growl /graʊl/ *vi* [dog] gronder, grogner; [person] grogner.

grown /grəʊn/ I *pp* ▸ **grow**. II *adj* adulte.

grown-up *n, adj* adulte *(mf)*.

growth /grəʊθ/ *n* ¢ croissance *f*; (of productivity) augmentation *f*; MÉD tumeur *f*.

grub /grʌb/ *n* larve *f*; (food)☺ bouffe☺ *f*.

grubby /ˈgrʌbɪ/ *adj* malpropre, infâme.

grudge /grʌdʒ/ I *n* **to bear sb a ~** en vouloir à qn. II *vtr* **to ~ sb sth** en vouloir à qn de qch; **to ~ doing** rechigner à faire.

gruelling, **grueling**[US] /ˈgru:əlɪŋ/ *adj* exténuant.

gruesome /ˈgru:səm/ *adj* horrible.

grumble /ˈgrʌmbl/ *vi* **to ~ about** rouspéter contre.

grumpy /ˈgrʌmpɪ/ *adj* grincheux/-euse.

grunge☺ /grʌndz/ *n* crasse *f*; (style) grunge.

grunt /grʌnt/ I *n* grognement *m*. II *vi* grogner.

guarantee /ˌgærənˈti:/ I *n* garantie *f*. II *vtr* garantir.

guard /gɑ:d/ I *n* gardien/-ienne *m/f*; (soldier) garde *m*; **to be on ~** être de garde; **off ~** au dépourvu; **to be on one's ~** se méfier; RAIL[GB] chef *m* de train. II *vtr* (place) surveiller; (person) protéger; (secret) garder.

guardian /ˈgɑ:dɪən/ *n* JUR tuteur/-trice *m/f*; GÉN gardien/-ienne *m/f*.

guerrilla /gəˈrɪlə/ *n* guérillero *m*; **~ warfare** guérilla *f*.

guess /ges/ I *n* supposition *f*, conjecture *f*. II *vtr* deviner; **to ~ that** supposer que. III *vi* deviner; **I ~ so**[US] je pense, je crois.

guest /gest/ *n* invité/-e *m/f*; (of hotel) client/-e *m/f*; (of gueshouse) pensionnaire *mf*.

guesthouse *n* pension *f* de famille.

guidance /ˈgaɪdns/ *n* ¢ conseils *mpl*.

guide /gaɪd/ I *n* guide *m*; (estimate) indication *f*; **user's ~** manuel d'utilisation; **Girl Guide**[GB] guide *f*. II *vtr* guider.

guideline /ˈgaɪdlaɪn/ *n* indication *f*.

guild /gɪld/ *n* association *f*.

guilt /gɪlt/ *n* culpabilité *f*.

guilty /ˈgɪltɪ/ *adj* coupable; **to be found ~ of sth** être reconnu coupable de qch.

guinea fowl /ˈgɪnɪfaʊl/, **guinea hen** /ˈgɪnɪhen/ *n* pintade *f*.

guinea pig /ˈgɪnɪpɪg/ *n* cochon *m* d'Inde; FIG cobaye *m*.

guise /gaɪz/ *n* forme *f*, apparence *f*.

guitar /gɪˈtɑ:(r)/ *n* guitare *f*.

guitarist /gɪˈtɑ:rɪst/ *n* guitariste *mf*.

gulf /gʌlf/ *n* GÉOG golfe *m*; **the Gulf** la région du Golfe; FIG fossé *m*.

gull /gʌl/ *n* mouette *f*.

gullible /ˈgʌləbl/ *adj* crédule.

gully /ˈgʌlɪ/ *n* ravin *m*.

gulp /gʌlp/ **I** *n* (of liquid) gorgée *f*; (of food) bouchée *f*. **II** *vtr* avaler. **III** *vi* avoir la gorge serrée.

gum /gʌm/ *n* gencive *f*; chewing-gum *m*; (adhesive) colle *f*.

gun /gʌn/ *n* GÉN arme *f* à feu (*revolver, fusil, pistolet*); (cannon) canon *m*; (tool) pistolet *m*; **a hired ~**©US un tueur à gages.
• **gun down**: abattre.

gunfire *n inv* coups *mpl* de feu.

gunman *n* homme armé.

gunpoint /ˈgʌnpɔɪnt/ *n* **at ~** sous la menace d'une arme.

gunshot *n* coup *m* de feu.

gurgle /ˈgɜ:gl/ *vi* [water] gargouiller; [baby] gazouiller.

gush /gʌʃ/ *vi* [liquid] jaillir; **to ~ over** s'extasier devant.

gust /gʌst/ *n* (of wind) rafale *f*; (of anger) bouffée *f*.

gut /gʌt/ **I** *n* intestin *m*. **II ~s** *npl* (of human)© tripes© *fpl*; (courage)© cran© *m*.

gutter /ˈgʌtə(r)/ *n* (on roof) gouttière *f*; (in street) caniveau *m*.

guy© /gaɪ/ *n* type© *m*.

Guy Fawkes DayGB /gaɪ fɔ:ks deɪ/ *n* anniversaire de la Conspiration des Poudres: le 5 novembre.

gym© /dʒɪm/ *n abrév* = (**gymnasium**) salle *f* de gym©; *abrév* = (**gymnastics**) gym© *f*.

gymnasium /dʒɪmˈneɪzɪəm/ *n* (*pl* **~s/-ia**) gymnase *m*.

gymnastics /dʒɪmˈnæstɪks/ *npl* gymnastique *f*.

gynaecologyGB, **gynecology**US /ˌgaɪnəˈkɒlədʒɪ/ *n* gynécologie *f*.

gypsy /ˈdʒɪpsɪ/ *n* GÉN bohémien/-ienne *m/f*; (Central European) tzigane *mf*; (Spanish) gitan/-e *m/f*.

h

habit /ˈhæbɪt/ *n* habitude *f*; **to get into the ~ of doing** prendre l'habitude de faire; (addiction) accoutumance *f*.

habitual /həˈbɪtʃʊəl/ *adj* habituel/-elle; [drinker, liar] invétéré.

hack /hæk/ **I**© *n* PÉJ écrivaillon *m* PÉJ. **II** *vtr* tailler; ORDINAT **to ~ into** pirater.

hacker /ˈhækə(r)/ *n* ORDINAT pirate© *m* informatique.

had /hæd/ *prét, pp* ▸ **have**.

haddock /ˈhædək/ *n* églefin *m*.

hadn't /ˈhædnt/ = **had not**.

haggle /ˈhægl/ *vi* marchander.

hail /heɪl/ **I** *n* grêle *f*. **II** *vtr* saluer; (taxi, ship) héler. **III** *v impers* grêler.

hair /heə(r)/ *n* (collectively) ¢ (on head) cheveux *mpl*; (on body) poils *mpl*; (of animal) poil *m*.

haircut *n* coupe *f* (de cheveux).

hairdo[©] *n* coiffure *f*.

hairdresser *n* coiffeur/-euse *m/f*.

hairdrier *n* sèche-cheveux *m inv*.

hairstyle *n* coiffure *f*.

hairy /ˈheərɪ/ *adj* poilu; [adventure][©] atroce[©].

hake /heɪk/ *n* (fish) merlu *m*, colin *m*.

half /hɑ:f, hæf[US]/ I *n* (*pl* **halves**) moitié *f*; **cut sth in ~** coupé en deux; (fraction) demi *m*; SPORT mi-temps *f*. II *adj* **a ~ circle** un demi-cercle; **two and a ~ cups** deux tasses et demie. III *pron* (50%) moitié *f*; (in time) demi/-e *m/f*. IV *adv* à moitié; **~-and-~** moitié-moitié~ **as big** moitié moins grand.

half brother *n* demi-frère *m*.

half day *n* demi-journée *f*.

half-hearted *adj* peu enthousiaste.

half price *adv*, *adj* à moitié prix.

half sister *n* demi-sœur *f*.

half term[GB] *n* congé *m* de mi-trimestre.

half-time /ˌhɑ:fˈtaɪm, ˌhæf-[US]/ *n* mi-temps *f*.

halfway /ˌhɑ:fˈweɪ, ˌhæf-[US]/ *adv* à mi-chemin.

halibut /ˈhælɪbət/ *n* flétan *m*.

hall /hɔ:l/ *n* entrée *f*; (in airport) hall *m*; (for public events) (grande) salle *f*; (country house) manoir *m*.

hallmark /ˈhɔ:lmɑ:k/ *n* poinçon *m*; (feature) caractéristique *f*.

Halloween[US] /ˌhæləʊˈi:n/ *n veille de la Toussaint (déguisés en fantômes ou sorciers, les enfants quêtent des friandises chez leurs voisins).*

hallway /ˈhɔ:lweɪ/ *n* entrée *f*.

halo /ˈheɪləʊ/ *n* (*pl* **~s/~es**) halo *m*; (around head) auréole *f*.

halt /hɔ:lt/ I *n* arrêt *m*. II *vtr*, *vi* arrêter.

halve /hɑ:v, hæv[US]/ *vtr* (number) réduire [qch] de moitié; (cake) couper [qch] en deux.

ham /hæm/ *n* jambon *m*; **~ and eggs** œufs au jambon; radioamateur *m*.

hamburger /ˈhæmbɜ:gə(r)/ *n* hamburger *m*.

hamlet /ˈhæmlɪt/ *n* hameau *m*.

hammer /ˈhæmə(r)/ I *n* marteau *m*. II *vtr* marteler. III *vi* taper avec un marteau; (on door) cogner, frapper.

• **hammer out**: parvenir à [qch] après maintes discussions.

hamper /ˈhæmpə(r)/ I *n* panier *m*. II *vtr* entraver.

hamster /ˈhæmstə(r)/ *n* hamster *m*.

hand /hænd/ I *n* main *f*; (writing) écriture *f*; JEUX jeu *m*; (worker) ouvrier/-ière *m/f*; (on clock) aiguille *f*; **on the other ~** en revanche. II *vtr* **to ~ sb sth** donner qch à qn. III **in ~** *adj phr* en cours. IV **out of ~** *adv phr* d'emblée.

• **hand down**: transmettre. • **hand in**: remettre, rendre. • **hand out**: distribuer. • **hand over**: **~ over to [sb]** passer à qn; **~ [sth] over** rendre, transmettre.

handbag *n* sac *m* à main.

handbook *n* manuel *m*, guide *m*.

handcuffs /ˈhændkʌf/ *npl* menottes *fpl*.

handful /ˈhændfʊl/ *n* **a ~ of** une poignée de.

handgun *n* arme *f* de poing.

handicap /ˈhændɪkæp/ I *n* handicap *m*. II *vtr* (*p prés etc* **-pp-**) handicaper.

handkerchief /ˈhæŋkətʃɪf, -tʃi:f/ *n* mouchoir *m*.

handle /ˈhændl/ I *n* poignée *f*; (on cup) anse *f*; (on knife) manche *m*. II *vtr* manier, manipuler; **~ with care** fragile; (deal with) traiter, s'occuper de.

handler /ˈhændlə(r)/ *n* maître-chien *m*; **baggage ~** bagagiste *m/f*.

handling /ˈhændlɪŋ/ *n* manipulation *f*; (of affair) gestion *f*.

handmade *adj* fait à la main.

handout /ˈhændaʊt/ *n* gratification *f*; (leaflet) prospectus *m*.

handshake *n* poignée *f* de main.

handsome /ˈhænsəm/ *adj* beau/belle; [gift] généreux/-euse.

handwriting *n* écriture *f*.

handwritten *adj* manuscrit.

handy /ˈhændɪ/ *adj* utile, pratique; [person] adroit.

hang /hæŋ/ **I**☺ *n* **to get the ~ of sth** piger☺ qch. **II** *vtr* (*prét*, *pp* **hung**) accrocher, suspendre; (leg) laisser pendre. **III** (*prét*, *pp* **hanged**) (victim) pendre. **IV** *vi* (*prét*, *pp* **hung**) être accroché, pendre; [smell] flotter; (die) être pendu.
• **hang around**☺: traîner. • **hang on**: **~ on**☺ attendre; **~ on in there**☺! tiens bon!; **~ on [sth]** dépendre de. • **hang on to**: s'accrocher à. • **hang out**: dépasser. • **hang up**: **to ~ up (on sb)** raccrocher (au nez de qn).

hanger /ˈhæŋə(r)/ *n* cintre *m*.

hang-gliding *n* deltaplane *m*.

hangover☺ /ˈhæŋəʊvə(r)/ *n* gueule☺ *f* de bois.

hang-up☺ *n* complexe *m*.

haphazardly /hæpˈhæzədlɪ/ *adv* n'importe comment.

happen /ˈhæpən/ *vi* arriver, se passer, se produire; **what's ~ing?** qu'est-ce qui se passe?; **what will ~ to them?** que deviendront-ils?; **it (so) ~s that...** il se trouve que...; **if you ~ to see...** si par hasard tu vois...

happening /ˈhæpənɪŋ/ *n* incident *m*.

happily /ˈhæpɪlɪ/ *adv* (cheerfully) joyeusement; (luckily) heureusement.

happiness /ˈhæpɪnɪs/ *n* bonheur *m*.

happy /ˈhæpɪ/ *adj* heureux/-euse; **to be ~ with sth** être satisfait de qch; **he's not ~ about it** il n'est pas content; (in greetings) **Happy birthday!** Bon anniversaire!; **Happy Christmas!** Joyeux Noël!; **Happy New Year!** Bonne année!

harass /ˈhærəs, həˈræs^US^/ *vtr* harceler.

harassment /ˈhærəsmənt, ˌhəˈræsmənt^US^/ *n* harcèlement *m*.

harbour^GB^, **harbor**^US^ /ˈhɑːbə(r)/ **I** *n* port *m*. **II** *vtr* (illusion) nourrir; (person) cacher.

hard /hɑːd/ **I** *adj* dur; (difficult) dur, difficile, rude; **no ~ feelings!** sans rancune! **II** *adv* [push, hit, cry] fort; [work] dur.

hard-boiled *adj* [egg] dur.

harden /ˈhɑːdn/ *vtr, vi* durcir.

hardline *adj* intransigeant.

hardly /ˈhɑːdlɪ/ *adv* à peine; **~ any/ever** presque pas/jamais.

hardship /ˈhɑːdʃɪp/ *n* privations *fpl*; (ordeal) épreuve *f*.

hard up☺ *adj* fauché☺.

hardware /ˈhɑːdweə(r)/ *n* quincaillerie *f*; ORDINAT, MIL matériel *m*.

hare /heə(r)/ *n* lièvre *m*.

hark /hɑːk/ *excl* **~ at him!** écoutez-le donc!

harm /hɑːm/ **I** *n* mal *m*; **no ~ done!** il n'y a pas de mal! **II** *vtr* faire du mal à; (crops) endommager; (population) nuire à.

harmful /ˈhɑːmfl/ *adj* [bacteria, ray] nocif/-ive; [behaviour, gossip] nuisible.

harmless /ˈhɑːmlɪs/ *adj* inoffensif/-ive.

harmonica /hɑːˈmɒnɪkə/ *n* harmonica *m*.

harmonize /ˈhɑːmənaɪz/ *vtr, vi* (s')harmoniser.

harmony /ˈhɑːmənɪ/ *n* harmonie *f*.

harness /ˈhɑːnɪs/ **I** *n* harnais *m*. **II** *vtr* harnacher; FIG exploiter.

harp /hɑːp/ *n* harpe *f*.
• **harp on**☺ PÉJ : rabâcher☺.

harpsichord /ˈhɑːpsɪkɔːd/ *n* clavecin *m*.

harrowing /ˈhærəʊɪŋ/ *adj* atroce, éprouvant.

harsh /hɑːʃ/ *adj* sévère, dur; [conditions] difficile.

harvest /ˈhɑːvɪst/ I *n* récolte *f*; (of grapes) vendange *f*. II *vtr* (corn) moissonner; (vegetables) récolter; (grapes) vendanger.

has ▸ **have**.

hash /hæʃ/ *n* CULIN hachis *m*; **to make a ~**☺ **of sth** rater qch.

hasn't = **has not**.

hassle☺ /ˈhæsl/ I *n* complications *fpl*. II *vtr* talonner.

haste /heɪst/ *n* hâte *f*; **in ~** à la hâte; **to make ~** se dépêcher.

hasten /ˈheɪsn/ *vtr, vi* accélérer, précipiter.

hasty /ˈheɪstɪ/ *adj* précipité.

hat /hæt/ *n* chapeau *m*.

hatch /hætʃ/ I *n* passe-plats *m inv*. II *vtr* (plot) tramer. III *vi* [eggs] éclore.

hatchet /ˈhætʃɪt/ *n* hachette *f*.

hate /heɪt/ I *n* haine *f*. II *vtr* détester; **to ~ to do** être désolé de faire.

hatred /ˈheɪtrɪd/ *n* haine *f*.

haul /hɔːl/ I *n* butin *m*; (found by police) saisie *f*; (journey) étape *f*. II *vtr* tirer.

haunt /hɔːnt/ I *n* repaire *m*. II *vtr* hanter.

have /hæv, həv/ (*prét, pp* **had**) I *vtr* (possess) avoir; **he has (got) a sth** il a qch; (consume) prendre; (food) manger; (drink) boire; (want) vouloir, prendre; **what will you ~?** vous désirez?; (spend) passer; **to ~ a good time** bien s'amuser; (cause to be done) **to ~ sth done** faire faire qch; (allow) tolérer; (hold) tenir, avoir. II *modal aux* (must) devoir; **I ~ (got) to leave** je dois partir, il faut que je parte; (need to) **you don't ~ to leave** tu n'as pas besoin de partir, tu n'es pas obligé de partir. III *v aux* avoir; **she has lost her bag** elle a perdu son sac; (with movement and reflexive verbs) être; **she has already left** elle est déjà partie; (in tag questions) **you haven't seen my bag, ~ you?** tu n'as pas vu mon sac, par hasard?; **you've never met him—yes I ~!** tu ne l'as jamais rencontré—mais si!

• **I've had it (up to here)**☺ j'en ai marre☺.

• **have back**: récupérer. • **have on**: (coat, skirt) porter. • **have over**, **have round**GB: (person) inviter.

haven /ˈheɪvn/ *n* refuge *m*.

haven't = **have not**.

havoc /ˈhævək/ *n* dévastation *f*; **to cause ~** provoquer des dégâts.

hawk /hɔːk/ *n* faucon *m*.

hawthorn /ˈhɔːθɔːn/ *n* aubépine *f*.

hay /heɪ/ *n* foin *m*.

hay fever *n* rhume *m* des foins.

haywire☺ /ˈheɪwaɪə(r)/ *adj* **to go ~** [machine] se détraquer.

hazard /ˈhæzəd/ I *n* risque *m*. II *vtr* hasarder.

hazardous /ˈhæzədəs/ *adj* dangereux/-euse.

haze /heɪz/ *n* (mist) brume *f*.

hazel /ˈheɪzl/ I *n* noisetier *m*. II *adj* [eyes] (couleur de) noisette *inv*.

hazelnut /ˈheɪzlnʌt/ *n* noisette *f*.

hazy /ˈheɪzɪ/ *adj* [weather] brumeux/-euse; [image] flou.

he /hiː, hɪ/ *pron* il; **there ~ is** le voilà; **~ who** celui qui; **~ and I** lui et moi.

head /hed/ I *n* tête *f*; **£10 a ~/per ~** 10 livres sterling par personne; (of family) chef *m*; (of social service) responsable *mf*, directeur/-trice *m/f*; **at the ~ of** à la tête de; (of table) extrémité *f*. II **~s** *npl* (of coin) face *f*. III *in compounds* [cashier, cook, gardener] en chef. IV *vtr* (list, queue) être en tête de; (firm, team) être à la tête de. V *vi* **to ~ (for)** se diriger (vers).

• **are you off your ~**☺**?** tu as perdu la boule☺?; **to keep/lose one's ~** garder/perdre son sang-froid.

headache /ˈhedeɪk/ *n* mal *m* de tête.
heading /ˈhedɪŋ/ *n* titre *m*; (topic) rubrique *f*; (on letter) en-tête *m*.
headlight *n* phare *m*.
headline /ˈhedlaɪn/ *n* gros titre *m*; **the news ~s** les grands titres (de l'actualité).
headlong /ˈhedlɒŋ/ *adv* [fall] la tête la première; [run] à toute vitesse.
headmaster, **headmistress** *n* directeur/-trice *m/f* (d'école).
head-on /ˌhedˈɒn/ *adv* de front.
headphones *npl* casque *m*.
headquarters *npl* (*sg/pl*) siège *m* social; MIL quartier *m* général.
head start *n* **to have a ~** une longueur d'avance.
head teacher *n* directeur/-trice *m/f*.
headway /ˈhedweɪ/ *n* progrès *m*.
heady /ˈhedɪ/ *adj* grisant; [wine] capiteux/-euse.
heal /hiːl/ *vtr, vi* guérir.
health /helθ/ *n* santé *f*.
health-food shop *n* magasin *m* de produits diététiques.
healthy /ˈhelθɪ/ *adj* sain.
heap /hiːp/ I *n* tas *m*; **~s of**© (money, food) plein de. II *vtr* entasser.
hear /hɪə(r)/ (*prét*, *pp* **heard**) I *vtr* entendre; (lecture, broadcast) écouter; (news, rumour) apprendre. II *vi* **to ~ (about/of)** entendre (parler de).
• **hear from**: avoir des nouvelles de.
hearing /ˈhɪərɪŋ/ *n* (sense) ouïe *f*, audition *f*; (before court) audience *f*.
heart /hɑːt/ I *n* cœur *m*; **(off) by ~** par cœur; **at ~** au fond; **to take ~** prendre courage. II *in compounds* [surgery] du cœur, cardiaque.
heartache *n* chagrin *m*.
heart attack *n* crise *f* cardiaque.
heartbreaking *adj* [cry] déchirant.
hearten /ˈhɑːtn/ *vtr* encourager.
heart failure *n* arrêt *m* du cœur.
hearth /hɑːθ/ *n* foyer *m*.
heartless /ˈhɑːtlɪs/ *adj* sans cœur, sans pitié.
hearty /ˈhɑːtɪ/ *adj* cordial; [appetite] solide; [approval] chaleureux/-euse.
heat /hiːt/ I *n* chaleur *f*; **in the ~ of** dans le feu de; **to take the ~ off sb** soulager qn; (heating) chauffage *m*; SPORT épreuve *f* éliminatoire. II *vtr, vi* **~ (up)** (faire) chauffer.
heated /ˈhiːtɪd/ *adj* chauffé; FIG animé.
heater /ˈhiːtə(r)/ *n* appareil *m* de chauffage.
heath /hiːθ/ *n* (moor) lande *f*.
heather /ˈheðə(r)/ *n* bruyère *f*.
heating /ˈhiːtɪŋ/ *n* chauffage *m*.
heatwave *n* vague *f* de chaleur.
heave /hiːv/ I *vtr* hisser; (pull) traîner; (throw) lancer. II *vi* [sea, stomach] se soulever; (feel sick) avoir un haut-le-cœur.
heaven /ˈhevn/ *n* ciel *m*, paradis *m*; **it's ~**© c'est divin; (in exclamations) **good ~s!** grands dieux!; **thank ~(s)!** Dieu soit loué!
heavenly /ˈhevənlɪ/ *adj, n* céleste, divin.
heavily /ˈhevɪlɪ/ *adv* [fall, move] lourdement; [sleep, sigh] profondément; [rain] très fort; [snow, smoke] beaucoup; [taxed] fortement.
heavy /ˈhevɪ/ *adj* lourd; [shoes, frame] gros/grosse; [line, features] épais/épaisse; [blow] violent; [perfume, accent] fort; [traffic] dense; **to be a ~ drinker/smoker** boire/fumer beaucoup.
heavy-duty *adj* super-résistant.
heavyweight /ˈhevɪweɪt/ *n* (boxer) poids *m* lourd.
Hebrew /ˈhiːbruː/ I *n* (language) hébreu *m*. II *adj* [calendar, alphabet] hébraïque.
heck© /hek/ I *n* **what the ~ is going on?** que diable se passe-t-il?; **a ~ of a lot of** énormément de. II *excl* zut!

heckle /ˈhekl/ I *vtr* interpeller. II *vi* chahuter.

hectic /ˈhektɪk/ *adj* [activity] intense, fiévreux/-euse; [life] trépidant.

hedge /hedʒ/ I *n* haie *f*. II *vi* se dérober; **~d with** bordé de.

hedgehog *n* hérisson *m*.

heed /hiːd/ *vtr* tenir compte de.

heel /hiːl/ *n* talon *m*.

hefty /ˈheftɪ/ *adj* imposant, considérable.

heifer /ˈhefə(r)/ *n* génisse *f*.

height /haɪt/ *n* (of person) taille *f*; (of table, etc) hauteur *f*; **what is your ~?** combien mesures-tu?; (of mountain, plane) altitude *f*; **at the ~ of** au plus fort de.

heighten /ˈhaɪtn/ *vtr* (emotion) intensifier; (tension, suspense) augmenter.

heir /eə(r)/ *n* héritier/-ière *m/f*.

held /held/ *prét, pp* ▸ **hold**.

helicopter /ˈhelɪkɒptə(r)/ I *n* hélicoptère *m*. II *vtr* héliporter.

hell /hel/ I *n* enfer *m*; **to make sb's life ~**☺ rendre la vie infernale à qn; **to go through ~** en baver☺; (as intensifier)☺ **a ~ of a shock** un choc terrible; **why/who the ~?** pourquoi/qui bon Dieu☺?; **to ~ with it!** je laisse tomber☺! II☺ *excl* bon Dieu☺!; **go to ~!** va te faire voir☺!
• **to do sth for the ~ of it**☺ faire qch pour le plaisir.

hello /həˈləʊ/ *excl* bonjour!; (on phone) allô (bonjour)!; (in surprise) tiens!

helmet /ˈhelmɪt/ *n* casque *m*.

help /help/ I *n* aide *f*, secours *m*; (cleaning woman) femme *f* de ménage. II *excl* au secours! III *vtr* aider; **to ~ each other** s'entraider; **can I ~ you?** (in shop) vous désirez?; **to ~ sb to** (food, wine) servir [qch] à qn; **I can't ~ it** je n'y peux rien. IV *vi* aider. V *v refl* **to ~ oneself** se servir.
• **help out**: aider.

helper /ˈhelpə(r)/ *n* aide *mf*.

helpful /ˈhelpfl/ *adj* utile; [person] serviable.

helping /ˈhelpɪŋ/ *n* portion *f*.

helpless /ˈhelplɪs/ *adj* impuissant.

helplineGB *n* *assistance (téléphonique)*.

hem /hem/ *n* ourlet *m*; **to feel ~med in** se sentir coincé.

hemisphere /ˈhemɪsfɪə(r)/ *n* hémisphère *m*.

hen /hen/ *n* poule *f*.

hence /hens/ *adv* **three days ~** d'ici/dans trois jours; (for this reason) d'où.

henceforth /ˌhensˈfɔːθ/ *adv* (from now on) dorénavant; (from then on) dès lors.

her /hɜː(r), hə(r)/ I *pron* (direct object) la, l'; **catch her** attrape-la; (indirect object) lui; **give it to her** donne-le lui. II *det* son/sa/ses; **her dog/plate** son chien/assiette; **her house/children** sa maison/ses enfants.

herald /ˈherəld/ *vtr* annoncer.

herb /hɜːb/ *n* herbe *f*.

herbal /ˈhɜːbl/ *adj* à base de plantes.

herd /hɜːd/ I *n* troupeau *m*. II *vtr* rassembler.

here /hɪə(r)/ I *adv* ici; **~ and there** par endroits; **~ he comes!** le voici!; **~ comes the bus** voilà le bus; **she's not ~** elle n'est pas là. II☺ *excl* hé!

hereditary /hɪˈredɪtrɪ, -terɪUS/ *adj* héréditaire.

heresy /ˈherəsɪ/ *n* hérésie *f*.

heritage /ˈherɪtɪdʒ/ *n* patrimoine *m*.

hero /ˈhɪərəʊ/ *n* (*pl* **~es**) héros *m*.

heroic /hɪˈrəʊɪk/ *adj* héroïque.

heroin /ˈherəʊɪn/ *n* (drug) héroïne *f*.

heroine /ˈherəʊɪn/ *n* (woman) héroïne *f*.

heroism /ˈherəʊɪzəm/ *n* héroïsme *m*.

heron /ˈherən/ *n* héron *m*.

herring /ˈherɪŋ/ *n* hareng *m*.

herringbone *adj* [design] à chevrons.

hers /hɜːz/ *pron* ~ **is red** le sien/la sienne est rouge; **it's** ~ c'est à elle; **which house is** ~? laquelle est sa maison?; **a friend of** ~ un ami à elle.

herself /hə'self/ *pron* (reflexive) se/s'; (after prep) elle-même; **by** ~ toute seule.

he's /hiːz/ = **he is**, **he has**.

hesitate /'hezɪteɪt/ *vi* hésiter.

hesitation /ˌhezɪ'teɪʃn/ *n* hésitation *f*.

het up ☺GB /ˌhet'ʌp/ *adj* énervé.

hey☺ /heɪ/ *excl* hé!, eh!; (in protest) dis/dites donc!

heyday /'heɪdeɪ/ *n* beaux jours *mpl*.

hi☺ /haɪ/ *excl* salut☺!

hiccup, **hiccough** /'hɪkʌp/ *n* **to have (the)** ~**s** avoir le hoquet; FIG anicroche *f*.

hide /haɪd/ **I** *n* (skin) peau *f*. **II** *vtr*, *vi* (*prét* **hid**; *pp* **hidden**) (se) cacher.

hide-and-seek *n* cache-cache *m inv*.

hideous /'hɪdɪəs/ *adj* hideux/-euse, horrible.

hiding /'haɪdɪŋ/ *n* ~ **place** cachette *f*; **a (good)** ~ une (bonne) correction.

hierarchy /'haɪərɑːkɪ/ *n* hiérarchie *f*.

hi-fi /'haɪfaɪ/ **high fidelity** *n* hi-fi *f inv*, haute-fidélité *f inv*.

high /haɪ/ **I** *n* **an all-time** ~ un niveau record. **II** *adj* haut; **how** ~ **is the cliff?** quelle est la hauteur/l'altitude de la falaise?; [number, price, etc] élevé; [quality, rank] supérieur; (on drug)☺ défoncé☺. **III** *adv* GÉN haut; [sing, set, turn on] fort.

high-class *adj* [hotel, shop] de luxe; [goods] de première qualité.

high commission *n* haut-commissariat *m*.

High Court *n* cour *f* suprême.

higher education *n* enseignement *m* supérieur.

high-grade *adj* de qualité supérieure.

high heels *npl* hauts talons *mpl*.

highlands /'haɪləndz/ *npl* régions *fpl* montagneuses; **the Highlands** les Highlands, les Hautes-Terres d'Écosse.

high-level *adj* de haut niveau.

highlight /'haɪlaɪt/ **I** *n* (in hair) reflet *m*; (of exhibition) clou *m*; (of week, year) meilleur moment. **II** *vtr* souligner; (with pen) surligner.

highly /'haɪlɪ/ *adv* fort, extrêmement; **to speak/think** ~ **of sb** dire/penser beaucoup de bien de qn.

Highness /'haɪnɪs/ *n* **His/Her (Royal)** ~ Son Altesse *f*.

high-pitched *adj* [voice] aigu/-uë.

high-powered *adj* [car] puissant; [person] dynamique.

high(-)rise *n* (building) tour *f* (d'habitation).

high school *n* SCOL ≈ US lycée; ≈ GB établissement secondaire.

high streetGB *n* rue *f* principale.

high-tech /ˌhaɪ 'tek/ *adj* [industry] de pointe; [equipment, car] ultramoderne.

high technology *n* technologie *f* de pointe.

highway /'haɪweɪ/ *n* GB route *f* nationale; US autoroute *f*.

hijack /'haɪdʒæk/ **I** *n* détournement *m* d'avion. **II** *vtr* détourner.

hijacker /'haɪdʒækə(r)/ *n* pirate *m* (de l'air).

hike /haɪk/ **I** *n* randonnée *f*. **II** *vi* faire de la randonnée. **III** *vtr* (rate, price) augmenter.

hiker /'haɪkə(r)/ *n* randonneur/-euse *m/f*.

hilarious /hɪ'leərɪəs/ *adj* hilarant.

hill /hɪl/ *n* colline *f*; (incline) pente *f*.

hillside /'hɪlsaɪd/ *n* coteau *m*.

hilt /hɪlt/ *n* (of sword) poignée *f*; **(up) to the** ~ FIG complètement.

him /hɪm/ *pron* (direct object) le, l'; (indirect object, after prep) lui; **after** ~ après lui.

himself /hɪm'self/ *pron* (reflexive) se/s'; (after prep) lui-même; **for ~** pour lui, pour lui-même; **by ~** tout seul.

hind /haɪnd/ *adj* **~ legs** pattes de derrière.

hinder /'hɪndə(r)/ *vtr* entraver, freiner.

hindrance /'hɪndrəns/ *n* gêne *f.*

hindsight /'haɪndsaɪt/ *n* **with ~** rétrospectivement.

hinge /hɪndʒ/ I *n* charnière *f.* II *vi* **to ~ on** dépendre de.

hint /hɪnt/ I *n* allusion *f*; (of spice, etc) pointe *f*; **useful/helpful ~s** conseils utiles. II *vtr* **to ~ that** laisser entendre que.
• **hint at**: faire allusion à.

hip /hɪp/ I *n* hanche *f.* II *excl* **~ ~ hurrah/hooray!** hip hip hip hourra!

hippie, hippy /'hɪpɪ/ *n, adj* hippie (*mf*).

hippopotamus /ˌhɪpə'pɒtəməs/ *n* (*pl* **-muses/-mi**) hippopotame *m.*

hire /'haɪə(r)/ I[GB] *n* location *f*; **for ~** à louer. II *vtr* louer; (person) embaucher.

his /hɪz/ I *det* son/sa/ses; **his dog/plate** son chien/assiette; **his house/children** sa maison/ses enfants. II *pron* **~ is red** le sien/la sienne est rouge; **it's ~** c'est à lui; **a friend of ~** un ami à lui.

hiss /hɪs/ I *n* sifflement *m.* II *vtr, vi* siffler.

historian /hɪ'stɔːrɪən/ *n* historien/-ienne *m/f.*

historic(al) /hɪ'stɒrɪk(l), -'stɔːr-[US]/ *adj* GÉN historique; LING **past ~** passé simple.

history /'hɪstrɪ/ *n* (past) histoire *f*; (experience) antécédents *mpl.*

hit /hɪt/ I *n* coup *m*; (success) succès *m*; (record) tube☺ *m.* II *vtr* (*p prés* **-tt-**; *prét, pp* **hit**) frapper; atteindre; (collide with) heurter; (affect) affecter, toucher; **it ~ me that** je me suis rendu compte que; **we ~ traffic** on a été pris dans des embouteillages.

hitch /hɪtʃ/ I *n* problème *m.* II *vtr* (fasten) attacher; **to ~☺ (a lift)** faire du stop☺.

hitchhike /'hɪtʃhaɪk/ *vi* faire du stop☺.

hitherto /ˌhɪðə'tuː/ *adv* (until now) jusqu'à présent; (until then) jusqu'alors.

HIV *n abrév* = (**human immunodeficiency virus**) VIH *m*; **~ positive** séropositif/-ve *m/f.*

hive /haɪv/ *n* ruche *f.*

HMS *n abrév* = (**His/Her Majesty's Ship**) ≈ bâtiment de Sa Majesté.

hoard /hɔːd/ I *n* trésor *m*; (of miser) magot☺ *m*; (stock) provisions *fpl.* II *vtr* amasser.

hoarse /hɔːs/ *adj* [voice] enroué.

hoax /həʊks/ *n* canular *m.*

hobble /'hɒbl/ *vi* boitiller.

hobby /'hɒbɪ/ *n* passe-temps *m inv.*

hockey /'hɒkɪ/ *n* SPORT hockey *m*; **ice ~** hockey sur glace.

hoe /həʊ/ I *n* binette *f.* II *vtr* biner.

hog /hɒg/ I *n* [GB] (pig) porc *m*, verrat *m*; (person)☺ pourceau *m.* II☺ *vtr* (*prét, pp* **-gg-**) monopoliser.
• **to go the whole ~**☺ aller jusqu'au bout.

hoist /hɔɪst/ *vtr* hisser.

hold /həʊld/ I *n* (grasp) prise *f*; **to get ~ of** attraper; (book, ticket) se procurer, trouver; (secret) découvrir; (by phone) joindre; **a call on ~** un appel en attente; (in plane) soute *f*; (in ship) cale *f.* II *vtr* (*prét, pp* **held**) tenir; **to ~ each other** se serrer l'un contre l'autre; (enquiry) mener; (interview) faire passer; **to be held** avoir lieu; [room, box, case] (pouvoir) contenir; (keep) détenir; (train, flight) faire attendre; **~ it☺!** minute☺!; **to ~ sb/sth to be** tenir qn/qch pour; TÉLÉCOM **~ (on) the line** ne quittez pas. III *vi* tenir; [weather] rester beau, se maintenir; [luck] continuer, durer; TÉLÉCOM patienter; **~ still!** tiens-toi tranquille!
• **hold back**: retenir; (payment) différer; (information) cacher. • **hold down**: garder. • **hold off**: tenir [qn] à distance. • **hold on to**: tenir (solidement), garder.

• **hold out**: tenir le coup. • **hold up**: tenir, résister; (flight) retarder; (bank) attaquer.

holder /ˈhəʊldə(r)/ *n* (of passport, post) titulaire *mf*; (of record) détenteur/-trice *m/f*; (of title) tenant/-e *m/f*; (stand) support *m*.

hold-up /ˈhəʊldʌp/ *n* GÉN retard *m*; (on road)[GB] bouchon *m*; (robbery) hold-up *m*.

hole /həʊl/ *n* trou *m*.

holiday /ˈhɒlədeɪ/ *n* (vacation)[GB] vacances *fpl*; **a ~**[GB] un congé; **a ~**[US] un jour férié; (in winter) **the ~s**[US] les fêtes (de fin d'année).

holidaymaker[GB] *n* vacancier/-ière *m/f*.

hollow /ˈhɒləʊ/ I *n* creux *m*. II *adj* creux/creuse.

• **hollow out**: creuser.

holly /ˈhɒlɪ/ *n* houx *m*.

holocaust /ˈhɒləkɔːst/ *n* holocauste *m*; **the Holocaust** l'Holocauste *m*.

holy /ˈhəʊlɪ/ *adj* [place, city, person] saint; [water] bénit; [ground] saint.

homage /ˈhɒmɪdʒ/ *n* hommage *m*.

home /həʊm/ I *n* GÉN logement *m*; (house) maison *f*; **far from ~** loin de chez soi; (family base) foyer *m*; (country) pays *m*; (for residential care) maison *f*, établissement spécialisé. II *in compounds* [life] de famille; [market, affairs] intérieur; [news] national; [match, win] à domicile; [team] qui reçoit. III *adv* chez soi, à la maison. IV **at ~** *adv phr* chez soi, à la maison**make yourself at** ~ fais comme chez toi.

homecoming /ˈhəʊmkʌmɪŋ/ *n* retour *m*.

Home Counties[GB] *npl comtés limitrophes de Londres.*

homegrown *adj* [vegetable] du jardin.

homeland *n* patrie *f*.

homeless /ˈhəʊmlɪs/ I *n* **the ~** (*pl*) les sans-abri *mpl inv*. II *adj* sans abri.

homely /ˈhəʊmlɪ/ *adj* simple; PÉJ[US] [person] sans attraits.

homemade *adj* (fait) maison.

Home Office[GB] *n* POL ministère *m* de l'Intérieur.

homeowner *n* propriétaire *mf*.

Home Secretary[GB] *n* POL ministre *m* de l'Intérieur.

homesick /ˈhəʊmsɪk/ *adj* **to be ~** avoir le mal du pays; [child] s'ennuyer de ses parents.

hometown *n* ville *f* natale.

homework /ˈhəʊmwɜːk/ *n* devoirs *mpl*.

home working *n* travail *m* à domicile.

homicide /ˈhɒmɪsaɪd/ *n* homicide *m*.

homogenous /ˌhəˈmɒdʒɪnəs/ *adj* homogène.

homosexual /ˌhɒməˈsekʃʊəl/ *n, adj* homosexuel/-elle (*m/f*).

honest /ˈɒnɪst/ *adj* honnête; **be ~!** sois franc!; **to be ~...** à dire vrai...; [money] honnêtement acquis; [price] juste.

honestly /ˈɒnɪstlɪ/ *adv* honnêtement; [believe] franchement; [say] sincèrement.

honesty /ˈɒnɪstɪ/ *n* honnêteté *f*.

honey /ˈhʌnɪ/ *n* miel *m*; (endearment)[©] chéri/-e *m/f*.

honeymoon /ˈhʌnɪmuːn/ *n* lune *f* de miel.

honeysuckle /ˈhʌnɪsʌkl/ *n* chèvrefeuille *m*.

honk /hɒŋk/ *vi* [geese] cacarder; [driver] klaxonner.

honour[GB], **honor**[US] /ˈɒnə(r)/ I *n* honneur *m*; **Your Honour**[GB] Votre Honneur. II **~s** *npl* UNIV[GB] **first/second class ~s** ≈ licence avec mention très bien/bien; JEUX honneurs *mpl*. III *vtr* honorer.

honourable[GB], **honorable**[US] /ˈɒnərəbl/ *adj* honorable; **the Honourable**[GB] **Gentleman**[GB] POL Monsieur le député.

hood /hʊd/ *n* capuchon *m*, capuche *f*; (balaclava) cagoule *f*; (on cooker) hotte *f*; (on printer, US car) capot *m*; (on car)[GB] capote *f*.

hoof /hu:f/ *n* (*pl* **~s/hooves**) sabot *m*.
hook /hʊk/ I *n* crochet *m*; (on fishing line) hameçon *m*; (fastener) agrafe *f*; **to take the phone off the ~** décrocher le téléphone. II *vtr* accrocher; (fish) prendre.
hooked /hʊkt/ *adj* [nose, beak] crochu; **~ on** (computer games) mordu© de.
hooligan /ˈhu:lɪgən/ *n* vandale *m*, voyou *m*; **soccer ~** hooligan *m*.
hoop /hu:p/ *n* cerceau *m*.
hoot /hu:t/ I *n* (of owl) (h)ululement *m*; (of train) sifflement *m*. II *vi* [owl] (h)ululer; [train] siffler; **to ~ with laughter** éclater de rire.
hoover®GB /ˈhu:və(r)/ *vtr* **to ~ a room** passer l'aspirateur dans une pièce.
hop /hɒp/ I *n* bond *m*; (of bird) sautillement *m*. II **~s** *npl* houblon *m inv*. III *vi* (*p prés etc* **-pp-**) sauter; (on one leg) sauter à cloche-pied; **~ in!** vas-y, monte!
hope /həʊp/ I *n* espoir *m*. II *vtr, vi* espérer; **I (do) ~ so/not** j'espère (bien) que oui/que non.
hopeful /ˈhəʊpfl/ *adj* plein d'espoir, optimiste.
hopefully /ˈhəʊpfəlɪ/ *adv* avec un peu de chance.
hopeless /ˈhəʊplɪs/ *adj* désespéré; **it's ~!** inutile!; **~© at sth** nul/nulle© en qch.
hopelessly /ˈhəʊplɪslɪ/ *adv* [drunk] complètement; [in love] éperdument.
horde /hɔ:d/ *n* foule *f*, horde *f*.
horizon /həˈraɪzn/ *n* horizon *m*; **to broaden one's ~s** élargir ses horizons.
horizontal /ˌhɒrɪˈzɒntl, ˌhɔ:r-US/ I *n* horizontale *f*. II *adj* horizontal; **~ bar** barre fixe.
horn /hɔ:n/ *n* (of animal) corne *f*; (instrument) cor *m*; (of car) klaxon® *m*, avertisseur *m* (sonore); (of ship) sirène *f*.
hornet /ˈhɔ:nɪt/ *n* frelon *m*.
horoscope /ˈhɒrəskəʊp, ˈhɔ:r-US/ *n* horoscope *m*.
horrendous /hɒˈrendəs/ *adj* épouvantable.
horrible /ˈhɒrɪbl, ˈhɔ:r-US/ *adj* horrible.
horrid /ˈhɒrɪd, ˈhɔ:rɪdUS/ *adj* affreux/-euse.
horrific /həˈrɪfɪk/ *adj* atroce.
horrified /ˈhɒrɪfaɪd, ˈhɔ:r-US/ *adj* horrifié.
horrifying /ˈhɒrɪfaɪɪŋ, ˈhɔ:r-US/ *adj* horrifiant, effroyable.
horror /ˈhɒrə(r), ˈhɔ:r-US/ *n* horreur *f*.
horse /hɔ:s/ *n* cheval *m*.
horseback /ˈhɔ:sbæk/ *n* **on ~** à cheval.
horse chestnut *n* marronnier *m* (d'Inde).
horsefly *n* taon *m*.
horseman *n* cavalier *m*.
horseracing *n* courses *fpl* de chevaux.
horseradish *n* raifort *m*.
horseshoe *n* fer *m* à cheval.
hose /həʊz/ *n* tuyau *m* d'arrosage; (against fire) lance *f* à incendie.
hospice /ˈhɒspɪs/ *n* établissement *m* de soins palliatifs.
hospital /ˈhɒspɪtl/ I *n* hôpital *m*. II *in compounds* [facilities, staff, ward] hospitalier/-ière; [bed] d'hôpital.
hospitality /ˌhɒspɪˈtælətɪ/ *n* hospitalité *f*.
hospitalize /ˈhɒspɪtəlaɪz/ *vtr* hospitaliser.
host /həʊst/ I *n* hôte *m*; RADIO, TV animateur/-trice *m/f*; **a ~ of** une foule de. II *vtr* organiser; (show) animer.
hostage /ˈhɒstɪdʒ/ *n* otage *m*.
hostel /ˈhɒstl/ *n* foyer *m*; **(youth) ~** auberge de jeunesse.
hostess /ˈhəʊstɪs/ *n* hôtesse *f*; TV animatrice *f*.
hostile /ˈhɒstaɪl, -tlUS/ *adj* hostile (à).
hostility /hɒˈstɪlətɪ/ *n* hostilité *f*.
hot /hɒt/ *adj* chaud; **it's ~** il fait chaud; **to be ~** avoir chaud; [spice] fort; [dish] épicé;

to have a ~ temper s'emporter facilement; [person]☺ calé☺.

hot dog *n* hot dog *m*.

hotel /həʊ'tel/ I *n* hôtel *m*. II *in compounds* [room, manager] d'hôtel; [industry] hôtelier/-ière.

hotline /'hɒtlaɪn/ *n* permanence *f* téléphonique; MIL, POL téléphone *m* rouge.

hot pepper *n* piment *m*.

hot spot☺ *n* POL point *m* chaud.

hound /haʊnd/ I *n* chien *m* de chasse. II *vtr* harceler, traquer.

hour /aʊə(r)/ I *n* heure *f*; **in the early ~s** au petit matin. II **~s** *npl* **business/opening ~s** heures d'ouverture; **office ~s** heures de permanence.

hourly /'aʊəlɪ/ I *adj* **on an ~ basis** à l'heure; **the buses are ~** les bus partent toutes les heures. II *adv* toutes les heures.

house I /haʊs, *pl* haʊzɪz/ *n* maison *f*; **at my/his ~** chez moi/lui; POL Chambre *f*; (audience) assistance *f*. II /haʊz/ *vtr* loger; (contain) abriter.

• **on the ~** aux frais de la maison.

household /'haʊshəʊld/ I *n* maison *f*, ménage *f*. II *in compounds* [accounts, bill] du ménage; [item] ménager/-ère; **~ appliance** appareil électroménager.

housekeeper *n* femme *f* de charge.

housekeeping *n* (money) argent *m* du ménage.

House of CommonsGB *n* Chambre *f* des communes.

House of LordsGB *n* Chambre *f* des lords, Chambre haute.

House of RepresentativesUS *n* Chambre *f* des représentants.

housewife *n* (*pl* **housewives**) femme *f* au foyer, ménagère *f*.

housework /'haʊswɜːk/ *n* travaux *mpl* ménagers.

housing /'haʊzɪŋ/ *n* logement *m*.

hover /'hɒvə(r)/ *vi* voleter, planer.

hovercraft *n inv* aéroglisseur *m*.

how /haʊ/ I *adv, conj* comment; **~ are you?** comment allez-vous?; **~ are things?** comment ça va?; **~ do you do!** (greeting) enchanté!; (in quantity questions) **~ much is this?** combien ça coûte?; **~ many people?** combien de personnes?; **~ old is she?** quel âge a-t-elle?; **to know ~ to do** savoir faire; (in exclamations) **~ wonderful!** c'est fantastique!; (in whichever way)☺ comme. II **~ about** *adv phr* **~ about some tea** et si on faisait du thé?; **~ about you** et toi? III☺ **~ come** *adv phr* comment se fait-il que...? IV **~'s that** *adv phr* c'est d'accord?

howdy☺US /'haʊdɪ/ *excl* salut☺!

however /haʊ'evə(r)/ I *conj* toutefois, cependant. II *adv* **~ hard I try...** j'ai beau essayer...; **~ small she is/may be** si petite soit-elle; **~ much it costs** quel que soit le prix.

howl /haʊl/ I *n* hurlement *m*; **a ~ of laughter** un éclat de rire. II *vtr, vi* hurler.

HQ *n abrév* = (**headquarters**) QG *m*.

hr *n abrév* = (**hour**) h.

HRH *n abrév* = (**Her/His Royal Highness**) Son Altesse Royale.

hub /hʌb/ *n* moyeu *m*; FIG centre *m*.

huddle /'hʌdl/ *vi* se blottir.

hue /hjuː/ *n* couleur *f*; (political) tendance *f*.

huff☺ /hʌf/ *n* **in a ~** vexé.

hug /hʌg/ I *n* étreinte *f*; **to give sb a ~** serrer qn dans ses bras. II *vtr* (*p prés etc* **-gg-**) serrer [qn] dans ses bras.

huge /hjuːdʒ/ *adj* énorme, immense.

hulk /hʌlk/ *n* épave *f*, carcasse *f*.

hull /hʌl/ *n* coque *f*.

hullo /hʌ'ləʊ/ *excl* ▸ **hello**.

hum /hʌm/ I *n* bourdonnement *m*. II *vi* (*p prés etc* **-mm-**) [person] fredonner; [insect] bourdonner; [machine] ronronner.

human /ˈhjuːmən/ *adj* humain; **~ being** être humain.
humane /hjuːˈmeɪn/ *adj* humain.
humanism /ˈhjuːmənɪzəm/ *n* humanisme *m*.
humanitarian /hjuːˌmænɪˈteərɪən/ *adj* humanitaire.
humanity /hjuːˈmænətɪ/ *n* humanité *f*.
human rights *npl* droits *mpl* de l'homme.
humble /ˈhʌmbl/ I *adj* humble. II *vtr* humilier.
humid /ˈhjuːmɪd/ *adj* humide.
humidity /hjuːˈmɪdətɪ/ *n* humidité *f*.
humiliate /hjuːˈmɪlɪeɪt/ *vtr* humilier.
humiliation /hjuːˌmɪlɪˈeɪʃn/ *n* humiliation *f*.
humming bird *n* oiseau-mouche *m*.
humorous /ˈhjuːmərəs/ *adj* (amusing) humoristique; (amused) plein d'humour.
humourGB, **humor**US /ˈhjuːmə(r)/ I *n* humour *m*; **to be in (a) good ~** être de bonne humeur. II *vtr* amadouer.
hump /hʌmp/ *n* bosse *f*.
hunch /hʌntʃ/ *n* intuition *f*.
hunched /hʌntʃt/ *adj* [back] voûté.
hundred /ˈhʌndrəd/ *n*, *adj* cent; **two ~** deux cents; **~s of times** des centaines de fois.
hundredth /ˈhʌndrətθ/ *n*, *adj* centième (*mf*).
hung /hʌŋ/ ▸ **hang**.
hunger /ˈhʌŋgə(r)/ I *n* faim *f*. II *vi* **to ~ for** avoir faim de.
hunger strike *n* grève *f* de la faim.
hungry /ˈhʌŋgrɪ/ *adj* **to be/feel ~** avoir faim; **~ for** (success, power) assoiffé de.
hunk /hʌŋk/ *n* gros morceau *m*.
hunt /hʌnt/ I *n* recherche *f*; (for animal) chasse *f*. II *vtr* rechercher; (game) chasser. III *vi* chasser; (for person) chercher [qch] partout.
hunter /ˈhʌntə(r)/ *n* chasseur/-euse *m/f*.
hunting /ˈhʌntɪŋ/ *n* chasse *f*.
huntsman /ˈhʌntsmən/ *n* chasseur *m*.
hurdle /ˈhɜːdl/ *n* SPORT haie *f*; obstacle *m*.
hurl /hɜːl/ I *vtr* lancer. II *v refl* se précipiter.
hurricane /ˈhʌrɪkən, -keɪnUS/ *n* ouragan *m*.
hurried /ˈhʌrɪd/ *adj* [visit, meal] rapide; [job, work] fait à la va-vite; [departure] précipité.
hurriedly /ˈhʌrɪdlɪ/ *adv* en toute hâte.
hurry /ˈhʌrɪ/ I *n* hâte *f*, empressement *m*; **to be in a ~** être pressé; **there's no ~** ça ne presse pas. II *vtr* bousculer; (meal, task) expédier [qch] à la hâte. III *vi* **to ~ (up)** se dépêcher.
hurt /hɜːt/ I *adj* peiné, blessé. II *vtr* (*prét*, *pp* **hurt**) blesser, faire mal à; (affect adversely) nuire à; **to ~ oneself** se blesser, se faire mal; **to ~ one's back** se faire mal au dos. III *vi* faire mal; **my throat ~s** j'ai mal à la gorge; **my shoes ~** mes chaussures me font mal.
hurtle /ˈhɜːtl/ *vi* **to ~ down sth** dévaler qch; **to ~ along a road** foncer sur une route.
husband /ˈhʌzbənd/ *n* mari *m*, époux *m*.
hush /hʌʃ/ I *n* silence *m*. II *excl* chut!
husky /ˈhʌskɪ/ *adj* [voice] enroué.
hustle /ˈhʌsl/ I *n* agitation *f*. II *vtr* pousser, bousculer. III *vi* se dépêcher.
hut /hʌt/ *n* hutte *f*, case *f*; (in garden) cabane *f*.
hyacinth /ˈhaɪəsɪnθ/ *n* jacinthe *f*.
hybrid /ˈhaɪbrɪd/ *n*, *adj* hybride (*m*).
hydrangea /haɪˈdreɪndʒə/ *n* hortensia *m*.
hydraulic /haɪˈdrɔːlɪk/ *adj* hydraulique.
hydrofoil /ˈhaɪdrəfɔɪl/ *n* hydroptère *m*.

hydrogen /ˈhaɪdrədʒən/ *n* hydrogène *m*.
hyena /haɪˈiːnə/ *n* hyène *f*.
hygiene /ˈhaɪdʒiːn/ *n* hygiène *f*.
hymn /hɪm/ *n* (song) cantique *m*.
hype© /haɪp/ *n* battage *m* publicitaire.
hypertext *n* hypertexte *m*.
hyphen /ˈhaɪfn/ *n* trait *m* d'union.
hypnosis /hɪpˈnəʊsɪs/ *n* hypnose *f*.
hypoallergenic /ˌhaɪpəʊæləˈdʒenɪk/ *adj* hypoallergique.
hypocrisy /hɪˈpɒkrəsɪ/ *n* hypocrisie *f*.
hypocritical /ˌhɪpəˈkrɪtɪkl/ *adj* hypocrite.
hypothesis /haɪˈpɒθəsɪs/ *n* (*pl* **-theses**) hypothèse *f*.
hypothetic(al) /ˌhaɪpəˈθetɪk(l)/ *adj* hypothétique.
hysteria /hɪˈstɪərɪə/ *n* hystérie *f*.
hysterical /hɪˈsterɪkl/ *adj* [person, behaviour] hystérique; [demand, speech] délirant.
hysterics /hɪˈsterɪks/ *n* GÉN crise *f* de nerfs; (laughter) **to be in ~** rire aux larmes.

I

I /aɪ/ *pron* je; **he and I** lui et moi.
ice /aɪs/ I *n* glace *f*; (on roads) verglas *m*; (in drinks) glaçons *mpl*. II *vtr* glacer.
ice age *n* période *f* glaciaire.
iceberg /ˈaɪsbɜːg/ *n* iceberg *m*.
icebox /ˈaɪsbɒks/ *n* glacière *f*.
ice cream *n* glace *f*.
ice cube *n* glaçon *m*.
ice hockey *n* SPORT hockey *m* sur glace.
ice-skating *n* patinage *m* sur glace.
icon /ˈaɪkɒn/ *n* GÉN icône *f*.
icy /ˈaɪsɪ/ *adj* [road] verglacé; [wind, look] glacial; [hands] glacé.
I'd /aɪd/ = **I had**, = **I should**, = **I would**.
ID /aɪˈdiː/ *n* (*abrév* = **identification, identity**) **~ card** carte *f* d'identité.
idea /aɪˈdɪə/ *n* idée *f*; **to have no ~ why** ne pas savoir pourquoi.
ideal /aɪˈdiːəl/ *n*, *adj* idéal (*m*).
idealistic /ˌaɪdɪəˈlɪstɪk/ *adj* idéaliste.
idealize /aɪˈdɪəlaɪz/ *vtr* idéaliser.
identical /aɪˈdentɪkl/ *adj* identique.
identifiable /aɪˌdentɪˈfaɪəbl/ *adj* reconnaissable.
identification /aɪˌdentɪfɪˈkeɪʃn/ *n* identification *f*; pièce *f* d'identité.
identify /aɪˈdentɪfaɪ/ I *vtr* identifier. II *vi* **to ~ with** s'identifier à.
identity /aɪˈdentətɪ/ *n* identité *f*.
identity card *n* carte *f* d'identité.
ideological /ˌaɪdɪəˈlɒdʒɪkl/ *adj* idéologique.
ideology /ˌaɪdɪˈɒlədʒɪ/ *n* idéologie *f*.
idiom /ˈɪdɪəm/ *n* expression *f* idiomatique.
idiot /ˈɪdɪət/ *n* idiot/-e *m/f*.
idiotic /ˌɪdɪˈɒtɪk/ *adj* bête.
idle /ˈaɪdl/ I *adj* (lazy) paresseux/-euse; (without occupation) oisif/-ive; [boast, threat] vain; [chatter] inutile; [moment] de loisir; [machine] à l'arrêt. II *vi* [engine] tourner au ralenti.
• **idle away**: (day) passer [qch] à ne rien faire.
idol /ˈaɪdl/ *n* idole *f*.
idyllic /ɪˈdɪlɪk, aɪˈd-US/ *adj* idyllique.
ie /aɪˈiː/ (*abrév* = **that is**) c.-à-d., c'est-à-dire.

if /ɪf/ *conj* si; ~ **I were you** à ta place; ~ **not** sinon;.

ignite /ɪg'naɪt/ I *vtr* enflammer. II *vi* prendre feu.

ignition /ɪg'nɪʃn/ *n* AUT allumage *m*; ~ **key** clé *f* de contact.

ignorance /'ɪgnərəns/ *n* ignorance *f*.

ignorant /'ɪgnərənt/ *adj* ignorant.

ignore /ɪg'nɔ:(r)/ *vtr* (feeling, fact) ne pas tenir compte de.

ill /ɪl/ I *adj* malade; ~ **with sth** atteint de qch. II *adv* mal; **to speak** ~ **of sb** dire du mal de qn; **~-prepared** mal préparé.

I'll /aɪl/ = **I shall**, = **I will**.

illegal /ɪ'li:gl/ *adj* illégal; [immigrant] clandestin.

illegitimate /ˌɪlɪ'dʒɪtɪmət/ *adj* illégitime.

illicit /ɪ'lɪsɪt/ *adj* illicite.

illiterate /ɪ'lɪtərət/ *n* analphabète *mf*.

illness /'ɪlnɪs/ *n* maladie *f*.

illogical /ɪ'lɒdʒɪkl/ *adj* illogique.

ill-treat *vtr* maltraiter.

illuminate /ɪ'lu:mɪneɪt/ *vtr* GÉN éclairer; (light for effect) illuminer.

illumination /ɪˌlu:mɪ'neɪʃn/ *n* éclairage *m*; (for effect) illumination *f*.

illusion /ɪ'lu:ʒn/ *n* illusion *f*.

illustrate /'ɪləstreɪt/ *vtr* illustrer.

illustration /ˌɪlə'streɪʃn/ *n* illustration *f*.

I'm /aɪm/ = **I am**.

image /'ɪmɪdʒ/ *n* image *f*; (of company) image *f* de marque.

imaginable /ɪ'mædʒɪnəbl/ *adj* imaginable.

imaginary /ɪ'mædʒɪnərɪ, -ənerɪ[US]/ *adj* imaginaire.

imagination /ɪˌmædʒɪ'neɪʃn/ *n* imagination.

imaginative /ɪ'mædʒɪnətɪv, -əneɪtɪv[US]/ *adj* plein d'imagination.

imagine /ɪ'mædʒɪn/ *vtr* (s')imaginer; **to** ~ **being rich** s'imaginer riche.

IMF *n* (*abrév* = **International Monetary Fund**) FMI *m*.

imitate /'ɪmɪteɪt/ *vtr* imiter.

imitation /ˌɪmɪ'teɪʃn/ I *n* imitation *f*. II *adj* artificiel/-ielle; ~ **fur** fausse fourrure.

immaculate /ɪ'mækjʊlət/ *adj* impeccable.

immaterial /ˌɪmə'tɪərɪəl/ *adj* sans importance.

immature /ˌɪmə'tjʊə(r), -tʊər[US]/ *adj* [plant, animal] qui n'est pas à maturité; **don't be so ~!** ne te conduis pas comme un enfant!

immediate /ɪ'mi:dɪət/ *adj* immédiat.

immediately /ɪ'mi:dɪətlɪ/ I *adv* immédiatement, tout de suite; ~ **after/before** juste avant/après. II[GB] *conj* dès que.

immense /ɪ'mens/ *adj* immense.

immensely /ɪ'menslɪ/ *adv* extrêmement.

immerse /ɪ'mɜ:s/ *vtr* plonger.

immigrant /'ɪmɪgrənt/ *n* immigrant/-e *m/f*; (established) immigré/-e *m/f*.

immigration /ˌɪmɪ'greɪʃn/ *n* immigration *f*.

imminent /'ɪmɪnənt/ *adj* imminent.

immobile /ɪ'məʊbaɪl, -bl[US]/ *adj* immobile.

immobilize /ɪ'məʊbɪlaɪz/ *vtr* immobiliser.

immoral /ɪ'mɒrəl, ɪ'mɔ:rəl[US]/ *adj* immoral.

immortal /ɪ'mɔ:tl/ *adj* immortel/-elle.

immune /ɪ'mju:n/ *adj* [person] immunisé; [system] immunitaire; ~ **to** insensible à; ~ **from** (attack) à l'abri de; (tax) être exempté de.

immunity /ɪ'mju:nətɪ/ *n* immunité *f*; **tax** ~ exemption *f* fiscale.

immunize /'ɪmju:naɪz/ *vtr* immuniser.

impact /'ɪmpækt/ *n* (effect) impact *m*.

impair /ɪm'peə(r)/ *vtr* (ability) diminuer; (health) détériorer.

impaired /ɪm'peəd/ *adj* [mobility] réduit; **visually ~** malvoyant; **hearing-~** malentendant.

impart /ɪm'pɑ:t/ *vtr* transmettre.

impartial /ɪm'pɑ:ʃl/ *adj* impartial.

impassioned /ɪm'pæʃnd/ *adj* passionné.

impassive /ɪm'pæsɪv/ *adj* impassible.

impatience /ɪm'peɪʃns/ *n* impatience *f.*

impatient /ɪm'peɪʃnt/ *adj* impatient; (irritable) agacé.

impeach /ɪm'pi:tʃ/ *vtr* mettre [qn] en accusation.

impeccable /ɪm'pekəbl/ *adj* impeccable.

impede /ɪm'pi:d/ *vtr* entraver.

impediment /ɪm'pedɪmənt/ *n* entrave *f.*

impending /ɪm'pendɪŋ/ *adj* imminent.

imperative /ɪm'perətɪv/ I *n* LING impératif *m.* II *adj* [need] urgent; [tone] impérieux/-ieuse.

imperfect /ɪm'pɜ:fɪkt/ I *n* LING imparfait *m.* II *adj* ; imparfait; [goods] défectueux/-euse.

imperfection /ˌɪmpə'fekʃn/ *n* défaut *m*, imperfection *f.*

imperial /ɪm'pɪərɪəl/ *adj* impérial.

imperialist /ɪm'pɪərɪəlɪst/ *n* impérialiste *mf.*

impersonal /ɪm'pɜ:sənl/ *adj* impersonnel/-elle.

impersonate /ɪm'pɜ:səneɪt/ *vtr* imiter, se faire passer pour.

impetus /'ɪmpɪtəs/ *n* impulsion *f.*

implant I /'ɪmplɑ:nt, -plænt[US]/ *n* implant *m.* II /ɪm'plɑ:nt, -'plænt[US]/ *vtr* implanter.

implement I /'ɪmplɪmənt/ *n* GÉN instrument *m*; (tool) outil *m.* II /'ɪmplɪment/ *vtr* (contract) exécuter; (law) mettre [qch] en application; ORDINAT (system) implémenter.

implicate /'ɪmplɪkeɪt/ *vtr* impliquer.

implication /ˌɪmplɪ'keɪʃn/ *n* implication *f.*

implicit /ɪm'plɪsɪt/ *adj* (implied) implicite; [faith, trust] absolu.

imply /ɪm'plaɪ/ *vtr* laisser entendre; [argument] impliquer.

impolite /ˌɪmpə'laɪt/ *adj* impoli (envers).

import I /'ɪmpɔ:t/ *n* COMM importation *f*; **of no (great) ~** de peu d'importance. II /ɪm'pɔ:t/ *vtr* importer.

importance /ɪm'pɔ:tns/ *n* importance *f.*

important /ɪm'pɔ:tnt/ *adj* important.

importer /ɪm'pɔ:tə(r)/ *n* importateur/-trice *m/f.*

impose /ɪm'pəuz/ I *vtr* imposer; (sanction) infliger. II *vi* s'imposer.

imposing /ɪm'pəuzɪŋ/ *adj* imposant, impressionnant.

imposition /ˌɪmpə'zɪʃn/ *n* abus *m*; dérangement *f*; (of a rule) application *f.*

impossible /ɪm'pɒsəbl/ *n, adj* impossible *(m).*

impotence /'ɪmpətəns/ *n* impuissance *f.*

impotent /'ɪmpətənt/ *adj* impuissant.

impound /ɪm'paund/ *vtr* (car) emmener [qch] à la fourrière; (goods) confisquer.

impoverish /ɪm'pɒvərɪʃ/ *vtr* appauvrir.

impractical /ɪm'præktɪkl/ *adj* peu réaliste.

impress /ɪm'pres/ I *vtr* impressionner. II *vi* faire bonne impression.

impression /ɪm'preʃn/ *n* impression *f*; **what's your ~?** qu'est-ce que tu penses?

impressionist /ɪm'preʃənɪst/ *n* impressionniste *mf*; (mimic) imitateur/-trice *m/f.*

impressive /ɪm'presɪv/ *adj* impressionnant, imposant.

impressively /ɪm'presɪvlɪ/ *adv* remarquablement bien.

imprint I /'ɪmprɪnt/ *n* empreinte *f.* II /ɪm'prɪnt/ *vtr* (print) imprimer (sur).

imprison /ɪm'prɪzn/ *vtr* emprisonner.

imprisonment /ɪm'prɪznmənt/ *n* emprisonnement *m*.

improbable /ɪm'prɒbəbl/ *adj* improbable; [story] invraisemblable.

improper /ɪm'prɒpə(r)/ *adj* malséant; [usage] impropre.

improve /ɪm'pru:v/ I *vtr* améliorer; **to ~ one's French** faire des progrès en français. II *vi* s'améliorer, aller mieux.

improvement /ɪm'pru:vmənt/ *n* amélioration *f*;.

impulse /'ɪmpʌls/ *n* impulsion *f*; **on (an) ~** sur un coup de tête.

impulsive /ɪm'pʌlsɪv/ *adj* impulsif/-ive, spontané.

impunity /ɪm'pju:nətɪ/ *n* **with ~** en toute impunité.

in /ɪn/ I *prep* (+ location or position) **~ Paris/school** à Paris/l'école; **~ Spain** en Espagne; **I'm ~ here!** je suis là!; **~ the box** dans la boîte; (+ time) **~ May, ~ 1987** en mai, en 1987; **~ the night** pendant la nuit; **~ 10 minutes** en 10 minutes; **it hasn't rained ~ weeks** il n'a pas plu depuis des semaines; (+ manner or medium) **dressed ~ black** habillé en noir; **~ pencil** au crayon; **~ doing so** en faisant cela; (as regards) **rich/poor ~ minerals** riche/pauvre en minéraux; **10 cm ~ length** 10 cm de long; (in superlatives) de; **the tallest ~ the world** le plus grand tour du monde. II *adv* **the train is ~** le train est là, est en gare; **we don't have any ~** nous n'en avons pas en stock. III© *adj* à la mode.

• **to know the ~s and outs of an affair** connaître une affaire dans les moindres détails.

in. *abrév écrite* = **inch**.

inability /ˌɪnə'bɪlətɪ/ *n* **~ (to do sth)** inaptitude (à faire qch).

inaccessible /ˌɪnæk'sesəbl/ *adj* inaccessible.

inaccurate /ɪn'ækjʊrət/ *adj* inexact.

inactive /ɪn'æktɪv/ *adj* inactif/-ive; [volcano] éteint.

inadequacy /ɪn'ædɪkwəsɪ/ *n* insuffisance *f*.

inadequate /ɪn'ædɪkwət/ *adj* insuffisant.

inadvertent /ˌɪnəd'vɜ:tənt/ *adj* involontaire.

inappropriate /ˌɪnə'prəuprɪət/ *adj* [behaviour] inconvenant, peu convenable; [remark] inopportun.

inaugurate /ɪ'nɔ:gjureɪt/ *vtr* inaugurer.

inauguration /ɪˌnɔ:gju'reɪʃn/ *n* inauguration *f*; (of president) investiture *f*.

in-between *adj* intermédiaire.

Inc[US] (*abrév* = **incorporated**) SA.

incapable /ɪn'keɪpəbl/ *adj* **~ (of doing sth)** incapable (de faire qch).

incendiary /ɪn'sendɪərɪ, -dɪerɪ[US]/ *adj* [device] incendiaire.

incense I /'ɪnsens/ *n* encens *m*. II /ɪn'sens/ *vtr* mettre [qn] en fureur.

incentive /ɪn'sentɪv/ *n* motivation *f*; (money) prime *f*.

incessant /ɪn'sesnt/ *adj* incessant.

incessantly /ɪn'sesntlɪ/ *adv* sans cesse.

incest /'ɪnsest/ *n* inceste *m*.

inch /ɪntʃ/ I *n* pouce *m* (= *2,54 cm*); **~ by ~** petit à petit. II *vi* **to ~ sth forward** faire avancer qch petit à petit.

incidence /'ɪnsɪdəns/ *n* fréquence *f*.

incident /'ɪnsɪdənt/ *n* incident *m*.

incidental /ˌɪnsɪ'dentl/ I *n* détail *m*. II **~s** *npl* faux frais *mpl*. III *adj* [detail, remark] secondaire; [error] mineur.

incidentally /ˌɪnsɪ'dentlɪ/ *adv* à propos.

incinerate /ɪn'sɪnəreɪt/ *vtr* incinérer.

incinerator /ɪn'sɪnəreɪtə(r)/ *n* incinérateur *m*.

incisive /ɪn'saɪsɪv/ *adj* incisif/-ive.

incite /ɪn'saɪt/ *vtr* **to ~ sb to do** inciter qn à faire.

incl (*abrév écrite* = **including, inclusive**) compris.

inclination /ˌɪŋklɪ'neɪʃn/ *n* tendance *f*, inclination *f*; (desire) envie *f*, désir *m*.

inclined /ɪn'klaɪnd/ *adj* **to be ~ to do** avoir tendance à faire; (have desire) avoir envie de faire.

include /ɪn'klu:d/ *vtr* inclure, comprendre.

including /ɪn'klu:dɪŋ/ *prep* (y) compris.

inclusion /ɪn'klu:ʒn/ *n* inclusion *f*.

inclusive /ɪn'klu:sɪv/ *adj* [charge] inclus; [price] forfaitaire; [terms] tout compris.

incoherent /ˌɪŋkəʊ'hɪərənt/ *adj* incohérent.

income /'ɪŋkʌm/ *n* revenus *mpl*.

income tax *n* impôt *m* sur le revenu.

incoming /'ɪnkʌmɪŋ/ *adj* [aircraft] qui arrive.

incompatible /ˌɪŋkəm'pætɪbl/ *adj* incompatible.

incompetence/ɪn'kɒmpɪtəns/incompétence *f*; (of child) inaptitude *f*.

incompetent /ɪn'kɒmpɪtənt/ *n*, *adj* incompétent.

incomplete /ˌɪŋkəm'pli:t/ *adj* incomplet/-ète, inachevé.

inconclusive /ˌɪŋkən'klu:sɪv/ *adj* peu concluant.

incongruous /ɪn'kɒŋgrʊəs/ *adj* déconcertant, surprenant.

inconsistency /ˌɪŋkən'sɪstənsɪ/ *n* incohérence *f*.

inconsistent /ˌɪŋkən'sɪstənt/ *adj* incohérent; **~ with** en contradiction avec.

inconvenience /ˌɪŋkən'vi:nɪəns/ **I** *n* dérangement *m*; (disadvantage) inconvénient *m*. **II** *vtr* déranger.

inconvenient /ˌɪŋkən'vi:nɪənt/ *adj* [location, device] incommode; [time] inopportun.

incorporate /ɪn'kɔ:pəreɪt/ *vtr* incorporer; (features) comporter.

incorrect /ˌɪŋkə'rekt/ *adj* incorrect.

increase **I** /'ɪŋkri:s/ *n* augmentation *f*; **to be on the ~** être en progression. **II** /ɪn'kri:s/ *vtr*, *vi* **to ~(by)** augmenter (de). **III increasing** *pres p adj* croissant. **IV ~d** *pp adj* accru.

increasingly /'ɪŋkri:sɪŋlɪ/ *adv* de plus en plus.

incredible /ɪn'kredəbl/ *adj* incroyable.

incredibly /ɪn'kredəblɪ/ *adv* (astonishingly) incroyablement.

incredulous /ɪn'kredjʊləs, -dʒə-[US]/ *adj* incrédule.

increment /'ɪŋkrəmənt/ *vtr* incrémenter.

incriminate /ɪn'krɪmɪneɪt/ *vtr* incriminer.

incriminating /ɪn'krɪmɪneɪtɪŋ/ *adj* compromettant.

incubate /'ɪŋkjʊbeɪt/ *vtr* (egg) couver.

incumbent /ɪn'kʌmbənt/ **I** *n* titulaire *m*. **II** *adj* en exercice; **to be ~ on sb to do** incomber à qn de faire.

incur /ɪn'kɜ:(r)/ *vtr* (*p prés etc* **-rr-**) (debts) contracter; (loss) subir; (risk) encourir.

incurable /ɪn'kjʊərəbl/ *adj* incurable.

indebted /ɪn'detɪd/ *adj* **to be ~ to sb** être redevable à qn.

indecent /ɪn'di:snt/ *adj* indécent, pas convenable.

indecisive /ˌɪndɪ'saɪsɪv/ *adj* [person, reply] indécis; [battle] peu concluant.

indeed /ɪn'di:d/ *adv* en effet, effectivement; (for emphasis) vraiment.

indefinite /ɪn'defɪnət/ *adj* indéfini; [number, period] indéterminé.

indefinitely /ɪn'defɪnətlɪ/ *adv* indéfiniment.

indemnity /ɪn'demnətɪ/ *n* indemnité *f*.

independence /ˌɪndɪ'pendəns/ *n* indépendance *f*.

Independence DayUS *n fête de l'Indépendance, le 4 juillet.*

independent /ˌɪndɪ'pendənt/ *adj* indépendant.

in-depth /ˌɪn'depθ/ I *adj* approfondi, détaillé. II **in depth** *adv phr* en détail.

index /'ɪndeks/ I *n* GÉN index *m inv*; (catalogue) catalogue *m*; ÉCON indice *m*. II *vtr* indexer.

India(n) ink *n* encre *f* de Chine.

indicate /'ɪndɪkeɪt/ I *vtr* indiquer. IIGB *vi* [driver] mettre son clignotant.

indication /ˌɪndɪ'keɪʃn/ *n* indication *f*.

indicative /ɪn'dɪkətɪv/ I *n* LING indicatif *m*. II *adj* **to be ~ of** montrer.

indicator /'ɪndɪkeɪtə(r)/ *n* (pointer) aiguille *f*; AUTGB clignotant *m*.

indict /ɪn'daɪt/ *vtr* JUR inculper.

indictment/ɪn'daɪtmənt/*n*condamnation *f*; JUR mise *f* en accusation.

indifference /ɪn'dɪfrəns/ *n* indifférence *f*.

indifferent /ɪn'dɪfrənt/ *adj* indifférent; (passable) médiocre.

indigestion /ˌɪndɪ'dʒestʃn/ *n* indigestion *f*.

indignant /ɪn'dɪgnənt/ *adj* indigné.

indignation /ˌɪndɪg'neɪʃn/ *n* indignation *f*.

indigo /'ɪndɪgəʊ/ *n*, *adj* indigo *m*, *adj inv*.

indirect /ˌɪndɪ'rekt, -daɪ'r-/ *adj* indirect.

indiscriminate /ˌɪndɪ'skrɪmɪnət/ *adj* général.

indispensable /ˌɪndɪ'spensəbl/ *adj* indispensable.

individual /ˌɪndɪ'vɪdʒʊəl/ I *n* individu *m*. II *adj* individuel/-elle; [taste] particulier/-ière.

individually /ˌɪndɪ'vɪdʒʊəlɪ/ *adv* individuellement, séparément.

indoor /'ɪndɔ:(r)/ *adj* d'intérieur; [pool, court] couvert.

indoors /ˌɪn'dɔ:z/ *adv* à l'intérieur; **~ and outdoors** dedans et dehors.

induce /ɪn'dju:s, -du:sUS/ *vtr* (persuade) persuader; (emotion, response) provoquer.

inducement /ɪn'dju:smənt, -du:-US/ *n* récompense *f*; (bribe) pot-de-vin *m*.

indulge /ɪn'dʌldʒ/ I *vtr* (whim, desire) céder à; (child) gâter. II *vi* se laisser tenter; (drink) boire de l'alcool. III *v refl* **to ~ oneself** se faire plaisir.

indulgence /ɪn'dʌldʒəns/ *n* indulgence *f*; **~ in food** la gourmandise.

indulgent /ɪn'dʌldʒənt/ *adj* indulgent.

industrial /ɪn'dʌstrɪəl/ *adj* industriel/-ielle.

industrial actionGB *n* grève *f*.

industrial estateGB *n* zone *f* industrielle.

industrialist /ɪn'dʌstrɪəlɪst/ *n* industriel *m*.

industrialize /ɪn'dʌstrɪəlaɪz/ *vtr* industrialiser.

industrial relations *npl* relations *fpl* entre les patrons et les ouvriers.

industry /'ɪndəstrɪ/ *n* ¢ industrie *f*; **the oil ~** le secteur pétrolier; (diligence) zèle *m*.

ineffective /ˌɪnɪ'fektɪv/ *adj* inefficace.

ineffectual /ˌɪnɪ'fektʃʊəl/ *adj* inefficace; [gesture] sans effet.

inefficiency /ˌɪnɪ'fɪʃnsɪ/ *n* incompétence *f*; (of method) inefficacité *f*.

inefficient /ˌɪnɪ'fɪʃnt/ *adj* (incompetent) incompétent; (not effective) inefficace.

inept /ɪ'nept/ *adj* incompétent; (tactless) maladroit.

inequality /ˌɪnɪ'kwɒlətɪ/ *n* inégalité *f*.

inert /ɪ'nɜ:t/ *adj* inerte.

inertia /ɪ'nɜːʃə/ *n* inertie *f*.

inescapable /ˌɪnɪ'skeɪpəbl/ *adj* indéniable.

inevitable /ɪn'evɪtəbl/ *adj* inévitable.

inexpensive /ˌɪnɪk'spensɪv/ *adj* pas cher/chère.

inexperienced /ˌɪnɪk'spɪərɪənst/ *adj* inexpérimenté.

infallible /ɪn'fæləbl/ *adj* infaillible.

infamous /'ɪnfəməs/ *adj* infâme; (notorious) tristement célèbre.

infancy /'ɪnfənsɪ/ *n* petite enfance *f*.

infant /'ɪnfənt/ *n* (baby) bébé *m*; (child) petit enfant *m*; **the ~s** GB les petites classes *fpl*; **~ school** école *f* maternelle.

infantry /'ɪnfəntrɪ/ *n* infanterie *f*.

infect /ɪn'fekt/ *vtr* infecter.

infection /ɪn'fekʃn/ *n* infection *f*.

infectious /ɪn'fekʃəs/ *adj* [disease] infectieux/-ieuse, contagieux/-ieuse.

infer /ɪn'fɜː(r)/ *vtr* (*p prés etc* **-rr-**) inférer, déduire; USAGE CRITIQUÉ suggérer.

inference /'ɪnfərəns/ *n* déduction *f*; **the ~ is that** on en conclut que.

inferior /ɪn'fɪərɪə(r)/ **I** *n* inférieur/-e *m/f*, subalterne *mf*. **II** *adj* de qualité inférieure; [position] inférieur.

inferno /ɪn'fɜːnəʊ/ *n* brasier *m*.

infertile /ɪn'fɜːtaɪl, -tlUS/ *adj* infertile, stérile.

infest /ɪn'fest/ *vtr* infester.

infidelity /ˌɪnfɪ'delətɪ/ *n* infidélité *f*.

infiltrate /'ɪnfɪltreɪt/ *vtr* infiltrer.

infinite /'ɪnfɪnət/ *n*, *adj* infini *(m)*.

infinity /ɪn'fɪnətɪ/ *n* infini *m*.

infirmary /ɪn'fɜːmərɪ/ *n* GÉN hôpital *m*; (in school, prison) infirmerie *f*.

inflame /ɪn'fleɪm/ *vtr* enflammer.

inflammation/ˌɪnflə'meɪʃn/*n*inflammation *f*.

inflammatory /ɪn'flæmətrɪ, -tɔːrɪUS/ *adj* [disease] inflammatoire; [speech] incendiaire.

inflatable /ɪn'fleɪtəbl/ **I** *n* canot *m* pneumatique. **II** *adj* gonflable.

inflate /ɪn'fleɪt/ *vtr* gonfler.

inflation /ɪn'fleɪʃn/ *n* ÉCON inflation *f*.

inflationary /ɪn'fleɪʃnrɪ, -nerɪUS/ *adj* inflationniste.

inflect /ɪn'flekt/ *vtr* LING (verb) conjuguer; (noun, adjective) décliner; (voice) moduler.

inflexible /ɪn'fleksəbl/ *adj* inflexible.

inflict /ɪn'flɪkt/ *vtr* infliger, causer.

inflow /'ɪnfləʊ/ *n* afflux *m*.

influence /'ɪnflʊəns/ **I** *n* influence *f*; **under the ~ of alcohol** en état d'ébriété. **II** *vtr* (person) influencer; (decision) influer sur.

influential /ˌɪnflʊ'enʃl/ *adj* influent.

influx /'ɪnflʌks/ *n* afflux *m*.

inform /ɪn'fɔːm/ **I** *vtr* informer, avertir. **II** *vi* **to ~ on/against** dénoncer.

informal /ɪn'fɔːml/ *adj* informel/-elle; [manner, style] simple, décontracté; [clothes] de tous les jours; [announcement] officieux/-ieuse; [visit] privé.

informant /ɪn'fɔːmənt/ *n* informateur/-trice *m/f*.

information /ˌɪnfə'meɪʃn/ *n* ¢ renseignements *mpl*, informations *fpl*; **a piece of ~** un renseignement, une information.

information technology, **IT** *n* informatique *f*.

informative /ɪn'fɔːmətɪv/ *adj* instructif/-ive.

informed /ɪn'fɔːmd/ *adj* [opinion] fondé; [person] averti; [source] informé.

informer /ɪn'fɔːmə(r)/ *n* indicateur/-trice *m/f*.

infrared /ˌɪnfrə'red/ *adj* infrarouge.

infringe /ɪn'frɪndʒ/ I *vtr* (rule) enfreindre; (rights) ne pas respecter. II *vi* **to ~ on/upon** empiéter sur.

infringement /ɪn'frɪndʒmənt/ *n* (of rule) infraction *f*; (of rights) violation *f*.

infuriate /ɪn'fjuərɪeɪt/ *vtr* exaspérer.

infusion /ɪn'fju:ʒn/ *n* (of cash) injection *f*.

ingenious /ɪn'dʒi:nɪəs/ *adj* ingénieux/-ieuse.

ingenuity /ˌɪndʒɪ'nju:ətɪ, -'nu:-US/ *n* ingéniosité *f*.

ingrained /ɪn'greɪnd/ *adj* [dirt] bien incrusté; [habit, hatred] enraciné.

ingredient /ɪn'gri:dɪənt/ *n* ingrédient *m*.

inhabit /ɪn'hæbɪt/ *vtr* habiter.

inhabitant /ɪn'hæbɪtənt/ *n* habitant/-e *m/f*.

inhale /ɪn'heɪl/ I *vtr* aspirer, inhaler; (smoke) avaler; (scent) respirer. II *vi* inspirer.

inherent /ɪn'hɪərənt, ɪn'herənt/ *adj* inhérent (à).

inherit /ɪn'herɪt/ *vtr* **to ~ (sth from sb)** hériter (qch de qn).

inheritance /ɪn'herɪtəns/ *n* héritage *m*.

inhibit /ɪn'hɪbɪt/ *vtr* (person, reaction) inhiber; **to ~ sb from doing** empêcher qn de faire.

inhibition /ˌɪnhɪ'bɪʃn/ *n* inhibition *f*.

inhuman /ɪn'hju:mən/ *adj* inhumain.

initial /ɪ'nɪʃl/ I *n* initiale *f*. II *adj* initial, premier/-ière; **in the ~ stages** au début. III *vtr* (*p prés etc* **-ll-**GB, **-l-**US) parapher, parafer.

initialization *n* ORDINAT initialisation *f*.

initialize /ɪ'nɪʃəlaɪz/ *vtr* ORDINAT initialiser.

initially /ɪ'nɪʃəlɪ/ *adv* au départ.

initiate I /ɪ'nɪʃɪət/ *n* initié/-e *m/f*. II /ɪ'nɪʃɪeɪt/ *vtr* (reform) mettre en œuvre; (talks) amorcer; (legal proceedings) entamer; **to ~ sb into sth** initier qn à qch.

initiative /ɪ'nɪʃətɪv/ *n* initiative *f*.

inject /ɪn'dʒekt/ *vtr* injecter; **to ~ sb with sth** faire une injection/une piqûre de qch à qn.

injection /ɪn'dʒekʃn/ *n* piqûre *f*.

injunction /ɪn'dʒʌŋkʃn/ *n* injonction *f*.

injure /'ɪndʒə(r)/ *vtr* blesser; **to ~ one's hand** se blesser la main.

injured /'ɪndʒəd/ *n*, *adj* blessé.

injury /'ɪndʒərɪ/ *n* blessure *f*; (to reputation) atteinte *f*.

injustice /ɪn'dʒʌstɪs/ *n* injustice *f*.

ink /ɪŋk/ *n* encre *f*.

inland I /'ɪnlənd/ *adj* intérieur. II /ˌɪn'lænd/ *adv* à l'intérieur des terres.

Inland RevenueGB *n service des impôts britannique*.

in-laws /'ɪnlɔ:z/ *npl* belle-famille *f*.

inlet /'ɪnlet/ *n* (of sea) crique *f*; (for fuel, air) arrivée *f*.

inmate /'ɪnmeɪt/ *n* (of hospital) malade *mf*; (of prison) détenu/-e *m/f*.

inn /ɪn/ *n* auberge *f*.

innate /ɪ'neɪt/ *adj* inné, naturel/-elle.

inner /'ɪnə(r)/ *adj* (*épith*) intérieur.

inner city *n* **the ~** *les quartiers déshérités*.

inningsGB /'ɪnɪŋz/ *n sg* (in cricket) tour *m* de batte.

innocence /'ɪnəsns/ *n* innocence *f*.

innocent /'ɪnəsnt/ *n*, *adj* innocent/-e *(m/f)*.

innocuous /ɪ'nɒkjuəs/ *adj* inoffensif/-ive.

innovation /ˌɪnə'veɪʃn/ *n* innovation *f*.

innovative /'ɪnəvətɪv/ *adj* innovateur/-trice.

innovator /'ɪnəveɪtə(r)/ *n* innovateur/-trice *m/f*.

innuendo /ˌɪnjuːˈendəʊ/ *n* (*pl* **~s/~es**) insinuations *fpl*.

innumerable /ɪˈnjuːmərəbl, ɪˈnuː-US/ *adj* innombrable.

inordinate /ɪnˈɔːdɪnət/ *adj* excessif/-ive.

input /ˈɪnpʊt/ I *n* (of money, etc) apport *m*, contribution *f*; ORDINAT saisie *f* des données. II *vtr* (*p prés* **-tt-**; *prét, pp* **-put/-putted**) ORDINAT (data) saisir.

input-output device *n* ORDINAT périphérique *m* d'entrée-sortie.

inquest /ˈɪŋkwest/ *n* enquête *f*.

inquire /ɪnˈkwaɪə(r)/ I *vtr* demander. II *vi* se renseigner; **to ~ after sb** demander des nouvelles de qn; **to ~ into** se renseigner sur.

inquiry /ɪnˈkwaɪərɪ, ˈɪŋkwərɪUS/ *n* demande *f* de renseignements; (investigation) enquête *f*, investigation *f*.

inquisitive /ɪnˈkwɪzətɪv/ *adj* curieux/-ieuse.

inroad /ˈɪnrəʊd/ *n* **to make ~s into** (market) faire une avancée sur; (lead) réduire.

insane /ɪnˈseɪn/ *adj* fou/folle.

inscribe /ɪnˈskraɪb/ *vtr* inscrire.

inscription /ɪnˈskrɪpʃn/ *n* inscription *f*; (in book) dédicace *f*.

insect /ˈɪnsekt/ *n* insecte *m*.

insecticide /ɪnˈsektɪsaɪd/ *n* insecticide *m*.

insecure /ˌɪnsɪˈkjʊə(r)/ *adj* [job] précaire; **to be ~** manquer d'assurance.

insensitive /ɪnˈsensətɪv/ *adj* insensible.

insert /ɪnˈsɜːt/ *vtr* insérer.

inshore /ˌɪnˈʃɔː(r)/ I *adj* côtier/-ière. II *adv* près de la côte.

inside I /ˈɪnsaɪd/ *n* intérieur *m*. II /ɪnˈsaɪd/ *prep* dans, à l'intérieur de. III /ˈɪnsaɪd/ *adj* intérieur; **the ~ lane** (in Europe, US) la voie de droite, (in GB, Australia) la voie de gauche. IV /ɪnˈsaɪd/ *adv* à l'intérieur, dedans. V **~ out** /ˈɪnsaɪdˌaʊt/ *adv phr* à l'envers; [know] à fond.

insides☺ /ɪnˈsaɪdz/ *npl* boyaux☺ *mpl*.

insidious /ɪnˈsɪdɪəs/ *adj* insidieux/-ieuse.

insight /ˈɪnsaɪt/ *n* aperçu *m*, idée *f*; **to have ~** avoir de la perspicacité.

insignificant /ˌɪnsɪgˈnɪfɪkənt/ *adj* insignifiant, négligeable.

insist /ɪnˈsɪst/ *vtr, vi* insister; **to ~ on** exiger; **to ~ on doing** tenir à faire.

insistence /ɪnˈsɪstəns/ *n* insistance *f*.

insistent /ɪnˈsɪstənt/ *adj* insistant.

insofar /ˌɪnsəˈfɑː(r)/: **~ as** *conj phr* dans la mesure où.

insomnia /ɪnˈsɒmnɪə/ *n* insomnie *f*.

inspect /ɪnˈspekt/ *vtr* inspecter, vérifier.

inspection /ɪnˈspekʃn/ *n* inspection *f*.

inspector /ɪnˈspektə(r)/ *n* inspecteur/-trice *m/f*.

inspiration /ˌɪnspəˈreɪʃn/ *n* inspiration *f*.

inspire /ɪnˈspaɪə(r)/ *vtr* inspirer; (decision) motiver; **to ~ to do** inciter à faire.

inspiring /ɪnˈspaɪərɪŋ/ *adj* [person, speech] enthousiasmant; [thought, music] exaltant.

instability /ˌɪnstəˈbɪlətɪ/ *n* instabilité *f*.

instal(l) /ɪnˈstɔːl/ *vtr* installer.

installation /ˌɪnstəˈleɪʃn/ *n* installation *f*.

instalmentGB, **installment**US /ɪnˈstɔːlmənt/ *n* versement *m*; **monthly ~** mensualité *f*; (of serial) épisode *m*.

instance /ˈɪnstəns/ *n* cas *m*; **in the first ~** en premier lieu; **for ~** par exemple.

instant /ˈɪnstənt/ I *n* instant *m*. II *adj* immédiat; [coffee] instantané.

instantly /ˈɪnstəntlɪ/ *adv* GÉN immédiatement.

instead /ɪnˈsted/ I *adv* plutôt, finalement. II **~ of** *prep phr* au lieu de; **~ of sb** à la place de qn.

instigate /ˈɪnstɪgeɪt/ *vtr* entreprendre.

instilGB, **instill**US /ɪn'stɪl/ *vtr* (*p prés etc* **-ll-**) (belief) inculquer; (fear) insuffler.

instinct /'ɪnstɪŋkt/ *n* instinct *m*.

instinctive /ɪn'stɪŋktɪv/ *adj* instinctif/-ive.

institute /'ɪnstɪtju:t, -tu:tUS/ **I** *n* institut *m*. **II** *vtr* instituer, instaurer.

institution /ˌɪnstɪ'tju:ʃn, -tu:ʃnUS/ *n* institution *f*; **financial ~** organisme financier.

instruct /ɪn'strʌkt/ *vtr* instruire; **to ~ sb in** enseigner [qch] à qn; **to be ~ed to do** recevoir l'ordre de faire;.

instruction /ɪn'strʌkʃn/ *n* instruction *f*; **~s for use** mode d'emploi.

instructive /ɪn'strʌktɪv/ *adj* instructif/-ive.

instructor /ɪn'strʌktə(r)/ *n* (in driving) moniteur/-trice *m/f*; (in tennis, etc) professeur *m*.

instrument /'ɪnstrumənt/ *n* instrument *m*.

instrumental /ˌɪnstru'mentl/ *n*, *adj* instrumental *(m)*; **to be ~ in sth** contribuer à qch.

insufficient /ˌɪnsə'fɪʃnt/ *adj* insuffisant.

insufficiently /ˌɪnsə'fɪʃntlɪ/ *adv* pas assez.

insular /'ɪnsjʊlə(r), -sələrUS/ *adj* insulaire; PÉJ [person] borné.

insulate /'ɪnsjʊleɪt, -sə'l-US/ *vtr* (against cold, heat) isoler; (against noise) insonoriser; FIG **~d from sth** à l'abri de qch.

insulation /ˌɪnsjʊ'leɪʃn, -sə'l-US/ *n* isolation *f*.

insult **I** /'ɪnsʌlt/ *n* insulte *f*, injure *f*. **II** /ɪn'sʌlt/ *vtr* insulter.

insurance /ɪn'ʃɔ:rəns, -'ʃʊər-US/ *n* ¢ assurance *f*.

insure /ɪn'ʃɔ:(r), -'ʃʊərUS/ *vtr* assurer; **to ~ one's life** prendre une assurance-vie; **to ~ against sth** se garantir contre qch.

insurer /ɪn'ʃɔ:rə(r), -'ʃʊər-US/ *n* assureur *m*.

intake /'ɪnteɪk/ *n* consommation *f*; (at school) **the new ~**GB les nouveaux *mpl*.

intangible /ɪn'tændʒəbl/ *adj* insaisissable.

integral /'ɪntɪgrəl/ *adj* intégral; **to be an ~ part of sth** faire partie intégrante de qch.

integrate /'ɪntɪgreɪt/ **I** *vtr* intégrer. **II** *vi* s'intégrer.

integrity /ɪn'tegrətɪ/ *n* intégrité *f*.

intellect /'ɪntəlekt/ *n* intelligence *f*.

intellectual /ˌɪntə'lektʃʊəl/ *n*, *adj* intellectuel/-elle *(m/f)*.

intelligence /ɪn'telɪdʒəns/ *n* intelligence *f*.

intelligent /ɪn'telɪdʒənt/ *adj* intelligent.

intend /ɪn'tend/ *vtr* vouloir; **to ~ to do** avoir l'intention de faire; **to be ~ed for** être prévu pour.

intended /ɪn'tendɪd/ *adj* [result] voulu; [visit] projeté.

intense /ɪn'tens/ *adj* intense; [interest, satisfaction] vif/vive.

intensely /ɪn'tenslɪ/ *adv* [curious] extrêmement; [dislike, hate] profondément.

intensify /ɪn'tensɪfaɪ/ **I** *vtr* intensifier. **II** *vi* s'intensifier.

intensive care *n* service *m* de soins intensifs.

intent /ɪn'tent/ **I** *n* intention *f*. **II** *adj* absorbé; **~ on doing** résolu à faire.
• **to all ~s and purposes** en fait.

intention /ɪn'tenʃn/ *n* intention *f*.

intentional /ɪn'tenʃənl/ *adj* intentionnel/-elle.

intently /ɪn'tentlɪ/ *adv* attentivement.

interact /ˌɪntər'ækt/ *vi* [two factors] agir l'un sur l'autre.

interactive *adj* ORDINAT interactif/-ive.

intercept /ˌɪntə'sept/ *vtr* intercepter.

interchange **I** /'ɪntətʃeɪndʒ/ *n* (of road) échangeur *m*; (of ideas) échange *m*. **II** /ˌɪntə'tʃeɪndʒ/ *vtr* échanger.

intercourse /ˈɪntəkɔ:s/ *n* (social, sexual) rapports *mpl*.

interest /ˈɪntrəst/ I *n* intérêt *m*; (money) intérêts *mpl*. II *vtr* intéresser (à).

interested /ˈɪntrəstɪd/ *adj* intéressé; **to be ~ in** s'intéresser à; **I am ~ in doing** (I intend to do) je compte faire.

interesting /ˈɪntrəstɪŋ/ *adj* intéressant.

interface /ˈɪntəfeɪs/ *n* ORDINAT interface *f*.

interfere /ˌɪntəˈfɪə(r)/ *vi* intervenir; **to ~ in** se mêler de; (spoil) perturber.

interference /ˌɪntəˈfɪərəns/ *n* (by government) ingérence *f*; (on radio) parasites *mpl*.

interim /ˈɪntərɪm/ I *n* **in the ~** entre-temps. II *adj* intérimaire; [agreement] provisoire.

interior /ɪnˈtɪərɪə(r)/ I *n* (inside) intérieur *m*; **Department of the Interior**[US] ministère de l'Intérieur. II *adj* intérieur.

interlock /ˌɪntəˈlɒk/ *vi* [mechanisms] s'enclencher; [systems] être intimement liés.

interlude /ˈɪntəlu:d/ *n* intervalle *m*; (in a show) entracte *m*; MUS interlude *m*.

intermediary /ˌɪntəˈmi:dɪərɪ, -dɪerɪ[US]/ *n, adj* intermédiaire (*mf*).

intermediate /ˌɪntəˈmi:dɪət/ *adj* intermédiaire; [course] de niveau moyen.

intermittent /ˌɪntəˈmɪtənt/ *adj* [noise, activity] intermittent.

intern I[US] /ˈɪntɜ:n/ *n* MÉD interne *mf*. II /ɪnˈtɜ:n/ *vtr* interner.

internal /ɪnˈtɜ:nl/ *adj* interne; [flight, trade] intérieur; **~ revenue**[US] revenus fiscaux; **Internal Revenue Service**[US] fisc *m*.

internally /ɪnˈtɜ:nəlɪ/ *adv* à l'intérieur; **not to be taken ~** médicament à usage externe.

international /ˌɪntəˈnæʃnəl/ *n*, *adj* international/-e (*m/f*).

interpret /ɪnˈtɜ:prɪt/ I *vtr* interpréter. II *vi* faire l'interprète (de).

interpretation /ɪnˌtɜ:prɪˈteɪʃn/ *n* interprétation *f*.

interpreter /ɪnˈtɜ:prɪtə(r)/ *n* interprète *mf*.

interrogate /ɪnˈterəgeɪt/ *vtr* interroger.

interrogation /ɪnˌterəˈgeɪʃn/ *n* interrogatoire *m*.

interrogative /ɪnteˈrɒgətɪv/ *adj* interrogatif/-ive.

interrupt /ˌɪntəˈrʌpt/ *vtr, vi* interrompre; (supply) couper.

intersection /ˌɪntəˈsekʃn/ *n* intersection *f*; **at the ~**[US] au coin.

interstate[US] /ˌɪntəˈsteɪt/ *adj* [commerce] entre États; [highway] inter-États.

interval /ˈɪntəvl/ *n* intervalle *m*; **bright ~s** MÉTÉO belles éclaircies *fpl*.

intervene /ˌɪntəˈvi:n/ *vi* intervenir; (happen) arriver; (mediate) s'interposer.

intervention /ˌɪntəˈvenʃn/ *n* intervention *f*.

interview /ˈɪntəvju:/ I *n* entretien *m*; PRESSE interview *f*. II *vtr* (candidate) faire passer un entretien à; (celebrity) interviewer; (suspect) interroger.

intestine /ɪnˈtestɪn/ *n* intestin *m*.

intimacy /ˈɪntɪməsɪ/ *n* intimité *f*.

intimate /ˈɪntɪmət/ I *n* intime *mf*. II *adj* intime; [knowledge] approfondi.

intimidate /ɪnˈtɪmɪdeɪt/ *vtr* intimider.

into /ˈɪntə, ˈɪntu:/ *prep* (+ location) [put, go, disappear] dans; **to get ~ bed** se mettre au lit; **to run ~ sth** rentrer dans qch; (+ change to sth else) en; **~ French/dollars** en français/dollars; (keen on)☺ fana☺ de.

intolerable /ɪnˈtɒlərəbl/ *adj* intolérable.

intolerance /ɪnˈtɒlərəns/ *n* intolérance *f*.

intoxicate /ɪnˈtɒksɪkeɪt/ *vtr* enivrer; (poison) intoxiquer.

intransitive /ɪnˈtrænsətɪv/ *adj* intransitif/-ive.

intravenous /ˌɪntrəˈvi:nəs/ *adj* intraveineux/-euse.

intricate /ˈɪntrɪkət/ *adj* compliqué.
intrigue I /ˈɪntriːg, ɪnˈtriːg/ *n* ¢ intrigue *f*. II /ɪnˈtriːg/ *vtr* intriguer.
intriguing /ɪnˈtriːgɪŋ/ *adj* curieux/-ieuse, intéressant.
introduce /ˌɪntrəˈdjuːs, -duːs[US]/ *vtr* présenter.
introduction /ˌɪntrəˈdʌkʃn/ *n* introduction *f*; (making known) présentation *f*.
introductory /ˌɪntrəˈdʌktərɪ/ *adj* [speech, paragraph] préliminaire; [course] d'initiation.
intrude /ɪnˈtruːd/ *vi* déranger; **to ~ in(to)** (affairs) s'immiscer dans.
intruder /ɪnˈtruːdə(r)/ *n* intrus/-e *m/f*.
intrusion /ɪnˈtruːʒn/ *n* intrusion *f*.
intrusive /ɪnˈtruːsɪv/ *adj* indiscret/-ète.
intuition /ˌɪntjuːˈɪʃn, -tuː-[US]/ *n* intuition *f*.
inundate /ˈɪnʌndeɪt/ *vtr* inonder.
invade /ɪnˈveɪd/ *vtr* envahir.
invalid I /ˈɪnvəliːd, ˈɪnvəlɪd/ *n* infirme *mf*. II /ɪnˈvælɪd/ *adj* [claim] sans fondement; [passport] pas valable; [contract] nul/nulle.
invaluable /ɪnˈvæljuəbl/ *adj* inestimable.
invasion /ɪnˈveɪʒn/ *n* invasion *f*.
invent /ɪnˈvent/ *vtr* inventer.
invention /ɪnˈvenʃn/ *n* invention *f*.
inventive /ɪnˈventɪv/ *adj* inventif/-ive.
inventor /ɪnˈventə(r)/ *n* inventeur/-trice *m/f*.
inventory /ˈɪnvəntrɪ, -tɔːrɪ[US]/ *n* inventaire *m*; **~ of fixtures** état des lieux.
invert /ɪnˈvɜːt/ *vtr* retourner.
inverted commas[GB] /ˌɪnvɜːtɪd ˈkɒməz/ *npl* guillemets *mpl*.
invest /ɪnˈvest/ I *vtr* investir, placer; (time) consacrer. II *vi* FIN investir.
investigate /ɪnˈvestɪgeɪt/ *vtr* enquêter sur; (culture) étudier.
investigation /ɪnˌvestɪˈgeɪʃn/ *n* enquête *f*.
investigator /ɪnˈvestɪgeɪtə(r)/ *n* enquêteur/-trice *m/f*.
investment /ɪnˈvestmənt/ *n* FIN investissement *m*, placement *m*.
investor /ɪnˈvestə(r)/ *n* investisseur/-euse *m/f*; (in shares) actionnaire *mf*.
invincible /ɪnˈvɪnsəbl/ *adj* invincible.
invisible /ɪnˈvɪzəbl/ *adj* invisible.
invitation /ˌɪnvɪˈteɪʃn/ *n* invitation *f*.
invite /ɪnˈvaɪt/ *vtr* **to ~ sb** inviter qn (à).
inviting /ɪnˈvaɪtɪŋ/ *adj* [smile] engageant; [prospect] alléchant, tentant.
invoice /ˈɪnvɔɪs/ I *n* facture *f*. II *vtr* **to ~ sb for sth** facturer qch à qn.
invoke /ɪnˈvəʊk/ *vtr* invoquer.
involuntary /ɪnˈvɒləntrɪ, -terɪ[US]/ *adj* involontaire; **~ repatriation** rapatriement forcé.
involve /ɪnˈvɒlv/ *vtr* (effort, travel) impliquer, nécessiter; (problems) entraîner; (person) mêler; **to be ~d in a project** être engagé dans un projet; **their safety is ~d** leur sécurité est en jeu; **to get ~d with sb** devenir proche de qn.
involved /ɪnˈvɒlvd/ *adj* [explanation, problem] compliqué; **the people/group ~** les intéressés; [effort] nécessaire.
involvement /ɪnˈvɒlvmənt/ *n* participation *f*; (in enterprise, politics) engagement *m*; (with person) relations *fpl*; (in film, book) (vif) intérêt *m*.
inward /ˈɪnwəd/ I *adj* personnel/-elle; [calm] intérieur. II *adv* vers l'intérieur.
inwards /ˈɪnwədz/ *adv* vers l'intérieur.
iodine /ˈaɪədiːn, -daɪn[US]/ *n* iode *m*.
IOU *n* (*abrév* = **I owe you**) reconnaissance *f* de dette.
IQ *n* (*abrév* = **intelligence quotient**) QI *m*.
IRA *n* (*abrév* = **Irish Republican Army**) IRA *f*.

iron /ˈaɪən, ˈaɪərnᵁˢ/ **I** *n* fer *m*; (for clothes) fer *m* (à repasser). **II** *adj* [will] de fer; [rule] draconien/-ienne. **III** *vtr* repasser.
• **iron out**: (problem) aplanir.

ironic(al) /aɪˈrɒnɪk(l)/ *adj* ironique.

ironing /ˈaɪənɪŋ, ˈaɪərn-ᵁˢ/ *n* repassage *m*.

irony /ˈaɪərənɪ/ *n* ironie *f*.

irradiate /ɪˈreɪdɪeɪt/ *vtr* irradier.

irrational /ɪˈræʃənl/ *adj* irrationnel/-elle; **he's rather ~** il n'est pas très raisonnable.

irregular /ɪˈregjʊlə(r)/ *adj* irrégulier/-ière.

irrelevant /ɪˈreləvnt/ *adj* hors de propos; **to be ~ to sth** n'avoir aucun rapport avec qch; **the money's ~** ce n'est pas l'argent qui compte.

irresistible /ˌɪrɪˈzɪstəbl/ *adj* irrésistible.

irrespective /ˌɪrɪˈspektɪv/: **~ of** *prep phr* (age, class) sans tenir compte de; **~ of whether it rains** qu'il pleuve ou non.

irresponsible /ˌɪrɪˈspɒnsəbl/ *adj* irresponsable.

irreverent /ɪˈrevərənt/ *adj* irrévérencieux/-ieuse.

irreversible /ˌɪrɪˈvɜːsəbl/ *adj* irréversible; [disease] incurable.

irrevocable /ɪˈrevəkəbl/ *adj* irrévocable.

irritable /ˈɪrɪtəbl/ *adj* irritable.

irritate /ˈɪrɪteɪt/ *vtr* irriter.

irritating /ˈɪrɪteɪtɪŋ/ *adj* irritant.

is /ɪz/ *3ᵉ pers. du prés de* **be**.

Islam /ˈɪzlɑːm, -læm, -ˈlɑːm/ *n* (faith) islam *m*; (Muslims) Islam *m*.

Islamic /ɪzˈlæmɪk/ *adj* islamique.

island /ˈaɪlənd/ *n* île *f*; **~ of peace** îlot de paix; (in road) refuge *m*.

islander /ˈaɪləndə(r)/ *n* insulaire *mf*.

isle /aɪl/ *n* LITTÉR île *f*.

isn't /ˈɪznt/ = **is not**.

isolate /ˈaɪsəleɪt/ *vtr* isoler.

isolation /ˌaɪsəˈleɪʃn/ *n* isolement *m*.

Israel /ˈɪzreɪl/ *pr n* Israël (*never with article*).

issue /ˈɪʃuː, ˈɪsjuː/ **I** *n* (topic) problème *m*, question *f*; **to make an ~ (out) of** faire une histoire de; **the point at ~** ce qui est en cause; (of supplies) distribution *f*; (of shares) émission *f*; (journal) numéro *m*. **II** *vtr* distribuer; **to ~ sb with sth** fournir qch à qn; (declaration) délivrer; (shares) émettre. **III** *vi* **to ~ from** [liquid] s'écouler de; [shouts, laughter] provenir de.

it /ɪt/ *pron* il, elle; **~ snows** il neige; (in questions) **who is ~?** qui est-ce?; **~'s me** c'est moi; **where is ~?** (of object) où est-il/elle?; (of place) où est-ce?; **what is ~?** (of object, noise) qu'est-ce que c'est?; (what's happening?) qu'est-ce qui se passe?; **how was ~?** comment cela s'est-il passé?; JEUX **you're ~!** c'est toi le chat!
• **that's ~!** (in triumph) voilà!, ça y est!; (in anger) ça suffit!

IT *n*: *abrév* = **information technology**.

itch /ɪtʃ/ **I** *n* démangeaison *f*. **II** *vi* avoir des démangeaisons; **my back is ~ing** j'ai le dos qui me démange; **to be ~ing for sth**☺ mourir☺ d'envie de qch.

it'd /ˈɪtəd/ = **it had**, = **it would**.

item /ˈaɪtəm/ *n* article *m*; (to discuss) point *m*.

itinerary /aɪˈtɪnərərɪ, ɪ-, -rerɪᵁˢ/ *n* itinéraire *m*.

it'll /ˈɪtl/ = **it will**.

its /ɪts/ *det* son/sa/ses.

it's /ɪts/ = **it is**, = **it has**.

itself /ɪtˈself/ *pron* (refl) se, s'; (emphatic, after prepositions) lui-même/elle-même; **by ~** tout seul; **it's not difficult in ~** ce n'est pas difficile en soi.

I've /aɪv/ = **I have**.

ivory /ˈaɪvərɪ/ *n*, *adj* ivoire (*m*).

ivy /ˈaɪvɪ/ *n* lierre *m*.

Ivy Leagueᵁˢ *adj* ≈ bon chic bon genre.

j

j, **J** /dʒeɪ/ *n* j, J *m*.

jab /dʒæb/ I *n* (injection)☺ piqûre *f*; (poke) petit coup *m*. II *vtr* **to ~ sth into sth** planter qch dans qch.

jabber /ˈdʒæbə(r)/ *vi* (chatter) jacasser.

jack /dʒæk/ I *n* (for car) cric *m*; JEUX (card) valet *m*. II **jacks** *npl* JEUX osselets *mpl*.
• **jack up**: (car) soulever [qch] avec un cric.

jackal /ˈdʒækɔ:l, -klUS/ *n* chacal *m*.

jackdaw /ˈdʒækdɔ:/ *n* choucas *m*.

jacket /ˈdʒækɪt/ I *n* veste *f*, veston *m*. II *in compounds* **~ potato** ≈ pomme de terre en robe des champs; [design] de couverture.

jackpot /ˈdʒækpɒt/ *n* gros lot *m*.

jade /dʒeɪd/ *n* jade *m*.

jaded /ˈdʒeɪdɪd/ *adj* fatigué.

jagged /ˈdʒægɪd/ *adj* déchiqueté.

jail /dʒeɪl/ I *n* prison *f*. II *vtr* emprisonner; JUR incarcérer.

jam /dʒæm/ I *n* confiture *f*; (congestion) (of people) foule *f*; (of traffic) embouteillage *m*; (of machine) blocage *m*; (difficult situation)☺ pétrin☺ *m*. II *vtr* (*p prés etc* **-mm-**) **to ~ into** entasser; (road) encombrer; (block) coincer; (radio station, etc) brouiller. III *vi* se coincer, se bloquer.

jam packed /ˌdʒæmˈpækt/ *adj* bondé.

Jan *abrév* = **January**.

jangle /ˈdʒæŋgl/ *vi* [bells] tinter; [metal] cliqueter.

January /ˈdʒænjʊərɪ, -jʊerɪUS/ *n* janvier *m*.

jar /dʒɑ:(r)/ I *n* pot *m*, bocal *m*. II *vtr* (*p prés etc* **-rr-**) ébranler, secouer. III *vi* **to ~ on sb** agacer qn; [colours] jurer.

jargon /ˈdʒɑ:gən/ *n* jargon *m*.

jasmine /ˈdʒæsmɪn, ˈdʒæzmənUS/ *n* jasmin *m*.

jasper *n* jaspe *m*.

jaunty /ˈdʒɔ:ntɪ/ *adj* guilleret/-ette.

javelin /ˈdʒævlɪn/ *n* javelot *m*.

jaw /dʒɔ:/ *n* mâchoire *f*.

jay /dʒeɪ/ *n* geai *m*.

jazz /dʒæz/ *n* jazz *m*.
• **jazz up**☺: égayer, animer.

jazzy /ˈdʒæzɪ/ *adj* voyant.

jealous /ˈdʒeləs/ *adj* jaloux/-ouse.

jealousy /ˈdʒeləsɪ/ *n* jalousie *f*.

jean /dʒi:n/ I *in compounds* [jacket] en jean. II **~s** *npl* jean *m*; **a pair of ~s** un jean.

jeer /dʒɪə(r)/ I *n* huée *f*. II *vtr* huer; **to ~ at** se moquer de.

jelly /ˈdʒelɪ/ *n* gelée *f*; (jam)US confiture *f*.

jellyfish *n* méduse *f*.

jeopardize /ˈdʒepədaɪz/ *vtr* (chance, plans) compromettre; (lives) mettre [qch] en péril.

jerk /dʒɜ:k/ I *n* secousse *f*; PÉJ☺ (obnoxious man) sale type☺ *m*; (stupid) crétin☺ *m*. II *vtr* tirer brusquement. III *vi* sursauter, tressaillir.

jerky /ˈdʒɜ:kɪ/ *adj* saccadé.

jersey /ˈdʒɜ:zɪ/ *n* pull-over *m*; **football ~** maillot de football; (fabric) jersey *m*.

jest /dʒest/ *n* plaisanterie *f*; **in ~** pour rire.

jet /dʒet/ *n* jet *m*, avion *m* à réaction; (of water, flame) jet *m*; (mineral) jais *m*.

jet black *adj* de jais *inv*.

jetlag *n* décalage *m* horaire.

jettison /ˈdʒetɪsn/ *vtr* (from ship) jeter [qch] par-dessus bord; (from plane) larguer.

Jew /dʒu:/ *n* juif/juive *m/f*.

jewel /ˈdʒu:əl/ *n* bijou *m*; (in watch) rubis *m*; FIG perle *f*.

jewellerGB, **jeweler**US /ˈdʒu:ələ(r)/ *n* bijoutier/-ière *m/f*; **~'s (shop)** bijouterie *f*.

jewelleryGB, **jewelry**US /ˈdʒu:əlrɪ/ *n* bijoux *mpl*.

Jewish /ˈdʒu:ɪʃ/ *adj* juif/juive.

Jew's harp *n* MUS guimbarde *f*.

jibe /dʒaɪb/ *vi* **to ~ at** se moquer de.

jiff(y)☺ /ˈdʒɪfɪ/ *n* seconde *f*, instant *m*.

jig /dʒɪg/ I *n* gigue *f*. II *vi* gigoter.

jigsaw /ˈdʒɪgsɔ:/ *n* puzzle *m*.

jingle /ˈdʒɪŋgl/ I *n* (of bells) tintement *m*; (for advertisement) refrain *m* publicitaire. II *vtr* faire tinter.

jinx /dʒɪŋks/ *n* porte-malheur *m inv*.

jitters /ˈdʒɪtəz/ *npl* **to have the ~**☺ avoir la trouille☺; [actor] avoir le trac.

JnrGB *adj* (*abrév écrite* = **junior**).

job /dʒɒb/ *n* emploi *m*, poste *m*; (rôle) fonction *f*; **it's my ~ to do** c'est à moi de faire; (duty, task) travail *m*; **quite a ~**☺ toute une affaire☺.

• **to do the ~** faire l'affaire.

jobless /ˈdʒɒblɪs/ *n* sans-emploi *m*.

jockey /ˈdʒɒkɪ/ *n* jockey *m*.

jog /dʒɒg/ I *n* **to go for a ~** aller faire un jogging. II *vtr* (*p prés etc* **-gg-**) heurter; **to ~ sb's memory** rafraîchir la mémoire de qn. III *vi* faire du jogging.

jogging /ˈdʒɒgɪŋ/ jogging *m*.

join /dʒɔɪn/ I *n* raccord *m*. II *vtr* rejoindre, se joindre à; (club) adhérer à; (army) s'engager dans; (parts) assembler; (points, towns) relier; [river] se jeter dans. III *vi* se rejoindre, se raccorder.

• **join in**: participer à. • **join up**: MIL s'engager.

joint /dʒɔɪnt/ I *n* ANAT articulation *f*; TECH joint *m*, raccord *m*; CULINGB rôti *m*; (cannabis cigarette)☺ joint☺ *m*. II *adj* [action] collectif/-ive; **~ effort** collaboration.

jointly /ˈdʒɔɪntlɪ/ *adv* conjointement.

joke /dʒəʊk/ I *n* plaisanterie *f*, blague☺ *f*; **to play a ~ on sb** faire une farce à qn. II *vi* plaisanter, blaguer☺.

joker /ˈdʒəʊkə(r)/ *n* joker *m*; plaisantin *m*.

jolly /ˈdʒɒlɪ/ I *adj* gai, joyeux/-euse. II☺GB *adv* drôlement.

jolt /dʒəʊlt/ I *n* secousse *f*, choc *m*. II *vtr* secouer.

jostle /ˈdʒɒsl/ I *vtr* bousculer. II *vi* se bousculer.

jot /dʒɒt/ *n* **it doesn't matter a ~** cela n'a pas la moindre importance.

• **jot down**: (ideas, names) noter.

journal /ˈdʒɜ:nl/ *n* journal *m*; revue *f*.

journalism /ˈdʒɜ:nəlɪzəm/ *n* journalisme *m*.

journalist /ˈdʒɜ:nəlɪst/ *n* journaliste *mf*.

journey /ˈdʒɜ:nɪ/ *n* voyage *m*; (habitual) trajet *m*.

joy /dʒɔɪ/ *n* (delight) joie *f*; **the ~ of doing** le plaisir de faire.

joyful /ˈdʒɔɪfl/ *adj* joyeux/-euse.

joyrider /ˈdʒɔɪraɪdə(r)/ *n* *jeune chauffard en voiture volée*.

joystick /ˈdʒɔɪstɪk/ *n* AVIAT manche *m* à balai; ORDINAT manette *f*.

Jr *adj* (*abrév écrite* = **junior**).

jubilant /ˈdʒu:bɪlənt/ *adj* [crowd] en liesse; [expression, mood] réjoui.

jubilee /ˈdʒu:bɪli:/ *n* jubilé *m*.

judge /dʒʌdʒ/ I *n* juge *m*. II *vtr* juger; (consider) estimer. III *vi* juger; **judging by/from...** à en juger par, d'après...

judgement, /ˈdʒʌdʒmənt/ *n* jugement *m*.

judicial /dʒu:ˈdɪʃl/ *adj* judiciaire.

judiciary /dʒu:ˈdɪʃɪərɪ, -ʃɪerɪUS/ I *n* magistrature *f*. II *adj* judiciaire.

judicious /dʒu:ˈdɪʃəs/ *adj* judicieux/-ieuse.

judo /ˈdʒuːdəʊ/ *n* judo *m*.

jugGB /dʒʌg/ *n* (glass) carafe *f*; (earthenware) pichet *m*; (for cream) pot *m*.

juggle /ˈdʒʌgl/ *vtr, vi* jongler.

juice /dʒuːs/ *n* CULIN jus *m*; BOT suc *m*.

juicy /ˈdʒuːsɪ/ *adj* juteux/-euse.

Jul *abrév écrite* = **July**.

July /dʒuːˈlaɪ/ *n* juillet *m*.

jumble /ˈdʒʌmbl/ I *n* fouillis *m*, bric-à-brac *m*. II *vtr* mélanger.

jumbo /ˈdʒʌmbəʊ/ I *n* ☺ éléphant *m*; AVIAT ~ **jet** gros-porteur *m*. II *adj* [size] géant.

jump /dʒʌmp/ I *n* bond *m*. II *vtr* sauter; **to ~ at** sauter sur; **to ~ across/over sth** franchir qch d'un bond. III *vi* sauter; (in surprise) sursauter; [prices, rate] monter en flèche.

jumperGB /ˈdʒʌmpə(r)/ *n* pull-over *m*.

jumpy☺ /ˈdʒʌmpɪ/ *adj* nerveux/-euse.

Jun *abrév écrite* = **June**.

junction /ˈdʒʌŋkʃn/ *n* carrefour *m*; (on motorway) échangeur *m*; RAIL nœud *m* ferroviaire.

June /dʒuːn/ *n* juin *m*.

June bugUS *n* hanneton *m*.

jungle /ˈdʒʌŋgl/ *n* jungle *f*.

junior /ˈdʒuːnɪə(r)/ I *n* cadet/-ette *m/f*; (in rank) subalterne *mf*; UNIVUS *étudiant de premier cycle*. II *adj* jeune; [post] subalterne; [trainee] débutant; **Bob ~** Bob fils/junior.

junior collegeUS *n premier cycle universitaire*.

junior high schoolUS *n* ≈ collège *m*.

junior schoolGB *n* école *f* (primaire).

juniper /ˈdʒuːnɪpə(r)/ *n* genièvre *m*.

junk /dʒʌŋk/ *n* PÉJ☺ camelote☺ *f*; (boat) jonque *f*.

junk food☺ *n* ≈ nourriture industrielle.

junkie☺ /ˈdʒʌŋkɪ/ *n* drogué/-e *m/f*.

junk shop *n* boutique *f* de bric-à-brac.

junta /ˈdʒʌntə/ *n* junte *f*.

jurisdiction /ˌdʒʊərɪsˈdɪkʃn/ *n* compétence *f*; JUR juridiction *f*.

juror /ˈdʒʊərə(r)/ *n* juré *m*.

jury /ˈdʒʊərɪ/ *n* jury *m*.

just1 /dʒʌst/ I *adv* juste; **~ a moment** un instant; **he's ~ a child** ce n'est qu'un enfant; (with quantities) **~ over 20 kg** un peu plus de 20 kg; **not ~ them** pas seulement eux; (simply) [tell] tout simplement; (precisely) exactement; **~ what I said** exactement ce que j'ai dit; (totally) [ridiculous] vraiment; (with imperatives) donc; **~ keep quiet!** tais-toi donc!; (equally) **~ as well as...** aussi bien que... II **~ about** *adv phr* presque. III **~ as** *conj phr* juste au moment où.

• **~ as well!** tant mieux!; **~ in case** au cas où.

just2 /dʒʌst/ *adj* juste.

justice /ˈdʒʌstɪs/ *n* justice *f*.

justify /ˈdʒʌstɪfaɪ/ *vtr* justifier, **to be ~ in doing** avoir raison de faire.

jut /dʒʌt/ *vi* (*p prés etc* **-tt-**) [cape] surplomber; [balcony] faire saillie.

juvenile /ˈdʒuːvənaɪl/ I *n* SOUT jeune *mf*; JUR mineur/-e *m/f*. II *adj* PÉJ puéril; [delinquency] juvénile.

k

k, **K** /keɪ/ *n* (*abrév* = **kilogram, kilobyte**) K *m*.

kangaroo /ˌkæŋgəˈruː/ *n* kangourou *m*.

karate /kəˈrɑːtɪ/ *n* karaté *m*.

KB *n* ORDINAT (*abrév* = **kilobyte**) Ko *m*.

keel /kiːl/ *n* quille *f*.
• **keel over**: [boat] chavirer.

keen /kiːn/ *adj* [admirer] fervent; [supporter] enthousiaste; [interest] vif/vive; **to be ~ on sth** être passionné de qch; **to be ~ to do** tenir à faire.

keep /kiːp/ (*prét*, *pp* **kept**) I *vtr* garder; **to ~ sth warm** garder qch au chaud; (detain) retenir; **I won't ~ you a minute** je n'en ai pas pour longtemps; (accounts, promise) tenir; (dog) avoir; (conversation, fire) entretenir; **to ~ sth from sb** cacher qch à qn; **to ~ sb from doing** empêcher qn de faire. II *vi* [food] se conserver, se garder; **to ~ doing** continuer à faire; **~ at it!** persévérez!; **to ~ calm** rester calme. III *v refl* **to ~ oneself** subvenir à ses besoins. IV **for ~s** *adv phr* pour de bon, pour toujours.
• **keep away**: ne pas s'approcher. • **keep back**: (money) garder; (truth) cacher. • **keep off**: **~ off the grass** défense de marcher sur la pelouse. • **keep on**: **~ on doing** continuer à faire. • **keep out**: **~ out!** défense d'entrer; (argument) ne pas se mêler de; **~ [sb/sth] out** ne pas laisser entrer. • **keep to**: ne pas s'écarter de. • **keep up**: (studies) continuer; (friendship) entretenir. • **keep up with**: suivre.

keeper /ˈkiːpə(r)/ *n* gardien/-ienne *m/f*.

keep fit *n* gymnastique *f* d'entretien.

keeping /ˈkiːpɪŋ/ *n* **to be in ~** aller avec le reste; **to be in ~ with** aller avec.

kennel /ˈkenl/ *n* (for dog)GB niche *f*; (for several dogs) chenil *m*.

kerbGB /kɜːb/ *n* bord *m* du trottoir.

kernel /ˈkɜːnl/ *n* (of nut) amande *f*.

kettle /ˈketl/ *n* bouilloire *f*.

key /kiː/ I *n* clé *f*; (on computer, piano, phone) touche *f*; (on map) légende *f*. II *in compounds* [industry, role] clé *inv* (*after n*); [point] capital.

keyboard /ˈkiːbɔːd/ I *n* MUS, ORDINAT clavier *m*. II *vtr* ORDINAT saisir (du texte).

keyhole /ˈkiːhəʊl/ *n* trou *m* de serrure.

keynote /ˈkiːnəʊt/ *n* thème *m* principal.

kg *n* (*abrév* = **kilogram**) kg *m*.

khaki /ˈkɑːkɪ/ *n*, *adj* kaki *m*, *inv*.

kick /kɪk/ I *n* coup *m* de pied; **just for ~s**© pour rigoler©. II *vtr* **to ~ sb/sth** donner un coup de pied à qn/qch; **to ~ a goal** marquer un but. III *vi* [person] donner des coups de pied; [horse] ruer.
• **to ~ the habit**© décrocher©, arrêter; **to be alive and ~ing** être bien vivant. • **kick around**©, **kick about**©: traîner©. • **kick off**: SPORT donner le coup d'envoi; (start)© commencer. • **kick out**: virer©.

kick-off *n* SPORT coup *m* d'envoi.

kid /kɪd/ I *n* (child)© enfant *mf*, gosse© *mf*; (goat) chevreau/-ette *m/f*. II© *vtr* (*p prés etc* **-dd-**) (tease) charrier©; (fool) faire marcher©. III© *vi* plaisanter.

kidnap /ˈkɪdnæp/ *vtr* (*p prés etc* **-pp-**) enlever.

kidnapper /ˈkɪdnæpə(r)/ *n* ravisseur/-euse *m/f*.

kidney /ˈkɪdnɪ/ *n* rein *m*; CULIN rognon *m*.

kill /kɪl/ I *n* mise *f* à mort. II *vtr* tuer; (pain) faire disparaître. III *vi* tuer.

killer /ˈkɪlə(r)/ I *n* meurtrier *m*. II *adj* [disease] mortel/-elle.

killing /ˈkɪlɪŋ/ *n* meurtre *m*.

• **to make a ~**☺ ramasser un joli paquet☺.

kiln /kɪln/ *n* four *m*.

kilo /ˈkiːləʊ/ *n* kilo *m*.

kilobyte /ˈkɪləbaɪt/ *n* ORDINAT kilo-octet *m*.

kilogram(me) /ˈkɪləgræm/ *n* kilogramme *m*.

kilometreGB /kɪˈlɒmɪtə(r)/, **kilometer**US /ˈkɪləmiːtə(r)/ *n* kilomètre *m*.

kin /kɪn/ *n* ¢ parents *mpl*, famille *f*.

kind /kaɪnd/ I *n* (sort, type) sorte *f*, genre *m*, type *m*; **a ~ of** une sorte de. II **~ of**☺ *adv phr* plutôt. III *adj* gentil/-ille; **very ~ of you** très aimable de votre part.

kindergarten /ˈkɪndəgɑːtn/ *n* jardin *m* d'enfants.

kindly /ˈkaɪndlɪ/ I *adj* gentil/-ille, bienveillant. II *adv* avec bienveillance; **would you ~ do** auriez-vous l'amabilité de faire.

kindness /ˈkaɪndnɪs/ *n* ¢ gentillesse *f*.

king /kɪŋ/ *n* roi *m*.

kingdom /ˈkɪŋdəm/ *n* royaume *m*; (of animals, plants) règne *m*.

kingfisher *n* martin-pêcheur *m*.

king-size(d) /ˈkɪŋsaɪzd/ *adj* [cigarette] extra-long; [packet] géant; **~ bed** grand lit *m* (*qui fait 1,95 m de large*).

kiosk /ˈkiːɒsk/ *n* kiosque *m*; TÉLÉCOMGB cabine *f*.

kiss /kɪs/ I *n* baiser *m*. II *vtr* embrasser, donner un baiser à. III *vi* s'embrasser.

kit /kɪt/ *n* trousse *f*; ¢ (clothes)GB affaires *fpl*; (for assembly) kit *m*.

kitchen /ˈkɪtʃɪn/ *n* cuisine *f*.

kitchenware *n* vaisselle *f*.

kite /kaɪt/ *n* cerf-volant *m*; (bird) milan *m*.

kitten /ˈkɪtn/ *n* chaton *m*.

kiwi /ˈkiːwiː/ *n* kiwi *m*.

km (*abrév* = **kilometre**GB) km.

knack /næk/ *n* tour *m* de main; **to have the ~ of doing sth** avoir le don de faire qch.

knave /neɪv/ *n* JEUX valet *m*.

knead /niːd/ *vtr* (dough) pétrir; (flesh) masser.

knee /niː/ *n* genou *m*.

kneel /niːl/ *vi* (*prét*, *pp* **kneeled**, **knelt**) se mettre à genoux.

knew /njuː, nuːUS/ *prét* ▸ **know**.

knickersGB /ˈnɪkəz/ *npl* slip *m*.

knife /naɪf/ I *n* (*pl* **knives**) couteau *m*. II *vtr* donner un coup de couteau à.

knight /naɪt/ I *n* chevalier *m*; JEUX cavalier *m*. IIGB *vtr* anoblir.

knit /nɪt/ I *n* tricot *m*. II *vtr*, *vi* (*prét*, *pp* **knitted**, **knit**) tricoter; [bones] se souder.

knitting /ˈnɪtɪŋ/ *n* tricot *m*.

knob /nɒb/ *n* (of door) bouton *m*; (of butter) noix *f*.

knock /nɒk/ I *n* (at door) coup *m*. II *vtr* cogner; **to ~ sb flat** étendre qn par terre; (criticize)☺ débiner☺. III *vi* cogner, frapper.

• **knock down**: (building) démolir; (person, object) renverser. • **knock off**: arrêter de travailler. • **knock out**: assommer; (opponent) éliminer.

knot /nɒt/ I *n* nœud *m*. II *vtr* (*p prés etc* **-tt-**) nouer.

know /nəʊ/ I *vtr* (*prét* **knew** /njuː, nuUS/: *pp* **known** /nəʊn/) (person, place, etc) connaître; (answer, language, etc) savoir, connaître; **to ~ how to do** savoir (comment) faire; **to ~ that...** savoir que... II *vi* savoir; **to ~ about** (event) être au courant de; (computing) s'y connaître en.

know-all☺GB *n* je-sais-tout *mf inv*.

know-how☺ *n* savoir-faire *m inv*.

knowingly /ˈnəʊɪŋlɪ/ *adv* délibérément.

knowledge /ˈnɒlɪdʒ/ *n* connaissance *f*; **to my** ~ à ma connaissance; **without sb's** ~ à l'insu de qn.

known /nəʊn/ I *pp* ▸ **know**. II *adj* connu.

knuckle /ˈnʌkl/ *n* articulation *f*.

Koran /kəˈrɑːn/ *n* Coran *m*.

kudos☺ /ˈkjuːdɒs/ *n* prestige *m*.

l

L /el/ *n* (letter) l, L *m*; *abrév* = **litre(s)**[GB] l; (on car) *abrév* = **Learner**[GB] élève *m* conducteur accompagné; (*abrév* = **large**) (on clothes) L.

lab☺ /læb/ *n* labo☺ *m*.

label /ˈleɪbl/ I *n* étiquette *f*. II *vtr* (*p prés etc* **-ll-**, **-l-**[US]) étiqueter.

laboratory /ləˈbɒrətrɪ, ˈlæbrətɔːrɪ[US]/ *n* laboratoire *m*.

Labor Day[US] *n* ≈ fête du travail.

laborious /ləˈbɔːrɪəs/ *adj* laborieux/-ieuse.

labour[GB], **labor**[US] /ˈleɪbə(r)/ I *n* travail *m*; (workforce) main-d'œuvre *f*. II *vi* travailler (dur), peiner.

labourer[GB], **laborer**[US] /ˈleɪbərə(r)/ *n* ouvrier/-ière *m/f* du bâtiment.

labour[GB] **force** *n* main-d'œuvre *f*.

Labour Party[GB] *n* parti *m* travailliste.

labyrinth /ˈlæbərɪnθ/ *n* labyrinthe *m*.

lace /leɪs/ I *n* dentelle *f*; (on shoe) lacet *m*. II *vtr* lacer.

lack /læk/ I *n* manque *m*; **for/through** ~ **of** par manque de. II *vtr* (humour, funds) manquer de. III *vi* **to be ~ing** manquer.

lacquer /ˈlækə(r)/ *n* laque *f*.

lad☺ /læd/ *n* garçon *m*.

ladder /ˈlædə(r)/ I *n* échelle *f*. II[GB] *vtr, vi* (tights) filer.

laden /ˈleɪdn/ *adj* ~ **with** chargé de.

lady /ˈleɪdɪ/ (*pl* **ladies**) *n* dame *f*; **ladies and gentlemen** mesdames et messieurs; **ladies(' room)** toilettes (pour dames).

ladybird[GB], **ladybug**[US] *n* coccinelle *f*.

lag /læg/ I *n* décalage *m*. II *vtr* (*p prés etc* **-gg-**) (roof) isoler.
• **lag behind**: être en retard, à la traîne.

lager /ˈlɑːgə(r)/ *n* bière *f* blonde.

lagoon /ləˈguːn/ *n* lagune *f*.

laid /leɪd/ *prét, pp* ▸ **lay**.

laid-back☺ /ˌleɪdˈbæk/ *adj* décontracté.

lain /leɪn/ *pp* ▸ **lie** III.

laird /ˈleəd/ *n* laird *m* (*propriétaire foncier*).

lake /leɪk/ *n* lac *m*.

lamb /læm/ *n* agneau *m*; **leg of** ~ gigot.

lamb's lettuce *n* mâche *f*.

lame /leɪm/ *adj* GÉN boiteux/-euse.

lament /ləˈment/ I *n* lamentation *f*. II *vtr* se lamenter sur.

lamp /læmp/ *n* lampe *f*.

lamppost /ˈlæmppəʊst/ *n* réverbère *m*.

lampshade /ˈlæmpʃeɪd/ *n* abat-jour *m*.

land /lænd/ I *n* (ground) terre *f*; (property) terrain *m*, terres *fpl*; (country) pays *m*. II *vtr* (aircraft) poser; (job)☺ décrocher☺; **to be ~ed with sb/sth** ☺ se retrouver avec qn/qch sur les bras. III *vi* [aircraft] atterrir; NAUT débarquer.

landing /ˈlændɪŋ/ *n* (of stairs) palier *m*; (from boat) débarquement *m*; (by plane) atterrissage *m*.

landing stage *n* débarcadère *m*.

landlady *n* propriétaire *f.*
landlord *n* propriétaire *m.*
landmark /ˈlændmɑːk/ *n* point *m* de repère.
landscape /ˈlænskeɪp/ *n* paysage *m.*
lane /leɪn/ *n* chemin *m*; (in town) ruelle *f*; (of road) voie *f*, file *f*; SPORT couloir *m.*
language /ˈlæŋgwɪdʒ/ *n* (system) langage *m*; (of a country) langue *f.*
languid /ˈlæŋgwɪd/ *adj* nonchalant.
languish /ˈlæŋgwɪʃ/ *vi* languir.
lanky /ˈlæŋkɪ/ *adj* (grand et) maigre.
lantern /ˈlæntən/ *n* lanterne *f.*
lap /læp/ I *n* genoux *mpl*; SPORT tour *m* de piste. II *vtr* (*p prés etc* **-pp-**) [person] avoir un tour d'avance sur; [cat] laper.
lapel /ləˈpel/ *n* revers *m.*
lapse /læps/ I *n* défaillance *f*; (moral) écart *m* de conduite; (interval) intervalle *m.* II *vi* baisser; **to ~ into** tomber dans; [contract, etc] expirer.
laptop /ˈlæptɒp/ *n* (ordinateur) portable *m.*
larch /lɑːtʃ/ *n* mélèze *m.*
large /lɑːdʒ/ I *adj* [area, car, etc] grand; [appetite, piece, nose] gros/grosse. II **at ~** *adj phr* [prisoner] en liberté; [society] en général.
• **by and ~** en général.
large-scale *adj* à grande échelle.
lark /lɑːk/ *n* alouette *f*; (fun)© rigolade© *f.*
larva /ˈlɑːvə/ *n* (*pl* **-vae**) larve *f.*
laser /ˈleɪzə(r)/ *n* laser *m.*
lash /læʃ/ I *n* (eyelash) cil *m*; (whipstroke) coup *m* de fouet. II *vtr* fouetter; **to ~ sb**© s'en prendre à qn; (object) attacher.
• **lash out**: **to ~ out at sb** frapper qn.
lassGB /læs/ *n* DIAL jeune fille *f.*
last /lɑːst, læstUS/ *f* I *n* **to the ~** jusqu'au bout. II *pron* **the ~** le dernier/la dernière *m/f*; **the ~ of sth** le reste de qch; **the ~ but one** l'avant-dernier/-ière; **the night before ~** avant-hier soir. III *adj* [hope, novel, time] dernier/-ière (*before n*); **your ~ name?** votre nom de famille?; **~ night** hier soir. IV *adv* en dernier. V *vtr* durer, faire. VI *vi* durer; [fabric] faire de l'usage; [food] se conserver.
• **last out**: durer.
last-ditch *adj* désespéré.
lasting /ˈlɑːstɪŋ, ˈlæstɪŋUS/ *adj* [effect, impression, contribution] durable.
latch /lætʃ/ *n* loquet *m.*
late /leɪt/ I *adj* [person, train, etc] en retard; [meal, date] tardif/-ive; **to have a ~ lunch** déjeuner plus tard que d'habitude; **in the ~ 50s** à la fin des années 50; **in one of her ~r films** dans un de ses derniers films. II *adv* [arrive, start] en retard; **to be running ~** être en retard; [get up, open] tard; **~r on** plus tard; **too ~!** trop tard!; **see you ~r!** à tout à l'heure!
lately /ˈleɪtlɪ/ *adv* ces derniers temps.
lateness /ˈleɪtnɪs/ *n* retard *m.*
latest /ˈleɪtɪst/ I *superlative adj* ▸**late**. II *adj* dernier/-ière. III **at the ~** *adv phr* au plus tard.
lather /ˈlɑːðə(r), ˈlæðə(r), ˈlæð-US/ *n* (of soap) mousse *f.*
Latin /ˈlætɪn, ˈlætnUS/ *n, adj* latin.
Latin American I *n* Latino-Américain/-e *m/f.* II *adj* latino-américain.
latitude /ˈlætɪtjuːd, -tuːdUS/ *n* latitude *f.*
latter /ˈlætə(r)/ I *n* **the ~** ce dernier/cette dernière *m/f.* II *adj* dernier/-ière; (of two) deuxième.
laugh /lɑːf, læfUS/ I *n* rire *m*; **for a ~**© pour rigoler©. II *vi* **to ~ (at sb/sth)** rire (de qn/qch).
laughter /ˈlɑːftə(r), ˈlæf-US/ *n* ¢ rires *mpl.*
launch /lɔːntʃ/ I *n* lancement *m*; (boat) vedette *f.* II *vtr* lancer .
launder /ˈlɔːndə(r)/ *vtr* GÉN blanchir.
laund(e)retteGB /ʃɔːndrɛt/ laverie *f* automatique.

laundry /ˈlɔːndrɪ/ *n* blanchisserie *f*; (linen) linge *m*.
laurel /ˈlɒrəl, ˈlɔːrəl^US/ *n* laurier *m*.
lava /ˈlɑːvə/ *n* lave *f*.
lavatory /ˈlævətrɪ, -tɔːrɪ^US/ *n* toilettes *fpl*.
lavender /ˈlævəndə(r)/ *n, adj* lavande (*f*).
lavish /ˈlævɪʃ/ I *adj* somptueux/-euse; ~ **with sth** généreux avec qch. II *vtr* prodiguer.
law /lɔː/ *n* ¢ loi *f*; **against the** ~ contraire à la loi; **court of** ~ cour de justice; (academic subject) droit *m*.
law and order *n* ordre *m* public.
lawful /ˈlɔːfl/ *adj* légal.
lawn /lɔːn/ *n* pelouse *f*.
lawnmower *n* tondeuse *f* (à gazon).
law school *n* faculté *f* de droit.
lawsuit *n* procès *m*.
lawyer /ˈlɔːjə(r)/ *n* avocat/-e *m/f*; (expert in law) juriste *mf*.
lax /læks/ *adj* laxiste; [security] relâché.
laxative /ˈlæksətɪv/ *n* laxatif *m*.
lay /leɪ/ I *prét* ▸ **lie** III. II *adj* [preacher, member] laïque; ~ **person** profane. III *vtr* (*prét, pp* **laid**) poser; (table, hands) mettre; (egg) pondre; (charge) porter; (curse) jeter. IV *vi* [bird] pondre.
• **lay down**: poser; (rule, plan) établir.
• **lay off**: arrêter; (person) licencier.
• **lay on**^GB: organiser. • **lay out**: disposer.
layer /ˈleɪə(r)/ *n* couche *f*, épaisseur *f*.
layman /ˈleɪmən/ *n* RELIG laïc *m*.
lay-off /ˈleɪɒf/ *n* licenciement *m*.
layout /ˈleɪaʊt/ *n* (of book, etc) mise *f* en page; (of rooms) disposition *f*; (of town) plan *m*.
laze /leɪz/ *vi* paresser.
lazy /ˈleɪzɪ/ *adj* paresseux/-euse.
lb *abrév* = **pound**.

LCD *n* (*abrév* = **liquid crystal display**) affichage *m* à cristaux liquides, LCD.
lead[1] /liːd/ I *n* avance *f*; **to have the** ~ être en tête; **to take the** ~ **in doing** être le premier/la première à faire; **to follow sb's** ~ suivre l'exemple de qn; CIN rôle *m* principal; (for dog)^GB laisse *f*. II *vtr* (*prét, pp* **led**) mener, conduire; **to** ~ **sb to do** amener qn à faire; (orchestra, research) diriger; (rival, team) avoir une avance sur. III *vi* (be ahead) être en tête; **to** ~ **by 15 seconds** avoir 15 secondes d'avance; **to** ~ **to** mener à, entraîner.
• **to ~ the way** être en tête.
• **lead up to**: conduire à.
lead[2] /led/ *n* plomb *m*; (of pencil) mine *f*.
leader /ˈliːdə(r)/ *n* GÉN dirigeant/-e *m/f*, chef *m*; ; (of party) leader *m*.
leadership /ˈliːdəʃɪp/ *n* direction *f*.
leading /ˈliːdɪŋ/ *adj* important, majeur; (main) principal; [driver, car] en tête.
leading article^GB *n* éditorial *m*.
leaf /liːf/ *n* (*pl* **leaves**) feuille *f*; (of book) page *f*; (of table) rallonge *f*.
• **leaf through**: feuilleter.
leaflet /ˈliːflɪt/ *n* GÉN dépliant *m*, prospectus *m*; **information** ~ notice explicative.
league /liːg/ *n* (alliance) ligue *f*; SPORT championnat *m*.
leak /liːk/ I *n* GÉN fuite *f*; (in ship) voie *f* d'eau. II *vtr* (information) divulguer; (oil, effluent) répandre. III *vi* fuir; [boat] faire eau.
lean /liːn/ I *adj* mince; [meat] maigre; FIG difficile. II *vtr* (*prét, pp* **~ed/~t**) appuyer. III *vi* [wall, building] pencher; [ladder] **to be ~ing against sth** être appuyé contre qch.
• **lean out**: se pencher au dehors.
leap /liːp/ I *n* saut *m*, bond *m*. II *vtr* (*prét, pp* **~t, ~ed**) franchir [qch] d'un bond. III *vi* bondir, sauter (de); [price, profit] grimper.

leapfrog /ˈliːpfrɒg/ *n* saute-mouton *m inv.*

leapt /lept/ *pp, prét* ▸ **leap**.

learn /lɜːn/ (*prét, pp* **~ed/~t**) I *vtr* apprendre; **to ~ (how) to do** apprendre à faire; **to ~ that** apprendre que. II *vi* **to ~ (about sth)** apprendre (qch).

learned *adj* /lɜːnɪd/ savant.

learner /ˈlɜːnə(r)/ *n* débutant *m/f*.

learning /ˈlɜːnɪŋ/ *n* érudition *f*; (process) apprentissage *m*.

learnt /lɜːnt/ *prét, pp* ▸ **learn**.

lease /liːs/ I *n* bail *m*. II *vtr* louer.

least /liːst/ (*superlative of* ▸ **little** [1]) I *quantif* (**the**) **~** (le) moins de; (in negative) (le/la) moindre. II *pron* le moins; **it was the ~ I could do!** c'est la moindre des choses! III *adv* **the ~** le/la moins; (+ plural noun) les moins; (+ verbs) le moins *inv*. IV **at ~** *adv phr* au moins, du moins. V **in the ~** *adv phr* du tout.
• **last but not ~** enfin et surtout.

leather /ˈleðə(r)/ *n* cuir *m*.

leave /liːv/ I *n* GÉN congé *m*; MIL permission *f*. II *vtr* (*prét, pp* **left**) (house, station) partir de, quitter; (person, tip, etc) laisser; (family) abandonner; **to ~ it (up) to sb to do** laisser à qn le soin de faire; **~ it to me** je m'en occupe; JUR léguer. III *vi* partir.
• **leave behind**: oublier, laisser.
• **leave out**: oublier; **to feel left out** se sentir exclu.

lecture /ˈlektʃə(r)/ I *n* conférence *f*; GB UNIV cours *m* magistral. II *vtr* faire la leçon à. III *vi* UNIV faire un cours; (public talk) donner une conférence.

lecturer /ˈlektʃərə(r)/ *n* (speaker) conférencier/-ière *m/f*; UNIV maître *m* de conférence.

led /led/ *prét, pp* ▸ **lead** [1].

ledge /ledʒ/ *n* (shelf) rebord *m*.

leek /liːk/ *n* poireau *m*.

leer /lɪə(r)/ PÉJ I *n* regard *m*/sourire *m* déplaisant. II *vi* lorgner☺.

leeway /ˈliːweɪ/ *n* liberté *f* de manœuvre.

left /left/ I *prét, pp* ▸ **leave**. II *n, adj* gauche *f*. III *adv* à gauche.

left-hand *adj* (de) gauche.

left-handed *adj* gaucher/-ère.

leftist /ˈleftɪst/ *adj* de gauche.

leftover *adj* **the ~ food** les restes *m pl*.

left wing *n* **the ~** la gauche.

leg /leg/ *n* jambe *f*; (of animal, furniture) GÉN patte *f*; (of lamb) gigot *m*; (of poultry) cuisse *f*; (of journey) étape *f*.
• **to pull sb's ~** faire marcher☺ qn.

legacy /ˈlegəsɪ/ *n* legs *m*.

legal /ˈliːgl/ *adj* [document, matte] juridique; [process] légal.

legality /liːˈgælətɪ/ *n* légalité *f*.

legalize /ˈliːgəlaɪz/ *vtr* légaliser.

legally /ˈliːgəlɪ/ *adv* légalement.

legend /ˈledʒənd/ *n* légende *f*.

leggings /ˈlegɪŋz/ *npl* GÉN cuissardes *fpl*; (for woman) caleçon *m*.

legion /ˈliːdʒən/ *n* légion *f*.

legislate /ˈledʒɪsleɪt/ *vi* légiférer.

legislation /ˌledʒɪsˈleɪʃn/ *n* législation *f*.

legislative /ˈledʒɪslətɪv, -leɪtɪv[US]/ *adj* législatif/-ive.

legitimate /lɪˈdʒɪtɪmət/ *adj* légitime; [excuse] valable.

leisure /ˈleʒə(r), ˈliːʒə(r)[US]/ *n* ¢ (spare time) loisir(s) *m(pl)*, temps *m* libre.

lemon /ˈlemən/ *n* citron *m*, (film, book)☺US navet☺ *m*.

lemonade /ˌleməˈneɪd/ *n* limonade *f*; US citron *m* pressé.

lemon tree *n* citronnier *m*.

lend /lend/ *vtr* (*prét, pp* **lent**) prêter.

length /leŋθ/ I *n* longueur *f*; (of time) durée *f*; (of wood) morceau *m*. II **at ~** *adv phr* longuement; (at last) finalement.

lengthen /'leŋθən/ I *vtr* allonger; (wall, stay) prolonger. II *vi* s'allonger.

lengthy /'leŋθɪ/ *adj* long/longue.

lenient /'li:nɪənt/ *adj* indulgent.

lens /lenz/ *n* lentille *f*; (in spectacles) verre *m*; (in camera) objectif *m*.

lent /lent/ *prét, pp* ▸ **lend**.

lentil /'lentl/ *n* lentille *f*.

Leo /'li:əʊ/ *n* (zodiac) Lion *m*.

leopard /'lepəd/ *n* léopard *m*.

lesbian /'lezbɪən/ *n* lesbienne *f*.

less /les/ (*comparative of* ▸ **little**[1]) I *quantif* moins de; ~ **than** moins que. II *pron* moins; ~ **than** moins que. III *adv* moins. IV *prep* moins; ~ **tax** avant impôts. V **~ and ~** *adv phr* de moins en moins.

lessen /'lesn/ *vtr, vi* diminuer.

lesser /'lesə(r)/ *adj* moindre.

lesson /'lesn/ *n* cours *m*, leçon *f*; **that'll teach you a ~!** cela t'apprendra!

lest /lest/ *conj* SOUT de peur de (+ *infinitive*), de crainte que (+ *ne* + *subj*).

let[1] /let/ *vtr* (*p prés* **-tt-**; *prét, pp* **let**) (+ suggestion, command) **~'s go** allons-y; **just ~ him try it!** qu'il essaie!; **to ~ sb do sth** laisser qn faire qch.
• **let down**: (person) laisser tomber; (tyre)[GB] dégonfler. • **let in**: faire, laisser entrer. • **let off**: faire, laisser partir; (homework) dispenser qn de. • **let out**: (cry, sigh) laisser échapper; (person) faire, laisser sortir. • **let up**: s'arrêter.

let[2] /let/ I[GB] *n* bail *m*. II *vtr* (*p prés* **-tt-**; *prét, pp* **let**) louer.

lethal /'li:θl/ *adj* fatal, mortel/-elle.

lethargic /lɪ'θɑ:dʒɪk/ *adj* léthargique.

let's /lets/ = **let us**.

letter /'letə(r)/ *n* lettre *f*.

letter box *n* boîte *f* à lettres.

lettuce /'letɪs/ *n* laitue *f*, salade *f*.

leuk(a)emia /lu:'ki:mɪə/ *n* leucémie *f*.

level /'levl/ I *n* niveau *m*; (rate) taux *m*. II *adj* [shelf] droit; [ground, land] plat; [spoonful] ras; **to be ~** être au même niveau. III *vtr* (*p prés etc* **-ll-**[GB], **-l-**[US]) (village, area) raser; (accusation) lancer.
• **to ~ with sb**[©] être honnête avec qn.
• **level off, level out**: se stabiliser.

level crossing[GB] *n* passage *m* à niveau.

lever /'li:və(r), 'levər[US]/ *n* levier *m*.

leverage /'li:vərɪdʒ, 'lev-[US]/ *n* ÉCON, POL force *f* d'appui; PHYS puissance *f* de levier.

levitate /'levɪteɪt/ *vi* léviter.

levy /'levɪ/ I *n* impôt *m*. II *vtr* (tax) prélever.

liability /ˌlaɪə'bɪlətɪ/ I *n* responsabilité *f*. II **liabilities** *npl* dettes *fpl*.

liable /'laɪəbl/ *adj* **to be ~ to** (likely) risquer de; (legally subject) être passible de; **to be ~ for tax** être imposable.

liaise[GB] /lɪ'eɪz/ *vi* **~ with sb** travailler en liaison avec qn.

liaison /lɪ'eɪzn, 'lɪəzɒn[US]/ *n* liaison *f*.

liar /'laɪə(r)/ *n* menteur/-euse *m/f*.

libel /'laɪbl/ I *n* diffamation *f*. II *vtr* (*p prés etc* **-ll-**, **-l-**[US]) diffamer.

liberal /'lɪbərəl/ I *n* libéral/-e *m/f*. II *adj* libéral; (generous) généreux/-euse.

liberalize /'lɪbərəlaɪz/ *vtr* libéraliser.

liberally /'lɪbərəlɪ/ *adv* généreusement.

liberate /'lɪbəreɪt/ *vtr* libérer.

liberation /ˌlɪbə'reɪʃn/ *n* libération *f*.

liberty /'lɪbətɪ/ *n* liberté *f*.

Libra /'li:brə/ *n* Balance *f*.

librarian /laɪ'breərɪən/ *n* bibliothécaire *mf*.

library /'laɪbrərɪ, -brerɪ[US]/ *n* bibliothèque *f*.

licenceGB, **license**US /laɪsns/ *n* licence *f*; (to drive, etc) permis *m*; (for TV) redevance *f*.

license /laɪsns/ *vtr* autoriser; (vehicle) faire immatriculer.

licensed /ˈlaɪsnst/ *adj* [restaurant] qui a une licence de débit de boissons; [dealer] agréé; [pilot] breveté.

lick /lɪk/ *vtr* lécher; (beat in game)☺ écraser.

lid /lɪd/ *n* couvercle *m*; (eyelid) paupière *f*.

lie /laɪ/ I *n* mensonge *m*; **to tell a ~** mentir. II *vtr, vi* (*p prés* **lying**; *prét, pp* **lied**) mentir. III *vi* (*p prés* **lying**, *prét* **lay**, *pp* **lain**) [person, animal] s'allonger; **~ still** ne bougez pas; **here ~s John Brown** ci-gît John Brown; **to ~ in** [cause, secret] être, résider dans; **to ~ in doing** [solution, cure] consister à faire.
• lie about, lie around: traîner. **• lie back**: s'allonger. **• lie down**: s'allonger, se coucher.

lieu /lju:/ **in ~ of** *prep phr* à la place de.

lieutenant, **Lt** /lefˈtenənt, lu:ˈt-US/ *n* lieutenant *m*.

life /laɪf/ (*pl* **lives**) *n* vie *f*; **to come to ~** s'animer; (of machine) durée *f*; **sentenced to ~** condamné à perpétuité; **from ~** d'après nature.
• run for your ~! sauve qui peut!

lifeboat *n* canot *m* de sauvetage.

life insurance *n* assurance-vie *f*.

lifeless /ˈlaɪflɪs/ *adj* inanimé.

lifesaving /ˈlaɪfseɪvɪŋ/ *n* sauvetage *m*.

life-size *adj* grandeur nature *inv*.

lifestyle *n* train *m* de vie.

lifetime /ˈlaɪftaɪm/ *n* vie *f*; **in her ~** de son vivant.

lift /lɪft/ I *n* (elevator)GB ascenseur *m*; **can I give you a ~?** je peux te déposer quelque part? II *vtr* lever, soulever; (steal)☺ piquer☺. III *vi* se soulever; [headache] disparaître.

light /laɪt/ I *n* lumière *f*; **by the ~ of** à la lumière de; **against the ~** à contre-jour; (in street) réverbère *m*; (indicator) voyant *m* (lumineux); AUT phare *m*; (for cigarette) feu *m*; **in the ~ of** compte tenu de; **to come to ~** être découvert. II *adj* clair; **~ blue** bleu clair *inv*; [hair] blond; (delicate) léger/-ère; [rain] fin. III *vtr* (*prét, pp* **lit/lighted**) allumer; (illuminate) éclairer. IV *vi* (*prét, pp* **lit**) [fire] prendre; [match] s'allumer.
• light up: (cigarette) allumer; [lamp] s'allumer; [face] s'éclairer.

light bulb *n* ampoule *f*.

lighten /ˈlaɪtn/ *vtr* éclairer; (hair) éclaircir; (atmosphere) détendre; (burden) alléger.

lighter /ˈlaɪtə(r)/ *n* briquet *m*.

light-hearted *adj* enjoué.

lighthouse *n* phare *m*.

lighting /ˈlaɪtɪŋ/ *n* éclairage *m*.

lightning /ˈlaɪtnɪŋ/ *n* éclair *m*; **struck by ~** frappé par la foudre.

light pen *n* ORDINAT crayon *m* optique.

light switch *n* interrupteur *m*.

lightweight /ˈlaɪtweɪt/ *adj* léger/-ère.

light year *n* année-lumière *f*.

like [1] /laɪk/ I *prep* comme; **to be ~ sb/sth** être comme qn/qch; (close to) environ. II *adj* pareil/-eille, semblable. III☺ *conj* comme. IV *n* **and the ~** et d'autres choses de ce genre. V **-like** *combining form* **child-~** enfantin.

like [2] /laɪk/ *vtr* aimer bien; **to ~ A best** préférer A; **I ~ it!** ça me plaît!; (wish) **if you ~** si tu veux.

likeable /ˈlaɪkəbl/ *adj* sympathique.

likelihood /ˈlaɪklɪhʊd/ *n* probabilité *f*.

likely /ˈlaɪklɪ/ I *adj* probable; **it is/seems ~ that** il est probable que; **it is not ~ that** il y a peu de chances que (+ *subj*); [explanation] plausible. II *adv* probablement.

liken /ˈlaɪkən/ *vtr* **to ~ to** comparer à.

likeness /ˈlaɪknɪs/ *n* ressemblance *f*.

likewise /ˈlaɪkwaɪz/ *adv* de même.
liking /ˈlaɪkɪŋ/ *n* goût *m*; **to have a ~ for** aimer.
lilac /ˈlaɪlək/ *n, adj* lilas *m, adj inv*.
lily /ˈlɪlɪ/ *n* lys *m*.
lily of the valley *n* muguet *m*.
limb /lɪm/ *n* ANAT membre *m*.
limbo /ˈlɪmbəʊ/ *n* ¢ RELIG les limbes *mpl*.
lime /laɪm/ *n* chaux *f*; (fruit) citron *m* vert; (tree) tilleul *m*.
limelight /ˈlaɪmlaɪt/ *n* **to be in the ~** tenir la vedette.
limerick /ˈlɪmərɪk/ *n poème humoristique en cinq vers.*
limestone *n* calcaire *m*.
limit /ˈlɪmɪt/ I *n* limite *f*; **off ~s** interdit d'accès; **speed ~** limitation de vitesse. II *vtr* limiter; **to ~ oneself to** se limiter à.
limitation /ˌlɪmɪˈteɪʃn/ *n* limite *f*.
limited /ˈlɪmɪtɪd/ *adj* limité.
limousine /ˈlɪməziːn, ˌlɪməˈziːn/ *n* limousine *f*.
limp /lɪmp/ I *adj* mou/molle. II *vi* **to ~ along** boiter.
linden (tree) /ˈlɪndən/ *n* tilleul *m*.
line /laɪn/ I *n* ligne *f*; (of people, cars) file *f*; **you're next in ~** ça va être ton tour; **to stand in ~** faire la queue; (of trees) rangée *f*; (on face) ride *f*; (boundary) frontière *f*; (rope) corde *f*; (for fishing) ligne *f*; **at the other end of the ~** au bout du fil; (airline) compagnie *f*; (in genealogy) lignée *f*; (in poetry) vers *m*; (of product) gamme *f*; MIL **enemy ~s** lignes ennemies; **the official ~** la position officielle. II **in ~ with** *prep phr* en accord avec. III *vtr* (garment) doubler; (road) border.
• **line up**: **~ up** faire la queue.
linear /ˈlɪnɪə(r)/ *adj* linéaire.
linen /ˈlɪnɪn/ *n* lin *m*; (sheets, etc) linge *m*.
liner /ˈlaɪnə(r)/ *n* paquebot *m*.
linesman[GB] /ˈlaɪnzmən/ *n* juge *m* (in tennis) de ligne, (in football) de touche.
line-up /ˈlaɪnʌp/ *n* SPORT équipe *f*.
linger /ˈlɪŋgə(r)/ *vi* s'attarder; [doubt] subsister.
linguist /ˈlɪŋgwɪst/ *n* linguiste *mf*.
linguistic /ˈlɪŋgwɪstɪk/ *adj* linguistique.
linguistics /ˈlɪŋgwɪstɪks/ *n* linguistique *f*.
lining /ˈlaɪnɪŋ/ *n* doublure *f*.
link /lɪŋk/ I *n* lien *m*; (between facts) rapport *m*; (in chain) maillon *m*; (by rail, etc) liaison *f*. II *vtr* relier; **to ~ sth to/with sth** établir un lien entre qch et qch; ORDINAT connecter.
• **link up**: [firms] s'associer.
lion /ˈlaɪən/ *n* lion *m*.
lip /lɪp/ *n* lèvre *f*; (of bowl) bord *m*.
lipstick *n* rouge *m* à lèvres.
liqueur /lɪˈkjʊə(r), -ˈkɜːr[US]/ *n* liqueur *f*.
liquid /ˈlɪkwɪd/ *n, adj* liquide *(m)*.
liquidate /ˈlɪkwɪdeɪt/ *vtr* liquider.
liquor[US] /ˈlɪkə(r)/ *n* alcool *m*.
liquorice[GB] /ˈlɪkərɪs/ *n* réglisse *m*.
lira /ˈlɪərə/ *n* (*pl* **lire**) lire *f*.
lisp /lɪsp/ *vi* zézayer.
list /lɪst/ I *n* liste *f*. II *vtr* faire la liste de; **to be ~ed among** figurer parmi; ORDINAT lister.
listen /ˈlɪsn/ *vi* **to ~ (to sb/sth)** écouter qn/qch; **to ~ (out) for** guetter.
listener /ˈlɪsnə(r)/ *n* RADIO auditeur/-trice *m/f*.
listing /ˈlɪstɪŋ/ *n* liste *f*; ORDINAT listing *m*.
listless /ˈlɪstlɪs/ *adj* apathique.
lit /lɪt/ *prét, pp* ▸ **light** III.
litany /ˈlɪtənɪ/ *n* RELIG litanies *fpl*.
literacy /ˈlɪtərəsɪ/ *n* taux *m* d'alphabétisation.
liter[US] *n* ▸ **litre**.
literal /ˈlɪtərəl/ *adj* littéral; [translation] mot à mot.

literally /ˈlɪtərəlɪ/ *adv* littéralement; [translate] mot à mot; [take] au pied de la lettre.

literary /ˈlɪtərərɪ, ˈlɪtərerɪ^US/ *adj* littéraire.

literate /ˈlɪtərət/ *adj* **to be ~** savoir lire et écrire; [person] cultivé;.

literature /ˈlɪtrətʃə(r), -tʃʊər^US/ *n* littérature *f*; (brochures) documentation *f*.

litigation /ˌlɪtɪˈgeɪʃn/ *n* ¢ litiges *mpl*.

litre^GB, **liter**^US /ˈliːtə(r)/ *n* litre *m*.

litter /ˈlɪtə(r)/ I *n* ¢ (rubbish) détritus *mpl*, ordures *fpl*; (of animal) portée *f*; (for pet tray) litière *f*. II *vtr* **to ~ the ground** joncher le sol.

little [1] /ˈlɪtl/ (*comparative* **less**; *superlative* **least**) I *quantif* peu de. II *pron* un peu; **as ~ as possible** le moins possible. III *adv* peu. IV **a ~** *adv phr* un peu.

little [2] /ˈlɪtl/ *adj* petit.

- **~ by ~** petit à petit.

little finger *n* petit doigt *m*, auriculaire *m*.

live [1] /lɪv/ I *vtr* (life) vivre. II *vi* GÉN vivre, habiter; **to ~ on pasta** ne manger que des pâtes.

- **to ~ it up**☺ faire la fête☺.
- **live up to**: être à la hauteur de.

live [2] /laɪv/ I *adj* vivant; **real ~** en chair et en os; [broadcast] en direct; [ammunition] réel/réelle; ÉLECTROTECH sous tension. II *adv* en direct.

livelihood /ˈlaɪvlɪhʊd/ *n* gagne-pain *m*.

lively /ˈlaɪvlɪ/ *adj* [person] plein d'entrain; [place, conversation] animé; [interest, mind] vif/vive.

liver /ˈlɪvə(r)/ *n* foie *m*.

livestock /laɪv/ *n* ¢ bétail *m*.

living /ˈlɪvɪŋ/ I *n* vie *f*; **to make a ~** gagner sa vie. II *adj* vivant.

living room *n* salle *f* de séjour, salon *m*.

living standards *npl* niveau *m* de vie.

lizard /ˈlɪzəd/ *n* lézard *m*.

llama /ˈlɑːmə/ *n* lama *m*.

load /ləʊd/ I *n* charge *f*, chargement *m*; (on ship) cargaison *f*; FIG fardeau *m*; (a lot)☺ des tas☺ de. II☺ **~s** *npl* ~s of beaucoup de. III *vtr* charger; (camera) mettre un film dans; **to ~ sb with** couvrir qn de.

loaded /ˈləʊdɪd/ *adj* (rich)☺ plein aux as☺.

loaf /ləʊf/ *n* (*pl* **loaves**) pain *m*.

loafer /ˈləʊfə(r)/ *n* mocassin *m*.

loan /ləʊn/ I *n* (when borrowing) emprunt *m*; (when lending) prêt *m*. II *vtr* prêter.

loathe /ləʊð/ *vtr* détester.

lobby /ˈlɒbɪ/ I *n* (of hotel) hall *m*; (of theatre) vestibule *m*; POL groupe *m* de pression, lobby *m*. II *vtr, vi* faire pression (sur).

lobe /ləʊb/ *n* lobe *m*.

lobster /ˈlɒbstə(r)/ *n* homard *m*.

local /ˈləʊkl/ I *n* **the ~s** les gens *mpl* du coin; (pub)☺GB pub *m* du coin. II *adj* local; [shop] du quartier; [radio] régional.

locality /ləʊˈkælətɪ/ *n* secteur *m*; (place) emplacement *m*.

locate /ləʊˈkeɪt, ˈləʊkeɪt^US/ *vtr* localiser; (object) (re)trouver; **to be ~d in London** se trouver à Londres.

location /ləʊˈkeɪʃn/ *n* GÉN endroit *m*.

loch^SCOT /lɒk, lɒx/ *n* loch *m*, lac *m*.

lock /lɒk/ I *n* serrure *f*; (with bolt) verrou *m*; (of hair) mèche *f*; (on river) écluse *f*. II *vtr* fermer [qch] à clé; ORDINAT verrouiller. III *vi* fermer à clé; [steering wheel] se bloquer.

- **lock in**: enfermer (qn). • **lock out**: (by mistake) laisser qn dehors sans clé. • **lock up**: enfermer (à clé).

locker /ˈlɒkə(r)/ *n* casier *m*, vestiaire *m*.

locker room *n* vestiaire *m*.

locomotive /ˌləʊkəˈməʊtɪv/ *n* locomotive *f*.

locust /ˈləʊkəst/ *n* locuste *f*, sauterelle *f*.

locust tree *n* acacia *m*.

lodge /lɒdʒ/ I *n* pavillon *m*; (for gatekeeper) loge *f* (du gardien). II *vtr* loger; JUR **to ~ an appeal** faire appel. III *vi* (reside) loger; [bullet] se loger (dans); [small object] se coincer.

lodger /ˈlɒdʒə(r)/ *n* locataire *mf*; (with meals) pensionnaire *mf*.

lodging /ˈlɒdʒɪŋ/ *n* logement *m*; **board and ~** le gîte et le couvert.

loft /lɒft, lɔːft^US/ *n* grenier *m*; (apartment)^US loft *m*.

lofty /ˈlɒftɪ, ˈlɔːftɪ^US/ *adj* [building] haut; [manner] hautain; [ideals] noble.

log /lɒg, lɔːg^US/ I *n* bûche *f*; (of ship) journal *m* de bord; ORDINAT carnet *m* d'exploitation; MATH logarithme *m*. II *vtr* (*p prés etc* **-gg-**) noter.

• **log in** ORDINAT : se connecter. • **log out** ORDINAT : se déconnecter.

logic /ˈlɒdʒɪk/ *n* logique *f*.

logical /ˈlɒdʒɪkl/ *adj* logique.

logistic /ləˈdʒɪstɪk/ *adj* logistique.

logistics /ləˈdʒɪstɪks/ *n* (*sg/pl*) logistique *f*.

logo /ˈləʊgəʊ/ *n* logo *m*.

loin /lɔɪn/ *n* CULIN ≈ filet *m*.

lolly^GB /ˈlɒlɪ/ *n* sucette *f*; (iced) esquimau® *m*; (money)^© fric^© *m*.

London /ˈlʌndən/ *pr n* Londres.

lone /ləʊn/ *adj* solitaire.

loneliness /ˈləʊnlɪnɪs/ *n* solitude *f*.

lonely /ˈləʊnlɪ/ *adj* solitaire; [place] isolé.

long /lɒŋ, lɔːŋ^US/ I *adj* long/longue; **to be 20 m ~** avoir 20 m de long; **to be 20 minutes ~** durer 20 minutes; **a ~ time ago** il y a longtemps; **a ~ way** loin. II *adv* longtemps; **all day ~** toute la journée. III **as ~ as** *conj phr* aussi longtemps que; (provided that) pourvu que (+ *subj*). IV *vi* **to ~ for** avoir très envie de; **to ~ to do** être très impatient de faire.

• **so ~**^©**!** salut!

long-distance *adj* [runner] de fond; [telephone call] interurbain.

long-haul *adj* AVIAT long-courrier *inv*.

longing /ˈlɒŋɪŋ, ˈlɔːŋɪŋ^US/ *n* grand désir *m*.

long-range *adj* [missile] (à) longue portée; [forecast] à long terme.

long-standing *adj* de longue date.

long term *n* **in the ~** à long terme.

long-time *adj* de longue date.

loo^©GB /luː/ *n* toilettes *fpl*.

look /lʊk/ I *n* coup *m* d'œil; (expression) regard *m*; (appearance) air *m*, expression *f*. II **~s** *npl* **to keep one's ~s** rester beau/belle. III *vtr* regarder. IV *vi* regarder; (search) chercher, regarder; (appear, seem) avoir l'air, paraître; **to ~ one's best** être à son avantage; **to ~ a fool** avoir l'air ridicule; **you ~ cold** tu as l'air d'avoir froid; **how do I ~?** comment me trouves-tu?; **it ~s like rain** on dirait qu'il va pleuvoir; **to ~ north** [house] être orienté au nord; **~ here** écoute-moi bien. V **-looking** *combining form* **bad-~ing** laid.

• **look after**: s'occuper de; (luggage) surveiller. • **look ahead**: regarder devant soi; FIG regarder vers l'avenir. • **look around**: regarder autour de soi, chercher. • **look at**: regarder; (patient) examiner; (problem) étudier. • **look down**: baisser les yeux; FIG mépriser. • **look for**: chercher. • **look forward**: attendre [qch] avec impatience; **I ~ forward to hearing from you** dans l'attente de votre réponse. • **look out**: faire attention, se méfier; **~ out for [sb/sth]** guetter. • **look round**^GB: regarder autour de soi, visiter. • **look through**: consulter. • **look to**: compter sur [qn/qch]. • **look up**: lever les yeux; (number) chercher; (friend) passer voir.

look-out /ˈlʊkaʊt/ *n* (on ship) vigie *f*; (in army) guetteur *m*; (place) poste *m* d'observation; **to be on the ~ for** rechercher, guetter.

loom /lu:m/ I *n* métier *m* à tisser. II *vi* surgir; [war, crisis] menacer.

loony© /lu:nɪ/ *n* (*pl* **-ies**) dingue© *mf*.

loop /lu:p/ *n* boucle *f*.

loophole /ˈlu:phəʊl/ *n* lacune *f*.

loose /lu:s/ *adj* [knot] desserré; [handle] branlant; [tooth] qui bouge; [trousers] ample; [translation] libre; [connection] vague; [style] relâché; [tea, sweets] en vrac, au détail; **~ change** petite monnaie.

loosely /ˈlu:slɪ/ *adv* [fasten] sans serrer; [translate] assez librement.

loosen /ˈlu:sn/ *vtr* (belt, strap) (se) desserrer; (rope, control) relâcher.

loot /lu:t/ I *n* butin *m*. II *vtr* piller.

looting /ˈlu:tɪŋ/ *n* pillage *m*.

lord /lɔ:d/ *n* seigneur *m*; (peer) lord *m*.

Lord /lɔ:d/ *n* **the (House of) ~s** la Chambre des Lords; RELIG Seigneur *m*; **good ~!**© grand Dieu!.

lordship /ˈlɔ:dʃɪp/ *n* **your/his ~** (of noble) Monsieur; (of judge) Monsieur le Juge.

lore /lɔ:(r)/ *n* traditions *fpl*.

lorryGB /ˈlɒrɪ, ˈlɔ:rɪUS/ *n* (*pl* **-ies**) camion *m*.

lose /lu:z/ I *vtr* (*prét*, *pp* **lost**) perdre; **to ~ one's way** se perdre; [clock] → (minutes, seconds) retarder de. II *vi* perdre; [clock, watch] retarder.

• **lose out**: être perdant.

loser /ˈlu:zə(r)/ *n* perdant/-e *m/f*.

loss /lɒs, lɔ:sUS/ *n* perte *f*; **at a ~** perplexe.

lost /lɒst, lɔ:stUS/ I *prét*, *pp* ▶ **lose**. II *adj* perdu; **get ~**©! fiche le camp©!; [opportunity] manqué.

lost propertyGB *n* objets *mpl* trouvés.

lot[1] /lɒt/ I *pron* **a ~** beaucoup; **the ~**© (le) tout. II *quantif* **a ~ of** beaucoup de; **I see a ~ of him** je le vois beaucoup. III **~s**© *quantif*, *pron* **~s of things** des tas© de choses. IV **~s**© *adv* **~s better** vachement© mieux. V **a ~** *adv phr* beaucoup; **a ~ better** beaucoup mieux; **quite a ~** très souvent.

lot[2] /lɒt/ *n* US parcelle *f* (de terrain); (at auction) lot *m*; **to draw ~s** tirer au sort.

lotion /ˈləʊʃn/ *n* lotion *f*.

lottery /ˈlɒtərɪ/ *n* loterie *f*.

lotto /ˈlɒtəʊ/ *n* loto *m*.

loud /laʊd/ I *adj* [voice] fort; [comment, laugh] bruyant; PÉJ [colour, pattern] criard. II *adv* fort; **out ~** à voix haute.

loudly /ˈlaʊdlɪ/ *adv* fort.

loudspeaker *n* haut-parleur *m*.

lounge /laʊndʒ/ *n* salon *m*; (in airport) **departure ~** salle d'embarquement.

louse /laʊs/ *n* (*pl* **lice**) pou *m*; *inv* INJUR© salaud© INJUR *m*.

lousy© /ˈlaʊzɪ/ *adj* [meal] infect©; [salary] minable©; **to feel ~** être mal fichu©.

lovable /ˈlʌvəbl/ *adj* adorable.

love /lʌv/ I *n* amour *m*; **in ~** amoureux/-euse; **to make ~** faire l'amour; **with ~ from Bob** affectueusement, Bob; **be a ~**©GB sois gentil; **yes, ~** oui, chéri; (in tennis) zéro *m*. II *vtr* aimer; **to ~ each other** s'aimer; **to ~ doing sth** aimer beaucoup faire qch; (accepting invitation) **I'd ~ to!** avec plaisir!

love affair *n* liaison *f*.

lovely /ˈlʌvlɪ/ *adj* (beautiful) beau/belle, joli; (pleasant) charmant.

lover /ˈlʌvə(r)/ *n* amant *m*, maîtresse *f*; (enthusiast) amateur *m*.

loving /ˈlʌvɪŋ/ *adj* tendre, affectueux/-euse.

low /ləʊ/ I *n* MÉTÉO dépression *f*. II *adj* bas/basse; [battery] faible; [speed] réduit; [rate] faible; [pressure] bas/basse; [quality] mauvais; (depressed) déprimé. III *adv* bas.

lower /ˈləʊə(r)/ I *adj* (*comparative of* **low**) inférieur. II *vtr* **to ~ (sb/sth)** descendre (qn/qch); (pressure, temperature) réduire, diminuer. III *v refl* **to ~ oneself** s'abaisser.

low-fat *adj* [cheese] allégé; [milk] écrémé.
low-key *adj* discret/-ète.
lowly /ˈləʊlɪ/ *adj* modeste.
loyal /ˈlɔɪəl/ *adj* loyal.
loyalty /ˈlɔɪəltɪ/ *n* loyauté *f.*
lozenge /ˈlɒzɪndʒ/ *n* pastille *f.*
LP *n* (*abrév* = **long-playing**) 33 tours *m.*
Lt *abrév* = **lieutenant**.
LtdGB *abrév* = **limited (liability)** ≈ SARL.
lubricate /ˈluːbrɪkeɪt/ *vtr* lubrifier.
lucid /ˈluːsɪd/ *adj* lucide.
luck /lʌk/ *n* chance *f*; **good/bad ~** chance/malchance; **to bring good/bad ~** porter bonheur/malheur.
luckily /ˈlʌkɪlɪ/ *adv* heureusement.
lucky /ˈlʌkɪ/ *adj* **to be ~ to be** avoir la chance d'être; **~ you**©! veinard©!; [charm, number] porte-bonheur *inv.*
lucrative /ˈluːkrətɪv/ *adj* lucratif/-ive.
ludicrous /ˈluːdɪkrəs/ *adj* grotesque.
ludoGB /ˈluːdəʊ/ *n* jeu *m* des petits chevaux.
lug /lʌg/ *vtr* (*p prés etc* **-gg-**) traîner.
luggage /ˈlʌgɪdʒ/ *n* ¢ bagages *mpl.*
lukewarm /ˌluːkˈwɔːm/ *adj* tiède.
lull /lʌl/ I *n* accalmie *f.* II *vtr* (person) apaiser; **to ~ sb into thinking that...** faire croire à qn que...
lullaby /ˈlʌləbaɪ/ *n* berceuse *f.*
lumber /ˈlʌmbə(r)/ IUS *n* bois *m* de construction. II©GB *vtr* **to be ~ed with a chore** se taper une corvée.
luminous /ˈluːmɪnəs/ *adj* lumineux/-euse.
lump /lʌmp/ I *n* (sugar) morceau *m*; (in sauce) grumeau *m*; (on body) bosse *f.* II *vtr* mettre dans le même panier©.
lunar /ˈluːnə(r)/ *adj* lunaire.
lunatic /ˈluːnətɪk/ *n, adj* fou/folle (*m/f*).
lunch /lʌntʃ/ I *n* déjeuner *m.* II *vi* déjeuner.
luncheon /ˈlʌntʃən/ *n* SOUT déjeuner *m.*
lunchtime *n* heure *f* du déjeuner.
lung /lʌŋ/ *n* poumon *m.*
lunge /lʌndʒ/ *vi* **to ~ at** s'élancer vers.
lurch /lɜːtʃ/ I *n* embardée *f.* II *vi* trébucher.
• to leave sb in the ~ abandonner qn.
lure /lʊə(r)/ I *n* attrait *m.* II *vtr* attirer (par la ruse).
lurid /ˈlʊərɪd/ *adj* [colour] criard; [detail] épouvantable.
lurk /lɜːk/ I *vi* se tapir; [danger] menacer. II **~ing** *pres p adj* persistant.
luscious /ˈlʌʃəs/ *adj* succulent; [personne]© appétissant.
lush /lʌʃ/ *adj* [vegetation] luxuriant; [area] luxueux/-euse.
lust /lʌst/ I *n* désir *m*; **the ~ for power** la soif du pouvoir. II *vi* **to ~ for/after sb/sth** convoiter qn/qch.
lute /luːt/ *n* luth *m.*
luxurious /lʌgˈzjʊərɪəs/ *adj* de luxe.
luxury /ˈlʌkʃərɪ/ *n* luxe *m.*
lying /ˈlaɪɪŋ/ *n* ¢ mensonges *mpl.*
lynch /lɪntʃ/ *vtr* lyncher.
lyric /ˈlɪrɪk/ I **~s** *npl* (of song) paroles *fpl.* II *adj* lyrique.
lyrical /ˈlɪrɪkl/ *adj* lyrique.

m

m /em/ *n* (*abrév* = **metre**GB) m; **M** (*abrév* = **motorway**GB) autoroute *f*; **m** *abrév* = **mile**.
MA *n* UNIV (*abrév* = **Master of Arts**) diplôme *m* supérieur de lettres.
ma'am /mæm, mɑːm/ *n* madame *f*.
mac☺GB /mæk/ *n* imper☺ *m*.
machine /məˈʃiːn/ I *n* machine *f*. II *vtr* coudre [qch] à la machine.
machine gun *n* mitrailleuse *f*.
machinery /məˈʃiːnərɪ/ *n* ¢ machines *fpl*; (working parts) mécanisme *m*, rouages *mpl*.
machine tool *n* machine-outil *f*.
mackerel /ˈmækrəl/ *n* maquereau *m*.
macro /ˈmækrəʊ/ *n* ORDINAT macro *f*.
mad /mæd/ *adj* fou/folle; ~ **with jealousy** fou/folle de jalousie; [dog] enragé; **to be** ~☺US **at sb** être furieux contre qn; ~ **about/on**☺ (person, hobby) fou de☺.
madam /ˈmædəm/ *n* madame *f*.
mad cow disease *n* maladie *f* de la vache folle.
madden /ˈmædn/ *vtr* exaspérer.
made /meɪd/ *prét, pp* ▶ **make**.
made-up /ˌmeɪdˈʌp/ *adj* maquillé.
madman☺ /ˈmædmən/ *n* fou *m*.
madness /ˈmædnɪs/ *n* folie *f*.
madrasGB *adj* [curry] très épicé.
Mafia /ˈmæfɪə, ˈmɑː-US/ *n* Mafia *f*.
magazine /ˌmægəˈziːn/ *n* (periodical) revue *f*; (on radio, TV or mainly photos) magazine *m*.
maggot /ˈmægət/ *n* ver *m*, asticot *m*.
magic /ˈmædʒɪk/ I *n* magie *f*. II *adj* magique.
magical /ˈmædʒɪkl/ *adj* magique.
magician /məˈdʒɪʃn/ *n* magicien *m*.
magistrate /ˈmædʒɪstreɪt/ *n* magistrat *m*.
magnate /ˈmægneɪt/ *n* magnat *m*.
magnet /ˈmægnɪt/ *n* aimant *m*.
magnetic /mægˈnetɪk/ *adj* magnétique.
magnificent /mægˈnɪfɪsnt/ *adj* magnifique.
magnify /ˈmægnɪfaɪ/ *vtr* grossir; (exaggerate) exagérer.
magnitude /ˈmægnɪtjuːd, -tuːdUS/ *n* magnitude *f*; (of problem, disaster) ampleur *f*.
magnolia /mægˈnəʊlɪə/ *n* magnolia *m*.
magpie /ˈmægpaɪ/ *n* pie *f*.
mahogany /məˈhɒgənɪ/ *n* acajou *m*.
maid /meɪd/ *n* bonne *f*; (in hotel) femme *f* de chambre.
maiden /ˈmeɪdn/ I *n* LITTÉR jeune fille *f*. II *adj* [speech] inaugural; ~ **name** nom de jeune fille.
mail /meɪl/ I *n* poste *f*; (correspondence) courrier *m*. II *vtr* envoyer, expédier.
mailboxUS *n* boîte *f* aux lettres, à lettres.
mail order /ˈmeɪl ɔːdə(r)/ *n* vente *f* par correspondance.
maim /meɪm/ *vtr* estropier.
main /meɪn/ I *n* canalisation *f*. II *adj* principal.
• **in the** ~ dans l'ensemble.
mainframe /ˈmeɪnfreɪm/ *n* ordinateur *m* central.
mainland /ˈmeɪnlənd/ *n* **on the** ~ sur le continent.
mainly /ˈmeɪnlɪ/ *adv* surtout.
main road *n* route *f* principale.
mainstream /ˈmeɪnstriːm/ I *n* courant *m* dominant. II *adj* traditionnel/-elle.

maintain /meɪn'teɪn/ *vtr* maintenir; (family) subvenir aux besoins de; (army) entretenir; **to ~ that** soutenir que.

maintenance /'meɪntənəns/ *n* entretien *m*; (of standards) maintien *m*; JUR[GB] pension *f* alimentaire; ORDINAT maintenance *f*.

maize[GB] /meɪz/ *n* maïs *m*.

Maj *abrév écrite* = **Major**.

majestic /mə'dʒestɪk/ *adj* majestueux/-euse.

majesty /'mædʒəstɪ/ I *n* majesté *f*. II *n* **Majesty** **Her/His ~** sa Majesté.

major /'meɪdʒə(r)/ I *n* MIL commandant *m*; UNIV[US] matière *f* principale. II *adj* important, majeur; (main) principal; MUS majeur. III[US] *vi* UNIV **to ~ in** se spécialiser en.

majority /mə'dʒɒrətɪ, -'dʒɔ:r-[US]/ *n* majorité *f*.

make /meɪk/ I *n* marque *f*. II *vtr* (*prét, pp* **made**) GÉN faire; **to ~ sth for sb, to ~ sb sth** faire qch pour qn; **to ~ sth from/out of** faire qch avec/en; **made in France** fabriqué en France; (friends, enemies) se faire; **to ~ sb happy** rendre qn heureux; **to ~ sth bigger** agrandir; **to ~ sb cry** faire pleurer qn; **to ~ sb do sth** faire faire qch à qn; **three and three ~ six** trois et trois font six; (salary, amount) gagner; **we'll never ~ it** nous n'y arriverons jamais.
• **make for**: se diriger vers; **it ~s for an easy life** ça rend la vie plus facile. • **make out**: s'en tirer; (understand, work out) comprendre; (cheque) faire, rédiger. • **make up**: se maquiller; (after quarrel) se réconcilier; (personal loss) compenser.

maker /'meɪkə(r)/ *n* fabricant *m*; (of cars, aircraft) constructeur *m*.

makeshift /'meɪkʃɪft/ *adj* improvisé.

make-up /'meɪkʌp/ *n* maquillage *m*; (of whole) composition *f*.

make-up remover *n* démaquillant *m*.

making /'meɪkɪŋ/ *n* fabrication *f*; (of film) réalisation *f*; **history in the ~** l'Histoire en marche; **a star in the ~** une future star.

malaria /mə'leərɪə/ *n* paludisme *m*.

male /meɪl/ I *n* mâle *m*; (man) homme *m*. II *adj* mâle; [role, trait] masculin; **a ~ voice** une voix d'homme.

malevolent /mə'levələnt/ *adj* malveillant.

malfunction /ˌmæl'fʌŋkʃn/ I *n* défaillance *f*. II *vi* mal fonctionner.

malice /'mælɪs/ *n* méchanceté *f*.

malicious /mə'lɪʃəs/ *adj* malveillant.

malign /mə'laɪn/ I *adj* nuisible. II *vtr* calomnier.

malignant /mə'lɪgnənt/ *adj* [criticism, look] malveillant; [tumour] malin/-igne.

mall /mæl, mɔ:l/ *n* galerie *f* marchande; [US] centre *m* commercial.

malnutrition /ˌmælnju:'trɪʃn, -nu:-[US]/ *n* malnutrition *f*.

malt /mɔ:lt/ *n* malt *m*.

mammal /'mæml/ *n* mammifère *m*.

mammoth /'mæməθ/ *n* mammouth *m*.

man /mæn/ I *n* (*pl* **men**) GÉN homme *m*; **~ and wife** mari et femme. II *vtr* (*p prés etc* **-nn-**) (desk, phone) tenir. III **manned** *pp adj* [spacecraft] habité.

manage /'mænɪdʒ/ I *vtr* **to ~ to do** réussir à faire; (project) diriger, administrer; (money, time) gérer; (person, animal) savoir s'y prendre avec; (boat) manier. II *vi* se débrouiller, y arriver.

manageable /'mænɪdʒəbl/ *adj* [size, car] maniable; [problem] maîtrisable.

management /'mænɪdʒmənt/ *n* direction *f*; (control) gestion *f*.

manager /'mænɪdʒə(r)/ *n* directeur/-trice *m/f*; (of shop) gérant/-e *m/f*; (of project) directeur/-trice *m/f*; SPORT manager *m*.

managing directorGB *n* directeur/-trice *m/f* général/-e.

mandarin /ˈmændərɪn/ *n* mandarine *f*; (tree) mandarinier *m*; (person) mandarin *m* PÉJ.

mandate /ˈmændeɪt/ *n* GÉN autorité *f*; POL mandat *m*.

mandatory /ˈmændətərɪ, -tɔːrɪUS/ *adj* obligatoire.

mandolin /ˌmændəˈlɪn/ *n* mandoline *f*.

mane /meɪn/ *n* crinière *f*.

mangle /ˈmæŋgl/ *vtr* mutiler.

mango /ˈmæŋgəʊ/ *n* mangue *f*.

manhood *n* âge *m* d'homme.

mania /ˈmeɪnɪə/ *n* manie *f*.

maniac /ˈmeɪnɪæk/ *n* fou/folle *m/f*.

manic /ˈmænɪk/ *adj* de fou.

manicure /ˈmænɪkjʊə(r)/ I *n* manucure *f*. II *vtr* **to ~ one's nails** se faire les ongles.

manifest /ˈmænɪfest/ I *adj* manifeste, évident. II *vtr* manifester.

manifestation /ˌmænɪfəˈsteɪʃn/ *n* manifestation *f*.

manifesto /ˌmænɪˈfestəʊ/ *n* manifeste *m*.

manipulate /məˈnɪpjʊleɪt/ *vtr* manipuler.

manipulative /məˈnɪpjʊlətɪv/ *adj* manipulateur/-trice.

mankind /ˌmænˈkaɪnd/ *n* humanité *f*.

manly /ˈmænlɪ/ *adj* viril.

man-made /ˌmænˈmeɪd/ *adj* [fabric] synthétique; [pond] artificiel/-ielle.

manner /ˈmænə(r)/ *n* manière *f*, façon *f*; **in a ~ of speaking** pour ainsi dire.

manoeuvreGB, **maneuver**US /məˈnuːvə(r)/ I *n* manœuvre *f*. II *vtr, vi* manœuvrer.

manor /ˈmænə(r)/ *n* manoir *m*.

manpower /ˈmænpaʊə(r)/ *n* main-d'œuvre *f*; MIL hommes *mpl*.

mansion /ˈmænʃn/ *n* demeure *f*; (in town) hôtel *m* particulier.

manslaughter *n* JUR homicide *m* involontaire.

manual /ˈmænjʊəl/ I *n* manuel *m*. II *adj* manuel/-elle.

manufacture /ˌmænjʊˈfæktʃə(r)/ I *n* fabrication *f*; (of car) construction *f*. II *vtr* fabriquer.

manufacturer /ˌmænjʊˈfæktʃərə(r)/ *n* fabricant *m*.

manure /məˈnjʊə(r)/ *n* fumier *m*.

manuscript /ˈmænjʊskrɪpt/ *n* manuscrit *m*.

many /ˈmenɪ/ (*comparative* **more**; *superlative* **most**) I *quantif* beaucoup de, un grand nombre de; **how ~ people/times?** combien de personnes/fois?; **as ~ books as you (do)** autant de livres que toi; **~ a man** plus d'un homme. II *pron* beaucoup; **not ~** pas beaucoup; **too ~** trop; **how ~?** combien?

map /mæp/ I *n* carte *f*; (of town) plan *m*. II *vtr* faire la carte de.

• **map out**: (plans) élaborer.

maple /ˈmeɪpl/ *n* érable *m*.

mar /mɑː(r)/ *vtr* (*p prés etc* **-rr-**) gâcher.

Mar *abrév écrite* = **March**.

marathon /ˈmærəθən, -ɒnUS/ *n* marathon *m*.

marble /ˈmɑːbl/ *n* marbre *m*; JEUX bille *f*.

marcasite *n* marcassite *f*.

march /mɑːtʃ/ I *n* marche *f*. II *vi* marcher d'un pas vif; MIL marcher au pas; (in protest) manifester.

March /mɑːtʃ/ *n* mars *m*.

mare /meə(r)/ *n* jument *f*.

margarine /ˌmɑːdʒəˈriːn/ *n* margarine *f*.

margin /ˈmɑːdʒɪn/ *n* marge *f*; (of river) bord *m*; **by a narrow ~** de peu, de justesse.

marginal /ˈmɑːdʒɪnl/ *adj* marginal; POL **a ~ seat**GB un siège très disputé.

marginally /ˈmɑːdʒɪnəlɪ/ *adv* très peu.
marigold /ˈmærɪgəʊld/ *n* souci *m*.
marine /məˈriːn/ I *n* fusilier *m* marin; marine *f*; **the Marines**US les marines *mpl*. II *adj* marin/-e.
• **tell it to the ~s!**☺ à d'autres!☺
marital /ˈmærɪtl/ *adj* conjugal; **~ status** situation de famille.
maritime /ˈmærɪtaɪm/ *adj* maritime.
marjoram /ˈmɑːdʒərəm/ *n* marjolaine *f*.
mark /mɑːk/ I *n* marque *f*; **as a ~ of** en signe de; SCOLGB note *f*; (stain) tache *f*; (currency) mark *m*. II *vtr* marquer; (stain) tacher; SCOL, UNIV corriger. III *vi* SPORT marquer; (stain) se tacher; SCOL, UNIV corriger des copies.
marked /mɑːkt/ *adj* marqué, net/nette.
marker /ˈmɑːkə(r)/ *n* (pen) marqueur *m*.
market /ˈmɑːkɪt/ I *n* marché *m*. II *vtr* commercialiser, vendre.
marketable *adj* vendable.
marketing /ˈmɑːkɪtɪŋ/ *n* marketing *m*, mercatique *f*.
marketplace *n* place *f* du marché; ÉCON marché *m*.
marking /ˈmɑːkɪŋ/ *n* marque *f*; (on animal) tache *f*; **road ~s** signalisation horizontale; SCOLGB ¢ corrections *fpl*.
marksman *n* tireur *m* d'élite.
marmalade /ˈmɑːməleɪd/ *n* confiture *f*, marmelade *f* d'oranges.
maroon /məˈruːn/ I *n* bordeaux *m*. II *vtr* **to be ~ed** être abandonné.
marqueeGB /mɑːˈkiː/ *n* (tent) grande tente *f*.
marriage /ˈmærɪdʒ/ *n* mariage *m*.
married /ˈmærɪd/ *adj* [person] marié; [life] conjugal.
marrow /ˈmærəʊ/ *n* moelle *f*; (plant)GB courge *f*.
marry /ˈmærɪ/ *vtr, vi* se marier.
marsh /mɑːʃ/ *n* marécage *m*.
marshal /ˈmɑːʃl/ I *n* MIL maréchal *m*; (at car race) commissaire *m*; JURUS ≈ huissier *m* de justice. II (*p prés* **-ll-**GB, **-l-**US) *vtr* rassembler.
marten /ˈmɑːtɪn, -tnUS/ *n* martre *f*.
martial /ˈmɑːʃl/ *adj* martial.
martyr /ˈmɑːtə(r)/ I *n* martyr/-e *m/f*. II *vtr* martyriser.
marvel /ˈmɑːvl/ I *n* merveille *f*. II *vtr, vi* (*p prés etc* **-ll-**GB, **-l-**US) **to ~ at sth** s'étonner de qch.
marvellousGB, **marvelous**US /ˈmɑːvələs/ *adj* merveilleux/-euse.
mascot /ˈmæskət, -skɒt/ *n* mascotte *f*.
masculine /ˈmæskjʊlɪn/ *adj* masculin.
mash /mæʃ/ IGB *n* (potatoes) purée *f*. II *vtr* écraser; **~ed potatoes** purée de pommes de terre.
MASHUS /mæʃ/ *n* (*abrév* = **mobile army surgical hospital**) unité *f* médicale de campagne.
mask /mɑːsk, mæskUS/ I *n* masque *m*. II *vtr* masquer.
mason /ˈmeɪsn/ *n* maçon *m*; **Mason** franc-maçon *m*.
masquerade /ˌmɑːskəˈreɪd, ˌmæsk-US/ *vi* **to ~ as sb** se faire passer pour qn.
mass /mæs/ I *n* GÉN masse *f*; RELIG messe *f*. II **~es** *npl* **the ~es** la foule; (lots)☺GB beaucoup/plein☺ de. III *vi* se masser.
massacre /ˈmæsəkə(r)/ I *n* massacre *m*. II *vtr* massacrer.
massage /ˈmæsɑːʒ, məˈsɑːʒUS/ I *n* massage *m*. II *vtr* masser.
massive /ˈmæsɪv/ *adj* énorme, massif/-ive.
mass media *n* (mass) médias *mpl*.
mast /mɑːst, mæstUS/ *n* mât *m*; RADIO pylône *m*.
master /ˈmɑːstə(r), ˈmæs-US/ I *n* maître *m*; SCOL maître *m*, instituteur *m*; (secondary)GB professeur *m*; (copy) original *m*; UNIV **~'s**

(degree) maîtrise *f.* II *vtr* maîtriser; (skill) posséder; (feelings) dominer, surmonter.

mastermind /ˈmɑːstəmaɪnd/ I *n* cerveau *m.* II *vtr* organiser.

masterpiece *n* chef-d'œuvre *m.*

mastery /ˈmɑːstərɪ, ˈmæs-US/ *n* maîtrise *f.*

mat /mæt/ *n* tapis *m*; (for feet) paillasson *m*; (on table) dessous-de-plat *m inv*; **place ~** set de table.

match /mætʃ/ I *n* SPORT match *m*; (for lighting fire) allumette *f*; **to be a ~ for sb** être un adversaire à la mesure de qn. II *vtr, vi* [colour] être assorti à; [blood type] correspondre à; (demand) répondre à; (record) égaler.

matching *adj* assorti.

mate /meɪt/ I *n* (friend)☺GB copain☺ *m*; (at work, school) camarade *mf*; (animal) mâle *m*, femelle *f.* II *vi* [animal] s'accoupler.

material /məˈtɪərɪəl/ I *n* matière *f*, substance *f*; TECH matériau *m*; (fabric) tissu *m*; (data) documentation *f.* II **~s** *npl* matériel *m.* III *adj* matériel/-ielle; (important) important.

materialize /məˈtɪərɪəlaɪz/ *vi* se concrétiser, se matérialiser.

maternal /məˈtɜːnl/ *adj* maternel/-elle.

maternity /məˈtɜːnətɪ/ *n* maternité *f.*

math☺US /mæθ/ *n* ▸ **maths**.

mathematical /ˌmæθəˈmætɪkl/ *adj* mathématique.

mathematician /ˌmæθməˈtɪʃn/ *n* mathématicien/-ienne *m/f.*

mathematics /ˌmæθəˈmætɪks/ *n sg* mathématiques *fpl.*

maths☺GB /mæθs/ *n* (*sg*) maths☺ *fpl.*

matrix /ˈmeɪtrɪks/ *n* (*pl* **-trices**) matrice *f.*

matron /ˈmeɪtrən/ *n* (nurse)GB infirmière *f* en chef; PÉJ matrone *f* PÉJ.

matter /ˈmætə(r)/ I *n* (affair) affaire *f*; (requiring solution) problème *m*; **what's the ~?** qu'est-ce qu'il y a?; **business ~s** affaires *fpl*; (question) question *f*; **it's a ~ of urgency** c'est urgent; (substance) matière *f*; **printed ~** imprimés *mpl*; **~ and style** le fond et la forme. II *vi* être important; **to ~ to sb** avoir de l'importance pour qn; **it doesn't ~ whether** peu importe que (+ *subj*).

• **as a ~ of course** automatiquement; **as a ~ of fact** en fait; **for that ~** d'ailleurs; **no ~ how late it is** peu importe l'heure.

matter-of-fact *adj* [voice, tone] détaché; [person] terre à terre *inv.*

mattress /ˈmætrɪs/ *n* matelas *m.*

mature /məˈtjʊə(r), -ˈtʊərUS/ I *adj* mûr; [attitude, plant, animal] adulte. II *vi* mûrir; [person, animal] devenir adulte.

maturity /məˈtjʊərətɪ, -ˈtʊə-US/ *n* maturité *f.*

maul /mɔːl/ *vtr* mutiler.

mauve /məʊv/ *n, adj* mauve (*m*).

maverick /ˈmævərɪk/ *adj* non conformiste.

maxim /ˈmæksɪm/ *n* maxime *f.*

maximum /ˈmæksɪməm/ (*pl* **-mums**, **-ma**) *n, adj* maximum (*m*).

may[1] /meɪ/ *modal aux* (possibility) **he ~ come** il se peut qu'il vienne, il viendra peut-être; **come what ~** advienne que pourra; (permission) **~ I come in?** puis-je entrer?; **if I ~ say so** si je puis me permettre.

mayGB[2] /meɪ/ *n* aubépine *f.*

May /meɪ/ *n* mai *m.*

maybe /ˈmeɪbiː/ *adv* peut-être.

May Day *n* premier mai *m.*

mayfly *n* éphémère *m.*

mayhem /ˈmeɪhem/ *n* désordre *m.*

mayn't /ˈmeɪənt/ = **may not**.

mayor /meə(r), ˈmeɪərUS/ *n* maire *m.*

maze /meɪz/ *n* labyrinthe *m.*

Mb *n* ORDINAT (*abrév* = **megabyte**) Mo.

MBA *n* UNIV (*abrév* = **Master of Business Administration**) ≈ maîtrise de gestion.

MD *n* MÉD, UNIV (*abrév* = **Medical Doctor**) docteur *m* en médecine; (*abrév* = **Managing Director**GB) directeur *m* général.

me[1] /miː, mɪ/ *pron* me; (*before vowel*) m'; **it's for ~** c'est pour moi; **if you were ~** à ma place.

me[2] /miː/ *n* MUS mi *m*.

meadow /ˈmedəʊ/ *n* pré *m*, prairie *f*.

meadowsweet *n* reine-des-prés *f*.

meagreGB, **meager**US /ˈmiːgə(r)/ *adj* maigre.

meal /miːl/ *n* repas *m*.

mean /miːn/ I *n* GÉN moyenne *f*. II *adj* moyen/-enne; (not generous) avare; [attitude] mesquin; **a ~ trick** un sale tour. III *vtr* (*prét, pp* **~t**) signifier, vouloir dire; **I meant it as a joke** c'était pour rire; **to ~ well** avoir de bonnes intentions; **she ~s business** elle ne plaisante pas; **I didn't ~ to do it** je ne l'ai pas fait exprès; **I know what you ~** je comprends; **it was meant to be** cela devait arriver; **he's meant to be** il est censé être.

meander /mɪˈændə(r)/ *vi* [river, road] serpenter; [person] flâner.

meaning /ˈmiːnɪŋ/ *n* (sense) sens *m*, signification *f*.

meaningful /ˈmiːnɪŋfl/ *adj* significatif/-ive.

meaningless /ˈmiːnɪŋlɪs/ *adj* qui n'a pas de sens, insignifiant.

means /miːnz/ I *n inv* moyen *m*; **a ~ of doing sth** un moyen de faire qch; **by ~ of** au moyen de; **yes, by all ~** oui, certainement. II *npl* moyens *mpl*, revenus *mpl*.

meant /ment/ *prét, pp* ▸ **mean** III.

meantime /ˈmiːntaɪm/ *adv* pendant ce temps; **for the ~** pour le moment.

meanwhile /ˈmiːnwaɪl/ *adv* pendant ce temps; (until then) en attendant.

measles /ˈmiːzlz/ *n* (*sg*) rougeole *f*.

measure /ˈmeʒə(r)/ I *n* mesure *f*; (of efficiency) critère *m*. II *vtr* mesurer.

measurement /ˈmeʒəmənt/ *n* mesures *fpl*.

meat /miːt/ *n* viande *f*; **crab ~** chair de crabe.

meatball /ˈmiːtbɔːl/ *n* boulette *f* de viande.

Mecca /ˈmekə/ *pr n* La Mecque.

mechanic /mɪˈkænɪk/ I *n* mécanicien/-ienne *m/f*. II **~s** *npl* (*sg*) mécanique *f*; (*pl*) mécanisme de.

mechanical /mɪˈkænɪkl/ *adj* mécanique.

mechanism /ˈmekənɪzəm/ *n* mécanisme *m*.

medal /ˈmedl/ *n* médaille *f*.

meddle /ˈmedl/ *vi* PÉJ **to ~ in** (affairs) s'immiscer dans; **stop meddling!** mêle-toi de tes affaires!

media /ˈmiːdɪə/ *n* (*pl ou sg*) **the ~** les médias *mpl*.

median /ˈmiːdɪən/ I *n* médiane *f*. II *adj* moyen/-enne.

mediate /ˈmiːdɪeɪt/ I *vtr* négocier. II *vi* **to ~ in/between** servir de médiateur dans/entre.

medic☺ /ˈmedɪk/ *n* toubib☺ *m*, médecin *m*.

medical /ˈmedɪkl/ IGB *n* visite *f* médicale. II *adj* médical; [school] de médecine *f*.

medicine /ˈmedsn, ˈmedɪsnUS/ *n* médecine *f*; médicament *m*.

medieval /ˌmedɪˈiːvl, ˌmiːd-US, *also* mɪˈdiːvl/ *adj* médiéval..

mediocre /ˌmiːdɪˈəʊkə(r)/ *adj* médiocre.

mediocrity /ˌmiːdɪˈɒkrətɪ/ *n* médiocrité *f*.

meditate /ˈmedɪteɪt/ *vtr, vi* méditer.

Mediterranean /ˌmedɪtəˈreɪnɪən/ I *pr n* **the ~** la (mer) Méditerranée. II *adj* méditerranéen/-éenne.

medium /ˈmi:dɪəm/ I *n* (*pl* **-iums/-ia**) média *m*; **through the ~ of** grâce à; (*pl* **-ia**) matériau *m*; **to find/strike a happy ~** trouver le juste milieu; (*pl* **-iums**) médium *m*. II *adj* moyen/-enne.

medium-sized *adj* de taille moyenne.

medium term *n* **in the ~** à moyen terme.

medlar /ˈmedlə(r)/ *n* nèfle *f*.

medley /ˈmedlɪ/ *n* mélange *m*; MUS pot-pourri *m*.

meek /mi:k/ *adj* docile.

meet /mi:t/ (*prét, pp* **met**) *vtr* I rencontrer; faire la connaissance de; (at the station) (aller) attendre; (criteria) répondre à, satisfaire à. II *vi* se rencontrer, faire connaissance; [parliament] se réunir.
• **meet up**©: (friend) retrouver. • **meet with**: rencontrer.

meeting /ˈmi:tɪŋ/ *n* réunion *f*; (coming together) rencontre *f*.

meeting place *n* (lieu *m* de) rendez-vous *m inv*.

megabyte /ˈmegəbaɪt/ *n* mégaoctet *m*.

melancholy /ˈmelənkəlɪ/ *n* mélancolie *f*.

mellow /ˈmeləʊ/ I *adj* moelleux/-euse; [colour, light, sound] doux/douce. II *vi* s'adoucir.

melody /ˈmelədɪ/ *n* mélodie *f*.

melon /ˈmelən/ *n* melon *m*.

melt /melt/ I *vtr* faire fondre. II *vi* (se) fondre.
• **melt away**: fondre. • **melt down**: fondre.

member /ˈmembə(r)/ *n* membre *m*; POL député *m*.

Member of CongressUS *n* POL membre *m* du Congrès.

Member of ParliamentGB *n* POL député *m*.

Member of the European Parliament *n* député *m* au Parlement européen.

membership /ˈmembəʃɪp/ *n* adhésion *f*; (fee) cotisation *f*; (members) membres *mpl*.

memento /mɪˈmentəʊ/ *n* (*pl* **~s/~es**) souvenir *m*.

memo /ˈmeməʊ/ *n* note *f* de service.

memoirs /ˈmemwɑ:(r)z/ *npl* mémoires *mpl*.

memorandum /ˌmeməˈrændəm/ *n* (*pl* **-da**) note *f* de service.

memorial /məˈmɔ:rɪəl/ I *n* mémorial *m*. II *adj* commémoratif/-ive.

memorize /ˈmeməraɪz/ *vtr* apprendre [qch] par cœur.

memory /ˈmemərɪ/ *n* mémoire *f*; **from ~** de mémoire; (recollection) (*often pl*) souvenir *m*.

men /men/ *pl* ▸ **man**.

menace /ˈmenəs/ I *n* menace *f*; **he's a real ~**© c'est une vraie plaie. II *vtr* menacer.

mend /mend/ *vtr* réparer; (in sewing) raccommoder; (improve) arranger.

men's roomUS /ˈmenzru:m, -rʊm/ *n* toilettes *fpl* pour hommes.

menstruate /ˈmenstrueɪt/ *vi* avoir ses règles.

mental /ˈmentl/ *adj* mental; [hospital, institution] psychiatrique.

mentality /menˈtælətɪ/ *n* mentalité *f*.

mentally /ˈmentəlɪ/ *adv* MÉD **~ handicapped** handicapé mental; [calculate] mentalement.

mention /ˈmenʃn/ I *n* mention *f*. II *vtr* mentionner, citer; **not to ~** sans parler de; **don't ~ it!** je vous en prie!

menu /ˈmenju:/ *n* menu *m*.

MEP *n* (*abrév* = **Member of the European Parliament**) député *m* au Parlement européen.

mercenary /ˈmɜːsɪnərɪ, -nerɪ[US]/ *n, adj* mercenaire *mf*.

merchandise /ˈmɜːtʃəndaɪz/ *n* ¢ marchandise(s) *f(pl)*.

merchant /ˈmɜːtʃənt/ *n* marchand *m*, négociant *m*.

merciful /ˈmɜːsɪfl/ *adj* clément; **a ~ release** une délivrance.

merciless /ˈmɜːsɪlɪs/ *adj* impitoyable.

mercury /ˈmɜːkjʊrɪ/ *n* mercure *m*.

mercy /ˈmɜːsɪ/ *n* pitié *f*, clémence *f*; **to have ~ on sb** avoir pitié de qn; **to beg for ~** demander grâce; **at the ~ of** à la merci de; **it's a ~ that** c'est une chance que (+ *subj*).

mere /mɪə(r)/ *adj* [fiction, formality] simple; **he's a ~ child** ce n'est qu'un enfant; **to last a ~ 20 minutes** durer tout juste 20 minutes.

merely /ˈmɪəlɪ/ *adv* simplement.

merge /mɜːdʒ/ **I** *vtr* fusionner; **to ~ into sth** se fondre avec qch. **II** *vi* [roads, rivers] se rejoindre; [company, department] fusionner avec.

merger /ˈmɜːdʒə(r)/ *n* fusion *f*.

merit /ˈmerɪt/ **I** *n* valeur *f*, mérite *m*. **II** *vtr* mériter.

mermaid /ˈmɜːmeɪd/ *n* sirène *f*.

merry /ˈmerɪ/ *adj* joyeux/-euse, gai; **~ Christmas!** joyeux Noël!; (tipsy)☺ éméché.

• **the more the merrier!** PROV plus on est de fous, plus on rit PROV.

mesh /meʃ/ **I** *n* mailles *fpl*; (wire mesh) grillage *m*. **II** *vi* **to ~ with** être en accord avec.

mesmerize /ˈmezməraɪz/ **I** *vtr* hypnotiser. **II ~d** *pp adj* fasciné.

mess /mes/ **I** *n* désordre *m*; **to be in a terrible ~** être dans une situation catastrophique; MIL cantine *f*. **II**☺ *vtr* **don't ~ with him** évite-le.

• **mess about**☺, **mess around**☺: faire l'imbécile. • **mess up**☺: semer la pagaille dans; (chances) gâcher.

message /ˈmesɪdʒ/ *n* message *m*.

messenger /ˈmesɪndʒə(r)/ *n* messager/-ère *m/f*; (for company) coursier/-ière *m/f*.

messiah /mɪˈsaɪə/ *n* messie *m*.

Messrs /ˈmesəz/ *n* (*abrév écrite* = **messieurs**) MM.

messy /ˈmesɪ/ *adj* en désordre; [business] sale.

met /met/ *prét, pp* ▸ **meet**.

metal /ˈmetl/ *n* métal *m*.

metallic /mɪˈtælɪk/ *adj* métallique; [paint] métallisé.

metaphor /ˈmetəfɔː(r)/ *n* métaphore *f*.

meteor /ˈmiːtɪə(r)/ *n* météore *m*.

meteorological /ˌmiːtɪərəˈlɒdʒɪkl/ *adj* météorologique.

mete out /miːt aʊt/ *v* (punishment) infliger.

meter /ˈmiːtə(r)/ **I** *n* compteur *m*; parcmètre *m*; [US] mètre *m*. **II** *vtr* mesurer.

method /ˈmeθəd/ *n* méthode *f*; (of payment) mode *m*.

methodical /mɪˈθɒdɪkl/ *adj* méthodique.

Methodist /ˈmeθədɪst/ *n* méthodiste *mf*.

meticulous /mɪˈtɪkjʊləs/ *adj* méticuleux/-euse.

metre[GB] /ˈmiːtə(r)/ *n* GÉN mètre *m*.

metric /ˈmetrɪk/ *adj* métrique.

metropolis /məˈtrɒpəlɪs/ *n* métropole *f*.

metropolitan /ˌmetrəˈpɒlɪtən/ *adj* [area] urbain; **~ France** la France métropolitaine.

mew /mjuː/ *vi* miauler.

mews[GB] /mjuːz/ *n* (*sg*) ruelle *f*.

MF *n* (*abrév* = **medium frequency**) FM *f*.

MI5GB *n* *service britannique de contre-espionnage.*

miaowGB /miː'aʊ/ I *n* miaou *m.* II *vi* miauler.

mice /maɪs/ *pl* ▸ **mouse**.

Michaelmas termGB *n* UNIV premier trimestre *m.*

microchip /'maɪkrəʊtʃɪp/ *n* ORDINAT puce *f.*

microcomputer *n* micro-ordinateur *m.*

microcomputing /ˌmaɪkrəʊkəm'pjuːtɪŋ/ *n* micro-informatique *f.*

microlighting /'maɪkrəˌlaɪtɪŋ/ *n* SPORT ULM *m*, ultra-léger motorisé.

microphone /'maɪkrəfəʊn/ *n* microphone *m.*

microprocessor /ˌmaɪkrəʊ'prəʊses / *n* ORDINAT microprocesseur *m.*

microscope /'maɪkrəskəʊp/ *n* microscope *m.*

microscopic /ˌmaɪkrə'skɒpɪk/ *adj* microscopique.

microwave /'maɪkrəweɪv/ *n* four *m* à micro-ondes.

mid+ /mɪd/ *combining form* **~-afternoon** milieu de l'après-midi; **(in) ~-May** (à la) mi-mai.

midday /ˌmɪd'deɪ/ *n* midi *m.*

middle /'mɪdl/ I *n* milieu *m*; **in the ~ of** au milieu de; (waist)☺ taille *f.* II *adj* [door] du milieu; [size] moyen/-enne; **a ~ course** une position intermédiaire.
• **in the ~ of nowhere** dans un trou perdu.

middle age *n* âge *m* mûr.

middle-aged *adj* d'âge mûr.

Middle Ages *n* **the ~** le Moyen Âge.

middle class I *n* classe *f* moyenne. II **middle-class** *adj* bourgeois.

Middle East *pr n* Moyen-Orient *m.*

Middle-Eastern *adj* du Moyen-Orient.

middleman *n* intermédiaire *m.*

midge /mɪdʒ/ *n* moucheron *m.*

midnight /'mɪdnaɪt/ *n* minuit *m.*

midst /mɪdst/ *n* **in the ~ of** au beau milieu de.

midsummer /ˌmɪd'sʌmə(r)/ *n* milieu *m* de l'été; **Midsummer's Day** la Saint-Jean.

midterm /ˌmɪd'tɜːm/ *n* **in ~** SCOL au milieu du trimestre.

midway /ˌmɪd'weɪ/ *adv* **~ between** à mi-chemin entre; **~ through** au milieu de.

midwife /'mɪdwaɪf/ *n* (*pl* **-wives**) sage-femme *f.*

might[1] /maɪt/ *modal aux* (*nég* **might not, mightn't**) (+ possibility) **he ~ be right** il a peut-être raison, il se peut qu'elle ait raison; (*prét de* **may**) **I said I ~ go into town** j'ai dit que j'irais peut-être en ville; **she asked if she ~ leave** elle demanda si elle pouvait partir; (+ suggestion) **it ~ be a good idea** ce serait peut-être une bonne idée; (+ statement, argument) **one ~ argue** on pourrait dire que; (expressing irritation) **I ~ have known** j'aurais dû m'en douter!; (in concessives) **they ~ not be fast but** ils ne sont peut-être pas rapides mais.

might[2] /maɪt/ *n* puissance *f.*

mightn't /'maɪtnt/ = **might not**.

mighty /'maɪtɪ/ I *adj* puissant. II☺US *adv* vachement☺.

migrant /'maɪgrənt/ I *n* migrant/-e *m/f*; oiseau *m* migrateur. II *adj* [person] migrant; [animal] migrateur/-trice.

migrate /maɪ'greɪt, 'maɪgreɪtUS/ *vi* [person] émigrer; [animal] migrer.

mike☺ /maɪk/ *n* micro☺ *m.*

mild /maɪld/ *adj* léger/-ère; [weather, person] doux/douce; [curry] peu épicé; [interest] modéré; [case] bénin/-igne.

mile /maɪl/ *n* mile *m* (= *1609 mètres*); **it's ~s away!** c'est au bout du monde.

mileage /'maɪlɪdʒ/ *n* ≈ kilométrage *m*; (per gallon) consommation *f.*

milestone /ˈmaɪlstəʊn/ *n* borne *f* (milliaire); FIG étape *f* importante.

militant /ˈmɪlɪtənt/ *n, adj* militant/-e *(m/f)*.

military /ˈmɪlɪtrɪ, -terɪ^US/ *adj* militaire.

militia /mɪˈlɪʃə/ *n* milice *f*.

milk /mɪlk/ I *n* lait. II *vtr* (cow) traire; FIG exploiter.

milky /ˈmɪlkɪ/ *adj* [drink] au lait; [skin] laiteux/-euse.

Milky Way *pr n* Voie *f* lactée.

mill /mɪl/ I *n* moulin *m*; (factory) fabrique *f*. II *vtr* (pepper) moudre; (steel) fabriquer. • **mill around, mill about**: grouiller.

millennium /mɪˈlenɪəm/ *n* (*pl* **-s/-nia**) millénaire *m*.

miller /ˈmɪlə(r)/ *n* meunier/-ière *m/f*.

milligram(me) /ˈmɪlɪgræm/ *n* milligramme *m*.

millimetre^GB, **millimeter**^US /ˈmɪlɪmiːtə(r)/ *n* millimètre *m*.

million /ˈmɪljən/ *n, adj* million *(m)*.

mime /maɪm/ I *n* mime *m*; (performer) mime *mf*. II *vtr, vi* mimer.

mimic /ˈmɪmɪk/ I *n* imitateur/-trice *m/f*. II *vtr* (*p prés etc* **-ck-**) imiter.

min *n* (*abrév écrite* = **minute**) minute *f*.

mince /mɪns/ I^GB *n* viande *f* hachée. II *vtr* (meat) hacher.

mince pie *n: tartelette de Noël.*

mind /maɪnd/ I *n* esprit *m*; **to cross sb's ~** venir à l'esprit de qn; **to have sth on one's ~** être préoccupé; **it went right out of my ~** cela m'est complètement sorti de la tête; (brain) intelligence *f*; **to have a very good ~** être très intelligent; **are you out of your ~**^©**?** tu es fou/folle^©?; (opinion) avis *m*; **to my ~** à mon avis; **to make up one's ~ about/to do** se décider à propos de/à faire; **to change one's ~ about sth** changer d'avis sur qch; (attention) **to keep one's ~ on sth** se concentrer sur; **to put one's ~ to it** faire un effort. II **in ~** *adv phr* **with the future in ~** en prévision de l'avenir. III *vtr* faire attention à; (child) s'occuper de; (shop) tenir; (language) surveiller; **I don't ~** ça m'est égal; **if you don't ~** si cela ne vous ennuie pas; **I don't ~ the cold** le froid ne me dérange pas; **~ your (own) business!** mêle-toi de tes affaires!; **never ~** ne t'en fais pas, peu importe.

minder^©GB /ˈmaɪndə(r)/ *n* garde *m* du corps.

mindful /ˈmaɪndfl/ *adj* soucieux/-ieuse (de).

mindless /ˈmaɪndlɪs/ *adj* bête, stupide.

mine[1] /maɪn/ *pron* le mien, la mienne; **a friend of ~** un amie à moi; **it's not ~** ce n'est pas à moi.

mine[2] /maɪn/ I *n* mine *f*. II *vtr* (gems, mineral) extraire; MIL miner.

minefield /ˈmaɪnfiːld/ *n* champ *m* de mines; FIG terrain *m* miné.

miner /ˈmaɪnə(r)/ *n* mineur *m*.

mineral /ˈmɪnərəl/ *n, adj* minéral *(m)*.

mineral water *n* eau *f* minérale.

mingle /ˈmɪŋgl/ *vi* **to ~ (with)** se mêler (à).

miniature /ˈmɪnətʃə(r), ˈmɪnɪətʃʊər^US/ *n, adj* miniature *(f)*.

minimal /ˈmɪnɪml/ *adj* minimal.

minimize /ˈmɪnɪmaɪz/ *vtr* réduire [qch] au maximum, minimiser; ORDINAT réduire.

minimum /ˈmɪnɪməm/ I *n* minimum *m*. II *adj* minimum, minimal.

mining /ˈmaɪnɪŋ/ *n* exploitation *f* minière.

minister /ˈmɪnɪstə(r)/ I *n* POL^GB, RELIG ministre *m*. II *vi* **to ~ to sb's needs** pourvoir aux besoins de qn.

ministerial^GB *adj* ministériel/-ielle.

ministry /ˈmɪnɪstrɪ/ *n* POL^GB ministère *m*.

mink /mɪŋk/ *n* vison *m*.

minor /ˈmaɪnə(r)/ I *n* mineur/-e *m/f*. II *adj* mineur; [road] secondaire; [injury] léger/-ère.

minority /maɪˈnɒrətɪ, -ˈnɔːr-US/ *n* minorité *f*.

mint /mɪnt/ I *n* menthe *f*; (sweet) bonbon *m* à la menthe; **after-dinner ~** chocolat à la menthe; **the Royal Mint**GB (l'hôtel de) la Monnaie. II *adj* **in ~ condition** à l'état neuf. III *vtr* (coin) frapper.

minus /ˈmaɪnəs/ I *n*, *prep* moins (*m*). II *adj* [sign] moins; [value] négatif/-ive; **the ~ side** les inconvénients.

minute[1] /ˈmɪnɪt/ I *n* minute *f*; **it won't take a ~** ce ne sera pas long; **any ~ now** d'une minute à l'autre; **stop it this ~!** arrêtez immédiatement!; **to the last ~** au dernier moment. II **~s** *npl* compte rendu *m*.

minute[2] /maɪˈnjuːt, -ˈnuːtUS/ *adj* minuscule.

miracle /ˈmɪrəkl/ *n* miracle *m*.

miraculous /mɪˈrækjʊləs/ *adj* miraculeux/-euse.

mirror /ˈmɪrə(r)/ I *n* miroir *m*, glace *f*; AUT rétroviseur *m*. II *vtr* refléter.

misbehave /ˌmɪsbɪˈheɪv/ *vi* se conduire mal.

miscalculation /ˌmɪskælkjʊˈleɪʃn/ *n* erreur *f* de calcul.

miscarriage /ˈmɪskærɪdʒ, ˌmɪsˈkærɪdʒ/ *n* MÉD fausse couche *f*; JUR **a ~ of justice** une grave erreur judiciaire.

miscellaneous /ˌmɪsəˈleɪnɪəs/ *adj* divers.

mischief /ˈmɪstʃɪf/ *n* espièglerie *f*; (witty) malice *f*; (done by children) bêtises *fpl*.

mischievous /ˈmɪstʃɪvəs/ *adj* [child, humour] espiègle; [eyes] malicieux/-ieuse.

misconduct /ˌmɪsˈkɒndʌkt/ *n* inconduite *f*; **professional ~** faute professionnelle.

misdeal /mɪsˈdiːl/ *n* JEUX maldonne *f*.

miserable /ˈmɪzrəbl/ *adj* misérable; [event, expression] malheureux/-euse; **to feel ~** avoir le cafard©; [result] lamentable.

misery /ˈmɪzərɪ/ *n* misère *f*; souffrance *f*.

misfit /ˈmɪsfɪt/ *n* marginal/-e *m/f*.

misfortune /mɪsˈfɔːtʃuːn/ *n* malheur *m*; (bad luck) malchance *f*.

misgiving /ˌmɪsˈgɪvɪŋ/ *n* crainte *f*, doute *m*.

misguided /ˌmɪsˈgaɪdɪd/ *adj* [strategy] peu judicieux/-ieuse; [politicians] malavisé.

mishap /ˈmɪshæp/ *n* incident *m*.

misinterpret /ˌmɪsɪnˈtɜːprɪt/ *vtr* mal interpréter.

misjudge /ˌmɪsˈdʒʌdʒ/ *vtr* (speed, feeling) mal évaluer; (person) mal juger.

mislead /ˌmɪsˈliːd/ *vtr* (*prét*, *pp* **-led**) induire [qn] en erreur.

misleading /ˌmɪsˈliːdɪŋ/ *adj* [impression] trompeur/-euse; [information] inexact.

misplace /ˌmɪsˈpleɪs/ *vtr* égarer.

miss /mɪs/ I *vtr* (bus, event, etc) rater; (target, school) manquer; (joke, remark) ne pas saisir; (death, injury) échapper à; (traffic, etc) éviter; **I ~ you** tu me manques. II *vi* rater son coup.

Miss /mɪs/ *n* Mademoiselle *f*; (abbreviation) Mlle.

missile /ˈmɪsaɪl, ˈmɪslUS/ *n* MIL missile *m*; GÉN projectile *m*.

missing /ˈmɪsɪŋ/ *adj* disparu; **to be ~** manquer.

mission /ˈmɪʃn/ *n* mission *f*.

missionary /ˈmɪʃənrɪ, -nerɪUS/ *n* missionnaire *mf*.

mist /mɪst/ *n* GÉN brume *f*; (on glass) buée *f*.

• **mist over, mist up**: s'embuer.

mistake /mɪˈsteɪk/ I *n* erreur *f*; (in text) faute *f*. II *vtr* (*prét* **-took**, *pp* **-taken**) se tromper; **to ~ sb for sb else** confondre qn avec qn d'autre; (meaning) mal interpréter.

mistaken /mɪˈsteɪkən/ I *pp* ▸ **mistake**. II *adj* **to be ~** avoir tort; [enthusiasm, generosity] mal placé.

mister /ˈmɪstə(r)/ *n* Monsieur.

mistletoe /ˈmɪsltəʊ/ *n* gui *m*.
mistook /mɪˈstʊk/ *prét* ▸ **mistake**.
mistress /ˈmɪstrɪs/ *n* maîtresse *f*.
mistrust /ˌmɪsˈtrʌst/ I *n* méfiance *f*. II *vtr* se méfier de.
misty /ˈmɪstɪ/ *adj* [morning] brumeux/-euse; [lens] embué.
misunderstand /ˌmɪsˌʌndəˈstænd/ (*prét, pp* **-stood**) *vtr* mal comprendre, ne pas comprendre; **to feel misunderstood** se sentir incompris.
misunderstanding /ˌmɪsˌʌndəˈstændɪŋ/ *n* malentendu *m*.
misuse I /ˌmɪsˈjuːs/ *n* mauvais usage *m*; (of drugs) usage abusif; (of power) abus *m*. II /ˌmɪsˈjuːz/ *vtr* (resources) mal employer; (authority) abuser de.
mite /maɪt/ *n* (animal) acarien *m*.
mitigate /ˈmɪtɪgeɪt/ *vtr* atténuer.
mix /mɪks/ I *n* mélange *m*; **a cake ~** une préparation pour gâteau. II *vtr* mélanger; (systems) combiner. III *vi* se mélanger; **to ~ with** fréquenter.
• **mix up**: confondre; (papers) mélanger, mêler.
mixed /mɪkst/ *adj* [nuts] assorti; [salad] composé; [group] mélangé; [school] mixte; [reaction] mitigé.
• **to be a ~ blessing** avoir ses avantages et ses inconvénients.
mixed-up© *adj* perturbé; **to get ~** se tromper.
mixer /ˈmɪksə(r)/ *n* batteur *m* électrique.
mixture /ˈmɪkstʃə(r)/ *n* mélange *m*.
mix-up /ˈmɪksʌp/ *n* confusion *f*.
mm (*abrév écrite* = **millimetre(s)**GB) mm.
moan /məʊn/ I *n* gémissement *m*, plainte *f*. II *vi* gémir; (complain)© râler©.
moat /məʊt/ *n* douve *f*.
mob /mɒb/ I *n* foule *f*; (gang) gang *m*. II *vtr* (*p prés etc* **-bb-**) assaillir.
mobile /ˈməʊbaɪl, -blUS/ *n, adj* mobile; **~ (phone)** (téléphone) portable.
mobilize /ˈməʊbɪlaɪz/ *vtr, vi* mobiliser.
mocha /ˈmɒkə, ˈməʊkəUS/ *n* (coffee) moka *m*; (flavour) *arôme de café et de chocolat*.
mock /mɒk/ I *adj* [suede] faux/fausse; **~ exam** examen blanc. II *vtr, vi* se moquer (de).
mockery /ˈmɒkərɪ/ *n* moquerie *f*.
MoDGB *n* (*abrév* = **Ministry of Defence**GB) ministère *m* de la Défense.
mode /məʊd/ *n* mode *m*.
model /ˈmɒdl/ I *n* modèle *m*; (scale representation) maquette *f*; (showing clothes) mannequin *m*. II *adj* [railway, soldier] miniature; [car] modèle réduit; [student] modèle. III *vtr* (*p prés etc* **-ll-**GB, **-l-**US) modeler; (garment) présenter. IV *vi* [artist's model] poser; [fashion model] travailler comme mannequin.
modem *n* ORDINAT modem *m*.
moderate I /ˈmɒdərət/ *adj* modéré. II /ˈmɒdəreɪt/ *vtr, vi* (se) modérer.
moderation /ˌmɒdəˈreɪʃn/ *n* modération *f*.
modern /ˈmɒdn/ *adj* moderne.
modernize /ˈmɒdənaɪz/ *vtr, vi* (se) moderniser.
modest /ˈmɒdɪst/ *adj* modeste.
modesty /ˈmɒdɪstɪ/ *n* modestie *f*.
modify /ˈmɒdɪfaɪ/ *vtr* modifier.
module /ˈmɒdjuːl, -dʒʊ-US/ *n* module *m*.
mogul /ˈməʊgl/ *n* superproducteur *m*.
moist /mɔɪst/ *adj* [soil] humide; [hands] moite; [skin] bien hydraté.
moisture /ˈmɔɪstʃə(r)/ *n* humidité *f*; (on glass) buée *f*; (in skin) hydratation *f*.
moisturize /ˈmɔɪstʃəraɪz/ *vtr* hydrater.
moisturizer /ˈmɔɪstʃəraɪzə(r)/ *n* crème *f* hydratante.

moldUS, **molding**US ▸ **mould, moulding**.

mole /məʊl/ *n* (animal, spy) taupe *f*; (on skin) grain *m* de beauté.

molecule /ˈmɒlɪkju:l/ *n* molécule *f*.

molest /məˈlest/ *vtr* agresser sexuellement.

moltUS ▸ **moult**.

moment /ˈməʊmənt/ *n* moment *m*; **at any ~** à tout instant.

momentarily /ˈməʊməntrəlɪ, ˌməʊmənˈterəlɪUS/ *adv* momentanément; (very soon)US dans un instant.

momentary /ˈməʊməntrɪ, -terɪUS/ *adj* momentané.

momentous /məˈmentəs, məʊˈm-/ *adj* capital.

momentum /məˈmentəm, məʊˈm-/ *n* élan *m*; PHYS vitesse *f*.

Mon *abrév écrite* = **Monday**.

monarch /ˈmɒnək/ *n* monarque *m*.

monarchy /ˈmɒnəkɪ/ *n* monarchie *f*.

monastery /ˈmɒnəstrɪ, -terɪUS/ *n* monastère *m*.

Monday /ˈmʌndeɪ, -dɪ/ *n* lundi *m*.

monetary /ˈmʌnɪtrɪ, -terɪUS/ *adj* monétaire.

money /ˈmʌnɪ/ *n* argent *m*; **to get one's ~ back** être remboursé.

money order *n* mandat *m* postal.

monitor /ˈmɒnɪtə(r)/ I *n* dispositif *m* de surveillance; ORDINAT moniteur *m*. II *vtr* contrôler; RADIO être à l'écoute de.

monk /mʌŋk/ *n* moine *m*.

monkey /ˈmʌŋkɪ/ *n* singe *m*; (rascal)☺ galopin☺ *m*.

monkfish /ˈmʌŋkfɪʃ/ *n inv* lotte *f*.

mono /ˈmɒnəʊ/ *n*, *adj* AUDIO mono *(f)*, *(inv)*.

monologue, **monolog**US /ˈmɒnəlɒg/ *n* monologue *m*.

monopolize /məˈnɒpəlaɪz/ *vtr* monopoliser.

monopoly /məˈnɒpəlɪ/ *n* monopole *m*.

monotonous /məˈnɒtənəs/ *adj* monotone.

monsoon /mɒnˈsu:n/ *n* mousson *f*.

monster /ˈmɒnstə(r)/ *n* monstre *m*.

monstrous /ˈmɒnstrəs/ *adj* monstrueux/-euse.

month /mʌnθ/ *n* mois *m*.

monthly /ˈmʌnθlɪ/ I *n* mensuel *m*. II *adj* mensuel/-elle. III *adv* tous les mois.

monument /ˈmɒnjʊmənt/ *n* monument *m*.

mood /mu:d/ *n* humeur *f*; **in a good/bad ~** de bonne/mauvaise humeur; LING mode *m*.

moody /ˈmu:dɪ/ *adj* de mauvaise humeur; (unpredictable) d'humeur changeante.

moon /mu:n/ *n* lune *f*; **the ~** la Lune.

moonlight /ˈmu:nlaɪt/ *n* clair *m* de lune.

moor /mɔ:(r), mʊərUS/ I *n* lande *f*. II *vtr* NAUT amarrer. III *vi* NAUT mouiller.

moorland /ˈmɔ:lənd, ˈmʊər-US/ *n* lande *f*.

moose /mu:s/ *n inv* orignal *m*; (European) élan *m*.

mop /mɒp/ I *n* balai *m* (à franges); (for dishes) lavette *f*; (of hair) crinière☺ *f*. II *vtr* (*p prés etc* **-pp-**) laver; **to ~ one's face** s'éponger le visage.

• **mop up**: éponger.

moped /ˈməʊped/ *n* vélomoteur *m*.

moral /ˈmɒrəl, ˈmɔ:rəlUS/ I *n* morale *f*. II **~s** *npl* (habits) mœurs *fpl*; (morality) moralité *f*. III *adj* moral.

morale /məˈrɑ:l, -ˈrælUS/ *n* moral *m*.

morality /məˈrælətɪ/ *n* moralité *f*.

morbid /ˈmɔ:bɪd/ *adj* morbide.

more /mɔ:(r)/ I *adv* (+ adjective, adverb) plus; (to a greater extent) plus, davantage;

you must rest ~ il faut que tu te reposes davantage; **any** ~ ne... plus; **once** ~ une fois de plus. II *quantif* encore, plus de; ~ **cars than people** plus de voitures que de gens; **some** ~ **books** quelques livres de plus; ~ **bread?** encore un peu de pain?; **nothing** ~ rien de plus. III *pron* plus, davantage. IV **~ and ~** *det phr, adv phr* de plus en plus. V **~ or less** *adv phr* plus ou moins. VI **~ than** *adv phr, prep phr* plus de, plus que.

moreish©GB /ˈmɔːrɪʃ/ *adj* **to be ~** avoir un petit goût de revenez-y.

morello cherry *n* griotte *f*.

moreover /mɔːˈrəʊvə(r)/ *adv* d'ailleurs, de plus, qui plus est.

morning /ˈmɔːnɪŋ/ *n* matin *m*, (with duration) matinée *f*.

moronic /məˈrɒnɪk/ *adj* débile.

mortal /ˈmɔːtl/ *n, adj* mortel/-elle *(m/f)*.

mortgage /ˈmɔːgɪdʒ/ I *n* emprunt-logement *m*. II *in compounds* [agreement, deed] hypothécaire. III *vtr* hypothéquer.

mosaic /məʊˈzeɪɪk/ *n* mosaïque *f*.

Moslem /ˈmɒzləm/ I *n* Musulman/-e *m/f*. II *adj* musulman.

mosque /mɒsk/ *n* mosquée *f*.

mosquito /məsˈkiːtəʊ, mɒs-/ *n* moustique *m*.

moss /mɒs, mɔːsUS/ *n* mousse *f*.

most /məʊst/ I *det* (nearly all) la plupart de; ~ **people** la plupart des gens; (more than all the others) le plus de; **the ~ votes/money** le plus de voix/d'argent. II *pron* (the greatest number) la plupart; ~ **of us** la plupart d'entre nous; (the largest part) la plus grande partie; ~ **of the time** la plupart du temps; ~ **of the bread** presque tout le pain; **you've got the** ~ tu en as le plus. III *adv* (to form superlative) le plus; ~ **easily** le plus facilement; (very) très, extrêmement. IV **at (the) ~** *adv phr* au maximum, au plus. V **~ of all** *adv phr* surtout.

• **to make the ~ of** tirer le meilleur parti de, profiter de.

mostly /ˈməʊstlɪ/ *adv* (chiefly) surtout, essentiellement; (most of them) pour la plupart; (most of the time) la plupart du temps.

MOTGB /ˌeməʊˈtiː/ AUT (*abrév* = **Ministry of Transport**) *n contrôle technique des véhicules*.

moth /mɒθ, mɔːθUS/ *n* papillon *m* de nuit; (in clothes) mite *f*.

mother /ˈmʌðə(r)/ I *n* mère *f*. II *vtr* materner.

motherhood /ˈmʌðəhʊd/ *n* maternité *f*.

Mothering SundayGB *n* fête *f* des Mères.

mother-in-law *n* (*pl* **mothers-in-law**) belle-mère *f*.

motherland *n* patrie *f*.

Mother's Day *n* fête *f* des Mères.

motif /məʊˈtiːf/ *n* motif *m*.

motion /ˈməʊʃn/ I *n* mouvement *m*; **to set sth in ~** mettre qch en marche, déclencher; (at meeting, discussion) motion *f*. II *vtr* **to ~ sb to do** faire signe à qn de faire.

motionless /ˈməʊʃnlɪs/ *adj* immobile.

motion picture *n* film *m*.

motivate /ˈməʊtɪveɪt/ *vtr* motiver; **to ~ sb to do** inciter, pousser qn à faire.

motivation /ˌməʊtɪˈveɪʃn/ *n* motivation *f*.

motive /ˈməʊtɪv/ *n* motif *m*; JUR mobile *m*.

motley /ˈmɒtlɪ/ *adj* hétéroclite.

motor /ˈməʊtə(r)/ I *n* moteur *m*. II *in compounds* [industry, vehicle] automobile; [mower] à moteur.

motorbikeGB *n* moto *f*.

motor car† *n* automobile† *f*.

motorcycle *n* motocyclette *f*.

motoringGB /ˈməʊtərɪŋ/ *adj* [magazine] automobile; [accident] de voiture; [offence] de conduite.

motoristGB /ˈməʊtərɪst/ *n* automobiliste *mf*.

motorwayGB /ˈməʊtəweɪ/ *n* autoroute *f*.

motto /ˈmɒtəʊ/ *n* devise *f*.

mouldGB, **mold**US /məʊld/ **I** *n* (shape) moule *m*; (fungi) moisissure *f*. **II** *vtr* modeler, façonner.

mouldingGB, **molding**US /ˈməʊldɪŋ/ *n* moulure *f*.

moultGB, **molt**US /məʊlt/ *vi* muer.

mound /maʊnd/ *n* tertre *m*; (heap) monceau *m*.

mount /maʊnt/ **I** *n* (mountain) mont *m*; (horse) monture *f*; (for picture) cadre *m*. **II** *vtr* (stairs) gravir; (scaffold, horse, bicycle) monter sur; (jewel, picture) monter. **III** *vi* monter; (on horse) se mettre en selle.

mountain /ˈmaʊntɪn, -ntnUS/ *n* montagne *f*.

mountain bike *n* vélo *m* tout terrain.

mountaineering /ˌmaʊntɪˈnɪərɪŋ, -ntnˈɪərɪŋUS/ *n* alpinisme *m*.

mountainous /ˈmaʊntɪnəs, -ntənəsUS/ *adj* montagneux/-euse.

mourn /mɔːn/ **I** *vtr* pleurer. **II** *vi* porter le deuil; **to ~ for sth/sb** pleurer qch/qn.

mournful /ˈmɔːnfl/ *adj* mélancolique.

mourning /ˈmɔːnɪŋ/ *n* ¢ deuil *m*.

mouse /maʊs/ *n* (*pl* **mice**) (all contexts) souris *f*.

moustache /məˈstɑːʃ/, /ˈmʌstæʃ/ *n* moustache *f*.

mouth /maʊθ/ *n* (of human, horse) bouche *f*; (of other animal) gueule *f*; (of river) embouchure *f*; (of geyser, volcano) bouche *f*; (of jar, bottle, decanter) goulot *m*; (of bag, sack) ouverture *f*.

mouthful /ˈmaʊθfʊl/ *n* bouchée *f*; (of liquid) gorgée *f*.

mouth organ *n* harmonica *m*.

mouthpiece /ˈmaʊθpiːs/ *n* microphone *m*; (person) porte-parole *m inv*.

movable /ˈmuːvəbl/ *adj* mobile.

move /muːv/ **I** *n* mouvement *m*; (transfer) déménagement *m*; JEUX coup *m*; **it's your ~** c'est ton tour; (step, act) manœuvre *f*. **II on the ~** *adj phr* en marche, en déplacement. **III** *vtr* déplacer; (patient, army) transporter; (to clear a space) enlever; **to ~ one's head** bouger la tête; **to ~ house**GB déménager; (affect) émouvoir. **IV** *vi* bouger; [vehicle] rouler; [person] avancer; **to ~ back** reculer; **to ~ forward** s'avancer; (change home) déménager; JEUX jouer.

• **move about**, **move around**: remuer. • **move along**: circuler; (proceed) avancer. • **move away**: déménager, partir. • **move in**: emménager. • **move on**: circuler; **things have ~d on** les choses ont changé. • **move out**: déménager, partir. • **move over**: se pousser. • **move up**: se pousser; (be promoted) être promu.

movement /ˈmuːvmənt/ *n* mouvement *m*.

movie /ˈmuːvɪ/ **I**US *n* film *m*. **II ~s** *npl* **the ~s** le cinéma.

moving /ˈmuːvɪŋ/ *adj* [vehicle] en marche; [staircase] roulant; [scene] émouvant.

mow /məʊ/ *vtr* (*pp* **~ed**, **mown**) (grass, lawn) tondre; (hay) couper.

• **mow down**: faucher.

mower /ˈməʊə(r)/ *n* tondeuse *f* à gazon.

MPGB *n* (*abrév* = **Member of Parliament**GB) député *m*.

mpg *n* (*abrév* = **miles per gallon**) miles *mpl* au gallon; **28** ≈ dix litres aux cent.

mph *n* (*abrév* = **miles per hour**) miles *mpl* à l'heure.

Mr /ˈmɪstə(r)/ *n* (*pl* **Messrs**) M., Monsieur.

Mrs /ˈmɪsɪz/ *n* Mme, Madame.

Ms /mɪz, məz/ *n* ≈ Mme *(permet de s'adresser à une femme dont on connaît le nom sans préciser sa situation de famille).*

MSc *n* UNIV (*abrév* = **Master of Science**) diplôme *m* supérieur en sciences.

much /mʌtʃ/ I *adv* (to a considerable degree) beaucoup; **very ~** beaucoup; **too ~** trop; **~ smaller** beaucoup plus petit; **~ better** bien meilleur; **we don't go out ~** nous ne sortons pas souvent; (nearly) plus ou moins, à peu près; **it's ~ the same** c'est à peu près pareil; **as ~ (as)** autant (que). II *pron* (a great deal) beaucoup; **do you have ~ left?** est-ce qu'il vous en reste beaucoup?; (in negative sentences) grand-chose; **we didn't eat ~** nous n'avons pas mangé grand-chose; (expressing a relative amount, degree) **so ~** tellement, tant; **it's too ~!** c'est trop!, c'en est trop!; **as ~ as possible** autant que possible; **you're not ~ of a cook** tu n'aimes pas beaucoup cuisiner. III *quantif* beaucoup de; **~ money** beaucoup d'argent; combien de; **how ~ time have we got?** combien de temps nous reste-t-il?; **twice as ~ vegetable** deux fois plus de légumes. IV **much+** *combining form* **~-loved** très apprécié; **~-needed** indispensable. V **~ as** *conj phr* bien que (+ *subj*). VI **~ less** *conj phr* encore moins.
• **to make ~ of sth** insister sur qch.

muck /mʌk/ *n* ¢ saletés *fpl*; (manure) fumier *m*; **dog ~** crotte *f* de chien.
• **muck about**☺GB, **muck around**☺GB: faire l'imbécile; **to ~ [sb] about** se ficher de☺. • **muck up**GB: (plans) chambouler☺; (task) cochonner☺.

mud /mʌd/ *n* ¢ boue *f*.

muddle /ˈmʌdl/ *n* désordre *m*, confusion *f*.
• **muddle through**: se débrouiller. • **muddle (up)**: (dates, names) s'embrouiller dans qch.

muddy /ˈmʌdɪ/ *adj* boueux/-euse.

muffle /ˈmʌfl/ *vtr* (voice) étouffer.

mug /mʌg/ I *n* (for tea, etc) grande tasse *f*; (for beer) chope *f*; (face)☺ gueule☺ *f*; (fool)GB poire☺ *f*. II *vtr* (*p prés etc* **-gg-**) agresser.

Muhammad /məˈhæmɪd/ *pr n* Mahomet.

mulberry /ˈmʌlbrɪ, -berɪUS/ *n* mûre *f*; (tree) mûrier *m*.

mule /mjuːl/ *n* mulet *m*, mule *f*; (person)☺ tête *f* de mule; (slipper) mule *f*.

mull /mʌl/ *vtr* **~ over** retourner [qch] dans sa tête.

mullet /ˈmʌlɪt/ *n* rouget *m*; (grey) mulet *m*.

multimedia /ˌmʌltɪˈmiːdɪə/ *adj* multimédia *inv*.

multinational /ˌmʌltɪˈnæʃənl/ *n* multinationale *f*.

multiple /ˈmʌltɪpl/ *n*, *adj* multiple *(m)*.

multiple choice *adj* [question] à choix multiple.

multiply /ˈmʌltɪplaɪ/ *vtr*, *vi* multiplier.

multipurpose /ˌmʌltɪˈpɜːpəs/ *adj* [tool] à usages multiples; [organization] polyvalent.

multitude /ˈmʌltɪtjuːd, -tuːdUS/ *n* multitude *f*.

multiuser /ˌmʌltɪˈjuːzə(r)/ *adj* [computer] à utilisateurs multiples; [system, installation] multiposte *inv*.

mum☺GB /mʌm/ *n* maman *f*.
• **to keep ~** ne pas piper mot.

mumble /ˈmʌmbl/ *vtr*, *vi* marmonner.

mummy /ˈmʌmɪ/ *n* ☺GB maman *f*; (embalmed body) momie *f*.

munch /mʌntʃ/ *vtr* mâchonner

mundane /mʌnˈdeɪn/ *adj* terre-à-terre, quelconque.

municipal /mjuːˈnɪsɪpl/ *adj* municipal.

munitions /mjuːˈnɪʃnz/ *npl* munitions *fpl*.

mural /ˈmjʊərəl/ *n* peinture *f* murale.

murder /ˈmɜːdə(r)/ I *n* meurtre *m*; II *vtr* assassiner; (language, piece of music)☺ massacrer☺.

murderer /ˈmɜːdərə(r)/ *n* assassin *m*, meurtrier *m*.

murderous /ˈmɜːdərəs/ *adj* meurtrier/-ière.

murky /ˈmɜːkɪ/ *adj* [water, colour] glauque; [past, origins] trouble.

murmur /ˈmɜːmə(r)/ I *n* murmure *m*. II *vtr, vi* murmurer.

muscle /ˈmʌsl/ *n* muscle *m*; puissance *f*. • **muscle in**☺: s'imposer.

muscular /ˈmʌskjʊlə(r)/ *adj* [tissue] musculaire; [body] musclé.

muse /mjuːz/ I *n* muse *f*. II *vi* songer.

museum /mjuːˈzɪəm/ *n* musée *m*.

mushroom /ˈmʌʃrʊm, -ruːm/ I *n* champignon *m*. II *vi* [towns] proliférer; [profits] s'accroître rapidement.

music /ˈmjuːzɪk/ *n* musique *f*.

musical /ˈmjuːzɪkl/ I *n* comédie *f* musicale. II *adj* [person] musicien/-ienne; (interested) mélomane; [director, score] musical.

musician /mjuːˈzɪʃn/ *n* musicien/-ienne *m/f*.

Muslim /ˈmʊzlɪm, ˈmʌzləmᵁˢ/ ▸ **Moslem**.

mussel /ˈmʌsl/ *n* moule *f*.

must /mʌst, məst/ I *modal aux* (*nég* **must not**, **mustn't**) (indicating obligation, prohibition) devoir, il faut que (+ *subj*); **I ~ go** je dois partir, il faut que je parte; (expressing assumption, probability) devoir; **there ~ be some mistake!** il doit y avoir une erreur! II *n* impératif; **it's a ~** c'est indispensable.

mustard /ˈmʌstəd/ *n* moutarde *f*.

muster /ˈmʌstə(r)/ *vtr, vi* (se) rassembler.

mustn't /ˈmʌsnt/ *abrév* = **must not**.

musty /ˈmʌstɪ/ *adj* **to smell ~** sentir le moisi, le renfermé.

mutate /mjuːˈteɪt, ˈmjuːteɪtᵁˢ/ *vi* se métamorphoser.

mute /mjuːt/ *adj* muet/-ette.

mutilate /ˈmjuːtɪleɪt/ *vtr* mutiler.

mutiny /ˈmjuːtɪnɪ/ *n* mutinerie *f*.

mutter /ˈmʌtə(r)/ *vtr, vi* marmonner.

mutual /ˈmjuːtʃʊəl/ *adj* [agreement] commun; [consent] mutuel/-elle.

mutually /ˈmjuːtʊəlɪ/ *adv* mutuellement.

muzzle /ˈmʌzl/ I *n* museau *m*; (device) muselière *f*; (of gun) canon *m*. II *vtr* museler.

my /maɪ/ I *det* mon/ma/mes; (emphatically) ~ **house** ma maison à moi. II *excl* ~ ~! ça alors!

myna(h) bird /ˈmʌɪnəbɜːd/ *n* mainate *m*.

myself /maɪˈself, məˈself/ *pron* (reflexive) me, (*before vowel*) m'; (emphatic) moi-même; **I saw it ~** je l'ai vu moi-même; **for ~** pour moi, pour moi-même; **(all) by ~** tout seul/toute seule.

mysterious /mɪˈstɪərɪəs/ *adj* mystérieux/-ieuse.

mystery /ˈmɪstərɪ/ *n* mystère *m*.

mystic(al) /ˈmɪstɪk(l)/ *adj* mystique.

mystify /ˈmɪstɪfaɪ/ *vtr* laisser [qn] perplexe.

myth /mɪθ/ *n* mythe *m*.

mythic(al) /ˈmɪθɪk(l)/ *adj* mythique.

mythology /mɪˈθɒlədʒɪ/ *n* mythologie *f*.

n

N /en/ *n* GÉOG *abrév* = (**north**) N.

nab☺ /næb/ *vtr* (*p prés etc* **-bb-**) (catch) pincer☺.

nag /næg/ *vtr*, *vi* (*p prés etc* **-gg-**) embêter.

nail /neɪl/ **I** *n* ongle *m*; TECH clou *m*. **II** *vtr* ~ (**down**) [**sth**] clouer qch.

nail polish *n* vernis *m* à ongles.

nail-polish remover *n* dissolvant *m*.

naked /ˈneɪkɪd/ *adj* nu.

name /neɪm/ **I** *n* nom *m*; **first** ~ prénom *m*; (of book) titre *m*; **my ~ is Lee** je m'appelle Lee; (reputation) réputation *f*; **to call sb ~s** injurier qn. **II** *vtr* nommer, appeler; (cite) citer, indiquer.

namely /ˈneɪmlɪ/ *adv* à savoir.

nannyGB /ˈnænɪ/ *n* bonne *f* d'enfants.

nap /næp/ **I** *n* petit somme *m*. **II** *vi* (*p prés etc* **-pp-**) sommeiller.

nape /neɪp/ *n* **the** ~ (**of the neck**) nuque.

napkin /ˈnæpkɪn/ *n* serviette *f* (de table).

nappyGB /ˈnæpɪ/ *n* couche *f* (de bébé).

narcotic /nɑːˈkɒtɪk/ *n* stupéfiant *m*.

narrative /ˈnærətɪv/ *n* récit *m*.

narrator /nəˈreɪtə(r)/ *n* narrateur/-trice *m/f*.

narrow /ˈnærəʊ/ **I** *adj* étroit; **to have a ~ escape** l'échapper belle. **II** *vtr* **to ~ (down)** limiter, réduire.

narrow-minded /ˌnærəʊˈmaɪndɪd/ *adj* PÉJ borné.

nasturtium /nəˈstɜːʃəm/ *n* capucine *f*.

nasty /ˈnɑːstɪ/ *adj* [task] désagréable; [look] méchant; [trick] sale; [question] difficile.

nation /ˈneɪʃn/ *n* nation *f*.

national /ˈnæʃənl/ **I** *n* ressortissant/-e *m/f*. **II** *adj* national.

national anthem *n* hymne *m* national.

National Health ServiceGB, **NHS**GB *n* ≈ Sécurité sociale.

National InsuranceGB *n* ≈ Sécurité sociale.

nationalism /ˈnæʃnəlɪzəm/ *n* nationalisme *m*.

nationality /ˌnæʃəˈnælətɪ/ *n* nationalité *f*.

nationalize /ˈnæʃnəlaɪz/ *vtr* nationaliser.

nationwide /ˌneɪʃnˈwaɪd/ *adj*, *adv* sur l'ensemble du territoire.

native /ˈneɪtɪv/ **I** *n* autochtone, indigène *mf*. **II** *adj* [land] natal; [tongue] maternel/-elle; ~ **French speaker** francophone *mf*.

Native American *n*, *adj* amérindien/-ienne (*m/f*).

Nato, **NATO** *n* (*abrév* = **North Atlantic Treaty Organization**) OTAN *f*.

natural /ˈnætʃrəl/ *adj* naturel/-elle, normal.

naturally /ˈnætʃrəlɪ/ *adv* naturellement.

nature /ˈneɪtʃə(r)/ *n* nature *f*.

naughty /ˈnɔːtɪ/ *adj* [child] vilain; **a ~ word** un gros mot; [story] coquin.

nausea /ˈnɔːsɪə, ˈnɔːʒəUS/ *n* nausée *f*.

nautical /ˈnɔːtɪkl/ *adj* nautique.

naval /ˈneɪvl/ *adj* naval.

navel /ˈneɪvl/ *n* nombril *m*.

navigate /ˈnævɪgeɪt/ **I** *vtr* (ship) piloter. **II** *vi* naviguer.

navigation /ˌnævɪˈgeɪʃn/ *n* navigation *f*.

navigator /ˈnævɪgeɪtə(r)/ *n* navigateur/-trice *m/f*.

navy /ˈneɪvɪ/ I *n* marine *f.* II *adj* bleu marine *inv.*

NBCUS *n* (*abrév* = **National Broadcasting Company**) *chaîne de télévision américaine.*

NE (*abrév* = **northeast**) NE *m.*

near /nɪə(r)/ I *adv* près. II *prep* près de; **to be ~ to doing** être sur le point de faire. III *adj* proche. IV *vtr* approcher de.

nearby /nɪəˈbaɪ/ I *adj* proche; [village] d'à côté. II *adv* à proximité.

Near East *pr n* Proche-Orient *m.*

nearly /ˈnɪəlɪ/ *adv* presque; **I ~ gave up** j'ai failli abandonner.

neat /ni:t/ *adj* soigné, net/nette; [room] bien rangé; [explanation] astucieux/-ieuse; (very good)©US super©.

neatly /ˈni:tlɪ/ *adv* avec soin; **~ put!** bien dit!

necessarily /ˌnesəˈserəlɪ, ˈnesəsərəlɪ/ *adv* nécessairement; **not ~** pas forcément.

necessary /ˈnesəsərɪ, -serɪUS/ *adj* nécessaire; **if/as ~** si besoin est.

necessitate /nɪˈsesɪteɪt/ *vtr* nécessiter.

necessity /nɪˈsesətɪ/ *n* nécessité *f*; **to be a ~** être indispensable.

neck /nek/ *n* cou *m*; (of horse, dress) encolure *f*; (of bottle) col *m.*

necklace *n* collier *m*; (longer) sautoir *m.*

nectarine /ˈnektərɪn/ *n* nectarine *f.*

need /ni:d/ I *modal aux* falloir, devoir. II *vtr* **to ~ sth** avoir besoin de qch; **everything you ~ to know** tout ce qu'il vous faut savoir. III *n* nécessité *f*; **there's no ~ to wait** inutile d'attendre.

needle /ˈni:dl/ I *n* aiguille *f.* II *vtr* harceler.

needless /ˈni:dlɪs/ *adj* inutile.

needy /ˈni:dɪ/ *adj* nécessiteux/-euse.

negate /nɪˈgeɪt/ *vtr* réduire [qch] à néant.

negative /ˈnegətɪv/ I *n* PHOT négatif *m*; LING négation *f.* II *adj* négatif/-ive.

neglect /nɪˈglekt/ I *n* négligence *f*, manque *m* de soin. II *vtr* négliger, ne pas s'occuper de.

negligent /ˈneglɪdʒənt/ *adj* négligent.

negotiable /nɪˈgəʊʃəbl/ *adj* négociable.

negotiate /nɪˈgəʊʃɪeɪt/ *vtr, vi* négocier.

negotiation /nɪˌgəʊʃɪˈeɪʃn/ *n* négociation *f.*

negotiator /nɪˈgəʊʃɪeɪtə(r)/ *n* négociateur/-trice *m/f.*

neighbourGB, **neighbor**US /ˈneɪbə(r)/ *n* voisin/-e *m/f*; RELIG prochain *m.*

neighbourhoodGB, **neighborhood**US /ˈneɪbəhʊd/ *n* quartier *m*, voisinage *m.*

neither /ˈnaɪðə(r), ˈni:ð-/ I *conj* (not either) ni... ni, ni l'un ni l'autre. II *det* aucun des deux. III *pron* ni l'un/-e, ni l'autre *m/f.*

neon /ˈni:ɒn/ *n* néon *m.*

nephew /ˈnevju:, ˈnef-/ *n* neveu *m.*

nerve /nɜ:v/ I *n* nerf *m*; (courage) courage *m*; (confidence) sang-froid *m*; (cheek)© culot© *m.* II **~s** *npl* (stage fright) trac *m.*

nervous /ˈnɜ:vəs/ *adj* nerveux/-euse; **to be ~ about** avoir peur de.

nervous breakdown *n* dépression *f* nerveuse.

nest /nest/ I *n* nid *m.* II *vi* nicher.

nestle /ˈnesl/ *vi* se blottir, se nicher.

net /net/ I *n* filet *m*; (Internet) net *m.* II *adj* net/nette. III *vtr* (*p prés etc* **-tt-**) prendre [qch] au filet; [sale] rapporter.

netballGB *n sport d'équipe féminin proche du basket.*

nettle /ˈnetl/ I *n* ortie *f.* II *vtr* agacer.

network /ˈnetwɜ:k/ I *n* réseau *m.* II *vtr* TV, RADIO diffuser; ORDINAT interconnecter.

networking /ˈnetwɜ:kɪŋ/ *n* ORDINAT interconnexion *f.*

neurotic /njʊəˈrɒtɪk, nʊ-US/ *n, adj* névrosé *(m/f).*

neuter /ˈnjuːtə(r), ˈnuː-US/ I *n, adj* neutre (*m*). II *vtr* châtrer.

neutral /ˈnjuːtrəl, ˈnuː-US/ I *n* neutre *mf*; AUT point *m* mort. II *adj* neutre.

neutralize /ˈnjuːtrəlaɪz, ˈnuː-US/ *vtr* neutraliser.

never /ˈnevə(r)/ *adv* (ne) jamais; **he ~ says anything** il ne dit jamais rien.

never-ending *adj* interminable.

nevertheless /ˌnevəðəˈles/ *adv* pourtant, néanmoins; **thanks ~** merci quand même.

new /njuː, nuːUS/ *adj* nouveau/-elle; (not yet used) neuf/neuve; **sb/sth ~** qn/qch d'autre.

newborn /ˈnjuːbɔːn, ˈnuː-US/ *adj* nouveau-né/-née.

newcomer *n* nouveau venu/nouvelle venue *m/f*.

newly /ˈnjuːlɪ, ˈnuː-US/ *adv* récemment.

news /njuːz, nuːzUS/ *n* nouvelle(s) *f(pl)*; RADIO, TV informations *fpl*, le journal *m*.

news agency *n* agence *f* de presse.

newsagentGB *n* marchand *m* de journaux.

news bulletin *n* bulletin *m* d'information.

newscaster *n* présentateur/-trice *m/f* des informations.

news conference *n* conférence *f* de presse.

newsletter *n* bulletin *m*.

newspaper /ˈnjuːspeɪpə(r), ˈnuːz-US/ I *n* journal *m*. II *in compounds* de presse.

newsreaderGB *n* présentateur/-trice *m/f* des informations.

newsreel *n* CIN HIST actualités *fpl*.

New Testament *pr n* Nouveau Testament *m*.

new wave *n, adj* nouvelle vague (*f*).

New World *n* **the ~** le Nouveau Monde.

New Year *n* le nouvel an, la nouvelle année; **Happy ~!** Bonne année!

New Year's Day *n* le jour *m* de l'an.

New Year's Eve *n* la Saint-Sylvestre.

next /nekst/ I *pron* le suivant, la suivante; **the week after ~** dans deux semaines. II *adj* suivant; (still to come) prochain; **you're ~** c'est à vous; **~ to last** avant-dernier/-ière; **the ~ day** le lendemain. III *adv* ensuite, après. IV **~ to** *adv phr* presque.

next door I *adj* d'à côté. II *adv* à côté.

NHSGB I *n* (*abrév* = **National Health Service**) ≈ Sécurité sociale. II *in compounds* [hospital] conventionné; [treatment] remboursé par la Sécurité sociale.

nibble /ˈnɪbl/ *vtr, vi.*grignoter.

nice /naɪs/ *adj* agréable; **it would be ~ to do** ce serait bien de faire; **~ weather** beau temps; **~ to have met you** ravi d'avoir fait votre connaissance; **have a ~ day!** bonne journée!; (attractive) beau/belle; (tasty) bon/bonne; (kind) sympathique; **to be ~ to** être gentil avec; **that's not very ~!** ça ne se fait pas!

nice-looking *adj* beau/belle.

nicely /ˈnaɪslɪ/ *adv* gentiment; [decorated] soigneusement; (satisfactorily) bien.

niche /nɪtʃ, niːʃ/ *n* place *f*; (recess) niche *f*.

nick /nɪk/ I *n* encoche *f*; **to be in good/bad ~**©GB être/ne pas être en forme; (jail)©GB taule© *f*. II *vtr* (steal)©GB piquer©; (arrest)©GB pincer©.
• **just in the ~ of time** juste à temps.

nickel /ˈnɪkl/ *n* nickel *m*; (US coin) pièce *f* de cinq cents.

nickname /ˈnɪkneɪm/ I *n* surnom *m*. II *vtr* surnommer.

nicotine /ˈnɪkətiːn/ *n* nicotine *f*.

niece /niːs/ *n* nièce *f*.

niggle /ˈnɪgl/ *vtr* tracasser, critiquer.

night /naɪt/ *n* nuit *f*; (evening) soir *m*; soirée *f*; **the ~ before** la veille au soir.

nightcap /ˈnaɪtkæp/ *n* boisson *f (avant d'aller dormir)*.

nightclub *n* boîte *f* de nuit.

nightingale /ˈnaɪtɪŋgeɪl, -tng-US/ *n* rossignol *m*.

nightly /ˈnaɪtlɪ/ *adj*, *adv* (de) tous les soirs.

nightmare /ˈnaɪtmeə(r)/ *n* cauchemar *m*.

nil /nɪl/ *n* nul; SPORTGB zéro *m*.

nimble /ˈnɪmbl/ *adj* agile; [mind] vif/vive.

nine /naɪn/ *n*, *adj* neuf (*m*) *inv*.

ninepin /ˈnaɪnpɪn/ *n* quille *f*.

nineteen /ˌnaɪnˈtiːn/ *n*, *adj* dix-neuf (*m*) *inv*.

nineteenth /ˌnaɪnˈtiːnθ/ I *n* dix-neuf *m inv*, dix-neuvième *mf*. II *adj*, *adv* dix-neuvième.

ninetieth /ˈnaɪntɪəθ/ *n*, *adj* quatre-vingt-dixième.

ninety /ˈnaɪntɪ/ *n*, *adj* quatre-vingt-dix (*m*).

nip /nɪp/ I *n* pincement *m*, morsure *f*; **there's a ~ in the air** il fait frisquet☺. II *vtr* (*p prés etc* **-pp-**) pincer. III *vi* **to ~**☺GB **into** faire un saut (dans).

nit /nɪt/ *n* (of louse) lente *f*.

nitrogen /ˈnaɪtrədʒən/ *n* azote *m*.

no /nəʊ/ I *particle* non. II *det* **~ money/shoes** pas d'argent/de chaussures; **~ man** aucun homme, personne; **~ smoking** défense de fumer; **~ parking** stationnement interdit; **~ way**☺**!** pas question!

no., **No.** (*abrév écrite* **– number**) n°.

nobility /nəʊˈbɪlətɪ/ *n* noblesse *f*.

noble /ˈnəʊbl/ *n*, *adj* noble *(m/f)*.

nobody /ˈnəʊbədɪ/ I *pron* personne. II *n* **to be a ~** être inconnu.

nocturnal /nɒkˈtɜːnl/ *adj* nocturne.

nod /nɒd/ I *n* signe *m* de (la) tête. II *vtr, vi* (*p prés etc* **-dd-**) **to ~ (one's head)** faire un signe de tête; (be drowsy) sommeiller.

noise /nɔɪz/ *n* bruit *m*.

noisily /ˈnɔɪzɪlɪ/ *adv* bruyamment.

noisy /ˈnɔɪzɪ/ *adj* bruyant.

nomad /ˈnəʊmæd/ *n* nomade *mf*.

nominal /ˈnɒmɪnl/ *adj* nominal; [fine] symbolique, minimal.

nominally /ˈnɒmɪnəlɪ/ *adv* théoriquement.

nominate /ˈnɒmɪneɪt/ *vtr* désigner; **to ~ sb for a prize** sélectionner qn pour un prix.

nomination /ˌnɒmɪˈneɪʃn/ *n* nomination *f*; proposition *f* de candidat.

nominee /ˌnɒmɪˈniː/ *n* candidat/-e *m/f* désigné/-e.

nonalcoholic *adj* non alcoolisé.

nonaligned *adj* POL non aligné.

none /nʌn/ I *pron* aucun/-e *m/f*; **there's ~ left** il n'y en a plus. II *adv* **~ too easy** loin d'être facile; **I'm ~ too sure** je ne suis pas trop sûr.

nonetheless *adv* pourtant, néanmoins.

non-EU *adj* non ressortissant de l'UE.

nonfat *adj* sans matières grasses.

nonironGB *adj* infroissable.

no-no☺ *n* **that's a ~** ça ne se fait pas.

no-nonsense *adj* sérieux/-ieuse.

non-profitmakingGB, **nonprofit**US *adj* [organization] à but non lucratif.

nonreturnable *adj* [bottle] non consigné.

nonsense /ˈnɒnsns, -sensUS/ *n* absurdité *f*; **he's talking ~** il dit n'importe quoi.

nonsensical /nɒnˈsensɪkl/ *adj* absurde.

nonstop I *adj* direct; [flight] sans escale; [talk] incessant. II *adv* sans arrêt; [fly] sans escale.

noodles /ˈnuːdlz/ *npl* nouilles *fpl*.

nook /nʊk/ *n* coin *m*.
• **every ~ and cranny** tous les coins et recoins.

noon /nu:n/ *n* midi *m*; **at 12 ~** à midi.

no-one /ˈnəʊwʌn/ *pron* personne.

noose /nu:s/ *n* nœud *m* coulant.

nor /nɔ:(r), nə(r)/ *conj* ni; **~ should he** il ne devrait pas non plus.

norm /nɔ:m/ *n* norme *f*.

normal /ˈnɔ:ml/ I *n* normale *f*; **below ~** en dessous de la norme. II *adj* normal.

normally /ˈnɔ:məlɪ/ *adv* normalement.

north /nɔ:θ/ I *n* nord *m*. II **North** *pr n* le Nord. III *adj* (du) nord *inv*. IV *adv* [move] vers le nord; [live] au nord.

northbound *adj* en direction du nord.

northeast /ˌnɔ:θˈi:st/ I *n, adj* nord-est *m*. II *adv* [move] vers le nord-est; [live] au nord-est.

northern /ˈnɔ:ðən/ *adj* (du) nord; **~ France** le nord de la France.

northward /ˈnɔ:θwəd/ *adj, adv* vers le nord.

northwest /ˌnɔ:θˈwest/ I *n* nord-ouest *m, adj*. II *adv* [move] vers le nord-ouest; [live] au nord-ouest.

northwestern /ˌnɔ:θˈwestən/ *adj* (du) nord-ouest *inv*.

nose /nəʊz/ *n* nez *m*; (of car) avant *m*.
• **to ~ about** fouiner; **to turn one's ~ up at sth** dédaigner.

nostalgia /nɒˈstældʒə/ *n* nostalgie *f*.

nostalgic /nɒˈstældʒɪk/ *adj* nostalgique.

nostril /ˈnɒstrɪl/ *n* narine *f*; (of horse) naseau *m*.

nosy☺ /ˈnəʊzɪ/ *adj* fouineur/-euse☺.

not /nɒt/ I *adv* non, ne...pas; **he isn't at home** il n'est pas chez lui; **I hope ~** j'espère que non; **certainly ~** sûrement pas. II **~ at all** *adv phr* pas du tout; (responding to thanks) de rien.

notable /ˈnəʊtəbl/ *adj* notable.

notably /ˈnəʊtəblɪ/ *adv* notamment.

notch /nɒtʃ/ *n* (in belt) cran *m*; (in wood) encoche *f*.
• **notch up**☺: (prize) remporter.

note /nəʊt/ I *n* note *f*; (banknote) billet *m*. II *vtr* **to ~ (down)** noter.

notebook *n* carnet *m*.

notepad *n* bloc-note *m*.

noteworthy *adj* remarquable.

nothing /ˈnʌθɪŋ/ I *pron* rien, ne... rien; (as subject of verb) rien... ne; **~ much** pas grand-chose; **~ more** rien de plus; **for ~** pour rien; **to say ~ of** sans parler de. II *adv* pas du tout, nullement.

notice /ˈnəʊtɪs/ I *n* pancarte *f*; (advertisement) annonce *f*, avis *m*; **to take ~** faire attention; **one month's ~** un mois de préavis; **until further ~** jusqu'à nouvel ordre; **to give in one's ~** donner sa démission. II *vtr* remarquer, voir.

noticeable /ˈnəʊtɪsəbl/ *adj* visible.

notice boardGB *n* panneau *m* d'affichage.

notification /ˌnəʊtɪfɪˈkeɪʃn/ *n* avis *m*.

notify /ˈnəʊtɪfaɪ/ *vtr* notifier; **to ~ sb of/about** aviser qn de, avertir qn de.

notion /ˈnəʊʃn/ *n* notion *f*, idée *f*.

notorious /nəʊˈtɔ:rɪəs/ *adj* notoire; [district] mal famé.

notwithstanding /ˌnɒtwɪθˈstændɪŋ/ I *adv* SOUT néanmoins. II *prep* en dépit de.

noughtGB /nɔ:t/ *n* zéro *m*.

noughts and crossesGB *n* (*sg*) JEUX morpion *m*.

noun /naʊn/ *n* nom *m*.

nourish /ˈnʌrɪʃ/ *vtr* nourrir.

nourishment /ˈnʌrɪʃmənt/ *n* nourriture *f*.

Nov *abrév écrite* = **November**.

novel /ˈnɒvl/ I *n* roman *m*. II *adj* original.

novelist /ˈnɒvəlɪst/ *n* romancier/-ière *m/f*.

novelty /ˈnɒvəltɪ/ *n* nouveauté *f*.

November /nə'vembə(r)/ *n* novembre *m.*

novice /ˈnɒvɪs/ *n* novice *mf.*

now /naʊ/ I *conj* ~ **(that)** maintenant que. II *adv* maintenant; **right** ~ tout de suite; **any time/moment** ~ d'un moment à l'autre; **(every)** ~ **and then/again** de temps en temps; (with preposition) **before** ~ avant; **by** ~ déjà; **from** ~ **on(wards)** dorénavant.

nowadays /ˈnaʊədeɪz/ *adv* aujourd'hui.

nowhere /ˈnəʊweə(r)/ *adv* nulle part.

nth /enθ/ *adj* **the** ~ **time** la énième fois.

nuclear /ˈnju:klɪə(r), ˈnu:-US/ *adj* nucléaire.

nuclear shelter *n* abri *m* antiatomique.

nucleus /ˈnju:klɪəs, ˈnu:-US/ *n* (*pl* **-clei**) noyau *m.*

nude /nju:d, nu:dUS/ *n, adj* nu/-e *(m/f).*

nudge /nʌdʒ/ *vtr* pousser du coude; FIG **to be nudging 15%** approcher les 15%.

nugget /ˈnʌgɪt/ *n* pépite *f.*

nuisance /ˈnju:sns, ˈnu:-US/ *n* embêtement *m*; **to be a** ~ être gênant, être pénible.

numb /nʌm/ *adj* engourdi.

number /ˈnʌmbə(r)/ I *n* nombre *m*; **a** ~ **of people/times** plusieurs personnes/fois; (written) chiffre *m*; (of bus, etc) numéro *m.* II *vtr* compter; (give number to) numéroter. III *vi* **to** ~ **among** faire partie de.

numberplateGB *n* plaque *f* d'immatriculation.

numerate /ˈnju:mərət, ˈnu:-US/ *adj* **to be** ~ savoir compter.

numerical /nju:ˈmerɪkl, ˈnu:-US/ *adj* numérique.

numerous /ˈnju:mərəs, ˈnu:-US/ *adj* nombreux/-euse.

nun /nʌn/ *n* religieuse *f.*

nurse /nɜ:s/ I *n* infirmier/-ière *m/f*; (for young child) nurse *f*, bonne *f* d'enfants. II *vtr* soigner; (ambition) nourrir.

nursery /ˈnɜ:sərɪ/ *n* crèche *f*; (room) chambre *f* d'enfants; (for plants) pépinière *f.*

nursery rhyme *n* comptine *f.*

nursery school *n* école *f* maternelle.

nursing /ˈnɜ:sɪŋ/ *n* profession *f* d'infirmier/-ière; (care) soins *mpl.*

nursing home *n* (old people's) maison *f* de retraite; (convalescent) maison *f* de repos; (small private hospital)GB clinique *f.*

nurture /ˈnɜ:tʃə(r)/ *vtr* SOUT (child) élever; (plant) soigner; (hope, feeling, talent) nourrir.

nut /nʌt/ *n* (walnut) noix *f*; (hazel) noisette *f*; TECH écrou *m.*

• **to be ~s about sb/sth**☺ être fou/folle de qn/qch.

nutcracker(s) *n(pl)* casse-noisettes *m inv.*

nutmeg *n* noix *f* de muscade.

nutrition /nju:ˈtrɪʃn, nu:-US/ *n* diététique *f.*

nutritious /nju:ˈtrɪʃəs, nu:-US/ *adj* nourrissant.

nutshell /ˈnʌtʃel/ *n* coquille *f* de noix/noisette; FIG **in a** ~ en un mot.

NY *abrév écrite* = **New York**.

NYC *abrév écrite* = **New York City**.

nylon /ˈnaɪlɒn/ *n* nylon® *m.*

O

O /əʊ/ *n* zéro *m*.

oak /əʊk/ *n* chêne *m*.

OAPGB /əʊ'eɪ'pi:/ *n abrév* = **(old age pensioner)** retraité/-e *m/f*.

oar /ɔ:(r)/ *n* rame *f*.

oasis /əʊ'eɪsɪs/ *n* (*pl* **oases**) oasis *f*.

oats /əʊts/ *n* avoine *f*.

oath /əʊθ/ *n* serment *m*; **under ~** sous serment; (swearword) juron *m*.

oatmeal /'əʊtmi:l/ *n* farine *f* d'avoine.

obedience /ə'bi:dɪəns/ *n* obéissance *f*.

obedient /ə'bi:dɪənt/ *adj* obéissant.

obediently /ə'bi:dɪəntlɪ/ *adv* docilement.

obese /əʊ'bi:s/ *adj* obèse.

obey /ə'beɪ/ *vtr, vi* obéir (à).

obituary /ə'bɪtʃʊərɪ, -tʃʊerɪUS/ *n* nécrologie *f*.

object I /'ɒbdʒɪkt/ *n* objet *m*; (goal) objectif *m*. II /əb'dʒekt/ *vtr* **to ~ that** objecter que. III /əb'dʒekt/ *vi* soulever des objections, protester; **to ~ to** (plan, law) s'opposer à; (noise) se plaindre de; (witness, juror) récuser.

objection /əb'dʒekʃn/ *n* objection *f*; **I've no ~(s)** je n'y vois pas d'inconvénient.

objective /əb'dʒektɪv/ I *n* objectif *m*. II *adj* objectif/-ive, impartial.

obligation /ˌɒblɪ'geɪʃn/ *n* obligation *f*.

obligatory /ə'blɪgətrɪ, -tɔ:rɪUS/ *adj* obligatoire.

oblige /ə'blaɪdʒ/ *vtr* **to ~ (sb to do sth)** obliger (qn à faire qch); **much ~d!** merci beaucoup!

oblique /ə'bli:k/ *adj* oblique; [compliment] indirect.

obliterate /ə'blɪtəreɪt/ *vtr* (city) anéantir; (word, memory) effacer; (view) masquer.

oblivion /ə'blɪvɪən/ *n* oubli *m*.

oblivious /ə'blɪvɪəs/ *adj* **to be ~ of/to** être inconscient de.

obnoxious /əb'nɒkʃəs/ *adj* odieux/-ieuse.

oboe /'əʊbəʊ/ *n* hautbois *m*.

obscene /əb'si:n/ *adj* [film, remark] obscène; [wealth] indécent; [war] monstrueux/-euse.

obscenity /əb'senətɪ/ *n* obscénité *f*.

obscure /əb'skjʊə(r)/ I *adj* obscur. II *vtr* obscurcir; (issue) embrouiller.

obscurity /əb'skjʊərətɪ/ *n* obscurité *f*.

observance /əb'zɜ:vəns/ *n* (of law) respect *m*; (of religion) observance *f*.

observation /ˌɒbzə'veɪʃn/ *n* observation *f*.

observatory /əb'zɜ:vətrɪ, -tɔ:rɪUS/ *n* observatoire *m*.

observe /əb'zɜ:v/ *vtr* observer; (say) faire observer.

observer /əb'zɜ:və(r)/ *n* observateur/-trice *m/f*.

obsess /əb'ses/ *vtr* obséder.

obsession /əb'seʃn/ *n* obsession *f*.

obsessive /əb'sesɪv/ *adj* [thought] obsédant; [neurosis] obsessionnel/-elle.

obsolete /'ɒbsəli:t/ *adj* dépassé.

obstacle /'ɒbstəkl/ *n* obstacle *m*.

obstinacy /'ɒbstənəsɪ/ *n* entêtement *m*.

obstinate /'ɒbstənət/ *adj* obstiné.

obstruct /əb'strʌkt/ *vtr* obstruer; (person) gêner; (plan) faire obstacle à.

obstruction /əb'strʌkʃn/ *n* obstruction *f*; (blockage) obstacle *m*.

obtain /əb'teɪn/ *vtr* obtenir.

obvious /'ɒbvɪəs/ *adj* évident.

obviously /ˈɒbvɪəslɪ/ I *adv* manifestement. II *excl* bien sûr!, évidemment!

occasion /əˈkeɪʒn/ *n* occasion *f*; (event) événement *f*.

occasional /əˈkeɪʒənl/ *adj* qui a lieu de temps en temps; [showers] intermittent.

occasionally /əˈkeɪʒənəlɪ/ *adv* de temps à autre.

occupancy /ˈɒkjʊpənsɪ/ *n* occupation *f*.

occupant /ˈɒkjʊpənt/ *n* occupant/-e *m/f*.

occupation /ˌɒkjʊˈpeɪʃn/ *n* occupation *f*; (job) métier *m*, profession *f*.

occupational /ˌɒkjʊˈpeɪʃənl/ *adj* [safety] au travail.

occupier /ˈɒkjʊpaɪə(r)/ *n* occupant/-e *m/f*.

occupy /ˈɒkjʊpaɪ/ *vtr* occuper.

occur /əˈkɜː(r)/ *vi* (*p prés etc* **-rr-**) se produire; [opportunity] se présenter; **it ~s to me that** il me semble que; **to ~ to sb** venir à l'esprit de qn.

occurrence /əˈkʌrəns/ *n* fait *m*; **to be a rare ~** se produire rarement.

ocean /ˈəʊʃn/ *n* océan *m*.

o'clock /əˈklɒk/ *adv* **at one ~** à une heure.

Oct *abrév écrite* = **October**.

October /ɒkˈtəʊbə(r)/ *n* octobre *m*.

octopus /ˈɒktəpəs/ *n* pieuvre *f*; CULIN poulpe *m*; (elastic straps)GB fixe-bagages *m inv*.

odd /ɒd/ *adj* bizarre; [drink] occasionnel/-elle; [socks] dépareillé; [number] impair; **a few ~ coins** un reste de monnaie; **to do ~ jobs around the house** bricoler dans la maison.

oddity /ˈɒdɪtɪ/ *n* bizarrerie *f*.

odds /ɒdz/ *npl* chances *fpl*; (in betting) cote *f*; **~s and ends** bricoles☺ *fpl*.

• **at ~** en conflit, en contradiction.

odourGB, **odor**US /ˈəʊdə(r)/ *n* odeur *f*.

odyssey /ˈɒdɪsɪ/ *n* odyssée *f*.

OECD *n* (*abrév* = **Organization for Economic Cooperation and Development**) OCDE *f*.

of /ɒv, əv/ *prep* (in most uses) de; **that's kind ~ you** c'est très gentil de votre part/à vous; **some ~ us** quelques-uns d'entre nous.

off /ɒf, ɔːfUS/ I *adv* **to be ~** partir, s'en aller; **some way ~** assez loin; **Easter is a month ~** Pâques est dans un mois; THÉÂT dans les coulisses. II *adj* [day] libre; [water, gas] coupé; [light] éteint; [match] annulé; **25% ~** 25% de remise; [food]☺GB avarié; [milk] tourné. III *prep* loin de; **~ the west coast** au large de la côte ouest; **it is ~ the point** là n'est pas la question; **to eat ~ a tray** manger sur un plateau. IV **~ and on** *adv phr* par périodes.

offenceGB, **offense**US /əˈfens/ *n* JUR infraction *f*; (insult) offense *f*.

offend /əˈfend/ I *vtr* blesser, offenser; **to get ~ed** se vexer. II *vi* JUR commettre une infraction.

offender /əˈfendə(r)/ *n* délinquant/-e *m/f*; (against regulations) contrevenant/-e *m/f*.

offensive /əˈfensɪv/ I *n* offensive *f*. II *adj* injurieux/-ieuse, insultant; [language] grossier/-ière; SPORT offensif/-ive.

offer /ˈɒfə(r), ˈɔːf-US/ I *n* proposition *f*, offre *f*; COMM promotion *f*. II *vtr* (help, job) offrir; (advice) donner.

offering /ˈɒfərɪŋ, ˈɔːf-US/ *n* offrande *f*.

offhand /ˌɒfˈhænd, ˌɔːf-US/ *adj* désinvolte.

office /ˈɒfɪs, ˈɔːf-US/ *n* bureau *m*; **the accounts**GB **~** le service comptable; **lawyer's ~** cabinet de notaire; **to hold ~** être en fonction.

officer /ˈɒfɪsə(r), ˈɔːf-US/ *n* officier *m*; (official) responsable *mf*; **(police) ~** policier *m*.

official /əˈfɪʃl/ I *n* fonctionnaire *mf*. II *adj* officiel/-ielle.

offset /ˈɒfset, ˈɔːf-US/ *vtr* (*p prés* **-tt-**; *prét, pp* **offset**) compenser; (colour) faire ressortir.

offshoot /ˈɒfʃuːt, ˈɔːf-US/ *n* conséquence *f*.

offshore /ˌɒfˈʃɔː(r), ˌɔːf-US/ *adv* [work] en mer, offshore; [anchor] au large.

offsideGB /ˌɒfˈsaɪd, ˌɔːf-US/ *n* AUT côté *m* conducteur.

offspring *n inv* progéniture *f*.

often /ˈɒfn, ˈɒftən, ˈɔːfnUS/ *adv* souvent; **once too ~** une fois de trop; **how ~?** à quelle fréquence?, tous les combie☺?

oh /əʊ/ *excl* oh!; **~ (really)?** ah bon?

OHMSGB (*abrév écrite* = **On Her/His Majesty's Service**) au service de sa majesté (*sur le courrier officiel de l'administration*).

oil /ɔɪl/ I *n* huile *f*; (fuel) pétrole *m*; **heating ~** fioul *m*, mazout *m*. II *vtr* huiler.

oil slick *n* marée *f* noire.

oil well *n* puits *m* de pétrole.

oily /ˈɔɪlɪ/ *adj* huileux/-euse; [hair] gras/grasse.

ointment /ˈɔɪntmənt/ *n* pommade *f*.

okay, OK☺ /ˌəʊˈkeɪ/ I *n* accord *m*. II *adj* **is it ~ if...?** est-ce que ça va si...?; **he's ~**☺ il est sympa☺. III *adv* [work out] (assez) bien. IV *particle* d'accord.

old /əʊld/ *adj* vieux/vieille, âgé; **to get ~** vieillir; **how ~ are you?** quel âge as-tu?; **a week ~** vieux d'une semaine; **my ~er brother** mon frère aîné; **I'm the ~est** c'est moi l'aîné/-e; (previous) ancien/-ienne.

old age *n* vieillesse *f*.

old-fashioned /ˌəʊldˈfæʃnd/ *adj* démodé.

oldie☺ /ˈəʊldɪ/ *n* (film, song) vieux succès *m*.

old style *adj* à l'ancienne (*after n*).

Old Testament *n* Ancien Testament *m*.

olive /ˈɒlɪv/ *n* (fruit) olive *f*; (tree) olivier *m*.

olive oil *n* huile *f* d'olive.

Olympic /əˈlɪmpɪk/ *adj* olympique; **the ~ Games** les jeux Olympiques.

omen /ˈəʊmən/ *n* présage *m*.

ominous /ˈɒmɪnəs/ *adj* [presence, cloud] menaçant; [sign] de mauvais augure.

omission /əˈmɪʃn/ *n* omission *f*.

omit /əˈmɪt/ *vtr* (*p prés etc* **-tt-**) omettre.

on /ɒn/ I *prep* (position) **~ the table** sur la table; **~ the floor** par terre; (about) sur; (+ time) **~ 22 February** le 22 février; **~ sunny days** quand il fait beau; **~ his arrival** à son arrivée; (with) **to run ~ electricity** marcher à l'électricité; (+ support, medium) **~ TV** à la télé; (+ means of transport) **to travel ~ the bus** voyager en bus. II *adj* [TV, oven] allumé; [radio] en marche; [tap] ouvert; [lid] mis; **what's ~?** (at the cinema) qu'est-ce qu'on joue? III *adv* **to have a hat ~** porter un chapeau; **to have nothing ~** être nu; **from that day ~** à partir de ce jour-là; **to walk ~** continuer à marcher; **further ~** plus loin. IV **~ and off** *adv phr* de temps en temps.

once /wʌns/ I *adv* une fois; **~ and for all** une bonne fois pour toutes; **~ a day** une fois par jour; (formerly) autrefois; **~ upon a time there was** il était une fois. II **at ~** *adv phr* tout de suite; **all at ~** tout d'un coup.

oncoming /ˈɒnkʌmɪŋ/ *adj* **~ traffic** circulation dans les deux sens.

one /wʌn/ I *adj* un/une; (unique, sole) seul; (same) même. II *pron* un/une; **lend me ~** prête-m'en un/une; **she's ~ of us** elle est des nôtres; **which ~?** lequel/laquelle?; **the grey ~** le gris/la grise; **he's the ~ who** c'est lui qui; (impersonal) on; (joke, question, problem)☺ **that's a tricky ~**☺ elle est difficile celle-là; **~ by ~** un par un/une par une. III *n* un *m*.

one another *pron* **they love ~** ils s'aiment; **to help ~** s'aider mutuellement.

one-man /ˈwʌnmæn/ *adj* seul.

one-offGB *adj* unique, exceptionnel/-elle.

one-on-one[US] ▸ **one-to-one**.

one-room flat[GB] *n* studio *m*.

one's /wʌnz/ I = **one is**, = **one has**. II *det* son/sa/ses; ~ **books/friends** ses livres/amis; **to wash ~ hands** se laver les mains; **to do ~ best** faire de son mieux; **a house of ~ own** une maison à soi.

oneself *pron* se, s'; **to wash/cut ~** se laver/couper; (for emphasis) soi-même; (after prep) soi; **(all) by ~** tout seul/toute seule.

one-sided /ˌwʌnˈsaɪdɪd/ *adj* unilatéral; [account] partial; [contest] inégal.

one-size *adj* taille unique.

one-to-one[GB] /ˌwʌntəˈwʌn/ *adv* en tête à tête.

one-way /ˌwʌnˈweɪ/ *adj* à sens unique; ~ **ticket** aller simple.

ongoing /ˈɒngəʊɪŋ/ *adj* [process] continu.

onion /ˈʌnɪən/ *n* oignon *m*.

on-line /ˌɒnˈlaɪn/ *adj* ORDINAT [access] direct, en ligne.

only /ˈəʊnlɪ/ I *conj* mais; **like a mouse ~ bigger** comme une souris mais en plus gros. II *adj* seul; ~ **child** enfant unique. III *adv* (exclusively) ne... que, seulement; (+ time) ~ **yesterday** pas plus tard qu'hier; (merely) **you ~ had to ask** tu n'avais qu'à demander.

o.n.o.[GB] (*abrév écrite* = **or nearest offer**) à débattre.

onset /ˈɒnset/ *n* début *m*.

onslaught /ˈɒnslɔːt/ *n* attaque *f*.

onstage /ˌɒnˈsteɪdʒ/ *adj, adv* sur scène.

on the spot *adv* sur place.

onto /ˈɒntu:/ *prep* sur.

onus /ˈəʊnəs/ *n* obligation *f*; **the ~ is on sb to do sth** il incombe à qn de faire qch.

onward(s) /ˈɒnwəd(z)/ *adv* **from tomorrow ~** à partir de demain; **from now ~** à partir d'aujourd'hui.

oops[☺] /u:ps, ups/ *excl* aïe!

ooze /u:z/ *vtr* suinter.

opaque /əʊˈpeɪk/ *adj* opaque.

Opec, **OPEC** /ˈəupek/ *n* (*abrév* = **Organization of Petroleum Exporting Countries**) OPEP *f*.

open /ˈəʊpən/ I *n* **in the ~** dehors, en plein air; SPORT (tournoi *m*) open *m*. II *adj* ouvert; [arms, legs] écarté; **the ~ sea** la haute mer; ~ **to offers** ouvert à toute proposition; [meeting] public/-ique; [discussion] franc/franche; [hostility] non dissimulé. III *vtr* ouvrir. IV *vi* s'ouvrir.

open-air *adj* en plein air.

open-ended *adj* ouvert, flexible.

opener /ˈəʊpnə(r)/ *n* (for bottles) décapsuleur *m*; (for cans) ouvre-boîte *m*.

opening /ˈəʊpnɪŋ/ I *n* ouverture *f*; COMM débouché *m*; (for employment) poste *m* (disponible). II *adj* préliminaire.

open-minded *adj* à l'esprit ouvert.

Open University[GB] *n enseignement universitaire par correspondance.*

opera /ˈɒprə/ *n* ~ **(house)** opéra *m*.

operate /ˈɒpəreɪt/ I *vtr* faire marcher; (policy) pratiquer; (mine) exploiter. II *vi* **to ~ (on)** opérer.

operating system *n* ORDINAT système *m* d'exploitation.

operating theatre[GB] *n* salle *f* d'opération.

operation /ˌɒpəˈreɪʃn/ *n* MÉD, ORDINAT, FIN opération *f*; (working) fonctionnement *m*.

operational /ˌɒpəˈreɪʃənl/ *adj* opérationnel/-elle; [budget, costs, problems] d'exploitation.

operative /ˈɒpərətɪv, -reɪt-[US]/ I *n* employé/-e *m/f*. II *adj* [rule, law, system] en vigueur.

operator /ˈɒpəreɪtə(r)/ *n* standardiste *m/f*; ORDINAT opérateur *m*; TOURISME **tour ~** voyagiste *m/f*.

opinion /əˈpɪnɪən/ *n* opinion *f*, avis *m*.

opinion poll *n* sondage *m* d'opinion.
opium /'əʊpɪəm/ *n* opium *m*.
opponent /ə'pəʊnənt/ *n* adversaire *mf*.
opportunity /ˌɒpə'tju:nətɪ, -'tu:n-US/ *n* occasion *f*.
oppose /ə'pəʊz/ I *vtr* s'opposer à. II **as ~d to** *prep phr* par opposition à. III **opposing** *pres p adj* opposé.
opposite /'ɒpəzɪt/ I *n* contraire *m*. II *adj* opposé; [building] d'en face; [effect] inverse. III *adv* en face. IV *prep* en face de.
opposition /ˌɒpə'zɪʃn/ *n* opposition *f*.
oppress /ə'pres/ *vtr* opprimer.
oppressive /ə'presɪv/ *adj* [law] oppressif/-ive; [heat] accablant.
opt /ɒpt/ *vi* **to ~ for sth** opter pour qch; **to ~ to do** choisir de faire.
• **opt out**: décider de ne pas participer.
optic /'ɒptɪk/ *adj* optique.
optical /'ɒptɪkl/ *adj* optique.
optical scanner *n* ORDINAT lecteur *m* optique.
optics /'ɒptɪks/ *n* (*sg*) optique *f*.
optimism /'ɒptɪmɪzəm/ *n* optimisme *m*.
optimist /'ɒptɪmɪst/ *n* optimiste *mf*.
optimistic /ˌɒptɪ'mɪstɪk/ *adj* optimiste.
option /'ɒpʃn/ *n* option *f*; **I had little ~** je n'avais guère le choix.
optional /'ɒpʃənl/ *adj* [subject] facultatif/-ive; [colour] au choix; **~ extras** accessoires en option.
opulent /'ɒpjʊlənt/ *adj* opulent.
or /ɔ:(r)/ *conj* ou; **whether he likes it ~ not** que cela lui plaise ou non; (in the negative) ni; (otherwise) sinon, autrement.
oral /'ɔ:rəl/ *n*, *adj* oral (*m*).
orange /'ɒrɪndʒ, 'ɔ:r-US/ I *n* (fruit) orange *f*; (colour) orange *m*. II *adj* orange *inv*.
orange tree *n* oranger *m*.
orbit /'ɔ:bɪt/ I *n* orbite *f*. II *vtr* décrire une orbite autour de.
orbital roadGB /'ɔrbɪtl rəʊd/ *n* rocade *f*.
orchard /'ɔ:tʃəd/ *n* verger *m*.
orchestra /'ɔ:kɪstrə/ *n* orchestre *m*.
orchestral /ɔ:'kestrəl/ *adj* orchestral.
orchestrate /'ɔ:kɪstreɪt/ *vtr* orchestrer.
orchid /'ɔ:kɪd/ *n* orchidée *f*.
ordain /ɔ:'deɪn/ *vtr* (decree) décréter; RELIG ordonner.
ordeal /ɔ:'di:l, 'ɔ:di:l/ *n* épreuve *f*.
order /'ɔ:də(r)/ I *n* ordre *m*; **out of ~** [files, records] déclassé; [phone line] en dérangement; [lift, machine] en panne; (in restaurant) commande *f*; **in ~** [documents] en règle. II **~s** *npl* RELIG ordres *mpl*. III **in ~ that** *conj phr* afin de, pour (+ *infinitive*); afin que, pour que (+ *subj*). IV **in ~ to** *prep phr* afin de, pour (+ *infinitive*). V *vtr* ordonner; (goods) commander.
orderly /'ɔ:dəlɪ/ I *n* aide-soignant/-e *m/f*. II *adj* [queue] ordonné; [debate] calme.
ordinary /'ɔ:dənrɪ, 'ɔ:rdənerɪUS/ *adj* ordinaire; [clothes] de tous les jours (*after n*).
ore /ɔ:(r)/ *n* minerai *m*.
oregano /ˌɒrɪ'gɑ:nəʊ/ *n* origan *m*.
organ /'ɔ:gən/ *n* organe *m*; MUS orgue *m*, orgues *fpl*.
organic /ɔ:'gænɪk/ *adj* organique; [produce, farming] biologique.
organism /'ɔ:gənɪzəm/ *n* organisme *m*.
organization /ˌɔ:gənaɪ'zeɪʃn, -nɪ'z-US/ *n* organisation *f*.
organizational /ˌɔ:gənaɪ'zeɪʃənl, -nɪ'z-US/ *adj* [problem] d'organisation.
organize /'ɔ:gənaɪz/ *vtr* organiser.
organized *adj* organisé; [labour] syndiqué.
organizer /'ɔ:gənaɪzə(r)/ *n* organisateur/-trice *m/f*; **electronic ~** agenda électronique.

orient /ˈɔːrɪənt/ I *n* **the Orient** l'Orient *m*. II *vtr* orienter.

oriental /ˌɔːrɪˈentl/ *adj* GÉN oriental; [carpet] d'Orient.

orientation /ˌɔːrɪənˈteɪʃn/ *n* orientation *f*.

origin /ˈɒrɪdʒɪn/ *n* origine *f*.

original /əˈrɪdʒənl/ *n*, *adj* original *(m)*.

originally /əˈrɪdʒənəlɪ/ *adv* à l'origine.

originate /əˈrɪdʒɪneɪt/ *vi* [custom, style, tradition] voir le jour; [fire] se déclarer; **to ~ from** [goods] provenir de; [proposal] émaner de.

ornament /ˈɔːnəmənt/ *n* ornement *m*.

ornamental /ˌɔːnəˈmentl/ *adj* ornemental.

ornate /ɔːˈneɪt/ *adj* richement orné.

orphan /ˈɔːfn/ *adj*, *n* orphelin/-e *(m/f)*.

orphanage /ˈɔːfənɪdʒ/ *n* orphelinat *m*.

orthodox /ˈɔːθədɒks/ *adj* orthodoxe.

oscillate /ˈɒsɪleɪt/ *vi* osciller.

ostensible /ɒˈstensəbl/ *adj* apparent.

ostentatious /ˌɒstenˈteɪʃəs/ *adj* tape-à-l'œil *inv*.

ostrich /ˈɒstrɪtʃ/ *n* autruche *f*.

other /ˈʌðə(r)/ I *adj* autre; **the ~ one** l'autre; **~ people** les autres; (alternate) **every ~ year** tous les deux ans; **every ~ Saturday** un samedi sur deux. II **~ than** *prep phr* autrement que, à part; **~ than that** à part ça. III *pron* autre; **the ~s** les autres.

otherwise /ˈʌðəwaɪz/ I *adv* autrement, à part cela, par ailleurs. II *conj* sinon.

otter /ˈɒtə(r)/ *n* loutre *f*.

ought /ɔːt/ *modal aux* devoir; **that ~ to fix it** ça devrait arranger les choses; **someone ~ to have accompanied her** quelqu'un aurait dû l'accompagner.

ounce /aʊns/ *n* (weight) once *f* (= *28,35 g*); (fluid) GB = *0,028 l*; US = *0,035 l*.

our /ˈaʊə(r), ɑː(r)/ *det* notre/nos.

ours /ˈaʊəz/ *pron* le nôtre/la nôtre/les nôtres; **a friend of ~** un ami à nous.

ourselves /aʊəˈselvz, ɑː-/ *pron* (reflexive) nous; (emphatic) nous-mêmes; **for ~** pour nous(-mêmes); (all) **by ~** tout seuls/toutes seules.

oust /aʊst/ *vtr* évincer.

out /aʊt/ I *adv* (outside) dehors; (absent) sorti; **to go/walk ~** sortir; [book, exam results] publié; [secret] révélé; [fire, light] éteint; [player] éliminé; **when the tide is ~** à marée basse. II **~ of** *prep phr* **~ of sight** hors de vue; sur; **2 ~ of 3** 2 sur 3; **~ of wood** en bois; **~ of respect** par respect.

outboard motor *n* moteur *m* hors-bord.

outbreak *n* déclenchement *m*; (of violence, spots) éruption *f*.

outburst *n* éclat *m*; (of anger) accès *m*; FIG éruption *f*.

outcast *n* exclu/-e *m/f*.

outcome *n* résultat *m*.

outcry *n* tollé *m*.

outdated *adj* dépassé, démodé.

outdo *vtr* (*prét* **outdid**; *pp* **outdone**) surpasser (en).

outdoor *adj* [sport] de plein air; [restaurant] en plein air; [shoes] de marche.

outdoors *adv* dehors; [live] en plein air.

outer /ˈaʊtə(r)/ *adj* extérieur; [limit] extrême.

outer space *n* espace *m* extra-atmosphérique.

outfit *n* (clothes) tenue *f*.

outgoing *adj* [government] sortant; [mail] en partance; TÉLÉCOM **to make ~ calls** appeler l'extérieur.

outgrow *vtr* (*prét* **outgrew**; *pp* **outgrown**) devenir trop grand pour; **he'll ~ it** ça lui passera.

outlandish /aʊtˈlændɪʃ/ *adj* bizarre.

outlaw /ˈaʊtlɔː/ I *n* hors-la-loi *m inv*. II *vtr* (practice) déclarer illégal.

outlay /ˈautleɪ/ *n* dépenses *fpl*.

outlet /ˈautlet/ *n* COMM débouché *m*; **retail/sales ~** point de vente; FIG exutoire *m*; ÉLEC prise *f* de courant.

outline /ˈautlaɪn/ **I** *n* contour *m*; (of plan) grandes lignes *fpl*; (of essay) plan *m*. **II** *vtr* dessiner le contour de; (plan) exposer brièvement.

outlive /ˌautˈlɪv/ *vtr* survivre à.

outlook /ˈautluk/ *n* perspectives *fpl*; (weather) prévisions *fpl*.

outlying /ˈautlaɪɪŋ/ *adj* isolé.

outnumber /ˌautˈnʌmbə(r)/ *vtr* être plus nombreux que.

out-of-date *adj* [ticket, passport] périmé; [clothing] démodé.

out-of-the-way *adj* à l'écart.

out-of-tune *adj* [instrument] désaccordé.

outpost /ˈautpəust/ *n* avant-poste *m*.

output /ˈautput/ *n* rendement *m*; (of factory) production *f*; (of computer) sortie *f*.

outrage /ˈautreɪdʒ/ **I** *n* (anger) indignation *f*; (act) atrocité *f*; **it's an ~** c'est monstrueux. **II** *vtr* scandaliser.

outrageous /autˈreɪdʒəs/ *adj* scandaleux/-euse; [person, outfit] incroyable.

outright /ˈautraɪt/ **I** *adj* absolu, catégorique. **II** *adv* catégoriquement; [killed] sur le coup.

outset /ˈautset/ *n* **at the ~** au début; **from the ~** dès le début.

outside /autˈsaɪd, ˈautsaɪd/ **I** *n*, *adj* extérieur *(m)*. **II** *adv* dehors. **III** *prep* à l'extérieur de, en dehors de.

outsider /ˌautˈsaɪdə(r)/ *n* étranger/-ère *m/f*; (unlikely to win) outsider *m*.

outskirts /ˈautskɜːts/ *npl* périphérie *f*.

outspoken /ˌautˈspəukən/ *adj* franc, sans détour.

outstanding /ˌautˈstændɪŋ/ *adj* exceptionnel, remarquable; [issue] en suspens; [work] inachevé; [account] impayé.

outstretched /ˌautˈstretʃt/ *adj* [hand, arm] tendu; [legs] allongé.

outstrip /ˌautˈstrɪp/ *vtr* (*p prés etc* **-pp-**) dépasser.

outward /ˈautwəd/ **I** *adj* extérieur; [calm] apparent; **~ journey** aller *m*. **II** *adv* vers l'extérieur.

outwardly /ˈautwədlɪ/ *adv* en apparence.

outwards /ˈautwədz/ *adv* vers l'extérieur.

outweigh /ˌautˈweɪ/ *vtr* l'emporter sur.

oval /ˈəuvl/ *adj*, *n* ovale *(m)*.

ovation /əuˈveɪʃn/ *n* ovation *f*.

oven /ˈʌvn/ *n* four *m*.

over /ˈəuvə(r)/ **I** *prep* (across) par-dessus; **a bridge ~ the Thames** un pont sur la Tamise; (from or on the other side of) **the house ~ the road** la maison d'en face; **~ the road** de l'autre côté de la rue; **~ here/there** par ici/là; (above) au-dessus de; (more than) plus de; (in the course of) **~ the weekend** pendant le week-end; **all ~ the house** partout dans la maison. **II** *adj*, *adv* (before verbs) **~ you go!** allez hop!; (finished) fini, terminé; (more) **children of six and ~** les enfants de plus de six ans; RADIO, TV **~ to you** à vous; **to start all ~ again** recommencer à zéro; (very)[GB] trop, très.

overact /ˌəuvərˈækt/ *vi* en faire trop.

overall /ˈəuvərɔːl/ **I**[GB] *n* blouse *f*. **II ~s** *npl* [GB] combinaison *f*; [US] salopette *f*. **III** /ˌəuvərˈɔːl/ *adj* [cost] global; [impression] d'ensemble; [majority] absolu. **IV** *adv* en tout, dans l'ensemble.

overboard /ˈəuvəbɔːd/ *adv* à l'eau; **man ~!** un homme à la mer!

overcast /ˌəuvəˈkɑːst, -ˈkæst[US]/ *adj* MÉTÉO couvert.

overcharge *vtr* faire payer trop cher à.

overcoat /ˈəuvəkəut/ *n* pardessus *m*.

overcome /ˌəʊvəˈkʌm/ *vtr* (*prét* **-came**; *pp* **-come**) vaincre; (nerves) maîtriser; (dislike, fear) surmonter.
overcrowded /ˌəʊvəˈkraʊdɪd/ *adj* [train] bondé; [city] surpeuplé.
overdo /ˌəʊvəˈduː/ *vtr* (*prét* **overdid**; *pp* **overdone**) exagérer; (meat) faire trop cuire.
overdose /ˈəʊvədəʊs/ I *n* dose *f* excessive, overdose *f*. II *vi* faire une overdose.
overdraft /ˈəʊvədrɑːft, -dræft[US]/ *n* découvert *m*.
overdue /ˌəʊvəˈdjuː, -ˈduː[US]/ *adj* [work] en retard; [bill] impayé.
overeat *vi* (*prét* **overate**; *pp* **overeaten**) manger à l'excès.
overestimate /ˌəʊvərˈestɪmeɪt/ *vtr* surestimer.
overflow I /ˈəʊvəfləʊ/ *n* (surplus) surplus *m*; (of liquid) trop-plein *m*. II /ˌəʊvəˈfləʊ/ *vi* déborder.
overgrown /ˌəʊvəˈgrəʊn/ *adj* envahi par la végétation, qui a trop poussé.
overhaul I /ˈəʊvəhɔːl/ *n* révision *f*. II /ˌəʊvəˈhɔːl/ *vtr* réviser.
overhead /ˈəʊvəhed/ I **~s**[GB] *npl* COMM frais *mpl* généraux. II *adj* [cable] aérien/-ienne.
overhear /ˌəʊvəˈhɪə(r)/ *vtr* (*prét*, *pp* **-heard**) entendre par hasard.
overheat *vi* (trop) chauffer.
overland *adv* par route.
overlap /ˌəʊvəˈlæp/ *vi* (*p prés etc* **-pp-**) se chevaucher.
overlay /ˌəʊvəˈleɪ/ *vtr* (*prét*, *pp* **-laid**) recouvrir.
overleaf /ˌəʊvəˈliːf/ *adv* au verso.
overload /ˌəʊvəˈləʊd/ *vtr* surcharger.
overlook /ˌəʊvəˈlʊk/ *vtr* [building] donner sur; (detail) ne pas voir; (need) ne pas tenir compte de.
overly /ˈəʊvəlɪ/ *adv* trop, excessivement.
overnight /ˈəʊvənaɪt/ I *adj* [journey, train] de nuit; [stay] d'une nuit; [guest] pour la nuit. II /ˌəʊvəˈnaɪt/ *adv* dans la nuit; **to stay ~** passer la nuit; FIG du jour au lendemain.
overpower /ˌəʊvəˈpaʊə(r)/ *vtr* (thief) maîtriser; (army) vaincre; FIG accabler.
overpriced /ˌəʊvəˈpraɪst/ *adj* trop cher.
overrate /ˌəʊvəˈreɪt/ *vtr* surestimer.
override /ˌəʊvəˈraɪd/ *vtr* (*prét* **-rode**; *pp* **-ridden**) passer outre à.
overriding /ˌəʊvəˈraɪdɪŋ/ *adj* primordial.
overrule /ˌəʊvəˈruːl/ *vtr* [objection] repoussé; [decision] annulé.
overrun /ˌəʊvəˈrʌn/ *vtr* (*p prés* **-nn-**; *prét* **overran**; *pp* **overrun**) envahir; (exceed) dépasser.
overseas /ˌəʊvəˈsiːz/ I *adj* [travel] à l'étranger; [market] extérieur. II *adv* à l'étranger.
oversee /ˌəʊvəˈsiː/ *vtr* (*prét* **-saw**; *pp* **-seen**) superviser.
overshadow /ˌəʊvəˈʃædəʊ/ *vtr* éclipser.
oversight /ˈəʊvəsaɪt/ *n* erreur *f*; **due to an ~** par inadvertance.
oversize(d) /ˈəʊvəsaɪzd/ *adj* énorme.
overstate /ˌəʊvəˈsteɪt/ *vtr* exagérer.
overt /ˈəʊvɜːt, əʊˈvɜːrt[US]/ *adj* avoué, déclaré.
overtake[GB] /ˌəʊvəˈteɪk/ (*prét* **-took**; *pp* **-taken**) *vtr*, *vi* [vehicle, person] dépasser; **no overtaking** dépassement interdit.
overthrow /ˌəʊvəˈθrəʊ/ *vtr* (*prét* **-threw**; *pp* **-thrown**) renverser.
overtime /ˈəʊvətaɪm/ I *n* heures *fpl* supplémentaires. II *adv* **to work** faire des heures supplémentaires.
overtone /ˈəʊvətəʊn/ *n* sous-entendu *m*.
overture /ˈəʊvətjʊə(r)/ *n* ouverture *f*.
overturn /ˌəʊvəˈtɜːn/ *vi* [car, chair] se renverser; [boat] chavirer.

overview /ˈəʊvəvjuː/ *n* vue *f* d'ensemble.

overweight /ˌəʊvəˈweɪt/ *adj* [person] trop gros/grosse; [suitcase] trop lourd.

overwhelm /ˌəʊvəˈwelm, -hwelm[US]/ *vtr* [wave, avalanche] submerger; [enemy] écraser; [shame] accabler; [grandeur] impressionner.

overwhelming /ˌəʊvəˈwelmɪŋ, -hwelm-[US]/ *adj* [defeat, victory, majority, etc] écrasant; [desire] irrésistible; [heat, sorrow] accablant.

overwork /ˈəʊvəwɜːk/ I *n* surmenage *m*. II *vi* se surmener.

ow /aʊ/ *excl* aïe!

owe /əʊ/ *vtr* devoir.

owing /ˈəʊɪŋ/ I *adj* à payer, dû. II **~ to** *prep phr* en raison de.

owl /aʊl/ *n* hibou *m*.

own /əʊn/ I *adj* propre; **his ~ car** sa propre voiture. II *pron* **my ~** le mien, la mienne. III *vtr* avoir; (admit) reconnaître, avouer.

• **on one's ~** tout seul.

• **own up**: avouer.

owner /ˈəʊnə(r)/ *n* propriétaire *mf*.

ownership /ˈəʊnəʃɪp/ *n* propriété *f*.

ox /ɒks/ *n* (*pl* **~en**) bœuf *m*.

Oxbridge /ˈɒksbrɪdʒ/ *n universités d'Oxford et de Cambridge*.

oxidize /ˈɒksɪdaɪz/ *vi* s'oxyder.

oxygen /ˈɒksɪdʒən/ *n* oxygène *m*.

oyster /ˈɔɪstə(r)/ *n* huître *f*.

oz *abrév écrite* = **ounce(s)**.

ozone /ˈəʊzəʊn/ *n* ozone *m*.

p

p[GB] (*abrév* = **penny, pence**) /piː/ *n* penny *m*, pence *mpl*.

pace /peɪs/ I *n* pas *m*; **at a fast/slow ~** vite/lentement. II *vtr* arpenter. III *vi* **to ~ up and down** faire les cent pas.

pacifist /ˈpæsɪfɪst/ *n, adj* pacifiste (*mf*).

pacify /ˈpæsɪfaɪ/ *vtr* apaiser.

pack /pæk/ I *n* paquet *m*; (group) bande *f*; (of cards) jeu *m* de cartes; (backpack) sac *m* à dos. II **-pack** *combining form* **a four-~** un lot de quatre. III *vtr* emballer; **to ~ one's suitcase** faire sa valise; (earth) tasser. IV *vi* faire ses valises; [crowd] **to ~ into** s'entasser dans.

• **to send sb ~ing** envoyer promener qn.

• **pack in**: (job, boyfriend)[©GB] plaquer[©]; **~ it in!** arrête!, ça suffit! • **pack off**: expédier. • **pack up**: faire ses valises.

package /ˈpækɪdʒ/ I *n* paquet *m*, colis *m*; **~ deal** forfait. II *vtr* emballer.

packaging /ˈpækɪdʒɪŋ/ *n* emballage *m*, conditionnement *m*.

packed /pækt/ *adj* comble; **~ with** plein de; **I'm ~** j'ai fait mes valises.

packet /ˈpækɪt/ *n* paquet *m*.

packing /ˈpækɪŋ/ *n* emballage *m*; **to do one's ~** faire ses valises.

pact /pækt/ *n* pacte *m*.

pad /pæd/ I *n* bloc *m*; (of cotton, etc) tampon *m*; (to give shape) rembourrage *m*; SPORT protection *f*; (for leg) jambière *f*. II *vtr* (*p prés etc* **-dd-**) rembourrer.

paddle /ˈpædl/ I *n* pagaie *f*; **to go for a ~** faire trempette *f*; SPORT[US] raquette *f*. II *vtr* **to ~ a canoe** pagayer.

paddock /ˈpædək/ *n* paddock *m*.

paddyfield *n* rizière *f*.

padlock /ˈpædlɒk/ *n* cadenas *m*, antivol *m*.

pagan /ˈpeɪgən/ *n* païen/païenne *m/f*.

page /peɪdʒ/ I *n* page *f*; (attendant) groom *m*; [US] coursier *m*. II *vtr* rechercher; (faire) appeler.

pageant /ˈpædʒənt/ *n* fête *f* à thème historique.

pager /ˈpeɪdʒə(r)/ *n* TÉLÉCOM récepteur *m* d'appel.

paid /peɪd/ I *prét, pp* ▸ **pay**. II *adj* payé, rémunéré.

paid-up member[GB] *n* adhérent/-e *m/f*.

pain /peɪn/ I *n* douleur *f*; **to be in ~** souffrir; (annoying person, thing) casse-pieds☺. II **~s** *npl* efforts *mpl*. III *vtr* attrister.

painful /ˈpeɪnfl/ *adj* douloureux/-euse; [task] pénible.

painkiller *n* analgésique *m*.

painless /ˈpeɪnlɪs/ *adj* indolore; (troublefree) sans peine.

painstaking /ˈpeɪnzteɪkɪŋ/ *adj* minutieux/-ieuse.

paint /peɪnt/ I *n* peinture *f*. II **~s** *npl* couleurs *fpl* III *vtr, vi* peindre; (nails) se vernir.

painter /ˈpeɪntə(r)/ *n* peintre *m*.

painting /ˈpeɪntɪŋ/ *n* peinture *f*; (work of art) tableau *m*.

pair /peə(r)/ I *n* paire *f*; (two people) couple *m*; **a ~ of jeans** un jean. II *vtr* associer.

• **pair off**: se mettre par deux.

pal☺ /pæl/ *n* copain☺/copine☺ *m/f*.

palace /ˈpælɪs/ *n* palais *m*.

palatable /ˈpælətəbl/ *adj* savoureux.

palate /ˈpælət/ *n* ANAT palais *m*.

pale /peɪl/ I *adj* pâle; **to turn/go ~** pâlir. II *vi* pâlir.

palette /ˈpælɪt/ *n* palette *f*.

pall /pɔːl/ *vi* **it never ~s** on ne s'en lasse jamais.

palm /pɑːm/ *n* (of hand) paume *f*; (tree) palmier *m*; (leaf) palme *f*.

• **palm off**☺: faire passer.

Palm Sunday *n* dimanche *m* des Rameaux.

palpable /ˈpælpəbl/ *adj* palpable; [error] manifeste.

paltry /ˈpɔːltrɪ/ *adj* dérisoire, piètre.

pamper /ˈpæmpə(r)/ *vtr* (person, pet) choyer.

pamphlet /ˈpæmflɪt/ *n* brochure *f*.

pan /pæn/ I *n* casserole *f*. II *vtr* (*p prés etc* **-nn-**) (criticize)☺ éreinter.

pancake /ˈpæŋkeɪk/ *n* CULIN crêpe *f*.

pander /ˈpændə(r)/ *vi* **to ~ to** (person) céder aux exigences de; (whim) flatter.

pane /peɪn/ *n* vitre *f*, carreau *m*.

panel /ˈpænl/ I *n* (of experts) commission *f*; **to be on a ~** être membre d'un comité; (jury) jury *m*; (section of wall) panneau *m*; (of instruments) tableau *m*. II **panelled**, **paneled**[US] *pp adj* [wall, ceiling] lambrissé.

panelling, **paneling**[US] /ˈpænəlɪŋ/ *n* lambris *m*.

pang /pæŋ/ *n* serrement *m* de cœur; **~s (of guilt)** remords *mpl*; (physical) crampes *fpl* d'estomac.

panic /ˈpænɪk/ I *n* affolement *m*. II *vtr* (*p prés etc* **-ck-**) (person, animal) affoler; (crowd) semer la panique dans. III *vi* s'affoler; **don't ~!** pas de panique!

pansy /ˈpænzɪ/ *n* (fleur) pensée *f*.

pant /pænt/ *vi* haleter.

panther /ˈpænθə(r)/ *n* panthère *f*.

pantomime /ˈpæntəmaɪm/ *n* GB spectacle *m* pour enfants (à *Noël*); ¢ mime *m*.
pants /pænts/ *npl* US pantalon *m*; GB slip *m*.
papal /ˈpeɪpl/ *adj* papal, pontifical.
paper /ˈpeɪpə(r)/ I *n* papier *m*; **down on ~** par écrit; (newspaper) journal *m*; (article) article *m*; (lecture) communication *f*; (report) exposé *m*. II *vtr* tapisser.
paperback /ˈpeɪpəbæk/ *n* livre *m* de poche.
paperwork *n* documents *mpl*.
par /pɑː(r)/ *n* **on a ~ with** comparable à; **below/under ~** en dessous de la moyenne.
parable /ˈpærəbl/ *n* parabole *f*.
parachute /ˈpærəʃuːt/ I *n* parachute *m*. II *vtr* parachuter.
parade /pəˈreɪd/ I *n* parade *f*; MIL défilé *m*. II *vtr* faire étalage de. III *vi* **to ~ (up and down)** défiler.
paradise /ˈpærədaɪs/ *n* paradis *m*.
paradox /ˈpærədɒks/ *n* paradoxe *m*.
paradoxical /ˌpærəˈdɒksɪkl/ *adj* paradoxal.
paragliding /ˈpærəˌglaɪdɪŋ/ *n* parapente *m*.
paragon /ˈpærəgən, -gɒnUS/ *n* modèle *m*.
paragraph /ˈpærəgrɑːf, -græfUS/ *n* paragraphe *m*; **new ~** à la ligne.
parallel /ˈpærəlel/ I *n* parallèle *m*; **on a ~ with sth** comparable à qch. II *adj* parallèle; (similar) analogue. III *adv* **~ to/with** parallèlement à.
paralyseGB, **paralyze**US /ˈpærəlaɪz/ *vtr* paralyser.
paralysis /pəˈræləsɪs/ *n* paralysie *f*.
parameter /pəˈræmɪtə(r)/ *n* paramètre *m*.
paramount /ˈpærəmaʊnt/ *adj* suprême.
paraphernalia /ˌpærəfəˈneɪlɪə/ *n* (*sg*) attirail *m*.
parasite /ˈpærəsaɪt/ *n* parasite *m*.
paratrooper /ˈpærətruːpə(r)/ *n* parachutiste *m*.
parcel /ˈpɑːsl/ *n* paquet *m*.
• **parcel out**: répartir.
pardon /ˈpɑːdn/ I *n* pardon *m*; JUR grâce *f*. II *excl* pardon?; (sorry!) pardon! III *vtr* pardonner; JUR gracier; **if you'll ~ my French** passez-moi l'expression.
pare /peə(r)/ *vtr* (apple) peler.
parent /ˈpeərənt/ *n* parent *m*.
parentage /ˈpeərəntɪdʒ/ *n* ascendance *f*.
parental /pəˈrentl/ *adj* parental.
parish /ˈpærɪʃ/ *n* RELIG paroisse *f*; (administrative)GB commune *f*.
parity /ˈpærətɪ/ *n* parité *f*.
park /pɑːk/ I *n* jardin *m* public, parc *m*. II *vtr* (car) garer. III *vi* [driver] se garer.
parking /ˈpɑːkɪŋ/ *n* stationnement *m*.
parking lotUS *n* parc *m* de stationnement, parking *m*.
parking meter *n* parcmètre *m*.
parliament /ˈpɑːləmənt/ I *n* parlement *m*. II **Parliament**GB *pr n* Parlement *m*.
parliamentary /ˌpɑːləˈmentrɪ, -terɪUS/ *adj* parlementaire.
parody /ˈpærədɪ/ I *n* parodie *f*. II *vtr* parodier.
parole /pəˈrəʊl/ *n* JUR liberté *f* conditionnelle.
parrot /ˈpærət/ *n* perroquet *m*.
parsley /ˈpɑːslɪ/ *n* persil *m*.
parsnip /ˈpɑːsnɪp/ *n* panais *m*.
parson /ˈpɑːsn/ *n* pasteur *m*.
part /pɑːt/ I *n* partie *f*; **to be (a) ~ of** faire partie de; **to take ~** participer; **for the most ~** dans l'ensemble; **on the ~ of** de la part de; (of country) région *f*; TECH pièce *f*; TV épisode *m*; (share, role) rôle *m*; MUS

partition *f.* II *adv* en partie. III *vtr* séparer; (lips) entrouvrir; (crowd) fendre. IV *vi* se séparer; to ~ from sb quitter qn.
• **part with**: se défaire de.

partial /ˈpɑːʃl/ *adj* partiel/-ielle; (biased) partial; **to be ~ to** avoir un faible pour.

partially /ˈpɑːʃəlɪ/ *adv* partiellement.

participant /pɑːˈtɪsɪpənt/ *n* participant/-e *m/f*.

participate /pɑːˈtɪsɪpeɪt/ *vi* participer.

participle /ˈpɑːtɪsɪpl/ *n* participe *m*.

particle /ˈpɑːtɪkl/ *n* particule *f*.

particular /pəˈtɪkjʊlə(r)/ I *n* détail *m*; **in ~** en particulier. II **~s** *npl* détails *mpl*; (from person) coordonnées☺ *fpl*. III *adj* particulier/-ière; (fussy) méticuleux/-euse.

particularly /pəˈtɪkjʊləlɪ/ *adv* particulièrement, spécialement.

parting /ˈpɑːtɪŋ/ I *n* séparation *f*; (in hair)[GB] raie *f*. II *adj* [gift, words] d'adieu.

partisan /ˈpɑːtɪzæn, ˌpɑːtɪˈzæn, ˈpɑːrtɪzn[US]/ *n* partisan *m*.

partition /pɑːˈtɪʃn/ I *n* cloison *f*; POL partition *f*. II *vtr* POL diviser.

partly /ˈpɑːtlɪ/ *adv* en partie.

partner /ˈpɑːtnə(r)/ *n* associé/-e *m/f*; POL, SPORT partenaire *m*; (dancer) cavalier/-ière.

partnership /ˈpɑːtnəʃɪp/ *n* association *f*.

partridge /ˈpɑːtrɪdʒ/ *n* perdrix *f*.

part-time /ˌpɑːtˈtaɪm/ I *n* temps *m* partiel. II *adj*, *adv* à temps partiel.

party /ˈpɑːtɪ/ *n* fête *f*, réception *f*; (in evening) soirée *f*; (group) groupe *m*; POL parti *m*; JUR partie *f*.

party politics *n* politique *f* politicienne.

pass /pɑːs, pæs[US]/ I *n* laissez-passer *m inv*; (for journalists) coupe-file *m*; (for transport) carte *f* d'abonnement; GÉOG col *m*. II *vtr* passer; (expectation, vehicle) passer devant, dépasser; (exam) réussir; (bill, motion) adopter. III *vi* passer; (in exam) réussir.
• **pass around**, **pass round**[GB]: faire passer. • **pass away**: décéder. • **pass on**: transmettre. • **pass out**: perdre connaissance. • **pass over**: ne pas tenir compte de. • **pass through**: traverser. • **pass up**☺: laisser passer.

passage /ˈpæsɪdʒ/ *n* passage *m*; (indoors) corridor *m*; ANAT conduit *m*; (by sea) traversée *f*.

passenger /ˈpæsɪndʒə(r)/ *n* passager/-ère *m/f*; (in train, bus, etc) voyageur/-euse *m/f*.

passerby /ˌpɑːsəˈbaɪ/ (*pl* **-ersby**) *n* passant/-e *m/f*.

passion /ˈpæʃn/ *n* passion *f*.

passionate /ˈpæʃənət/ *adj* passionné.

passive /ˈpæsɪv/ I *n* LING **the ~** le passif. II *adj* passif/-ive.

Passover /ˈpɑːsəʊvə(r), ˈpæs-[US]/ *n* Pâque *f* juive.

passport /ˈpɑːspɔːt, ˈpæs-[US]/ *n* passeport *m*.

password *n* mot *m* de passe.

past /pɑːst, pæst[US]/ I *n* passé *m*. II *adj* (preceding) dernier/-ière; (former) ancien/-ienne; (finished) fini. III *prep* devant qn/qch; (after) après; **it's ~ 6** il est 6 heures passées; **~ the church** après l'église; (beyond a certain level) au-delà de. IV *adv* devant.

pasta /ˈpæstə/ *n* ¢ pâtes *fpl* (alimentaires).

paste /peɪst/ I *n* colle *f*; (mixture) pâte *f*; CULIN pâté *m*. II *vtr* coller.

pastel /ˈpæstl, pæˈstel[US]/ *n* pastel *m*.

pastime /ˈpɑːstaɪm, ˈpæs-[US]/ *n* passe-temps *m inv*.

pastor /ˈpɑːstə(r), ˈpæs-[US]/ *n* pasteur *m*.

pastoral /ˈpɑːstərəl, ˈpæs-[US]/ *adj* pastoral; SCOL [role, work][GB] de conseiller/-ère.

past perfect *n* LING plus-que-parfait *m*.

pastry /ˈpeɪstrɪ/ *n* (mixture) pâte *f*; (cake) pâtisserie *f*.

past tense *n* LING passé *m*.

pasture /ˈpɑːstʃə(r), ˈpæs-US/ *n* pré *m*, pâturage *m*.

pat /pæt/ I *n* petite tape *f*. II *vtr* (*p prés etc* **-tt-**) (hand) tapoter; (dog) caresser.

patch /pætʃ/ I *n* (in clothes) pièce *f*; (on eye) bandeau *m*; (small area) plaque *f*; (of colour, damp, etc) tache *f*; (of blue sky) coin *m*; (for planting) carré *m*. II *vtr* (trousers) rapiécer; (tyre) réparer.
• **patch up**: (quarrel) résoudre.

patchwork *n* patchwork *m*.

patchy /ˈpætʃɪ/ *adj* inégal.

patent /ˈpætnt, ˈpeɪtnt, ˈpætntUS/ I *n* brevet *m*. II *adj* manifeste. III *vtr* faire breveter.

paternal /pəˈtɜːnl/ *adj* paternel/-elle.

path /pɑːθ, pæθUS/ *n* chemin *m*, sentier *m*; (in garden) allée *f*; (course) trajectoire *f*; (of planet, river, sun) cours *m*; **the ~ to sth** la voie de qch.

pathetic /pəˈθetɪk/ *adj* pitoyable; PÉJ☺ lamentable.

pathological /ˌpæθəˈlɒdʒɪkl/ *adj* pathologique.

patience /ˈpeɪʃns/ *n* patience *f*.

patient /ˈpeɪʃnt/ *n*, *adj* patient/-e *(m/f)*.

patriarch /ˈpeɪtrɪɑːk, ˈpæt-US/ *n* patriarche *m*.

patriot /ˈpætrɪət, ˈpeɪt-US/ *n* patriote *mf*.

patriotic /ˌpætrɪˈɒtɪk, ˈpeɪt-US/ *adj* [song] patriotique; [person] patriote.

patrol /pəˈtrəʊl/ I *n* patrouille *f*. II *in compounds* [car] de police. III *vtr*, *vi* (*p prés etc* **-ll-**) patrouiller.

patron /ˈpeɪtrən/ *n* protecteur/-trice *m/f*; (of institution) donateur/-trice *m/f*; (client) client/-e *m/f*.

patronage /ˈpætrənɪdʒ/ *n* patronage *m*; **thank you for your ~** merci de nous être fidèles; **~ of the arts** mécénat *m*.

patronize /ˈpætrənaɪz/ *vtr* PÉJ traiter [qn] avec condescendance; (restaurant) fréquenter; (shop) se fournir chez; (the arts) protéger.

patter /ˈpætə(r)/ I *n* (of rain) crépitement *m*; (of salesman)☺ baratin☺ *m*. II *vi* crépiter.

pattern /ˈpætn/ *n* dessin *m*, motif *m*; (model) modèle *m*; (in dressmaking) patron *m*.

pause /pɔːz/ I *n* pause *f*. II *vi* marquer une pause; (hesitate) hésiter.

pave /peɪv/ *vtr* paver.

pavement /ˈpeɪvmənt/ *n* GB trottoir *m*; US chaussée *f*.

pavilion /pəˈvɪlɪən/ *n* pavillon *m*.

paw /pɔː/ I *n* patte *f*. II *vtr* [animal] donner des coups de patte à.

pawn /pɔːn/ I *n* JEUX, FIG pion *m*. II *vtr* mettre [qch] au mont-de-piété.

pay /peɪ/ I *n* salaire *m*; (to soldier) solde *f*; ADMIN traitement *m*. II *in compounds* [agreement] salarial; [rise] de salaire; [policy] des salaires. III *vtr* (*prét*, *pp* **paid**) payer; (interest) rapporter; **to ~ attention/heed to** faire/prêter attention à; **to ~ sb a visit** rendre visite à qn. IV *vi* payer; [business] rapporter; **to ~ for itself** s'amortir.
• **pay back**: rembourser; **I'll ~ him back for that** je lui revaudrai ça. • **pay off**: [hard work] être payant; (sum) rembourser.
• **pay out**: débourser.

payable /ˈpeɪəbl/ *adj* à payer, payable; [cheque] à l'ordre de.

pay-as-you-earnGB, **PAYE**GB *n prélèvement de l'impôt à la source.*

payer /ˈpeɪə(r)/ *n* payeur/-euse *m/f*.

paying guest *n* hôte *m* payant.

payment /ˈpeɪmənt/ *n* paiement *m*, règlement *m*; (into account) versement *m*.

payoff *n* récompense *f*.

pay phone *n* téléphone *m* public.

payroll /ˈpeɪrəʊl/ *n* **a ~ of 500 workers** un effectif de 500 ouvriers.

PC /pisi/ *n* (*abrév* = **personal computer**) ordinateur *m* (personnel); (*abrév* = **politically correct**) politiquement correct; (*abrév* = **police constable**[GB]) agent *m* de police.

PE *n* (*abrév* = **physical education**) éducation *f* physique.

pea /piː/ *n* pois *m*; petit pois *m*.

peace /piːs/ *n* paix *f*.

Peace Corps[US] *n* ADMIN *organisation composée de volontaires pour l'aide aux pays en voie de développement*.

peaceful /ˈpiːsfl/ *adj* paisible; (without conflict) pacifique.

peacefully /ˈpiːsfəlɪ/ *adv* paisiblement; (without conflict) pacifiquement.

peacekeeping /ˈpiːskiːpɪŋ/ *n* maintien *m* de la paix.

peacetime /ˈpiːstaɪm/ *n* temps *m* de paix.

peach /piːtʃ/ *n* pêche *f*; (tree) pêcher *m*.

peacock /ˈpiːkɒk/ *n* paon *m*.

peak /piːk/ I *n* (of mountain) pic *m*; (of cap) visière *f*; (of price) maximum *m*; (on a graph) sommet *m*; (of form) meilleur *m*. II *in compounds* [price, risk] maximum; ~ **time** heures de grande écoute; (for traffic) heures de pointe.

peanut /ˈpiːnʌt/ I *n* cacahuète *f*; (plant) arachide *f*. II **~s**☺ *npl* clopinettes☺ *fpl*.

pear /peə(r)/ *n* poire *f*; (tree) poirier *m*.

pearl /pɜːl/ *n* perle *f*.

peasant /ˈpeznt/ *n*, *adj* paysan/-anne (*m/f*).

peat /piːt/ *n* tourbe *f*.

pebble /ˈpebl/ *n* caillou *m*; (on beach) galet *m*.

pecan /ˈpiːkən, pɪˈkæn, pɪˈkɑːn[US]/ *n* noix *f* de pécan; (tree) pacanier *m*.

peck /pek/ *vtr* picorer; donner un coup de bec à.

peculiar /pɪˈkjuːlɪə(r)/ *adj* bizarre; **to be ~ to** être particulier/-ière à, propre à.

pedal /ˈpedl/ I *n* pédale *f*. II *vtr, vi* (*p prés etc* **-ll-**[GB], **-l-**[US]) pédaler.

peddle /ˈpedl/ *vtr* (ideology, propaganda) colporter; (drugs) faire le trafic de.

pedestal /ˈpedɪstl/ *n* socle *m*, piédestal *m*.

pedestrian /pɪˈdestrɪən/ I *n* piéton *m*. II *in compounds* [street] piétonnier/-ière, piéton/-onne.

pedigree /ˈpedɪgriː/ I *n* pedigree *m*; (of person) ascendance *f*. II *in compounds* [animal] de pure race.

pee☺ /piː/ *n* pipi☺ *m*.

peek /piːk/ *vi* jeter un coup d'œil furtif.

peekaboo /ˌpiːkəˈbuː/ *excl* coucou!

peel /piːl/ I *n* épluchures *fpl*. II *vtr* (carrot) éplucher; (prawn) décortiquer. III *vi* peler; [paint] s'écailler.

peep /piːp/ *vi* **to ~ at sth/sb** jeter un coup d'œil à qch/qn; [bird] pépier.

peer /pɪə(r)/ I *n* POL pair *m*; (person of equal merit) égal/-e *m/f*. II *vi* **to ~ at** regarder (fixement).

peerage /ˈpɪərɪdʒ/ *n* POL **the ~** la pairie.

peg /peg/ *n* (to hang garment) patère *f*; [GB] pince *f* à linge; (on instrument) cheville *f*; (for tent) piquet *m*.

pejorative /pɪˈdʒɒrətɪv, -ˈdʒɔːr-[US]/ *adj* péjoratif/-ive.

pellet /ˈpelɪt/ *n* (of paper, etc) boulette *f*; (of shot) plomb *m*.

pelt /pelt/ I *n* peau *f*, fourrure *f*. II **at full ~** *adv phr* à toute vitesse. III *vtr* bombarder (de). IV *vi* tomber à verse.

pen /pen/ I *n* stylo *m*; (for animals) parc *m*, enclos *m*. II *vtr* (*p prés etc* **-nn-**) écrire; (animals) enfermer, parquer.

penal /ˈpiːnl/ *adj* [code, system] pénal; [colony] pénitentiaire.

penalize /ˈpiːnəlaɪz/ *vtr* pénaliser.

penalty /ˈpenltɪ/ *n* JUR, GÉN peine *f*, pénalité *f*; (fine) amende *f*; SPORT penalty *m*; (in rugby) pénalité *f*.

penalty area *n* SPORT surface *f* de réparation.
penceGB /pens/ *npl* ▸ **penny**.
pencil /ˈpensl/ *n* crayon *m*.
pencil case *n* trousse *f* (à crayons).
pencil sharpener *n* taille-crayons *m inv*.
pending /ˈpendɪŋ/ I *adj* JUR [case] en instance; [matter] en souffrance. II *prep* en attendant.
pendulum /ˈpendjʊləm, -dʒuləmUS/ *n* pendule *m*, balancier *m*.
penetrate /ˈpenɪtreɪt/ *vtr* pénétrer; (mystery) percer.
penetrating /ˈpenɪtreɪtɪŋ/ *adj* pénétrant; [voice] perçant.
penguin /ˈpeŋgwɪn/ *n* pingouin *m*, manchot *m*.
peninsula /pəˈnɪnsjʊlə, -nsələUS/ *n* péninsule *f*.
pennant /ˈpenənt/ *n* fanion *m*; SPORTUS championnat *m*.
penniless /ˈpenɪlɪs/ *adj* sans le sou, sans ressources.
penny /ˈpenɪ/ *n* (*pl* **pennies**) ≈ centime *m*; **not a ~** pas un sou; (*pl* **pence/pennies**) (currency) GB penny *m*; (*pl* **pennies**) US cent *m*.
pen pal© *n* correspondant/-e *m/f*.
pension /ˈpenʃn/ *n* pension *f*; (from retirement) retraite *f*.
pensioner /ˈpenʃənə(r)/ *n* retraité/-e *m/f*.
pentagon /ˈpentəgən, -gɒnUS/ *n* pentagone *m*; POLUS **the Pentagon** le Pentagone *m*.
penthouse /ˈpenthaus/ *n* *appartement de grand standing au dernier étage d'un immeuble*.
pent-up /pentˈʌp/ *adj* réprimé, contenu.
penultimate /penˈʌltɪmət/ *adj* avant-dernier/-ière.
peony /ˈpiːənɪ/ *n* pivoine *f*.
people /ˈpiːpl/ I *n* (nation) peuple *m*; **the American ~** le peuple américain, les Américains. II *npl* gens *mpl*; (specified or counted) personnes *fpl*; **old ~** les personnes âgées; **nice ~** des gens sympathiques; **~ in general** le grand public; **my ~**© ma famille.
pep /pep/ *n* entrain *m*, dynamisme *m*.
• **pep up**: tonifier, donner du tonus à.
pepper /ˈpepə(r)/ *n* poivre *m*; (plant) poivron *m*.
peppermint /ˈpepəmɪnt/ *n* (sweet) pastille *f* de menthe; (plant) menthe *f* poivrée.
per /pɜː(r)/ *prep* (for each) par; **80 km ~ hour** 80 km à l'heure.
per capita *adj, adv* par habitant.
perceive /pəˈsiːv/ *vtr* percevoir.
per cent /pəˈsent/ *n, adv* pour cent (*m*).
percentage /pəˈsentɪdʒ/ *n* pourcentage *m*.
perception /pəˈsepʃn/ *n* perception *f*; (insight) perspicacité *f*.
perceptive /pəˈseptɪv/ *adj* perspicace; [study] pertinent.
perch /pɜːtʃ/ I *n* perchoir *m*; (fish) perche *f*. II *vtr* percher. III *vi* se percher.
percussion /pəˈkʌʃn/ *n* MUS percussions *fpl*.
perennial /pəˈrenɪəl/ I *n* plante *f* vivace. II *adj* (recurring) perpétuel/-elle; [plant] vivace.
perfect I /ˈpɜːfɪkt/ *adj* parfait; LING **the ~ tense** le parfait. II /pəˈfekt/ *vtr* perfectionner.
perfection /pəˈfekʃn/ *n* perfection *f*.
perfectly /ˈpɜːfɪktlɪ/ *adv* parfaitement.
perform /pəˈfɔːm/ I *vtr* (task) exécuter, faire; (duties) accomplir; (operation) procéder à; (play) jouer; (song) chanter. II *vi* jouer.
performance /pəˈfɔːməns/ *n* (concert, etc) représentation *f*; (of actor) interprétation *f*; (of sportsman, car) performances *fpl*; (of

task) exécution *f*; **what a ~!** quelle histoire!

performer /pə'fɔːmə(r)/ *n* artiste *mf*.

performing arts *npl* arts *mpl* scéniques.

perfume /ˈpɜːfjuːm, pərˈfjuːm^US/ **I** *n* parfum *m*. **II** *vtr* parfumer.

perhaps /pə'hæps/ *adv* peut-être.

peril /ˈperəl/ *n* péril *m*, danger *m*.

perilous /ˈperələs/ *adj* périlleux/-euse.

perimeter /pə'rɪmɪtə(r)/ *n* périmètre *m*.

period /ˈpɪərɪəd/ *n* période *f*, époque *f*; (full stop)^US point *m*; (menstruation) **~(s)** règles *fpl*; SCOL cours *m*, leçon *f*.

periodic /ˌpɪərɪ'ɒdɪk/ *adj* périodique.

periodical /ˌpɪərɪ'ɒdɪkl/ *n, adj* périodique (*m*).

peripheral /pə'rɪfərəl/ *adj* périphérique; **~ to** secondaire par rapport à.

periphery /pə'rɪfərɪ/ *n* périphérie *f*.

perish /ˈperɪʃ/ *vi* LITTÉR périr; [food] se gâter.

periwinkle /ˈperɪwɪŋkl/ *n* pervenche *f*.

perjury /ˈpɜːdʒərɪ/ *n* faux témoignage *m*.

perk☺ /pɜːk/ *n* avantage *m* (en nature).
• **perk up**: [person] se ragaillardir; [business, life, plant] reprendre.

perm /pɜːm/ **I** *n* permanente *f*. **II** *vtr* **to ~ sb's hair** faire une permanente à qn.

permanent /ˈpɜːmənənt/ *adj* permanent; [contract] à durée indéterminée.

permeate /ˈpɜːmɪeɪt/ *vtr* pénétrer dans.

permissible /pə'mɪsɪbl/ *adj* permis.

permission /pə'mɪʃn/ *n* permission *f*.

permit **I** /ˈpɜːmɪt/ *n* permis *m*, autorisation *f*. **II** /pə'mɪt/ *vtr* (*p prés etc* **-tt-**) permettre; **weather ~ting** si le temps le permet.

pernicious /pə'nɪʃəs/ *adj* pernicieux/-ieuse.

perpetrate /ˈpɜːpɪtreɪt/ *vtr* perpétrer.

perpetual /pə'petʃʊəl/ *adj* perpétuel/-elle.

perpetuate /pə'petjʊeɪt/ *vtr* perpétuer.

perplexed /pə'plekst/ *adj* perplexe.

per se /ˌpɜː 'seɪ/ *adv* en soi.

persecute /ˈpɜːsɪkjuːt/ *vtr* persécuter.

persevere /ˌpɜːsɪ'vɪə(r)/ *vi* persévérer.

persimmon /pɜː'sɪmən/ *n* (fruit) kaki *m*.

persist /pə'sɪst/ *vi* persister.

persistence /pə'sɪstəns/ *n* persistance *f*.

persistent /pə'sɪstənt/ *adj* persévérant; [rain, denial] persistant; [noise, pressure] continuel/-elle.

person /ˈpɜːsn/ *n* (*pl* **people**, **~s** SOUT) personne *f*; **in ~** en personne.

persona /pɜː'səʊnə/ *n* image *f*.

personal /ˈpɜːsənl/ *adj* personnel/-elle; [safety, freedom, etc] individuel/-elle; [service] personnalisé.

personal computer, **PC** *n* ordinateur *m* (personnel).

personality /ˌpɜːsə'nælətɪ/ *n* personnalité *f*.

personalize /ˈpɜːsənəlaɪz/ *vtr* personnaliser.

personally /ˈpɜːsənəlɪ/ *adv* personnellement.

personify /pə'sɒnɪfaɪ/ *vtr* incarner.

personnel /ˌpɜːsə'nel/ *n* personnel *m*.

person-to-person *adj* TÉLÉCOM avec préavis.

perspective /pə'spektɪv/ *n* perspective *f*.

perspire /pə'spaɪə(r)/ *vi* transpirer.

persuade /pə'sweɪd/ *vtr* **to ~ sb to do** persuader qn de faire.

persuasion /pə'sweɪʒn/ *n* persuasion *f*; (religious view) confession *f*.

persuasive /pə'sweɪsɪv/ *adj* persuasif/-ive, convaincant.

pertain /pə'teɪn/ *vi* se rapporter à.

pertinent /ˈpɜːtɪnənt, -tənəntUS/ *adj* pertinent.

pervade /pəˈveɪd/ *vtr* imprégner.

pervasive /pəˈveɪsɪv/ *adj* envahissant.

perverse /pəˈvɜːs/ *adj* pervers, retors; [refusal, attempt] illogique.

perversion /pəˈvɜːʃn, -ʒnUS/ *n* perversion *f*.

pervert I /ˈpɜːvɜːt/ *n* pervers/-e *m/f*. II /pəˈvɜːt/ *vtr* corrompre; (truth) travestir; (values) fausser; **to ~ the course of justice** entraver l'action de la justice.

pessimist /ˈpesɪmɪst/ *n* pessimiste *mf*.

pessimistic /ˌpesɪˈmɪstɪk/ *adj* pessimiste.

pest /pest/ *n* animal, insecte *m* nuisible; (person)☺ enquiquineur/-euse☺ *m/f*.

pester /ˈpestə(r)/ *vtr* harceler.

pet /pet/ I *n* animal *m* de compagnie; **no ~s** les animaux domestiques ne sont pas acceptés; (favourite) chouchou/chouchoute☺ *m/f*; (sweet person) chou☺ *m*. II *in compounds* **~ hate** bête *f* noire; **~ name** petit nom *m*; **~ subject** dada *m*. III *adj* favori/-ite. IV *vtr* (*p prés etc* **-tt-**) chouchouter☺; (caress) caresser.

petal /ˈpetl/ *n* pétale *m*.

peter out /ˈpiːtə(r)aʊt/ *vi* [meeting] tourner court; [plan] tomber à l'eau; [road] s'arrêter.

pet food *n* aliments *mpl* pour chiens et chats.

petite /pəˈtiːt/ *adj* [size] menue, petite et mince.

petition /pəˈtɪʃn/ I *n* pétition *f*; **a ~ for divorce** une demande de divorce. II *vi* faire une pétition.

petrified /ˈpetrɪfaɪd/ *adj* pétrifié.

petrolGB /ˈpetrəl/ I *n* essence *f*. II *in compounds* [prices] d'essence; **~ station** station-service *f*.

petroleum /pəˈtrəʊlɪəm/ *n* pétrole *m*.

petty /ˈpetɪ/ *adj* [person] mesquin; [detail] insignifiant.

petunia /pɪˈtjuːnɪə, ˈtuː-US/ *n* pétunia *m*.

pew /pjuː/ *n* banc *m* (d'église).

pewter /ˈpjuːtə(r)/ *n* étain *m*.

PG *n* (*abrév* = **Parental Guidance**) CIN *tous publics avec accord parental suggéré.*

phantom /ˈfæntəm/ *n* fantôme *m*.

pharaoh /ˈfeərəʊ/ *n* pharaon *m*.

pharmaceutical /ˌfɑːməˈsjuːtɪkl, -ˈsuː-US/ *adj* pharmaceutique.

pharmaceuticals /ˌfɑːməˈsjuːtɪklz, -ˈsuː-US/ *npl* produits *mpl* pharmaceutiques.

pharmacist /ˈfɑːməsɪst/ *n* pharmacien/-ienne *m/f*.

pharmacy /ˈfɑːməsɪ/ *n* pharmacie *f*.

phase /feɪz/ I *n* phase *f*. II *vtr* échelonner.

• **phase out**: supprimer [qch] peu à peu.

PhD *n* (*abrév* = **Doctor of Philosophy**) doctorat *m*.

pheasant /ˈfeznt/ *n* faisan/-e *m/f*.

phenomenal /fəˈnɒmɪnl/ *adj* phénoménal.

phenomenon /fəˈnɒmɪnən/ *n* (*pl* **-na**) phénomène *m*.

phew /fjuː/ *excl* ouf!

philharmonic /ˌfɪlɑːˈmɒnɪk/ *adj* philharmonique.

philosopher /fɪˈlɒsəfə(r)/ *n* philosophe *mf*.

philosophic(al) /ˌfɪləˈsɒfɪk(l)/ *adj* philosophique.

philosophy /fɪˈlɒsəfɪ/ *n* philosophie *f*.

phobia /ˈfəʊbɪə/ *n* phobie *f*.

phone /fəʊn/ I *n* téléphone *m*. II *vtr* passer un coup de fil à☺, téléphoner à. III *vi* téléphoner.

phone book *n* annuaire *m* (du téléphone).

phone booth, **~ box**GB *n* cabine *f* téléphonique.

phone call *n* appel *m* (téléphonique).

phonecardGB *n* télécarte *f*.

phone number *n* numéro *m* de téléphone.

phoney☺ /ˈfəʊnɪ/ PÉJ I *n* poseur/-euse *m/f*; (impostor) charlatan *m*. II *adj* [address, jewel] faux/fausse (*before n*); [excuse] bidon☺ *inv*; [emotion] simulé.

phooey /ˈfuːɪ/ *excl* peuh!, pfft!

phosphate /ˈfɒsfeɪt/ *n* phosphate *m*.

photo /ˈfəʊtəʊ/ *n* photo *f*.

photocopy /ˈfəʊtəʊkɒpɪ/ I *n* photocopie *f*. II *vtr* photocopier.

photograph /ˈfəʊtəgrɑːf, -græfUS/ I *n* photo *f*. II *vtr* photographier, prendre [qn/qch] en photo.

photographer /fəˈtɒgrəfə(r)/ *n* photographe *mf*.

photographic /ˌfəʊtəˈgræfɪk/ *adj* photographique.

photography /fəˈtɒgrəfɪ/ *n* photographie *f*.

phrasal verb *n* verbe *m* à particule.

phrase /freɪz/ I *n* expression *f*. II *vtr* (idea) exprimer; (question) formuler.

phrasebook *n* manuel *m* de conversation.

physical /ˈfɪzɪkl/ I *n* bilan *m* de santé. II *adj* physique.

physical education, **PE** *n* éducation *f* physique.

physician /fɪˈzɪʃn/ *n* médecin *m*.

physicist /ˈfɪzɪsɪst/ *n* physicien/-ienne *m/f*.

physics /ˈfɪzɪks/ *n* (*sg*) physique *f*.

physiology /ˌfɪzɪˈɒlədʒɪ/ *n* physiologie *f*.

physiotherapist /ˌfɪzɪəʊˈθerəpɪst/ *n* kinésithérapeute *mf*.

physique /fɪˈziːk/ *n* physique *m*.

pianist /ˈpɪənɪst/ *n* pianiste *mf*.

piano /pɪˈænəʊ/ *n* piano *m*.

pianola® /pɪəˈnəʊlə/ *n* piano *m* mécanique.

piazza /pɪˈætsə/ *n* place *f*.

pick /pɪk/ I *n* (tool) pioche *f*, pic *m*; (choice) choix *m*. II *vtr* choisir; (fruit, flowers) cueillir; (spot, nose) gratter; **to ~ sb's pocket** faire les poches de qn. III *vi* choisir; **to ~ and choose** faire le/la difficile.
● **pick on**: harceler. ● **pick out**: choisir; (single out) repérer, sélectionner. ● **pick up** (after fall) relever; (telephone) décrocher; (passenger, accent) prendre; (bargain) dénicher; (language) apprendre; (illness) attraper; (error, trail) trouver; (conversation) reprendre; (person) recueillir; (suspect)☺ arrêter; (girl, man)☺ ramasser; **~ oneself up** se reprendre.

picket /ˈpɪkɪt/ I *n* piquet *m*, pieu *m*; (in strike) gréviste *mf*. II *vtr* **to ~ a factory** faire le piquet de grève devant une usine.

picket line *n* piquet *m* de grève.

pickle /ˈpɪkl/ I *n* ¢ conserves *fpl* au vinaigre; (gherkin) cornichon *m*. II *vtr* conserver [qch] dans du vinaigre/dans de la saumure.

pickled /ˈpɪkld/ *adj* CULIN au vinaigre.

pickup /ˈpɪkʌp/ *n* ramassage *m*; (in business) reprise *f*.

picnic /ˈpɪknɪk/ *n* pique-nique *m*.

picture /ˈpɪktʃə(r)/ I *n* peinture *f*, tableau *m*, dessin *m*; (in book) illustration *f*; PHOT photo *f*, photographie *f*; CIN film *m*; TV image *f*. II **~s**☺GB *npl* **the ~s** le cinéma. III *vtr* s'imaginer.

picturesque /ˌpɪktʃəˈresk/ *adj* pittoresque.

pie /paɪ/ *n* GB tourte *f*; **meat ~** pâté à la viande; (sweet) tarte *f* (*recouverte de pâte*).

piece /piːs/ *n* (of coin, chess) pièce *f*; (part of sth) morceau *m*, bout *m*; **to fall to ~s** tomber en morceaux, s'effondrer; (unit) **a ~ of furniture** un meuble; **a ~ of advice** un conseil; **a ~ of luck** un coup de chance; (in draughts) pion *m*.

piecemeal /ˈpi:smi:l/ I *adj* fragmentaire. II *adv* petit à petit.

pier /pɪə(r)/ *n* jetée *f*; (in church) pilier *m*.

pierce /pɪəs/ *vtr* percer; (penetrate) transpercer.

piercing /ˈpɪəsɪŋ/ *adj* [scream] perçant; [wind] glacial, pénétrant.

pig /pɪg/ *n* porc *m*, cochon *m*; (greedy person)© goinfre© *m*.

pigeon /ˈpɪdʒɪn/ *n* pigeon *m*.

pigheaded /ˌpɪgˈhedɪd/ *adj* entêté, obstiné.

pike /paɪk/ *n* brochet *m*.

pile /paɪl/ I *n* tas *m*, pile *f*; **~s**© **of** des tas© de; CONSTR pilier *m*; JEUX talon *m*. II *vtr* entasser.

• **pile up**: s'entasser, s'empiler.

pile-up *n* carambolage *m*.

pilgrim /ˈpɪlgrɪm/ *n* pèlerin *m*.

pilgrimage /ˈpɪlgrɪmɪdʒ/ *n* pèlerinage *m*.

pill /pɪl/ *n* comprimé *m*, cachet *m*; pilule *f*.

pillar /ˈpɪlə(r)/ *n* pilier *m*.

pillar boxGB *n* boîte *f* aux lettres.

pillow /ˈpɪləʊ/ *n* oreiller *m*.

pillowcase *n* taie *f* d'oreiller.

pilot /ˈpaɪlət/ I *n* pilote *m*; (gas) veilleuse *f*; (electric) voyant *m* lumineux. II *vtr* piloter.

pin /pɪn/ I *n* épingle *f*; ÉLEC prise *f*; US barrette *f*. II *vtr* (*p prés etc* **-nn-**) épingler; coincer; **to ~ sth** fixer qch avec une punaise; **to ~**© **sth on sb** mettre qch sur le dos de qn.

• **pin down**: coincer. • **pin up**: (poster) accrocher.

PIN /pɪn/ *n* (*abrév* = **personal identification number**) code *m* confidentiel.

pinball *n* flipper *m*.

pinch /pɪntʃ/ I *n* pincement *m*; (of salt) pincée *f*. II *vtr* pincer; (steal)©GB faucher©.

• **at a ~** à la rigueur.

pine /paɪn/ I *n* pin *m*. II *vi* **to ~ for sb** languir après qn.

pineapple /ˈpaɪnæpl/ *n* ananas *m*.

pine kernel *n* pignon *m* de pin.

ping /pɪŋ/ *n* [bell] tinter.

ping-pong® /ˈpɪŋpɒŋ/ *n* ping-pong® *m*.

pink /pɪŋk/ *n*, *adj* rose *(m)*.

pinnacle /ˈpɪnəkl/ *n* apogée *m*.

pinpoint /ˈpɪnpɔɪnt/ *vtr* indiquer; (exact moment) déterminer.

pint /paɪnt/ *n* pinte *f* (GB = *0.57 l*, US = *0.47 l*); **to go for a ~**©GB aller boire une bière.

pinup /ˈpɪnʌp/ *n* pin-up© *f inv*.

pioneer /ˌpaɪəˈnɪə(r)/ *n* pionnier *m*.

pious /ˈpaɪəs/ *adj* pieux/pieuse.

pip /pɪp/ *n* (seed) pépin *m*; TÉLÉCOM *tonalité indiquant qu'il faut introduire de l'argent*; RADIO top (sonore) *m*.

pipe /paɪp/ I *n* tuyau *m*; (underground) conduite *f*; (smoker's) pipe *f*; (instrument) chalumeau *m*. II **~s** *npl* cornemuse *f*. III *vtr* (carry) **to ~ water** alimenter en eau.

pipeline /ˈpaɪplaɪn/ *n* oléoduc *m*; **to be in the ~** être en cours.

piper /ˈpaɪpə(r)/ *n* joueur/-euse *m/f* de cornemuse.

piping /ˈpaɪpɪŋ/ *n* tuyauterie *f*.

pirate /ˈpaɪərət/ I *n* pirate *m*; (copy) contrefaçon *f*. II *vtr* (software) pirater.

Pisces /ˈpaɪsi:z/ *n* Poissons *mpl*.

pistachio /pɪˈstɑ:ʃɪəʊ, -æʃɪəʊUS/ *n* pistache *f*.

pistol /ˈpɪstl/ *n* pistolet *m*.

piston /ˈpɪstən/ *n* piston *m*.

pit /pɪt/ I *n* fosse *f*; mine *f*; (of gravel) carrière *f*; **the ~ of the stomach** le creux du ventre; THÉÂT parterre *m*; **orchestra ~** fosse *f* d'orchestre; (in olive)US noyau *m*. II *vtr* (*p prés etc* **-tt-**) **to ~ sb against** opposer qn à; (olive)US dénoyauter. III *v refl* **to ~ oneself against sb** se mesurer à qn.

pitch /pɪtʃ/ I *n* SPORT[GB] terrain *m*; (level of note, voice) hauteur *f*; MUS ton *m*; **perfect ~** oreille *f* absolue; (highest point) comble *m*. II *vtr* (ball) lancer; (price) fixer; (public) viser; (tent) planter. III *vi* **to ~ forward** être projeté vers l'avant; [ship] tanguer; (in baseball)[US] lancer (la balle).
• **pitch in**☺: s'attaquer☺ à.

pitch-black, **~-dark** *adj* tout noir.

pitcher /ˈpɪtʃə(r)/ *n* cruche *f*; (in baseball)[US] lanceur *m*.

pitfall /ˈpɪtfɔːl/ *n* écueil *m*.

pitiful /ˈpɪtɪfl/ *adj* pitoyable.

pity /ˈpɪtɪ/ I *n* pitié *f*; **what a ~!** quel dommage! II *vtr* plaindre.

pivot /ˈpɪvət/ I *n* pivot *m*. II *vi* pivoter.

pivotal /ˈpɪvətl/ *adj* crucial, central.

pizza /ˈpiːtsə/ *n* pizza *f*.

placard /ˈplækɑːd/ *n* affiche *f*.

placate /pləˈkeɪt, ˈpleɪkeɪt[US]/ *vtr* apaiser.

place /pleɪs/ I *n* endroit *m*; **~ of birth/work** lieu de naissance/travail; **~ of residence** domicile; **all over the ~** partout; (seat, space) place *f*; **to finish in first ~** terminer premier/-ière; **in my/his ~** à ma/sa place; **in the first ~** pour commencer. II **out of ~** *adj phr* déplacé. III **in ~ of** *prep phr* à la place de. IV *vtr* placer, mettre; (order) passer; (rank) classer; (identify) situer, reconnaître.

placement /ˈpleɪsmənt/ *n* placement *m*, [GB] stage *m*.

placid /ˈplæsɪd/ *adj* placide.

plague /pleɪɡ/ I *n* peste *f*; FIG plaie *f*. II *vtr* harceler.

plaice /pleɪs/ *n* (*pl* **~**) plie *f*, carrelet *m*.

plaid /plæd/ *n* tissu *m* écossais.

plain /pleɪn/ I *n* plaine *f*. II *adj* (simple) simple; [person] quelconque; (direct) franc/franche; [yoghurt, etc] nature *inv*; **in ~ clothes** en civil.

plaintiff /ˈpleɪntɪf/ *n* JUR plaignant/-e *m/f*.

plait /plæt/ I *n* natte, tresse *f*. II *vtr* tresser.

plan /plæn/ I *n* plan *m*, projet *m*; **according to ~** comme prévu; **no particular ~s** rien de prévu. II *vtr* (*p prés etc* **-nn-**) organiser, préparer; (essay, book) faire le plan de; (design) concevoir; (crime) préméditer; (visit) prévoir, projeter. III *vi* **to ~ on doing** compter faire.

plane /pleɪn/ I *n* avion *m*; (in geometry) plan *m*; (face of cube) face *f*; (tool) rabot *m*; (tree) platane *m*. II *adj* plan, uni. III *vtr* raboter.

planet /ˈplænɪt/ *n* planète *f*.

plank /plæŋk/ I *n* planche *f*.

planner /ˈplænə(r)/ *n* urbaniste *mf*.

planning /ˈplænɪŋ/ *n* planification *f*.

plant /plɑːnt, plænt[US]/ I *n* plante *f*; (factory) usine *f*; (machine) matériel *m*. II *vtr* planter; (bomb, spy) placer. III *v refl* **to ~ oneself between/in front of** se planter entre/devant.

plantation /plænˈteɪʃn/ *n* plantation *f*.

plaque /plɑːk, plæk[US]/ *n* plaque *f*.

plaster /ˈplɑːstə(r), ˈplæs-[US]/ I *n* plâtre *m*; [GB] sparadrap *m*. II *vtr* plâtrer; (cover) couvrir (de).

plastered /ˈplɑːstəd, ˈplæst-[US]/ *adj* **~ with mud** couvert de boue; (drunk)☺ beurré☺.

plastic /ˈplæstɪk/ I *n* plastique *m*. II *adj* en plastique; **~ money** cartes de crédit.

plastic surgery *n* chirurgie *f* esthétique.

plate /pleɪt/ I *n* assiette *f*; (for serving) plat *m*; (sheet of metal, name plaque, etc) plaque *f*, tôle *f*; (illustration) planche *f*. II **-plated** *combining form* **gold-~d** plaqué or.

platform /ˈplætfɔːm/ *n* estrade *f*; (in scaffolding) plate-forme *f*; RAIL quai *m*.

platoon /pləˈtuːn/ *n* (*sg ou pl*) MIL section *f*.

platter /ˈplætə(r)/ *n* plat *m*.

platypus /ˈplætɪpəs/ *n* ornithorynque *m*.

play /pleɪ/ I *n* THÉÂT pièce *f*; (amusement) jeu *m*; **a ~ on words** un jeu de mots. II *vtr* (game, cards) jouer à; **to ~ a joke on sb** jouer un tour à qn; (instrument) jouer de; (role) interpréter, jouer; (video, CD) mettre; **to ~ music** écouter de la musique. III *vi* jouer; **do you ~?** est-ce que tu sais jouer?; **what does he think he's ~ing at?**©GB qu'est-ce qu'il fabrique©?; [film] passer.
• **to make great ~ of sth** accorder beaucoup d'importance à qch.
• **play around**©: faire l'imbécile.
• **play back**: (song, film) repasser.
• **play on**: (fears, etc) exploiter. • **play up**©GB: [computer, person] commencer à faire des siennes©.

player /ˈpleɪə(r)/ *n* joueur/-euse *m/f*; THÉÂT comédien/-ienne *m/f*.

playful /ˈpleɪfl/ *adj* **he's very ~** il aime jouer; **a ~ remark** une taquinerie.

playground *n* cour *f* de récréation.

playgroupGB *n* ≈ halte-garderie *f*.

playhouse *n* théâtre *m*.

playing /ˈpleɪɪŋ/ *n* interprétation *f*, jeu *m*.

playing field *n* terrain *m* de sport.

playwright *n* auteur *m* dramatique.

plaza /ˈplɑːzə, ˈplæzəUS/ *n* place *f*; **shopping ~** centre commercial.

plcGB, **PLC**GB (*abrév* = **public limited company**) SA.

plea /pliː/ *n* (for mercy) appel *m*.

plead /pliːd/ (*prét, pp* **pleaded, pled**US) I *vtr* plaider. II *vi* supplier; JUR **to ~ guilty/not guilty** plaider coupable/non coupable.

pleading /ˈpliːdɪŋ/ *adj* suppliant.

pleasant /ˈpleznt/ *adj* agréable, aimable.

please /pliːz/ I *adv* s'il vous plaît, s'il te plaît. II *vtr* (person) faire plaisir à; **he is hard to ~** il est difficile. III *vi* plaire; **do as you ~** fais comme tu veux.

pleased /pliːzd/ *adj* content; **~ to meet you** enchanté.

pleasing /ˈpliːzɪŋ/ *adj* agréable.

pleasurable /ˈpleʒərəbl/ *adj* agréable.

pleasure /ˈpleʒə(r)/ *n* ¢ plaisir *m*; **I look forward to the ~ of meeting you** j'espère avoir un jour le plaisir de vous rencontrer; **my ~** avec plaisir; (replying to thanks) je vous en prie.

pleat /pliːt/ I *n* pli *m*. II *vtr* plisser.

pledUS /pled/ *prét, pp* ▸ **plead**.

pledge /pledʒ/ I *n* promesse *f*; **to give/make a ~ to do** prendre l'engagement de faire; **as a ~ of** en gage/en témoignage de. II *vtr* (allegiance) promettre.

plentiful /ˈplentɪfl/ *adj* abondant.

plenty /ˈplentɪ/ *quantif* **~ of** beaucoup de; **in ~** en abondance.

plight /plaɪt/ *n* situation *f* désespérée.

PLO *n* (*abrév* = **Palestine Liberation Organization**) OLP *f*.

plod /plɒd/ *vi* (*p prés etc* **-dd-**) marcher péniblement.

plonk /plɒŋk/ *n* plouf© *m*, son *m* creux; (wine)©GB vin *m* ordinaire.
• **plonk down**©: poser bruyamment.

plot /plɒt/ I *n* complot *m*; (of novel) intrigue *f*; (of land) parcelle *f*; (site) terrain *m* à bâtir. II *vtr* (*p prés etc* **-tt-**) comploter; (chart) relever/tracer [qch] sur une carte; MATH tracer [qch] point par point.

plotter /ˈplɒtə(r)/ *n* conspirateur/-trice *m/f*.

ploughGB, **plow**US /plaʊ/ I *n* charrue *f*. II *vtr, vi* labourer; (money) investir dans.
• **plough into**: percuter. • **plough through**: avancer péniblement dans.

ploughman's lunchGB *n plat servi dans les pubs composé de fromage, de pain et de salade.*

plover /ˈplʌvə(r)/ pluvier *m*.

ploy /plɔɪ/ *n* stratagème *m*.

pluck /plʌk/ I *n* courage *m*, cran☺ *m*. II *vtr* (flower, fruit) cueillir; (eyebrows) s'épiler.

• **to ~ up one's courage** prendre son courage à deux mains.

plug /plʌg/ I *n* prise *f* (de courant); (connecting device) fiche *f*; (in bath) bonde *f*; **to give sth a ~**☺ faire de la pub☺ pour qch. II *vtr* (*p prés etc* **-gg-**) (hole) boucher; (promote)☺ faire de la publicité pour; ÉLEC brancher.

• **plug in**: se brancher.

plum /plʌm/ *n* prune *f*; (tree) prunier *m*; **a ~**☺ **job** un boulot en or☺.

plumb /plʌm/ I☺US *adv* complètement. II *vtr* (sea, depths) sonder.

plumber /ˈplʌmə(r)/ *n* plombier *m*.

plumbing /ˈplʌmɪŋ/ *n* plomberie *f*.

plume /plu:m/ *n* plume *f*.

plummet /ˈplʌmɪt/ *vi* tomber à pic; FIG s'effondrer.

plump /plʌmp/ *adj* [arm] potelé; [cheek] rond, plein.

• **plump for**☺: opter pour.

plunder /ˈplʌndə(r)/ I *n* pillage *m*, butin *m*. II *vtr, vi* piller.

plunge /plʌndʒ/ I *n* plongeon *m*; FIG chute *f* libre. II *vtr* plonger. III *vi* plonger; [bird, plane] piquer; [rate] chuter, tomber; **to ~ into** se lancer dans.

• **to take the ~** se jeter à l'eau.

pluperfect /ˌplu:ˈpɜ:fɪkt/ *n* LING plus-que-parfait *m*.

plural /ˈplʊərəl/ *n* LING pluriel *m*.

plus /plʌs/ I *n* plus *m*. II *adj* MATH, ÉLEC positif/-ive; **a ~ factor/point** un atout. III *prep* plus. IV *conj* et.

plush /plʌʃ/ I *n* peluche *f*. II☺ *adj* somptueux/-euse.

Pluto /ˈplu:təʊ/ *pr n* Pluton *m*.

ply /plaɪ/ I *n* épaisseur *f*. II *vtr* (wares) vendre; **to ~ sb with** assaillir qn de. III *vi* **to ~ the route between X and Y** faire la navette entre X et Y.

plywood /ˈplaɪwʊd/ *n* contreplaqué *m*.

pm *adv* (*abrév* = **post meridiem**) **two ~** deux heures de l'après-midi; **nine ~** neuf heures du soir.

PMGB *n* (*abrév* = **Prime Minister**) Premier ministre *m*.

pneumonia /nju:ˈməʊnɪə, nu:-US/ *n* pneumonie *f*.

PO (*abrév* = **post office**) poste *f*.

poach /pəʊtʃ/ I *vtr* (staff) débaucher; (idea) s'approprier; (egg) faire pocher. II *vi* braconner.

PO Box (*abrév écrite* = **Post Office Box**) BP, boîte *f* postale.

pocket /ˈpɒkɪt/ I *n* poche *f*. II *in compounds* [book, money] de poche. III *vtr* empocher.

• **to be out of ~**GB en être de sa poche.

pod /pɒd/ *n* gousse *f*; (empty) cosse *f*.

podium /ˈpəʊdɪəm/ *n* (*pl* **-iums**, **-ia**) podium *m*.

poem /ˈpəʊɪm/ *n* poème *m*.

poet /ˈpəʊɪt/ *n* poète *m*.

poetic /pəʊˈetɪk/ *adj* poétique.

poetry /ˈpəʊɪtrɪ/ *n* poésie *f*; **to read ~** lire des poèmes.

poignant /ˈpɔɪnjənt/ *adj* poignant.

point /pɔɪnt/ I *n* (sharp end) pointe *f*; (location, extent) point *m*; endroit *m*; **to get to the ~ where...** en arriver au point où...; **up to a ~** jusqu'à un certain point; (moment) moment *m*; **at one ~** à un moment donné; **to be on the ~ of doing** être sur le point de faire; (idea) point *m*; **I take your ~** je suis d'accord avec vous; **that's a good ~** c'est une remarque judicieuse; **straight to the ~** droit au fait; **the ~ is...** ce qu'il y a, c'est que...; **to miss the ~** ne pas comprendre; **to get the ~** comprendre; **that's not the ~** il ne s'agit pas de cela; (purpose) objet *m*; **there's no ~ in doing** ça ne sert à rien de faire;

(decimal point) virgule *f*; GÉOG pointe *f*. **II ~s** *npl* **the ~s of the compass** les points cardinaux. **III** *vtr* **to ~ sth at sb** braquer qch sur qn; **to ~ one's finger at sb** montrer qn du doigt; **to ~ the way to** indiquer la direction de. **IV** *vi* montrer du doigt, indiquer.

• **point out**: montrer, signaler.

point-blank /ˌpɔɪnt'blæŋk/ *adv* [shoot] à bout portant; [refuse] catégoriquement.

pointed /'pɔɪntɪd/ *adj* pointu; FIG acerbe.

pointer /'pɔɪntə(r)/ *n* indication *f*; (sign) indice *m*.

pointless /'pɔɪntlɪs/ *adj* [gesture] inutile.

point of view *n* point *m* de vue.

poised /pɔɪzd/ *adj* posé; **to be ~ to do** être sur le point de faire.

poison /'pɔɪzn/ **I** *n* poison *m*. **II** *vtr* empoisonner; [lead, fumes] intoxiquer.

poisonous /'pɔɪzənəs/ *adj* [gas] toxique; [mushroom] vénéneux/-euse; [snake] venimeux/-euse; [rumour] pernicieux/-ieuse; [person] malveillant.

poke /pəʊk/ **I** *n* coup *m*. **II** *vtr* donner un coup dans; (fire) tisonner; **to ~ sth into** enfoncer qch dans; **to ~ one's head out of the window** passer la tête par la fenêtre; **to ~ a hole in sth** faire un trou dans qch.

• **poke around**, **poke about**GB: fouiner (dans). • **poke out**: dépasser.

poker /'pəʊkə(r)/ *n* JEUX poker *m*; (for fire) tisonnier *m*.

polar /'pəʊlə(r)/ *adj* polaire.

polarize /'pəʊləraɪz/ *vtr* ÉLEC, PHYS polariser; (divide) diviser.

pole /pəʊl/ *n* (stick) perche *f*; (for flag) mât *m*; (for skiing) bâton *m*; (piste marker) piquet *m*; GÉOG, PHYS pôle *m*.

polecat /'pəʊlkæt/ *n* putois *m*, US mouf(f)ette *f*.

polemic /pə'lemɪk/ *n* polémique *f*.

pole position *n* SPORT pole position *f*.

pole star *n* étoile *f* polaire.

police /pə'li:s/ **I** *n* (*pl*) **the ~** la police, policiers *mpl*. **II** *vtr* (area) maintenir l'ordre dans; (frontier) surveiller.

police force *n* police *f*.

policeman *n* agent *m* de police.

police officer *n* policier *m*.

police station *n* poste *m* de police, commissariat *m*.

policewoman *n* femme *f* policier.

policy /'pɒləsɪ/ **I** *n* politique *f*; **it is our ~ that** notre règle est de; (in insurance) contrat *m*; (document) police *f*. **II** *in compounds* [decision] de principe; [matter] de politique générale.

policy-making *n* décisions *fpl*.

polio /'pəʊlɪəʊ/, **poliomyelitis** /ˌpəʊlɪəʊˌmaɪə'laɪtɪs/ *n* poliomyélite *f*.

polish /'pɒlɪʃ/ **I** *n* (for floor) cire *f*; (for shoes) cirage *m*; (shiny surface) éclat *m*. **II** *vtr* (shoes) cirer; (car, brass) astiquer; (image) soigner.

• **polish off**©: expédier©. • **polish up**: (skill) perfectionner.

polished /'pɒlɪʃt/ *adj* [manner] raffiné.

polite /pə'laɪt/ *adj* poli.

political /pə'lɪtɪkl/ *adj* politique.

politically correct, **PC** *adj* politiquement correct (*attitude qui consiste, entre autres, à remplacer des mots jugés offensants par des euphémismes*).

political science *n* sciences *fpl* politiques.

politician /ˌpɒlɪ'tɪʃn/ *n* homme/femme *m/f* politique.

politicize /pə'lɪtɪsaɪz/ *vtr* politiser.

politics /'pɒlətɪks/ *n* (*sg*) politique *f*.

poll /pəʊl/ **I** *n* scrutin *m*, vote *m*; (election) élections *fpl*; **to go to the ~s** se rendre aux urnes; (survey) sondage *m*. **II** *vtr* (votes) obtenir; (group) interroger.

pollen /'pɒlən/ *n* pollen *m*.

polling /'pəʊlɪŋ/ *n* vote *m*.

polling station *n* bureau *m* de vote.
pollster /ˈpəʊlstə(r)/ *n* institut *m* de sondage.
poll taxGB *n* ≈ impôts locaux.
pollutant /pəˈluːtənt/ *n* polluant *m*.
pollute /pəˈluːt/ *vtr* polluer.
pollution /pəˈluːʃn/ *n* pollution *f*.
polo /ˈpəʊləʊ/ *n* SPORT polo *m*.
polo neckGB *n* col *m* roulé.
polyester /ˌpɒlɪˈestə(r)/ *n* polyester *m*.
polytechnicGB /ˌpɒlɪˈteknɪk/ *n* établissement *m* d'enseignement supérieur.
polytheneGB /ˈpɒlɪθiːn/ *n* polyéthylène *m*.
pomegranate /ˈpɒmɪgrænɪt/ *n* grenade *f*; (tree) grenadier *m*.
pomp /pɒmp/ *n* splendeur *f*.
pompous /ˈpɒmpəs/ *adj* pompeux/-euse.
pond /pɒnd/ *n* étang *m*, mare *f*; (in garden) bassin *m*.
ponder /ˈpɒndə(r)/ *vtr, vi* réfléchir (à).
ponderous /ˈpɒndərəs/ *adj* lourd, pesant.
pong©GB /pɒŋ/ *n* puanteur *f*.
pony /ˈpəʊnɪ/ *n* poney *m*.
ponytail /ˈpəʊnɪteɪl/ *n* queue *f* de cheval.
pool /puːl/ **I** *n* étang *m*; (artificial) bassin *m*; (for swimming) piscine *f*; (of ideas) réservoir *m*; (of labour) réserve *f*; JEUX billard *m* américain. **II ~s**GB *npl* ≈ loto sportif. **III** *vtr* mettre [qch] en commun.
poor /pɔː(r), pʊərUS/ *adj* pauvre (*never before n*); (inferior) mauvais.
poorly /ˈpɔːlɪ, ˈpʊərlɪUS/ **I** *adj* malade, souffrant. **II** *adv* (not richly) pauvrement; (badly) mal.
pop /pɒp/ **I** *n* (sound) pan *m*; (drink)© soda *m*; (popular music) musique *f* pop; (dad)©US papa *m*. **II** *vtr* (*p prés etc* **-pp-**) (balloon)© faire éclater; (cork) faire sauter; **to ~ sth in(to)**© mettre qch dans. **III** *vi* [balloon] éclater; [cork, buttons] sauter; **to ~**© **into town** faire un saut© en ville.
• **pop in**©: passer. • **pop off**©: (leave) filer©. • **pop out**GB: sortir. • **pop round**GB, **pop over**: passer. • **pop up**©: surgir; [old friend] refaire surface©.
popcorn *n* pop-corn *m inv*.
pope /pəʊp/ *n* pape *m*.
poplar /ˈpɒplə(r)/ *n* peuplier *m*.
poppy /ˈpɒpɪ/ *n* pavot *m*; **wild ~** coquelicot *m*.
Poppy Day©GB *n* fête *f* de l'armistice (*de 1918*).
Popsicle®US /ˈpɒpsɪkl/ *n* glace *f* à l'eau (*en bâtonnet*).
populace /ˈpɒpjʊləs/ *n* population *f*.
popular /ˈpɒpjʊlə(r)/ *adj* en vogue; **John is very ~** John a beaucoup d'amis; [music, press] populaire; [TV programme] grand public *inv*; **by ~ demand/request** à la demande générale.
popularity /ˌpɒpjʊˈlærətɪ/ *n* popularité *f*.
popularize /ˈpɒpjʊləraɪz/ *vtr* généraliser; (make accessible) vulgariser.
popularly /ˈpɒpjʊləlɪ/ *adv* généralement.
populate /ˈpɒpjʊleɪt/ *vtr* peupler.
population /ˌpɒpjʊˈleɪʃn/ *n* population *f*.
porcelain /ˈpɔːsəlɪn/ *n* porcelaine *f*.
porch /pɔːtʃ/ *n* porche *m*, US véranda *f*.
porcupine /ˈpɔːkjʊpaɪn/ *n* porc-épic *m*.
pore /pɔː(r)/ *n* pore *m*.
• **pore over**: étudier soigneusement.
pork /pɔːk/ *n* (viande *f* de) porc *m*.
pornography /pɔːˈnɒgrəfɪ/ *n* pornographie *f*.
porous /ˈpɔːrəs/ *adj* poreux/-euse.
porpoise /ˈpɔːpəs/ *n* marsouin *m*.

porridge /ˈpɒrɪdʒ, ˈpɔːr-[US]/ *n* porridge *m* (*bouillie de flocons d'avoine*).

port /pɔːt/ *n* (harbour) port *m*; **~ of call** escale; NAUT bâbord *m*; (drink) porto *m*; ORDINAT port *m*.

portable /ˈpɔːtəbl/ *n, adj* portable (*m*).

porter /ˈpɔːtə(r)/ *n* (in airport) porteur *m*; (of hotel)[GB] portier *m*; (of school) concierge *mf*.

portfolio /pɔːtˈfəʊlɪəʊ/ *n* porte-documents *m inv*; (for drawings) carton *m* (à dessins); POL portefeuille *m* (ministériel).

portion /ˈpɔːʃn/ *n* partie *f*; (at meal) portion *f*.

portrait /ˈpɔːtreɪt, -trɪt/ *n* portrait *m*.

portray /pɔːˈtreɪ/ *vtr* représenter.

portrayal /pɔːˈtreɪəl/ *n* représentation *f*.

pose /pəʊz/ **I** *n* pose *f*. **II** *vtr* poser; (risk) représenter. **III** *vi* poser; **to ~ as** se faire passer pour.

posh© /pɒʃ/ *adj* chic *inv*; PÉJ de rupins©.

position /pəˈzɪʃn/ **I** *n* position *f*; (state) situation *f*; **to be in a ~ to do** être en mesure de faire; **in your ~** à ta place; (counter) guichet *m*. **II** *vtr* (policemen) poster; (object) disposer; (lamp) orienter. **III** *v refl* **to ~ oneself** prendre position.

positive /ˈpɒzətɪv/ **I** *n* **the ~** ce qu'il y a de positif. **II** *adj* positif/-ive; [good] réel/réelle; [action] catégorique; **to be ~** être sûr; ~! certain!; [outrage, genius] véritable (*before n*).

positively /ˈpɒzətɪvlɪ/ *adv* [criticize] de façon constructive; [react] favorablement; [beautiful, dangerous] vraiment; [forbid] catégoriquement.

posse /ˈpɒsɪ/ *n* détachement *m*.

possess /pəˈzes/ *vtr* posséder, avoir.

possession /pəˈzeʃn/ **I** *n* possession *f*. **II ~s** *npl* biens *mpl*.

possessive /pəˈzesɪv/ **I** *n* LING possessif *m*. **II** *adj* possessif/-ive.

possibility /ˌpɒsəˈbɪlətɪ/ *n* possibilité *f*.

possible /ˈpɒsəbl/ *adj* **I** possible; **as far as ~** dans la mesure du possible; **as quickly as ~** le plus vite possible.

possibly /ˈpɒsəblɪ/ *adv* peut-être; (for emphasis) **I'll do everything I ~ can** je ferai (absolument) tout mon possible.

post /pəʊst/ **I** *n* POSTES[GB] poste *f*; (letters) courrier *m*; **by return of ~** par retour du courrier; (duty, station) poste *m*; **at one's ~** à son poste; (pole) poteau *m*. **II** *vtr* (letter)[GB] poster/expédier (par la poste); (notice) afficher; (soldier) poster; (employee) affecter. • **to keep sb ~ed** tenir qn au courant.

postage /ˈpəʊstɪdʒ/ *n* affranchissement *m*, frais *mpl* d'expédition.

postage stamp *n* timbre-poste *m*.

postal /ˈpəʊstl/ *adj* postal.

postbox[GB] *n* boîte *f* aux lettres.

postcard, **pc** *n* carte *f* postale.

poster /ˈpəʊstə(r)/ *n* affiche *f*; (decorative) poster *m*.

posterity /pɒˈsterətɪ/ *n* postérité *f*.

postgraduate /ˌpəʊstˈgrædʒʊət/ *n étudiant de troisième cycle.*

posthumous /ˈpɒstjʊməs, ˈpɒstʃəməs[US]/ *adj* posthume.

posting /ˈpəʊstɪŋ/ *n* affectation *f*.

postman /ˈpəʊstmən/ *n* facteur *m*.

postmark /ˈpəʊstmɑːk/ *n* cachet *m* de la poste.

post-mortem /ˌpəʊstˈmɔːtəm/ *n* autopsie *f*.

post office, **PO** *n* poste *f*.

postpone /pəˈspəʊn/ *vtr* reporter, remettre.

postponement /pəˈspəʊnmənt/ *n* report *m*.

posture /ˈpɒstʃə(r)/ *n* (pose) posture *f*; FIG position *f*.

postwar /ˌpəʊstˈwɔː(r)/ *adj* d'après-guerre.

pot /pɒt/ I *n* pot *m*; **~s and pans** casseroles *fpl*. II **~ted** *pp adj* CULIN[GB] [meat] en terrine; [plant] en pot; [biography] bref/ brève.

• **to take ~ luck** manger à la fortune du pot.

potato /pə'teɪtəʊ/ *n* (*pl* **-es**) pomme *f* de terre.

potato crisps[GB], **potato chips**[US] *npl* chips *fpl*.

potency /'pəʊtnsɪ/ *n* puissance *f*.

potent /'pəʊtnt/ *adj* puissant; [drink] fort.

potential /pə'tenʃl/ I *n* potentiel *m*; **to fulfil**[GB] **one's ~** montrer de quoi on est capable. II *adj* [market, victim] potentiel/-ielle; [rival] en puissance.

potholing[GB] *n* spéléologie *f*.

potion /'pəʊʃn/ *n* potion *f*.

potter /'pɒtə(r)/ *n* potier *m*.

• **potter about**[GB], **around**[GB] bricoler©.

pottery /'pɒtərɪ/ *n* poterie *f*.

pouch /paʊtʃ/ *n* (bag) petit sac *m*; (for tobacco) blague *f* (à tabac); (of kangaroo) poche *f*.

poultry /'pəʊltrɪ/ *n* volaille *f*.

pounce /paʊns/ I *n* bond *m*. II *vi* **to ~ on** bondir sur.

pound /paʊnd/ I *n* (weight) livre *f* (*de 453,6g*); **two ~s of apples** ≈ un kilo de pommes; (currency) livre *f*; (for dogs, cars) fourrière *f*. II *vtr* CULIN piler; (boat) battre; (city) pilonner; **to ~ the streets** battre le pavé. III *vi* [heart] battre; [waves] battre contre; **my head is ~ing** j'ai des élancements dans la tête.

pour /pɔː(r)/ I *vtr* (liquid) verser; (metal) couler; (drink) servir; **to ~ money into sth** investir des sommes énormes dans qch. II *vi* [liquid] couler (à flots); **to ~ into** [people] affluer dans. III **~ing** *pres p adj* [rain] battant. IV *v impers* **it's ~ing (with rain)** il pleut à verse.

• **pour down**: pleuvoir à verse. • **pour in**: [people] affluer; [letters] pleuvoir. • **pour out**: [people] sortir en grand nombre; (coffee) verser, servir; (feelings) donner libre cours à.

pout /paʊt/ I *n* moue *f*. II *vi* faire la moue.

poverty /'pɒvətɪ/ *n* pauvreté *f*.

poverty-stricken *adj* misérable.

POW *n* (*abrév* = **prisoner of war**) prisonnier/-ière *m/f* de guerre.

powder /'paʊdr)/ I *n* poudre *f*; (snow) poudreuse *f*. II *vtr* **to ~ one's face** se poudrer le visage. III **~ed** *pp adj* [egg, milk] en poudre.

power /'paʊə(r)/ I *n* pouvoir *m*; PHYS, TECH énergie *f*; **to switch on the ~** mettre le courant; (of vehicle) puissance *f*; **at full ~** fonctionner à plein régime; MATH **8 to the ~ of 3** 8 puissance 3. II *in compounds* [cable] électrique; [brakes] assisté; [mower] à moteur. III *vtr* (engine) faire marcher.

power base *n* base *f* politique.

powerful /'paʊəfl/ *adj* puissant.

powerless /'paʊəlɪs/ *adj* impuissant.

power plant[US] centrale *f* (électrique).

power sharing *n* partage *m* du pouvoir; (in France) cohabitation *f*.

power station *n* centrale *f* (électrique).

PR *n* (*abrév* = **public relations**) relations *fpl* publiques.

practical /'præktɪkl/ I[GB] *n* épreuve *f* pratique; (lesson) travaux *mpl* pratiques. II *adj* pratique.

practicality /ˌpræktɪ'kælətɪ/ I *n* esprit *m* pratique. II **practicalities** *npl* détails *mpl* pratiques.

practical joke *n* farce *f*.

practically /'præktɪklɪ/ *adv* pratiquement.

practice /'præktɪs/ *n* exercices *mpl*; (experience) entraînement *m*; (for music) répétition *f*; (habit) habitude *f*; (of doctor, lawyer) cabinet *m*; **to be in ~** exercer; **in ~** en pratique.

practise[GB], **practice**[US] /'præktɪs/ I *vtr* s'exercer à, travailler; (technique) réviser; **to ~ doing/how to do** s'entraîner à faire; (religion) pratiquer; (method) utiliser; (profession) exercer. II *vi* travailler; (for sports) s'entraîner; (for play) répéter; (follow a profession) exercer.

practitioner /præk'tɪʃənə(r)/ *n* médecin *m*; **dental ~** dentiste *mf*.

pragmatic /præg'mætɪk/ *adj* pragmatique.

prairie /'preərɪ/ *n* plaine *f* (herbeuse), prairie *f*.

praise /preɪz/ I *n* éloges *mpl*, louanges *fpl*; **in ~ of** en l'honneur de. II *vtr* faire l'éloge de; **to ~ sb for doing** féliciter qn d'avoir fait; (God) louer.

pram[GB] /præm/ *n* landau *m*.

prank /præŋk/ *n* farce *f*.

prawn /prɔ:n/ *n* crevette *f* rose, bouquet *m*.

pray /preɪ/ I *vtr* **to ~ that** souhaiter ardemment que. II *vi* prier.

prayer /'preə(r)/ *n* prière *f*.

preach /pri:tʃ/ *vtr*, *vi* prêcher.

preacher /'pri:tʃə(r)/ *n* pasteur *m*.

precarious /prɪ'keərɪəs/ *adj* précaire.

precaution /prɪ'kɔ:ʃn/ *n* précaution *f*.

precede /prɪ'si:d/ *vtr* précéder.

precedence /'presɪdəns/ *n* **to take ~ (over)** avoir la priorité (sur).

precedent /'presɪdənt/ *n* précédent *m*.

precinct[GB] /'pri:sɪŋkt/ *n* quartier *m* commerçant; zone *f* piétonne.

precious /'preʃəs/ I *adj* précieux/-ieuse. II *adv* **~ few/little** fort peu (de.

precipitate /prɪ'sɪpɪteɪt/ *vtr* précipiter.

precipitous /prɪ'sɪpɪtəs/ *adj* à pic *inv*.

precise /prɪ'saɪs/ *adj* précis; [person] méticuleux/-euse.

precisely /prɪ'saɪslɪ/ *adv* exactement, précisément.

precision /prɪ'sɪʒn/ *n* précision *f*.

preclude /prɪ'klu:d/ *vtr* (possibility) exclure; (action) empêcher.

precocious /prɪ'kəʊʃəs/ *adj* précoce.

preconception /ˌpri:kən'sepʃn/ *n* opinion *f* préconçue.

precondition /ˌpri:kən'dɪʃn/ *n* condition *f* requise.

precursor /ˌpri:'kɜ:sə(r)/ *n* signe *m* avant-coureur.

predator /'predətə(r)/ *n* prédateur *m*.

predatory /'predətrɪ, -tɔ:rɪ[US]/ *adj* prédateur/-trice.

predecessor /'pri:dɪsesə(r), 'predə-[US]/ *n* prédécesseur *m*.

predicament /prɪ'dɪkəmənt/ *n* situation *f* difficile.

predict /prɪ'dɪkt/ *vtr* prédire.

predictable /prɪ'dɪktəbl/ *adj* prévisible.

predictably /prɪ'dɪktəblɪ/ *adv* comme prévu.

prediction /prɪ'dɪkʃn/ *n* prédiction *f*.

predominate /prɪ'dɒmɪneɪt/ *vi* prédominer.

pre-empt /ˌpri:'empt/ *vtr* devancer.

preface /'prefɪs/ *n* préface *f*.

prefect[GB] /'pri:fekt/ *n* SCOL *élève chargé de la surveillance*.

prefer /prɪ'fɜ:(r)/ *vtr* préférer, aimer mieux; **to ~ sth to sth** préférer qch à qch.

preferable /'prefrəbl/ *adj* préférable.

preferably /'prefrəblɪ/ *adv* de préférence (à).

preference /'prefrəns/ *n* préférence *f*.

preferential /ˌprefə'renʃl/ *adj* préférentiel/-ielle.

prefix /'pri:fɪks/ *n* (*pl* **-es**) LING préfixe *m*.

pregnancy /'pregnənsɪ/ *n* grossesse *f*.

pregnant /'pregnənt/ *n* [woman] enceinte.

preheat /ˌpriːˈhiːt/ *vtr* préchauffer.

prehistoric /ˌpriːhɪˈstɒrɪk, -tɔːrɪk[US]/ *adj* préhistorique.

prejudice /ˈpredʒʊdɪs/ I *n* préjugé *m*. II *vtr* influencer; **to ~ sb against** prévenir qn contre; (case) porter préjudice à; (chances) compromettre.

prejudiced /ˈpredʒʊdɪst/ *adj* partial; **to be ~** avoir des préjugés.

preliminary /prɪˈlɪmɪnərɪ, -nerɪ[US]/ I **preliminaries** *npl* préliminaires *mpl*. II *adj* préliminaire; [round] éliminatoire.

prelude /ˈpreljuːd/ *n* prélude *m*.

premature /ˈprematjʊə(r), ˌpriːməˈtʊər[US]/ *adj* prématuré.

premier /ˈpremɪə(r), ˈpriːmɪər[US]/ *n* chef *m* du gouvernement, premier ministre *m*.

première /ˈpremɪeə(r), ˈpriːmɪər[US]/ *n* THÉÂT première *f*.

premise /ˈpremɪs/ I *n* **on the ~ that** en supposant que (+ *subj*). II **~s** *npl* locaux *mpl*; **on the ~s** sur place; **to leave the ~s** quitter les lieux.

premium /ˈpriːmɪəm/ *n* (in insurance) prime *f* (d'assurance); **to be at a ~** valoir de l'or.

premonition /preməˈnɪʃən/ *n* prémonition *f*.

preoccupation /ˌpriːɒkjʊˈpeɪʃn/ *n* préoccupation *f*.

preoccupied /ˌpriːˈɒkjʊpaɪd/ *adj* préoccupé.

prep[©GB] /prep/ *n* SCOL devoirs *mpl*; (study period) étude *f*.

prepaid /ˌpriːˈpaɪd/ *adj* GÉN payé d'avance; **~ envelope** enveloppe affranchie pour la réponse.

preparation /ˌprepəˈreɪʃn/ *n* préparation *f*.

preparatory /prɪˈpærətrɪ, -tɔːrɪ[US]/ *adj* préparatoire; [meeting] préliminaire.

prepare /prɪˈpeə(r)/ I *vtr* préparer; **to ~ to do** se préparer à faire; **to ~ sb for** (exam, etc) préparer qn à. II *vi* se préparer (à/pour). III *v refl* **to ~ oneself** se préparer.

prepared /prɪˈpeəd/ *adj* **to be ~ for** être prêt à; [meal] tout prêt.

preposterous /prɪˈpɒstərəs/ *adj* grotesque.

preppy[©US], **preppie**[©US] /ˈprepɪ/ I *n* SCOL *(ancien) élève d'une école privée*. II *adj* ≈ BCBG[©] *inv*.

prep school /ˈprepskuːl/ *n* [GB] école *f* primaire privée; [US] lycée *m* privé.

prerequisite /ˌpriːˈrekwɪzɪt/ *n*, *adj* préalable *(m)*.

prerogative /prɪˈrɒgətɪv/ *n* prérogative *f*.

preschool /ˌpriːˈskuːl/ I[US] *n* école *f* maternelle. II *adj* préscolaire.

prescribe /prɪˈskraɪb/ I *vtr* prescrire; (rule) imposer. II **~d** *pp adj* prescrit; [rule] imposé.

prescription /prɪˈskrɪpʃn/ *n* ordonnance *f*.

presence /ˈprezns/ *n* présence *f*; **your ~ is requested at** vous êtes prié d'assister à.

present I /ˈpreznt/ *n* présent *m*; (gift) cadeau *m*. II /ˈpreznt/ *adj* présent; **to be ~ at** assister à; (current) actuel/-elle. III **at ~** *adv phr* en ce moment, actuellement. IV /prɪˈzent/ *vtr* présenter; (chance) offrir; (prize) remettre; (concert) donner.

presentation /ˌprezənˈteɪʃn/ *n* présentation *f*; (of award) remise *f*.

present-day /ˌprezəntˈdeɪ/ *adj* actuel/-elle.

presenter /prɪˈzentə(r)/ *n* présentateur/-trice *m/f*.

presently /ˈprezəntlɪ/ *adv* à présent; (in future) bientôt.

present perfect *n* LING passé *m* composé.

preservation /ˌprezəˈveɪʃn/ *n* protection *f*; **in a good state of ~** en bon état.

preservative /prɪˈzɜːvətɪv/ *n* (for food) agent *m* de conservation.

preserve /prɪˈzɜːv/ I *n* CULIN confiture *f*; (pickle) conserve *f*. II *vtr* préserver; (order) maintenir; (humour) garder. III **~d** *pp adj* [food] en conserve; [site] protégé.

preside /prɪˈzaɪd/ *vi* présider.

presidency /ˈprezɪdənsɪ/ *n* présidence *f*.

president /ˈprezɪdənt/ *n* président/-e *m/f*.

presidential /ˌprezɪˈdenʃl/ *adj* présidentiel/-ielle.

press /pres/ I *n* **the ~, the Press** la presse *f*; **to get a good/bad ~** avoir bonne/mauvaise presse; (printworks) imprimerie *f*. II *vtr* presser; **to ~ sb to do** engager qn à faire; (button) appuyer sur; (arm) serrer; (clothes) repasser. III *vi* [crowd] se presser; **to ~ down** appuyer.

press conference *n* conférence *f* de presse.

pressing /ˈpresɪŋ/ *adj* urgent.

press release *n* communiqué *m* de presse.

pressure /ˈpreʃə(r)/ I *n* pression *f*; **under ~** sous la contrainte; **the ~ of work** le surmenage. II *vtr* faire pression sur.

pressure cooker *n* cocotte-minute® *f*.

pressurize /ˈpreʃəraɪz/ *vtr* pressuriser; **to be ~d into doing** être contraint de faire.

prestige /preˈstiːʒ/ *n* prestige *m*.

prestigious /preˈstɪdʒəs/ *adj* prestigieux/-ieuse.

presumably /prɪˈzjuːməblɪ, -ˈzuːm-US/ *adv* sans doute.

presume /prɪˈzjuːm, -ˈzuːmUS/ *vtr* supposer.

presumption /prɪˈzʌmpʃn/ *n* supposition *f*.

pretenceGB, **pretense**US /prɪˈtens/ *n* **to make a ~ of doing** faire semblant de faire; **on/under the ~ of doing** sous prétexte de faire.

pretend /prɪˈtend/ I *vtr* simuler; **to ~ that** faire comme si; **to ~ to do** faire semblant de faire. II *vi* faire semblant.

pretender /prɪˈtendə(r)/ *n* prétendant/-e *m/f*.

pretenseUS *n* ▸ **pretence**GB.

pretension /prɪˈtenʃn/ *n* prétention *f*.

pretentious /prɪˈtenʃəs/ *adj* prétentieux/-ieuse.

preterite /ˈpretərət/ *n* LING prétérit *m*.

pretext /ˈpriːtekst/ *n* prétexte *m*.

pretty /ˈprɪtɪ/ I *adj* (attractive) joli. II© *adv* assez; **~ good** pas mal du tout.

prevail /prɪˈveɪl/ *vi* prévaloir; **the ~ing view** le sentiment général.

• **prevail upon**: persuader (de).

prevalent /ˈprevələnt/ *adj* répandu.

prevent /prɪˈvent/ *vtr* **to ~ sb from doing sth** empêcher qn de faire qch.

prevention /prɪˈvenʃn/ *n* prévention *f*.

preventive /prɪˈventɪv/ *adj* préventif/-ive.

preview /ˈpriːvjuː/ *n* avant-première *f*; (of exhibition) vernissage *m*.

previous /ˈpriːvɪəs/ I *adj* précédent; (further back in time) antérieur. II **~ to** *prep phr* avant.

previously /ˈpriːvɪəslɪ/ *adv* auparavant, avant; (already) déjà.

prewar /ˌpriːˈwɔː(r)/ *adj* d'avant-guerre *inv*.

prey /preɪ/ *n* proie *f*.

• **prey on**: chasser; (mind) préoccuper.

price /praɪs/ I *n* prix *m*; **beyond/above ~** (d'une valeur) inestimable. II *vtr* fixer le prix de.

priceless /ˈpraɪslɪs/ *adj* (d'une valeur) inestimable.

prick /prɪk/ I *vtr* piquer; **to ~ one's finger** se piquer le doigt; **his conscience ~ed him** FIG il avait mauvaise conscience. II *vi* piquer.

• **prick up**: to ~ up one's ears dresser l'oreille.

prickly /ˈprɪklɪ/ *adj* piquant; (touchy)☺ irritable.

pride /praɪd/ I *n* fierté *f*; (self-respect) amour-propre *m*; PÉJ orgueil *m*. II *v refl* **to ~ oneself on sth** être fier de qch.

priest /priːst/ *n* prêtre *m*.

priesthood /ˈpriːsthʊd/ *n* prêtrise *f*.

primacy /ˈpraɪməsɪ/ *n* primauté *f*.

primal /ˈpraɪml/ *adj* premier/-ière.

primarily /ˈpraɪmərəlɪ, praɪˈmerəlɪ[US]/ *adv* essentiellement.

primary /ˈpraɪmərɪ, -merɪ[US]/ I[US] *n* POL primaire *f*. II *adj* principal; **of ~ importance** de première importance; SCOL primaire.

primate /ˈpraɪmeɪt/ *n* (mammal) primate *m*; RELIG primat *m*.

prime /praɪm/ I *n* **in one's ~** à son apogée; (physically) dans la fleur de l'âge. II *adj* principal; de premier ordre, de première qualité; [importance] primordial; [example] excellent; MATH premier/-ière. III *vtr* préparer; (wall) apprêter; (bomb) amorcer.

prime minister, **PM**[GB] *n* Premier ministre *m*.

prime time *n* heures *fpl* de grande écoute.

primitive /ˈprɪmɪtɪv/ *adj* primitif/-ive.

primrose /ˈprɪmrəʊz/ *n* primevère *f*.

prince /prɪns/ *n* prince *m*.

princess /prɪnˈses/ *n* princesse *f*.

principal /ˈprɪnsəpl/ I *n* (of secondary school) proviseur *m*; (of primary school, college) directeur/-trice *m/f*. II *adj* principal.

principle /ˈprɪnsəpl/ *n* principe *m*.

print /prɪnt/ I *n* caractères *mpl*; **out of ~** épuisé; ART estampe *f*, gravure *f*; PHOT épreuve *f*. II *vtr* imprimer; (photos) faire développer. III *vi* imprimer; (write) écrire en script. IV **~ed** *pp adj* imprimé; **~ed matter** POSTES imprimés.

• **print out**: ORDINAT imprimer.

printer /ˈprɪntə(r)/ *n* imprimeur *m*; ORDINAT imprimante *f*.

printout *n* ORDINAT sortie *f* sur imprimante.

prior /ˈpraɪə(r)/ I *adj* préalable; **~ notice** préavis. II **~ to** *prep phr* avant.

priority /praɪˈɒrətɪ, -ˈɔːr-[US]/ *n* priorité *f*.

priory /ˈpraɪərɪ/ *n* prieuré *m*.

prison /ˈprɪzn/ I *n* prison *f*. II *in compounds* [administration] pénitentiaire; [reform] pénal; [cell, guard] de prison.

prisoner /ˈprɪznə(r)/ *n* prisonnier/-ière *m/f*; (in jail) détenu/-e *m/f*.

pristine /ˈprɪstiːn, ˈprɪstaɪn/ *adj* immaculé.

privacy /ˈprɪvəsɪ, ˈpraɪ-/ *n* vie *f* privée; (of person's home) intimité *f*.

private /ˈpraɪvɪt/ I *n* simple soldat *m*. II *adj* privé; personnel/-elle; [sale] de particulier à particulier; **a ~ citizen** un (simple) particulier; [lesson] particulier/-ière; **a ~ joke** une plaisanterie pour initiés. III **in ~** *adv phr* en privé.

private eye☺ *n* détective *m* privé.

privately /ˈpraɪvɪtlɪ/ *adv* en privé; [believe, doubt] en mon/son... for intérieur.

privatize /ˈpraɪvɪtaɪz/ *vtr* privatiser.

privilege /ˈprɪvəlɪdʒ/ *n* privilège *m*.

privileged /ˈprɪvəlɪdʒd/ *adj* privilégié.

prize /praɪz/ I *n* prix *m*; (in lottery) lot *m*. II *vtr* priser.

prizewinner *n* gagnant/-e *m/f*; lauréat/-e *m/f*.

pro /prəʊ/ I *n* (professional)☺ pro☺ *mf*; (advantage) **the ~s and cons** le pour et le contre. II☺ *prep* pour.

probability /ˌprɒbəˈbɪlətɪ/ *n* probabilité *f*; **in all ~** selon toute probabilité.

probable /ˈprɒbəbl/ *adj* probable.

probably /ˈprɒbəblɪ/ *adv* probablement.

probation /prəˈbeɪʃn, prəʊ-US/ *n* JUR mise *f* en liberté surveillée; ~ **period** période *f* d'essai.

probe /prəʊb/ I *n* enquête *f*; (instrument) sonde *f*. II *vtr* (affair) enquêter sur; (ground) sonder. III *vi* faire des recherches.

problem /ˈprɒbləm/ *n* problème *m*; **to be a ~ to sb** poser des problèmes à qn.

problematic(al) /ˌprɒbləˈmætɪk(l)/ *adj* problématique.

procedure /prəˈsiːdʒə(r)/ *n* procédure *f*.

proceed /prəˈsiːd, prəʊ-/ I *vtr* continuer; **to ~ to** entreprendre de. II *vi* continuer; **to ~ with** poursuivre.

proceeding /prəˈsiːdɪŋ/ I *n* procédure *f*. II **~s** *npl* réunion *f*, débats *mpl*; (ceremony) cérémonie *f*; **to direct ~s** diriger les opérations; JUR **to take ~s** engager des poursuites; (of conference) actes *mpl*.

proceeds /ˈprəʊsiːdz/ *npl* produit *m*.

process I /ˈprəʊses, ˈprɒsesUS/ *n* processus *m*; **in the ~** en même temps; **to be in the ~ of doing** être en train de faire; (method) procédé *m*. II /ˈprəʊses, ˈprɒsesUS/ *vtr* traiter; PHOT (film) développer. III **~ed** /ˈprəʊsest/ *pp adj* [cheese] industriel/-elle.

processing /ˈprəʊsesɪŋ, ˈprɒ-US/ *n* ORDINAT, GÉN traitement *m*; PHOT développement *m*.

procession /prəˈseʃn/ *n* défilé *m*; procession *f*.

processor /ˈprəʊsesə(r), ˈprɒ-US/ *n* ORDINAT unité *f* centrale.

proclaim /prəˈkleɪm/ *vtr* proclamer.

proclamation /ˌprɒkləˈmeɪʃn/ *n* proclamation *f*.

procure /prəˈkjʊə(r)/ *vtr* procurer.

prod /prɒd/ I *n* petit coup *m*. II *vtr* (*p prés etc* **-dd-**) **to ~ sb into doing**☺ pousser qn à faire.

prodigious /prəˈdɪdʒəs/ *adj* prodigieux/-ieuse.

prodigy /ˈprɒdɪdʒɪ/ *n* prodige *m*.

produce I /ˈprɒdjuːs, -duːsUS/ *n* produits *mpl*. II /prəˈdjuːs, -ˈduːsUS/ *vtr* produire; (reaction) provoquer; (evidence) fournir; (brochure) éditer.

producer /prəˈdjuːsə(r), -ˈduːs-US/ *n* producteur/-trice *m/f*.

product /ˈprɒdʌkt/ *n* produit *m*.

production /prəˈdʌkʃn/ *n* production *f*; THÉÂT mise *f* en scène.

productive /prəˈdʌktɪv/ *adj* productif/-ive.

productivity /ˌprɒdʌkˈtɪvətɪ/ *n* productivité *f*.

Prof. *n abrév écrite* = **professor**.

profess /prəˈfes/ *vtr* **to ~ that...** prétendre que...

profession /prəˈfeʃn/ *n* profession *f*.

professional /prəˈfeʃənl/ *n, adj* professionnel/-elle *(m/f)*.

professor /prəˈfesə(r)/ *n* professeur *m*.

profile /ˈprəʊfaɪl/ *n* profil *m*.

profit /ˈprɒfɪt/ I *n* bénéfice *m*, profit *m*. II *vi* **to ~ by/from sth** tirer profit de qch.

profitable /ˈprɒfɪtəbl/ *adj* rentable.

profound /prəˈfaʊnd/ *adj* profond.

prognosis /prɒgˈnəʊsɪs/ *n* pronostic *m*.

program /ˈprəʊgræm, -grəmUS/ I *n* ORDINAT programme *m*; RADIO, TV US émission *f*. II *vtr, vi* (*p prés etc* **-mm-**GB, **-m-**US) programmer.

programmeGB, **program**US /ˈprəʊgræm, -grəmUS/ I *n* TV, RADIO émission *f*; (schedule, of broadcasting) programme *m*. II *vtr* programmer.

programmer, **programer**US /ˈprəʊgræmə(r), -grəm-US/ *n* ORDINAT programmeur/-euse *m/f*.

programming, **programing**[US] /ˈprəʊgræmɪŋ, -grəm-[US]/ *n* ORDINAT programmation *f.*

progress I /ˈprəʊgres, ˈprɒgres[US]/ *n* ¢ progrès *m*; (evolution) progression *f*, évolution *f*; **to be in ~** être en cours. II /prəˈgres/ *vi* progresser.

progression /prəˈgreʃn/ *n* progression *f.*

progressive /prəˈgresɪv/ I *n* progressiste *mf.* II *adj* progressif/-ive; [person] progressiste.

prohibit /prəˈhɪbɪt, prəʊ-[US]/ *vtr* interdire; **to ~ sb from doing** interdire à qn de faire.

prohibition /ˌprəʊhɪˈbɪʃn, ˌprəʊəˈbɪʃn[US]/ I *n* interdiction *f.* II **Prohibition** *pr n* HIST la prohibition.

prohibitive /prəˈhɪbətɪv, prəʊ-[US]/ *adj* prohibitif/-ive.

project I /ˈprɒdʒekt/ *n* (scheme) projet *m.* II /prəˈdʒekt/ *vtr* (object, film) projeter; (missile) envoyer. III /prəˈdʒekt/ *vi* faire saillie; **to ~ over** surplomber. IV /prəˈdʒekt/ *v refl* **to ~ oneself as being** donner l'impression d'être; (into the future) se projeter dans l'avenir. V **~ed** *pp adj* prévu.

projection /prəˈdʒekʃn/ *n* projection *f.*

projector /prəˈdʒektə(r)/ *n* projecteur *m.*

proliferate /prəˈlɪfəreɪt, prəʊ-[US]/ *vi* proliférer.

prolific /prəˈlɪfɪk/ *adj* prolifique.

prologue /ˈprəʊlɒg, -lɔːg[US]/ *n* prologue *m.*

prolong /prəˈlɒŋ, -ˈlɔːŋ[US]/ *vtr* prolonger.

prom☺ /prɒm/ *n* [GB] concert *m*; (at high school)[US] bal *m* de lycéens; (college) bal *m* d'étudiants; (at seaside)[GB] front *m* de mer.

promenade /ˌprɒməˈnɑːd, -ˈneɪd[US]/ *n* (by sea) promenade *f.*

prominence /ˈprɒmɪnəns/ *n* proéminence *f.*

prominent /ˈprɒmɪnənt/ *adj* proéminent; [artist] éminent; [marking] bien visible; [eye] exorbité.

promiscuous /prəˈmɪskjʊəs/ *adj* **to be ~** être débauché.

promise /ˈprɒmɪs/ I *n* promesse *f.* II *vtr* **to ~ sb sth** promettre qch à qn. III *vi* promettre; **do you ~?** c'est promis?; [result, event] s'annoncer bien.

promising /ˈprɒmɪsɪŋ/ *adj* prometteur/-euse; **that's ~** c'est bon signe.

promote /prəˈməʊt/ I *vtr* promouvoir. II *v refl* **to ~ oneself** se mettre en avant.

promoter /prəˈməʊtə(r)/ *n* promoteur/-trice *m/f.*

promotion /prəˈməʊʃn/ *n* promotion *f.*

promotional /prəˈməʊʃənl/ *adj* promotionnel/-elle.

prompt /prɒmpt/ I *adj* rapide; **~ to do** prompt à faire. II *adv* pile; **at six o'clock ~** à six heures pile. III *vtr* (comment) susciter; **to ~ sb to do sth** inciter qn à faire qch; (person) souffler à. IV *vi* THÉÂT souffler.

prompting /ˈprɒmptɪŋ/ *n* encouragement *m.*

promptly /ˈprɒmptlɪ/ *adv* immédiatement; **~ at six o'clock** à six heures précises.

prone /prəʊn/ *adj* **to be ~ to** (colds) être sujet/-ette à; [lie] sur le ventre.

prong /prɒŋ/ *n* dent *f.*

pronoun /ˈprəʊnaʊn/ *n* pronom *m.*

pronounce /prəˈnaʊns/ *vtr, vi* prononcer; **to ~ on** se prononcer sur.

pronounced /prəˈnaʊnst/ *adj* prononcé.

pronouncement /prəˈnaʊnsmənt/ *n* déclaration *f*, (verdict) verdict *m.*

pronunciation /prəˌnʌnsɪˈeɪʃn/ *n* prononciation *f.*

proof /pruːf/ I *n* preuve *f*; (in printing) épreuve *f*; (of alcohol) teneur *f.* II *adj* **to be ~ against** être à l'épreuve de. III **-proof** *combining form* **earthquake-~** antisismique.

proofread /ˈpruːfriːd/ (*prét, pp* **-read** /red/) *vtr, vi* corriger; (check proofs) corriger des épreuves.

prop /prɒp/ I *n* étai *m*, soutien *m*; THÉÂT **the ~s** les accessoires *mpl*. II *vtr* (*p prés etc* **-pp-**) (support) étayer; **to ~ sb/sth against sth** appuyer qn/qch contre qch.
• **prop up** étayer, soutenir.

propaganda /ˌprɒpəˈgændə/ *n* propagande *f*.

propagate /ˈprɒpəgeɪt/ I *vtr* propager. II *vi* se propager.

propel /prəˈpel/ *vtr* (*p prés etc* **-ll-**) propulser.

propeller /prəˈpelə(r)/ *n* hélice *f*.

propensity /prəˈpensətɪ/ *n* propension *f*.

proper /ˈprɒpə(r)/ *adj* [term] correct; [order, tool, choice] bon/bonne; [precautions] nécessaire; [funding] convenable; [holiday, job, meal] vrai (*before n*); **in the village ~** dans le village même.

properly /ˈprɒpəlɪ/ *adv* correctement.

proper name, **proper noun** *n* nom *m* propre.

property /ˈprɒpətɪ/ *n* propriété *f*, bien(s) *m(pl)*.

prophecy /ˈprɒfəsɪ/ *n* prophétie *f*.

prophet /ˈprɒfɪt/ *n* prophète *m*.

prophetic /prəˈfetɪk/ *adj* prophétique.

proponent /prəˈpəʊnənt/ *n* partisan/-e *m/f*.

proportion /prəˈpɔːʃn/ I *n* proportion *f*; **out of/in ~** hors de/en proportion; (of income, profit, work) part *f*; **out of all ~** tout à fait disproportionné. II **~s** *npl* dimensions *fpl*.

proportional /prəˈpɔːʃənl/ *adj* proportionnel/-elle.

proportionate /prəˈpɔːʃənət/ *adj* proportionnel/-elle.

proposal /prəˈpəʊzl/ *n* proposition *f*; (of marriage) demande *f* en mariage.

propose /prəˈpəʊz/ I *vtr* proposer, présenter. II *vi* faire sa demande en mariage.

proposition /ˌprɒpəˈzɪʃn/ *n* proposition *f*.

proprietary /prəˈpraɪətrɪ, -terɪ[US]/ *adj* de propriétaire.

proprietor /prəˈpraɪətə(r)/ *n* propriétaire *mf*.

prosaic /prəˈzeɪɪk/ *adj* prosaïque.

prose /prəʊz/ *n* prose *f*; (translation)[GB] thème *m*.

prosecute /ˈprɒsɪkjuːt/ *vtr* JUR **to ~ sb** poursuivre qn en justice.

prosecution /ˌprɒsɪˈkjuːʃn/ *n* JUR poursuites *fpl*; (state, Crown) le ministère public.

prosecutor /ˈprɒsɪkjuːtə(r)/ *n* JUR [US] avocat/-e *m/f* de la partie civile; (in court) procureur *m*.

prospect I /ˈprɒspekt/ *n* perspective *f*; (hope) espoir *m*; (of success) chance *f*. II /prəˈspekt, ˈprɒspekt[US]/ *vi* **to ~ for** chercher.

prospective /prəˈspektɪv/ *adj* potentiel/-ielle.

prospectus /prəˈspektəs/ *n* brochure *f*.

prosper /ˈprɒspə(r)/ *vi* prospérer.

prosperity /prɒˈsperətɪ/ *n* prospérité *f*.

prosperous /ˈprɒspərəs/ *adj* prospère.

prostitute /ˈprɒstɪtjuːt, -tuːt[US]/ I *n* prostitué, e *m/f*. II *vtr* prostituer.

prostitution /ˌprɒstɪˈtjuːʃn, -tuːt-[US]/ *n* prostitution *f*.

protagonist /prəˈtægənɪst/ *n* protagoniste *mf*.

protect /prəˈtekt/ I *vtr* protéger, défendre. II *v refl* **to ~ oneself** se protéger, se défendre.

protection /prəˈtekʃn/ *n* protection *f*.

protective /prəˈtektɪv/ *adj* protecteur/-trice.

protein /ˈprəʊtiːn/ *n* protéine *f*.

protest I /ˈprəutest/ *n* protestation *f*; **in ~** en signe de protestation; **a ~ against** une réclamation contre. II /prəˈtest/ *vtr* protester (de); **to ~ that** protester que. III /prəˈtest/ *vi* protester; (demonstrate) manifester.

Protestant /ˈprɒtɪstənt/ *n, adj* protestant/-e *m/f*.

protester /prəˈtestə(r)/ *n* manifestant/-e *m/f*.

protocol /ˌprəutəˈkɒl, -kɔːl^US^/ *n* protocole *m*.

prototype /ˈprəutətaɪp/ *n* prototype *m*.

protracted /prəˈtræktɪd/ *adj* prolongé.

protrude /prəˈtruːd, prəu-^US^/ *vi* dépasser; [teeth] avancer.

proud /praud/ *adj* fier/fière; [father, owner] heureux/-euse.

prove /pruːv/ I *vtr* prouver; (by demonstration) démontrer; **to ~ a point** montrer qu'on a raison. II *vi* **it ~d otherwise** il en est allé autrement. III **to ~ oneself (to be)** se révéler.

proven /ˈpruːvn/ *adj* éprouvé.

proverb /ˈprɒvɜːb/ *n* proverbe *m*.

provide /prəˈvaɪd/ I *vtr* fournir; **to ~ sb with** munir qn de; (answer) apporter, donner; [law] prévoir. II *vi* pourvoir aux besoins.

• **provide for** envisager; JUR prévoir.

provided /prəˈvaɪdɪd/, **providing** /prəˈvaɪdɪŋ/ *conj* à condition que (+ *subj*).

providence /ˈprɒvɪdəns/ *n* providence *f*.

province /ˈprɒvɪns/ *n* province *f*; **in the ~s** en province.

provincial /prəˈvɪnʃl/ *n, adj* provincial/-e (*m/f*).

provision /prəˈvɪʒn/ I *n* mise *f* à disposition; (of food) approvisionnement *m*; (of service) prestation *f*; **to make ~ for** prévoir. II **~s** *npl* provisions *fpl*.

provisional /prəˈvɪʒənl/ *adj* provisoire.

provocation /ˌprɒvəˈkeɪʃn/ *n* provocation *f*.

provocative /prəˈvɒkətɪv/ *adj* provocant.

provoke /prəˈvəuk/ *vtr* provoquer; **to ~ sb into doing sth** pousser qn à faire qch.

prowl /praul/ I *n* **to be on the ~** rôder. II *vtr, vi* rôder.

proximity /prɒkˈsɪmətɪ/ *n* proximité *f*.

proxy /ˈprɒksɪ/ *n* procuration *f*; **by ~** par procuration.

prudent /ˈpruːdnt/ *adj* prudent.

prune /pruːn/ I *n* pruneau *m*. II *vtr* tailler.

pry^US^ /praɪ/ I *vtr* **to ~ sth out of sb** soutirer qch à qn. II *vi* **to ~ into** mettre son nez dans.

prying /ˈpraɪɪŋ/ *adj* curieux/-ieuse, indiscret/-ète.

PS *abrév* = (**postscript**) PS *m*.

psych© /saɪk/ *v*.

• **psych out** affoler; (outguess)^US^ deviner.

psychiatric /ˌsaɪkɪˈætrɪk/ *adj* psychiatrique.

psychiatrist /saɪˈkaɪətrɪst, sɪ-^US^/ *n* psychiatre *mf*.

psychiatry /saɪˈkaɪətrɪ, sɪ-^US^/ *n* psychiatrie *f*.

psychic /ˈsaɪkɪk/ I *n* médium *m*, voyant/-e *m/f*. II *adj* parapsychologique.

psycho /ˈsaɪkəu/ I© *n* dingue© *m/f*. II **psycho +** *combining form* psych(o).

psychoanalysis /ˌsaɪkəuəˈnæləsɪs/ *n* psychanalyse *f*.

psychoanalyst /ˌsaɪkəuˈænəlɪst/ *n* psychanalyste *mf*.

psychological /ˌsaɪkəˈlɒdʒɪkl/ *adj* psychologique.

psychologist /saɪˈkɒlədʒɪst/ *n* psychologue *mf*.

psychology /saɪˈkɒlədʒɪ/ *n* psychologie *f*.

psychotherapist /ˌsaɪkəʊˈθerəpɪst/ *n* psychothérapeute *mf*.

psychotic /saɪˈkɒtɪk/ *n*, *adj* psychotique (*mf*).

pt *n*: *abrév écrite* = **pint**.

PTGB *n* (*abrév* = **physical training**) éducation *f* physique.

PTO (*abrév* = **please turn over**) TSVP.

pub☺GB /pʌb/ *n* ▸ **public house** pub *m*.

public /ˈpʌblɪk/ I *n* **the ~** le public. II *adj* public/-ique; [enthusiasm, support] général; [library, amenity] municipal; **in ~** en public; **in the ~ eye** exposé à l'opinion publique; **it is ~ knowledge that** il est de notoriété publique que; **at ~ expense** aux frais du contribuable.

publicanGB /ˈpʌblɪkən/ *n* patron/-onne de pub *m/f*.

publication /ˌpʌblɪˈkeɪʃn/ *n* publication *f*.

public companyGB *n* société *f* anonyme par actions.

public convenienceGB *n* toilettes *fpl*.

public holidayGB *n* jour *m* férié.

public houseGB *n* pub *m*.

publicity /pʌbˈlɪsətɪ/ *n* publicité *f*.

publicize /ˈpʌblɪsaɪz/ *vtr* rendre [qch] public; (advertise) faire de la publicité pour.

public relations *n* relations *fpl* publiques.

public school *n* GB école *f* privée; US école *f* publique.

public service *n* (transport, education) service *m* public; ¢ fonction *f* publique.

public transport *n* transports *mpl* en commun.

publish /ˈpʌblɪʃ/ *vtr*, *vi* publier, éditer.

publisher /ˈpʌblɪʃə(r)/ *n* éditeur/-trice *m/f*.

publishing /ˈpʌblɪʃɪŋ/ I *n* édition *f*. II *in compounds* [group] de presse; **~ house** maison *f* d'édition.

pudding /ˈpʊdɪŋ/ *n* GB dessert *m*; **Christmas ~** pudding de Noël.

puddle /ˈpʌdl/ *n* flaque *f*.

puff /pʌf/ I *n* (of air, smoke) bouffée *f*. II *vtr* (pipe) tirer sur. III *vi* souffler.

• **puff out** (sails, cheeks) gonfler; **to ~ out one's chest** bomber le torse.

pull /pʊl/ I *n* **to give sth a ~** tirer sur qch; (attraction) force *f*, attrait *m*. II *vtr* tirer (sur); (by dragging) traîner; **to ~ sth out of** tirer qch de. III *vi* tirer; **to ~ ahead of sb** prendre de l'avance sur qn.

• **~ the other one**☺GB**!** à d'autres (mais pas à moi)☺!; **to ~ a face** faire la grimace.

• **pull away** [car] démarrer; [person] s'écarter; (hand) retirer; **to ~ sb/sth away from** écarter qn/qch de. • **pull back** [troops] se retirer; [car, person] reculer. • **pull down** (building) démolir. • **pull in** arrêter, s'arrêter. • **pull off** quitter; (shoes) enlever; (raid)☺ réussir. • **pull out** (withdraw) se retirer; [car, truck] déboîter; (parking space) quitter; [drawer] s'enlever; (tooth) extraire; (from pocket) sortir. • **pull over** s'arrêter (sur le côté). • **pull through** s'en tirer. • **pull together** se ressaisir. • **pull up** s'arrêter; (socks) remonter; **to ~ up a chair** prendre une chaise; [driver] s'arrêter.

pull-down menu *n* ORDINAT menu *m* déroulant.

pulp /pʌlp/ I *n* pulpe *f*; **to beat sb to a ~**☺ réduire qn en bouillie☺. II *in compounds* **~ fiction** la littérature populaire.

pulsate /pʌlˈseɪt, ˈpʌlseɪtUS/ *vi* palpiter.

pulse /pʌls/ *n* pouls *m*; CULIN graine *f* de légumineuse.

pump /pʌmp/ I *n* pompe *f*; chaussure *f* de sport; (flat shoe)GB ballerine *f*. II *vtr* pomper; (handle) actionner. III *vi* fonctionner.

• **pump out** (fumes) cracher; (sewage) déverser. • **pump up** (tyres) gonfler.

pumpkin /ˈpʌmpkɪn/ *n* citrouille *f*.

pun /pʌn/ *n* jeu *m* de mots, calembour *m*.

punch /pʌntʃ/ I *n* coup *m* de poing; (of style) énergie *f*, punch☺ *m*; (drink) punch *m*. II *vtr* **to ~ sb in the face** donner un coup de poing dans la figure de qn; (cards) perforer; (ticket) composter. III *vi* donner des coups de poing.

Punch /pʌntʃ/ *pr n* Polichinelle.

punch-up☺GB *n* bagarre☺ *f*.

punctual /ˈpʌŋktʃʊəl/ *adj* ponctuel/-elle.

punctuate /ˈpʌŋktʃʊeɪt/ *vtr, vi* ponctuer.

punctuation /ˌpʌŋktʃʊˈeɪʃn/ *n* ponctuation *f*.

puncture /ˈpʌŋktʃə(r)/ I *n* crevaison *f*; (in skin) piqûre *f*. II *vtr, vi* (tyre) crever.

pundit /ˈpʌndɪt/ *n* expert/-e *m/f*.

pungent /ˈpʌndʒənt/ *adj* [smell, taste] fort; [gas, smoke] âcre.

punish /ˈpʌnɪʃ/ *vtr* punir.

punishing /ˈpʌnɪʃɪŋ/ *adj* éprouvant.

punishment /ˈpʌnɪʃmənt/ *n* punition *f*, châtiment *m*.

punitive /ˈpjuːnətɪv/ *adj* punitif/-ive.

punt /pʌnt/ *n* (Irish currency) livre *f*; (boat) barque *f* (*à fond plat*).

punter☺GB /ˈpʌntə(r)/ *n* (at races) parieur *m*, joueur/-euse *m/f*; (average client) client/-e *m/f*.

pup /pʌp/ *n* chiot *m*.

pupil /ˈpjuːpɪl/ *n* élève *mf*; ANAT pupille *f*.

puppet /ˈpʌpɪt/ I *n* marionnette *f*. II *in compounds* [government, state] fantoche.

puppy /ˈpʌpɪ/ *n* chiot *m*.

purchase /ˈpɜːtʃəs/ I *n* achat *m*. II *vtr* acheter.

pure /pjʊə(r)/ *adj* pur.

puree /ˈpjʊəreɪ, pjʊəˈreɪUS/ *n* purée *f*.

purely /ˈpjʊəlɪ/ *adv* purement.

purge /pɜːdʒ/ I *n* purge *f*. II *vtr* purger.

purify /ˈpjʊərɪfaɪ/ *vtr* purifier.

purist /ˈpjʊərɪst/ *n, adj* puriste (*mf*).

purple /ˈpɜːpl/ I *n* violet *m*. II *adj* violet/-ette; **to turn ~** devenir rouge de colère.

purport /pəˈpɔːt/ *vtr* SOUT **to ~ to do** prétendre faire.

purpose /ˈpɜːpəs/ I *n* but *m*; **for the ~s of** pour (les besoins de); **to some/good ~** utilement; **to no ~** inutilement; **to have a sense of ~** savoir ce que l'on veut. II **on ~** *adv phr* exprès.

purpose-builtGB /ˌpɜːpəsˈbɪlt/ *adj* fonctionnel/-elle.

purposeful /ˈpɜːpəsfl/ *adj* résolu.

purposely /ˈpɜːpəslɪ/ *adv* exprès, intentionnellement.

purr /pɜː(r)/ *vi* ronronner.

purse /pɜːs/ *n* (for money)GB porte-monnaie *m inv*; (handbag)US sac *m* à main; FIG moyens *mpl*.

• **to ~ one's lips** faire la moue.

pursue /pəˈsjuː, -ˈsuː-US/ *vtr* poursuivre; (policy) mener, suivre.

pursuit /pəˈsjuːt, -ˈsuː-US/ *n* poursuite *f*; **in ~ of** à la recherche de.

push /pʊʃ/ I *n* poussée *f*; **to give sb/sth a ~** pousser qn/qch. II *vtr* pousser; (button) appuyer sur; **to ~ away** repousser; **to ~ aside** écarter; **to ~ sb too far** pousser qn à bout; (theory) promouvoir. III *vi* pousser; **to ~ against** s'appuyer contre; **to ~ past sb** bousculer qn. IV *v refl* **to ~ oneself upright** se redresser; **to ~ oneself to do sth** se pousser à faire qch.

• **he's ~ing it a bit** il pousse☺.

• **push around**☺ bousculer. • **push back** (date, enemy) repousser; (object) pousser. • **push off**☺GB filer☺. • **push over** se pousser; (table, car) renverser. • **push through** faire voter. • **push up** faire monter.

pusher☺ /ˈpʊʃə(r)/ *n* revendeur/-euse *m/f* de drogue.

push-up /ˈpʊʃʌp/ *n* (exercise) pompe© *f*.

pushy© /ˈpʊʃɪ/ *adj* arriviste.

pussy© /ˈpʊsɪ/ *n* LANG ENFANTIN minou *m*.

put /pʊt/ I *vtr* (*p prés* **-tt-**; *prét*, *pp* **put**) mettre; **to ~ a lot into** s'engager à fond pour; **to ~ it bluntly** pour parler franchement. II *v refl* se mettre.
• **put across** (idea) communiquer. • **put aside** mettre [qch] de côté. • **put away** ranger, mettre [qch] de côté; (person)© boucler©. • **put back** remettre; (clock) retarder. • **put by**GB mettre [qch] de côté. • **put down** [aircraft] atterrir; (object, plane) poser; (write down) mettre (par écrit); (account) mettre qch sur; (passenger) déposer; (humiliate)© rabaisser. • **put forward** (idea) avancer; (plan) soumettre; (opinion) émettre. • **put in**: [ship] faire escale; **to ~ in for a job** postuler un emploi; (transfer) demander. (request) faire; (days) passer; (sum) contribuer pour; **~ [sb] in for** (exam) présenter [qn] pour; (prize, award) recommander [qn] pour. • **put off** (delay) remettre [qch] (à plus tard); (light) éteindre; (heating) couper; (guest) décommander; (person) dissuader; [appearance] dégoûter; [manner, person] déconcerter. • **put on** (garment) mettre; (light) allumer; (tape) mettre; (kilo) prendre; (play) monter; (accent) prendre; (clock)GB avancer; TÉLÉCOM (person) passer; **to ~ sb on** ©US faire marcher© qn. • **put out** (hand) tendre; **to ~ out one's tongue** tirer la langue; (extinguish) éteindre; (bin, garbage) sortir; (cat) faire sortir; (report) diffuser. • **put through** TÉLÉCOM passer. • **put together** assembler; (list) établir; (meal) improviser; (case) constituer. • **put up to ~ up with** supporter; (resistance) opposer; **to ~ up a fight/struggle** combattre; (flag, sail) hisser; (hair) relever; **to ~ up one's hand** lever la main; **~ your hands up!** haut les mains!; (sign, list) afficher; (barrier, tent) dresser; (building) construire; (prices, tax) augmenter; (pressure) faire monter; (money) fournir; (proposal) soumettre; (person) héberger; (candidate) présenter; **to ~ sb up to sth** pousser qn à qch/à faire.

put-down *n* remarque *f* humiliante.

puzzle /ˈpʌzl/ I *n* mystère *m*; JEUX casse-tête *m inv*. II *vtr* rendre, laisser perplexe. III *vi* **to ~ over sth** réfléchir à qch.

puzzled /ˈpʌzld/ *adj* perplexe.

puzzling /ˈpʌzlɪŋ/ *adj* curieux/-ieuse.

pyjamaGB, **pajama**US /pəˈdʒɑːmə/ I *in compounds* [jacket, trousers] de pyjama. II **~s** *npl* pyjama *m*.

pyramid /ˈpɪrəmɪd/ *n* pyramide *f*.

q

q, Q /kjuː/ *n* q, Q *m*.

QCGB *n* JUR (*abrév* = **Queen's Counsel**) *titre conféré à un avocat éminent*.

QED (*abrév* = **quod erat demonstrandum**) CQFD.

quadruple I /ˈkwɒdrʊpl, kwɒˈdruːplUS/ *n*, *adj* quadruple (*m*). II /kwɒˈdruːpl/ *vtr*, *vi* quadrupler.

quagmire /ˈkwɒgmaɪə(r), ˈkwæg-/ *n* bourbier *m*.

quail /kweɪl/ *n* caille *f*.

quaint /kweɪnt/ *adj* pittoresque; (old-world) d'un charme suranné; (odd) bizarre.

quake /kweɪk/ I *n* tremblement *m* de terre. II *vi* trembler.

qualification /ˌkwɒlɪfɪˈkeɪʃn/ *n* qualification *f*; diplôme *m*; (reservation) réserve *f*.

qualified /ˈkwɒlɪfaɪd/ *adj* qualifié; (having knowledge) compétent; [praise] nuancé, mitigé.

qualify /ˈkwɒlɪfaɪ/ I *vtr* **to ~ sb to do** autoriser qn à faire; (statement) préciser. II *vi* obtenir son diplôme; **to ~ to do** avoir les connaissances requises pour faire; **to ~ (for sth)** remplir les conditions (requises) (pour obtenir qch); SPORT se qualifier.

quality /ˈkwɒlətɪ/ *n* qualité *f.*

qualm /kwɑːm/ *n* scrupule *m.*

quantify /ˈkwɒntɪfaɪ/ *vtr* évaluer avec précision.

quantity /ˈkwɒntətɪ/ *n* quantité *f.*

quarantine /ˈkwɒrəntiːn, ˈkwɔːr-US/ *n* quarantaine *f.*

quarrel /ˈkwɒrəl, ˈkwɔːrəlUS/ I *n* dispute *f*; (break) brouille *f.* II *vi* (*p prés etc* **-ll-**, **-l-** US) se disputer; (sever relations) se brouiller; **to ~ with** (idea) contester; (price) se plaindre de.

quarry /ˈkwɒrɪ, ˈkwɔːrɪUS/ *n* (of stone) carrière *f.*

quart /kwɔːt/ *n* ≈ litre *m* (GB *= 1.136 litres*, US *= 0.946 litres*).

quarter /ˈkwɔːtə(r)/ I *n* quart *m*; **~ of an hour** quart d'heure; (three months) trimestre *m*; (district) quartier *m*; (mercy) **to give no ~** ne pas faire de quartier; (25 cents)US vingt-cinq cents *mpl.* II **~s** *npl* MIL quartiers *mpl* GÉN logement *m.* III *pron* quart *m*; **an hour and a ~** une heure et quart. IV *adj* **a ~ century** un quart de siècle.

quarterfinal *n* SPORT quart *m* de finale.

quarterly /ˈkwɔːtəlɪ/ I *adj* trimestriel/-ielle. II *adv* tous les trois mois.

quartet /kwɔːˈtet/ *n* quatuor *m*; **jazz ~** quartette *m.*

quartz /kwɔːts/ *n* quartz *m.*

quash /kwɒʃ/ *vtr* (proposal) rejeter; (rebellion) réprimer.

quaver /ˈkweɪvə(r)/ *vi* trembloter.

quay /kiː/ *n* quai *m.*

queasy /ˈkwiːzɪ/ *adj* **to be/feel ~** avoir mal au cœur.

queen /kwiːn/ *n* reine *f*; (in cards) dame *f.*

queen mother *n* Reine mère *f.*

queer /kwɪə(r)/ *adj* étrange, bizarre; (ill)GB patraque©; INJUR homosexuel/-elle.

quell /kwel/ *vtr* (revolt) étouffer; (fears) apaiser.

quench /kwentʃ/ *vtr* (thirst) étancher; (desire) étouffer; (flame) éteindre.

query /ˈkwɪərɪ/ I *n* question *f.* II *vtr* demander; (decision) remettre en cause.

quest /kwest/ *n* quête *f*; **the ~ for sth** la recherche de qch.

question /ˈkwestʃən/ I *n* question *f*; (practical issue) problème *m*; **that's another ~** c'est une autre affaire; **the ~ is whether** il s'agit ici de savoir si; **it's out of the ~** c'est hors de question; **without ~** indiscutablement. II *vtr* questionner; (cast doubt upon) mettre en doute; **to ~ whether** douter que (*+ subj*).

questionable /ˈkwestʃənəbl/ *adj* discutable.

questioner /ˈkwestʃənə(r)/ *n* interrogateur/-trice *m/f.*

question mark *n* point *m* d'interrogation.

questionnaire /ˌkwestʃəˈneə(r)/ *n* questionnaire *m.*

question tag *n* LING queue *f* de phrase interrogative.

queueGB /kjuː/ I *n* queue *f*, file *f* (d'attente). II *vi* faire la queue.

queue-jumpGB *vi* passer avant son tour.

quick /kwɪk/ I *adj* rapide; [storm, shower] bref/brève; **a ~ coffee** un café en vitesse; **be ~ (about it)!** dépêche-toi!; **to have a ~ temper** s'emporter facilement. II *adv* **~!** vite!

quicken /ˈkwɪkən/ I *vtr* accélérer. II *vi* s'accélérer.

quickly /ˈkwɪklɪ/ *adv* vite, rapidement.

quicksand *n* ¢ sables *mpl* mouvants.

quick-tempered *adj* coléreux/-euse.

quick-witted *adj* [person] à l'esprit vif.

quid©GB /kwɪd/ *n* (*pl inv*) livre *f* (sterling).

quiet /ˈkwaɪət/ I *adj* silencieux/-ieuse; **to keep ~** garder le silence; **be ~** tais-toi, ne fais pas de bruit; [voice] bas/basse; [village] tranquille. II US *vtr* (se) calmer.

quietenGB /ˈkwaɪətn/ *vtr* calmer.
• **quieten down**: se calmer.

quietly /ˈkwaɪətlɪ/ *adv* calmement; [move] sans bruit; [play] en silence.

quilt /kwɪlt/ I *n* (duvet)GB **(continental) ~** couette *f*; (bed cover) dessus *m* de lit. II *vtr* matelasser.

quince /kwɪns/ *n* coing *m*; (tree) cognassier *m*.

quintessential /ˌkwɪntɪˈsenʃl/ *adj* [quality] fondamental.

quip /kwɪp/ *n* trait *m* d'esprit.

quirk /kwɜːk/ *n* (of person) excentricité *f*; (of fate) caprice *m*.

quit /kwɪt/ I *vtr* (*p prés* **-tt-**; *prét*, *pp* **quit/quitted**) (job) démissionner de, quitter; **to ~ smoking** arrêter de fumer. II *vi* arrêter; **I ~**© j'abandonne; (resign) démissionner.

quite /kwaɪt/ *adv* tout à fait; [impossible] totalement; [extraordinary] vraiment; **I ~ agree** je suis tout à fait d'accord; **you're ~ right** vous avez entièrement raison; **not ~** pas exactement; [big, easily, often] assez; (as intensifier) [difference] considérable; **~ (so)**GB c'est sûr.

quits© /kwɪts/ *adj* **to be ~** être quitte.

quiver /ˈkwɪvə(r)/ *vi* trembler.

quiz /kwɪz/ I *n* (*pl* **~zes**) questionnaire *m*; (game) jeu *m* de questions-réponses. II *vtr* (*p prés etc* **-zz-**) questionner.

quota /ˈkwəʊtə/ *n* quota *m*.

quotation /kwəʊˈteɪʃn/ *n* citation *f*; (estimate) devis *m*.

quotation marks *npl* guillemets *mpl*.

quote /kwəʊt/ I *n* citation *f*; (estimate) devis *m*. II **~s** *npl* guillemets *mpl*. III *vtr* citer; (price, figure) indiquer; (on stock exchange) coter. IV *vi* **~... unquote** je cite... fin de citation.

r

rabbi /ˈræbaɪ/ *n* rabbin *m*.

rabbit /ˈræbɪt/ *n* lapin *m*, lapine *f*.

rabies /ˈreɪbiːz/ *n* rage *f*.

raccoon /rəˈkuːn, ræ-US/ *n* raton *m* laveur.

race /reɪs/ I *n* course *f*; (species) race *f*. II *vtr* **to ~ sb** faire la course avec qn; (horse, dog) faire courir. III *vi* courir.

racehorse *n* cheval *m* de course.

racetrack *n* (for horses) champ *m* de courses; (for cars) circuit *m*; (for cycles) piste *f*.

racial /ˈreɪʃl/ *adj* racial.

racing /ˈreɪsɪŋ/ *n* course *f*.

racist /ˈreɪsɪst/ *n*, *adj* raciste (*mf*).

rack /ræk/ *n* égouttoir *m*; (on train) compartiment *m* à bagages; (shelving) étagère *f*; CULIN **~ of lamb** carré *m* d'agneau.
• **to ~ one's brains** se creuser la cervelle©; **to go to ~ and ruin** se délabrer.

racket /ˈrækɪt/ *n* raquette *f*; (noise)© raffut© *m*; (swindle) escroquerie *f*; trafic *m*.

radar /ˈreɪdɑː(r)/ *n* radar (*m*).

radiant /ˈreɪdɪənt/ *adj* [person, smile] radieux/-ieuse; **~ with** (health) rayonnant de.

radiate /ˈreɪdɪeɪt/ I *vtr* émettre. II *vi* rayonner.

radiation /ˌreɪdɪˈeɪʃn/ *n* radiation *f*; PHYS rayonnement *m*.

radiator /ˈreɪdɪeɪtə(r)/ *n* radiateur *m*.

radical /ˈrædɪkl/ *n*, *adj* radical/-e (*m/f*).

radio /ˈreɪdɪəʊ/ I *n* (*pl* **~s**) radio *f*. II *vtr* (*3e pers sg prés* **~s**; *prét*, *pp* **~ed**) **to ~ sb** appeler qn par radio.

radioactive *adj* radioactif/-ive.

radiography /ˌreɪdɪˈɒgrəfɪ/ *n* radiographie *f*.

radiologist /ˌreɪdɪˈɒlədʒɪst/ *n* radiologue *mf*.

radish /ˈrædɪʃ/ *n* radis *m*.

radius /ˈreɪdɪəs/ *n* (*pl* **-dii/-diuses**) rayon *m*.

RAFGB *n* MIL *abrév* = (**Royal Air Force**) *armée de l'air britannique*.

raffle /ˈræfl/ *n* tombola *f*.

raft /rɑːft, ræftUS/ *n* radeau *m*.

rag /ræg/ I *n* chiffon *m*; (local newspaper) canard☺ *m*. II **~s** *npl* loques *fpl*.

rage /reɪdʒ/ I *n* rage *f*, colère *f*; [fashion] **to be (all) the ~**☺ faire fureur. II *vi* faire rage.

ragged /ˈrægɪd/ *adj* en loques.

raging /ˈreɪdʒɪŋ/ *adj* violent.

rag weekGB *n semaine du carnaval étudiant au profit d'institutions caritatives*.

raid /reɪd/ I *n* raid *m*; (on bank)GB hold-up *m*; (on home)GB cambriolage *m*; (by police) rafle *f*. II *vtr* faire un raid sur; (bank)GB attaquer; (fridge) faire une razzia sur.

raider /ˈreɪdə(r)/ *n* pillard *m*.

rail /reɪl/ I *n* barreau *m*; (on balcony) balustrade *f*; (handrail) rampe *f*; (for curtains) tringle *f*; (for vehicle) rail *m*. II *in compounds* [network, traffic] ferroviaire; [travel] en train; **~card**GB carte *f* de réduction.

railing /ˈreɪlɪŋ/ *n* grille *f*.

railroadUS /ˈreɪlrəʊd/ *n* chemin *m* de fer; (track) voie *f* ferrée.

railroad carUS *n* wagon *m*.

railwayGB /ˈreɪlweɪ/ *n* chemin *m* de fer; (line) voie *f* ferrée; **~ station** gare *f*.

rain /reɪn/ I *n* pluie *f*. II *v impers* pleuvoir.
• **rain down**: [blows, etc] pleuvoir.

rainbow /ˈreɪnbəʊ/ *n* arc-en-ciel *m*.

raincoat *n* imperméable *m*.

rainfall /ˈreɪnfɔːl/ *n* niveau *m* de précipitations.

rain forest *n* forêt *f* tropicale.

rainy /ˈreɪnɪ/ *adj* pluvieux/-ieuse.

raise /reɪz/ IUS *n* augmentation *f*. II *vtr* lever; (question, lid) soulever; (price, salary) augmenter; (voice, standard) élever; (doubts) faire naître; (protests) provoquer, déclencher; (child, family) élever; (support) obtenir; (money) collecter; **to ~ the alarm** donner l'alarme.

raisin /ˈreɪzn/ *n* raisin *m* sec.

rake /reɪk/ I *n* râteau *m*. II *vtr* ratisser.
• **rake in**☺: (money) amasser.

rally /ˈrælɪ/ I *n* rassemblement *m*; (race) rallye *m*. II *vtr* rassembler; (opinion) rallier. III *vi* (recover) se ressaisir.
• **rally round**GB, **rally around**: soutenir.

rallying *adj* [cry, point] de ralliement.

ram /ræm/ I *n* (animal) bélier *m*. II *vtr, vi* (*p prés etc* **-mm-**) rentrer dans, heurter.

RAM /ræm/ *n* ORDINAT (*abrév* = **random access memory**) RAM *f*.

ramble /ˈræmbl/ I *n* randonnée *f*, balade *f*. II *vi* faire une randonnée.
• **ramble on**: parler à n'en plus finir de qch.

rambler /ˈræmblə(r)/ *n* randonneur/-euse *m/f*.

rambling /ˈræmblɪŋ/ *adj* [house] plein de coins et de recoins; [talk, article] décousu.

ramification /ˌræmɪfɪˈkeɪʃn/ *n* ramification *f*.

ramp /ræmp/ *n* rampe *f*; (for car repairs) pont *m* de graissage; (up to plane) passerelle *f*; (on, off highway)US bretelle *f*.

rampage I /ˈræmpeɪdʒ/ *n* **to be on the ~** tout saccager. II /ræmˈpeɪdʒ/ *vi* se déchaîner.

rampant /ˈræmpənt/ *adj* endémique.

rampart /ˈræmpɑːt/ *n* rempart *m*.

ramshackle /ˈræmʃækl/ *adj* délabré.

ran /ræn/ *prét* ▸ **run**.

ranch /rɑːntʃ, ræntʃUS/ *n* ranch *m*.

rancid /ˈrænsɪd/ *adj* rance; **to go ~** rancir.

random /ˈrændəm/ *adj* (pris) au hasard.

rang /ræŋ/ *prét* ▸ **ring**.

range /reɪndʒ/ I *n* (of activities, etc) gamme *f*, éventail *m*, choix *m*; (of people, abilities, etc) variété *f*; (of issues) série *f*; **age ~** tranche d'âge; (of influence) étendue *f*; (of research) domaine *m*; **out of ~** hors de portée; (prairie)US prairie *f*; (of mountains) chaîne *f*; (gas, electric) cuisinière *f*; (for weapons) champ *m* de tir. II *vi* aller; (vary) varier.

ranger /ˈreɪndʒə(r)/ *n* garde-forestier *m*.

rank /ræŋk/ I *n* grade *m*; rang *m*; (of objects) rangée *f*. II *adj* [beginner] complet/-ète; [odour] fétide. III *vtr*, *vi* (se) classer.

rank and file *n* (people) base *f*.

ranking /ˈræŋkɪŋ/ *n* classement *m*.

ransack /ˈrænsæk, rænˈsækUS/ *vtr* (drawer) fouiller; (house) mettre [qch] à sac.

ransom /ˈrænsəm/ *n* rançon *f*; **to hold sb to/for ~** garder qn en otage.

rap /ræp/ I *n* coup *m* sec; MUS rap *m*. II *vtr*, *vi* (*p prés etc* **-pp-**) frapper (sur).

rape /reɪp/ I *n* viol *m*; (plant) colza *m*. II *vtr* violer.

rapid /ˈræpɪd/ *adj* GÉN rapide.

rapidly /ˈræpɪdlɪ/ *adv* rapidement.

rapids /ˈræpɪdz/ *npl* rapides *mpl*.

rapist /ˈreɪpɪst/ *n* violeur *m*.

rapper /ˈræpə(r)/ *n* MUS rappeur/-euse *m/f*.

rapport /ræˈpɔː(r), -ˈpɔːrtUS/ *n* rapports *mpl*.

rapture /ˈræptʃə(r)/ *n* extase *f*.

rare /reə(r)/ *adj* rare; [steak] saignant.

rarely /ˈreəlɪ/ *adv* rarement.

rarity /ˈreərətɪ/ *n* rareté *f*.

rascal /ˈrɑːskl, ˈræsklUS/ *n* coquin/-e *m/f*.

rash /ræʃ/ I *n* rougeurs *fpl*. II *adj* irréfléchi.

rasp /rɑːsp, ræspUS/ I *n* râpe *f*. II *vtr* râper.

raspberry /ˈrɑːzbrɪ, ˈræzberɪUS/ *n* framboise *f*.

rat /ræt/ I *n* rat *m*; **you ~!**© canaille©! II© *vi* (*p prés etc* **-tt-**) **to ~ on** dénoncer.

rate /reɪt/ I *n* rythme *m*; **at this ~** à ce train-là; (of currency) cours *m*; **the interest ~** le taux d'intérêt; (charge) tarif *m*. II *vtr* considérer, estimer; **highly ~d** très coté.
• **at any ~** en tout cas, du moins.

rather /ˈrɑːðə(r)/ *adv* plutôt; **~ than sth** plutôt que qch; **I'd ~** j'aimerais mieux.

ratify /ˈrætɪfaɪ/ *vtr* ratifier.

rating /ˈreɪtɪŋ/ I *n* cote *f*. II **~s** *npl* TV indice *m* d'écoute, audimat® *m*.

ratio /ˈreɪʃɪəʊ/ *n* GÉN proportion *f*.

ration /ˈræʃn/ I *n* ration *f*. II *vtr* rationner.

rational /ˈræʃənl/ *adj* rationnel/-elle, sensé.

rationale /ˌræʃəˈnɑːl, -ˈnælUS/ *n inv* raisons *fpl*.

rationalize /ˈræʃnəlaɪz/ *vtr* justifier; ÉCONGB rationaliser.

rationing /ˈræʃnɪŋ/ *n* rationnement *m*.

rattan /ræˈtæn/ *n* rotin *m*.

rattle /ˈrætl/ I *n* (for baby) hochet *m*; (of sports fan) crécelle *f*. II *vtr* faire s'entrechoquer; (person)☺ énerver. III *vi* s'entrechoquer, faire du bruit.

rattlesnake /ˈrætlsneɪk/ *n* serpent *m* à sonnette *m*.

ratty☺ /ˈrætɪ/ *adj* miteux/-euse.

raucous /ˈrɔːkəs/ *adj* bruyant.

ravage /ˈrævɪdʒ/ *vtr* ravager.

rave /reɪv/ I☺GB *n* (party) fête *f*, rave *m*. II☺ *adj* **a ~ review** une critique dithyrambique. III *vi* délirer; **to ~ about** s'emballer.

raven /ˈreɪvn/ *n* (grand) corbeau *m*.

ravenous /ˈrævənəs/ *adj* **to be ~** avoir une faim de loup.

rave-up☺GB /ˈreɪvʌp/ *n* fête *f*.

ravine /rəˈviːn/ *n* ravin *m*.

raving /ˈreɪvɪŋ/ *adj* enragé.
• **(stark) ~ mad**☺ complètement fou.

ravishing /ˈrævɪʃɪŋ/ *adj* ravissant.

raw /rɔː/ *adj* cru; [data, sugar] brut; [throat] à vif.

raw material *n* matière *f* première.

ray /reɪ/ *n* rayon *m*; (fish) raie *f*.

rayon /ˈreɪɒn/ *n* rayonne *f*.

razor /ˈreɪzə(r)/ *n* rasoir *m*.

razzmatazz☺ /ˌræzməˈtæz/ *n* folklore☺ *m*, cirque☺ *m*.

RC *n*, *adj* (*abrév* = **Roman Catholic**) catholique *m/f*.

Rd *n*: *abrév écrite* = **road**.

re[1] /reɪ/ *n* MUS ré *m*.

re[2] /riː/ *prep* (*abrév* = **with reference to**) (in letter head) objet:.

reach /riːtʃ/ I *n* portée *f*; **beyond/out of ~** hors de portée. II *vtr* atteindre; [sound, news] parvenir à; (contact) joindre; (audience, market) toucher. III *vi* **to ~ for** étendre le bras pour saisir.
• **reach out**: étendre le bras; **to ~ out for** chercher.

react /rɪˈækt/ *vi* réagir.

reaction /rɪˈækʃn/ *n* réaction *f*.

reactionary /rɪˈækʃənrɪ, -ənerɪ^US/ *n*, *adj* réactionnaire (*mf*).

reactor /rɪˈæktə(r)/ *n* réacteur *m*.

read /riːd/ (*prét*, *pp* **read** /red/) I *vtr* lire; (meter) relever. II *vi* lire; UNIV **to ~ for a degree** GB ≈ préparer une licence.
• **read out**: lire [qch] à haute voix.

readable /ˈriːdəbl/ *adj* lisible.

reader /ˈriːdə(r)/ *n* lecteur/-trice *m/f*.

readership /ˈriːdəʃɪp/ *n* lecteurs *mpl*.

read head *n* ORDINAT tête *f* de lecture.

readily /ˈredɪlɪ/ *adv* [reply, give] sans hésiter; [make friends] facilement.

reading /ˈriːdɪŋ/ *n* lecture *f*; **~ matter** quelque chose à lire; (on meter) relevé *m*.

readjust /ˌriːəˈdʒʌst/ I *vtr* (TV, lens) régler (de nouveau). II *vi* se réadapter (à).

read-only memory, **ROM** *n* ORDINAT mémoire *f* morte.

ready /ˈredɪ/ I☺GB **readies** *npl* argent *m*. II *adj* prêt; **to get ~** se préparer; **~ cash**☺ (argent *m*) liquide *m*.

ready-made /ˌredɪˈmeɪd/ *adj* [suit] de prêt-à-porter; [excuse, phrase] tout fait.

real /rɪəl/ I *n* réel *m*. II *adj* véritable, réel/réelle; **in ~ life** dans la réalité; **the ~ thing** de l'authentique; [charmer] vrai (*before n*).
• **for ~**☺ pour de vrai☺.

real estate *n* immobilier *m*.

realism /ˈrɪːəlɪzəm/ *n* réalisme *m*.

realist /ˈriːəlɪst/ *n*, *adj* réaliste (*mf*).

realistic /ˌrɪəˈlɪstɪk/ *adj* réaliste.

reality /rɪˈælətɪ/ *n* réalité *f*.

realize /ˈrɪəlaɪz/ *vtr* se rendre compte de; **to ~ how/what** comprendre comment/ce que; (make real) réaliser.

really /ˈrɪəlɪ/ *adv* vraiment, réellement.

realm /relm/ *n* royaume *m*; FIG domaine *m*.

realtor^US /ˈriːəltə(r)/ *n* agent *m* immobilier.

ream /riːm/ *n* (of paper) rame *f.*

reap /riːp/ I *vtr* (fruit) recueillir. II *vi* moissonner.

reappear /ˌriːəˈpɪə(r)/ *vi* reparaître.

rear /rɪə(r)/ I *n* arrière *m*; **at the ~ of the house** derrière la maison; (of person) derrière© *m.* II *adj* [entrance] de derrière; [light, seat] arrière *inv.* III *vtr* (child) élever; (plants) cultiver. IV *vi* [horse] se cabrer.

rearrange /ˌriːəˈreɪndʒ/ *vtr* (plans) modifier.

rear-view mirror *n* rétroviseur *m.*

reason /ˈriːzn/ I *n* raison *f*; **within ~** dans la limite du raisonnable. II *vi* raisonner.

reasonable /ˈriːznəbl/ *adj* raisonnable; **beyond ~ doubt** JUR sans aucun doute possible.

reasoning /ˈriːznɪŋ/ *n* raisonnement *m.*

reassert /ˌriːəˈsɜːt/ *vtr* réaffirmer.

reassess /ˌriːəˈses/ *vtr* reconsidérer.

reassurance /ˌriːəˈʃɔːrəns, -ˈʃʊər-US/ *n* réconfort *m.*

reassure /ˌriːəˈʃɔː(r), -ˈʃʊər-US/ *vtr* rassurer.

reassuring /ˌriːəˈʃɔːrɪŋ, -ˈʃʊər-US/ *adj* rassurant.

rebate /ˈriːbeɪt/ *n* (refund) remboursement *m*; (discount) remise *f.*

rebel I /ˈrebl/ *n, in compounds* rebelle (*mf*). II /rɪˈbel/ *vi* (*p prés etc* **-ll-**) se rebeller.

rebellion /rɪˈbelɪən/ *n* rébellion *f*, révolte *f.*

rebellious /rɪˈbelɪəs/ *adj* rebelle.

rebirth /ˌriːˈbɜːθ/ *n* renaissance *f.*

reboot /ˌriːˈbuːt/ *vtr* ORDINAT réinitialiser.

rebound /rɪˈbaʊnd/ *vi* (bounce) rebondir; **to ~ on** se retourner contre.

rebuff /rɪˈbʌf/ I *n* rebuffade *f.* II *vtr* repousser.

rebuild /ˌriːˈbɪld/ *vtr* (*prét, pp* **rebuilt** /ˌriːˈbɪlt/) reconstruire.

rebuke /rɪˈbjuːk/ I *n* réprimande *f.* II *vtr* réprimander.

recall I /ˈriːkɔːl/ *n* rappel *m.* II /rɪˈkɔːl/ *vtr* se souvenir de; **to ~ sth to sb** rappeler qch à qn.

recap© I *n* /ˈriːkæp/ (*abrév* = **recapitulation**) récapitulation *f.* II *vtr, vi* (*p prés etc* **-pp-**) (*abrév* = **recapitulate**) récapituler.

recapture /ˌriːˈkæptʃə(r)/ *vtr* recapturer; (town, position) reprendre; (feeling) retrouver.

recede I /rɪˈsiːd/ *vi* s'éloigner. II **receding** /rɪˈsiːdɪŋ/ *pres p adj* [chin, forehead] fuyant.

receipt /rɪˈsiːt/ *n* reçu *m*; (from till) ticket *m* de caisse; (of goods, letters) réception *f.*

receive /rɪˈsiːv/ I *vtr* recevoir; (stolen goods) receler. II **~d** *pp adj* reçu; **~d with thanks** COMM pour acquit.

Received Pronunciation, **RP**GB *n* prononciation *f* standard (de l'anglais).

receiver /rɪˈsiːvə(r)/ *n* combiné *m*; (TV, radio) récepteur *m.*

recent /ˈriːsnt/ *adj* récent.

recently /riːˈsntlɪ/ *adv* récemment, dernièrement.

reception /rɪˈsepʃn/ *n* réception *f.*

reception centreGB *n* centre *m* d'accueil.

receptionist /rɪˈsepʃənɪst/ *n* réceptionniste *mf.*

receptive /rɪˈseptɪv/ *adj* réceptif/-ive.

recess /rɪˈses, ˈriːsesUS/ *n* POL **the ~** les vacances *fpl*; (break)US récréation *f*; (alcove) recoin *m.*

recession /rɪˈseʃn/ *n* ÉCON récession *f.*

recharge /ˌriːˈtʃɑːdʒ/ *vtr* recharger.

recipe /ˈresəpɪ/ *n* recette *f*; **a ~ for sth** une recette de qch; **~ book** livre *m* de recettes.

recipient /rɪˈsɪpɪənt/ *n* (of mail) destinataire *mf*; (of aid, cheque) bénéficiaire *mf*; (of prize) lauréat/-e *m/f.*

reciprocal /rɪˈsɪprəkl/ *adj* réciproque.

reciprocate /rɪ'sɪprəkeɪt/ I *vtr* rendre. II *vi* rendre la pareille.

recital /rɪ'saɪtl/ *n* récital *m*.

recite /rɪ'saɪt/ *vtr*, *vi* réciter.

reckless /'reklɪs/ *adj* imprudent.

reckon /'rekən/ I *vtr* considérer; (think) **to ~ (that)** croire que; **to ~ to do** compter faire; (amount) calculer. II *vi* calculer. • **reckon on**©: **~ on doing** compter faire. • **reckon without**: compter sans.

reckoning /'rekənɪŋ/ *n* calculs *mpl*. • **day of ~** jour du jugement.

reclaim /rɪ'kleɪm/ *vtr* récupérer; (land) reconquérir.

reclamation /ˌreklə'meɪʃn/ *n* récupération *f*; (of land) mise *f* en valeur.

recline /rɪ'klaɪn/ *vi* [person] s'allonger; **to be reclining** être allongé; [seat] s'incliner.

recognition /ˌrekəg'nɪʃn/ *n* reconnaissance *f*; **beyond ~** méconnaissable.

recognizable /ˌrekəg'naɪzəbl, 'rekəgnaɪzəbl/ *adj* reconnaissable.

recognize /'rekəgnaɪz/ *vtr* reconnaître; **I ~d him by his voice** je l'ai reconnu à sa voix.

recoil /rɪ'kɔɪl/ *vi* reculer.

recollect /ˌrekə'lekt/ I *vtr* se souvenir de, se rappeler. II *vi* se souvenir.

recollection /ˌrekə'lekʃn/ *n* souvenir *m*.

recommend /ˌrekə'mend/ *vtr* recommander.

recommendation /ˌrekəmen'deɪʃn/ *n* recommandation *f*.

reconcile /'rekənsaɪl/ *vtr* réconcilier; **to become ~d to sth** se résigner à qch.

reconciliation /ˌrekənˌsɪlɪ'eɪʃn/ *n* réconciliation *f*.

recondition /ˌriːkən'dɪʃn/ *vtr* remettre [qch] à neuf.

reconnaissance /rɪ'kɒnɪsns/ *n* reconnaissance *f*.

reconsider /ˌriːkən'sɪdə(r)/ I *vtr* réexaminer. II *vi* y repenser.

reconstitute /ˌriː'kɒnstɪtjuːt, -tuːt^US/ *vtr* reconstituer.

reconstruct /ˌriːkən'strʌkt/ *vtr* reconstruire; (crime) faire une reconstitution de.

record I /'rekɔːd, 'rekərd^US/ *n* (of events) compte rendu *m*; (official proceedings) procès-verbal *m*; **to keep a ~ of sth** noter qch; (historical) archives *fpl*; (personal, administrative) dossier *m*; AUDIO disque *m*; ORDINAT enregistrement *m*; (best performance) record *m*; JUR casier *m* judiciaire. II /rɪ'kɔːd/ *vtr*, *vi* noter; (on disc, etc) enregistrer.

record-breaking *adj* record (*inv*).

recorder /rɪ'kɔːdə(r)/ *n* flûte *f* à bec.

recording /rɪ'kɔːdɪŋ/ *n* enregistrement *m*.

record player *n* tourne-disque *m* platine.

records office *n* (of births, deaths) bureau *m* des archives; JUR (of court records) greffe *m*.

recount /rɪ'kaʊnt/ *vtr* raconter, conter.

recoup /rɪ'kuːp/ *vtr* (losses) compenser.

recourse /rɪ'kɔːs/ *n* recours *m*.

recover /rɪ'kʌvə(r)/ I *vtr* retrouver, récupérer; **to ~ one's sight** recouvrer la vue. II *vi* se remettre, se rétablir; (from defeat, mistake) se ressaisir; [economy] se redresser.

recovery /rɪ'kʌvərɪ/ *n* rétablissement *m*, guérison *f*; ÉCON, FIN relance *f*, reprise *f*; (of money) récupération *f*.

recreate /'rekrɪeɪt, ˌriːkrɪ'eɪt/ *vtr* recréer.

recreation /ˌrekrɪ'eɪʃn/ I *n* loisirs *mpl*; (pastime) récréation *f*. II *in compounds* [facilities, centre] de loisirs; [ground, room] de jeux.

recreational /ˌrekrɪ'eɪʃənl/ *adj* de loisirs.

recrimination /rɪˌkrɪmɪˈneɪʃn/ *n* récrimination *f*.

recruit /rɪˈkruːt/ I *n* recrue *f*. II *vtr, vi* recruter.

recruitment /rɪˈkruːtmənt/ *n* recrutement *m*.

rectangle /ˈrektæŋgl/ *n* rectangle *m*.

rectangular /rekˈtæŋgjʊlə(r)/ *adj* rectangulaire.

rectify /ˈrektɪfaɪ/ *vtr* rectifier.

rector /ˈrektə(r)/ *n* RELIG pasteur *m*.

recuperate /rɪˈkuːpəreɪt/ *vi* se rétablir, récupérer.

recur /rɪˈkɜː(r)/ *vi* (*p prés etc* **-rr-**) se reproduire; [theme, phrase] revenir.

recurrence /rɪˈkʌrəns/ *n* récurrence *f*; (of symptom) réapparition *f*.

recurrent /rɪˈkʌrənt/ *adj* récurrent.

recyclable /ˌriːˈsaɪkləbl/ *adj* recyclable.

recycle /ˌriːˈsaɪkl/ *vtr* (paper, waste) recycler.

recycling /ˌriːˈsaɪklɪŋ/ *n* recyclage *m*.

red /red/ I *n* rouge *m*; **in ~** en rouge; **to be in the ~** être à découvert. II *adj* rouge; **to go/turn ~** rougir; [hair, squirrel] roux/rousse.
• **to be caught ~-handed** être pris/-e sur le fait.

red blood cell *n* globule *m* rouge.

red card *n* SPORT carton *m* rouge.

Red Cross *n* Croix-Rouge *f*.

redcurrant *n* groseille *f*.

redcurrant bush groseillier *m*.

reddish /ˈredɪʃ/ *adj* rougeâtre.

redecorate /ˌriːˈdekəreɪt/ *vtr* repeindre, refaire.

redeem /rɪˈdiːm/ I *vtr* (loan) rembourser; **his one ~ing feature is...** ce qui le rachète, c'est...; (situation) sauver. II *v refl* **to ~ oneself** se racheter.

redefine /ˌriːdɪˈfaɪn/ *vtr* redéfinir.

redemption /rɪˈdempʃn/ *n* remboursement *m*; (spiritual) rédemption *f*; **beyond ~** irrémédiable; [person] HUM irrécupérable.

red-hot /ˌredˈhɒt/ *adj* [metal] chauffé au rouge; [passion] ardent.

redirect /ˌriːdɪˈrekt/ *vtr* (mail) faire suivre.

rediscover /ˌriːdɪˈskʌvə(r)/ *vtr* redécouvrir.

red light *n* feu *m* rouge.

red mullet *n* (fish) rouget *m*.

redneck /ˈrednek/ *n* INJUR péquenaud/-e☺ *m/f* INJUR.

red pepper *n* poivron *m* rouge.

redress /rɪˈdres/ *vtr* redresser; (error) réparer; (balance) rétablir.

red tape *n* paperasse☺ *f*.

reduce /rɪˈdjuːs, -ˈduːs[US]/ I *vtr* réduire, baisser; **~ speed now** ralentir. II **~d** *pp adj* réduit; **~d goods** marchandises en solde.

reduction /rɪˈdʌkʃn/ *n* réduction *f*; (of weight, size, cost) diminution *f*.

redundancy[GB] /rɪˈdʌndənsɪ/ *n* licenciement *m*; chômage *m*.

redundant /rɪˈdʌndənt/ *adj* [worker][GB] **to be made ~** être licencié; [information] superflu.

reed /riːd/ *n* roseau *m*; (of instrument) anche *f*.

reef /riːf/ *n* récif *m*, écueil *m*.

reek /riːk/ *vi* **to ~ of sth** puer.

reel /riːl/ I *n* bobine *f*; (for fishing) moulinet *m*. II *vi* [person] tituber; [government] chavirer.
• **reel off**: (list) débiter.

ref /ref/ *n* COMM (*abrév écrite* = **reference**) référence *f*; SPORT☺ (*abrév* = **referee**) arbitre *m*.

refer /rɪˈfɜː(r)/ (*p prés etc* **-rr-**) I *vtr* **to ~ to** renvoyer à. II **~ to** *vi* parler de, faire allusion à; [number, date] se rapporter à; (notes, article) consulter.

referee /ˌrefəˈriː/ I *n* SPORT arbitre *m*; (giving job reference)GB *personne pouvant fournir des références.* II *vtr, vi* arbitrer.

reference /ˈrefərəns/ I *n* référence *f*, allusion *f*; **without ~ to** sans tenir compte de; GÉOG **map ~s** coordonnées *fpl*. II **with ~ to** *prep phr* en ce qui concerne, quant à; **with ~ to your letter** suite à votre lettre.

referendum /ˌrefəˈrendəm/ *n* (*pl* **-da, -dums**) référendum *m*.

refill I /ˈriːfɪl/ *n* recharge *f*; (for fountain pen) cartouche *f*. II /ˌriːˈfɪl/ *vtr* remplir [qch] à nouveau; (pen, lighter) recharger.

refine /rɪˈfaɪn/ *vtr* raffiner; (method) peaufiner.

refined /rɪˈfaɪnd/ *adj* raffiné.

refinement /rɪˈfaɪnmənt/ *n* raffinement *m*.

refinery /rɪˈfaɪnərɪ/ *n* raffinerie *f*.

reflect /rɪˈflekt/ I *vtr* refléter; (light, heat) renvoyer, réfléchir; (think) se dire, penser. II *vi* réfléchir.

reflection /rɪˈflekʃn/ *n* reflet *m*, image *f*; (thought) réflexion *f*.

reflex /ˈriːfleks/ *n, adj* réflexe *(m)*.

reflexive /rɪˈfleksɪv/*adj* LING réfléchi.

reform /rɪˈfɔːm/ I *n* réforme *f*. II *vtr* réformer; **he's a ~ed character** il s'est assagi.

reformer /rɪˈfɔːmə(r)/ *n* reformateur/-trice *m/f*.

refrain /rɪˈfreɪn/ I *n* refrain *m*. II *vi* se retenir; **to ~ from doing** s'abstenir de faire.

refresh /rɪˈfreʃ/ *vtr* rafraîchir; **the rest ~ed me** le repos m'a fait du bien.

refresher course /rɪˈfreʃə kɔːs/ *n* cours *m* de recyclage.

refreshing /rɪˈfreʃɪŋ/ *adj* rafraîchissant; [rest] réparateur/-trice; [insight] original.

refreshment /rɪˈfreʃmənt/ *n* rafraîchissement *m*; **light ~s** repas léger.

refrigerate /rɪˈfrɪdʒəreɪt/ *vtr* **keep ~d** conserver au réfrigérateur.

refrigerator /rɪˈfrɪdʒəreɪtə(r)/ *n* réfrigérateur *m*.

refuel /ˌriːˈfjuːəl/ (*p prés etc* **-ll-**GB, **-l-**US) *vi* se ravitailler en carburant.

refuge /ˈrefjuːdʒ/ *n* refuge *m*; **to take ~ from** se mettre à l'abri de.

refugee /ˌrefjʊˈdʒɪ, ˈrefjʊdʒiː/US *n* réfugié/-e *m/f*.

refund I /ˈriːfʌnd/ *n* remboursement *m*. II /rɪˈfʌnd/ *vtr* rembourser.

refurbish /ˌriːˈfɜːbɪʃ/ *vtr* rénover.

refurbishment /ˌriːˈfɜːbɪʃmənt/ *n* rénovation *f*.

refusal /rɪˈfjuːzl/ *n* refus *m*.

refuse[1] /rɪˈfjuːz/ *vtr, vi* refuser.

refuse[2] /ˈrefjuːs/ *n* ordures *fpl*; (industrial) déchets *mpl*.

refuse binGB poubelle *f*.

refuse chuteGB *n* vide-ordures *m inv*.

refuse collectorGB *n* éboueur *m*.

refute /rɪˈfjuːt/ *vtr* réfuter.

regain /rɪˈgeɪn/ *vtr* (health, freedom) retrouver; (control) reprendre.

regal /ˈriːgl/ *adj* royal.

regard /rɪˈgɑːd/ I *n* estime *f*, considération *f*; **to have little ~ for sth** faire peu de cas de qch; **with/in ~ to** en ce qui concerne. II **~s** *npl* (good wishes) amitiés *fpl*; **kindest ~s** avec toutes mes/nos amitiés. III *vtr* considérer; **highly ~ed** très apprécié; SOUT concerner.

regarding /rɪˈgɑːdɪŋ/ *prep* concernant.

regardless /rɪˈgɑːdlɪs/ I *prep* sans tenir compte de; **~ of the weather** quel que soit le temps. II *adv* malgré tout.

regatta /rɪˈgætə/ *n* régate *f*.

regency /ˈriːdʒənsɪ/ *n* régence *f*.

regenerate /rɪˈdʒenəreɪt/ *vi* se régénérer.

regime, **régime** /reɪˈʒiːm, ˈreʒiːm/ *n* POL régime *m*.

regiment /ˈredʒɪmənt/ *n* régiment *m*.

region /ˈriːdʒən/ *n* région *f*; (somewhere) **in the ~ of** environ.

regional /ˈriːdʒənl/ *adj* régional.

register /ˈredʒɪstə(r)/ I *n* registre *m*; SCOL cahier *m* des absences. II *vtr* (birth, death) déclarer; (vehicle) faire immatriculer; (trademark, complaint) déposer; (student) inscrire; POSTES (letter) envoyer [qch] en recommandé. III *vi* s'inscrire; (at hotel) se présenter.

registered /ˈredʒɪstəd/ *adj* [voter, student] inscrit; [vehicle] immatriculé; [charity] ≈ agréé; [nurse] diplômé d'État; POSTES [letter] recommandé.

registered trademark *n* nom *m* déposé.

registrar /ˌredʒɪsˈtrɑː(r), ˈredʒ-/ *n* UNIV *responsable du bureau de la scolarité.*

registration /ˌredʒɪˈstreɪʃn/ *n* inscription *f*; (of birth, death) déclaration *f*; (of car) immatriculation *f*.

registry office[GB] *n* bureau *m* de l'état civil.

regress /rɪˈgres/ *vi* régresser.

regret /rɪˈgret/ I *n* regret *m*. II *vtr* (*p prés etc* **-tt-**) **to ~ (doing)** regretter (d'avoir fait).

regrettable /rɪˈgretəbl/ *adj* regrettable (que) (+ *subj*).

regroup /ˌriːˈgruːp/ *vi* se regrouper.

regular /ˈregjʊlə(r)/ I *n* habitué/-e *m/f*; (any substance)[US] ordinaire *m*. II *adj* régulier/-ière; **on a ~ basis** de façon régulière; **he's a ~ guy**[©US] c'est un chic type[©]; [activity, customer] habituel/-elle; [price, size] normal; [army, soldier] de métier; (not special)[US] ordinaire.

regularity /ˌregjʊˈlærətɪ/ *n* régularité *f*.

regulate /ˈregjʊleɪt/ *vtr* (mechanism) régler; (use) réglementer.

regulation /ˌregjʊˈleɪʃn/ *n* (for discipline) règlement *m*; (for safety, fire) consigne *f*; EU ~s réglementation communautaire.

regulator /ˈregjʊleɪtə(r)/ *n* régulateur *m*.

rehabilitate /ˌriːəˈbɪlɪteɪt/ *vtr* réhabiliter; (ex-prisoner) réinsérer.

rehabilitation /ˌriːəbɪlɪˈteɪʃn/ *n* réinsertion *f*; (after disgrace) réhabilitation *f*.

rehearsal /rɪˈhɜːsl/ *n* répétition *f*.

rehearse /rɪˈhɜːs/ *vtr, vi* répéter.

reign /reɪn/ I *n* règne *m*. II *vi* régner.

reimburse /ˌriːɪmˈbɜːs/ *vtr* rembourser.

reimbursement /ˌriːɪmˈbɜːsmənt/ *n* remboursement *m*.

rein /reɪn/ *n* rêne *f*.

reindeer /ˈreɪndɪə(r)/ *n inv* renne *m*.

reinforce /ˌriːɪnˈfɔːs/ *vtr* renforcer; **~d concrete** béton armé.

reinforcement /ˌriːɪnˈfɔːsmənt/ *n* renforcement *m*; **~s** renforts.

reinstate /ˌriːɪnˈsteɪt/ *vtr* (employee) réintégrer; (legislation) rétablir.

reissue /ˌriːˈɪʃuː/ *vtr* (book, record) rééditer; (film) ressortir.

reiterate /riːˈɪtəreɪt/ *vtr* réitérer.

reject I /ˈriːdʒekt/ *n* COMM marchandise *f* de deuxième choix. II /rɪˈdjekt/ *vtr* rejeter; (candidate, manuscript) refuser.

rejection /rɪˈdʒekʃn/ *n* GÉN rejet *m*; (of candidate) refus *m*.

rejoice /rɪˈdʒɔɪs/ *vtr, vi* (se) réjouir.

rejoin /riːˈdʒɔɪn/ *vtr* rejoindre.

rejuvenate /rɪˈdʒuːvɪneɪt/ *vtr* rajeunir.

rekindle /ˌriːˈkɪndl/ *vtr* ranimer.

relapse /rɪˈlæps/ *vi* retomber (dans).

relate /rɪˈleɪt/ I *vtr* **to ~ sth and sth** établir un rapport entre qch et qch; (story) raconter. II *vi* **to ~ to** se rapporter à; (like and understand) s'entendre avec.

related /rɪˈleɪtɪd/ *adj* [person] apparenté; **~ by marriage** parents par alliance; [area, idea] lié.

relation /rɪˈleɪʃn/ I *n* parent/-e *m/f*; (connection) rapport *m*; **to bear no ~ to** n'avoir aucun rapport avec; **in ~ to** par rapport à. II **~s** *npl* relations *fpl*.

relationship /rɪˈleɪʃnʃɪp/ *n* relations *fpl*; **to form ~s** se lier; (connection) rapport *m*; (family bond) lien *m* de parenté.

relative /ˈrelətɪv/ I *n* parent/-e *m/f*. II *adj* relatif/-ive; **the ~ merits of X and Y** les mérites respectifs de X et Y; **~ to** (compared to) par rapport à; (concerning) concernant.

relatively /ˈrelətɪvlɪ/ *adv* relativement; **~ speaking** toutes proportions gardées.

relativity /ˌreləˈtɪvətɪ/ *n* relativité *f*.

relax /rɪˈlæks/ I *vtr* relâcher; (jaw, muscle) décontracter; (discipline) assouplir. II *vi* [person] se détendre; **~!** ne t'en fais pas!; [muscle] se décontracter; [discipline] s'assouplir.

relaxation /ˌriːlækˈseɪʃn/ *n* détente *f*.

relaxed /rɪˈlækst/ *adj* détendu.

relaxing /rɪˈlæksɪŋ/ *adj* délassant.

relay I /ˈriːleɪ/ *n* RADIO, TV émission *f* retransmise; SPORT course *f* de relais. II /ˈriːleɪ, riˈleɪ/ *vtr* relayer; (message) transmettre.

release /rɪˈliːs/ I *n* libération *f*; FIG soulagement *m*; (for press) communiqué *m*; CIN sortie *f*; (film, etc) nouveauté *f*. II *vtr* **to ~ sb from sth** dégager qn de qch; (prisoner) libérer, relâcher; (mechanism) déclencher; (handbrake) desserrer; (missile) lancer; (hand) lâcher; (statement) communiquer; (film, etc) faire sortir.

relegate /ˈrelɪgeɪt/ *vtr* reléguer.

relent /rɪˈlent/ *vi* céder.

relentless /rɪˈlentlɪs/ *adj* implacable.

relevance /ˈreləvəns/ *n* pertinence *f*, intérêt *m*; **to be of ~ to** concerner.

relevant /ˈreləvənt/ *adj* [issue, facts, etc] pertinent; [information] utile; **~ document** pièce justificative; [authorities] compétent.

reliable /rɪˈlaɪəbl/ *adj* digne de confiance, fiable; [employee, firm] sérieux/-ieuse; [memory] fiable; [source] sûr.

reliance /rɪˈlaɪəns/ *n* dépendance *f*.

relic /ˈrelɪk/ *n* vestige *m*; (religious) relique *f*.

relief /rɪˈliːf/ *n* soulagement *m*; (help) aide *f*, secours *m*; **tax ~** allégement fiscal; GÉOG relief *m*.

relief agency *n* organisation *f* humanitaire.

relieve /rɪˈliːv/ *vtr* soulager; (troops, population) venir en aide à, secourir; (worker, sentry) relever.

religion /rɪˈlɪdʒən/ *n* religion *f*.

religious /rɪˈlɪdʒəs/ *adj* religieux/-ieuse; [person] croyant.

relinquish /rɪˈlɪŋkwɪʃ/ *vtr* renoncer à.

relish /ˈrelɪʃ/ I *n* **with ~** avec un plaisir évident; (flavour) saveur *f*; (appeal) attrait *m*; CULIN condiment *m*. II *vtr* (food) savourer; (prospect) se réjouir de.

relocate /ˌriːləʊˈkeɪt, riːˈləʊkeɪt[US]/ I *vtr* (employee) muter. II *vi* déménager.

reluctant /rɪˈlʌktənt/ *adj* peu enthousiaste; **~ to do** peu disposé à faire.

reluctantly /rɪˈlʌktəntlɪ/ *adv* à contrecœur.

rely /rɪˈlaɪ/ *vi* **to ~ on** dépendre de; **to ~ on sb/sth** compter sur qn/qch.

remain /rɪˈmeɪn/ I *vi* rester; [problem, doubt] subsister; **to ~ hopeful** continuer à espérer. II **~ing** *pres p adj* restant.

remainder /rɪˈmeɪndə(r)/ *n* reste *m*; (people) autres *mfpl*.

remains /rɪˈmeɪnz/ *npl* restes *mpl*; (of building) vestiges *mpl*.

remake I /ˈriːmeɪk/ *n* nouvelle version *f*, remake *m*. II /ˌriːˈmeɪk/ *vtr* (*prét, pp* **remade**) refaire.

remand /rɪˈmɑːnd, rɪˈmænd[US]/ *vtr* JUR **~ed in custody** placé en détention provisoire.

remark /rɪˈmɑːk/ I *n* remarque *f*, réflexion *f*. II *vtr* remarquer.
• **remark on**: faire des remarques sur.

remarkable /rɪˈmɑːkəbl/ *adj* remarquable.

remarry /ˌriːˈmærɪ/ *vi* se remarier.

remedial /rɪˈmiːdɪəl/ *adj* [measures] de redressement; [class] de rattrapage.

remedy /ˈremədɪ/ I *n* remède (contre *m*. II *vtr* remédier à.

remember /rɪˈmembə(r)/ I *vtr* se souvenir de, se rappeler; (battle) commémorer. II *vi* se souvenir; **not as far as I ~** pas que je sache.

remembrance /rɪˈmembrəns/ *n* souvenir *m*.

Remembrance DayGB *n*: *jour consacré à la mémoire des soldats tués au cours des deux guerres mondiales.*

remind /rɪˈmaɪnd/ *vtr* rappeler; **to ~ sb of sth/sb** rappeler qch/qn à qn; **to ~ sb that** rappeler à qn que; **you are ~ed that** nous vous rappelons que; **that ~s me** à propos.

reminder /rɪˈmaɪndə(r)/ *n* rappel *m*.

reminisce /ˌremɪˈnɪs/ *vi* évoquer ses souvenirs.

reminiscence /ˌremɪˈnɪsns/ *n* souvenir *m*.

reminiscent /ˌremɪˈnɪsnt/ *adj* **to be ~ of sb/sth** faire penser à qn/qch.

remission /rɪˈmɪʃn/ *n* (of sentence, debt) remise *f*; MÉD rémission *f*.

remit /ˈriːmɪt/ *n* attributions *fpl*.

remittance /rɪˈmɪtns/ *n* règlement *m*.

remnant /ˈremnənt/ *n* reste *m*; (of building, past) vestige *m*; (of fabric) coupon *m*.

remorse /rɪˈmɔːs/ *n* remords *m*.

remote /rɪˈməʊt/ *adj* [era] lointain; [ancestor, country, planet] éloigné; [area, village] isolé; [chance, connection] vague, infime.

remote control *n* télécommande *f*.

remotely /rɪˈməʊtlɪ/ *adv* à l'écart de tout.

removal /rɪˈmuːvl/ *n* suppression *f*; (of doubt, worry) disparition *f*; (of troops) retrait *m*; **stain ~** détachage; (of home)GB déménagement *m*.

remove /rɪˈmuːv/ *vtr* enlever; (subsidy) supprimer; (fears) dissiper.

rename /ˌriːˈneɪm/ *vtr* rebaptiser.

render /ˈrendə(r)/ *vtr* rendre; **to ~ sth impossible** rendre qch impossible.

rendering /ˈrendərɪŋ/ *n* interprétation *f*.

rendezvous /ˈrɒndɪvuː/ *n inv* rendez-vous *m inv*.

rendition /renˈdɪʃn/ *n* interprétation *f*.

renegade /ˈrenɪgeɪd/ *n*, *adj* renégat/-e *(m/f)*.

renege /rɪˈniːg, -ˈneɪg/ *vi* se rétracter.

renew /rɪˈnjuː, -ˈnuːUS/ *vtr* renouveler; (negotiations) reprendre.

renewable /rɪˈnjuːəbl, -ˈnuːəblUS/ *adj* renouvelable.

renewal /rɪˈnjuːəl, -ˈnuːəlUS/ *n* GÉN renouvellement *m*; (of negotiations) reprise *f*.

renounce /rɪˈnaʊns/ *vtr* renoncer à.

renovate /ˈrenəveɪt/ *vtr* rénover.

renowned /rɪˈnaʊnd/ *adj* célèbre (pour).

rent /rent/ I *n* loyer *m*; **for ~** à louer. II *vtr* louer.

rental *n* location *f*; (of phone line) abonnement *m*.

reopen /ˌriːˈəʊpən/ *vtr*, *vi* rouvrir.

reorganize /ˌriːˈɔːgənaɪz/ *vtr*, *v* (se) réorganiser.

rep /rep/ *n* COMM (*abrév* = **representative**) représentant *m* (de commerce).

repair /rɪˈpeə(r)/ I *n* réparation *f*; **road under ~** (attention!) travaux; **in good/bad ~** en bon/mauvais état. II *vtr* réparer.

reparation /ˌrepəˈreɪʃn/ *n* réparation *f*.

repatriate /riːˈpætrɪeɪt, -ˈpeɪt-US/ *vtr* rapatrier.

repay /rɪˈpeɪ/ *vtr* (*prét, pp* **repaid**) rembourser; (hospitality) rendre, payer de retour.

repayment /rɪˈpeɪmənt/ *n* remboursement *m*.

repeal /rɪˈpi:l/ I *n* JUR abrogation *f*. II *vtr* abroger.

repeat /rɪˈpi:t/ I *n* répétition *f*; RADIO, TV rediffusion *f*. II *vtr* répéter; SCOL (year) redoubler; (programme) rediffuser.

repeated /rɪˈpi:tɪd/ *adj* répété; [defeats, setbacks] successif/-ive.

repeatedly /rɪˈpi:tɪdlɪ/ *adv* plusieurs fois, à plusieurs reprises.

repel /rɪˈpel/ *vtr* (*p prés etc* **-ll-**) repousser; FIG dégoûter.

repellent /rɪˈpelənt/ *adj* repoussant; **insect** ~ anti-insecte.

repercussion /ˌri:pəˈkʌʃn/ *n* répercussion *f*.

repertoire /ˈrepətwɑ:(r)/ *n* répertoire *m*.

repertory /ˈrepətrɪ, -tɔ:rɪ^US^/ *n* répertoire *m*.

repetition /ˌrepɪˈtɪʃn/ *n* répétition *f*.

repetitive /rɪˈpetɪtɪv/ *adj* répétitif/-ive.

replace /rɪˈpleɪs/ *vtr* remettre (à sa place); (goods, person) remplacer.

replacement /rɪˈpleɪsmənt/ I *n* remplaçant/-e *m/f*; (act) remplacement *m*. II *in compounds* [staff] intérimaire; [part] de rechange.

replay /ˌri:ˈpleɪ/ *vtr* (cassette) repasser; (match) rejouer.

replenish /rɪˈplenɪʃ/ *vtr* reconstituer.

replica /ˈreplɪkə/ *n* copie *f*.

replicate /ˈreplɪkeɪt/ *vtr* reproduire.

reply /rɪˈplaɪ/ I *n* réponse *f*. II *vtr, vi* répondre.

report /rɪˈpɔ:t/ I *n* rapport *m*, compte rendu *m*; SCOL^GB^ bulletin *m* scolaire; (in media) reportage *m*; (noise) détonation *f*. II *vtr* (fact) signaler; (debate) faire le compte rendu de; **~ed missing** porté disparu; PRESSE faire un reportage sur; (person) dénoncer. III *vi* [committee] faire son rapport; (present oneself) se présenter; **to ~ sick** se faire porter malade; **to ~ to sb** être sous les ordres (directs) de qn.

reportedly /rɪˈpɔ:tɪdlɪ/ *adv* **he is ~ unharmed** il serait indemne.

reporter /rɪˈpɔ:tə(r)/ *n* journaliste *mf*, reporter *mf*.

reporting /rɪˈpɔ:tɪŋ/ *n* reportages *mpl*.

repossession /ˌri:pəˈzeʃn/ *n* saisie *f* immobilière.

represent /ˌreprɪˈzent/ *vtr* représenter; (facts, reasons) exposer.

representation /ˌreprɪzenˈteɪʃn/ *n* représentation *f*; **to make ~s to sb** faire des démarches auprès de qn.

representative /ˌreprɪˈzentətɪv/ I *n* représentant/-e *m/f*; POL ^US^ député *m*. II *adj* **to be ~ of** être typique de.

repress /rɪˈpres/ *vtr* réprimer.

repression /rɪˈpreʃn/ *n* GÉN répression *f*.

repressive /rɪˈpresɪv/ *adj* répressif/-ive.

reprieve /rɪˈpri:v/ I *n* JUR remise *f* de peine. II *vtr* accorder un sursis.

reprimand /ˈreprɪmɑ:nd, -mænd^US^/ I *n* réprimande *f*. II *vtr* réprimander.

reprint I /ˈri:prɪnt/ *n* réimpression *f*. II /ˌri:ˈprɪnt/ *vtr* réimprimer.

reprisal /rɪˈpraɪzl/ *n* représailles *fpl*.

reproach /rɪˈprəʊtʃ/ I *n* reproche *m*. II *vtr* **to ~ sb with/for sth** reprocher qch à qn.

reproduce /ˌri:prəˈdju:s, -ˈdu:s^US^/ *vtr* reproduire.

reproduction /ˌri:prəˈdʌkʃn/ *n* reproduction *f*.

reproductive /ˌri:prəˈdʌktɪv/ *adj* reproducteur/-trice.

reptile /ˈreptaɪl, -tl^US^/ *n* reptile *m*.

republic /rɪˈpʌblɪk/ *n* république *f*.

republican /rɪˈpʌblɪkən/ *n, adj* républicain/-e (*m/f*).

Republican /rɪ'pʌblɪkən/ *adj* ~ **party** le parti républicain.
repudiate /rɪ'pju:dɪeɪt/ *vtr* rejeter; (violence, aim) abandonner.
repulsive /rɪ'pʌlsɪv/ *adj* infâme.
reputable /'repjʊtəbl/ *adj* de confiance.
reputation /ˌrepjʊ'teɪʃn/ *n* réputation *f.*
reputed /rɪ'pju:tɪd/ *adj* réputé.
request /rɪ'kwest/ I *n* demande *f*, requête *f*; **on** ~ sur demande; RADIO dédicace *f.* II *vtr* **to** ~ **sb to do** demander à qn de faire.
request stop^GB *n* arrêt *m* facultatif.
requiem /'rekwɪem/ *n* requiem *m.*
require /rɪ'kwaɪə(r)/ *vtr* avoir besoin de; **as ~d** si nécessaire; (qualifications) exiger; **to be ~d to do** être tenu de faire.
requirement /rɪ'kwaɪəmənt/ *n* besoin *m*; **to meet sb's ~s** satisfaire les besoins de qn.
requisite /'rekwɪzɪt/ I *n* condition *f.* II **~s** *npl* fournitures *fpl*; **toilet ~s** articles de toilette. III *adj* exigé, requis.
rerun /'ri:rʌn/ *n* CIN, THÉÂT reprise *f*; TV rediffusion *f.*
reschedule /ˌri:'ʃedju:l, -'skedʒʊl^US/ *vtr* (meeting) déplacer.
rescind /rɪ'sɪnd/ *vtr* (decision) annuler.
rescue /'reskju:/ I *n* secours *m*; (operation) sauvetage *m.* II *vtr* sauver; (object) récupérer; (person, company) porter secours à.
research /rɪ'sɜ:tʃ, 'ri:sɜ:tʃ/ I *n* GÉN recherche *f.* II *vtr* faire des recherches sur; **to ~ the market** COMM faire une étude de marché.
researcher /rɪ'sɜ:tʃə(r), 'ri:sɜ:tʃə(r)/ *n* chercheur/-euse *m/f.*
resemblance /rɪ'zembləns/ *n* ressemblance *f.*
resemble /rɪ'zembl/ *vtr* ressembler à.
resent /rɪ'zent/ *vtr* (person) en vouloir à; (change) mal supporter; (tone) ne pas aimer.
resentful /rɪ'zentfl/ *adj* plein de ressentiment.
resentment /rɪ'zentmənt/ *n* ressentiment *m.*
reservation /ˌrezə'veɪʃn/ *n* GÉN réserve *f*; (booking) réservation *f.*
reserve /rɪ'zɜ:v/ I *n* GÉN réserve *f*; SPORT remplaçant/-e *m/f.* II *in compounds* [fund, supplies] de réserve. III *vtr* réserver.
reserved /rɪ'zɜ:vd/ *adj* GÉN réservé.
reservoir /'rezəvwɑ:(r)/ *n* lac *m* artificiel.
reset /ˌri:'set/ *vtr* (*p prés* **-tt-**; *prét, pp* **reset**) (machine) régler; (computer) réinitialiser; (clock) remettre [qch] à l'heure.
resettle /ˌri:'setl/ *vtr* (person) réinstaller; (area) repeupler.
reshuffle /ˌri:'ʃʌfl/ *n* POL remaniement *m.*
residence /'rezɪdəns/ *n* résidence *f*; ~ **permit** permis de séjour.
resident /'rezɪdənt/ *n* résident/-e *m/f*; (of street) riverain/-e *m/f*; (of guesthouse) pensionnaire *mf.*
residential /ˌrezɪ'denʃl/ *adj* [area] résidentiel/-ielle; [course] en internat.
residual /rɪ'zɪdjʊəl, -dʒʊ-^US/ *adj* résiduel/-elle.
residue /'rezɪdju:, -du:^US/ *n* résidu *m.*
resign /rɪ'zaɪn/ I *vtr, vi* démissionner. II *v refl* **to ~ oneself** se résigner.
resignation /ˌrezɪg'neɪʃn/ *n* démission *f*; (acceptance) résignation *f.*
resigned /rɪ'zaɪnd/ *adj* résigné.
resilient /rɪ'zɪlɪənt/ *adj* [material] élastique.
resin /'rezɪn, 'rezn^US/ *n* résine *f.*
resist /rɪ'zɪst/ *vtr, vi* résister (à).
resistance /rɪ'zɪstəns/ *n* résistance *f.*
resistant /rɪ'zɪstənt/ *adj* **heat-~** résistant à la chaleur; **water-~** imperméable.

resitGB I /ˈriːsɪt/ *n* examen *m* de rattrapage. II /ˌriːˈsɪt/ *vtr* (*prét, pp* **resat**) (exam) repasser.

resolute /ˈrezəluːt/ *adj* résolu.

resolution /ˌrezəˈluːʃn/ *n* résolution *f*.

resolve /rɪˈzɒlv/ I *n* ¢ détermination *f*. II *vtr* **to ~ that** décider que; **to ~ to do** résoudre de faire.

resonant /ˈrezənənt/ *adj* sonore.

resonate /ˈrezəneɪt/ *vi* résonner.

resort /rɪˈzɔːt/ I *n* recours *m*; (holiday centre) lieu *m* de villégiature; **seaside ~** station balnéaire. II *vi* **to ~ to** recourir à.

resounding /rɪˈzaʊndɪŋ/ *adj* retentissant.

resource /rɪˈsɔːs, -ˈzɔːs, ˈriːsɔːrsUS/ *n* ressource *f*.

resourceful /rɪˈsɔːsfl, -ˈzɔːsfl, ˈriːsɔːrsflUS/ *adj* plein de ressources, débrouillard.

respect /rɪˈspekt/ I *n* respect *m*, estime *f*; **in ~ of** pour ce qui est de; **with ~ to** par rapport à. II **~s** *npl* respects *mpl*. III *vtr* respecter.

respectable /rɪˈspektəbl/ *adj* respectable; [performance] honorable.

respectful /rɪˈspektfl/ *adj* respectueux/-euse.

respecting /rɪˈspektɪŋ/ *prep* concernant.

respective /rɪˈspektɪv/ *adj* respectif/-ive.

respiration /ˌrespɪˈreɪʃn/ *n* respiration *f*.

respite /ˈrespaɪt, ˈrespɪt/ *n* répit *m*.

respond /rɪˈspɒnd/ *vi* répondre (à); (react) réagir (à).

response /rɪˈspɒns/ *n* réponse *f*.

responsibility /rɪˌspɒnsəˈbɪlətɪ/ *n* responsabilité *f*.

responsible /rɪˈspɒnsəbl/ *adj* **~ for/to sb** responsable de/devant qn.

responsive /rɪˈspɒnsɪv/ *adj* qui réagit bien.

rest /rest/ I *n* **the ~ of sth** le reste de; (other people) les autres; (inactivity) repos *m*; (break) pause *f*; (support) support *m*; **to come to ~** s'arrêter. II *vtr* **to ~ sth on** appuyer qch sur; (allow to rest) reposer. III *vi* se reposer; **to ~ on** reposer sur.

restaurant /ˈrestrɒnt, -tərəntUS/ *n* restaurant *m*.

restful /ˈrestfl/ *adj* reposant, paisible.

rest home *n* maison *f* de retraite.

restless /ˈrestlɪs/ *adj* agité.

restore /rɪˈstɔː(r)/ *vtr* restituer, rendre; (peace, rights) rétablir; (building) restaurer.

restrain /rɪˈstreɪn/ *vtr* retenir; **to ~ sb from doing sth** empêcher qn de faire qch.

restrained /rɪˈstreɪnd/ *adj* [reaction] modéré; [person] posé.

restraint /rɪˈstreɪnt/ *n* modération *f*; (restriction) restriction *f*, contrainte *f*.

restrict /rɪˈstrɪkt/ *vtr* (activity) limiter; (freedom) restreindre.

restricted /rɪˈstrɪktɪd/ *adj* limité; [document] confidentiel/-ielle; [parking] réglementé.

restriction /rɪˈstrɪkʃn/ *n* limitation *f*, restriction *f*.

rest roomUS *n* toilettes *fpl*.

result /rɪˈzʌlt/ I *n* résultat *m*, conséquence *f*; **as a ~ of** à la/par suite de. II *vi* résulter; **to ~ in** avoir pour résultat.

resume /rɪˈzjuːm, -ˈzuːmUS/ *vtr, vi* reprendre.

résumé /ˈrezjuːmeɪ, ˌrezʊˈmeɪUS/ *n* résumé *m*; US curriculum vitae *m inv*.

resurgence /rɪˈsɜːdʒəns/ *n* résurgence *f*.

resurrect /ˌrezəˈrekt/ *vtr* ressusciter.

resuscitate /rɪˈsʌsɪteɪt/ *vtr* réanimer.

retail /ˈriːteɪl/ I *n* vente *f* au détail. II *adv* au détail. III *vtr* vendre [qch] au détail.

retailer /ˈriːteɪlə(r)/ *n* détaillant *m*.

retain /rɪˈteɪn/ *vtr* conserver, retenir.

retainer /rɪˈteɪnə(r)/ *n* somme *f (versée à l'avance pour s'assurer des services de qn).*

retaliate /rɪˈtælɪeɪt/ *vi* riposter.

retarded /rɪˈtɑːdɪd/ *adj* retardé; (stupid)©US débile©.

retention /rɪˈtenʃn/ *n* maintien *m.*

reticent /ˈretɪsnt/ *adj* réticent; **to be ~ about sth** être discret sur qch.

retina /ˈretɪnə, ˈretənə^US/ *n* rétine *f.*

retire /rɪˈtaɪə(r)/ **I** *vi* prendre sa retraite; (withdraw) se retirer (de); **to ~ (to bed)** aller se coucher. **II ~d** *pp adj* retraité.

retirement /rɪˈtaɪəmənt/ *n* retraite *f.*

retort /rɪˈtɔːt/ **I** *n* riposte *f.* **II** *vtr* rétorquer.

retrace /riːˈtreɪs/ *vtr* **to ~ one's steps** revenir sur ses pas; **~ your steps** ORDINAT historique de la recherche.

retract /rɪˈtrækt/ *vtr* rétracter; (landing gear) escamoter.

retrain /ˌriːˈtreɪn/ *vi* se reconvertir.

retraining /ˌriːˈtreɪnɪŋ/ *n* recyclage *m.*

retreat /rɪˈtriːt/ **I** *n* GÉN retraite *f.* **II** *vi* se retirer; [army] se replier.

retribution /ˌretrɪˈbjuːʃn/ *n* représailles *fpl.*

retrieve /rɪˈtriːv/ *vtr* (object) récupérer; (situation) redresser; (data) extraire.

retrospect /ˈretrəuspekt/: **in ~** *adv phr* rétrospectivement.

retrospective /ˌretrəˈspektɪv/ **I** *n* rétrospective *f.* **II** *adj* rétrospectif/-ive; [pay] rétroactif/-ive.

return /rɪˈtɜːn/ **I** *n* retour *m*; (sending back) renvoi *m*; FIN rendement *m*; (travel ticket)GB aller-retour *m inv.* **II ~s** *npl* résultats *mpl.* **III in ~** *adv phr* en échange. **IV** *vtr* rendre; (pay back) rembourser; (bring back) rapporter; (put back) remettre; (send back) renvoyer; **to ~ sb's call** rappeler qn. **V** *vi* revenir; (go back) retourner.

• **many happy ~s!** bon anniversaire!

reunification /ˌriːjuːnɪfɪˈkeɪʃn/ *n* réunification *f.*

reunion /ˌriːˈjuːnɪən/ *n* réunion *f.*

reunite /ˌriːjuːˈnaɪt/ *vtr* (*gén au passif*) réunir; **to be ~d with sb** retrouver qn.

rev© /rev/ **I** *n* AUT (*abrév* = **revolution (per minute)**) tour *m* (par minute). **II** *vtr* (*p prés etc* **-vv-**) (engine) monter le régime de.

Rev(d) *n: abrév écrite* = **Reverend.**

revamp /ˌriːˈvæmp/ *vtr* (image) rajeunir; (company) réorganiser; (building) rénover.

reveal /rɪˈviːl/ *vtr* révéler, dire.

revealing /rɪˈviːlɪŋ/ *adj* révélateur/-trice.

revel /ˈrevl/ *vi* (*p prés etc* **-ll-**, **-l-**US) **to ~ in sth** se délecter de qch.

revelation /ˌrevəˈleɪʃn/ *n* révélation *f.*

revenge /rɪˈvendʒ/ *n* vengeance *f*; (getting even) revanche *f*; **to take/get one's ~** se venger; (at cards) prendre sa revanche.

revenue /ˈrevənjuː, -ənuː^US/ *n* revenus *mpl.*

reverberate /rɪˈvɜːbəreɪt/ *vi* se répercuter.

revere /rɪˈvɪə(r)/ *vtr* révérer.

reverence /ˈrevərəns/ *n* profond respect *m.*

Reverend /ˈrevərənd/ *n* pasteur *m*; (as title) **the ~ Jones** (Anglican) le révérend Jones.

reversal /rɪˈvɜːsl/ *n* renversement *m*; (of order) inversion *f*; **a ~ of fortune** un revers.

reverse /rɪˈvɜːs/ **I** *n* **the ~** le contraire; (of coin) le revers; (of banknote) le verso; (of fabric) l'envers *m*; AUT marche *f* arrière. **II** *adj* [effect] contraire; [somersault] en arrière. **III in ~** *adv phr* [do] en sens inverse. **IV** *vtr* (process) inverser; (roles) renverser; (car) faire rouler [qch] en marche arrière; **to ~ the charges**GB appeler en PCV. **V** *vi* [driver] faire marche arrière.

reverse charge call[GB] *n* appel *m* en PCV.

revert /rɪ'vɜ:t/ *vi* reprendre; **to ~ to normal** redevenir normal.

review /rɪ'vju:/ **I** *n* révision *f*; (report) rapport *m*; (critical assessment) critique *f*; (magazine) revue *f*. **II** *vtr* (situation) reconsidérer; (attitude) réviser; (troops) passer [qch] en revue; (book) faire la critique de.

reviewer /rɪ'vju:ə(r)/ *n* critique *m*.

revise /rɪ'vaɪz/ **I** *vtr* réviser; (attitude) changer. **II**[GB] *vi* réviser.

revision /rɪ'vɪʒn/ *n* révision *f*.

revitalize /ri:'vaɪtəlaɪz/ *vtr* (complexion) revitaliser.

revival /rɪ'vaɪvl/ *n* reprise *f*; (of interest) regain *m*.

revive /rɪ'vaɪv/ **I** *vtr* ranimer; (debate) relancer. **II** *vi* reprendre connaissance; [interest] renaître; [economy] reprendre.

revoke /rɪ'vəʊk/ *vtr* révoquer; (order) annuler.

revolt /rɪ'vəʊlt/ **I** *n* révolte *f*. **II** *vtr* dégoûter, révolter. **III** *vi* **to ~ against sth** se révolter contre qch.

revolting /rɪ'vəʊltɪŋ/ *adj* répugnant, révoltant.

revolution /ˌrevə'lu:ʃn/ *n* révolution *f*.

revolutionary /ˌrevə'lu:ʃənərɪ, -nerɪ[US]/ *n, adj* révolutionnaire (*mf*).

revolve /rɪ'vɒlv/ *vi* **to ~ around** tourner autour de.

revolving /rɪ'vɒlvɪŋ/ *adj* pivotant; **~ door** porte *f* à tambour.

revue /rɪ'vju:/ *n* revue *f*.

revulsion /rɪ'vʌlʃn/ *n* dégoût *m*.

reward /rɪ'wɔ:d/ **I** *n* récompense *f*. **II** *vtr* récompenser.

rewarding /rɪ'wɔ:dɪŋ/ *adj* [experience] enrichissant; [job] gratifiant.

rewind /ˌri:'waɪnd/ *vtr* (*prét, pp* **rewound**) rembobiner.

reword /ˌri:'wɜ:d/ *vtr* reformuler.

rewrite /ˌri:'raɪt/ *vtr* (*prét* **rewrote**; *pp* **rewritten**) ré(é)crire.

rhetoric /'retərɪk/ *n* rhétorique *f*.

rheumatism /'ru:mətɪzəm/ *n* rhumatisme *m*.

rhinoceros /raɪ'nɒsərəs/ *n* (*pl* **-eroses**, **-eri**, **~**) rhinocéros *m*.

rhubarb /'ru:bɑ:b/ *n* rhubarbe *f*.

rhyme /raɪm/ **I** *n* rime *f*; (poem) vers *mpl*. **II** *vi* rimer.

rhythm /'rɪðəm/ *n* rythme *m*.

rhythmic(al) /'rɪðmɪk(l)/ *adj* rythmé.

RI *n* SCOL (*abrév* = **religious instruction**) ≈ catéchisme *m*.

rib /rɪb/ *n* côte *f*.

ribbon /'rɪbən/ *n* ruban *m*.

rice /raɪs/ *n* riz *m*.

rice pudding *n* CULIN riz *m* au lait.

rich /rɪtʃ/ **I** *n* (*pl*) **the ~** les riches *mpl*. **II ~es** *npl* richesses *fpl*. **III** *adj* riche; **to grow/get ~** s'enrichir. **IV -rich** *combining form* **protein-~** riche en protéines; **cotton-~** en coton mélangé.

rickshaw /'rɪkʃɔ:/ *n* pousse-pousse *m inv*.

rid /rɪd/ **I** *vtr* (*p prés* **-dd-**; *prét, pp* **rid**) **to ~ sth of sth** débarrasser qch de qch. **II** *pp adj* **to get ~ of** se débarrasser de.

riddance /'rɪdns/ *n*.
• **good ~!** bon débarras☺!

riddle /'rɪdl/ *n* devinette *f*, énigme *f*.

ride /raɪd/ **I** *n* trajet *m*; (for pleasure) tour *m*, promenade *f*, balade☺ *f*; **to go for a ~** aller faire un tour; (on horseback) promenade *f* à cheval; (track though wood) allée *f* cavalière. **II** *vtr* (*prét* **rode**; *pp* **ridden**) (animal, bike) monter (à). **III** *vi* **to ~ to London** aller à Londres à vélo/à cheval; **to ~ in/on** (bus) prendre.

rider /ˈraɪdə(r)/ *n* cavalier/-ière *m/f*; (on motorbike) motocycliste *mf*; (on bike) cycliste *mf*.
ridge /rɪdʒ/ *n* GÉOG arête *f*, crête *f*; (on rock) strie *f*.
ridicule /ˈrɪdɪkjuːl/ I *n* ridicule *m*. II *vtr* ridiculiser.
ridiculous /rɪˈdɪkjʊləs/ *adj* ridicule.
riding /ˈraɪdɪŋ/ *n* équitation *f*.
riding school *n* centre *m* équestre.
rife /raɪf/ *adj* (après *v*) **to be ~** régner.
riffle /ˈrɪfl/ *vtr* feuilleter.
rifle /ˈraɪfl/ I *n* fusil *m*; (at fairground) carabine *f*. II *vtr* (safe) vider.
rift /rɪft/ *n* désaccord *m*; (in rock) fissure *f*.
rig /rɪg/ I *n* tour *f* de forage; (offshore) plate-forme *f* pétrolière. II *vtr* (*p prés etc* **-gg-**) (election) truquer.
• **rig up**: (equipment) installer.
rigging /ˈrɪgɪŋ/ *n* gréement *m*.
right /raɪt/ I *n* droite *f*; (morally) bien *m*; **to be in the ~** avoir raison; (just claim) droit *m*; **human ~s** droits de l'homme. II **~s** *npl* COMM, JUR droits *mpl*. III *adj* droit, de droite; (morally correct) bien; (fair) juste; **to do the ~ thing** faire ce qu'il faut; [choice] bon/bonne; [word] juste; [time] exact; **to be ~** [person] avoir raison; **that's ~** c'est ça; [machine] en bon état; (in good condition) bien portant; (in order) **to put/set ~** (mistake) corriger; (injustice) réparer; (situation) arranger; [angle] droit; (emphatic) **he's a ~**[☺GB] **idiot!** c'est un idiot fini! IV *adv* à droite; (directly) droit, directement; **I'll be ~ back** je reviens tout de suite; **~ now** tout de suite; (correctly) juste, comme il faut; **if I remember ~** si je me souviens bien; (completely) tout; **~ at the bottom** tout au fond. V *vtr* (economy) redresser. VI *v refl* **to ~ oneself** se redresser.
• **~ you are**[☺]**, ~-oh**[☺GB]**!** d'accord!
right away *adv* tout de suite.
rightful /ˈraɪtfl/ *adj* légitime.
right-hand /ˈraɪthænd/ *adj* du côté droit.
right-handed *adj* droitier/-ière.
rightly /ˈraɪtlɪ/ *adv* bien, correctement.
right of way *n* priorité *f*; (over land) droit *m* de passage.
right on[☺] /ˌraɪtˈɒn/ *excl* ça marche!
right-thinking *adj* bien-pensant.
right wing POL I *n* **the ~** la droite. II **right-wing** *adj* de droite.
rigid /ˈrɪdʒɪd/ *adj* rigide; [controls] strict.
rigorous /ˈrɪgərəs/ *adj* rigoureux/-euse.
rigour[GB], **rigor**[US] /ˈrɪgə(r)/ *n* rigueur *f*.
rim /rɪm/ I *n* bord *m*. II **-rimmed** *combining form* bordé (de).
rind /raɪnd/ *n* croûte *f*; (on bacon) couenne *f*; (on fruit) peau *f*.
ring /rɪŋ/ I *n* anneau *m*, bague *f*; (of people, on page) cercle *m*; (sound of bell) coup *m* de sonnette; (of phone) sonnerie *f*; (phone call)[GB] coup *m* de téléphone; (for circus) piste *f*; (for boxing) ring *m*; (of smugglers) réseau *m*; (on electric cooker) plaque *f*. II *vtr* (*prét* **rang**; *pp* **rung**) sonner; [GB] appeler; (*prét*, *pp* **ringed**) [police] encercler. III *vi* (*prét* **rang**; *pp* **rung**) sonner; résonner; (phone)[GB] téléphoner.
• **ring back**[GB]: rappeler. • **ring off**[GB]: raccrocher. • **ring up**[GB]: téléphoner.
ring finger *n* annulaire *m*.
ringing /ˈrɪŋɪŋ/ *n* sonnerie *f*.
ringlet *n* (of hair) anglaise *f*.
ringroad[GB] /ˈrɪŋrəʊd/ *n* périphérique *m*.
rink /rɪŋk/ *n* patinoire *f*.
rinse /rɪns/ rincer.
riot /ˈraɪət/ I *n* émeute *f*, révolte *f*; **a prison ~** une mutinerie; **a ~ of** une profusion de. II *vi* se soulever.
• **to run ~** se déchaîner.
rip /rɪp/ I *n* accroc *m*. II *vtr* (*p prés etc* **-pp-**) déchirer. III *vi* se déchirer.

RIP (*abrév* = **requiescat in pace**) (on tombstone) qu'il/elle repose en paix.

ripe /raɪp/ *adj* [fruit] mûr; [cheese] fait.

ripen /ˈraɪpən/ *vi* mûrir.

rip-off© *n* arnaque® *f*.

ripple /ˈrɪpl/ I *n* ondulation *f*, répercussion *f*. II *vi* se rider.

rise /raɪz/ I *n* augmentation *f*; hausse *f*; (in standards) amélioration *f*; (of person) ascension *f*; (slope) montée *f*. II *vi* (*prét* **rose**; *pp* **risen**) monter; se lever; [price] augmenter; [voice] devenir plus fort; [hopes] grandir; [cliff] s'élever; [cake] lever; **to ~ to** devenir.

rising /ˈraɪzɪŋ/ I *n* soulèvement *m*. II *adj* [costs, etc] en hausse; [tension] grandissant; [sun, moon] levant; [talent] prometteur/-euse.

risk /rɪsk/ I *n* risque *m*, danger *m*; **to run a ~** courir un risque; **at ~** menacé. II *vtr* risquer; **to ~ doing** courir le risque de faire.

risky /ˈrɪskɪ/ *adj* risqué.

rite /raɪt/ *n* rite *m*.

ritual /ˈrɪtʃʊəl/ I *n* rituel *m*, rites *mpl*. II *adj* rituel/-elle.

rival /ˈraɪvl/ I *n*, *adj* rival/-e (*m/f*); (company) concurrent/-e (*m/f*). II *vtr* (*p prés etc* **-ll-**GB, **-l-**US) rivaliser avec.

rivalry /ˈraɪvlrɪ/ *n* rivalité *f*.

river /ˈrɪvə(r)/ *n* fleuve *m*; (tributary) rivière *f*.

riverbank /ˈrɪvəbæŋk/ *n* berge *f*.

riverside /ˈrɪvəsaɪd/ *n* berges *fpl*.

rivet /ˈrɪvɪt/ *vtr* **to be ~ed (by)** être captivé (par).

riveting /ˈrɪvɪtɪŋ/ *adj* fascinant.

Riviera /ˌrɪvɪˈeərə/ *pr n* **the Italian ~** la Riviera; **the French ~** la Côte d'Azur.

RNGB *n* (*abrév* = **Royal Navy**) marine *f* britannique.

roach /rəʊtʃ/ *n* (*pl* **~, ~es**) (fish) gardon *m*; (insect)©US cafard *m*.

road /rəʊd/ *n* route *f*; (in built-up area) rue *f*; (way) voie *f*.

roadblock /ˈrəʊdblɒk/ *n* barrage *m* routier.

road hog© *n* chauffard© *m*.

roadside /ˈrəʊdsaɪd/ *n* **at/by/on the ~** au bord de la route.

roadsign *n* panneau *m* de signalisation.

roam /rəʊm/ I *vtr* parcourir. II *vi* prendre le large.

roar /rɔː(r)/ I *n* rugissement *m*; (of person) hurlement *m*; **a ~ of applause** un tonnerre d'applaudissements. II *vi* rugir; [person] vociférer; [sea, wind] mugir.

roaring /ˈrɔːrɪŋ/ *adj* **a ~ fire** une belle flambée; [success] fou/folle.

roast /rəʊst/ I *n*, *adj* rôti. II *vtr* rôtir; (coffee beans) torréfier.

rob /rɒb/ *vtr* (*p prés etc* **-bb-**) voler; **to ~ sb of** priver qn de.

robber /ˈrɒbə(r)/ *n* voleur/-euse *m/f*.

robbery /ˈrɒbərɪ/ *n* vol *m*.

robe /rəʊb/ *n* robe *f*.

robin /ˈrɒbɪn/ *n* rouge-gorge *m*; US merle *m* migrateur.

Robin Hood *pr n* Robin des bois.

robot /ˈrəʊbɒt/ *n* robot *m*.

robust /rəʊˈbʌst/ *adj* robuste.

rock /rɒk/ I *n* roche *f*; (boulder) rocher *m*, (stone) pierre *f*; **on the ~s** [drink] avec des glaçons; MUS rock *m*. II *vtr* [baby] bercer; [scandal] secouer, ébranler. III *vi* se balancer; [earth] trembler.

rock and roll /ˌrɒk ən ˈrəʊl/ *n* rock and roll *m*.

rock bottom /ˌrɒk ˈbɒtəm/ *n* au plus bas.

rock climbing *n* SPORT varappe *f*.

rocker /ˈrɒkə(r)/ *n* US fauteuil *m* à bascule; MUS rockeur/-euse *m/f*.

rocket /ˈrɒkɪt/ I *n* fusée *f*; (plant) roquette *f*. II *vi* monter en flèche.

rocking chair *n* fauteuil *m* à bascule.

rocky /ˈrɒkɪ/ *adj* rocailleux/-euse; (coast) rocheux/-euse.

rod /rɒd/ *n* tige *f*; **curtain ~** tringle à rideaux; (for fishing) canne *f* à pêche.

rode /rəʊd/ *prét* ▶ **ride**.

rodent /ˈrəʊdnt/ *n* rongeur *m*.

rodeo /ˈrəʊdɪəʊ/ *n* (*pl* **~s**) rodéo *m*.

roe /rəʊ/ *n* ¢ œufs *mpl* (de poisson).

roe deer *n* (*pl inv*) chevreuil *m*.

roger /ˈrɒdʒə(r)/ *excl* TÉLÉCOM (bien) reçu.

rogue /rəʊg/ *n* HUM, PÉJ coquin *m*.

role /rəʊl/ *n* rôle *m*.

roll /rəʊl/ I *n* rouleau *m*; (of banknotes) liasse *f*; (of flesh) bourrelet *m*; **a ~ of film** une pellicule; (bread) petit pain *m*; (of ship) roulis *m*; (in gymnastics) roulade *f*; (of drums) roulement *m*; (of thunder) grondement *m*; **electoral ~** listes électorales. II *vtr* rouler; (dice) faire rouler; **to ~ one's rs** rouler les rs. III *vi* rouler.
• **roll over**: se retourner. • **roll up**: (poster) enrouler; (sleeves) retrousser; **~ up!**☺ approche!, amène-toi!.

roller /ˈrəʊlə(r)/ *n* rouleau *m*; **~ blade** patin à roues alignées.

rollerball *n* stylo *m* à bille.

roller coaster *n* montagnes *fpl* russes.

roller-skate /ˈrəʊləskeɪt/ I *n* patin *m* à roulettes. II *vi* faire du patin à roulettes.

rolling *adj* vallonné; **a ~ stone** un(e) vagabond(e).

ROM /rɒm/ *n* ORDINAT (*abrév* = **read-only memory**) mémoire *f* morte.

romaine lettuceUS *n* romaine *f*.

Roman /ˈrəʊmən/ I *n* Romain/-e *m/f*. II *adj* romain.

Roman Catholic *n*, *adj* catholique (*mf*).

romance /rəʊˈmæns/ *n* charme *m*; (love affair) histoire *f* d'amour; (novel) roman *m* d'amour.

romantic /rəʊˈmæntɪk/ *n*, *adj* romantique (*mf*).

romanticism /rəʊˈmæntɪsɪzəm/ *n* romantisme *m*.

romp /rɒmp/ I *n* ébats *mpl*. II *vi* s'ébattre.

roof /ru:f/ *n* toit *m*.

roof rackGB *n* (on car) galerie *f*.

rooftop /ˈru:ftɒp/ *n* toit *m*.

rook /rʊk/ *n* (corbeau *m*) freux *m*.

rookie☺US /ˈrʊkɪ/ *n* (novice) bleu☺ *m*.

room /ru:m, rʊm/ *n* pièce *f*; (for sleeping) chambre *f*; (for working) bureau *m*; (for meetings) salle *f*; **~ and board** logé (et) nourri; **to make ~** faire de la place.

roommate /ˈru:mmeɪt/ *n* camarade *mf* de chambre.

roomy /ˈru:mɪ/ *adj* spacieux/-ieuse, grand.

roost /ru:st/ I *n* perchoir *m*. II *vi* se percher.

roosterUS /ˈru:stə(r)/ *n* coq *m*.

root /ru:t/ I *n* racine *f*; (of problem) fond *m*; **at the ~ of** à l'origine de. II *vtr* **to be ~ed in** être ancré dans. III *vi* prendre racine.

root beerUS *n* *boisson pétillante non alcoolisée aux extraits de plantes.*

rope /rəʊp/ I *n* corde *f*; (of pearls) rang *m*. II *vtr* attacher; (climber) encorder.
• **to know the ~s** connaître les ficelles.
• **rope in**☺: embaucher☺.

rose /rəʊz/ I *prét* ▶ **rise**. II *n* rose *f*; (shrub) rosier *m*.

rosebud *n* bouton *m* de rose.

rose-colouredGB, **rose-colored**US /ˈrəʊzkʌləd/ *adj* à l'eau de rose.

rosehip *n* (fruit) gratte-cul *m*, cynorhodon *m*.

rosemary /ˈrəʊzmərɪ, -merɪUS/ *n* romarin *m*.

rose window *n* rosace *f*.

rosewood *n* palissandre *m*.

roster /ˈrɒstə(r)/ *n* tableau *m* de service.

rostrum /ˈrɒstrəm/ *n* (*pl* **-trums/-tra**) estrade *f*.

rosy /ˈrəʊzɪ/ *adj* rose.

rot /rɒt/ I *n* pourriture *f*; **to talk ~**©GB dire n'importe quoi. II *vtr, vi* (*p prés etc* **-tt-**) pourrir.

rotaGB /ˈrəʊtə/ *n* tableau *m* de service; **on a ~ basis** à tour de rôle.

rotary /ˈrəʊtərɪ/ *adj* rotatif/-ive.

rotate /rəʊˈteɪt, ˈrəʊteɪtUS/ I *vtr* faire tourner, alterner. II *vi* tourner.

rotation /rəʊˈteɪʃn/ *n* rotation *f*.

rotten /ˈrɒtn/ *adj* pourri; [driver] exécrable.

rough /rʌf/ I *n* **in ~** au brouillon. II *adj* [surface] rugueux/-euse; [person, sport] brutal, violent; [description] sommaire; [figure] approximatif/-ive; (difficult) dur, difficile; [behaviour] grossier/-ière; [voice, taste] âpre; [sea] agité; [landing] mouvementé; **to feel ~**© se sentir patraque©. III *adv* **to sleep ~** dormir à la dure.

• **to ~ it** vivre à la dure.

roughly /ˈrʌflɪ/ *adv* en gros, approximativement.

round /raʊnd/ IGB *adv* **all ~** tout autour; **three metres ~**GB de trois mètres de circonférence; **all year ~** toute l'année. IIGB *prep* autour de; **to go ~ the corner** tourner au coin de la rue. III *n* série *f*; (in competition) rencontre *f*; (in golf, cards) partie *f*; (in boxing, wrestling) round *m*; (of drinks) tournée *f*; (of postman) tournée *f*; **to do the ~s of** faire le tour de; (circular shape) rondelle *f*; MUS canon *m*. IV *adj* rond; **a ~ dozen** une douzaine exactement.

• **round off**: (speech) conclure; (education) parfaire; (corner, figure) arrondir.

roundabout /ˈraʊndəbaʊt/ IGB *n* manège *m*; (for traffic) rond-point *m*. II *adj* détourné.

round bracketsGB *npl* parenthèses *fpl*.

roundersGB /ˈraʊndəz/ *n* SPORT (*sg*) ≈ baseball *m*.

round-the-worldGB *adj* autour du monde.

round trip *n* aller-retour *m*.

rouse /raʊz/ *vtr* réveiller; (anger, interest) susciter.

rousing /ˈraʊzɪŋ/ *adj* enthousiaste.

rout /raʊt/ I *n* déroute *f*. II *vtr* mettre en déroute.

route /ruːt/ I *n* chemin *m*, voie *f*, itinéraire *m*; **bus ~** ligne d'autobus; **Route 95**US l'autoroute 95. II *vtr* expédier, acheminer.

routine /ruːˈtiːn/ I *n* routine *f*; PÉJ (obvious act)© numéro© *m*. II *adj* de routine.

roving /ˈrəʊvɪŋ/ *adj* itinérant.

row[1] /rəʊ/ I *n* rang *m*; (of houses, etc) rangée *f*; **in a ~** d'affilée. II *vtr* **to ~ a race** faire une course d'aviron. III *vi* ramer.

row[2] /raʊ/ I *n* querelle *f*; (private) dispute *f*; (noise) tapage *m*. II *vi* se disputer.

rowboatUS /ˈrəʊbəʊt/ *n* bateau *m* à rames.

rowdy /ˈraʊdɪ/ *adj* tapageur/-euse; (in class) chahuteur/-euse.

rower /ˈrəʊə(r)/ *n* rameur/-euse *m/f*.

rowing /ˈrəʊɪŋ/ *n* aviron *m*; **~ boat**GB bateau à rames.

royal /ˈrɔɪəl/ I© *n* membre *m* de la famille royale. II *adj* royal.

Royal Air ForceGB, **RAF**GB *n* armée *f* de l'air britannique.

Royal Highness *n* **His/her ~** Son Altesse *f* royale; **Your ~** Votre Altesse *f*.

Royal MailGB *n* service *m* postal britannique.

Royal NavyGB *n* marine *f* britannique.

royalty /ˈrɔɪəltɪ/ *n* (person) membre *m* d'une famille royale; (to author) droits *mpl* d'auteur.

rub /rʌb/ I *n* friction *f*. II *vtr* (*p prés etc* **-bb-**) frotter, frictionner; (chin, eyes) se frotter; **to ~ sth away** faire disparaître qch. III *vi* (*p prés etc* **-bb-**) frotter.
• **rub off**: déteindre, s'effacer. • **rub out**: s'effacer.

rubber /ˈrʌbə(r)/ *n* caoutchouc *m*; (eraser)[GB] gomme *f*.

rubber band *n* élastique *m*.

rubberneck[☺] /ˈrʌbənek/ *vi* regarder bêtement.

rubber stamp I *n* tampon *m*. II **rubber-stamp** *vtr* [decision] entériner.

rubbish[GB] /ˈrʌbɪʃ/ *n* déchets *mpl*; (domestic) ordures *fpl*; (inferior goods) camelote[☺] *f*; **to talk ~** raconter n'importe quoi; **this book is ~**[☺]**!** ce livre est nul[☺]!

rubbish bin[GB] *n* poubelle *f*.

rubbish dump[GB] décharge *f* (publique).

rubble /ˈrʌbl/ *n* décombres *mpl*.

rubric /ˈru:brɪk/ *n* rubrique *f*.

ruby /ˈru:bɪ/ I *n* rubis *m*. II *adj* vermeil/-eille.

rucksack /ˈrʌksæk/ *n* sac *m* à dos.

rudder /ˈrʌdə(r)/ *n* gouvernail *m*.

ruddy /ˈrʌdɪ/ *adj* coloré; [☺GB] maudit.

rude /ru:d/ *adj* impoli, mal élevé; [word] grossier/-ière; [book] osé.

rudimentary /ˌru:dɪˈmentrɪ/ *adj* rudimentaire.

rue /ru:/ *vtr* e repentir de.

rueful /ˈru:fl/ *adj* triste.

ruffle /ˈrʌfl/ *vtr* ébouriffer; (water) rider; (disconcert) énerver.

rug /rʌg/ *n* tapis *m*; (blanket)[GB] couverture *f*.

rugby /ˈrʌgbɪ/ *n* SPORT rugby *m*.

rugged /ˈrʌgɪd/ *adj* [landscape] accidenté; [features] rude; (durable) solide.

ruin /ˈru:ɪn/ I *n* ruine *f*; (moral) perte *f*. II *vtr* ruiner; **to ~ one's health** se ruiner la santé; (holiday) gâcher; (clothes) abîmer; (child) gâter.

ruined /ˈru:ɪnd/ *adj* ruiné, en ruines; [holiday] gâché; [clothes] abîmé.

rule /ru:l/ I *n* règle *f*; (organization) règlement *m*; **as a ~** généralement; (authority) gouvernement *m*. II *vtr* gouverner, diriger; [monarch] régner sur; [army] commander; **to ~ that** décréter que; (line) faire, tirer. III *vi* régner.
• **rule out**: (possibility) exclure.

ruler /ˈru:lə(r)/ *n* dirigeant/-e *m/f*; (measure) règle *f*.

ruling /ˈru:lɪŋ/ I *n* décision *f*. II *adj* dirigeant, dominant.

rum /rʌm/ *n* rhum *m*.

rumble /ˈrʌmbl/ *vtr* **we've been ~d!**[☺GB] on nous a démasqués!

rummage /ˈrʌmɪdʒ/ *vi* fouiller.

rummy /ˈrʌmɪ/ *n* JEUX rami *m*.

rumour[GB], **rumor**[US] /ˈru:mə(r)/ *n* rumeur *f*, bruit *m*.

rumoured[GB], **rumored**[US] /ˈru:məd/ *adj* **it is ~ that** il paraît que, on dit que.

rump /rʌmp/ *n* rumsteck *m*; (of animal) croupe *f*; (of party) vestiges *mpl*.

run /rʌn/ I *n* course *f*; **on the ~** en fuite; (series) série *f*; (in printing) tirage *m*; (route) trajet *m*; (in cricket, baseball) point *m*; (for skiing) piste *f*; (in tights) maille *f* filée. II *vtr* (*p prés* **-nn-**; *prét* **ran**; *pp* **run**) courir; **to ~ a race** faire une course; (move) **to ~ one's hand over** passer la main sur; (manage) diriger; (program) exécuter; (car) faire tourner; (competition) organiser; (cable) passer; (bath) faire couler; (tap) ouvrir; (article) publier; (red light) brûler. III *vi* courir; (flee) fuir, s'enfuir, filer[☺]; [machine] marcher; **to ~ on** (unleaded) marcher à; **to ~ fast/slow** [clock] prendre de l'avance/du retard; **to ~ from... to...** [school year] aller de... à...; [bus] circuler; (flow) couler; déteindre; [make-up] couler; (as candidate) se présenter; **to ~ for** (mayor) être candidat/-e au poste de.

• **in the long ~** à long terme. • **run across**☺: tomber sur. • **run away**: **to ~ away from home** s'enfuir de chez soi; [liquid] couler.; **~ away with [sth/sb]** partir avec; (prize) rafler☺. • **run down**: [battery] se décharger; [watch] retarder; [machine, company] s'essouffler; (sb, sth) renverser; (production) réduire; (battery) user; (person) dénigrer. • **run into**: heurter, rentrer dans☺; (difficulty) rencontrer. • **run off**: partir en courant. • **run out**: [oil] s'épuiser; [pen] être vide; **~ out of time** ne plus avoir de temps. • **run over**: se prolonger; (overflow) déborder; (sb, sth) renverser; (bump) passer sur. • **run through**: (article) parcourir; (scene) répéter. • **run up**: (debt) accumuler. • **run up against**: (difficulty) se heurter à.

runaway *adj* [teenager] fugueur/-euse; [slave] fugitif/-ive; [inflation] galopant.

rundown *n* récapitulatif *m*; (of factory) réduction *f* de l'activité.

run-down *adj* fatigué, à plat☺; [building] délabré.

rung /rʌŋ/ I *pp* ▸ **ring**. II *n* barreau *m*, échelon *m*.

run-in☺ *n* prise *f* de bec☺.

runner /ˈrʌnə(r)/ *n* coureur *m*; (horse) partant/-e *m/f*.

runner beanGB *n* haricot *m* d'Espagne.

runner-up *n* (*pl* **~s-up**) second/-e *m/f*.

running /ˈrʌnɪŋ/ I *n* ¢ SPORT course *f* à pied; (management) direction *f*. II *adj* [water] courant; [tap] ouvert; **five days ~** cinq jours de suite.

running time *n* durée *f*.

running track *n* piste *f*.

runny /ˈrʌnɪ/ *adj* [jam] liquide; [omelette] baveux/-euse; **to have a ~ nose** avoir le nez qui coule.

runway *n* AVIAT piste *f*.

rupture /ˈrʌptʃə(r)/ I *n* rupture *f*; MÉD hernie *f*. II *vtr* rompre. III *vi* [container] éclater.

rural /ˈrʊərəl/ *adj* rural.

ruse /ruːz/ *n* stratagème *m*.

rush /rʌʃ/ I *n* ruée *f*; **in a ~** en vitesse; (during day) heure *f* de pointe; (of liquid) montée *f*; (of air) bouffée *f*; (plant) jonc *m*. II **~es** *npl* CIN rushes *mpl*. III *vtr* (task) expédier; (person) presser, bousculer. IV *vi* se dépêcher.

• **rush into**: se lancer dans. • **rush out**: sortir en vitesse. • **rush through**: (task) expédier.

rush hour *n* heures *fpl* de pointe.

rush job☺ *n* urgence *f*.

russet /ˈrʌsɪt/ *adj* roussâtre.

rust /rʌst/ I *n* rouille *f*. II *vi* se rouiller.

rustic /ˈrʌstɪk/ *adj* rustique.

rustle /ˈrʌsl/ *vtr* froisser.

• **rustle up**☺: préparer [qch] en vitesse.

rust-proof *adj* inoxydable.

rusty /ˈrʌstɪ/ *adj* rouillé.

rut /rʌt/ *n* ornière *f*; **to get into a ~** s'enliser dans la routine.

ruthless /ˈruːθlɪs/ *adj* impitoyable.

rye /raɪ/ *n* seigle *m*; US whisky *m* *(à base de seigle)*.

rye bread *n* pain *m* de seigle.

S

s, **S** /es/ *n* s, S *m*; **S** *abrév écrite* = **South**.
Sabbath /ˈsæbəθ/ *n* sabbat *m*.
sabotage /ˈsæbətɑːʒ/ I *n* sabotage *m*. II *vtr* saboter.
sack /sæk/ I *n* sac *m*; **to get the ~**©GB se faire virer©. II *vtr* (person)©GB virer©; (town) mettre [qch] à sac.
sacred /ˈseɪkrɪd/ *adj* sacré.
sacrifice /ˈsækrɪfaɪs/ I *n* sacrifice *m*. II *vtr* sacrifier.
sad /sæd/ *adj* triste.
sadden /ˈsædn/ *vtr* attrister.
saddle /ˈsædl/ I *n* selle *f*. II *vtr* (horse) seller; **to ~ sb with sth** mettre qch sur les bras de qn.
sadistic /səˈdɪstɪk/ *adj* sadique.
safe /seɪf/ I *n* coffre-fort *m*. II *adj* (out of danger) en sécurité, sain et sauf, hors de danger; [object] intact; **~ and sound** sain et sauf; [document, valuables] en lieu sûr; [product, toy, etc] sans danger; **have a ~ journey!** bon voyage!; [place, vehicle] sûr; **it would be ~r not to do** il vaudrait mieux ne pas faire; **to be in ~ hands** être en bonnes mains.
• **better ~ than sorry** mieux vaut prévenir que guérir.
safeguard /ˈseɪfgɑːd/ I *n* garantie *f*. II *vtr* protéger.
safely /ˈseɪflɪ/ *adv* [come back] sans encombre; [land, take off] sans problème; [walk] en toute sécurité; [do, go] en toute tranquillité; [say] avec certitude.
safety /ˈseɪftɪ/ I *n* sécurité *f*. II *in compounds* [belt, check, code, measure, net] de sécurité; [pin, blade, strap] de sûreté.
saffron /ˈsæfrən/ *n* safran *m*.
sag /sæg/ *vi* (*p prés etc* **-gg-**) s'affaisser; [rope] ne pas être bien tendu; [flesh] être flasque.
saga /ˈsɑːgə/ *n* saga *f*; (story)© histoire *f*.
sage /seɪdʒ/ *n* (plant) sauge *f*; (person) sage *m*.
Sagittarius /ˌsædʒɪˈteərɪəs/ *n* Sagittaire *m*.
said /sed/ *prét, pp* ▶ **say**.
sail /seɪl/ I *n* (on boat) voile *f*; **to go for a ~** faire un tour en bateau; (on windmill) aile *f*. II *vtr* (ship) piloter; (ocean) traverser [qch] en bateau. III *vi* naviguer, voyager en bateau, faire de la voile.
• **sail through**: réussir sans difficulté.
sailboarding *n* planche *f* à voile.
sailboatUS *n* voilier *m*.
sailing /ˈseɪlɪŋ/ *n* SPORT voile *f*; **the next ~** le prochain bateau.
sailing boatGB, **sailing ship** *n* voilier *m*.
sailor /ˈseɪlə(r)/ *n* marin *m*.
saint /seɪnt, snt/ *n* saint/-e *m/f*.
sake /seɪk/ *n* **for your own ~** c'est pour ton bien; **to do sth for its own ~** faire qch pour le plaisir; **for God's/heaven's ~!** pour l'amour de Dieu/du ciel!
salad /ˈsæləd/ *n* salade *f*.
salad bowl *n* saladier *m*.
salad creamGB *n* ≈ sauce mayonnaise.
salaried /ˈsælərɪd/ *adj* salarié.
salary /ˈsælərɪ/ *n* salaire *m*.
sale /seɪl/ I *n* vente *f*; **for ~** à vendre; **on ~**GB en vente; (cheap) solde *m*; **in the ~(s)**GB, **on ~**US en solde. II **~s** *npl* ventes *fpl*; (career) commerce *m*; (event) **the ~s** les soldes *fpl*.
salesgirl *n* vendeuse *f*.

salesman /ˈseɪlzmən/ *n* (*pl* **-men**) (representative) représentant *m*; (re)vendeur *m*.

sales taxUS *n* taxe *f* à l'achat.

salient /ˈseɪlɪənt/ *adj* qui ressort.

saliva /səˈlaɪvə/ *n* salive *f*.

salmon /ˈsæmən/ *n* saumon *m*.

saloon /səˈlu:n/ *n* AUTGB berline *f*; (in GB) *salle de pub*; (in US) *bar du Far West*.

salt /sɔ:lt/ I *n* sel *m*. II *in compounds* salé. III *vtr* saler.

saltcellar, **saltshaker**US *n* salière *f*.

salty /ˈsɔ:ltɪ/ *adj* salé.

salute /səˈlu:t/ I *n* salut *m*; (firing) salve *f*. II *vtr, vi* saluer.

salvage /ˈsælvɪdʒ/ I *n* (goods saved) biens *mpl* récupérés; (act) sauvetage *m*. II *vtr* sauver.

salvation /sælˈveɪʃn/ *n* salut *m*; **he was my ~** il m'a sauvé.

Salvation Army *n* Armée *f* du Salut.

same /seɪm/ I *adj* même; **to be the ~ as sth** être comme qch; **it's the ~ thing** c'est pareil; **the very ~ day that** le jour même où. II **the ~** *adv phr* de la même façon. III **the ~** *pron* la même chose; **to do the ~ as sb** faire comme qn.
• **thanks all the ~** merci quand même.

sample /ˈsɑ:mpl, ˈsæmplUS/ I *n* échantillon *m*; **to take a soil ~** prélever un échantillon de sol; (for analysis) prélèvement *m*. II *vtr* (food) goûter (à); (way of life) essayer.

sanction /ˈsæŋkʃn/ I *n* sanction *f*. II *vtr* sanctionner; (permit) autoriser.

sanctuary /ˈsæŋktʃuərɪ, -tʃuerɪUS/ *n* refuge *m*; **to seek ~** chercher asile; (holy place) sanctuaire *m*; (for wildlife) réserve *f*.

sand /sænd/ I *n* sable *m*. II *vtr* (floor) poncer.

sandal /ˈsændl/ *n* sandale *f*.

sandpaper /ˈsændpeɪpə(r)/ *n* papier *m* de verre.

sandstone /ˈsændstəun/ *n* grès *m*.

sandwich /ˈsænwɪdʒ, -wɪtʃUS/ I *n* sandwich *m*. II *vtr* **to be ~ed between** être pris en sandwich entr.

sandy /ˈsændɪ/ *adj* de sable; [path, soil] sablonneux/-euse; [hair] blond roux *inv*.

sane /seɪn/ *adj* sain d'esprit, sensé.

sang /sæŋ/ *prét* ▸ **sing**.

sanitary /ˈsænɪtrɪ, -terɪUS/ *adj* sanitaire; [towel, napkin] hygiénique.

sanitation /ˌsænɪˈteɪʃn/ *n* ¢ installations *fpl* sanitaires; (city department) service *m* d'hygiène.

sanity /ˈsænətɪ/ *n* équilibre *m* mental; (sense) bon sens *m*.

sank /sæŋk/ *prét* ▸ **sink** II, III.

Santa (Claus) /ˈsæntə (klɔ:z)/ *pr n* le père Noël.

sap /sæp/ I *n* sève *f*. II *vtr* saper.

sapphire /ˈsæfaɪə(r)/ *n* saphir *m*.

sarcasm /ˈsɑ:kæzəm/ *n* sarcasme *m*.

sarcastic /sɑ:ˈkæstɪk/ *adj* sarcastique.

sardine /sɑ:ˈdi:n/ *n* sardine *f*.

sardonic /sɑ:ˈdɒnɪk/ *adj* [laugh, look] sardonique; [person, remark] acerbe.

SASGB *n* (*abrév* = **Special Air Service**) commandos *mpl* britanniques aéroportés.

sash /sæʃ/ *n* écharpe *f* (*servant d'insigne*).

sat /sæt/ *prét, pp* ▸ **sit**.

Sat *abrév écrite* = **Saturday**.

SATUS *n* (*abrév* = **Scholastic Aptitude Test**) *examen d'admission à l'université*.

satanic /səˈtænɪk/ *adj* satanique.

satchel /ˈsætʃəl/ *n* cartable *m*

satellite /ˈsætəlaɪt/ *n* satellite *m*.

satellite dish *n* antenne *f* parabolique.

satin /ˈsætɪn, ˈsætnUS/ *n* satin *m*.

satire /ˈsætaɪə(r)/ *n* satire *f*.

satiric(al) /səˈtɪrɪkl/ *adj* satirique.

satisfaction /ˌsætɪsˈfækʃn/ *n* satisfaction *f*.

satisfactory /ˌsætɪsˈfæktərɪ/ *adj* satisfaisant.

satisfied /ˈsætɪsfaɪd/ *adj* satisfait.

satisfy /ˈsætɪsfaɪ/ I *vtr* satisfaire; (convince) convaincre; (conditions) satisfaire à. II *v refl* **to ~ oneself (that)** s'assurer (que).

satisfying /ˈsætɪsfaɪɪŋ/ *adj* [meal] substantiel/-ielle; [result, progress] satisfaisant.

Saturday /ˈsætədeɪ, -dɪ/ *n* samedi *m*.

sauce /sɔːs/ *n* sauce *f*.

saucepan *n* casserole *f*.

saucer /ˈsɔːsə(r)/ *n* soucoupe *f*.

sauerkraut /ˈsauəkraut/ *n* choucroute *f*.

sausage /ˈsɒsɪdʒ, ˈsɔːs-US/ *n* (for cooking) saucisse *f*; (ready to eat) saucisson *m*.

sausage rollGB *n feuilleté à la saucisse*.

savage /ˈsævɪdʒ/ I *n* sauvage *mf*. II *adj* [attack] sauvage; [temper] violent; [mood, satire] féroce. III *vtr* attaquer [qn/qch] sauvagement.

save /seɪv/ I *n* SPORT arrêt *m* de but; ORDINAT sauvegarde *f*. II *vtr* (rescue) sauver; **to ~ sb from doing** empêcher qn de faire; (money, energy) économiser; (time, space) gagner; **it will ~ me having to wait** ça m'évitera d'attendre; (goods, documents) garder; (stamps) collectionner; SPORT arrêter; ORDINAT sauvegarder, enregistrer.
• **save up**: faire des économies.

saver /ˈseɪvə(r)/ *n* épargnant/-e *m/f*.

saving /ˈseɪvɪŋ/ I *n* économie *f*.¢ FIN épargne *f*. II **~s** *in compounds* [account, bank] d'épargne.

savory /ˈseɪvərɪ/ *n* sarriette *f*.

savourGB, **savor**US /ˈseɪvə(r)/ I *n* LIT saveur *f*, goût *m*. II *vtr* savourer.

savouryGB /ˈseɪvərɪ/ I *n canapé salé servi après le dessert*. II *adj* salé; (appetizing) appétissant; FIG recommandable.

saw /sɔː/ I *prét* ▸ **see**. II *n* scie *f*. III *vtr* (*prét* **sawed**; *pp* **sawn**GB, **sawed**US) scier.

sawdust *n* sciure *f* (de bois).

saxophone /ˈsæksəfəun/ *n* saxophone *m*.

say /seɪ/ I *n* **to have one's ~** dire ce qu'on a à dire. II *vtr* (*prét, pp* **said**) dire; **~ it again** répète; **to ~ that/to** dire à/que; **so they ~** (agreeing) il paraît; **so to ~** pour ainsi dire; **that is to ~** c'est-à-dire; **let's ~ there are 20** mettons qu'il y en ait 20. III *vi* dire; **you don't ~!** pas possible!; **~s you**☺! que tu dis☺! IVUS *excl* dis donc!

saying /ˈseɪɪŋ/ *n* dicton *m*.

scaffolding /ˈskæfəldɪŋ/ *n* échafaudage *m*.

scald /skɔːld/ *vtr* ébouillanter.

scale /skeɪl/ I *n* étendue *f*; (of reform, task) ampleur *f*; (of activity) envergure *f*; (of change) degré *m*; (grading system) échelle *f*; **on a large ~** sur une grande échelle; (for maps, models) échelle *f*; (for weighing) balance *f*; MUS gamme *f*; (on fish, insect) écaille *f*; (on teeth) tartre *m*. II **~s** *npl* balance *f*. III *vtr* escalader.
• **scale down**: réduire (l'échelle de).

scallop /ˈskɒləp/ *n* coquille *f* Saint-Jacques; (in sewing) feston *m*.

scalp /skælp/ I *n* cuir *m* chevelu; (trophy) scalp *m*. II *vtr* scalper.

scam☺ /skæm/ *n* escroquerie *f*.

scan /skæn/ I *n* scanner *m*; (image) échographie *f*. II *vtr* (*p prés etc* **-nn-**) (page) lire rapidement; (faces, horizon) scruter; [radar] balayer; (organ) faire un scanner de; ORDINAT scannériser.

scandal /ˈskændl/ *n* scandale *m*.

scanner /ˈskænə(r)/ *n* GÉN scanner *m*; (for bar codes) lecteur *m* optique.

scant /skænt/ *adj* [concern, coverage] insuffisant.

scapegoat /ˈskeɪpgəut/ *n* bouc *m* émissaire.

scar /skɑ:(r)/ I *n* cicatrice *f*. II *vtr* (*p prés etc* **-rr-**) marquer; (landscape) défigurer.

scarce /skeəs/ *adj* rare, limité.
• **to make oneself ~**☺ s'éclipser☺.

scarcely /ˈskeəslɪ/ *adv* à peine; **~ ever** presque jamais; **~ any money** pratiquement pas d'argent.

scarcity /ˈskeəsətɪ/ *n* pénurie *f*.

scare /skeə(r)/ I *n* peur *f*; **bomb ~** alerte à la bombe. II *vtr* faire peur à. III *vi* **to ~ easily** s'effrayer facilement.
• **scare away**, **scare off**: faire fuir.

scarecrow /ˈskeəkrəʊ/ *n* épouvantail *m*.

scared /skeəd/ *adj* effrayé; **to be ~ stiff**☺ **of/of doing** être terrorisé par/à l'idée de faire qch.

scarf /skɑ:f/ *n* (*pl* **scarves**) écharpe *f*; (square) foulard *m*.

scarlet /ˈskɑ:lət/ *n*, *adj* écarlate (*f*).

scary☺ /ˈskeərɪ/ *adj* inquiétant.

scatter /ˈskætə(r)/ I *vtr* (seeds, earth) répandre; (books, clothes) éparpiller; (debris) disperser; **to be ~ed with sth** être jonché de qch. II *vi* [crowd] se disperser.

scattered /ˈskætəd/ *adj* épars; [books, litter] éparpillé; **~ showers** averses intermittentes.

scavenge /ˈskævɪndʒ/ I *vtr* récupérer. II *vi* faire les poubelles.

scenario /sɪˈnɑ:rɪəʊ, -ˈnær-US/ *n* (*pl* **~s**) scénario *m*.

scene /si:n/ *n* scène *f*; THEAT décor *m*; **behind the ~s** dans les coulisses; **to arrive on the ~** arriver sur les lieux; (image) image *f*; (view) vue *f*, tableau *m*.

scenery /ˈsi:nərɪ/ *n* ¢ paysage *m*; THÉÂT décors *mpl*.

scenic /ˈsi:nɪk/ *adj* [drive, route, walk] panoramique; [location, countryside] pittoresque.

scent /sent/ I *n* odeur *f*; (perfume) parfum *m*; (in hunting) piste *f*. II *vtr* flairer.

scented /ˈsentɪd/ *adj* GÉN parfumé.

scepticalGB, **skeptical**US /ˈskeptɪkl/ *adj* sceptique.

schedule /ˈʃedju:l, ˈskedʒʊlUS/ I *n* programme *m*; (projected plan) prévisions *fpl*; **to be ahead of ~** en avance sur les prévisions; **according to ~** comme prévu; (timetable) horaire *m*; **on ~** à l'heure. II *vtr* prévoir, programmer.

scheduled flight *n* vol *m* régulier.

scheme /ski:m/ I *n* (plan) projet *m*, plan *m*; **a ~ for** un plan pour; ADMINGB système *m*, projet *m*; **insurance/pension ~** régime d'assurances/de retraite; (dishonest) combine *f*. II *vi* PÉJ comploter.

schmal(t)zy☺ /ˈʃmɔ:ltsɪ/ *adj* larmoyant.

scholar /ˈskɒlə(r)/ *n* érudit/-e *m/f*, spécialiste *mf*; (with scholarship) boursier/-ère.

scholarly /ˈskɒləlɪ/ *adj* érudit.

scholarship /ˈskɒləʃɪp/ *n* érudition *f*; (award) bourse *f*.

school /sku:l/ I *n* école *f*; **~ starts** les cours commencent; **no ~ today** pas de classe aujourd'hui; **to go to medical ~** faire des études de médecine; US université *f*; (of whales) banc *m*. II *in compounds* [uniform, year] scolaire; [fees] de scolarité.

schoolbag *n* cartable *m*.

schoolboy *n* collégien *m*.

schoolfriend *n* camarade *mf* de classe.

schoolgirl *n* collégienne *f*.

schooling /ˈsku:lɪŋ/ *n* éducation *f*.

school prefectGB *n élève de terminale chargé de la discipline.*

school reportGB *n* bulletin *m* scolaire.

schoolteacher *n* GÉN enseignant/-e *m/f*; (secondary) professeur *m*; (primary) GÉN instituteur/-trice *m/f*.

science /ˈsaɪəns/ I *n* science *f*; **to teach ~** enseigner les sciences. II *in compounds* [subject] scientifique; [faculty] des sciences; [teacher] de sciences.

scientific /ˌsaɪənˈtɪfɪk/ *adj* scientifique.

scientist /ˈsaɪəntɪst/ *n* scientifique *mf*.

scissors /ˈsɪzəz/ *npl* ciseaux *mpl*.

scold /skəʊld/ *vtr* gronder.

sconeGB /skɒn, skəʊn, skəʊnUS/ *n* scone *m* (*petit pain rond*).

scoop /sku:p/ **I** *n* (tool) pelle *f*; (for measuring) mesure *f*; (of ice cream) boule *f*; (in journalism) exclusivité *f*. **II**☺ *vtr* (prize) décrocher☺.

• **scoop out**: creuser.

scooter /ˈsku:tə(r)/ *n* scooter *m*; (child's) trottinette *f*.

scope /skəʊp/ *n* (opportunity) possibilité *f*; (of study, book) portée *f*; (of changes, disaster, knowledge) étendue *f*; **to be beyond the ~ of sb** dépasser les compétences de qn.

scorch /skɔ:tʃ/ *vtr* GÉN brûler; (grass) dessécher; (fabric) roussir.

scorching☺ /ˈskɔ:tʃɪŋ/ *adj* [heat, day] torride; [sun] brûlant.

score /skɔ:(r)/ **I** *n* SPORT score *m*; (in cards) marque *f*; (in exam, test) note *f*, résultat *m*; MUS partition *f*; (of film) musique *f*; (twenty) **a ~** vingt *m*, une vingtaine; **~s of requests** des tas de demandes. **II** *vtr* (goal) marquer; (victory) remporter; (meat) inciser. **III** *vi* marquer les points.

scorn /skɔ:n/ **I** *n* mépris *m*. **II** *vtr* mépriser.

scornful /ˈskɔ:nfl/ *adj* méprisant.

Scorpio /ˈskɔ:pɪəʊ/ *n* Scorpion *m*.

Scot /skɒt/ *n* Écossais/-e *m/f*.

scotch /skɒtʃ/ *vtr* (rumour) étouffer.

Scotch /skɒtʃ/ *n* whisky *m*, scotch *m*.

Scotland Yard *n* Scotland Yard (*police judiciaire britannique*).

Scotsman, **Scotswoman** *n* Écossais/-e *m/f*.

scour /ˈskaʊə(r)/ *vtr* récurer; (area) parcourir.

scourge /skɜ:dʒ/ *n* fléau *m*.

scout /skaʊt/ *n* (Catholic) scout *m*; (non-Catholic), MIL éclaireur *m*.

• **scout around**: GÉN explorer.

scram☺ /skræm/ *vi* (*p prés etc* **-mm-**) filer☺.

scramble /ˈskræmbl/ **I** *n* course *f*. **II** *vtr* brouiller. **III** *vi* grimper.

scrap /skræp/ **I** *n* petit morceau *m*; (of news, verse) fragment *m*; (of conversation) bribe *f*; (of land) parcelle *f*; (fight)☺ bagarre☺ *f*; (old iron) ferraille *f*. **II ~s** *npl* (of food) restes *mpl*. **III** *vtr* (*p prés etc* **-pp-**) abandonner.

scrape /skreɪp/ **I** *n* **to get into a ~**☺ s'attirer des ennuis. **II** *vtr* (vegetables, shoes) gratter; (knee) écorcher; (chair) racler.

• **scrape in**: entrer de justesse.

scrap paper *n* papier *m* brouillon.

scratch /skrætʃ/ **I** *n* GÉN égratignure *f*; (on metal, furniture) éraflure *f*; (on record, disc, glass) rayure *f*; **to have a ~** se gratter; **to start from ~** partir de zéro. **II** *vtr* ORDINAT effacer; **to ~ sth on sth** graver qch sur qch; [cat] griffer; **to ~ (one's head)** se gratter (la tête); (damage) érafler; (record) rayer. **III** *vi* se gratter.

scrawl /skrɔ:l/ **I** *n* gribouillage *m*. **II** *vtr*, *vi* gribouiller.

scream /skri:m/ **I** *n* cri *m* (perçant), hurlement *m*. **II** *vtr* LIT crier; FIG [headline] annoncer (en titre). **III** *vi* [person, animal] crier; **to ~ at sb** crier après qn☺; **to ~ with** (fear, pain, rage) hurler de.

screech /skri:tʃ/ **I** *n* cri *m* strident; (of tyres) crissement *m*. **II** *vtr* hurler. **III** *vi* [person, animal] pousser un cri strident; [tyres] crisser.

screen /skri:n/ **I** *n* GÉN écran *m*; (folding) paravent *m*. **II** *in compounds* CIN [actor] de cinéma; [debut] au cinéma. **III** *vtr* CIN projeter; TV diffuser; (conceal) cacher; (protect) protéger; (baggage) contrôler; (patient) faire passer des tests de dépistage à.

screening /ˈskri:nɪŋ/ *n* CIN séance *f*; TV diffusion *f*; (of candidates) sélection *f*; MÉD examens dépistage *m*; (of information) filtrage *m*; (of baggage) examen *m*.

screenplay *n* scénario *m*.

screenwriter *n* scénariste *mf*.

screw /skru:/ I *n* vis *f*. II *vtr* visser.
• **screw up**: ~ up☺ cafouiller☺; ~ up [sth] (paper) froisser; (eyes) plisser; (make a mess of)☺ (plan, task) faire foirer☺; ~ [sb] up☺ perturber.

screwdriver /ˈskru:draɪvə(r)/ *n* tournevis *m*.

scribble /ˈskrɪbl/ I *n* gribouillage *m*. II *vtr*, *vi* griffonner, gribouiller.

script /skrɪpt/ *n* script *m*, scénario *m*; (handwriting) écriture *f*.

scripture /ˈskrɪptʃə(r)/ *n* Saintes Écritures *fpl*.

scroll /skrəʊl/ I *n* rouleau *m*. II *vtr* ORDINAT **to ~ sth up/down** faire défiler qch vers le haut/vers le bas.

Scrooge☺ /skru:dʒ/ *n* grippe-sou *m*.

scrub /skrʌb/ I *n* **to give a (good) ~** (bien) nettoyer; (low bushes) broussailles *fpl*; (beauty product) gommage *m*. II *vtr* (*p prés etc* **-bb-**) frotter; (vegetable) nettoyer; **to ~ one's nails** se brosser les ongles.
• **scrub out**: récurer.

scruffy /ˈskrʌfɪ/ *adj* [person] dépenaillé; [town] délabré.

scrum /skrʌm/ *n* (rugby) mêlée *f*.

scruple /ˈskru:pl/ *n* scrupule *m*.

scrutinize /ˈskru:tɪnaɪz, -tənaɪzᵁˢ/ *vtr* scruter.

scrutiny /ˈskru:tɪnɪ, ˈskru:tənɪᵁˢ/ *n* examen *m*.

scuba diving *n* plongée *f* sous-marine.

scuffle /ˈskʌfl/ *n* bagarre *f*.

sculpt /skʌlpt/ *vtr*, *vi* sculpter.

sculptor /ˈskʌlptə(r)/ *n* sculpteur *m*.

sculpture /ˈskʌlptʃə(r)/ *n* sculpture *f*.

scum /skʌm/ *n* écume *f*, mousse *f*; (on bath) crasse *f*; **they're the ~ of the earth** ce sont des moins que rien.

scurry /ˈskʌrɪ/ *vi* (*prét*, *pp* **-ried**) se précipiter.

scuttle /ˈskʌtl/ I *vtr* saborder. II *vi* **to ~ away/off** filer.

scythe /saɪð/ *n* (tool) faux *f*.

SE *n* (*abrév écrite* = **southeast**) SE *m*.

sea /si:/ I *n* mer *f*; **by the ~** au bord de la mer; **by ~** en bateau. II **~s** *npl* **the heavy ~s** la tempête. III *in compounds* [air] marin; [bird, water] de mer; [battle] naval.

sea bass *n* (fish) loup *m*.

seafood *n* fruits *mpl* de mer.

seagull *n* mouette *f*.

sea horse *n* hippocampe *m*.

seal /si:l/ I *n* (animal) phoque *m*; (insignia) sceau *m*; (on letter) cachet *m*; (on door) scellés *mpl*. II *vtr* (letter) cacheter; (alliance) sceller, conclure; (jar) fermer.
• **seal off**: (street) barrer.

seam /si:m/ *n* couture *f*; (of coal) veine *f*.

seaman /ˈsi:mən/ *n* (*pl* **-men**) matelot *m*.

seamless /ˈsi:mlɪs/ *adj* sans coutures.

search /sɜ:tʃ/ I *n* recherches *fpl*; **the ~ for peace** la quête de la paix; **in ~ of** à la recherche de; (of area) fouille *f*; ORDINAT recherche *f*. II *vtr* **to ~ (for sb/sth)** chercher qn/qch; (person) fouiller; (records) examiner; ORDINAT (file) rechercher (dans).

seashell *n* coquillage *m*.

seashore *n* (part of coast) littoral *m*; (beach) plage *f*.

seasick /ˈsi:sɪk/ *adj* **to be/get/feel ~** avoir le mal de mer.

seaside /ˈsi:saɪd/ I *n* **the ~** le bord de la mer. II *in compounds* [holiday] à la mer; [hotel] en bord de mer; [resort] balnéaire.

season /ˈsi:zn/ I *n* saison *f*; **out of ~** hors saison; **late in the ~** dans l'arrière-saison;

the Christmas ~ la période de Noël; **Season's greetings!** Joyeuses fêtes! **II** *vtr* assaisonner.

seasonal /ˈsi:zənl/ *adj* saisonnier/-ière.

seasoned /ˈsi:znd/ *adj* [dish] assaisonné; **highly** ~ relevé, épicé; [campaigner, performer] expérimenté, chevronné; [soldier] aguerri.

seasoning /ˈsi:znɪŋ/ *n* assaisonnement *m*.

season ticket *n* carte *f* d'abonnement.

seat /si:t/ **I** *n* GÉN siège *m*; **take/have a** ~ asseyez-vous; (place) place *f*; **the back** ~ la banquette arrière; (of trousers) fond *m*. **II** *vtr* (person) placer; [room] accueillir. **III** *v refl* **to ~ oneself** prendre place. **IV ~ed** *pp adj* assis.

seatbelt *n* ceinture *f* (de sécurité).

seaweed *n* algue *f*.

secession /sɪˈseʃn/ *n* sécession *f*.

secluded /sɪˈklu:dɪd/ *adj* retiré.

second **I** /ˈsekənd/ *n* (time) seconde *f*; **any** ~ d'un instant à l'autre; (ordinal number) deuxième *mf*, second/-e *m/f*; (date) **the ~ of May** le deux mai; UNIV **upper/lower** ~[GB] ≈ licence *f* avec mention bien/assez bien. **II**[☺] **~s** /ˈsekəndz/ *npl* (food) rab[☺] *m*. **III** /ˈsekənd/ *adj* second, deuxième; **every ~ Monday** un lundi sur deux. **IV** /ˈsekənd/ *adv* deuxièmement. **V** *vtr* /ˈsekənd/ appuyer.

• **to have ~ thoughts** changer d'avis.

secondary /ˈsekəndrɪ, -derɪ[US]/ *adj* secondaire.

second best *n* pis-aller *m*.

second class **I** *n* RAIL deuxième classe *f*. **II second-class** *adj* de qualité inférieure; [mail] au tarif lent; [compartment] de deuxième classe; **~ degree**[GB] ≈ licence obtenue avec mention assez bien.

second hand **I** /ˈsekəndhænd/ *n* (on watch) trotteuse *f*. **II second-hand** /ˌsekəndˈhænd/ *adj*, *adv* d'occasion.

secondly /ˈsekəndlɪ/ *adv* deuxièmement.

second name *n* nom *m* de famille.

secrecy /ˈsi:krəsɪ/ *n* secret *m*.

secret /ˈsi:krɪt/ **I** *n* secret *m*; **in** ~ en secret. **II** *adj* secret/-ète.

secretarial /ˌsekrəˈteərɪəl/ *adj* [course] de secrétaire; [staff] de secrétariat.

secretary /ˈsekrətrɪ, -rəterɪ[US]/ *n* secrétaire *mf*; **Foreign/Home Secretary**[GB] ministre des Affaires étrangères/de l'Intérieur; **Secretary of State**[US] ministre des Affaires étrangères.

secretive /ˈsi:krətɪv/ *adj* **to be** ~ être discret/-ète.

secretly /ˈsi:krɪtlɪ/ *adv* en secret.

sect /sekt/ *n* secte *f*.

sectarian /sekˈteərɪən/ *n*, *adj* sectaire (*mf*).

section /ˈsekʃn/ *n* (part) (of train, town, etc) partie *f*; (of population, group) tranche *f*; (department) service *m*; (of library, shop) rayon *m*; (of act, bill) article *m*; (of newspaper) rubrique *f*; (of book) passage *m*.

sector /ˈsektə(r)/ *n* secteur *m*.

secular /ˈsekjʊlə(r)/ *adj* [politics, education] laïque; [music] profane; [power] séculier/-ière.

secure /sɪˈkjʊə(r)/ **I** *adj* sûr, solide; [structure, ladder] stable; [door] bien fermé; **to feel** ~ se sentir en sécurité. **II** *vtr* obtenir; (rope) bien attacher; (door) bien fermer; (house, camp) protéger; (future, job) assurer; (loan) garantir.

security /sɪˈkjʊərətɪ/ *n* sécurité *f*; **state** ~ sûreté de l'État; (guarantee) caution *f*.

security guard *n* vigile *m*.

sedate /sɪˈdeɪt/ *adj* tranquille.

sedative /ˈsedətɪv/ *n* sédatif *m*.

sediment /ˈsedɪmənt/ *n* dépôt *m*.

seduce /sɪˈdju:s, -ˈdu:s[US]/ *vtr* séduire.

seductive /sɪˈdʌktɪv/ *adj* séduisant.

see /siː/ I *vtr* (*prét* **saw**; *pp* **seen**) voir; **~ you**☺! salut!; **~ you next week**☺! à la semaine prochaine!; [doctor, dentist] recevoir; (joke) comprendre; **to ~ sb as** considérer qn comme; **to ~ (to it) that** veiller à ce que (+ *subj*); **to ~ sb home** raccompagner qn chez lui/elle. II *vi* voir; **as far as I can ~** autant que je puisse en juger; **I'll go and ~** je vais voir. III *v refl* **to ~ oneself** se voir; **I can't ~ myself doing** j'ai du mal à m'imaginer en train de faire. • **see about**: s'occuper de. • **see out**: raccompagner [qn] à la porte. • **see through**: percer [qn] à jour. • **see to**: s'occuper de.

seed /siːd/ I *n* graine *f*; (fruit pip) pépin *m*; (beginning) germes *mpl*. II *vtr* ensemencer.

seedling /ˈsiːdlɪŋ/ *n* semis *f*.

seedy /ˈsiːdɪ/ *adj* miteux/-euse.

seeing /ˈsiːɪŋ/ *conj* **~ that**, **~ as** étant donné que, vu que.

seek /siːk/ (*prét*, *pp* **sought**) *vtr* chercher; (advice, help) demander; **to ~ for/after sth** rechercher qch. • **seek out**: aller chercher.

seem /siːm/ *vi* sembler, avoir l'air; **it ~s to me that** il me semble que (+ *indic*); **it ~s as if/as though** il semble que (+ *subj*); **I ~ to have forgotten** je crois que j'ai oublié; **I just can't ~ to do** je n'arrive pas à faire.

seemingly /ˈsiːmɪŋlɪ/ *adv* apparemment.

seen /siːn/ *pp* ▸ **see**.

seep /siːp/ *vi* suinter.

seethe /siːð/ *vi* (with rage) bouillir (de); (with people) grouiller (de).

see-through *adj* transparent.

segment /ˈsegmənt/ *n* GÉN segment *m*; (of orange) quartier *m*; (of economy) secteur *m*.

segregate /ˈsegrɪgeɪt/ *vtr* séparer.

segregated /ˈsegrəgeɪtɪd/ *adj* ségrégationniste; [area, school] *où la ségrégation (raciale ou religieuse) est en vigueur.*

segregation /ˌsegrɪˈgeɪʃn/ *n* ségrégation *f*.

seismic /ˈsaɪzmɪk/ *adj* sismique.

seize /siːz/ I *vtr* saisir; (prisoner, power) s'emparer de; (control) prendre. II *vi* **to ~ (upon)** [engine] se gripper, se bloquer.

seizure /ˈsiːʒə(r)/ *n* prise *f*; MÉD, FIG attaque *f*.

seldom /ˈseldəm/ *adv* rarement.

select /sɪˈlekt/ I *adj* [group] privilégié; [hotel] chic *inv*, sélect. II *vtr* sélectionner, choisir.

select committeeGB *n* commission *f* d'enquête.

selection /sɪˈlekʃn/ *n* sélection *f*.

selective /sɪˈlektɪv/ *adj* sélectif/-ive.

self /self/ *n* (*pl* **selves**) moi–même, toi–même, lui-même...

self-confidence *n* assurance *f*.

self-confident *adj* sûr de soi/de lui...

self-conscious *adj* timide; **to be ~ about sth** être gêné par qch.

self-contained *adj* [flat] indépendant.

self-control *n* sang-froid *m inv*.

self-defenceGB, **self-defense**US *n* autodéfense *f*.

self-determination *n* autodétermination *f*.

self-educated *adj* autodidacte.

self-employed *adj* **to be ~** travailler à son compte.

self-esteem *n* amour-propre *m*.

self-evident *adj* évident; **it is ~** cela va de soi.

self-government *n* autonomie *f*.

self-interest *n* intérêt *m* personnel.

selfish /ˈselfɪʃ/ *adj* égoïste.

selfless /ˈselflɪs/ *adj* dévoué, désintéressé.

self-portrait *n* autoportrait *m*.

self-service *n*, *adj* libre-service.

self-styled *adj* autoproclamé.

self-sufficient *adj* autosuffisant.

sell /sel/ (*prét, pp* **sold**) **I** *vtr* vendre; (idea) faire accepter. **II** *vi* vendre; ~ **by June 27** date limite de vente: 27 juin; [goods] se vendre.

• **sell out**: se vendre; **we've sold out** nous avons tout vendu.

seller /ˈselə(r)/ *n* vendeur/-euse *m/f*.

Sellotape®GB /ˈseləʊteɪp/ *n* scotch® *m*.

semicolon *n* point-virgule *m*.

semi-detached *adj* [house] jumelé.

semifinal *n* demi-finale *f*.

seminal /ˈsemɪnl/ *adj* fondamental.

seminar /ˈsemɪnɑː(r)/ *n* séminaire *m*.

semolina /ˌseməˈliːnə/ *n* semoule *f*.

senate /ˈsenɪt/ *n* sénat *m*.

senator /ˈsenətə(r)/ *n* sénateur *m*.

send /send/ *vtr* (*prét, pp* **sent**) envoyer; **to ~ sb home** renvoyer qn chez lui/elle; **~ her my love!** embrasse-la de ma part; **~ them my regards** transmettez-leur mes amitiés; **to ~ sb mad**GB rendre qn fou.

• **to ~ sb packing**☺ envoyer balader qn☺.

• **send away**: faire partir; **~ away for** [sth] commander [qch] par correspondance. • **send back**: renvoyer. • **send for**: (doctor, taxi, plumber) appeler, demander. • **send off**: expédier.

sender /ˈsendə(r)/ *n* expéditeur/-trice *m/f*.

senile /ˈsiːnaɪl/ *adj* sénile.

senior /ˈsiːnɪə(r)/ **I** *n* aîné/-e *m/f*; **to be sb's ~** être plus âgé que qn; (superior) supérieur/-e *m/f*; UNIVUS *étudiant/-e de licence*. **II** *adj* (older) plus âgé; **Mr Becket ~** M. Becket père; [aide, employee, minister] haut placé; [colleague] plus ancien/-ienne; [job, post] supérieur.

senior citizen *n personne du troisième âge*.

seniority /ˌsiːnɪˈɒrətɪ, -ˈɔːr-US/ *n* (in years) âge *m*; (of service) ancienneté *f*.

sensation /senˈseɪʃn/ *n* sensation *f*.

sensational /senˈseɪʃənl/ *adj* sensationnel/-elle; [story, article] à sensation PÉJ.

sense /sens/ **I** *n* sens *m*; **~ of hearing** ouïe *f*; **~ of sight** vue *f*; (feeling) sentiment *m*; (practical quality) bon sens *m*; **what's the ~ in getting angry?** à quoi sert-il de se fâcher?; **to make ~** avoir un sens. **II ~s** *npl* (sanity) raison *f*. **III** *vtr* **to ~ that** deviner que; **to ~ danger** sentir un danger.

senseless /ˈsenslɪs/ *adj* insensé, absurde; (unconscious) sans connaissance.

sensible /ˈsensəbl/ *adj* [person] raisonnable, sensé; [garment] pratique.

sensitive /ˈsensətɪv/ *adj* sensible; [situation] délicat.

sensor /ˈsensə(r)/ *n* détecteur *m*.

sensual /ˈsenʃʊəl/ *adj* sensuel/-elle.

sensuality /ˌsenʃʊˈælətɪ/ *n* sensualité *f*.

sensuous /ˈsenʃʊəs/ *adj* sensuel/-elle.

sent /sent/ *prét, pp* ▸ **send**.

sentence /ˈsentəns/ **I** *n* JUR peine *f*; LING phrase *f*. **II** *vtr* **to ~ sb to do sth** condamner qn à faire qch.

sentiment /ˈsentɪmənt/ *n* sentiment *m*.

sentimental /ˌsentɪˈmentl/ *adj* sentimental.

sentry /ˈsentrɪ/ *n* sentinelle *f*.

separate I ~s /ˈsepərəts/ *npl* (garments) coordonnés *mpl*. **II** /ˈsepərət/ *adj* [piece] à part; [issue, occasion] autre; **under ~ cover** POSTES sous pli séparé; [sections] différent; [agreements] distinct. **III** *adv* séparément, à part. **IV** *vtr* séparer. **V** *vi* se séparer.

separately /ˈsepərətlɪ/ *adv* séparément.

separation /ˌsepəˈreɪʃn/ *n* séparation *f*.

Sept *abrév écrite* = **September**.

September /sepˈtembə(r)/ *n* septembre *m*.

septic /ˈseptɪk/ *adj* infecté; **to go ~**GB s'infecter.

sequel /ˈsiːkwəl/ *n* suite *f*.

sequence /ˈsiːkwəns/ *n* séquence *f*; (of problems) succession *f*; (of photos) série *f*; (order) ordre *m*.

serene /sɪˈriːn/ *adj* serein.

sergeant /ˈsɑːdʒənt/ *n* MIL GB sergent *m*; US caporal-chef *m*; (in police) ≈ brigadier *m*.

serial /ˈsɪərɪəl/ I *n* feuilleton *m*. II *adj* [input, printer] série *inv*; [killer] en série.

series /ˈsɪəriːz/ *n inv* série *f*; **a ~ of books** une collection de livres.

serious /ˈsɪərɪəs/ *adj* sérieux/-ieuse; [accident, problem] grave.

seriously /ˈsɪərɪəslɪ/ *adv* sérieusement; [ill, injured] gravement; [mislead] vraiment.

seriousness /ˈsɪərɪəsnɪs/ *n* gravité *f*.

serpent /ˈsɜːpənt/ *n* serpent *m*.

serrated /sɪˈreɪtɪd, ˈsereɪtɪdUS/ *adj* à dents de scie.

serum /ˈsɪərəm/ *n* sérum *m*.

servant /ˈsɜːvənt/ *n* domestique *mf*; FIG serviteur *m*.

serve /sɜːv/ I *n* SPORT service *m*. II *vtr* servir; [reservoir] alimenter; [public transport] desservir; (needs) satisfaire; (function) être utile à. III *vi* servir.
• **it ~s you right!** ça t'apprendra!

server /ˈsɜːvə(r)/ *n* ORDINAT serveur *m*; CULIN couvert *m* de service.

service /ˈsɜːvɪs/ I *n* service *m*; AUT révision *f*; RELIG office *m*. II **~s** *npl* **the ~s** les armées *fpl*. III *vtr* (car, machine) réviser, entretenir.

service area *n* aire *f* de services.

service industry *n* secteur *m* tertiaire.

serviceman *n* militaire *m*.

serving /ˈsɜːvɪŋ/ I *n* portion *f*. II *adj* de service; MIL en activité; ADMIN en exercice.

session /ˈseʃn/ *n* séance *f*, POL session *f*.

set /set/ I *n* (of keys, etc) jeu *m*; (of stamps, tests) série *f*; (of cutlery, etc) service *m*; (of books) collection *f*; (of rules) ensemble *m*; (kit, game) **a chess ~** un jeu d'échecs; **a magic ~** une mallette de magie; (pair) **a ~ of sheets** une paire de draps; (in tennis) set *m*, manche *f*; (television) poste *m*; (scenery) décor *m*; (hairdo) mise *f* en plis. II *adj* [procedure] bien déterminé; [price] fixe; [menu] à prix fixe; [expression, smile] figé; (ready) prêt. III *vtr* (*p prés* **-tt-**; *prét, pp* **set**) placer; (problem) poser; (table, alarm clock) mettre; (trap) tendre; (date, place, etc) fixer; (record) établir; (VCR, oven) programmer; (homework, essay) donner; (action) situer; **to have one's hair ~** se faire faire une mise en plis. IV *vi* [sun] se coucher; [jam] prendre; [glue] sécher; [bone] se ressouder.
• **set about**: se mettre à. • **set forth**: se mettre en route; (facts) exposer. • **set off**: partir; (row, alarm) déclencher. • **set up**: [business person] s'établir; (stand, stall) monter; (committee) constituer; (fund) ouvrir; (scheme) lancer; (conference, meeting) organiser; ORDINAT installer, configurer.

setback /ˈsetbæk/ *n* revers *m*.

settee /seˈtiː/ *n* canapé *m*.

setting /ˈsetɪŋ/ *n* cadre *m*; (of sun) coucher *m*; (of machine) réglage *m*; MUS arrangement *m*.

settle /ˈsetl/ I *vtr* installer; (nerves) calmer; (matter) régler. II *vi* s'installer, se fixer; [bird] se poser; [dust] se déposer; (calm down) se calmer; JUR régler.
• **settle down**: s'installer; se calmer.
• **settle in**: s'installer.

settled /setld/ *adj* stable.

settlement /ˈsetlmənt/ *n* accord *m*; (payment) règlement *m*; (of settlers) colonie *f*.

settler /ˈsetlə(r)/ *n* colon *m*.

set-up© *n* (system) organisation *f*; (trap) traquenard© *m*.

seven /ˈsevn/ *n, adj* sept (*m*) *inv*.

seventeen /ˌsevn'ti:n/ *n, adj* dix-sept (*m*) *inv*.

seventeenth /ˌsevn'ti:nθ/ I *n* dix-septième *mf*; (of month) dix-sept *m inv*. II *adj, adv* dix-septième.

seventh /'sevnθ/ I *n* septième *mf*; (of month) sept *m inv*. II *adj, adv* septième.

seventies /'sevntɪz/ *npl* **the ~** les années *fpl* soixante-dix.

seventieth /'sevntɪəθ/ *n, adj* soixante-dixième (*mf*).

seventy /'sevntɪ/ *n, adj* soixante-dix *m, adj inv*.

sever /'sevə(r)/ *vtr* sectionner, couper; FIG rompre; **to ~ sth from** séparer qch de.

several /'sevrəl/ *pron, quantif* plusieurs.

severe /sɪ'vɪə(r)/ *adj* [injury] grave; [weather] rigoureux/-euse; [pain] violent; [loss] lourd; [criticism, person] sévère.

sew /səʊ/ (*prét* **sewed**; *pp* **sewn, sewed**) I *vtr* coudre. II *vi* coudre.
• **sew up**: (hole, tear) recoudre; (market) dominer.

sewer /'su:ə(r), 'sju:-/ *n* égout *m*.

sewing /'səʊɪŋ/ I *n* couture *f*. II *in compounds* [machine, scissors, thread] à coudre.

sewn /səʊn/ *pp* ► **sew**.

sex /seks/ *n* sexe *m*; **to have ~ (with sb)** avoir des rapports sexuels (avec qn).

sexist /'seksɪst/ *n, adj* sexiste (*mf*).

sexual /'sekʃʊəl/ *adj* sexuel/-elle.

shabby /'ʃæbɪ/ *adj* habillé de façon miteuse; [room] miteux/-euse; [treatment] mesquin.

shack /ʃæk/ *n* cabane *f*.

shade /ʃeɪd/ I *n* ombre *f*; (of colour) ton *m*; FIG nuance *f*; (for lamp) abat-jour *m inv*; US store *m*. II **~s** *npl* (sunglasses)© lunettes *fpl* de soleil. III *vtr* donner de l'ombre à. IV *vi* **to ~ into sth** se fondre en qch.

shadow /'ʃædəʊ/ *n* ombre *f*; **beyond the ~ of a doubt** sans l'ombre d'un doute.

shadow cabinetGB *n* POL cabinet *m* fantôme.

shadowy /'ʃædəʊɪ/ *adj* flou, indistinct.

shady /'ʃeɪdɪ/ *adj* [place] ombragé; (dubious)© véreux/-euse.

shaft /ʃɑ:ft, ʃæftUS/ *n* manche *m*; (in machine) axe *m*; (in mine) puits *m*; **~ of light** rayon.

shake /ʃeɪk/ I *n* secousse *f*. II *vtr* (*prét* **shook**; *pp* **shaken**) secouer; **to ~ hands with sb** serrer la main à qn; (belief, faith) ébranler. III *vi* **to ~ with** (fear, etc) trembler de. IV *v refl* **to ~ oneself** se secouer.
• **shake off**: (cold, habit, person) se débarrasser de. • **shake up**: (bottle, mixture) agiter; (cabinet) remanier.

shake-up /'ʃeɪkʌp/ *n* réorganisation *f*; POL remaniement *m*.

shaky /'ʃeɪkɪ/ *adj* [chair] branlant; [regime, memory] chancelant.

shall /ʃæl, ʃəl/ *modal aux* (in future tense) **I ~/I'll see you tomorrow** je vous verrai demain; (in suggestions) **~ I set the table?** est-ce que je mets la table?.

shallot /ʃə'lɒt/ *n* GB échalote *f*; US cive *f*.

shallow /'ʃæləʊ/ I **~s** *npl* bas-fonds *mpl*. II *adj* peu profond; [character] superficiel/-ielle.

sham /ʃæm/ I *n* (person) imposteur *m*; (organization) imposture *f*. II *adj* (*épith*) [democracy] prétendu; [object] factice. III *vtr, vi* (*p prés etc* **-mm-**) faire semblant (de).

shambles© /'ʃæmblz/ *n* pagaille© *f*.

shame /ʃeɪm/ I *n* honte *f*; (pity) **it is a ~ that** c'est dommage que (+ *subj*). II *vtr* faire honte à.

shameful /'ʃeɪmfl/ *adj* honteux/-euse.

shameless /'ʃeɪmlɪs/ *adj* [person] éhonté; [attitude] effronté.

shampoo /ʃæm'pu:/ I *n* shampooing *m*. II *vtr* faire un shampooing (à).

shan'tGB /ʃɑ:nt/ = **shall not**.

shape /ʃeɪp/ I *n* forme *f*; **to take ~** prendre forme. II *vtr* (clay) modeler; (future, idea) déterminer.
• **shape up**: [person] s'en sortir; [things] prendre tournure.

shapeless /ˈʃeɪplɪs/ *adj* informe.

share /ʃeə(r)/ I *n* part *f*; FIN action *f*. II *vtr* (money, etc) partager. III *vi* **to ~ in** prendre part à.
• **share out**: partager, répartir.

shareholder *n* actionnaire *mf*.

shark /ʃɑːk/ *n* requin *m*.

sharp /ʃɑːp/ I *adj* [razor] tranchant; [edge] coupant; [blade, etc] bien aiguisé; [tooth, end, etc] pointu; [features] anguleux/-euse; [angle, cry] aigu/-uë; [bend, reflex, fall, rise] brusque; [image, sound, distinction] net/nette. II *adv* brusquement; **at 9 o'clock ~** à neuf heures pile☺.

sharpen /ˈʃɑːpən/ I *vtr* aiguiser, affûter; (pencil) tailler; (anger) aviver. II *vi* se durcir; [contrast] s'accentuer.

sharpener /ˈʃɑːpənə(r)/ *n* taille-crayons *m inv*; (for knife) fusil *m*.

shatter /ˈʃætə(r)/ I *vtr* (glass) fracasser; (silence) rompre; (nerves) démolir. II *vi* [glass] voler en éclats.

shattering /ˈʃætərɪŋ/ *adj* [blow, effect] accablant; [news] bouleversant.

shave /ʃeɪv/ I *n* **to have a ~** se raser. II *vtr* (*pp* **~d/shaven**) raser; (wood) raboter. III *vi* se raser.
• **that was a close ~☺!** ouf, c'était juste!

shaver /ˈʃeɪvə(r)/ *n* rasoir *m* électrique.

shaving /ˈʃeɪvɪŋ/ *n* rasage *m*; (of wood) copeau *m*.

shaving brush *n* blaireau *m*.

shawl /ʃɔːl/ *n* châle *m*.

she /ʃiː/ I *pron* elle; **here/there ~ is** la voici/la voilà; **~'s a genius** c'est un génie; **~'s a lovely boat** c'est un beau bateau. II *n* **it's a ~☺** c'est une fille; (of animal) c'est une femelle.

shear /ʃɪə(r)/ *vtr* (*prét* **sheared**; *pp* **shorn**) tondre; **shorn of** dépouillé de.

shears /ʃɪərz/ *npl* cisaille *f*, sécateur *f*.

shed /ʃed/ I *n* remise *f*, abri *m*; (at factory, etc) hangar *m*. II *vtr* (*prét*, *pp* **shed**) verser; (leaves, weight) perdre.

she'd /ʃiːd, ʃɪd/ = **she had**, **she would**.

sheen /ʃiːn/ *n* (of hair) éclat *m*.

sheep /ʃiːp/ *n* mouton *m*; **black ~** FIG brebis galeuse.

sheepish /ˈʃiːpɪʃ/ *adj* penaud.

sheer /ʃɪə(r)/ I *adj* [stupidity] pur; **by ~ accident** tout à fait par hasard; [fabric] fin. II *adv* [fall] à pic.

sheet /ʃiːt/ *n* (of paper) feuille *f*; (for bed) drap *m*; (of metal, glass) plaque *f*.

shelf /ʃelf/ *n* (*pl* **shelves**) étagère *f*; (in shop) rayon *m*.

shell /ʃel/ I *n* (of egg, nut) coquille *f*; (of crab) carapace *f*; (bomb) obus *m*; (of building) carcasse *f*. II *vtr* (town) pilonner; (eggs) écaler; (peas) écosser; (prawn, nut) décortiquer.

she'll /ʃiːl/ = **she will**.

shellfish /ˈʃelfɪʃ/ *npl* fruits *mpl* de mer.

shelter /ˈʃeltə(r)/ I *n* abri *m*; (for homeless) refuge *m*; (for refugee) asile *m*. II *vtr* abriter, protéger. III *vi* se mettre à l'abri.

sheltered accommodationGB *n* foyer-résidence *m*.

shepherd /ˈʃepəd/ I *n* berger *m*. II *vtr* guider.

shepherd's pieGB *n* ≈ hachis Parmentier.

sherbet /ˈʃɜːbət/ *n* (candy)GB *confiserie en poudre acidulée*; (sorbet) US sorbet *m*.

sheriff /ˈʃerɪf/ *n* shérif *m*.

sherry /ˈʃerɪ/ *n* xérès *m*, sherry *m*.

she's /ʃiːz/= **she is**, **she has**.

shield /ʃi:ld/ I *n* bouclier *m.* II *vtr* protéger.

shift /ʃɪft/ I *n* changement *m*; (workers) équipe *f.* II *vtr* déplacer; (arm) bouger, remuer; (scenery) changer; **to ~ gear**US changer de vitesse. III *vi* changer.

shilling /ˈʃɪlɪŋ/ *n* shilling *m.*

shimmer /ˈʃɪmə(r)/ *vi* chatoyer.

shin /ʃɪn/ *n* tibia *m.*

shine /ʃaɪn/ I *n* éclat *m*, brillant *m.* II *vtr* (*prét, pp* **shone**) (light) braquer; (*prét, pp* **shined**) cirer. III *vi* (*prét, pp* **shone**) briller.

shingles /ˈʃɪŋglz/ *npl* MÉD zona *m.*

ship /ʃɪp/ I *n* navire *m.* II *vtr* (*p prés etc* **-pp-**) transporter [qch] par mer, par avion; (cargo) charger.

shipbuilding *n* construction *f* navale.

shipment /ˈʃɪpmənt/ *n* cargaison *f*; (sending) expédition *f.*

shipping /ˈʃɪpɪŋ/ *n* navigation *f*, trafic *m* maritime; navire *f.*

shipwreck /ˈʃɪprek/ I *n* naufrage *m.* II *vtr* **to be ~ed** faire naufrage.

shipyard *n* chantier *m* naval.

shireGB /ʃaɪə(r)/ *n* comté *m.*

shirk /ʃɜ:k/ *vtr* (task, duty) esquiver; (problem) éluder.

shirt /ʃɜ:t/ *n* (man's) chemise *f*; (woman's) chemisier *m*; (for sport) maillot *m.*

shirtsleeve /ˈʃɜ:tsli:v/ *n* **in ~s** en manches de chemise.

shit☹ /ʃɪt/ I *n* (excrement) merde☹ *f*, crotte☺ *f*; (nonsense) conneries☹ *fpl.* II *excl* merde☹!

shiver /ˈʃɪvə(r)/ I *n* frisson *m.* II *vi* frissonner.

shock /ʃɒk/ I *n* choc *m*; (electric) décharge *f*; (of earthquake) secousse *f*; (of explosion) souffle *m.* II *vtr* choquer, consterner.

shocking /ˈʃɒkɪŋ/ *adj* choquant, consternant.

shoddy /ˈʃɒdɪ/ *adj* de mauvaise qualité.

shoe /ʃu:/ I *n* chaussure *f*; (for horse) fer *m.* II *vtr pp* **shod**) (horse) ferrer.

shoehorn *n* chausse-pied *m.*

shoelace *n* lacet *m* de chaussure.

shoe size *n* pointure *f.*

shoestring /ˈʃu:strɪŋ/ *n* lacet *m*; **on a ~**☺ avec peu de moyens.

shone /ʃɒn/ *prét, pp* ▸ **shine**.

shook /ʃʊk/ *prét* ▸ **shake**.

shoot /ʃu:t/ I *n* BOT pousse *f*; (hunt)GB partie *f* de chasse. II *vtr* (*prét, pp* **shot**) tirer (sur); (missile) lancer; (kill) abattre; (film) tourner; (subject) prendre [qch] (en photo). III *vi* tirer; CIN tourner; SPORT tirer, shooter; (hunt with gun)GB chasser.
• **shoot down**: abattre. • **shoot out**: jaillir. • **shoot up**: [person, plant] pousser vite.

shooting /ˈʃu:tɪŋ/ *n* meurtre *m*; (firing) coups *mpl* de feu; CIN tournage *m.*

shooting star *n* étoile *f* filante.

shop /ʃɒp/ I *n* magasin *m*, boutique *f*; (workshop) atelier *m.* II *vi* faire ses courses; **to go ~ping** faire des courses.

shop assistantGB *n* vendeur/-euse *m/f.*

shopkeeper *n* commerçant/-e *m/f.*

shoplifter *n* voleur/-euse *m/f* à l'étalage.

shopping arcade *n* galerie *f* marchande.

shopping centreGB, **shopping center**US, **shopping mall**US centre *m* commercial.

shop window *n* vitrine *f.*

shore /ʃɔ:(r)/ *n* rivage *m.*

shorn /ʃɔ:n/ *pp* ▸ **shear**.

short /ʃɔ:t/ I *n* (film) court métrage *m.* II **~s** *npl* short *m*; caleçon *m.* III *adj* court, bref/brève; [person, walk] petit; [rations] insuffisant. IV *adv* [stop] net. V **in ~** *adv phr* bref. VI **~ of** *prep phr* **~ of doing** à moins de faire.

shortage /ˈʃɔːtɪdʒ/ *n* pénurie *f*.
shortbread *n* sablé *m*.
shortcomings *npl* points *mpl* faibles.
shortcut *n* raccourci *m*.
shorten /ˈʃɔːtn/ I *vtr* raccourcir. II *vi* diminuer.
shortfall /ˈʃɔːtfɔːl/ *n* déficit *m*.
shorthand /ˈʃɔːthænd/ *n* sténographie *f*.
shortlist I *n* liste *f* des candidats sélectionnés. II *vtr* sélectionner.
short-lived /ˌʃɔːtˈlɪvd, -ˈlaɪvd^US/ *adj* de courte durée.
shortly /ˈʃɔːtlɪ/ *adv* bientôt; ~ **before** peu avant.
shortsighted /ˌʃɔːtˈsaɪtɪd/ *adj* ^GB myope.
short story *n* nouvelle *f*.
short-term *adj* à court terme.
shortwave *n* ondes *fpl* courtes.
shot /ʃɒt/ I *prét, pp* ▸ **shoot**. II *n* coup *m* (de feu); (bullet) balle *f*; (in tennis, golf, cricket) coup *m*; (in football) tir *m*; PHOT photo *f*; CIN plan *m*; (injection) piqûre *f*.
shotgun /ˈʃɒtɡʌn/ *n* fusil *m*.
should /ʃʊd, ʃəd/ *modal aux* (*conditional of* **shall**) (ought to) devoir; **you ~ have told me before** tu aurais dû me le dire avant; **how ~ I know?** comment veux-tu que je le sache?; (in conditional sentences) ~ **the opportunity arise** si l'occasion se présente; (in polite formulas) **I ~ like to go there** j'aimerais bien y aller; (in opinion, surprise) **I ~ think so!** je l'espère!
shoulder /ˈʃəʊldə(r)/ I *n* épaule *f*; (on road) bas-côté *m*. II *vtr* (responsibility) endosser.
shoulder blade *n* omoplate *f*.
shouldn't /ˈʃʊdnt/= **should not**.
shout /ʃaʊt/ I *n* cri *m*. II *vtr, vi* crier.
shouting /ˈʃaʊtɪŋ/ *n* ¢ cris *mpl*.
shove☺ /ʃʌv/ I *n* **to give sb/sth a ~** pousser qn/qch. II *vtr* pousser; (person) bousculer. III *vi* pousser.
• **~ off!** tire-toi☺!
shovel /ˈʃʌvl/ I *n* pelle *f*. II *vtr* enlever [qch] à la pelle.
show /ʃəʊ/ I *n* spectacle *m*; (performance) représentation *f*; CIN séance *f*; TV émission *f*; **family ~** spectacle pour tous; (of cars, boats) salon *m*; (of fashion) défilé *m*; (of art) exposition *f*; (of strength) démonstration *f*; (of wealth) étalage *m*. II *vtr* (*prét* **showed**; *pp* **shown**) montrer; (ticket, symptoms) présenter; (film) passer; (underclothes, dirt) laisser voir; (time, direction) indiquer; (gratitude) témoigner de. III *vi* (be noticeable) se voir; [film] passer.
• **show off**: ~ **off**☺ frimer☺; (skill) faire admirer. • **show up**: [mark] se voir; (arrive)☺ se montrer☺.
show business *n* industrie *f* du spectacle.
showcase /ˈʃəʊkeɪs/ *n* vitrine *f*.
showdown /ˈʃəʊdaʊn/ *n* confrontation *f*.
shower /ˈʃaʊə(r)/ I *n* douche *f*; MÉTÉO averse *f*; (of confetti, sparks) pluie *f*; (of praise, gifts) avalanche *f*. II *vtr* **to ~ with** couvrir de. III *vi* [person] prendre une douche.
showjumping *n* saut *m* d'obstacles.
shown /ʃəʊn/ *pp* ▸ **show** II, III.
show-off☺ *n* m'as-tu-vu☺ *mf inv*.
showpiece /ˈʃəʊpiːs/ *n* modèle *m* du genre.
showroom /ˈʃəʊruːm, -rʊm/ *n* magasin *m* (d'exposition).
shrank /ʃræŋk/ *prét* ▸ **shrink** II.
shred /ʃred/ I *n* trace *f*; (of paper) lambeau *m*. II *vtr* (*p prés etc* **-dd-**) déchiqueter; (vegetables) raper.
shrew /ʃruː/ *n* musaraigne *f*; (woman)† PÉJ mégère *f*.
shrewd /ʃruːd/ *adj* astucieux/-ieuse.
shriek /ʃriːk/ I *n* cri *m*, hurlement *m*. II *vi* crier, hurler.

shrill /ʃrɪl/ *adj* strident, perçant.

shrimp /ʃrɪmp/ *n* crevette *f* grise.

shrine /ʃraɪn/ *n* sanctuaire *m*.

shrink /ʃrɪŋk/ I☺ *n* HUM psy☺ *mf*, psychiatre *mf*. II *vtr, vi* (*prét* **shrank**; *pp* **shrunk/shrunken**) rétrécir, réduire.

shrivel /ˈʃrɪvl/ *vtr, vi* (*p prés etc* **-ll-**GB, **-l-**US) (se) dessécher.

shroud /ʃraʊd/ I *n* linceul *m*, suaire *m*. II *vtr* envelopper.

Shrove Tuesday *n* mardi *m* gras.

shrub /ʃrʌb/ *n* arbuste *m*.

shrubbery /ˈʃrʌbərɪ/ *n* massif *m* d'arbustes.

shrug /ʃrʌg/ *vi* (*p prés etc* **-gg-**) hausser les épaules.
- **shrug off**: (problem, rumour) ignorer.

shrunk, **shrunken** ▸ **shrink** II, III.

shudder /ˈʃʌdə(r)/ I *n* frisson *m*. II *vi* frissonner.

shuffle /ˈʃʌfl/ I *vtr* (cards) battre. II *vi* traîner les pieds.

shun /ʃʌn/ *vtr* (*p prés etc* **-nn-**) fuir, éviter.

shunt /ʃʌnt/ *vtr* RAIL aiguiller.

shush /ʃʊʃ/ *excl* chut!

shut /ʃʌt/ I *adj* fermé. II *vtr* (*p prés* **-tt-**; *prét, pp* **shut**) fermer, enfermer. III *vi* [door] se fermer; [factory] fermer.
- **shut down**: [business] fermer; [machine] s'arrêter. • **shut up**☺: se taire; (person)☺ faire taire.

shutter /ˈʃʌtə(r)/ *n* volet *m*; (on shopfront) store *m*; PHOT obturateur *m*.

shuttle /ˈʃʌtl/ I *n* navette *f*. II *vtr* transporter. III *vi* **to ~ between** faire la navette entre.

shuttle diplomacy *n* POL démarches *fpl* diplomatiques.

shy /ʃaɪ/ I *adj* timide. II *vi* [horse] faire un écart.

sibling /ˈsɪblɪŋ/ *n* frère/sœur *m/f*.

sick /sɪk/ I *n* malade *m/f*. II *adj* malade; [joke, story, mind] malsain; **to feel ~** ne pas se sentir bien; (nauseous) avoir mal au cœur; **to be ~**GB vomir; **to be ~ of sth/sb**☺ en avoir assez/marre☺ de qn/qch.

sicken /ˈsɪkən/ I *vtr* écœurer. II *vi* tomber malade; **to ~ of** se lasser de.

sickening /ˈsɪkənɪŋ/ *adj* écœurant.

sickle /ˈsɪkl/ *n* faucille *f*.

sick leave *n* congé *m* de maladie.

sickly /ˈsɪklɪ/ *adj* [person] maladif/-ive; [complexion] blafard; [smell, taste] écœurant.

sickness /ˈsɪknɪs/ *n* maladie *f*; **in ~ and in health** ≈ pour le meilleur et pour le pire.

side /saɪd/ I *n* côté *m*; (of animal's body, hill, boat) flanc *m*; **the right ~** l'endroit *m*; **the wrong ~** l'envers *m*; (of record) face *f*; (of lake) bord *m*; (of problem) aspect *m*. II *in compounds* [door, etc] latéral. III **on the ~** *adv phr* à côté.
- **side with**: (person) se mettre du côté de.

sideboard *n* buffet *m*.

side dish *n* plat *m* d'accompagnement.

side effect *n* effet *m* secondaire.

sideline *n* à-côté *m*.

sidestep *vtr* (*p prés etc* **-pp-**) éviter.

sidetrack *vtr* fourvoyer.

sidewalkUS *n* trottoir *m*.

sideways *adj, adv* de travers.

siege /siːdʒ/ *n* siège *m*.

sieve /sɪv/ I *n* (for liquids) passoire *f*; (for flour) tamis *m*. II *vtr* tamiser.

sift /sɪft/ I *vtr* passer [qch] au crible.
- **sift through**: trier.

sigh /saɪ/ I *n* soupir *m*. II *vi* soupirer, pousser un soupir.

sight /saɪt/ I *n* vue *f*; **at first ~** à première vue; **out of ~** caché. II **~s** *npl* attractions *fpl* touristiques.

sighted /ˈsaɪtɪd/ *adj* doué de la vue.

sightseeing /ˈsaɪtsiːɪŋ/ *n* tourisme *m*.
sightseer *n* touriste *mf*.
sign /saɪn/ I *n* signe *m*; (roadsign) panneau *m*; (billboard) pancarte *f*; (for shop) enseigne *f*. II *vtr*, *vi* signer.
• **sign on**GB: pointer au chômage.
• **sign up**: s'engager; (for course) s'inscrire.
signal /ˈsɪgnl/ I *n* signal *m*. II *vtr* (*p prés etc* **-ll-**GB, **-l-**US) indiquer; **to ~ to** faire signe de. III *vi* faire des signes.
signature /ˈsɪgnətʃə(r)/ *n* signature *f*.
signature tune *n* indicatif *m*.
signet ring /ˈsɪgnɪtrɪŋ/ *n* chevalière *f*.
significance /sɪgˈnɪfɪkəns/ *n* importance *f*; (meaning) signification *f*.
significant /sɪgˈnɪfɪkənt/ *adj* important; [figure] significatif/-ive.
signify /ˈsɪgnɪfaɪ/ *vtr* signifier.
signing /ˈsaɪnɪŋ/ *n* signature *f*.
signpost /ˈsaɪnpəʊst/ I *n* panneau *m* indicateur. II *vtr* indiquer.
silence /ˈsaɪləns/ I *n* silence *m*. II *vtr* **to ~ sb/sth** faire taire qn/qch.
silent /ˈsaɪlənt/ *adj* (quiet) silencieux/-ieuse; **to be ~** se taire; [film, vowel] muet/muette.
silicon chip *n* ORDINAT puce *f* électronique.
silk /sɪlk/ *n* soie *f*.
silky /ˈsɪlkɪ/ *adj* soyeux/-euse.
sill /sɪl/ *n* (of window) rebord *m*.
silly /ˈsɪlɪ/ *adj* idiot, stupide; [behaviour] ridicule.
silt /sɪlt/ *n* limon *m*, vase *f*.
silver /ˈsɪlvə(r)/ I *n* argent *m*; (silverware) argenterie *f*. II *adj* [ring] en argent; [hair] argenté.
silvery /ˈsɪlvərɪ/ *adj* argenté.
similar /ˈsɪmɪlə(r)/ *adj* semblable (à); **to be ~ to sth** ressembler à qch.
similarity /ˌsɪmɪˈlærətɪ/ *n* ressemblance *f*.
simile /ˈsɪmɪlɪ/ *n* comparaison *f*.
simmer /ˈsɪmə(r)/ I *vtr* (soup) faire cuire [qch] à feu doux; (water) laisser frémir. II *vi* [soup] cuire à feu doux, mijoter; [water] frémir; [person] **to ~ with** frémir de.
• **simmer down**☺: se calmer.
simple /ˈsɪmpl/ *adj* simple.
simple-minded *adj* PÉJ simple d'esprit.
simplicity /sɪmˈplɪsətɪ/ *n* simplicité *f*.
simplify /ˈsɪmplɪfaɪ/ *vtr* simplifier.
simplistic /sɪmˈplɪstɪk/ *adj* simpliste.
simply /ˈsɪmplɪ/ *adv* (tout) simplement.
simulate /ˈsɪmjʊleɪt/ *vtr* simuler.
simultaneous /ˌsɪmlˈteɪnɪəs, ˌsaɪm-US/ *adj* simultané.
sin /sɪn/ I *n* péché *m*, crime *m*. II *vi* (*p prés etc* **-nn-**) pécher.
since /sɪns/ I *prep* depuis. II *conj* (from the time when) depuis que; (because) comme, étant donné que. III *adv* depuis.
sincere /sɪnˈsɪə(r)/ *adj* sincère.
sincerely /sɪnˈsɪəlɪ/ *adv* sincèrement; Sincerely **yours**US (end of letter) Veuillez agréer, Monsieur/Madame, l'expression de mes sentiments les meilleurs.
sincerity /sɪnˈserətɪ/ *n* sincérité *f*.
sinew /ˈsɪnjuː/ *n* ANAT tendon *m*.
sinful /ˈsɪnfl/ *adj* [pleasure] immoral; [world] impie.
sing /sɪŋ/ *vtr*, *vi* (*prét* **sang**; *pp* **sung**) chanter.
singe /sɪndʒ/ *vtr* brûler légèrement.
singer /ˈsɪŋə(r)/ *n* chanteur/-euse *m/f*.
singing /ˈsɪŋɪŋ/ *n* chant *m*.
single /ˈsɪŋgl/ I *n* GB aller *m* simple; TOURISME chambre *f* à une personne; (record) 45 tours *m*. II **~s** *npl* (in tennis) simple. III *adj* seul; [unit] simple; [bed] pour une personne; (unmarried) célibataire.

• **single out**: choisir.
single currency *n* monnaie *f* unique.
single file *adv* en file indienne.
single-handedly *adv* tout seul.
single market *n* marché *m* unique.
single-minded /ˌsɪŋgl'maɪndɪd/ *adj* tenace, résolu.
single parent *n* ~ **family** famille monoparentale.
singular /ˈsɪŋgjʊlə(r)/ I *n* LING singulier *m*. II *adj* GÉN singulier/-ière.
sinister /ˈsɪnɪstə(r)/ *adj* sinistre.
sink /sɪŋk/ I *n* (in kitchen) évier *m*; (in bathroom) lavabo *m*. II *vtr* (*prét* **sank**; *pp* **sunk**) couler; (post) enfoncer. III *vi* couler; [sun, pressure] baisser; **to ~ into** s'enfoncer dans.
• **sink in**: comprendre.
sinner /ˈsɪnə(r)/ *n* pécheur/-eresse *m/f*.
sinuous /ˈsɪnjʊəs/ *adj* sinueux/-euse.
sinusitis /ˌsaɪnə'saɪtɪs/ *n* sinusite *f*.
sip /sɪp/ I *n* petite gorgée *f*. II *vtr* (*p prés etc* **-pp-**) boire [qch] à petites gorgées.
siphon /ˈsaɪfn/ I *n* siphon *m*. II *vtr* **to ~ (off) money** détourner de l'argent.
sir /sɜ:(r)/ *n* (form of address) Monsieur; (to president) Monsieur le président, MIL mon commandant/mon lieutenant; (emphatic) yes, ~!©US pas de doute!
sire /ˈsaɪə(r)/ *vtr* engendrer.
siren /ˈsaɪərən/ *n* sirène *f*.
sirloin /ˈsɜ:lɔɪn/ *n* aloyau *m*.
sissy© /ˈsɪsɪ/ *n* poule *f* mouillée©.
sister /ˈsɪstə(r)/ I *n* sœur *f*; MÉDGB infirmière *f* chef. II *in compounds* ~ **country** pays frère; ~ **nation** nation sœur.
sister-in-law *n* (*pl* **sisters-in-law**) belle-sœur *f*.
sit /sɪt/ I *vtr* (*p prés* **-tt-**; *prét, pp* **sat**) placer; (exam)GB passer. II *vi* s'asseoir; [committee, court] siéger.
• **sit about**, **sit around**: ne rien faire. • **sit down**: s'asseoir. • **sit in on**: assister à.
sitcom© /ˈsɪtkɒm/ *n* (*abrév* = **situation comedy**) sitcom *f*.
site /saɪt/ I *n* (of building, town) emplacement *m*, site *m*; (during building) chantier *m*. II *vtr* construire; **to be ~d** être situé.
sitting /ˈsɪtɪŋ/ *n* séance *f*.
sitting room *n* salon *m*.
situate /ˈsɪtjʊeɪt, ˈsɪtʃʊeɪtUS/ *vtr* situer; **to be ~d** se trouver.
situation /ˌsɪtjʊ'eɪʃn, ˌsɪtʃʊ-US/ *n* situation *f*; **~s vacant**GB offres d'emploi.
sit-ups /ˈsɪtʌps/ *npl* abdominaux *mpl*.
six /sɪks/ *n, adj* six *(m) inv*.
sixteen /ˌsɪk'sti:n/ *n, adj* seize *m, adj inv*.
sixteenth /sɪk'sti:nθ/ I *n* seizième *mf*; (of month) seize *m inv*. II *adj, adv* seizième.
sixth /sɪksθ/ I *n* sixième *mf*; (of month) six *m inv*. II *adj, adv* sixième.
sixth formGB *n* SCOL (lower) ≈ classes de première; (upper) ≈ classes de terminale.
sixties /ˈsɪkstɪz/ *npl* **the** ~ les années soixante.
sixtieth /ˈsɪkstɪəθ/ *n, adj* soixantième *(m/f)*.
sixty /ˈsɪkstɪ/ *n, adj* soixante *m, adj inv*.
size /saɪz/ I *n* taille *f*; (of bed, machine) dimensions *fpl*; (of class) effectif *m*; (of shoes) pointure *f*. II *vtr* ORDINAT (window) dimensionner; **to ~ up** (situation) évaluer.
sizeable /ˈsaɪzəbl/ *adj* assez grand.
skate /skeɪt/ I *n* patin *m* (*à glace, à roulettes*); (fish) raie *f*. II *vi* patiner.
skateboard, **skateboarding** *n* planche *f* à roulettes.
skater /ˈskeɪtə(r)/ *n* patineur/-euse *m/f*.
skating /ˈskeɪtɪŋ/ *n* patinage *m*.
skeleton /ˈskelɪtn/ *n* squelette *m*.

sketch /sketʃ/ I *n* (drawing) esquisse *f*; (outline) croquis *m*; (comic scene) sketch *m*. II *vtr* faire une esquisse de.

sketchy /ˈsketʃɪ/ *adj* insuffisant, vague.

skewer /ˈskju:ə(r)/ *n* brochette *f*.

ski /ski:/ I *n* ski *m*. II *vi* (*prét*, *pp* **skied**) skier, faire du ski.

skid /skɪd/ I *n* dérapage *m*. II *vi* (*p prés etc* **-dd-**) déraper.

skier /ˈski:ə(r)/ *n* skieur/-euse *m/f*.

skiing /ˈski:ɪŋ/ *n* ski *m*.

skilfulGB, **skillful**US /ˈskɪlfl/ *adj* habile.

skill /skɪl/ *n* habileté *f*, adresse *f*; (special ability) compétence *f*.

skilled /skɪld/ *adj* [work] qualifié; [actor] consommé.

skim /skɪm/ (*p prés etc* **-mm-**) *vtr* (milk) écrémer; (soup) écumer; (surface) frôler; (book) parcourir.

skimmed milk *n* lait *m* écrémé.

skimp /skɪmp/ *vi* **to ~ on** lésiner sur.

skin /skɪn/ I *n* peau *f*; (of onion) pelure *f*. II *vtr* (*p prés etc* **-nn-**) (fruit) peler.

skin diving *n* plongée *f* sous-marine.

skinny☺ /ˈskɪnɪ/ *adj* maigre.

skip /skɪp/ I *n* petit bond *m*; (rubbish container)GB benne *f*. II *vtr* (*p prés etc* **-pp-**) (lunch, school) sauter. III *vi* bondir.

skipper /ˈskɪpə(r)/ *n* NAUT capitaine *m*.

skipping /ˈskɪpɪŋ/ *n* saut *m* à la corde.

skirmish /ˈskɜ:mɪʃ/ *n* GÉN accrochage *m*; MIL escarmouche *f*.

skirt /skɜ:t/ *n* jupe *f*.
• **skirt round**GB: contourner.

skittleGB /ˈskɪtl/ *n* quille *f*.

skull /skʌl/ *n* crâne *m*.

skunk /skʌŋk/ *n* moufette *f*.

sky /skaɪ/ *n* ciel *m*.

skydiving *n* parachutisme *m*.

skyline *n* ligne *f* d'horizon.

skyscraper *n* gratte-ciel *m inv*.

slab /slæb/ *n* dalle *f*; (of meat) pavé *m*; (of ice) plaque *f*.

slack /slæk/ I **~s** *npl* pantalon *m*. II *adj* négligent, peu consciencieux/-ieuse; [work] peu soigné; [period] creux/creuse (*after n*); [demand, sales] faible. III *vi* [worker] se relâcher.

slacken /ˈslækən/ *vtr*, *vi* (se) relâcher.

slain /sleɪn/ *pp* ▸ **slay**.

slam /slæm/ *vtr*, *vi* (*p prés etc* **-mm-**) claquer.

slander /ˈslɑ:ndə(r), ˈslæn-US/ I *n* calomnie *f*; JUR diffamation *f* orale. II *vtr* calomnier; JUR diffamer.

slang /slæŋ/ *n* argot *m*.

slant /slɑ:nt, slæntUS/ I *n* point *m* de vue. II *vtr* présenter [qch] avec parti pris. III *vi* [handwriting] pencher.

slanted /ˈslɑ:ntɪd, ˈslæn-US/ *adj* partial/-e.

slap /slæp/ I *n* tape *f*, claque *f*. II *vtr* (*p prés etc* **-pp-**) (person, animal) donner une tape à.

slapstick /ˈslæpstɪk/ *n* slapstick *m* (*comique tarte à la crème*).

slash /slæʃ/ I *n* (scar) balafre *f*; (in printing) barre *f* oblique; FIN réduction *f*; (in skirt) fente *f*. II *vtr* tailler, couper.

slate /sleɪt/ I *n* ardoise *f*. II *vtr* (criticize)☺GB taper sur☺.

slaughter /ˈslɔ:tə(r)/ I *n* (in butchery) abattage *m*; (of people) massacre *m*, boucherie☺ *f*; (road deaths) carnage *m*. II *vtr* massacrer; (in butchery) abattre.

slaughterhouse /ˈslɔ:təhaus/ *n* abattoir *m*.

slave /sleɪv/ I *n* esclave *mf*. II *vi* travailler comme un forçat.

slavery /ˈsleɪvərɪ/ *n* esclavage *m*.

slay /sleɪ/ *vtr* (*prét* **slew**; *pp* **slain**) faire périr; **two slain**☺US deux tués.

sleazy☺ /ˈsli:zɪ/ *adj* PÉJ louche.

sledgeGB /sledʒ/, **sled**US /sled/ I *n* luge *f*; (pulled) traîneau *m*. II *vi* faire de la luge.

sleek /sli:k/ *adj* [hair] lisse et brillant; [shape] élégant.

sleep /sli:p/ I *n* sommeil *m*; **to get some ~** dormir. II *vtr* (*prét, pp* **slept**) [house] loger. III *vi* dormir.

sleeper /ˈsli:pə(r)/ *n* dormeur/-euse *m/f*; RAIL couchette *f*.

sleeping /ˈsli:pɪŋ/ *adj* qui dort, endormi.

sleeping bag *n* sac *m* de couchage.

sleeping pill *n* somnifère *m*.

sleepy /ˈsli:pɪ/ *adj* endormi, somnolent; **to feel/be ~** avoir envie de dormir, avoir sommeil.

sleet /sli:t/ *n* neige *f* fondue.

sleeve /sli:v/ *n* manche *f*; (of record) pochette *f*; (of CD) boîtier *m*.
• **to have sth up one's ~** avoir qch en réserve.

sleeveless /ˈsli:vlɪs/ *adj* sans manches.

slender /ˈslendə(r)/ *adj* [person] mince; [waist] fin; [majority] faible.

slept /slept/ *prét, pp* ▸ **sleep**.

sleuth /slu:θ/ *n* limier *m*, détective *m*.

slew /slu:/ *prét* ▸ **slay**.

slice /slaɪs/ I *n* tranche *f*; (of cheese) morceau *m*; (of pie) part *f*; (of lemon) rondelle *f*. II *vtr* couper [qch] (en tranches); (ball) slicer, couper.

sliced bread *n* pain *m* en tranches.

slick /slɪk/ I *n* nappe *f* de pétrole; (on shore) marée *f* noire. II *adj* PÉJ roublard☺; [answer] astucieux/-ieuse; [excuse] facile.

slide /slaɪd/ I *n* toboggan *m*; (on ice) glissoire *f*; (decline) baisse *f*; PHOT diapositive *f*; (hairclip)GB barrette *f*. II *vtr* (*prét, pp* **slid**) faire glisser. III *vi* glisser.

sliding /ˈslaɪdɪŋ/ *adj* [door] coulissant; [roof] ouvrant.

slight /slaɪt/ I *adj* léger/-ère; [risk, danger] faible; [pause, hesitation] petit; **not in the ~est** pas le moins du monde. II *vtr* vexer.

slightly /ˈslaɪtlɪ/ *adv* légèrement, un peu.

slim /slɪm/ I *adj* mince; [watch, calculator] plat. II *vtr* (*p prés etc* **-mm-**) amincir. IIIGB *vi* maigrir.

slime /slaɪm/ *n* dépôt *m* visqueux; (on riverbed) vase *f*; (of snail) bave *f*.

slimy /ˈslaɪmɪ/ *adj* visqueux/-euse.

sling /slɪŋ/ I *n* MÉD écharpe *f*; (for baby) porte-bébé *m inv*. II *vtr* (*prét, pp* **slung**) lancer.
• **sling out**☺: jeter, balancer.

slip /slɪp/ I *n* GÉN erreur *f*; (by schoolchild) faute *f* d'étourderie; (faux pas) gaffe☺ *f*; **a ~ of paper** un bout de papier; **a receipt ~** un reçu; (slipping) glissade *f* involontaire; (petticoat) combinaison *f*; (half) jupon *m*. II *vtr* (*p prés etc* **-pp-**) glisser [qch] dans qch; (shoes) enfiler. III *vi* glisser; [load] tomber.
• **slip away**: partir discrètement. • **slip by**: [time] passer. • **slip in**: entrer discrètement; (remark) glisser. • **slip on**: (garment) passer, enfiler. • **slip out**: sortir discrètement; **it just ~ped out!** ça m'a échappé! • **slip up**☺: faire une gaffe☺.

slipper /ˈslɪpə(r)/ *n* pantoufle *f*.

slippery /ˈslɪpərɪ/ *adj* glissant.

slit /slɪt/ I *n* fente *f*. II *vtr* (*prét, pp* **slit**) fendre.

slither /ˈslɪðə(r)/ *vi* glisser.

sliver /ˈslɪvə(r)/ *n* éclat *m*; (of food) mince tranche *f*.

slog☺ /slɒg/ I *n* **what a ~!** quelle galère☺! II *vtr* (*p prés etc* **-gg-**) **to ~ it out** se battre. III *vi* travailler dur, bosser☺.

slope /sləʊp/ I *n* GÉN pente *f*; **north/south ~** versant nord/sud. II *vi* être en pente; [writing] pencher.

sloppily /ˈslɒpɪlɪ/ *adv* n'importe comment.

sloppy☺ /ˈslɒpɪ/ *adj* débraillé, peu soigné; (overemotional) sentimental.

slosh☺ /slɒʃ/ I *vtr* répandre. II *vi* clapoter.

slot /slɒt/ I *n* fente *f*; (groove) rainure *f*; (in schedule) créneau *m*; (job) place *f*. II *vtr* (*p prés etc* **-tt-**) insérer.

slot machine *n* machine *f* à sous.

slouch☺ /slaʊtʃ/ *vi* être avachi.

slovenly /ˈslʌvnlɪ/ *adj* négligé.

slow /sləʊ/ I *adj* lent; [clock, watch] **to be ~** retarder. II *adv* GÉN lentement. III *vtr, vi* ralentir.
• **slow down, slow up**: ralentir.

slowdown *n* (in economy) ralentissement *m*.

slowly /ˈsləʊlɪ/ *adv* lentement.

slow motion *n* ralenti *m*.

sludge /slʌdʒ/ *n* vase *f*.

slug /slʌg/ *n* (animal) limace *f*; (bullet)☺ balle *f*.

sluggish /ˈslʌgɪʃ/ *adj* lent; FIN qui stagne.

slum /slʌm/ *n* (dwelling) taudis *m*.

slump /slʌmp/ I *n* effondrement *m* boursier; (period of unemployment) récession *f*; (in popularity) chute *f*. II *vi* [value] chuter; [market] s'effondrer.

slung /slʌŋ/ *prét, pp* ▸ **sling**.

slur /slɜː(r)/ I *n* calomnie *f*. II *vtr* (*p prés etc* **-rr-**) **to ~ one's speech** manger ses mots.

slush /slʌʃ/ *n* neige *f* fondue.

sly /slaɪ/ *adj* rusé.

smack /smæk/ I *n* claque *f*, gifle *f*; (loud kiss) gros baiser *m*. II☺ *adv* en plein☺. III *vtr* (on face) gifler. IV *vi* **to ~ of** ressembler à.

small /smɔːl/ I *n* **the ~ of the back** le creux du dos. II *adj, adv* GÉN petit.

smallpox *n* variole *f*.

smart /smɑːt/ I *adj* (elegant)GB élégant, chic *inv*; (intelligent)☺ malin, habile; (quick) rapide. II *vi* brûler.

smart card *n* ORDINAT carte *f* à puce.

smarten /ˈsmɑːtn/ *v*.
• **smarten up**: embellir, s'arranger.

smartly /ˈsmɑːtlɪ/ *adv* [dressed]GB élégamment; [defend] inteligemment.

smash /smæʃ/ I *n* (of vehicles) fracas *m*; (accident)☺ collision *f*. II *vtr* briser, casser; (opponent) écraser. III *vi* se briser, se fracasser.

smashing☺GB /ˈsmæʃɪŋ/ *adj* épatant☺.

smear /smɪə(r)/ I *n* tache *f*, trace *f*. II *vtr* salir; (spread) étaler. III *vi* [paint] s'étaler; [make-up] couler.

smell /smel/ I *n* odeur *f*; (sense) odorat *m*. II *vtr, vi* (*prét, pp* **smelled**, **smelt**) sentir.

smelly /ˈsmelɪ/ *adj* qui sent mauvais.

smelt /smelt/ I *prét, pp* ▸ **smell**. II *n* (fish) éperlan *m*.

smile /smaɪl/ I *n* sourire *m*. II *vi* sourire.

smirk /smɜːk/ *n* sourire *m* satisfait.

smog /smɒg/ *n* smog *m* *(mélange de fumée et de brouillard)*.

smoke /sməʊk/ I *n* fumée *f*; **to have a ~** fumer. II *vtr, vi* fumer. III **~d** *pp adj* fumé.

smoker /ˈsməʊkə(r)/ *n* fumeur/-euse *m/f*.

smoking /ˈsməʊkɪŋ/ *n* **~ and drinking** le tabac et l'alcool; **no ~** défense de fumer.

smoky /ˈsməʊkɪ/ *adj* enfumé.

smooth /smuːð/ I *adj* lisse; [line] régulier/-ière; (problem-free) paisible; [taste] moelleux/-euse; PÉJ [person] mielleux/-euse; [manners, cream] onctueux/-euse. II *vtr* lisser; FIG aplanir, faciliter.

smoothly /ˈsmuːðlɪ/ *adv* en douceur.

smother /ˈsmʌðə(r)/ *vtr* étouffer; **~ed in ivy** couvert de lierre.

smudge /smʌdʒ/ I *n* trace *f*. II *vtr* (make-up, ink) étaler; (paper, paintwork) faire des traces sur.

smug /smʌg/ *adj* suffisant, content de soi.

smuggle /ˈsmʌgl/ *vtr* faire passer [qch] clandestinement.

smuggler /ˈsmʌglə(r)/ *n* contrebandier/-ière *m/f*.

snack /snæk/ *n* repas *m* léger, casse-croûte *m inv*; (peanuts, etc) amuse-gueule *m inv*.

snag /snæg/ *n* inconvénient *m*, problème *m*; (in stocking) accroc *m*.

snail /sneɪl/ *n* escargot *m*.

snake /sneɪk/ *n* serpent *m*.

snap /snæp/ I *n* (of branch) craquement *m*; (of fingers, lid, elastic) claquement *m*; PHOT☺ photo *f*; (game of card) ≈ bataille *f*. II *adj* rapide. III *vtr* (*p prés etc* **-pp-**) (fingers) faire claquer; (break) (faire) casser net; PHOT☺ prendre une photo de. IV *vi* se casser; FIG [person] craquer☺; (speak sharply) parler hargneusement.
• **snap up**: (bargain) sauter sur.

snappy /ˈsnæpɪ/ *adj* rapide; [clothing]☺ chic *inv*.
• **make it ~**☺**!** grouille-toi☺!

snapshot /ˈsnæpʃɒt/ *n* photo *f*.

snare /sneə(r)/ *n* piège *m*.

snarl /snɑ:l/ *vtr, vi* [animal] gronder.
• **snarl up**: bloquer.

snatch /snætʃ/ I *n* bribe *f*, extrait *m*. II *vtr* attraper, saisir; (baby) kidnapper.

sneak /sni:k/ I☺GB *n* PÉJ rapporteur/-euse *m/f*. II *vi* **to ~ in/out** entrer/sortir furtivement.

sneakerUS /ˈsni:kə(r)/ *n* basket *f*, tennis *f*.

sneer /snɪə(r)/ I *n* sourire *m* méprisant. II *vi* sourire avec mépris.

sneeze /sni:z/ I *n* éternuement *m*. II *vi* éternuer.

sniff /snɪf/ I *vtr* (perfume) sentir; (glue) inhaler. II *vi* renifler; FIG faire une moue.

snigger /ˈsnɪgə(r)/ *vi* ricaner.

snip /snɪp/ I *n* ☺GB (bonne) affaire *f*. II *vtr* (*p prés etc* **-pp-**) découper.

snipe /snaɪp/ *vi* tirer (sur).

sniper /ˈsnaɪpə(r)/ *n* tireur *m* embusqué.

snippet /ˈsnɪpɪt/ *n* (*gén pl*) bribes *fpl*.

snob /snɒb/ *n* snob *mf*.

snobbish /ˈsnɒbɪʃ/ *adj* snob *inv*.

snooker /ˈsnu:kə(r)/ *n* snooker *m* (*variante du billard*).

snoop☺ /snu:p/ *vi* espionner; **to ~ into** mettre son nez☺ dans.

snooze☺ /snu:z/ I *n* petit somme *m*. II *vi* sommeiller.

snore /snɔ:(r)/ I *n* ronflement *m*. II *vi* ronfler.

snorkel /ˈsnɔ:kl/ *n* (for swimmer) tuba *m*.

snort /snɔ:t/ *vi* grogner; [horse] s'ébrouer.

snow /snəʊ/ I *n* neige *f*. II *v impers* neiger; **~ed in** bloqué par la neige; **~ed under with** submergé de.

snowball /ˈsnəʊbɔ:l/ *n* boule *f* de neige.

snowdrift *n* congère *f*.

snowdrop *n* perce-neige *m/f inv*.

snowfall *n* chute *f* de neige.

snowflake *n* flocon *m* de neige.

snowman *n* bonhomme *m* de neige.

snow ploughGB, **snow plow**US *n* chasse-neige *m inv*.

snowstorm *n* tempête *f* de neige.

snub /snʌb/ I *n* rebuffade *f*. II *vtr* (*p prés etc* **-bb-**) ignorer.

snuff /snʌf/ *n* tabac *m* à priser.

snug /snʌg/ IGB *n petite arrière-salle d'un bar*. II *adj* [bed, room] douillet; [coat] chaud.

snuggle /ˈsnʌgl/ *vi* se blottir.

so /səʊ/ I *adv* (very) si, tellement; **and ~ on and ~ forth** et ainsi de suite; (also) aussi;

(thereabouts)☺ **20 or ~** environ 20; (as introductory remark) alors; **who says ~?** selon qui?, qui dit ça? II **~ (that)** *conj phr* de façon à ce que (+ *subj*); pour que (+ *subj*). III **~ as** *conj phr* pour. IV **~ much** *adv phr, pron phr* tellement.

• **~ long**☺**!** à bientôt!; **~ much the better** tant mieux.

soak /səuk/ I *vtr* (faire) tremper. II *vi* être absorbé par. III **~ed** *pp adj* **~ed through/to the skin** trempé jusqu'aux os.

• **soak up**: absorber.

soaking /ˈsəukɪŋ/ *adj* trempé.

soap /səup/ I *n* savon *m*. II *vtr* savonner.

soap opera *n* feuilleton *m*.

soap powder *n* lessive *f* (en poudre).

soar /sɔː(r)/ *vi* monter en flèche.

sob /sɒb/ I *n* sanglot *m*. II *vi* (*p prés etc* **-bb-**) sangloter.

sober /ˈsəubə(r)/ *adj* sobre; (serious) sérieux/-ieuse.

• **sober up**: **~ up** dessoûler.

sobering /ˈsəubərɪŋ/ *adj* qui donne à réfléchir.

soccer /ˈsɒkə(r)/ *n* SPORT football *m*.

social /ˈsəuʃl/ *adj* social; [call, visit] amical.

socialism /ˈsəuʃəlɪzəm/ *n* socialisme *m*.

socialist /ˈsəuʃəlɪst/ *n, adj* socialiste (*mf*).

socialite /ˈsəuʃəlaɪt/ *n* mondain/-e *m/f*.

socialize /ˈsəuʃəlaɪz/ *vi* rencontrer des gens.

social life *n* vie *f* sociale; (of town) vie *f* culturelle.

socially /ˈsəuʃəlɪ/ *adv* [meet, mix] en société.

social security *n* (benefit) aide *f* sociale; **to be on ~** recevoir l'aide sociale.

social studies *n* (*sg*) sciences *fpl* humaines.

social worker *n* travailleur/-euse *m/f* social/-e.

society /səˈsaɪətɪ/ *n* société *f*.

sociologist /ˌsəusɪˈɒlədʒɪst/ *n* sociologue *mf*.

sociology /ˌsəusɪˈɒlədʒɪ/ *n* sociologie *f*.

sock /sɒk/ *n* chaussette *f*.

socket /ˈsɒkɪt/ *n* prise *f* (de courant); (for bulb) douille *f*; (of eye) orbite *f*.

soda /ˈsəudə/ *n* CHIMIE soude *f*; soda *m*.

sodden /ˈsɒdn/ *adj* trempé.

sofa /ˈsəufə/ *n* canapé *m*.

soft /sɒft, sɔːft^US/ *adj* doux/douce; [butter] mou/molle; [pressure, touch] léger/-ère; [eyes, heart] tendre.

soft drink *n* boisson *f* non alcoolisée.

soften /ˈsɒfn, ˈsɔːfn^US/ *vtr, vi* (s')adoucir; (butter, metal) (s')amollir.

software /ˈsɒftweə(r), ˈsɔːft-^US/ *n* ORDINAT logiciel *m*.

soggy /ˈsɒgɪ/ *adj* détrempé; [food] ramolli.

soil /sɔɪl/ I *n* sol *m*, terre *f*. II *vtr* salir.

solar /ˈsəulə(r)/ *adj* solaire.

sold /səuld/ *prét, pp* ▸ **sell**.

solder /ˈsəuldə(r)^GB, ˈsɒdər^US/ *vtr* souder.

soldier /ˈsəuldʒə(r)/ *n* soldat *m*.

• **soldier on**: persévérer malgré tout.

sole /səul/ I *n* (fish) sole *f*; (of shoe) semelle *f*; (of foot) plante *f*. II *adj* seul, unique.

solemn /ˈsɒləm/ *adj* solennel/-elle.

solicit /səˈlɪsɪt/ *vtr* solliciter.

solicitor^GB /səˈlɪsɪtə(r)/ *n* JUR ≈ notaire *m*; (for court) ≈ avocat/-e *m/f*.

solid /ˈsɒlɪd/ I *n* solide *m*. II **~s** *npl* aliments *mpl* solides. III *adj* solide, sûr; [building] massif/-ive; [advice, work] sérieux/-ieuse.

solidarity /ˌsɒlɪˈdærətɪ/ *n* solidarité *f*.

solitaire /ˌsɒlɪˈteə(r), ˈsɒlɪteər^US/ *n* JEUX solitaire *m*; ^US réussite *f*.

solitary /ˈsɒlɪtrɪ, -terɪ^US/ *adj* solitaire, seul; [farm, village] isolé.

solo /ˈsəʊləʊ/ I *n, adj* solo *(m)*. II *adv* en solo.

soloist /ˈsəʊləʊɪst/ *n* soliste *mf*.

soluble /ˈsɒljʊbl/ *adj* soluble.

solution /səˈlu:ʃn/ *n* solution *f*.

solve /sɒlv/ *vtr* résoudre.

solvent /ˈsɒlvənt/ I *n* solvant *m*. II *adj* FIN solvable.

sombre^GB, **somber**^US /ˈsɒmbə(r)/ *adj* sombre.

some /sʌm/ I *det, quantif* (an unspecified amount or number) du, de la, des; ~ **cheese/peaches** du fromage/des pêches; (certain: in contrast to others) certains; ~ **children like it** certains enfants aiment ça; (a considerable amount or number) beaucoup de, plusieurs**for ~ years** plusieurs années; **to ~ extent** dans une certaine mesure. II *pron* (an unspecified amount or number) **(do) have ~!** servez-vous!; (certain ones) ~ **(of them) are blue** certains sont bleus. III *adv* (approximately) environ.

somebody /ˈsʌmbədɪ/ *pron* quelqu'un.

somehow /ˈsʌmhaʊ/ *adv* d'une manière ou d'une autre.

someone /ˈsʌmwʌn/ *pron* quelqu'un.

someplace /ˈsʌmpleɪs/ *adv* quelque part.

somersault /ˈsʌməsɒlt/ *n* culbute *f*; (of vehicle) tonneau *m*.

something /ˈsʌmθɪŋ/ I *pron* quelque chose. II *adv* un peu; ~ **around 10** environ 10.

sometime /ˈsʌmtaɪm/ *adv* un jour (ou l'autre); ~ **tomorrow** demain dans la journée.

sometimes /ˈsʌmtaɪmz/ *adv* parfois, quelquefois.

somewhat /ˈsʌmwɒt/ *adv* (with adj) plutôt; (with verb, adverb) un peu.

somewhere /ˈsʌmweə(r)/ *adv* quelque part.

son /sʌn/ *n* fils *m*.

song /sɒŋ/ *n* chanson *f*; (of bird) chant *m*.

son-in-law /ˈsʌnɪnlɔ:/ *n* gendre *m*.

sonnet /ˈsɒnɪt/ *n* sonnet *m*.

soon /su:n/ *adv* (in a short time) bientôt; (early) tôt; **too ~** trop vite; **as ~ as possible** dès que possible; (rather) **~er him than me!** plutôt lui que moi!

soot /sʊt/ *n* suie *f*.

soothe /su:ð/ *vtr, vi* calmer, apaiser.

sophisticated /səˈfɪstɪkeɪtɪd/ *adj* raffiné, sophistiqué.

sophomore^US /ˈsɒfəmɔ:(r)/ *n* UNIV *étudiant en deuxième année d'université*; SCOL *élève en deuxième année de lycée*.

soppy^©GB /ˈsɒpɪ/ *adj* PÉJ sentimental.

sorcerer /ˈsɔ:sərə(r)/ *n* sorcier *m*.

sordid /ˈsɔ:dɪd/ *adj* sordide.

sore /sɔ:(r)/ I *n* plaie *f*. II *adj* [eyes, throat] irrité; [muscle] endolori; **to get ~**^©US se vexer.

sorely /ˈsɔ:lɪ/ *adv* fortement.

sorghum /ˈsɔ:gəm/ *n* sorgho *m*.

sorrel /ˈsɒrəl, ˈsɔ:rəl^US/ *n* (plant) oseille *f*.

sorrow /ˈsɒrəʊ/ *n* chagrin *m*.

sorry /ˈsɒrɪ/ I *adj* désolé; **you'll be ~!** tu t'en repentiras!; **to be/feel ~ for sb** plaindre qn; (pathetic) triste. II *excl* pardon, excusez-moi.

sort /sɔ:t/ I *n* sorte *f*, genre *m*; **some ~ of bird** une sorte/espèce d'oiseau; ORDINAT tri *m*. II **~ of**^© *adv phr* plus ou moins. III *vtr* (data, stamps) classer; (letters, apples) trier.

• **sort out**: (problem) régler; (files) classer.

so-so^© /ˌsəʊˈsəʊ/ *adv* comme ci comme ça^©.

sought /sɔ:t/ *prét, pp* ▸ **seek**.

soul /səʊl/ *n* âme *f*.

soulful /ˈsəʊlfl/ *adj* mélancolique.

sound /saʊnd/ **I** *n* GÉN son *m*; (noise) bruit *m*; (stretch of water) détroit *m*. **II** *adj* [building, heart] solide; [judgment, management] sain; [health] bon/bonne; [sleep] profond. **III** *vtr* sonner. **IV** *vi* sonner; (seem) sembler; **it ~s dangerous** ça a l'air dangereux; **spell it as it ~s** écris-le comme ça se prononce. **V** *adv* [sleep] à poings fermés.

soundly /ˈsaʊndlɪ/ *adv* [sleep] à poings fermés; [built] solidement.

soundproof /ˈsaʊndpruːf/ *adj* insonorisé.

sound system *n* (hi-fi) stéréo© *f*.

soundtrack *n* (of film) bande *f* sonore.

soup /suːp/ *n* soupe *f*, potage *m*.

sour /ˈsaʊə(r)/ *adj* (bitter) aigre; **to go ~** tourner.

source /sɔːs/ *n* source *f*, origine *f*.

sourdoughUS *n* levain *m*.

south /saʊθ/ **I** *n*, *adj* sud *m*, *(inv)*. **II** *adv* au sud.

southeast *n* sud-est *m*.

southern /ˈsʌðən/ *adj* du sud, du Midi.

southward /ˈsaʊθwəd/ *adj*, *adv* vers le sud.

southwest /ˌsaʊθˈwest/ *n* sud-ouest *m*.

souvenir /ˌsuːvəˈnɪə(r), ˈsuːvənɪərUS/ *n* souvenir *m*.

sovereign /ˈsɒvrɪn/ *n* souverain/-e *m/f*.

sovereignty /ˈsɒvrəntɪ/ *n* souveraineté *f*.

sow¹ /saʊ/ *n* truie *f*.

sow² /səʊ/ *vtr* (*prét* **~ed**; *pp* **~ed**, **~n**) semer.

soya /ˈsɔɪə/ *n* soja *m*; **~ bean** soja.

spa /spɑː/ *n* station *f* thermale.

space /speɪs/ **I** *n* ¢ (room) place *f*, espace *m*; (of time) intervalle *m*. **II** *in compounds* [programme, rocket] spatial. **III** *vtr* espacer.
• **space out**: espacer.

spacecraft *n* vaisseau *m* spatial.

spaced-out© *adj* **he's completely ~**© il plane© complètement.

spaceman *n* cosmonaute *m*.

space station *n* station *f* orbitale.

spacious /ˈspeɪʃəs/ *adj* spacieux/-ieuse.

spade /speɪd/ *n* bêche *f*; JEUX **~s** pique *m*.

span /spæn/ **I** *n* (of time) durée *f*; (width) envergure *f*; (of arch) portée *f*. **II** *vtr* (*p prés etc* **-nn-**) [bridge, arch] enjamber; FIG s'étendre sur.

spaniel /ˈspænjəl/ *n* épagneul *m*.

spank /spæŋk/ *vtr* donner une fessée à.

spannerGB /ˈspænə(r)/ *n* clé *f* (*de serrage*); **adjustable ~** clé à molette.

spare /speə(r)/ **I** *n* (wheel) roue *f* de secours. **II** *adj* [shirt] de rechange; [wheel] de secours; [cash, capacity] restant; **a ~ ticket** un ticket en trop; **a ~ moment** un moment de libre; [room] d'ami. **III** *vtr* épargner; **time to ~** du temps (à perdre): **to ~ sb for** se passer de qn pour. **IV** *v refl* éviter.

spare part *n* AUT pièce *f* de rechange.

spare time *n* ¢ loisirs *mpl*.

sparing /ˈspeərɪŋ/ *adj* **~ of** avare de.

spark /spɑːk/ **I** *n* étincelle *f*; (of intelligence) lueur *f*. **II** *vtr* **~ (off)** susciter.

sparkle /ˈspɑːkl/ **I** *n* scintillement *m*; (of performance) éclat *m*. **II** *vi* [flame, light] étinceler; [drink] pétiller.

sparrow /ˈspærəʊ/ *n* moineau *m*.

sparrowhawk *n* épervier *m*.

sparse /spɑːs/ *adj* clairsemé, épars.

spasm /ˈspæzəm/ *n* spasme *m*.

spat /spæt/ ► **spit**.

spate /speɪt/ *n* **a ~ of** une série de.

spatial /ˈspeɪʃl/ *adj* spatial.

spatter /ˈspætə(r)/ *vtr* éclabousser.

speak /spiːk/ **I** *vtr* (*prét* **spoke**; *pp* **spoken**) parler; **French spoken** on parle français; (truth, poetry) dire. II *vi* parler; **so to ~** pour ainsi dire.

• **speak up**: parler plus fort.

speaker /ˈspiːkə(r)/ *n* (orator) orateur/-trice *m/f*; (lecturer) conférencier/-ière *m/f*; **a French ~** un francophone; POL[GB] *président des Communes*; ÉLEC haut-parleur *m*.

spear /ˈspɪə(r)/ *n* (weapon) lance *f*; (of asparagus) pointe *f*; (of broccoli) branche *f*.

spearhead /ˈspɪəhed/ I *n* fer *m* de lance. II *vtr* mener.

spearmint *n* menthe *f* verte.

spec[©] /spek/ (speculation) **on ~** à tout hasard.

special /ˈspeʃl/ I *n* plat *m* du jour. II *adj* GÉN spécial; **as a ~ treat** exceptionnellement.

Special Branch[GB] *n service de contre-espionnage.*

special delivery *n* POSTES service *m* exprès.

specialist /ˈspeʃəlɪst/ *n* spécialiste *mf*.

speciality[GB] /ˌspeʃɪˈælətɪ/, **specialty**[US] /ˈspeʃəltɪ/ *n* spécialité *f*.

specialize /ˈspeʃəlaɪz/ *vi* se spécialiser (en).

specially /ˈspeʃəlɪ/ *adv* spécialement.

special needs[GB] *npl* difficultés *fpl* d'apprentissage scolaire.

species /ˈspiːʃiːz/ *n inv* espèce *f*.

specific /spəˈsɪfɪk/ I **~s** *npl* détails *fpl*. II *adj* précis.

specifically /spəˈsɪfɪklɪ/ *adv* spécialement; **more ~** plus particulièrement.

specification /ˌspesɪfɪˈkeɪʃn/ *n* spécification *f*.

specify /ˈspesɪfaɪ/ *vtr* préciser, spécifier.

specimen /ˈspesɪmən/ *n* spécimen *m*, échantillon *m*; (of blood) prélèvement *m*.

speck /spek/ *n* (of dust) grain *m*; (of dirt) petite tache *f*.

spectacle /ˈspektəkl/ I *n* spectacle *m*. II **~s** *npl* lunettes *fpl*.

spectacular /spekˈtækjʊlə(r)/ *adj* spectaculaire.

spectator /spekˈteɪtə(r)/ *n* spectateur/-trice *m/f*.

spectre[GB], **specter**[US] /ˈspektə(r)/ *n* spectre *m*.

spectrum /ˈspektrəm/ *n* (*pl* **-tra**, **-trums**) PHYS spectre *m*; (range) gamme *f*.

speculate /ˈspekjʊleɪt/ I *vtr* supposer. II *vi* FIN spéculer; (wonder) s'interroger sur.

speculation /ˌspekjʊˈleɪʃn/ *n* GÉN conjectures *fpl*; FIN spéculation *f*.

speech /spiːtʃ/ *n* discours *m*; LING **direct/indirect ~** discours direct/indirect; THÉÂT tirade *f*; (faculty) parole *f*; (spoken form) langage *m*.

speechless /ˈspiːtʃlɪs/ *adj* sans voix.

speed /spiːd/ I *n* vitesse *f*; (of reaction) rapidité *f*. II *vtr* (*prét*, *pp* **sped/speeded**) hâter. III *vi* conduire trop vite.

• **speed up**: aller plus vite.

speedboat *n* hors-bord *m inv*.

speed limit *n* limitation *f* de vitesse.

speedometer /spɪˈdɒmɪtə(r)/ *n* compteur *m* (de vitesse).

speedy /ˈspiːdɪ/ *adj* rapide.

speed zone[US] *n* zone *f* à vitesse limitée.

speleology /ˌspiːlɪˈɒlədʒɪ/ *n* spéléologie *f*.

spell /spel/ I *n* (period) moment *m*; (magic) charme *m*, formule *f* magique. II *vtr* (*pp*, *prét* **spelled/spelt**) épeler; (on paper) écrire (correctement); (danger, disaster, ruin) signifier. III *vi* connaître l'orthographe.

spellcheck(er) *n* ORDINAT correcteur *m* orthographique.

spelling /ˈspelɪŋ/ *n* orthographe *f*.

spend /spend/ I *vtr* (*prét, pp* **spent**) dépenser; (time) passer; (energy) épuiser. II *vi* dépenser.

spender /ˈspendə(r)/ *n* dépensier/-ière.

spending money *n* argent *m* de poche.

spent /spent/ I *prét, pp* ▸ **spend**. II *adj* [match] utilisé; [bullet] perdu; [person] épuisé.

sperm /spɜːm/ *n* sperme *m*.

spew /spjuː/ I *vtr* (lava) vomir; (insults, coins) cracher. II *vi* jaillir.

sphere /sfɪə(r)/ *n* sphère *f*.

spice /spaɪs/ *n* épice *f*; FIG piment *m*.

spick-and-span *adj* impeccable.

spicy /ˈspaɪsɪ/ *adj* [food] épicé; [story] croustillant.

spider /ˈspaɪdə(r)/ *n* araignée *f*.

spike /spaɪk/ *n* pointe *f*.

spill /spɪl/ (*prét, pp* **spilt/~ed**) I *vtr* renverser, répandre. II *vi* ~ (out) se répandre.
• **spill over**: déborder.

spin /spɪn/ I *n* tour *m*. II *vtr* (*p prés* **-nn-**; *prét, pp* **spun**) faire tourner; **to ~ a coin** tirer à pile ou face; (wool, thread) filer; (clothes) essorer qch à la machine. III *vi* tourner; [plane] descendre en vrille.
• **spin out**: faire durer.

spinach /ˈspɪnɪdʒ, -ɪtʃ[US]/ *n* épinard *m*.

spinal /ˈspaɪnl/ *adj* spinal, de la colonne vertébrale.

spin doctor *n* POL conseiller *m* en relations publiques.

spine /spaɪn/ *n* colonne *f* vertébrale; (of book) dos *m*; (of plant) épine *f*.

spin-off /ˈspɪnɒf/ *n* dérivé *m*; retombée *f* favorable.

spinster /ˈspɪnstə(r)/ *n* PÉJ vieille fille, célibataire *f*.

spiral /ˈspaɪərəl/ I *n* spirale *f*. II *vi* (*p prés etc* **-ll-**[GB], **-l-**[US]) ÉCON monter en flèche.

spiral staircase *n* escalier *m* en colimaçon.

spire /ˈspaɪə(r)/ *n* flèche *f*.

spirit /ˈspɪrɪt/ I *n* esprit *m*; (courage) courage *m*. II **~s** *npl* humeur *f*; (alcohol) spiritueux *mpl*.

spiritual /ˈspɪrɪtʃʊəl/ I *n* MUS spiritual *m*. II *adj* spirituel/-elle.

spit /spɪt/ I *n* salive *f*; (on ground) crachat *m*; CULIN broche *f*. II *vtr, vi* (*p prés* **-tt-**; *prét, pp* **spat, spit**[US]) cracher.

spite /spaɪt/ I *n* rancune *f*. II **in ~ of** *prep phr* malgré.

spitting /ˈspɪtɪŋ/ *pres p adj* **it's ~ with rain** il bruine.

splash /splæʃ/ I *n* plouf *m*; (of mud) tache *f*; (of water, oil) éclaboussure *f*. II *vtr, vi* éclabousser.

splatter /ˈsplætə(r)/ I *vtr* éclabousser. II *vi* gicler.

splendid /ˈsplendɪd/ *adj* splendide, formidable[☺], merveilleux/-euse.

splendour[GB], **splendor**[US] /ˈsplendə(r)/ *n* splendeur *f*.

splinter /ˈsplɪntə(r)/ I *n* (of glass, etc) éclat *m*; (on finger) écharde *f*. II *vi* se briser.

split /splɪt/ I *n* déchirure *f*; (in rock, wood) fissure *f*; (in party, etc) scission *f*; (share-out) partage *m*; (difference) écart *m*. II *vtr* (*p prés* **-tt-**; *prét, pp* **split**) fendre; (fabric, garment) déchirer; (party, movement, alliance) diviser; (share) partager. III *vi* se fendre; se déchirer; (tell tales)[☺GB] cafarder[☺]; (leave)[☺US] filer[☺].
• **split up**: se séparer; (money) partager.

split second *n* fraction *f* de seconde.

splutter /ˈsplʌtə(r)/ *vi* [person] bafouiller; [fire, match] grésiller; [motor] crachoter.

spoil /spɔɪl/ I **spoils** *npl* (of war) butin *m*. II *vtr* (*prét, pp* **~ed/~t**[GB]) GÉN gâcher; (child) gâter. III *vi* [food] s'abîmer. IV *v refl* **to ~ oneself** se faire un petit plaisir.

spoiled, **spoilt**GB /spɔɪld, spɔɪlt/ *adj* PÉJ gâté.

spoke /spəʊk/ I *prét* ▶ **speak**. II *n* (in wheel) rayon *m*.

spoken /ˈspəʊkən/ I *pp* ▶ **speak** I, II. II *adj* parlé.

spokesman, **spokeswoman** *n* porte-parole *m/f*.

sponge /spʌndʒ/ I *n* éponge *f*; CULIN ~ **(cake)** génoise *f*. II *vtr* éponger. III☺ *vi* PÉJ **to ~ off/on** vivre sur le dos de.

sponsor /ˈspɒnsə(r)/ I *n* sponsor *m*; (guarantor) garant/-e *m/f*. II *vtr* financer; (event) sponsoriser USAGE CRITIQUÉ; (plan) soutenir; (for charity) parrainer.

sponsorship /ˈspɒnsəʃɪp/ *n* parrainage *m*; (for art) mécénat *m*.

spontaneous /spɒnˈteɪnɪəs/ *adj* spontané.

spooky☺ /ˈspu:kɪ/ *adj* sinistre.

spool /spu:l/ *n* bobine *f*.

spoon /spu:n/ *n* cuillère *f*.

spoonful /ˈspu:nfʊl/ *n* (*pl* **-fuls/-sful**) cuillerée *f*.

sporadic /spəˈrædɪk/ *adj* sporadique.

sport /spɔ:t/ I *n* sport *m*; **a good ~**☺ un chic type. II *vtr* (hat) arborer.

sporting /ˈspɔ:tɪŋ/ *adj* sportif/-ive; **a ~ chance of winning** de bonnes chances de gagner.

sports car *n* voiture *f* de sport.

sportsman *n* sportif *m*.

spot /spɒt/ I *n* tache *f*; (on fabric) pois *m*; (on dice, domino) point *m*; (pimple)GB bouton *m*; (place) endroit *m*; TV, RADIO temps *m* d'antenne; **on the ~** sur-le-champ. II *vtr* (*p prés etc* **-tt**) apercevoir, repérer; (stain) tacher.

spotless /ˈspɒtlɪs/ *adj* impeccable.

spotlight /ˈspɒtlaɪt/ *n* projecteur *m*; (in home) spot *m*.

spot-onGB /ˌspɒtˈɒn/ *adj* exact.

spotted /ˈspɒtɪd/ *adj* [fabric] à pois (*after n*).

spottyGB /ˈspɒtɪ/ *adj* boutonneux/-euse.

spouse /spaʊz, spaʊsUS/ *n* époux/épouse *m/f*.

spout /spaʊt/ I *n* bec *m* verseur. II *vi* jaillir (de).

sprain /spreɪn/ I *n* entorse *f*. II *vtr* **to ~ one's ankle/wrist** se faire une entorse à la cheville/au poignet.

sprang /spræŋ/ *prét* ▶ **spring** II, III.

sprawl /sprɔ:l/ *vi* [person] s'affaler; [town, forest] s'étaler.

spray /spreɪ/ I *n* ¢ (seawater) embruns *mpl*; (other) (fines) gouttelettes *fpl*; (container) vaporisateur *m*; (for inhalant, throat, nose) pulvérisateur *m*; (of sparks, flowers) gerbe *f*. II *vtr* (liquid) vaporiser; (person) asperger.

spread /spred/ I *n* (dissemination) propagation *f*; CULIN pâte *f* à tartiner. II *vtr* (*prét, pp* **spread**) (butter, map, payments) étaler; (wings; troops) déployer; (workload, responsibility) répartir; (disease, fire, rumour) propager; (confusion, panic) semer. III *vi* [butter, glue] s'étaler; [forest, drought, network] s'étendre; [disease, fire, rumour] se propager.

• **spread around**, **spread about**: faire courir le bruit que.

spread-eagled *adj* bras et jambes écartés.

spreadsheet *n* ORDINAT tableur *m*.

spree /spri:/ *n* **to go on a (shopping) ~** faire des folies (dans les magasins).

sprig /sprɪg/ *n* (of herb) brin *m*.

spring /sprɪŋ/ I *n* printemps *m*; TECH ressort *m*; (leap) bond *m*; (water source) source *f*. II *vtr* (*prét* **sprang**; *pp* **sprung**) (trap, lock) déclencher. III *vi* bondir; **to ~ at sb** se jeter sur qn; **to ~ to one's feet** se lever d'un bond; surgir; **to ~ to mind** venir à l'esprit; **to ~ from** naître de.

• **spring up**: [person] se lever d'un bond; [problem] surgir.

springboard *n* tremplin *m.*
spring onion[GB] *n* ciboule *f.*
springtime *n* printemps *m.*
sprinkle /ˈsprɪŋkl/ *vtr* parsemer qch de; **to ~ sth with sugar** saupoudrer qch de; **to ~ sth with water** asperger d'eau.
sprint /sprɪnt/ **I** *n* SPORT sprint *m*, course *f* de vitesse. **II** *vi* SPORT sprinter; GÉN courir (à toute vitesse).
sprout /spraʊt/ **I** *n* pousse *f*; (plant) chou *m* de Bruxelles. **II** *vtr* **to ~ shoots** germer. **III** *vi* [grass, weeds] pousser.
spruce /spru:s/ **I** *n* épicéa *m.* **II** *adj* soigné, bien tenu.
• **spruce up**: (person) faire beau/belle.
sprung /sprʌŋ/ *pp* ▸ **spring** II, III.
spry /spraɪ/ *adj* alerte.
spun /spʌn/ ▸ **spin** II, III.
spur /spɜ:(r)/ **I** *n* (for horse) éperon *m*; FIG motif *m.* **II** *vtr* (*p prés etc* **-rr-**) encourager; (horse) éperonner.
• **on the ~ of the moment** sur l'impulsion du moment.
spurious /ˈspjʊərɪəs/ *adj* faux/fausse.
spurt /spɜ:t/ **I** *n* jaillissement *m*; (of steam) jet *m*; (of energy) sursaut *m*; (in growth) poussée *f.* **II** *vi* jaillir.
spy /spaɪ/ **I** *n* espion/-ionne *m/f.* **II** *in compounds* [film, network] d'espionnage. **III** *vtr* remarquer, discerner. **IV** *vi* **to ~ on sb** espionner qn.
spying /ˈspaɪɪŋ/ *n* espionnage *m.*
sq. (*abrév écrite* = **square**) MATH carré; **10 ~ m** 10 m^2.
Sq. (*abrév écrite* = **Square**) place *f.*
squabble /ˈskwɒbl/ **I** *n* dispute *f.* **II** *vi* se disputer.
squad /skwɒd/ *n* escouade *f*; SPORT sélection *f.*
squadron /ˈskwɒdrən/ *n* MIL [GB] escadron *m*; AVIAT, NAUT escadrille *f.*
squalid /ˈskwɒlɪd/ *adj* sordide.
squall /skwɔ:l/ *n* MÉTÉO rafale *f*; (at sea) grain *m.*
squander /ˈskwɒndə(r)/ *vtr* gaspiller.
square /skweə(r)/ **I** *n* (shape) carré *m*; (in board game, crossword) case *f*; (of glass) carreau *m*; (in town) place *f.* **II** *adj* carré; FIG [accounts] équilibré; [people] quitte; [teams] à égalité; (honest) honnête; (boring)[©] ringard[©]. **III** *vtr* redresser; (debt) régler. **IV** **~d** *pp adj* [paper] quadrillé; [number] au carré.
• **square up**: (problem) faire face à.
squash /skwɒʃ/ **I** *n* SPORT squash *m*; **orange ~**[GB] orangeade *f*; (plant) courge *f.* **II** *vtr* écraser. **III** *vi* s'écraser.
squat /skwɒt/ **I** *adj* trapu. **II** *vi* (*p prés etc* **-tt-**) **~ (down)** s'accroupir; **to ~ in** (building) squatter[©].
squatter /ˈskwɒtə(r)/ *n* squatter[©] *m.*
squeak /skwi:k/ **I** *n* grincement *m*, craquement *m*; (of mouse) couinement *m.* **II** *vi* [door, chalk] grincer; [mouse, toy] couiner.
squeal /skwi:l/ *vi* pousser des cris aigus.
squeamish /ˈskwi:mɪʃ/ *adj* sensible, impressionnable.
squeeze /skwi:z/ **I** *n* pression *m*; **a ~ of lemon** un peu de citron. **II** *vtr* (lemon, bottle, tube) presser; (bag, parcel, trigger) appuyer sur; FIG obtenir; (person) entasser; (profit) resserrer.
• **squeeze in**: se glisser (dans).
• **squeeze out**: arriver à sortir.
squid /skwɪd/ *n* calmar *m*, encornet *m.*
squint /skwɪnt/ **I** *n* strabisme *m.* **II** *vi* loucher.
squire /ˈskwaɪə(r)/ *n* (gentleman) ≈ châtelain *m*; (of knight) écuyer *m*; **cheerio, ~!**[©GB] salut, chef[©]!
squirm /skwɜ:m/ *vi* se tortiller.
squirrel /ˈskwɪrəl, ˈskwɜ:rəl[US]/ *n* écureuil *m.*
squirt /skwɜ:t/ **I** *vtr* faire gicler. **II** *vi* [liquid] jaillir.

Sr *abrév écrite* = **Senior**.

stGB *abrév écrite* = **stone**.

St *n abrév écrite* = **Saint**, *abrév écrite* = **Street**.

stab /stæb/ I *n* coup *m* de couteau; (attempt)☺ tentative *f*. II *vtr* (*p prés etc* **-bb-**) poignarder.

stabilize /ˈsteɪbəlaɪz/ I *vtr* stabiliser. II *vi* se stabiliser.

stable /ˈsteɪbl/ I *n* écurie *f*. II *adj* stable.

stack /stæk/ I *n* pile *f*; (of hay) meule *f*. II **~s** *npl* (in library) rayons *mpl*; **~s of**☺ plein de☺. III *vtr* empiler; AVIAT, TÉLÉCOM, ORDINAT mettre [qch] en attente.

stadium /ˈsteɪdɪəm/ *n* (*pl* **-iums/-ia**) stade *m*.

staff /stɑ:f, stæfUS/ I *n* personnel *m*; **a ~ of 50 teachers** un effectif de 50 enseignants. II *vtr* trouver du personnel pour.

stag /stæg/ *n* cerf *m*.

stage /steɪdʒ/ I *n* (of illness, career, life) stade *m*; (of journey, negotiations) étape *f*; (platform) estrade *f*; THÉÂT scène *f*. II *vtr* (event, strike) organiser; (play) monter.

stagecoach *n* diligence *f*.

stage door *n* entrée *f* des artistes.

stage fright *n* trac *m*.

stage manager *n* régisseur/-euse *m/f*.

stagger /ˈstægə(r)/ I *vtr* stupéfier, abasourdir; (payments) échelonner. II *vi* chanceler, vaciller.

stagnate /stægˈneɪt, ˈstægneɪtUS/ *vi* stagner.

stain /steɪn/ I *n* tache *f*. II *vtr* tacher.

stained glass *n* **~ window** vitrail *m*.

stainless steel *n* acier *m* inoxydable.

stain remover *n* détachant *m*.

stair /steə(r)/ I *n* marche *f* (d'escalier). II **~s** *npl* escalier *m*.

staircase *n* escalier *m*.

stake /steɪk/ I *n* enjeu *m*; **at ~** en jeu; (investment) participation *f*; (pole) pieu *m*, poteau *m*; HIST **at the ~** sur le bûcher. II *vtr* (money) miser; (reputation) risquer.

stale /steɪl/ *adj* [bread, cake] rassis; [beer] éventé; [air] vicié.

stalemate /ˈsteɪlmeɪt/ *n* (in chess) pat *m*; (deadlock) impasse *f*.

stalk /stɔ:k/ I *n* (of grass, flower) tige *f*; (of leaf, apple) queue *f*; (of mushroom) pied *m*; (of cabbage) trognon *m*. II *vtr* chasser.

stall /stɔ:l/ I *n* (at market) stand *m*. II **~s**GB *npl* THÉÂT **in the ~s** à l'orchestre. III *vtr* bloquer. IV *vi* AUT caler; [talks] se bloquer.

stallion /ˈstælɪən/ *n* étalon *m*.

stalwart /ˈstɔ:lwət/ I *n* fidèle *mf*. II *adj* loyal, inconditionnel/-elle.

stamina /ˈstæmɪnə/ *n* résistance *f*.

stammer /ˈstæmə(r)/ I *n* bégaiement *m*. II *vtr, vi* bégayer.

stamp /stæmp/ I *n* POSTES timbre *m*; (marking device) tampon *m*, cachet *m*; FIG marque *f*. II *vtr* POSTES affranchir; (goods, boxes) marquer, tamponner; **to ~ one's foot** taper du pied. III *vi* [person] taper du pied.

stampede /stæmˈpi:d/ *n* débandade *f*.

stance /stɑ:ns, stænsUS/ *n* position *f*.

stanchUS /stæntʃ/ *vtr* (blood) étancher.

stand /stænd/ I *n* (for coats) portemanteau *m*; (at fair) stand *m*; (for spectators) tribunes *fpl*; (witness box) barre *f*; (stance) position; (resistance) résistance *f*. II *vtr* (*prét, pp* **stood**) supporter; JUR **to ~ trial** passer en jugement; (place) placer, mettre. III *vi* se lever; être debout; (be) être, rester, se trouver; **to ~ for parliament** GB se présenter aux élections législatives; CULIN [sauce] reposer.

• **stand by**: être prêt (à intervenir); (person) soutenir. • **stand down**GB: démissionner. • **stand for**: représenter. • **stand in**: remplacer. • **stand out from**: se distinguer de, ressortir. • **stand up**: (rise) se lever; [theory, story] tenir debout; **to ~ up to** résister à, tenir tête à; **to ~ up for** défendre.

standard /ˈstændəd/ I *n* (level) niveau *m*; (official) norme *f*; (of hygiene, safety) critères *mpl*; (banner) étendard *m*. II *adj* standard *inv*; [procedure] habituel/-uelle; [fare] normal.

standardize /ˈstændədaɪz/ *vtr* normaliser, standardiser.

standard lampGB *n* lampadaire *m*.

standard of living *n* niveau *m* de vie.

standby /ˈstændbaɪ/ *n* (person) remplaçant/-e *m/f*; **on ~** [army, emergency services] prêt à intervenir, (for airline ticket) en stand-by.

stand-in /ˈstændɪn/ *n* remplaçant/-e *m/f*.

standing /ˈstændɪŋ/ I *n* réputation *f*; **of long ~** de longue date. II *adj* [army, committee] actif/-ive; [rule, invitation, order] permanent; **a ~ joke** un constant sujet de plaisanterie.

standing ovation *n* ovation *f* debout.

standing room *n* ¢ places *fpl* debout.

standpoint *n* point *m* de vue.

standstill *n* **at a ~** [traffic] à l'arrêt; [factory] au point mort; [talks] arrivé à une impasse.

stand-up /ˈstændʌp/ *adj* [buffet] debout *inv*; [argument] en règle.

stank /stæŋk/ *prét* ▸ **stink** II.

stanza /ˈstænzə/ *n* strophe *f*.

staple /ˈsteɪpl/ I *n* (for paper) agrafe *f*; (basic food) aliment *m* de base. II *adj* (*épith*) [product] de base; [crop, meal] principal. III *vtr* agrafer.

stapler /ˈsteɪplə(r)/ *n* agrafeuse *f*.

star /stɑː(r)/ I *n* étoile *f*; (celebrity) vedette *f*, star *f*; (asterisk) astérisque *m*. II **~s** *npl* horoscope *m*. III *vtr* **starring X** avoir X en vedette. IV *vi* [actor] être la vedette (de).

starboard *n* NAUT tribord *m*.

starch /stɑːtʃ/ I *n* féculents *mpl*; **potato ~** fécule de pomme de terre; (for clothes) amidon *m*. II *vtr* amidonner.

stardom /ˈstɑːdəm/ *n* vedettariat *m*.

stare /steə(r)/ I *n* regard *m* fixe. II *vi* regarder fixement.

starfish *n* étoile *f* de mer.

stark /stɑːk/ *adj* [landscape] désolé; [room, decor] austère; [fact] brut; [contrast] saisissant.

starling /ˈstɑːlɪŋ/ *n* étourneau *m*.

starry /ˈstɑːrɪ/ *adj* étoilé.

starry-eyed *adj* naïf/-ive.

Stars and StripesUS (flag) *n* (*sg*) bannière *f* étoilée (*drapeau des États-Unis*).

Star-Spangled BannerUS *n* bannière *f* étoilée (*hymne national des États-Unis*).

start /stɑːt/ I *n* (beginning) début *m*, départ *m*; **for a ~** pour commencer; (advantage) avantage *m*; (in time, distance) avance *f*; (movement) sursaut *m*. II *vtr* commencer; **to ~ doing/to do** commencer à faire, se mettre à faire; (war) déclencher; (fire) mettre; (trouble) être à l'origine de; (fashion) lancer; (car) faire démarrer; (machine) mettre [qch] en marche. III **to ~ with** *adv phr* d'abord, pour commencer. IV *vi* commencer; (depart) partir; (jump) sursauter; [car, engine] démarrer.

• **start off**: (visit, talk) commencer.
• **start up**: [engine] démarrer; [person] débuter; (shop) ouvrir.

starter /ˈstɑːtə(r)/ *n* (participant) partant/-e *m/f*; TECH démarreur *m*; CULIN hors-d'œuvre *m inv*.

starting point *n* point *m* de départ.

startle /ˈstɑːtl/ *vtr* surprendre, faire sursauter.

startling /ˈstɑːtlɪŋ/ *adj* saisissant.

starvation /ˌstɑːˈveɪʃn/ *n* faim *f*.

starve /stɑːv/ I *vtr* affamer; (deprive) priver (de). II *vi* mourir de faim.

stash☺ /stæʃ/ *vtr* cacher.

state /steɪt/ I *n* (condition) état *m*; POL État *m*. II☺ **States** *npl* **the States** les États-Unis *mpl*. III *in compounds* d'État. IV *vtr* (fact) exposer; (figure) indiquer; **to ~ that** déclarer que; (place, terms) spécifier, préciser.

State DepartmentUS *n* POL *ministère américain des Affaires étrangères.*

stately /ˈsteɪtlɪ/ *adj* imposant.

stately homeGB *n* château *m*.

statement /ˈsteɪtmənt/ *n* déclaration *f*; FIN relevé *m* de compte.

state-of-the-art *adj* de pointe.

statesman *n* (*pl* **-men**) homme *m* d'État.

static /ˈstætɪk/ *adj* statique.

station /ˈsteɪʃn/ I *n* RAIL gare *f*; RADIO station *f*; TV chaîne *f*; (police) commissariat *m*; poste *m* de police. II *vtr* poster.

stationary /ˈsteɪʃənrɪ, -nerɪUS/ *adj* à l'arrêt.

stationer /ˈsteɪʃnə(r)/ *n* papeterie *f*.

stationery /ˈsteɪʃnərɪ, -nerɪUS/ *n* papeterie *f*; (for office) fournitures *fpl* (de bureau).

station wagonUS *n* AUT break *m*.

statistic /stəˈtɪstɪk/ *n* statistique *f*.

statistical /stəˈtɪstɪkl/ *adj* statistique.

statistics /stəˈtɪstɪks/ *n* (*sg*) statistique *f*.

statue /ˈstætʃuː/ *n* statue *f*.

stature /ˈstætʃə(r)/ *n* taille *f*, stature *f*; (status) envergure *f*.

status /ˈsteɪtəs/ *n* (*pl* **-uses**) situation *f*; (official) statut *m*.

statute /ˈstætʃuːt/ *n* loi *f*.

statutory /ˈstatʃʊtərɪ, -tɔːrɪUS/ *adj* légal, officiel/-ielle.

staunch /stɔːntʃ/ **staunch**, **stanch**US /stɔːntʃ, stɑːntʃ/ *vtr* (blood) étancher.

stave /steɪv/ *n* MUS portée *f*.

• **stave off**: (hunger, fatigue) tromper; (crisis) empêcher.

stay /steɪ/ I *n* séjour *m*. II *vi* rester; (have accommodation) loger; (spend some time) séjourner (quelque temps); **I often have people to ~** j'héberge souvent des gens chez moi.

• **stay away from**: éviter; (school, work) s'absenter de. • **stay up**: veiller, se coucher tard.

stay-at-home *n*, *adj* casanier/-ière (*m*/*f*).

stead /sted/ *n* **in sb's ~** à la place de qn.

steadfast /ˈstedfɑːst, -fæstUS/ *adj* [refusal] ferme.

steadily /ˈstedɪlɪ/ *adv* [deteriorate, rise] progressivement; [rain, work] sans interruption.

steady /ˈstedɪ/ I *adj* [increase] constant; [speed, progress] régulier/-ière; [hand] ferme; [job] fixe; [relationship] durable; [worker] fiable. II☺GB *excl* **~!** du calme!, doucement! III *vtr* arrêter de bouger, calmer. IV *vi* se stabiliser.

steak /steɪk/ *n* (of beef) steak *m*; (of fish) darne *f*.

steak and kidneyGB**pie /pudding** *n tourte au bœuf et aux rognons.*

steakhouse *n* (restaurant *m*) grill *m*.

steak sandwich *n* sandwich *m* au biftek.

steal /stiːl/ *vtr*, *vi* (*prét* **stole**; *pp* **stolen**) voler.

stealth /stelθ/ *n* **with ~** furtivement.

steam /stiːm/ I *n* vapeur *f*; (from pressure) pression *f*. II *in compounds* [bath] de vapeur; [iron] à vapeur. III *vtr* faire cuire [qch] à la vapeur.

• **steam up**: s'embuer.

steamer /ˈstiːmə(r)/ *n* (boat) vapeur *m*.

steamroller *n* rouleau *m* compresseur.

steamy /ˈstiːmɪ/ *adj* embué.

steel /stiːl/ I *n* acier *m*. II *v refl* **to ~ oneself** s'armer de courage.

steel industry *n* sidérurgie *f*.

steep /stiːp/ I *adj* [descent] raide; [ascent] abrupt; [rise, fall] fort (*before n*); [price]☺ exorbitant. II *vtr* (faire) tremper.

steeple /ˈstiːpl/ *n* clocher *m*.

steer /stɪə(r)/ *vtr, vi* piloter; (person) diriger, guider; (conversation) orienter.
• **to ~ clear of** éviter.

steering /ˈstɪərɪŋ/ *n* (mechanism) direction *f*.

steering wheel *n* AUT volant *m*.

stem /stem/ I *n* (of flower) tige *f*; (of glass) pied *m*; (of pipe) tuyau *m*. II *vi* (*p prés etc* **-mm-**) **to ~ from** provenir de.

stench /stentʃ/ *n* puanteur *f*.

stencil /ˈstensɪl/ *m* pochoir.

step /step/ I *n* pas *m*; (measure) mesure *f*; (stage) étape *f*; (stair) marche *f*. II **~s** *npl* escabeau *m*. III *vi* (*p prés etc* **-pp-**) **to ~ in sth/on sth** marcher dans qch/sur qch.
• **step in**: intervenir.

stepbrother *n* demi-frère *m*.

step-by-step I *adj* progressif/-ive. II **step by step** *adv* point par point.

stepfather *n* beau-père *m*.

stepladder *n* escabeau *m*.

stepmother *n* belle-mère *f*.

stepsister *n* demi-sœur *f*.

stereo /ˈsterɪəʊ/ *n* stéréo *f*.

stereophonic /ˌsterɪəˈfɒnɪk/ *adj* stéréophonique.

sterile /ˈsteraɪl, ˈsterəlUS/ *adj* stérile.

sterilize /ˈsterəlaɪz/ *vtr* stériliser.

sterling /ˈstɜːlɪŋ/ I *n* FIN livre *f* sterling *inv*. II *adj* de qualité.

sterling silver *n* argent *m* fin.

stern /stɜːn/ I *n* poupe *f*. II *adj* sévère.

stew /stjuː, stuːUS/ I *n* ragoût *m*. II *vtr, vi* cuire en ragoût; **~ed apples** compote de pommes.

steward /stjʊəd, ˈstuːərdUS/ *n* steward *m*.

stewardess /ˈstjʊədes, ˈstuːərdəsUS/ *n* hôtesse *f* (de l'air).

stick /stɪk/ I *n* (of wood, chalk, etc) bâton *m*; (for walking) canne *f*; (of celery) branche *f*; (of bread) une baguette *f*. II *vtr* (*prét, pp* **stuck**) (put) poser, mettre; (adhere) coller; **~ no bills**GB défense d'afficher; (bear)☺GB supporter. III *vi* coller; [drawer, door, lift] se coincer; (remain) rester (coincé).
• **stick at**: persévérer dans. • **stick out**: [nail, sharp object] dépasser; (hand) tendre; (tongue) tirer; **to ~ it out**☺ tenir le coup☺. • **stick to**: s'en tenir à. • **stick together**: rester ensemble. • **stick up**: (poster, notice) mettre.

sticker /ˈstɪkə(r)/ *n* autocollant *m*.

sticky /ˈstɪkɪ/ *adj* [floor] collant, poisseux/-euse; [label] adhésif/-ive; [problem]☺ difficile.

stiff /stɪf/ I *adj* raide; (after sport) courbaturé; **a ~ neck** un torticolis; [exam, clim] difficile; [charge, fine] élevé; [breeze] fort. II☺ *adv* **to be bored ~** s'ennuyer à mourir.

stiffen /ˈstɪfn/ I *vtr* renforcer; (fabric) empeser. II *vi* [joint] s'ankyloser.

stifle /ˈstaɪfl/ *vtr* étouffer.

stiletto /stɪˈletəʊ/ *n* talon *m* aiguille.

still[1] /stɪl/ *adv* encore; (when nothing has changed) toujours; **better/worse ~** encore mieux/pire.

still[2] /stɪl/ I *n* distillerie *f*, (quiet) silence *f*. II *adj* calme, tranquille; [drink] non gazeux/-euse; [water] plat. III *adv* [lie, stay] immobile, tranquille.

still life /stɪl/ *n* (*pl* **~s**) nature *f* morte.

stilted /ˈstɪltɪd/ *adj* guindé.

stimulate /ˈstɪmjʊleɪt/ *vtr* stimuler.

sting /stɪŋ/ I *n* (of insect) aiguillon *m*; (insect bite) piqûre *f*. II *vtr* (*prét, pp* **stung**) [insect] piquer; [wind] cingler; [criticism] blesser. III *vi* piquer.

stingy /ˈstɪndʒɪ/ *adj* PÉJ radin☺.

stink /stɪŋk/ I *n* puanteur *f*. II *vi* (*prét* **stank**; *pp* **stunk**) puer.

stint /stɪnt/ I *n* part *f* de travail. II *v refl* se priver (de).

stipulate /ˈstɪpjʊleɪt/ *vtr* stipuler.

stir /stɜ:(r)/ *vtr, vi* (*p prés etc* **-rr-**) remuer; (curiosity) exciter.

• **stir up**: (trouble) provoquer.

stir-fry /ˈstɜ:fraɪ/ *vtr* (*prét, pp* **-fried**) (beef, vegetable) faire sauter.

stirrup /ˈstɪrəp/ *n* étrier *m*.

stitch /stɪtʃ/ *n* point *m*; (in knitting) maille *f*; MÉD point *m* de suture; (pain) point *m* de côté.

• **to be in ~es**© rire aux larmes.

stoat /stəʊt/ *n* hermine *f*.

stock /stɒk/ I *n* (in shop) stock *m*; (on domestic scale) provisions *fpl*; (descent) souche *f*, origine *f*; **of peasant ~** de souche paysanne; (standing) cote *f*; CULIN bouillon *m*; (cattle) bétail *m*. II **~s** *npl* FIN **~s and shares** valeurs mobilières, US actions. III *adj* [size] courant; [answer] classique. IV *vtr* COMM (sell) **we don't ~ it** nous n'en faisons pas; (fridge, shelves) remplir, garnir; (shop) approvisionner.

• **stock up**: s'approvisionner.

stockbroker *n* agent *m* de change.

stock exchange *n* **the ~** la Bourse.

stockholder *n* actionnaire *mf*.

stocking /ˈstɒkɪŋ/ *n* (garment) bas *m*.

stock market *n* Bourse *f* des valeurs; **~ price/value** cote *f*.

stockpile /ˈstɒkpaɪl/ I *n* réserves *fpl*. II *vtr* stocker; (food) faire des réserves de.

stocky /ˈstɒkɪ/ *adj* trapu.

stodgy /ˈstɒdʒɪ/ *adj* bourratif/-ive.

stoke /stəʊk/ *vtr* (fire) entretenir.

stole /stəʊl/ I *prét* ▸ **steal**. II *n* étole *f*.

stolen /ˈstəʊlən/ *pp* ▸ **steal**.

stomach /ˈstʌmək/ I *n* estomac *m*; (belly) ventre *m*. II *vtr* (attitude) supporter.

stone /stəʊn/ I *n* pierre *f*, caillou *m*; (in fruit)GB noyau *m*; MÉD calcul *m*; (weight)GB = 6,35 kg. II *vtr* (olive) dénoyauter.

stone-broke©US *adj* complètement fauché©.

stone-washed *adj* délavé.

stood /stʊd/ *prét, pp* ▸ **stand** II, III.

stool /stu:l/ *n* tabouret *m*.

stoop /stu:p/ *vi* être voûté; **to ~ down** se baisser; **to ~ to doing** s'abaisser jusqu'à faire.

stop /stɒp/ I *n* arrêt *m*, halte *f*; (stopover) escale *f*; **to come to a ~** s'arrêter; (for train) station *f*. II *vtr* (*p prés etc* **-pp-**) arrêter; **~ it!** arrête!, ça suffit!; (temporarily) interrompre; (prevent) (war, publication) empêcher. III *vi* (*p prés etc* **-pp-**) s'arrêter, cesser. IV *v refl* **I can't ~ myself** je ne peux pas m'en empêcher.

• **stop by**©: passer. • **stop over**: faire escale.

stoppage /ˈstɒpɪdʒ/ *n* (strike) interruption *f* (de travail); (in football) arrêt *m* de jeu.

stopper /ˈstɒpə(r)/ *n* (for jar) bouchon *m*.

stopwatch *n* chronomètre *m*.

storage /ˈstɔ:rɪdʒ/ I *n* stockage *m*; ORDINAT mémoire *f*. II *in compounds* [space, unit] de rangement.

store /stɔ:(r)/ I *n* magasin *m*; (supply) réserve *f*, provision *f*; (warehouse) entrepôt *m*. II *vtr* (food, information) conserver; (objects, furniture) ranger; (chemicals, data) stocker.

• **store up**: accumuler.

storehouse *n* entrepôt *m*.

storeyGB /ˈstɔ:rɪ/ *n* étage *m*.

stork /stɔ:k/ *n* cigogne *f*.

storm /stɔ:m/ I *n* tempête *f*; (thunderstorm) orage *m*. II *vtr* prendre [qch] d'assaut. III *vi* **to ~ off** partir avec fracas.

stormy /ˈstɔ:mɪ/ *adj* orageux/-euse.

story /ˈstɔːrɪ/ *n* histoire *f*; **exclusive ~** reportage *m* exclusif; (floor)[US] étage *m*.

storyteller *n* conteur/-euse *m/f*; (liar) menteur/-euse *m/f*.

stout /staʊt/ I *n* (drink) stout *f*. II *adj* gros/grosse, corpulent.

stove /stəʊv/ *n* (for cooking) cuisinière *f*; (for heating) poêle *m*.

stow /stəʊ/ *vtr* (baggage, ropes) ranger.
• **stow away**: voyager clandestinement.

stowaway *n* passager/-ère *m/f* clandestin/-e.

straddle /ˈstrædl/ *vtr* être à cheval sur.

straggle /ˈstrægl/ *vi* traîner.

straight /streɪt/ I *adj* GÉN droit; [hair] raide; [bedclothes, tablecloth] bien mis; [room] rangé, en ordre; **let's get one thing ~** que ce soit bien clair; [drink] sec, sans eau; SCOL **to get ~ As** avoir très bien partout. II *adv* droit; (without delay) directement; **~ after** tout de suite après; **~ away** tout de suite.

straightaway /ˈstreɪtəweɪ/ *adv* tout de suite.

straighten /ˈstreɪtn/ *vtr* (arm, leg) tendre; (picture, teeth) redresser; (tie, hat) ajuster.
• **straighten out**: **to ~ things out** arranger les choses. • **straighten up**: (objects, room) ranger.

straightforward *adj* [answer] franc/franche; [question] simple.

strain /streɪn/ I *n* GÉN effort *m*, contrainte *f*; (in relations) tension *f*; (injury) muscle *m* froissé; (breed) (of animal) race *f*; (of plant, seed) variété *f*. II *vtr* (eyes) plisser; (relationship) compromettre; (patience) mettre [qch] à rude épreuve; (sauce) passer; (pasta) égoutter.

strained /streɪnd/ *adj* tendu; [muscle] froissé; [vegetable] en purée.

strainer /ˈstreɪnə(r)/ *n* passoire *f*.

strait /streɪt/ *n* GÉOG détroit *m*; **the Straits of Gibraltar** le détroit de Gibraltar.

straitjacket *n* camisole *f* de force.

strand /strænd/ I *n* fil *m*(of hair) mèche *f*. II **~ed** *pp adj* [traveller] bloqué.

strange /streɪndʒ/ *adj* inconnu; (odd) bizarre, étrange; **~ but true** incroyable mais vrai.

stranger /ˈstreɪndʒə(r)/ *n* inconnu/-e *m/f*, étranger/-ère.

strangle /ˈstræŋgl/ *vtr* étrangler; (project) étouffer.

stranglehold /ˈstræŋglhəʊld/ *n* étranglement *m*; FIG mainmise *f*.

strap /stræp/ I *n* (on bag, harness) courroie *f*; (on watch) bracelet *m*; (on handbag) bandoulière *f*; (on bra, overalls) bretelle *f*. II *vtr* (*p prés etc* **-pp-**) **to ~ sb/sth to sth** attacher qn/qch à qch.

strapped© /stræpt/ *adj* **~ for** (cash) à court de.

strategic(al) /strəˈtiːdʒɪk(l)/ *adj* stratégique.

strategist /ˈstrætədʒɪst/ *n* stratège *m*.

strategy /ˈstrætədʒɪ/ *n* stratégie *f*; **business ~** stratégie des affaires.

straw /strɔː/ *n* paille *f*.

strawberry /ˈstrɔːbrɪ, -berɪ[US]/ *n* fraise *f*; **wild ~** fraise des bois.

stray /streɪ/ I *adj* [animal, bullet] perdu; [tourist] isolé. II *vi* s'égarer.

streak /striːk/ I *n* (in character) côté *m*; (mark) traînée *f*; **~ of lightning** éclair *m*; (in hair) mèche *f*. II *vtr* strier; **to get one's hair ~ed** se faire faire des mèches. III *vi* passer comme une flèche.

stream /striːm/ I *n* ruisseau *m*; **a ~ of** (insults, customers, questions) un flot de; (light, water) un jet de; SCOL[GB] groupe *m* de niveau. II[GB] *vtr* SCOL répartir [qch/qn] par niveau. III *vi* ruisseler; (move) affluer; [eyes, nose] couler.

streamer /ˈstriːmə(r)/ *n* banderole *f*.

streamline /ˈstriːmlaɪn/ *vtr* (production) rationaliser; EUPH (company) dégraisser.

street /stri:t/ *n* rue *f.*
streetcarUS *n* tramway *m.*
streetlamp *n* lampadaire *m*, réverbère *m.*
streetwise© *adj* dégourdi©.
strength /streŋθ/ *n* force *f*; (influence) puissance *f*; (toughness) solidité *f.*
strengthen /ˈstreŋθn/ *vtr* (position) renforcer; (muscles) fortifier; (dollar) raffermir.
strenuous /ˈstrenjʊəs/ *adj* [day] chargé; [work] ardu; [protest] vigoureux/-euse; [effort] acharné.
stress /stres/ **I** *n* tension *f*, stress *m*; PHYS effort *m*; LING accent *m*. **II** *vtr* (issue, difficulty) mettre l'accent (sur) *m*/insister sur; LING accentuer.
stressful /ˈstresfl/ *adj* stressant.
stretch /stretʃ/ **I** *n* élasticité *f*; (of road) tronçon *m*; (of coastline, river) partie *f*; (of water, countryside) étendue *f*; (period) période *f*; **at a ~** d'affilée. **II** *adj* [fabric, waist] extensible. **III** *vtr* (rope, spring, net) tendre; (shoe) élargir; (garment, shoe, truth) déformer; (budget, resources) utiliser [qch] au maximum; (supplies) faire durer. **IV** *vi* s'étirer; [road, track, event] s'étaler; [forest, water, beach, moor] s'étendre; [shoe] s'élargir.
• **stretch out**: (speech) faire durer.
stretcher /ˈstretʃə(r)/ *n* brancard *m.*
strew /stru:/ *vtr* (*prét* **~ed**; *pp* **~ed/~n**) éparpiller.
stricken /ˈstrɪkən/ *adj* affligé; [area] sinistré; **~ by/with** pris de, atteint de, frappé de.
strict /strɪkt/ *adj* strict.
stride /straɪd/ **I** *n* enjambée *f*; (gait) démarche *f*. **II** *vi* (*prét* **strode**; *pp* **stridden**) **to ~ across/out/in** traverser à grands pas.
strident /ˈstraɪdnt/ *adj* strident; [statement] véhément.
strife /straɪf/ *n* conflit(s) *m(pl).*
strike /straɪk/ **I** *n* grève *f*; (attack) attaque *f*; **lucky ~** FIG coup de chance. **II** *vtr* (*prét*, *pp* **struck**) GÉN frapper, heurter; **struck dumb with amazement** frappé d'étonnement; (match) frotter; [idea] venir à l'esprit de; (gold, obstacle, road)© tomber sur©; (bargain) conclure; [clock] sonner; **to ~ camp** lever le camp. **III** *vi* [person] frapper; [army, animal] attaquer; **disaster struck** la catastrophe s'est produite; IND, COMM faire (la) grève; [match] s'allumer; [clock] sonner.
• **strike out**: (delete) rayer. • **strike up**: commencer (à).
striker /ˈstraɪkə(r)/ *n* gréviste *mf*; (in football) attaquant/-e *m/f.*
striking /ˈstraɪkɪŋ/ *adj* frappant, saisissant; [worker] gréviste.
string /strɪŋ/ **I** *n* ficelle *f*; (on bow, racket) corde *f*; **a ~ of** une série de; **~ of pearls** collier *m* de perles. **II ~s** *npl* MUS les cordes *fpl*. **III** *vtr* (*prét*, *pp* **strung**) (beads) enfiler.
string bean *n* haricot *m* (à écosser).
stringent /ˈstrɪndʒənt/ *adj* rigoureux/-euse.
strip /strɪp/ **I** *n* bande *f*; SPORTGB tenue *f*. **II** *vtr* (*p prés etc* **-pp-**) **to ~ sb** déshabiller qn; **to ~ sth from/off** enlever/arracher qch de; **to ~ sb of** dépouiller qn de. **III** *vi* se déshabiller.
stripe /straɪp/ *n* rayure *f*; MIL galon *m.*
striped /straɪpt/ *adj* rayé.
strive /straɪv/ *vi* (*prét* **strove**; *pp* **striven**) s'efforcer (de); **to ~ for sth** rechercher qch.
strode /strəʊd/ *prét* ▸ **stride II**.
stroke /strəʊk/ **I** *n* coup *m*; **a ~ of genius** un trait de génie; (movement in swimming) mouvement *m* des bras; (style) nage *f*; ART trait *m*; MÉD congestion *f* cérébrale; (caress) caresse *f*. **II** *vtr* caresser.
stroll /strəʊl/ **I** *n* promenade *f*, tour *m*. **II** *vi* se promener, flâner.

stroller /ˈstrəʊlə(r)/ *n* promeneur/-euse *m/f*(pushchair)[US] poussette *f*.

strong /strɒŋ, strɔːŋ[US]/ *adj* fort, puissant; (sturdy) solide; [team, alibi] bon/bonne; [feeling] profond; [action, measure] sévère.

strongbox *n* coffre-fort *m*.

stronghold *n* forteresse *f*.

strongroom *n* chambre *f* forte.

strove /strəʊv/ *prét* ▸ **strive**.

struck /strʌk/ *prét*, *pp* ▸ **strike** II, III.

structure /ˈstrʌktʃə(r)/ I *n* structure *f*; (building, construction) construction *f*. II *vtr* (ideas, essay) structurer; (day) organiser.

struggle /ˈstrʌgl/ I *n* (battle, fight) lutte *f*. II *vi* se battre; **to ~ free** se dégager; **to ~ to keep up** avoir du mal à suivre.

strung /strʌŋ/ *prét*, *pp* ▸ **string** III.

strut /strʌt/ I *n* montant *m*. II *vi* (*p prés etc* **-tt-**) se pavaner.

stub /stʌb/ I *n* bout *m*; (of cheque) talon *m*. II *vtr* (*p prés etc* **-bb-**) **to ~ one's toe** se cogner l'orteil.

• **stub out**: (cigarette) écraser.

stubble /ˈstʌbl/ *n* chaume *m*; (beard) barbe *f* de plusieurs jours.

stubborn /ˈstʌbən/ *adj* [person, animal] entêté; [behaviour] obstiné; [stain] rebelle.

stuck /stʌk/ I *prét*, *pp* ▸ **stick** III, IV. II *adj* (caught) coincé; **to be ~**☺ sécher☺; **to be ~ with**☺ (task) se farcir☺.

stuck-up☺ *adj* bêcheur/-euse☺.

stud /stʌd/ *n* clou *m*; (on boot)[GB] crampon *m*; (horse farm) haras *m*.

studded /stʌdɪd/ *adj* clouté; **~ with** parsemé de.

student /ˈstjuːdnt, ˈstuː-[US]/ *n* élève *mf*; UNIV étudiant/ -e *m/f*.

studio /ˈstjuːdɪəʊ, ˈstuː-[US]/ *n* studio *m*; (of painter) atelier *m*.

studious /ˈstjuːdɪəs, ˈstuː-[US]/ *adj* studieux/-ieuse.

study /ˈstʌdɪ/ I *n* étude *f*; (room) bureau *m*. II **studies** *npl* études *fpl*; **computer studies** informatique. III *vtr*, *vi* étudier.

stuff /stʌf/ I *n* ¢ (unnamed substance)☺ truc☺ *m*; (belongings) affaires *fpl*; (fabric) étoffe *f*. II *vtr* garnir/bourrer (de); CULIN farcir. III **~ed** *pp adj* farci; [toy animal] en peluche; [bird, fox] empaillé.

• **to do one's ~**☺ faire ce qu'on a à faire.

stuffing /ˈstʌfɪŋ/ *n* CULIN farce *f*; (of furniture) rembourrage *m*.

stuffy /ˈstʌfɪ/ *adj* (airless) étouffant; (staid) guindé.

stumble /ˈstʌmbl/ *vi* trébucher; (in speech) hésiter; **to ~ over** buter sur.

• ***stumble across, stumble on***: tomber par hasard sur.

stumbling block *n* obstacle *m*.

stump /stʌmp/ I *n* bout *m*; (of tree) souche *f*. II☺ *vtr* (perplex) déconcerter; **I'm ~ed** (in quiz) je sèche☺.

stun /stʌn/ *vtr* (*p prés etc* **-nn-**) assommer; **to be ~ned** être stupéfait.

stung /stʌŋ/ *prét*, *pp* ▸ **sting** II, III.

stunning /ˈstʌnɪŋ/ *adj* (beautiful) sensationnel/-elle; (amazing) stupéfiant.

stunt /stʌnt/ I *n* (for attention) coup *m*; CIN, TV cascade *f*. II *vtr* retarder, empêcher.

stuntman *n* cascadeur *m*.

stupid /ˈstjuːpɪd, ˈstuː-[US]/ *adj* stupide.

stupidity /stjuːˈpɪdətɪ, stuː-[US]/ *n* bêtise *f*, stupidité *f*.

stupor /ˈstjuːpə(r), ˈstuː-[US]/ *n* stupeur *f*.

sturdy /ˈstɜːdɪ/ *adj* robuste.

sturgeon /ˈstɜːdʒən/ *n* esturgeon *m*.

stutter /ˈstʌtə(r)/ *vtr*, *vi* bégayer.

sty /staɪ/ *n* porcherie *f*; MÉD orgelet *m*.

style /staɪl/ I *n* style *m*, genre *f*; (elegance) classe *f*; (of car, clothing) modèle *m*; (fashion) mode *f*; (hairstyle) coiffure *f*. II *vtr* créer; (hair) coiffer.

stylish /ˈstaɪlɪʃ/ *adj* élégant, chic *inv*.

stylist /ˈstaɪlɪst/ *n* styliste *mf*.

stylistic /staɪˈlɪstɪk/ *adj* stylistique.

sub /sʌb/ *n* SPORT (= **substitute**) remplaçant/e *m/f*; NAUT (= **submarine**) sous-marin *m*.

subconscious /ˌsʌbˈkɒnʃəs/ *n, adj* inconscient *(m)*.

subcontract /ˌsʌbkənˈtrækt/ *vtr* sous-traiter.

subdivide /ˌsʌbdɪˈvaɪd/ *vtr* subdiviser.

subdue /səbˈdjuː, -ˈduːUS/ *vtr* soumettre; (rebellion, emotion) maîtriser.

subdued /səbˈdjuːd, -ˈduːdUS/ *adj* silencieux/-ieuse; [lighting] tamisé; [colour] atténué.

subject I /ˈsʌbdʒɪkt/ *n* sujet *m*; **to drop the ~** parler d'autre chose; (at school) matière *f*; (citizen) sujet/-ette *m/f*. II /ˈsʌbdʒɪkt/ *adj* asservi; **~ to** soumis à; **to be ~ to** [approval] dépendre de; **flights are ~ to delay** les vols sont susceptibles d'être en retard; **~ to availability** [tickets] dans la limite des places disponibles; [goods] dans la limite des stocks disponibles. III /səbˈdʒekt/ *vtr* faire subir; **to be ~ed to** (attacks) faire l'objet de.

subjective /səbˈdʒektɪv/ *adj* subjectif/-ive.

subject matter *n* sujet *m*.

subjunctive /səbˈdʒʌŋktɪv/ *n* subjonctif *m*.

sublet /ˈsʌblet, ˌsʌbˈlet/ *vtr, vi* (*p prés* **-tt-**; *prét, pp* **-let**) sous-louer.

submarine /ˌsʌbməˈriːn, ˈsʌb-US/ *n, adj* sous-marin *(m)*.

submerge /səbˈmɜːdʒ/ I *vtr* [sea] submerger; [person] immerger, plonger. II **~d** *pp adj* submergé.

submission /səbˈmɪʃn/ *n* soumission *f*; (report) rapport *m*.

submit /səbˈmɪt/ (*p prés etc* **-tt-**) I *vtr* soumettre, présenter; (claim) déposer. II *vi* se soumettre (à).

subordinate I /səˈbɔːdɪnət, -dənətUS/ *n* subalterne *mf*. II /səˈbɔːdɪnət/ *adj* [officer] subalterne; [issue] secondaire. III /səˈbɔːdɪneɪt/ *vtr* GÉN, LING subordonner.

subordinate clause *n* LING proposition *f* subordonnée.

subpoena /səˈpiːnə/ I *n* assignation *f*. II *vtr* assigner [qn] à comparaître.

subscribe /səbˈskraɪb/ *vi* **to ~ to** (view) partager; (magazine) être abonné à; (charity) donner (de l'argent) à.

subscriber /səbˈskraɪbə(r)/ *n* abonné/-e *m/f*.

subscription /səbˈskrɪpʃn/ *n* abonnement *m*; (to association) cotisation *f*; (to fund) don *m*.

subsequent /ˈsʌbsɪkwənt/ *adj* (in past) ultérieur; (in future) à venir.

subsequently /ˈsʌbsɪkwəntlɪ/ *adv* par la suite.

subside /səbˈsaɪd/ *vi* [emotion, storm] se calmer, s'atténuer; [excitement] retomber; [water] se retirer; [building, land] s'affaisser.

subsidence /səbˈsaɪdns, ˈsʌbsɪdns/ *n* affaissement *m*.

subsidiary /səbˈsɪdɪərɪ, -dɪerɪUS/ I *n* filiale *f*. II *adj* secondaire.

subsidize /ˈsʌbsɪdaɪz/ *vtr* subventionner.

subsidy /ˈsʌbsɪdɪ/ *n* subvention *f*.

subsistence /səbˈsɪstəns/ *n* subsistance *f*.

substance /ˈsʌbstəns/ *n* substance *f*; (of argument) poids *m*, importance *f*; (of claim) fondement *m*; (of book) fond *m*.

substantial /səbˈstænʃl/ *adj* [sum, role] important; [change, risk] considérable; [meal] substantiel/-ielle; [desk] solide.

substantially /səb'stænʃəlɪ/ *adv* considérablement.

substantiate /səb'stænʃɪeɪt/ *vtr* justifier.

substitute /ˈsʌbstɪtjuːt, -tuːtᵁˢ/ I *n* remplaçant/-e *m/f*; (product) produit *m* de substitution; **there is no ~ for...** rien ne remplace... II *vtr* **to ~ sth for sth** substituer qch à qch; **to ~ for sb/sth** remplacer qn/qch.

subterranean /ˌsʌbtə'reɪnɪən/ *adj* souterrain.

subtitle /ˈsʌbtaɪtl/ I *n* sous-titre *m*. II *vtr* sous-titrer.

subtle /ˈsʌtl/ *adj* GÉN subtil.

subtract /səb'trækt/ *vtr* MATH soustraire (de).

subtraction /səb'trækʃn/ *n* soustraction *f*.

suburb /ˈsʌbɜːb/ *n* **the ~(s)** la banlieue; **the inner ~** faubourg *m*.

suburban /sə'bɜːbən/ *adj* de banlieue.

suburbia /sə'bɜːbɪə/ *n* ¢ banlieue *f*.

subversion /sə'bvɜːʃn, -'vɜːrʒnᵁˢ/ *n* subversion *f*.

subversive /səb'vɜːsɪv/ *adj* subversif/-ive.

subvert /səb'vɜːt/ *vtr* faire échouer.

subway /ˈsʌbweɪ/ *n* ᴳᴮ passage *m* souterrain; ᵁˢ métro *m*.

succeed /sək'siːd/ I *vtr* succéder à. II *vi* réussir; **to ~ in doing** réussir à faire.

succeeding /sək'siːdɪŋ/ *adj* (in past) suivant; **with each ~ year** d'année en année.

success /sək'ses/ *n* succès *m*, réussite *f*; **to make a ~ of** réussir.

successful /sək'sesfl/ *adj* réussi; [treatment] efficace; **to be ~ in doing** réussir à faire; [businessman] prospère.

successfully /sək'sesfəlɪ/ *adv* avec succès.

succession /sək'seʃn/ *n* (sequence) série *f*; **in ~** de suite; **in close/quick ~** coup sur coup; (inheriting) succession *f*.

successive /sək'sesɪv/ *adj* successif/-ive; [day] consécutif/-ive.

successor /sək'sesə(r)/ *n* successeur *m*.

succumb /sə'kʌm/ *vi* succomber (à).

such /sʌtʃ/ I *pron* **~ is life** c'est la vie. II *det* tel/telle; **on ~ and ~ a topic** sur tel ou tel sujet; (similar) pareil/-eille, de ce type (*after n*); **in ~ a situation** dans une situation pareille; (of specific kind) tel/telle **in ~ a way that** d'une telle façon que. III *adv* (+ adjectives) si, tellement; (+ nouns) tel/telle; **~ a lot of problems** tant de problèmes. IV **~ as** *det phr*, *conj phr* comme, tel/telle que.

suck /sʌk/ I *vtr* sucer; (liquid, air) aspirer. II *vi* [baby] têter; **to ~ on** (pipe) tirer sur.

sucker /ˈsʌkə(r)/ *n* (dupe)☺ (bonne) poire☺ *f*; (on plant) surgeon *m*; (pad) ventouse *f*.

sudden /ˈsʌdn/ *adj* soudain, brusque.

suddenly /ˈsʌdnlɪ/ *adv* tout à coup.

suds /sʌdz/ *npl* (foam) mousse *f* (de savon); (soapy water) eau *f* savonneuse.

sue /suː, sjuː/ *vtr*, *vi* **to ~ (sb)** intenter un procès (à qn).

suede /sweɪd/ *n* daim *m*.

suffer /ˈsʌfə(r)/ I *vtr* subir; **to ~ a heart attack** avoir une crise cardiaque. II *vi* **to ~ (from)** souffrir (de); [health, quality] s'en ressentir.

sufferer /ˈsʌfərə(r)/ *n* victime *f*.

suffering /ˈsʌfərɪŋ/ I *n* ¢ souffrances *fpl*. II *adj* souffrant.

suffice /sə'faɪs/ *vi* SOUT suffire.

sufficient /sə'fɪʃnt/ *adj* suffisamment de, assez de.

suffix /ˈsʌfɪks/ *n* suffixe *m*.

suffocate /ˈsʌfəkeɪt/ *vtr*, *vi* étouffer .

sugar /ˈʃʊgə(r)/ *n* sucre *m*; (endearment)☺ chéri/-e *m/f*.

sugared almond *n* dragée *f*.
sugar-free *n* sans sucre.
suggest /sə'dʒest, səg'dʒ-US/ *vtr* suggérer; (recommend) proposer.
suggestion /sə'dʒestʃn, səg'dʒ-US/ *n* suggestion *f*.
suggestive /sə'dʒestɪv, səg'dʒ-US/ *adj* suggestif/-ive; **to be ~ of sth** évoquer qch.
suicidal /ˌsu:ɪ'saɪdl, ˌsju:-/ *adj* suicidaire.
suicide /ˈsu:ɪsaɪd, 'sju:-/ *n* (action) suicide *m*; **to commit ~** se suicider.
suit /su:t, sju:t/ **I** *n* (man's) costume *m*; (woman's) tailleur *m*; JUR procès *m*; JEUX couleur *f*. **II** *vtr* [colour, outfit] aller à; [date, climate] convenir à; **~s me**☺**!** ça me va! **III** *vi* convenir. **IV** *v refl* **~ yourself!** (fais) comme tu voudras!
suitable /ˈsu:təbl, 'sju:-/ *adj* [qualification, venue] adéquat; [clothing] convenable; [treatment] approprié; **to be ~ for** être fait pour.
suitcase /ˈsu:tkeɪs, 'sju:-/ *n* valise *f*.
suite /swi:t/ *n* (furniture) ensemble *m*; (rooms), MUS suite *f*.
suited /ˈsu:tɪd, 'sju:-/ *adj* **~ to** fait pour.
sulk /sʌlk/ *vi* bouder.
sullen /ˈsʌlən/ *adj* maussade.
sultana /sʌl'tɑ:nə, -'tænəUS/ *n* raisin *m* de Smyrne.
sultry /ˈsʌltrɪ/ *adj* étouffant.
sum /sʌm/ *n* (of money) somme *f*; (calculation) calcul *m*.
• **sum up**: résumer, récapituler.
summarize /ˈsʌməraɪz/ *vtr* résumer, récapituler.
summary /ˈsʌmərɪ/ **I** *n* résumé *m*. **II** *adj* sommaire.
summer /ˈsʌmə(r)/ **I** *n* été *m*. **II** *in compounds* d'été.
summer campUS *n* colonie *f* de vacances.
summertime /ˈsʌmətaɪm/ *n* été *m*; **summer time** GB heure *f* d'été.
summit /ˈsʌmɪt/ **I** *n* sommet *m*. **II** *in compounds* au sommet.
summon /ˈsʌmən/ *vtr* faire venir, convoquer; **to ~ help** appeler à l'aide.
• **summon up**: (memory) évoquer; (courage) trouver.
summons /ˈsʌmənz/ **I** *n* convocation *f*; JUR assignation *f* à comparaître. **II** *vtr* citer.
sumptuous /ˈsʌmptʃuəs/ *adj* somptueux/-euse.
sun /sʌn/ *n* soleil *m*; **in the ~** au soleil.
Sun *abrév écrite* = **Sunday**.
sunbathe /ˈsʌnbeɪð/ *vi* se faire bronzer.
sun block *n* crème *f* écran total.
sunburn *n* coup *m* de soleil.
sunburned, **sunburnt** /ˈsʌnbɜ:nt/ *adj* (burnt) brûlé par le soleil; (tanned)GB bronzé.
Sunday /ˈsʌndeɪ, -dɪ/ *pr n* dimanche *m*.
sundeck *n* (on ship) pont *m* supérieur; (in house) terrasse *f*.
sundry /ˈsʌndrɪ/ **I sundries** *npl* articles *mpl* divers. **II** *adj* [items, objects] divers; **(to) all and ~** (à) tout le monde.
sunflower /ˈsʌnflaʊə(r)/ *n* tournesol *m*.
sung /sʌŋ/ *pp* ▸ **sing**.
sunglasses *npl* lunettes *fpl* de soleil.
sunk /sʌŋk/ *pp* ▸ **sink** II, III.
sunken /ˈsʌŋkən/ *adj* immergé, englouti; [cheek] creux/creuse; [eye] cave.
sunlight /ˈsʌnlaɪt/ *n* lumière *f* du soleil; **in the ~** au soleil.
sunny /ˈsʌnɪ/ *adj* ensoleillé; **it's going to be ~** il va faire (du) soleil; **~ side up** [egg] sur le plat.
sunrise *n* lever *m* du soleil.
sunset *n* coucher *m* du soleil; crépuscule *m*.
sunshade *n* parasol *m*.

sunshine *n* soleil *m*.

sunstroke *n* insolation *f*.

suntan *n* bronzage *m*; ~ **lotion** lotion *f* solaire.

super© /ˈsu:pə(r), ˈsju:-/ *adj, excl* formidable.

superb /su:ˈpɜ:b, sju:-/ *adj* superbe.

Super BowlUS *n* SPORT *championnat de football américain.*

supercilious /ˌsu:pəˈsɪlɪəs, ˌsju:-/ *adj* dédaigneux/-euse.

superficial /ˌsu:pəˈfɪʃl, ˌsju:-/ *adj* superficiel/-ielle.

superfluous /su:ˈpɜ:flʊəs, sju:-/ *adj* superflu.

superimpose /ˌsu:pərɪmˈpəʊz, ˌsju:-/ *vtr* superposer.

superintendent /ˌsu:pərɪnˈtendənt, ˌsju:-/ *n* (supervisor) responsable *mf*; (in police) ≈ commissaire de police; (for apartments)US concierge *mf*.

superior /su:ˈpɪərɪə(r), sju:-, sʊ-/ *n, adj* supérieur/-e *(m/f)*.

superiority /su:ˌpɪərɪˈɒrətɪ, sju:-, -ˈɔ:r-US/ *n* supériorité *f*.

superlative /su:ˈpɜ:lətɪv, sju:-/ **I** *n* LING superlatif *m*. **II** *adj* exceptionnel/-elle.

superman /ˈsu:pəmæn, ˈsju:-/ *n* (*pl* **-men**) surhomme *m*.

supermarket /ˈsu:pəmɑ:kɪt, ˈsju:-/ *n* supermarché *m*.

supernatural /ˌsu:pəˈnætʃrəl, ˌsju:-/ *n, adj* surnaturel *(m)*.

superpower /ˈsu:pəpaʊə(r), ˈsju:-/ *n* superpuissance *f*.

supersede /ˌsu:pəˈsi:d, ˌsju:-/ *vtr* remplacer.

superstition /ˌsu:pəˈstɪʃn, ˌsju:-/ *n* superstition *f*.

superstitious /ˌsu:pəˈstɪʃəs, ˌsju:-/ *adj* superstitieux/-ieuse.

superstore /ˈsu:pəstɔ:(r), ˈsju:-/ *n* hypermarché *m*, grande surface *f*.

supervise /ˈsu:pəvaɪz, ˈsju:-/ **I** *vtr* superviser; (child, patient) surveiller. **II** *vi* superviser; [doctor, parent] surveiller; [manager] diriger.

supervision /ˌsu:pəˈvɪʒn, ˌsju:-/ *n* supervision *f*; (of child, etc) surveillance *f*.

supervisor /ˈsu:pəvaɪzə(r), ˈsju:-/ *n* ADMIN, COMM responsable *m/f*; **factory ~** ≈ contremaître *m*; **shop ~** chef *m* de rayon; UNIV directeur/-trice *m/f* de thèse.

supper /ˈsʌpə(r)/ *n* dîner *m*; (after a show) souper *m*.

supple /ˈsʌpl/ *adj* souple.

supplement /ˈsʌplɪmənt/ **I** *n* (to diet, income) complément *m*; (extra) supplément *m*. **II** *vtr* compléter.

supplementary /ˌsʌplɪˈmentrɪ, -terɪUS/ *adj* supplémentaire; [income] d'appoint.

supplier /səˈplaɪə(r)/ *n* fournisseur *m*.

supply /səˈplaɪ/ **I** *n* réserves *fpl*; (of fuel, gas) alimentation *f*; (of food) approvisionnement *m*; (action of providing) fourniture *f*. **II supplies** *npl* réserves *fpl*; **food supplies** ravitaillement *m*; (stationery) fournitures *fpl*. **III** *vtr* fournir; (provide food, fuel for) ravitailler, approvisionner.

supply and demand *n* l'offre *f* et la demande.

supply teacherGB *n* suppléant/-e *m/f*.

support /səˈpɔ:t/ **I** *n* soutien *m*, appui *m*; **means of ~** (financial) moyens subsistance; (device) support *m*; (person) soutien *m*; **to be a ~ to sb** aider qn. **II** *vtr* soutenir; (weight) supporter; (story) confirmer; [farm] faire vivre. **III** *v refl* subvenir à ses (propres) besoins.

supporter /səˈpɔ:tə(r)/ *n* partisan *m*; supporter *m*.

suppose /səˈpəʊz/ **I** *vtr* **to ~ (that)** penser/croire que; (admit) supposer; (making a suggestion) **~ we go out?** et si on sortait? **II ~d** *pp adj* présumé, prétendu (*before n*) **I was ~d to leave** je devais partir; **it's ~d to be good** il paraît que c'est bon.

supposedly /sə'pəʊzɪdlɪ/ *adv* soi-disant.

supposing /sə'pəʊzɪŋ/ *conj* et si, en supposant que.

suppress /sə'pres/ *vtr* supprimer; (smile, rebellion) réprimer; (scandal) étouffer.

supremacy /su:'preməsɪ, sju:-/ *n* (power) suprématie *f*.

supreme /su:'pri:m, sju:-/ *adj* suprême.

surcharge /'sɜ:tʃɑ:dʒ/ supplément *m*; ÉLEC, POSTES surcharge *f*.

sure /ʃɔ:(r), ʃʊər^US/ I *adj* sûr; **to make ~ that** s'assurer que, faire en sorte que. II *adv* (yes, certainly)© bien sûr, ça oui; **for ~!** sans faute!; **~ enough** effectivement.

surely /'ʃɔ:lɪ, 'ʃʊərlɪ^US/ *adv* sûrement, certainement.

surety /'ʃɔ:rətɪ, 'ʃʊərtɪ^US/ *n* dépôt *m* de garantie.

surf /sɜ:f/ *n* ressac *m*, vagues *fpl* (déferlantes).

surface /'sɜ:fɪs/ I *n* surface *f*; **on the ~** FIG apparemment. II *in compounds* [wound] superficiel/-ielle; **~ measurements** superficie *f*. III *vi* remonter à la surface; réapparaître.

surface mail *n* courrier *m* par voie de surface.

surfboard *n* planche *f* de surf.

surfeit /'sɜ:fɪt/ *n* excès *m*.

surfing /'sɜ:fɪŋ/ *n* SPORT surf *m*; **to go ~** aller faire du surf.

surge /sɜ:dʒ/ I *n* (brusque) montée *f*; (in prices, inflation) hausse *f*. II *vi* [waves] déferler; [price, emotion] monter; **to ~ forward** s'élancer.

surgeon /'sɜ:dʒən/ *n* chirurgien *m*.

surgery /'sɜ:dʒərɪ/ *n* MÉD chirurgie *f*; **to have ~** se faire opérer.

surgical /'sɜ:dʒɪkl/ *adj* GÉN chirurgical; [stocking] orthopédique.

surmount /sə'maʊnt/ *vtr* surmonter.

surname /'sɜ:neɪm/ *n* nom *m* de famille.

surpass /sə'pɑ:s, -pæs^US/ *vtr* dépasser.

surplus /'sɜ:pləs/ I *n* (*pl* **~es**) surplus *m*, excédent *m*. II *adj* (*tjrs épith*) en trop, excédentaire.

surprise /sə'praɪz/ I *n* surprise *f*; **by ~** au dépourvu. II *in compounds* surprise, inattendu. III *vtr* surprendre.

surprised /sə'praɪzd/ *adj* étonné; **I'm not ~** ça ne m'étonne pas; **oh, you'd be ~** détrompe-toi.

surprising /sə'praɪzɪŋ/ *adj* étonnant, surprenant.

surprisingly /sə'praɪzɪŋlɪ/ *adv* étonnamment, incroyablement.

surrealist /sə'rɪəlɪst/ *n, adj* surréaliste (*mf*).

surrender /sə'rendə(r)/ I *n* (of army) capitulation *f*; (of soldier, town) reddition *f*. II *vi* se rendre; [country] capituler; **to ~ to** se livrer à.

surreptitious /ˌsʌrəp'tɪʃəs/ *adj* furtif/-ive.

surrogate /'sʌrəgeɪt/ I *n* substitut *m*; (in fertility treatment) mère *f* porteuse. II *adj* de substitution, de remplacement.

surround /sə'raʊnd/ *vtr* entourer; (building) encercler; (person) cerner.

surrounding /sə'raʊndɪŋ/ *adj* **the ~ area/region** les environs.

surroundings /sə'raʊndɪŋz/ *npl* (of town) environs *mpl*; **in beautiful ~** dans un cadre magnifique.

survey I /'sɜ:veɪ/ *n* étude *f*, enquête *f*; (by questioning people) sondage *m*; (in housebuying)^GB expertise *f*. II /sə'veɪ/ *vtr* (market) faire une étude de; (people) faire un sondage parmi; (in housebuying)^GB faire une expertise de; GÉOG (area) faire l'étude topographique de.

surveyor /sə'veɪə(r)/ *n* (in housebuying)^GB expert *m* (en immobilier); (for map-making) topographe *mf*.

survival /sə'vaɪvl/ I *n* survie *f*; (of custom) survivance *f*. II *in compounds* [kit] de survie.

survive /sə'vaɪv/ I *vtr* survivre à. II *vi* survivre.

survivor /sə'vaɪvə(r)/ *n* rescapé/-e *m/f*.

susceptibility /sə,septə'bɪlətɪ/ *n* sensibilité *f*.

susceptible /sə'septəbl/ *adj* sensible (à).

suspect I /'sʌspekt/ *n, adj* suspect/-e (*m/f*). II /sə'spekt/ *vtr* soupçonner; **to ~ that** penser que; (motives) douter de. III **~ed** *pp adj* présumé.

suspend /sə'spend/ *vtr* **to ~ sth from** suspendre qch à; (services, match) interrompre; (judgment) réserver; (pupil) exclure [qn] temporairement; JUR **~ed sentence** condamnation avec sursis.

suspenders /sə'spendəz/ *npl* (for stockings)[GB] jarretelles *fpl*; (braces)[US] bretelles *fpl*.

suspense /sə'spens/ *n* suspense *m*; **to keep sb in ~** laisser qn dans l'expectative.

suspension /sə'spenʃn/ *n* (of meeting, trial) interruption *f*; (of talks, payments) suspension *f*; (of pupil) exclusion *f* temporaire.

suspicion /sə'spɪʃn/ *n* méfiance *f*; **to arouse ~** éveiller des soupçons; **above ~** à l'abri de tout soupçon.

suspicious /sə'spɪʃəs/ *adj* méfiant; [behaviour, activity] suspect, louche; **to be ~ of** se méfier de; **to be ~ that** soupçonner que.

sustain /sə'steɪn/ *vtr* (war, policy) poursuivre; (morally) soutenir; (injury) recevoir; (loss) éprouver; (damage) subir, essuyer; (claim) faire droit à; (objection) admettre; **objection ~ed!** objection accordée!

SW *n* (*abrév* = **southwest**) SO *m*.

swagger /'swægə(r)/ *vi* se pavaner.

swallow /'swɒləʊ/ I *n* (bird) hirondelle *f*. II *vtr* avaler; (pride, anger) ravaler. III *vi* avaler.

swam /swæm/ *prét* ▸ **swim** II.

swamp /swɒmp/ I *n* marais *m*, marécage *m*. II *vtr* inonder; **~ed with/by** submergé de.

swan /swɒn/ *n* cygne *m*.

swap☺ /swɒp/ I *n* échange *m*. II *vtr* (*p prés etc* **-pp-**) échanger.

swarm /swɔ:m/ I *n* essaim *m*. II *vi* [bees] essaimer; **to be ~ing with** (people) grouiller de.

sway /sweɪ/ I *vtr* influencer; **to ~ one's body** se balancer. II *vi* osciller; [vessel, carriage] tanguer; (from weakness) chanceler.

swear /sweə(r)/ (*prét* **swore**; *pp* **sworn**) I *vtr* jurer; **to ~ an oath** prêter serment; **to be/get sworn at** se faire injurier. II *vi* jurer; **to ~ at sb** pester contre qn.

swearword /'sweəwɜ:d/ *n* juron *m*, gros mot *m*.

sweat /swet/ I *n* sueur *f*. II[US] **~s** *npl* survêtement *m*. III *vi* [person] suer; [hands, feet] transpirer.

sweater /'swetə(r)/ *n* pull *m*.

sweatshirt *n* sweatshirt *m*.

sweaty /'swetɪ/ *adj* [palm] moite; [person] en sueur.

swede[GB] /swi:d/ *n* (plant) rutabaga *m*.

sweep /swi:p/ I *n* coup *m* de balai; (movement) grand geste *m*; (for chimney) ramoneur *m*. II *vtr* (*prét, pp* **swept**) balayer; (chimney) ramoner; **to ~ sb overboard** entraîner qn par-dessus bord; **to ~ through** [disease, crime] déferler sur. III *vi* (clean) balayer; [gaze] parcourir.

• **sweep away**: **to be swept away by** être emporté par

sweeping /'swi:pɪŋ/ *adj* [change] radical; **~ statement** généralisation abusive; [movement, curve] large.

sweet /swi:t/ I *n* (candy)[GB] bonbon *m*; (dessert) dessert *m*; (term of endearment)☺ ange *m*. II *adj* [tea] sucré; [potato, voice] doux/douce; **to have a ~ tooth** aimer les sucreries; (kind) gentil/-ille; (cute) mignon/-onne, adorable.

sweet-and-sour *adj* aigre-doux/-douce.

sweet chestnut *n* (fruit) châtaigne *m*; (tree) châtaignier *m*.

sweetcorn /ˈswi:tkɔ:n/ *n* maïs *m*.

sweeten /ˈswi:tn/ *vtr* sucrer.

sweetener /ˈswi:tnə(r)/ *n* édulcorant *m*.

sweetheart /ˈswi:thɑ:t/ *n* petit ami, petite amie *m/f*; (term of endearment) chéri.

sweetness /ˈswi:tnɪs/ *n* douceur *f*.

sweet pea *n* pois *m* de senteur.

swell /swel/ I *n* houle *f*. II©US *adj* chic *inv*; (great) formidable. III *vtr* (*prét* **swelled**; *pp* **swollen/swelled**) grossir, augmenter. IV *vi* (se) gonfler; [ankle] enfler; [river] grossir; (increase) s'accroître; [sound] monter.

swelling /ˈswelɪŋ/ *n* enflure *f*.

swept /swept/ *prét, pp* ▸ **sweep** II, III.

swerve /swɜ:v/ *vi* faire un écart.

swift /swɪft/ I *n* (bird) martinet *m*. II *adj* rapide, prompt.

swim /swɪm/ I *n* baignade *f*. II *vi* (*p prés* **-mm-**; *prét* **swam**; *pp* **swum**) nager; [scene, room] tourner.

swimmer /ˈswɪmə(r)/ *n* nageur/-euse *m/f*.

swimming /ˈswɪmɪŋ/ I *n* natation *f*; **to go ~** aller nager. II *in compounds* [contest, course] de natation; [cap, suit] de bain.

swimming pool *n* piscine *f*.

swindle /ˈswɪndl/ I *n* escroquerie *f*. II *vtr* **to ~ sb out of sth** soutirer/escroquer qch à qn.

swing /swɪŋ/ I *n* (movement) oscillation *f*; (in public opinion) revirement *m*; (in playground) balançoire *f*; (rhythm) rythme *m*. II *vtr* (*prét, pp* **swung**) balancer; (move around) faire tourner; (cause to change) faire changer. III *vi* se balancer; [pendulum] osciller; **to ~ around** se retourner (brusquement); **to ~ at** (with fist) lancer un coup de poing à; **to ~ from X to Y** passer de X à Y; [music] avoir du rythme; (be lively)© être branché©.

• **to be in full ~** battre son plein.

swipe /swaɪp/ I© *vtr* (steal) piquer©, voler. II *vi* **to ~ at** essayer de frapper.

swirl /swɜ:l/ I *n* volute *f*. II *vi* tourbillonner.

Swiss cheese *n* gruyère *m*, emmenthal *m*.

switch /swɪtʃ/ I *n* changement *m*; (for light) interrupteur *m*; (on appliance) bouton *m*. II *vtr* changer de; (attention) reporter. III *vi* changer; (change scheduling) permuter.

• **switch off**: (light) éteindre; (supply) couper. • **switch on**: allumer. • **switch over**GB: TV changer de programme.

switchboard *n* standard *m*.

swivel /ˈswɪvl/ I *adj* pivotant. II *vtr* (*p prés etc* **-ll-**GB, **-l-**US) faire pivoter; (eyes, head) tourner. III *vi* pivoter.

swollen /ˈswəʊlən/ *adj* [ankle] enflé; [eyes] gonflé; [river] en crue.

swoop /swu:p/ I *n* descente *f*. II *vi* [bird, plane] piquer; **to ~ down on** fondre sur; [police] faire une descente.

swop /swɒp/ *n, vtr* ▸ **swap**.

sword /sɔ:d/ *n* épée *f*.

swordfish /ˈsɔ:dfɪʃ/ *n* espadon *m*.

swore /swɔ:(r)/ *prét* ▸ **swear**.

sworn /swɔ:n/ I *pp* ▸ **swear**. II *adj* [statement] fait sous serment; [enemy] juré.

swot©GB /swɒt/ I *n* bûcheur/-euse© *m/f*. II *vi* (*p prés etc* **-tt-**) bûcher©.

swum /swʌm/ *pp* ▸ **swim** II.

swung /swʌŋ/ *prét, pp* ▸ **swing** II, III.

sycamore /ˈsɪkəmɔ:(r)/ *n* sycomore *m*.

syllable /ˈsɪləbl/ *n* syllabe *f*; **in words of one ~** en termes simples.

syllabus /ˈsɪləbəs/ *n* (*pl* **-buses/-bi**) programme *m*.

symbol /ˈsɪmbl/ *n* symbole *m*.

symbolic(al) /sɪmˈbɒlɪk(l)/ *adj* symbolique.

symbolize />ˈsɪmbəlaɪz/ *vtr* symboliser.

symmetric(al) /sɪˈmetrɪk(l)/ *adj* symétrique.

symmetry /ˈsɪmətrɪ/ *n* symétrie *f*.

sympathetic /ˌsɪmpəˈθetɪk/ *adj* compatissant, compréhensif/-ive.

sympathize /ˈsɪmpəθaɪz/ *vi* compatir; **to ~ with sb** plaindre qn; **to ~ with sth** (bien) comprendre qch.

sympathizer /ˈsɪmpəθaɪzə(r)/ *n* sympathisant/-e *m/f*.

sympathy /ˈsɪmpəθɪ/ *n* compassion *f*; affinité *f*; **to be in ~ with sb** être d'accord avec qn; **my deepest sympathies** mes sincères condoléances.

symphony /ˈsɪmfənɪ/ *n* symphonie *f*.

symptom /ˈsɪmptəm/ *n* symptôme *m*.

synchronize /ˈsɪŋkrənaɪz/ *vtr* synchroniser.

syndicate I /ˈsɪndɪkət/ *n* syndicat *m*; (of companies) consortium *m*; (of gangsters) association *f*; **drug(s) ~** cartel de la drogue. II /ˈsɪndɪkeɪt/ *vtr* **~d in 50 newspapers** publié simultanément dans 50 journaux; (sell)[US] distribuer [qch] sous licence.

synonym /ˈsɪnənɪm/ *n* synonyme *m* (**of, for** de).

synonymous /sɪˈnɒnɪməs/ *adj* synonyme (**with** de).

synopsis /sɪˈnɒpsɪs/ *n* (*pl* **-ses**) résumé *m*.

syntax /ˈsɪntæks/ *n* syntaxe *f*.

synthesis /ˈsɪnθəsɪs/ *n* (*pl* **-ses**) synthèse *f*.

synthesize /ˈsɪnθəsaɪz/ *vtr* synthétiser; CHIMIE produire [qch] par synthèse.

synthesizer /ˈsɪnθəsaɪzə(r)/ *n* synthétiseur *m*.

synthetic /sɪnˈθetɪk/ *n*, *adj* synthétique (*m*).

syringe /sɪˈrɪndʒ/ *n* seringue *f*.

syrup /ˈsɪrəp/ *n* sirop *m*.

system /ˈsɪstəm/ *n* système *m*; **road ~** réseau routier; **reproductive ~** appareil reproducteur *m*; (order) méthode *f*; (equipment) installation *f*.

systematic /ˌsɪstəˈmætɪk/ *adj* systématique; [approach] méthodique, rationnel/-elle.

systems disk *n* ORDINAT disque *m* système.

t

tab /tæb/ *n* (decorative) patte *f*; (on can) languette *f*; (for identification) étiquette *f*; (bill) [US] note *f*.

• **to keep ~s on sb**[©] tenir qn à l'œil[©].

table /ˈteɪbl/ I *n* table *f*. II *vtr* présenter; [US] ajourner.

tablecloth *n* nappe *f*.

table football *n* SPORT baby-foot *m inv*.

table mat *n* set *m* de table; (under serving dish) dessous-de-plat *m inv*.

tablespoon *n* cuillerée *f* à soupe; (measure)[GB] = *18 ml*, [US] = *15 ml*.

tablet /ˈtæblɪt/ *n* comprimé *m*.

table tennis *n* SPORT tennis *m* de table, ping-pong® *m*.

tabloid /ˈtæblɔɪd/ *n* tabloïde® *m* PÉJ; **the ~s** la presse populaire.

taboo /tə'bu:/ *n, adj* tabou (*m*).
tacit /'tæsɪt/ *adj* tacite.
tack /tæk/ I *n* clou *m*; (approach) tactique *f*. II *vtr* **to ~ sth to** clouer qch à; (in sewing) bâtir. III *vi* [yacht] louvoyer.
tackle /'tækl/ I *n* (in soccer, hockey) tacle *m*; (in rugby, American football) plaquage *m*; (equipment) équipement *m*; (for fishing) articles *mpl* de pêche; (for lifting) palan *m*. II *vtr* s'attaquer à; (in soccer, hockey) tacler; (in rugby, American football) plaquer; (intruder) maîtriser.
tacky /'tækɪ/ *adj* collant; [object, behaviour] ☺ vulgaire, ☺US kitsch *inv*.
tact /tækt/ *n* tact *m*.
tactful /'tæktfl/ *adj* plein de tact.
tactic /'tæktɪk/ *n* tactique *f*; **~s** (*sg*) tactique *f*.
tactical /'tæktɪkl/ *adj* tactique.
tactless /'tæktlɪs/ *adj* indélicat.
tadpole /'tædpəʊl/ *n* têtard *m*.
tag /tæg/ I *n* étiquette *f*; JEUX (jeu *m* de) chat *m*. II *vtr* (*p prés etc* **-gg-**) (goods) étiqueter; (clothing, criminal) marquer.
• **tag along**: suivre.
tail /teɪl/ I *n* queue *f*. II **~s** *npl* habit *m*; (of coin) pile *f*. III☺ *vtr* suivre, prendre en filature.
• **tail off**: diminuer.
tailor /'teɪlə(r)/ I *n* tailleur *m*. II *vtr* confectionner; **to ~ sth to** adapter qch à. III **~ed** *pp adj* [garment] ajusté.
tailor-made /ˌteɪlə'meɪd/ *adj* fait sur mesure.
taint /teɪnt/ *vtr* souiller; (air) polluer; (food) gâter; **~ed blood** du sang contaminé.
take /teɪk/ I *n* CIN prise *f* (de vues); MUS enregistrement *m*. II *vtr* (*prét* **took**; *pp* **taken**) GÉN prendre; **to ~ sb sth** apporter qch à qn; (person) emmener; (prize) remporter; (job, cheque, etc) accepter; [activity, course of action] demander, exiger; **I ~ it that** je suppose que; (passengers, litres) pouvoir contenir; (course) suivre; (exam, test) passer; (in clothes) faire; **I ~ a size 5** (in shoes) je fais, chausse du 38. III *vi* prendre.
• **take after**: (parent) tenir de. • **take apart**: démonter. • **take away**: (object) enlever; (pain) supprimer; (number) soustraire. • **take back**: (goods) rapporter; (words) retirer; (accept again) reprendre. • **take down**: (picture) enlever; (tent) démonter; (name) noter. • **take in**: (deceive)☺ tromper; (person) recueillir; (developments) inclure. • **take off**: [plane] décoller; (leave hurriedly) filer☺; (clothing) enlever; (lid) enlever; (show) annuler. • **take on**: s'énerver; (staff) embaucher; (opponent) se battre contre. • **take out**: (object) sortir; (money) retirer. • **take over**: [army] prendre le pouvoir; [person] prendre la suite; **to ~ over from** (predecessor) remplacer; (country) prendre le contrôle de; (business) reprendre. • **take part in**: prendre part; participer à. • **take place**: avoir lieu. • **take to**: (person) se prendre de sympathie pour; **to ~ to doing** se mettre à faire. • **take up**: (carpet) enlever; (golf) se mettre à; (story) reprendre; (challenge) relever.
takeawayGB *n* repas *m* à emporter; *restaurant qui fait des plats à emporter.*
take-off *n* AVIAT décollage *m*.
takeoutUS *adj* [food] à emporter.
takeover *n* FIN rachat *m*; POL prise *f* de pouvoir; **~ bid** offre *f* publique d'achat.
tale /teɪl/ *n* histoire *f*; (fantasy) conte *m*; (narrative, account) récit *m*.
talent /'tælənt/ *n* talent *m*.
talented /'tæləntɪd/ *adj* doué.
talk /tɔ:k/ I *n* propos *mpl*; (conversation) conversation *f*, discussion *f*; **to have a ~ with sb** parler à qn; (speech) exposé *m*. II **~s** *npl* négociations *fpl*; POL pourparlers *mpl*. III *vtr* parler; **to ~ nonsense** raconter n'importe quoi; **to ~ sb into/out of doing**

persuader/dissuader qn de faire. IV *vi* parler; (gossip) bavarder.

• **talk back**: répondre (insolemment).
• **talk over**: discuter de.

talker /tɔ:kə(r)/ *n* bavard.

tall /tɔ:l/ *adj* [person] grand; [building, etc] haut; **he's six-feet ~** ≈ il mesure un mètre quatre-vingts; **to get/grow ~er** grandir.
• **a ~ story** une histoire à dormir debout.

tally /tælɪ/ *vi* concorder.

tame /teɪm/ I *adj* [animal] apprivoisé; [reform] timide. II *vtr* apprivoiser; (lion, tiger) dompter.

tamper /tæmpə(r)/ *vi* **to ~ with** (accounts) trafiquer.

tan /tæn/ I *n* bronzage *m*, hâle *m*; (colour) fauve *m*. II *vtr*, *vi* (*p prés etc* **-nn-**) bronzer; (animal hide) tanner.

tangent /tændʒənt/ *n* tangente *f*.

tangerine /tændʒəri:n/ *n* mandarine *f*.

tangle /tæŋgl/ I *n* enchevêtrement *m*; (of clothes) fouillis *m*. II *vi* [hair, string] s'emmêler.

tango /tæŋgəʊ/ *n* tango *m*.

tangy /tæŋɪ/ *adj* acidulé.

tank /tæŋk/ *n* (for storage) réservoir *m*; (for water) citerne *f*; (for fish) aquarium *m*; MIL char *m* (de combat).

tanker /tæŋkə(r)/ *n* NAUT navire-citerne *m*; (lorry) camion citerne *m*.

tantalizing /tæntəlaɪzɪŋ/ *adj* [suggestion] tentant; [smell] alléchant, qui fait envie.

tantamount /tæntəmaʊnt/ *adj* **to be ~ to** équivaloir à, être équivalent à.

tantrum /tæntrəm/ *n* crise *f* (*de colère*); **to throw/have a ~** piquer une crise[©].

tap /tæp/ I *n* robinet *m*; **on ~** [beer] pression *inv*; (blow) petit coup *m*. II *vtr*, *vi* (*p prés etc* **-pp-**) taper (doucement), tapoter; (telephone) mettre [qch] sur écoute; (energy) exploiter; **to ~ sb for money**[©] taper[©] qn.

tap dance *n* claquettes *fpl*.

tape /teɪp/ I *n* bande *f* (magnétique), cassette *f*; (of fabric) ruban *m*; (adhesive) scotch® *m*. II *vtr* enregistrer; **to ~ sth to** (surface, door) coller qch à.

taper /teɪpə(r)/ I *n* cierge *m*. II *vi* [sleeve] se resserrer; [column] s'effiler.
• **taper off**: diminuer [qch] progressivement.

tape recorder *n* magnétophone *m*.

tapestry /tæpəstrɪ/ *n* tapisserie *f*.

tar /tɑ:(r)/ I *n* goudron *m*. II *vtr* (*p prés etc* **-rr-**) goudronner.

target /tɑ:gɪt/ I *n* cible *f*; (goal, objective) objectif *m*; **to meet one's ~** atteindre son but. II *vtr* (weapon, missile) diriger; (city, site, factory) prendre [qch] pour cible; (group, sector) viser.

tariff /tærɪf/ *n* (price list) tarif *m*; (customs duty) droit *m* de douane.

tarmac /tɑ:mæk/ *n* macadam *m*; (of airfield)[GB] piste *f*.

tarnish /tɑ:nɪʃ/ *vtr* ternir.

tarragon /tærəgən/ *n* estragon *m*.

tart /tɑ:t/ I *n* tarte *f*, tartelette *f*. II *adj* aigre.
• **tart up**[©GB]: (house, room) retaper[©]; **~ oneself up** se pomponner[©].

tartan /tɑ:tn/ *n*, *adj* écossais (*m*).

tartar /tɑ:tə(r)/ *n* tartre *m*.

task /tɑ:sk, tæsk[US]/ *n* tâche *f*.

task force *n* MIL corps *m* expéditionnaire; (committee) groupe *m* de travail.

taste /teɪst/ I *n* goût *m*; **have a ~ of this** goûtes-en un peu. II *vtr* sentir (le goût de); (try) goûter (à); (failure, hardship) connaître. III *vi* **to ~ horrible** avoir mauvais goût.

tasteful /teɪstfl/ *adj* élégant.

tasteless /teɪstlɪs/ *adj* [joke] de mauvais goût; [medicine] qui n'a aucun goût.

tasty /teɪstɪ/ *adj* succulent.

tattered /'tætəd/ *adj* [book] en lambeaux; [person] déguenillé.

tattoo /tə'tu:, tæ'tu:US/ I *n* tatouage *m*; MIL parade *f* militaire. II *vtr* tatouer.

tatty©GB /'tætɪ/ *adj* [appearance] négligé; [carpet, garment] miteux/-euse.

taught /tɔ:t/ *prét, pp* ▶ **teach**.

taunt /tɔ:nt/ I *n* raillerie *f*. II *vtr* railler.

Taurus /'tɔ:rəs/ *n* Taureau *m*.

taut /tɔ:t/ *adj* tendu.

tavern *n* auberge *f*.

tawny /'tɔ:nɪ/ *adj* (colour) fauve.

tawny owl *n* chouette *f* hulotte.

tax /tæks/ I *n* taxe *f*; (on income) impôt *m*. II *vtr* imposer; (luxury goods) taxer.

tax break *n* réduction *f* d'impôt.

tax collector *n* percepteur *m*.

tax-free *adj* exempt d'impôt.

taxi /'tæksɪ/ I *n* taxi *m*. II *vi* [plane] rouler doucement.

taxman© /'tæksmæn/ *n* **the** ~ le fisc.

tax return *n* déclaration *f* de revenus.

TB *n abrév* = **tuberculosis**.

tbsp *n: abrév écrite* = **tablespoon**.

tea /ti:/ *n* thé *m*; ~ **plant** théier *m*; (meal for children) goûter *m*; (evening meal) dîner *m*.

• **it's not my cup of ~** ce n'est pas mon truc©.

tea bag *n* sachet *m* de thé.

tea breakGB *n* ≈ pause-café *f*.

teach /ti:tʃ/ (*prét, pp* **taught**) I *vtr* **to ~ sb sth** apprendre, enseigner qch à qn; **to ~ sb where/when/why** expliquer à qn où/quand/pourquoi. II *vi* enseigner.

teacher /'ti:tʃə(r)/ *n* (in general) enseignant/-e *m/f*; (secondary) professeur *m*; (primary) instituteur/-trice *m/f*.

teaching /'ti:tʃɪŋ/ I *n* enseignement *m*. II *in compounds* [career] d'enseignant; [method] pédagogique; [staff] enseignant.

teacup /'ti:kʌp/ *n* tasse *f* à thé.

teak /ti:k/ *n* teck *m*.

team /ti:m/ *n* équipe *f*; (of animals) attelage *m*.

teapot /'ti:pɒt/ *n* théière *f*.

tear[1] /teə(r)/ I *n* accroc *m*, déchirure *f*. II *vtr* (*prét* **tore**; *pp* **torn**) déchirer; **to ~ sth from/out of** arracher qch de; **to ~ sth to pieces** mettre qch en morceaux, démolir; **torn between** tiraillé entre. III *vi* se déchirer.

• **tear down**: (wall) démolir. • **tear off**: **to ~ off one's clothes** se déshabiller en toute hâte.

tear[2] /tɪə(r)/ *n* larme *f*; **to burst into ~s** fondre en larmes.

tearful /'tɪəfl/ *adj* en larmes; [voice] larmoyant.

tease /ti:z/ *vtr, vi* taquiner.

tea shopGB *n* salon *m* de thé.

teaspoon *n* petite cuillère *f*.

teatime *n* l'heure *f* du thé.

tea towelGB *n* torchon *m* (à vaisselle).

technical /'teknɪkl/ *adj* technique; JUR [point] de procédure.

technical college *n* institut *m* d'enseignement technique.

technicality /ˌteknɪ'kælətɪ/ *n* détail *m* technique; (minor detail) point *m* de détail; JUR vice *m* de forme.

technically /'teknɪklɪ/ *adv* techniquement; FIG théoriquement.

technician /tek'nɪʃn/ *n* technicien/-ienne *m/f*.

technique /tek'ni:k/ *n* technique *f*.

technological /ˌteknə'lɒdʒɪkl/ *adj* technologique.

technology /tek'nɒlədʒɪ/ *n* technologie *f*.

teddy /'tedɪ/ *n* ~ **(bear)** nounours *m*.

tedious /'ti:dɪəs/ *adj* ennuyeux/-euse.

teem /ti:m/ I *vi* **to ~ with** (people) grouiller de. II *v impers* pleuvoir des cordes.

teen☺ /ti:n/ *adj* pour les jeunes.

teenage /ˈti:neɪdʒ/ *adj* adolescent; [fashion, problem] des adolescents.

teenager /ˈti:neɪdʒə(r)/ *n* jeune *mf*, adolescent/-e *m/f*.

tee-shirt /ˈti:ʃɜ:t/ *n* tee-shirt *m*, T-shirt.

teeter /ˈti:tə(r)/ *vi* vaciller.

teeth /ti:θ/ *npl* ▸ **tooth**.

tel *n* (*abrév écrite* = **telephone**) tél.

telegram /ˈtelɪgræm/ *n* télégramme *m*.

telegraph /ˈtelɪgrɑ:f, -græf^US^/ I *n* télégraphe *m*. II *vtr* télégraphier.

telephone /ˈtelɪfəʊn/ I *n* téléphone *m*; **to be on the ~** avoir le téléphone, (talking) être au téléphone. II *in compounds* téléphonique. III *vtr, vi* téléphoner à, appeler.

telephone book, telephone directory *n* annuaire *m* (du téléphone).

teleprocessing *n* télétraitement *m*.

telescope /ˈtelɪskəʊp/ *n* télescope *m*.

teleshopping *n* téléachat *m*.

televise /ˈtelɪvaɪz/ *vtr* téléviser.

television /ˈtelɪvɪʒn, -ˈvɪʒn/ *n* télévision *f*; (set) téléviseur *m*.

tell /tel/ (*prét, pp* **told**) I *vtr* dire; **to ~ sb about/of sth** parler de qch à qn; (joke, story) raconter; (future) prédire; (difference) voir, distinguer. II *vi* dire, répéter; **to ~ of** témoigner de; **as/so far as I can ~** pour autant que je sache. III *v refl* **to ~ oneself (that)** se dire (que).

• **tell off**: réprimander. • **tell on**: dénoncer.

teller /ˈtelə(r)/ *n* caissier/-ière *m/f*.

telling /ˈtelɪŋ/ *adj* [argument] efficace; [omission] révélateur/-trice.

tell-tale /ˈtelteɪl/ I^GB^ *n* rapporteur/-euse *m/f*. II *adj* révélateur/-trice.

telly☺GB /ˈtelɪ/ *n* télé☺ *f*.

temp☺GB /temp/ *n* intérimaire *mf*.

temper /ˈtempə(r)/ I *n* humeur *f*; **to lose one's ~** se mettre en colère; (nature) caractère *m*. II *vtr* tempérer.

temperament /ˈtemprəmənt/ *n* tempérament *m*.

temperate /ˈtempərət/ *adj* tempéré.

temperature /ˈtemprətʃə(r), ˈtempərtʃʊər^US^/ *n* température *f*; **to have a ~** avoir de la fièvre.

tempest /ˈtempɪst/ *n* tempête *f*.

template /ˈtempleɪt/ *n* gabarit *m*; ORDINAT modèle *m*.

temple /ˈtempl/ *n* temple *m*; (part of face) tempe *f*.

temporal /ˈtempərəl/ *adj* temporel/-elle.

temporary /ˈtemprərɪ, -pərerɪ^US^/ *adj* temporaire, provisoire; [manager] intérimaire.

tempt /tempt/ *vtr* tenter.

temptation /tempˈteɪʃn/ *n* tentation *f*.

tempting /ˈtemptɪŋ/ *adj* tentant.

ten /ten/ *n, adj* dix (*m*).

tenacious /tɪˈneɪʃəs/ *adj* tenace.

tenacity /tɪˈnæsətɪ/ *n* ténacité *f*.

tenancy /ˈtenənsɪ/ *n* location *f*.

tenant /ˈtenənt/ *n* locataire *mf*.

tench *n* /tentʃ/ tanche *f*.

tend /tend/ I *vtr* soigner; (guests) s'occuper de. II *vi* **to ~ to do** avoir tendance à faire.

tendency /ˈtendənsɪ/ *n* tendance *f*.

tender /ˈtendə(r)/ I *n* soumission *f*; **to invite ~s** faire un appel d'offres; **legal ~** monnaie légale. II *adj* tendre; [bruise, skin] sensible. III *vtr* offrir; (apology, fare) présenter; (resignation) donner. IV *vi* soumissionner.

tenet /ˈtenɪt/ *n* principe *m*.

tennis /ˈtenɪs/ *n* tennis *m*.

tenor /ˈtenə(r)/ *n* MUS ténor *m*; (of speech) teneur *f*.

tense /tens/ I *n* LING temps *m*. II *adj* tendu. III *vtr* (muscle) tendre; **to ~ oneself** se raidir.

tension /ˈtenʃn/ *n* tension *f*.

tent /tent/ *n* tente *f*.

tentacle /ˈtentəkl/ *n* tentacule *m*.

tentative /ˈtentətɪv/ *adj* [movement] hésitant; [conclusion, offer] provisoire.

tenterhooks /ˈtentəhuks/ *npl*.
• **to be on ~** être sur des charbons ardents.

tenth /tenθ/ I *n* dixième *mf*; (of month) dix *m inv*. II *adj*, *adv* dixième.

tenuous /ˈtenjuəs/ *adj* ténu.

tenure /ˈtenjuə(r), tenjərUS/ *n* ≈ bail *m*; UNIV **to have ~** être titulaire.

tepid /ˈtepɪd/ *adj* tiède.

term /tɜːm/ I *n* période *f*, terme *m*; SCOL, UNIV trimestre *m*; (word, phrase) terme *m*; **~ of abuse** injure *f*. II **~s** *npl* termes *mpl*; COMM conditions *fpl* de paiement; **to come to ~s with** (failure) accepter. III **in ~ of** *prep phr* du point de vue de, sur le plan de.

terminal /ˈtɜːmɪnl/ *n* terminus *m*; AVIAT aérogare *f*; ORDINAT terminal *m*.

terminate /ˈtɜːmɪneɪt/ I *vtr* mettre fin à. II *vi* se terminer; [road] s'arrêter.

terminology /ˌtɜːmɪˈnɒlədʒɪ/ *n* terminologie *f*.

terminusGB /ˈtɜːmɪnəs/ *n* (*pl* **-ni/-nuses**) terminus *m*.

terrace /ˈterəs/ I *n* terrasse *f*; GB *alignement de maisons identiques et contiguës*. IIGB **~s** *npl* (in stadium) gradins *mpl*.

terracotta /ˌterəˈkɒtə/ *n* terre *f* cuite.

terrain /teˈreɪn/ *n* terrain *m*.

terrible /ˈterəbl/ *adj* épouvantable, terrible; **~ at sth** nul en qch.

terribly /ˈterəblɪ/ *adv* extrêmement, très.

terrific /təˈrɪfɪk/ *adj* épouvantable, terrible; (wonderful) ☺ formidable.

terrify /ˈterɪfaɪ/ *vtr* terrifier.

terrifying /ˈterɪfaɪɪŋ/ *adj* terrifiant.

territorial /ˌterəˈtɔːrɪəl/ *adj* territorial.

territory /ˈterətrɪ, ˈterɪtɔːrɪUS/ *n* territoire *m*.

terror /ˈterə(r)/ *n* terreur *f*.

terrorism /ˈterərɪzəm/ *n* terrorisme *m*.

terrorist /ˈterərɪst/ *n*, *adj* terroriste *(mf)*.

terrorize /ˈterəraɪz/ *vtr* terroriser.

terse /tɜːs/ *adj* succinct.

test /test/ I *n* épreuve *f*, test *m*; SCOL (written) contrôle *m*; (oral) épreuve *f* orale; COMM essai *m*; (of blood) analyse *f*. II *vtr* évaluer; (pupils) interroger; (at exam time) faire un contrôle (en); PSYCH tester; COMM, TECH essayer; **to be ~ed for Aids** faire subir un test de dépistage du sida; (patience) mettre [qch] à l'épreuve.

testament /ˈtestəmənt/ *n* testament *m*; **the Old/the New Testament** l'Ancien/le Nouveau Testament.

tester /ˈtestə(r)/ *n* juge *m*; (sample) échantillon *m*.

testicle /ˈtestɪkl/ *n* testicule *m*.

testify /ˈtestɪfaɪ/ I *vtr* **to ~ (that)** témoigner (que). II *vi* **to ~ to** attester, témoigner de.

testimony /ˈtestɪmənɪ, -məʊnɪUS/ *n* témoignage *m*; JUR déposition *f*.

testing /ˈtestɪŋ/ *adj* éprouvant.

test tube *n* éprouvette *f*.

tether /ˈteðə(r)/ *vtr* attacher.
• **to be at the end of one's ~** être au bout du rouleau☺.

text /tekst/ *n* texte *m*.

textbook /ˈtekstbuk/ *n* manuel *m*.

textile /ˈtekstaɪl/ *n*, *adj* textile *(m)*.

text processing *n* ORDINAT traitement *m* de texte.

texture /ˈtekstʃə(r)/ *n* texture *f*.

Thames /temz/ *pr n* **the (river)** ~ la Tamise.

than /ðæn, ðən/ *conj* que; **thinner ~ him** plus mince que lui; (+ quantity, degree, value) de; **more ~ half** plus de la moitié.

thank /θæŋk/ *vtr* remercier; **~ God!, ~ goodness/heavens!** Dieu merci!

thankful /ˈθæŋkfl/ *adj* reconnaissant.

thanks /θæŋks/ I *npl* remerciements *mpl*. II **~s to** *prep phr* grâce à. III© *excl* merci!; **~ a lot** merci beaucoup; **no ~** non merci.

Thanksgiving (Day)US *n* jour *m* d'Action de Grâces (*le quatrième jeudi de novembre commémore l'installation au XVIIe siècle des premiers colons*).

thank you /ˈθæŋkju:/ I *n* merci *m*; **to say ~ to sb** dire merci à qn. II *excl* merci; **~ very much** merci beaucoup.

that I /ðæt, ðət/ *det* (*pl* **those**) ce/cet/cette/ces. II /ðæt/ *dem pron* (*pl* **those**) celui-/celle-/ceux-/celles-là; (the thing or person observed or mentioned) cela, ça, ce; **what's ~?** qu'est-ce que c'est que ça?; **who's ~?** qui est-ce?; (before relative pronoun) **those who...** ceux qui... III /ðət/ *rel pron* (subject) qui; (object) que; (with preposition) lequel/laquelle/lesquels/lesquelles; **the day ~ she arrived** le jour où elle est arrivée. IV /ðət/ *conj* que. V /ðæt/ *adv* **it's about ~ thick** c'est à peu près épais comme ça.
• **~ is (to say)...** c'est-à-dire...; **~'s it!** (that's right) c'est ça!; (that's enough) ça suffit!

thatch /θætʃ/ *n* chaume *m*.

thaw /θɔ:/ I *n* dégel *m*. II *vtr* (ice) faire fondre; (frozen food) décongeler. III *vi* [snow] fondre; [frozen food] dégeler; [relations] se détendre.

the /ðɪ, ðə, ði:/ *det* le/la/l'/les; **~ sooner ~ better** le plus tôt sera le mieux; **~ fastest train** le train le plus rapide.

theatre, theaterUS /ˈθɪətə(r)/ *n* théâtre *m*; US cinéma *m*.

theatrical /θɪˈætrɪkl/ *adj* théâtral.

theft /θeft/ *n* vol *m*.

their /ðeə(r)/ *det* leur/leurs.

theirs /ðeəz/ *pron* le/la leur; **my car is red but ~ is blue** ma voiture est rouge mais la leur est bleue; **the green hats are ~** les chapeaux verts sont à eux/elles.

them /ðem, ðəm/ *pron* se/s'; (emphatic) eux-mêmes/elles-mêmes; (after preposition) eux/elles, eux-mêmes/elles-mêmes; (all) **by ~** tous seuls/toutes seules.

then /ðen/ *adv* alors, à ce moment-là; (afterwards, next) puis, ensuite; (summarizing) donc; (in addition) puis... aussi.

theology /θɪˈɒlədʒɪ/ *n* théologie *f*.

theorem /ˈθɪərəm/ *n* théorème *m*.

theoretical /ˌθɪəˈretɪkl/ *adj* théorique.

theoretically /ˌθɪəˈretɪklɪ/ *adv* théoriquement.

theory /ˈθɪərɪ/ *n* théorie *f*.

therapeutic /ˌθerəˈpju:tɪk/ *adj* thérapeutique.

therapist /ˈθerəpɪst/ *n* thérapeute *mf*.

therapy /ˈθerəpɪ/ *n* thérapie *f*.

there /ðeə(r)/ I *pron* (impersonal subject) il; **~ is/are** il y a. II *adv* là; **go over ~** va là-bas; **~ you are** vous voilà. III *excl* **~ ~!** (soothingly) allez! allez!

thereabouts /ðeərəbauts/, **thereabout**US /ˈðeərəbaut/ *adv* par là, environ.

thereafter /ðeərˈɑ:ftə(r)/ *adv* par la suite.

thereby /ðeəˈbaɪ, ˈðeə-/ *adv* ainsi.

there'd /ðeəd/ = **there had**, = **there would**.

therefore /ˈðeətɔ:(r)/ *adv* donc.

therein /ðeərˈɪn/ *adv* **contained ~** ci-inclus.

there'll /ðeəl/ = **there will**.

there's /ðeəz/ = **there is**, = **there has**.

thereupon /ˌðeərəˈpɒn/ *adv* SOUT sur ce.

thermal /θɜ:ml/ *adj* thermique; [spring] thermal.

thermometer /θə'mɒmɪtə(r)/ *n* thermomètre *m*.

thesaurus /θɪ'sɔ:rəs/ *n* (*pl* **-ri/-ruses**) dictionnaire *m* analogique.

these /ði:z/ *pl* ▸ **this**.

thesis /'θi:sɪs/ *n* (*pl* **theses**) thèse *f*.

they /ðeɪ/ *pron* ils, elles.

they'd /ðeɪd/ = **they had**, = **they would**.

they'll /ðeɪl/ = **they will**.

they're /ðeə(r)/ = **they are**.

they've /ðeɪv/ = **they have**.

thick /θɪk/ *adj* épais/épaisse; **to be 6-cm ~** faire 6 cm d'épaisseur; (stupid) ☺ bête. • **to be in the ~ of** être au beau milieu de.

thicken /'θɪkən/ *vtr, vi* (s')épaissir.

thicket /'θɪkɪt/ *n* fourré *m*.

thief /θi:f/ *n* (*pl* **thieves**) voleur/-euse *m/f*.

thigh /θaɪ/ *n* cuisse *f*.

thin /θɪn/ I *adj* mince; [line, paper] fin; [soup, sauce] clair; [air] raréfié. II *vtr* (*p prés etc* **-nn-**) (paint) diluer. III **~ning** *pres p adj* [hair, crowd] clairsemé.

thing /θɪŋ/ I *n* chose *f*, truc☺ *m*; **the best ~ (to do) would be...** le mieux serait de...; **it's a good ~ you came** heureusement que tu es venu. II **~s** *npl* affaires, choses *fpl*; **how are ~s going?** comment ça va?; **all ~s considered** tout compte fait.
• **it's not the done ~** ça ne se fait pas; **to make a big ~ (out) of it**☺ en faire toute une histoire.

think /θɪŋk/ *vtr* (*prét, pp* **thought**) I croire; **I ~ it's going to rain** j'ai l'impression qu'il va pleuvoir; (imagine) imaginer, croire; **I can't ~ how/why** je n'ai aucune idée comment/pourquoi; (have thought, idea) penser; **to ~ a lot of** penser beaucoup de bien de; **to ~ where** se rappeler où. II *vi* penser; (before acting or speaking) réfléchir; (take into account) **to ~ about/of sb/sth** penser à qn/qch; **to ~ of sb as** considérer qn comme; (have in mind) **to ~ of doing** envisager de faire; (tolerate idea) (*tjrs nég*) **I couldn't ~ of letting you pay** il n'est pas question que je te laisse payer.
• **think over**: réfléchir à. • **think up**: inventer.

thinker /'θɪŋkə(r)/ *n* penseur/-euse *m/f*.

thinking /'θɪŋkɪŋ/ *n* réflexion *f*, pensée *f*; **to my way of ~** à mon avis.

third /θɜ:d/ I *n* troisième *mf*; (of month) trois *m inv*; (fraction) tiers *m*. II *adj* troisième. III *adv* [come, finish] troisième; (in list) troisièmement.

thirdly /'θɜ:dlɪ/ *adv* troisièmement.

third party *n* (in insurance, law) tiers *m*.

Third World *n* tiers-monde *m*.

thirst /θɜ:st/ *n* soif *f*.

thirsty /'θɜ:stɪ/ *adj* assoiffé; **to be ~** avoir soif.

thirteen /ˌθɜ:'ti:n/ *n, adj* treize (*m inv*).

thirteenth /ˌθɜ:'ti:nθ/ I *n* treizième *mf*; (of month) treize *m inv*. II *adj, adv* treizième.

thirtieth /'θɜ:tɪəθ/ I *n* trentième *mf*; (of month) trente *m inv*. II *adj, adv* trentième.

thirty /'θɜ:tɪ/ *n, adj* trente (*m inv*).

this /ðɪs/ I *det* (*pl* **these**) ce/cet/cette/ces; **~ paper, ~ man** ce papier, cet homme. II *pron* ce, ça; **what's ~?** qu'est-ce que c'est?; **who's ~?** qui est-ce? III *adv* **~ big** grand comme ça; **~ far** jusque-là.

thistle /'θɪsl/ *n* chardon *m*.

thorn /θɔ:n/ *n* épine *f*.

thorny /'θɔ:nɪ/ *adj* épineux/-euse.

thorough /'θʌrə, 'θʌrəʊ[US]/ *adj* approfondi; [search, work] minutieux/-ieuse.

thoroughbred /'θʌrəbred/ *n* pur-sang *m inv*.

thoroughfare /'θʌrəfeə(r)/ *n* rue *f*.

thoroughly /ˈθʌrəlɪ, ˈθʌrəʊlɪ[US]/ *adv* à fond; tout à fait, complètement.

those /ðəʊs/ *pl* ▸ **that**.

though /ðəʊ/ I *conj* bien que (+ *subj*). II *adv* quand même, pourtant.

thought /θɔːt/ I *prét, pp* ▸ **think** I, II. II *n* idée *f*, pensée *f*.

thoughtful /ˈθɔːtfl/ *adj* pensif/-ive; [person, gesture] prévenant; [letter, gift] gentil/-ille.

thoughtless /ˈθɔːtlɪs/ *adj* irréfléchi.

thousand /ˈθaʊznd/ I *n, adj* mille (*m inv*). II **~s** *npl* milliers *mpl*.

thrash /θræʃ/ *vtr* rouer [qn] de coups; SPORT ☺ écraser.

• **thrash out**: (problem) venir à bout de; (plan) réussir à élaborer.

thrashing /ˈθræʃɪŋ/ *n* raclée *f*.

thread /θred/ I *n* fil *m*. II *vtr* enfiler; FIG se faufiler (entre).

threat /θret/ *n* menace *f*.

threaten /ˈθretn/ *vtr, vi* menacer.

threatening /ˈθretnɪŋ/ *adj* menaçant; [letter] de menaces.

three /θriː/ *n, adj* trois (*m*).

threshold /ˈθreʃəʊld, -həʊld/ *n* seuil *m*.

threw /θruː/ *prét* ▸ **throw** II, III, IV.

thrift /θrɪft/ *n* économie *f*; **~ shop** boutique d'articles d'occasion.

thrill /θrɪl/ I *n* frisson *m*; (pleasure) plaisir *m*. II *vtr* transporter [qn] (de); (readers) passionner. III **~ed** *pp adj* ravi; **~ed with** enchanté de.

thriller /ˈθrɪlə(r)/ *n* thriller *m*.

thrilling /ˈθrɪlɪŋ/ *adj* palpitant, exaltant.

thrive /θraɪv/ *vi* (*prét* **thrived/throve**; *pp* **thrived**) [person, virus] se développer; [plant] pousser bien; [business] prospérer.

thriving /ˈθraɪvɪŋ/ *adj* en bonne santé; [business] florissant.

throat /θrəʊt/ *n* gorge *f*.

throb /θrɒb/ *vi* (*p prés etc* **-bb-**) [heart] battre; [motor] vibrer; [music] résonner; **~bing with life** fourmillant d'activité.

throes /θrəʊz/ *npl* **death ~** agonie *f*; **to be in the ~ of sth/of doing** être au beau milieu de qch/de faire.

throne /θrəʊn/ *n* trône *m*.

throng /θrɒŋ, θrɔːŋ[US]/ I *n* foule *f*. II *vtr* (street, square, town) envahir.

throttle /ˈθrɒtl/ I *n* accélérateur *m*; **at full ~** à toute vitesse. II *vtr* étrangler.

through /θruː/ I *prep* à travers, par; (because of) par, pour cause de; (up to and including) jusqu'à. II *adj* (finished)☺ fini; **we're ~** c'est fini entre nous; [train, etc] direct; **no ~ road** voie sans issue; **~ traffic** autres directions. III *adv* à travers; **to let sb ~** laisser passer qn; (from beginning to end) jusqu'au bout.

throughout /θruːˈaʊt/ I *prep* (everywhere) partout (en); (for the duration of) tout au long de. II *adv* partout; (the whole time) tout le temps.

throw /θrəʊ/ I *n* (of discus) lancer *m*; (in football) touche *f*. II *vtr* (*prét* **threw**; *pp* **thrown**) lancer; (glance, look) jeter; (kiss) envoyer; (image) projeter; (have) **to ~**☺ **a fit/a party** faire sa crise☺/une fête. III *vi* lancer. IV *v refl* se jeter (dans).

• **throw away**: gâcher, gaspiller.

• **throw out**: (rubbish) jeter; (person) expulser; (decision) rejeter; (bill) repousser.

• **throw up**☺: vomir.

thru☺[US] /θruː/ *prep* **Monday ~ Friday** de lundi à vendredi.

thrush /θrʌʃ/ *n* grive *f*.

thrust /θrʌst/ I *n* poussée *f*; (of sword) coup *m*; (of argument, essay) portée *f*. II *vtr* (*prét, pp* **thrust**) enfoncer. III *v refl* **to ~ oneself forward** se mettre en avant.

thud /θʌd/ *n* bruit *m* sourd.

thug /θʌg/ *n* voyou *m*, casseur *m*.

thuja /θjuːja/ *n* thuya *m*.

thumb /θʌm/ I *n* pouce *m*. II *vtr* ~ (through) (book) feuilleter; **to** ~☺ **a lift/a ride** faire du stop☺.

thumb index *n* répertoire *m* à onglets.

thump /θʌmp/ I *n* (grand) coup *m*. II *vtr* taper sur. III *vi* [heart] battre violemment; [music] résonner.

thumping /ˈθʌmpɪŋ/ *adj* énorme.

thunder /ˈθʌndə(r)/ I *n* tonnerre *m*; (noise) fracas *m*. II *vtr* hurler. III *vi* tonner. IV *v impers* **it's ~ing** il tonne.

thunderbolt *n* foudre *f*.

thunderstorm *n* orage *m*.

Thurs *abrév écrite* = **Thursday**.

Thursday /ˈθɜːzdeɪ, -dɪ/ *pr n* jeudi *m*.

thus /ðʌs/ *adv* ainsi; ~ **far** jusqu'à présent.

thwart /θwɔːt/ *vtr* contrecarrer, contrarier.

thyme /taɪm/ *n* thym *m*.

tick /tɪk/ I *n* tic-tac *m inv*; (mark on paper)GB coche *f*; (insect) tique *f*. IIGB *vtr* (box, answer) cocher. III *vi* [bomb, clock, watch] faire tic-tac.

• **tick off**☺: GBréprimander; USembêter.

ticket /ˈtɪkɪt/ *n* billet *m*; (for bus) ticket *m*; (label) étiquette *f*; (fine) ☺ PV☺ *m*.

tickle /ˈtɪkl/ *vtr, vi* chatouiller; [wool, garment] gratter.

ticklish /ˈtɪklɪʃ/ *adj* [person] chatouilleux/-euse; [problem] épineux/-euse.

tidal /ˈtaɪdl/ *adj* [current] de marée.

tidal wave *n* raz-de-marée *m inv*.

tidbitUS /ˈtɪdbɪt/ *n* cancan *m*; (food) gâterie *f*.

tiddlywinks /ˈtɪdlɪwɪŋks/ *n* jeu *m* de puce.

tide /taɪd/ *n* marée *f*; FIG vague *f*; (of events) cours *m*.

tidy /ˈtaɪdɪ/ I *adj* bien rangé; [garden, work] soigné. II *vtr, vi* ▸ **tidy up**.

• **tidy up**: faire du rangement; (house) ranger; (finances) mettre de l'ordre dans; (hair) arranger.

tie /taɪ/ I *n* cravate *f*; (bond) (*gén pl*) lien *m*, attache *f*; (constraint) contrainte *f*; SPORT, POL égalité *f*. II *vtr* (*p prés* **tying**) nouer; (laces) attacher; **to ~ sth to sth** associer qch à qch. III *vi* s'attacher; SPORT faire match nul; (in race) être ex aequo.

• **tie down**: bloquer, coincer. • **tie in with**: être lié à. • **tie up**: (prisoner) ligoter; (details) régler; **to be ~d up** être (très) pris.

tier /tɪə(r)/ *n* (of cake) étage *m*; (of organization) niveau *m*.

tiger /ˈtaɪgə(r)/ *n* tigre *m*.

tight /taɪt/ IGB **~s** *npl* collant *m*. II *adj* serré; [rope, voice] tendu; [space] étroit; [security, deadline] strict. III *adv* fermement.

• **a ~ corner** une situation difficile.

tighten /ˈtaɪtn/ I *vtr* serrer; (spring) tendre; (security) renforcer; (policy) durcir. II *vi* [muscle] se contracter; [controls] se durcir.

• **to ~ one's belt** se serrer la ceinture.

tightly /ˈtaɪtlɪ/ *adv* [grasp, hold] fermement; [tied, fastened] bien.

tightrope *n* corde *f* raide.

tile /taɪl/ I *n* tuile *f*; (for floor, wall) carreau *m*. II *vtr* (roof) poser des tuiles sur; (floor) carreler.

till[1] /tɪl/ ▸ **until**.

till[2] /tɪl/ *n* caisse *f*.

tilt /tɪlt/ *vtr* pencher; (head) incliner.

timber /ˈtɪmbə(r)/ *n* bois *m* (de construction); (beam) poutre *f*.

time /taɪm/ I *n* temps *m*; **flight/journey ~** durée du vol/voyage; **a long ~ ago** il y a longtemps; **within the agreed ~** dans les délais convenus; (hour of the day, night) heure *f*; **what ~ is it?** quelle heure est-il?; **the ~ is 11 o'clock** il est 11 heures; **on ~** à l'heure; (era, epoch) époque *f*; (moment) moment *m*; **at the right ~** au bon moment; **for the ~ being** pour l'instant;

at the same ~ à la fois, en même temps; (occasion) fois *f*; **three at a ~** trois à la fois; **from ~ to ~** de temps en temps; **we had a good ~** on s'est bien amusé; MUS mesure *f*; SPORT temps *m*; **to keep ~** chronométrer; MATH **three ~s four** trois fois quatre. II *vtr* prévoir, fixer; (blow, shot) calculer; (athlete, cyclist) chronométrer.

time-consuming *adj* prenant.

time difference *n* décalage *m* horaire.

time lag *n* décalage *m*.

timeless /ˈtaɪmlɪs/ *adj* éternel/-elle.

time limit *n* délai *m*.

timely /ˈtaɪmlɪ/ *adj* opportun.

time off /ˌtaɪm ˈɒf/ *n* temps *m* libre.

time out *n* SPORT interruption *f* de jeu.

timer /ˈtaɪmə(r)/ *n* minuteur *m*.

timesaver /ˈtaɪmseɪvə(r)/ *n* qui fait gagner du temps.

time sheet *n* feuille *f* de présence.

timetable /ˈtaɪmteɪbl/ *n* emploi *m* du temps; calendrier *m*; (for buses) horaire *m*.

time trial *n* SPORT épreuve *f* de sélection.

time zone *n* fuseau *m* horaire.

timid /ˈtɪmɪd/ *adj* timide; [animal] craintif/-ive.

timing /ˈtaɪmɪŋ/ *n* **the ~ of** le moment choisi pour; (coordination) minutage *m*.

timpani /ˈtɪmpənɪ/ *npl* timbales *fpl*.

tin /tɪn/ I *n* étain *m*; (can)[GB] boîte *f* (de conserve); (for paint) pot *m*; (for baking) moule *m*. II **~ned**[GB] *pp adj* [fruit] en boîte.

tin foil[GB] /ˈtɪnfɔɪl/ *n* papier *m* (d')aluminium.

tinge /tɪndʒ/ I *n* nuance *f*. II *vtr* teinter.

tingle /ˈtɪŋgl/ *vi* picoter.

tinker /ˈtɪŋkə(r)/ *vi* **to ~ with** (car, etc) bricoler.

tinkle /ˈtɪŋkl/ *vi* tinter.

tinsel /ˈtɪnsl/ *n* guirlandes *fpl*.

tint /tɪnt/ I *n* nuance, *f* teinte *f*; (hair colour) shampooing *m* colorant. II *vtr* teinter. III **~ed** *pp adj* [colour] teinté; [glass] fumé.

tiny /ˈtaɪnɪ/ *adj* tout petit.

tip /tɪp/ I *n* (of finger, nose, etc) bout *m*; (of branch, leaf, etc) extrémité *f*; (dump)[GB] décharge *f*; (gratuity) pourboire *m*; (practical hint) truc☺ *m*, conseil *m*; (in betting) tuyau☺ *m*. II *vtr* (*p prés etc* **-pp-**) incliner; (pour)[GB] verser; (waste)[GB] déverser; (waiter, driver) donner un pourboire à. III *vi* s'incliner; [balance, scales] pencher.

• **tip off**: avertir.

tip-off *n* information *f*, tuyau☺ *m*.

tiptoe /ˈtɪptəʊ/ *n* **on ~** sur la pointe des pieds.

tip-top☺ /ˌtɪpˈtɒp/ *adj* excellent.

tire /ˈtaɪə(r)/ I[US] *n* pneu *m*. II *vtr* fatiguer. III *vi* se fatiguer; **to ~ of** se lasser de.

tired /ˈtaɪəd/ *adj* fatigué; **to be ~ of** en avoir assez de.

tireless /ˈtaɪəlɪs/ *adj* inlassable, infatigable.

tiresome /ˈtaɪəsəm/ *adj* ennuyeux/-euse.

tiring /ˈtaɪərɪŋ/ *adj* fatigant.

tissue /ˈtɪʃuː/ *n* tissu *m*; (handkerchief) mouchoir *m* en papier.

tit /tɪt/ *n* mésange *f*.

• **~ for tat** un prêté pour un rendu.

titbit[GB] /ˈtɪtbɪt/ *n* cancan☺ *m*; (food) gâterie *f*.

titillating /ˈtɪtɪleɪtɪŋ/ *adj* émoustillant.

title /ˈtaɪtl/ I *n* titre *m*. II **~s** *npl* CIN générique *m*. III *vtr* (book, play) intituler.

to /tə tʊ, tuː tuː/ I *infinitive particle* pour; (after superlatives) à, **the youngest ~ do** le/la plus jeune à faire; (linking consecutive acts) **I came to tell you** je suis venu te dire; (avoiding repetition of verb) **I wanted ~ go but I forgot ~** je voulais y aller mais j'ai oublié; (following impersonal verb) **it is difficult ~ do sth** il est difficile de faire qch; (expressing wish) **oh ~ stay in bed!** ô rester au lit! **II** *prep* (place, shops, school) à; (doctor's, dentist's) chez; (towards) vers; **trains ~ and from** les trains à destination et en provenance de; (up to) jusqu'à; **50 ~ 60** entre 50 et 60; (in telling time) **ten (minutes) ~ three** trois heures moins dix; (+ direct or indirect object) [give, offer] à; (in relationships) **three goals ~ two** trois buts à deux; (belonging to) de; **the key ~ the safe** la clé du coffre; (showing reaction) à; **~ his surprise** à sa grande surprise.

toad /təʊd/ *n* crapaud *m.*

toadstool *n* champignon *m* vénéneux.

to and fro /tu: ən 'frəʊ/ *adv* **to go ~** aller et venir.

toast /təʊst/ **I** *n* pain *m* grillé; **a piece of ~** un toast; (tribute) toast *m.* **II** *vtr* faire griller; porter un toast à.

toaster /'təʊstə(r)/ *n* grille-pain *m inv.*

tobacco /tə'bækəʊ/ *n* tabac *m.*

tobacconistGB /tə'bækənɪst/ *n* buraliste *mf.*

toboggan /tə'bɒgən/ *n* luge *f*, toboggan *m.*

today /tə'deɪ/ *n, adv* aujourd'hui *(m).*

toddler /'tɒdlə(r)/ *n* tout petit enfant *m.*

toe /təʊ/ *n* ANAT orteil *m*; (of shoe) bout *m.*
• **to ~ the line** marcher droit.

toffeeGB /'tɒfɪ, 'tɔ:fɪUS/ *n* caramel *m.*

toffee appleGB *n* pomme *f* d'amour (*caramélisée*).

together /tə'geðə(r)/ **I** *adv* ensemble; (at the same time) à la fois; (without interruption) d'affilée. **II ~ with** *prep phr* ainsi que.

toil /tɔɪl/ **I** *n* labeur *m.* **II** *vi* peiner.

toilet /'tɔɪlɪt/ *n* toilettes *fpl.*

toilet bag *n* trousse *f* de toilette.

toilet paper *n* papier *m* toilette.

toiletries /'tɔɪlɪtrɪz/ *npl* articles *mpl* de toilette.

token /'təʊkən/ *n* jeton *m*; (voucher) bon *m*; (symbol) témoignage *m.*

told /təʊld/ *prét, pp* ▸ **tell**.

tolerable /'tɒlərəbl/ *adj* acceptable.

tolerance /'tɒlərəns/ *n* tolérance *f.*

tolerant /'tɒlərənt/ *adj* tolérant.

tolerate /'tɒləreɪt/ *vtr* tolérer; (treatment) supporter.

toll /təʊl/ **I** *n* péage *m*; **the death ~** le nombre de victimes; (bell for funeral) glas *m.* **II** *vtr, vi* sonner.

tomato /tə'mɑ:təʊ, tə'meɪtəʊUS/ *n* (*pl* **~es**) tomate *f.*

tomb /tu:m/ *n* tombeau *m.*

tombstone /'tu:mstəʊn/ *n* pierre *f* tombale.

tomcat /'tɒmkæt/ *n* matou *m.*

tome /təʊm/ *n* gros volume *m.*

tomorrow /tə'mɒrəʊ/ *n, adj* demain *(m).*

tom-tom /'tɒmtɒm/ *n* tam-tam *m.*

ton /tʌn/ *n* **gross ~**GB = *1016 kg*; **net ~**US = *907 kg*; **metric ~** tonne *f*; **~s**© **of** des tas de©.

tone /təʊn/ **I** *n* ton *m*; TÉLÉCOM tonalité *f.* **II** *vtr* tonifier. **III** *vi* s'harmoniser.
• **tone down**: atténuer.

tongs /tɒŋz/ *npl* pince *f*, pincettes *fpl.*

tongue /tʌŋ/ *n* langue *f*; (on shoe) languette *f.*

tongue-twister *n expression qui fait fourcher la langue.*

tonic /'tɒnɪk/ **I** *n* tonic *m*; MÉD remontant *m.* **II** *adj* tonique.

tonight /tə'naɪt/ *adv* ce soir, cette nuit.

tonne /tʌn/ *n* tonne *f.*

tonsil /'tɒnsl/ *n* amygdale *f.*

too /tu:/ *adv* aussi; **I love you ~** moi aussi, je t'aime; (excessively) trop.

took /tʊk/ *prét* ▸ **take** II, III.

tool /tu:l/ *n* outil *m.*

toot /tu:t/ I *n* coup *m* de klaxon®. II *vi* [car horn] klaxonner.

tooth /tu:θ/ *n* (*pl* **teeth**) dent *f*.

toothache /ˈtu:θeɪk/ *n* mal *m* de dents.

toothbrush *n* brosse *f* à dents.

toothpaste *n* dentifrice *m*.

toothpick *n* cure-dents *m inv*.

top /tɒp/ I *n* (of page, ladder, etc) haut *m*; (of class) tête *f*, le premier/la première; (of mountain, hill) sommet *m*; (of garden, field) (autre) bout *m*; (of box, cake) dessus *m*; (surface) surface *f*; (of pen) capuchon *m*; (of bottle) bouchon *m*; (of saucepan) couvercle *m*; (item of clothing) haut *m*; JEUX toupie *f*. II *adj* [step, storey] dernier/-ière; [button, shelf, layer] du haut, supérieur; [speed] maximum; [concern] majeur; [house] GB du bout; [agency] plus grand. III **on ~ of** *prep phr* sur, en plus de. IV *vtr* (*p prés etc* **-pp-**) (charts, polls) être en tête de; (sum, figure) dépasser; **to ~ sth off with sth** compléter qch par qch.

• **from ~ to bottom** de fond en comble; **from ~ to toe** de la tête aux pieds.

• **top up**GB: **to ~ up with petrol**GB faire le plein.

top-class *adj* de premier ordre.

topic /ˈtɒpɪk/ *n* sujet *m*, thème *m*.

topical /ˈtɒpɪkl/ *adj* d'actualité.

top-level *adj* au plus haut niveau.

topping /ˈtɒpɪŋ/ *n* (of cream) nappage *m*.

topple /ˈtɒpl/ I *vtr* renverser. II *vi* [vase] basculer; [books] s'effondrer.

top-secret *adj* ultrasecret.

topsy-turvy☺ /ˌtɒpsɪˈtɜ:vɪ/ *adj*, *adv* sens dessus dessous.

torch /tɔ:tʃ/ *n* torche *f*; GB lampe *f* de poche.

tore /tɔ:(r)/ *prét*, **torn** /tɔ:n/ *pp* ▸ **tear**[1] II, III.

torment I /ˈtɔ:ment/ *n* supplice *m*. II /tɔ:ˈment/ *vtr* tourmenter.

tornado /tɔ:ˈneɪdəʊ/ *n* (*pl* **~es/~s**) tornade *f*.

torpedo /tɔ:ˈpi:dəʊ/ *n* torpille *f*.

torrent /ˈtɒrənt, ˈtɔ:r-US/ *n* torrent *m*.

torrential /təˈrenʃl/ *adj* torrentiel/-ielle.

torso /ˈtɔ:səʊ/ *n* torse *m*.

tortoise /ˈtɔ:təs/ *n* tortue *f*.

tortuous /ˈtɔ:tʃʊəs/ *adj* tortueux/-euse.

torture /ˈtɔ:tʃə(r)/ I *n* torture *f*. II *vtr* torturer.

ToryGB /ˈtɔ:rɪ/ *n* Tory *mf*, conservateur/-trice *m/f*.

toss /tɒs/ I *vtr* (ball, stick, dice) lancer, jeter; (pancake) faire sauter; (salad) remuer. II *vi* se retourner; **to ~ up** tirer à pile ou face.

tot /tɒt/ *n* ☺ tout/-e petit/-e enfant *m/f*; (of whisky, rum)GB goutte *f*, doigt *m*.

total /ˈtəʊtl/ I *n*, *adj* total *(m)*. II *vtr* (*p prés etc* **-ll-**GB, **-l-**US) additionner; (sum) se monter à.

totem /ˈtəʊtəm/ *n* totem *m*.

totter /ˈtɒtə(r)/ *vi* chanceler.

touch /tʌtʃ/ I *n* contact *m* (physique); (sense) toucher *m*; (style, skill) touche *f*, style *m*; **a ~ (of)** un petit peu (de); SPORT touche *f*. II *vtr* toucher (à). III *vi* se toucher.

• **touch off**: (riot, debate) déclencher.

touchdown /ˈtʌtʃdaʊn/ *n* atterrissage *m*; SPORT essai *m*.

touché /tu:ˈʃeɪ, ˈtu:ʃeɪ, tu:ˈʃeɪUS/ *excl* bien vu!

touched /tʌtʃt/ *adj* touché; (mad)☺ dérangé☺.

touching /ˈtʌtʃɪŋ/ *adj* touchant.

touchy /ˈtʌtʃɪ/ *adj* [person] susceptible; [subject] délicat.

tough /tʌf/ I *n* dur *m*. II *adj* [competition, criticism] rude; [businessman, meat] coriace; [criminal] endurci; [policy, law] sévère; [person, animal] robuste; [plant, material] résistant; [area, school] dur; **a ~ guy**☺ un dur☺; **that's ~**☺**/~ luck**☺**!** manque de pot☺!, tant pis pour toi!; (difficult)☺ difficile.

toughen /ˈtʌfn/ *vtr* (law, plastic) renforcer; (person) endurcir.

toupee /ˈtu:peɪ, tu:ˈpeɪ[US]/ *n* postiche *m*.

tour /tʊə(r), tɔ:(r)/ **I** *n* visite *f*; (in bus) excursion *f*; (cycling, walking) randonnée *f*; THÉÂT tournée *f*. **II** *vtr* visiter. **III** *vi* **to go ~ing** faire du tourisme; [actor] partir en tournée.

tourism /ˈtʊərɪzəm, ˈtɔ:r-/ *n* tourisme *m*.

tourist /ˈtʊərɪst, ˈtɔ:r-/ **I** *n* touriste *mf*. **II** *in compounds* touristique.

tourist office *n* (in town) syndicat *m* d'initiative; (national) office *m* du tourisme.

tournament /ˈtɔ:nəmənt, ˈtɜ:rn-[US]/ *n* tournoi *m*.

tout /taʊt/ **I**[GB] *n* revendeur *m* de billets au marché noir. **II** *vtr* (tickets) revendre [qch] au marché noir. **III** *vi* **to ~ for** racoler.

tow /təʊ/ **I** *n* AUT **on**[GB]**/in**[US] **~** en remorque. **II** *vtr* remorquer.

• **tow away**: (car) emmener à la fourrière.

toward(s) /təˈwɔ:d(z), tɔ:d(z)/ *prep* vers; (in relation to) envers; (as contribution) pour.

towel /ˈtaʊəl/ *n* serviette *f* (de toilette).

tower /ˈtaʊə(r)/ **I** *n* tour *f*. **II** *vi* dominer.

tower block[GB] *n* tour *f* (d'habitation).

town /taʊn/ *n* ville *f*; **out of ~** en province.

town centre[GB] *n* centre-ville *m*.

town council[GB] *n* conseil *m* municipal.

town hall *n* mairie *f*.

township *n* commune *f*; (in South Africa) township *m*.

toxic /ˈtɒksɪk/ *adj* toxique.

toxin /ˈtɒksɪn/ *n* toxine *f*.

toy /tɔɪ/ **I** *n* jouet *m*. **II** *vi* **to ~ with** jouer à; (idea) caresser.

trace /treɪs/ **I** *n* trace *f*. **II** *vtr* tracer; (person, car) retrouver (la trace de); (fault) dépister; (cause) déterminer; (map, outline) décalquer.

tracing paper *n* papier-calque *m*.

track /træk/ **I** *n* empreintes *fpl*, traces *fpl*; (of missile) trajectoire *f*; (path, road) sentier *m*, chemin *m*; SPORT piste *f*; RAIL voie *f* ferrée; (on tape) piste *f*. **II** *vtr* (person, animal) suivre la trace de; (missile) suivre la trajectoire de.

• **track down**: retrouver.

track record *n* antécédents *mpl*.

tracksuit *n* survêtement *m*.

tract /trækt/ *n* tract *m* étendue *f*.

tractor /ˈtræktə(r)/ *n* tracteur *m*.

trade /treɪd/ **I** *n* ¢ (activity) commerce *m*; (area of business) secteur *m*; **by ~** de métier. **II** *in compounds* [agreement] commercial; [barrier] douanier/-ière. **III** *vtr* **to ~ for** échanger contre. **IV** *vi* faire du commerce; **to ~ in sth** vendre qch; **to ~ on** (name, reputation, image) exploiter.

• **trade in**: **to ~ an old car for a new one** acheter une nouvelle voiture contre reprise de l'ancienne.

trade-in /ˈtreɪdɪn/ *n* reprise *f*.

trademark /ˈtreɪdmɑ:k/ *n* marque *f* (de fabrique); marque *f* déposée.

trade-off /ˈtreɪdɒf/ *n* compromis *m*.

trader /ˈtreɪdə(r)/ *n* commerçant/-e *m/f*.

tradesman *n* commerçant *m*.

trade union *n* syndicat *m*.

trading /ˈtreɪdɪŋ/ *n* COMM commerce *m*; (at Stock Exchange) transactions *fpl*.

tradition /trəˈdɪʃn/ *n* tradition *f*.

traditional /trəˈdɪʃənl/ *adj* traditionnel/-elle.

traffic /ˈtræfɪk/ **I** *n* circulation *f*; AVIAT, NAUT trafic *m*. **II** *vi* (*p prés etc* **-ck-**) **to ~ in** (drugs, arms) faire du trafic de.

traffic jam *n* embouteillage *m.*
trafficker /ˈtræfɪkə(r)/ *n* trafiquant/-e *m/f.*
traffic lights *npl* feux *mpl* (de signalisation/tricolores).
traffic wardenGB *n* contractuel/-elle *m/f.*
tragedy /ˈtrædʒədɪ/ *n* tragédie *f.*
tragic /ˈtrædʒɪk/ *adj* tragique.
trail /treɪl/ I *n* chemin *m*, piste *f*; (of blood, dust, slime) traînée *f*, trace *f.* II *vtr* suivre (la piste de); (drag) traîner. III *vi* traîner.
trailer /ˈtreɪlə(r)/ *n* remorque *f*; US caravane *f*; CIN bande-annonce *f.*
train /treɪn/ I *n* RAIL train *m*; (underground) rame *f*; (of vehicles, people) file *f*; (on dress) traîne *f.* II *vtr* (staff) former; (athlete) entraîner; (dog) dresser; (binoculars, gun) braquer. III *vi* s'entraîner.
trainee /treɪˈniː/ *n* stagiaire *mf.*
trainer /ˈtreɪnə(r)/ *n* entraîneur/-euse *m/f*; (shoe)GB basket *f*, tennis *m.*
training /ˈtreɪnɪŋ/ *n* formation *f*; SPORT entraînement *m.*
trait /treɪ, treɪt/ *n* trait *m.*
traitor /ˈtreɪtə(r)/ *n* traître/traîtresse *m/f.*
trajectory /trəˈdʒektərɪ/ *n* trajectoire *f.*
tramGB /træm/ *n* tramway *m.*
tramp /træmp/ I *n* clochard/-e *m/f.* II *vi* marcher d'un pas lourd.
trample /ˈtræmpl/ *vtr, vi* **to ~ on** piétiner.
trance /trɑːns, trænsUS/ *n* transe *f.*
tranquil /ˈtræŋkwɪl/ *adj* tranquille.
tranquillizer, **tranquilizer**US /ˈtræŋkwɪlaɪzə(r)/ *n* tranquillisant *m.*
transaction /trænˈzækʃn/ *n* transaction *f.*
transatlantic /ˌtrænzətˈlæntɪk/ *adj* transatlantique; [accent] d'outre-atlantique *inv.*
transcribe /trænˈskraɪb/ *vtr* transcrire.
transfer I /ˈtrænsfɜː(r)/ *n* transfert *m*; (of funds) virement *m*; (on paper)GB décalcomanie *f.* II /trænsˈfɜː(r)/ *vtr* (*p prés etc* **-rr-**) transférer; (employee) muter.
transform /trænsˈfɔːm/ *vtr* transformer.
transfusion /trænsˈfjuːʒn/ *n* transfusion *f.*
transient /ˈtrænzɪənt, ˈtrænʃntUS/ *adj* transitoire.
transistor /trænˈzɪstə(r), -ˈsɪstə(r)/ *n* transistor *m.*
transit /ˈtrænzɪt, -sɪt/ *n* transit *m.*
transition /trænˈzɪʃn, -ˈsɪʃn/ *n* transition *f.*
transitional /trænˈzɪʃənl, -ˈsɪʃənl/ *adj* de transition.
transitive /ˈtrænzətɪv/ *adj* transitif/-ive.
translate /trænzˈleɪt/ *vi* traduire.
translation /trænzˈleɪʃn/ *n* traduction *f.*
translator /trænzˈleɪtə(r)/ *n* traducteur/-trice *m/f.*
transmission /trænzˈmɪʃn/ *n* transmission *f.*
transmit /trænzˈmɪt/ (*p prés etc* **-tt-**) I *vtr* transmettre. II *vi* émettre.
transmitter /trænzˈmɪtə(r)/ *n* émetteur *m.*
transparency /trænsˈpærənsɪ/ *n* transparence *f*; (for projector) transparent *m.*
transparent /trænsˈpærənt/ *adj* transparent.
transpire /trænˈspaɪə(r), trɑː-/ *vi* s'avéré.
transplant /trænsˈplɑːnt, -ˈplæntUS/ I *n* transplantation *f*, greffe *f.* II *vtr* transplanter, greffer.
transport /trænsˈpɔːt/ I *n* transport *m* II *vtr* transporter.
transportation /ˌtrænspɔːˈteɪʃn/ *n* transport *m*; **public ~**US les transports en commun.
transvestite /trænzˈvestaɪt/ *n* travesti/-e *m/f.*

trap /træp/ I *n* piège *m*. II *vtr* (*p prés etc* **-pp-**) prendre au piège; (finger) coincer.

trappings /ˈtræpɪŋz/ *npl* **the ~ of** les signes extérieurs de.

trash /træʃ/ *n* ¢ (refuse)US ordures *fpl*; PÉJ☺ camelote☺ *f*; (nonsense) âneries *fpl*.

trauma /ˈtrɔːmə, ˈtraʊ-US/ *n* traumatisme *m*.

travel /ˈtrævl/ I *n* voyage(s) *m(pl)*. II *vtr* (*p prés etc* **-ll-**GB, **-l-**US) parcourir. III *vi* voyager, aller, rouler; [light, sound] se propager, se répandre.

travellerGB, **traveler**US /ˈtrævlə(r)/ *n* voyageur/-euse *m/f*.

traveller's chequeGB, **traveler's check**US *n* chèque-voyage *m*.

travesty /ˈtrævəstɪ/ *n* parodie *f*, farce *f*.

trawler /ˈtrɔːlə(r)/ *n* chalutier *m*.

tray /treɪ/ *n* plateau *m*.

treacherous /ˈtretʃərəs/ *adj* traître.

treachery /ˈtretʃərɪ/ *n* traîtrise *f*.

treacleGB /ˈtriːkl/ *n* mélasse *f*.

tread /tred/ I *n* pas *m*; (of tyre) chape *f*. II *vtr* (*prét* **trod**; *pp* **trodden**) **to ~ on** marcher sur.

treadmill /ˈtredmɪl/ *n* train-train *m*.

treason /ˈtriːzn/ *n* trahison *f*.

treasure /ˈtreʒə(r)/ I *n* trésor *m*. II *vtr* tenir beaucoup à, garder précieusement. III **~d** *pp adj* précieux/-ieuse.

treasurer /ˈtreʒərə(r)/ *n* trésorier/-ière *m/f*.

Treasury /ˈtreʒərɪ/ *n* ministère *m* des finances.

treat /triːt/ I *n* (petit) plaisir *m*; (food) gâterie *f*; **it's my ~**☺ c'est moi qui paie. II *vtr* traiter; (pay for) offrir. III *v refl* **to ~ oneself to** s'offrir.

treatise /ˈtriːtɪs, -ɪz/ *n* traité *m*.

treatment /ˈtriːtmənt/ *n* traitement *m*.

treaty /ˈtriːtɪ/ *n* traité *m*.

treble /ˈtrebl/ I *n* (boy) soprano *m*; SPORTGB triple victoire *f*. II *adj* triple; [voice] de soprano. III *det* trois fois. IV *vtr*, *vi* tripler.

tree /triː/ *n* arbre *m*.

treetop *n* cime *f* (d'un arbre).

tree trunk *n* tronc *m* d'arbre.

trek /trek/ *n* randonnée *f*.

tremble /ˈtrembl/ *vi* trembler.

tremendous /trɪˈmendəs/ *adj* énorme; [pleasure] immense; [success] fou/folle☺.

tremor /ˈtremə(r)/ *n* tremblement *m*.

trench /trentʃ/ *n* tranchée *f*.

trend /trend/ *n* tendance *f*.

trendy☺ /ˈtrendɪ/ *adj* branché☺.

trepidation /ˌtrepɪˈdeɪʃn/ *n* appréhension *f*.

trespass /ˈtrespəs/ *vi* **no ~ing** défense d'entrer.

trespasser /ˈtrespəsə(r)/ *n* intrus/-e *m/f*.

trial /ˈtraɪəl/ *n* JUR procès *m*; (test) essai *m*; (of product) test *m*; MUS, SPORT épreuve *f*; (trouble) épreuve *f*, difficulté *f*.

triangle /ˈtraɪæŋgl/ *n* triangle *m*.

tribe /traɪb/ *n* tribu *f*.

tribunal /traɪˈbjuːnl/ *n* tribunal *m*.

tributary /ˈtrɪbjʊtərɪ, -terɪUS/ *n* affluent *m*.

tribute /ˈtrɪbjuːt/ *n* hommage *m*; **to be a ~ to sth** témoigner de qch.

trick /trɪk/ I *n* tour *m*; (dishonest) combine *f*; (knack) astuce *f*, truc☺ *m*; JEUX pli *m*. II *vtr* duper, rouler☺.

trickery /ˈtrɪkərɪ/ *n* tromperie *f*.

trickle /ˈtrɪkl/ I *n* filet *m*; (of people) petit nombre *m*. II *vi* dégouliner.
• **trickle in**: arriver petit à petit.

tricky /ˈtrɪkɪ/ *adj* difficile.

tried /traɪd/ *pp adj* **a ~ and tested method** une méthode infaillible.

trifle /ˈtraɪfl/ I *n* bagatelle *f*; CULIN ≈ diplomate *m*. II **a ~** *adj/adv phr* un peu.

trifling /ˈtraɪflɪŋ/ *adj* insignifiant.

trigger /ˈtrɪɡə(r)/ *n* détente *f*; USAGE CRITIQUÉ gâchette *f*.
• **trigger off**: déclencher.

trim /trɪm/ I *n* (of hair) coupe *f* d'entretien. II *adj* soigné; [figure] svelte. III *vtr* (*p prés etc* **-mm-**) couper, tailler; (budget) réduire; (handkerchief) border.

trimming /ˈtrɪmɪŋ/ *n* (on clothing) garniture *f*; **~s** CULIN garniture *f*.

Trinity term^GB *n* UNIV troisième trimestre *m*.

trinket /ˈtrɪŋkɪt/ *n* babiole *f*.

trip /trɪp/ I *n* voyage *m*; (drugs)☺ trip☺ *m*. II *vtr* (*p prés etc* **-pp-**) (person) faire un croche-pied à. III *vi* **to ~ on/over/up** trébucher sur.

tripe /traɪp/ *n* tripes *fpl*; ☺ inepties *fpl*.

triple /ˈtrɪpl/ I *adj* triple. II *vtr, vi* tripler.

triplet /ˈtrɪplɪt/ *n* triplé/-e *m/f*.

tripod /ˈtraɪpɒd/ *n* trépied *m*.

triumph /ˈtraɪʌmf/ I *n* triomphe *m*. II *vi* **to ~ over** triompher de.

trivia /ˈtrɪvɪə/ *npl* (*sg/pl*) futilités *fpl*.

trivial /ˈtrɪvɪəl/ *adj* futile, sans intérêt.

trod /trɒd/ *prét*, **trodden** /ˈtrɒdn/ *pp* ▸ **tread** II, III.

trolley /ˈtrɒlɪ/ *n* ^GB chariot *m*; ^US trolley.

troop /tru:p/ I *n* troupe *f*; **the ~s** l'armée. II *vi* **to ~ in/out** entrer/sortir en masse.

trophy /ˈtrəʊfɪ/ *n* trophée *m*.

tropic /ˈtrɒpɪk/ *n* tropique *m*.

tropical /ˈtrɒpɪkl/ *adj* tropical.

trot /trɒt/ I *n* trot *m*; **at a ~** au trot. II *vi* (*p prés etc* **-tt-**) trotter.
• **on the ~**☺ coup sur coup, d'affilée.

trouble /ˈtrʌbl/ I *n* ¢ problèmes *mpl*; **to make ~** faire des histoires; (personal) ennuis *mpl*; **what's the ~?** qu'est-ce qui ne va pas?; (effort, inconvenience) peine *f*; **it's no ~** cela ne me dérange pas. II *vtr* déranger; (person) tracasser. III *vi, v refl* **to ~ (oneself) to do** se donner la peine de faire.

troubled /ˈtrʌbld/ *adj* soucieux/-ieuse, inquiet/-iète; [sleep] agité.

troublemaker *n* fauteur *m* de troubles.

troublesome *adj* pénible, gênant.

trough /trɒf, trɔ:f^US/ *n* abreuvoir *m*; (between waves, etc) creux *m*; MÉTÉO dépression *f*.

trousers /ˈtraʊzə(r)z/ *npl* pantalon *m*.

trout /traʊt/ *n* truite *f*.

truant /ˈtru:ənt/ *n* absentéiste *mf*; **to play ~** faire l'école buissonnière.

truce /tru:s/ *n* trêve *f*.

truck /trʌk/ *n* camion *m*; **~ driver** routier *m*.

trudge /trʌdʒ/ *vi* marcher d'un pas lourd.

true /tru:/ I *adj* vrai; [identity] véritable; [feeling] sincère; [copy] conforme; [servant, knight] fidèle. II *adv* [aim, fire] juste.

truffle /ˈtrʌfl/ *n* truffe *f*.

truly /ˈtru:lɪ/ *adv* vraiment; (in letter) **yours ~** je vous prie d'agréer l'expression de mes sentiments distingués.

trump /trʌmp/ *n* JEUX atout *m*.

trumpet /ˈtrʌmpɪt/ *n* trompette *f*.

trumpeter /ˈtrʌmpɪtə(r)/ *n* trompettiste *mf*.

trundle /ˈtrʌndl/ *vi* avancer lourdement.

trunk /trʌŋk/ I *n* tronc *m*; (of elephant) trompe *f*; (for travel) malle *f*; (car boot)^US coffre *m*. II **~s** *npl* maillot *m* de bain (*pour hommes*).

trust /trʌst/ I *n* confiance *f*; FIN trust *m*. II *vtr* (person, judgment) faire confiance à, se fier à; **to ~ sb with sth** confier qch à qn; (hope) espérer. III *vi* **to ~ in** (person) faire confiance à; (God, fortune) croire en; **to ~ to luck** se fier au hasard. IV **~ed** *pp adj* fidèle.

trustee /trʌs'ti:/ *n* administrateur/-trice *m/f*.

trusting /ˈtrʌstɪŋ/ *adj* confiant.

trustworthy /ˈtrʌstwɜ:ðɪ/ *adj* digne de confiance.

truth /tru:θ/ *n* vérité *f*.

truthful /ˈtru:θfl/ *adj* [person] honnête; [account] vrai.

try /traɪ/ I (*pl* **tries**) *n* essai *m*. II *vtr* (*prét, pp* **tried**) essayer; (food) goûter; (faith, patience) mettre [qch] à rude épreuve; JUR juger. III *vi* essayer; **just you ~!** essaie un peu☺!; **to ~ for** essayer d'obtenir.
• **try on, try out**: essayer.

trying /ˈtraɪɪŋ/ *adj* éprouvant.

T-shirt *n* T-shirt *m*.

tsp *abrév écrite* = **teaspoon**.

tub /tʌb/ *n* (for flowers) bac *m*; US baignoire *f*.

tube /tju:b, 'tu:bUS/ *n* tube *m*; **the ~**☺GB le métro (londonien); TV **the ~**☺ la télé☺.

tuck /tʌk/ *vtr* (blanket) plier.
• **tuck in**: (shirt) rentrer. • **tuck up**: border.

Tue(s) *abrév écrite* = **Tuesday**.

Tuesday /ˈtju:zdeɪ, -dɪ, 'tu:-US/ *pr n* mardi *m*.

tug /tʌg/ *vtr, vi* (*p prés etc* **-gg-**) **to ~ at/on** tirer sur.

tuition /tju:ˈɪʃn, tu:-US/ *n* cours *mpl*; US frais *mpl* de scolarité.

tulip /ˈtju:lɪp, 'tu:-US/ *n* tulipe *f*.

tumble /ˈtʌmbl/ I *n* chute *f*. II *vi* tomber; [price] chuter; [clown] faire des culbutes; **to ~ to sth** ☺GB comprendre, piger☺.

tumble-drier, tumble-dryer *n* sèche-linge *m inv*.

tumbler /ˈtʌmblə(r)/ *n* verre *m* (droit).

tummy☺ /ˈtʌmɪ/ *n* ventre *m*.

tumultuous /tju:ˈmʌltjʊəs, 'tu:-US/ *adj* tumultueux/-euse.

tuna /ˈtju:nə, 'tu:-US/ *n* thon *m*.

tune /tju:n, tu:nUS/ I *n* MUS air *m*; **to sing in/out of ~** chanter juste/faux. II *vtr* (instrument) accorder; (engine, radio, TV) régler; **stay ~d!** restez à l'écoute!
• **tune in**: mettre la radio/la télévision.
• **tune up**: (instrument) accorder.

tunic /ˈtju:nɪk, 'tu:-US/ *n* tunique *f*.

tuning fork *n* diapason *m*.

tunnel /ˈtʌnl/ I *n* tunnel *m*. II *vtr, vi* (*p prés etc* **-ll-**GB, **-l-**US) creuser.

tuppenceGB /ˈtʌpəns/ *n* deux pence.

turbulence /ˈtɜ:bjʊləns/ *n* ¢ turbulences *fpl*; (turmoil) agitation *f*.

turbulent /ˈtɜ:bjʊlənt/ *adj* agité, turbulent.

turf /tɜ:f/ *n* gazon *m*.
• **turf out**☺GB: (person) virer☺.

turkey /ˈtɜ:kɪ/ *n* dinde *f*.

Turkish delight *n* loukoum *m*.

turmoil /ˈtɜ:mɔɪl/ *n* désordre *m*.

turn /tɜ:n/ I *n* tour *m*; (when driving) virage *m*; (bend, side road) tournant *m*, virage *m*; (change, development) tournure *f*; (act)GB numéro *m*. II **in ~** *adv phr* [speak] à tour de rôle, à son tour. III *vtr* (wheel, handle) tourner, faire tourner; (mattress) retourner; **to ~ sth into** transformer qch en. IV *vi* tourner; [ship] virer; [vehicle] faire demi-tour; [tide] changer; [person] se tourner (vers); [situation, evening] tourner à; [milk] tourner; [leaves] jaunir; (become) (pale, cloudy, green) devenir; **to ~ into** se transformer en.
• **at every ~** à tout moment, partout.
• **turn against**: se retourner contre. • **turn away**: (se) détourner; (spectator, applicant) refuser. • **turn back**: rebrousser chemin; (people, vehicles) refouler. • **turn down**: (radio, gas) baisser; (person, request) refuser. • **turn in**: (badge, homework)☺ rendre; (job, activity) laisser tomber☺; [company] avoir de bons résultats; (suspect) livrer; **~ oneself in** se livrer. • **turn off**: (light, TV) éteindre; (tap) fermer; (water)

couper. • **turn on**: (light, TV) allumer; (tap) ouvrir; (person)© exciter. • **turn out**: s'avérer; **it ~s out that** il s'avère que; **to ~ out well/badly** bien/mal se terminer; (light) éteindre; (bag) vider. • **turn over**: [person, vehicle] se retourner; (page) tourner; (mattress, etc) retourner; (money, find, papers) rendre; (person) livrer; FIN faire un chiffre d'affaires de. • **turn up**: arriver, se pointer©; [opportunity, job] se présenter; (heating, volume, gas) mettre [qch] plus fort.

turnaround *n* revirement *m*.

turningGB /'tɜ:nɪŋ/ *n* virage *m*.

turning point *n* tournant *m* (décisif).

turnip /'tɜ:nɪp/ *n* navet *m*.

turnout /'tɜ:naʊt/ *n* participation *f*, taux *m* de participation.

turnover /'tɜ:nəʊvə(r)/ *n* chiffre *m* d'affaires; (of stock) rotation *f*; (of staff) taux *m* de renouvellement; CULIN chausson *m*.

turnpikeUS *n* autoroute *f* à péage.

turnstile *n* tourniquet *m*.

turntable /'tɜ:nteɪbl/ *n* (on record player) platine *f*.

turpentine /'tɜ:pəntaɪn/ *n* térébenthine *f*.

turret /'tʌrɪt/ *n* tourelle *f*.

turtle /'tɜ:tl/ *n* tortue *f*.

turtle dove *n* tourterelle *f*.

turtleneck *n* col *m* montant.

tusk /tʌsk/ *n* (of elephant) défense *f*.

tussle /'tʌsl/ *n* empoignade *f*.

tutor /'tju:tə(r), tu:-US/ I *n* professeur *m* particulier. II *vtr* donner des leçons particulières à.

tutorial /tju:'tɔ:rɪəl, tu:-US/ *n* travaux *mpl* dirigés.

tuxedoUS /tʌk'si:dəʊ/ *n* smoking *m*.

TV© /ti:vi:/ *n abrév* = (**television**) télé© *f*; **~ dinner** plateau télé.

twang /twæŋ/ *n* (of string) vibration *f*; (in speaking) nasillement *m*.

tweezers /'twi:zəz/ *npl* pince *f* à épiler.

twelfth /twelfθ/ I *n* douzième *mf*; (of month) douze *m inv*. II *adj*, *adv* douzième.

twelve /twelv/ *n*, *adj* douze *(m) inv*.

twentieth /'twentɪəθ/ I *n* vingtième *mf*; (of month) vingt *m inv*. II *adj*, *adv* vingtième.

twenty /'twentɪ/ *n*, *adj* vingt (*m*) *inv*.

twice /twaɪs/ *adv* deux fois; **he's ~ his age** il a le double de son âge.

twiddle /'twɪdl/ *vtr* tripoter; **to ~ one's thumbs** se tourner les pouces.

twig /twɪg/ *n* brindille *f*.

twilight /'twaɪlaɪt/ *n* crépuscule *m*.

twin /twɪn/ I *n* jumeau/-elle *m/f*. IIGB *vtr* (*p prés etc* **-nn-**) (town) jumeler.

twine /twaɪn/ *n* ficelle *f*.

twinkle /'twɪŋkl/ *vi* I [light] scintiller; [eyes] pétiller.

twirl /twɜ:l/ I *vtr* (baton, lasso, partner) faire tournoyer. II *vi* se retourner brusquement.

twist /twɪst/ I *n* tour *m*; (in rope) tortillon *m*; (in road) zigzag *m*; (in story) coup *m* de théâtre, rebondissement *m*; **the ~** le twist. II *vtr* (knob) tourner; (cap) visser, dévisser; (arm) tordre; (words) déformer. III *vi* [person] se tordre; **to ~ round**GB se retourner; [rope] s'entortiller; [river] serpenter.

twitch /twɪtʃ/ I *n* tic *m*. II *vi* [mouth] trembler; [eye] cligner nerveusement.

two /tu:/ *n*, *det*, *pron* deux *(m inv)*.

two-faced *adj* hypocrite, fourbe.

twopenny-halfpenny©GB *adj* PÉJ de rien du tout.

two-piece *n* tailleur *m*.

two-way /ˌtu:'weɪ/ *adj* [street] à double sens; [communication] bilatéral.

tycoon /taɪ'ku:n/ *n* magnat *m*.

type /taɪp/ I *n* type *m*, genre *m*; (in printing) caractères *mpl*. II *vtr*, *vi* taper (à la machine); ORDINAT saisir.

typewriter *n* machine *f* à écrire.

typhoon /taɪˈfuːn/ *n* typhon *m*.

typical /ˈtɪpɪkl/ *adj* typique, caractéristique.

typify /ˈtɪpɪfaɪ/ *vtr* être le type même de.

typing /ˈtaɪpɪŋ/ *n* dactylographie *f*, saisie *f*.

tyrannic(al) /tɪˈrænɪk(l)/ *adj* tyrannique.

tyranny /ˈtɪrənɪ/ *n* tyrannie *f*.

tyrant /ˈtaɪərənt/ *n* tyran *m*.

tyreGB, **tire**US /ˈtaɪə(r)/ *n* pneu *m*.

U

u, U /juː/ *n* = **universal** (film classification) ≈ tous publics.

UFO /ˈjuːfəʊ/ *n* = **unidentified flying object** ovni *m*.

ugly /ˈʌglɪ/ *adj* laid; [situation, conflict] dangereux/-euse.
• **an ~ customer**☺ un sale type☺.

UK /ˈjuːˈkeɪ/ I *pr n* = **United Kingdom** Royaume-Uni *m*. II *in compounds* [citizen, passport] britannique.

ulcer /ˈʌlsə(r)/ *n* ulcère *m*.

ultimate /ˈʌltɪmət/ I *n* **the ~ in** le nec plus ultra de. II *adj* [result, destination] final; **the ~ weapon** l'arme absolue; [question, truth] fondamental.

ultimately /ˈʌltɪmətlɪ/ *adv* en fin de compte, au bout du compte.

ultimatum /ˌʌltɪˈmeɪtəm/ *n* (*pl* **~s/-ta**) ultimatum *m*.

ultrasound /ˈʌltrəsaʊnd/ *n* ultrasons *mpl*; **~ scan** échographie *f*.

ultraviolet /ˌʌltrəˈvaɪələt/ *adj* ultraviolet/-ette.

umbrella /ʌmˈbrelə/ *n* parapluie *m*; **to be under the ~ of sth** FIG être sous la protection de qch.

umpire /ˈʌmpaɪə(r)/ SPORT I *n* arbitre *m*. II *vtr*, *vi* arbitrer.

umpteen☺ /ʌmpˈtiːn/ *adj* des tas de☺; **~ times** trente-six fois.

umpteenth☺ /ʌmpˈtiːnθ/ *adj* énième.

UN /ˈjuːˈen/ *pr n* (*abrév* = **United Nations**) **the ~** l'ONU *f*.

unable /ʌnˈeɪbl/ *adj* **to be ~ to do** ne pas pouvoir faire, être incapable de faire.

unaccompanied /ˌʌnəˈkʌmpənɪd/ *adj* [adult] seul; [minor, baggage] non accompagné.

unaccountable /ˌʌnəˈkaʊntəbl/ *adj* inexplicable.

unaccustomed /ˌʌnəˈkʌstəmd/ *adj* inhabituel/-elle.

unanimity /ˌjuːnəˈnɪmətɪ/ *n* unanimité *f*.

unanimous /juːˈnænɪməs/ *adj* unanime.

unannounced /ˌʌnəˈnaʊnst/ *adv* sans prévenir.

unanswered /ʌnˈɑːnsəd, ʌnˈæn-US/ *adj* [letter] resté sans réponse.

unarmed /ʌnˈɑːmd/ *adj* sans armes.

unattended /ˌʌnəˈtendɪd/ *adj* laissé sans surveillance.

unauthorized /ʌnˈɔːθəraɪzd/ *adj* (fait) sans autorisation.

unavailable /ˌʌnəˈveɪləbl/ *adj* non disponible.

unaware /ˌʌnəˈweə(r)/ *adj* **to be ~ of** ignorer.

unbalanced /ʌnˈbælənst/ *adj* [reporting] partial; [diet, load] déséquilibré.

unbearable /ʌnˈbeərəbl/ *adj* insupportable.

unbeatable /ʌnˈbi:təbl/ *adj* imbattable.

unbelievable /ˌʌnbɪˈli:vəbl/ *adj* incroyable.

unborn /ʌnˈbɔ:n/ *adj* [generation] à venir.

unbreakable /ʌnˈbreɪkəbl/ *adj* incassable.

uncanny /ʌnˈkænɪ/ *adj* [resemblance] étrange, troublant; [accuracy] étonnant.

uncertain /ʌnˈsɜ:tn/ I *adj* incertain. II **in no ~ terms** *adv phr* sans détours.

unchallenged /ˌʌnˈtʃælɪndʒd/ *adj* incontesté.

unchanged /ʌnˈtʃeɪndʒd/ *adj* inchangé.

unchecked /ʌnˈtʃekt/ *adj* incontrôlé.

uncle /ˈʌŋkl/ *n* oncle *m*.

unclear /ʌnˈklɪə(r)/ *adj* (*après v*) peu clair; ~ **about sth** pas sûr de qch.

uncomfortable /ʌnˈkʌmftəbl, -fərt-^US/ *adj* inconfortable; [journey, heat] pénible; ~ **about** gêné par.

uncommon /ʌnˈkɒmən/ *adj* rare.

uncompromising /ʌnˈkɒmprəmaɪzɪŋ/ *adj* intransigeant.

unconditional /ˌʌnkənˈdɪʃənl/ *adj* inconditionnel/-elle, sans condition.

unconscious /ʌnˈkɒnʃəs/ I *n* inconscient *m*. II *adj* sans connaissance; [feelings] inconscient.

uncontrolled *adj* sauvage.

unconventional /ˌʌnkənˈvenʃənl/ *adj* peu conventionnel/-elle; **he's** ~ c'est un original.

unconvincing /ˌʌnkənˈvɪnsɪŋ/ *adj* peu convaincant.

uncover /ʌnˈkʌvə(r)/ *vtr* dévoiler; (treasure, body) découvrir.

undecided /ˌʌndɪˈsaɪdɪd/ *adj* indécis; [outcome] incertain.

undeniable /ˌʌndɪˈnaɪəbl/ *adj* indéniable, incontestable.

under /ˈʌndə(r)/ I *prep* sous; ~ **ten** inférieur à dix; ~ **the law** selon la loi. II *adv* (less) moins; **see** ~ voir ci-dessous.

underage /ˌʌndərˈeɪdʒ/ *adj* mineur/-e.

underclass /ˌʌndəˈkla:s/ *n* sous-prolétariat *m*.

underclothes /ˈʌndəkləʊðz/ *npl* sous-vêtements *mpl*.

undercover /ˌʌndəˈkʌvə(r)/ *adj* secret/-ète.

undercurrent /ˈʌndəkʌrənt/ *n* courant *m* profond; FIG relent *m*.

underdeveloped /ˌʌndədɪˈveləpt/ *adj* [country] sous-développé; [person] peu développé.

underdog /ˈʌndədɒg, -dɔ:g^US/ *n* opprimé/-e *m/f*; (in game) perdant/-e *m/f*.

underdone /ˌʌndəˈdʌn/ *adj* pas assez cuit.

underestimate /ˌʌndərˈestɪmeɪt/ *vtr* sous-estimer.

underfoot /ˌʌndəˈfʊt/ *adv* sous les pieds.

undergo /ˌʌndəˈgəʊ/ *vtr* (*prét* **-went**; *pp* **-gone**) (change) subir; (treatment) suivre.

undergraduate /ˌʌndəˈgrædʒʊət/ *n* UNIV *étudiant/-e de première, deuxième ou troisième année.*

underground I /ˈʌndəgraʊnd/ *n* ^GB métro *m*; **the** ~ la Résistance. II *adj* souterrain; (secret) clandestin. III /ˌʌndəˈgraʊnd/ *adv* sous terre; **to go** ~ passer dans la clandestinité.

undergrowth /ˈʌndəgrəʊθ/ *n* sous-bois *m*.

underlie /ˌʌndəˈlaɪ/ *vtr* (*p prés* **-lying**; *prét* **-lay**; *pp* **-lain**) être sous, sous-tendre.

underline /ˌʌndəˈlaɪn/ *vtr* souligner.

underlying /ˌʌndəˈlaɪɪŋ/ *adj* sous-jacent.

undermine /ˌʌndəˈmaɪn/ *vtr* saper; (confidence) ébranler.

underneath /ˌʌndəˈniːθ/ I *n* dessous *m*. II *adj* d'en dessous. III *adv* dessous, en dessous. IV *prep* sous, au-dessous de.

underpants /ˈʌndəpænts/ *npl* slip *m*; **a pair of ~** un slip; (women's) US petite culotte *f*, slip *m*.

underpin /ˌʌndəˈpɪn/ *vtr* (*p prés etc* **-nn-**) être à la base de.

underprivileged /ˌʌndəˈprɪvəlɪdʒd/ *adj* défavorisé.

underrated /ˌʌndəˈreɪtd/ *adj* sous-estimé.

underscore *vtr* souligner.

under-secretaryGB /ˌʌndəˈsekrətrɪ, -terɪUS/ *n* POL sous-secrétaire *mf* d'État.

undershirtUS /ˈʌndəʃɜːt/ *n* maillot *m* de corps.

underside *n* dessous *m*; FIG face *f* cachée.

understand /ˌʌndəˈstænd/ *vtr, vi* (*prét, pp* **-stood**) comprendre.

understandable /ˌʌndəˈstændəbl/ *adj* compréhensible.

understanding /ˌʌndəˈstændɪŋ/ I *n* compréhension *f*; **our ~ was that** nous avions compris que; (sympathy) compréhension *f*. II *adj* bienveillant, compréhensif/-ive.

understated *adj* discret/-ète.

understatement /ˈʌndəsteɪtmənt/ *n* euphémisme *m*; **that's an ~!** c'est le moins qu'on puisse dire!

understood /ˌʌndəˈstʊd/ *prét, pp* ▸ **understand**.

undertake /ˌʌndəˈteɪk/ *vtr* (*prét* **-took**; *pp* **-taken**) entreprendre; (mission) se charger de; **to ~ to do** s'engager à faire.

undertaker /ˈʌndəteɪkə(r)/ *n* entrepreneur *m* de pompes funèbres.

undertaking /ˌʌndəˈteɪkɪŋ/ *n* entreprise *f*; (promise) garantie *f*.

undertone /ˈʌndətəʊn/ *n* **in an ~** à voix basse.

undervalue /ˌʌndəˈvæljuː/ *vtr* (person, quality) sous-estimer; (theory) ne pas apprécier [qch] à sa juste valeur.

underwater /ˌʌndəˈwɔːtə(r)/ *adj* [cable, world] sous-marin.

under way /ˌʌndəˈ weɪ/ *adv phr* **to be ~** être en cours; **to get sth ~** mettre qch en route.

underwear /ˈʌndəweə(r)/ *n* ¢ sous-vêtements *mpl*.

underwent /ˌʌndəˈwent/ *prét* ▸ **undergo**.

underworld /ˈʌndəwɜːld/ *n* milieu *m*, pègre *f*.

underwrite /ˌʌndəˈraɪt/ *vtr* (*prét* **-wrote**; *pp* **-written**) (project) financer.

undesirable /ˌʌndɪˈzaɪərəbl/ *adj* indésirable; [influence] néfaste.

undid /ʌnˈdɪd/ *prét* ▸ **undo**.

undisclosed *adj* non révélé.

undisputed /ˌʌndɪˈspjuːtɪd/ *adj* incontesté.

undistinguished /ˌʌndɪˈstɪŋgwɪʃt/ *adj* insignifiant.

undisturbed /ˌʌndɪˈstɜːbd/ *adj* paisible, tranquille; **to remain ~** rester intact.

undo /ʌnˈduː/ *vtr* (*3e pers sg prés* **-does**; *prét* **-did**; *pp* **-done**) (lock) défaire; (parcel) ouvrir; (effort) détruire; (harm) réparer.

undoubtedly /ʌnˈdaʊtɪdlɪ/ *adv* indubitablement.

undress /ˌʌnˈdres/ *vtr, vi* déshabiller se déshabiller.

undue /ʌnˈdjuː, -ˈduːUS/ *adj* excessif/-ive.

undulate /ˈʌndjʊleɪt, -dʒʊ-US/ *vi* onduler.

unduly /ˌʌnˈdjuːlɪ, -ˈduːlɪUS/ *adv* excessivement, outre mesure.

unearthly /ʌnˈɜːθlɪ/ *adj* [sight] surnaturel/-elle; **at some ~**☺ **hour** à une heure indue.

uneasy /ʌn'i:zɪ/ *adj* mal à l'aise; [person] inquiet/-iète; [conscience] pas tranquille; [feeling] désagréable; [compromise] difficile.

unemployed /ˌʌnɪm'plɔɪd/ **I** *n* **the ~** (*pl*) les chômeurs *mpl*. **II** *adj* au chômage, sans emploi.

unemployment /ˌʌnɪm'plɔɪmənt/ *n* chômage *m*.

unequal /ʌn'i:kwəl/ *adj* inégal; **to be ~ to** ne pas être à la hauteur de.

unequivocal /ˌʌnɪ'kwɪvəkl/ *adj* sans équivoque.

UNESCO /ju:'neskəʊ/ *pr n* UNESCO *f*.

uneven /ʌn'i:vn/ *adj* inégal.

unexpected /ˌʌnɪk'spektɪd/ *adj* [event] imprévu; [gift] inattendu.

unexpectedly /ˌʌnɪk'spektɪdlɪ/ *adv* subitement; [arrive] à l'improviste; [large, small] étonnamment.

unfair /ʌn'feə(r)/ *adj* injuste; [competition] déloyal.

unfaithful /ʌn'feɪθfl/ *adj* infidèle.

unfamiliar /ˌʌnfə'mɪlɪə(r)/ *adj* [face, place] pas familier/-ière; [feeling, situation] inhabituel/-elle; **to be ~ with sth** mal connaître qch.

unfashionable /ʌn'fæʃənəbl/ *adj* démodé.

unfasten /ʌn'fɑ:sn/ *vtr* (button) défaire; (bag) ouvrir.

unfavourable[GB], **unfavorable**[US] /ʌn'feɪvərəbl/ *adj* défavorable.

unfinished /ʌn'fɪnɪʃt/ *adj* [work] inachevé; [matter] en cours.

unfit /ʌn'fɪt/ *adj* (ill) malade; (out of condition) pas en forme; **~ for work** inapte au travail.

unfold /ʌn'fəʊld/ **I** *vtr* (paper) déplier; (wings) déployer; (arms) décroiser; (plan) dévoiler. **II** *vi* se dérouler.

unforeseen /ˌʌnfɔ:'si:n/ *adj* imprévu.

unforgettable /ˌʌnfə'getəbl/ *adj* inoubliable.

unforgivable /ˌʌnfə'gɪvəbl/ *adj* impardonnable.

unfortunate /ʌn'fɔ:tʃənət/ *adj* malheureux/-euse; [incident, choice] fâcheux/-euse; **to be ~ enough to do** avoir la malchance de faire.

unfortunately /ʌn'fɔ:tʃənətlɪ/ *adv* malheureusement.

unfounded /ʌn'faʊndɪd/ *adj* sans fondement.

unfriendly /ʌn'frendlɪ/ *adj* peu amical, inamical.

unfulfilled /ˌʌnfʊl'fɪld/ *adj* [desire, need] inassouvi; **to feel ~** se sentir insatisfait.

unfurl /ʌn'fɜ:l/ *vi* se déployer.

ungrateful /ʌn'greɪtfl/ *adj* ingrat.

unhappy /ʌn'hæpɪ/ *adj* [person, choice] malheureux/-euse; [occasion] triste; **to be ~ about/with sth** ne pas être satisfait de qch; (concerned) inquiet/-iète.

unharmed /ʌn'hɑ:md/ *adj* [person] indemne; [object] intact.

unhealthy /ʌn'helθɪ/ *adj* [person] maladif/-ive; [economy, obsession] malsain.

unheard-of /ʌn'hɜ:dɒv/ *adj* inouï; [price] record *inv*.

unhelpful /ʌn'helpfl/ *adj* [person] peu serviable; [remark] qui n'apporte rien d'utile.

unhurt /ʌn'hɜ:t/ *adj* indemne.

UNICEF /'ju:nɪsef/ *n* UNICEF *m*, FISE *m*.

unicorn /'ju:nɪkɔ:n/ *n* licorne *f*.

unidentified /ˌʌnaɪ'dentɪfaɪd/ *adj* non identifié.

unification /ˌju:nɪfɪ'keɪʃn/ *n* unification *f*.

uniform /'ju:nɪfɔ:m/ **I** *n* uniforme *m*. **II** *adj* [temperature] constant; [size] identique.

uniformity /ˌju:nɪ'fɔ:mətɪ/ *n* uniformité *f*.

unify /'ju:nɪfaɪ/ *vtr* unifier.

unimportant /ˌʌnɪm'pɔ:tnt/ *adj* sans importance.

unimpressed /ˌʌnɪm'prest/ *adj* ~ **by** (performance) peu impressionné par; (argument) guère convaincu par.

unintelligible /ˌʌnɪn'telɪdʒəbl/ *adj* incompréhensible.

unintentional /ˌʌnɪn'tenʃənl/ *adj* involontaire.

uninterested /ʌn'ɪntrəstɪd/ *adj* indifférent.

uninterrupted *adj* ininterrompu.

union /'ju:nɪən/ I *n* IND syndicat *m*; (joining together) union *f*. II *in compounds* [movement] syndical.

Union Jack *n* drapeau *m* du Royaume-Uni.

union member *n* syndiqué/-e *m/f*.

unique /ju:'ni:k/ *adj* unique; ~ **to** particulier à.

unisex /'ju:nɪseks/ *adj* unisexe.

unison /'ju:nɪsn, 'ju:nɪzn/ *n* **in** ~ à l'unisson.

unit /'ju:nɪt/ *n* GÉN unité *f*; **casualty** ~GB service des urgences; **kitchen** ~ élément de cuisine.

unite /ju:'naɪt/ I *vtr* unir. II *vi* s'unir.

united /ju:'naɪtɪd/ *adj* [group, front] uni; [effort] conjoint.

United Kingdom *pr n* Royaume-Uni *m*.

United Nations Organization *n* Organisation *f* des Nations *fpl* unies.

United States of America *pr n* États-Unis *mpl* d'Amérique.

unity /'ju:nətɪ/ *n* unité *f*.

Univ *abrév écrite* = **University**.

universal /ˌju:nɪ'vɜ:sl/ *adj* [principle, truth] universel/-elle; [reaction] général; [education, health care] pour tous.

universally /ˌju:nɪ'vɜ:səlɪ/ *adv* par tous, universellement; [known, loved] de tous.

universe /'ju:nɪvɜ:s/ *n* univers *m*.

university /ˌju:nɪ'vɜ:sətɪ/ I *n* université *f*. II *in compounds* [degree, town] universitaire.

unjust /ʌn'dʒʌst/ *adj* injuste.

unjustified /ʌn'dʒʌstɪfaɪd/ *adj* injustifié.

unkind /ʌn'kaɪnd/ *adj* pas très gentil/-ille, méchant.

unknown /ʌn'nəʊn/ *n*, *adj* inconnu/-e *(m/f)*.

unlawful /ʌn'lɔ:fl/ *adj* illégal.

unleaded /ʌn'ledɪd/ *adj* [petrol] sans plomb.

unleash /ʌn'li:ʃ/ *vtr* (passion) déchaîner.

unless /ən'les/ *conj* à moins que (+ *subj*), à moins de (+ *infinitive*), sauf si (+ *indic*); ~ **otherwise agreed** sauf disposition contraire; (except when) sauf quand.

unlike /ʌn'laɪk/ I *prep* contrairement à, à la différence de; (different from) différent de. II *adj* (*jamais épith*) différent.

unlikely /ʌn'laɪklɪ/ *adj* [partner, situation] inattendu; [story] invraisemblable; [excuse] peu probable; **it is** ~ **that** il est peu probable que (+ *subj*).

unlimited /ʌn'lɪmɪtɪd/ *adj* illimité.

unload /ʌn'ləʊd/ *vtr, vi* décharger.

unlock /ʌn'lɒk/ *vtr* ouvrir.

unluckily /ʌn'lʌkɪlɪ/ *adv* malheureusement.

unlucky /ʌn'lʌkɪ/ *adj* [person] malchanceux/-euse; [coincidence, event] malencontreux/-euse; **you were** ~ tu n'as pas eu de chance; (causing bad luck) néfaste.

unmarked /ʌn'mɑ:kt/ *adj* [car] banalisé.

unmarried /ʌn'mærɪd/ *adj* célibataire.

unmask /ʌn'mɑ:sk, -'mæskUS/ *vtr* démasquer.

unmistakable /ˌʌnmɪ'steɪkəbl/ *adj* [smell, sound] caractéristique; (unambiguous) sans ambiguïté.

unmoved /ʌn'mu:vd/ *adj* indifférent; (emotionally) insensible.

unnatural /ʌn'nætʃrəl/ *adj* anormal; [silence, colour] insolite.
unnecessary /ʌn'nesəsrɪ, -serɪ^US/ *adj* inutile.
unnerve *vtr* **it ~d me** ça m'a fait un drôle d'effet.
unnerving /ʌn'nɜ:vɪŋ/ *adj* déroutant.
unnoticed /ʌn'nəʊtɪst/ *adj* inaperçu.
UNO /'ju:nəʊ/ *n* (*abrév* = **United Nations Organization**) ONU *f*.
unobtrusive /ˌʌnəb'tru:sɪv/ *adj* discret/-ète.
unofficial /ˌʌnə'fɪʃl/ *adj* [figure] officieux/-ieuse; [candidate] indépendant.
unorthodox /ʌn'ɔ:θədɒks/ *adj* peu orthodoxe.
unpack /ʌn'pæk/ *vtr* (suitcase) défaire.
unpaid /ʌn'peɪd/ *adj* [bill, tax] impayé; [work, volunteer] non rémunéré.
unparalleled /ʌn'pærəleld/ *adj* sans égal.
unpleasant /ʌn'pleznt/ *adj* désagréable.
unplug /ʌn'plʌg/ *vtr* (*p prés etc* **-gg-**) (appliance) débrancher.
unpopular /ʌn'pɒpjʊlə(r)/ *adj* impopulaire.
unprecedented /ʌn'presɪdentɪd/ *adj* sans précédent.
unpredictable /ˌʌnprɪ'dɪktəbl/ *adj* imprévisible; [weather] incertain.
unprepared /ˌʌnprɪ'peəd/ *adj* **to be ~ for sth** ne pas s'attendre à qch; **to catch sb ~** prendre qn au dépourvu.
unpretentious /ˌʌnprɪ'tenʃəs/ *adj* simple.
unprincipled /ʌn'prɪnsəpld/ *adj* peu scrupuleux/-euse.
unproductive *adj* improductif/-ive.
unprotected /ˌʌnprə'tektɪd/ *adj* sans défense.
unpublished /ʌn'pʌblɪʃt/ *adj* non publié.
unqualified /ʌn'kwɒlɪfaɪd/ *adj* non qualifié; [support, respect] inconditionnel/-elle; [success] grand.
unquestionable /ʌn'kwestʃənəbl/ *adj* incontestable.
unravel /ʌn'rævl/ (*p prés etc* **-ll-**^GB, **-l-**^US) **I** *vtr* (thread, mystery) démêler. **II** *vi* (knitting) se défaire; [plot] se dénouer.
unreal /ʌn'rɪəl/ *adj* irréel/-éelle; ☺ incroyable.
unrealistic /ˌʌnrɪə'lɪstɪk/ *adj* irréaliste, peu réaliste.
unreasonable /ʌn'ri:znəbl/ *adj* [views] irréaliste; [expectations, price] excessif/-ive.
unrelated /ˌʌnrɪ'leɪtɪd/ *adj* sans rapport.
unrelenting /ˌʌnrɪ'lentɪŋ/ *adj* implacable, acharné.
unreliable /ˌʌnrɪ'laɪəbl/ *adj* peu sûr, peu fiable; **he's very ~** on ne peut pas compter sur lui.
unrest /ʌn'rest/ *n* ¢ malaise *m*, troubles *mpl*.
unrestricted /ˌʌnrɪ'strɪktɪd/ *adj* illimité, libre.
unruly /ʌn'ru:lɪ/ *adj* indiscipliné.
unsafe /ʌn'seɪf/ *adj* dangereux/-euse; **to feel ~** ne pas se sentir en sécurité.
unsatisfactory /ˌʌnsætɪs'fæktərɪ/ *adj* insatisfaisant.
unsavoury^GB, **unsavory**^US /ʌn'seɪvərɪ/ *adj* louche, répugnant; [object, smell] peu appétissant.
unscathed /ʌn'skeɪðd/ *adj* indemne.
unscrew /ʌn'skru:/ *vtr* dévisser.
unseat /ʌn'si:t/ *vtr* (rider) désarçonner; **the MP**^GB **was ~ed** le député a perdu son siège.
unseeded /ʌn'si:dɪd/ *adj* SPORT non classé.

unseen /ʌn'si:n/ I^GB n SCOL version *f* (non préparée). II *adj* invisible. III *adv* sans être vu.

unsettle *vtr* troubler.

unsettled /ʌn'setld/ *adj* [weather] instable; [person] déboussolé.

unsettling /ʌn'setlɪŋ/ *adj* troublant, dérangeant.

unsightly /ʌn'saɪtlɪ/ *adj* laid.

unskilled /ʌn'skɪld/ *adj* [worker] non qualifié; [job] qui n'exige pas de qualification professionnelle.

unsolved /ʌn'sɒlvd/ *adj* inexpliqué.

unsound /ʌn'saʊnd/ *adj* [roof, ship] en mauvais état; [argument] peu valable.

unspeakable /ʌn'spi:kəbl/ *adj* indescriptible.

unspoken /ʌn'spəʊkən/ *adj* tacite.

unsteady /ʌn'stedɪ/ *adj* [legs, voice] tremblant, chancelant; [ladder] instable.

unstoppable /ʌn'stɒpəbl/ *adj* irrésistible.

unstuck /ʌn'stʌk/ *adj* **to come ~** se décoller; FIG connaître un échec.

unsuccessful /ˌʌnsək'sesfl/ *adj* [campaign] infructueux/-euse; [film] sans succès; [love] malheureux/-euse; **to be ~** échouer; **to be ~ in doing** ne pas réussir à faire.

unsuitable /ʌn'su:təbl/ *adj* inapproprié; **to be ~** ne pas convenir.

unsure /ʌn'ʃɔ:(r), -'ʃʊər^US/ *adj* peu sûr; **I'm still ~ about it** j'ai encore des doutes; **to be ~ about how** ne pas savoir très bien comment; **to be ~ of oneself** manquer de confiance en soi.

unsuspecting /ˌʌnsə'spektɪŋ/ *adj* [person] naïf/-ïve, sans méfiance; [public] non averti.

unsympathetic /ˌʌnsɪmpə'θetɪk/ *adj* **~ to sb** peu compatissant envers qn.

untangle /ʌn'tæŋgl/ *vtr* démêler.

untenable /ʌn'tenəbl/ *adj* intenable; [argument] indéfendable.

unthinkable /ʌn'θɪŋkəbl/ *adj* [prospect, action] impensable.

untidy /ʌn'taɪdɪ/ *adj* désordonné, peu soigné.

untie /ʌn'taɪ/ *vtr* (*p prés* **-tying**) défaire, dénouer; (hands) délier.

until /ən'tɪl/ I *prep* jusqu'à; (+ negative verb) avant. II *conj* jusqu'à ce que (+ *subj*); (+ negative) avant que (+ *subj*), avant de (+ *inf*).

untimely /ʌn'taɪmlɪ/ *adj* inopportun.

untold /ʌn'təʊld/ *adj* indicible, impossible à évaluer.

untouched /ʌn'tʌtʃt/ *adj* intact.

untoward /ˌʌntə'wɔ:d, ʌn'tɔ:rd^US/ *adj* fâcheux/-euse.

untreated /ʌn'tri:tɪd/ *adj* non traité.

untrue /ʌn'tru:/ *adj* faux/fausse.

unused[1] /ʌn'ju:st/ *adj* **to be ~ to** ne pas être habitué à.

unused[2] /ʌn'ju:zd/ *adj* inutilisé; neuf/neuve; (in ad) état neuf.

unusual /ʌn'ju:ʒl/ *adj* peu commun, inhabituel/-elle; **there's nothing ~ about it** cela n'a rien d'extraordinaire.

unusually /ʌn'ju:ʒəlɪ/ *adv* exceptionnellement.

unveil /ʌn'veɪl/ *vtr* dévoiler.

unwanted /ʌn'wɒntɪd/ *adj* [visitor] indésirable, de trop; [goods] superflu.

unwarranted /ʌn'wɒrəntɪd, -'wɔ:r-^US/ *adj* déplacé.

unwelcome /ʌn'welkəm/ *adj* [visitor] importun; [proposition] inopportun; [news] fâcheux/-euse.

unwell /ʌn'wel/ *adj* souffrant; **he's feeling ~** il ne se sent pas très bien.

unwieldy /ʌn'wi:ldɪ/ *adj* encombrant.

unwilling /ʌn'wɪlɪŋ/ *adj* **to be ~ to do sth** ne pas vouloir faire qch.

unwillingly /ʌnˈwɪlɪŋlɪ/ *adv* à contrecœur.

unwind /ʌnˈwaɪnd/ (*prét, pp* **-wound**) I *vtr* dérouler. II *vi* (relax) se détendre.

unwise /ʌnˈwaɪz/ *adj* peu judicieux/-ieuse, imprudent.

unworthy /ʌnˈwɜːðɪ/ *adj* indigne (de).

unwrap /ʌnˈræp/ *vtr* (*p prés etc* **-pp-**) déballer.

unwritten /ʌnˈrɪtn/ *adj* tacite.

up /ʌp/ I *adj* debout, levé; (higher in amount, level) en hausse, en augmentation; (wrong) **what's ~**☺**?** qu'est-ce qui se passe?; [notice] affiché; [tent] monté, dressé; [hand] levé, en l'air; **this side ~** (on parcel, box) haut; **face ~** sur le dos; [road] en travaux; **the ~ escalator** l'escalier mécanique qui monte; **~ for murder** accusé de meurtre. II *adv* **~ here/there** là-haut; **~ North** au Nord; **four floors ~ from here** quatre étages au-dessus; **I'll be right ~** je monte tout de suite; **all the way ~** jusqu'en haut, jusqu'au sommet; (ahead) d'avance. III *prep* **~ the tree** dans l'arbre; **~ a ladder** sur une échelle; **it's ~ the road** c'est plus loin dans la rue. IV **~ above** *adv phr, prep phr* au-dessus (de). V **~ against** *prep phr* contre. VI **~ and about** *adv phr* debout, réveillé. VII **~ and down** *adv phr, prep phr* **~ and down the country** dans tout le pays. VIII **~ to** *prep phr* jusqu'à; **~ to here/there** jusqu'ici/jusque là; **to be ~ to sth** être capable de; **it's ~ to you!** c'est à toi de décider!; **what is he ~**☺ **to?** qu'est-ce qu'il fabrique?
• **the ~s and downs** les hauts et les bas.

up-and-coming *adj* prometteur/-euse.

upbeat /ˈʌpbiːt/ *adj* optimiste.

upbringing /ˈʌpbrɪŋɪŋ/ *n* éducation *f*.

upcoming *adj* prochain.

update /ˌʌpˈdeɪt/ *vtr* mettre [qch] à jour, actualiser.

upgrade /ˌʌpˈgreɪd/ *vtr* améliorer; (person) promouvoir; (passenger) surclasser.

upheaval /ˌʌpˈhiːvl/ *n* bouleversement *m*.

uphill /ˌʌpˈhɪl/ I *adj* [road] qui monte; [task] difficile. II *adv* **to go ~** monter.

uphold /ˌʌpˈhəʊld/ *vtr* (*prét, pp* **-held**) (principle) soutenir; (law) faire respecter.

upholstery /ˌʌpˈhəʊlstərɪ/ *n* revêtement *m*; (technique) tapisserie *f*.

upkeep /ˈʌpkiːp/ *n* entretien *m*.

uplifting /ˌʌpˈlɪftɪŋ/ *adj* tonique.

upmarket /ˌʌpˈmɑːkɪt/ *adj* haut de gamme.

upon /əˈpɒn/ *prep* sur; **disaster ~ disaster** un désastre après l'autre; **spring is ~ us** le printemps approche.

upper /ˈʌpə(r)/ I *n* **leather ~** dessus en cuir. II *adj* [shelf, teeth] du haut; [deck, rank] supérieur; **the ~ limit** la limite maximale.
• **to have/get the ~ hand** avoir/prendre le dessus.

upper class I *n* **the ~** l'aristocratie *f* et la haute bourgeoisie. II **upper-class** *adj* [accent, person] distingué.

Upper House *n* Chambre *f* haute.

uppermost /ˈʌpəməʊst/ *adj* le plus haut; **~ in sb's mind** au premier plan des pensées de qn.

upper sixth[GB] *n* SCOL classe de terminale.

upright /ˈʌpraɪt/ I *n* montant *m*. II *adj, adv* droit; **to stay ~** rester debout.

uprising /ˈʌpraɪzɪŋ/ *n* soulèvement *m*.

uproar /ˈʌprɔː(r)/ *n* indignation *f*; (noisy reaction) tumulte *m*.

uproot /ˌʌpˈruːt/ *vtr* déraciner.

upset I /ˈʌpset/ *n* (upheaval) bouleversement *m*; (distress) peine *f*; **to have a stomach ~** avoir un problème d'estomac. II /ˌʌpˈset/ *vtr* (*p prés* **-tt-**; *prét, pp* **-set**) retourner, bouleverser; [person] faire de la peine à, contrarier; (knock over) renverser;

(digestion) perturber. III /ˌʌp'set/ *pp adj* **to be/feel** ~ être contrarié; **don't get** ~ calme-toi.

upside down /ˌʌpsaɪd 'daʊn/ *adj, adv* à l'envers; FIG sens dessus dessous.

upstairs /ˌʌp'steəz/ I *n* haut *m*; **there is no** ~ il n'y a pas d'étage. II *in compounds* [room] du haut; [neighbours] du dessus. III *adv* en haut; **to go** ~ monter (l'escalier).

upstart /'ʌpstɑːt/ *n, adj* arriviste (*mf*).

upstream /ˌʌp'striːm/ *adv* vers l'amont.

upsurge /'ʌpsɜːdʒ/ *n* augmentation *f*.

uptight☺ /ˌʌp'taɪt/ *adj* tendu, coincé☺.

up-to-date /ˌʌptə'deɪt/ *adj* [clothes] à la mode; [equipment] moderne; [timetable] à jour; [person] au courant.

uptownUS /ˌʌp'taʊn/ *adv* (New York, etc) **to go** ~ aller dans le nord de la ville.

upturn *n* reprise *f*.

upward /'ʌpwəd/ I *adj* [push, etc] vers le haut; [path, road] qui monte. II *adv* ▸ **upwards**.

upwards /'ʌpwədz/ I *adv* vers le haut; **from five years** ~ à partir de cinq ans. II ~ **of** *prep phr* plus de.

urban /'ɜːbən/ *adj* urbain.

urbane /ɜː'beɪn/ *adj* raffiné.

urbanization /ˌɜːbənaɪ'zeɪʃn, -nɪ'z-US/ *n* urbanisation *f*.

urchin /'ɜːtʃɪn/ *n* gamin *m*.

urge /ɜːdʒ/ I *n* envie *f*, désir *m*. II *vtr* (caution, etc) préconiser; **to** ~ **sb to do** conseiller vivement à qn de faire.
• **urge on**: inciter.

urgency /'ɜːdʒənsɪ/ *n* (of situation) urgence *f*; (of voice, tone) insistance *f*.

urgent /'ɜːdʒənt/ *adj* urgent, pressant.

urinate /'jʊərɪneɪt/ *vi* uriner.

urn /ɜːn/ *n* urne *f*.

us /ʌs, əs/ *pron* nous; **both of** ~ tous/toutes les deux; **some of** ~ quelques-uns/-unes d'entre nous; **he's one of** ~ il est des nôtres.

US /juː'es/ I *pr n* (*abrév* = **United States**) USA *mpl*. II *adj* américain.

USA /juːes'eɪ/ *pr n* (*abrév* = **United States of America**) USA *mpl*.

usage /'juːsɪdʒ, 'juːzɪdʒ/ *n* LING usage *m*; (of gas) consommation *f*.

use I /juːs/ *n* emploi *m*, utilisation *f*; **external** ~ **only** usage externe; **to be of** ~ être utile; **what's the** ~ **of crying?** à quoi bon pleurer?; **it's no** ~ **asking me** inutile de me demander. II /juːz/ *vtr* (car, room, tool) se servir de, utiliser; (method, expression) employer, utiliser; (opportunity) profiter de, saisir; (fuel, food) consommer.
• **use up**: (food) finir, utiliser; (money) dépenser; (supplies) épuiser.

used I /juːst/ *modal aux* **I** ~ **to do** je faisais; **it** ~ **to be thought that** avant on pensait que; **there** ~ **to be a pub**GB **here** il y avait un pub ici (dans le temps). II /juːzt/ *adj* (accustomed) **to be** ~ **to sth** avoir l'habitude de qch, être habitué à qch; **to get** ~ **to** s'habituer à; **I'm not** ~ **to it** je n'ai pas l'habitude; [car] d'occasion.

useful /'juːsfl/ *adj* utile.

usefully *adv* utilement.

useless /'juːslɪs/ *adj* inutile; (not able to be used) inutilisable; **to be** ~☺ **at sth** être nul en qch.

user /'juːzə(r)/ *n* utilisateur/-trice *m/f*; **road/rail** ~**s** les usagers de la route/du rail; ☺ toxicomane *mf*.

user-friendly *adj* ORDINAT convivial; GÉN facile à utiliser.

usher /'ʌʃə(r)/ I *n* (at lawcourt) huissier *m*; (in theatre) placeur *m*. II *vtr* **to** ~ **sb in/out** faire entrer/sortir qn.

usherette /ˌʌʃə'ret/ *n* ouvreuse *f*.

usual /'juːʒl/ I☺ *n* **the** ~ la même chose que d'habitude. II *adj* habituel/-elle; [word, term] usuel/-elle; **as** ~ comme d'habitude.

usually /ˈjuːʒəlɪ/ *adv* d'habitude, normalement.

utensil /juːˈtensl/ *n* ustensile *m.*

utility /juːˈtɪlətɪ/ I *n* utilité *f.* II[US] **utilities** *npl* l'eau, le gaz et l'électricité.

utilize /ˈjuːtəlaɪz/ *vtr* (object, idea) utiliser; (resource) exploiter.

utmost /ˈʌtməust/ I *n* **to the ~ of one's abilities** au maximum de ses capacités; **at the ~** au maximum, au plus. II *adj* [caution, ease, secrecy] le plus grand/la plus grande (*before n*); [limit] extrême.

utopian /juːˈtəupɪən/ *adj* utopique.

utter /ˈʌtə(r)/ I *adj* total, absolu. II *vtr* (word, curse) prononcer; (cry) pousser, émettre.

utterly /ˈʌtəlɪ/ *adv* complètement.

U-turn *n* demi-tour *m*; FIG volte-face *f inv.*

V

v, **V** /viː/ *n* v, V *m*; **v** (*latin, abrév écrite* = **versus**) contre; **v** (*latin, abrév écrite* = **vide**) voir; **V** (*abrév écrite* = **volt**) ÉLEC V, volt *m.*

vacancy /ˈveɪkənsɪ/ *n* poste *m* à pourvoir, poste *m* vacant; (in hotel) **no vacancies** complet.

vacant /ˈveɪkənt/ *adj* [room, seat] libre, disponible; [office, land] inoccupé; [job] vacant, à pourvoir; [look] absent.

vacate /vəˈkeɪt, ˈveɪkeɪt[US]/ *vtr* (house, job) quitter; (room, seat) libérer.

vacation[US] /vəˈkeɪʃn, veɪ-[US]/ *n* vacances *fpl.*

vaccinate /ˈvæksɪneɪt/ *vtr* vacciner.

vaccine /ˈvæksiːn, vækˈsiːn[US]/ *n* vaccin *m.*

vacuum /ˈvækjuəm/ I *n* vide *m*; (cleaner) aspirateur *m.* II *vtr* (carpet) passer [qch] à l'aspirateur; (room) passer l'aspirateur dans.

vacuum cleaner *n* aspirateur *m.*

vagina /vəˈdʒaɪnə/ *n* (*pl* **-nas/-nae**) vagin *m.*

vagrant /ˈveɪgrənt/ *n, adj* vagabond/-e (*m/f*).

vague /veɪg/ *adj* vague; [person, expression] distrait.

vaguely /ˈveɪglɪ/ *adv* vaguement.

vain /veɪn/ I *adj* vain; (conceited) vaniteux/-euse. II **in ~** *adv phr* en vain.

valentine /ˈvæləntaɪn/ *n* carte *f* de la Saint-Valentin; **be my ~!** veux-tu m'aimer?

Valentine('s) Day *n* la Saint-Valentin.

valet /ˈvælɪt, -leɪ/ *n* valet *m* de chambre.

valiant /ˈvælɪənt/ *adj* courageux/-euse.

valid /ˈvælɪd/ *adj* [passport, licence] valide; [ticket, offer] valable.

validate /ˈvælɪdeɪt/ *vtr* valider.

valley /ˈvælɪ/ *n* (*pl* **~s**) vallée *f.*

valuable /ˈvæljuəbl/ *adj* [asset] de valeur; [advice] précieux/-ieuse.

valuables /ˈvæljuəblz/ *npl* objets *mpl* de valeur.

valuation /ˌvæljuˈeɪʃn/ *n* évaluation *f*, expertise *f.*

value /ˈvæljuː/ I *n* valeur *f*; **of little ~** de peu de valeur; **to be good ~** avoir un bon rapport qualité prix. II *vtr* évaluer, expertiser; (person) apprécier.

value-added tax, **VAT** *n* taxe *f* à la valeur ajoutée, TVA *f.*

valve /vælv/ *n* soupape *f*; (on tyre) valve *f.*

vampire /ˈvæmpaɪə(r)/ *n* vampire *m.*

van /væn/ *n* (for deliveries) fourgonnette *f*, camionnette *f*; (for removals) fourgon *m*; (camper)[US] auto-caravane *f*, camping-car *m*.

vandal /ˈvændl/ *n* vandale *mf*.

vandalism /ˈvændəlɪzəm/ *n* vandalisme *m*.

vanguard /ˈvængɑːd/ *n* avant-garde *f*.

vanilla /vəˈnɪlə/ *n* vanille *f*.

vanish /ˈvænɪʃ/ *vi* disparaître.

vanity /ˈvænətɪ/ *n* vanité *f*.

vantage point *n* **from the ~ of** du haut de; FIG perspective *f*.

vapour[GB], **vapor**[US] /ˈveɪpə(r)/ *n* vapeur *f*.

variable /ˈveərɪəbl/ *n, adj* variable (*f*).

variance /ˈveərɪəns/ *n* **at ~ with** en désaccord avec.

variation /ˌveərɪˈeɪʃn/ *n* variation *f*, différence *f*.

varied /ˈveərɪd/ *adj* varié.

variegated /ˈveərɪgeɪtɪd/ *adj* panaché.

variety /vəˈraɪətɪ/ *n* variété *f*.

various /ˈveərɪəs/ *adj* différents, divers (*before n*); **in ~ (different) ways** de diverses manières.

varnish /ˈvɑːnɪʃ/ I *n* vernis *m*. II *vtr* vernir.

vary /ˈveərɪ/ I *vtr* varier; (pace, route) changer de. II *vi* **to ~ from sth** différer de qch.

vase /vɑːz, veɪs[US], veɪz/ *n* vase *m*.

vast /vɑːst, væst[US]/ *adj* énorme, immense.

vastly /ˈvɑːstlɪ, væstlɪ[US]/ *adv* considérablement.

vat /væt/ *n* cuve *f*.

VAT[GB] /viːeɪˈtiː/ *n* (*abrév* = **value-added tax**) TVA *f*.

vault /vɔːlt/ I *n* voûte *f*; (for wine) cave *f*; (tomb) caveau *m*; (of bank) chambre *f* forte. II *vtr, vi* sauter (par-dessus).

VCR /viːsiːˈɑː(r)/ *n* (*abrév* = **video cassette recorder**) magnétoscope *m*.

VDU /viːdiːˈjuː/ *n* (*abrév* = **visual display unit**) ORDINAT moniteur *m*.

veal /viːl/ *n* CULIN veau *m*.

veer /vɪə(r)/ *vi* [ship] virer; [person, road] tourner.

vegan /ˈviːgən/ *n, adj* végétalien/-ienne (*m/f*).

vegetable /ˈvedʒtəbl/ I *n* légume *m*. II *in compounds* [soup, patch] de légumes; [fat, oil] végétal; **~ garden** potager.

vegetarian /ˌvedʒɪˈteərɪən/ *n, adj* végétarien/-ienne (*m/f*).

vegetation /ˌvedʒɪˈteɪʃn/ *n* végétation *f*.

vehement /ˈviːəmənt/ *adj* véhément.

vehicle /ˈvɪəkl, ˈviːhɪkl[US]/ *n* véhicule *m*.

veil /veɪl/ I *n* voile *m*. II *vtr* voiler, dissimuler.

vein /veɪn/ *n* veine *f*; (on leaf) nervure *f*.

velocity /vɪˈlɒsətɪ/ *n* vitesse *f*.

velvet /ˈvelvɪt/ *n* velours *m*.

vending machine *n* distributeur *m* automatique.

vendor /ˈvendə(r)/ *n* marchand/-e *m/f*; vendeur/-euse *m/f*.

veneer /vɪˈnɪə(r)/ *n* placage *m*; vernis *m*.

venerable /ˈvenərəbl/ *adj* vénérable.

vengeance /ˈvendʒəns/ *n* vengeance *f*; **with a ~** de plus belle.

venison /ˈvenɪsn, -zn/ *n* (viande *f* de) chevreuil *m*.

venom /ˈvenəm/ *n* venin *m*.

vent /vent/ *n* (for gas, pressure) bouche *f*, conduit *m*; **to give ~ to** FIG (anger, feelings) décharger.

ventilate /ˈventɪleɪt/ *vtr* aérer.

venture /ˈventʃə(r)/ I *n* (undertaking) aventure *f*, entreprise *f*; (experiment) essai *m*. II *vtr* (opinion, suggestion) hasarder; **to ~ to do** se risquer à faire. III *vi* **to ~ into**

(place) s'aventurer dans; (publishing, etc) se lancer dans.

venue /ˈvenjuː/ *n* lieu *m*.

verb /vɜːb/ *n* verbe *m*.

verbal /ˈvɜːbl/ *adj* verbal.

verbatim /vɜːˈbeɪtɪm/ *adv* [describe, record] mot pour mot.

verbena /vɜːˈbiːnə/ *n* verveine *f*.

verdict /ˈvɜːdɪkt/ *n* JUR verdict *m*.

verge /vɜːdʒ/ *n* (by road)[GB] accotement *m*, bas-côté *m*; **soft ~** accotement non stabilisé; **on the ~ of doing** sur le point de faire.

• **verge on**: (panic, stupidity) friser.

verify /ˈverɪfaɪ/ *vtr* vérifier.

veritable /ˈverɪtəbl/ *adj* véritable.

vermin /ˈvɜːmɪn/ *n* vermine *f*; PÉJ canaille *f*.

verruca /vəˈruːkə/ *n* (*pl* **-cae/-cas**) verrue *f* plantaire.

versatile /ˈvɜːsətaɪl/ *adj* [person] **to be ~** savoir tout faire; [vehicle] polyvalent.

verse /vɜːs/ *n* poésie *f*; (form) vers *mpl*.

version /ˈvɜːʃn, -ʒn[US]/ *n* version *f*.

versus /ˈvɜːsəs/ *prep* contre.

vertebra /ˈvɜːtɪbrə/ *n* (*pl* **-brae**) vertèbre *f*.

vertical /ˈvɜːtɪkl/ *adj* vertical; [cliff] à pic.

vertigo /ˈvɜːtɪɡəʊ/ *n* vertige *m*.

verve /vɜːv/ *n* brio *m*, verve *f*.

very /ˈverɪ/ I *adj* même (*after n*); [mention, thought] seul; (ultimate) tout; **from the ~ beginning** depuis le tout début. II *adv* très, vraiment; **~ much** beaucoup; **the ~ first** le tout premier; **the ~ next day** le lendemain même.

vessel /ˈvesl/ *n* vaisseau *m*; (container) récipient *m*.

vest /vest/ *n* [GB] maillot *m* de corps; [US] gilet *m*.

vested interest *n* **to have a ~** avoir un intérêt personnel.

vestige /ˈvestɪdʒ/ *n* vestige *m*.

vestry /ˈvestrɪ/ *n* sacristie *f*.

vet /vet/ I *n* (*abrév* = **veterinary surgeon**) vétérinaire *mf*; MIL ©US ancien combattant *m*. II[GB] *vtr* (*p prés etc* **-tt-**) mener une enquête approfondie sur.

veteran /ˈvetərən/ I *n* GÉN vétéran *m*; MIL ancien combattant *m*. II *in compounds* [sportsman, politician] chevronné.

Veterans Day[US] *n* jour *m* des anciens combattants.

veterinary /ˈvetrɪnrɪ, ˈvetərɪnərɪ[US]/ *adj* vétérinaire.

veterinary surgeon[GB], **veterinarian**[US] *n* vétérinaire *mf*.

veto /ˈviːtəʊ/ I *n* (*pl* **-toes**) (droit de) veto *m*. II *vtr* (*3e pers sg prés* **-toes**; *prét, pp* **-toed**) opposer son veto à.

vex /veks/ *vtr* contrarier.

vexed /vekst/ *adj* [question, issue, situation] épineux/-euse.

via /ˈvaɪə/ *prep* via, en passant par; (by means of) par.

viable /ˈvaɪəbl/ *adj* viable; [plan] réalisable, valable.

viaduct /ˈvaɪədʌkt/ *n* viaduc *m*.

vibrate /vaɪˈbreɪt, ˈvaɪbreɪt[US]/ *vi* vibrer.

vicar /ˈvɪkə(r)/ *n* pasteur *m* (*anglican ou de l'Église épiscopale*).

vicarage /ˈvɪkərɪdʒ/ *n* presbytère *m*.

vicarious /vɪˈkeərɪəs, vaɪˈk-[US]/ *adj* indirect.

vice /vaɪs/ *n* vice *m*; TECH étau *m*.

vice-chancellor[GB] *n* UNIV président/-e *m/f* d'Université.

vice-president *n* vice-président/-e *m/f*.

vice squad[US] *n* brigade *f* des mœurs.

vicinity /vɪˈsɪnətɪ/ *n* voisinage *m*; **in the ~ of** à proximité de.

vicious /ˈvɪʃəs/ *adj* malfaisant; [attack, revenge] brutal.

victim /ˈvɪktɪm/ *n* victime *f*.

victimize /ˈvɪktɪmaɪz/ *vtr* persécuter.

victor /ˈvɪktə(r)/ *n* vainqueur *m*.

Victorian /vɪkˈtɔːrɪən/ *adj* victorien/-ienne, de l'époque victorienne.

victorious /vɪkˈtɔːrɪəs/ *adj* victorieux/-ieuse.

victory /ˈvɪktərɪ/ *n* victoire *f*; **to win a ~** remporter une victoire.

video I *n* magnétoscope *m*; (cassette) cassette *f* vidéo, vidéo *f*. II *vtr* (3ᵉ *pers sg prés* **~s**; *prét*, *pp* **~ed**) enregistrer; (on camcorder) filmer en vidéo.

videotape /ˈvɪdɪəuteɪp/ I *n* bande *f* vidéo. II *vtr* enregistrer (en vidéo).

vie /vaɪ/ *vi* (*p prés* **vying**) **to ~ with sb/sth** rivaliser avec qn/qch.

view /vjuː/ I *n* vue *f*; **an overall ~ of** une vue d'ensemble de; **to have sth in ~** FIG penser faire qch; (personal opinion, attitude) avis *m*, opinion *f*; **in his ~** à son avis. II **in ~ of** *prep phr* vu, étant donné. III **in a ~ to** *prep phr* en vue de. IV *vtr* considérer, envisager; (house) visiter; (documents) examiner; (programme) regarder.

viewer /ˈvjuːə(r)/ *n* téléspectateur/-trice *m/f*.

viewfinder /ˈvjuːˌfaɪndə(r)/ *n* viseur *m*.

viewpoint *n* point *m* de vue.

vigil /ˈvɪdʒɪl/ *n* veille *f*, veillée *f*; POL manifestation *f* silencieuse.

vigilant /ˈvɪdʒɪlənt/ *adj* vigilant.

vigilante /ˌvɪdʒɪˈlæntɪ/ *n* membre *m* d'un groupe d'autodéfense.

vigorous /ˈvɪɡərəs/ *adj* vigoureux/-euse.

vigour[GB], **vigor**[US] /ˈvɪɡə(r)/ *n* GÉN vigueur *f*, énergie *f*.

vile /vaɪl/ *adj* [taste] infect; [weather] abominable; [place] horrible; (wicked) vil, ignoble.

villa /ˈvɪlə/ *n* pavillon *m*.

village /ˈvɪlɪdʒ/ *n* village *m*.

villager /ˈvɪlɪdʒə(r)/ *n* villageois/-e *m/f*.

villain /ˈvɪlən/ *n* canaille *f*; (in book, film) méchant *m*.

vindicate /ˈvɪndɪkeɪt/ *vtr* donner raison à.

vindictive /vɪnˈdɪktɪv/ *adj* vindicatif/-ive.

vine /vaɪn/ *n* vigne *f*.

vinegar /ˈvɪnɪɡə(r)/ *n* vinaigre *m*.

vineyard /ˈvɪnjəd/ *n* vignoble *m*.

vintage /ˈvɪntɪdʒ/ I *n* (wine) millésime *m*. II *adj* [wine] millésimé; **it's ~ Armstrong** c'est du Armstrong du meilleur cru; [car, cloth] de collection.

vinyl /ˈvaɪnl/ *n* vinyle *m*.

viola[1] /vɪˈəulə/ *n* (violon *m*) alto *m*.

viola[2] /ˈvaɪələ/ *n* (flower) pensée *f*.

violate /ˈvaɪəleɪt/ *vtr* violer.

violation /ˌvaɪəˈleɪʃn/ *n* violation *f*; JUR infraction *f*.

violence /ˈvaɪələns/ *n* violence *f*.

violent /ˈvaɪələnt/ *adj* violent.

violet /ˈvaɪələt/ I *n* (flower) violette *f*; (colour) violet *m*. II *adj* violet/-ette.

violin /ˌvaɪəˈlɪn/ *n* violon *m*.

VIP /viːaɪˈpiː/ (*abrév* = **very important person**) *n* personnalité *f*.

viper /ˈvaɪpə(r)/ *n* (snake) vipère *f*.

virgin /ˈvɜːdʒɪn/ *n*, *adj* vierge (*f*).

Virgo /ˈvɜːɡəu/ *n* Vierge *f*.

virile /ˈvɪraɪl, ˈvɪrəl[US]/ *adj* viril.

virtual /ˈvɜːtʃuəl/ *adj* quasi-total; **~ prisoner** pratiquement prisonnier.

virtually /ˈvɜːtʃuəlɪ/ *adv* pratiquement, presque.

virtual reality *n* réalité *f* virtuelle.

virtue /ˈvɜːtʃuː/ I *n* vertu *f*; (advantage) avantage *m*. II **by ~ of** *prep phr* en raison de.

virtuoso /ˌvɜːtjuˈəusəu, -zəu/ *n* (*pl* **-sos/-si**) virtuose *mf*.

virtuous /ˈvɜːtʃuəs/ *adj* vertueux/-euse.

virulent /ˈvɪrʊlənt/ *adj* virulent.

virus /ˈvaɪərəs/ *n* virus *m*.

visa /ˈviːzə/ *n* visa *m*.

vis-à-vis /ˌviːzɑːˈviː/ *prep* par rapport à.

viscount /ˈvaɪkaʊnt/ *n* vicomte *m*.

visibility /ˌvɪzəˈbɪlətɪ/ *n* visibilité *f*.

visible /ˈvɪzəbl/ *adj* visible.

vision /ˈvɪʒn/ *n* vision *f*; (ability to see) vue *f*.

visionary /ˈvɪʒənrɪ, ˈvɪʒənerɪ[US]/ *n, adj* visionnaire (*mf*).

visit /ˈvɪzɪt/ I *n* visite *f*. II *vtr* (person) aller voir, rendre visite à; (country, region) visiter.

visitor /ˈvɪzɪtə(r)/ *n* invité/-e *m/f*; (tourist) visiteur/-euse *m/f*.

visitor centre[GB] *n* centre *m* d'accueil et d'information (des visiteurs).

visor /ˈvaɪzə(r)/ *n* visière *f*.

vista /ˈvɪstə/ *n* panorama *m*.

visual /ˈvɪʒʊəl/ *adj* visuel/-elle.

visual display unit, **VDU** *n* ORDINAT moniteur *m*.

visualize /ˈvɪʒʊəlaɪz/ *vtr* s'imaginer.

visually handicapped *n* **the ~** les malvoyants.

vital /ˈvaɪtl/ *adj* primordial; [person] plein de vie.

vitality /vaɪˈtælətɪ/ *n* vitalité *f*.

vitamin /ˈvɪtəmɪn, ˈvaɪt-[US]/ *n* vitamine *f*.

vivid /ˈvɪvɪd/ *adj* [colour, light] vif/vive; [description, example] frappant.

vocabulary /vəˈkæbjʊlərɪ, -lerɪ[US]/ *n* vocabulaire *m*.

vocal /ˈvəʊkl/ I **~s** *npl* chant *m*. II *adj* vocal.

vocation /vəʊˈkeɪʃn/ *n* vocation *f*.

vocational /vəʊˈkeɪʃənl/ *adj* professionnel/-elle.

vociferous /vəˈsɪfərəs, vəʊ-[US]/ *adj* véhément.

vogue /vəʊg/ *n* vogue *f*; **out of ~** démodé.

voice /vɔɪs/ I *n* voix *f*. II *vtr* exprimer.

void /vɔɪd/ I *n* vide *m*. II *adj* JUR nul/nulle; (empty) vide; **~ of** dépourvu de.

volatile /ˈvɒlətaɪl, -tl[US]/ *adj* [situation] explosif/-ive; [person] lunatique; [market] instable.

volcanic /vɒlˈkænɪk/ *adj* volcanique.

volcano /vɒlˈkeɪnəʊ/ *n* (*pl* **-noes/-nos**) volcan *m*.

volition /vəˈlɪʃn, vəʊ-[US]/ *n* **of one's own ~** de son propre gré.

volley /ˈvɒlɪ/ I *n* volée *f*; (of gunfire) salve *f*. II *vi* (in tennis) jouer à la volée.

volleyball /ˈvɒlɪˌbɔːl/ *n* volley(-ball) *m*.

volt /vəʊlt/ *n* volt *m*.

voltage /ˈvəʊltɪdʒ/ *n* tension *f*.

volume /ˈvɒljuːm, -jəm[US]/ *n* volume *m*.

voluntary /ˈvɒləntrɪ, -terɪ[US]/ *adj* volontaire; (unpaid) bénévole.

volunteer /ˌvɒlənˈtɪə(r)/ I *n* volontaire *mf*; (unpaid worker) bénévole *mf*. II *in compounds* [work] bénévole; [division] de volontaires. III *vtr* **to ~ to** se porter volontaire pour. IV *vi* MIL s'engager comme volontaire.

voluptuous /vəˈlʌptʃʊəs/ *adj* voluptueux/-euse.

vomit /ˈvɒmɪt/ I *n* vomi *m*. II *vtr, vi* vomir.

vortex /ˈvɔːteks/ *n* (*pl* **~es/-tices**) tourbillon *m*.

vote /vəʊt/ I *n* vote *m*. II *vtr* voter; **to be ~ed Miss World** être élue Miss Monde; **to ~ sb sth** accorder qch à qn. III *vi* **to ~ for/against** voter en faveur de/contre; **let's ~ on it** mettons-le aux voix.

vote of confidence *n* vote *m* de confiance.

voter /ˈvəʊtə(r)/ *n* électeur/-trice *m/f*.

voting /ˈvəʊtɪŋ/ *n* scrutin *m*.

voting booth *n* isoloir *m*.

vouch /vaʊtʃ/ *vtr* **to ~ for** répondre de; **to ~ that** garantir que.

voucher /ˈvaʊtʃə(r)/ *n* bon *m*, coupon m.

vow /vaʊ/ I *n* vœu *m*, serment *m*. II *vtr* faire vœu de; **to ~ to do** jurer de faire.

vowel /ˈvaʊəl/ *n* voyelle *f*.

voyage /ˈvɔɪɪdʒ/ *n* voyage *m*.

vulgar /ˈvʌlgə(r)/ *adj* vulgaire; (rude) grossier/-ière.

vulnerable /ˈvʌlnərəbl/ *adj* vulnérable.

vulture /ˈvʌltʃə(r)/ *n* vautour *m*.

W

w, **W** /ˈdʌbljuː/ *n* w, W *m*; **W** *abrév écrite* = **watt**, *abrév écrite* = **West**.

wad /wɒd/ *n* liasse *f*; (lump) balle *f*.

waddle /ˈwɒdl/ *vi* se dandiner.

wade /weɪd/ *vi* **to ~ across** traverser à gué.

wafer /ˈweɪfə(r)/ *n* gaufrette *f*.

wafer-thin /ˌweɪfəˈθɪn/ *adj* ultrafin.

waffle /ˈwɒfl/ I *n* CULIN gaufre *f*; PÉJ©GB verbiage *m*. II *vi* ©GB bavasser©.

waft /wɒft, wæftUS/ *vi* flotter; **to ~ up** monter.

wag /wæg/ *vtr, vi* (*p prés etc* **-gg-**) (tail) remuer.

wage /weɪdʒ/ I *n* salaire *m*. II *in compounds* [agreement, claim] salarial; [increase, rise] de salaire; [policy, freeze] des salaires. III *vtr* (campaign) mener; **to ~ (a) war against sth/sb** faire la guerre contre qch/qn.

wage earner *n* salarié/-e *m/f*; (breadwinner) soutien *m* de famille.

wager /ˈweɪdʒə(r)/ *n* pari *m*.

waggonGB, **wagon** /ˈwægən/ *n* chariot *m*; RAILGB wagon *m*.

wagtail *n* bergeronnette *f*.

wail /weɪl/ *vi* [person, wind] gémir; [siren] hurler.

waist /weɪst/ *n* taille *f*; **to have a 70-cm ~** avoir un tour de taille de 70 cm.

waistcoatGB *n* gilet *m*.

waistline *n* ligne *f*.

wait /weɪt/ I *n* attente *f*. II *vtr* attendre. III *vi* attendre; **to ~ for sb/sth** attendre qn/qch; **he can't ~ to start** il a hâte de commencer; **just you ~!** (as threat) tu vas voir©!; **to ~ at table** être serveur/-euse *m/f*.
• **to lie in ~** être à l'affût; **to lie in ~ for sb** guetter qn.
• **wait on**: servir; **to be ~ed on** être servi. • **wait up**: veiller.

waiter /ˈweɪtə(r)/ *n* serveur *m*.

waiting /ˈweɪtɪŋ/ I *n* attente *f*. II *adj* (*épith*) [list, room] d'attente.

waitress /ˈweɪtrɪs/ *n* serveuse *f*.

waive /weɪv/ *vtr* (rule) déroger à; (claim, demand, right) renoncer à.

wake /weɪk/ I *n* sillage *m*; (over dead person) veillée *f* funèbre. II *vtr* (*prét* **woke**; *pp* **woken**) réveiller. III *vi* se réveiller.
• **wake up**: réveiller, se réveiller; **~ up!** réveille-toi!; **to ~ up to sth** prendre conscience de qch.

Wales /weɪlz/ *pr n* pays *m* de Galles.

walk /wɔːk/ I *n* marche *f*, promenade *f*; **it's about ten minutes' ~** c'est environ à dix minutes à pied; **it's a long ~** c'est loin à pied; (gait) démarche *f*; (pace) pas *m*; (path) allée *f*. II *vtr* (countryside) parcourir [qch] (à pied); **I can't ~ another step** je ne peux pas faire un pas de plus; (horse) conduire; (dog) promener; **to ~ sb home** raccompagner qn chez lui/elle. **III** *vi* marcher; (for pleasure) se promener; (not ride or drive) aller à pied; ~US (at traffic lights) ≈ traversez.

• walk away: s'éloigner; **to ~ away from** fuir; **to ~ away with** (prize, honour) décrocher. **• walk back**: revenir sur ses pas. **• walk in**: entrer. **• walk into**: (r)entrer dans; (trap, ambush) tomber dans. **• walk off**: partir brusquement; **to ~ off with sth**☺ filer☺ avec qch. **• walk on**: continuer à marcher. **• walk out**: sortir, partir. **• walk round**GB: faire le tour. **• walk through**: traverser.

walker /ˈwɔːkə(r)/ *n* promeneur/-euse *m/f*, marcheur/-euse *m/f*.

walkie-talkie /ˌwɔːkɪˈtɔːkɪ/ *n* talkie-walkie *m*.

walking /ˈwɔːkɪŋ/ *n* promenade *f* à pied, marche *f*.

walking distance *n* **to be within ~** être à distance piétonne.

Walkman® *n* (*pl* **-mans**) walkman® *m*, baladeur *m*.

walkway *n* allée *f* piétonnière; **moving ~** tapis *m* roulant.

wall /wɔːl/ *n* mur *m*; (of cave, etc) paroi *f*.

walled /wɔːld/ *adj* [city] fortifié.

wallet /ˈwɒlɪt/ *n* portefeuille *m*.

wallflower /ˈwɔːlflaʊə(r)/ *n* giroflée *f*.

wallow /ˈwɒləʊ/ *vi* **to ~ in** (mud, etc) se vautrer dans.

wallpaper /ˈwɔːlpeɪpə(r)/ **I** *n* papier *m* peint. **II** *vtr* tapisser.

Wall Street *pr n* *rue de New York où se trouve la Bourse.*

wall-to-wall /ˌwɔːltəˈwɔːl/ *adj* **~ carpet** moquette *f*.

walnut /ˈwɔːlnʌt/ *n* noix *f*; (tree) noyer *m*.

walrus /ˈwɔːlrəs/ *n* morse *m*.

waltz /wɔːls, wɔːltsUS/ **I** *n* valse *f*. **II** *vi* valser.

wan /wɒn/ *adj* blême.

wand /wɒnd/ *n* baguette *f*.

wander /ˈwɒndə(r)/ **I** *vtr* **to ~ the streets** traîner dans la rue. **II** *vi* se promener, flâner; [mind] s'égarer, divaguer.

• wander about, **wander around**: errer, se balader☺. **• wander off**: s'éloigner (de).

wane /weɪn/ **I** *n* **to be on the ~** être sur le déclin. **II** *vi* [moon] décroître.

wanna☺ /ˈwɒnə/ = **want to**, = **want a**.

want /wɒnt/ **I** *n* besoin *m*; **to be in ~ of** avoir besoin de; **for ~ of** à défaut/faute de. **II** *vtr* vouloir; **to ~ to do** vouloir faire; **to ~ sb to do** vouloir que qn fasse; **I don't ~ to** je n'ai pas envie; (need)☺ avoir besoin de. **III** *vi* **they ~ for nothing** ils ont tout ce qu'il leur faut.

wanted /ˈwɒntɪd/ *adj* recherché (par la police).

wanton /ˈwɒntən, ˈwɔːn-US/ *adj* [cruelty, etc] gratuit, délibéré.

war /wɔː(r)/ *n* guerre *f*.

warbler *n* fauvette *f*.

ward /wɔːd/ *n* (in hospital) service *m*; POL circonscription *f* électorale; **to be made a ~ of court** être placé sous tutelle judiciaire.

• ward off: (threat) écarter; (bankruptcy, disaster) éviter.

warden /ˈwɔːdn/ *n* GÉN directeur/-trice *m/f*; (of park, estate) gardien/-ienne *m/f*; (traffic warden)GB contractuel/-le *m/f*.

wardrobe /ˈwɔːdrəʊb/ *n* garde-robe *f*.

wares /weəz/ *npl* marchandises *fpl*.

warehouse /ˈweəhaʊs/ *n* entrepôt *m*.

warfare /ˈwɔːfeə(r)/ *n* guerre *f*.

warhead *n* (of bomb) ogive *f*.

warm /wɔːm/ **I** *adj* GÉN chaud; **to be ~** [person] avoir chaud; [weather] faire chaud; (enthusiastic) chaleureux/-euse; **~(est)**

regards avec mes (très) sincères amitiés. II *vtr* (food, water) chauffer, réchauffer; (part of body) se réchauffer. III *vi* [food, liquid] chauffer. IV *v refl* **to ~ oneself** se réchauffer.
• **warm up**: se réchauffer; FIG s'animer; [athlete] s'échauffer; [food, car, etc] chauffer.

war memorial *n* monument *m* aux morts.

warmth /wɔːmθ/ *n* chaleur *f*.

warm-up /ˈwɔːmʌp/ *n* échauffement *m*.

warn /wɔːn/ *vtr, vi* prévenir; **to ~ of** prévenir de; **to ~ sb about/against sth** mettre qn en garde contre qch.

warning /ˈwɔːnɪŋ/ *n* avertissement *m*; (by light, siren) signal *m*; **a ~ against sth** une mise en garde contre qch; **advance ~** préavis *m*.

warp /wɔːp/ I *vtr* déformer; (mind, personality) pervertir. II *vi* se déformer.

warpath /ˈwɔːpɑːθ/ *n* **to be on the ~** être sur le sentier de la guerre.

warrant /ˈwɒrənt, ˈwɔːr-US/ I *n* JUR mandat *m*; **a ~ for sb's arrest** un mandat d'arrêt contre qn. II *vtr* justifier.

warranty /ˈwɒrəntɪ, ˈwɔːr-US/ *n* COMM garantie *f*.

warren /ˈwɒrən, ˈwɔːrənUS/ *n* garenne *f*.

warring /ˈwɔːrɪŋ/ *adj* en conflit.

warrior /ˈwɒrɪə(r), ˈwɔːr-US/ *n, adj* guerrier/-ière (*m/f*).

warship /ˈwɔːʃɪp/ *n* navire *m* de guerre.

wart /wɔːt/ *n* verrue *f*.

wartime /ˈwɔːtaɪm/ *n* **in ~** en temps de guerre.

wary /ˈweərɪ/ *adj* prudent.

was /wɒz, wəz/ *prét* ► **be**.

wash /wɒʃ/ I *n* lavage *m*, lessive *f*; (from boat) remous *m*; ART lavis *m*. II /wɒʃ, wɔːʃUS/ *vtr* laver; **to ~ one's hands/face** se laver les mains/le visage; (object) nettoyer; **to ~ the dishes** faire la vaisselle. III *vi* se laver, faire sa toilette; (clean clothes) faire la lessive.
• **wash away**: (stain) faire partir.
• **wash down**: laver [qch] à grande eau; (food) faire passer (*en avalant un liquide*). • **wash up**GB: faire la vaisselle; US faire un brin de toilette☺.

washable /ˈwɒʃəbl, ˈwɔːʃ-US/ *adj* lavable.

wash-and-wearUS *adj* infroissable.

washbasinGB *n* lavabo *m*.

washed-up☺ /ˌwɒʃtˈʌp, ˌwɔːʃ-US/ *adj* (finished) fichu☺; (tired) US épuisé.

washer /ˈwɒʃə(r), ˈwɔːʃərUS/ *n* TECH rondelle *f*; ☺ machine *f* à laver.

washing /ˈwɒʃɪŋ, ˈwɔːʃɪŋUS/ *n* linge *m*; **to do the ~** faire la lessive.

washing machine *n* machine *f* à laver.

washing powderGB *n* lessive *f* (en poudre).

washing-upGB *n* vaisselle *f*.

washout☺ /ˈwɒʃˌaʊt/ *n* fiasco *m*.

washroomUS *n* toilettes *fpl*.

wasn't /ˈwɒznt/ = **was not**.

wasp /wɒsp/ *n* guêpe *f*.

WASPUS /wɒsp/ *n* (*abrév* = **White Anglo-Saxon Protestant**) *membre de l'élite des blancs protestants d'origine anglo-saxonne*.

wastage /ˈweɪstɪdʒ/ *n* gaspillage *m*.

waste /weɪst/ I *n* gaspillage *m*; **a ~ of time** une perte de temps; ¢ (detritus) déchets *mpl*; (land) désert *m*. II *adj* [energy] gaspillé; [water] usé; [land] inculte. III *vtr* gaspiller; (time, opportunity) perdre; (youth) gâcher.

wastebasketUS *n* corbeille *f* à papier.

wastebinGB *n* poubelle *f*; (for paper) corbeille *f* à papier.

wasted /ˈweɪstɪd/ *adj* inutile.

wasteful /ˈweɪstfl/ *adj* peu économique; **it's ~** c'est du gaspillage.

wasteland *n* terrain *m* vague.

wastepaper basket[US], **wastepaper bin**[GB] *n* corbeille *f* à papier.

watch /wɒtʃ/ I *n* montre *f*; (on sb/sth) surveillance *f*; **to keep ~** monter la garde; NAUT quart *m*. II *vtr* regarder; (language, situation) surveiller; (obstacle, danger) faire attention à; (development) suivre; **to ~ one's step** regarder où on met les pieds. III *vi* regarder. IV *v refl* se regarder; FIG faire attention.

• **watch for**: guetter. • **watch out**: faire attention; **~ out!** attention!

watchdog *n* chien *m* de garde.

watchful *adj* vigilant.

water /ˈwɔːtə(r)/ I *n* eau *f*. II *in compounds* [glass, tank, filter, pump] à eau; [pipe, shortage] d'eau; [ski, sport] nautique. III *vtr* (plant) arroser. IV *vi* **it makes my mouth ~** ça me fait venir l'eau à la bouche; [eyes] pleurer.

• **water down**: couper [qch] d'eau; (version) édulcorer.

watercolour[GB], **watercolor**[US] *n* aquarelle *f*.

watercress *n* cresson *m* (de fontaine).

waterfall *n* cascade *f*.

waterfront *n* bord *m* de l'eau.

watering can *n* arrosoir *m*.

water lily *n* nénuphar *m*.

watermelon *n* pastèque *f*.

waterproof *adj* [coat] imperméable; [make-up] résistant à l'eau.

watershed *n* ligne *f* de partage des eaux; FIG tournant *m*.

watertight *adj* étanche; FIG incontestable.

watery /ˈwɔːtərɪ/ *adj* trop liquide, trop dilué.

waterway *n* voie *f* navigable.

watt /wɒt/ *n* watt *m*.

wave /weɪv/ I *n* (of water) signe *m*; (of water) vague *f*; (in hair) cran *m*; PHYS onde *f*. II *vtr* GÉN agiter; (stick, gun) brandir; **to ~ goodbye to** faire au revoir de la main à. III *vi* **to ~ to/at sb** saluer qn de la main; [flag] flotter au vent.

wave band *n* bande *f* de fréquence.

waver /ˈweɪvə(r)/ *vi* vaciller; [courage, faith] faiblir; (hesitate) hésiter.

wax /wæks/ I *n* cire *f*; (for skis) fart *m*. II *vtr* cirer; (ski) farter. III *vi* [moon] croître.

way /weɪ/ I *n* chemin *m*; **on the ~ back** sur le chemin du retour; **the ~ in** l'entrée; **the ~ out** la sortie; **on the ~** en route; **I'm on my ~** j'arrive; (direction) direction *f*, sens *m*; **to look the other ~** regarder de l'autre côté; (space in front, projected route) passage *m*; **to be in sb's ~** empêcher qn de passer; **to give ~** céder le passage; (distance) distance *f*; **all the ~** jusqu'au bout; **it's a long ~** c'est loin; (manner) façon *f*, manière *f* **to my ~ of thinking** à mon avis; **one ~ or another** d'une façon ou d'une autre; **no ~**☺**!** pas question!; (respect, aspect) sens *m*; **in a ~** en un sens; **in many ~s** à bien des égards. II *adv* **to go ~ over sth** dépasser largement qch; **to be ~ out**[GB] (in guess) être loin du compte. III **by the ~** *adv phr* en passant, à propos...

way-out☺ *adj* excentrique; (great)† super☺, formidable.

wayside *n* bord *m* de la route.

wayward *adj* difficile, incontrôlable.

we /wiː, wɪ/ *pron* nous; **~ left** nous sommes partis; (informal) on est parti☺ à six heures; **~ Scots** nous autres Écossais.

weak /wiːk/ *adj* faible; [health] fragile; [parent] trop mou/molle; [excuse] peu convaincant; [tea, coffee] léger/-ère.

weaken /ˈwiːkən/ *vtr*, *vi* (s')affaiblir.

weakness /ˈwiːknɪs/ *n* point *m* faible; (of heart, memory) faiblesse *f*; (of structure) fragilité *f*; (liking) faible *m*.

wealth /welθ/ *n* richesse *f*; **a ~ of** énormément de.

wealthy /ˈwelθɪ/ *adj* riche.

wean /wiːn/ *vtr* sevrer.

weapon /ˈwepən/ *n* arme *f*.

wear /weə(r)/ I *n* ¢ vêtements *mpl*; (normal) **~ and tear** usure normale. II *vtr* (*prét* **wore**; *pp* **worn**) (jeans, sweater) porter, mettre, avoir; **to ~ blue** s'habiller en bleu; (damage by use) user. III *vi* s'user; (withstand use) faire de l'usage.
• **wear down**: s'user; (person) épuiser. • **wear off**: s'effacer. • **wear on**: [day, evening] s'avancer. • **wear out**: (s')user; (person) épuiser.

weary /ˈwɪərɪ/ *adj* fatigué, las/lasse; [journey] fatigant.

weasel /ˈwiːzl/ *n* belette *f*.

weather /ˈweðə(r)/ I *n* temps *m*; **what's the ~ like?** quel temps fait-il?; **in hot/cold ~** quand il fait chaud/froid; **~ permitting** si le temps le permet. II *in compounds* [check, conditions, forecast, etc] météorologique. III *vtr* essuyer; **to ~ the storm** FIG surmonter la crise.

weathercock, **weather vane** *n* girouette *f*.

weatherman☺ *n* (on TV, radio) présentateur/-trice *m/f* de la météo.

weave /wiːv/ I *vtr* (*prét* **wove/weaved**; *pp* **woven/weaved**) tisser. II *vi* **to ~ in and out** se faufiler (entre).

web /web/ *n* toile *f* (d'araignée); **a ~ of** (ropes, lines) un réseau de; (lies) un tissu de; **the Web** ORDINAT le Web.

wed /wed/ I *vtr* (*p prés etc* **-dd-**; *prét, pp* **wedded/wed**) épouser; **to get wed** se marier. II *vi* se marier.

we'd /wiːd/= **we had**; = **we would**.

Wed *abrév écrite* = **Wednesday**.

wedding /ˈwedɪŋ/ *n* mariage *m*; **silver ~** les noces d'argent.

wedding ring *n* alliance *f*.

wedge /wedʒ/ I *n* (to hold position) cale *f*; (of cake) morceau *m*. II *vtr* caler; **to ~ sth into** enfoncer qch dans; **to be ~d against/between** être coincé contre/entre.

Wednesday /ˈwenzdeɪ, -dɪ/ *n* mercredi *m*.

weeGB /wiː/ I☺ *n* pipi☺ *m*. II *adj* (tout) petit. III☺ *vi* faire pipi.

weed /wiːd/ I *n* mauvaise herbe *f*; PÉJ☺GB mauviette☺ *f*. II *vtr, vi* désherber.

week /wiːk/ *n* semaine *f*; **every other ~** tous les quinze jours.

weekday *n* **on ~s** en semaine.

weekend /ˌwiːkˈend, ˈwiːk-US/ *n* fin *m* de semaine, week-end *m*.

weekly /ˈwiːklɪ/ I *n, adj* hebdomadaire (*m*). II *adv* une fois par semaine.

weep /wiːp/ *vtr, vi* (*prét, pp* **wept**) pleurer.

weeping willow *n* saule *m* pleureur.

weigh /weɪ/ *vtr* peser; **to ~ oneself** se peser; NAUT **to ~ anchor** lever l'ancre.
• **weigh down**: (vehicle) surcharger; (worry) être accablé de. • **weigh up**GB: évaluer, juger.

weight /weɪt/ *n* poids *m*; **what is your ~?** combien pesez-vous?.

weighty /ˈweɪtɪ/ *adj* de poids.

weirGB /wɪə(r)/ *n* (dam) barrage *m*.

weird /wɪəd/ *adj* bizarre.

welcome /ˈwelkəm/ I *n* accueil *m*. II *adj* bienvenu; **you're ~ to** n'hésitez pas à; (acknowledging thanks) **you're ~** de rien. III *vtr* (person) accueillir; (news, etc) se réjouir de.

weld /weld/ *vtr* souder.

welfare /ˈwelfeə(r)/ *n* (well-being) bien-être *m inv*; (state assistance) assistance *f* sociale; (money) aide *f* sociale.

welfare services *n* services *mpl* sociaux.

welfare state *n* État-providence *m*.

well[1] /wel/ I *adj* (*comparative* **better**, *superlative* **best**) bien; **to feel ~** se sentir bien; **to get ~** se rétablir; **it would be just as ~ to do** il vaudrait mieux faire. II *adv* (*comparative* **better**, *superlative* **best**) bien; **they are doing ~** ils se portent bien; **you did ~ to tell me** tu as bien fait de me le dire. III *excl* eh bien!; (+ indignation, disgust) ça alors!; (+ disappointment) tant pis!; (after pause) bon. IV **as ~** *adv phr* aussi. V **as ~ as** *prep phr* et aussi, aussi bien que.

• **~ and truly** bel et bien.

well[2] /wel/ *n* puits *m*.

• **well up**: monter.

we'll /wi:l/ = **we shall**; = **we will**.

well-behaved *adj* sage.

well-being *n* bien-être *m inv*.

well-bred *adj* bien élevé.

well done I *adj* CULIN bien cuit; [task] bien fait. II[GB] *excl* ~! bravo!

well-informed *adj* bien informé.

wellington (boot)[GB] /ˈwelɪŋtən/ *n* botte *f* de caoutchouc.

well-kept *adj* [garden] bien entretenu; [secret] bien gardé.

well-known *adj* célèbre; **~ to sb** bien connu de qn.

well-meaning *adj* bien intentionné.

well-off I *n* (*pl*) **the ~** les gens *mpl* aisés. II *adj* riche, aisé; **to be ~ for** avoir beaucoup de.

well-read *adj* cultivé.

well-to-do I *n* **the ~** (*pl*) les gens *mpl* aisés. II *adj* riche, aisé.

Welsh /welʃ/ *n*, *adj* gallois *(m)*; (people) **the ~** les Gallois *mpl*.

Welsh rarebit *n* CULIN *toast au fromage*.

went /went/ *prét* ▸ **go**.

wept /wept/ *prét*, *pp* ▸ **weep**.

were /wɜ:(r), wə(r)/ *prét* ▸ **be**.

we're /wɪə(r)/ = **we are**.

weren't /wɜ:nt/ = **were not**.

west /west/ I *n* ouest *m*. II **West** *n* POL, GÉOG **the West** l'Ouest *m*, l'Occident *m*. III *adj* ouest *inv*; [wind] d'ouest. IV *adv* [move] vers l'ouest; [lie, live] à l'ouest.

West Country[GB] *pr n* **the ~** le Sud-Ouest (de l'Angleterre).

West End[GB] *pr n* **the ~** le West End *m* (*quartier de théâtres et de boutiques chic de Londres*).

westerly /ˈwestəlɪ/ *adj* [wind] d'ouest; [point] à l'ouest.

western /ˈwestən/ I *n* CIN western *m*. II *adj* (*épith*) GÉOG [coast] ouest *inv*; [custom, accent] de l'ouest; POL occidental.

westerner /ˈwestənə(r)/ *n* Occidental/-e *m/f*.

westernize /ˈwestənaɪz/ *vtr* occidentaliser.

West Indian /ˌwest ˈɪndɪən/ I *n* Antillais/-e *m/f*. II *adj* antillais.

West Indies /ˌwest ˈɪndi:z/ *pr npl* Antilles *fpl*.

Westminster *quartier de Londres où se trouve le Parlement.*

West Point[US] *n* West Point *m* (*académie militaire américaine*).

westward /ˈwestwəd/ *adv* vers l'ouest.

wet /wet/ I *n* humidité *f*. II *adj* **~ (with)** mouillé (de/par); **~ paint** peinture fraîche; [weather, day] humide; PÉJ☺GB [person] mou/molle; POL[GB] modéré. III *vtr* (*p prés* **-tt-**; *prét*, *pp* **wet**) mouiller.

wet blanket☺ *n* rabat-joie *mf inv*.

wetland *n* terres *fpl* marécageuses.

we've /wi:v/ = **we have**.

whack /wæk, hwæk[US]/ I *n* (grand) coup *m*; ☺GB part *f*. II *vtr* donner un grand coup (à).

whacky☺ /ˈwækɪ, ˈhwækɪ[US]/ *adj* dingue☺, délirant☺.

whale /weɪl, hweɪl[US]/ *n* baleine *f*.

whaling /ˈweɪlɪŋ, ˈhweɪlɪŋ^US/ *n* pêche *f* à la baleine.

wharf /wɔːf, hwɔːf^US/ *n* (*pl* **wharves**) quai *m*.

what /wɒt, hwɒt^US/ I *pron* (subject) ~ **is happening?** qu'est-ce qui se passe?; (object) ~ **are you doing?** qu'est-ce que tu fais?; (with prepositions) **with ~?** avec quoi?; ~ **for?** pourquoi?; (in clauses) (whatever) **do ~ you want** fais ce que tu veux; (as subject) ce qui; (as object) ce que, ce dont. II *det* quel/quelle/quels/quelles; ~ **time is it?** quelle heure est-il?; (in exclamations) quel/quelle; ~ **a nice car!** quelle belle voiture! III **~ about** *prep phr* ~ **about you?** et toi (alors)?; ~ **about going out?** et si on sortait?; ~ **about Tuesday?** qu'est-ce que tu dirais de mardi? IV *excl* quoi!, comment!

what's-his-name☺ *n* Machin☺ *m*.

whatever /wɒtˈevə(r), hwɒt-^US/ I *pron* (subject) (tout) ce qui; (object) (tout) ce que; (no matter what) quoi que (+ *subj*); ~ **happens** quoi qu'il arrive; **~'s the matter?** qu'est-ce qui ne va pas?; ~ **do you mean?** qu'est-ce que tu veux dire par là? II *det* ~ **the reason** quelle que soit la raison; **for ~ reason** pour je ne sais quelle raison.

whatsoever /ˌwɒtsəʊˈevə(r), ˈhwɒt-^US/ *adv* ▸ **whatever**.

wheat /wiːt, hwiːt^US/ *n* blé *m*; ~ **germ** germe *m* de blé.

wheel /wiːl, hwiːl^US/ I *n* roue *f*; (for steering) volant *m*; NAUT roue *f* (de gouvernail). II *vtr* pousser.

wheelbarrow *n* brouette *f*.

wheelchair *n* fauteuil *m* roulant.

wheeze /wiːz, hwiːz^US/ *vtr* dire d'une voix rauque.

whelk /ˈwelk/ *n* bulot *m*.

when /wen, hwen^US/ I *pron* quand. II *adv* ~ **are we leaving?** quand est-ce qu'on part?; **at the time** ~ au moment où. III *conj* quand, lorsque; (whereas) alors que.

whenever /wenˈevə(r), hwen-^US/ *adv* ~ **you want** quand tu veux; (every time that) chaque fois que; **or** ~☺ ou n'importe quand.

where /weə(r), hweər^US/ I *pron* où; **from ~?** d'où?; (the place or point where) **this is ~ it happened** c'est là que c'est arrivé. II *adv* ~ **is my coat?** où est mon manteau?; **I wonder ~ he's going** je me demande où il va; **go ~ you want** va où tu veux; ~ **possible** dans la mesure du possible. III *conj* ▸ **whereas**.

whereabouts I /ˈweərəbaʊts, ˈhweər-^US/ *n* **do you know his ~?** savez-vous où il est? II /ˌweərəˈbaʊts/ *adv* où.

whereas /ˌweərˈæz, ˌhweər-^US/ *conj* alors que, tandis que.

whereby /weəˈbaɪ, hweər-^US/ *conj* par lequel, par laquelle.

whereupon /ˌweərəˈpɒn, ˌhweər-^US/ *conj* SOUT sur quoi.

wherever /weərˈevə(r), hweər-^US/ *adv* où?; (anywhere) ~ **he goes** où qu'il aille; ~ **you want** où tu veux; **or** ~☺ ou n'importe où ailleurs.

whether /ˈweðə(r), ˈhweðər^US/ *conj* si; **I wonder ~ it's true** je me demande si c'est vrai; ~ **you like it or not!** que cela te plaise ou non!

which /wɪtʃ, hwɪtʃ^US/ I *pron* lequel *m*, laquelle *f*; (relative) (as subject) qui; (as object) que; (after prepositions) lequel/laquelle/lesquels/lesquelles; ~ **reminds me...** ce qui me fait penser que... II *det* ~ **books?** quels livres?; ~ **one of the children?** lequel/laquelle des enfants?; **in ~ case...** auquel cas...

whichever /wɪtʃˈevə(r), hwɪtʃ-^US/ I *pron* (as subject) celui qui, celle qui...; (as object) celui que, celle que, ceux que... II *det* ~ **dress you prefer** la robe que tu préfères.

whiff /wɪf, hwɪf^US/ *n* bouffée *f*; (of perfume, food) odeur *f*.

while /waɪl, hwaɪl^US/ I *conj* alors que, tandis que; (as long as) tant que; (during the time that) pendant que; **I fell asleep ~ reading** je me suis endormi en lisant. II *n* moment *m*; **to stop for a ~** s'arrêter un peu; **once in a ~** de temps en temps.
• **while away**: (time) tuer.

whilst^GB /waɪlst, hwaɪlst^US/ *conj* ▸ **while** I.

whim /wɪm, hwɪm^US/ *n* caprice *m*.

whimper /ˈwɪmpə(r), ˈhwɪm-^US/ *vi* gémir; PÉJ pleurnicher☺.

whimsical /ˈwɪmzɪkl, ˈhwɪm-^US/ *adj* [person] fantasque; [play, tale, manner, idea] saugrenu.

whine /waɪn, hwaɪn^US/ *vi* (complain) se plaindre; [dog] gémir.

whip /wɪp, hwɪp^US/ I *n* fouet *m*; POL^GB *député chargé d'assurer la discipline de vote des membres de son parti.* II *vtr* (*p prés etc* **-pp-**) fouetter; (steal)☺GB piquer☺.
• **whip up**: (indignation, hostility) ranimer; (interest) éveiller; (meal)☺ préparer en vitesse.

whirl /wɜːl, hwɜːl^US/ I *n* tourbillon *m*. II *vtr, vi* (faire) tournoyer.

whirlpool, **whirlwind** *n* tourbillon *m*.

whisk /wɪsk, hwɪsk^US/ I *n* (manual) fouet *m*; (electric) batteur *m*. II *vtr* CULIN battre; (transport quickly) emmener rapidement.

whiskers /ˈwɪskə(r)z, ˈhwɪ-^US/ *npl* (of animal) moustaches *fpl*; (of man) favoris *mpl*.

whisper /ˈwɪspə(r), ˈhwɪs-^US/ I *n* chuchotement *m*. II *vtr, vi* chuchoter.

whistle /ˈwɪsl, ˈhwɪ-^US/ I *n* sifflet *m*; (sound) sifflement *m*. II *vtr, vi* siffler.

Whit^GB /wɪt, hwɪt^US/ *n* Pentecôte *f*.

white /waɪt, hwaɪt^US/ I *n* blanc *m*; (Caucasian) Blanc/Blanche *m/f*. II *adj* blanc/blanche.

white coffee^GB *n* café *m* au lait.

white-collar *adj* [work] de bureau.

Whitehall^GB /ˈwaɪthɔːl, ˈhwaɪt-^US/ *pr n* POL *avenue de Londres où sont concentrés les principaux ministères et administrations publiques.*

white lie *n* pieux mensonge *m*.

whiten /ˈwaɪtn, ˈhwaɪtn^US/ I *vtr* blanchir. II *vi* [sky] pâlir; [knuckles] blanchir.

white-tie *in compounds* [dinner] habillé.

whitewash /ˈwaɪtwɒʃ, ˈhwaɪt-^US/ I *n* lait *m* de chaux. II *vtr* blanchir; (affair) étouffer.

whiting /ˈwaɪtɪŋ, ˈhwaɪt-^US/ *n inv* merlan *m*.

Whitsun /ˈwɪtsn, hwɪ-^US/ *n* Pentecôte *f*.

whittle /ˈwɪtl, ˈhwɪt-^US/ *vtr*.
• **whittle away**: réduire.

whiz(z) /wɪz, hwɪz^US/ I☺ *n* (expert) as☺ *m*. II☺ *vi* filer☺.

whiz(z) kid☺ *n* jeune prodige *m*.

who /huː/ *pron* qui (est-ce qui); (after prepositions) qui; **he/she ~** celui/celle qui; **~ do you think you are?** pour qui te prends-tu?

WHO *n* (*abrév* = **World Health Organization**) OMS *f*.

who'd /huːd/ = **who had**, = **who would**.

whodun(n)it☺ /ˌhuːˈdʌnɪt/ *n* polar☺ *m*.

whoever /huːˈevə(r)/ *pron* celui qui, celle qui; **invite ~ you like** invite qui tu veux; **~ did it?** (mais) qui a bien pu faire ça?

whole /həʊl/ I *n* tout *m*; **as a ~** en entier, dans l'ensemble; **the ~ of** tout/-e. II *adj* tout, entier/-ière; (intact) intact. III *adv* [swallow, cook] tout entier. IV **on the ~** *adv phr* dans l'ensemble.

wholegrain *adj* [bread] complet/-ète.

wholehearted /ˌhəʊlˈhɑːtɪd/ *adj* **in a ~ way** sans réserve.

wholemeal^GB *adj* [bread] complet/-ète.

wholesale /ˈhəʊlseɪl/ I *n* vente *f* en gros. II *adj* COMM de gros; [destruction] total; [acceptance] en bloc. III *adv* COMM en gros; [accept] en bloc.

wholesaler /ˈhəʊlseɪlə(r)/ *n* grossiste *mf*.

wholesome /ˈhəʊlsəm/ *adj* sain.

wholewheatUS *adj* [bread] complet/-ète.

who'll /hu:l/ = **who will**, = **who shall**.

wholly /ˈhəʊllɪ/ *adv* entièrement, tout à fait.

whom /hu:m/ *pron* (interrogative) qui (est-ce que); (after prepositions) qui; (relative) que.

whoop /hu:p, wu:p, hwu:pUS/ *vi* pousser des cris.

whooping cough *n* coqueluche *f*.

whopping☺ /ˈwɒpɪŋ, ˈhwɒpɪŋUS/ *adj* (big) monstre☺.

whore /hɔ:(r)/ *n* INJUR prostituée *f*.

who're /ˈhu:ə(r)/ = **who are**.

who's /hu:z/ = **who is**, = **who has**.

whose /hu:z/ I *pron* à qui. II *adj* **~ pen is that?** à qui est ce stylo?; **with ~ permission?** avec la permission de qui?; (relative) dont.

Who's Who *pr n* ≈ bottin® *m* mondain.

who've /hu:v/ = **who have**.

why /waɪ, hwaɪUS/ I *adv* pourquoi. II *conj* **that is ~** c'est pour ça; **the reason ~...** la raison pour laquelle... III *excl* mais.

wicked /ˈwɪkɪd/ *adj* [person] méchant; [smile] malicieux/-ieuse.

wicker /ˈwɪkə(r)/ *n* osier *m*.

wicket /ˈwɪkɪt/ *n* portillon *m*; (window)US guichet *m*.

wide /waɪd/ I *adj* large; **how ~ is it?** quelle est sa largeur?; **it's 30-m ~** il a 30 m de large; (of products) gamme *f*; (of opinions) variété *f*. II *adv* **~ open** grand ouvert; **~ awake** complètement éveillé.

widely /ˈwaɪdlɪ/ *adv* largement; [travel, differ] beaucoup.

widen /ˈwaɪdn/ I *vtr* élargir; (powers) étendre. II *vi* s'élargir.

wide-ranging /ˌwaɪdˈreɪndʒɪŋ/ *adj* [debate] approfondi/-e; [aims] ambitieux/-ieuse.

widespread /ˈwaɪdspred/ *adj* très répandu.

widow /ˈwɪdəʊ/ I *n* veuve *f*. II *vtr* **to be ~ed** devenir veuf/veuve.

widower /ˈwɪdəʊə(r)/ *n* veuf *m*.

width /wɪdθ, wɪtθ/ *n* largeur *f*.

wield /wi:ld/ *vtr* brandir; (power) exercer.

wife /waɪf/ *n* (*pl* **wives**) femme *f*; ADMIN épouse *f*.

wig /wɪg/ *n* perruque *f*.

wiggle☺ /ˈwɪgl/ I *vtr* faire bouger. II *vi* se tortiller.

wild /waɪld/ I *n* **in the ~** en liberté; **the call of the ~** l'appel de la forêt. II **~s** *npl* **in the ~s of Arizona** au fin fond de l'Arizona. III *adj* sauvage; [sea] agité; [party] fou/folle; [wind, applause] déchaîné; **to be ~**☺ **about** être un fana☺ de. IV *adv* [grow] à l'état sauvage.

wild boar *n* sanglier *m*.

wildcat /ˈwaɪldkæt/ *n* chat *m* sauvage.

wilderness /ˈwɪldənɪs/ *n* **the ~** le désert.

wild flower *n* fleur *f* des champs, fleur *f* sauvage.

wildlife *n* faune *f*.

wildly /ˈwaɪldlɪ/ *adv* [spend, talk] de façon insensée; [enthusiastic, optimistic] extrêmement; [different] radicalement.

Wild West *n* Far West *m*.

wilfulGB, **willful**US /ˈwɪlfl/ *adj* [person, behaviour] volontaire; [disobedience] délibéré.

will[1] /wɪl, əl/ I *modal aux* **she'll help you** elle t'aidera; (in the near future) elle va t'aider; (+ conjecture) **that ~ be my sister** ça doit être ma sœur; (+ ability or capacity to do) **the car won't start** la voiture ne veut pas démarrer; **do what/as you ~** fais ce que tu veux. II *vtr* vouloir.

will² /wɪl/ I *n* volonté *f*; **against my ~** contre mon gré; JUR testament *m*. II **at ~** *adv phr* à volonté.

William /ˈwɪlɪəm/ *pr n* **~ the Conqueror** Guillaume le Conquérant.

willing /ˈwɪlɪŋ/ *adj* **~ to do** prêt à faire; **I'm quite ~** je veux bien; [helper] de bonne volonté; [recruit, victim] volontaire.

willow /ˈwɪləʊ/ *n* saule *m*.

willpower *n* volonté *f*.

willy-nilly /ˌwɪlɪˈnɪlɪ/ *adv* bon gré mal gré.

wilt /wɪlt/ *vi* [plant, flower] se faner; [person] (from fatigue) se sentir faible.

wily /ˈwaɪlɪ/ *adj* rusé.

wimp☺ /wɪmp/ *n* PÉJ lavette☺ *f*; (fearful) poule *f* mouillée.

win /wɪn/ I *n* victoire *f*. II *vtr* (*p prés* **-nn-**; *prét, pp* **won**) gagner; **to ~ sb's love** se faire aimer de qn. III *vi* gagner; **to ~ against sb** l'emporter sur qn.

wince /wɪns/ *vi* faire la grimace.

winch /wɪntʃ/ *n* treuil *m*.

wind¹ /wɪnd/ I *n* vent *m*; (breath) souffle *m*; (flatulence) vents *mpl*; (instrument) **the ~s** les vents. II *vtr* couper le souffle (à).

wind² /waɪnd/ I *vtr* (*prét, pp* **wound**) enrouler; (clock, toy) remonter. II *vi* [river, road] serpenter.
• **wind down**: (car window)GB baisser; (activity, organization) mettre fin à. • **wind up**: [speaker] conclure; (business) liquider; (clock, car window)GB remonter; (person) ☺GB faire marcher.

windfall *n* FIG aubaine *f*.

windmill *n* moulin *m* à vent.

window /ˈwɪndəʊ/ *n* fenêtre *f*; (of shop) vitrine *f*; (of plane) hublot *m*; (at bank) guichet *m*.

window display *n* vitrine *f*.

windscreenGB, **windshield**US *n* AUT pare-brise *m inv*.

windsurfer *n* véliplanchiste *mf*.

windsurfing *n* planche *f* à voile.

windy /ˈwɪndɪ/ *adj* venteux/-euse.

wine /waɪn/ *n* vin *m*; (colour) lie-de-vin *m*.

wine cellar *n* cave *f*.

winegrowing *n* viticulture *f*.

wine list *n* carte *f* des vins.

wine waiter *n* sommelier/-ière *m/f*.

wing /wɪŋ/ I *n* aile *f*; (player) ailier *m*. II **~s** *npl* THÉÂT **the ~s** les coulisses *fpl*.

winged /wɪŋd/ *adj* ailé; [insect] volant.

winger☺ /ˈwɪŋə(r)/ *n* ailier *m*.

wink /wɪŋk/ I *n* clin *m* d'œil. II *vi* cligner de l'œil; [light] clignoter.

winkle *n* bigorneau *m*.

winner /ˈwɪnə(r)/ *n* gagnant/-e *m/f*; **he's a ~** tout lui réussit.

winning /ˈwɪnɪŋ/ I *n* réussite *f*. II **~s** *npl* gains *mpl*. III *adj* gagnant.

winter /ˈwɪntə(r)/ *n* hiver *m*.

wintertime *n* hiver *m*.

wintry /ˈwɪntrɪ/ *adj* hivernal.

wipe /waɪp/ I *n* coup *m* de torchon d'éponge sur qch; (for baby) lingette *f*. II *vtr* essuyer; (smile) effacer.
• **wipe off**: (dirt, mark) faire partir. • **wipe out**: (memory, past) effacer; (chances) annuler.

wiper /ˈwaɪpə(r)/ *n* essuie-glace *m*.

wire /ˈwaɪə(r)/ I *n* fil *m*; (telegram)US télégramme *m*. II *vtr* télégraphier à; (plug, lamp) brancher.

wirelessGB /ˈwaɪəlɪs/ *n* radio *f*.

wiring /ˈwaɪərɪŋ/ *n* installation *f* électrique.

wisdom /ˈwɪzdəm/ *n* sagesse *f*.

wise /waɪz/ I *adj* sage, raisonnable; [choice] judicieux/-ieuse; **none the ~r** pas plus avancé. II **-wise** *combining form* dans le sens de; **work-~** pour ce qui est du travail.

wisecrack☺ *n* vanne☺ *f.*

wise guy☺ *n* gros malin☺ *m.*

Wise Men *npl* **the Three ~** les Rois mages.

wish /wɪʃ/ I *n* (desire) désir *m*; (in story) souhait *m*; **to make a ~** faire un vœu. II **~es** *npl* vœux *mpl*; **good/best ~es** meilleurs vœux; (ending letter) **best ~es** bien amicalement; **please give him my best ~es** dites-lui bonjour de ma part. III *vtr* souhaiter; **I ~ he were here** si seulement il était ici; **I ~ you well** j'espère que tout ira bien pour toi. IV *vi* vouloir; **to ~ for** souhaiter, espérer; **I ~ I could** si seulement je pouvais; (in fairy story) faire un vœu.

wishful thinking /ˌwɪʃfl ˈθɪŋkɪŋ/ *n* **that's ~** c'est prendre ses désirs pour des réalités.

wishy-washy☺ /ˈwɪʃɪwɒʃɪ/ *adj* PÉJ fadasse PÉJ.

wisp /wɪsp/ *n* (of hair) mèche *f*; (of straw) brin *m*; (of smoke) volute *f.*

wisteria, wistaria *n* glycine *f.*

wistful /ˈwɪstfl/ *adj* mélancolique.

wit /wɪt/ I *n* esprit *m*; **to have a quick/ready ~** avoir la repartie facile/l'esprit d'à-propos. II **~s** *npl* **to use one's ~s** faire preuve d'intelligence.

witch /wɪtʃ/ *n* sorcière *f.*

witchcraft *n* sorcellerie *f.*

with /wɪð, wɪθ/ *prep* (accompanied by) avec; (in descriptions) à, avec; (indicating an agent, cause) de, avec; **delighted ~ sth** ravi de qch.

withdraw /wɪðˈdrɔː, wɪθˈd-/ *vtr, vi* (*prét* **-drew**, *pp* **-drawn**) (se) retirer.

withdrawal /wɪðˈdrɔːəl, wɪθˈd-/ *n* retrait *m.*

withdrawn /wɪðˈdrɔːn, wɪθˈd-/ I *pp* ▸ **withdraw**. II *adj* [person] renfermé, replié sur soi-même.

wither /ˈwɪðə(r)/ *vi* se flétrir.

withhold /wɪðˈhəʊld/ *vtr* (*prét, pp* **-held**) (payment) différer; (tax) retenir; (permission) refuser; (information) ne pas divulguer.

within /wɪˈðɪn/ I *prep* (inside) dans, à l'intérieur de; (in expressions of time) en moins de; (not more than) selon; **to be ~ sight** être en vue. II *adv* à l'intérieur.

without /wɪˈðaʊt/ I *prep* sans. II *adv* à l'extérieur.

withstand /wɪðˈstænd/ *vtr* (*prét, pp* **-stood**) résister à.

witness /ˈwɪtnɪs/ I *n* témoin *m.* II *vtr* être témoin de, assister à.

witness boxGB, **witness stand**US *n* barre *f* des témoins.

witty /ˈwɪtɪ/ *adj* spirituel/-elle.

wives /waɪvz/ *pl* ▸ **wife**.

wizard /ˈwɪzəd/ *n* magicien *m*; **to be a ~ at** avoir le génie de.

wk *abrév écrite* = **week**.

wobble /ˈwɒbl/ *vi* [table, chair] branler; [voice] trembler.

woe /wəʊ/ *n* malheur *m.*

woke /wəʊk/ *prét* ▸ **wake** II, III.

woken /ˈwəʊkən/ *pp* ▸ **wake** II, III.

wolf /wʊlf/ *n* (*pl* **wolves**) loup *m.*

woman /ˈwʊmən/ *n* (*pl* **women**) femme *f.*

womb /wuːm/ *n* ventre *m*, utérus *m.*

women's group *n* groupe *m* féministe.

Women's Liberation Movement *n* mouvement *m* de libération de la femme.

won /wʌn/ *prét, pp* ▸ **win** II, III.

wonder /ˈwʌndə(r)/ I *n* étonnement *m*, émerveillement *m*; **no ~ that** pas étonnant que. II *in compounds* [cure, drug] miracle (*after n*). III *vtr* (ask oneself) se demander;

it makes you ~ on peut se poser des questions. **IV** *vi* se demander; **to ~ at sth** s'étonner de qch.

wonderful /ˈwʌndəfl/ *adj* merveilleux/-euse; **you look ~!** tu as l'air en pleine forme!

wonderfully /ˈwʌndəfəlɪ/ *adv* (very) très; (splendidly) admirablement.

wonderland /ˈwʌndəlænd/ *n* **Alice in Wonderland** Alice au pays des merveilles.

won't /wəʊnt/ = **will not**.

woo /wuː/ *vtr* courtiser.

wood /wʊd/ *n* bois *m*.

woodcock *n* bécasse *f*.

wooded /ˈwʊdɪd/ *adj* boisé.

wooden /ˈwʊdn/ *adj* en bois.

woodland /ˈwʊdlənd/ *n* bois *m*.

woodpecker *n* (bird) pic *m*.

woodwork /ˈwʊdwɜːk/ *n* menuiserie *f*.

wool /wʊl/ *n* laine *f*.

woollenGB, **woolen**US /ˈwʊlən/ *n* lainage *m*.

woollyGB, **wooly**US /ˈwʊlɪ/ **I**GB *n* petite laine *f*. **II** *adj* [garment] de laine; **~ thinking** manque de rigueur.

word /wɜːd/ **I** *n* mot *m*; **in other ~s** en d'autres termes; **a ~ of warning** un avertissement; **a ~ of advice** un conseil; ¢ (information) nouvelles *fpl*; (promise, affirmation) parole *f*, promesse *f*; **take my ~ for it!** crois-moi!; (command) ordre *m*. **II ~s** *npl* paroles *fpl*; (of play) texte *m*. **III** *vtr* (reply) formuler.

• **my ~!** ma parole!; (in reproof) tu vas voir!

wording /ˈwɜːdɪn/ *n* formulation *f*.

word processor *n* ORDINAT traitement *m* de texte.

wore /wɔː(r)/ *prét* ▸ **wear** II, III.

work /wɜːk/ **I** *n* travail *m*; **to be off ~** être en congé; **to be out of ~** être au chômage; (office) bureau *m*; (factory) usine *f*; (construction) travaux *mpl*; (artwork) œuvre *f*; (study) ouvrage *m*. **II** *vtr* **to ~ days/nights** travailler de jour/de nuit; (video, blender) se servir de; (muscles) faire travailler. **III** *vi* travailler; [machine] fonctionner; [treatment] avoir de l'effet; [detergent, drug] agir; [plan] réussir; [argument] tenir debout; (strive) **to ~ against sth** lutter contre qch; **to ~ towards** se diriger vers. **IV** *v refl* **to ~ oneself too hard** se surmener.

• **work out**: **~ out** s'entraîner; [plan] marcher; [cost, figure] s'élever à; (amount) calculer; (answer, reason, culprit) trouver.
• **work up**: (support) accroître; **to ~ up the courage to do** trouver le courage de faire.

workable /ˈwɜːkəbl/ *adj* réalisable.

workaholic© /ˌwɜːkəˈhɒlɪk/ *n* bourreau *m* de travail.

workday *n* jour *m* ouvrable.

worker /ˈwɜːkə(r)/ *n* ouvrier/-ière *m/f*; (in white-collar job) employé/-e *m/f*.

workforce *n* (*sg ou pl*) main-d'œuvre *f*.

working /ˈwɜːkɪŋ/ **I ~s** *npl* fonctionnement *m*. **II** *adj* [person] qui travaille; [conditions, environment, week] de travail; **in full ~ order** en parfait état de marche.

working class I *n* classe *f* ouvrière. **II working-class** *adj* ouvrier/-ière.

workload /ˈwɜːkləʊd/ *n* charge *f* de travail.

workman *n* ouvrier *m*.

work of art *n* œuvre *f* d'art.

workout *n* séance *f* de mise en forme.

workroom *n* atelier *m*.

worksheetGB *n* SCOL questionnaire *m*.

workshop *n* atelier *m*.

world /wɜːld/ **I** *n* monde *m*. **II** *in compounds* [events, leader] mondial; [record, tour] du monde; [cruise] autour du monde.

• **out of this ~** extraordinaire; **there's a ~ of difference** il y a une différence énorme.

World Cup *n* (in football) Coupe *f* du Monde.

World Health Organization, WHO *n* Organisation *f* mondiale de la santé.

worldly /ˈwɜːldlɪ/ *adj* matériel/-ielle.

worldly-wise *adj* avisé, qui a de l'expérience.

World Service[GB] *n service international de la BBC.*

world war *n* guerre *f* mondiale; **World War One/Two** la Première/Seconde Guerre mondiale.

worldwide I *adj* mondial. II *adv* dans le monde entier.

worm /wɜːm/ *n* ver *m*.

worn /wɔːn/ I *pp* ▸ **wear** II, III. II *adj* [carpet, clothing] usé.

worn-out *adj* complètement usé; [person] épuisé.

worried /ˈwʌrɪd/ *adj* soucieux/-ieuse; **to be ~ about sb/sth** /s'inquiéter pour qn/qch.

worry /ˈwʌrɪ/ I *n* souci *m*. II *vtr* inquiéter; **I ~ that** j'ai peur que; (bother) ennuyer. III *vi* **to ~ about/over sth/sb** s'inquiéter pour qch/qn; **to ~ about doing** avoir peur de faire.

worrying /ˈwʌrɪɪŋ/ *adj* inquiétant.

worse /wɜːs/ I *adj* (*comparative of* **bad**) pire; **the noise is ~** il y a plus de bruit; **to get ~** empirer; **to feel ~** aller moins bien, se sentir plus malade; **so much the ~ for them!** tant pis pour eux! II *n* **for the ~** pour le pire. III *adv* (*comparative of* **badly**) plus mal, moins bien.

worsen /ˈwɜːsn/ *vtr, vi* empirer.

worship /ˈwɜːʃɪp/ I *n* culte *m*; **an act of ~** un acte de dévotion. II *vtr* (*p prés etc* **-pp-**[GB], **-p-**[US]) adorer.

worst /wɜːst/ I *n* **the ~** le/la pire *m/f*; (of the lowest quality) **the ~** le plus mauvais/la plus mauvaise *m/f*. II *adj* (*superl of* **bad**) plus mauvais; (most inappropriate) pire.

worth /wɜːθ/ I *n* ¢ **five pounds' ~ of sth** pour cinq livres de qch; (value, usefulness) valeur *f*. II *adj* **to be ~ sth** valoir qch; **to be ~ it** valoir la peine; **that's ~ knowing** cela est utile à savoir.

• **to be ~ sb's while** valoir la peine.

worthless /ˈwɜːθlɪs/ *adj* sans valeur; **he's ~** c'est un bon à rien.

worthwhile /wɜːθˈwaɪl/ *adj* intéressant, qui en vaut la peine; **to be ~ doing** valoir la peine de faire.

worthy /ˈwɜːðɪ/ I *n* notable *m*. II *adj* **~ of sth** digne de qch; [cause] noble.

would /wʊd, wəd/ *modal aux* (**'d**; *nég* **wouldn't**) **he thought she ~ have forgotten** il pensait qu'elle aurait oublié; (in conditional statements) **it ~ be wonderful if they came** ce serait merveilleux s'ils venaient; **wouldn't it be nice if...** ce serait bien si...; (expressing ability, willingness to act) **he just wouldn't listen** il ne voulait rien entendre; (expressing desire, preference) **we ~ like to stay** nous aimerions rester; (in polite requests or proposals) **~ you like sth to eat?** voudriez-vous qch à manger?; **~ you give her the message?** est-ce que vous voulez bien lui transmettre le message?; (used to attenuate statements) **I wouldn't say that** je ne dirais pas ça; (used to) **she ~ sit for hours** elle passait des heures assise.

would-be /ˈwʊdbiː/ *adj* (desirous of being) en puissance; PÉJ des soi-disant *inv*.

wouldn't /ˈwʊd(ə)nt/ = **would not**.

would've /wʊdəv/ = **would have**.

wound[1] /wuːnd/ I *n* blessure *f*, plaie *f*. II *vtr* blesser.

wound[2] /waʊnd/ *prét, pp* ▸ **wind**[2] I, II.

wove /wəʊv/ *prét*, **woven** /ˈwəʊvn/ *pp* ▸ **weave** I, II.

wow© /waʊ/ *excl* hou là!

wrangle /ˈræŋgl/ *vi* se quereller.

wrap /ræp/ I *n* châle *m.* II *vtr* (*p prés etc* **-pp-**) (in paper) emballer; (in blanket) envelopper; **would you like it ~ped?** je vous fais un paquet? III *v refl* **to ~ oneself in sth** s'envelopper dans qch.
• **wrap up**: [person] s'emmitoufler; **~ up well/warm!** couvre-toi bien!; (parcel) faire; (gift, purchase) envelopper.

wrapping /ˈræpɪŋ/ *n* emballage *m.*

wreak /riːk/ *vtr* **to ~ havoc/damage on sth** dévaster qch.

wreath /riːθ/ *n* couronne *f.*

wreck /rek/ I *n* épave *f*; **I feel a ~** je suis crevé☺. II *vtr* détruire; FIG ruiner; (holiday, weekend) gâcher; (negotiations) faire échouer.

wreckage /ˈrekɪdʒ/ *n* (of plane) épave *f*; (of building) décombres *mpl.*

wren /ren/ *n* roitelet *m.*

wrench /rentʃ/ I *n* clé à molette *f.* II *vtr* tourner [qch] brusquement; **to ~ one's ankle** se tordre la cheville; **to ~ sth from sb** arracher qch à qn.

wrestle /ˈresl/ *vi* SPORT faire du catch; **to ~ with** (person, problem) se débattre avec.

wrestler /ˈreslə(r)/ *n* SPORT catcheur/-euse *m/f*; HIST lutteur *m.*

wrestling /ˈreslɪŋ/ *n* SPORT catch *m*; HIST lutte *f.*

wretch /retʃ/ *n* **poor ~!** pauvre diable.

wretched /ˈretʃɪd/ *adj* misérable; [weather] affreux/-euse; **I feel ~** ça ne va pas du tout; (damned)☺ fichu☺.

wriggle /ˈrɪgl/ I *vtr* (toes, fingers) remuer. II *vi* [person] s'agiter, gigoter; [snake, worm] se tortiller.

wring /rɪŋ/ I *vtr* (*prét, pp* **wrung**) tordre; **to ~ one's hands** se tordre les mains. II **~ing** *adv* **~ing wet** trempé.
• **wring out**: (cloth, clothes) essorer, tordre.

wrinkle /ˈrɪŋkl/ I *n* (on skin) ride *f*; (in fabric) pli *m.* II *vtr* plisser; (fabric) froisser. III *vi* [skin] se rider; [fabric] se froisser.

wrist /rɪst/ *n* poignet *m.*

wristwatch *n* montre-bracelet *f.*

writ /rɪt/ *n* JUR assignation *f.*

write /raɪt/ (*prét* **wrote**; *pp* **written**) I *vtr* (letter) écrire; (song) composer; (essay) rédiger; (cheque) faire. II *vi* écrire; **to ~ about/on** traiter de.
• **it's nothing to ~ home about** ça n'a rien d'extraordinaire.
• **write back**: répondre. • **write down**: (details, name) noter. • **write off**: (car) abîmer complètement; (debt) annuler; (project) enterrer. • **write up**: rédiger.

write-off☺GB /ˈraɪtɒf/ *n* épave *f.*

writer /ˈraɪtə(r)/ *n* écrivain *m*, auteur *m.*

writhe /raɪð/ *vi* se tordre (de).

writing /ˈraɪtɪŋ/ *n* écriture *f*; **to put sth in ~** mettre qch par écrit; **American ~** littérature américaine.

writing pad *n* bloc *m* de papier à lettres.

writing paper *n* papier *m* à lettres.

written /ˈrɪtn/ I *pp* ▸ **write**. II *adj* écrit.

wrong /rɒŋ, rɔːŋ[US]/ I *n* ¢ (evil) mal *m*; (injustice) tort *m.* II *adj* mauvais; (containing errors) erroné; **to be ~** avoir tort, se tromper; (reprehensible) **it is ~ to do** c'est mal de faire; (not as it should be) **there's sth ~ with this computer** il y a un problème avec cet ordinateur; **what' ~ with you?** qu'est-ce que tu as? III *adv* **to get sth ~** (date, time, details) se tromper de qch; **you've got it ~** tu te trompes; **to go ~** [machine] ne plus marcher. IV *vtr* faire du tort à.

wrongdoing *n* méfait *m.*

wrongful *adj* arbitraire.

wrongly /ˈrɒŋlɪ, ˈrɔː-[US]/ *adv* mal; **rightly or ~** à tort ou à raison.

wrote /rəʊt/ *prét* ▸ **write**.

wrought iron *n* fer *m* forgé.

wrung /rʌŋ/ *prét, pp* ▸ **wring** I.

wry /raɪ/ *adj* narquois; **he has a ~ sense of humour**[GB] c'est un pince-sans-rire.

wt *n: abrév écrite* = **weight**.

WWI *n: abrév écrite* = **World War One**.

WWII *n: abrév écrite* = **World War Two**.

WYSIWYG /ˈwɪzɪwɪg/ ORDINAT (*abrév* = **what you see is what you get**) *affichage sur l'écran conforme à l'impression finale.*

X

x, **X** /eks/ *n* x, X *m*; **X marks the spot** l'endroit est marqué d'une croix; (in a letter) **x x x** grosses bises; [film] **X certificate**[GB]/**X-rated**[US] interdit aux moins de 18 ans.

xenophobia /ˌzenəˈfəʊbɪə/ *n* xénophobie *f*.

xerox, **Xerox**® /ˈzɪərɒks/ I *n* (photo)copie *f*. II *vtr* photocopier.

Xmas *n: abrév écrite* = **Christmas**.

X-ray /ˈeksreɪ/ I *n* radiographie *f*, radio *f*; **to have an ~** se faire radiographier. II *vtr* (person) radiographier; (luggage) scanner.

Y

yacht /jɒt/ *n* yacht *m*.

yachting /ˈjɒtɪŋ/ *n* yachting *m*.

yank /jæŋk/ *vtr* (person, rope) tirer. • **yank off**: arracher.

Yank[©US] /jæŋk/ *n* Yankee *mf*.

Yankee[US] /ˈjæŋkɪ/ *n* (present-day) *habitant du Nord*; (in Civil War) Nordiste *m/f*; (American) Amerloque[©] *m/f*.

yap /jæp/ *vi* [dog] japper.

yard /jɑːd/ I *n* yard *m* (= *0.9144 m*); FIG **by the ~** au kilomètre; (of house, farm) cour *f*; (garden)[US] jardin *m*; (for construction) chantier *m*. II[GB] **Yard** *pr n* (Scotland Yard) *police judiciaire britannique*.

yardstick /ˈyɑːdstɪk/ *n* point *m* de référence; **by the ~ of** à l'aune de.

yarn /jɑːn/ *n* fil *m* (*à tisser ou à tricoter*); (tale) histoire *f*.

yashmak /ˈjæʃmæk/ *n* voile *m* islamique.

yawn /jɔːn/ I *n* bâillement *m*. II *vi* bâiller.

yd *abrév écrite* ▸ **yard** I.

yeah[©] /jeə/ *particle* ouais[©], oui; **oh ~?** vraiment?

year /jɪə(r), jɜː(r)/ I *n* an *m*, année *f*; (indicating age) **to be 19 ~s old/19 ~s of age** avoir 19 ans; SCOL **the first-~s**[GB] ≈ les élèves de sixième. II **~s** *npl* âge *m*; **it takes ~s!**[©] ça prend une éternité!

yearlong *adj* d'une année.

yearly /ˈjɪəlɪ, ˈjɜː-/ I *adj* annuel/-elle. II *adv* chaque année.

yearn /jɜːn/ *vi* **to ~ for** désirer (avoir); **to ~ to do** avoir très envie de faire; **she ~s for her son** son fils lui manque terriblement.

yeast /jiːst/ *n* levure *f*.

yell /jel/ I *n* hurlement *m*, cri *m*. II *vtr, vi* crier; **to ~ at sb** crier après qn; hurler.

yellow /ˈjeləʊ/ *n, adj* jaune *(m)*; **~ pages**.pages jaunes; **~ card** (in football) carton jaune.

yelp /jelp/ *vi* [dog] japper.

yen /jen/ *n* FIN yen *m*; **to have a ~**☺ **for** avoir grande envie de.

yep☺US /jep/, **yup**☺US /jʌp/ *particle* ouais☺, oui.

yes /jes/ *particle, n* oui; (in reply to negative question) si; **the ~es and the nos** les oui et les non.

yesterday /ˈjestədeɪ, -dɪ/ *n, adv* hier *(m)*; (in the past) hier, autrefois; **the day before ~** avant-hier.

yet /jet/ I *conj* pourtant. II *adv* encore, jusqu'à présent; **not ~** pas encore, pas pour l'instant; (in questions) déjà.

yew /juː/ *n* (tree) if *m*.

yield /jiːld/ I *n* rendement *m*. II *vtr* produire; FIN rapporter; (information) donner, fournir; (secret) livrer; (surrender) céder. III *vi* **to ~ (to)** céder (devant); (be superseded) être supplanté par; **to ~ well/poorly** avoir un bon/mauvais rendement; AUTUS céder le passage.

YMCA /ˌwaɪemsiːˈeɪ/ (*abrév* = **Young Men's Christian Association**) ≈ Union chrétienne des jeunes gens.

yoghurt /ˈjɒgət, ˈjəʊgərtUS/ *n* yaourt, yoghourt *m*.

yoke /jəʊk/ *n* joug *m*.

yolk /jəʊk/ *n* jaune *m* (d'œuf).

you /juː, jʊ/ *pron* (subject, one person, informal) tu; (object, one person, informal) te; (after preposition) toi; (subject or object, more than one person, or formal) vous; (indefinite pronoun) (subject) on; **~ never know!** on ne sait jamais!

you'd /juːd/ = **you had**, = **you would**.

you'll /juːl/ = **you will**.

young /jʌŋ/ I *n* **the ~** (+ *vpl*) les jeunes *mpl*, la jeunesse *f*; (animals) petits *mpl*. II *adj* jeune; **~ lady** jeune femme *f*; **her ~er brother** son frère cadet; **in his ~er days** quand il était jeune.

youngster /ˈjʌŋstə(r)/ *n* jeune *mf*.

your /jɔː(r), jʊə(r)/ *det* votre/vos; (informal) ton/ta/tes.

you're /jʊə(r), jɔː(r)/ = **you are**.

yours /jɔːz, jʊərzUS/ *pron* le/la vôtre; (informal) le tien, la tienne; **it's not ~** ce n'est pas à vous/à toi; **I like that sweater of ~** j'aime ton pull.

yourself /jɔːˈself, jʊərˈselfUS/ *pron* vous, te, (*before vowel*) t'; (in imperatives) vous, toi; (emphatic, after prep) vous, vous-même, toi, toi-même; **(all) by ~** tout seul/toute seule.

yourselves /jəˈselvz/ *pron* vous; (emphatic, after prep) vous, vous-mêmes; **all by ~** tous seuls/toutes seules.

youth /juːθ/ I *n* jeunesse *f*; (young person) jeune *m*. II *in compounds* [club] de jeunes; [TV, magazine] pour les jeunes/la jeunesse; [hostel] de jeunesse.

youthful /ˈjuːθfl/ *adj* jeune.

you've /juːv/ = **you have**.

yo-yo® /ˈjəʊjəʊ/ I *n* yo-yo® *m*. II☺ *vi* [prices] fluctuer.

Yule log /ˈjuːl lɒg/ *n* bûche *f* de Noël.

yuppie /ˈjʌpɪ/ *n* jeune cadre *m* dynamique, yuppie *m*.

YWCA /ˌwaɪdʌbljuːsiːˈeɪ/ (*abrév* = **Young Women's Christian Association**) ≈ Union chrétienne des jeunes femmes.

Z

zap☺ /zæp/ (*p prés etc* **-pp-**) I *vtr* (town) détruire; (person) tuer; TV **to ~ channels** zapper☺. II *vi* **to ~ into town** faire un saut☺ en ville; **to ~ from channel to channel** zapper☺.
zapper☺ /ˈzæpə(r)/ *n* télécommande *f*.
zeal /zi:l/ *n* zèle *m*.
zealous /ˈzeləs/ *adj* zélé.
zebra /ˈzebrə, ˈzi:-/ *n* zèbre *m*.
zebra crossingGB *n* passage *m* pour piétons.
zero /ˈzɪərəʊ/ *n, adj* zéro *(m)*.
zero hour *n* heure *f* H.
zest /zest/ *n* entrain *m*; (of fruit) zeste *m*.
zigzag /ˈzɪgzæg/ *n* zigzag *m*.
zilch☺US /zɪltʃ/ *n* que dalle®.
Zionist /ˈzaɪənɪst/ *n, adj* sioniste *(m/f)*.
zip /zɪp/ I *n* GB fermeture *f* à glissière, fermeture *f* éclair®. II *vtr* (*p prés etc* **-pp-**) **to ~ sth open/shut** ouvrir/fermer la fermeture à glissière de qch. III☺ *vi* (*p prés etc* **-pp-**) **to ~ along/past** filer à toute allure.
zip codeUS *n* POSTES code *m* postal.
zipperUS /ˈzɪpə(r)/ *n* GB fermeture *f* à glissière, fermeture *f* éclair®.
zither /ˈzɪðə(r)/ *n* cithare *f*.
zodiac /ˈzəʊdɪæk/ *n* zodiaque *m*.
zone /zəʊn/ *n* zone *f*.
zoo /zu:/ *n* zoo *m*.
zoology /zəʊˈɒlədʒɪ/ *n* zoologie *f*.
zoom /zu:m/ I *n* PHOT zoom *m*. IIGB *vi* **to ~ in/out** faire un zoom avant/arrière; [prices] monter en flèche; **to ~ past** passer en trombe.
zucchiniUS /zu:ˈki:nɪ/ *n* (*pl* **~**) courgette *f*.

Imprimé en Italie par

LA TIPOGRAFICA VARESE
Società per Azioni
Varese
Dépôt légal éditeur n° 06/2010
Collection 56 - Édition 02
28/1441/6